“十三五”国家重点出版物出版规划项目

经济科学译丛

经济学精要

（第五版）

R. 格伦·哈伯德（R. Glenn Hubbard）
安东尼·帕特里克·奥布赖恩（Anthony Patrick O’Brien） 著
卢远瞩 译

Essentials of Economics

(Fifth Edition)

中国人民大学出版社
·北京·

《经济科学译丛》总序

中国是一个文明古国，有着几千年的辉煌历史。近百年来，中国由盛而衰，一度成为世界上最贫穷、落后的国家之一。1949 年中国共产党领导的革命，把中国从饥饿、贫困、被欺侮、被奴役的境地中解放出来。1978 年以来的改革开放，使中国真正走上了通向繁荣富强的道路。

中国改革开放的目标是建立一个有效的社会主义市场经济体制，加速发展经济，提高人民生活水平。但是，要完成这一历史使命绝非易事，我们不仅需要从自己的实践中总结教训，也要从别人的实践中获取经验，还要用理论来指导我们的改革。市场经济虽然对我们这个共和国来说是全新的，但市场经济的运行在发达国家已有几百年的历史，市场经济的理论亦在不断发展完善，并形成了一个现代经济学理论体系。虽然许多经济学名著出自西方学者之手，研究的是西方国家的经济问题，但他们归纳出来的许多经济学理论反映的是人类社会的普遍行为，这些理论是全人类的共同财富。要想迅速稳定地改革和发展我国的经济，我们必须学习和借鉴世界各国包括西方国家在内的先进经济学的理论与知识。

本着这一目的，我们组织翻译了这套经济学教科书系列。这套译丛的特点是：第一，全面系统。除了经济学、宏观经济学、微观经济学等基本原理之外，这套译丛还包括了产业组织理论、国际经济学、发展经济学、货币金融学、公共财政、劳动经济学、计量经济学等重要领域。第二，简明通俗。与经济学的经典名著不同，这套丛书都是国外大学通用的经济学教科书，大部分都已发行了几版或十几版。作者尽可能地用简明通俗的语言来阐述深奥的经济学原理，并附有案例与习题，对于初学者来说，更容易理解与掌握。

经济学是一门社会科学，许多基本原理的应用受各种不同的社会、政治或经济体制的影响，许多经济学理论是建立在一定的假设条件上的，假设条件不同，结论也就不一定成立。因此，正确理解掌握经济分析的方法而不是生搬硬套某些不同条件下产生的结论，才是我们学习当代经济学的正确方法。

本套译丛于 1995 年春由中国人民大学出版社发起筹备并成立了由许多经济学专家学者组织的编辑委员会。中国留美经济学会的许多学者参与了原著的推荐工作。中国人民大学出版社向所有原著的出版社购买了翻译版权。北京大学、中国人民大学、复旦大学以及中国社会科学院的许多专家教授参与了翻译工作。前任策划编辑梁晶女士为本套译丛的出版做出了重要贡献，在此表示衷心的感谢。在中国经济体制转轨的历史时期，我们把这套译丛献给读者，希望为中国经济的深入改革与发展做出贡献。

《经济科学译丛》编辑委员会

序 言

我们在这一新版教材中使用的方法仍旧是十几年前出版的第一版教材中使用的方法：为学生和教师提供一本包含许多商业和政策实例的全面讲授经济学的教材。我们的目标是通过使用商业和政策实例，使用一种不需要其他辅助资料的方式讲授经济学。使用过本书前几版的学生和教师的热情回应让我们很欣慰，本书已经成为市场上最畅销的经济学教科书之一。

自我们准备上一版教材以来，美国和世界经济发生了许多事情。我们在本版教材的新实例和电子资源中纳入了许多新的进展。

第五版新在何处

● 开篇案例中的所有公司要么被换成了新公司，要么根据最新信息进行了更新。

● 第 1～4 章包括了新的“业内观察”报刊文章及其分析，以帮助学生将经济学思维应用于当前的事件和政策争论。MyEconLab 上有额外的报刊文章及其分析，并且每周更新。

● 有 27 个新的“建立联系”专栏，以帮助学生建立经济学概念与当前事件和政策议题之间的联系。

● 有 12 个新的例题。这一专栏帮助学生逐步分解和回答经济问题。

□新的开篇案例、建立联系、例题和业内观察

以下是新的或大幅修订了的开篇案例和新的“业内观察”文章。开篇案例中引入的企

业或议题会在同一章的“建立联系”或“例题”专栏中回访。

● 第1章“经济学：基础和模型”的开篇案例讨论了智能设备是否会给卫生保健带来一场革命，章末的“业内观察”报刊文章和分析涉及的是谷歌（Google）的一项新的技术创新：通过与瑞士的制药公司诺华（Novartis）合作开发智能隐形眼镜以帮助病人管理糖尿病。新例题1.1考察了医疗科技公司OraSure的经理如何使用边际分析来做一项广告决策。一个新的“建立联系”专栏考察了机会成本如何帮助我们理解为什么许多学生不再去现场观看校园橄榄球比赛。

● 第2章“权衡、比较优势和市场体系”的开篇案例讨论了特斯拉汽车公司（Tesla Motors）的经理面临的制造决策，章末的“业内观察”专栏讨论了苹果（Apple）公司为了满足最早在2020年开始生产一种电动汽车这样一个雄心勃勃的计划而集合的资源。一个新的“建立联系”专栏使用了阿瑟·柯南·道尔（Arthur Conan Doyle）塑造的传奇人物夏洛克·福尔摩斯（Sherlock Holmes）来阐明图书和电影的版权。

● 第3章“价格来自何处：需求和供给的相互作用”的开篇案例讨论了智能手表市场，章末的“业内观察”专栏考察了苹果公司的智能手表是如何启发其他可穿戴设备的开发的。本章有三个新的“建立联系”专栏：“智能手表是智能手机的替代品吗?”、“巨无霸汉堡包和高尔夫的艰难时期”和“需求和供给搞垮了塑料回收”。

● 第4章“市场效率和市场失灵”的开篇案例讨论了爱彼迎（Airbnb）和共享经济如何影响了旧金山的租金控制政策，章末的“业内观察”专栏考察了为什么加利福尼亚州马里布市的政府官员对通过爱彼迎预定的短租公寓征税。一个新的“建立联系”专栏考察了为什么投资者预期优步（Uber）非常赚钱。

● 第5章“卫生保健经济学”的开篇案例讨论了2010年《患者保护与平价医疗法案》(Patient Protection and Affordable Care Act，ACA）如何改变了凯恩杂货店（T. Cain Grocery）——该企业在亚拉巴马州和佛罗里达州开了五家“小猪扭扭”(Piggly Wiggly）超市——的卫生保健计划。新例题5.4向学生展示了如何使用需求和供给模型来解释卫生保健支出的变化。一个新的“建立联系”专栏讨论了卫生保健在美国经济中日益增加的重要性。

● 第6章“企业、股票市场和公司治理”的开篇案例讨论了推特（Twitter）成为一家上市公司的收益和成本。新例题6.2分析了为什么沃伦·巴菲特（Warren Buffett）喜欢共同基金，新例题6.4讨论了《多德-弗兰克法案》(Dodd-Frank Act）是否会改善公司治理。本章有两个新的“建立联系”专栏：“为什么创业的年轻人变少了?”和“为什么许多人作为股票市场投资人很失败?”。

● 第7章“消费者选择和弹性”的开篇案例讨论了杰西潘尼（J. C. Penney）公司的一项失败的定价策略。本章有两个新的“建立联系”专栏：“优步存在定价欺诈吗?”和“为什么亚马逊关心价格弹性?”。

● 第8章“技术、生产和成本”的开篇案例讨论了慕课（MOOC，海量公开网上课程）。一个新的“建立联系”专栏解释了为什么UPS采用新技术以便能够使用相同数量的工人和飞机配送更多的包裹。

● 第9章“完全竞争市场中的企业”的开篇案例讨论了散养柴鸡蛋。新例题9.4考察了经理应该何时关闭油井。

● 第 10 章“垄断和反托拉斯政策”包括一个新的“建立联系”专栏，它考察了全国大学体育协会（NCAA）是否应该被认为是一个垄断者。新例题 10.5 给学生展示了如何为慕课确定定价策略。

● 第 11 章“垄断竞争和寡头”的开篇案例讨论了 Chipotle Mexican Grill 成功的源泉。本章有四个新的“建立联系”专栏：“健康饮食的趋势对 Chipotle 来说是一个威胁吗?”、“纸杯蛋糕都相同吗?”、“亚特兰大市的艰难时期”和“航空公司在进行产能合谋以维持高价吗?”。新例题 11.3 考察了 Buffalo Wild Wings 的餐馆差异化策略。

● 第 12 章“GDP：衡量总产出与总收入”的开篇案例讨论了经济周期如何影响福特汽车公司。一个新的“建立联系”专栏考察了计算 GDP 如何改变了尼日利亚生活水平的衡量方式。

● 第 13 章“失业与通货膨胀”的开篇案例讨论了摩根大通 2015 年解雇工人的决策。本章有两个新的“建立联系”专栏：“800 万工人不见了!”和“我们应该如何将摩根大通的失业归类?”。新例题 13.5 给学生展示了如何利用数据计算实际时薪。

● 第 14 章“经济增长、金融体系和经济周期”的开篇案例讨论了康宁公司（Corning）如何经历了长期经济增长和经济周期的沉浮。新例题 14.1 聚焦于生产率和繁荣之间的联系，新例题 14.2 给学生展示了如何利用可贷资金模型分析预算赤字的影响。

● 第 15 章“总需求和总供给分析”的开篇案例讨论了经济周期对达美航空公司（Delta Air Corporation）的影响。一个新的“建立联系”专栏讨论了自 2007—2009 年的衰退之后实际 GDP 和就业回到经济周期高峰水平所花的时间为何异乎寻常地长。

● 第 16 章“货币、银行和联邦储备体系”的开篇案例讨论了 2015 年希腊的银行业危机。本章新增了一个关于网络借贷的“建立联系”专栏。

● 第 17 章“货币政策”的开篇案例讨论了在银行贷款名义利率为负的欧洲，货币政策和借款人之间的联系。两个新的“建立联系”专栏分别考察了中央银行的量化宽松政策和负利率之间的联系，以及为什么美联储通常忽略食品和能源价格的波动。

● 第 18 章“财政政策”的开篇案例讨论了联邦政府重建通往金门大桥的一条高速公路的支出所产生的影响。一个新的“建立联系”专栏讨论了宏观经济政策是否对美联储过于依赖。新例题 18.6 分析了希腊政府试图在衰退期间平衡预算所产生的影响。

● 第 19 章“比较优势、国际贸易和汇率”的开篇案例讨论了《跨太平洋伙伴关系协定》(TPP)。本章有三个新的“建立联系”专栏：“《跨太平洋伙伴关系协定》对新百伦会有益还是有害?”、“《斯穆特-霍利关税法案》、关税的政治学和保护一个正在消失的行业的成本”和“保护消费者健康还是保护美国企业免于竞争?”。新例题 19.6 分析了斯巴鲁(Subaru) 如何受到日元价值波动的影响。

□其他变动

● 第 14 章包括了新的一节，该节讨论了为什么像康宁这样的公司面对经济周期期间需求的波动特别脆弱。

● 为了以便于阅读的形式呈现信息，我们增加了如下新表格：表 1.1“微观经济学问题和宏观经济学问题”；表 10.2“联邦政府的横向兼并标准”；表 17.2“美国财政部和美联储在金融危机之初采取的行动”。

● 为了给前面描述的新内容腾出篇幅，我们删去了上一版本中的大约25个“建立联系”专栏和10道例题，并将其中一部分放到了本书的教师手册中，供希望继续使用它们的教师使用。

● 图形和表格都采用最新的可得数据进行了更新。

● 许多章后习题都进行了更换或更新。大部分章都增加了一道或两道包括图形的习题，供学生进行分析。某些章有一类被称为“实时数据练习”的习题。部分这些练习在本版中得到了更新。

● 最后，我们逐行逐字仔细检查了整本教材，精简了讨论，重写了不够清晰的地方，还做了许多小改动。我们很感激许多对之前的版本提出了改进建议的教师和学生。我们已经尽可能地吸收了所有的建议。

基础：情景式学习和先进的架构

我们相信，如果学生能够将所学到的东西应用于他们的个人生活和职业中，并且获得了理解媒体文章的分析技能，一门课程就成功了。这正是我们运用开篇案例中许多真实的企业案例和应用、图表、“建立联系”专栏、“业内观察”专栏以及章后习题来解释经济学概念的原因。这一方法有助于商科和文科学生变成有教养的消费者、选民和公民。除了我们采用的这种无须其他辅助材料的方法外，本书还有着先进的架构，在本书靠前的部分讨论了一些有意思的政策主题以激发学生的兴趣。

我们深信，如果学生在熟悉的情景中学习经济学原理，那么这对他们学会应用经济学原理是最好的。无论学生会成为艺术家、社会工作者、银行家还是政府职员，他们都能从理解经济学中获益。尽管商科学生在以后的多门课程上还有许多机会看到经济学原理的应用，但是文科学生可能没有这样的机会了。因此，我们运用许多各式各样的商业和政策实例来阐释经济学概念，培养有教养的消费者、选民和公民。下面是我们采用的方法中一些最值得强调的方面：

● 强大的入门章节。入门章节为学生掌握经济学基本原理提供了牢固的基础。我们强调了边际分析和经济效率的重要思想。在第4章“市场效率和市场失灵”中，我们用消费者剩余和生产者剩余的概念来衡量价格上限和价格下限（它们与学生所熟悉的物业出租和最低工资等例子相关）的经济影响。（我们在第10章“垄断和反托拉斯政策”中考察市场势力对经济效率的影响及第19章“比较优势、国际贸易和汇率”中讨论外包和分析影响贸易的政府政策时再次用到了消费者剩余和生产者剩余的概念。）在第6章“企业、股票市场和公司治理”中，我们为学生提供了对企业如何组织、如何筹集资金和如何给投资者提供信息的基本理解。我们还阐释了在市场体系中企业家如何满足消费者需要和有效地组织生产。

● 很早涵盖政策议题。为了让学生在课程早期就对政策议题有些认识，我们在第1章“经济学：基础和模型”中讨论了卫生保健政策；在第4章“市场效率和市场失灵”中讨论了租金控制和最低工资；在第5章“卫生保健经济学”中讨论了卫生保健政策。

● 一种介绍宏观经济学的先进方法。学生来学习宏观经济学时对理解经济中的事件和新情况抱有强烈的兴趣。我们努力抓住这一兴趣，培养学生的经济学直觉和理解。我们介绍宏观经济学的方法既是先进的，又是基于现实生活中的企业和经济政策的。我们相信我们做到了这一点，同时又没有使分析的难度加大。我们回避了用简化版的中级模型这一新近的趋势，中级模型往往比学生理解基本的宏观经济问题所需的模型更为详细和复杂。相反，我们采用了人们熟悉的总需求-总供给模型的一个更为现实的版本来分析短期波动以及货币政策和财政政策。我们也回避了讲授原理层次的宏观经济学常常采用的“百花齐放”的方法。我们强调了大部分经济学家都同意的许多宏观经济学领域。为了培养学生的直觉，我们通篇在真实的企业和政策情景中讲述宏观经济学。

● 对宏观统计量的广泛讨论。许多学生或多或少都会关注金融新闻，知道联邦政府机构对统计量的发布能够引起股票和债券价格的变动。对宏观经济统计量的背景进行介绍有助于阐述后面章节中碰到的政策议题。在第 12 章“GDP：衡量总产出与总收入”和第 13 章“失业与通货膨胀”中，我们向学生介绍了重要宏观经济统计量的用途和潜在的缺点，但又没有纠缠于如何构造这些统计量的细节。举例来说，我们讨论了为了解劳动力市场状况所进行的工资名单调查（或称机构调查）和家庭调查之间的重要区别。我们揭示了为什么金融市场对从工资名单调查中得到的消息会有更强烈的反应。我们还提供了对就业人口比的讨论，其他一些教材没有涵盖这个比率，但有些经济学家认为这是一个衡量劳动力市场表现的重要统计量。第 17 章“货币政策”讨论了为什么美联储偏好采用核心个人消费支出价格指数而非消费者价格指数来衡量通货膨胀。

● 很早涵盖长期主题。在第 14 章“经济增长、金融体系和经济周期”中，我们在长期背景下讨论了重要的宏观经济问题。第 14 章将经济周期置于潜在的长期增长背景之下，讨论了经济周期各个阶段实际上会发生什么事情。我们相信，如果学生要想理解经济周期（这也是解释经济事件的需要），那么，这些内容是很重要的；在其他教科书中，这些内容往往只得到了简单的讨论甚至完全被省略了。

● 动态的总需求-总供给模型。我们对标准的总需求-总供给（*AD-AS*）模型进行了一种新颖的应用。我们意识到，在解释价格水平和实际 GDP 的时候没有既好又简单的方法可以代替 *AD-AS* 模型。但是，我们知道，对 *AD-AS* 模型不满意的教师比对宏观经济学原理课程任何其他方面不满意的都要多。当然，关键问题是 *AD-AS* 模型是一个静态模型，却试图解释实际 GDP 和价格水平的动态变化。我们的方法保留了 *AD-AS* 模型的基本内容，但通过使其更具动态性而使其更为准确和有用。我们强调了两点：(1)（向上倾斜的）短期总供给曲线的位置的变动主要取决于通货膨胀率预期的状况；(2) 经济增长的存在意味着（垂直的）长期总供给曲线每年都向右移动。这一“动态的” *AD-AS* 模型让学生对实际 GDP 和价格水平的波动的起因和后果了解得更为准确。第 15 章“总需求和总供给分析”包括一幅动态的 *AD-AS* 图形（图 15.8“动态总需求-总供给模型”）。我们绘制这幅图形的目的有二：其一是帮助学生理解这幅图形是如何一步一步绘制的；其二是帮助教师更容易地讲解。这幅图形对那些想在课堂上使用动态 *AD-AS* 模型但认为这一模型需要仔细建立的教师会有帮助。我们在第 15 章引入了这个模型，在第 17 章“货币政策”和第 18 章“财政政策”中使用这个模型讨论了货币政策和财政政策。关于动态 *AD-AS* 模型的材料被包含在第 15、17 和 18 章中独立的几节中，因此，教师可以省略关于动态 *AD-*

AS 模型的那几节而不会损害对宏观经济理论和政策的讨论的连续性。

● 涵盖财政政策对需求方和供给方双方的影响。我们在第 18 章"财政政策"中对财政政策的讨论仔细地区分了自动稳定器和相机抉择的财政政策。我们还大量涵盖了财政政策对供给方的影响。

特别的特征：一种基于现实的、亲自实践的学习经济学的方法

□企业案例和"业内观察"新闻文章

每一章的开篇案例都为学生的学习提供了一个真实的情景，激发了学生对经济学的兴趣，并帮助将整章统一起来。每一章的开篇案例都描述了一家面对一个真实局面的真实公司。该公司在整章的文字、图表以及教学专栏中反复出现。一些开篇案例聚焦于企业家在开发新产品和将新产品推向市场中的作用。例如，第 1 章讨论了 Scanadu 公司的创始人沃尔特·德布劳沃（Walter De Brouwer），他开发了卫生保健智能设备，第 2 章讨论了特斯拉汽车公司的埃隆·马斯克（Elon Musk），第 11 章讨论了 Chipotle Mexican Grill 的斯蒂芬·厄尔斯（Steve Ells）。以下是我们在开篇案例中讨论的公司的几个例子：特斯拉（第 2 章）、苹果（第 3 章）、推特（第 6 章）、达美航空（第 15 章）。

"业内观察"专栏向学生演示了如何将本章的概念应用于新闻文章的分析。第 1～4 章的章末有这个专栏。"业内观察"专栏呈现了一篇文章的摘录、对该文章的分析、图形和供深入思考的问题。MyEconLab 上有额外的文章，并且经常更新。

□生活中的经济学

在关于真实企业的开篇案例后，我们给开篇案例增加了一个个人维度，称其为"生活中的经济学"专栏。该专栏要求学生思考经济学如何影响他们个人的生活，它能够激发学生的兴趣，强调他们所学的知识和个人经验之间的联系。

在每章章末，我们利用各章的概念来回答各章开头提出的问题。

以下是我们在"生活中的经济学"专栏中讨论的主题的一些例子："你会买智能手机还是智能手表？"（第 3 章），"你到手的工资会受到雇主在你的医疗保险上支出多少的影响吗？"（第 5 章），"衰退期间雇主会减少你的薪水吗？"（第 15 章）。

□例题

许多学生觉得求解应用型经济学问题很困难。通过讲解例题，我们帮助学生克服这一障碍。本书每一章都有两三个例题，这些例题与每一章开头提出的一些学习目标相联系。我们的目的是使学生把注意力放在每一章的主要思想上，给学生一个通过逐步分解来解决经济学问题的模式。每章章末的"问题与应用"都有与例题相关的练习题。

□不要犯这样的错误！

根据许多年的教学经验，我们知道哪些概念对学生来说是最难的。每一章都有一个

"不要犯这样的错误!"专栏，它提醒学生注意本章内容中最常见的错误。每章章末的"问题与应用"都有与此相关的练习题。

□建立联系

每一章都包括2~4个"建立联系"专栏，该专栏用实际的案例强化了各章的关键概念，帮助学生学习如何解释他们在网上和报纸上读到的东西。大部分"建立联系"专栏使用的是聚焦于企业和政策议题的新闻故事，这些新闻故事不但重要，而且能够激发学生的兴趣。本版有1/3的"建立联系"专栏是新的，其他大部分都得到了更新。有几个"建立联系"专栏讨论了卫生保健这一仍旧紧迫的政策议题。每个"建立联系"专栏都至少有一个相关的章后习题，这使学生能够检验他们对所讨论主题的理解。

□图形和总结性表格

图形是经济学原理课程必不可少的部分，但也是许多学生的一块主要的绊脚石。除第1章外，每一章都包括要求学生画图、读图和解释图形的章后习题。我们用四个工具帮助学生阅读和理解图形：(1) 详细的标题；(2) 图形中的文字说明；(3) 不同的曲线；(4) 包含图形的总结性表格。

□按学习目标对复习题和问题与应用进行分组

所有的章后材料——总结、复习题、问题与应用——都是按学习目标分组的。这么组织的目的有二：其一是使教师根据学习目标布置习题更为容易；其二是帮助学生在遇到困难时有效地复习相应内容。如果学生在某一特定学习目标上有困难，教师可以很容易地确定哪些章后习题是支持该目标的，从而把这些习题作为作业布置给学生或者在课堂上讨论。此外，按学习目标对总结和习题进行分组使得学生能够将注意力集中于那些最具挑战性的章节，这可以提高学生的学习效率。每一章的主要章节都至少有两道复习题和三道"问题与应用"习题。

与之前的版本一样，对于每一章的例题、"建立联系"、"不要犯这样的错误!"等特别专栏，至少有一个相关的章后习题，以检验学生对这些专栏所涉及内容的理解。教师可以在课堂上讲授专栏，并把相应的习题作为作业留给学生。

□实时数据练习

某些章的末尾有至少两个实时数据练习来帮助学生熟悉重要的数据来源、学习如何寻找数据和培养解释数据的技巧。实时数据练习让学生和教师可以使用圣路易斯联邦储备银行的最新数据。

目 录

第1篇

导论

第 1 章 经济学：基础和模型

本章概览和学习目标

1.1　三个重要的经济思想

解释这三个重要的经济思想：人们是理性的，人们对经济激励做出反应，最优决策基于边际分析。

1.2　每个社会都必须解决的经济问题

讨论一个经济体如何回答这些问题：生产什么商品和服务？如何生产这些商品和服务？谁将获得这些商品和服务？

1.3　经济模型

理解模型在经济分析中的作用。

1.4　微观经济学和宏观经济学

区分微观经济学和宏观经济学。

1.5　重要经济术语预览

定义重要的经济术语。

附录：运用图形和公式

使用图形和公式分析经济情景。

开篇案例

智能设备会给卫生保健带来一场革命吗？

如果你病了，你的医生可能会让你去医院或诊所做一系列检查。你需要安排预约，去诊所，在候诊室等候。视你的医疗保险而定，你还需要为这些检查付费。但是，如果你有一台不贵的智能设备可以让你在家自己检查，而后将结果发送给你的医生呢？沃尔特·德布劳沃（Walter De Brouwer）是一个出生于比利时的企业家，他在包括电信和出版在内的多个行业工作过。当他的儿子在某个秋天受了重伤时，他产生了创造这样一台智能设备的灵感。他创建的总部位于加利福尼亚州的 Scanadu 公司开发出了 Scout，这是一个小圆盘，只要贴在额头上就能记录你的血压、心率和体温等。根据该公司的广告，Scout 让你"检查身体健康状况就像查邮件一样那么容易"。有些人已经将 Scout 和《星际迷航》（*Star Trek*）影视系列中的医疗设备三录仪相比较。

Scanadu 并非唯一一家开发新的消费者医疗设备的公司。苹果手表监测你的心率、运动量和消耗的卡路里；OraSure 销售家用艾滋病（HIV）检测仪；Alivecor 销售一种智能手机配件，能够让有心脏问题的人自行检查心电图。

这些企业都是在对如下几种趋势做出反应：许多人变得更加关注健康；随着人口老龄化，更多人出现了身体健康问题；技术进步使得包括智能手表和智能手机在内的小型电子设备能够监测血压和执行其他任务。这些企业是在对变化着的经济激励做出反应。正如我们将要看到的那样，市场体系为企业提供了创造新商品和服务与改进已有商品和服务的激励和资源。结果是普通人的生活水平日益提高。

随着时间的推移，当技术、消费者需求和政府政策变动时，市场体系使得资源从一些行业流出，流入另一些行业。例如，在美国，资源从钢铁、鞋子和家具等产品的生产中流出，流入包括医疗服务在内的服务的生产之中。事实上，卫生保健已经成为美国经济中发展最快的部门。

本章末的"业内观察"专栏探究了谷歌的一项新的技术创新：通过开发智能隐形眼镜来帮助病人管理糖尿病。

资料来源：Timothy Hay, "Gadgets Bring Diagnostics into the Home", *Wall Street Journal*, April 27, 2015; Jacopo Prisco, "Scanadu: The Medical Tricorder from *Star Trek* Is Here", cnn. com, February 11, 2015; and Peter Andrey Smith, "Zombies, Workout Music and Baby Trackers: Health Tech for Everyone", *New York Times*, March 10, 2014.

生活中的经济学

卫生保健行业将会有很多工作岗位吗？

美国卫生资源和服务管理局（U.S. Health Resources and Services Administration, HRSA）预测，2020 年美国将会有 866 400 名医生。HRSA 还预测，到 2020 年美国需要 922 000 名医生。换句话说，该联邦政府机构预测，2020 年将会存在大约 55 600 名医生的短缺。美国劳工统计局预测，未来 10 年增长最快的 20 种职业中医疗领域占 13 席。但是这些工作岗位的可得性取决于这些预测的可靠性。这些预测的依据是什么，可靠性有多高？在阅读本章的过程中，试着回答这个问题。对照我们在本章末提供的答案，你可以检验你的答案。

在本书中，我们使用经济学来回答如下问题：

- 什么决定了智能手表的价格？
- 为什么卫生保健成本上升得这么快？
- 为什么企业要参与国际贸易？政府政策如何影响国际贸易？
- 为什么政府管制某些商品和服务的价格？这些管制的影响有哪些？

经济学家并不总能就每个问题的答案达成一致，在一些问题上的争论非常激烈。由于新的问题不断涌现，经济学家总是在发展新方法来分析经济问题。

我们在本书中讨论的所有主题都反映了一个基本的生活事实：为了实现自己的目标，我们必须做出选择。我们之所以必须做出选择，是因为我们生活在一个具有**稀缺性**（scarcity）的世界中，这意味着虽然我们的欲望是无限的，但是可用于实现这些欲望的资源是有限的。也许你想拥有一辆宝马，想每个夏天度假时都住在欧洲的五星级酒店，但是，除非比尔·盖茨是你的近亲且很大方，否则你很可能没有足够的钱来实现这些梦想。每天你在将你有限的收入用于购买许多可供选择的商品和服务时，你都在做选择。你拥有的有限数量的时间也限制了你实现目标的能力。如果你花一小时准备经济学的期中考试，那么你准备历史的期中考试的时间就少了一小时。企业和政府也有着同样的处境：它们也必须用有限的资源来实现它们的目标。**经济学**（economics）就是对消费者、企业管理者和政府官员在稀缺资源给定条件下为达到目标而做出的选择的研究。

在本章中，我们首先讨论在本书后面的章节中会经常提到的三个重要的经济思想：人们是理性的，人们对经济激励做出反应，最优决策基于边际分析。然后我们考虑每个经济体必须回答的三个基本问题：生产什么商品和服务？如何生产这些商品和服务？谁将获得这些商品和服务？接下来我们考虑经济模型在分析经济问题中的作用。**经济模型**（economic model）是现实的简化版本，用于分析现实经济状况。我们将讨论为什么经济学家要使用模型以及他们是如何构建模型的。最后，我们将讨论微观经济学和宏观经济学的区别，并预览一些重要的经济术语。

1.1 三个重要的经济思想

无论你的目标是购买一块智能手表还是找到一份兼职工作，你都要在市场中与其他人相互作用。**市场**（market）是一种商品或服务的一群买者和卖者以及将他们聚合在一起进行交易的制度或安排。智能手表市场、住房市场、理发市场、股票和债券市场、劳动力市场等都是市场的例子。大部分经济学都涉及对人们如何做出选择和在市场中如何相互影响的分析。下面是我们将频繁回访的三个关于市场的重要经济思想：

（1）人们是理性的。

（2）人们对经济激励做出反应。

(3) 最优决策基于边际分析。

□ 1.1.1 人们是理性的

经济学家一般假设人们是理性的。这一假设并不意味着经济学家认为人人都无所不知或者总是做出“最佳”决策。它只是意味着经济学家假设消费者和企业在为实现自身目标而采取行动时将使用所有可获得的信息。理性人会考虑每一个行动的效益和成本，只有当效益大于成本时，他们才会选择行动。例如，如果苹果公司将其智能手表的基本型号定价为 349 美元，经济学家假设苹果公司的经理已经估计 349 美元的价格将为苹果公司带来最大利润。即使苹果公司的经理可能是错误的；也许 325 美元或 375 美元的价格能带来更多利润，但是经济学家假设苹果公司的经理已经理性地根据他们可获得的信息做出了定价决策。尽管并不是每个人每时每刻都在理性地采取行动，但理性行为的假设在解释人们做出的大多数选择上仍然非常有用。

□ 1.1.2 人们对经济激励做出反应

人类的行为动机各种各样，包括嫉妒、同情、宗教信仰等。在不忽略其他动机的同时，经济学家强调，消费者和企业始终如一地对经济激励做出反应。这一事实看起来是显然的，但是往往被忽略。例如，根据《华尔街日报》(*Wall Street Journal*) 曾刊载过的一篇文章，FBI（美国联邦调查局）无法理解为什么银行在抢劫与日俱增的情况下不采取措施提高安全性：“FBI 官员建议在银行大门外配备穿制服的、携带武器的保安，而且在出纳窗口前安装被称为‘防盗板’的防弹塑胶。”但是，令 FBI 官员吃惊的是，很少有银行采纳他们的建议。不过，该文还报道，安装防弹塑胶的成本为 1 万～2 万美元，一个训练有素的银行保安的薪水和福利为每年 5 万美元，而一次银行抢劫的平均损失大约仅为 1 200 美元。对银行的经济激励是很清楚的：忍受银行抢劫案比采取额外的安保措施的成本要低。银行对抢劫威胁的反应可能会令 FBI 感到吃惊，但是对经济学家而言则不然。

在本书的每一章，“建立联系”专栏讨论了一个与该章内容相关的新闻故事或一个其他的应用。阅读下面的“建立联系”专栏，它讨论了人们是否会在甚至是决定吃多少食物和做多少锻炼这样的问题上对经济激励做出反应。

建立联系

医疗保险给了人们变胖的激励吗？

在美国，肥胖是一个严重的健康问题。身体质量指数（body mass index，BMI）是关于人的体重相对于其身高的值的衡量指标。美国疾病控制和预防中心（U.S. Centers for Disease Control and Prevention，CDC）对成年人肥胖的定义是：身体质量指数为 30 或以上。例如，如果一个身高为 5 英尺 4 英寸的人的身体质量指数为 30，那他就超重了。肥胖与多种疾病有关，包括心脏病、中风、糖尿病和高血压。

下页的两张地图显示了 1994—2013 年间肥胖率的显著上升。在 1994 年，美国多数州的成年人口肥胖率为 10%～14%，没有一个州超过 20%。到 2013 年，每个州的成年人口肥胖率至少为20%，有43个州的成年人口肥胖率超过25%。

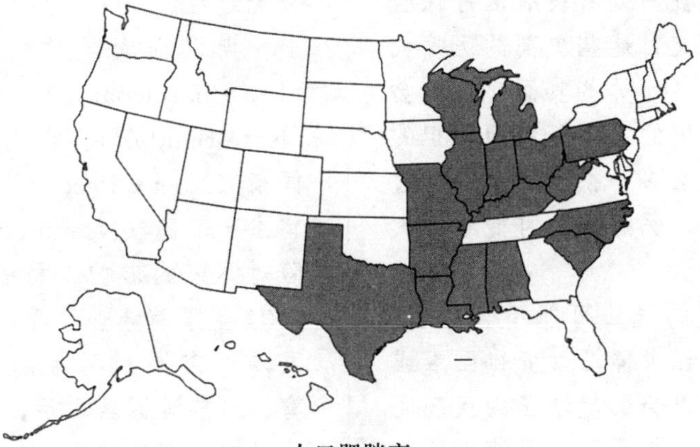

人口肥胖率

□10%~14%　■15%~19%

(a) 1994年的肥胖率

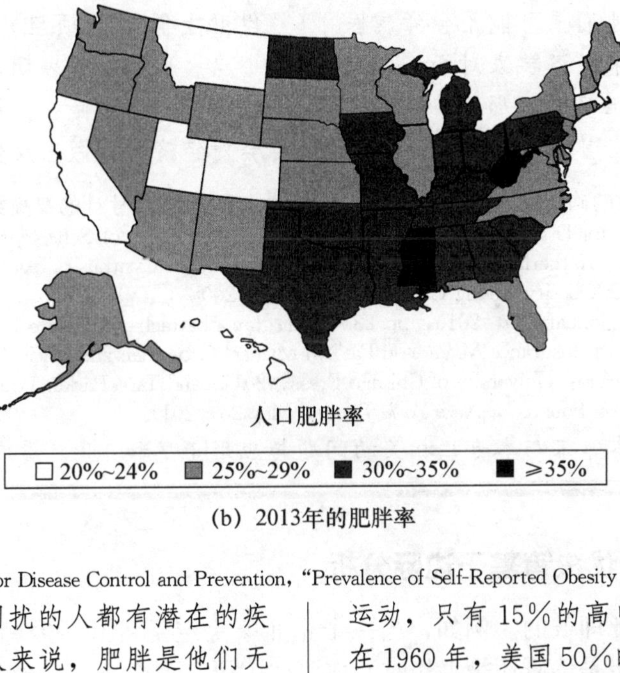

人口肥胖率

□20%~24%　■25%~29%　■30%~35%　■≥35%

(b) 2013年的肥胖率

资料来源：Centers for Disease Control and Prevention，“Prevalence of Self-Reported Obesity among U. S. Adults”.

许多深受肥胖困扰的人都有潜在的疾病问题。对于这些人来说，肥胖是他们无法控制的一个健康问题。但是，肥胖率上升这一事实表明，对有些人来说，肥胖是饮食和生活方式选择的结果。对肥胖率增加的可能解释包括摄入的高卡路里快餐增加、锻炼不够多以及许多工作岗位的身体活动减少。美国疾病控制和预防中心建议十几岁的年轻人每天最少做60分钟的有氧运动，只有15%的高中生达到这一标准。在1960年，美国50%的工作岗位要求有至少适度的身体活动。现在，这一比例下降到只有20%。结果，现在的典型工人（可能使用电脑工作）每个工作日比20世纪60年代的典型工人（可能会在制造工厂频繁走动）少消耗大约130卡路里。

除了吃得更多和锻炼不够多之外，享有医疗保险是否可能是肥胖的原因之一呢？肥胖者往往面临更多的健康问题，因此导致更高的医疗成本。那些其医疗保险只会返还部分医疗费用或者没有医疗保险的肥胖者必须自己支付这些更高的医疗成本的一部分或全部。而那些其医疗保险会覆盖大部分医疗费用的人因肥胖而承担的货币成本就没有这么多。换句话说，通过减少部分肥胖成本，医疗保险可能给了人们变胖的经济激励。

乍一看，这样的说法可能不合情理。有些人遭受着可能让身体活动变得困难或者哪怕是适度饮食也会引起增肥的疾病问题，因此，他们无论是否享有医疗保险都会变胖。有些人的肥胖是源于不恰当的饮食习惯或缺乏锻炼，在决定是否再吃一块巧克力蛋糕或看 Netflix 影视节目而不是去体育馆锻炼时，他们很可能不会考虑医疗保险。但是，如果经济学家对经济激励的重要性的看法是正确的，那么，我们可以预期，在保持所有其他个人体征——如年龄、性别和收入——不变的条件下，享有医疗保险的人比没有医疗保险的人更有可能过重。

斯坦福大学的杰伊·巴塔查里亚（Jay Bhattacharya）和凯特·布尔多芙（Kate Bundorf）、威尼斯大学的诺埃米·佩斯（Noemi Pace）以及南加州大学的尼雷杰·苏德（Neeraj Sood）分析了医疗保险对体重的影响。利用一个从 1989 年到 2004 年跟踪调查了近 8 万人的样本，他们发现，在控制了年龄、性别、收入、教育、种族等因素之后，享有医疗保险的人比没有医疗保险的人变肥胖的可能性显著要高。拥有私人医疗保险使 BMI 增加了 1.3 个点。拥有公共医疗保险（如医疗补助保险，这是一个规定政府给低收入者提供卫生保健的项目）使 BMI 增加了 2.3 个点。这些发现表明，人们甚至在做关于吃多少食物和做多少锻炼这样的决策时也会对经济激励做出反应。

注：身体质量指数的确切公式是：BMI=（以磅计的体重数/以英寸计的身高数^2）×703。

资料来源：Centers for Disease Control and Prevention，“Prevalence of Self-Reported Obesity among U. S. Adults”，www. cdc. gov；Katherine M. Flegal，Margaret D. Caroll，Cynthia L. Ogden，and Lester R. Curtin，“Prevalence and Trends in Obesity among U. S. Adults，1999—2008”，*Journal of the American Medical Association*，Vol. 303，No. 3，January 20，2010，pp. 235-241；Jay Bhattacharya，Kate Bundorf，Noemi Pace，and Neeraj Sood，“Does Health Insurance Make You Fat” in Michael Grossman and Naci H. Mocan，eds.，*Economic Aspects of Obesity*，Chicago：University of Chicago Press，2011；and Tara Parker-Pope，“Less Active at Work，Americans Have Packed on Pounds”，*New York Times*，May 25，2011.

轮到你了：做本章末与本专栏相关的问题与应用 1.7 和 1.8，看看你理解得如何。

□ 1.1.3 最优决策基于边际分析

有些决策是非此即彼的。例如，当一个企业家决定是否开一家新餐馆时，她要么开，要么不开。当你决定是读研还是工作时，你要么读研，要么不读。但是生活中大多数决策并不是非此即彼的，而是涉及多做一些还是少做一些。如果你要努力减少开支和增加储蓄，你要做的决策不是要么省下所赚的每一块钱，要么全部花光。相反，你要做许多小的选择，比如是每天在星巴克买一杯摩卡咖啡，还是一周一次。

经济学家使用“边际”一词来表示“额外的”或“追加的”。你应该多看一个小时电视还是将这一个小时用于学习？收看更多电视的边际效益（*MB*）是你得到的额外享受，而边际成本（*MC*）则是你因学习时间减少而少得的分数。苹果公司应该再多生产 30 万块智能手表吗？公司通过销售商品获得收益。苹果公司的边际效益就是多销售 30 万块智能手表得到的额外收益。苹果公司的边际成本就是多生产 30 万块智能手表的额外成本，包括工资、零配件购置成本等。经济学家推理得到的结论是：最优决策是将任何活动持续到使边际效益等于边际成本（用符号表示就是 $MB=MC$）的点。我们常常无须有意识地思考就会应用这一规则。通常不假思索你就会知道看一个小时电视得到的额外享受是否抵得上不把那一个小时用于学习的额外成本。但是，在商业中，公司常常不得不进行仔细的计算才能比较边际效益和边际成本，例如，提高产量得到的额外收益是大于还是小于额外的生产成本。经济学家将涉及比较边际效益和边际成本的分析称为**边际分析**（marginal analysis）。

在本书的每一章，你将会看到专栏“例题”。通过向你展示解决一个应用性经济问题的详细步骤，这一专栏将增加你对所学内容的理解。在看了例题之后，你可以通过做每章末的相关题目来测试你的理解。你也可以做 www. myeconlab. com 上的例题，得到有针对性的辅导。

例题 1.1　OraSure 公司基于边际分析进行决策

OraSure 公司是一家总部位于宾夕法尼亚州的医疗科技公司，它生产的产品之一是消费者可以用来在家里检查艾滋病病毒的一种设备。2015 年，OraSure 公司决定减少为这种设备所做的广告数量。公司的首席执行官（CEO）说，广告在增加设备销量上的效果没有达到他的预期。一篇新闻报道引用他的话说：“因而，我们不得不调整广告支出以使其与收益更成比例。”假设减少广告将降低 OraSure 公司的该设备的销量，该公司应该如何决定广告的减少量？OraSure 公司减少广告有可能是错误的吗？请简要解释。

解：

第 1 步：复习本章内容。这一问题是关于如何做决策的，所以你可能需要复习一下“最优决策基于边际分析”这一节。

第 2 步：解释 OraSure 公司应该如何决定广告的减少量。我们已经看到，任何活动都应当持续进行到使边际效益等于边际成本的那一点。应用到本例中，OraSure 公司显然认为它违反了这一规则，原因是广告的额外成本超过了它从广告带来的销量增加量中得到的额外收益。因此，OraSure 公司将会因减少广告数量而获益，原因在于成本的下降将超过收益的下降。该公司的目标应该是减少广告支出直到最后一美元广告支出的额外收益等于其额外成本为止。

第 3 步：解释 OraSure 公司减少广告的决策是否有可能是一个错误的决策。OraSure 公司的 CEO 对广告增加设备销量的程度感到失望。但是，即使 CEO 希望广告的效果比实际效果更好，公司的广告支出仍有可能是最优的。如果最后一美元广告支出的边际收益等于其边际成本，那么，减少广告支出将会使公司受损。确保决策正确无误的唯一方法是分析该公司的广告支出变动对公司的收益和成本产生的影响。

资料来源：Scott Krause, “OraSure's Ebola Test Moving Forward in Africa”, (Allentown, PA) *Morning Call*, May 6, 2015.

轮到你了：要想做更多的练习，请做本章末与本专栏相关的问题与应用 1.9 和 1.10。

1.2 每个社会都必须解决的经济问题

由于我们生活在一个稀缺的世界中，任何社会都面临着这样一个经济问题：它只拥有有限数量的经济资源，如工人、机器和原材料，因此只能生产有限数量的商品和服务。因而，每个社会都面临着**权衡**（trade-off）：生产更多的一种商品或服务意味着生产更少的另一种商品或服务。生产一种商品或服务的成本的最佳衡量是为了生产它而不得不放弃的东西的价值。任何活动——如生产一种商品或服务——的**机会成本**（opportunity cost）是从事该项活动必须放弃的价值最高的其他用途的价值。机会成本的概念在经济学中非常重要，它既适用于个体，也适用于企业和作为一个整体的社会。例如，假定你在 Scanadu——本章开篇讨论过的那家医疗科技公司——工作可以拿到 10 万美元的年薪。你决定开办自己的公司，开发和销售医疗设备。在这个例子中，你给自己的公司提供服务的机会成本就是你不去 Scanadu 公司工作所放弃的 10 万美元，哪怕你并没有给自己付工资。正如这个例子，机会成本常常并不涉及实际的货币支付。

建立联系

现在是周六下午；为什么你没有在现场观看橄榄球比赛？

对许多学生而言，在现场观看校园橄榄球比赛是一种秋天欢度周六下午的方式。然而，有些大学现场观看橄榄球比赛的学生人数出现了下降。2014 年，在组成橄榄球碗赛分区（Football Bowl Subdivision）的 127 所大一些的学校里，橄榄球比赛的平均上座率下降到了 14 年来的最低水平。在过去几年中，分配给佐治亚大学学生的球票有接近 40%没有卖出去。甚至近些年率领亚拉巴马大学队几度夺得全国冠军的尼克·萨班（Nick Saban）也对该队比赛的低上座率公开表示担忧。

什么解释了愿意现场观看橄榄球比赛的学生人数减少呢？在一些学校，不断上升的票价有助于解释前述人数的下降。密歇根大学的一个学生这么说道："人们在考虑削减成本，对许多人来说，把现场观看橄榄球比赛计划去掉很容易。去大学现场观看橄榄球比赛并非不可或缺。"

记得从事一项活动的机会成本是从事该项活动必须放弃的价值最高的其他用途的价值。现场观看一场校园橄榄球比赛的机会成本并不只是票价。如果票价为 50 美元，你的机会成本是那 50 美元加上如果你不去现场观看比赛而做其他事情的价值。曾经，只有相对较少的校园橄榄球比赛有电视直播，但是，现在许多有线网络都直播比赛。如果你去现场观看你们学校的比赛，那你就失去了观看同一时间直播的比赛的机会，而直播的比赛有高清画面、从多个镜头角度的回放和专家解说。当你在自己的房间或在运动餐馆观看比赛时，你还可以在 Facebook、Instagram 或 Twitter 发帖，可以收电子邮件、上网、接打电话。大学体育馆里的 Wi-Fi 和手机信号常常很差，使这些活动变得困难。

因此，近些年里现场观看校园橄榄球比赛的机会成本已经上升了，这不只是因为票价上升了，还因为学生高度看重的其他活动的数量也增加了。我们预期，当从事某项活动的机会成本增加时，人们就会少从事该项活动，正如我们从大学橄榄球比赛的上座率下降中看到的那样。

大学已经对比赛上座率的下降做出了反应：降低票价，提高 Wi-Fi 和手机信号服务，安装显示回放（就像电视上那样）的高清显示屏。这些降低现场观看校园橄榄球比赛的机会成本的尝试能否成功还有待观察。

资料来源：Jon Solomon，“College Football Attendance：Home Crowds Drop to Lowest in 14 Years”，cbssports. com，December 15，2014；Adam Rittenberg，“Attendance Challenges Big Deal for B1G”，espn. com，February 14，2014；and Ben Cohen，“At College Football Games，Student Sections Likely to Have Empty Seats ”，*Wall Street Journal*，August 27，2014.

轮到你了：做本章末与本专栏相关的问题与应用 2.7，看看你理解得如何。

在回答下面三个根本问题的时候，权衡迫使社会做出选择：

（1）生产什么商品和服务？

（2）如何生产这些商品和服务？

（3）谁将获得这些商品和服务？

在整本书中，我们将多次回到这些问题。现在，我们简单地介绍每个问题。

□ 1.2.1 生产什么商品和服务？

社会如何决定是生产更多的经济学教科书还是更多的蓝光播放器？建更多的托儿所还是橄榄球场？当然，“社会”并不做决策；只有个体才做决策。生产什么这个问题的答案由消费者和为企业或政府工作的人所做的选择共同决定。每一天，当你选择购买一部 iPhone 而非三星 Galaxy，或者摩卡咖啡而非印度奶茶时，你都在帮助决定企业将生产哪些商品和服务。类似地，苹果公司的经理必须做出选择，是将该公司稀缺的资源用于生产更多的 iPhone 还是更多的智能手表。国会议员和总统也必须做出选择，是将联邦政府有限的预算更多地用在乳腺癌研究上还是用在维护高速公路上。在每个例子中，消费者、企业经理人和政府的决策制定者都面临稀缺问题，必须在不同商品或服务间进行权衡。每种选择的做出都伴随着用所放弃的最佳其他用途的价值来衡量的机会成本。

□ 1.2.2 如何生产这些商品和服务？

企业选择如何生产它们所销售的商品和服务。在许多情况下，企业面临着使用更多工人还是使用更多机器之间的权衡。例如，一家本地的服务站必须选择使用更多的诊断电脑和更少的汽车技工来提供汽车修理服务，还是使用更少的诊断电脑和更多的汽车技工。类似地，电影工作室必须选择利用技能高超的动画师通过手工绘制动画的方式来制作动画片，还是使用更少的动画师和更多的电脑。在决定是否将生产转移到中国时，美国的企业可能要在两种生产方式之间进行选择：一种是在美国使用更少的工人和更多的机器进行生产，另一种是在中国使用更多的工人和更少的机器进行生产。

□ 1.2.3 谁将获得这些商品和服务？

在美国，谁将获得这些商品和服务在很大程度上取决于收入是如何分配的。收入越高的人能够购买越多的商品和服务。人们常常愿意放弃部分收入——从而放弃他们购买商品和服务的部分能力，捐赠给慈善机构来增加较穷的人的收入。美国人每年向慈善机构捐赠超过 3 250 亿美元，即该国每个家庭平均捐款 2 800 美元。然而，一个重要的政策问题是：政府是否应该干预以使收入分配更加平等？在美国，这样的干预已经发生了，因为收入更高的人所缴纳的税收占其收入的比重更大，而且政府还向低收入者进行了转移支付。对于当前收入再分配的努力是否足够或者是否应该有更多或更少的再分配，现在还存有分歧。

□ 1.2.4 中央计划经济与市场经济

为了回答上述的什么、如何和谁这三个问题，社会主要以两种方式组织其经济。社会可以实行**中央计划经济**（centrally planned economy），在这样的经济中，由政府决定经济资源如何配置。或者，社会也可以实行**市场经济**（market economy），在这样的经济中，经济资源的配置由在市场中相互作用的家庭和企业的决策来决定。

从 1917 年到 1991 年，世界上最重要的中央计划经济是苏联的经济。1917 年，列宁和共产党发动了革命并控制了俄国，建立了苏联。在苏联，由政府决定生产什么商品、如何生产以及谁将获得这些商品。政府雇员管理着工厂和商店，这些管理人员的目标是遵从政府的指令而不是满足消费者的需要。像苏联这样的中央计划经济未能成功地生产低成本和高质量的商品和服务。结果，实行中央计划经济的人们的平均生活水平往往很低。今天，只有像朝鲜一样的少数国家还在实行中央计划经济。

所有高收入国家，如美国、加拿大、日本以及西欧各国，都是市场经济。市场经济主要依靠私营企业来生产商品和服务，并决定如何生产。市场而不是政府决定了谁将获得这些商品和服务。在市场经济中，企业必须生产满足消费者需要的商品和服务，否则这些企业就会破产。在这种意义上，最终是消费者决定了生产什么商品和服务。因为市场经济中的企业相互竞争，以最低廉的价格提供最高质量的产品，所以它们有很大的市场压力，必须使用成本最低的生产方法。例如，在过去的 10 年里，有些美国企业有着很大的降低成本的压力，以便能够与中国企业竞争。

在市场经济中，个人的收入由他出售自己拥有的东西所获得的报酬决定。如果你是一位土木工程师，而企业愿意向有着与你相当的训练经验和技能的工程师支付 8.5 万美元的年薪，那么你可以用来购买商品和服务的收入就是这么多。如果你还拥有一栋租出去的住房，那么你的收入就会更高。市场的有吸引力的特点之一就是它奖励勤奋工作的人。一般地，你接受的训练越多、工作时间越长，你的收入就会越高。当然，运气（包括好的和坏的）在这里也会起作用。有人的收入高可能是因为她赢了彩票，而有人的收入低可能是因为他身体不好。我们可以得出结论，市场经济对“谁将获得这些商品和服务”这个问题的回答是：“那些最愿意和最有能力购买它们的人”。

□ 1.2.5 现代的“混合”经济

在 19 世纪和 20 世纪早期，美国政府对商品和服务市场的管制相对很少。从 20 世纪中期开始，在美国和其他市场经济国家，政府对经济的干预显著增加了。这一增加主要是由 20 世纪 30 年代大萧条期间的高失业率和高公司破产率所导致的。有些政府干预也意图增加老年人、病人以及技能有限者的收入。例如，在 20 世纪 30 年代，美国建立起了社会保障体系和最低工资法，前者向退休和伤残的工人提供政府补助，后者对许多职业中雇主可以支付给工人的工资规定了一个下限。在更近的年份，政府对经济的干预还扩展到实现环境保护、促进人权以及向低收入者和老年人提供医疗保健等目标。

有些经济学家认为，政府干预的程度如此广泛，这使得将美国、加拿大、日本和西欧的经济称为纯市场经济已经不再准确。它们应该被称为“混合经济”。在**混合经济**（mixed economy）中，大部分经济决策都是市场中买者和卖者相互作用的结果。但是，政府在资源的配置中扮演着重要角色。正如我们在后面的章节中将会看到的，经济学家对政府在市场经济中应该扮演的角色还在争论不休。

近些年国际经济中最为重要的新情况之一是中国从中央计划经济转变为更加混合的经济。尽管中国在政治上的改革仍然比较缓慢，但是，大部分商品和服务的生产现在是由市场而不是由政府决定的。结果，中国出现了快速的经济增长，这帮助超过10亿中国人摆脱了贫困。

□ 1.2.6 效率与公平

市场经济往往比中央计划经济更有效率。存在两种类型的效率：生产效率和配置效率。**生产效率**（productive efficiency）是指商品或服务以最低的成本生产。**配置效率**（allocative efficiency）是指生产与消费者偏好相一致。由于市场促进了竞争和自愿交换，市场往往是有效的。通过**自愿交换**（voluntary exchange），产品的买方和卖方的境况都因交易而变好了。我们知道买方和卖方的境况都变好了，这是因为，不然的话，买方不会同意购买产品，或者卖方不会同意出售产品。当市场上企业之间的竞争迫使企业以最低的成本来生产商品和服务时，就实现了生产效率。当企业之间的竞争以及企业和消费者之间的自愿交换这两者合力促使企业生产消费者最偏好的商品和服务的组合时，就实现了配置效率。只要消费者获得的额外效益大于生产的额外成本，竞争就会导致企业继续生产并销售商品和服务。通过这种方式，所生产的商品和服务的组合就会与消费者的偏好相一致。

尽管市场促进了效率，但它并不能确保效率。无效率的产生有各种来源。首先，企业学会如何有效率地生产某种商品和服务可能需要一些时间。例如，当蓝光播放器刚推出时，该企业并没有即刻就实现了生产效率，原因是它花了好几年的时间才找到生产该商品的成本最低的方法。其次，正如我们将在后面章节所讨论的，如果政府对市场上的自愿交换进行干预，无效率也会产生。例如，许多政府限制从外国进口某些商品。这样的限制阻止了产品以最低的成本生产出来，所以降低了效率。不过，某些商品的生产损害了环境。在这种情况下，政府干预可以提高效率，因为如果没有这种干预，企业会忽略环境损害的成本，因而不能以最低的成本来生产这些商品。

经济上有效的结果并不一定是合意的。许多人偏好他们认为是公正或公平的经济结果，哪怕这些结果不那么有效率。**公平**（equity）比效率更难定义，原因是不存在公认的对公正的定义。对有些人来说，公平意味着使经济利益的分配要比单纯强调效率所导致的分配更加平等。例如，有些人支持对高收入者增加税收来为资助穷人的项目提供资金。尽管政府通过降低高收入者的收入和提高穷人的收入可以增进公平，但效率可能会降低。如果政府把人们从工作或储蓄中所获得的收入的相当一部分拿走，那么人们开设新公司、努力工作和进行储蓄的激励就会降低。结果，生产的商品和服务减少了，储蓄也会降低。正如这个例子所说明的，效率和公平之间常常存在权衡。政府的政策制定者常常面临着这一权衡。

1.3 经济模型

正如本章一开始所提到的，经济模型是现实的简化版本。许多职业都依赖模型：工程师会利用桥梁的电脑模型来帮助测试桥梁能否抵御大风，生物学家会建立核酸的物理模型以更好地理解它的性质。经济学家依赖于经济模型或理论来分析从政府在监测智能设备中的作用到社会是否应该再分配收入等各种现实问题（本书互换使用“模型”和“理论”这两个词）。经济模型的目的之一是让经济思想足够明白和具体以便个人、企业或政府可以用它们来做决策。例如，我们将在第3章中看到，供给-需求模型就是产品价格如何由市场中买卖双方之间的相互作用决定的一个简化版本。

经济学家运用经济模型来回答问题，如“美国在2020年会有足够数量的医生吗?”美国劳工统计局的经济学家建立模型来预测不同职业未来的雇用水平。这些模型使劳工统计局能够预测未来某个时间可能有多少医生。经济学家也用模型来预测对医疗服务的需求。通过分别预测医生的数量和医疗服务需求，这些模型对2020年是否会有足够数量的医生提供了一个预测。正如本章开头所提到的，美国卫生资源和服务管理局的经济学家已经利用模型预测2020年将会存在大约55 600名医生的短缺。

有时经济学家利用现有的模型来分析现实问题，但在其他情况下，他们必须建立新的模型。为了建立新的模型，经济学家通常采取下面的步骤：

（1）决定建立模型要用到的假设。

（2）形成可检验的假说。

（3）利用经济数据对假说进行检验。

（4）如果模型未能很好地解释经济数据，则对模型进行修正。

（5）保留修正后的模型，用于在未来帮助回答类似的经济问题。

□ 1.3.1 假设在经济模型中的作用

任何模型都建立在提出假设的基础之上，因为模型必须简化才有用。例如，经济模型对消费者和企业的动机提出了行为性假设。经济学家假设消费者会购买那些最大化其福利或满意度的商品和服务。类似地，经济学家假设企业会采取行动以最大化其利润。这些假设都是简化，因为它们并没有描述每个消费者和每个企业的动机。我们如何才能知道模型中的假设是太过简化还是有太多限制性呢？通过基于这些假设形成假说并运用现实世界的信息来检验这些假说，我们就能确定假设的有用性。

□ 1.3.2 形成并检验经济模型中的假说

经济变量（economic variable）是可以取不同值的可测度的东西，如医生的收入。在经济模型中，假说是关于经济变量的一个可能正确也可能不正确的陈述。如下陈述是经济模型中的假说的一个例子：初级护理医生（常常被称为“家庭医生”）的收入下降会导致美国2020年选择进入初级护理科别的医生数量下降。经济假说通常都是关于因果关系的；在这个例子中，该假说声称收入下降引起或导致更少的医生进入初级护理科别。

在接受假说之前，我们必须通过分析相关经济变量的统计数据对它进行检验。在我们的例子中，我们要搜集关于家庭医生的收入和家庭医生数量的统计数据，可能还有关于其他变量的统计数据。对假说进行检验可能会很棘手。例如，如果你证明家庭医生的数量在其平均收入下降时减少了，这并不足以证明是收入的下降引起了家庭医生数量的减少。仅仅因为两件事相关——也就是它们同时发生——并不意味着一件事引起了另一件事。例如，一个医生在从业前在一家教学医院当其所学科别的住院医师。教学医院决定它们在某一特定科别提供的住院医师数量。假定教学医院在家庭医生的收入下降的同时减少了初级护理科别住院医师的数量。在这种情况下，引起家庭医生数量下降的很可能是住院医师数量的减少，而不是家庭医生收入的下降。在一段时间内，许多经济变量都在发生变化，这使得对假说的检验变得复杂了。实际上，经济学家对某个假说（如收入下降对家庭医生的数量的影响）存在分歧，常常是因为他们对解释用于检验假说的统计分析存在分歧。

请注意，假说必须是在原则上可以被证伪的陈述。诸如“增加家庭医生的数量是好的”或“增加家庭医生的数量是不好的”这样的陈述是价值判断而不是假说，因为它们不可能被证伪。

如果经济模型导致的假说被统计分析证实了，那么经济学家就会接受并采用这个经济模型。但是，在许多情况下，接受是试探性的，有待新数据的搜集或进一步的统计分析。实际上，经济学家常常说统计分析“没有拒绝”某一个假说，而不是说假说“被接受”。但如果统计分析明确拒绝某个假说又应当如何呢？例如，如果一个模型导致了如下假说：“家庭医生的收入下降导致这些医生的数量下降”，但是数据拒绝了这一假说，那应当如何呢？在这种情况下，必须对这个模型予以重新考虑。有可能是模型中使用的假设太过简化或有太多限制了。例如，可能是模型忽略了“家庭医生从私人执业状态转而成为在医院领薪水的雇员”（成为医院雇员的医生的收入更低但可以从经营自己的诊所所涉及的责任中摆脱出来）这一事实。初级护理医生被雇用的方式的改变有可能能够解释数据为什么拒绝前面提到的假说。

美国劳工统计局分析了它在1996年做出的对2006年雇用水平的预测的精确性。有些预测相当精确，而另一些则不然。例如，美国劳工统计局曾经预测在2006年会有677 917名内外科医生被雇用，但实际雇用数仅为633 292名，比预测少了大约7%。对医师助理的预测的误差要大得多，2006年医师助理的雇用水平预测值为93 485名，但实际只有65 628名，比预期低了大约30%。分析这些预测的错误有助于美国劳工统计局改进它用于预测职业雇用水平的模型。

建立模型、检验假说和修正模型的过程不仅发生在经济学中，而且也发生在像物理、化学和生物学这样的学科中。这一过程常常被称为科学方法。由于经济学将科学方法应用于对人们之间相互作用的研究，所以它是一门社会科学。

□ 1.3.3 实证分析与规范分析

在本书中，当我们建立经济模型并用它们来回答问题时，我们要谨记实证分析与规范分析之间的区别。**实证分析**（positive analysis）关注是什么，而**规范分析**（normative analysis）关注应该是什么。经济学是关于实证分析的，它衡量不同行动方式的成本和效益。

我们可以用美国联邦政府的最低工资法来比较实证分析和规范分析。在 2015 年，根据这部法律，雇主以低于每小时 7.25 美元的工资雇用工人是非法的。如果没有最低工资法，有些企业和工人会在一个更低的工资水平自愿达成一致。由于有了最低工资法，有些工人难以找到工作，而有些企业最终支付的劳动成本比没有这部法律的情况下要高。对联邦最低工资法所进行的实证分析会用一个经济模型来估计有多少工人因为这部法律而丢了工作，这部法律对企业的成本和利润的影响，以及拿最低工资的工人所获得的好处。在经济学家完成这一实证分析后，判断最低工资法是一个好主意还是坏主意则是一个规范性的问题，取决于人们如何评价所涉及的权衡。这部法律的支持者认为，雇主以及因为这部法律而失业的工人的损失低于与没有这部法律的情况下相比得到更高工资的工人所获得的好处。这部法律的反对者则认为损失大于好处。任何个人的评价都部分地取决于他的价值判断和政治观点。经济学家提供的实证分析在规范分析中会起作用，但单靠实证分析无法做出判断。

在每一章，你都会看到“不要犯这样的错误！”专栏，接下来就有一个。这些专栏提醒你注意在思考经济思想时常见的错误。在阅读了该专栏后，做本章末的相关习题以此测试你理解得如何。

不要犯这样的错误！

不要混淆实证分析和规范分析

“经济分析显示，因为最低工资法引起失业，所以它是一个坏主意。”这个说法准确吗？在 2015 年，联邦最低工资法禁止雇主以低于每小时 7.25 美元的工资雇用工人。这个工资水平比有些雇主愿意向某些工人支付的工资要高。如果没有最低工资法，有些现在无法找到愿意按每小时 7.25 美元的工资雇用他们的企业的工人就能够找到工资低一些的工作。所以，实证经济分析表明，最低工资法引起了失业（在第 4 章，我们将探讨为什么经济学家对最低工资引起了多少失业存在分歧）。但是，一些有工作的工人却从最低工资法中获益，因为他们得到的工资比没有这部法律的情况下要高。换句话说，最低工资法既造就了输家（由此而失业的工人和不得不支付更高工资的企业），也造就了赢家（获得更高工资的工人）。

我们应该对赢家获得的好处比对输家的损失更加看重吗？对这个问题的回答涉及规范分析。实证经济分析可以显示某一特定政策的后果，但它无法告诉我们这个政策是“好”还是“坏”。所以，本专栏一开始时的说法是不准确的。

轮到你了：做本章末与本专栏相关的问题与应用 3.6 和 3.7，看看你理解得如何。

□ 1.3.4 作为一门社会科学的经济学

由于经济学研究个体的行为，所以它是一门社会科学，也因此与心理学、政治学和社会学等其他社会科学学科类似。作为一门社会科学，经济学考虑每种情境下的人类行为(特别地，决策行为)，而不只是商业情境下的行为。经济学家已经研究了诸如家庭如何决定要几个孩子、为什么人们难以减肥或实现其他目的、为什么人们在做决策时常常忽略相关信息等问题。经济学对政府政策问题的贡献也很大。正如我们在整本书中都会看到的，经济学家在环境、卫生保健和贫困等领域的政府政策制定中起着重要作用。

建立联系☞

医学院应该免费吗?

美国人口在持续增加，仅是这一现实就会增加对医疗服务的需求。另外，人口的平均年龄在上升，老年人比年轻人需要更多的医疗保健。因此，随着时间的推移，医生的数量需要增加。正如本章开头所提到的，美国卫生资源和服务管理局预测，到2020年，为提供病人护理所需的医生数量将增加到922 000名。

我们可以确信在2020年会有这么多医生吗？事实上，美国卫生资源和服务管理局预测在2020年会存在55 600名医生的短缺。大部分短缺可能会是初级护理医生，即家庭医生。正如我们在后面的章节里会讨论的，通常我们预期，当消费者想要更多的某种产品时，更高的工资和更多的工作机会会吸引工人到该行业工作。例如，在2005年前后几年美国房地产繁荣的时期，建筑业工人（木工、水管工、屋顶工等）的数量迅速增加。但是，培养更多的医生是一个长期的过程。在完成本科学习之后，医生要在医学院学习4年，然后去教学医院花上3～5年的时间做某一特定医学科别的住院医师。国会显然深信如果医院得不到帮助的话就不能训练足够的医生，于是，国会每年向教学医院总计提供100亿美元，根据它们训练的住院医生的数量予以补贴。

斯隆-凯特林癌症中心（Sloan-Kettering Cancer Center）的彼得·巴赫（Peter Bach）和布鲁金斯研究所的罗伯特·科克(Robert Kocher）提议医学院应该不收学费。他们提出的理由是，几乎所有从医学院毕业的学生都欠了学生贷款，平均每个学生欠的贷款超过16万美元。我们也许会预期，尽管这些债务很大，但却不会成为学生申请进入医学院就读的障碍，因为2015年医生的平均年收入在25万美元以上。但是，巴赫和科克指出，医学院的高成本有两个坏结果：其一，一些好学生不会申请，要么是因为他们不想承担这么大的债务，要么是因为他们无法借到足够的钱；其二，许多学生不愿选择初级护理科别（平均收入只有19万美元）而偏爱整形或麻醉学之类的专业科别（平均收入达32.5万美元）。教学医院支付给住院医师的工资是每年大约5万美元。巴赫和科克提议医院继续给初级护理科别的住院医师付工资，但不再给专业科别的住院医师付工资。医院由此节省下来的钱将被支付给医学院，有了这些资金，医学院就可以免收学费了。该方案将增加学生选择初级护理而非专业科别的激励。对巴赫和科克的提议持批评意见的人质疑是否有许多有能力进入医学院就读的学生真的因为医学院的学费而未能如愿。他们还质疑是否有许多本打算选择专业科别的住院医师会转而选择初级护理科别，就算选择专业科别意味着他们不得不借钱来支付日常开支而没有医院付给的工资。

和许多其他政策争论一样，对于医学

院得到支付的方式是否应该做出改变的争论有着实证性和规范性的双重元素。通过搜集数据和使用经济模型，我们有可能对争论的每一方所做的部分定量的主张进行评价：学费在学生是否进入医学院就读的决策中起着什么作用？学费增加对医学院的申请人数的影响是大还是小？预期未来收入的变化如何影响医学院学生选择哪个专业科别的决策？这些都是实证性问题，因此确切阐述定量的答案是有可能的。但是，不幸的是，这一争论最终还有一个规范性元素。例如，有些医生、经济学家和政策制定者认为让低收入或农村地区的人有更好的卫生保健条件很重要，因此他们愿意支持那些将医学院学生从专业科别导向初级护理科别的政策。其他医生、经济学家和政策制定者则相信，进入专业科别的医学院学生比进入初级护理科别的学生对社会的贡献要大。这种类型的分歧不可能通过建立模型和分析数据而解决，因为所涉及的问题本质上是规范性的。

在 2010 年，奥巴马总统和国会颁布了《患者保护与平价医疗法案》(Patient Protection and Affordable Care Act)，该法案对美国卫生保健体系做出了重大改变。大部分改变在 2015 年前生效。随着政策制定者竭力解决日益上升的卫生保健成本问题，更多的改变是有可能的。国会和总统是否会颁布意在增加家庭医生数量的政策仍有待观察。

资料来源：Uwe E. Reinhardt，"Producing More Primary-Care Doctors"，*New York Times*，June 10，2011；Uwe E. Reinhardt，"The Debt of Medical Students"，*New York Times*，September 14，2012；and Peter B. Bach and Robert Kocher，"Why Medical School Should Be Free"，*New York Times*，May 28，2011.

轮到你了：做本章末与本专栏相关的问题与应用 3.8，看看你理解得如何。

1.4 微观经济学和宏观经济学

经济模型可以用于分析许多领域的决策。我们把有些领域归入微观经济学中，而把其他领域归入宏观经济学中。**微观经济学**（microeconomics）是对家庭和企业如何做出选择、它们在市场中如何相互作用以及政府如何试图影响它们的选择的研究。**宏观经济学**（macroeconomics）是把经济视为一个整体而进行的研究，包括通货膨胀、失业和经济增长等主题。表 1.1 给出了微观经济学问题和宏观经济学问题的例子。

表 1.1　微观经济学问题和宏观经济学问题

微观经济学问题的例子	宏观经济学问题的例子
● 消费者如何对产品价格的变化做出反应？ ● 企业如何决定对它们出售的产品收取什么价格？ ● 什么政府政策对减少未成年人吸烟最有效？ ● 批准销售一种新处方药的成本和效益是什么？ ● 什么方法对减少空气污染最有效？	● 为什么经济会经历衰退和失业不断增加的时期？ ● 为什么在长期内有些经济体比其他经济体增长得快很多？ ● 什么决定了通货膨胀率？ ● 什么决定了美元的价值？ ● 政府干预是否能够降低衰退的严重性？

微观经济学和宏观经济学之间的区别并不是界限分明的。许多经济情境既有微观经济学的方面，也有宏观经济学的方面。例如，企业在新机器和设备上的总投资水平有助于确定经济增长得有多快，这是一个宏观经济问题。但要了解企业决定购买多少新机器和设备，我们不得不分析单个企业所面临的激励，而这是一个微观经济问题。

1.5 重要经济术语预览

在以下各章中，你会反复碰到某些重要的术语。熟悉这些术语是学习经济学的一个必要步骤。在此我们对部分这些术语进行简要介绍。我们将在后面的章节中对所有术语进行更深入的讨论。

企业或公司。企业是生产商品或服务的组织。大部分企业生产商品或服务以赚取利润，但也有非营利企业，如大学和部分医院。经济学家互换使用“企业”和“公司”这两个词。

企业家。企业家是经营企业的人。在市场体系中，企业家决定生产什么商品和服务以及如何生产它们。开办新企业的企业家把自己的资金置于风险之中。如果企业家对消费者需要什么或生产商品和服务的最佳方式等方面的见解错了，那么，企业家的资金就会遭受损失。生意失败而亏钱并非罕见：在美国，约有一半的新企业在四年内倒闭。如果没有愿意承担开办和经营企业的风险的企业家，那么，市场体系中就不可能有经济进步。

创新。发明和创新之间是有区别的。发明是新商品或生产商品的新工艺。创新是发明的实际应用。（创新也可以更广泛地用来指商品或商品生产方法上的重大改进。）在新主意出现与开发到广泛应用之间的时间常常很漫长。例如，莱特兄弟 1903 年就在北卡罗来纳州的基蒂霍克首次实现了自推式飞行，但是莱特兄弟的飞机很粗糙，而直到道格拉斯飞机公司在 1936 年开发出 DC-3 型飞机后，定期安排的城际航班才在美国成为平常之事。类似地，首台数字式电子计算机 ENIAC 是在 1945 年开发出来的，但直到 1981 年，第一台 IBM 个人计算机才被开发出来，而直到 20 世纪 90 年代，计算机的广泛运用才对美国企业的生产率产生了显著影响。

技术。一家企业的技术是它用来生产商品和服务的工序。在经济意义上，企业的技术取决于许多因素，如其管理人员的技能、其工人所受到的培训，以及其机器和设备的速度和效率。

商品。商品是有形的货物，如图书、计算机或蓝光播放器。

服务。服务是为他人所做的活动，如给人理发或提供投资建议。

收益。企业的收益是出售商品或服务所获得的全部金额，其计算方式是单价乘以售出的数量。

利润。企业的利润是其收益和成本之差。经济学家区分会计利润和经济利润。在计算会计利润时，我们没有考虑企业并不明确支付报酬的某些经济资源的成本。在计算经济利润时，我们包括了企业所使用的所有资源的机会成本。当本书提到利润时，我们是指经济利润。不要将利润和收益相混淆，这很重要。

家庭。家庭由同居一家的所有人组成。家庭是企业生产商品和服务所使用的生产要素——尤其是劳动——的供给者，也是企业和政府生产的商品和服务的需求者。

生产要素或经济资源或投入。企业利用生产要素生产商品和服务。主要的生产要素有劳动、资本、人力资本、自然资源（包括土地）以及企业家才能。家庭通过向企业供给生产要素获得收入。经济学家互换使用“生产要素”、“经济资源”和“投入”这三个术语。

资本。在日常用语中，“资本”一词可以指“金融资本”或“实物资本”。金融资本包括企业发行的股票和债券、银行账户和持有的货币。但在经济学中，资本是指实物资本，它包括用于生产其他商品和服务的制成品。实物资本的例子有计算机、工厂建筑物、机床、仓库和卡车。一国可以使用的实物资本的总量被称为这个国家的资本存量。

人力资本。人力资本是指工人接受的累计培训和拥有的技能。例如，受过大学教育的工人一般比只有高中学历的工人拥有更多技能，生产率也更高；因此，受过大学教育的工人有更多人力资本。

接第 4 页

生活中的经济学

卫生保健行业将会有很多工作岗位吗？

在本章一开头，我们提出了一个问题：“关于卫生保健方面的工作岗位的可得性的预测的依据是什么？这些预测的可靠性有多高？”随着美国人口的增加以及人口平均年龄的上升，看起来医生、护士、医师助理和其他卫生保健工人的数量有可能会增加。美国劳工统计局发布了使用最广泛的职业预测。该机构的经济学家基于经济模型来做这些预测。可是，这些预测可能是不准确的。例如，在 1996 年，该机构预测 2006 年将会有 93 485 名医师助理被雇用，但实际只有 65 628 名。美国劳工统计局分析这样的错误，以尝试改进它的预测。因此，随着时间的推移，该机构的预测可能变得更加准确，但是，如果你预期这些预测确切无误，那你就错了。

1.6 结论

经济学是关于人们如何做选择的一组有用的思想。通过建立经济模型，经济学家把这些思想付诸实践。消费者、企业管理者以及政府政策制定者每天都运用这些模型来帮助他们做选择。在本书中，我们探讨许多重要的经济模型，并给出如何在现实世界中应用这些模型的例子。

对了解时下商业环境和学习如何将经济概念应用于各种真实事件来说，阅读新闻是一个重要的部分。在每章末，你都会看到一个“业内观察”专栏。这一专栏首先包括一篇与该章开篇介绍的公司或经济问题以及该章讨论的概念相关的文章的节选，接下来的文章要点、新闻分析以及辅助图表或图形强调了该文中的重要经济点。阅读下面的“业内观察”专栏，它讨论了技术变革——如智能医疗设备的开发——如何影响了医生提供卫生保健的方式。回答“深入思考”问题，看看你理解得如何。

《智能医疗设备——就在你眼前》

《福布斯》

《谷歌智能隐形眼镜着眼于价值数十亿美元的卫生保健市场》

a 谷歌正在与制药巨头诺华（Novartis）公司合作开发一种智能隐形眼镜，以帮助患者管理糖尿病——这是谷歌着眼于潜在收益达数十亿美元的数字卫生保健市场的众多举措之一。

随着技术的进一步发展，通过远程会诊、监测和手术进行治疗以及机器人治疗和先进的数字诊断成为可能，谷歌已经看到了将自己的眼镜穿戴技术（到目前为止，仅限于被称为"谷歌眼镜"的眼镜）应用到卫生保健领域的机会。

谷歌的3D移动技术及其在健康记录数字化方面的产品构成了其在健康市场扩张的其他有潜力的组成部分。上个月，它发布了谷歌健康平台，以追踪运动和睡眠及其他健康因素——但它远非唯一的这么做的公司，因为苹果和三星在这方面提供了类似的系统。

b 今天，根据谷歌和诺华的爱尔康（Alcon）穿戴眼镜部门之间的一份新的开发和许可协议，这两家公司表示它们将开发一种包含一个低功率芯片和一个几乎看不见的、薄如头发的电子电路的智能隐形眼镜。这种智能隐形眼镜可以直接从眼球表面的泪液测量糖尿病患者的血糖水平。该系统将数据发送到移动设备以通知个人。

谷歌联合创始人谢尔盖·布林（Sergey Brin）说，谷歌想利用"最新的电子元件微型化技术"提高人们的"生活质量"。

诺华的CEO乔·希门尼斯（Joe Jimenez）表示，始于智能穿戴眼镜的技术作为一个整体可以用来"管理人类的疾病"，并暗示在未来将会有一系列其他设备与身体疾病相匹配——其中许多设备正在大学和研究实验室开发。

对该产品的开发和商业化的正式时间表尚未公布，但希门尼斯在路透社和《华尔街日报》的访谈中表示，诺华"希望五年内能够将其商业化"，并说预计其能创造"巨大的收入流"。

c 谷歌的技术背景和诺华的制药知识的结合将有助于满足"未被满足的医疗需求"，希门尼斯声称。

这家制药公司也正在研究如何使隐形眼镜技术能够评估远视的人的视力，并将其自动聚焦在他们所看到的东西上，就像拍照时的自动相机镜头那样起作用。这种技术可以帮助他们在阅读或观察附近的其他物体时避免戴眼镜。

谷歌公司参与隐形眼镜开发的团队被称为谷歌［X］，根据公司的说法，该团队着眼于"为全球大问题寻找新的解决方案"，且这里所说的全球大问题并不局限于卫生保健方面。

神秘的谷歌［X］团队在加利福尼亚州的山景城运营，自动驾驶汽车是该团队最引人注目的项目之一。它所研究的项目还有语音识别、利用热气球为农村地区提供互联网接入、风电和物联网技术等。物联网是指使家庭、个人和城市物体互相连通并在不同的事件发生时自动采取行动的网络。

资料来源：Leo King，"Google Smart Contact Lens Focuses On Healthcare Billions"，*Forbes*，July 15，2014.

文章要点

通过与瑞士的制药公司诺华合作开发智能隐形眼镜以帮助病人管理糖尿病，谷歌在开展一项新的技术创新。智能隐形眼镜中的芯片和电子电路将通过眼球表面的泪液测量糖尿病患者的血糖水平，然后将数据传输到移动设备。诺华也在探索在隐形眼镜中加入自动聚焦技术的方法，这将消除阅读时戴眼镜的需要。智能隐形眼镜只是迅速发展的、价值数十亿美元的数字卫生保健市场中正在开发的众多产品之一。诺华的CEO乔·希门尼斯希望该智能隐形眼镜五年内能上市。

新闻分析

a 技术进步对许多经济部门正在产生深刻的影响，数字卫生保健市场是增长最快的部门之一。智能手机技术的快速提高在智能医疗设备使用的扩张中起了很大的作用。谷歌这样的高科技企业和诺华这样的卫生行业中的企业之间的合作可能会对卫生保健的未来产生重大影响。这些合作可能开发出能够便利和改善医疗诊断与医疗条件的智能设备。

b 根据美国疾病控制和预防中心的统计，在美国，糖尿病位居主要死亡原因第七位，2012 年因糖尿病而死亡的人数超过75 000人。该年糖尿病的总成本估计值为2 450 亿美元，这包括直接的医疗成本以及因该病致残、误工和早逝的成本。2012 年，美国疾病控制和预防中心估计美国有2 890 万20 岁及以上的人有糖尿病，其中几乎28%的病例没有确诊。下表给出了这些数据和新确诊的糖尿病病人数据。给定有这么多人患有糖尿病，这种智能隐形眼镜的开发具有帮助病人管理他们的疾病的潜力。例如，通过隐形眼镜和智能手机监控血糖水平比常见的手指针刺检查方法更方便和带来更少的疼痛，因此可能会鼓励更多人定期监控糖尿病。一副有效且相对不贵的智能隐形眼镜最终不但可能节省时间和金钱，还可能拯救生命。

2012 年美国 20 岁及以上人口的糖尿病总例数（确诊的和未确诊的）以及新确诊例数

	年龄组中糖尿病总例数	年龄组中糖尿病患者百分比	新确诊糖尿病例数	每1 000人中新糖尿病例数
20 岁及以上	2 890 万	12.3%	166.3 万	7.8
20～44 岁	430 万	4.1%	37.1 万	3.6
45～64 岁	1 340 万	16.2%	89.2 万	12.0
65 岁及以上	1 120 万	25.9%	40 万	11.5

资料来源：2010—2012 National Health Interview Survey，2009—2012 National Health and Nutrition Examination Survey；and 2012 U.S. Census data.

c 卫生保健行业正在增长，同时也在发生变化，很大一部分变化受到技术的推动。智能医疗设备尚处于初期阶段，但是，快速的技术进步导致许多新企业进入该行业，推出创新性的新产品。随着美国人口的平均年龄继续增加和人们在维持身体健康上花的时间和资源的增加，智能医疗设备可能对卫生保健的管理方式产生革命性影响。这一革命不但使参与新产品开发的那些公司获益，而且也使卫生保健从业人员和他们的病人获益。

深入思考

1. 一个重要的经济思想是人们对经济激励做出反应。谷歌和诺华对什么经济激励做出了反应？
2. 一些糖尿病患者需要通过用针刺破手指抽血来检查其血糖水平，从而监控他们的病情。如果这些病人能使用智能隐形眼镜检查血糖水平，那么，这将改善监控的效果，从而改善治疗效果。建立一个经济模型来分析使用智能隐形眼镜或手指针刺方法监控血糖水平与美国糖尿病致死人数之间的关系。利用本文中的信息解释你建立模型会采取的几个步骤。

本章总结和习题

关键术语

配置效率	公平	微观经济学	生产效率
中央计划经济	宏观经济学	混合经济	稀缺性
经济模型	边际分析	规范分析	权衡
经济变量	市场	机会成本	自愿交换
经济学	市场经济	实证分析	

1.1 三个重要的经济思想

总结

经济学是对消费者、企业管理者和政府官员在稀缺资源给定条件下为达到目标而做出的选择的研究。由于存在稀缺性，即尽管我们的欲望是无限的，但可用于实现这些欲望的资源却是有限的，我们必须做出选择。经济学家假设人们在如下意义上是理性的：消费者和企业在为实现自身目标而采取行动时将使用所有可获得的信息。理性人比较每项行动的效益和成本，只有在某项行动的效益超过成本时才会采取该行动。尽管人们的行动有各种各样的动机，但是，有充足的证据表明他们会对经济激励做出反应。经济学家使用“边际”一词来表示“额外的”或“追加的”。最优决策是将任何活动持续到使边际效益等于边际成本的点。

复习题

1.1 简单讨论下面的每一个经济思想：人们是理性的，人们对经济激励做出反应，最优决策基于边际分析。

1.2 什么是稀缺性？为什么稀缺性对经济学的研究至关重要？

问题与应用

1.3 你同意如下说法吗？“经济学的问题在于它假设消费者和企业总是做出正确的决策。但是我们知道人人都会犯错误。”

1.4 根据 FBI 的银行犯罪统计量，美国 2014 年有接近 4 000 起银行抢劫案。FBI 宣称，正是因为银行拒绝安装将银行柜员与公众隔离开来的、被称为“防盗板”的透明丙烯酸塑料隔板，银行才成为容易受攻击的目标。FBI 的一位特工说：“防盗板是很好的屏障。我们在与银行抢劫犯交谈时得知，只要他们看见一家银行有防盗板，就会去找另一家银行。”尽管存在这样一个发现，但许多银行还是不愿意安装防盗板。银行没有很强的激励安装防盗板以阻止抢劫吗？为什么如此多银行没有这么做？

资料来源：U. S. Department of Justice, Federal Bureau of Investigation, “Bank Crime Statistics (BCS) Federally Insured Financial Institutions, January 1, 2014-December 31, 2014”, www.fbi.gov; and Richard Cowen, “FBI Says Banks Are to Blame for Rise in Robberies”, NorthJersey.com, March 10, 2009.

1.5 评分体系在学生学习中起着重要作用。芭芭拉·沃尔弗德（Barbara Walvoord）和弗吉尼亚·安迪生（Virginia Anderson）在他们的著作《等级评分：学习和评价的有效工具》（*Effective Grading: A Tool for Learning and Assessment*）中这样说道：“评分激发了课堂上发生的每件事情。”他们还认为，“从教师开始计划课程那一刻起，就需要认识到评分的重要性和对其进行管理。”

a. 教师采用的评分体系会如何影响学生学习该课程内容的激励？

b. 如果教师在评分标准中对课程的某一部分

（如课外读物的阅读）赋予的权重过少，学生可能会如何做出反应？

c. 教师常常希望学生在来上课之前就已经做好了准备，预习了将要讲授的内容。教师应该如何设计评分体系以激励学生课前预习？

资料来源：Barbara E. Walvoord and Virginia Johnson Anderson, *Effective Grading: A Tool for Learning and Assessment*, 2nd ed., San Francisco: Jossey-Bass, 2010, p. 1.

1.6 联邦政府为对大学生的部分贷款提供补贴。通常，参与这些项目的学生越多和借款越多，联邦政府的成本就越高。2011 年，奥巴马总统说服国会通过了联邦学生贷款项目的如下改动：（1）还款最高为借款人可支配收入的 10%；（2）政府或非营利部门的雇员在工作满 10 年后的未还款余额将被免除；（3）私营部门的雇员在工作满 20 年后的未还款余额将被免除。

a. 作为联邦学生贷款项目的这些改动的结果，你预期学生通过该项目借款的总金额将增加还是减少？请简要解释。

b. 作为他 2016 年联邦预算提案的一部分，奥巴马总统推荐对联邦学生贷款项目进行重大改动。给定你对问题 a 的答案，你认为奥巴马总统可能推荐将会增加还是减少借款人还款额的改动？请简要解释。

c. 奥巴马总统和他的顾问未能正确地预测 2011 年贷款项目改动的影响，可能是什么原因？

资料来源：Allesandra Lanza, "What Obama's 2016 Budget Proposal Means for Student Borrowers", usnews.com, February 11, 2015; and Josh Mitchell, "Student-Debt Forgiveness Plans Skyrocket, Raising Fears over Costs, Higher Tuition", *Wall Street Journal*, April 22, 2014.

1.7 ［与 1.1.2 节中的"建立联系"专栏有关］许多大学和公司提供健康养生计划，帮助雇员提高或维持他们的健康状况并为此获得（相对少量的）报酬。这样的项目差别很大，但一般都会包括如下几个部分：雇员先完成健康评估，然后拿到一份健康生活的方案，并要监督他们每个月的健康活动。

a. 为什么大学和公司付钱给雇员要他们提高或维持他们的健康状况？

b. 医疗保险如何影响雇员提高或维持他们的健康状况的激励？

c. 健康养生计划会增加还是减少提供医疗保险的保险公司向这些大学或公司收取的保费？

1.8 ［与 1.1.2 节中的"建立联系"专栏有关］斯坦福大学的杰伊·巴塔查里亚和凯特·布尔多芙发现的证据表明，在雇主提供医疗保险的公司工作的肥胖者比在同样的公司工作的非肥胖者工资要低。而在雇主不提供医疗保险的公司，肥胖者收到的工资并不比非肥胖者低。

a. 提供医疗保险的公司支付给肥胖者的工资低于非肥胖者，可能的原因是什么？

b. 巴塔查里亚和布尔多芙的发现与医疗保险是否给人们提供了变肥的激励这样一个问题相关吗？请简要解释。

资料来源：Jay Bhattacharya and M. Kate Bundorf, "The Incidence of the Health Care Costs of Obesity", *Journal of Health Economics*, Vol. 28, No. 3, May 2009, pp. 649-658.

1.9 ［与例题 1.1 有关］通常，麦当劳供应早餐的时间在工作日只到 10:30，周末则到11:00。2015 年，该公司开始试行在圣迭戈的多个地方整天供应早餐。然而，麦当劳的几个股东指出，每天 24 小时供应早餐产生了两个逻辑问题：（1）烹饪汉堡包和其他肉类比烹饪鸡蛋需要更高的温度，因此，雇员难以为这两种食物将烤架设定在正确的温度；（2）摊鸡蛋需要雇员持续搅拌，而制作汉堡包则不需要。此外，一些顾客可能会购买便宜些的早餐食物而不会购买更贵的午餐或晚餐食物。如果麦当劳让你来做这个决策，讨论一下你会如何着手分析是否整天供应早餐。你的决策是非此即彼的吗？即要么只供应到 10:30，要么整天供应。你是否非得整天供应早餐？

资料来源：Associated Press, "McDonald's Gives All-Day Breakfast a Test Try", usatoday.com, March 30, 2015; and Susan Berfield and Leslie Patton, "What's So Hard About a 24/7 McMuffin?" *Bloomberg Business Week*, May 6-12, 2013.

1.10 ［与例题 1.1 有关］在学期末，一位朋友告诉你："我本想退掉心理学课程以便能集中精力于其他课程，但我已经在这门课上花了那么多时间，以至我决定还是不退掉它。"你怎么看你朋友的推理？如果你朋友必须以某个绩点通过心理学课程才能毕业，你的答案会有区别吗？请简要解释。

1.11 本特利学院（Bentley College）的经济学家帕特里夏·M. 弗林（Patricia M. Flynn）和迈克尔·A. 奎因（Michael A. Quinn）的一篇论文写道：

> 我们发现的证据表明，对那些有志成为 CEO 的人来说，经济学是一个很好的专业选

择。在对毕业生规模进行调整后，那些本科专业为经济学的人比本科专业为任何其他专业的人更有可能成为标准普尔公司的CEO。

玛丽埃塔学院（Marietta College）发布的一份经济学专业毕业的著名人士清单包括：商界领袖埃隆·马斯克（Elon Musk）、沃伦·巴菲特（Warren Buffett）、唐纳德·特朗普（Donald Trump）、戴维·洛克菲勒（David Rockefeller）、特德·特纳（Ted Turner）、比尔·贝利奇克（Bill Belichick）、黛安·冯芙丝汀宝（Diane von Furstenberg）和山姆·沃尔顿（Sam Walton），前总统乔治·W. 布什（George W. Bush）、杰拉尔德·福特（Gerald Ford）和罗纳德·里根（Ronald Reagan），以及最高法院大法官桑德拉·戴·奥康纳（Sandra Day O'Connor）。为什么学习经济学对成为公司高管或政府领导人是特别好的准备？

资料来源：Patricia M. Flynn and Michael A. Quinn, "Economics: A Good Choice of Major for Future CEOs", *Social Science Research Network*, November 28, 2006; and *Famous Economics Majors*, Marietta College, Marietta, Ohio, November 21, 2014.

□ 1.2 每个社会都必须解决的经济问题

总结

社会面临着权衡：生产更多的一种商品或服务意味着生产更少的另一种商品或服务。任何活动——如生产一种商品或服务——的机会成本是从事该项活动必须放弃的价值最高的其他用途的价值。消费者、企业和政府的选择决定了什么商品和服务会被生产出来。企业选择如何生产它们出售的商品和服务。在美国，谁收到商品和服务主要取决于市场上收入如何分配。在中央计划经济中，大部分经济决策是由政府做出的。在市场经济中，大部分经济决策是由消费者和企业做出的。包括美国经济在内的大部分经济都是混合经济，在这样的经济中，大部分经济决策是由消费者和企业做出的，但是，政府也扮演着重要角色。存在两种类型的效率：生产效率和配置效率。生产效率是指商品或服务以最低的成本生产。配置效率是指生产与消费者偏好相一致。当产品的买方和卖方的境况都因交易而变好时，自愿交换就会在市场上发生。公平比效率更难定义，但公平通常涉及经济利益的公正分配。政府的政策制定者常常面临着效率和公平之间的权衡。

复习题

2.1 为什么稀缺性意味着每个社会和每个个体都面临着权衡？

2.2 每个社会都必须回答哪三个经济问题？简要讨论中央计划经济、市场经济和混合经济对这三个问题的回答的区别。

2.3 生产效率和配置效率之间有什么区别？

2.4 效率与公平之间有什么区别？为什么政府政策制定者常常面临着这两者之间的权衡？

问题与应用

2.5 比尔·盖茨位列2015年《福布斯》全球富豪排行榜榜首，其财富达792亿美元。他面临着稀缺问题吗？每个人都面临着稀缺问题吗？有没有例外？

资料来源："The World's Billionaire", forbes. com, March 2, 2015.

2.6 考虑一个为帮助穷人而存在的组织。该组织的成员正在讨论帮助穷人的方法，这时，某一特定方法的一个支持者说："如果这种方法能帮助到哪怕只有一个人，那么，我们所投入的所有时间和金钱就都是值得的。"如果你是该组织的成员，你对这种说法会如何回应？

2.7 ［与1.2节中的"建立联系"专栏有关］espn. com上的一篇关于校园橄榄球比赛上座率下降的文章指出，位于美国中部时区的学校上午11点开始的比赛的上座率有特别的问题。伊利诺斯大学的体育部主任这么说道："我是傍晚举行的比赛的超级粉丝。"下午晚些时候或傍晚而非上午举行的比赛会如何影响学生现场观看比赛的机会成本？

资料来源：Adam Rittenberg, "Attendance Challenges Big Deal for B1G", espn. com, February 14, 2014.

2.8 在市场经济中，为什么企业有很强的激励做到生产上有效和配置上有效？如果企业在生产上和配置上有效，那么企业赚取了什么？如果它没有做到，那又会发生什么？

2.9 渥太华大学的阿尔贝托·宗（Alberto Chong）和他的几个同事做实验来测试世界各国的政府邮政服务的效率。他们把信寄往159个国家的并不存在的公司，然后记录有多少封信被退回来。这一测试评估的是这些国家的邮政服务的生产效率还是配置效率？请简要解释。

资料来源：Alberto Chong, Rafael La Porta, Florencio Lopez-de-Silanes, and Andrei Shleifer, "Letter Grading

Government Efficiency", *Journal of the European Economic Association*, Vol. 12, No. 2, April 2014, pp. 277-299.

2.10 美国食品药品监督管理局（The Food and Drug Administration，FDA）是联邦的卫生与社会福利部的一部分。FDA有诸多职能，其中一项是评估药物和医疗设备的安全性和效果。OraSure公司必须先得到FDA的批准才能将其家用艾滋病检测仪推向市场。在中央计划经济中，政府决定如何配置资源。在市场经济中，在市场中相互作用的家庭和企业的决策配置资源。请简要解释下面两种说法中的哪一种更确切：(a) 美国的药物和医疗设备的生产和销售管制是中央计划经济中资源如何配置的一个例子；(b) 美国的药物和医疗设备的生产和销售管制是市场经济中资源如何配置的一个例子。

2.11 相对于市场经济而言，你预期中央计划经济在生产效率或配置效率上是否表现更好？回答时要定义生产效率和配置效率。

2.12 密歇根大学的哲学教授伦纳德·弗莱克（Leonard Fleck）曾经写道：

> 谈到美国的卫生保健，我们的卫生保健需要是无限的，但拥有的资源却是有限的。随着年龄的增长，我们想要当代医疗技术可以提供的、能够延长寿命或提高生活质量的所有东西。但是，作为目前健康的纳税人，我们希望费用得到控制。

为什么所有经济体系都有必要限制卫生保健等服务？市场体系如何防止人们获得他们想要多少就要多少的商品和服务？

资料来源：Leonard Fleck, *Just Caring: Health Care Rationing and Democratic Deliberation*, New York: Oxford University Press, 2009.

2.13 假定你们学校决定分发1 000张与最大竞争对手的橄榄球比赛的门票。体育部决定把这些门票分发给下周一上午10点来体育部办公室的学生，学生先到先得。

a. 什么样的学生最有可能去领取门票？想一些具体的例子，然后进行归纳。

b. 以这种方式分发门票的机会成本是什么？

c. 生产效率是指商品或服务（如门票分发）以最低的成本生产。这是一种有效率的分发门票的方式吗？如果可能，提议一种更有效的分发门票的方式。

d. 这是一种公平的分发门票的方式吗？请简要解释。

□ 1.3 经济模型

总结

经济变量是可以取不同值的可测度的东西，如软件编程员的工资。经济学家在将经济思想应用于现实问题时依赖于经济模型。经济模型是现实的简化版本，用于分析现实经济状况。如果经济模型导致的假说被统计分析证实了，那么经济学家就会接受并采用这个经济模型。但是，在许多情况下，接受是试探性的，有待新数据的搜集或进一步的统计分析。由于经济学将科学方法应用于对人们之间相互作用的研究，所以它是一门社会科学。经济学关注实证分析而非规范分析。实证分析关注是什么，而规范分析关注应该是什么。作为一门社会科学，经济学考虑每种决策情境下的人类行为，而不只是商业情境下的行为。

复习题

3.1 为什么经济学家使用模型？经济数据如何被用于检验模型？

3.2 描述经济学家建立一个有用的经济模型所采取的5个步骤。

3.3 规范分析和实证分析之间有什么区别？经济学主要关注规范分析还是实证分析？请简要解释。

问题与应用

3.4 假定一个经济学家建立了一个经济模型，发现"它在理论上很有用，但在实践中不起作用"。这个经济学家下一步应该做什么？

3.5 奇爱博士（Dr. Strangelove）的理论是：蘑菇的价格是由存在于与我们的宇宙类似的另一个宇宙的亚原子微粒的活动决定的。当亚原子微粒被大量释放时，蘑菇的价格就高；当亚原子微粒的释放量少时，蘑菇的价格就低。你如何着手检验奇爱博士的理论？讨论该理论是否有用。

3.6 [与1.3.3节中的"不要犯这样的错误!"专栏有关] 简要解释下面哪些陈述属于实证分析，哪些属于规范分析。

a. 对每包香烟征收50美分的税收将使未成年人的吸烟量下降12%。

b. 联邦政府应该增加在艾滋病研究上的支出。

c. 小麦价格的上升将提高面包的价格。

d. 星巴克咖啡的价格太高了。

3.7 [与1.3.3节中的"不要犯这样的错

误!”专栏有关］巴菲特是投资公司伯克希尔·哈撒韦（Berkshire Hathaway）的CEO，世界上最富有的人之一。在《华尔街日报》的一篇社论中，巴菲特认为美国经济政策的设计应该让愿意工作的人拿到足以“体面生活”的收入。他认为，作为一种达到这个目标的手段，所得税抵免（Earned Income Tax Credit，EITC）的扩大优于最低工资的增加。按照EITC项目，联邦政府给低收入工人提供补贴。巴菲特的这个观点——确保工人有足以“体面生活”的收入是联邦政府的职责——正确吗？

资料来源：Warren Buffet，“Better Than Raising the Minimum Wage”，*Wall Street Journal*，May 21，2015.

3.8 ［与1.3.4节中的“建立联系”专栏有关］1.3.4节中的“建立联系”专栏解释了对于医学院是否应该收取学费和医院是否应该继续向初级护理科别的住院医师支付工资而不向专业科别的住院医师支付工资的争论既有实证性元素，又有规范性元素。什么经济统计量对评估这一争论的实证性元素最有用？假设这些统计量可以获得或者能够搜集相关资料，它们可能解决这一争论的规范性问题吗？

3.9 ［与开篇案例有关］《华尔街日报》的一篇文章讨论了Scanadu成功销售其家用医疗设备的前景，文中说：“另一个挑战是让医生相信病人从家里带来的信息。”医生有什么经济激励接受这样的信息？有什么经济激励不接受？

资料来源：Timothy Hay，“Gadgets Bring Diagnostics into the Home”，*Wall Street Journal*，April 27，2015.

3.10 假定你在建立一个经济模型来预测2020年可能需要的医生及助手的数量。你的模型应该考虑家用医疗设备行业的增长吗？请简要解释。

3.11 在美国，为了获得行医执照，医生必须在医院完成住院医师培训。未经住院医师审核委员会（Residency Review Committee，RRC）批准，医院不能随意扩大它们在某一特定医学专业科别的住院医师培训的规模。住院医师审核委员会由该医学专业科别的医生组成。不接受住院医师审核委员会的裁决的医院有可能失去研究生医学教育认证委员会（Accreditation Council for Graduate Medical Education，ACGME）的认证。住院医师审核委员会和研究生医学教育认证委员会认为，这一体系有可能确保住院医师培训的规模不会扩张得太大以至无法给住院医师提供高质量的训练。

a. 这一体系如何能够保护消费者？

b. 这一体系对医生的财务利益的保护如何可能超过对消费者福利的保护？

c. 简单说明你认为这一体系是好是坏。你的结论是规范经济学还是实证经济学的例子？请简要解释。

资料来源：Brian Palmer，“We Need More Doctors，Stat!” *Slate*，June 27，2011；and Sean Nicholson，“Barriers to Entering Medical Specialties”，Wharton School，September 2003.

□ 1.4 微观经济学和宏观经济学

总结

微观经济学是对家庭和企业如何做出选择、它们在市场中如何相互作用以及政府如何试图影响它们的选择的研究。宏观经济学是把经济视为一个整体而进行的研究，包括通货膨胀、失业和经济增长等主题。

复习题

4.1 简要讨论微观经济学和宏观经济学之间的区别。

4.2 每个经济问题要么严格是微观经济学问题，要么严格是宏观经济学问题吗？请简要解释。

问题与应用

4.3 简要讨论下面每个问题主要是微观经济学还是宏观经济学问题。

a. 更高的香烟税对香烟销售数量的影响。

b. 更高的收入税对消费者支出总量的影响。

c. 东亚国家的经济比撒哈拉以南非洲国家的经济增长得更快的原因。

d. 航空业利润率低的原因。

4.4 请简要解释你是否同意下面的说法：

> 微观经济学关注在某一特定地方发生的事情，如某个城市的失业率。相反，宏观经济学关注影响整个国家的事情，如美国未成年人吸烟率会如何受到香烟税上升的影响。

□ 1.5 重要经济术语预览

总结

熟悉重要的术语是学习经济学的一个必要步骤。这些重要的经济术语包括：资本、企业家、生产要素、企业、商品、家庭、人力资本、创新、利润、收益、服务和技术。

附录：运用图形和公式

图形被用于说明重要的经济思想。不只是经济学教材使用图形，讨论商业和经济事件的网站和报纸杂志上的文章也使用图形。图形服务于两个有用的目的：(1) 它们简化了经济思想；(2) 它们令经济思想更加具体从而能应用于现实问题。经济和商业问题可能很复杂，但图形有助于破解复杂问题，对理解这些问题所需要的重要关系进行强调。在这种意义上，图形就像街道地图一样。

假定你乘坐巴士去纽约城游览帝国大厦（Empire State Building）。到了港务局巴士总站（Port Authority Bus Terminal）后，你很可能会用一张（与下面所示地图相似的）地图来找到通往帝国大厦的路线。

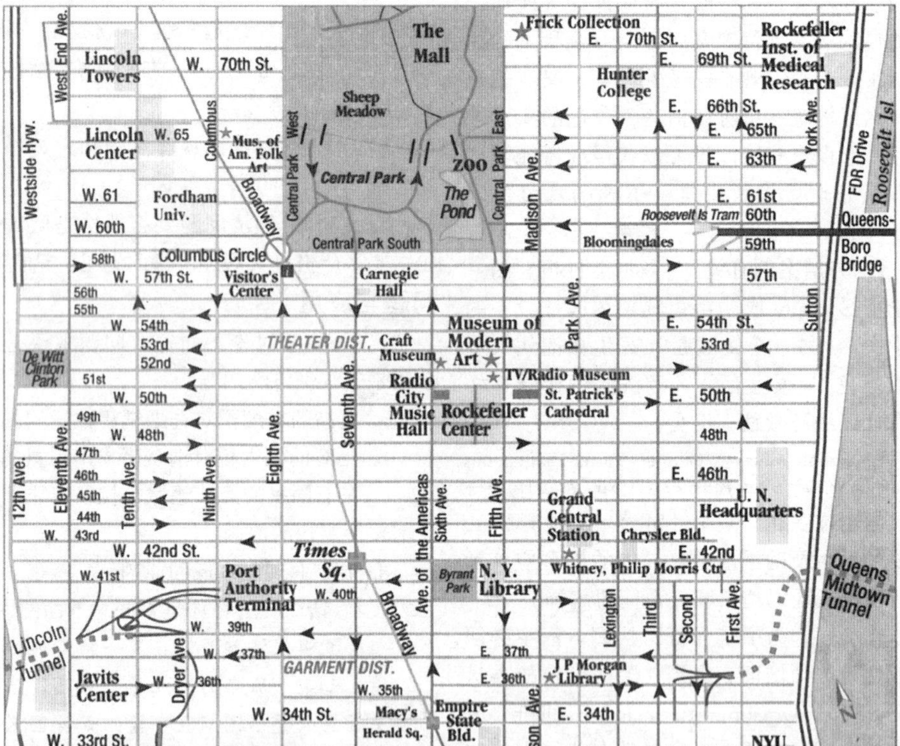

地图是现实的简化版本。这张地图显示了纽约城这一部分的街道和一些最重要的建筑。它没有显示商店和大部分建筑，也没有显示生活和工作在这一区域的人的名字、地址和电话号码。事实上，这张地图对纽约城这一部分的生活复杂性几乎没有涉及，除了这些街道如何布局之外。而街道的布局正是你从港务局巴士总站到帝国大厦所需要知道的基本信息。

考虑有这么一个人，他说："我知道如何在这个城市里转悠，但我就是不懂得如何看地图。”不借助地图就能找到目的地当然是可能的，但有地图就容易多了。在经济学中运用图形也是如此。不运用图形得到一个对经济和商业现实问题的答案是有可能的，但如果运用图形的话，通常就容易得多。

只要你多练习，你就会熟悉本书中的图形和公式，你就知道如何用它们来分析那些若不利用图形和公式就看起来很难的问题。接下来是对如何运用图形和公式的一个简单回顾。

□ 1A.1　一个变量的图形

运用两张常见类型的图形，图 1A.1 显示了美国汽车行业的市场份额。市场份额表示不同企业占有的行业销售量的百分比。在这个例子中，这一信息是针对不同群体的企业而言的：“三巨头”（福特、通用汽车和克莱斯勒），日本企业，欧洲企业，以及韩国企业。图（a）用柱形图的形式显示了市场份额信息，每个群体的企业的市场份额用柱的高度来代表。图（b）用饼图的形式显示了同一信息，每个群体的企业的市场份额用扇形区的面积来代表。

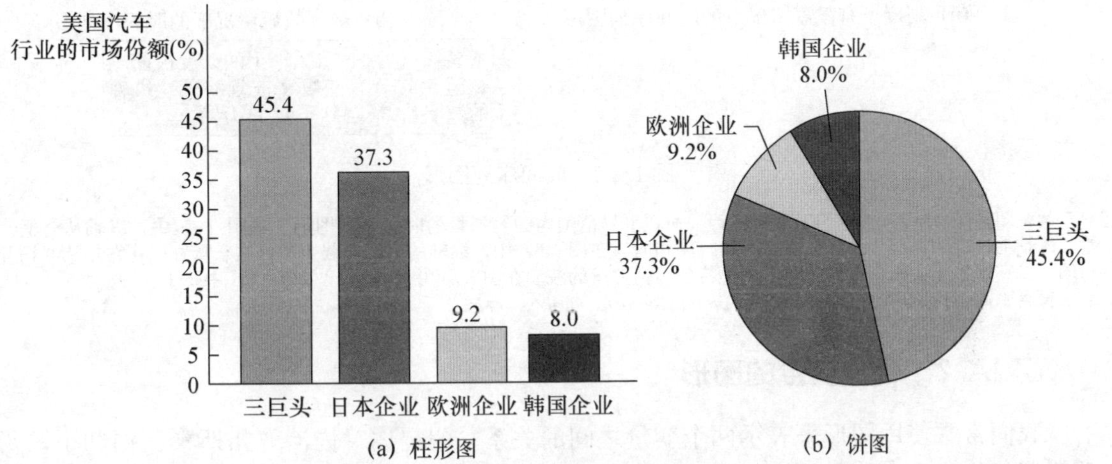

图 1A.1　柱形图和饼图

一个经济变量的值常常用柱形图或饼图来表示。在这个例子中，图（a）用柱形图的形式显示了美国汽车行业的市场份额数据，每个群体的企业的市场份额用柱的高度来代表。图（b）用饼图的形式显示了同一信息，每个群体的企业的市场份额用扇形区的面积来代表。

资料来源：“Auto Sales”，*Wall Street Journal*，May 21，2015.

关于经济变量的信息也常常用时间序列图形来显示。时间序列图形在坐标网格上显示了变量值随时间如何变化。在一个坐标网格中，我们用纵轴（y 轴）衡量一个变量的值，用横轴（x 轴）衡量另一个变量的值。纵轴与横轴的交点称为原点。在原点，两个变量的值都为零。坐标网格上的点代表两个变量的值。

在图 1A.2 中，我们用纵轴衡量福特公司在世界范围内销售的汽车和卡车的数量，用横轴衡量时间。在时间序列图形中，每一日期的线段的高度表示纵轴所衡量的变量的值。图 1A.2 的两部分都表示了 2003—2014 年间每年福特公司在世界范围内的销售量。图（a）和图（b）的差别说明了时间序列图形所使用的刻度的重要性。在图（a）中，纵轴从 0 辆开始，纵轴上标出的每相邻两个数值之间的距离相同。在该图中，福特公司在 2008 年和

2009 年销售量的下降看起来相当小。在图（b）中，纵轴的刻度被截短了，这意味着尽管它是从 0 辆开始的，但它一下跳到了 4.5 百万辆。结果，纵轴上从 0 辆到 4.5 百万辆的距离比从 4.5 百万辆到 5.0 百万辆的距离要小得多。靠近纵轴底部的两条斜线（//）表明刻度被截短了。福特公司在 2008 年和 2009 年销售量的下降在图（b）中看起来比在图（a）中大得多。[从技术上来说，图（a）和图（b）中的横轴也被截短了，因为我们是从 2003 年开始而不是从 0 年开始。]

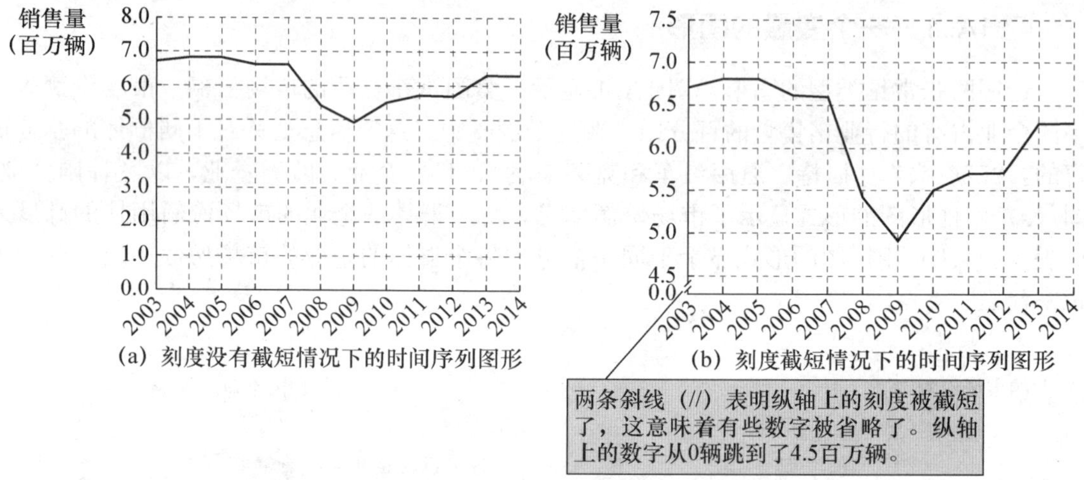

图 1A.2　时间序列图形

两幅图都是 2003—2014 年间每年福特公司在世界范围内的销售量的时间序列图形。在图（a）中，纵轴从 0 辆开始，纵轴上标出的每相邻两个数值之间的距离相同。在图（b）中，纵轴的刻度被截短了，这意味着尽管它是从 0 辆开始的，但它跳到了 4.5 百万辆。结果，福特公司销售量的波动在图（a）中看起来比在图（b）中要小。

资料来源：Ford Motor Company，*Annual Report*，various years.

□ 1A.2　两个变量的图形

我们常常使用图形来表示两个变量之间的关系。假定你对佐治亚州斯泰茨伯勒小镇奶酪比萨的价格和它每周的销售量之间的关系感兴趣。表示一种商品的价格和在每一价格水平该商品需求量之间关系的图形被称为需求曲线。（正如我们在后面将要讨论的，在作图表示一种商品的需求曲线时，我们必须把可能影响消费者购买该商品的意愿的价格以外的任何变量视为给定。）图 1A.3 显示了所搜集到的价格和销售量的数据。该图表示出了一个二维的网格，我们在 y 轴衡量比萨的价格，在 x 轴衡量每周比萨的销售量。网格上的每个点代表表格中所列的一个价格与销售量的组合。我们可以连接这些点，得到佐治亚州斯泰茨伯勒小镇的比萨需求曲线。注意，图形中两个轴的刻度都被截短了。在这个例子中，通过排除低的价格和销售量，截短刻度使图形更加清楚地说明了价格和销售量之间的关系。

1A.2.1　直线的斜率

一旦你在图 1A.3 中绘出了这些数据，你可能会对比萨的销售量在其价格下降时会上升多少感兴趣。直线的斜率告诉了我们，当我们用 x 轴衡量的变量变化时，用 y 轴衡量的变量变化多少。我们可以用希腊字母 Δ 来代表一个变量的变化。斜率有时被称为垂直距离与水平距离之比。所以，我们有几种方式表达斜率：

价格（美元）	销售量（个/周）	点
15	50	*A*
14	55	*B*
13	60	*C*
12	65	*D*
11	70	*E*

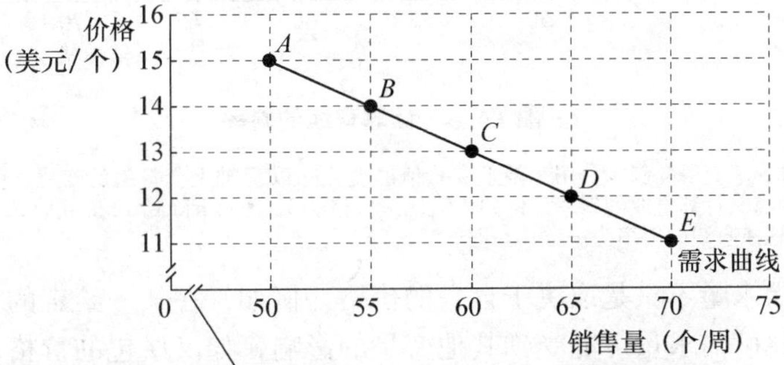

正如我们在图1A.2中所看到的，两条斜线（//）表明轴的刻度被截短了，这意味着有些数字被省略了：横轴上的数字从0跳到了50，纵轴上的数字从0跳到了11。

图 1A.3　在图形中绘出价格和销售量组合的点

该图表现了一个二维的网格，我们用纵轴（y 轴）衡量比萨的价格，用横轴（x 轴）衡量每周比萨的销售量。网格上的每个点代表表格中所列的一个价格与销售量的组合。通过用一条线连接这些点，我们可以更好地说明这两个变量之间的关系。

$$斜率=\frac{纵轴上值的变化}{横轴上值的变化}$$

$$=\frac{\Delta y}{\Delta x}=\frac{垂直距离}{水平距离}$$

图 1A.4 复制了图 1A.3。由于直线的斜率在任何一点的值都相等，我们可以用图中任意两点来计算直线的斜率。例如，当比萨价格从 14 美元下降到 12 美元时，比萨的销售量从每周 55 个上升到 65 个。因此，斜率为：

$$斜率=\frac{比萨价格的变化}{比萨销售量的变化}$$

$$=(12-14)/(65-55)$$

$$=(-2)/10=-0.2$$

这条直线的斜率告诉我们佐治亚州斯泰茨伯勒小镇的消费者对比萨价格的变化的反应程度有多大。斜率的值越大（忽略负号），直线就越陡峭，这表明当价格下降时额外销售出去的比萨并不是很多。斜率的值越小，直线就越平缓，这表明当价格下降时比萨的销售量增加得更多。

1A.2.2　在图形中考虑两个以上的变量

图 1A.4 中的需求曲线图形显示了比萨价格和比萨销售量之间的关系，但是，我们知

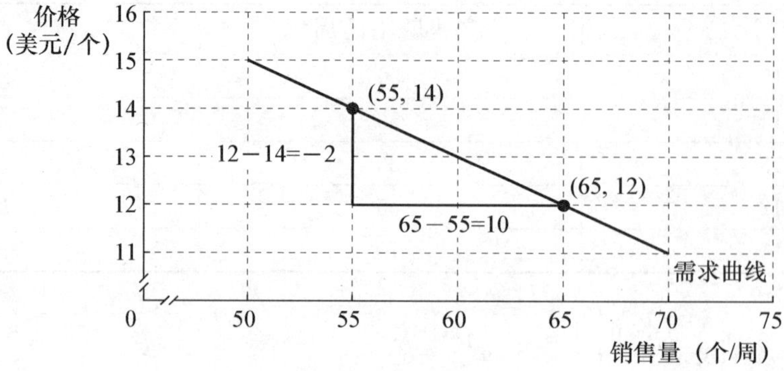

图 1A.4　计算直线的斜率

我们可以这样计算一条直线的斜率：用 y 轴上变量值的变化除以 x 轴上变量值的变化。由于直线的斜率为常数，我们可以用图中任意两点来计算直线的斜率。例如，当比萨价格从 14 美元下降到 12 美元时，比萨需求量从每周 55 个上升到 65 个。因此，这条直线的斜率为－2/10，即－0.2。

道，任意商品的需求量不只是取决于自身的价格。例如，在某一给定的一周，佐治亚州斯泰茨伯勒小镇的比萨需求量可能受到其他变量的影响，如汉堡包的价格、当地比萨店是否在该周开始进行广告活动等。任何其他变量的值发生变化都会引起图中需求曲线的位置发生变化。

假定图 1A.4 中的需求曲线是在汉堡包价格固定在 1.5 美元时绘出的。如果汉堡包价格上升到 2 美元，有些消费者会不再购买汉堡包转而购买比萨，在每个价格水平，比萨的需求量都会增加。反映在图形上的结果就是，代表需求曲线的直线向右移动。类似地，如果汉堡包价格下降到 1 美元，有些消费者会不再购买比萨转而购买汉堡包，在每个价格水平，比萨的需求量都会下降。反映在图形上的结果就是，代表需求曲线的直线向左移动。

图 1A.5 中的表格显示了汉堡包价格的变化对比萨需求量的影响。假定我们一开始位于图中的需求曲线 D_1 上。如果比萨的价格为 14 美元（A 点），汉堡包的价格从 1.5 美元上升到 2 美元会使比萨的需求量从每周 55 个上升到 60 个（B 点），需求曲线移动到 D_2。或者，如果我们一开始位于需求曲线 D_1 上，比萨的价格为 12 美元（C 点），汉堡包的价格从 1.5 美元下降到 1 美元会使比萨的需求量从每周 65 个下降到 60 个（D 点），需求曲线移动到 D_3。通过需求曲线的移动，我们考虑了第三个变量（汉堡包的价格）变化的影响。在本书中我们将多次采用这种移动曲线的方法来考虑额外变量的影响。

1A.2.3　正相关和负相关关系

我们可以用图形表示任意两个变量之间的关系。有时候变量之间的关系是负相关的，意思是随着一个变量的值增加，另一个变量的值下降。比萨价格和需求量之间的关系就是如此。两个变量之间的关系也可以为正相关，意思是两个变量的值同时增加或下降。例如，当美国的家庭收到的总收入——或个人可支配收入——水平增加时，总消费支出——家庭在商品和服务上的支出——水平也增加。图 1A.6 中的表格显示了 2011—2014 年的个人可支配收入和消费支出的值（单位：10 亿美元）。图 1A.6 中的图形绘出了表格中的数据，横轴衡量个人可支配收入，纵轴衡量消费支出。注意图中代表 2012 年和 2013 年的点并非正好位于图中的直线上。为了考察两个数据之间的关系，经济学家常常使用与数据拟合得最好的直线。

销售量（个/周）

价格（美元/个）	当汉堡包价格为1美元/个时	当汉堡包价格为1.5美元/个时	当汉堡包价格为2美元/个时
15	45	50	55
14	50	55	60
13	55	60	65
12	60	65	70
11	65	70	75

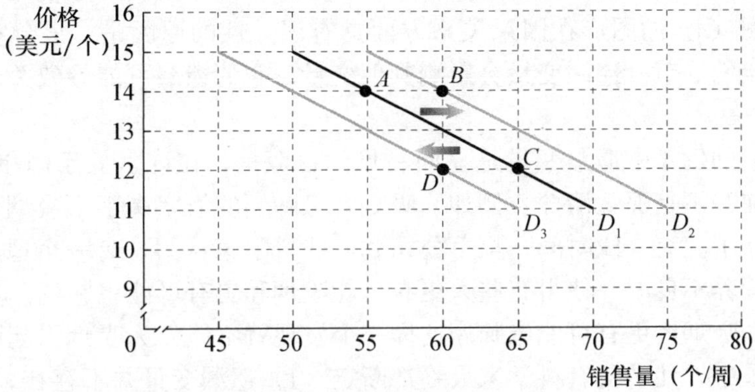

图 1A.5　在一张图中表示三个变量

比萨的需求曲线表示在可能影响消费者购买比萨意愿的其他因素保持不变的条件下比萨的价格和它的需求量之间的关系。如果比萨的价格为14美元（*A*点），汉堡包的价格从1.5美元上升到2美元会使比萨的需求量从每周55个上升到60个（*B*点），需求曲线移动到D_2。或者，如果我们一开始位于需求曲线D_1上，比萨的价格为12美元（*C*点），汉堡包的价格从1.5美元下降到1美元会使比萨的需求量从每周65个下降到60个（*D*点），需求曲线移动到D_3。

年	个人可支配收入（10亿美元）	消费支出（10亿美元）
2011	11 801	10 689
2012	12 384	11 083
2013	12 505	11 484
2014	12 986	11 930

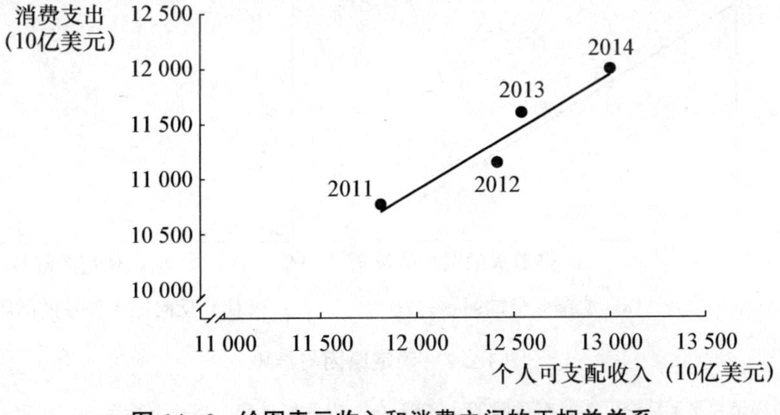

图 1A.6　绘图表示收入和消费之间的正相关关系

两个变量之间的关系为正相关的意思是当一个变量增加时另一个变量也增加。该图表示了个人可支配收入和消费支出之间的正相关关系。当美国的个人可支配收入增加时，消费支出也增加。

资料来源：U. S. Department of Commerce，Bureau of Economic Analysis.

1A. 2. 4　确定原因与结果

当我们作图表示两个变量之间的关系时，我们常常对一个变量的变化是否引起另一个变量的变化下结论。可是，这样做有可能导致错误。假定你作图表示一年中如下两个变量之间的关系：某一街区壁炉里燃着火的家庭的数量，该街区树上树叶的数量。你会得到如图 1A. 7（a）所示的关系：街区中燃着火的壁炉越多，树上的树叶越少。我们可以根据这张图得出“对壁炉的使用引起树叶掉落”的结论吗？当然，我们知道这样一个结论是不正确的。在春天和夏天，壁炉的使用数量相对少，此时的树上正好满是树叶。在秋天，树叶开始掉落，壁炉使用得更加频繁了。在冬天，许多壁炉正在使用，许多树的树叶全都掉落了。图（a）的图形在因果关系方面具有误导性的原因是，该分析明显遗漏了一个变量——一年的季节。遗漏变量会影响其他变量，它的遗漏可能导致关于因果关系的错误结论。

尽管在我们的例子中遗漏变量是显而易见的，但是，在许多关于因果关系的争论中，遗漏变量的存在并不是那么清楚。例如，吸烟者患肺癌的概率高于不吸烟者，这一点为人所知已经很多年了。有一段时间，烟草公司和一些科学家认为，有一个遗漏变量——可能是缺乏锻炼或营养不良——使得有些人更有可能吸烟和更有可能患肺癌。如果这个遗漏变量存在，那么，吸烟者更有可能患肺癌这样一个发现就不能作为吸烟引起肺癌的证据。可是，在这个例子中，几乎所有科学家最终都断定（1）遗漏变量并不存在，以及（2）事实上，吸烟的确引起肺癌。

决定原因与结果的一个相关问题是反向因果关系问题。当我们得出结论说变量 X 的变化引起变量 Y 的变化，而事实上是变量 Y 的变化引起变量 X 的变化时，就犯了反向因果关系的错误。例如，图 1A. 7（b）绘出了某街道正在使用的割草机的数量和该街道草地上所长的青草的生长速度之间的关系。我们也许会根据这张图得出结论说割草机的使用引起青草长得更快。可是，我们知道，事实上，因果关系正好是反过来的：在春天和夏天，青草长得快，增加了割草机的使用；而在秋天和冬天或者降雨量少的时期，青草长得慢，减少了割草机的使用。

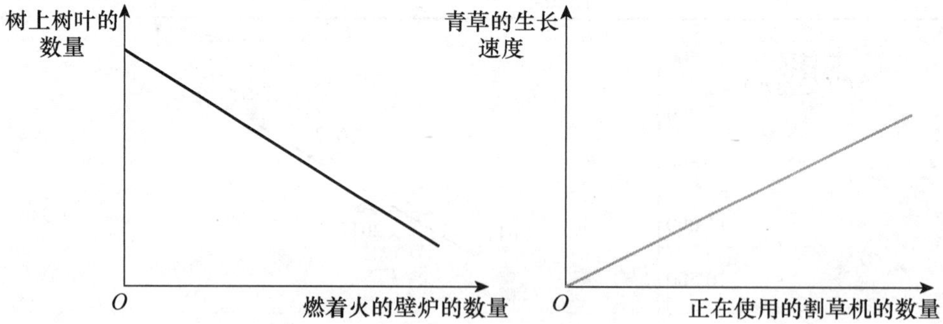

(a) 遗漏变量的问题　　(b) 反向因果关系的问题

图 1A. 7　确定原因与结果

利用图形来对因果关系下结论可能是有危险的。在图（a）中我们看到，当一个街区的许多家庭的壁炉里燃着火时，树上的树叶要少一些。我们不能据此得出结论说火引起树叶掉落，因为我们遗漏了一个变量——一年的季节。在图（b）中我们看到，当青草长得快时，街道里有更多的割草机在使用，而当青草长得慢时，有更少的割草机在使用。如果据此得出结论说割草机的使用引起青草长得更快，那就犯了反向因果关系的错误。

再一次地，在我们的例子中，反向因果关系这一潜在的错误是显而易见的。然而，在许多经济争论中，因果关系的确定要更加困难。例如，货币供给——经济中的货币总量——的变动往往与经济中人们赚得的收入总量的变动同时发生。关于是货币供给的变动引起了总收入的变动还是总收入的变动引起了货币供给的变动的争论是经济学中一个著名的争论。争论的每一方都指责对方犯了反向因果关系的错误。

1A.2.5 表示经济关系的图形总是直线吗?

到目前为止我们所画出的表示两个经济变量之间的关系的图形都是直线。当两个变量之间的关系可以被一条直线代表时，那么，它们之间的关系是线性的。实际上，线性的经济关系是很少的。例如，如果在影响一种产品的需求量的其他变量保持不变的条件下，我们仔细地把该产品的价格和每一价格水平下的需求量的数据绘制成图形，那么，通常我们会得到一种曲线（非线性）关系而非线性关系。然而，在实践中，将非线性关系近似表示为线性关系常常是有用的。如果非线性关系接近线性，那么，这种近似对分析没有大的影响。此外，计算直线的斜率要容易得多，计算直线下的面积也要容易得多。因此，在本书中，我们常常假设两个经济变量之间的关系是线性的，哪怕我们知道这一假设并不完全正确。

1A.2.6 非线性曲线的斜率

在某些情况下，我们需要考虑一种经济关系的非线性属性。例如，图 1A.8（a）表示假设的苹果公司生产智能手表的生产总成本和产量之间的关系。这一关系是曲线的而非线性的。在这个例子中，生产成本以递增的速率增加，这在制造业中很常见。换句话说，当我们沿着曲线向上移动时，它的斜率在变大。（直线的斜率为常数。）为了看清原因，首先回忆我们计算曲线的斜率的方法是用 y 轴上变量的变化除以 x 轴上变量的变化。当我们从 A

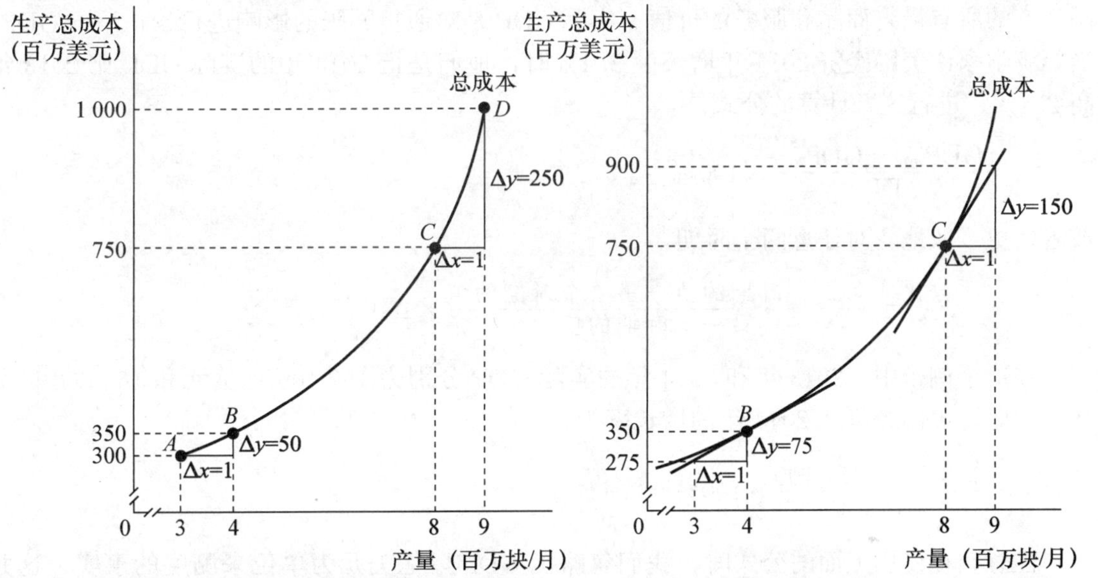

(a) 非线性曲线的斜率不是常数　　(b) 非线性曲线的斜率用切线的斜率衡量

图 1A.8　非线性曲线的斜率

苹果公司智能手表的产量和生产总成本之间的关系是曲线的而非线性的。在图（a）中，从 A 点移动到 B 点时，苹果公司智能手表的产量增加了 100 万块，而生产的总成本增加了 5 000 万美元。在曲线的更远处，当我们从 C 点移动到 D 点时，苹果公司智能手表的产量增加了相同的数量，即 100 万块，但是，现在生产总成本增加得多得多，为 2.5 亿美元。

由于 y 轴上变量的变化增加了，而 x 轴上变量的变化保持不变，因此我们知道斜率增大了。在图（b）中，我们用切线的斜率衡量曲线在某一特定点的斜率。在 B 点的切线的斜率为 75，在 C 点的切线的斜率为 150。

点移动到 B 点时，智能手表的产量增加了 100 万块，而生产的总成本增加了 5 000 万美元。在曲线的更远处，当我们从 C 点移动到 D 点时，智能手表的产量增加了相同的数量，即 100 万块，但是，现在生产总成本增加得多得多，为 2.5 亿美元。由于 y 轴上变量的变化增加了，而 x 轴上变量的变化保持不变，因此我们知道斜率增大了。

为了衡量非线性曲线在某一特定点的斜率，我们衡量在该点曲线的切线的斜率。在该点的切线与曲线只在该点相交。我们可以衡量切线的斜率，就像我们衡量任何其他直线的斜率一样。在图 1A.8（b）中，B 点的切线的斜率为：

$$\frac{\Delta\text{生产总成本}}{\Delta\text{产量}}=\frac{75}{1}=75$$

C 点的切线的斜率为：

$$\frac{\Delta\text{生产总成本}}{\Delta\text{产量}}=\frac{150}{1}=150$$

再一次地，我们看到，在 C 点曲线的斜率大于在 B 点曲线的斜率。

□ 1A.3　公式

我们刚刚看到图形是一个重要的经济学工具。在这一节中，我们将回顾几个有用的公式，说明如何用这些公式来总结数据和计算重要的关系。

1A.3.1　百分比变化的计算公式

百分比变化是用百分比表示的某个经济变量的变化，通常是从一个时期到下一个时期的变化。实际国内生产总值（实际 GDP）是一个重要的宏观经济指标。GDP 是一年中一国生产的所有最终商品和服务的价值。实际 GDP 是对通货膨胀的影响进行校正后的 GDP。当经济学家说美国经济 2014 年增长了 2.4%时，他们是指 2014 年的实际 GDP 比 2013 年高 2.4%。进行这一计算的公式是：

$$\frac{GDP_{2014}-GDP_{2013}}{GDP_{2013}}\times 100\%$$

或者，更一般地，对任意两个时期，

$$\text{百分比变化}=\frac{\text{第二个时期的值}-\text{第一个时期的值}}{\text{第一个时期的值}}\times 100\%$$

在这个例子中，2013 年和 2014 年的实际 GDP 分别为 157 100 亿美元和 160 860 亿美元。因此，美国经济在 2014 年的增长率为：

$$\frac{160\,860-157\,100}{157\,100}\times 100\%=2.4\%$$

注意，在使用上面的公式时，我们忽略了 GDP 以亿美元为单位来测度的事实，这并不重要。实际上，当计算百分比时，单位不重要。从 157 100 亿美元到 160 860 亿美元的百分比增加与从 157 100 美元到 160 860 美元的百分比增加完全相同。

1A.3.2　矩形和三角形面积的计算公式

图形中的矩形和三角形的面积可能有重要的经济意义。例如，图 1A.9 表示百事可乐的需求曲线。假定当前价格为 2 美元/瓶，在此价格水平销售了 125 000 瓶百事可乐。企业的总收益等于它从销售产品中收到的金额，其计算方法为销售量乘以价格。在这个例子中，总收益等于 125 000 瓶乘以每瓶 2 美元，即 250 000 美元。

矩形面积的计算公式为

矩形面积＝底×高

图 1A. 9 中灰色阴影标记的矩形也代表了企业的总收益，因为它的面积等于 125 000 瓶（底）乘以每瓶 2 美元的价格（高）。

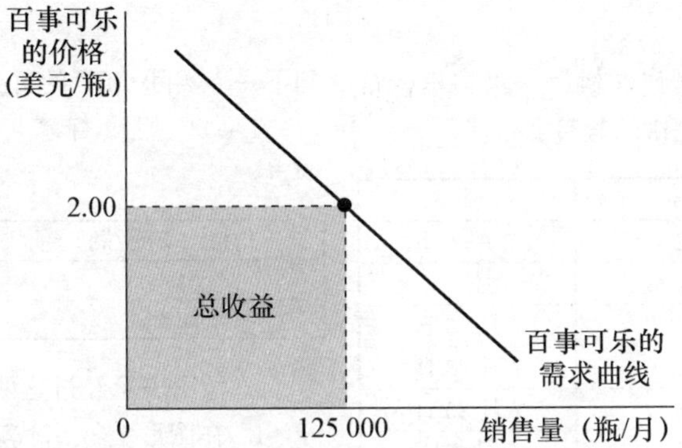

图 1A. 9　在图形上表示企业的总收益

矩形的面积等于它的底乘以高。总收益等于销售量乘以价格。在这里，总收益等于 125 000 瓶的销售量乘以每瓶 2 美元的价格，即 250 000 美元。灰色阴影标记的矩形表示了企业的总收益。

在后面的章节中我们将会看到，三角形的面积也可能有重要的经济意义。三角形面积的计算公式为：

三角形面积＝1/2×底×高

图 1A. 10 中灰色阴影标记的部分是一个三角形。它的底等于 150 000－125 000＝25 000，高等于 2－1.5＝0.5。因此，它的面积等于 1/2×25 000×0.5＝6 250。注意，只有在需求曲线为直线（即线性曲线）时，灰色区域才是一个三角形。并非所有的需求曲线都是线性的。但是，即使需求曲线不是线性的，三角形面积的计算公式通常也会给出一个很好的近似。

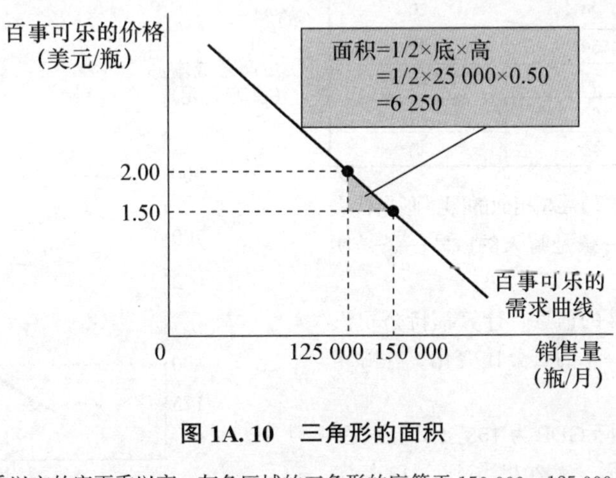

图 1A. 10　三角形的面积

三角形面积等于 1/2 乘以它的底再乘以高。灰色区域的三角形的底等于 150 000－125 000＝25 000，高等于 2－1.5＝0.5。因此，它的面积等于 1/2×25 000×0.5＝6 250。

1A.3.3 使用公式总结

在本书中你将会碰到几个其他公式。在你必须使用公式的任何时候，你都应该遵循下面这些步骤：

（1）确保你理解公式代表的经济概念。

（2）确保你使用的公式对于你正在解决的问题是正确的。

（3）确保你用公式计算的数字在经济上是合理的。例如，如果你用公式计算企业的收益而你的答案是负数，那你就知道你在某处出错了。

问题与应用

1A.1 下表显示了蛋奶馅饼的价格和雅各布（Jacob）每周购买的蛋奶馅饼的数量。

价格（美元/个）	馅饼数量（个）	周
3	6	7月2日
2	7	7月9日
5	4	7月16日
6	3	7月23日
1	8	7月30日
4	5	8月6日

a. 馅饼价格和雅各布购买的馅饼数量之间是正相关的还是负相关的？

b. 根据上表做出一张与图1A.3相似的图。画出与这些点拟合得最好的直线。

c. 计算该直线的斜率。

1A.2 下表给出了晴天和阴天柠檬水的需求量。

价格（美元/杯）	数量（杯/天）	天气
0.8	30	晴
0.8	10	阴
0.7	40	晴
0.7	20	阴
0.6	50	晴
0.6	30	阴
0.5	60	晴
0.5	40	阴

根据上表做出一张与图1A.5相似的图。画出代表两条需求曲线的直线：一条是晴天的，另一条是阴天的。

1A.3 利用图1A.2的信息，计算福特公司汽车销售量从某一年到下一年的百分比变化。在哪年销售量下降得最快？

1A.4 2012年的实际GDP为153 690亿美元，2013年为157 100亿美元。从2012年到2013年实际GDP的百分比变化是多少？经济学家把某一年到下一年实际GDP的百分比变化称作什么？

1A.5 假设百事可乐的需求曲线经过下面两点：

价格（美元/瓶）	需求量（瓶）
2.5	100 000
1.25	200 000

a. 作图表示经过这两点的线性需求曲线。

b. 在图形上标出代表每个价格下的总收益的区域。给出每个价格下总收益的值。

1A.6 下图中灰色区域的三角形面积是多少？

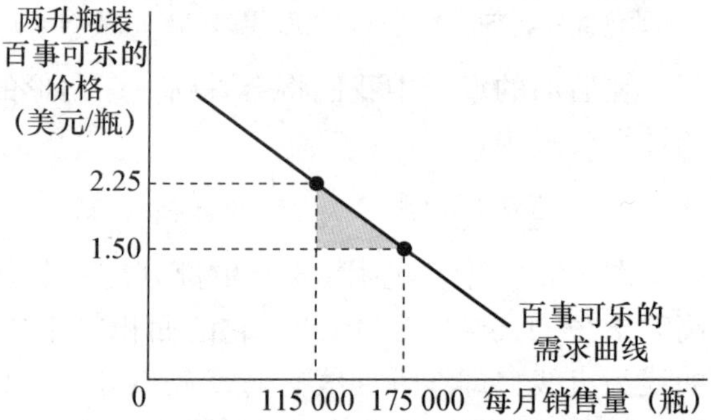

1A.7 计算下图中总成本曲线在 *A* 点和 *B* 点的斜率。

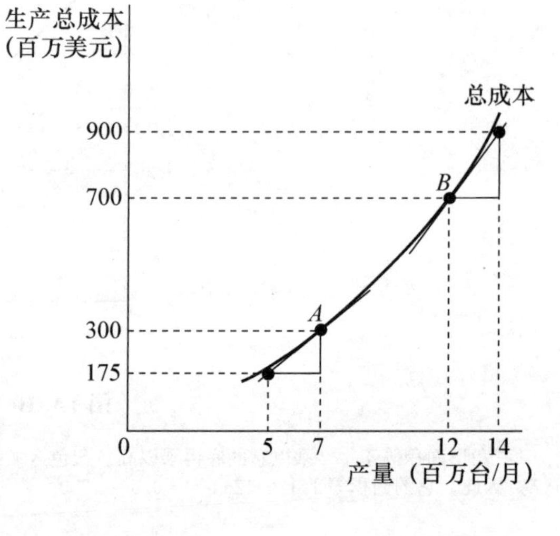

第 2 章

权衡、比较优势和市场体系

本章概览和学习目标

2.1 生产可能性边界和机会成本

利用生产可能性边界来分析机会成本和权衡。

2.2 比较优势和交易

描述比较优势，解释为何它是贸易的基础。

2.3 市场体系

解释市场运行的基本思想。

开篇案例

特斯拉汽车公司的经理人面临权衡

全电动汽车是未来的潮流吗？如果你和大多数司机一样，你很可能喜欢不去加油站加油而是通过充电桩给汽车充电的想法。然而，市场上的全电动汽车在通往成功的道路上仍然处于挣扎状态，这有两个重要原因：(1) 电动汽车充电所用的铝电池成本很高，这迫使电动汽车的价格居高不下；(2) 现有电池充一次电只能行驶 100～300 英里，这使电动汽车很不适用于长途旅行。

特斯拉（Tesla）公司是一家总部在美国的汽车制造公司，它是亿万富翁埃隆·马斯克（Elon Musk）于 2003 年创建的。埃隆·马斯克还创建了在线支付系统 PayPal 和私有太空探索公司 SpaceX。尽管在 2015 年特斯拉公司只占有美国汽车市场微乎其微的份额，仅为 0.1%，但是，其目标是成为第一家销售大量全电动汽车的企业。特斯拉公司正在建立覆盖全国的快速充电站网络以便司机可以更容易地进行更长途的旅行。2015 年，公司现有的车型价格很高，但它计划推出一种更便宜的车型来吸引那些过去购买丰田凯美瑞或本田雅阁等汽油动力汽车的顾客。

特斯拉公司在加利福尼亚州的弗里蒙特生产汽车。为了在汽车市场竞争，特斯拉公司的经理人必须做出许多战略决策，如是否引入新的车型。特斯拉公司最初只销售 Model S 轿车，其基价为 75 000 美元。2015 年下半年，特斯拉公司推出了第二种车型，Model X，它是多功能越野车（SUV）和小型货车的混合品种。Model X 车型是为那些本来会买传统的汽油动力多功能越野车或小型货车的家庭设计的。但它也有着很高的基价。最终，特斯拉公司要想实现其在汽车市场上占有重要市场份额的计划，就得配置资源于生产价格大约在 35 000 美元的全电动汽车。

特斯拉公司的经理人还必须决定如何卖车并提供服务。特斯拉公司没有经销商。它只在网上卖车，依赖公司自有的服务中心提供保养和修理服务。一些经济学家质疑特斯拉公司是否能够在不通过经销商卖车的情况下实现其未来的销售目标。

特斯拉公司的经理人还要做规模更小的决策。例如，在弗里蒙特的工厂的生产安排中，经理人每个月必须决定 Model S 轿车和 Model X 多功能越野车的生产数量。和经理人的其他决策一样，这一决策也涉及权衡：生产更多的一种车型就意味着生产更少的另一种车型。

苹果公司是越来越多涉足电动汽车市场的公司之一。本章末的“业内观察”讨论了苹果公司为了最早在 2020 年生产一种电动汽车而集合的资源。

资料来源：Mike Ramsey and Anne Steele, “Tesla Loss Widens as Spending Jumps”, *Wall Street Journal*, May 6, 2015; and Charles Fleming, “Tesla Introduces Lower Priced AWD Electric Model S”, *Los Angeles Times*, April 8, 2015.

生活中的经济学

购买汽车时面临的权衡

当你购买一辆汽油动力汽车时，你很可能会考虑安全性和燃料效率等因素。为了提高燃料效率，汽车制造商生产小而轻的汽车。当发生事故时，大车吸收的冲击力比小车要多。因此，通常来讲，人们驾驶大车更安全。从这些事实中，我们能得到关于安全性和燃料效率之间关系的什么结论呢？在什么情况下，汽车制造商可以生产更安全和更有燃料效率的汽车呢？在阅读本章的过程中，试着回答这个问题。对照我们在本章末提供的答案，你可以检验你的答案。

在市场体系中，大多数企业的经理人都必须做与特斯拉公司的经理人类似的决策。这些决策反映了经济生活中一个重要的事实：稀缺性要求人们进行权衡。**稀缺性**（scarcity）的存在是因为我们的欲望是无限的，但可用于实现这些欲望的资源却是有限的。商品和服务是稀缺的。经济资源同样如此。经济资源也就是用于生产商品和服务的生产要素，包括工人、资本、自然资源以及企业家才能。你的时间是稀缺的，这意味着你面临着权衡：如果你花一个小时准备经济学考试，那你准备心理学考试或者去看电影的时间就少了一个小时。如果你的大学决定用其部分（稀缺的）预算去为电脑实验室购买新电脑，那些资金就不能用于为图书馆购置新图书或者给学生停车场重新铺设路面。如果特斯拉公司决定把它位于弗里蒙特的装配工厂里的部分（稀缺的）工人和机器用于生产更多的 Model X 多功能越野车，那些资源就不能用于生产更多的 Model S 轿车。

家庭和企业的决策有许多是在市场中做出的。交易是发生在市场中的一种重要活动。交易是遍布全世界的千千万万家庭和企业的决策的结果。通过参与交易，人们能够提高他们的收入。在本章，我们概述市场体系如何协调这些千千万万的家庭和企业的独立决策。我们对稀缺性的经济后果以及市场体系如何运行的分析从引入一个重要的经济模型——生产可能性边界——开始。

2.1 生产可能性边界和机会成本

正如我们在本章开篇案例中所看到的，特斯拉公司在加利福尼亚州的弗里蒙特经营着一家汽车工厂，在那里装配两种型号的汽车。由于该公司的资源——工人、机器、材料和企业家才能——是有限的，公司面临着权衡：用于生产一种车型的资源不能用于生产另一种车型。第 1 章解释了经济模型在许多问题的分析中很有用。我们可以利用一个称为生产可能性边界的简单模型来分析特斯拉公司在其位于弗里蒙特的工厂所面临的权衡。**生产可能性边界**（production possibilities frontier，PPF）是表示利用可用资源和现有技术可以生产的两种产品可达到的最高组合的曲线。在特斯拉公司的例子中，公司在其位于弗里蒙特的工厂利用工人、材料、机器人和其他机器设备只生产 Model S 轿车和 Model X 多功能越野车。

□ 2.1.1 画出生产可能性边界

图 2.1 利用生产可能性边界来说明特斯拉公司面临的权衡。根据表格中的数字，我们绘制出图形。图形中的直线代表特斯拉公司的生产可能性边界。如果特斯拉公司把它的所有资源用于生产 Model S 轿车，那么它每天能生产 80 辆，这样我们得到生产可能性边界

的一个端点 *A* 点。如果特斯拉公司把它的所有资源用于生产 Model X 多功能越野车，那么它每天能生产 80 辆，这样我们得到生产可能性边界的另一个端点 *E* 点。如果特斯拉公司把资源用于生产这两种汽车，那么它可能位于 *B* 点这样的点，在 *B* 点，公司生产出 60 辆 Model S 轿车和 20 辆 Model X 多功能越野车。

生产可能性边界上的所有组合（如 *A*、*B*、*C*、*D* 和 *E* 点）和边界内部的所有组合（如 *F* 点）都是利用可以获得的资源能够达到的。边界上的组合是有效率的，因为所有可获得的资源都得到了充分利用，生产给定数量的产出所用到的资源已经尽可能地少了。边界内部的组合（如 *F* 点）是无效率的，因为利用可以获得的资源没有达到最高产出，这也许是因为装配线没有满负荷运行。特斯拉公司也许想超出边界，如图中的 *G* 点，在该点它将生产 60 辆 Model S 轿车和 50 辆 Model X 多功能越野车，但是，给定公司现有的资源，超出生产可能性边界的点是达不到的。为了生产出 *G* 点的组合，特斯拉公司需要更多的机器或更多的工人。

特斯拉公司位于弗里蒙特的工厂的生产选择

选择	Model S 轿车的数量（辆）	Model X 多功能越野车的数量（辆）
A	80	0
B	60	20
C	40	40
D	20	60
E	0	80

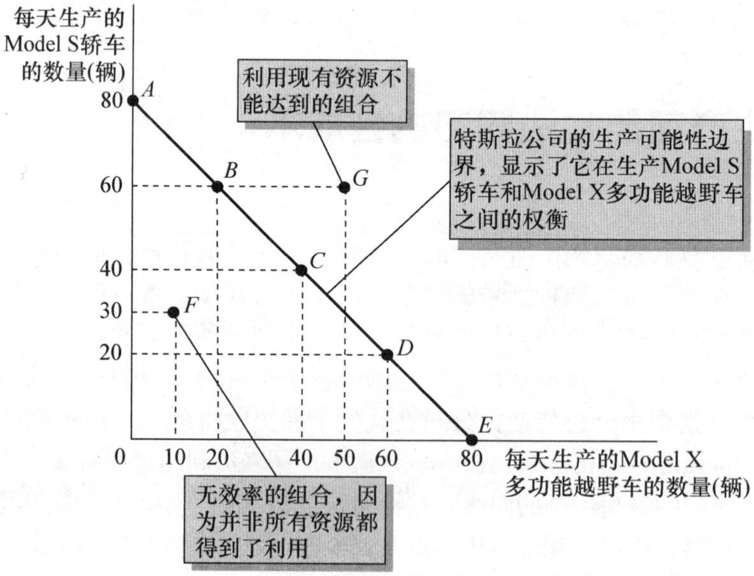

图 2.1　特斯拉公司的生产可能性边界

特斯拉公司面临着权衡：要多生产一辆 Model S 轿车，它就必须少生产一辆 Model X 多功能越野车。生产可能性边界说明了特斯拉公司面临的权衡。生产可能性边界上的组合（如 *A*、*B*、*C*、*D* 和 *E* 点）是有效率的，因为利用可获得的资源已经达到了最高产出。边界内部的组合（如 *F* 点）是无效率的，因为有些资源没有得到利用。边界外的组合（如 *G* 点）是利用现有资源达不到的。

注意，如果特斯拉公司的生产有效率，处于生产可能性边界上，那么，多生产某种汽车的唯一方式是少生产另一种汽车。回忆第 1 章所讲过的，任何活动的**机会成本**（opportunity cost）是从事该项活动必须放弃的价值最高的其他用途的价值。对于特斯拉公司来说，多生产一辆 Model X 多功能越野车的机会成本是公司因为将原本用于生产 Model S 轿车的资源转移到生产 Model X 多功能越野车上所少生产的 Model S 轿车的数量。例如，若特斯拉公司从 B 点移动到 C 点，每天多生产 20 辆 Model X 多功能越野车的机会成本是少生产的 20 辆 Model S 轿车。

生产可能性边界上的哪个点是最佳的呢？如果没有更多的信息，我们不得而知。如果消费者对 Model X 多功能越野车的需求大于对 Model S 轿车的需求，那么，公司可能选择接近 E 点的某个点。如果对 Model S 轿车的需求大于对 Model X 多功能越野车的需求，那么，公司可能选择接近 A 点的某个点。

例题 2.1 画出特斯拉公司的生产可能性边界

为了简化，假定在任何给定的一周，特斯拉公司位于弗里蒙特的工厂里的机器设备和工人数量不能变化。因此，该公司在那一周能够生产的轿车或多功能越野车的数量取决于有多少时间用于装配每种车型。假设多功能越野车更难装配：特斯拉公司 1 小时能装配 15 辆轿车，但 1 小时只能装配 10 辆多功能越野车。假设该工厂每天工作 8 小时。

a. 利用上述信息完成下表。

	生产所花小时数		每天生产的数量	
选择	轿车	多功能越野车	轿车	多功能越野车
A	8	0		
B	7	1		
C	6	2		
D	5	3		
E	4	4		
F	3	5		
G	2	6		
H	1	7		
I	0	8		

b. 利用表中数据画出生产可能性边界来说明特斯拉公司在装配轿车和多功能越野车之间的权衡。用纵轴表示每天生产的轿车数量，用横轴表示每天生产的多功能越野车数量。标出特斯拉公司的生产可能性边界与纵轴和横轴的交点的数值。

c. 标出代表选择 D 和 E 的点。如果特斯拉公司选择了 D，它多生产 10 辆多功能越野车的机会成本是什么？

解：

第 1 步：复习本章内容。这一问题是关于利用生产可能性边界来分析权衡的，所以你可能需要复习一下 2.1.1 节“画出生产可能性边界”。

第 2 步：填充表格，回答问题 a。如果特斯拉公司 1 小时能装配 15 辆轿车，那么，选择 *A* 就能装配 120 辆轿车和 0 辆多功能越野车。由于它 1 小时能装配 10 辆多功能越野车，因此，选择 *B* 就能装配 105 辆轿车和 10 辆多功能越野车。利用相同的推理，我们可以填充该表其余部分，结果如下所示：

	生产所花小时数		每天生产的数量	
选择	轿车	多功能越野车	轿车	多功能越野车
A	8	0	120	0
B	7	1	105	10
C	6	2	90	20
D	5	3	75	30
E	4	4	60	40
F	3	5	45	50
G	2	6	30	60
H	1	7	15	70
I	0	8	0	80

第 3 步：画出生产可能性边界，回答问题 b。利用第 2 步得到的表格的数据，你应该画出下图这样的图形：

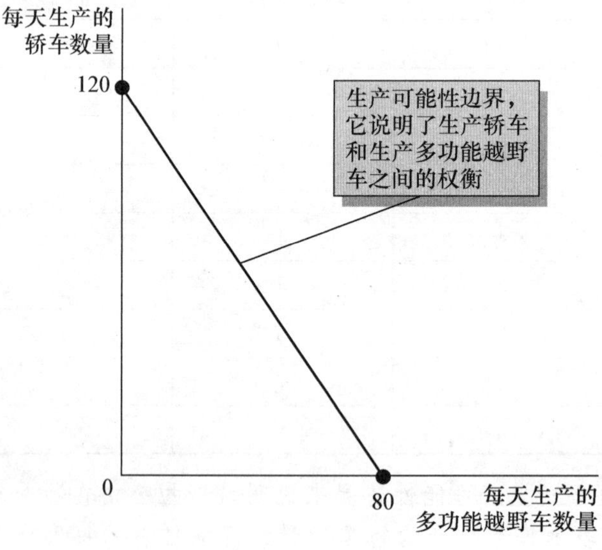

如果特斯拉公司把所有的 8 小时都用于装配轿车，它将生产 120 辆轿车。因此，它的生产可能性边界与纵轴的交点的值为 120。如果特斯拉公司把所有的 8 小时都用于装配多功能越野车，它将生产 80 辆多功能越野车。因此，它的生产可能性边界与横轴的交点的值为 80。

第 4 步：在图中标出选择 *D* 和选择 *E*，回答问题 c。利用表中的信息，代表选择 *D* 和

选择 E 的点可以表示在下图中：

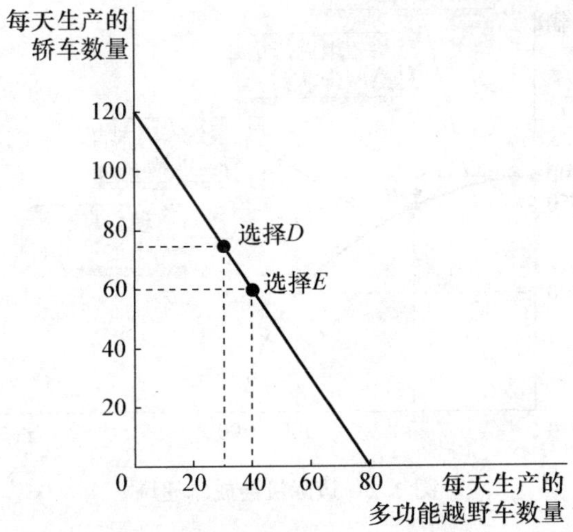

从选择 D 移动到选择 E，特斯拉公司多生产了 10 辆多功能越野车，但少生产了 15 辆轿车。因此，它多生产 10 辆多功能越野车的机会成本是少生产 15 辆轿车。

轮到你了： 要想做更多的练习，请做本章末与本专栏相关的问题与应用 1.10。

□ 2.1.2 边际机会成本递增

我们可以用生产可能性边界来探讨关系到经济整体的问题。假定我们将经济中生产的所有商品和服务划分成只有两种类型：军用品和民用品。在图 2.2 中，我们用坦克代表军用品，用汽车代表民用品。如果某国的所有资源都用于生产军用品，一年可以生产 400 辆坦克。如果该国的所有资源都用于生产民用品，一年可以生产 500 辆汽车。若资源用于生产两种商品，经济就会处于生产可能性边界的其他点。

注意这一生产可能性边界是向外弯曲的，而非一条直线。由于曲线向外弯曲，用坦克表示的汽车的机会成本取决于经济当前处于生产可能性边界上的什么位置。例如，为了将汽车产量从 0 辆增加到 200 辆，即从 A 点移动到 B 点，经济不得不放弃的坦克数量只有 50 辆。但是，为了再增加 200 辆汽车，即从 B 点移动到 C 点，经济不得不放弃的坦克数量就达 150 辆。

随着经济沿着生产可能性边界向下移动，它表现出边际机会成本递增的特征，这是因为汽车产量增加一个给定的数量要求坦克减少的产量越来越大。边际机会成本递增之所以会发生，原因是有些工人、机器和其他资源更适于其中的一种用途。在 A 点，一些很适于生产汽车的资源被迫生产坦克。当从 A 点移动到 B 点时，这些资源转移到汽车生产上，这使汽车产量大幅增加，而坦克产量减少得很少。但是，随着经济沿着生产可能性边界继续向下移动，越来越多更适合生产坦克的资源被转移到汽车生产上来。结果，汽车产量的增加变得越来越小，而坦克产量的减少变得越来越大。在大多数情况下，我们将预期生产可能性边界会向外弯曲而不是像在前面讨论的特斯拉公司的例子中那样是线性的。

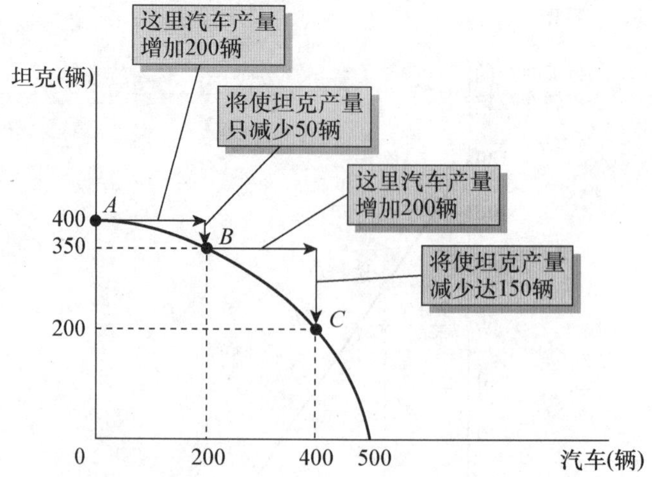

图 2.2　边际机会成本递增

随着经济沿着生产可能性边界向下移动，它表现出边际机会成本递增的特征，这是因为汽车产量增加一个给定的数量要求坦克减少的产量越来越大。例如，为了将汽车的产量从 0 辆增加到 200 辆，即从 A 点移动到 B 点，经济不得不放弃的坦克数量只有 50 辆。但是，为了再增加 200 辆汽车，即从 B 点移动到 C 点，经济不得不放弃的坦克数量就达 150 辆。

边际机会成本递增的思想说明了一个重要的经济学概念：已经用于一项活动的资源越多，用于该项活动的额外资源的回报就越小。例如：

- 你用于学习经济学的时间越多，那你所花的每一个额外小时带来的考试成绩的提高就越少，以那种方式花掉的时间的机会成本就越高。
- 一家企业在某一给定年份里用于研发的资金越多，它从额外的每一美元上获得的有用知识的数量就越少，以那种方式花掉的资金的机会成本就越高。
- 联邦政府在某一给定年份里用于清洁环境的资金越多，额外每一美元带来的污染减少量就越少，再一次地，以那种方式花掉的资金的机会成本就越高。

□ 2.1.3　经济增长

在任何给定的时点，任何经济可以获得的总资源都是固定的。因此，例如，如果美国生产了更多的汽车，它生产的某种其他商品（在我们的例子中为坦克）必定更少了。资本存量是一个经济体可以获得的机器设备和其他实物资本的数量。随着时间的推移，由于劳动力和资本存量都可能增加，因此，经济体可以获得的总资源可能会增加。当资源数量增加时，该经济体的生产可能性边界向外移动，使其有可能生产出更多的汽车和更多的坦克。图 2.3（a）表示经济体可能从 A 点移动到 B 点，这样生产的坦克和汽车就都更多了。

类似地，技术变革使得用同样多数量的工人和机器生产出更多的商品成为可能，这也使生产可能性边界向外移动。技术变革不一定同样地影响所有部门。图 2.3（b）表示了汽车行业某一技术变革的结果，该技术变革增加了工人每年能够生产的汽车数量，但能够生产的坦克数量保持不变。

生产可能性边界的向外移动代表了**经济增长**（economic growth），因为它们的移动使得经济体中商品和服务的产量增加了，这最终提高了生活水平。在美国和其他高收入国家，市场体系推动了经济增长过程，在过去的 200 年里，经济增长极大地提高了人们的平均福利水平。

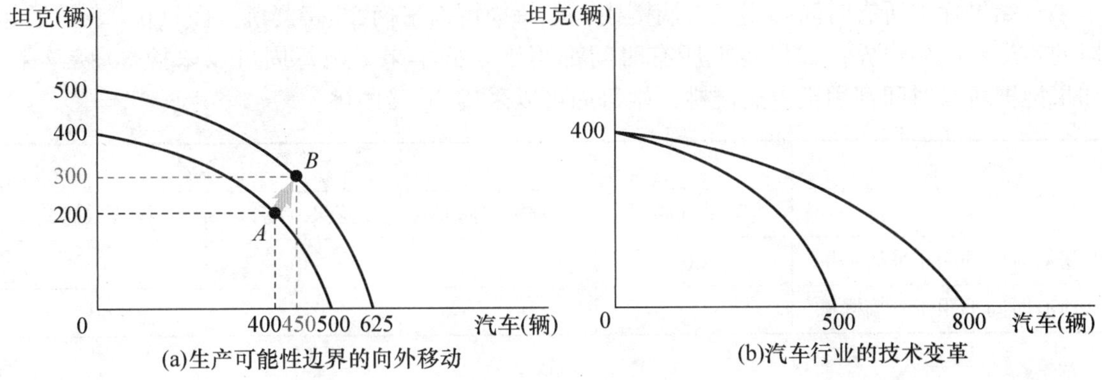

图 2.3　经济增长

图（a）表明，随着可得资源的增加和技术变革的发生，经济体将从 *A* 点移动到 *B* 点，生产更多的坦克和汽车。图（b）表明，汽车行业技术进步的结果是在坦克生产的最大产量保持不变的前提下，汽车工人每年能生产的汽车数量更多了。生产可能性边界的向外移动代表了经济增长。

2.2　比较优势和交易

我们可以用生产可能性边界和机会成本的思想来理解基本的经济活动——交易。市场从根本上来说就是**交易**（trade），即买卖行为。有时候我们直接交易，例如小孩用一张棒球卡交换另一张棒球卡。但是我们常常间接交易：我们出卖自己作为会计师、销售员或护士的劳动服务得到钱，然后用赚到的钱去购买商品和服务。尽管在这些情况下，交易的发生是间接的，但是，最终的结果是会计师、销售员或护士用自己的服务交换了食品、衣服与其他商品和服务。交易的一大好处就是，通过提高人们的生产和消费，它使人们的境况都得到了改善。

□ 2.2.1　专业化和交易收益

考虑下面的情形：你和你的邻居在各自的土地上都种植了果树。起初，假定你只种植苹果树，邻居只种植樱桃树。在这种情况下，如果你们俩都既喜欢苹果又喜欢樱桃，那么显然存在你们俩都从交易中获益的机会：你用你的部分苹果交换邻居的部分樱桃，这将使你们俩的境况都得到改善。但是，如果你们俩的土地上都既种植了苹果树又种植了樱桃树，那又将如何呢？在那种情况下，你们俩还是可以从交易中获益。例如，邻居可能很擅长采摘苹果，而你可能很擅长采摘樱桃。那么，邻居集中于采摘苹果而你集中于采摘樱桃就是合情合理的。那么，你就可以用你采摘的部分樱桃交换邻居采摘的部分苹果。但是，如果邻居实际上比你更擅长采摘苹果和樱桃，那又将如何呢？

我们可以用生产可能性边界来说明邻居如何能从与你的交易中获益，即使她比你更擅长采摘这两种水果。（为了简单起见，并且由于这一假设对我们得到的结论没有任何影响，我们将假设这个例子中的生产可能性边界是直线。）图 2.4 中的表格表明了你和邻居一周可以采摘多少苹果和樱桃。图中的图形利用表中的数据构建了生产可能性边界。图（a）表示了你的生产可能性边界。如果你把所有时间都用于采摘苹果，你每周可以采摘 20 磅苹果。如果你把所有时间都用于采摘樱桃，你每周可以采摘 20 磅樱桃。图（b）表示了邻居的生产可能性边界。如果她把所有时间都用于采摘苹果，她每周可以采摘 30 磅苹果。如果她把所有时间都用于采摘樱桃，她每周可以采摘 60 磅樱桃。

	你		邻居	
	苹果（磅）	樱桃（磅）	苹果（磅）	樱桃（磅）
所有时间都用于采摘苹果	20	0	30	0
所有时间都用于采摘樱桃	0	20	0	60

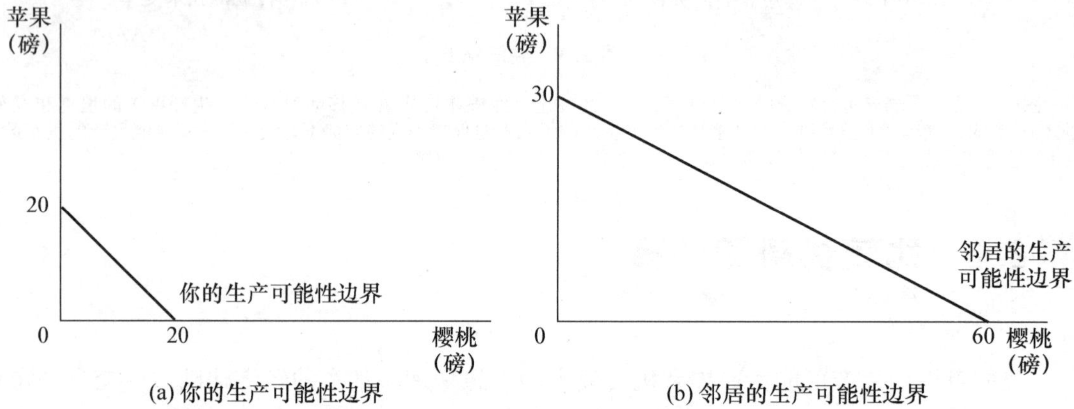

图 2.4　在没有交易的情况下你和邻居的生产可能性边界

该图的表格表明了你和邻居一周可以采摘多少苹果和樱桃。该图的图形利用表中的数据构建了你和邻居的生产可能性边界。图（a）表示了你的生产可能性边界。如果你把所有时间都用于采摘苹果，你每周可以采摘 20 磅苹果。如果你把所有时间都用于采摘樱桃，你每周可以采摘 20 磅樱桃。图（b）表示了邻居的生产可能性边界。如果她把所有时间都用于采摘苹果，她每周可以采摘 30 磅苹果。如果她把所有时间都用于采摘樱桃，她每周可以采摘 60 磅樱桃。

图 2.4 中的生产可能性边界说明了在不进行交易的情况下你和邻居能够消费的苹果和樱桃的数量。假定当你不和邻居进行交易时，你每周采摘并消费 8 磅苹果和 12 磅樱桃。图 2.5（a）中的 A 点表示了苹果和樱桃的这一组合。当邻居不和你进行交易时，她每周采摘并消费 9 磅苹果和 42 磅樱桃。图 2.5（b）中的 C 点表示了苹果和樱桃的这一组合。

就这样你们俩采摘和消费各自的苹果和樱桃。这样的日子过了多年以后，假定有一天邻居来找你，向你提出了如下提议：下周她将用她的 15 磅樱桃来交换你的 10 磅苹果。你应该接受她的提议吗？正如我们可以在图 2.5 表示出来的那样，你应该接受，因为这样的话你最终会有更多的苹果和更多的樱桃可以消费。为了利用她的提议，你应该把时间专门用于采摘苹果，而不是既采摘苹果又采摘樱桃。我们知道这样的话你能采摘到 20 磅苹果。你可以拿其中的 10 磅去交换邻居的 15 磅樱桃。其结果是你就能够消费 10 磅苹果和 15 磅樱桃［图 2.5（a）中的 B 点］。作为与邻居交易的结果，你的境况明显得到了改善：与你不进行交易的情况下的消费量相比，你现在可以多消费 2 磅苹果和 3 磅樱桃。你已经超出你的生产可能性边界了！

邻居也从交易中获益。通过专门采摘樱桃，她可以采摘到 60 磅樱桃。她拿 15 磅樱桃来交换你的 10 磅苹果，结果是她可以消费 10 磅苹果和 45 磅樱桃［图 2.5（b）中的 D 点］。与她在和你交易之前的消费量相比，这个组合多了 1 磅苹果和 3 磅樱桃。她也超出了她的生产可能性边界。表 2.1 总结了由你和邻居的交易所导致的生产和消费的变化。(在这个例子中，我们选择了樱桃和苹果的一个具体交换比率——15 磅樱桃交换 10 磅苹果。但是，存在许多其他的交换比率能使你和邻居的境况都得到改善。)

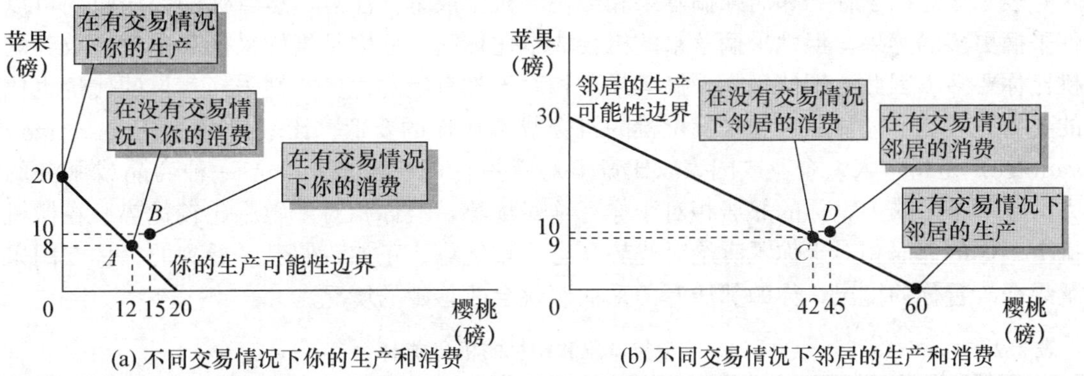

图 2.5 交易收益

当你不和邻居进行交易时，你每周采摘并消费 8 磅苹果和 12 磅樱桃——图 (a) 中的 A 点。当邻居不和你进行交易时，她每周采摘并消费 9 磅苹果和 42 磅樱桃——图 (b) 中的 C 点。如果你专门采摘苹果，你能采摘到 20 磅苹果。如果邻居专门采摘樱桃，她可以采摘到 60 磅樱桃。如果你用 10 磅苹果去交换邻居的 15 磅樱桃，那么，你就能够消费 10 磅苹果和 15 磅樱桃——图 (a) 中的 B 点。邻居可以消费 10 磅苹果和 45 磅樱桃——图 (b) 中的 D 点。由于有了交易，你和邻居的境况都得到了改善。

表 2.1　　交易收益的总结

	你		邻居	
	苹果（磅）	樱桃（磅）	苹果（磅）	樱桃（磅）
在没有交易情况下的生产和消费	8	12	9	42
在有交易情况下的生产	20	0	0	60
在有交易情况下的消费	10	15	10	45
交易收益（增加的消费）	2	3	1	3

□ 2.2.2 绝对优势和比较优势

也许上例中最引人注目的方面是，即使邻居在采摘苹果和采摘樱桃上都比你更擅长，她仍能从与你的交易中获益。**绝对优势**（absolute advantage）是指个人、企业或国家利用相同数量的资源比竞争对手生产出更多的商品或服务的能力。因为邻居在相同的时间里能够比你采摘到更多的苹果和更多的樱桃，所以相对于你来说，她在每种水果的生产上都具有绝对优势。尽管看似邻居应该自己采摘苹果和樱桃，但是，我们已经看到，如果她专门采摘樱桃而你专门采摘苹果，她的境况会得到改善。

我们可以进一步考虑为什么你和邻居都可以从专门采摘一种水果中获益。首先，考虑你们每个人采摘两种水果的机会成本。我们从图 2.4 的生产可能性边界中看到，如果你将全部时间都用于采摘苹果，你每周能够摘 20 磅苹果。当你沿着生产可能性边界向下移动，把采摘苹果的部分时间转移到采摘樱桃上时，你每采摘 1 磅樱桃都不得不放弃采摘 1 磅苹果（你的生产可能性边界的斜率是-1）。(要复习如何计算斜率，请参看第 1 章的附录。) 所以，你采摘 1 磅樱桃的机会成本是 1 磅苹果。同理，你采摘 1 磅苹果的机会成本是 1 磅樱桃。邻居的生产可能性边界有着不同的斜率，因此她面临着不同的权衡：当她把采摘苹果的时间转到采摘樱桃上时，她每采摘1磅樱桃就不得不放弃0.5磅苹果（邻居的生产可能性边界的斜率是−0.5）。当她把采摘樱桃的时间转到采摘苹果上时，她每采摘1磅苹果要放弃采摘2磅樱桃。因此，她采摘1磅苹果的机会成本是2磅樱桃，采摘1磅樱桃的机会成本是0.5磅苹果。

表2.2总结了你和邻居采摘苹果和樱桃的机会成本。注意，尽管你的邻居每周可以比你采摘更多的苹果，但她采摘苹果的机会成本比你高，原因是当她采摘苹果时她放弃的樱桃比你要多。因此，即使她在采摘苹果上相对于你有绝对优势，她采摘苹果的代价也比你的要高。表2.2还显示，她采摘樱桃的机会成本比你的要低。**比较优势**（comparative advantage）是指个人、企业或国家以比竞争对手更低的机会成本生产一种商品或服务的能力。在苹果采摘上，你的邻居相对于你有绝对优势，但你相对于她有比较优势。在樱桃采摘上，你的邻居相对于你既有绝对优势又有比较优势。正如我们已经看到的，你专门采摘苹果会改善你的境况，你的邻居专门采摘樱桃会改善她的境况。

表2.2　　采摘苹果和樱桃的机会成本

	采摘1磅苹果的机会成本	采摘1磅樱桃的机会成本
你	1磅樱桃	1磅苹果
邻居	2磅樱桃	0.5磅苹果

□ 2.2.3　比较优势和来自交易的收益

我们刚刚推导出了一个重要的经济学原理：交易的基础是比较优势而非绝对优势。采摘苹果最快的人并不一定要采摘很多苹果，如果他们在某种其他活动——采摘樱桃、打职业联盟棒球或者做工业工程师——上有比较优势，那么，他们专门从事那种活动会改善他们的境况。如果个人、企业和国家专门生产他们具有比较优势的商品和服务并通过交易获得他们所需要的其他商品和服务，那么，他们的境况会得到改善。我们将在第19章回到比较优势这个重要的概念，该章致力于讨论国际贸易这一主题。

不要犯这样的错误！

不要混淆绝对优势和比较优势

首先，确保你知道它们各自的定义：

绝对优势：个人、企业或国家利用相同数量的资源比竞争对手生产出更多的商品或服务的能力。在我们的例子中，你的邻居在采摘苹果和采摘樱桃上相对于你都有绝对优势。

比较优势：个人、企业或国家以比竞争对手更低的机会成本生产一种商品或服务的能力。在我们的例子中，你的邻居在采摘樱桃上有比较优势，而你在采摘苹果上有比较优势。

记住如下两个关键点：

（1）有可能在生产某种商品或服务上有绝对优势而没有比较优势。你的邻居在采摘苹果上就是如此。

（2）有可能在生产某种商品或服务上有比较优势而没有绝对优势。你在采摘苹果上就是如此。

轮到你了： 做本章末与本专栏相关的问题与应用2.5，看看你理解得如何。

例题 2.2 比较优势和交易收益

假定加拿大和美国都生产枫糖浆和蜂蜜，两种商品在两国卖相同的价格。以下是每个国家利用相同数量的资本和劳动一天能生产的两种商品的组合：

加拿大		美国	
蜂蜜（吨）	枫糖浆（吨）	蜂蜜（吨）	枫糖浆（吨）
0	60	0	50
10	45	10	40
20	30	20	30
30	15	30	20
40	0	40	10
		50	0

a. 哪国在生产枫糖浆上有比较优势？哪国在生产蜂蜜上有比较优势？

b. 假定加拿大目前生产 30 吨蜂蜜和 15 吨枫糖浆，美国目前生产 10 吨蜂蜜和 40 吨枫糖浆。证明：如果加拿大和美国分别专门从事一种商品的生产然后进行交易，两国的境况都能得到改善。

c. 通过画出美国和加拿大两国各自的生产可能性边界来说明你对问题 b 的回答。在你画出的生产可能性边界上，标出交易前和交易后每个国家所生产和消费的蜂蜜和枫糖浆的组合。

解：

第 1 步：复习本章内容。这一问题是关于比较优势的，所以你可能需要复习一下 2.2.2 节“绝对优势和比较优势”。

第 2 步：计算在每种活动上哪国有比较优势，回答问题 a。前面讲过，如果一国能够以最低的机会成本生产某种商品，那么它在生产这种商品上就具有比较优势。当加拿大多生产 1 吨蜂蜜时，它就少生产 1.5 吨枫糖浆。当美国多生产 1 吨蜂蜜时，它就少生产 1 吨枫糖浆。所以，美国生产蜂蜜的机会成本（1 吨枫糖浆）比加拿大生产蜂蜜的机会成本（1.5 吨枫糖浆）要低。当加拿大多生产 1 吨枫糖浆时，它就少生产 2/3 吨蜂蜜。当美国多生产 1 吨枫糖浆时，它就少生产 1 吨蜂蜜。所以，加拿大生产枫糖浆的机会成本（2/3 吨蜂蜜）比美国生产枫糖浆的机会成本（1 吨蜂蜜）要低。我们可以得出结论：美国在生产蜂蜜上有比较优势，而加拿大在生产枫糖浆上有比较优势。

第 3 步：说明专业化使加拿大和美国的境况都得到改善，回答问题 b。我们知道加拿大和美国应该分别专门生产它们具有比较优势的产品。如果两个国家都进行专业化生产，加拿大将生产 60 吨枫糖浆和 0 吨蜂蜜，美国将生产 0 吨枫糖浆和 50 吨蜂蜜。在这两个国家进行专业化生产后，美国可以用 30 吨蜂蜜去交换加拿大的 40 吨枫糖浆。（其他互利的交易也有可能。）我们可以用下表总结上述结果：

	交易前		交易后	
	蜂蜜（吨）	枫糖浆（吨）	蜂蜜（吨）	枫糖浆（吨）
加拿大	30	15	30	20
美国	10	40	20	40

美国的境况在交易之后得到了改善，这是因为它可以消费相同数量的枫糖浆且多消费10吨蜂蜜。加拿大的境况在交易之后也得到了改善，这是因为它可以消费相同数量的蜂蜜且多消费5吨枫糖浆。

第4步：画出生产可能性边界，回答问题c。

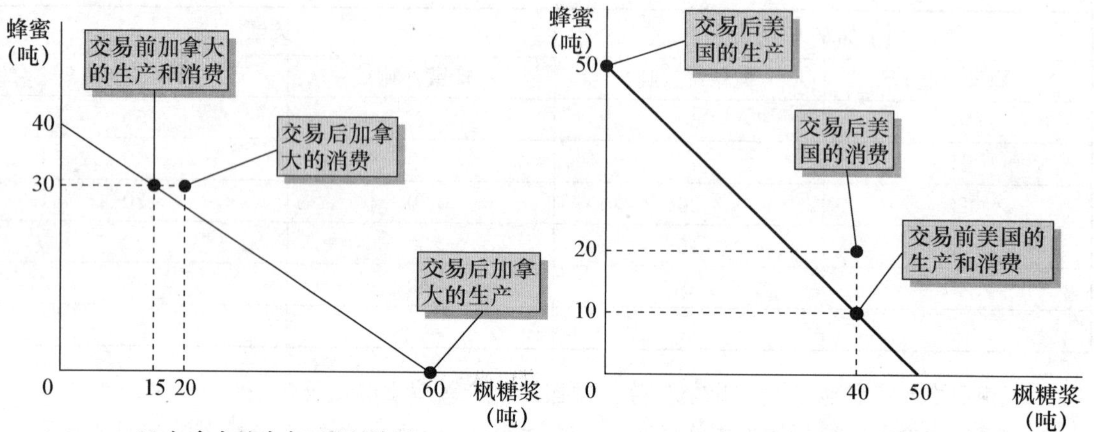

(a) 加拿大的生产可能性边界　　(b) 美国的生产可能性边界

轮到你了：要想做更多的练习，请做本章末与本专栏相关的问题与应用2.6和2.7。

建立联系

比较优势、机会成本和家务

在室友、夫妇以及其他生活在一起的人之间，家务杂活的分配可能是关系紧张的一个来源。传统上，在夫妇之间，女性做大多数家务，如做饭、打扫和洗衣。在1965年，有孩子的已婚妇女每周做家务的时间平均大约为32小时，而已婚男性平均只有4小时。今天，女性每周做家务的时间平均大约为15小时，而男性平均大约为10小时。

家务看起来并非买、卖或商业和经济学中通常的主题。事实上，我们可以运用基本的经济学概念来分析家务。首先考虑分配家务杂活最有效的方式。假定杰克(Jack)和吉尔(Jill)需要决定如何分配做饭和洗衣的任务。假设杰克在这两件杂活上都有绝对优势，但是他在做饭上有大优势——他用少得多的时间就可以做出非常可口的饭菜，而在洗衣上只快一点儿。换言之，在假设他们可用于做家务的时间相同的条件下，杰克在做饭上有比较优势，而吉尔在洗衣上有比较优势。因此，杰克和吉尔不会两人各花些时间做饭和洗衣，而是遵循其比较优势，杰克做饭，吉尔洗衣，这样会使两人都获益。

经济学还能为20世纪60年代以来家务时间的减少提供一些见解。现在男性和女性加起来的家务时间少了30%以上。这一减少部分地是由技术——特别地，例如洗碗机和微波炉等家用电器的改进——驱动的。女性家务时间的减少也反映了今天的女性比20世纪60年代有更好的工作机会。妇女花在家务和育儿上的时间的机会成本是未能将那些时间花在有酬劳动上所放弃的工资。如果一个妇女工作1小时能赚20美元，但她把那1小时花在了家务上，那么，花在家务上的时间的机会成本就是20美元。由于女性的工作机会和这些工作所付的工资增加了，因而做家务的机会成本也增加了。因此，除了利用改进的电器外，许多家庭发现雇用家政服务人员来做打扫卫生和打理草坪等家务的成本比由妻子（或丈夫）来干这些活儿的成本要低。

随着女性工资相对于男性工资的上升，女性做家务的机会成本比男性增加得更多。因此，我们预期，除了女性的家务时间减少外，女性和男性的家务时间之差也会减少。事实上，女性比男性多出的家务时间从1965年的28小时减少到了2014年的5小时。女性花在有酬工作上的平均时间从每周8小时增加到了19小时。

当然，社会态度的改变也有助于解释男性和女性时间配置上的变化。但是，我们已经看到，比较优势和机会成本这两个基本经济概念为不那么美好的家务领域提供了见解。

资料来源：U. S. Bureau of Labor Statistics，"American Time Use Survey－2014"，June 24，2015；Kim Parker and Wendy Wang，"Modern Parenthood：Roles of Moms and Dads Converge as They Balance Work and Family"，pewsocialtrends. org，March 14，2013；Emily Oster，"You're Driving the Chores Wrong"，*Slate*，November 21，2012；and Ellen Byron，"A Truce in the Chore Wars"，*New York Times*，December 4，2012.

轮到你了：做本章末与本专栏相关的问题与应用2.14和2.15，看看你理解得如何。

2.3 市场体系

我们已经看到，由于资源的稀缺性，家庭、企业和政府面临着取舍并且招致机会成本。我们还看到，交易使人们能够根据他们的比较优势进行专业化生产。当然，现代世界里的交易比我们到目前为止考虑的例子要复杂得多。今天，交易涉及全世界成千上万人的决策。这成千上万人的决策是如何相互协调的呢？在美国和大多数其他国家，交易是在市场上进行的。市场也决定了第1章讨论的三个基本问题的答案：（1）生产什么商品和服务？（2）如何生产这些商品和服务？（3）谁将获得这些商品和服务？

回忆前面讲过的**市场**（market）的定义：市场是一种商品或服务的一群买者和卖者以及将他们聚合在一起交易的制度或安排。市场有许多形式：可能是实物场所，如本地的比萨店或纽约证券交易所，也可能是虚拟场所，如eBay。在一个市场上，买者是商品或服务的需求方，卖者是商品或服务的供给方。家庭和企业在两种类型的市场——产品市场和要素市场——相互作用。**产品市场**（product market）是商品（如电脑）或服务（如医疗）的市场。在产品市场，家庭是需求方，企业是供给方。**要素市场**（factor market）是生产要素的市场。**生产要素**（factor of production）是用于生产商品和服务的投入，被分成以下四大类：

（1）劳动：包括所有类型的工作，从在麦当劳工作的青少年的兼职劳动到大公司高级经理人的工作都包括在内。

（2）资本：指用于生产其他商品的实物资本，如电脑和机床。

（3）自然资源：包括用于生产商品的土地、水、石油、铁矿石以及其他原材料（或"大自然的恩赐"）。

（4）企业家：经营企业的人。企业家才能是把其他生产要素集合在一起成功地生产和销售商品和服务的能力。

□ 2.3.1 收入的循环流动图

市场中有两个关键的参与群体：

（1）家庭：由一户人家的所有个人组成。家庭是企业为生产商品和服务而雇用的生产要素——特别是劳动——的供给者。家庭用它们出卖生产要素而得到的收入购买企业供给的商品和服务。对于家庭是劳动的供给者这一点我们很熟悉，因为大多数人通过工作赚取他们的大部分收入，这意味着他们在劳动力市场出卖他们的劳动服务。但是，家庭也直接或间接地（通过拥有那些有其他生产要素的企业的所有权）拥有其他生产要素。所有的企业都由家庭拥有。邻家餐馆那样的小企业可能是由某个人所有。苹果那样的大企业则是由成千上万的拥有这些公司股份的家庭所有。当企业向企业的所有者支付利润时，企业是在为使用那些所有者提供的资本和自然资源支付报酬。因此，我们可以这样概括：在要素市场，家庭是供给者，企业是需求者。

（2）企业：商品和服务的供给者。企业用它们销售商品和服务得到的资金购买或雇用生产这些商品和服务所需要的生产要素。

我们可以用一个称为**循环流动图**（circular-flow diagram）的模型来理解市场中的参与人是如何相互联系的。图 2.6 显示，在要素市场，家庭供给劳动和其他生产要素，作为交

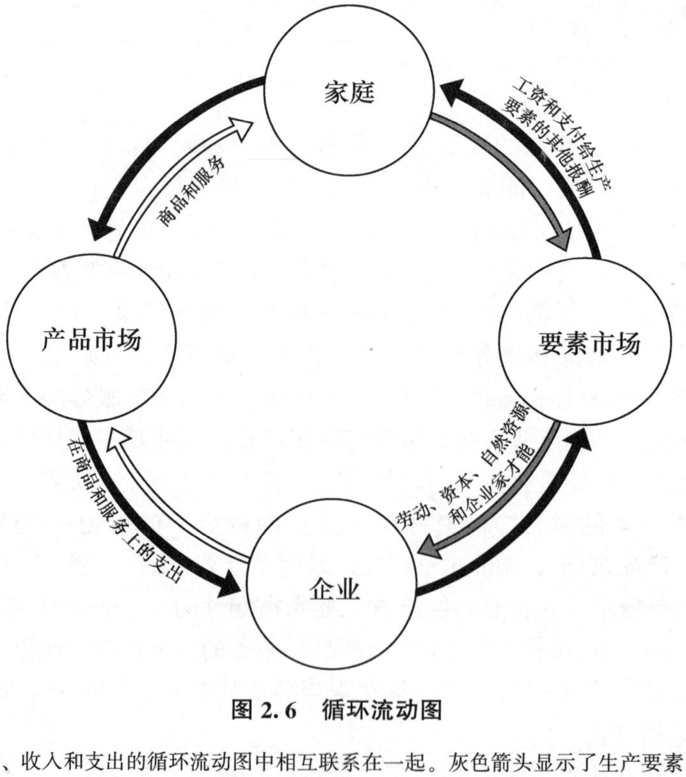

图 2.6 循环流动图

家庭和企业在生产、收入和支出的循环流动图中相互联系在一起。灰色箭头显示了生产要素的流动。在要素市场，家庭向企业供给劳动、企业家才能和其他生产要素。企业用这些生产要素生产它们在产品市场上供应给家庭的商品和服务。白色箭头显示了商品和服务通过产品市场从企业向家庭的流动。黑色箭头显示了资金的流动。在要素市场，作为供给生产要素的交换，家庭从企业那里获得工资和其他报酬。在产品市场，家庭用这些工资和其他报酬从企业那里购买商品和服务。在产品市场，企业向家庭出售商品和服务，在要素市场，企业用出售商品和服务得到的资金从家庭那里购买生产要素。

换，家庭从企业那里获得工资和其他报酬。在产品市场，家庭用它们在要素市场赚取的这些报酬购买企业供给的商品和服务。企业用家庭供给的生产要素来生产这些商品和服务。在图中，灰色箭头显示了生产要素通过要素市场从家庭向企业的流动。白色箭头显示了商品和服务通过产品市场从企业向家庭的流动。黑色箭头显示了资金通过要素市场从企业向家庭的流动和支出通过产品市场从家庭向企业的流动。

和所有的经济模型一样，循环流动图是现实的简化版本。图 2.6 忽略了政府在从企业手中购买商品和向家庭进行支付（如社会保障金或失业救济金）中所起的重要作用。该图还忽略了银行、股票和债券市场以及金融体系的其他部分在促进资金从出借人到借款人的流动中所起的作用。最后，该图没有显示国内家庭购买的一些商品和服务是在外国生产的以及国内企业生产的一些商品和服务被卖给了外国家庭。（我们将在后面的章节中进一步探讨政府、金融体系和国际贸易。）尽管有这些简化，图 2.6 所示的循环流动图仍然有助于理解产品市场、要素市场以及这些市场的参与者是如何相互联系的。市场体系的奇迹之一就是它成功地协调了如此众多的家庭和企业的独立活动。

□ 2.3.2 得自自由市场的收益

当政府对商品或服务如何生产或销售或生产要素如何雇用施加的限制很少时，市场就是一个**自由市场**（free market）。所有现代经济体的政府对市场的干预都超过了与完全自由市场相一致的程度。在该种意义上，我们可以把自由市场看做判断实际经济体的一个基准。在美国、加拿大、西欧各国、中国香港、新加坡和爱沙尼亚，对经济活动的政府限制相对很少。因此，这些国家和地区与自由市场基准很接近。而在古巴和朝鲜这样的国家，自由市场体系被抛弃，政府实行了中央计划经济，对产品和要素市场施加了广泛的控制。在提高人们的生活水平方面，与自由市场基准最接近的国家和地区比实行中央计划经济的国家和地区要成功。

苏格兰哲学家亚当·斯密被认为是“现代经济学之父”，因为他于 1776 年出版的著作《国民财富的性质和原因的研究》(*An Inquiry into the Nature and Causes of the Wealth of Nations*，简称《国富论》)较早地对自由市场体系做出了非常有影响力的论证。在斯密写作该书的年代，政府对市场的广泛限制非常普遍。行会制度在欧洲的许多地方仍然盛行。根据这个制度，政府赋予行会（即生产者成立的组织）控制商品生产的权力。例如，制鞋者行会控制了谁可以生产鞋、它们可以生产多少双鞋以及它们可以收取什么样的价格等。在法国，纺织行会甚至规定了织布时纱线的数量。

斯密认为，这些限制限定了商品的产量，从而减少了国家及其人民的收入和财富。当时有些人支持行会制度的限制，因为这样做符合他们自身的财务利益。如果你是行会的成员，这些限制起到了减少你所面临的竞争的作用。但是另外一些人真诚地相信，如果不实行行会制度，将会出现经济混乱。斯密认为这些人都错了，如果企业可以免受行会限制，那么，国家就可以享有平稳运行的经济体系。

□ 2.3.3 市场机制

在斯密所处的时代，行会制度的拥护者认为，比如说，如果制鞋者行会不控制鞋的产量，那么生产出来的鞋子要么过多、要么过少。相反，斯密则认为，价格在协调买方和卖方的活动上会比行会做得更好。理解斯密观点的一个关键是“个人通常以理性的、自利的方式行事”这个假设。特别地，个人会采取那些最有可能改善他们自己的财务状况的行动。理性、自利的行为这个假设是几乎所有经济分析的基础。实际上，经济学正是因其对自利行为这个假设的强调而区别于其他研究人类行为的学科——如社会学和心理学。和今天的经济学家一样，亚当·斯密知道人的动机可能是复杂的。但是，在我们分析人们的买卖行为时，财务回报这个动机通常为人们所采取的行动提供了最好的解释。

例如，假定相当数量的消费者从购买普通的汽油动力汽车转而购买汽油-电力混合动力汽车（如丰田普锐斯）或全电动汽车（如特斯拉的 Model S）。企业会发现它们可以对混合动力汽车和全电动汽车收取比汽油动力汽车相对更高的价格。这些企业的私利将导致它们通过生产更多的混合动力汽车和全电动汽车、更少的汽油动力汽车来对消费者的愿望做出反应。或者，假定消费者决定他们要少吃面包、意大利面以及其他碳水化合物含量高的食物。那么企业对面包和意大利面所能收取的价格将会下降。企业的私利会导致它们少生产面包和意大利面，这正是过去 10 年实际上所发生的。

注意：要使市场机制通过对消费者需要的变化做出反应来起作用，价格必须具有灵活性。相对价格——一种商品或服务相对于其他商品或服务的价格——的变化向消费者和企业提供了信息或者说信号。例如，世界范围内的消费者增加了他们对黄牛肉和家禽肉的需求。由于饲养黄牛和家禽需要玉米，玉米相对于其他庄稼的价格上升了。美国的许多农场主收到了这个价格信号，他们对此做出的反应是，增加他们种植的玉米的数量并减少黄豆和小麦的数量。堪萨斯州的一个农场主说道：“在我看来，种植玉米比种植豆类每亩能多赚 100～150 美元。那就是许多人用到的数学。”在近些年里，美国的玉米收成创下了纪录。类似地，在 20 世纪头十年里，DVD 和音乐 CD 的价格下降这一信号导致电影工作室和唱片公司减少用于这些产品的资源而增加用于制作通过网络在线能够获得的电影与音乐的资源。

在今天的美国，联邦、州和地方等各级政府只设定或管制了 10%～20%的商品和服务的价格。当消费者的需要变化和生产成本变化时，其他商品和服务的价格可以自由变化。

在消费者想要更多或更少的某种产品的情况下，市场体系都会做出反应，无须行会或政府对生产多少或收取什么价格发号施令。经济学家使用亚当·斯密的“看不见的手”的比喻来描述市场如何引导企业给消费者提供他们所需要的产品。企业通过单独做出决策对价格的变化做出反应，而它们单独做出的决策最终共同地满足了消费者的需要。

建立联系

一个关于市场体系运行的实例：iPad 是如何生产出来的？

苹果公司生产 iPad。由于苹果公司的总部在加利福尼亚州的库比蒂诺，看似可以合理地假设 iPad 也是在加利福尼亚州生产的。事实上，《纽约时报》的一项调查显示，大部分受访者相信 iPad 是在美国生产的（如果没有特别指明在加利福尼亚州的话）。尽管苹果公司的工程师设计了 iPad，但公司并不生产 iPad 的任何部件，也没有把部件装配成成品。iPad 的生产远非某个国家的一个公司完成的，而是世界各地数以千计的工人和数十家企业协调活动才得以完成的。

总部位于中国台湾的富士康公司(Foxconn)在位于中国深圳和成都以及巴西圣保罗州容迪亚伊的工厂里装配 iPad，然后将它们运到美国的苹果公司供其销售。尽管富士康公司进行最终的装配，但是它并不生产任何部件，实际上，它装配一台 iPad 只收大约 6 美元。

下表列出的仅仅是 iPad 部件的众多供应商中的一部分。

公司	公司所在位置	公司提供的 iPad 部件
旭化成株式会社（AKM）	日本	运动传感器
友达光电（AU Optronics）	中国台湾	显示器
安华高科技（Avago Technologies）	美国（宾夕法尼亚州）	无线技术
博世传感器（Bosch Sensortec）	德国	加速计
博通（Broadcom）	美国（加利福尼亚州）	触摸屏控制器和无线芯片
凌云逻辑（Cirrus Logic）	美国（得克萨斯州）	语音芯片
康宁（Corning）	美国（纽约州）	玻璃屏幕
戴乐格半导体（Dialog Semiconductor）	德国	电源管理芯片
尔必达（Elpida）	美国（爱达荷州）	系统存储器
英飞凌科技（Infineon Technologies）	德国	半导体
LG 电子（LG Electronics）	韩国	显示器
Quicomm	英国	无线组
三星（Samsung）	韩国	显示器、快闪存储器和应用处理器
夏普（Sharp）	日本	显示器
SK 海力士（SK Hynix）	韩国	快闪存储器
思佳讯（Skyworks Solutions）	美国（马萨诸塞州）	无线技术
意法半导体（STMicroelectronics）	法国/意大利	运动传感器
德州仪器（Texas Instruments）	美国（得克萨斯州）	触摸屏控制器
东芝（Toshiba）	日本	快闪存储器
超群半导体（TriQuint Semiconductor）	美国（俄勒冈州）	无线技术

这些供应商都依赖各自的供应商。例如，博通设计 iPad 的触摸屏控制器并供应给苹果公司，但是它并不制造控制器的部件或进行装配。为了制造部件，博通依赖总部在马来西亚的矽佳公司（SilTerra）、总部在中国大陆的中芯国际（SMIC），以及总部在中国台湾的台湾积体电路制造股份有限公司（TSMC）和联华电子公司(UMC)。台湾积体电路制造股份有限公司的工厂大部分不在中国台湾，而在中国大陆和东欧。为了装配这些部件，博通需要用到几家公司，包括总部在美国亚利桑那州钱德勒市的安靠技术公司（Amkor Technology）和总部在新加坡的星科金朋公司（STATS ChipPAC）。

一台 iPad 包含数以百计的零部件，设计、制造和装配这些零部件的公司遍布世界各地。这些公司中有许多甚至都不知道其他哪些公司也在为 iPad 生产部件。这些公司的经理人彼此之间碰面的寥寥无几，相互之间也很少分享有关其各自特定部件如何生产的知识。实际上，没有哪一个人，包括苹果公司的CEO蒂姆·库克（Tim Cook）在内，掌握了装配一台iPad所需的所有部件的生产方法。相反，是市场这只“看不见的手”指引着这些公司将它们的知识和资源贡献到iPad的生产过程中来，这一过程最终使美国的商店里有iPad可供销售。苹果公司对iPad的生产过程的组织是如此有效率，以至你可以订购一部带有个性化刻字的定制iPad并要求三天之内从一家在中国或巴西的工厂配送到你在美国的家门口。

资料来源：Marjorie Connelly，“Poll Finds Consumer Confusion on Where Apple Devices Are Made”，*New York Times*，January 25，2012；“New iPad Air Costs Less to Make Than Third-Generation iPad Model，IHS Teardown Reveals”，technology. ihs. com，November 5，2013；and Arik Hesseldahl，“iPad Air Has Spendier Display，Costs Less to Make Than Earlier Models”，allthings. com，November 5，2013.

轮到你了：做本章末与本专栏相关的问题与应用3.8和3.9，看看你理解得如何。

□ 2.3.4 企业家的作用

企业家对于市场体系的运转起着中心作用。**企业家**（entrepreneur）是经营企业的人。他们必须首先确定他们认为消费者需要什么商品和服务，然后他们必须决定如何利用可以获得的生产要素——劳动、资本和自然资源——来生产那些商品和服务以获得最大的利润。成功的企业家能够找到提供新商品和服务的机会。这些机会常常是由新技术创造出来的。消费者和现有企业往往一开始没有意识到新技术使新产品具有了可行性。例如，甚至在内燃机的发明使得汽车具有可行性之后，亨利·福特（Henry Ford）这样评论道：“要是我问我的顾客想要什么，他们会说要一匹跑得更快的马。”由于消费者常常不能在一种新产品出现之前对它进行评估，有些最成功的企业家，如已故的苹果公司的史蒂夫·乔布斯，极少使用“焦点小组”访谈的方法，即与消费者会面并询问顾客想看到什么样的新产品。相反，企业家会想出消费者甚至都没意识到的他们所需要的产品，如乔布斯这个例子中的MP3播放器（iPod）或平板电脑（iPad）。企业家对经济非常重要，这是因为他们常常能够发明出消费者广泛使用的新产品，就像亨利·福特发明出汽车和史蒂夫·乔布斯发明出iPod一样。

企业家创办的企业起初通常很小，如苹果和福特。表2.3列出了20世纪小企业的企业家引入市场的部分重要产品。

表2.3　　小企业的企业家引入市场的部分重要产品

产品	发明人
空调	威廉·哈维兰·卡里尔（William Haviland Carrier）
飞机	奥维尔·莱特和威尔伯·莱特（Orville and Wilber Wright）
大规模生产的汽车	亨利·福特（Henry Ford）
汽车挡风玻璃的雨刷	玛丽·安德森（Mary Anderson）
生物磁感应成像	雷蒙德·达马迪安（Raymond Damadian）

续前表

产品	发明人
合成胰岛素	赫伯特·博耶（Herbert Boyer）
一次性尿布	雷蒙德·达马迪安（Raymond Damadian）
DNA 指纹识别	亚历克·杰弗里斯（Alec Jeffries）
调频收音机	埃德温·霍华德·阿姆斯特朗（Edwin Howard Armstrong）
直升机	伊戈尔·西科尔斯基（Igor Sikorsky）
高分辨率 CAT 扫描仪	罗伯特·莱德利（Robert Ledley）
液压制动器	马尔科姆·洛克希德（Malcolm Lockheed）
集成电路	杰克·基尔比（Jack Kilby）
微处理器	特德·霍夫（Ted Hoff）
光学扫描仪	埃弗里特·富兰克林·林德奎斯特（Everett Franklin Lindquist）
口服避孕药	卡尔·杰拉西（Carl Djerassi）
隔夜快递服务	弗雷德·史密斯（Fred Smith）
个人电脑	史蒂夫·乔布斯（Steve Jobs）和史蒂夫·沃兹尼亚克（Steve Wozniak）
速冻食品	克拉伦斯·伯宰（Clarence Birdseye）
安全剃须刀	金·吉列（King Gillette）
软性隐形眼镜	凯文·图伊（Kevin Tuohy）
固体燃料火箭发动机	罗伯特·戈达德（Robert Goddard）
超级计算机	西摩·克雷（Seymour Cray）
电视真空管	菲洛·法恩斯沃思（Philo Farnsworth）
拉链	吉迪恩·逊德巴克（Gideon Sundback）

注：到底是谁首先在商业上开发出某种特定产品，有时候在历史学家之中是存在争议的。

资料来源：William J. Baumol，*The Microtheory of Innovative Entrepreneurship*，Princeton，NJ：Princeton University Press，2010；Lemelson-MIT Program（http://lemelson.mit.edu）和多种其他来源。

企业家在开办新企业时把自己的资金置于风险之中。如果企业家对消费者需要什么或生产商品和服务的最佳方式等方面的见解错了，那么企业家的资金就会遭受损失。实际上，最终取得巨大成功的企业家在一开始经历公司倒闭破产的情况并非罕见。例如，亨利·福特和丰田佐吉（Sakichi Toyoda，最终创建了丰田汽车公司）最早开办的公司都很快倒闭了。哈佛大学的理查德·弗里曼（Richard Freeman）所做的研究表明，通常来说，企业家所赚的钱比具有相同的教育水平和其他特征的、在大型企业工作的雇员要少。马克·扎克伯格（脸书）、史蒂夫·乔布斯（苹果）和比尔·盖茨（微软）这些获得巨额财富的企业家只是极少数。

通过在对消费者需求做出反应和新产品的引入等方面的作用，企业家对经济增长做出了重要贡献。鼓励企业家精神的政府政策也可能促进经济增长和提高生活水平。在下一小节，我们来考虑企业家在其中能够取得成功的成功市场所要求的法律框架。

□ 2.3.5 成功市场体系的法律基础

在一个自由市场，政府不限制企业如何生产与销售商品和服务，也不限制它们如何雇用生产要素。但是，要使市场体系良好运转，并非没有政府干预就够了。政府不得不采取积极措施，提供能够让市场有效运行的法律环境。

私人财产的保护。要使市场体系良好运转，个人就必须愿意承担风险。有 25 万美元的人可能会很谨慎，把钱存在银行里，如果他不信任银行，他甚至会以现金形式持有。但是，除非有相当数量的人愿意承担风险，把他们的资金投资于企业，否则市场体系就不会起作用。在任何国家，投资于企业都是有风险的。在美国和其他高收入国家，每年都有大量企业破产倒闭。但在高收入国家里，开办新企业或者投资于已有企业的人不用担心政府、军队或犯罪团伙可能会没收企业，或者威胁要破坏企业来索要钱财。遗憾的是，在许多穷国中，企业的所有者没有得到很好的保护，他们的企业可能会被政府没收，或者他们的利润可能会被罪犯抢走。在存在这些问题的地方，开办企业的风险可能极高。现金可以很容易地藏起来，但要藏匿或者转移一家企业是很困难的。

产权（property rights）是个人或企业对其财产拥有的排他性使用权，包括买卖的权利。财产可以是实物财产，如商店或工厂；也可以是无形的，如对某个想法的权利。美国宪法的两个修正案保障了产权：第 5 修正案规定联邦政府不应剥夺任何人的“生命、自由或财产，除非经过了适当的法律程序”。第 14 修正案将这一保障拓展到州政府的行动：“任何州……都不应剥夺任何人的生命、自由或财产，除非经过了适当的法律程序。”类似的保障在每个高收入国家都存在。遗憾的是，在许多发展中国家，这样的保障并不存在，或者没有得到很好的执行。

在任何现代经济中，知识产权都非常重要。知识产权包括图书、影片、软件以及新产品的想法或生产产品的新方法。为了保护知识产权，联邦政府授予专利，专利给予发明者（常常是企业）从专利申请在政府归档日起 20 年内生产和销售一种新产品的排他性权利。例如，因为微软公司获得了 Windows 操作系统的专利，其他企业就不能销售各自版本的 Windows 操作系统。政府授予专利的目的是鼓励企业投资于创造新产品所需的研发。如果其他公司可以自由地拷贝 Windows 操作系统，微软公司就根本不会投入开发它所需的资金。就像新产品或者生产产品的新方法会获得专利保护一样，新的图书、影片和软件会获得版权保护。根据美国法律，图书、影片或音乐作品的创作者拥有在其一生的时间里使用其创作的作品的排他性权利；创作者的继承人在创作者去世后 70 年时间里保留这一排他性权利。

国会只提供有限时间的版权保护，这样既为创作者提供了经济激励，又使创作者的作品最终——在版权保护期结束后——能够被其他人免费获得。版权保护的时期越长，创作者（或其家属）能够限制别人使用的时间就越长。

建立联系

一个简单的版权案例

为了从经济上激励作者投入时间和精力撰写著作，美国国会为作者提供版权保护。当一本著作处于版权保护期时，只有作者——或作者卖给版权的任何人——才能合法地出版该著作的纸质或电子版图书。然而，一旦版权到期，该图书就进入了公共领域，任何人都可免费出版该图书。现在许多出版社都可以出版 19 世纪撰写的经典著作，如马克·吐温的《哈克贝利·费恩历险记》(*Huckleberry Finn*)和查尔斯·狄更斯的《雾都孤儿》(*Oliver Twist*)，而不需要给作者的继承人支付任何费用。

阿瑟·柯南·道尔（Arthur Conan Doyle）是英国的一个医生，他在1887年发表了以侦探夏洛克·福尔摩斯为主人公的第一篇小说。现在，任何人都可以免费出版道尔在1887—1922年撰写的关于福尔摩斯的小说。但是，道尔在1923—1927年撰写的关于福尔摩斯的最后10篇小说仍然受到版权保护。道尔的继承人认为，由于道尔在仍受到产权保护的10篇小说里继续塑造福尔摩斯和他的搭档约翰·华生，新图书、电影或电视都不能在不付报酬的情况下使用这些人物。道尔的继承人要求任何想在新作品中使用福尔摩斯的人每次使用都必须支付给他们5 000美元。

最近两部由小罗伯特·唐尼（Robert Downey Jr.）主演的关于福尔摩斯的电影的制片人、本尼迪克特·康伯巴奇（Benedict Cumberbatch）主演的电视剧《神探夏洛克》(*Sherlock*)和约翰·李·米勒（Jonny Lee Miller）主演的电视剧《基本演绎法》(*Elementary*)的制片人都同意支付这笔费用，就像大部分使用福尔摩斯作为人物的图书的作者那样。2011年，当莱斯利·S.克林格（Leslie S. Klinger）出版《血字的研究》(*A Study in Sherlock*，一本关于福尔摩斯的新故事集）时，他的出版商坚持要求他向道尔的后人支付通常的版权费。但是两年后，当他决定出版另一本故事集《夏洛克·福尔摩斯伴我行》(*In the Company of Sherlock Holmes*)时，他决定不支付这笔费用，而且起诉道尔的后人，希望联邦法庭否决他们的版权费要求。

联邦上诉法院的法官理查德·波斯纳（Richard Posner）同时也是一位经济学家，他最终做出了有利于克林格的裁决。他认为，版权法不允许作者或其后人对公共领域中的小说人物的使用提出版权费要求。他还指出："版权时间越长，公共领域中的资料就越少，从而作家身份的成本就越高，原因是作者不得不从更多资料的版权所有者那儿获得许可。"作为这一裁决的结果，任何人在图书、电视节目或电影中使用福尔摩斯这个人物都不需要支付费用，这是1887年以来的首次。

资料来源：Jennifer Schuessler, "Appeals Court Affirms Sherlock Holmes Is in Public Domain", *New York Times*, June 17, 2014; Jennifer Schuessler, "Conan Doyle Estate Told to Pay Legal Fees", *New York Times*, August 5, 2014; Eriq Gardner, "Conan Doyle Estate Loses Appeal Over 'Sherlock Holmes' Rights", *Hollywood Reporter*, June 16, 2014; and *Leslie S. Klinger v. Conan Doyle Estate, Ltd.* (7th Cir. 2014), media. ca7. uscourts. gov.

轮到你了：做本章末与本专栏相关的问题与应用3.15和3.16，看看你理解得如何。

合同和产权的执行。商业活动常常涉及某个人同意在将来采取某项行动。例如，通过签订贷款合同，你可以借2万美元买辆车并向银行承诺在未来5年里偿还这笔钱。或者，脸书可能与一家小型科技公司签订许可协议，同意支付一笔费用以换取在几年时间里使用这家公司的技术的权利。通常这些协议都采取法律合同的形式。要使市场体系起作用，企业和个人都不得不依赖于这些合同的履行。如果法律合同的一方不履行它的义务（也许这家小公司承诺授权脸书独家使用它的技术但后来又开始授权给其他公司），另一方能够上法庭要求强制执行合同。类似地，如果你认为根据第5或第14修正案，联邦或州政府侵犯了你的产权，你就能够上法庭要求强制执行你的权利。

但是，只有在司法系统独立且法官能够以法律为依据做出公正判决的条件下，上法庭要求强制执行合同或产权才会成功。在美国和其他高收入国家，司法系统对于政府的其他部门有着充分的独立性，对于免受外部力量（例如犯罪团伙）的胁迫也有着充分的保护，所以它们能够根据法律做出它们的判决。在许多发展中国家，司法系统缺乏这样的独立性，在政府侵犯产权或者有着很强的政治关系的人违反商业合同时，司法系统不会对此进行纠正。

如果产权没有得到很好的执行，生产出来的商品和服务就会更少。这降低了经济效率，使经济处于其生产可能性边界以内。

接第 40 页

生活中的经济学

购买汽车时面临的权衡

在本章一开头，我们要求你思考两个问题：汽油动力汽车的安全性和燃料效率之间的关系是什么？在什么情况下，汽车制造商可以生产更安全和燃料效率更高的汽车呢？为了回答这些问题，你不得不认识到安全性和燃料效率之间存在权衡。在任何特定时点技术给定的条件下，汽车制造商都可以通过生产更小和更轻的汽车来提高燃料效率。但是，驾驶一辆更轻的汽车增加了在事故中受伤的可能性。安全性和燃料效率之间的权衡与图 2.1 所示的关系很相似。为了增加安全性并同时增加每加仑汽油的行车里程，汽车制造商不得不开发能够同时使车更轻和更安全的新技术。这样的新技术将使图 2.1 中 G 点那样的点能够达到。

2.4 结论

我们已经看到，通过市场上的交易，人们能够进行专业化生产和追求各自的比较优势。基于比较优势的交易让交易的所有参与者的境况都得以改善。市场的关键作用是为交易提供便利。事实上，市场体系是一个协调成千上万消费者、工人和企业的决策的非常有效的工具。消费者是市场体系的中心。为了取得成功，企业必须对消费者的需要做出反应。消费者的这些需要通过价格传递给企业。为了探讨市场是如何起作用的，我们必须研究消费者和企业的行为。我们将在第 3 章建立需求和供给模型，继续对市场进行探讨。

在进入第 3 章之前，阅读接下来的“业内观察”，该专栏讨论了苹果公司生产电动汽车的计划。

你将需要一个大得多的充电站

彭博社

《苹果公司想最早在2020年开始生产汽车》

a 知情人士说，一直在秘密研发汽车的苹果公司正在敦促其团队以便能够最早在2020年开始生产电动汽车。

汽车制造商研发一种车型通常需要5～7年。苹果公司的时间表突显了该项目雄心勃勃的目标，可能为与特斯拉公司和通用汽车公司争夺客户拉开帷幕。特斯拉公司和通用汽车公司都致力于在2017年推出单次充电能开200多英里、价格低于40 000美元的电动汽车。

苹果公司在过去的一个季度实现了创纪录的180亿美元的利润，它手握1 780亿美元的现金，而花钱的途径却很少。这家总部设在加利福尼亚库比蒂诺的公司去年的研发费用为60.4亿美元，CEO蒂姆·库克面临的给股东分红的压力日益增加……

汽车团队

一位不愿透露姓名的人士说，特斯拉公司成功地创立了一家新汽车公司这一事实表明进入汽车行业的传统障碍并不像原先想象的那么难以克服。与此同时，汽车制造商在努力为汽车开发带来技术飞跃，而硅谷也在努力实现这一目标。例如，谷歌公司自2010年以来一直在投资开发无人驾驶汽车。

b “作为汽车行业的新进入者，苹果公司会有一些优势”，包括它的现金、与它自己设备连接的能力和电动汽车市场还处于起步阶段，巴克莱分析师本·雷特兹（Ben Reitzes）和布莱恩·约翰逊（Brian Johnson）在一份致投资者的报告中如是说。“最后，苹果公司的品牌——可以说是最重要的优势——对下一代汽车用户来说具有巨大的吸引力。”

知情人士说，如果高管们对进展感到不满，苹果公司可能会决定放弃其在汽车开发上的努力或予以推迟，就像它以前在其他秘密项目上所做的那样。据一位知情人士透露，该汽车团队已经拥有约200名员工，在过去几个月内，团队开始加快招聘的进度，积极物色电池和机器人技术专家。

电池诉讼

根据汽车咨询集团总裁丹尼斯·维拉格（Dennis Virag）的说法，一个有经验的汽车制造商通常要花5～7年时间开发一种新的车型，然后才将它推向市场。

“如果你从零开始，你可能需要10年，”维拉格说，“汽车是一种非常复杂的技术机器。”

本月提起的一项诉讼为外界了解苹果公司为该项目创建汽车团队的努力提供了线索。该诉讼表明，在6月前后，苹果公司开始从A123系统公司（A123 Systems LLC，一个总部位于马萨诸塞州沃尔瑟姆市的电池制造商）“大手笔挖人”。

该诉讼表明，苹果公司从A123系统公司挖走了五个人，并且试图从LG化学、三星电子、松下、东芝和约翰逊控制等公司挖走电池专家。

特斯拉公司的CEO埃隆·马斯克本月告诉《彭博商业周刊》（*Bloomberg Businessweek*），苹果公司试图通过提供250 000美元的签约奖金和涨薪60%等条件从他的公司挖人。

c 实体企业

“苹果公司擅长开发技术，但汽车制造是并且仍将继续是传统的实体企业的任务”，凯利蓝皮书（Kelley Blue Book）公司的一个名叫马特·德洛伦索（Matt Delorenzo）的分析师在一封电子邮件中如是说。“如果苹果公司想实现其五年目标，那么，它需要一个有基础设施的合作伙伴，也许是一个中国制造商。”

对于硅谷对汽车市场日益增加的兴趣，汽车行业中的一些企业看起来并不担忧。上个月，在苹果公司的努力被揭晓之前，大众汽车公司的CEO马丁·温特科恩（Martin Winterkorn）对日益增加的竞争表示毫不理会。

根据彭博社获得的一份文字整理稿，温特科恩在德国斯图加特的一个招待会上说：“我们不担心这些新的竞争对手。相反，它们激励我们更仔细地审视数字世界的机会。”

资料来源：Tim Higgins，“Apple Wants to Start Producing Cars as Soon as 2020”，*Bloomberg*，February 19，2015.

文章要点

进军电动汽车市场的企业越来越多，苹果公司正是其中之一。它已经组建了一个经理人团队，目标是研发和最早在2020年生产电动汽车。为了实现这个雄心勃勃的五年时间表，苹果公司一直在大手笔地从包括三星、松下、东芝、电池制造商A123系统、电动汽车制造商特斯拉等许多公司礼聘专家。通过利用其可用现金、通信技术、广泛而忠诚的客户基础，苹果公司已经具备了生产出一种能够有效地与特斯拉公司和通用汽车公司等制造的电动汽车竞争的成功产品的潜力。

新闻分析

a 手握1 780亿美元现金，苹果公司是世界上现金最充裕的公司。苹果公司有为其电脑和智能手机开发创新性技术的历史，有继续开发这些技术创新并进军新市场的资源。苹果公司还想让购买该公司股票的投资者开心，因为这些投资者是公司法律上的所有者。因此，苹果公司不得不小心地选择有助于其继续成功和盈利的新项目。一旦苹果公司决定了生产哪些产品，它的经理人就必须选择这些产品的产量。当选择生产哪些产品和如何生产时，经理人面临着权衡。

假定苹果公司确实在2020年开始销售电动汽车，它生产两种车型——两门敞篷车和四门轿车，其产能为每月总共生产100 000辆汽车。这一产能用下图的PPF_{2020}代表，它说明苹果公司为了多生产一种车型就不得不牺牲另一种车型的生产（和销售）。如果这些汽车获得了成功并且市场增长了，那么，苹果公司就需要生产更多的每种电动汽车，这用图中的PPF_{2025}代表。

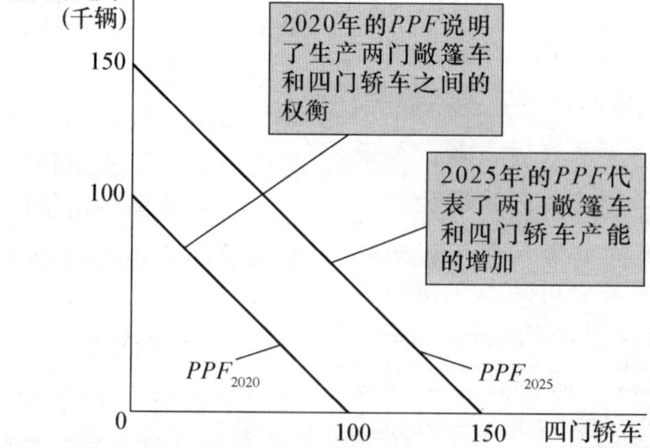

b 公司不只是在选择开展哪些项目时需要做决策，而且一旦做出一个决策，公司在项目推进困难或产品市场改变时可能还要选择是推迟还是终止该项目。苹果公司的品牌和形象需要保护，推进可能不成功的项目，哪怕是在公司已经投入大量资金的情况下，可能损害其声誉。文章中没有提到的是，苹果公司曾经有过失败的产品，从1983年售价10 000美元的Lisa电脑和1989年16磅重的Macintosh笔记本电脑到1995年的Pippin游戏机（该游戏机的零售价是PlayStation和Nintendo游戏机的2～3倍）。在有些情况下，失败的产品对公司的损害比（哪怕是在已经投入数百万美元的情况下）放弃产品的开发还要大。

c 汽车制造不是苹果公司的核心消费者电子产品业务的一部分，因此，公司需要完全不同的制造、服务和经销技巧。在将汽车推向市场的时间表如此紧迫的条件下，苹果公司在决定电动汽车的生产时将面临权衡。正如凯利蓝皮书公司的马特·德洛伦索所说的，“如果苹果公司想实现其五年目标，那么，它需要一个有基础设施的合作伙伴，也许是一个中国制造商。”如果苹果公司决定与一家外部公司合作生产汽车而不是尝试完全在内部生产，那么它将放弃一定程度的控制，换取在短时期内生产一种成功产品的更高可能性。

深入思考

1. 假定从2020年到2025年苹果公司用于生产汽车的资源保持不变，但2025年技术的改进使得公司能够生产如本专栏中的图形所示的更多数量的两门敞篷车，但不能生产更多的四门轿车。作图表示这种技术变革，在图中表示出2020年和2025年的生产可能性边界。苹果公司在2020年生产一辆四门轿车的机会成本是什么？请简要解释2025年的机会成本是否相同。
2. 假设本专栏中的图形精确代表了苹果公司2020年和2025年的生产可能性边界，且在2025年它收到的客户订单为110 000辆四门轿车和65 000辆两门敞篷车。解释苹果公司是否能满足所有这些订单。

本章总结和习题

□ 关键术语

绝对优势	企业家	市场	产权
循环流动图	要素市场	机会成本	稀缺性
比较优势	生产要素	产品市场	交易
经济增长	自由市场	生产可能性边界	

□ 2.1 生产可能性边界和机会成本

总结

生产可能性边界是表示利用可用资源和现有技术可以生产的两种产品可达到的最高组合的曲线。生产可能性边界用来说明由稀缺性产生的权衡。边界上的点是技术上有效率的。边界内部的点是无效率的，边界外部的点是达不到的。任何活动的机会成本是从事该项活动必须放弃的价值最高的其他用途的价值。由于边际机会成本递增，生产可能性边界通常是向外弯曲的，而非直线。这说明了如下重要的经济学概念：已经用于一项活动的资源越多，用于该项活动的额外资源的回报就越小。生产可能性边界的向外移动代表了经济增长。

复习题

1.1 经济学家所说的稀缺性是什么意思？根据它的定义，你能想到什么东西不是稀缺的吗？

1.2 生产可能性边界是什么？我们在生产可能性边界上怎样表示经济效率？怎样表示无效率？是什么引起生产可能性边界向外移动？

1.3 边际机会成本递增是什么意思？这一思想对生产可能性边界的形状有什么启示？

问题与应用

1.4 画出一条生产可能性边界来表示棉花和大豆的生产之间的权衡。

a. 表示出长期干旱对初始生产可能性边界的影响。

b. 假定基因改良使得大豆可以抵御虫害，这使其产量翻倍。表示出这一技术变革对初始生产可能性边界的影响。

1.5 ［与开篇案例有关］特斯拉公司面临的权衡之一是安全性和在必须充电之前电动汽车能行驶的最大里程之间的权衡。例如，在汽车中增加钢铁用量会使汽车更安全，但也会更重，而更重就会导致两次充电之间的行车里程更少。画出一条假想的生产可能性边界来表示特斯拉公司的工程师所面临的这一权衡。

1.6 ［与开篇案例有关］除了生产汽车以外，特斯拉公司还计划于 2016 年在内华达州开设一个新工厂来生产电池，包括家用蓄电池组。特斯拉公司投资于一个电池工厂的机会成本是什么？

资料来源：Mike Ramsey and Anne Steele, "Tesla Loss Widens as Spending Jumps", *Wall Street Journal*, May 6, 2015.

1.7 一个经济学家评论说："消费一本图书的成本是零售价加上阅读所花时间的机会成本。"消费一本图书的成本难道不只是你购买该图书所付的价钱吗？为什么把阅读所花时间的成本计入消费图书的成本？

资料来源：Craig L. Garthwaite, "Demand Spillovers, Combative Advertising, and Celebrity Endorsements", *American Economic Journal: Applied Economics*, Vol. 6, No. 2, April 2014, p. 78.

1.8 假定我们可以把一个经济体生产的所有商品分成两种类型：消费品和资本品。资本品是用于生产其他商品的商品，如机器、设备和电脑。

a. 利用生产可能性边界的图形来说明一个经济体在生产消费品和资本品之间的权衡。在这种情况下生产可能性边界可能是一条直线（像图 2.1 那样）还是向外弯曲的（像图 2.2 那样）？请简要解释。

b. 假定某种技术变革发生了，这对资本品的生产有积极效应但对消费品的生产没有。表示该技术变革对生产可能性边界的影响。

c. 假定列支敦士登和卢森堡现在的生产可能性边界相同，但是列支敦士登在接下来的 10 年里每年只将 5%的资源用于生产资本品，而卢森堡的这一比例是 30%。哪国在未来可能会有更快的经济增长？用生产可能性边界的图形说明你的答案。你所绘制的图形应该包括列支敦士登和卢森堡现在以及 10 年后的生产可能性边界。

1.9 下图是一国的生产可能性边界，据此回答问题。

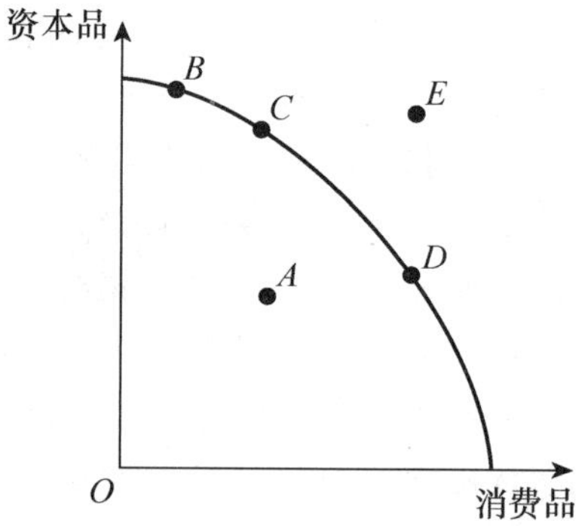

a. 哪个或哪些点是达不到的？请简要解释。

b. 哪个或哪些点是有效率的？请简要解释。

c. 哪个或哪些点是无效率的？请简要解释。

d. 在哪个点该国未来的增长率可能是最高的？请简要解释。

1.10 ［与例题 2.1 有关］你马上要参加经济学和化学课程的期中考试，还有 5 个小时的学习时间。下表显示了你在每门课上如何分配学习时间所面临的权衡：

选择	学习时间		期中成绩	
	经济学	化学	经济学	化学
A	5	0	95	70
B	4	1	93	78
C	3	2	90	84
D	2	3	86	88
E	1	4	81	90
F	0	5	75	91

a. 利用表中的数据画出生产可能性边界图形。

纵轴表示“经济学成绩”，横轴表示“化学成绩”。确保标出生产可能性边界与纵轴和横轴交点的数值。

b. 标出代表选择 C 和 D 的点。如果你选择 C，你提高化学成绩 4 分的机会成本是什么？

c. 在什么情况下选择 A 是一个合理的选择？

1.11 假定美国总统正要就联邦政府是否应该在旨在寻找心脏病疗法的研究上花更多的钱做决策。想象你是总统的经济顾问，你需要准备一份报告，在报告中讨论总统应该考虑的相关因素。利用机会成本和权衡的概念，讨论你在报告中要涉及的一些主要问题。

1.12 各州政府的医疗补助保险为穷人和残疾人提供医疗保险。按照联邦法律，这些项目必须给使用经美国食品药品监督管理局核准有效的任何处方药的人报销。近些年里，制药企业开发出了治疗丙型肝炎的、价格高达每片 1 000 美元的新处方药。某新闻报道指出：“各州的医疗补助保险对年度成本的增加特别敏感……原因是，这些项目提供的保险偿付部分地来自各州预算，而各州预算每年都要保持平衡。”当价格远高于现有药品的新处方药被推出时，州政府面临什么权衡？你同意联邦法律要求医疗补助保险必须覆盖美国食品药品监督管理局核准有效的每种处方药吗？

资料来源：Joseph Walker, “Expensive Hepatitis C Medications Drive Prescription-Drug Spending”, *Wall Street Journal*, March 10, 2015; and Margot Sanger-Katz, “$1,000 Hepatitis Pill Shows Why Fixing Health Costs Is So Hard”, *New York Times*, August 2, 2014.

1.13 劳伦斯·萨默斯（Lawrence Summers）担任过克林顿政府的财政部长和奥巴马政府的国家经济委员会主任。他对用经济学方法分析问题进行了如下道德辩护：

> 下面的说法没有任何道德上的问题：我们需要分析在卫生保健上的哪种支出方式将产生更多效益，哪种更少，我们要尽可能有效率地花钱。我认为寻求以最低的成本追求环境效益没有任何不道德之处。

不计成本地降低污染和考虑成本相比较，哪种更加合乎道德？

资料来源：David Wessel, “Precepts from Professor Summers”, *Wall Street Journal*, October 17, 2002.

1.14 在《绿野仙踪》（*The Wonderful Wizard of Oz*）和 L. 弗兰克·鲍姆（L. Frank Baum）撰写的其他关于奥兹国的著作中，他认为，如果人们的欲望是足够有限的，那么大多数商品就并不稀缺。根据鲍姆的描述，奥兹国的情况就是这样：

> 奥兹国没有穷人，因为这里不存在钱这样的东西。……每个人想要用的东西都可以从邻居那里免费得到，且能得到想要的合理数量。有些人耕种田地和收获粮食，粮食会在所有人口中平均分配，以便每个人都有充足的粮食。也有许多裁缝和制鞋匠之类的人，他们缝制衣服和鞋供那些想穿的人使用。同样地，也有宝石工匠制作能够愉悦和美化人们的装饰品供人们使用，任何想要这些装饰品的人都可以免费得到。每个男人和女人，无论他/她为整个社区的利益生产什么东西，邻居都会给他/她提供食物、衣服、房子、家具、装饰品和野味。如果偶然出现供给不足的情况，就会从国王的大仓库里拿出更多来；而后，当供给超过人们的需要时，就会把多余的再补充到国王的仓库里……
>
> 基于到目前为止我所描述的，你会知道奥兹国是一个不同凡响的国家。我不认为这样的安排适用于我们。

鲍姆认为奥兹国的经济体系在当代的美国不会起作用，你同意他的观点吗？请简要解释。

资料来源：L. Frank Baum, *The Emerald City of Oz*, 1910, pp. 30-31.

□ 2.2 比较优势和交易

总结

市场从根本上来说就是交易，即买卖行为。人们交易的基础是比较优势。如果个人、企业或国家能够以最低的机会成本生产某种商品或服务，那就在该种商品和服务的生产上具有比较优势。通过专门从事有比较优势的活动并进行交易得到需要的其他商品和服务，人们的境况通常会得到改善。不要混淆比较优势和绝对优势，这一点很重要。如果个人、企业或国家利用相同数量的资源能够生产出更多的某种商品或服务，那就在该种商品和服务的生产上具有绝对优势。有可能在生产某种商品或服务上有绝对优势而没有比较优势。

复习题

2.1 什么是绝对优势？什么是比较优势？有可能在生产某种商品上有比较优势而没有绝对优势吗？请简要解释。

2.2 交易的基础是什么，是绝对优势还是比较优势？个人或一国如何能够从专业化和交易中获益？

问题与应用

2.3 参考图 2.4。选择一个能够使你和你的邻居都从苹果和樱桃的交易中获益的交换比率，但要不同于正文中使用的交换比率（15 磅樱桃交换 10 磅苹果）。绘制一张类似于表 2.1 的表来说明你的答案。

2.4 利用相同数量的资源，美国和加拿大都能生产伐木工衬衫和伐木工长筒靴，如下面的生产可能性边界所示：

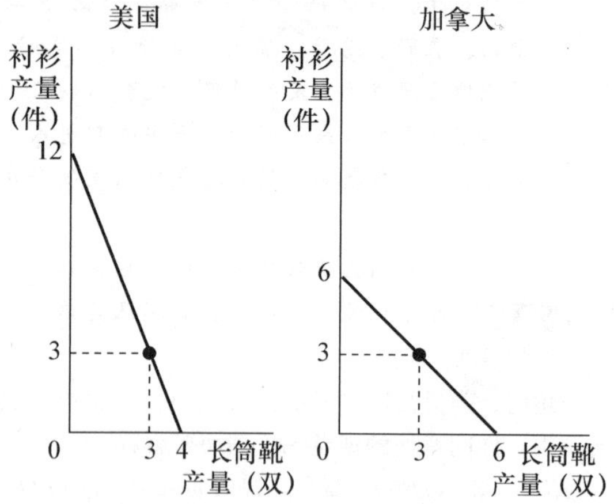

a. 哪个国家在生产伐木工长筒靴上有比较优势？哪个国家在生产伐木工衬衫上有比较优势？解释你的推理。

b. 是否有哪个国家在生产这两种产品上都有绝对优势？请解释。

c. 假定这两个国家目前都生产 3 双长筒靴和 3 件衬衫。说明如果它们专门生产一种产品然后进行交易，它们的境况都可以得到改善。

2.5 ［与 2.2.3 节中的“不要犯这样的错误！”专栏有关］在 20 世纪 50 年代，经济学家贝拉·巴拉萨（Bela Balassa）比较了美国和英国的 28 个制造行业。巴拉萨发现，美国在这 28 个制造行业中都有绝对优势。在这种情况下，美国从英国进口任何这些产品还会获益吗？请解释。

2.6 ［与例题 2.2 有关］假定英国和挪威都生产石油和鱼油，且这两种产品在两国的售价相同。下表显示了利用相同数量的资本和劳动，每个国家每天可以生产的这两种商品的各种组合（单位：千桶）：

英国		挪威	
石油	鱼油	石油	鱼油
0	8	0	4
2	6	1	3
4	4	2	2
6	2	3	1
8	0	4	0

a. 哪个国家在生产石油上有比较优势？请解释。

b. 这两个国家可以从石油和鱼油的交易中获益吗？请解释。

2.7 ［与例题 2.2 有关］假定法国和德国都生产炸肉排和葡萄酒。下表显示了每个国家每天可以生产的这两种商品的各种组合：

法国		德国	
葡萄酒（瓶）	炸肉排（磅）	葡萄酒（瓶）	炸肉排（磅）
0	8	0	15
1	6	1	12
2	4	2	9
3	2	3	6
4	0	4	3
		5	0

a. 哪个国家在生产葡萄酒上有比较优势？哪个国家在生产炸肉排上有比较优势？

b. 假定法国目前生产 1 瓶葡萄酒和 6 磅炸肉排，德国目前生产 3 瓶葡萄酒和 6 磅炸肉排。说明如果法国和德国都专门生产一种商品然后进行交易，它们的境况都可以得到改善。

2.8 个人或一国的生产可以超出其生产可能性边界吗？个人或一国的消费可以超出其生产可能性边界吗？请解释。

2.9 如果尼加拉瓜利用相同数量的资源能够生产的咖啡是哥伦比亚的两倍，解释哥伦比亚如何才能在生产咖啡上有比较优势。

2.10 想象印第安纳波利斯小马队和新英格兰爱国者队下一次在印第安纳波利斯的卢卡斯石油体育场比赛，小马队的明星四分卫安德鲁·拉克（Andrew Luck）暂时性地出现了缺乏判断力的情况，他计划在比赛中出售小马队的纪念品，原因是他意识到他比任何其他球员能多卖出五倍的小马队产品。类似地，想象你是一个有创造力和高效的管理者，你告诉你的雇员你计划在接下来的6个月里清扫办公室，原因是你清扫的干净程度比清洁工高五倍。你和安德鲁犯了什么样的判断错误？为什么你和安德鲁不应该做你们比任何其他人都更擅长的事情？

2.11 俄罗斯于2014年2月占领了原本属于乌克兰的克里米亚地区后，美国和许多其他国家实施了减少俄罗斯参与国际贸易的经济制裁。《纽约时报》的一个专栏作家写道，“如果制裁促使俄罗斯走向更高程度的自给自足，那么，其制造业和服务业无疑将增长得更快……”如果该专栏作家关于制裁影响的说法是正确的，那么，在长期，制裁可能提高普通俄罗斯人的经济福利吗？请简要解释。

资料来源：Anatole Kaletsky, “Reasons to Welcome a Ukraine Deal”, *New York Times*, September 18, 2014.

2.12 在殖民地时代的美国，人口稀疏地分布在广阔的土地上，由于陆路长途运送产品很困难，所以交通成本非常高。结果，大多数自由人口生活在小农场里，在那里他们不但自己种植食物，通常还自己制衣，用货币买卖东西非常罕见。解释为什么这些农民的收入可能会随着交通成本下降而上升。回答时运用比较优势的概念。

2.13 在1928年的总统竞选期间，共和党候选人赫伯特·胡佛（Herbert Hoover）主张美国应该只进口本国不能生产的产品。你认为这是一项好政策吗？请解释。

2.14 ［与2.2.3节中的“建立联系”专栏有关］在讨论如何分配家务时，芝加哥大学的一位经济学家艾米丽·奥斯特（Emily Oster）这么建议：“不，你不应因为更擅长使用洗碗机就总是负责洗碗。”如果你更擅长使用洗碗机，为什么你不应该负责洗碗呢？

资料来源：Emily Oster, “You're Dividing the Chores Wrong”, *Slate*, November 21, 2012.

2.15 ［与2.2.3节中的“建立联系”专栏有关］本章提到，在1965年，有孩子的已婚妇女每周做家务的时间平均大约为32小时，而已婚男性平均只有4小时，两者加起来为36小时。在2014年，据估计，女性每周做家务的平均时间下降到了15小时，而男性的平均时间增加到了10小时，两者加起来为25小时。总的家务时间的下降——从36小时到25小时——意味着现在的家庭愿意生活在更凌乱的家里吗？请简要解释。

资料来源：U.S. Bureau of Labor Statistics, “American Time Use Survey-2014”, June 24, 2015.

□2.3 市场体系

总结

市场是一种商品或服务的一群买者和卖者以及将他们聚合在一起交易的制度或安排。产品市场是商品和服务（如电脑和医疗）的市场。要素市场是生产要素（如劳动、资本、自然资源和企业家才能）的市场。循环流动图说明了产品市场和要素市场中的参与人是如何相互联系的。亚当·斯密在他1776年出版的《国富论》一书中认为，在政府不控制商品和服务的生产的自由市场，价格的变化引导企业生产消费者最想要的商品和服务。如果消费者对某种商品的需求增加，其价格就会上升。企业对价格上升的反应是增加生产。如果消费者对某种商品的需求减少，其价格就会下降。企业对价格下降的反应是减少生产。企业家是经营企业的人。在市场体系中，企业家负责组织商品和服务的生产。只有在存在对产权——个人和企业使用其财产的排他性权利——的保护的条件下，市场体系才会起作用。

复习题

3.1 什么是循环流动图？它显示了什么？

3.2 市场参与者有哪两种主要类型？哪一类参与者对于决定生产什么商品和服务最重要？

3.3 什么是自由市场？自由市场经济与中央计划经济在哪些方面不同？

3.4 什么是企业家？为什么企业家在市场体系中起到了关键的作用？

3.5 在什么情况下企业有可能会生产更多的某种商品或服务？在什么情况下企业有可能会生产更少的某种商品或服务？

3.6 什么是产权？它们在市场体系的运行中起什么作用？为什么说独立的司法系统对经济的良好运行很重要？

问题与应用

3.7 指出下面的每项交易是发生在要素市场还是产品市场，家庭或企业是供给还是需求该种商品或服务：

a. 乔治购买特斯拉Model S轿车。

b. 特斯拉公司增加其位于弗里蒙特的工厂的雇

员数。

c. 乔治每周在麦当劳工作 20 小时。

d. 乔治把他所拥有的土地卖给了麦当劳以便它可以建一家新餐馆。

3.8 ［与 2.3.3 节中的“建立联系”专栏有关］斯坦福大学的诺贝尔经济学奖得主肯尼思·阿罗（Kenneth J. Arrow）曾经这样写道：“市场体系中的结果可能与意图迥异甚至相反这一论点无疑是经济思想做出的最重要的智力贡献。”简要解释市场体系中的结果为何可能不同于企业和消费者想要的结果。为什么这个思想是如此重要的一个智力贡献？

资料来源：Kenneth J. Arrow，“Economic Equilibrium”，*Encyclopedia of the Social Sciences*，1968；and Encyclopedia. com.

3.9 ［与 2.3.3 节中的“建立联系”专栏有关］在一篇关于市场体系的著名论文中，经济学家伦纳德·里德（Leonard Read）讨论了美国企业埃伯哈德·法贝尔（Eberhard Faber）铅笔公司［该公司现在由缤乐美（Paper Mate）拥有］销售的铅笔是如何生产的。他指出，加利福尼亚州和俄勒冈州的伐木公司种植铅笔中使用的杉木。杉木在位于加利福尼亚州圣莱安德罗的工厂被加工成铅笔宽的板条。铅笔所用的石墨是在斯里兰卡开采的，与之混合的黏土和蜡分别是从密西西比州的一家企业和墨西哥的一家企业购买的。橡皮是从印度尼西亚的一家企业购买的。所有这些企业的经理人有必要知道其生产的部件是如何被装配成铅笔的吗？埃伯哈德·法贝尔铅笔公司的 CEO 有必要知道这些信息吗？请简要解释。

资料来源：Leonard E. Read，*I，Pencil：My Family Tree as Told to Leonard E. Read*，Irvington-on-Hudson，NY：The Foundation for Economic Education，Inc.，December 1958.

3.10 评价下面的说法：“亚当·斯密的分析的基础从根本上说是错误的，他假设人们的动机是自利。但这是不对的。我不是一个自私的人，而且我所认识的大部分人也不自私。”

3.11 在《纽约时报》的一篇文章中，迈克尔·刘易斯（Michael Lewis）说：“市场经济是一个为鼓励自利这个不光彩的人类特征而设计的激励体系。”你同意自利是“不光彩的人类特征”吗？市场体系为鼓励自利提供了什么样的激励？

资料来源：Michael Lewis，“In Defense of the Boom”，*New York Times*，October 27，2002.

3.12 一些经济学家对如下事实感到困惑：尽管企业家在创办新企业的过程中承担了失去时间和金钱的风险，但是，平均而言，他们的收入低于那些有着相似特征但去了大型企业工作的人。经济学家威廉·鲍莫尔（William Baumol）认为，对这一困惑的部分解释可能是企业家就像那些买彩票的人。平均而言，不买彩票的人拥有的钱比买彩票的人要多，这是因为彩票的销售收入超过分发的奖金。鲍莫尔认为：“如果购买彩票的人收到了另一种货币——精神奖励——形式的足够报酬，那么他们并非不理性的。”

a. 什么是“精神奖励”？

b. 企业家可能收到的精神奖励是什么？

c. 你同意鲍莫尔所说的“企业家就像那些买彩票的人”这个观点吗？请简要解释。

资料来源：William J. Baumol，*The Microtheory of Innovative Entrepreneurship*，Princeton，NJ：Princeton University Press，2010.

3.13 在一个关于世界各地的产权的报告中，秘鲁经济学家埃尔南多·德·索托（Hernando De Soto）指出越来越多的证据表明“经济成功与包含产权保护政策措施的国家”之间具有强相关关系。为什么产权保护可能会加快发展中国家或低收入国家的经济增长？

资料来源：Hernando De Soto，“Introduction”，*International Property Rights Index，2014*，internationalpropertyrightsindex. org.

3.14 根据 Phillyburbs. com 上的一篇文章，宾夕法尼亚州的农村地区的一些农场主使用猪粪作为肥料，这使得农村地区散发着臭味。农场主从附近一个猪肉处理厂购买猪粪（它是一种有机肥料），然后散布到种植玉米和大豆的田野上。该文章声称，这些农场主采用猪粪作为肥料是因为化学肥料的价格暴涨。田野散发的臭味引起了米尔福德镇上一些居民的抱怨，但是，“宾夕法尼亚州的农场权利法案允许农场主按农业的惯常做法耕种，因此，农场主可能受到该法案的保护。”

a. 农场主不再用化学肥料转而用猪粪这种有机肥料，这是他们对什么价格信号做出的反应？

b. 根据宾夕法尼亚州的农场权利法案，对农场附近的空气味道有产权的是农场主还是镇上的居民？（一些居民确实要求镇区敦促农场主用土掩盖猪粪以减弱其臭味。）

资料来源：Amanda Cregan，“Milford Farmers Switch to Pig Manure Causing a Stink for Neighbors”，Phillyburbs. com, March 6, 2013.

3.15 [与 2.3.5 节中的“建立联系”专栏有关] 英国历史学家托马斯·麦考利（Thomas Macaulay）曾经评论版权是“一种对读者征收的税”。在何种意义上，版权是一种对读者征收的税？如果版权是一种对读者征收的税，那么，为什么政府要授予版权？

3.16 [与 2.3.5 节中的“建立联系”专栏有关] 在关于是否任何人都不付费就可以使用柯南·道尔塑造的人物夏洛克·福尔摩斯的法庭案件中，法官理查德·波斯纳认为，关于福尔摩斯的第一篇小说写作于 1887 年，因此，允许作者的后人继续主张对这个人物的版权提高了“无期限的或者至少接近无期限的版权”的可能性。该法官还指出，美国宪法赋予国会的只是授予有限期的版权。允许作者及其后人永远享有一本书或一个人物的版权对经济有什么不利之处？有什么有利之处？请简要解释。

资料来源：*Leslie S. Klinger v. Conan Doyle Estate, Ltd.* (7th Cir. 2014), media. ca7. uscourts. gov.

第 3 章 价格来自何处：需求和供给的相互作用

本章概览和学习目标

3.1 市场的需求方

列举和描述影响需求的变量。

3.2 市场的供给方

列举和描述影响供给的变量。

3.3 市场均衡：结合需求和供给

用图形来说明市场均衡。

3.4 需求和供给的移动对均衡的影响

用需求和供给图形来预测价格和数量的变化。

开篇案例

你的手表有多智能?

时尚可以很快发生改变。在曾经的许多年里，大多数人佩戴腕表。随着21世纪第一个十年里手机的流行，许多人不再佩戴腕表，这对手表行业是一个糟糕的消息。一旦一种产品不再时尚，其销量就不大可能回到过去的水平。手表会是一个例外吗?

直到近些年，让手表具有除告知时间外的更多功能的尝试才获得成功。例如，20世纪80年代期间德州仪器和几家其他公司生产了带计算器的手表，但销量有限。2004年，微软推出了SPOT手表，它使得用户能够接收即时消息、天气预报和头条新闻。但是，很少有消费者购买它，因此公司于2008年停止生产这种手表。到了2013年，几家公司推出了让用户能够打电话、发信息、照相或拍视频、监测心率和计算运动消耗的卡路里数的“智能手表”。

2015年，苹果公司推出了苹果手表，它结合了竞争对手的智能手表的大部分性能与苹果的iPhone和iPad的流行特征，如iTunes音乐商店的接入和语音激活的个人助手Siri等。苹果手表立即流行起来，头五周就卖出了超过250万块。这些销量比苹果之前的产品——iPod、iPhone或iPad——起始的销量都更高。超过25家其他企业进入了智能手表市场，它们希望能参与到这种热销产品的快速增长中来。

但是，市场体系中没有什么事是必然发生的。苹果手表及其竞争产品会成功地使佩戴腕表重新成为时尚吗?还是会像德州仪器的计算器手表和微软的SPOT手表那样失败?智能手表的价格相对较高，使用起来也有些复杂，其小屏幕也难以显示图片或地图。最后，智能手表的成功与否可能取决于消费者是否喜欢这些手表上的应用程序和是否愿意重新佩戴腕表。

销售智能手表的企业之间的激烈竞争是市场如何对技术和消费者喜好的变化做出应对的一个引人注目的例子。尽管竞争对努力销售产品的企业并非总是好消息，但是，它却是消费者的福音，因为激烈竞争增加了可供选择的产品种类，降低了消费者为这些产品支付的价格。

本章末的“业内观察”讨论了苹果公司的智能手表是如何启发其他可穿戴设备的开发的。

资料来源：Daniel Matte and Kevin McCullagh，“Will Smartwatches Be a Hit?” *Wall Street Journal*，May 10，2015；and Mitchel Broussard，“Apple Watch Orders Estimated to Average 30 000 per Day in U.S. after Initial Surge”，macrumors.com，May 22，2015.

生活中的经济学

你会买智能手机还是智能手表?

你使用智能手机主要是用来收发信息、收发邮件和记录约定。但是，你的智能手机旧了，你在考虑买一部新的……或者你应该买一块智能手表?在你的决策中什么因素最重要呢：智能手表和智能手机的特征，还是这些产品的相对价格?如果你知道你很快要加薪了，你会更有可能买一块智能手表吗?在阅读本章的过程中，试着回答这个问题。对照我们在本章末提供的答案，你可以检验你的答案。

在第 1 章中，我们探讨了经济学家如何运用模型来预测人类行为。在第 2 章中，我们运用生产可能性边界这个模型分析了稀缺性和权衡。在本章和下一章，我们将探究经济学中最强大的工具：需求和供给模型，并用它来解释价格是如何决定的。

经济模型是基于假设的、现实的简化版本。在有些情况下，模型的假设可能没有确切地描述我们要分析的经济情景。例如，需求和供给模型假设我们所分析的是一个完全竞争市场。在一个**完全竞争市场**（perfectly competitive market）中，有许多买者和卖者，所有产品都是相同的，新企业进入市场没有壁垒。这些假设非常具有限制性，只能确切地应用于少数市场，如小麦和其他农产品市场。可是，经验已经表明，需求和供给模型对于分析卖者之间竞争很激烈的市场很有用，哪怕卖者的数量相对很少且所销售的产品并不相同。事实上，在近来的研究中，需求和供给模型已经成功地分析了少到只有 4 个买者和 4 个卖者的市场。正如我们在本章将要看到的，这一模型在预测许多市场中数量和价格的变化上常常是很成功的。

我们对需求和供给模型的分析从讨论消费者和市场的需求方开始，然后转向企业和供给方。在整本书中，我们将运用这个模型来理解企业、经济和经济政策。

3.1 市场的需求方

我们在第 2 章看到，在市场体系中，消费者最终决定了哪些商品和服务将被生产出来。最成功的企业是那些对消费者需求做出最佳反应的企业。但什么决定了消费者对一种产品的需求呢？当然，许多因素会影响消费者购买某种特定产品的意愿。例如，正在考虑购买智能手表（如苹果手表或三星 Gear S）的消费者将基于以下因素做出决策：可供支出的收入、销售智能手表的公司的广告宣传的有效性以及其他一些因素。对大多数消费者来说，他们的购买决策考虑的首要因素是产品的价格。所以，我们首先聚焦于这个因素。在我们讨论需求时，谨记我们所考虑的不是消费者想要买什么，而是消费者愿意且有能力买什么。

3.1.1 需求表和需求曲线

表示一种产品的价格和该产品需求量之间关系的表格被称为**需求表**（demand schedule）。图 3.1 中的表格表示了消费者在五个不同的价格下每周愿意购买的智能手表的数量。在给定价格下消费者愿意和能够购买的某种商品或服务的数量被称为**需求量**（quantity demanded）。图 3.1 中的图形根据该表的数字画出了**需求曲线**（demand curve），它是表示一种产品的价格和该产品需求量之间关系的曲线。（注意：为了方便，我们在图 3.1 中把需求曲线画成直线。没有理由认为所有需求曲线都一定是直线。）图 3.1 中的需求曲线表示了**市场需求**（market demand），即所有消费者对一种给定商品或服务的需求。只在本地出售的产品（如餐馆用餐）的市场包括一个城市或一个相对小的区域的所有消费者。在国际上出售的产品（如智能手表）的市场包括全世界所有的消费者。

图 3.1 中的需求曲线向下倾斜，这是因为随着价格下降，消费者将购买更多的智能手表。当智能手表的价格为 450 美元时，消费者每周购买 300 万块智能手表。当价格下降到 400 美元时，消费者购买 400 万块。随着一种产品价格的下降，买者对该产品的需求量增加，这是因为该产品相对于其他产品变得便宜了，且买者在更低的价格下能够买得起更多。

需求表	
每块智能手表的价格（美元）	每周的智能手表数量（百万块）
450	3
400	4
350	5
300	6
250	7

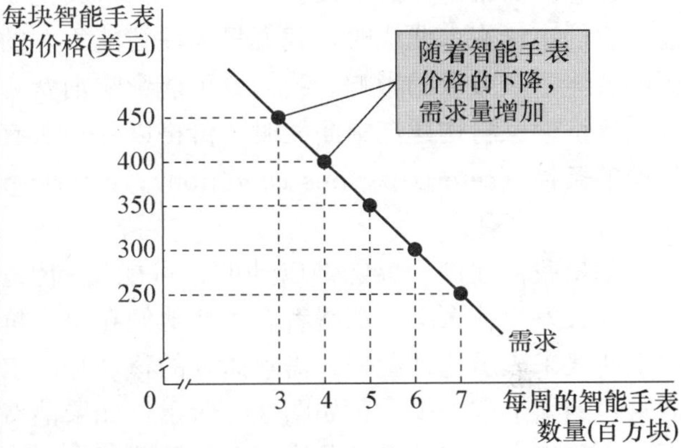

图 3.1　需求表与需求曲线

当价格变化时，消费者愿意且能够购买的智能手表数量也发生变化。我们可以把这种关系表示成需求表或需求曲线。需求表和需求曲线都说明，随着智能手表价格的下降，需求量增加。当智能手表的价格为 450 美元时，消费者每周购买 300 万块智能手表。当价格下降到 400 美元时，消费者购买 400 万块。因此，智能手表的需求曲线向下倾斜。

□ 3.1.2　需求定律

一种产品的价格和需求量之间的反向关系被称为**需求定律**（law of demand）：在保持其他变量不变的条件下，当一种产品的价格下降时，该产品的需求量将增加；当该产品的价格上升时，其需求量将减少。需求定律对几乎任何市场需求曲线都成立。经济学家只发现了很少的几个例外。

□ 3.1.3　什么解释了需求定律？

当某种商品的价格下降时，消费者会购买更多该商品，而在价格上升时则会购买更少，这是有道理的。但是，让我们更深入地看看为什么会这样。当一种产品的价格下降时，消费者购买的数量更多，其原因在于两种效应：替代效应和收入效应。

（1）**替代效应**（substitution effect）是指由于一种商品的价格变动使得它相对于作为替代品的其他商品更加昂贵或更加便宜而引起的该商品需求量的变动。当智能手表的价格下降时，消费者将用购买智能手表来代替购买其他商品，如常规的腕表或 iPhone 等智能手机。

（2）**收入效应**（income effect）是指由于一种商品的价格变动增加或减少了消费者的购买力而导致的该商品需求量的变动。购买力是消费者用固定数量的收入能够购买的商品的数量。当一种商品的价格下降时，消费者收入的购买力会增加，这通常会导致他们购买更多数量的这种商品。当一种商品的价格上升时，消费者收入的购买力会减少，这通常会导致他们购买更少数量的这种商品。

虽然我们可以分开来分析这两种效应，但是无论价格什么时候发生变动，这两种效应都是同时发生的。因此，智能手表的价格下降引起消费者购买更多的智能手表，这既是因为智能手表现在相对于替代品更加便宜了，又是因为消费者收入的购买力增加了。

□ 3.1.4 保持其他一切不变：其他变量都相同的条件

注意：需求定律的定义包含了“在保持其他变量不变的条件下”这个短语。在构建智能手表的市场需求曲线时，我们只关注智能手表的价格变化将会对消费者愿意且有能力购买的智能手表数量的影响。我们令可能影响消费者购买智能手表的意愿的其他变量保持不变。经济学家将构建需求曲线时令价格以外的所有变量保持不变的必要性称为**其他变量都相同的条件**（ceteris paribus condition）；ceteris paribus 在拉丁语中的含义为“其他一切相同”。

如果我们允许一个价格以外的、可能影响消费者购买智能手表的意愿的变量发生改变，那会发生什么呢？消费者会改变他们在每个价格下的需求量。我们可以通过移动市场需求曲线来表示这种影响。需求曲线的移动是需求的增加或减少。沿着需求曲线的运动是需求量的增加或减少。正如图 3.2 所示，如果消费者决定在每个价格下都购买更多的智能手表，我们向右移动需求曲线，而如果消费者决定在每个价格下都少买，我们向左移动需求曲线。

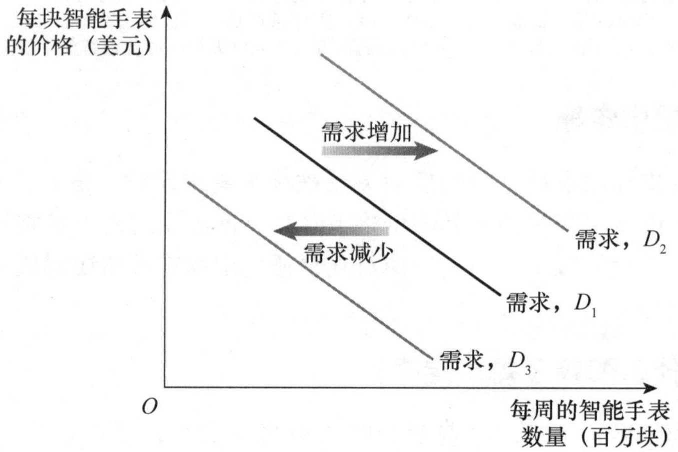

图 3.2 需求曲线的移动

当消费者增加他们在某一给定价格下想购买的产品数量时，需求曲线从 D_1 向右移动到 D_2。当消费者减少他们在某一给定价格下想购买的产品数量时，需求曲线从 D_1 向左移动到 D_3。

□ 3.1.5 使市场需求移动的变量

除价格外，许多变量都会影响市场需求。下面的五个变量是最重要的：

- 收入；
- 相关商品的价格；
- 喜好；

- 人口数量及人口统计特征；
- 预期的未来价格。

接下来我们讨论这些变量之中每一个变量的变化如何影响市场需求曲线。

收入。消费者可用于支出的收入影响他们购买一种商品的意愿和能力。假定图 3.1 中的市场需求曲线代表了在家庭平均收入为 50 000 美元时消费者购买智能手表的意愿和能力。如果家庭平均收入提高到 52 000 美元，智能手表的需求将增加，我们通过向右移动需求曲线来表示。当收入上升时需求增加和当收入下降时需求减少的商品是**正常品**（normal good）。大部分商品都是正常品，但有些商品是劣等品。当收入上升时需求减少和当收入下降时需求增加的商品是**劣等品**（inferior good）。例如，随着你的收入的上升，你购买的金枪鱼罐头或快餐面可能会减少，而购买的虾或全麦意面可能会增加。所以，对你来说，金枪鱼罐头和快餐面是劣等品的例子，这不是因为它们的质量低，而是因为随着你的收入的增加你会购买得更少。

相关商品的价格。其他商品的价格也会影响消费者对一种产品的需求。某些消费者使用智能手机主要是用来查看时间、接打电话和记录约定，这样的消费者也可以用智能手表。可以被用于同一目的的商品和服务互为**替代品**（substitute）。当两种商品互为替代品时，其中一种你买得越多，另一种就会买得越少。替代品价格的下降会导致商品的需求曲线向左移动，替代品价格的上升会导致商品的需求曲线向右移动。

假定图 3.1 中的市场需求曲线代表消费者在智能手机平均价格为每部 400 美元的某周购买智能手表的意愿和能力。如果智能手机的平均价格降至每部 300 美元，在每一价格水平下消费者将购买更少的智能手表。我们用智能手表的需求曲线的向左移动来表示这一变化。

一起使用的商品和服务，如热狗肠和热狗面包，互为**互补品**（complement）。当两种商品互为互补品时，其中一种消费者买得越多，另一种也会买得越多。互补品价格的下降会导致商品的需求曲线向右移动。互补品价格的上升会导致商品的需求曲线向左移动。

人们在智能手表上使用应用程序。因此，智能手表和应用程序是互补品。假定图 3.1 中的市场需求曲线代表消费者在每个应用程序的平均价格为 1.99 美元时购买智能手表的意愿和能力。如果每个应用程序的平均价格降至 0.99 美元，消费者将购买更多的应用程序和更多的智能手表，智能手表的需求曲线将向右移动。

建立联系☞

智能手表是智能手机的替代品吗？

两种产品互为完全替代品的情形是很罕见的，原因是消费者可能发现它们对某些目标而言的有用性或多或少不尽相同。当苹果公司和其他公司开始销售智能手表时，它们需要回答的一个关键问题是消费者是否认为智能手表是智能手机的接近替代品。你可以用智能手表也可以用智能手机来查看时间、发送信息、记录约定或使用 GPS 地图。但是，如果你想上网或看电影，那你需要智能手机；如果你想监测你的心率或记录你锻炼时消耗的卡路里数量，那你买智能手表更好。

因此，智能手表和智能手机互为替代品，但并非完全替代品。为了准确预测智能手表的销量和生产准确的智能手表数量，销售智能手表的企业需要评估消费者认为智能手表和智能手机是何种程度的接近替代品。许多考虑购买智能手表的人已经有了智能手机。因此，消费者认为这两种产品的替代性越强，有了智能手机的消费者购买智能手表的可能性就越小。

当苹果公司于 2015 年推出苹果手表时，销量一开始很强劲，这看似表明许多消费者认为智能手表的独特特征使得其值得购买，哪怕他们已经有了智能手机。但是，一些分析师怀疑在早期接受者——在每种新的电子设备进入市场后很快就购买的人——购买了之后未来的销量有多大。苹果手表的一个早期评论员指出，他不确定“我需要每天戴着这款手表”。类似地，《经济学人》（*Economist*）杂志的评论如下：“苹果公司看起来不太可能把它的手表变成下一个必备的小玩意……人们不太可能为额外功能如此少的某样东西花费 350 美元。”

其他行业观察家对智能手表市场的规模更为乐观。一个分析师在《华尔街日报》上撰写的文章表示，智能手表有几样功能执行起来比智能手机要更快或更方便。他下结论说：“数十亿智能手机用户有可能考虑购买智能手表。”给定这些不同的评价，毫不令人惊奇的是，对苹果手表第一年销量的预测范围很大：从 800 万块到 4 100 万块不等。

最后，如同大多数新产品那样，智能手表的成功取决于消费者是否认为它们满足了其他产品没有满足的某种需要。换言之，消费者认为智能手表与智能手机的替代性越弱，他们购买智能手表的可能性就越大。

资料来源：Joshua Topolsky，“Apple Watch Review：You'll Want One，but You Don't Need One”，bloomberg. com，April 8，2015；“The Time Machine”，*Economist*，March 9，2015；and Daniel Matte and Kevin McCullagh，“Will Smartwatches Be a Hit?” *Wall Street Journal*，May 10，2015.

轮到你了：做本章末与本专栏相关的问题与应用 1.12，看看你理解得如何。

喜好。产品的广告宣传可以影响消费者需求。如果苹果、三星、LG 和其他生产智能手表的企业开始大量做广告，在每一个价格水平下，消费者有可能购买更多的智能手表，需求曲线将向右移动。经济学家会说广告宣传影响了消费者对智能手表的喜好。喜好是一个包罗万象的类别，它是指能够进入消费者购买一种产品的决策的许多主观因素。消费者对一种产品的喜好可能会因为许多原因而改变。有时候潮流起到了相当大的作用。例如，低碳饮食的流行导致某些商品（如面包和甜甜圈）的需求下降，而鱼的需求上升。一般来说，当消费者对某种产品的喜好增加时，这种产品的需求曲线将向右移动；而当消费者对某种产品的喜好减少时，需求曲线将向左移动。

人口数量及人口统计特征。随着一国人口数量的增加，消费者的数量和大部分产品的需求将增加。**人口统计特征**（demographics）是指人口在年龄、种族和性别等方面的特征。随着一个国家或地区人口统计特征发生变化，特定商品的需求将会增加或减少，原因是不同类别的人往往对那些商品有着不同的偏好。例如，美国人口普查局预测拉美裔美国人占美国人口的百分比预计会从 2015 年的 18%增加到 2050 年的 26%。这一增加将引起西班牙语图书、网站和有线电视频道以及其他商品和服务的需求增加。

巨无霸汉堡包和高尔夫的艰难时期

人口统计特征的变化能够影响产品需求。显然，产品的有用性可能因人的年龄而异。例如，当出生率高时，对婴儿食品、尿布和其他婴儿产品的需求增加。类似地，当老年人更多时，对家庭护理的需求增加。但是，一些零售分析师认为，对产品的喜好还可能有代际差别，从而一些产品可能在更年长的几代人中仍然流行而在更年轻的几代人中流行程度趋弱。“代”并没有确切的定义，但是，常见的标签如下表。

出生年份	“代”的标签	2015年时的年龄范围	2015年时各代人数
1946—1964年	婴儿潮一代	51～69岁	7 900万
1965—1984年	X一代	31～50岁	8 300万
1985—2004年	千禧一代（或Y一代）	11～30岁	8 700万

千禧一代的人数比之前两代多，但是，对零售商而言，各代人数并不是故事的全部。市场研究表明，18～49岁的消费者占所有零售销量来源的大部分。这一事实有助于解释为什么企业愿意花大价钱在这一“主要人群”观看的电视节目上（如美国国家广播公司的《美国之声》）做广告。注意，婴儿潮一代现在都已经比这个年龄群体更老了。X一代中也已经有人不再属于这个群体，随着时间的推移，千禧一代将开始成为这个群体的主体。

由于千禧一代作为消费者的重要性，企业开始关注千禧一代是否对它们的产品有强劲的需求。考虑麦当劳和迪克体育用品在2015年面临的问题。千禧一代正从购买巨无霸汉堡包转向去快速休闲餐馆（如Chipotle Mexican Grill，专门制作墨西哥卷饼和夹饼的连锁餐馆，以及Panera Bread，美国最大的面包连锁餐馆）就餐。2014年，麦当劳的收益和利润出现了过去30多年来的首次下降。麦当劳面临的大学生年龄的消费者流失的问题尤其严重。每月至少去麦当劳就餐一次的19～21岁的消费者数量在2011—2015年下降了15%。

迪克体育用品在高尔夫俱乐部和其他高尔夫设备的需求上面临类似的问题。随着时间的推移，定期打高尔夫球的人的平均年龄增加了，在2015年为56岁。在过去五年里，当年打了至少一场高尔夫球的18～34岁的人数持续下降。随着打高尔夫球的年轻人的减少，高尔夫设备的销量、在高尔夫球场打的高尔夫球赛场数和高尔夫球锦标赛电视直播的收视率都下降了。迪克体育用品的高尔夫设备销量在2013—2015年下降了15%以上。

如果更年轻的消费者对一家企业的产品的需求减少，该企业应该如何应对呢？答案部分地取决于提供不同的产品或改变现有产品是否可能增加来自这些消费者的需求。麦当劳尝试了这一策略，它推出了McWrap三明治——夹鸡肉或蔬菜的玉米粉圆饼——和其他新食物以吸引千禧一代。它还计划使用更健康的原料，例如，减少使用用抗生素饲养的鸡。迪克体育用品断定对它的高尔夫设备的需求很可能无法恢复。它解雇了一直在它的商店工作的大部分高尔夫专业人员，减少了高尔夫俱乐部、可供销售的高尔夫球和高尔夫服装的数量。

当企业制订长期计划时，它们必须考

虑人口统计特征的变动可能如何影响对其产品的需求。

资料来源：Annie Gasparro，“McDonald's Puts Its Plan on Display”，*Wall Street Journal*，May 3，2015；Julie Jargon，“McDonald's Faces ‘Millennial’ Challenge”，*Wall Street Journal*，August 24，2014；Sara Germano，“A Game of Golf? Not for Many Millennials”，*Wall Street Journal*，August 1，2014；Lisa Beilfuss，“Dick's Sporting Goods Profit Falls 10%”，*Wall Street Journal*，May 19，2015；and “Dick's Sporting Goods Lays Off 478 PGA GolfPros”，Associated Press，July 24，2014.

轮到你了：做本章末与本专栏相关的问题与应用 1.13，看看你理解得如何。

预期的未来价格。消费者不仅选择购买什么产品，而且选择什么时候购买这些产品。例如，如果有足够多的消费者确信三个月后的住房售价要比现在低，那么对住房的需求现在会减少，因为有些消费者会推迟购买，等待预期的降价来临。或者，如果有足够多的消费者确信三个月后的住房价格要比现在高，那么对住房的需求现在会增加，因为有些消费者会提前购买，避开预期的涨价。

表 3.1 总结了导致市场需求曲线移动的最重要的变量。注意，该表显示了每个变量增加所导致的需求曲线的移动。这些变量的减少将导致需求曲线向相反的方向移动。

表 3.1　　使市场需求曲线移动的变量

变量的增加	使需求曲线移动	原因是
收入（商品为正常品）	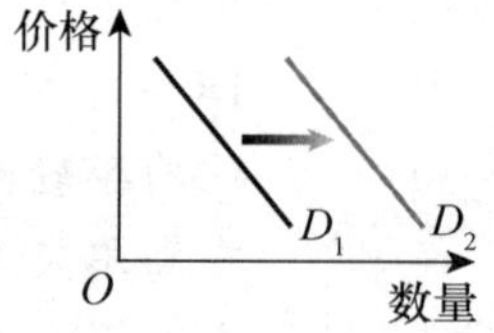	消费者收入增加后在该商品上的支出增加。
收入（商品为劣等品）	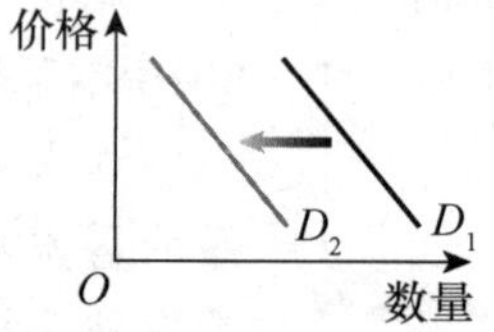	消费者收入增加后在该商品上的支出减少。
替代品的价格	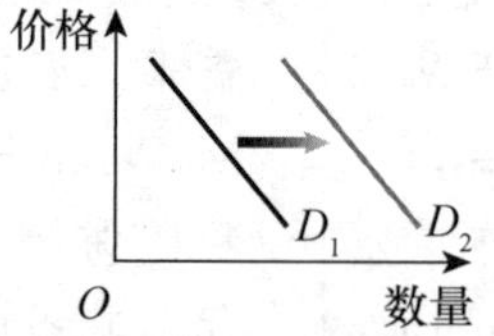	消费者购买更少的替代品，增加对该商品的购买。
互补品的价格	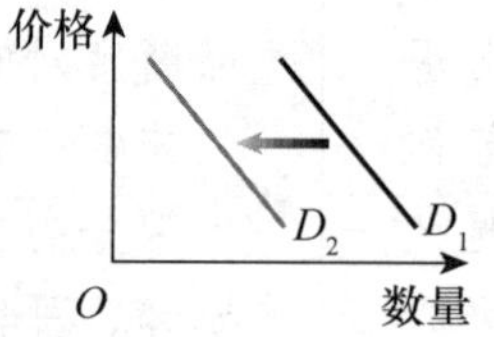	消费者购买更少的互补品，并减少对该商品的购买。

续前表

变量的增加	使需求曲线移动	原因是
对该商品的喜好	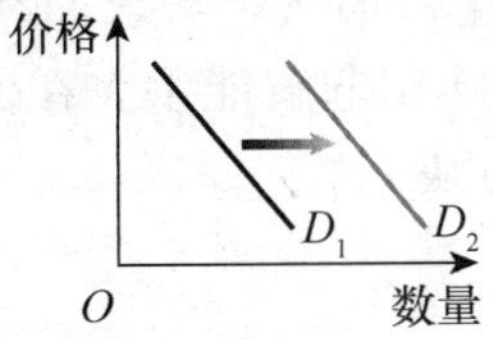	在每一价格水平下消费者愿意购买更多的该商品。
人口	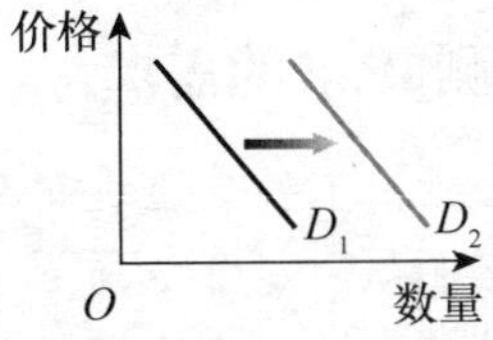	额外的消费者导致每一价格水平下的需求量增加。
该商品的预期未来价格	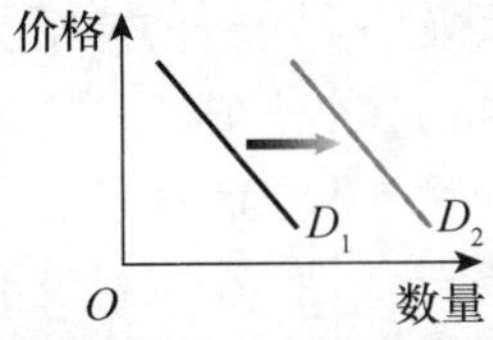	消费者今天购买更多的该商品，以避免未来的更高价格。

□ 3.1.6　需求的变化和需求量的变化

理解需求的变化和需求量的变化之间的区别是很重要的。需求的变化是指需求曲线的移动。如果除了某种产品的价格外影响消费者购买该产品的意愿的变量中有一个发生了变化，那么，需求曲线的移动就会发生。需求量的变化是指由于产品价格变化而引起的沿着需求曲线的运动。图 3.3 说明了这一重要的区别。如果每块智能手表的价格从 450 美元

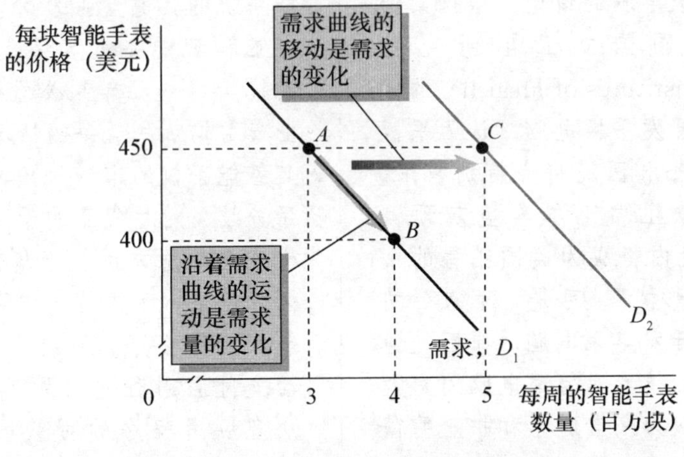

图 3.3　需求的变化和需求量的变化

如果每块智能手表的价格从 450 美元下降到 400 美元，结果将是沿着需求曲线从 A 点到 B 点的运动——需求量从 300 万块增加到 400 万块。如果消费者的收入增加了，或者如果另一个因素发生了变化使消费者在每一价格水平下都想购买更多这种产品，那么，需求曲线将向右移动——这是需求的增加。在这个例子中，需求从 D_1 增加到 D_2 引起智能手表在价格为 450 美元时的需求量从在 A 点的 300 万块增加到在 C 点的 500 万块。

下降到400美元，结果将是沿着需求曲线从A点到B点的运动——需求量从300万块增加到400万块。如果消费者的收入增加了，或者如果另一个因素发生了促使消费者在每一价格水平下都想购买更多这种产品的变化，那么，需求曲线将向右移动——这是需求的增加。在这个例子中，需求从D_1增加到D_2引起智能手表在价格为450美元时的需求量从在A点的300万块增加到在C点的500万块。

建立联系

预测iPad的需求

选择开发哪些新产品是任何大型企业的经理人面临的最重大决策之一。一家企业必须投入人力、时间和金钱用于设计新产品、与供应商谈判、策划营销活动以及完成许多其他任务。但是任何企业拥有的资源都有限，因此面临着权衡：用于开发某一新产品的资源将不能用于开发其他产品。最终，一家企业选择开发的新产品将是企业认为最赚钱的那些产品。因此，为了决定开发哪些新产品，企业需要预测对那些产品的需求。

在苹果公司工作了20年并最终成为公司的全美销售总监的戴维·索伯塔(David Sobotta)描述了2002年苹果公司关于是否开发平板电脑的讨论。根据索伯塔的描述，美国国立卫生研究院(U.S. National Institutes of Health)的代表敦促苹果公司开发平板电脑，认为平板电脑对医生、护士和医院将会特别有用。在2001年，微软主席比尔·盖茨预测“平板电脑在5年内将成为美国销售的个人电脑最流行的形式”。可是，苹果公司的经理人决定不开发苹果电脑，原因是他们认为当时可用的技术对普通电脑用户太复杂了，他们还认为来自医生和护士的需求将很少。苹果公司的预测是正确的。尽管比尔·盖茨的预测很乐观，但是，在2006年，平板电脑销量只占电脑市场的1%。根据索伯塔的描述，“苹果公司的执行官们有这么一个理论：通向成功之路不是通过销售成千上万件相对昂贵的东西，而是通过销售数以百万计的像iPod这样的不那么昂贵的东西。”

苹果公司继续努力开发智能手机，它们开发了消除键盘转而采用触摸屏显示器的技术。苹果公司的时任CEO史蒂夫·乔布斯没有随即生产平板电脑，而是意识到可以用一种不同的方式来使用这一技术：“哎呀！我们可以用这一技术来生产手机。”从2007年推向市场起，iPhone迅速取得了成功。到2015年年中，苹果公司已经在全世界卖出了6亿部iPhone。

当苹果公司尝试预测对iPhone的需求时，它需要考虑两个因素：来自生产智能手机的其他企业的竞争和来自包括平板电脑和智能手表等替代品的竞争。到了2015年，关于苹果公司在面临来自其他企业日益增加的竞争的情况下是否还能维持其智能手机的市场份额，行业分析师产生了分歧。对替代品的看法也不一。智能手机占全球总体手机市场的份额日益增加，因此从基本手机转向智能手机的消费者所剩相对不多了。包括可取代信用卡的移动支付应用程序（如苹果支付）在内的众多应用程序的可获得性的日益增加，增加了智能手机的有用性。但是，一些消费者偏好使用屏幕更大的平板电脑来查收电子邮件和上网。通过利用Face-Time或Skype这样的应用程序，平板电脑也能用来打电话。另一个未知因素是智能手表的销量最终会在何种程度上减少智能手机的销量。

与任何预测需求的企业一样，苹果公司面临着一个权衡：如果它在扩大生产能力或购买智能手机所需的部件上太小心谨慎了，那么，其他企业可能占领大的市场份额。但是，如果它太乐观了，它就得冒花费巨资扩大生产能力但生产能力超过实际能够销售的数量的风险，这一结果可能会使潜在利润变成亏损。苹果公司花了几十亿美元从供应商那儿购买了大量的运动传感器、屏幕和其他部件。如果需求预测被事实证明是准确的，那么这笔钱将花得很有价值。时间将会告诉我们，对智能手机的未来需求是否会像苹果公司和其他企业所预测的那么大。

资料来源：Daisuke Wakabayashi, "Apple Earnings Surge 33% on iPhone Sales", *Wall Street Journal*, April 27, 2015; David Sobotta, "What Jobs Told Me on the iPhone", (London) *Guardian*, January 3, 2007; "Jobs Says iPad Idea Came before iPhone", Associated Press, January 2, 2010; and "More Smartphones Were Shipped in Q1 2013 Than Feature Phones, an Industry First According to IDC", www.idc.com, April 25, 2013.

轮到你了：做本章末与本专栏相关的问题与应用 1.17，看看你理解得如何。

3.2 市场的供给方

就像有许多变量影响消费者购买某一特定商品或服务的意愿和能力一样，也有许多变量会影响企业出售某种商品或服务的意愿和能力。这些变量中最重要的是价格。在给定价格下企业愿意和能够供给的某种商品或服务的数量被称为**供给量**（quantity supplied）。在保持其他变量不变的条件下，当一种商品的价格上升时，生产这种商品就更加有利可图，供给量就会增加。当一种商品的价格下降时，生产这种商品的盈利性就降低了，供给量就会减少。此外，正如我们在第 2 章所看到的，把越来越多的资源用于某种商品的生产会导致边际成本递增。例如，如果苹果、三星、LG 和其他企业在某一给定时期增加智能手表的生产，它们可能会发现，当它们的供应商延长现有工厂生产时间、支付更高的零部件价格和更高的工人工资时，生产额外的智能手表的成本在增加。由于边际成本更高了，企业只有在价格更高时才会供给更大的数量。

3.2.1 供给表和供给曲线

表示一种产品的价格和该产品供给量之间关系的表格被称为**供给表**（supply schedule）。图 3.4 中的表格是一个供给表，它表示了企业在不同的价格下每周愿意供给的智能手表数量。图 3.4 中的图形根据供给表中的数字画出了**供给曲线**（supply curve），它表示了一种产品的价格和该产品供给量之间的关系。供给表和供给曲线都说明，随着智能手表价格的上升，企业将增加它们供给的数量。当智能手表的价格为每块 400 美元时，企业每周将供给 600 万块智能手表；在价格上升到每块 450 美元时，企业将供给 700 万块。（再一次地，为了方便，我们假设供给曲线是一条直线。尽管实际上并非所有供给曲线都是直线。）

供给表	
每块智能手表的价格（美元）	每周的智能手表数量（百万块）
450	7
400	6
350	5
300	4
250	3

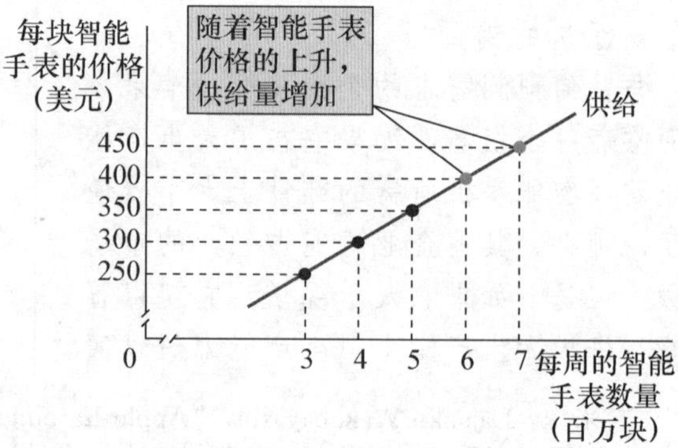

图 3.4　供给表与供给曲线

当价格变化时，苹果、三星、LG 和其他生产智能手表的企业会改变它们愿意供给的数量。我们可以把这种关系表示成供给表或供给曲线。供给表和供给曲线都说明，随着智能手表价格的上升，企业将增加它们供给的数量。当智能手表的价格为 400 美元时，企业每周将供给 600 万块智能手表；在价格上升到 450 美元时，企业将供给 700 万块。

□ 3.2.2　供给定律

图 3.4 中的市场供给曲线向上倾斜。根据**供给定律**（law of supply），我们预期大部分供给曲线都是向上倾斜的。供给定律认为，在保持其他变量不变的条件下，价格的上升将引起供给量增加，价格的下降将引起供给量减少。注意，和需求定律的定义一样，供给定律的定义包含了“在保持其他变量不变的条件下”这一短语。如果只是产品的价格变化，那么，就会有沿着供给曲线的运动，这是供给量的增加或减少。如图 3.5 所示，如果任何其他影响企业供给某种商品的意愿的变量发生变化，那么，供给曲线将会移动，这是供给的增加或减少。当企业增加它们在某一给定价格下想出售的产品数量时，供给曲线向右移动。从 S_1 到 S_3 的移动代表供给的增加。当企业减少它们在某一给定价格下想出售的产品数量时，供给曲线向左移动。从 S_1 到 S_2 的移动代表供给的减少。

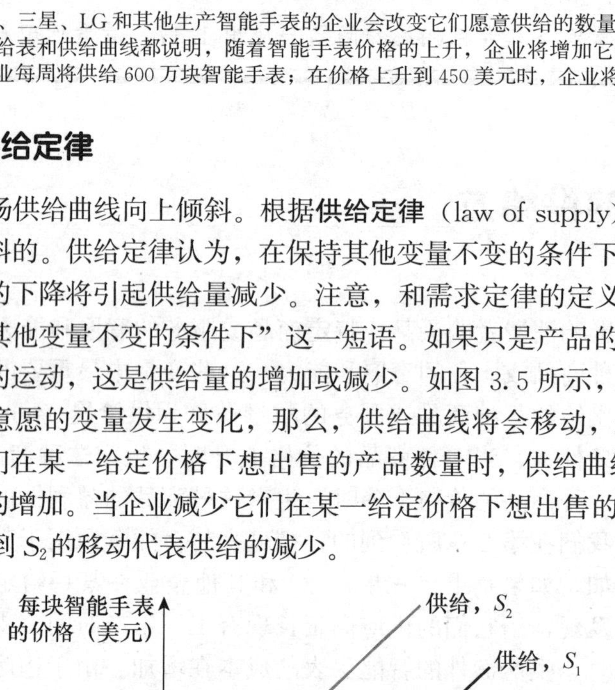

图 3.5　供给曲线的移动

当企业增加它们在某一给定价格下想出售的产品数量时，供给曲线向右移动。从 S_1 到 S_3 的移动代表供给的增加。当企业减少它们在某一给定价格下想出售的产品数量时，供给曲线向左移动。从 S_1 到 S_2 的移动代表供给的减少。

□ 3.2.3 使市场供给移动的变量

以下是使市场供给移动的五个最重要的变量：

- 投入品的价格；
- 技术变革；
- 生产上的相关商品的价格；
- 市场中企业的数量；
- 预期的未来价格。

接下来我们讨论这些变量中的每一个是如何影响市场供给曲线的。

投入品的价格。最有可能导致产品的供给曲线发生移动的因素是投入品的价格变化。投入品是任何用于生产商品或服务的东西。例如，如果智能手表的部件——如存储芯片——的价格上升了，那么，生产智能手表的成本就会增加，在每一价格水平下智能手表的盈利性就降低了。智能手表的供给将会减少，其市场供给曲线将向左移动。类似地，如果投入品的价格下降，智能手表的供给将会增加，其供给曲线将向右移动。

技术变革。引起供给变化的第二个因素是技术变革。**技术变革**（technological change）是企业用给定数量的投入生产一定的产出水平的能力的正向或负向变动。只要一家企业使用相同数量的投入能够生产出更多产出，正向的技术变革就出现了。换言之，该企业的工人或机器的生产率提高了。如果一家企业用相同数量的投入能够生产更多的产出，它的成本就会降低，在任何给定的价格下，企业生产该商品将会更加有利可图。其结果是，当正向的技术变革发生时，企业在每一价格水平下都将增加供给量，它的供给曲线将向右移动。

负向的技术变革会削弱企业用给定数量的投入供给同样多的产出的能力，它相对罕见，但地震或其他自然灾害或战争可能导致这种技术变革。负向的技术变革将增加企业的成本，企业从生产上赚到的利润将会下降。因此，负向的技术变革将导致市场供给曲线向左移动。

生产上的相关商品的价格。企业常常会选择它们要生产什么商品或服务。企业可以生产的替代性产品称为生产上的替代品。许多生产智能手表的企业也生产其他消费电子产品。例如，苹果生产 iPhone 智能手机和 iPad 平板电脑，三星生产 Galaxy S 智能手机和 Galaxy Tab 平板电脑。这些产品通常使用类似的零部件，在同样的工厂装配。如果智能手机的价格相对于智能手表上升，那么，智能手机将变得更加有利可图，苹果、三星和其他生产智能手表的企业将把部分生产能力从生产智能手表转向生产智能手机。在每一价格水平下，这些企业可供销售的智能手表会减少，因此，智能手表的供给曲线将向左移动。

同时生产的产品称为生产上的互补品。含有石油的地质构造通常也含有天然气。如果石油的价格上升，石油公司在增加开采石油的同时也增加了天然气的开采。结果，石油价格的上升将导致天然气——生产上的互补品——的供给曲线向右移动。

市场中企业的数量。市场中企业的数量变化会改变供给。当新企业进入市场时，供给曲线向右移动；当现有企业离开或者退出市场时，供给曲线向左移动。例如，苹果公司于 2015 年进入智能手表市场就使得智能手表的市场供给曲线向右移动了。

预期的未来价格。如果企业预期其产品的未来价格会高于现在的价格，它就有激励减少现在的供给而增加未来的供给。例如，如果苹果公司认为智能手表的价格目前暂时性地处于低位（可能是由于经济衰退），那么，它可能会把现在的一部分产量储存起来而在它预期价格更高的以后再出售。

表 3.2 总结了导致市场供给曲线移动的最重要的变量。注意，该表显示了每个变量增加所导致的供给曲线的移动。这些变量的减少将导致供给曲线向相反的方向移动。

表 3.2　　　　使市场供给曲线移动的变量

变量的增加	使供给曲线移动	原因是
投入品的价格	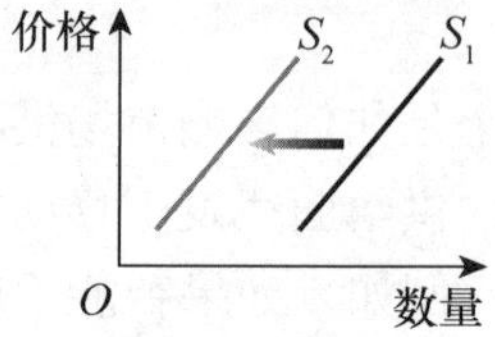	生产该商品的成本上升。
生产率	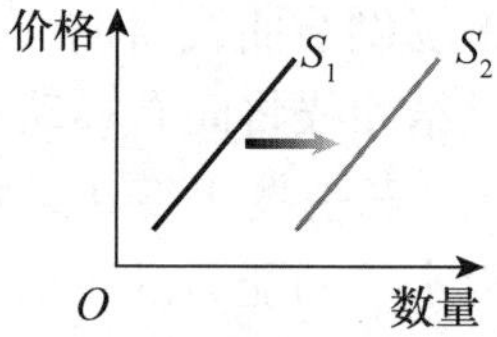	生产该商品的成本下降。
生产上的替代品的价格	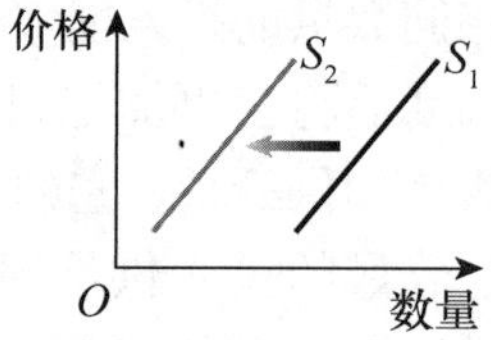	企业生产更多生产上的替代品，减少该商品的生产。
生产上的互补品的价格	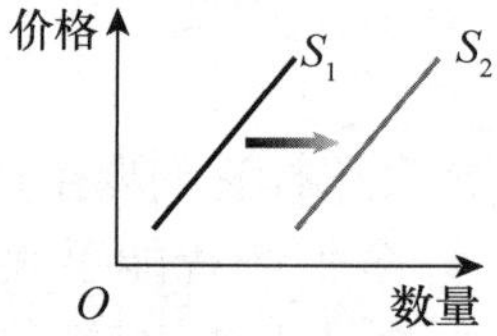	企业生产更多生产上的互补品和该商品。
市场中企业的数量	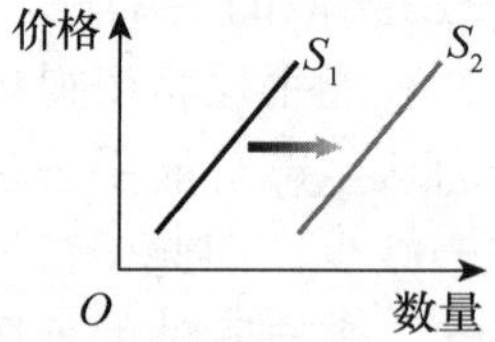	额外的企业导致每一价格水平下的供给量增加。
该产品的预期未来价格	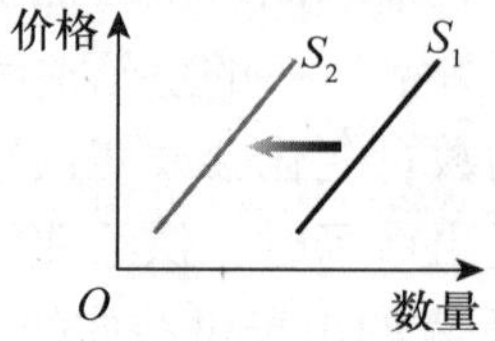	今天供销售的该商品减少了，留到未来价格更高时销售。

□ 3.2.4 供给的变化和供给量的变化

我们在前面曾经指出了需求的变化与需求量的变化之间的重要区别。供给的变化和供给量的变化之间的区别与此相似。供给的变化是指供给曲线的移动。当除了某种产品的价格外影响供给者销售该产品的意愿的变量中有一个发生了变化，那么，供给曲线就会移动。供给量的变化是指由于产品价格的变化而引起的沿着供给曲线的运动。图 3.6 说明了这一重要的区别。如果每块智能手表的价格从 400 美元上升到 450 美元，结果将是沿着供给曲线从 *A* 点到 *B* 点的运动——供给量从 600 万块增加到 700 万块。如果投入品的价格下降了，或者如果另一个因素发生了促使卖者在每一价格水平下供给更多这种产品的变化，那么，供给曲线将向右移动——这是供给的增加。在这个例子中，供给从 S_1 增加到 S_2 引起智能手表在价格为 450 美元时的供给量从在 *B* 点的 700 万块增加到在 *C* 点的 900 万块。

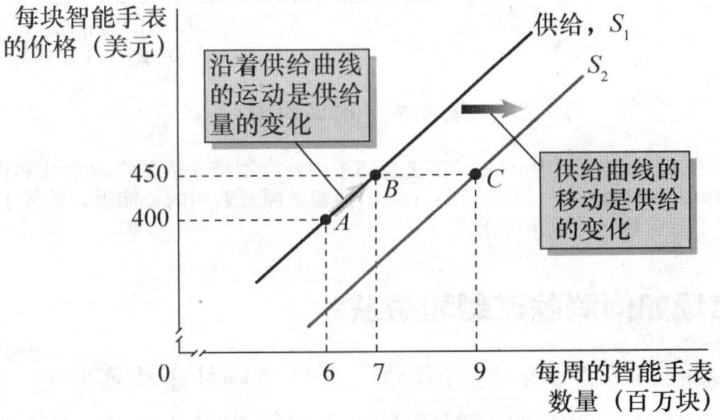

图 3.6 供给的变化和供给量的变化

如果每块智能手表的价格从 400 美元上升到 450 美元，结果将是沿着供给曲线从 *A* 点到 *B* 点的运动——苹果、三星、诺基亚和其他企业供给的数量从 600 万块增加到 700 万块。如果投入品的价格下降了，或者如果另一个因素发生了促使卖者在每一价格水平下供给更多这种产品的变化，那么，供给曲线将向右移动——这是供给的增加。在这个例子中，供给从 S_1 增加到 S_2 引起智能手表在价格为 450 美元时的供给量从在 *B* 点的 700 万块增加到在 *C* 点的 900 万块。

3.3 市场均衡：结合需求和供给

市场的目的是把买者和卖者聚合在一起。正如我们在第 2 章中所看到的，市场中买卖双方的相互作用非但没有造成混乱和无序，反而最终导致企业被引导到生产消费者最想要的那些商品和服务上。为了理解这个过程是如何发生的，我们首先需要看一看市场是如何协调买卖双方的计划的。

在图 3.7 中，我们把智能手表的市场需求曲线和市场供给曲线放在一起。注意，需求曲线和供给曲线只有一个交点。在该点，价格为每块 350 美元，数量为每周 500 万块智能手表。只有在这个**市场均衡**（market equilibrium）点，消费者愿意和能够购买的智能手表数量才等于企业愿意和能够出售的智能手表数量。在这个例子中，均衡价格是每块 350 美元，均衡数量是 500 万块。正如我们在本章开头所指出的，有许多买者和许多卖者的市场是竞争市场，这些市场里的均衡是**竞争市场均衡**（competitive market equilibrium）。在智能手表的市场中存在许多买者，但只有大约 25 个卖者。25 个卖者是否足以使我们的需求和供给模型适用于这个市场，这是一个判断问题。在本章，我们假设智能手表的市场有足够的卖者从而是竞争性的。

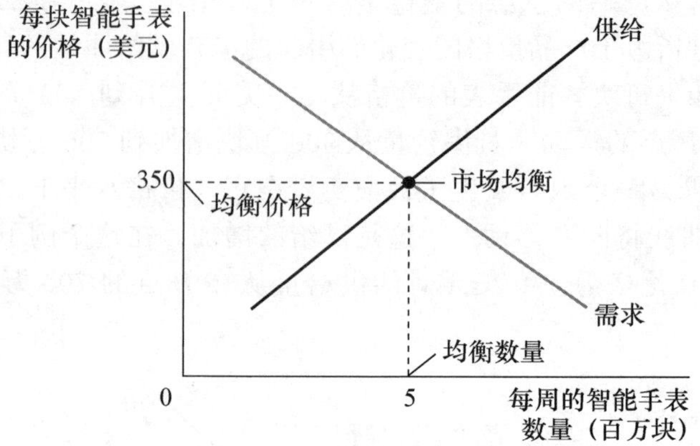

图 3.7　市场均衡

需求曲线和供给曲线的交点决定了市场均衡。在这个例子中，在智能手表的需求曲线和供给曲线的交点，价格为每块 350 美元，数量为 500 万块智能手表。只有在这个点，消费者愿意购买的智能手表数量才等于苹果、三星、LG 和其他企业愿意出售的智能手表数量：需求量等于供给量。

□ 3.3.1　市场如何消除过剩和短缺

不处于均衡状态的市场将朝着均衡运动。一旦市场处于均衡状态，它就会继续处于均衡。为了理解其中的原因，考虑如果市场不处于均衡会发生什么。例如，假定智能手表市场上的价格是每块 400 美元，而不是均衡价格每块 350 美元。正如图 3.8 所示，在价格为

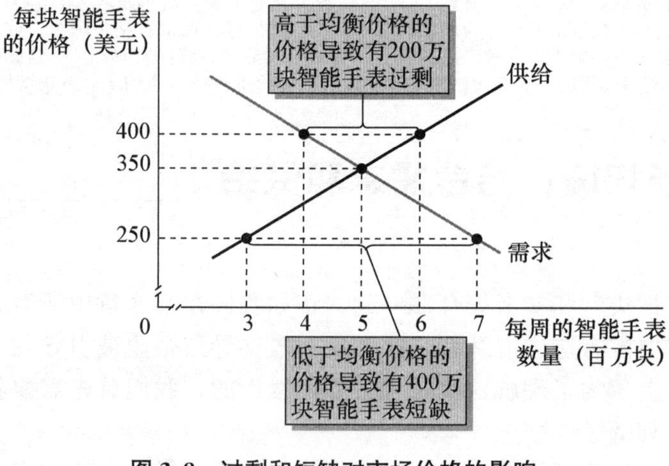

图 3.8　过剩和短缺对市场价格的影响

当市场价格高于均衡价格时，市场上就会出现过剩。当智能手表的价格为每块 400 美元时，供给量为 600 万块而需求量为 400 万块，有 200 万块过剩。随着苹果、诺基亚、LG 和其他企业削价以处理过剩的产品，价格将下降到均衡水平，即 350 美元。当市场价格低于均衡价格时，市场上就会出现短缺。当智能手表价格为每块 250 美元时，需求量为 700 万块，但供给量只有 300 万块，有 400 万块短缺。随着企业发现那些不能以现有价格买到智能手表的消费者愿意支付更高的价格，价格将上升到均衡水平，即 350 美元。

400 美元时，智能手表的供给量将是 600 万块，而智能手表的需求量将是 400 万块。当供给量超过需求量时，市场上存在**过剩**（surplus）。在这个例子中，过剩量等于 200（=600－400）万块智能手表。当存在过剩时，企业未售出的产品就会堆积起来，这给了它们通过降价来增加其销售量的激励。降价会同时增加需求量和减少供给量。这种调整会减少过剩量，但是，只要价格超过每块 350 美元，市场上就总会有过剩，对价格的向下的压力就会继续存在。只有在价格下降到每块 350 美元时，市场才会处于均衡。然而，如果价格是每块 250 美元，那么需求量将是 700 万块，供给量将是 300 万块，如图 3.8 所示。当需求量超过供给量时，市场上存在**短缺**（shortage）。在这个例子中，短缺量等于 400（=700－300）万块智能手表。在出现短缺时，有些消费者就不能在现有价格下买到智能手表。在这种情况下，企业将意识到它们可以提高价格而不必担心销售量会减少。更高的价格会同时增加供给量和减少需求量。这种调整会减少短缺量，但是，只要价格低于每块 350 美元，市场上就总会有短缺，对价格的向上的压力就会继续存在。只有在价格上升到每块 350 美元时，市场才会处于均衡。

在竞争市场均衡处，所有愿意支付市场价格的消费者都能买到他们想要购买的任何数量的产品，所有愿意接受市场价格的企业都能卖出它们想要卖出的任何数量的产品。结果，除非需求曲线或供给曲线移动，价格就没有理由变化。

□ 3.3.2 需求和供给都重要

记住：需求和供给之间的相互作用决定了均衡价格。消费者和企业都不能控制均衡价格。除非企业可以找到愿意买的买者，否则没有任何企业能以任何价格卖出任何东西；除非消费者可以找到愿意卖的卖者，否则没有任何消费者能以任何价格买到任何东西。

例题 3.3　需求和供给都重要：两封信的故事

哪封信有可能会更值钱：一封是亚伯拉罕·林肯（Abraham Lincoln）写的，而另一封是刺杀他的人约翰·维尔基斯·布斯（John Wilkes Booth）写的？林肯是最伟大的总统之一，许多人收集他写的任何东西。对林肯写的信的需求看起来肯定要比对布斯写的信的需求大得多。然而当 R. M. 史密斯公司在同一天拍卖一封林肯写的信和一封布斯写的信时，布斯的信的售价是 31 050 美元，而林肯的信的售价只有 21 850 美元。运用需求和供给图形解释为何布斯的信比林肯的信的市场价格要高，尽管对林肯写的信的需求大于对布斯写的信的需求。

解：

第 1 步：复习本章内容。这一问题是关于市场均衡价格决定的，所以你可能需要复习一下 3.3 节“市场均衡：结合需求和供给”。

第 2 步：画出显示对林肯的信需求更大的需求曲线。先画出两条需求曲线，把其中一条标记为“对林肯的信的需求”，把另一条标记为“对布斯的信的需求”。确保对林肯的信的需求曲线比对布斯的信的需求曲线要靠右很多。

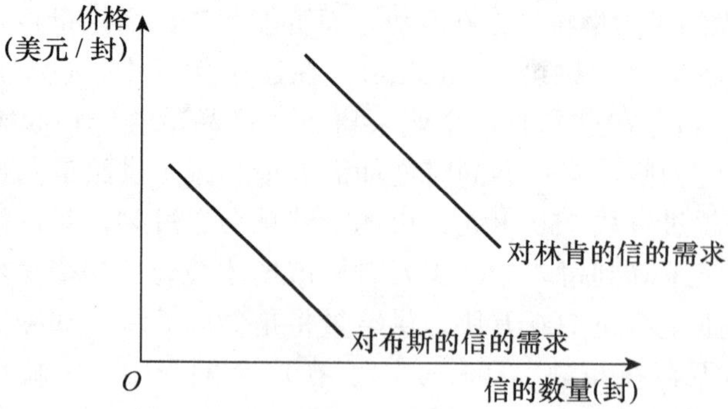

第 3 步：画出显示布斯的信的均衡价格高于林肯的信的均衡价格的供给曲线。根据你刚画出的需求曲线，思考林肯的信的市场价格低于布斯的信的市场价格的可能原因。只有林肯的信的供给远远大于布斯的信的供给，这一结果才能发生。在图形上画出林肯的信的供给曲线和布斯的信的供给曲线，确保它们会导致布斯的信的均衡价格是 31 050 美元，而林肯的信的均衡价格是 21 850 美元。到此为止，你就解答了本题。

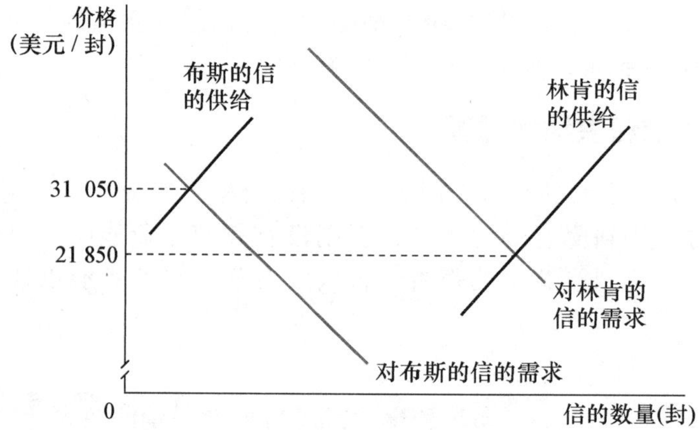

附注：对这一谜题的解释是，在确定市场价格时，需求和供给都重要。对林肯的信的需求要远超过对布斯的信的需求，但是布斯的信的供给非常少。历史学家认为现在尚存于世的由布斯写的信仅有 8 封。（注意：布斯和林肯写的信的供给曲线是向上倾斜的，尽管这两种类型的信现存的数量是固定的，而且很显然，也不可能再增加了。供给曲线向上倾斜的原因是，价格越高，目前拥有这些信的人会拿出越多数量的这些信供出售。）

轮到你了：要想做更多的练习，请做本章末与本专栏相关的问题与应用 3.5、3.6 和 3.7。

3.4 需求和供给的移动对均衡的影响

我们已经看到市场中需求和供给的相互作用决定了一种商品的产量及其出售的价格。我们也已经看到有几个变量导致需求曲线发生移动，而另几个变量导致供给曲线发生移动。结果，大部分市场中的需求曲线和供给曲线总是在移动，代表均衡的价格和数量也总是在变化。在本节，我们考察需求曲线和供给曲线的移动是如何影响均衡价格和数量的。

□ 3.4.1 供给的移动对均衡的影响

当苹果公司进入智能手表市场时，智能手表的市场供给曲线向右移动。图 3.9 显示了供给曲线从 S_1 到 S_2 的移动。当供给曲线向右移动时，在原来的均衡价格（P_1）水平下就会出现过剩。随着均衡价格下降到 P_2 和均衡数量从 Q_1 上升到 Q_2，过剩得以消除。如果一家现有企业退出智能手表市场，那么，供给曲线将向左移动，导致均衡价格上升和均衡数量下降。

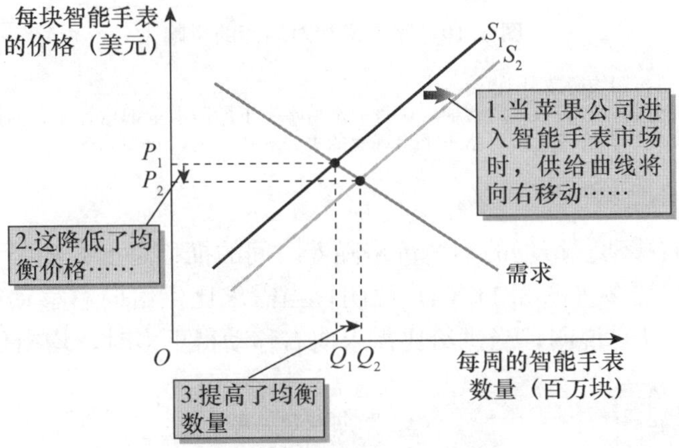

图 3.9 供给增加对均衡的影响

如果一家企业进入一个市场，例如苹果公司进入智能手表市场，均衡价格将下降，均衡数量将上升。

1. 当苹果公司进入智能手表市场时，在每一价格水平下智能手表的供给量都更多了，因此，市场供给曲线从 S_1 向右移动到 S_2，这导致在原来的价格（P_1）水平下出现智能手表过剩。
2. 均衡价格从 P_1 下降到 P_2。
3. 均衡数量从 Q_1 上升到 Q_2。

□ 3.4.2 需求的移动对均衡的影响

由于智能手表是正常品，当收入增加时，智能手表的市场需求曲线将向右移动。图 3.10 显示了需求曲线从 D_1 到 D_2 的移动的影响。这一移动导致在原来的均衡价格（P_1）水平下出现短缺。为了消除这一短缺，均衡价格上升到 P_2，均衡数量从 Q_1 上升到 Q_2。相反，如果某种替代品（如智能手机）的价格下降了，那么，对智能手表的需求将下降，使需求曲线向左移动。当需求曲线向左移动时，均衡价格和均衡数量都将下降。

□ 3.4.3 随着时间的推移，需求和供给移动的影响

当只有需求或供给移动时，我们可以很容易地预测其对均衡价格和数量的影响。但是，如果两条曲线都移动的话，会发生什么呢？例如，在许多市场中，由于人口和收入随着时间的推移而增加，需求曲线向右移动。随着新企业进入市场以及发生正向的技术变革，

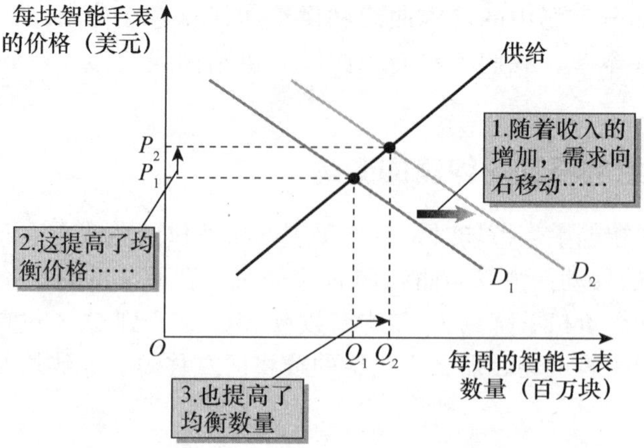

图 3.10　需求增加对均衡的影响

收入增加将导致均衡价格和均衡数量上升。

1. 由于智能手表是正常品，随着收入的增加，在每一价格水平下的需求量都增加了，因此，市场需求曲线从 D_1 向右移动到 D_2，这导致在原来的价格（P_1）水平下出现智能手表短缺。
2. 均衡价格从 P_1 上升到 P_2。
3. 均衡数量从 Q_1 上升到 Q_2。

供给曲线也常常向右移动。市场的均衡价格随着时间的推移是上升还是下降取决于需求是否比供给向右移动得更多。图 3.11（a）说明，当需求比供给向右移动得更多时，均衡价格上升。而图 3.11（b）说明，当供给比需求向右移动得更多时，均衡价格下降。

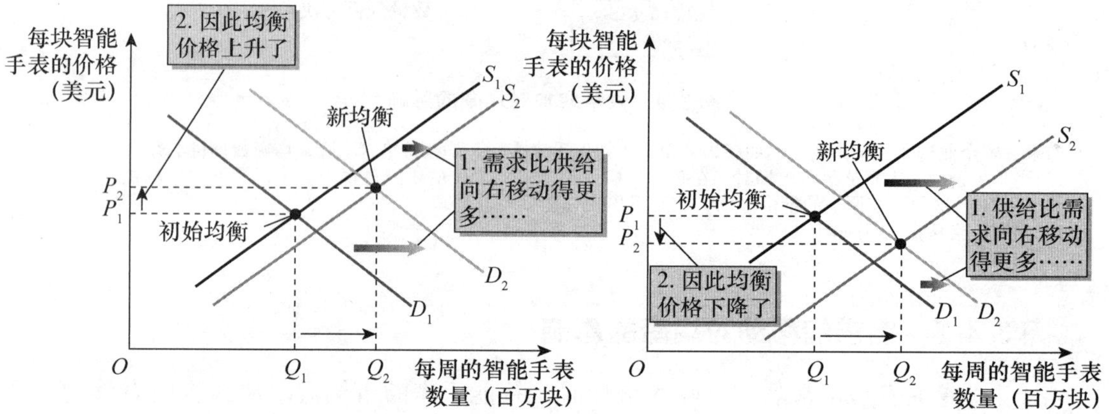

(a) 需求比供给移动得更多　　(b) 供给比需求移动得更多

图 3.11　随着时间的推移，需求和供给的移动

一种产品的价格随着时间的推移是上升还是下降取决于需求是否比供给向右移动得更多。

在图（a）中，需求比供给向右移动得更多，均衡价格上升：

1. 需求比供给向右移动得更多。
2. 均衡价格从 P_1 上升到 P_2。

在图（b）中，供给比需求向右移动得更多，均衡价格下降：

1. 供给比需求向右移动得更多。
2. 均衡价格从 P_1 下降到 P_2。

表 3.3 总结了随着时间的推移，需求和供给的移动的所有可能的组合及其对均衡价格（P）和数量（Q）的影响。例如，表中有灰色阴影的条目说明，如果需求曲线和供给曲线都向右移动，均衡数量将增加而均衡价格可能增加、减少或保持不变。为了确保你理解表

格中每一个条目，画出需求和供给图形，看看你能否得出所预期的均衡价格和数量的变化。如果表 3.3 中的条目表明均衡价格或数量可能增加、减少或保持不变，那么，画出与图 3.11（a）或图 3.11（b）类似的三幅图，一幅说明均衡价格或数量增加，一幅说明它减少，还有一幅说明它保持不变。

表 3.3 需求和供给的移动如何影响均衡价格（*P*）和数量（*Q*）

	供给曲线不变	供给曲线向右移动	供给曲线向左移动
需求曲线不变	*Q* 不变	*Q* 增加	*Q* 减少
	P 不变	*P* 减少	*P* 增加
需求曲线向右移动	*Q* 增加	*Q* 增加	*Q* 增加或减少或保持不变
	P 增加	*P* 增加或减少或保持不变	*P* 增加
需求曲线向左移动	*Q* 减少	*Q* 增加或减少或保持不变	*Q* 减少
	P 减少	*P* 减少	*P* 增加或减少或保持不变

建立联系

需求和供给搞垮了塑料回收

城市雇用私有企业收集与回收塑料瓶和其他塑料容器。直到最近，回收对这些企业来说都是赚钱的。有些贼经不住利润的诱惑，抢在回收企业从回收箱中收捡之前就将塑料瓶和其他塑料容器偷走。但是，到了 2015 年，这些企业不再有必要担心贼了，原因是它们面临更大的问题：在城市开始要求回收企业回收许多其他类型的塑料从而导致成本上升的同时，石油价格的下降减少了对再生塑料的需求。

在美国，水力压裂法的出现导致了石油和天然气供给的急剧增加，从而价格下降。包括塑料在内的众多石油和天然气制品的价格也下降了。塑料瓶、食品容器和购物袋等塑料产品的厂家可以用新生产的塑料，也可以用再生塑料。下图显示了再生塑料市场。由于新塑料和再生塑料是替代品，随着新塑料的价格下降，再生塑料

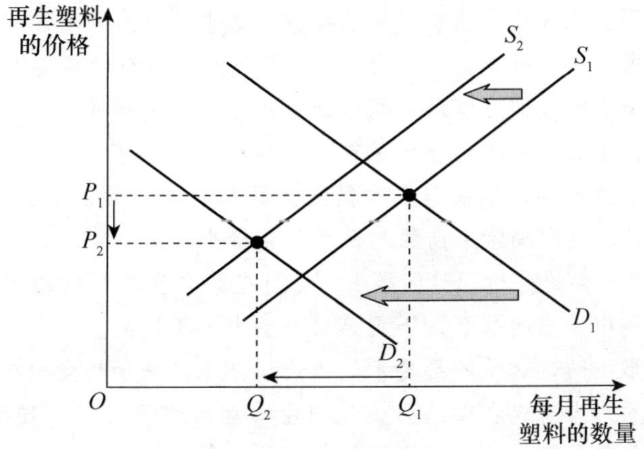

的需求曲线向左移动。许多城市一开始回收塑料时只回收苏打瓶和牛奶瓶。但是，随着回收计划变得更加雄心勃勃，城市已经要求回收企业回收几乎所有的塑料，包括用质量较低的塑料制成的购物袋和快餐盒等。回收企业在处理和转卖塑料之前要将不同类型的塑料分开，这给企业带来了很高的成本。成本的增加使得再生塑料的供给曲线向左移动。本专栏中的图形显示，再生塑料的均衡价格从 P_1 下降到 P_2，均衡数量从 Q_1 下降到 Q_2。（注意，如果供给曲线的移动比需求曲线的移动更多，那么，均衡价格就会上升。）

随着回收塑料的数量减少，许多回收企业破产了。其他企业将再生塑料储存起来，寄望于石油价格最终将上升，从而增加再生塑料的需求。

需求和供给的这些移动所产生的影响对许多城市的回收项目而言不是好消息。塑料回收一直是地方政府的一个稳定的收入来源，但是，现在它们面临着亏钱：它们不得不付钱给回收公司拖走一些不再能给这些公司带来利润的塑料垃圾。除非城市愿意蒙受损失或缩减它们的回收项目，否则，它们将不得不寄希望于石油价格上升并最终增加再生塑料的需求。

资料来源：Georgi Kantchev and Serena Ng，“Recycling Becomes a Tougher Sell as Oil Prices Drop”，*Wall Street Journal*，April 5，2015；Stacey Vanek Smith，“How the Price of Oil Caused a Downturn in the Recycling Business”，npr.org，April 3，2015；and Aaron Elstein，“City's Recycling Is Trashed as Cheap Oil Sinks Plastic”，crainsnewyork.com，May 10，2015.

轮到你了：做本章末与本专栏相关的问题与应用 4.6，看看你理解得如何。

例题 3.4　我们能预测牛肉价格和数量的变化吗？

无论你喜欢吃汉堡包还是烤牛肉，牛肉都来自牧场主饲养的牛。一篇新闻报道讨论了干旱年份如何提高了牧场主饲养牛的成本。同时，消费者的喜好也在变化，这导致对牛肉需求的下降。使用需求和供给曲线图形阐述你对如下问题的答案：

a. 利用上面的信息，我们可以确定牛肉的均衡数量将增加还是减少吗？

b. 利用上面的信息，我们可以确定牛肉的均衡价格将增加还是减少吗？

解：

第 1 步：复习本章内容。这一问题是关于需求和供给曲线的移动如何影响均衡价格的，所以你可能需要复习一下 3.4.3 节“随着时间的推移，需求和供给移动的影响”。

第 2 步：使用需求和供给分析回答问题 a。题中给出了消费者喜好改变导致牛肉需求下降的信息，因此，牛肉需求曲线向左移动。题中还给出了牛肉饲养成本增加的信息，因此，牛肉供给曲线也向左移动。下页第一个图显示了需求和供给曲线的移动。

正如表 3.3 所总结的那样，如果需求和供给曲线都向左移动，那么，均衡数量必然减少。因此，问题 a 的答案是，我们确定牛肉的均衡数量将减少。

第 3 步：使用需求和供给分析回答问题 b。我们在第 2 步绘制的图形显示牛肉的均衡价格增加了。但是，给定题中给出的信息，下页第二个图也是正确的。

与第 2 步中的图形不同，这个图形显示均衡价格减少。关于均衡价格将增加还是减少的不确定性与表 3.3 所显示的当需求和供给曲线都向左移动时均衡价格会发生什么变化是一致的。因此，问题 b 的答案是我们无法确定牛肉的均衡价格将增加还是减少。

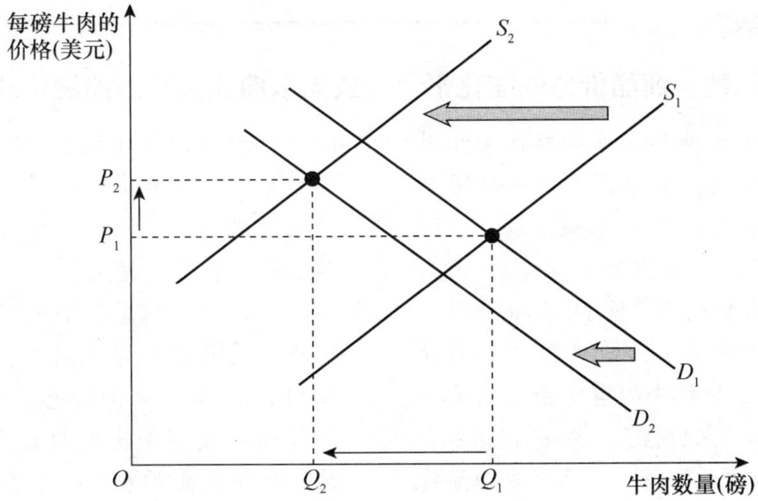

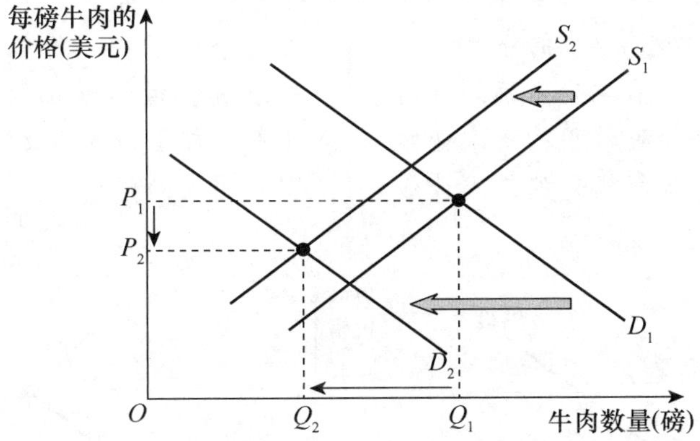

附注：在 2013 年和 2014 年，牛肉的均衡数量减少而均衡价格上升了。我们可以下结论说，牛肉需求的减少和牛肉供给的减少都对牛肉消费的减少有贡献。牛肉价格上升这一事实表明，供给的减少比需求的减少对牛肉市场的均衡有更大的影响。

资料来源：Andrew Schneider，“No ‘Misteak’：High Beef Prices a Boon for Drought-Weary Ranchers”，npr. com，November 19，2014；and U. S. Department of Agriculture data.

轮到你了：要想做更多的练习，请做本章末与本专栏相关的问题与应用 4.7 和 4.8。

□ 3.4.4 曲线的移动和沿着曲线的运动

在运用需求和供给曲线分析市场时，记住：当需求曲线或供给曲线的移动导致均衡价格改变时，价格的改变不会导致需求或供给曲线的进一步移动。假定供给的增加导致了某种商品价格的下降，而影响消费者购买该商品的意愿的所有其他因素都不变。结果将是需求量的增加，而不是需求的增加。若要需求增加，整条曲线必须移动。这一点对供给也同样适用：如果某种商品的价格下降了，但影响卖者供给该商品的所有其他因素都不变，那么，供给量减少，而不是供给减少。若要供给减少，整条曲线必须移动。

不要犯这样的错误！

记住：商品价格的变化不会导致需求曲线或供给曲线移动

假定一名学生被要求画一幅需求和供给图形来说明在其他变量不变的条件下橘子价格的上升会如何影响苹果市场。他画出了下面的左图，并做出如下解释："因为苹果和橘子互为替代品，橘子价格的上升会导致苹果的需求曲线一开始从 D_1 向右移动到 D_2。然而，因为苹果的需求曲线的这一初始移动会导致苹果价格上升到 P_2，消费者将发现苹果的合意性下降，从而需求曲线将从 D_2 向左移动到 D_3，这导致最终的均衡价格为 P_3。"你是否同意这名学生的分析？

你应该不同意。这名学生正确地理解了橘子价格的上升会导致苹果的需求曲线向右移动。但这名学生所描述的需求曲线的第二次移动，即从 D_2 移动到 D_3，是不会发生的。产品价格的变化不会导致它的需求曲线移动。产品价格的变化只会导致沿着需求曲线的运动。

下面的右图显示了正确的分析。橘子价格的上升导致苹果的需求曲线从 D_1 增加到 D_2。在原来的价格 P_1，需求的增加一开始导致苹果出现数量为 Q_3-Q_1 的短缺。但是，正如我们已经看到的那样，短缺引起价格上升，直到短缺被消除为止。在这个例子中，价格将上升到 P_2，此时需求量和供给量都为 Q_2。注意到价格的上升引起需求量从 Q_3 减少到 Q_2，但没有引起需求的减少。

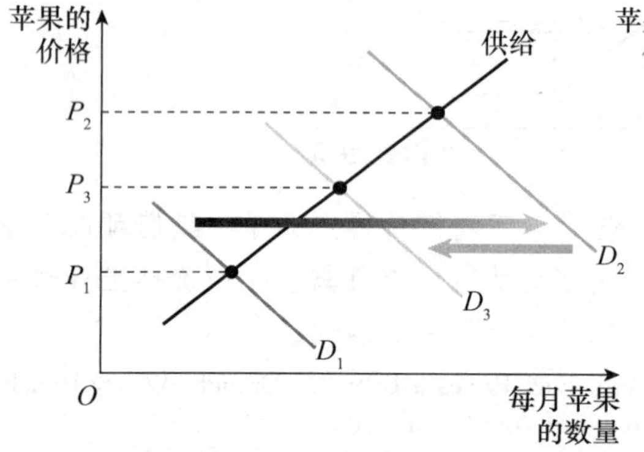

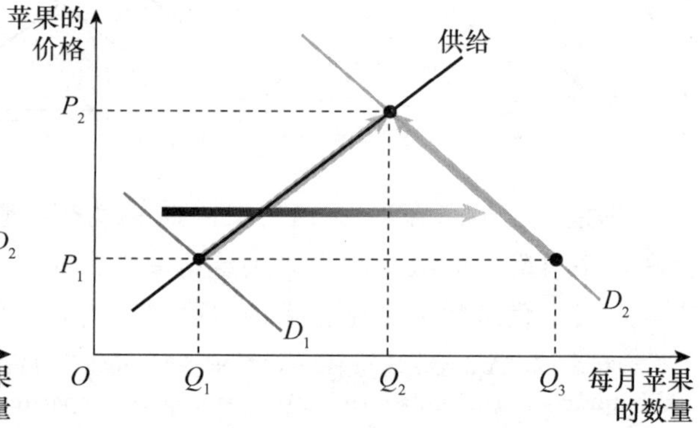

轮到你了：做本章末与本专栏相关的问题与应用 4.13 和 4.14，看看你理解得如何。

接第 73 页

生活中的经济学

你会买智能手机还是智能手表？

在本章一开头，我们要求你考虑你在买智能手机和智能手表之间会如何选择。有些活动，如观看 YouTube 或 Netflix，你可以在智能手机上做但不能在智能手表上做。还有些活动，如记录锻炼中消耗的卡路里数，很可能在智能手表上做起来更为容易。如果你最喜欢做的活动在其中任何一种设备上都可以做，那么你很可能认为这两种设备是非常接近的替代品，你可能会买价格更便宜的那一种。假定由于智能手机的价格比可比智能手表的价格低，你目前倾向于购买智能手机。如果你的收入增加会导致你改变决策转而购买智能手表，那么，对于你来说，智能手机就是一种劣等品。

3.5 结论

需求和供给之间的相互作用决定了市场均衡。对于预测消费者和企业的行动的变化将如何引起均衡价格和数量的变化来说，需求和供给模型是一个强大的工具。正如我们在本章所看到的，我们可以运用这一模型来分析不满足完全竞争所有要求的市场。只要卖者之间存在激烈的竞争，需求和供给模型就常常能成功地预测价格和数量的变化。在下一章中，我们将运用这一模型来分析经济效率以及政府施加的价格下限和价格上限的结果。

在进入第4章之前，阅读接下来的“业内观察”，该专栏讨论了苹果手表是如何启发其他公司开发互补品的。

苹果手表启发了互补品的开发

《华尔街日报》

《不要低估智能手表：可穿戴设备蓄势待发，有望成为技术生态系统的中心》

a 明白如下事实是很重要的：就像之前的 iPhone 一样，苹果手表根本不是它的名字所意味的东西。我们可以称它为腕上电脑。

正如智能手机已经成为我们口袋中的超级电脑一样，苹果手表和许多竞争产品（包括摩托罗拉和三星电子的运行安卓系统的设备）蓄势待发，有望成为更多的东西。是它们在应用程序和硬件这样一个更大的生态系统中的中心位置，而不是最近被炫耀的任何东西，将使它们变得不可或缺……

像谷歌或苹果这样的公司特意创造了供其他公司销售它们自己的互补性产品的地方，这样的地方被称为平台。苹果比谷歌更精通这一技巧，它竭力为开发人员提供为其移动设备制作应用程序所需的工具，以及一个可以从应用程序中获利的受控环境。

幸运的是，我们无须等待苹果手表及其应用商店变成可得的东西就可以知道事情会如何发展。我们只要看看“可穿戴设备”的先驱企业正在致力于做什么，然后想想它们的产品将如何成为苹果手表和安卓穿戴生态系统的一部分，或者如何被苹果手表和安卓穿戴生态系统吸收。

b Sensoria 的 CEO 戴维·维加诺（Davide Vigano）说：“Sensoria 的展望是服装是下一代超级个人电脑。”为了说明他的观点，他卷起裤腿向我展示了世界上第一双智能袜子的工作原理。

我知道这听起来很荒谬。但是，正如他所解释的，借助于一个能够将袜子中超薄的压力传感器发送的无线信号变成图像的 iPhone 应用程序，穿智能袜子对想要减少受伤可能性的跑步者是好事。它对监测老年人的健康也有可能是有用的，因为步态的变化对其他健康问题有着出人意料的预示作用。是的，智能袜子是可以洗的。

Sensoria 还生产可以测量心率的智能胸罩和智能衬衫。让事情变得有趣的是，对所有可穿戴设备——直到最近仍主要是被美其名曰计步器的健身手环——的制造商而言，健身应用程序仅仅是一个开始。

维加诺先生告诉我，Sensoria 的衬衫上只要再多使用一些已经有的传感器，就不只是能够测量穿戴者心跳的频率，还能测量穿戴者心跳的模式。就像新智能手机上的指纹传感器一样，我们的心脏所产生的独特形状的电信号是可以进行生物识别的。只要添加一个与支持苹果支付的支付终端没什么不同的支付终端，Sensoria 内衣的穿戴者很快就会发现自己可以通过胸罩中的技术为下一杯咖啡的支付提供验证……

在苹果公司的演示中，苹果公司的副总裁凯文·林奇（Kevin Lynch）宣布，宝马已经为苹果手表开发了一个将允许用户锁定和解锁他们的宝马 i 系列电动汽车的应用程序。马丁（Martin）先生告诉我，像 Lockitron 和 Kwikset 这样的公司生产的蓝牙激活的新锁意味着，在你穿着一件经过验证的可穿戴设备走到车门的那一刻，无须接触它就可以解锁……

c 可穿戴设备不只是吸引健身迷和量化自我的极客。它们将吸引每一个人，因为它们将是我们在一个充满智能物体的世界中首要的，甚至是唯一的自我识别方式。

颇有声望的可穿戴设备制造商已经看到了并且已经在引领这一趋势。在苹果公司发布苹果手表的同一天，UP 手环的制造商 Jawbone 说，它在开放它的自我量化软件，以便任何人都可以用 UP 手环以外的其他设备——包括苹果手表——与之连接。

或者，换句话说，在苹果手表作为健身设备或钟表或地位象征的炒作过程中，是苹果公司和其他公司甚至没有谈论过的应用程序，是由加入这个平台的无数开发者发明的应用程序，让我们疑惑如果没有它们，我们的生活将会怎样……

资料来源：Christopher Mims，“Don't Underestimate Smartwatches：Wearable Devices Are Poised to Become Central to the Tech Ecosystem”，*Wall Street Journal*，September 14，2014.

文章要点

苹果手表的推出启发了许多公司开发能利用该智能手表的技术的产品。从 Sensoria 的传感器增强型服装的可穿戴技术到像蓝牙激活门锁之类的便利性物件，这些互补品将允许消费者以新的方式使用他们的智能手表，包括监测他们的健康状况、进行在线支付和解锁前车门。在技术驱动的社会，随着更多的产品和应用程序被开发出来并在智能手表中使用，消费者会逐渐把这些手表看成必需品而非奢侈品，这样的情形已经发生在智能手机上了。

新闻分析

a 苹果手表这样的智能手表属于可穿戴技术中相对新的产品类型。与智能手机一样，智能手表的成功在很大程度上取决于合意互补品的可得性。使一种产品的市场需求发生变动的变量之一是相关商品的价格。如果互补品的价格下降，原来的产品的市场需求将增加；如果互补品的价格上升，原来的产品的市场需求将减少。

b 智能衬衫是可与智能手表同步的具有可穿戴技术的服装，因此这两种产品是同时使用的，从而是互补品。假定下图表示了智能衬衫的供给和需求。在 2015 年，最基本的智能手表型号的价格大约为 350 美元，该价格水平下智能衬衫的需求用图中的需求曲线 D_1 来代表，均衡价格和均衡数量分别为 P_1 和 Q_1。如果智能手表的价格上升，那么，在所有其他因素不变的条件下，这将导致智能衬衫的需求减少。需求曲线将从 D_1 向左移动到 D_3，导致均衡价格从 P_1 下降到 P_3，均衡数量从 Q_1 下降到 Q_3。如果智能手表的价格下降，结果将会是智能衬衫的需求增加。需求曲线将从 D_1 向右移动到 D_2，导致均衡价格从 P_1 上升到 P_2，均衡数量从 Q_1 上升到 Q_2。

c 随着可穿戴技术日渐流行，更多的企业将进入该市场与已有企业竞争。有些企业将提供新产品，还有些企业将生产与现有产品竞争的产品。假定另一个服装制造商设计了一种产品与智能衬衫竞争。这种新产品将是智能衬衫的替代品，在所有其他因素都不变的条件下，这种新替代品的价格的变化将改变智能衬衫的需求。在本专栏的图形中，在所有其他因素都不变的条件下，替代品的价格的上升将增加智能衬衫的需求。需求曲线将从 D_1 向右移动到 D_2，导致均衡价格从 P_1 上升到 P_2，均衡数量从 Q_1 上升到 Q_2。替代品的价格的下降将产生相反的影响，导致智能衬衫的需求减少。需求曲线将从 D_1 向左移动到 D_3，导致均衡价格从 P_1 下降到 P_3，均衡数量从 Q_1 下降到 Q_3。

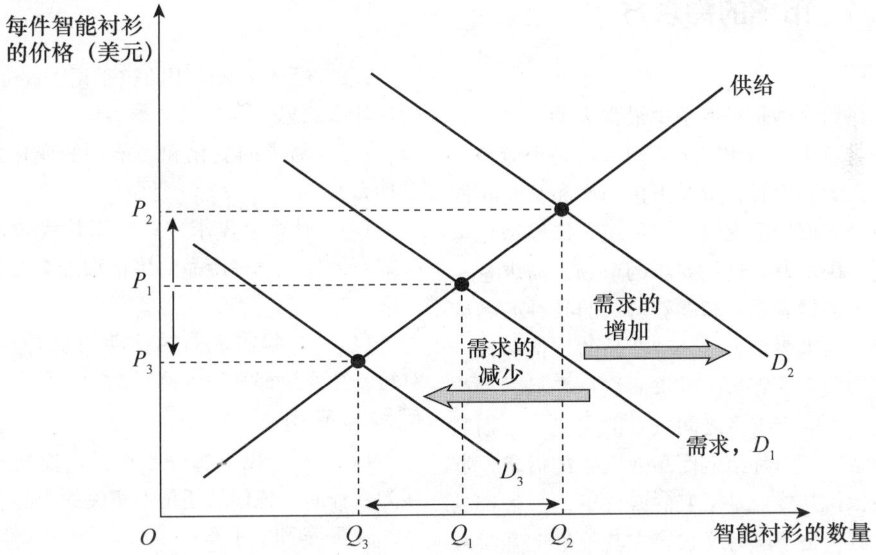

智能衬衫需求的增加使需求曲线向右移动。在所有其他因素不变的条件下，均衡价格和均衡数量都上升。需求的减少则有相反的影响。

深入思考

1. 假定技术变革降低了企业生产智能衬衫的成本。解释这一变化是否会影响智能衬衫的需求曲线。这一变化将如何影响智能手表市场？
2. 在 2015 年，智能手表的生产者难以满足它们收到的订单。画一幅需求和供给图形说明这种状况。在所有其他因素都不变的条件下，如果这种状况持续到未来，你预期该市场会发生什么，这将如何影响智能衬衫之类的互补品的市场？

本章总结和习题

□ 关键术语

其他变量都相同的条件	人口统计特征	市场均衡	替代品
收入效应	正常品	替代效应	竞争市场均衡
劣等品	完全竞争市场	供给曲线	需求定律
供给表	互补品	供给定律	需求量
过剩	需求曲线	市场需求	供给量
技术变革	需求表	短缺	

□ 3.1 市场的需求方

总结

需求和供给模型是经济学中最强大的工具。该模型只对完全竞争市场才完全适用。在完全竞争市场中有许多买者和卖者，所有出售的产品都是相同的，新企业进入市场没有壁垒。但是，该模型也可以用于分析不满足所有这些要求的市场。需求量是在给定价格下消费者愿意和能够购买的某种商品或服务的数量。需求表是表示一种产品的价格和该产品需求量之间关系的表格。需求曲线是表示一种产品的价格和该产品需求量之间关系的曲线。市场需求是所有消费者对一种给定商品或服务的需求。需求定律是在保持其他变量不变的条件下，一种产品的需求量在其价格下降时增加，在其价格上升时减少。需求曲线向下倾斜是因为替代效应和收入效应；替代效应是指一种商品的价格变动使得它相对于另一种商品更加昂贵或更加便宜而引起的该商品需求量的变动，收入效应是指由于一种商品的价格变动对消费者购买力的影响而导致的该商品需求量的变动。收入、相关商品的价格、喜好、人口数量及人口统计特征、预期的未来价格等的变化都会引起需求曲线移动。替代品是可以被用于同一目的的商品。互补品是一起使用的商品。正常品是指当收入上升时需求增加的商品。劣等品是指当收入上升时需求减少的商品。人口统计特征是指人口在年龄、种族和性别等方面的特征。需求的变化是指需求曲线的移动。需求量的变化是指由于产品价格变化而引起的沿着需求曲线的运动。

复习题

1.1 什么是需求表？什么是需求曲线？

1.2 经济学家使用的拉丁语“ceteris paribus”指代什么意思？

1.3 需求的变化和需求量的变化之间的区别是什么？

1.4 什么是需求定律？用替代效应和收入效应解释为什么一种产品的价格增加会导致需求量的下降。

1.5 引起需求曲线移动的主要变量有哪些？对每一个变量都举一个例子。

问题与应用

1.6 对于以下每一组产品，简要解释它们是互为互补品、替代品还是不相关的产品。

a. 新车和二手车；

b. 房屋和洗衣机；

c. UGG 雪地靴和苹果手表；

d. 苹果手表和苹果 iPad。

1.7 《华尔街日报》的一篇标题为《汽油低价助力汽车销量激增》的文章中有一幅包含两个面板的图形，一个面板显示了汽车和卡车销量的增加，另一个显示了汽油价格的下降。该图形假设汽车和汽油互为替代品还是互补品？请简要解释。

资料来源：“Auto Sales Zoom, Helped by Low Prices at the Pump”, *Wall Street Journal*, December 3, 2014.

1.8 ［与开篇案例有关］许多行业分析师认为在未来几年内智能手机的价格将下降。如果这些预测正确，那么，对智能手机的需求会有什么影响？请简要解释。

资料来源：Phil Goldstein, “IDC: Smartphone Shipments to Hit 1.4B in 2015, and Prices Will Keep Falling”, fiercewireless.com, December 2, 2014; and Rob van der Meulen, “Gartner Says Global Devices Shipments to Grow

2.8 Percent in 2015", gartner.com, March 19, 2015.

1.9 指出下列每个事件将导致沿着麦当劳巨无霸汉堡包需求曲线的运动还是需求曲线的移动。如果需求曲线移动，指出它是左移还是右移，并作图表示它的移动。

a. 汉堡王的皇堡汉堡包价格下降。

b. 麦当劳分发优惠券，凭券购买一个巨无霸汉堡包优惠1美元。

c. 由于土豆短缺，炸薯条的价格上升。

d. 快餐餐馆张贴了营养警告的标签。

e. 美国经济进入收入快速增长时期。

1.10 假设下表表示了UGG雪地靴2016年和2017年在五个不同的价格水平下的需求量：

价格（美元）	需求量（千双）	
	2016年	2017年
160	5 000	4 000
170	4 500	3 500
180	4 000	3 000
190	3 500	2 500
200	3 000	2 000

列举两个其数值变化可能引起上表所表明的从2016年到2017年UGG雪地靴的需求量变化的变量。

1.11 假定下图中的曲线代表了两条对布法罗狂野鸡翅（Buffalo Wild Wings）的传统鸡翅（一份6个）的需求曲线。什么会引起D_1上从A点到B点的运动？列举两个其数值变化会引起从A点到C点的运动的变量。

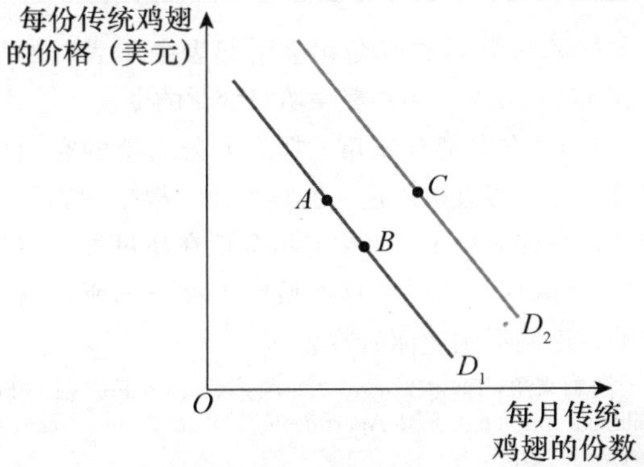

1.12 ［与3.1.5节中的第一个“建立联系”专栏有关］智能手表和智能手机都使用应用程序，即消费者可以下载和用来玩游戏、查看股市行情、读新闻和做许多其他活动的软件。特别有用的应用程序被称为“杀手级应用程序”。某行业分析师评论说：“在智能手表上使用的杀手级应用程序尚不存在。”如果该分析师的评论是正确的，那么，这使智能手机与智能手表的替代程度更接近还是相反？请简要解释。

资料来源：Daniel Matte and Kevin McCullagh, "Will Smartwatches Be a Hit?" *Wall Street Journal*, May 10, 2015.

1.13 ［与3.1.5节中的第二个“建立联系”专栏有关］1979年以来，中国实施了计划生育政策，一对夫妇只允许生一个孩子。这一政策引起了中国人口统计特征上的变化。从1980年到2013年14岁以下人口的比例从36%下降到了18%。而且，由于父母想办法保证唯一的孩子是儿子，新生男孩相对于新生女孩的数量增加了。选择三种商品，解释中国的计划生育政策如何改变了对它们的需求？

资料来源：World Bank, *World Development Indicators*, April 2015; and "China's Family Planning: Illegal Children Will Be Confiscated" and "China's Population: Only and Lonely", *Economist*, July 21, 2011.

1.14 假定下表表示了三年时间里丰田普锐斯混合动力车基础车型的价格及其销售量。这些数据表明普锐斯的需求曲线是向上倾斜的吗？请解释。

年	价格（美元）	数量（辆）
2014	31 880	35 265
2015	30 550	33 250
2016	33 250	36 466

1.15 《华尔街日报》的一篇文章指出：“石油价格的上升迅速减少了对石油的需求。”你同意这一说法吗？请简要解释。

资料来源：Josh Zumbrun, "Oil's Plunge Could Help Send Its Price Back Up", *Wall Street Journal*, February 22, 2015.

1.16 一个记者这么描述汽油价格下降的影响：“随着价格的下降，需求上升，人们消费得更多了。”简要解释你是否同意该记者的分析。

资料来源：Jeff Sommer, "Cheaper Oil, Fatter Wallets and a National Opportunity", *New York Times*, December 20, 2014.

1.17 ［与3.1.6节中的“建立联系”专栏有关］根据《华尔街日报》2015年的一篇文章，“苹果智能手机在中国的销量大增可能揭穿了一个错误的看法：许多中国消费者不能或不会购买iPhone。”该文指出，iPhone的销量在中国比在美国、欧洲或其他高收入国家增长得更快。

a. 为什么 iPhone 的销量在中国比在美国和其他高收入国家增长得更快？

b. 为什么许多行业分析师对苹果 iPhone 在中国的强劲销量感到吃惊？预测在美国的销量比预测在中国等国家的销量会更容易还是更困难？

资料来源：Juro Osawa，"China's Middle-Class Propels Apple's iPhone Sales"，*Wall Street Journal*，April 28，2015.

□ 3.2 市场的供给方

总结

供给量是在给定价格下企业愿意和能够供给的某种商品或服务的数量。供给表是表示一种产品的价格和该产品供给量之间关系的表格。供给曲线是表示一种产品的价格和该产品供给量之间关系的图形。当一种产品的价格上升时，生产该产品变得更加有利可图，更多的数量会被提供。供给定律是在保持其他变量不变的条件下，供给量在价格上升时增加，在价格下降时减少。投入品的价格、技术变革、生产上的相关商品的价格、市场中企业的数量、预期的未来价格等的变化都会引起供给曲线移动。技术变革是企业用给定数量的投入生产一定的产出水平的能力的正向或负向变动。供给的变化是指供给曲线的移动。供给量的变化是指由于产品价格的变化而引起的沿着供给曲线的运动。

复习题

2.1 什么是供给表？什么是供给曲线？

2.2 供给的变化和供给量的变化之间的区别是什么？

2.3 什么是供给定律？引起供给曲线移动的主要变量有哪些？对每一个变量举例说明。

问题与应用

2.4 请简要解释以下每句陈述描述了供给的变化还是供给量的变化：

a. 由于多雪的冬季中雪铲的价格高，亚历山大铁铲公司决定提高产量。

b. 苹果手表的成功导致更多企业开始生产智能手表。

c. 在2011年日本地震和海啸后的6个月中，日本的汽车产量下降了20%。

2.5 根据一篇关于国际能源署的新闻报道，该组织预测"石油价格现在的下跌不会减少全球供给"。石油价格的下降会导致石油供给减少吗？请简要解释。

资料来源：Sarah Kent，"Plunging Oil Prices Won't Dent Supply in Short Term"，*Wall Street Journal*，December 12，2014.

2.6 假定下图中的曲线代表布法罗狂野鸡翅的传统鸡翅（一份6个）的两条供给曲线。什么会引起 S_1 上从 A 点到 B 点的运动？列举两个其数值变化会引起从 A 点到 C 点的运动的变量。

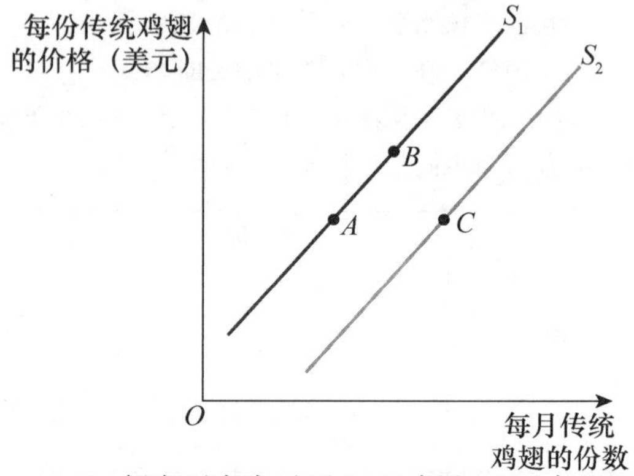

2.7 假定下表表示了2016年和2017年UGG雪地靴在五种不同价格水平下的供给量：

价格（美元）	供给量（千双）	
	2016 年	2017 年
160	3 000	2 000
170	3 500	2 500
180	4 000	3 000
190	4 500	3 500
200	5 000	4 500

列举两个其数值变化会引起表中所表明的从2016年到2017年雪地靴供给量变化的变量。

2.8 在大部分城市，拥有办公大楼的企业可以将办公大楼改造成住宅公寓使用。根据一篇新闻报道，在许多城市，"住宅租金正在超过办公室租金"。预测这一趋势对这些城市中办公场所供给的影响。用图形阐述你的答案。

资料来源：Eliot Brown，"Developers Turn Former Office Buildings into High-End Apartments"，*Wall Street Journal*，May 7，2014.

2.9 在2014年下半年，石油价格下降，但是，一些能源交易商确信石油价格在几个月内将开始上升。根据一篇新闻报道，这些预期正导致"一些交易商将石油储备起来，等待价格上升"。预测这一策略对石油供给的影响。用图形阐述你的答案。

资料来源：Nicole Friedman，“Saudi Arabia's Surprise Move Spurs Quirk for U.S. Oil Futures”，*Wall Street Journal*，November 4，2014.

□ 3.3 市场均衡：结合需求和供给

总结

市场均衡出现在需求曲线和供给曲线的交点。竞争市场均衡是具有许多买者和许多卖者的市场均衡。只有在这一点，需求量才等于供给量。高于均衡价格的价格会导致过剩，即供给量超过需求量。过剩将导致价格下降。低于均衡价格的价格会导致短缺，即需求量超过供给量。短缺将导致价格上升。

复习题

3.1 经济学家所说的市场均衡是什么意思？

3.2 经济学家所说的短缺和过剩分别是什么意思？

3.3 如果当前的价格高于均衡价格，市场上会发生什么？如果当前的价格低于均衡价格呢？

问题与应用

3.4 请简要解释你是否同意下面的说法：“当一种商品存在短缺时，消费者最终会放弃购买它，因此，该商品的需求下降，价格下降直到市场最终达到均衡。”

3.5 [与例题 3.3 有关] 在《国富论》中，亚当·斯密讨论了后来被称为“钻石与水的悖论”的问题：

> 没有什么比水更有用了，但用它几乎买不到任何东西；用它也几乎交换不到任何东西。相反，钻石几乎没有任何使用价值；但用它经常可以交换到非常多的其他物品。

画图表示钻石的市场和水的市场。说明为何尽管对水的需求远大于对钻石的需求，但水的价格却低于钻石的价格。

资料来源：Adam Smith，*An Inquiry into the Nature and Causes of the Wealth of Nations*，Vol. Ⅰ，Oxford，UK：Oxford University Press，1976；original edition，1776.

3.6 [与例题 3.3 有关] 有一篇文章讨论了20世纪50—60年代纽约扬基队中场巨星米基·曼特尔（Mickey Mantle）的签名的市场：“不论是在玩牌、打高尔夫时，还是在慈善晚宴上，曼特尔先生总是一遍又一遍地签名。”文中引用一个在运动员签名上颇有研究的专家的话说：“他的签名真的很棒……但并不稀缺。”然而，该文还引用了另一个专家的话说：“曼特尔先生的签名是排名第 3 的最受欢迎的签名，仅次于贝比·鲁斯（Babe Ruth）和穆罕默德·阿里（Muhammad Ali）。”一个有曼特尔签名的棒球可能卖到 250～400 美元的高价。相反，曼特尔在扬基队的队友怀提·福特（Whitey Ford）签名的棒球通常卖价不到 150 美元。用一幅图形表示怀提·福特的签名的需求和供给以及米基·曼特尔的签名的需求和供给。说明为何尽管曼特尔的签名的供给大于福特的签名的供给，曼特尔的签名的价格却高于福特的签名的价格。

资料来源：Beth DeCarbo，“Mantle Autographs Not Rare，but Collectors Don't Care”，*Wall Street Journal*，August 4，2008.

3.7 [与例题 3.3 有关] 连环漫画册粉丝竞相购买第 15 期《惊奇幻想》（*Amazing Fantasy*）漫画册，在该期，超级英雄蜘蛛侠初次登场。在出版商为美国市场印刷的该期漫画册的封面上是以美分标价的，而在为英国市场印刷的该期漫画册的封面上则以便士标价。在美国留存下来的第 15 期《惊奇幻想》的册数是在英国留存下来的册数的约 10 倍。然而，在大约同一时间举行的拍卖上，美国版本的售价达 29 000 美元，而相同状况下的英国版本的售价只有 10 755 美元。用需求和供给图形解释为何尽管美国版本的供给比英国版本的供给高那么多，但美国版本的价格却高于英国版本的价格。

资料来源：Auction price data from *GPA Analysis for CGC Comics*，www.comics.gpanalysis.com.

3.8 如果一个市场处于均衡，所有买者和卖者必定都对市场价格感到满意吗？请简要解释。

3.9 2015 年的一篇关于石油市场的新闻报道这样说道：“令石油价格受到重创的全球原油存货堆积正开始减少。”

a. 该文中的“存货堆积”是指什么？存货堆积对石油的需求量与供给量之间的关系意味着什么？

b. 全球原油存货堆积对石油价格的影响是什么？

c. 简要解释什么会使存货堆积开始减少。

资料来源：Christopher Harder，“Investors Take Closer Look at Output”，*Wall Street Journal*，May 18，2015.

□ 3.4 需求和供给的移动对均衡的影响

总结

在大多数市场上，需求和供给曲线频繁移动，这引起均衡价格和数量的变化。随着时间的推移，如果需求增加超过供给增加，那么均衡价格将上升。如果供给增加超过需求增加，那么均衡价格将下降。

复习题

4.1 画一幅需求和供给图形表示以下两种情况对市场均衡价格的影响：

a. 需求曲线向右移动。

b. 供给曲线向左移动。

4.2 如果随着时间的推移，某种产品的需求曲线比供给曲线向右移动得更多，均衡价格会发生什么变化？如果供给曲线比需求曲线向右移动得更多，均衡价格会发生什么变化？对于每种情况，画一幅需求和供给图形来说明你的答案。

问题与应用

4.3 ［与开篇案例有关］假定2016年智能手表的需求迅速增加。与此同时，又有6家企业开始生产智能手表。一个学生评论说，由于这些事件的发生，我们无法确定智能手表的价格将上升还是下降。请简要解释你是否同意。请用一幅智能手表市场的需求和供给图形来阐述你的答案。

4.4 根据《华尔街日报》的一篇文章，对乙醇（它是用玉米提炼的）的需求的下降减少了对玉米的需求。许多美国农场主可以用相同的土地种植玉米或大豆。使用需求和供给图形分析玉米需求下降对大豆均衡价格的影响。

资料来源：Jesse Newman，"Soybeans and Corn Locked in Food Fight"，*Wall Street Journal*，March 29，2015.

4.5 根据《华尔街日报》的一篇文章，在美国，对橙汁的需求正在减少，"原因是包括石榴汁等更奇异的果汁、能量饮料和速溶咖啡等饮料市场的新进入者夺走了更大的市场份额"。与此同时，由于细菌感染减少了橙子树所结的果实，橙汁产量下降。该文指出，尽管对橙汁的需求下降了，但橙汁的价格可能会上升。请用一幅橙汁市场的需求和供给图形来阐述为何这些事件可能导致橙汁价格上升。要标明所有曲线、这些曲线的任何移动以及初始和最终均衡点。

资料来源：Alexandra Wexler，"U.S. Orange-Juice Sales Fall to Record Low"，*Wall Street Journal*，August 18，2014.

4.6 ［与3.4.3节中的"建立联系"专栏有关］假定石油价格急剧上涨，而更多城市立法禁止商店使用塑料袋。使用需求和供给图形阐述你对如下问题的答案。

a. 根据这些信息，我们能够确定再生塑料的均衡价格将上升还是下降吗？

b. 根据这些信息，我们能够确定再生塑料的均衡数量将上升还是下降吗？

4.7 ［与例题3.4有关］对西瓜的需求在夏季最高，在冬季最低。然而，在正常情况下，夏季西瓜的价格低于冬季。用一幅需求和供给图形来说明为何会这样。要在图形中清楚地标明各条曲线以及西瓜在夏季和冬季的均衡价格。

4.8 ［与例题3.4有关］根据一位龙虾市场的观察者的说法，"劳动节后，当度假的人都已经回到家里时，捕龙虾的渔民通常有一个月或更长时间的良好的捕获条件，偶尔出现飓风的情况除外。"用一幅需求和供给图形来解释龙虾在秋季的价格比在夏季高还是低。

资料来源：Jay Harlow，"Lobster：An Affordable Luxury"，www.Sallybernstein.com.

4.9 几年前，一个苹果生产者主张美国应该对香蕉的进口征收关税。他的推理是："美国进口数量庞大的便宜的香蕉往往减少了美国国内对本国所生产的新鲜水果的消费。"

a. 该苹果生产者假设苹果和香蕉互为替代品还是互补品？请简要解释。

b. 如果对香蕉征收关税所起的作用是增加了美国供给香蕉的成本，用两幅需求和供给图形来说明该苹果生产者的提议的影响。一幅图说明对美国的香蕉市场的影响，另一幅图说明对美国的苹果市场的影响。要标出每一市场中均衡价格和数量的变化以及需求和供给曲线的任何移动。

资料来源：Douglas A. Irwin，*Peddling Protectionism：Smoot-Hawley and the Great Depression*，Princeton，NJ：Princeton University Press，2011，p. 22.

4.10 根据一篇新闻报道，生产4K电视机的成本一直在下降。根据另一篇新闻报道，许多人已经不再通过电视机观看节目转而通过智能手机、平板电脑或笔记本电脑观看。在阅读了这些文章后，一个学生说："根据这些信息，我们知道4K电视机的价格将下降，但是，我们不知道4K电视机的销量将增加还是减少。”该学生的分析正确吗？用一幅需求和供给图形说明你的答案。

资料来源：Geoffrey A. Fowler，“Vizio Fixes Flaw in Cheap 4K TV… as Competition Heats Up”，*Wall Street Journal*，January 13，2015；and Suzanne Vranica and Shalini Ramachandran，“Streaming Services Hammer Cable TV Ratings”，*Wall Street Journal*，March 10，2015.

4.11 从历史上来看，很多易变质的食品（如奶制品）的生产是高度季节性的。随着这些产品的供给发生波动，价格在一年内也往往大幅波动，通常波动幅度为25%～50%甚至更高。机械制冷在19世纪最后十年被大规模地商业化了，它的影响之一是供给者能够将易变质食品从一个季节储存到下一个季节。经济学家估计，由于有了冷冻储藏，易变质食品的批发价格在供给旺季上升了约10%，而在淡季下降了大约相同的幅度。对旺季和淡季分别用一幅需求和供给图形说明制冷如何影响了易变质食品的市场。

资料来源：Lee A. Craig，Barry Goodwin，and Thomas Grennes，“The Effect of Mechanical Refrigeration on Nutrition in the U. S.”，*Social Science History*，Vol. 28，No. 2，Summer 2004，pp. 327-328.

4.12 如果一种产品2015年的均衡价格和数量分别为100美元和每月1 000单位，2016年分别为150美元和每月800单位，那么，从2015年到2016年，该产品的需求曲线和供给曲线哪一个移动得更多？请简要解释。

4.13 ［与3.4.4节中的“不要犯这样的错误！”专栏有关］一个学生这样写道：“扩大生产导致价格降低，价格降低又增加了需求。”你同意他的推理吗？请简要解释。

4.14 ［与3.4.4节中的“不要犯这样的错误！”专栏有关］一个学生被要求画一幅需求和供给图形来说明在其他条件不变的情况下智能手表所使用的显示屏价格的下降对智能手表市场的影响。她画出了下图，并做出了如下解释：

> 显示屏是智能手表的一种投入，所以显示屏价格的下降会导致智能手表的供给曲线向右移动（从S_1移动到S_2）。因为供给曲线的这一移动导致了一个更低的价格（P_2），所以消费者将想要购买更多的智能手表，从而需求曲线将向右移动（从D_1移动到D_2）。我们知道智能手表的销售量将会增加，但我们无法确定智能手表的价格将会上升还是下降。这取决于供给曲线还是需求曲线向右移动得更多。我假设对供给的影响大于对需求的影响，所以我在图中显示的最终的均衡价格（P_3）小于初始的均衡价格（P_1）。

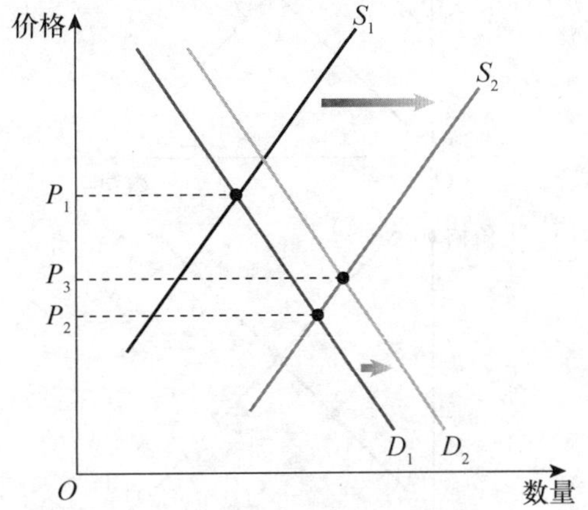

解释你是否同意这个学生的分析。要细心地解释你认为她的分析到底错在哪里（如果有错误的话）。

4.15 以下四幅图代表了四种市场情形，每种市场情形要么导致沿着百事可乐供给曲线的运动，要么导致百事可乐供给曲线的移动。把每种情形和对应的图形匹配起来。

a. 可口可乐的供给减少。

b. 美国家庭平均收入从52 000美元下降到50 000美元。

c. 软饮料装瓶技术提高。

d. 糖和高果糖玉米糖浆的价格上升。

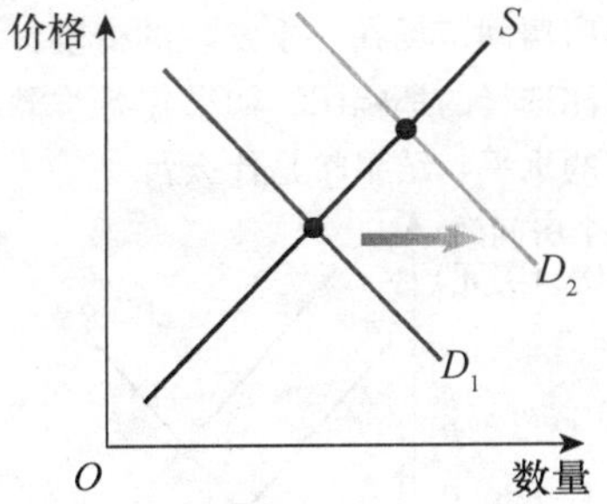

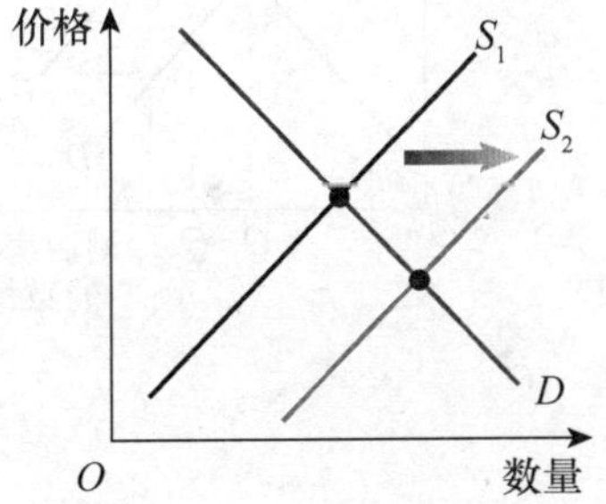

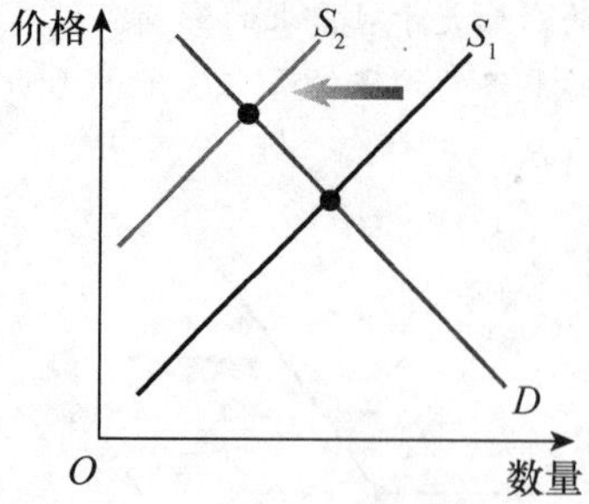

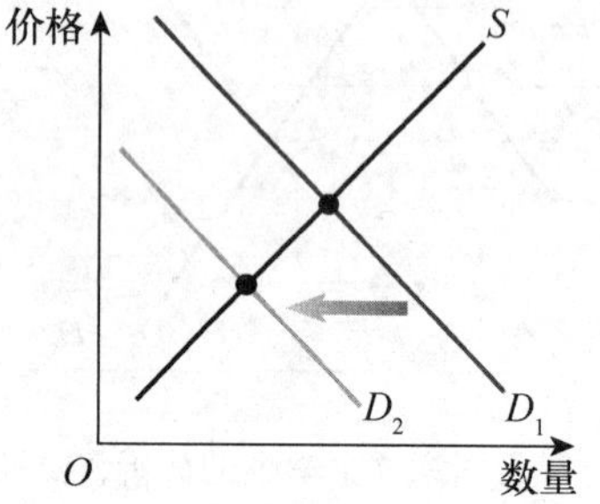

4.16　有些旨在增加政府对提供幼托服务的企业的监管的提议已经被提了出来，如规定从事幼托服务的工作人员的受教育程度。假定这些监管措施提高了幼托服务的质量，导致对幼托服务的需求增加。与此同时，假设遵守这些新的政府监管规定增加了提供幼托服务的企业的成本。画一幅需求和供给图形说明这些变化对幼托服务市场的影响。请简要解释幼托服务的总购买量将因为监管而增加还是减少。

4.17　下面两幅图中哪幅图最佳地代表了某滑雪胜地酒店房间市场在冬季发生的变动？请简要解释。根据你选择的那幅图，如果在冬季酒店房价维持在夏季的水平，结果将是什么？

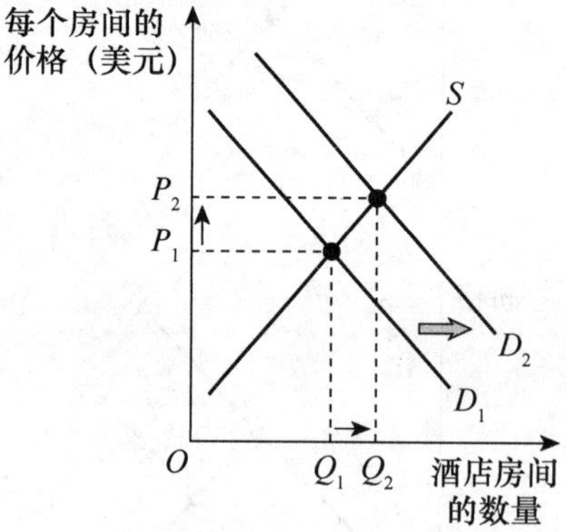

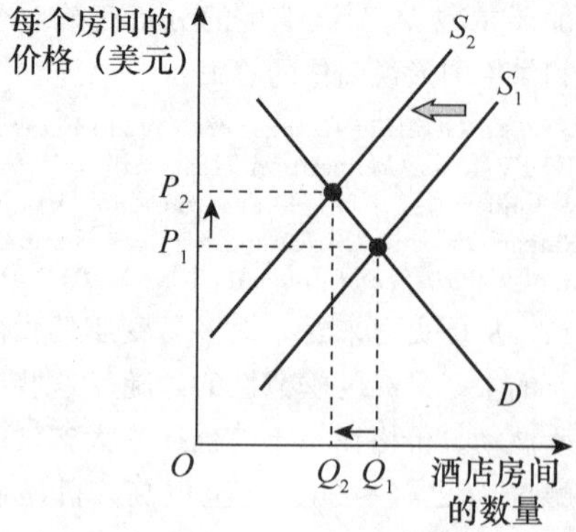

4.18　下面两幅图表示了两个市场的供给和需求函数。一个是特斯拉汽车市场，另一个是某抗癌药物（没有这种药物的话，肺癌患者就会死去）市场。请简要解释哪一幅图最有可能代表哪一个市场。

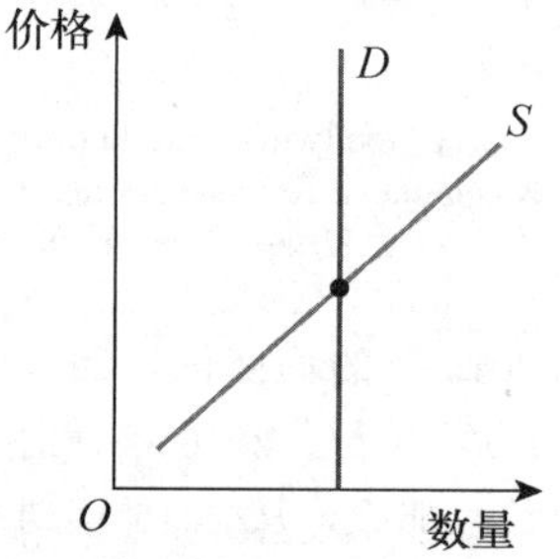

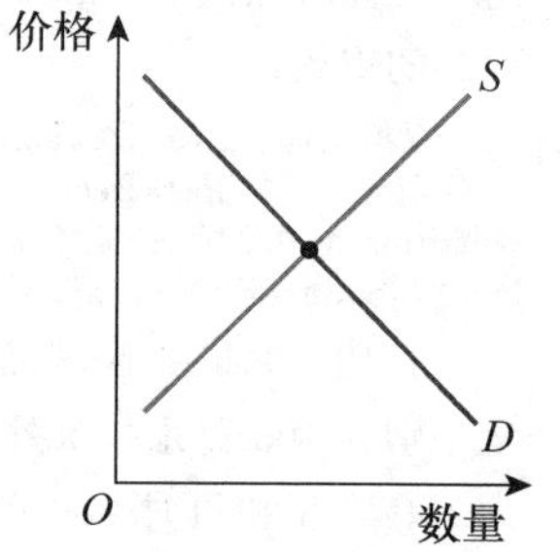

第2篇

市场运行：政策与应用

第 4 章

市场效率和市场失灵

本章概览和学习目标

4.1 消费者剩余和生产者剩余

区分消费者剩余和生产者剩余的概念。

4.2 竞争市场的效率

解释经济效率的概念。

4.3 市场中的政府干预：价格下限和价格上限

解释政府施加的价格下限和价格上限的经济影响。

4.4 外部性和经济效率

识别正外部性和负外部性的例子，用图形说明外部性如何影响经济效率。

4.5 处理外部性的政府政策

分析在存在外部性的市场中旨在实现经济效率的政府政策。

开篇案例

共享经济、手机应用程序和租金控制

市场的作用是把买者和卖者汇聚在一起。市场可能是实物场所，如零售商场，也可能是虚拟场所，如 eBay。如果你只需要租一天或一周的公寓或自行车，那又如何呢？互联网创业公司创造了包括公寓、汽车、船只和自行车等产品短期使用的租赁市场。例如，下载爱彼迎（Airbnb）应用程序的人们可以在 192 个国家和地区的 30 000 个城市搜索短期出租的房间。这个市场的供给者通常是想通过将他们的房屋、公寓、有时只是单间住房出租几天来赚取额外收入的人。《经济学人》杂志将使用点对点租赁网站的人数的迅速增加称为“共享经济”的兴起。

到 2015 年，已经有超过 2 500 万人通过爱彼迎租赁过房间。尽管取得了这样的成功，但爱彼迎也遇到了问题，特别是在有着租金控制制度的城市。在纽约、旧金山和洛杉矶以及美国近 200 个规模更小的城市里，公寓的房租受到当地政府的控制。租金控制对房东可以收取的公寓租金规定了法定上限。租金控制的支持者认为，在那些倘若没有租金控制的话均衡市场租金将高于中低收入者愿意和能够支付的水平的城市，维持公寓租金可负担得起是有必要的。但是，正如我们在本章将要看到的，租金控制导致了用于出租的公寓的短缺，给了人们以远高于受控制的租金在爱彼迎这样的网站上出租其公寓的激励。在旧金山，房东抱怨一些高收入的租户搬离了该城市但仍留着租金受控的公寓以便使用公寓共享网站将其出租。在纽约，将公寓中的房间出租少于 30 天是违法的，在爱彼迎广泛流行的情况下，如何实施规则的问题让政府官员颇为犯难。

租金控制是政府干预经济的一种方式。当存在市场失灵时（市场失灵是市场未能生产出有效的产出水平这样一种状况），就会出现一些政府干预。例如，政府的环境政策的意图就是补救污染引起的市场失灵。

本章末的“业内观察”探究了为什么加利福尼亚州马里布市的政府官员对通过爱彼迎预定的短租公寓征税。

资料来源：“The Rise of the Sharing Economy”, *Economist*, March 9, 2013; Ronda Kaysen, “What's Up Next in New York?” *New York Times*, December 26, 2014; Carolyn Said, “Airbnb Fights Back as Pending Laws Seek to Curtail Home Stays”, sfgate. com, April 19, 2015; and C. W. Nevius, “Rent Control Sometimes Benefitting the Rich”, *San Francisco Chronicle*, June 16, 2012.

生活中的经济学

租金控制会使你更容易找到一套负担得起的公寓吗？

假定你有在两个城市的工作机会。决定接受哪个工作的因素之一是你是否能找到负担得起的公寓。如果一个城市有租金控制，你更可能在该城市找到一套负担得起的公寓吗？还是在没有租金控制的城市里寻找一套公寓会使你的境况更好？在阅读本章的过程中，试着回答这个问题。对照我们在本章末提供的答案，你可以检验你的答案。

在一个竞争市场中，价格会进行调整以保证需求量等于供给量。换句话说，在均衡中，每个愿意支付市场价格的消费者都能够买到他想要的任意数量的产品，每个愿意接受市场价格的企业都能够出售它想要卖出的任意数量。消费者很自然地喜欢支付一个更低的价格，卖者也偏好于收到一个更高的价格。在正常情况下，消费者和企业如果想参与到市场中来，他们没有选择，只能接受均衡价格。

可是，消费者或企业偶尔说服政府干预市场，试图降低或提高某种商品或服务的市场价格：

● 消费者有时候成功地让政府施加**价格上限**（price ceiling），即卖者可以收取的法定最高价。租金控制就是价格上限的一个例子。

● 企业有时候成功地让政府施加**价格下限**（price floor），即卖者可以收取的法定最低价。在牛奶等农产品的市场，从20世纪30年代以来，政府一直设定了高于市场均衡价格的价格下限。

当存在外部性时，政府有时候也会干预市场。**外部性**（externality）是指影响在商品或服务的生产或消费中未直接涉及的某人的效益或成本。空气污染就是外部性的一个例子。在空气污染的例子中存在负外部性，因为即使那些患有哮喘病的人没有参与导致污染的电的购买或出售，他们也要承担成本。正外部性也可能存在。例如，医学研究会产生正外部性，因为那些没有直接参与医学研究或为医学研究出资的人也从中获益。竞争市场通常能够保证所生产的商品和服务的数量在经济上有效率。但是，如果市场上存在外部性，情况可能就不是这样了。当存在负外部性时，市场可能生产出高于有效数量的产量。当存在正外部性时，市场可能生产出低于有效数量的产量。

当政府通过施加价格上限或价格下限来干预市场时，对经济效率就会产生可预见的负面后果。经济学家建立了消费者剩余、生产者剩余和无谓损失这些概念来帮助政策制定者和选民分析价格上限、价格下限和税收的经济影响。

4.1 消费者剩余和生产者剩余

消费者剩余衡量消费者从在某一特定市场购买商品或服务中得到的货币效益（或称收益）。生产者剩余衡量企业从在某一特定市场销售商品或服务中得到的货币效益。一个市场的经济剩余是消费者剩余和生产者剩余之和。正如我们将要看到的，当政府施加了价格上限或价格下限时，市场的经济剩余减少了；换句话说，价格上限和价格下限减少了消费者和企业从市场的买卖中得到的总效益。要理解其中的原因，我们需要了解消费者剩余和生产者剩余是如何决定的。

□ 4.1.1 消费者剩余

消费者剩余（consumer surplus）是消费者为一种商品或服务愿意支付的最高价格和实际支付的价格之差。假定你在沃尔玛看到货架上有《星球大战：原力觉醒》（*Star Wars: The Force Awakens*）的DVD。DVD上没有价格标签，因此你拿着它到服务台去查看价格。在你走向服务台时，你在想你愿意出的最高价是18美元。在服务台，你发现实际上价格是 12 美元，因此你买下这张 DVD。在这个例子中，你的消费者剩余是 6 美元：你愿意支付的 18 美元和实际支付的 12 美元之差。

我们可以用需求曲线来衡量一个市场中的总消费者剩余。需求曲线表示消费者在不同价格水平下购买一种产品的意愿。消费者愿意购买一种产品直到消费该产品的边际效益等于其价格为止。**边际效益**（marginal benefit）是消费者消费额外一单位商品或服务得到的额外效益。作为一个简单的例子，假定印度奶茶市场只有 4 个消费者：特里萨（Theresa）、汤姆（Tom）、特丽（Terri）和蒂姆（Tim）。由于这 4 个消费者对奶茶的喜好各不相同，收入也不相同，因此，每个人从消费一杯奶茶中得到的边际效益将会不同。在图 4.1 中，表格中的信息被用于构建奶茶的需求曲线。当每杯奶茶的价格超过 6 美元时，奶茶卖不出去，因为这些消费者愿意支付的最高价格只有 6 美元。当价格为 5 美元时，特里萨和汤姆都愿意买 1 杯，因此卖出去 2 杯奶茶。当价格为 3 美元或以下时，所有这 4 个消费者都愿意购买奶茶，因此卖出去 4 杯奶茶。

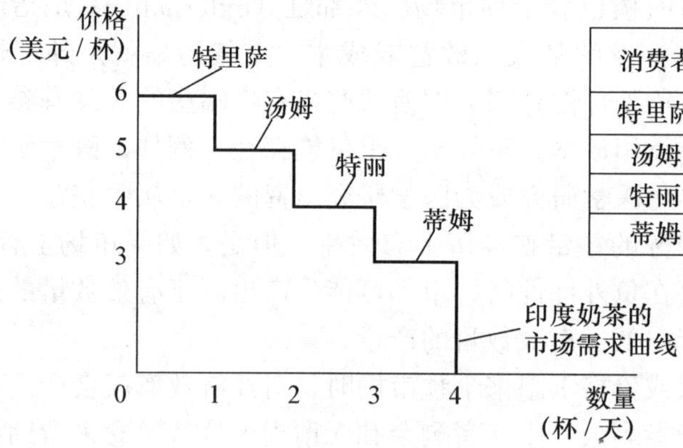

消费者	愿意支付的最高价格（美元 / 杯）
特里萨	6
汤姆	5
特丽	4
蒂姆	3

图 4.1　推导印度奶茶的需求曲线

当印度奶茶市场有 4 个消费者时，需求曲线由每个消费者愿意支付的最高价格决定。当每杯奶茶的价格超过 6 美元时，奶茶卖不出去，因为这些消费者愿意支付的最高价格只有 6 美元。当价格为 3 美元或以下时，这 4 个消费者中的每一个都愿意购买一杯奶茶。

假定印度奶茶的市场价格为每杯 3.5 美元。正如图 4.2 所示，需求曲线让我们能够计算这个市场中的总消费者剩余。图 4.2（a）显示，特里萨愿意支付的最高价格为 6 美元，但是，由于她只支付了 3.5 美元，因此她的消费者剩余为 2.5 美元（表示为图中矩形 *A* 的面积）。类似地，汤姆的消费者剩余为 1.5 美元（矩形 *B* 的面积），特丽的消费者剩余为 0.5 美元（矩形 *C* 的面积）。蒂姆不愿意以 3.5 美元的价格购买奶茶，因此他不参与这个市场，消费者剩余为零。在这个简单的例子中，总消费者剩余等于 2.5+1.5+0.5+0=4.5 美元（即矩形 *A*、*B*、*C* 的面积之和）。图 4.2（b）显示，更低的价格将增加消费者剩余。如果奶茶的价格从每杯 3.5 美元下降到 3 美元，特里萨、汤姆和蒂姆每个人得到的消费者剩余都会多出 0.5 美元（用图中深色阴影部分表示），因此市场中的总消费者剩余增加到 6 美元。现在，蒂姆购买 1 杯奶茶，但并没有得到消费者剩余，原因是价格正好等于他愿意支付的最高价格。实际上，蒂姆是否购买奶茶是无差异的，在两种情况下他的福利是相同的。

图 4.1 和图 4.2 所示的市场需求曲线看起来不像通常的平滑曲线。这是因为这个例子中的消费者的数量很少，每个消费者只消费 1 杯奶茶。如果有许多消费者，印度奶茶的

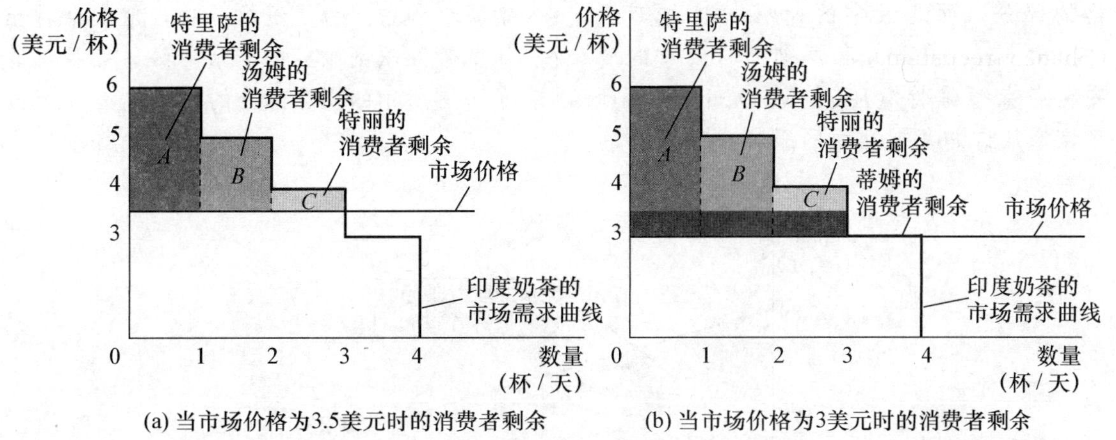

图 4.2　衡量消费者剩余

图（a）展示了当市场价格为每杯 3.5 美元时特里萨、汤姆和特丽的消费者剩余。特里萨的消费者剩余等于矩形 A 的面积，是她愿意支付的最高价格（6 美元）和市场价格（3.5 美元）之差。汤姆的消费者剩余等于矩形 B 的面积，特丽的消费者剩余等于矩形 C 的面积。这个市场中的总消费者剩余等于矩形 A、B、C 的面积之和，即需求曲线以下和市场价格以上的总面积。在图（b）中，随着价格从 3.5 美元下降到 3 美元，消费者剩余增加了深色阴影部分所表示的数量。

市场需求曲线将会是如图 4.3 所示的正常的平滑形状。在该图中，价格为 2 美元时的需求量是每天 15 000 杯。我们可以用与计算图 4.1 和图 4.2 中总消费者剩余相同的方式来计算图 4.3 中的总消费者剩余：加总所购买的每个单位的消费者剩余。再一次地，我们可以得出一个重要结论：一个市场中消费者剩余的总量等于需求曲线以下和市场价格以上的面积。在图 4.3 中，消费者剩余用阴影区域来表示，它代表了消费者得到的效益中超过他们购买产品（在本例中为印度奶茶）所支付的价格的部分。

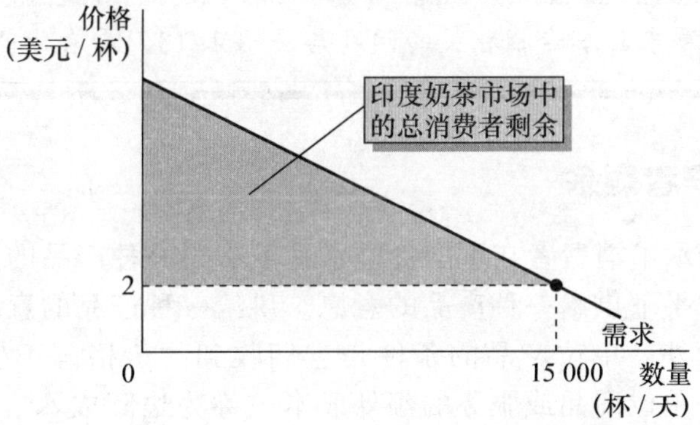

图 4.3　印度奶茶市场中的总消费者剩余

需求曲线显示，印度奶茶的大部分买者愿意支付的价格超过市场价格（2 美元）。对每个买者来说，消费者剩余等于他/她愿意支付的最高价格和实际支付的市场价格之差。因此，印度奶茶市场中消费者剩余的总量等于需求曲线以下和市场价格以上的面积。消费者剩余代表了消费者得到的效益中超过他们购买产品所支付的价格的部分。

建立联系

从宽带互联网服务中获得的消费者剩余

消费者剩余让我们能够衡量消费者得到的效益中超过他们购买产品所支付的价

格的部分。西北大学的谢恩·格林斯坦（Shane Greenstein）和罗彻斯特大学的瑞安·麦克德维特（Ryan McDevitt）估计了家庭从订购宽带互联网服务中所获得的消费者剩余。为了进行分析，他们估计出了宽带互联网服务的需求曲线，然后计算了下图所示的阴影部分的面积。

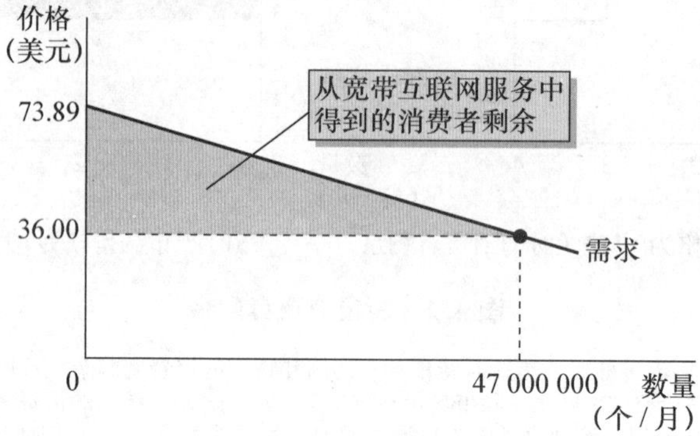

在他们所分析的年份中，4 700 万个消费者支付了平均每月 36 美元的价格来订购宽带互联网服务。需求曲线代表消费者从订购宽带互联网服务（而非拨号上网或不上网）中所得到的边际效益。需求曲线以下和价格（36 美元）以上的面积代表消费者愿意支付的价格和实际支付的价格之差。图中阴影部分的面积代表宽带互联网服务市场中的总消费者剩余。格林斯坦和麦克德维特估计，这一面积的数值为8 904 亿美元。这一数值是订购宽带互联网服务的所有消费者一个月获得的效益。

资料来源：Shane Greenstein and Ryan C. McDevitt, "The Broadband Bonus: Estimating Broadband Internet's Economic Value", *Telecommunications Policy*, Vol. 35, No. 7, August 2011, pp. 617－632; and Shane Greenstein, "Measuring Consumer Surplus Online", *Economist*, March 11, 2013.

轮到你了：做本章末与本专栏相关的问题与应用 1.13，看看你理解得如何。

□ 4.1.2 生产者剩余

正如需求曲线展示了消费者在不同价格水平下购买一种产品的意愿，供给曲线展示了企业在不同价格水平下供给一种产品的意愿。供给一种产品的意愿取决于该产品的生产成本。企业供给额外一单位产品的条件是它们收到的价格等于生产该单位的额外成本。企业生产额外一单位商品或服务的额外成本被称为**边际成本**（marginal cost）。考虑一家名为哈文迪（Heavenly）的制茶企业生产额外一杯奶茶的边际成本：在这个例子中，边际成本包括泡这杯奶茶所用的原料和支付给泡这杯奶茶的工人的工资。在某一给定时期，生产一种商品的边际成本常常随着这种商品生产数量的增加而增加。边际成本递增是供给曲线向上倾斜的关键原因。

图 4.4（a）展示了哈文迪的生产者剩余。为了简单起见，我们假设哈文迪只生产少量的奶茶。该图表明哈文迪生产第一杯奶茶的边际成本是 1.25 美元，生产第二杯奶茶的边际成本是 1.5 美元，等等。每一杯奶茶的边际成本是哈文迪供给那杯奶茶所愿意接受的最低价格，从而供给曲线就是边际成本曲线。假定奶茶的市场价格为每杯 2 美元。对于第一

杯奶茶，这一价格比哈文迪愿意接受的最低价格高出 0.75 美元。**生产者剩余**（producer surplus）是指企业出售一种商品或服务愿意接受的最低价格和实际收到的价格之间的差额。因此，哈文迪在第一杯奶茶上的生产者剩余是 0.75 美元（表示为图中矩形 *A* 的面积），在第二杯奶茶上的生产者剩余为 0.5 美元（矩形 *B* 的面积），在第三杯奶茶上的生产者剩余为 0.25 美元（矩形 *C* 的面积）。哈文迪不愿意供给第四杯奶茶，因为这杯奶茶的边际成本超过市场价格。哈文迪的总生产者剩余等于 0.75＋0.5＋0.25＝1.50 美元（即矩形 *A*、*B*、*C* 的面积之和）。更高的价格将增加生产者剩余。例如，如果印度奶茶的市场价格从 2 美元上升到 2.5 美元，哈文迪的生产者剩余将从 1.5 美元增加到 2.25 美元。（请确保你知道这一新的生产者剩余是怎样计算出来的。）

图 4.4（a）所示的供给曲线看起来不像通常的平滑的供给曲线，这是因为我们考察的只是一家只生产少量奶茶的企业。如果有许多企业，印度奶茶的市场供给曲线将会有如图 4.4（b）所示的正常的平滑形状。在图 4.4（b）中，价格为 2 美元时的供给量是每天 15 000 杯。我们可以用与计算图 4.4（a）中总生产者剩余相同的方式来计算图 4.4（b）中的总生产者剩余：加总所出售的每杯奶茶的生产者剩余。因此，一个市场中生产者剩余的总量等于市场供给曲线以上和市场价格以下的面积。印度奶茶销售者从销售印度奶茶中获得的总生产者剩余在图 4.4（b）中用阴影区域表示。

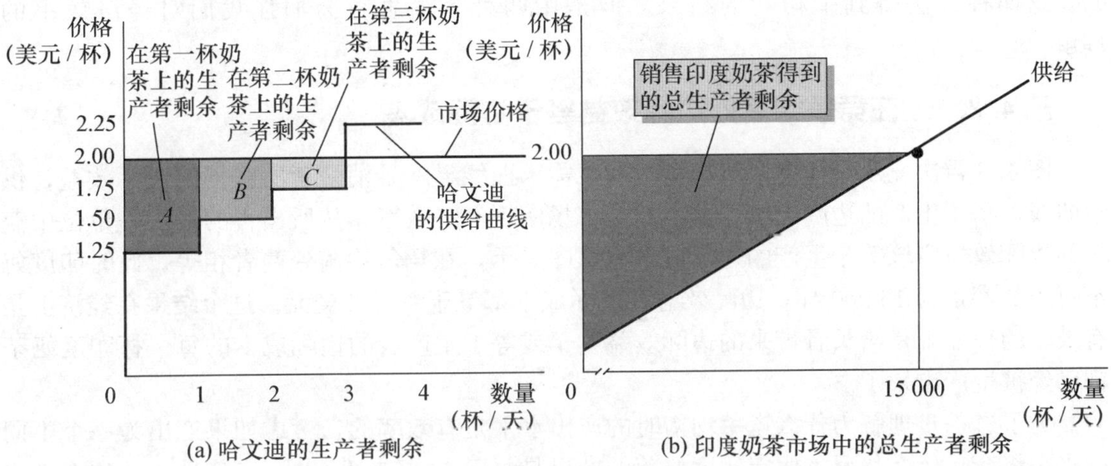

图 4.4　衡量生产者剩余

图（a）展示了哈文迪的生产者剩余。哈文迪为供给一杯奶茶所愿意接受的最低价格等于生产该杯奶茶的边际成本。当市场价格为 2 美元时，哈文迪在第一杯奶茶上的生产者剩余是 0.75 美元（矩形 *A* 的面积），在第二杯奶茶上的生产者剩余为 0.5 美元（矩形 *B* 的面积），在第三杯奶茶上的生产者剩余为 0.25 美元（矩形 *C* 的面积）。在图（b）中，印度奶茶销售者从销售印度奶茶中获得的总生产者剩余可以通过加总整个市场所出售的每杯奶茶上的生产者剩余来得到。在图中，总生产者剩余等于市场供给曲线以上和市场价格以下的面积，用阴影区域表示。

□ 4.1.3　消费者剩余和生产者剩余衡量什么?

我们已经看到，消费者剩余衡量消费者从参与市场中所获得的效益，而生产者剩余衡量生产者从参与市场中所获得的效益。重要的是要弄清楚这些概念衡量的是什么。在某种意义上，消费者剩余衡量了消费者从参与市场中所获得的净效益，而不是总效益。也就是说，如果产品的价格为零，那么市场中的消费者剩余就会是需求曲线以下的所有面积；当价格不为零时，消费者剩余是需求曲线以下和市场价格以上的面积。所以，市场中的消费者剩余等于消费者获得的总效益减去他们为购买该商品或服务所必须支付的总金额。

类似地，生产者剩余衡量生产者从参与市场中获得的净效益。如果生产者能以零成本供给某种商品或服务，那么市场中的生产者剩余就会是市场价格以下的所有面积。当成本不为零时，生产者剩余是市场价格以下和供给曲线以上的面积。所以，市场中的生产者剩余等于企业从消费者那里获得的总金额减去生产该商品或服务的成本。

4.2 竞争市场的效率

回忆竞争市场的定义是有许多买者和卖者的市场。市场体系的一个重要优点是它产生有效率的经济结果。但是经济效率是什么意思呢？到目前为止，我们在本章中建立的概念给我们提供了思考竞争市场的经济效率的两种方式。我们可以从边际效益和边际成本的角度来思考，也可以从消费者剩余和生产者剩余的角度来思考。正如我们将要看到的，这两种方法得到了相同的结果，但是用两种方法思考会加强我们对经济效率的理解。

4.2.1 在竞争均衡处边际效益等于边际成本

图 4.5 再次显示了印度奶茶市场。回忆需求曲线显示了消费者所获得的边际效益，供给曲线显示了生产的边际成本。要使这个市场实现经济效率，从所出售的最后一单位中获得的边际效益应该等于生产的边际成本。该图显示，在竞争均衡处两者相等，此时印度奶茶每天的产量为 15 000 杯，边际效益和边际成本都等于每杯 2 美元。这个结果在经济上是有效率的，原因是给买者带来的边际效益大于或等于生产者的边际成本的每一杯印度奶茶都已经被生产出来了。

为了进一步理解为什么竞争均衡时的产出水平是有效率的，考虑如果产出为一个不同的水平将会是什么状况。假定印度奶茶的产出是每天 14 000 杯。图 4.5 表明，在这个产出水平，所出售的最后一杯印度奶茶带来的边际效益是 2.2 美元，而边际成本只有 1.8 美元。这个产出水平是没有效率的，这是因为还可以多生产 1 000 杯印度奶茶，且每一杯奶茶给消费者带来的额外效益都大于生产的额外成本。消费者会愿意购买这 1 000 杯印度奶茶，而印度奶茶的卖者会愿意供给，这使得消费者和卖者双方的境况都得到改善。类似地，如果印度奶茶的产出是每天 16 000 杯，第 16 000 杯的边际成本是 2.2 美元，而边际效益只有 1.8 美元。奶茶的卖者只有在价格为 2.2 美元时才愿意供给这杯印度奶茶，而这个价格比消费者愿意支付的价格高 0.4 美元。实际上，对于超过第 15 000 杯的任何一杯印度奶茶，消费者都不愿意支付奶茶的卖者所需要收取的价格。

总结起来，我们可以这样说：竞争市场中的均衡产生了在经济上有效率的产出水平，在这个产出水平，边际效益等于边际成本。

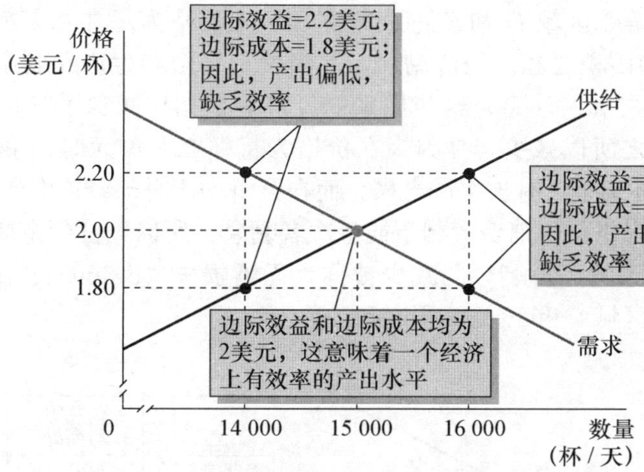

图 4.5　只有在竞争均衡处，边际效益才等于边际成本

在竞争市场上，印度奶茶每天的均衡产量为 15 000 杯，均衡价格为每杯 2 美元，此时边际效益等于边际成本。这个产出水平在经济上是有效率的，因为给买者带来的边际效益大于或等于生产者的边际成本的每一杯印度奶茶都已经生产出来了。

□ 4.2.2　经济剩余

市场中的**经济剩余**（economic surplus）是消费者剩余和生产者剩余之和。在一个存在大量买者和卖者且没有政府限制的竞争市场上，经济剩余在市场处于均衡时达到最大。为了理解这一点，让我们再次考察如图 4.6 所示的印度奶茶市场。这个市场中的消费者剩余是需求曲线以下和表明均衡价格为 2 美元的直线以上的浅灰色阴影区域。生产者剩余是供给曲线以上和价格直线以下的深灰色阴影区域。

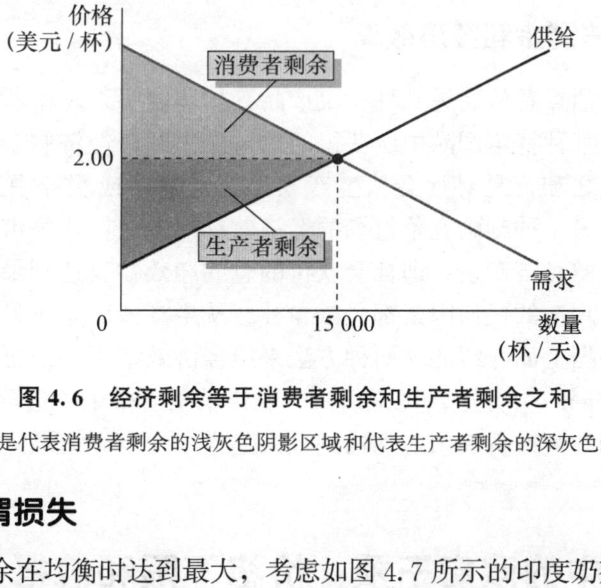

图 4.6　经济剩余等于消费者剩余和生产者剩余之和

一个市场中的经济剩余是代表消费者剩余的浅灰色阴影区域和代表生产者剩余的深灰色阴影区域之和。

□ 4.2.3　无谓损失

为了说明经济剩余在均衡时达到最大，考虑如图 4.7 所示的印度奶茶价格高于均衡价格的情况。在价格为每杯 2.2 美元时，消费者每天愿意购买的奶茶从 15 000 杯下降到 14 000 杯。在竞争均衡处，消费者剩余等于区域 A、B 和 C 之和。在价格为每杯 2.2 美元时，由于价格水平更高且奶茶的销售量更少，所以消费者剩余减少到仅仅为区域 A 的面积。在竞争均衡处，生产者剩余等于区域 D 和 E 的面积之和。在价格为每杯 2.2 美元时，生产者剩余变成区域 B 和 D 的面积之和。经济剩余，即消费者剩余和生产者剩余之和，减少到区域 A、B 和 D 的面积之和。注意，这与原来的经济剩余相比减少了三角形区域 C 和 E 的面积之和。经济剩余之所以减少，是因为在价格为每杯 2.2 美元时，第 14 000 杯和第 15 000 杯之间这 1 000 杯奶茶没有被生产出来，而在竞争均衡时却会被生产出来。这 1 000 杯“消失的”奶茶没有提供任何消费者剩余或生产者剩余，所以经济剩余减少了。由于市场不处于竞争均衡而导致的经济剩余的减少被称为**无谓损失**（deadweight loss）。在图形中，它等于浅灰色阴影区域 C 和 E 的面积之和。

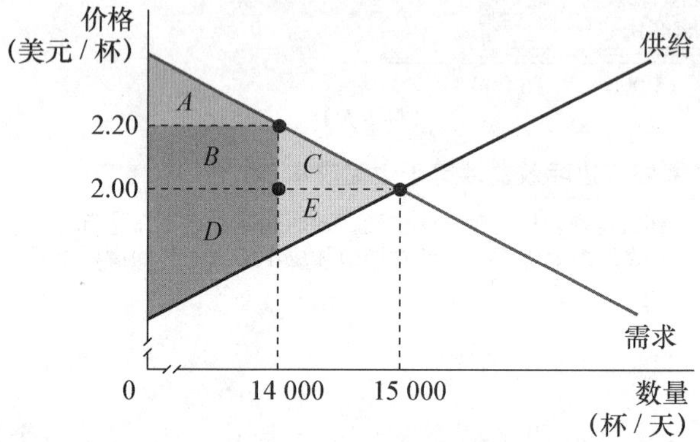

	在竞争均衡处	当价格为 2.2 美元时
消费者剩余	$A+B+C$	A
生产者剩余	$D+E$	$B+D$
无谓损失	无	$C+E$

图 4.7　当市场不处于均衡时，存在无谓损失

当市场处于竞争均衡时，经济剩余达到最大。当市场不处于均衡时，存在无谓损失。例如，在奶茶价格为每杯 2.2 美元而非 2 美元时，消费者剩余从等于区域 A、B 和 C 的面积之和减少到仅仅为区域 A 的面积。生产者剩余从等于区域 D 和 E 的面积之和增加到为区域 B 和 D 的面积之和。在竞争均衡处，不存在无谓损失。在价格为每杯 2.2 美元时，无谓损失等于区域 C 和 E 的面积之和。

□ 4.2.4　经济剩余和经济效率

消费者剩余衡量消费者从购买某种特定产品（如印度奶茶）中所获得的效益。生产者剩余衡量企业从出售某种特定产品中所获得的效益。因此，经济剩余，即企业获得的效益和消费者获得的效益之和，是对社会从生产某种特定商品或服务中获得的效益的最佳衡量。这给我们提供了另一种刻画竞争市场的经济效率的方法：竞争市场的均衡导致生产某种商品或服务所带来的经济剩余，即社会获得的总的净效益，达到最大。导致某一商品或服务市场不处于竞争均衡的任何因素都会减少社会从生产该商品或服务中获得的总效益。

现在我们可以根据上面介绍的这两种方法来给经济效率下一个更为一般的定义：**经济效率**（economic efficiency）是生产的最后一单位给消费者带来的边际效益等于其生产的边际成本且消费者剩余和生产者剩余之和达到最大这样一个市场结果。

4.3　市场中的政府干预：价格下限和价格上限

请注意，我们并没有下结论说，如果市场处于竞争均衡，每个人的境况都得到改善。

我们只得到这样的结论：经济剩余，或者说社会得到的总的净效益，在竞争均衡处是最大的。任何单个的生产者都宁愿收取更高的价格，任何单个的消费者都宁愿支付更低的价格，但通常来说，只有在竞争均衡价格处，生产者才会出售，消费者才会购买。

对竞争均衡价格不满意的生产者或消费者可以游说政府，从法律上要求收取一个不同的价格。在美国，政府只是偶尔通过设定价格来推翻市场结果。当政府真的干预市场时，它可以通过规定高于均衡的价格（价格下限）来试图帮助卖者，也可以通过规定低于均衡的价格（价格上限）来试图帮助买者。若要影响市场结果，政府规定的法定价格下限必须高于均衡价格、法定价格上限必须低于均衡价格。否则，价格上限或价格下限对买者和卖者就不具有约束力。我们可以运用消费者剩余、生产者剩余和无谓损失这些概念来更清楚地理解为什么价格下限和价格上限降低了经济效率。

□ 4.3.1　价格下限：农业市场中的政府政策

20 世纪 30 年代的大萧条是美国历史上最严重的经济灾难，它影响了美国经济的各个部门。许多农民只能以很低的价格卖出他们的产品，因此他们说服了联邦政府为小麦和玉米等许多农产品设置价格下限。从此，农业中的政府干预（常常被称为“农场项目”）就延续了下来。为了理解农业市场中的价格下限是如何起作用的，假定小麦市场中的均衡价格是每蒲式耳 6.5 美元，但是政府决定设定一个每蒲式耳 8 美元的价格下限。正如图 4.8 所示，小麦的价格从每蒲式耳 6.5 美元上升到 8 美元，小麦的销售量从每年 20 亿蒲式耳下降到 18 亿蒲式耳。起初，假定小麦的产量也下降到 18 亿蒲式耳。

小麦种植者所得到的生产者剩余增加了等于矩形 A 的面积的数量，减少了等于三角形 C 的面积的数量。（这个结果与我们在图 4.7 的印度奶茶市场中所看到的相同。）矩形 A 这个区域代表了从消费者剩余向生产者剩余的转移。消费者剩余总的下降等于矩形 A 的面积加上三角形 B 的面积。小麦种植者从这个项目中获益，但消费者遭受了损失。此外，还有等于 B 和 C 这两个三角形的面积的无谓损失，这是因为，价格下限减少了小麦市场中的经济剩余的数量，经济效率降低。换言之，价格下限导致最后一蒲式耳小麦的边际效益大于生产它的边际成本。我们可以得出结论：价格下限降低了经济效率。

我们前面假设起初小麦种植者将小麦产量减少到消费者愿意购买的数量。事实上，正如图 4.8 所示，价格下限会导致种植者想要供给的小麦数量从 20 亿蒲式耳增加到 22 亿蒲式耳。由于更高的价格减少了消费者想要购买的小麦数量，结果是存在 4 亿蒲式耳小麦的过剩（22 亿蒲式耳的供给量减去 18 亿蒲式耳的需求量）。

联邦政府的农场项目常常导致小麦和其他农产品的大量过剩。作为对此的反应，政府通常要么买下过剩的粮食，要么付钱给农民通过荒弃部分土地的方法来限制供给。由于这两种做法代价都很高，美国国会于 1996 年通过了《农业自由化法案》（Freedom to Farm Act）。该法案的意图是逐步放弃价格下限和政府对过剩农产品的购买，促使向自由的农业市场的回归。为了让农民有时间做出调整，联邦政府开始根据所耕种的土地面积向农民支付补贴（或现金支付）。尽管按照原来的计划补贴是要逐步取消的，但是国会通过了另外的农业法案，这些法案使得对农民的补贴仍在继续。这些补贴对联邦政府来说是很大的支出，2015 年国会预算办公室估计，农场项目在接下来 10 年里将导致超过 1 450 亿美元的联邦支出。

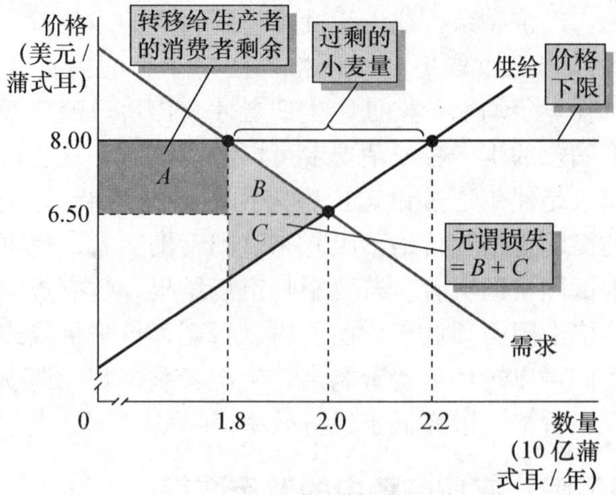

图 4.8　小麦市场中价格下限的经济影响

如果小麦种植者成功地说服政府施加一个每蒲式耳 8 美元的价格下限，小麦的销售量将从每年 20 亿蒲式耳下降到 18 亿蒲式耳。如果我们假设小麦种植者生产 18 亿蒲式耳小麦，那么，生产者剩余将增加矩形 A 的面积——它是从消费者剩余转移来的，并减少三角形 C 的面积。消费者剩余下降了矩形 A 和三角形 B 的面积。存在等于 B 和 C 这两个三角形面积的无谓损失，它代表由价格下限导致的经济效率的降低。在现实中，每蒲式耳 8 美元的价格下限会导致种植者将产量从 20 亿蒲式耳增加到 22 亿蒲式耳，导致小麦过剩。

建立联系

劳动力市场中的价格下限：关于最低工资政策的争论

最低工资可能是最具争议性的“价格下限”了。支持者把最低工资看做提高低技能者收入的一种方式。反对者认为它导致了工作岗位的减少并给小企业带来了很高的成本。

从 2009 年起，美国国会对大部分职业设定了每小时 7.25 美元的全国最低工资。在这些职业中，雇主支付低于这一水平的工资是违法的。尽管美国只有大约 4%的工人赚取最低工资或更低的工资，许多人担心赚取最低工资或稍高一点儿工资的工人所赚取的工资还达不到让其摆脱贫困的基本生活工资水平。2015 年，奥巴马总统提议将最低工资逐步提高到每小时 10.1 美元。一些国会议员提议立法将其提高到每小时 12 美元。有几个城市和州正在将它们的最低工资提高到高达每小时 15 美元。许多城市的抗议者向快餐店的雇主和其他雇主施压，要求他们自愿将其支付的最低工资提高到每小时 15 美元。

对许多工人来说，法定最低工资和他们无关，因为它远远低于雇主自愿支付给他们的工资。但对于一些低技能工人（如在餐馆工作的工人）来说，最低工资超过了他们在没有这一政策情况下所能拿到的工资。下页图显示了最低工资对低技能劳动力市场的就业的影响。

如果没有最低工资制，均衡工资将是 W_1，就业的工人数量将是 L_1。在设定的最低工资高于均衡工资的情况下，雇主对工人的需求量从 L_1 减少到 L_2，劳动供给量增加到 L_3，导致数量为 L_3-L_2 的工人过剩，他们无法找到工作。劳动供给量增加是因为更高的工资吸引了更多的人工作。例如，有些青少年可能认为，在每小时 7.25 美元的最低工资水平下，放学后去工作是划算的，但若工资更低，就不值得了。

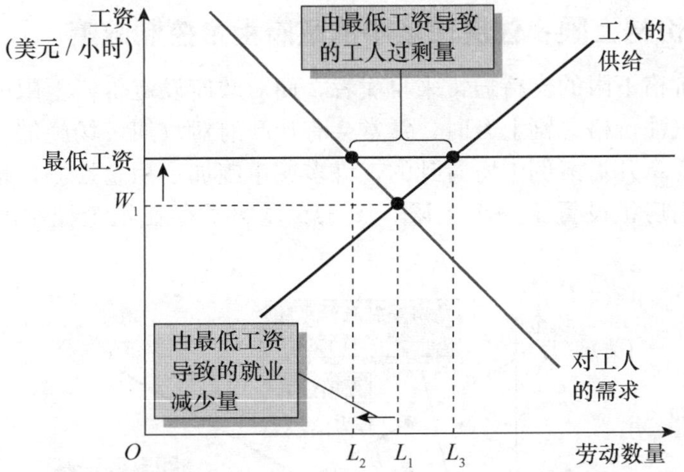

这个分析与我们在图4.8中对小麦市场的分析很类似。正如小麦市场中的价格下限导致小麦的消费量减少一样，劳动力市场中的价格下限应该会导致工人就业量的减少。然而，对于最低工资造成的就业量的减少有多大，经济学家之间的观点迥异。美国国会预算办公室估计，将最低工资提高到每小时10.1美元将导致就业人数减少50万人。不过，有些经济学家认为最低工资对就业的影响小得多。例如，加州大学伯克利分校的戴维·卡德（David Card）和普林斯顿大学的艾伦·克鲁格（Alan Krueger）进行了一项对新泽西州和宾夕法尼亚州的快餐店的研究。他们的研究表明，过去最低工资的增加对就业量的影响很小。这项研究有很大的争议性，其他经济学家考察了类似的数据，却得到了不同的结论：最低工资导致了就业量的显著减少。

无论最低工资造成的就业量损失有多大，因为它是一个价格下限，它会带来无谓损失，就像小麦市场中的价格下限一样。因此，许多经济学家偏爱使用其他政策来达到提高低技能工人的收入的目标。许多经济学家支持的一项政策是劳动收入所得税扣除。劳动收入所得税扣除减少了低工资收入者向联邦政府缴纳的税收。那些收入非常低、无须支付任何税收的工人从政府那里获得支付。与最低工资不同，劳动收入所得税扣除能够增加低技能工人的收入而不会减少就业量。劳动收入所得税扣除给那些雇用大量低技能工人的小企业造成的负担更轻，可能带来的经济效率损失也更小。

资料来源：Noam Scheiber，“Democrats Are Rallying around ＄12 Minimum Wage”，*New York Times*，April 22，2015；U. S. Bureau of Labor Statistics，“Characteristics of Minimum Wage Workers，2014”，BLS Reports 1054，April 2015；U. S. Congressional Budget Office，“The Effects of Minimum Wage Increase on Employment and Family Income”，February 2014；David Card and Alan B. Krueger，*Myth and Measurement*：*The New Economics of the Minimum Wage*，Princeton，NJ：Princeton University Press，1995；and David Neumark and William Wascher，“Minimum Wages and Employment：A Case Study of the Fast-Food Industry in New Jersey and Pennsylvania：Comment”，*American Economic Review*，Vol. 90，No. 5，December 2000，pp. 1362-1396.

轮到你了：做本章末与本专栏相关的问题与应用3.10，看看你理解得如何。

□ 4.3.2 价格上限：住房市场中的政府租金控制政策

对政府设定价格下限的支持通常来自卖者，而对政府设定价格上限的支持通常来自消费者。例如，当汽油价格急剧上升时，常常会有让政府对汽油市场施加一个价格上限的提议。正如我们在本章开篇案例中所看到的，许多城市施加了租金控制，租金控制对公寓房东可以收取的最高房租设置了一个上限。图 4.9 显示了存在租金控制的城市的公寓出租市场。

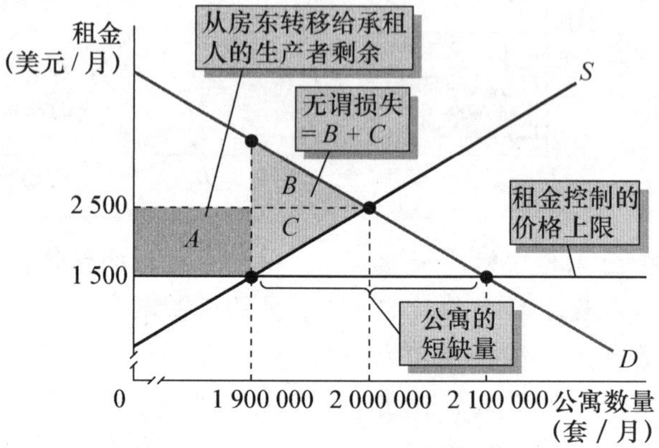

图 4.9 租金上限的经济影响

如果没有租金控制，均衡租金是每月 2 500 美元，将会有 200 万套公寓被租出去。如果政府施加了每月 1 500 美元的租金上限，公寓的供给量下降到 190 万套，而公寓的需求量上升到 210 万套，这导致 20 万套公寓的短缺。等于矩形 *A* 的面积的这部分生产者剩余从房东那里转移给了消费者，存在等于三角形 *B* 和 *C* 的面积的无谓损失。

如果没有租金控制，均衡租金将是每月 2 500 美元，租出去的公寓将有 200 万套。在最高法定租金为每月 1 500 美元的情况下，房东将公寓的供给量减少到 190 万套。公寓供给量的减少可能是由于房东将有些公寓改造成写字楼，或者卖给个人，或者将一些小型公寓改成独户式住宅。随着时间的推移，房东甚至有可能放弃一些公寓楼。在纽约市，租金控制曾经导致整个街区都被房东放弃，因为政府允许他们收取的房租还不够弥补他们的成本。在伦敦，当租金控制被应用到房东自己家里的房间和公寓时，这些公寓的供给量下降了 75%。

在图 4.9 中，当租金上限为每月 1 500 美元时，公寓的需求量上升到 210 万套，存在 20 万套公寓的短缺。消费者剩余增加了矩形 *A* 的面积，减少了三角形 *B* 的面积。如果没有租金控制的话，矩形 *A* 本来是生产者剩余的一部分。有了租金控制，它就成了消费者剩余的一部分。租金控制导致房东所获得的生产者剩余减少了矩形 *A* 和三角形 *C* 的面积。三角形 *B* 和 *C* 的面积代表了无谓损失。有无谓损失的原因是，租金控制减少了公寓出租市场中经济剩余的数量。租金控制导致最后一套出租的公寓的边际效益大于供给它的边际成本。我们可以得出结论：像租金控制这样的价格上限降低了经济效率。

所有承租人作为一个整体从租金控制中获益——总的消费者剩余增加了，但房东遭受了损失。由于有无谓损失，房东的总损失超过承租人获得的收益。另外，还要注意，尽管所有承租人作为一个整体获益了，但租到公寓的承租人数量减少了，所以租金控制使有些承租人的境况变差了，原因是在法定的租金水平他们租不到公寓。

不要犯这样的错误！☞

不要将“稀缺”和“短缺”混淆

乍一看，下面的说法似乎是正确的：“每种稀缺的商品都存在短缺。”在日常交谈中，如果我们很难发现某种商品，我们就说它是“稀缺的”。例如，如果你打算给孩子买一件礼物，你愿意按标价购买最新的热门玩具，但在网上或者任何商店里都买不到，你也许会说这样的热门玩具是“稀缺的”。但是，回忆一下，经济学家对稀缺的定义更宽泛。在经济意义上，几乎所有的东西（垃圾等不合意的东西除外）都是稀缺的。只有在现有价格水平下需求量超过供给量的时候，商品的短缺才会发生。因此，前面的说法——“每种稀缺的商品都存在短缺”——是不正确的。事实上，大部分稀缺的商品都不存在短缺。

轮到你了：做本章末与本专栏相关的问题与应用 3.13，看看你理解得如何。

4.3.3 黑市和点对点网站

当政府通过规定价格上限或价格下限来管制价格时，买卖双方常常会找到规避管制的方法。结果，承租人的境况可能比图 4.9 所表示的要差一些，而房东的境况则要好一些。我们一直假设承租人和房东事实上都遵守价格上限，但有时他们并不遵守。因为租金控制导致了公寓的短缺，所以在遵守租金上限的情况下租不到房屋的承租人有激励向房东提供超过法定最高租金的租金。结果就会出现**黑市**（black market），即以违反政府价格管制的价格进行买卖。

像爱彼迎这样的点对点租赁网站为房东和租户提供了另一种避免租金控制的方法。房东可以使用这些站点将常规的年租转化为一系列短租，对短租收取高于法定最高租金的租金。租户也可以用这些站点从租金控制中赚钱。正如我们在开篇案例中所看到的，在旧金山，有些租户已经搬离该城市但仍留着租金受控的公寓，然后使用点对点租赁网站将其出租出去。旧金山和纽约都采取了针对点对点租赁网站的措施，原因是有些政府官员认为这些网站动摇了租金控制。这两个城市都有法律禁止房东出租公寓少于 30 天。旧金山还宣布，任何通过爱彼迎和类似网站租赁房间的人都必须支付该城市税率为 14%的酒店税。

然而，这两个城市的有些政府官员不愿意采取有可能限制点对点租赁网站这种共享经济增长的措施。共享经济有潜力提高经济效率和使消费者以更低的价格得到诸如汽车、自行车、船只和公寓等之类的商品。但是，当城市有租金控制法律时，点对点网站履行的功能就有些不同，它们使公寓可以以高于法定价格上限的租金得到，而这些公寓本来是由于租金控制导致短缺而难以被租户找到的。地方政策制定者是否能解决设置租金的法定上限和鼓励点对点网站在他们所在城市运营之间的冲突还有待观察。

租金控制还可能会导致种族和其他类型的歧视增加。在有租金控制的情况下，求租公寓的承租人比可供出租的公寓要多。房东可以拒绝出租给他们不喜欢的人，他们的偏见得以大行其道。在没有租金控制的城市里，房东面临更多的竞争，这使得以不相关的特征（如种族）为由拒绝承租人更为困难。

例题 4.3　公寓出租黑市有什么经济影响？

在许多有租金控制的城市里，如纽约和旧金山，实际支付的租金可能比法定的最高租金高得多。因为租金控制引起了公寓的短缺，所以急切想租到公寓的承租人常常愿意向房东支付高于法律所允许的租金，其方式可能是通过开一张金额为法律所允许的租金的支票，再额外付一些现金。再次看一下图 4.9。假定承租人之间的竞争导致黑市租金上升到每月 3 500 美元。在这个租金水平，承租人对公寓的需求量是 190 万套。作图表示公寓出租市场，并与图 4.9 所示的情形进行比较。要求指出消费者剩余、生产者剩余和无谓损失上的任何差别。

解：

第 1 步：复习本章内容。这一问题是关于公寓出租市场中的价格控制的，所以你可能需要复习一下 4.3.2 节“价格上限：住房市场中的政府租金控制政策”。

第 2 步：画出与图 4.9 类似的图，加上黑市价格。

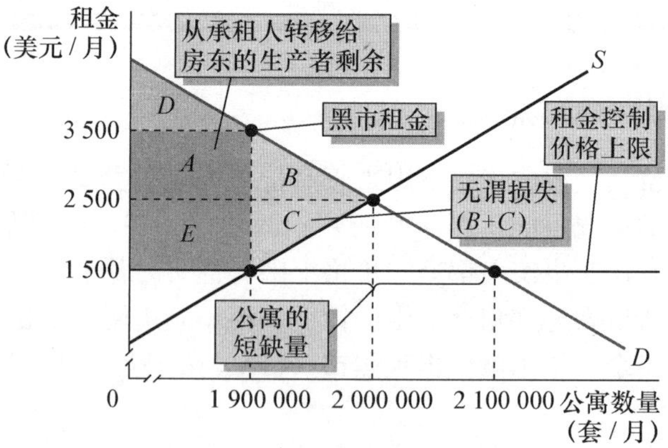

第 3 步：分析与图 4.9 相比的变化。黑市租金现在是每月 3 500 美元，甚至比图 4.9 所示的原始竞争均衡租金还高。所以消费者剩余的减少量等于矩形 A 加上矩形 E 的面积。剩下的消费者剩余是三角形 D 的面积。注意矩形 A 的面积原本是在没有租金控制的情况下消费者剩余的一部分，它代表从承租人向房东的转移。与图 4.9 所示的情形相比较，生产者剩余增加了矩形 A 和矩形 E 的面积，消费者剩余减少了同样的数量。无谓损失等于 B 和 C 这两个三角形的面积，与图 4.9 中相同。

附注：这一分析导致了令人惊讶的结果：如果存在活跃的公寓出租黑市，租金控制可能会使所有承租人作为一个整体的境况比不存在租金控制时更差：消费者剩余减少。不过，还有一种可能性需要考虑。如果有足够多的房东确信他们能够收取高于法定上限的租金而不会被政府发现，那么，公寓的供给量将会增加。最终，市场甚至可能达到竞争均衡，均衡租金为 2 500 美元，均衡公寓数量为 200 万套。在这种情况下，租金控制价格上限变得没有约束力了，这不是因为这个上限低于均衡价格，而是因为它在法律上没有被执行。

轮到你了：要想做更多的练习，请做本章末与本专栏相关的问题与应用 3.14。

□ 4.3.4　政府价格控制的结果：赢家、输家和无效率

当政府施加价格下限或价格上限时，会出现三个重要的结果：

（1）有些人成为赢家。租金控制的赢家是那些因为住在租金受控的公寓里而支付更少租金的人。如果房东违反法律，对他们拥有的租金受控的公寓收取超过法定最高租金的租金，只要那些非法的租金高于竞争均衡租金，房东也能够从租金控制中获益。

（2）有些人成为输家。租金控制的输家是那些遵守法律的租金受控公寓的房东以及无法以受到控制的租金租到公寓的承租人。

（3）存在经济效率的损失。因为存在租金控制时租出的公寓比在竞争市场要少，所以租金控制降低了经济效率（再次参见图 4.9）。由此造成的无谓损失衡量了经济效率的下降。

建立联系

为什么优步是如此有价值的公司？

在包括旧金山、波士顿和纽约在内的大多数大城市，除非你从市政府获得许可，否则你不能合法地开出租车。例如，纽约要求出租车司机购买市政府发行的执照勋章。执照勋章的数量有限，近些年里，有时候执照勋章的价格超过 100 万美元。显然，在大多数大城市，进入出租车行业是成本高昂的。市政府通常也对出租车计费进行管制。由于这些城市中的出租车计费通常高于其均衡水平，我们知道，存在消费者剩余的损失。

加利福尼亚州的企业家特拉维斯·卡兰尼克（Travis Kalanick）于 2009 年创办了优步科技公司，将其作为传统出租车的一个替代选项。该公司的口号是“选择是一件美妙的事情”。优步是一个移动应用程序，它使用户能够迅速约到与优步签了约且满足某些要求的司机的私家车——常常是宝马或凯迪拉克这样的豪华车。大城市中想进入提供搭乘生意的任何人都会发现与优步签约比获得传统出租车运营所需的许可要容易得多。优步认为，控制出租车的地方管制不适用于它的服务。

优步宣称要在全球范围内每个月增加 20 000 个新司机。许多城市的出租车司机抗议优步，因为他们认为来自优步司机的竞争将降低开出租车的盈利能力。在纽约，2015 年出租车执照勋章的价格下降了 20%以上。有些纽约出租车司机预测，除非市政府对优步进行更严密的管制，否则该行业将会瓦解。

投资者估计优步的价值达 500 亿美元，这比汽车出租公司赫兹（Hertz）和安飞士（Avis）加起来的价值的三倍还多。优步的竞争对手来福车（Lyft）也提供共乘服务，它的规模要小得多，估值为 25 亿美元。投资者预期优步和来福车的盈利能力非常高，原因是它们给消费者提供的乘车服务比出租车要更便宜或方便得多。优步和来福车的高利润取决于受管制的出租车计价和均衡价格之间的巨大差别。换言之，它们的高利润表明，出租车行业的政府管制极大地减少了消费者剩余。

资料来源：Douglas MacMillan and Telis Demosu，“Uber Eyes ＄50 Billion Valuation in New Funding”，*Wall Street Journal*，May 9，2015；Douglas MacMillan，“Carl Icahn Takes ＄100 Million Stake in Lyft”，*Wall Street Journal*，May 15，2015；and Andrew J. Hawkins，“Taxi Interests Sue City，Predicting Collapse of Their Industry”，crainsnewyork.com，May 27，2015.

轮到你了：做本章末与本专栏相关的问题与应用 3.15，看看你理解得如何。

□ 4.3.5 价格上限和价格下限的实证和规范分析

租金控制、政府的农场项目以及其他价格上限和价格下限是坏政策吗？正如我们在第1章中所看到的，这类问题的答案没有对错之分。经济学家们通常对政府干预竞争市场均衡的措施表示怀疑。经济学家们知道竞争市场在提高人们的平均生活水平上所起到的作用。他们还知道，过多的政府干预有可能降低市场体系在将来类似地提高生活水平的能力。

但是，回忆实证分析和规范分析之间的差别。实证分析关注是什么，而规范分析关注应该是什么。我们在本章中对租金控制和联邦政府的农场项目所进行的分析是实证分析。我们讨论了这些项目的经济结果。这些项目是否合意是一个规范性问题。赢家获得的效益是否足以抵消输家的损失和经济效率的下降，这是一个价值判断问题，而非严格意义上的经济问题。价格上限和价格下限仍继续存在，部分地是因为那些了解这些政策的缺点的人仍然认为它们是好政策从而支持这些政策，部分地也是因为许多支持这些政策的人并不理解本章的经济分析从而不理解这些政策的缺点。

4.4 外部性和经济效率

当你消费巨无霸汉堡包时，只有你本人获益，但是，当你接受大学教育时，其他人也能获益。接受过大学教育的人犯罪的可能性更低，而且，作为知识更渊博的选民，他们更有可能对更好的政府政策做出贡献。因此，尽管你得到了你接受大学教育的大部分效益，但你并没有获得它的全部效益。

当你购买巨无霸汉堡包时，你所支付的价格包含了麦当劳生产该汉堡包的所有成本。当你从电力公司买电时，由于该公司发电要烧煤并产生二氧化碳，所以，尽管你支付的价格包含了该电力公司发电的部分成本，但并没有包含二氧化碳对环境造成的损害的成本。

因此，接受大学教育存在正外部性，这是因为没有为大学教育支出的人也能从中获益。发电存在负外部性。例如，如果发电公司发电产生的酸雨导致湖里的鱼类和野生动物死亡，那么这给居住在湖边的人带来了成本，哪怕他们没有从该电力公司买电。

□ 4.4.1 外部性的影响

外部性妨碍市场均衡的经济效率。我们已经看到，竞争均衡通过最大化消费者剩余和生产者剩余之和实现了经济效率。但是，这一结论只在生产或消费不存在外部性的条件下才成立。外部性可能导致生产的私人成本和社会成本之间存在差别。

- **私人成本**（private cost）是指商品或服务的生产者承担的成本。
- **社会成本**（social cost）是指生产商品或服务的总成本，它等于私人成本加上所有外部成本（如污染的成本）。

如果没有外部性，私人成本和社会成本就相等。

外部性也可能导致消费的私人效益和社会效益之间存在差别。

● **私人效益**（private benefit）是指消费者从商品或服务的消费中得到的效益。

● **社会效益**（social benefit）是指从商品或服务的消费中得到的总效益，它等于私人效益加上所有外部效益（如你接受大学教育给别人带来的效益）。

如果没有外部性，私人效益和社会效益就相等。

生产中的负外部性如何降低经济效率？

经济学家通常假设商品或服务的生产者必须承担生产的所有成本。但是，现在我们知道这个假设并不总是对的。在电的生产中，私人成本由电力公司承担，但某些外部的污染成本是由该电力公司的客户以外的人承担的。生产电的社会成本是私人成本和外部成本之和。图 4.10 显示了生产中的负外部性对电力市场的影响。

S_1是市场供给曲线，它仅仅代表了电力公司在电的生产中必须承担的私人成本。公司只有在它们收到的价格等于生产额外一单位商品或服务的成本时才会供给额外一单位，因此供给曲线代表了生产一种商品或服务的边际成本。如果电力公司不得不承担污染的成本，那么供给曲线就会是 S_2，这代表了发电的真实边际社会成本。价格为 $P_{有效}$ 和产量为 $Q_{有效}$ 的均衡是有效的，而价格为 $P_{市场}$ 和产量为 $Q_{市场}$ 的均衡是无效的。

为了理解其中的原因，回忆一下均衡在经济上有效的条件是经济剩余（消费者剩余和生产者剩余之和）达到最大。当经济剩余达到最大时，社会从商品和服务的生产中得到的净效益达到了最大。在均衡数量为 $Q_{有效}$ 时，经济剩余达到最大，这一均衡是有效的。但是，在均衡数量为 $Q_{市场}$ 时，经济剩余减少了图 4.10 中阴影三角形所表示的无谓损失那么大，这一均衡是无效的。无谓损失产生的原因是，对于在 $Q_{有效}$ 到 $Q_{市场}$ 之间的那些单位的电的生产，供给曲线在需求曲线之上。也就是说，生产这些单位的额外成本——包括外部成本在内——超过了需求曲线所代表的给消费者带来的边际效益。换句话说，由于污染成本的存在，如果少生产一些电，经济效率会提高。

我们可以得出如下结论：当一种商品或服务的生产中存在负外部性时，在市场均衡处所生产的该商品或服务过多。

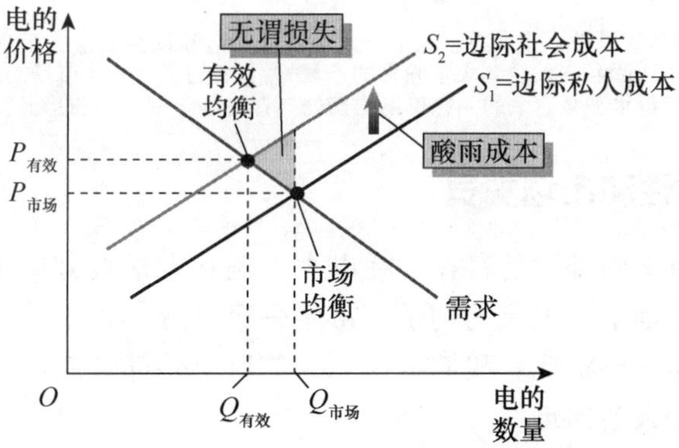

图 4.10 污染对经济效率的影响

由于电力公司不承担酸雨成本，它们生产的电超过经济上有效的水平。供给曲线 S_1 仅仅代表了电力公司必须承担的边际私人成本。供给曲线 S_2 代表了边际社会成本，它包括酸雨成本。如果供给曲线是 S_2 而非 S_1，市场均衡将会是价格为 $P_{有效}$ 和产量为 $Q_{有效}$ 的均衡，这一产量水平是经济上有效的水平。但是，当供给曲线是 S_1 时，市场均衡是价格为 $P_{市场}$ 和产量为 $Q_{市场}$ 的均衡，此时存在等于阴影三角形面积的无谓损失。由于存在无谓损失，因此这一均衡是无效的。

消费中的正外部性如何降低经济效率？

我们已经看到，负外部性妨碍经济效率的实现。正外部性也是如此。在第 3 章中，我们假设需求曲线代表了消费一种商品所获得的所有效益。但是，我们已经看到，大学教育产生了未接受教育的人获得的效益，该效益未被包括在对大学教育的市场需求曲线中。图 4.11 显示了消费中的正外部性对大学教育市场的影响。

如果接受大学教育的学生能够获得所有效益，那么，需求曲线将是 D_2，它代表了边际社会效益。然而，实际的需求曲线是 D_1，它仅代表学生获得的边际私人效益。有效的均衡将会是价格为 $P_{有效}$ 和产量为 $Q_{有效}$ 的均衡。在这个均衡处，经济剩余达到了最大。市场均衡是价格为 $P_{市场}$ 和产量为 $Q_{市场}$ 的均衡，它是无效的，因为对于在 $Q_{市场}$ 到 $Q_{有效}$ 之间的那些单位的生产，需求曲线在供给曲线之上。也就是说，生产这些单位的边际效益——包括外部效益在内——超过了边际成本。结果，存在等于阴影三角形面积的无谓损失。由于正外部性的存在，如果更多的大学教育被生产出来，经济效率会提高。

我们可以得出如下结论：当一种商品或服务的消费中存在正外部性时，在市场均衡处所生产的该商品或服务过少。

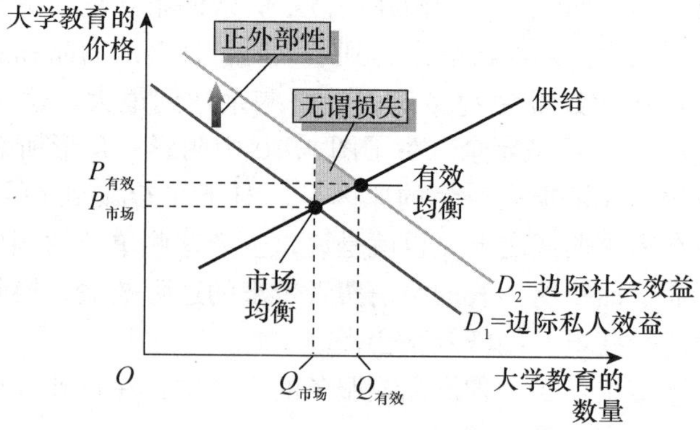

图 4.11　正外部性对经济效率的影响

不消费大学教育的人也能从大学教育中获益。结果，大学教育的边际社会效益大于学生获得的边际私人效益。由于市场需求曲线 D_1 仅仅代表了边际私人效益，大学教育的产量 $Q_{市场}$ 太低了。如果市场需求曲线是 D_2 而非 D_1，大学教育的产量将会为 $Q_{有效}$，这一产量水平是有效的。在市场均衡处，存在等于阴影三角形面积的无谓损失。

□ 4.4.2　外部性和市场失灵

我们已经看到，由于外部性的存在，在电力市场和大学教育市场，有效的产出水平可能都不会达到。这些都是市场失灵的例子。**市场失灵**（market failure）是指市场未能生产出有效的产出水平这样一种状况。我们将在 4.5 节讨论外部性问题的可能解决方案。但我们先要思考外部性为什么会出现。

□ 4.4.3　什么引起了外部性？

为了使市场体系良好运行，政府需要保障产权（见第 2 章）。**产权**（property rights）是指个人或企业对其财产拥有的排他性使用权，包括买卖的权利。财产可能是有形的实物财产，如商店或工厂，也可能是无形的，如对某个主意的权利。在大部分时间里，美国和其他高收入国家的政府在执行产权上都做得很好，但是，在某些情形下，产权根本不存在或者无法在法律上得到执行。

考虑如下情形：李（Lee）拥有一片土地，包括一个湖在内。一个纸业公司想租李的部分土地来建一个纸厂。纸厂将向李的湖里排放污染物。由于李是湖的所有者，他可以向纸业公司收取清理污染物的成本。结果，污染的成本就是纸业公司的私人成本，会被包括在它生产的纸的售价中。在这种情形下，不存在外部性，纸的产量是有效水平，不存在市场失灵。

现在假定该纸业公司在私有土地上建了一个纸厂，但将其污染物排放到州政府而不是个人拥有的一个湖里。在没有任何政府管制的情况下，公司可以向湖里排放污染物而无须付费。污染的成本对公司来说是外部的，因为它不必支付清理成本。该纸业公司的产量将超过经济上有效的水平，市场失灵将会发生。或者，假定李拥有这个湖，但是污染是由数百英里以外的一个发电厂引起的酸雨导致的。法律不允许李对由酸雨导致的损失向发电厂索取赔偿。即使有人损害了李的财产，在这种情况下，他也无法执行他的产权。再一次地，这时存在外部性，市场失灵会导致发电量过高。

如果你买了一栋房子，政府将捍卫你排他性地使用该住房的权利。任何其他人未经你允许都不能使用该住房。由于你对房子拥有产权，你从房子中得到的私人效益和社会效益是相等的。可是，当你接受大学教育时，其他人实际上也能从你的大学教育中获益。你没有产权能让你阻止别人从中获益或者对他们获得的效益收取费用。结果，存在正外部性，且市场失灵将导致大学教育的供给过少。

我们可以得出如下结论：外部性和市场失灵的产生源自不完全的产权或者在某些情形下产权的难以执行。

4.5 处理外部性的政府政策

当外部性的私人解决方案不可行时，政府应该如何干预呢？剑桥大学的英国经济学家A. C. 庇古（A. C. Pigou）是系统地分析市场失灵的第一人。

□ 4.5.1 当存在负外部性时征税

庇古主张为了处理生产中的负外部性，政府应该征收等于外部性成本的税。这样一种税收的影响表示在图 4.12 中，该图重现了图 4.10 所示的来自酸雨的负外部性。

通过对电的生产征收等于酸雨成本的税，政府将促使发电厂内部化外部性。结果，酸雨成本将变成由发电厂承担的私人成本，电的供给曲线将从 S_1 移动到 S_2。结果将是电的均衡产出从 $Q_{市场}$ 减少到有效水平 $Q_{有效}$。消费者为电支付的价格将从 $P_{市场}$ 上升到 $P_{有效}$，前者没有包括酸雨成本，而后者则包括了。生产者收到的价格将为 P，它等于 $P_{有效}$ 减去税收的数量。

□ 4.5.2 当存在正外部性时提供补贴

庇古还主张政府可以通过给消费者补贴或支付的方式来处理正外部性，补贴或支付的

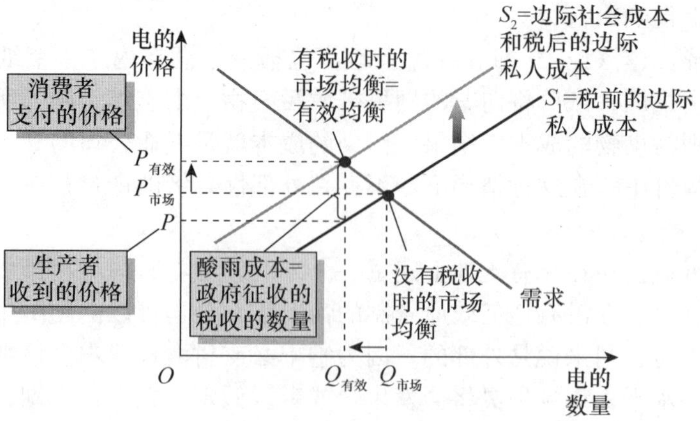

图 4.12　当存在负外部性时，税收可以导致有效的产出水平

由于发电厂不承担酸雨成本，它们生产的电量超过了经济上有效的水平。如果政府征收等于酸雨成本的税收，发电厂将内部化外部性。结果，供给曲线将从 S_1 向上移动到 S_2。市场均衡产量从 $Q_{市场}$ 减少到 $Q_{有效}$，前一产量水平偏高，缺乏效率，后者则是经济上有效的产量。电的价格将从 $P_{市场}$ 上升到 $P_{有效}$，前者没有包括酸雨成本，而后者则包括酸雨成本。消费者支付的价格是 $P_{有效}$，而生产者收到的价格是 P，它等于 $P_{有效}$ 减去税收的数量。

大小为外部性的价值。这类补贴的影响表示在图 4.13 中，该图重现了图 4.11 所示的大学教育的正外部性。

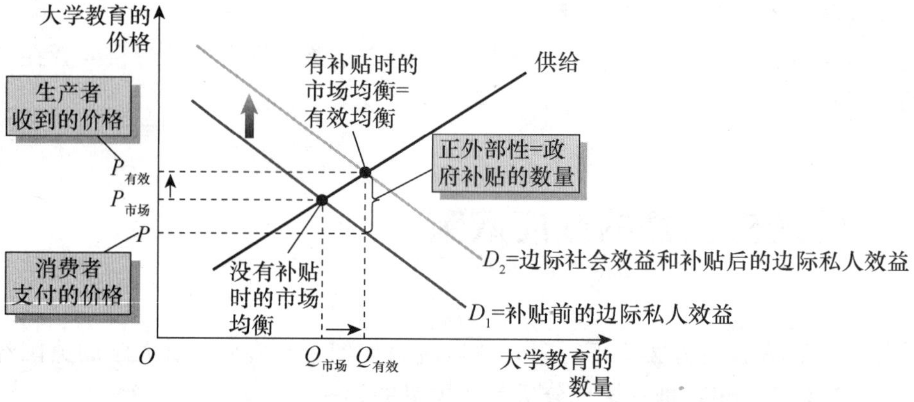

图 4.13　当存在正外部性时，补贴能导致有效的产出水平

不消费大学教育的人也能从大学教育中获益。结果，大学教育的社会效益大于学生获得的私人效益。如果政府向学生支付数量等于外部效益的补贴，那么，学生将内部化外部性。补贴将导致需求曲线从 D_1 向上移动到 D_2。结果，市场均衡数量从 $Q_{市场}$ 增加到 $Q_{有效}$，前一数量水平偏低，缺乏效率，后者则是经济上有效的数量。生产者收到的价格是 $P_{有效}$，而消费者支付的价格是 P，它等于 $P_{有效}$ 减去补贴的数量。

通过支付给大学生一个等于大学教育的外部效益的补贴，政府将促使学生内部化外部性。也就是说，大学教育的外部效益将成为大学生收到的私人效益，对大学教育的需求曲线将从 D_1 移动到 D_2。大学教育的均衡供给量将从 $Q_{市场}$ 增加到有效水平 $Q_{有效}$。生产者收到的价格为 $P_{有效}$，而消费者支付的价格为 P，即 $P_{有效}$ 减去补贴的数量。实际上，政府确实大量补贴大学教育。所有的州都有公立大学，这些大学收取的学费远远低于提供教育的成本。州政府和联邦政府还给学生提供资助和低息贷款来补贴大学教育。这些项目的经济理由正是大学教育对社会有外部效益。

由于庇古是第一个提议利用政府税收和补贴来处理外部性的经济学家，这样的政府税收和补贴有时被称为**庇古税和补贴**（Pigovian taxes and subsidies）。注意，庇古税与大部分税收不同，它消除了无谓损失并提高了经济效率，而大部分税收的目的仅仅是筹集税收收入，会降低消费者剩余和生产者剩余并导致无谓损失。实际上，经济学家支持利用庇古税来处理负外部性的原因之一就是政府可以利用庇古税所筹集的税收收入来降低其他会导致经济效率下降的税收。例如，加拿大的不列颠哥伦比亚省实行了针对二氧化碳排放的庇古税并利用该税收收入来降低个人收入税。

建立联系

政府应该对香烟和汽水征税吗？

政府通常用庇古税来处理生产中的负外部性。政府还对香烟和酒等产品征税，有时被称为“罪孽税”。有些政策制定者认为，这些产品产生了消费中的负外部性，因此对其征税可以提高经济效率。近来，有几个城市已经考虑对汽水征税，其依据是这些汽水通过提高医疗成本而引起了负外部性。正如政府能够通过给消费者补贴来处理消费中的正外部性一样，它们也能通过征税来处理负外部性。

正如下图所显示的那样，通过对汽水征税，政府将促使消费者内部化外部性。也就是说，喝汽水的外部成本将变成消费者支付的私人成本。由于现在消费者不得不支付汽水税，在每一数量水平，他们愿意支付的价格都比没有税收的情况下要低，于是对汽水的需求曲线将从 D_1 向下移动到 D_2，移动的幅度等于税收的数量。汽水的均衡数量将从 $Q_{市场}$ 减少到有效水平 $Q_{有效}$。

但是，吸烟和喝汽水的人真的造成了负外部性吗？看起来或许并非如此，因为香烟和汽水的消费者承担了他们所遭受的任何健康问题的成本。但是，事实上，治疗吸烟或肥胖并发症所花费的更高的医疗支出并非全部由烟民或喝汽水者本人支付。通过雇主享有医疗保险的烟民可能会增加医疗保险的成本，而这些成本是由企业的所有工人支付的。类似地，联邦政府的医疗照顾保险覆盖的 65 岁以上的人的卫生保健费用部分地是由纳税人支付的。不由烟民或喝汽水者本人承担的医疗保健成本看起来代表了一种负外部性。

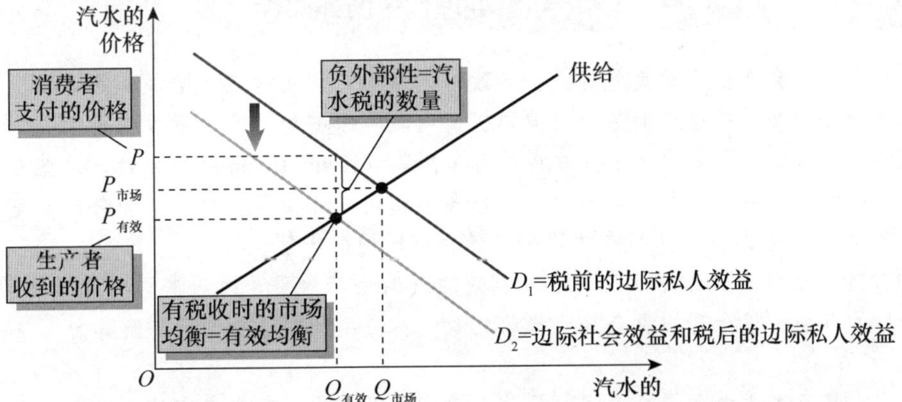

然而，要得到这一结论还有其复杂性：烟民和肥胖者往往寿命不长。这一悲

剧结果意味着烟民和肥胖者可能一直在缴税以帮助支付社会保障金和医疗照顾保险费，而他们本人由于过早离世而无法享受这些福利。他们也可能支付了款项到公司和公共雇员养老金计划并购买了长期护理保险，但是他们可能活不到那么长而没有收到养老金或住进护理院。因此，存在抵消的效应：活着的时候，烟民和肥胖者可能给那些承担了他们更高的医疗成本支出的人带来了成本，但是，由于他们可能过早离世，他们为社会保障、医疗照顾保险、公司和公共雇员养老金计划等的领受人和长期护理保险的购买人提供了财务收益。

范德堡大学的 W. 基普·维斯库西（W. Kip Viscusi）研究了吸烟的例子，他的结论是：外部成本和效益大致相互抵消了，这意味着吸烟看起来并没有明显的负外部性。关于肥胖的研究得到的结果多少有些冲突：一项利用挪威的数据进行的关于肥胖的研究发现，由于过早离世而产生的成本节约抵消了肥胖者一生的额外医疗成本。但是，另一项利用美国的数据进行的研究发现，即使考虑到肥胖者平均而言寿命更短，肥胖的确还是导致了一生医疗成本的净增加。

除了额外的医疗成本之外，吸烟和肥胖可能还有其他成本。由于二手烟的危害或者由于怀孕期间吸烟可能导致新生婴儿体重偏轻和其他健康问题，烟民可能给其他人带来了成本。航空公司已经注意到，由于乘客体重的增加，公司的燃料成本在增加。

经济学家和政策制定者仍在继续争论政府是否应该利用税收处理消费中的负外部性。

资料来源：Stephanie Strom，"Election Day Entailed Casting Votes for Soda Taxes and Food Issues Too"，*New York Times*，November 5，2014；W. Kip Viscusi，"Cigarette Taxation and the Social Consequences of Smoking"，in James Poterba，ed.，*Tax Policy and the Economy*，Vol. 9，Cambridge：MIT Press，1995；Pieter H. M. van Baal，et al.，"Lifetime Medical Costs of Obesity：Prevention No Cure for Increasing Health Expenditure"，*PLoS Medicine*，Vol. 5，No. 2，February 2008，pp. 242－249；Pierre-Carl Michaud，"Understanding the Economic Consequences of Shifting Trends in Population Health"，National Bureau of Economic Research Working Paper 15231，August 2009；and "Feds Say Obesity Epidemic Hurts Airlines by Increasing Fuel Costs"，Associated Press，November 5，2004.

轮到你了：做本章末与本专栏相关的问题与应用 5.9，看看你理解得如何。

例题 4.5　处理驾车的外部性

当你驾车时，会产生几种负外部性：导致一些额外的空气污染，增加其他司机出事故的可能性，导致额外的交通拥堵从而导致其他司机交通时间的增加。国际货币基金组织的伊恩·派瑞（Ian Parry）和加州大学欧文分校的肯尼思·斯莫（Kenneth Small）估计，这些外部成本加起来大约为每加仑汽油 1 美元。各州的汽油税各不相同，现在平均约为每加仑 0.5 美元。

a. 作图表示汽油市场。标明有效均衡产量和市场均衡产量。

b. 给定题中的信息，如果政府想实现有效的汽油生产水平，政府应该对汽油征收多少税？消费者支付的汽油价格上升的量会等于税收的量吗？使用问题 a 的图简要解释。

解：

第 1 步：复习本章内容。这一问题是关于政府利用税收处理生产中的负外部性的，所以你可能需要复习一下 4.5 节"处理外部性的政府政策"。

第 2 步：通过画一幅汽油市场的图形回答问题 a。在这个例子中，税收是对汽油的消费而非生产征收的，因此，你的图形应该显示代表边际社会效益的需求曲线位于代表边际私人效益的需求曲线下方。（当然，政府事实上是从卖者而非从消费者那里收税，但是，无论政府对商品的买者还是卖者征税，我们得到的结果相同。）你的图形还应该显示汽油的市场均衡产量$Q_{市场}$高于有效均衡产量$Q_{有效}$。

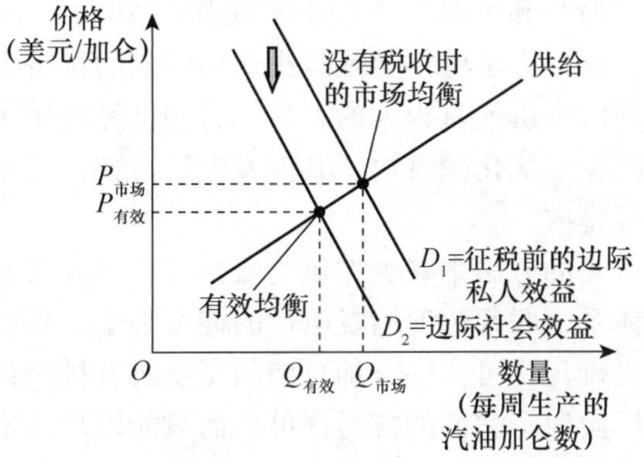

第3步：通过解释必要的税收的大小、在问题a的图上标明税收、解释税收对均衡价格的影响来回答问题b。如果派瑞和斯莫所估计的汽油消费的外部成本为每加仑1美元是正确的，那么，每加仑汽油的税收应该从0.5美元提高到1美元。你应该在图上表示出税收增加所产生的影响。

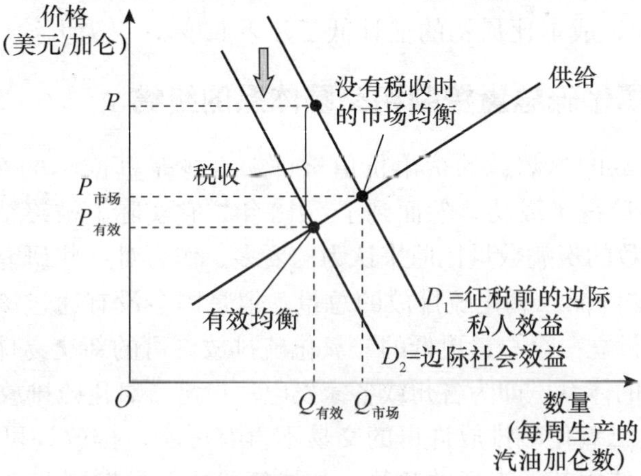

该图显示，尽管这一税收使得汽油的需求曲线向下移动，但是，消费者支付的价格上升的量少于税收的量。为了看出这一点，注意消费者支付的价格从$P_{市场}$上升到P，它小于每加仑的汽油税，即$P_{有效}$和P之间的垂直距离。

资料来源：Ian W. H. Parry and Kenneth A. Small，"Does Britain or the United States Have the Right Gasoline Tax?" *American Economic Review*，Vol. 95，No. 4，September 2005，pp. 1276-1289.

轮到你了：要想做更多的练习，请做本章末与本专栏相关的问题与应用5.10、5.11和5.12。

□ 4.5.3 "命令和控制"方法与基于市场的方法

尽管联邦政府有时候运用税收和补贴来处理外部性，但是，它处理污染更频繁地采用的是“命令和控制”方法。为减少污染所采用的**“命令和控制”方法**（command-and-control approach）是指政府对企业允许排放的污染数量施加数量限制或者要求企业安装具体的污染控制设备这样一种方法。例如，在 20 世纪 80 年代，联邦政府要求福特和通用汽车等汽车制造商在所有新汽车上安装旨在减少汽车排放物的催化式排气净化器。

国会本来可以使用“命令和控制”方法来实现其在 2010 年前每年减少 850 万吨二氧化硫排放的目标。可是，这一方法将不会是解决这一问题的经济上有效的方法，原因是发电厂减少二氧化硫排放的成本可能有很大的差异。有些已经使用了低硫煤的发电厂只有以很高的成本才能进一步减少二氧化硫排放。其他发电厂，特别是中西部的发电厂，能够以更低的成本减少二氧化硫排放。

国会决定采用基于市场的方法来减少二氧化硫排放，其方式是建立一个可交易的排污许可的总量控制和交易体系。联邦政府给发电厂的许可等于二氧化硫排放的总目标量。然后，发电厂可以自由买卖排污许可。在芝加哥商品交易所有排污许可买卖的市场。能够以低成本减少排放的发电厂卖掉了它们的排污许可，而只能以高成本减少排放的发电厂则买入了排污许可。

利用可交易的排污许可来减少酸雨取得了成功，使得发电厂能够以远低于预期的成本实现国会的减排目标。就在国会 1990 年实行排污许可项目之前，爱迪生电力研究所（Edison Electric Institute）估计，到 2010 年之前遵守该项目的发电厂的成本将达到 74 亿美元。到 1994 年，联邦政府的总会计署（General Accounting Office）估计，成本将会低于 20 亿美元。在实践中，成本比最初的估计低了几乎 90%，仅为大约 8.7 亿美元。

□ 4.5.4　二氧化硫总量控制和交易体系的终结

减少二氧化硫排放的总效益的货币价值被证明至少是其成本的 25 倍。尽管二氧化硫总量控制和交易体系取得了成功，然而到了 2013 年，它实际上被终结了。多年来，研究表明，二氧化硫排放导致的疾病数量比原来认为的要多。作为对这些研究发现的反应，乔治·W. 布什总统提议立法降低二氧化硫排放的总量，但是国会没有通过该法律。法院裁决禁止环境保护局利用管制设立一个总量更低的二氧化硫排放许可的新交易体系。结果，环境保护局回到了之前所采用的体系，即为各州或各家发电厂设定二氧化硫排放的上限。

由于全国范围内二氧化硫排放许可的交易不再有可能，排放许可失去了其价值。许多经济学家仍然认为，使用基于市场的政策，如二氧化硫总量控制和交易体系，是处理污染外部性的有效方法。但是，最终，任何政策都要求大量的政治支持才能得以制定和维持。

□ 4.5.5　可交易的排污许可是污染的通行证吗?

有些环境保护论者批评可交易的排污许可是“污染的通行证”，因此，可交易的排污许可面临着政治问题。这些环境保护论者主张，就像政府不给银行抢劫或醉驾发放许可一样，政府也不应该给污染发放许可。但是这一批评忽略了经济学的一个中心启示：由于资源是稀缺的，所以权衡无处不在。用于减少一种类型的污染的资源就不能用于减少其他类型的污染或其他用途。由于利用可交易的排污许可减少酸雨花费了发电厂 8.7 亿美元而不是最初估计的 74 亿美元，社会节约了超过 65 亿美元。

建立联系☞

碳税能够减缓全球变暖吗?

在过去的 35 年里，全球温度比 1951—1980 年这一时期的平均温度上升了大约 0.75 华氏度 (0.4 摄氏度)。下图显示了 1880 年以来的温度变化。

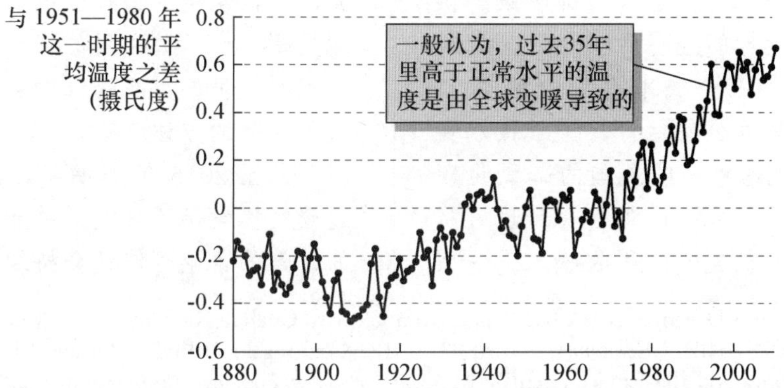

资料来源：NASA，Goddard Institute for Space Studies，data. giss. nasa. gov/gistemp/tabledata _ v3/GLB. Ts. txt.

数百年来，全球温度已经经历过许多长时期的变暖和变冷。但是，许多科学家确信，近来的变暖趋势并非温度自然波动，而是由煤、天然气和石油等化石燃料的燃烧所致。燃烧这些燃料释放了二氧化碳，二氧化碳在大气中累积，形成温室气体。温室气体导致地球释放的部分热量被反射回来，这使得温度上升。二氧化碳每年的排放量已经从 1850 年的大约 5 000 万吨增加到 1950 年的 16 亿吨再到 2013 年的接近 99 亿吨。

根据某些研究的估计，如果温室气体继续在大气中累积，那么，在未来 100 年里全球温度可能上升 3 华氏度甚至更多。温度的这一增加可能导致气候出现重大变化，而这或许会导致飓风和其他恶劣天气状况增加，影响世界上很多地区的农业种植，导致海平面上升，而海平面的上升可能导致沿海地区被淹。

尽管大部分经济学家和政策制定者都认为排放二氧化碳产生了重要的负外部性，但是，关于应该采取什么政策一直存在大量争论。部分争论源于对全球变暖可能发生的速度有多快以及其经济成本有多高的认识存在分歧。此外，二氧化碳排放是一个全球问题；例如，仅仅在美国和欧洲大量减少二氧化碳排放不足以消除全球变暖的趋势。但是，事实已经证明，国家间的政策协调是很困难的。最后，政策制定者和经济学家对不同政策的相对效果也存在争论。

政府已经采用了几种减少二氧化碳排放的方法。欧盟建立了一个总量控制和交易体系。按照这一计划，每个国家发放排污许可，这些排污许可可以在不同国家的企业间自由交易。但是，欧洲议会不愿意随着时间的推移减少许可的数量，这使得该体系如何能被用来进一步减少二氧化碳排放仍不清楚。

2015 年，奥巴马当局推出了清洁能源计划，这一计划要求各州到 2030 年之前发电厂排放物比 2005 年减少 32%。为了实现这一目标，一些电力公司，如威斯康星州的 We Energies 公司，需要关闭燃煤发电厂，代之以燃烧天然气的发电厂或者风能或太阳能等替代性能源发电厂。一些经济学家和政策制定者对在不使美国的电力供应产生混乱的条件下达成该计划的目标表示怀疑。

许多经济学家支持采用碳税作为一种减少二氧化碳排放的基于市场的政策。供职于联邦政府机构的经济学家估计，二氧化碳排放的边际社会成本大约为每吨 21 美元。国会预算办公室估计，等于该数量的庇古税将在 10 年间使美国的二氧化碳排放减少约 8%。同一时期里联邦政府将征收到约 1.2 万亿美元的税收收入。一项政府研究表明，87%的碳税将被消费者以更高的汽油价、电价、天然气价和其他商品价格的形式承担。例如，每吨 21 美元的碳税将使汽油价格从每加仑约 0.18 美元增加到 0.2 美元。由于低收入家庭在汽油上的支出占收入的比例比高收入家庭更高，它们承担的该税收的份额也会成比例地更高。大多数碳税的提议都包括将低收入家庭支付的更高税收的一部分退还给低收入家庭的方法。

截至 2015 年下半年，国会是否会通过碳税提案仍不确定。关于应对全球变暖的政策的争论可能还会持续很多年。

资料来源：Coral Davenport，"A Challenge from Climate Change Regulations"，*New York Times*，April 22，2015；"ETS，RIP?" *Economist*，April 20，2013；Congressional Budget Office，"Effects of a Carbon Tax on the Economy and the Environment"，May 2013，www.cbo.gov/publication/44223；and Daniel F. Morris and Clayton Munnings，"Progressing to a Fair Carbon Tax"，April 2013，www.rff.org/RFF/Documents/RFF-IB-13-03.pdf.

轮到你了：做本章末与本专栏相关的问题与应用 5.15 和 5.16，看看你理解得如何。

接第 110 页

生活中的经济学

租金控制会使你更容易找到一套负担得起的公寓吗？

在本章一开头，我们提出了如下问题：如果你有两个城市的工作机会，一个城市有租金控制而另一个没有，你更可能在有租金控制的城市找到一套负担得起的公寓吗？本章表明，尽管租金控制能够使租金保持在比没有租金控制时更低的水平，但它也导致了公寓的永久性短缺。你可能不得不花很长的时间才能找到合适的公寓，房东甚至可能会向你索取违反租金控制法律的额外付款，这会使你实际支付的租金高于受到控制的租金。在没有租金控制的城市找到一套公寓应该容易得多，尽管租金可能更高一些。

4.6 结论

我们对需求和供给模型的讨论表明，没有政府干预的市场能够消除过剩和短缺，对消费者的需要做出很好的反应。我们已经看到，消费者和企业有时候都力图利用政府来使市场结果做出对他们有利的改变。消费者剩余和生产者剩余以及无谓损失的概念使我们能够衡量消费者和生产者从竞争市场均衡中收到的效益。这些概念还使我们能够衡量政府制定的价格下限和价格上限的影响以及税收的经济影响。

在本章，我们还看到，当定义良好且可执行的产权的缺失阻止市场有效运行时，政府就成为经济中不可或缺的角色。例如，由于没有人拥有清洁空气的产权，在缺乏政府干预时，企业所生产的那些能够产生空气污染的产品的数量就过多。

阅读接下来的“业内观察”，该专栏讨论了位于加利福尼亚州马里布市的爱彼迎面临的管制和法律挑战的一个例子。

爱彼迎的客户要付酒店税！

《马里布时报》

《爱彼迎将开始为马里布市纳税：传票送出接近一年后，爱彼迎和马里布市达成协议》

那些在忙碌的周末将自己的住宅或客房出租出去或保留海滩边的租赁物业以赚取额外收入的人很快就要给加利福尼亚州的马里布市缴纳税收了，因为爱彼迎——不满马里布市交税要求的钉子户之一——终于与该市达成协议。

a 市议会2014年5月传唤问询度假租赁网站以便它们能够从出租私人住房的个人那里收缴临时占用税（即酒店税）的决定令全市大吃一惊，但近一年后，爱彼迎最终做出了反应，从4月20日开始，市议会要求的5个度假租赁网站中有4个现在将给市里缴纳税率为12%的税收。

由爱彼迎公共政策区域主管戴维·欧文（David Owen）执笔的爱彼迎官方声明说：我们很高兴将马里布市添加到“爱彼迎能够代表房主代收代缴临时占用税且当地规章支持住房共享和点对点经济的城市列表中”。

市检察官克里斯蒂·霍根（Christi Hogin）解释说，爱彼迎本质上同意向那些在其网站上出租房屋和公寓的人提供一项服务，那些人才是法律上负责缴纳税收的人。

霍根说：“爱彼迎将为房主代收代缴这一税收，这令马里布市兴奋不已。”

“我们认为爱彼迎在做完全正确的事。”霍根补充说。

b 这个故事开始于11个月前，当时马里布市的市长助理列娃·费尔德曼（Reva Feldman）在为市议会准备的一份工作汇报中建议它去找包括爱彼迎、HomeAway（VRBO和FlipKey的所有者）和YBYC在内的租赁网站。

根据费尔德曼的估计，如不这么做，马里布市将错过几十万美元的税收收入。

现在，费尔德曼说，虽然来自爱彼迎的数字还没有最后敲定，但是，这座城市预期可以征收到很多临时占用税收入。

“我可以告诉你，我们预期这个财政年度能获得45万美元，”费尔德曼说，“这是我们（现在）预期的数字。但是，在爱彼迎给我提供数据之前，我不知道我们预期有多少收入。”

霍根补充说，这些税收收入会被用于租房者和房主。“这些税收收入基本上被用于警察、消防、道路、清洁用水等方面：所有居民和游客都可以从这些方面获益。”霍根说。

至于也收到了传票的其他网站，只有HomeAway拒不合作。费尔德曼认为，马里布市从 HomeAway 征收临时占用税的希望看来不大，因为它们没有这样的法律义务。

因为 HomeAway 在洛杉矶没有办事处，马里布市发出的传票对它们没有任何压力，此外，不同于其他网站，VRBO 和 FlipKey 自己并不收取租赁费用。

“它们只是广告网站；它们并不通过网站收取收入，”费尔德曼说，“除非它们愿意遵守，否则我们不能采取任何进一步的措施。”

c 马里布市获得了税收收入，2014 年春季该市向租赁网站发出传票时列出的主要原因是这一税收将有助于减少度假房屋的租赁，但是这一目标是否真的能实现还不清楚。

“这不是一个创收项目。我们这样做的原因，也是这件事的起源，是我们收到了来自整个城市所有地区的居民的大量投诉。”市议会议员洛乌·拉蒙特（Lou La Monte）在 2014 年 5 月的一次市议会会议期间如是说。

爱彼迎似乎认为，与马里布市达成协议将使它在马里布市的运营更受欢迎。

“我们在马里布市的社区已经给这座城市带来显著的经济和文化效益，这是我们可以使它变得更加强大的另一种方法。”爱彼迎的声明如是说。

资料来源：Emily Sawicki，“Airbnb to Begin Collecting Taxes for City: Nearly a Year after Subpoenas Were Sent, Airbnb and Malibu Have Come to an Agreement”, *Malibu Times*, April 8, 2015.

文章要点

加利福尼亚州马里布市是一个富饶的海滨城市，它与爱彼迎达成了一个协议，该协议要求爱彼迎代表通过其网站出租住房的客户缴纳酒店税。从 2015 年 4 月开始，该城市税率为 12%的临时占用税将适用于通过爱彼迎出租私人住房的任何人。该城市对从爱彼迎收缴的第一年的税收收入的初始估计为 45 万美元，据市检察官戴维·霍根说，这些钱将用于警察和消防等服务。尽管临时占用税的收缴将给该市带来收入，但是，征收该税收的主要动机是减少该市的度假房租赁。

新闻分析

a 爱彼迎是一个将想短期出租房间或整套房的房东和寻找短租的游客匹配起来的互联网网站。爱彼迎自 2008 年成立以来，饱受来自酒店公司和未能从爱彼迎的客户手里收缴地方酒店税的一些地方政府官员的批评。在过去几年里，爱彼迎通过同意缴纳这些税收来积极取悦城市和酒店公司，正如该公司与马里布市达成缴纳税率为 12%的临时占用税的协议所证明的那样。下页图显示了一个假想的例子，用以说明这一税收对马里布市度假租赁住房市场的影响。在没有税收的情况下，均衡租金为每月 1 000 美元，每月有 400 套住房被出租。在有 12%（120 美元）的税收的情况下，供给曲线向上移动了 120 美元的距离，这使消费者支付的价格上升到 1 060 美元，房东收到的价格下降到 940 美元，住房出租的数量下降到 320 套。税收收入等于每月 38 400（=120×320）美元。

b 对爱彼迎租赁征收 12%的税收将为马里布市带来收入，但是，它也将通过减少消费者剩余和生产者剩余而影响经济效率。租户（消费者）将为度假房租赁支付更高的价格，这减少了消费者剩余；出租住房的房东（供给者）将收到更低的价格，这减少了生产者剩余。减少的消费者剩余和生产者剩余有一部分将变成马里布市的税收收入，据该市市长助理估计，在这一税收生效的第一个财政年度，税收收入将达 45 万美元。但是，减少的消费者剩余和

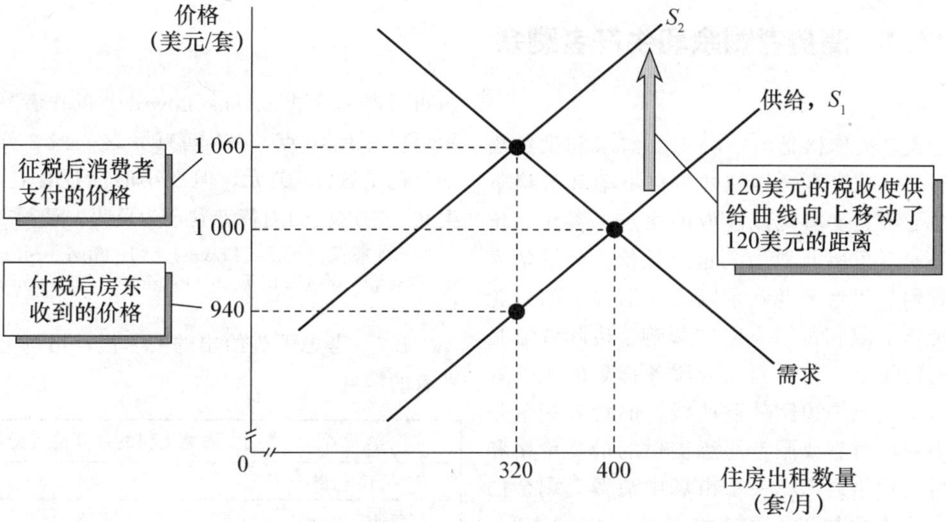

征收 12%的酒店税前后的度假租赁住房市场显示，这一税收使供给曲线向上移动了 120 美元的距离，消费者支付的价格从 1 000 美元上升到 1 060 美元，房东收到的价格从 1 000 美元下降到 940 美元。

生产者剩余的其他部分是该税收产生的无谓损失，这是由于征税导致出租住房减少所产生的结果。

c 尽管征税确实为马里布市带来收入，但是，额外税收收入并不必然是征收某些税收的原因。尽管马里布市承诺这些税收收入将被用于城市服务，但是，这一税收的主要动机是抑制度假住房租赁。市议会援引了居民对社区中大量住房用于短租的抱怨，提议用征收这一税收的方式来减少住房租赁数量。正如本专栏中的图形所阐释的，在征税的情况下，供给减少，产品或服务的均衡数量也减少。

对政策的深入思考

1. 本专栏中的图形显示了征收 12%的酒店税前后的度假租赁住房市场。我们可以如何运用该图形来衡量该税收对经济效率的影响？重新绘制图形，表示出代表征税带来的超额负担的区域。
2. 爱彼迎开始在许多城市缴纳酒店税。本专栏中的图形显示了一个假想的例子，用以说明这一税收对马里布市度假租赁住房市场的影响。重新绘制图形，表示出如果是租户而不是爱彼迎负责直接向马里布市缴税会发生什么。解释价格、数量和税收归宿上的差别。

本章总结和习题

□ 关键术语

黑市	“命令和控制”方法	消费者剩余	无谓损失
经济效率	经济剩余	外部性	边际效益
边际成本	市场失灵	庇古税和补贴	价格上限
价格下限	私人效益	私人成本	生产者剩余
产权	社会效益	社会成本	

□4.1 消费者剩余和生产者剩余

总结

尽管大多数价格是由市场中的需求和供给决定的，但是，政府有时候施加价格上限和价格下限。价格上限是卖者可以收取的法定最高价。价格下限是卖者可以收取的法定最低价。经济学家用消费者剩余和生产者剩余以及无谓损失的概念来分析价格上限和价格下限的影响。边际效益是消费者消费额外一单位商品或服务得到的额外效益。需求曲线也是边际效益曲线。消费者剩余是消费者为一种商品或服务愿意支付的最高价格和实际支付的价格之差。一个市场中消费者剩余的总量等于需求曲线以下和市场价格以上的面积。边际成本是企业生产额外一单位商品或服务的额外成本。供给曲线也是边际成本曲线。生产者剩余是企业出售一种商品或服务愿意接受的最低价格和实际收到的价格之差。一个市场中生产者剩余的总量等于市场供给曲线以上和市场价格以下的面积。

复习题

1.1 什么是边际效益？为什么需求曲线也被称为边际效益曲线？

1.2 什么是边际成本？为什么供给曲线也被称为边际成本曲线？

1.3 什么是消费者剩余？当一种商品的均衡价格上升或下降时消费者剩余怎么变化？

1.4 什么是生产者剩余？当一种商品的均衡价格上升或下降时生产者剩余怎么变化？

问题与应用

1.5 在去购物的路上，梅莱涅（Melaine）决定购买一件淡蓝色大衣。大衣标价 79.95 美元。当她拿着大衣去问商店的售货员时，她被告知这款大衣正在做八折促销。梅莱涅实际支付的价格是 63.96 美元，比原始价格低了 15.99 美元。梅莱涅购买这款大衣的消费者剩余是 79.95 美元、63.96 美元还是 15.99 美元？或是别的数量吗？请简要解释。

1.6 优步是一家司机用私家车为人们提供交通服务的公司。顾客用智能手机应用程序为搭乘买单。优步的价格随交通服务的需求而波动。这种“峰时定价”可能导致每天不同时间或每周各天搭乘相同距离的价格不同。《纽约时报》的一个名叫安妮·劳里（Annie Lowrey）的作者写到，在新年夜晚上 10 点，在华盛顿市区一段 2 英里的路程只花了她 13 美元，但 3 小时后返程花了她 47 美元。她返程的消费者剩余为负吗？请简要解释。

资料来源：Annie Lowrey, “Is Uber's Surge-Pricing an Example of High Tech Gouging?” *New York Times*, January 10, 2014.

1.7 考虑下表给出的关于橙汁市场上四个消费者的信息。

消费者	愿意支付的最高价（美元/瓶）
吉尔（Jill）	4
乔斯（Jose）	3
乔希（Josh）	2
乔丹（Jordan）	1

a. 如果一瓶橙汁的价格为 0.75 美元，这些消费者收到的总消费者剩余是多少？用图形说明你的答案。

b. 假定一瓶橙汁的价格上升到 1.5 美元。现在，这些消费者收到的总消费者剩余是多少？用问题 a 中的图形说明你的答案。

1.8 假定佛罗里达州的一场霜冻减少了橘子的产量，使橘子的供给曲线向左移动。请简要解释消费者剩余和生产者剩余分别增加还是减少。运用需求和供给图形来说明你的答案。

1.9 《华尔街日报》的一篇文章指出，随着制造商开始生产更多的 4K 电视机，它们的生产成本下降了。

a. 运用需求和供给图形来说明这些成本下降对 4K 电视机市场中的消费者剩余的影响。

b. 我们可以确定这些成本下降将增加生产者剩余吗？请简要解释。

资料来源：Jack Wetherill and Brett Sappington, “Is Now the Time to Buy a 4K TV Set?” *Wall Street Journal*, May 11, 2014.

1.10 一个学生做出了如下论述：“当市场处于均衡时，没有消费者剩余。原因是在均衡处，市场价格等于消费者愿意为商品支付的价格。”请简要解释你是否同意该学生的论述。

1.11 在下页图中，需求曲线为 D_1 还是 D_2 时消费者剩余更大？请简要解释。比较需求曲线为 D_1 和 D_2 时的生产者剩余。

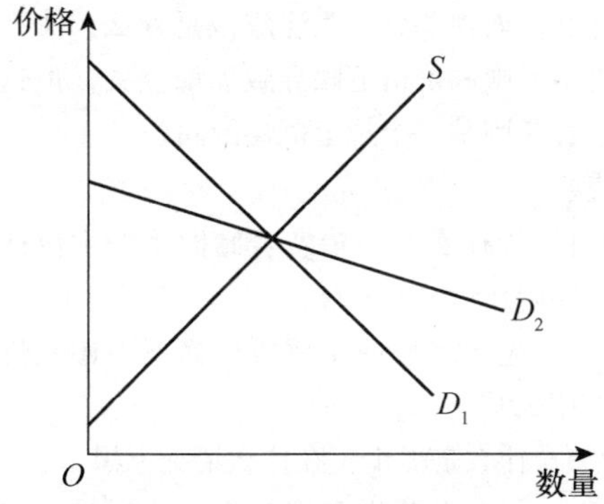

1.12 假设下图表示一种治疗乳腺癌的药品的市场，如果没有这种药，乳腺癌患者就无法生存。这一市场中的消费者剩余是多少？这与你到目前为止所见到的消费者剩余有何区别？

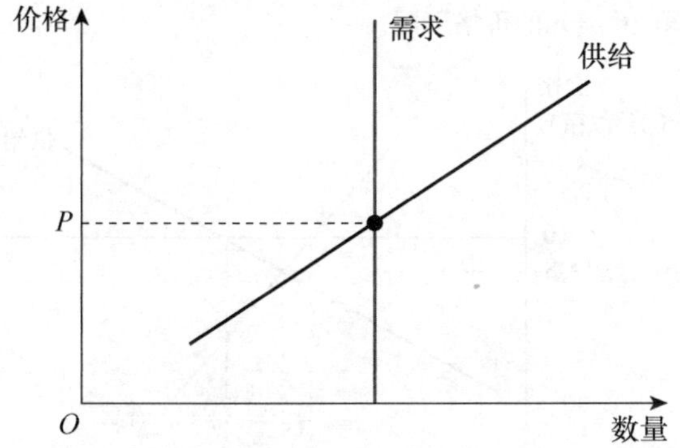

1.13 ［与 4.1.1 节中的“建立联系”专栏有关］本专栏表明代表从宽带互联网服务市场获得的消费者剩余的面积的数值为 8.904 亿美元。利用本专栏图中的信息说明这一数值是如何计算的。（关于如何计算三角形的面积，参考第 1 章附录。）

1.14 下图表示将在本地某剧院举行的音乐会门票的市场，该剧院能够容纳的观众为 15 000 人。这一市场中的生产者剩余是多少？这与你到目前为止所见到的生产者剩余有何区别？

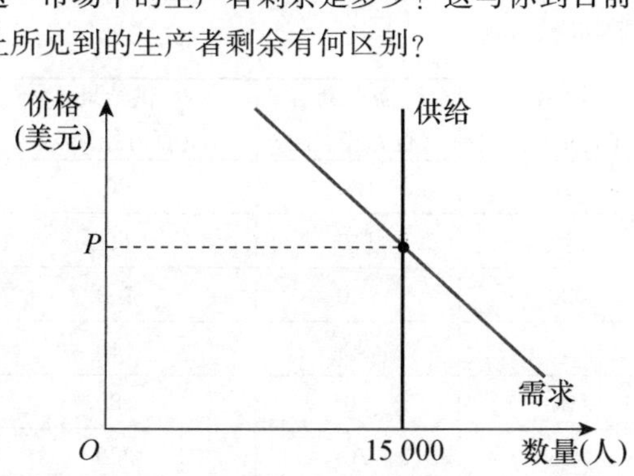

□ 4.2 竞争市场的效率

总结

竞争市场的均衡是经济上有效的。经济剩余是消费者剩余和生产者剩余之和。经济效率是生产的最后一个单位对消费者的边际效益等于其生产的边际成本且消费者剩余和生产者剩余之和达到最大这样一个市场结果。当市场价格高于或低于均衡价格时，经济剩余减少。由于市场不处于竞争均衡而导致的经济剩余的减少被称为无谓损失。

复习题

2.1 定义经济剩余和无谓损失。

2.2 什么是经济效率？为什么经济学家以这种方式定义效率？

问题与应用

2.3 《华尔街日报》上一篇关于加利福尼亚州干旱的文章指出，干旱的结果之一是西红柿收成下降。利用西红柿市场需求和供给图形说明干旱的影响。经济效率会受影响吗？请简要解释。

资料来源：Jim Carlton，“California Farmers Face Another Year without Federal Water”，*Wall Street Journal*，February 27，2015.

2.4 请简要解释你是否同意如下说法：“市场价格下降总是增加该市场的经济效率。”

2.5 请简要解释你是否同意如下说法：“如果在当前数量水平边际效益大于边际成本，那么，市场中将存在无谓损失。可是，当边际成本大于边际效益时就不存在无谓损失。”

2.6 根据《华尔街日报》上的一篇文章，包括麦当劳和福乐鸡（Chick-fil-A）在内的许多连锁餐馆开始只供应没有用过抗生素的鸡肉。这种养鸡方法增加了它们的成本。假定消费者对餐馆卖无抗生素鸡肉的三明治这一新闻做出的反应是增加对这种三明治的需求。你能确定鸡肉三明治市场的经济剩余是否会增加吗？利用鸡肉三明治市场的图形说明你的答案。

资料来源：David Kesmodel，Jacob Bunge，and Annie Gasparro，“McDonald's to Curb Antibiotics in Chicken”，*Wall Street Journal*，March 4，2015.

2.7 请简要解释你是否同意如下说法：“如果一个市场中的消费者剩余增加，生产者剩余必然减少。”

2.8 利用下页图说明供给从 S_1 增加到 S_2 对

消费者剩余和生产者剩余的影响。经济剩余增加多少？

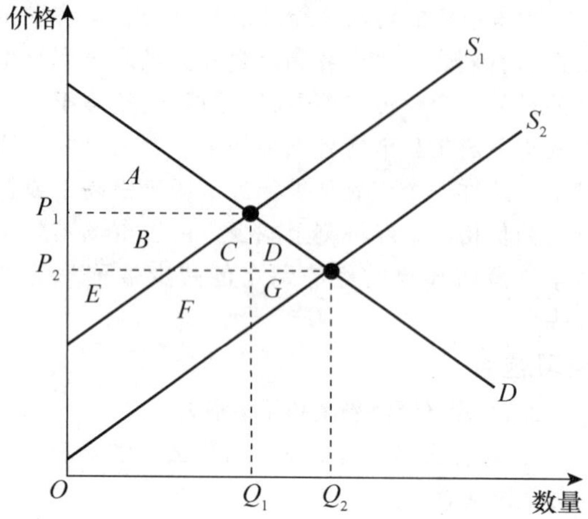

2.9　一个学生说："在边际效益和边际成本之差最大的产出水平，经济剩余最大。"你同意吗？请简要解释。

2.10　利用下图解释为什么产量为 Q_1 或 Q_3 时的经济剩余低于产量为 Q_2 时。

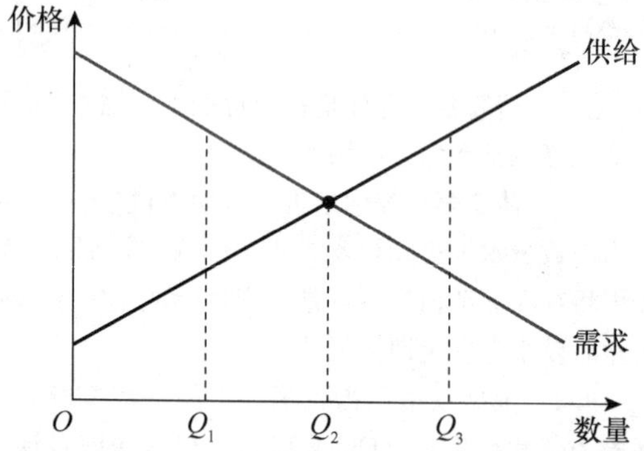

□ 4.3　市场中的政府干预：价格下限和价格上限

总结

对市场均衡不满意的生产者或消费者可以说服政府施加价格下限或价格上限。价格下限通常增加生产者剩余，减少消费者剩余，导致无谓损失。价格上限通常增加消费者剩余，减少生产者剩余，导致无谓损失。政府施加价格上限和价格下限的结果是有些人成为赢家，有些人成为输家，存在经济效率的损失。价格上限和价格下限可能导致黑市，即以违反政府价格管制的价格进行买卖。实证分析关注是什么，而规范分析关注应该是什么。实证分析表明价格上限和价格下限导致无谓损失。但这些政策是否合意则是一个规范范畴的问题。

复习题

3.1　为什么有些消费者倾向于赞成价格控制而另一些则反对？

3.2　生产者倾向于赞成价格下限还是价格上限？为什么？

3.3　什么是黑市？在什么情况下黑市会产生？

3.4　经济分析对政府是否应该通过施加价格上限和价格下限的方式干预市场这一问题能够提供最终的答案吗？请简要解释。

问题与应用

3.5　下图表示苹果市场。假设政府施加了每箱 10 美元的价格下限。

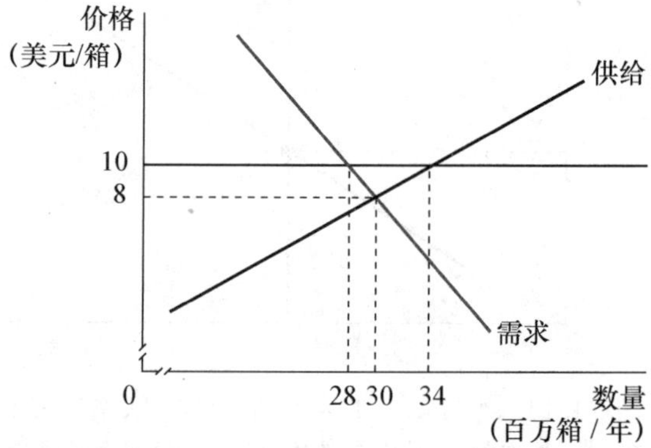

a. 施加价格下限以后，有多少箱苹果会被卖给消费者？

b. 存在苹果的短缺还是过剩？如果存在短缺或过剩，规模有多大？

c. 苹果生产者会从价格下限中获益吗？如果会，解释他们如何能够获益。

3.6　利用下表给出的关于金橘市场的信息，回答如下问题：

价格 (美元/箱)	需求量 (百万箱/年)	供给量 (百万箱/年)
10	120	20
15	110	60
20	100	100
25	90	140
30	80	180
35	70	220

a. 均衡价格和数量分别是多少？当市场处于均衡时，金橘生产者获得多少收益？画图说明市场均衡和代表金橘生产者获得的收益的区域。

b. 假定政府决定施加每箱 30 美元的价格下限。消费者现在购买多少箱金橘？金橘生产者的收益是多少？假设政府不购买任何过剩的金橘。在你回答问题 a 时绘制的图形中，表示价格下限以及施加价格下限后金橘购买量和金橘生产者收益的变化。

c. 假定政府施加每箱 30 美元的价格下限并从生产者那里购买所有过剩的金橘。现在，金橘生产者的收益将是多少？政府为购买过剩的金橘将花掉多少钱？在你回答问题 a 时绘制的图形中，表示代表政府为购买过剩的金橘所花的钱的区域。

3.7 假定政府为牛奶设定了高于竞争均衡价格的价格下限且政府不购买过剩的牛奶。

a. 画图说明这种状况。确保在图形中标出竞争均衡价格、价格下限、在竞争均衡时能够销售的数量、在有价格下限时能够销售的数量。

b. 比较存在和不存在价格下限时该市场的经济剩余。

3.8 2014 年夏天，宾夕法尼亚州的阿伦敦市每加仑汽油的平均价格为 3.68 美元，比一年前上涨了 22 美分。许多消费者对汽油价格的如此上涨感到沮丧。当地某报纸援引一个消费者的话说："这很疯狂。政府应该介入。"假定政府介入了，施加了等于原来的价格每加仑 3.46 美元的价格上限。

a. 作图说明这一价格上限对汽油市场的影响，确保在图形中表示出：

i. 施加价格上限前后汽油的价格和数量。

ii. 代表施加价格上限前后的消费者剩余和生产者剩余的区域。

iii. 代表无谓损失的区域。

b. 抱怨汽油价格上涨的消费者的境况一定会因价格上限而得到改善吗？请简要解释。

资料来源：Sam Kennedy，"Valley Feeling Pain at the Pump"，(Allentown，PA) *Morning Call*，June 21，2014.

3.9 根据《纽约时报》的一篇文章，委内瑞拉政府"施加了严格的价格控制，旨在使穷人更加负担得起许多食品和其他商品。这些商品常常正是最难找到的产品"。

a. 为什么对商品施加价格控制会使它们难以找到？

b. 牙膏是受到价格控制的商品之一。画图说明这种状况。确保在图中标出代表消费者剩余、生产者剩余和无谓损失的区域。

资料来源：William Neuman，"With Venezuelan Cupboards Bare，Some Blame Price Controls"，*New York Times*，April 20，2012.

3.10 [与 4.3.1 节中的"建立联系"专栏有关]《华尔街日报》上的一篇文章指出，美国国会预算办公室的一项研究估计："将最低工资提高到每小时 10.1 美元会使美国的就业岗位减少 50 万个，但也会使 90 万美国人摆脱贫困。"最低工资的提高为什么会减少就业？为什么会使一些人摆脱贫困？这些估计对最低工资的规范分析可能有什么影响？

资料来源：Julie Jargon and Eric Morath，"As Wage Debate Rages，Some Have Made the Shift"，*Wall Street Journal*，April 8，2014.

3.11 [与开篇案例有关] 如果旧金山废除其租金控制法律，那么该城市在爱彼迎和其他点对点网站登记的短租住房的价格可能上升还是下降？请简要解释。

3.12 [与开篇案例有关] 洛厄尔的竞争均衡租金目前为每月 1 000 美元。政府决定实行租金控制，对公寓确定了每月 750 美元的价格上限。请简要解释租金控制可能使以下每类人境况得到改善还是恶化。

a. 当前在洛厄尔承租了公寓的人。

b. 下一年将搬到洛厄尔、打算租一套公寓的人。

c. 打算遵守租金控制法律的房东。

d. 打算忽视法律和非法地收取最高的租金的房东。

3.13 [与 4.3.2 节中的"不要犯这样的错误！"专栏有关] 请简要解释你是否同意如下说法："如果某种商品存在短缺，那么，这种商品必然是稀缺的，但并非每种稀缺的商品都会出现短缺。"

3.14 [与例题 4.3 有关] 运用下表关于贝城的公寓出租市场的信息回答如下问题：

租金（美元/套）	需求量（套）	供给量（套）
500	375 000	225 000
600	350 000	250 000
700	325 000	275 000
800	300 000	300 000
900	275 000	325 000
1 000	250 000	350 000

a. 当没有租金控制时，均衡租金是多少？被租出去的均衡公寓数量是多少？画一幅公寓出租市场的需求和供给图形来说明你的答案。在均衡处是否存在不能租到公寓的求租者或租不出去公寓的房东？

b. 假定政府设定了每月 600 美元的租金上限。公寓的需求量和供给量分别是多少？

c. 假设所有的房东都遵守问题 b 所说的规则。利用一幅需求和供给图形来说明这一价格上限对公寓出租市场的影响。确保在图形中标明以下各项：（i）代表施加价格上限后的生产者剩余的区域；（ii）代表施加价格上限后的消费者剩余的区域；（iii）代表施加价格上限后的无谓损失的区域。

d. 假设公寓的供给量等于你在问题 b 中确定的数量。但是现在假设房东无视规则，把这一数量的公寓以可能得到的最高租金出租。请简要解释这一租金将会是多少。

3.15 ［与 4.3.4 节中的“建立联系”专栏有关］根据一篇新闻报道，在巴黎的出租车司机抗议优步后，政府通过了一项新的管制，该管制“要求汽车预定和乘客上车之间的时间至少要有 15 分钟”。为什么出租车司机认为他们能从这样一项管制中获益？这项管制可能增加还是降低搭乘市场的经济效率？

资料来源：Carol Matlack，“Paris Cabbies Slash Tires, Smash Windshields in Protest Against Uber”，businessweek.com，January 13，2014.

3.16 一个学生做出了如下论述：“价格下限减少了消费者购买的某种产品的数量，原因是它使价格保持在竞争市场均衡水平之上。但是，价格上限增加了消费者购买的某种产品的数量，原因是它使价格保持在竞争市场均衡水平之下。”你是否同意该学生的推理？运用一幅需求和供给图形来说明你的答案。

3.17 有大型橄榄球项目的大学城在有主场橄榄球比赛的周末都会碰到宾馆房间需求增加的情况。宾馆对需求增加的反应是提高房间的价格。对价格上涨的谴责和“哄抬价格”的指控总会定期出现。

a. 画一幅需求和供给图形表示在有主场橄榄球比赛的周末 Boostertown 的宾馆房间市场，再画一幅需求和供给图形表示在没有主场橄榄球比赛的周末 Boostertown 的宾馆房间市场。如果 Boostertown 城市议会通过法律规定宾馆价格不得涨价，那么，在有主场橄榄球比赛的周末宾馆房间市场将会发生什么？在图中表示你的答案。

b. 如果宾馆房间的价格不允许上涨，这对非 Boostertown 本地的球迷有什么影响？

c. 随着时间的推移，城市议会的法律可能如何影响宾馆房间的供给？请简要解释。

d. 大学城并非唯一面临旺季和淡季之分的地方。你能想到在一年的特定时间面临宾馆房间需求大量增加的其他地方吗？为什么我们通常不会看到限制宾馆在旺季所收取的价格的法律？

3.18 假定汽油市场起初处于均衡状态，均衡价格为每加仑 2.5 美元，均衡数量为每月 4 500 万加仑汽油。然后，中东的一场战争扰乱了美国的石油进口，这使汽油的供给曲线从 S_1 移动到 S_2。汽油的价格开始上升，消费者提出了抗议。联邦政府做出了反应，设定了每加仑 2.5 美元的价格上限。利用下图回答如下问题：

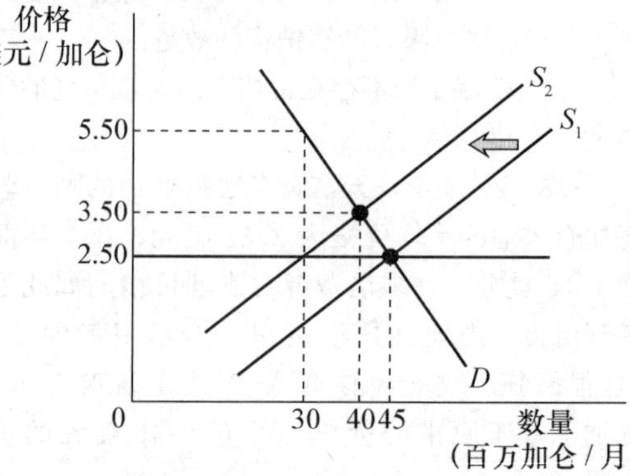

a. 如果没有价格上限，汽油的均衡价格、汽油的需求量和供给量将分别是多少？现在假设施加了价格上限且不存在汽油黑市。汽油价格、需求量和供给量将分别是多少？汽油的短缺量将有多大？

b. 假设施加了价格上限且不存在汽油黑市。在图形上标出代表消费者剩余、生产者剩余和无谓损失的区域。

c. 现在假设存在黑市，汽油价格上升到消费者为生产者在每加仑 2.5 美元时所供给的数量愿意支付的最高价格。在图形上标出代表生产者剩余、消费者剩余和无谓损失的面积。

d. 与没有价格上限时相比，有价格上限时消费者的境况得到改善了吗？请简要解释。

3.19 《经济学人》杂志的一篇社论讨论了一个事实：在包括美国在内的大多数国家，个人买卖肾脏等人体器官是非法的。

a. 画一幅肾脏市场的需求和供给图形。在图形上标出法定最高价 0 美元以及在该价格下肾脏的供给量。（提示：由于我们知道有些肾脏是捐助的，供给量不会是 0。）

b. 该社论主张肾脏买卖应该合法化：

> 在有合适管制的条件下，肾脏市场将是对糟糕现状的重大改善。可以对卖者进行检查以看看其是否有疾病和服用毒品，卖者在手术后还可以得到照顾……买者将得到更好的肾脏，而且更快。卖者和买者的境况都可以比在非法市场中更好，在非法市场中很多钱都进入了中间人的腰包。

你同意这一论述吗？政府应该像对待其他商品一样对待肾脏并允许市场决定价格吗？

资料来源："Psst, Wanna Buy a Kidney?" *Economist*, November 18, 2006.

□ 4.4 外部性和经济效率

总结

外部性是对在交易中未直接涉及的人产生的效益或成本。污染和生产中的其他外部性造成了某种商品或服务的生产者承担的私人成本和包括污染成本等所有外部成本在内的社会成本之间的差别。消费中的外部性造成了消费者收到的私人效益和包括所有外部效益在内的社会效益之间的差别。如果存在生产或消费中的外部性，市场所生产出的商品或服务的数量将不会是最优水平。这一结果被称作市场失灵。当产权不存在或不能依法执行时，外部性就会产生。产权是指个人或企业对其财产拥有的排他性使用权，包括买卖的权利。

复习题

4.1 什么是外部性？各举一个正外部性和负外部性的例子。

4.2 生产一种商品的私人成本什么时候会不同于社会成本？消费一种商品的私人效益什么时候会不同于社会效益？各举一个例子。

4.3 什么是经济效率？外部性如何影响市场均衡的经济效率？

4.4 什么是市场失灵？什么时候市场失灵可能产生？

4.5 请简要解释产权和外部性的存在之间的关系。

问题与应用

4.6 邻居家的狗叫可能有正外部性也可能有负外部性。什么情况下有正外部性？什么情况下有负外部性？

4.7 黄石国家公园里有很多熊。在黄石国家公园的网站上，国家公园服务中心对在该公园露营和远足做了如下规定：

> 不要让装有食物的包裹处于无人看管的状态，哪怕仅仅是几分钟。让一只熊得到人类的食物，哪怕只有一次，常常导致这只熊以后在得到人类的食物方面变得具有攻击性。具有攻击性的熊对人类的安全是一个威胁，最终必须被杀掉或从公园移走。请遵守这一规定，不要让熊或其他野生动物得到人类的食物。

得到人类的食物对熊有什么负外部性？熊得到人类的食物对未来的露营者和远足者有什么负外部性？

资料来源：National Park Service, Yellowstone National Park, "Backcountry Camping and Hiking", www.nps.gov/yell/planyourvisit/backcountryhiking.htm.

4.8 在每年流感季节之初，许多人，包括老年人，接受注射流感疫苗以降低感染流感的概率。其结果之一是没有接受注射流感疫苗的人感染流感的可能性也更小了。

a. 接受注射流感疫苗有何种类型的外部性（正还是负）？

b. 在下图上表示这一外部性的影响：添加必要的曲线并标示清楚，标出注射流感疫苗的有效数量和有效价格。标出代表该市场中无谓损失的区域。

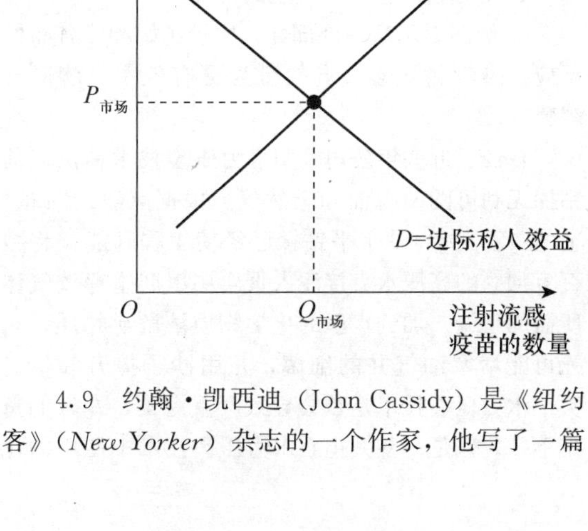

4.9 约翰·凯西迪（John Cassidy）是《纽约客》（*New Yorker*）杂志的一个作家，他写了一篇

博客文章，反对纽约市划设自行车道。凯西迪抱怨说，自行车道减少了某些街道上的交通车道以及某些街边停车位。《经济学人》杂志的一个作者不同意凯西迪的说法，他写道："我很不情愿老是说这一点，但是，事实表明，开车有很多负外部性。"开车有什么外部性？这些外部性会如何影响关于大城市是否应该划设更多自行车道的争论？

资料来源：John Cassidy, "Battle of the Bike Lanes", *New Yorker*, March 8, 2011; and "The World Is His Parking Spot", *Economist*, March 9, 2011.

4.10 在某大型州立大学的一项研究中，学生被随机分配到宿舍。研究人员发现，平均而言，与进大学前那一年喝酒的男生做室友的男生的平均绩点要比与进大学前那一年不喝酒的男生做室友的男生低 0.25。而那些上大学前经常喝酒的男生，如果与上大学前同样经常喝酒的男生做室友，那么他们的平均绩点会低 2/3。画图表示酒的价格和大学校园里酒的消费量。图形要包括对酒的需求以及喝酒的私人成本和社会成本。标出这一市场上的无谓损失。

资料来源：Michael Kremer and Dan M. Levy, "Peer Effects and Alcohol Use Among College Students", *Journal of Economic Perspectives*, Vol. 22, No. 3, Summer 2008, pp. 189-206.

4.11 汤姆（Tom）和雅各布（Jacob）是大学生。他们以后很可能都会结婚并生 2～3 个孩子。每个人都知道，在大学里多学习与不学习相比，以后会有一个更好的工作和赚到更多的钱。赚到更多的钱将使他们以后有更多的钱可供家庭支出，如矫正畸形牙齿、购买漂亮的衣服、获得昂贵的大学教育、旅行等。在决定学习努力程度时，汤姆考虑对他未来小孩的潜在效益，而雅各布不考虑。

a. 学习会产生哪种类型的外部性？

b. 画图表示这一外部性，比较汤姆和雅各布的反应。谁学得更多？谁的行为更有效率？请简要解释。

4.12 近些年公司采用水力压裂技术钻探以前钻探无利可图的石油和天然气。根据《纽约时报》上的一篇文章，"水平钻探已经使工程师能够将数百万加仑的高压水直接注入页岩层以产生释放气体所需的裂缝。加到水里的化学物质溶解矿物质，杀死可能堵塞油气井的细菌，并用沙子撑开裂缝。"关于水力压裂技术是否会导致严重污染，专家们意见不一，但是一些人担心水力压裂技术中使用的化学物质可能导致家庭和农场所使用的地下水出现污染。

a. 首先，假设水力压裂技术不会导致严重污染。使用需求和供给图形说明水力压裂技术对天然气市场的影响。

b. 现在假设水力压裂技术确实会导致污染。在你在回答问题 a 绘制的图形上表示出水力压裂技术的影响。仔细标出所有的曲线和均衡点。

c. 在你在回答问题 b 时绘制的图形上，天然气市场的有效产出水平和有效价格与水力压裂技术出现之前的状况相比发生了什么变化？你可以确定水力压裂技术出现后有效产出水平和有效价格上升还是下降了吗？请简要解释。

资料来源：Susan L. Brantley and Anna Meyendorff, "The Facts on Fracking", *New York Times*, March 13, 2013.

4.13 在农业杂志《选择》（*Choices*）的一篇文章里，俄勒冈州立大学的经济学家吴俊杰（Junjie Wu）对农田转化为城市开发用地做出了如下评论：

> 土地的使用提供了许多经济和社会效益，但常常伴随着高昂的环境成本。尽管大多数经济成本都被纳入土地使用决策中，但是大部分对环境的外部性却没有。这些对环境的外部性导致某些土地的私人成本和社会成本之间存在区别，从而导致无效率的土地配置。例如，开发商可能没有承担它们的项目所产生的所有环境和基础设施成本。这样的市场失灵为私人保护的努力和公共土地使用规划及管制提供了依据。

作者所说的"市场失灵"和"无效率的土地配置"是什么意思？解释为什么作者将无效率的土地配置描述成市场失灵。用一幅表示城市开发用地市场的图形来说明你的答案。

资料来源：Junjie Wu, "Land Use Changes: Economic, Social, and Environmental Impacts", *Choices*, Vol. 23, No. 4, Fourth Quarter 2008, pp. 6-10.

□ 4.5 处理外部性的政府政策

总结

当外部性的私人解决方案不起作用时，政府有时候会进行干预。处理生产中的负外部性的一种方法是征收等于外部性成本的税收。税收引起商品的生产者将外部性内部化。政府可以通过给消费者补贴或支付的方式来处理正外部性，补贴或支付的大小为外部性的价值。旨在在存在外部性时实现有效的产出水平的政府税收和补贴被称为庇古税和补贴。尽管联邦政府有时候用补贴和税收来处理外部性，但是，在处理污染问题时，它更常用的是“命令和控制”方法。这种方法涉及政府对企业允许排放的污染数量施加数量限制或者要求企业安装具体的污染控制设备。然而，这种类型的直接污染控制在经济上不是有效率的。结果，经济学家通常偏好采用基于市场的政策来减少污染。

复习题

5.1 什么是庇古税？为了实现效率，庇古税应该是多少？

5.2 生产者或消费者内部化外部性是什么意思？什么会导致生产者或消费者内部化外部性？

5.3 对于处理污染问题，为什么经济学家偏好可交易的排污许可胜过“命令和控制”方法？

问题与应用

5.4 有些煤是由私人公司在联邦政府拥有的土地上开采的。有两个经济学家在意见专栏里这么写道：“联邦政府在给煤定价时应该考虑燃烧煤产生的经济后果。纳税人拥有的煤的价格应该在某种程度上反映与温室气体排放的影响相关的额外成本。”

a. 这些经济学家所说的“与温室气体排放的影响相关的额外成本”是指什么？

b. 你同意联邦政府收取的煤价应该包括这一成本吗？请简要解释。

资料来源：David J. Hayes and James H. Stock, “The Real Cost of Coal”, *New York Times*, March 24, 2015.

5.5 《纽约时报》的一篇专栏指出，许多经济学家“支持庇古税，原因是在某种意义上我们已经在支付这些税”。在什么意义上，即使政府没有征收显性的庇古税，市场中的消费者可能已经在支付这些税？

资料来源：Adam Davidson, “Should We Tax People for Being Annoying?” *New York Times*, January 8, 2013.

5.6 许多以前能够有效消除感染的抗生素现在不再有效了，原因是病菌经过进化后产生了抗体。有些病菌现在只对一两种现有的抗生素没有产生抗体。2015年，奥巴马当局提议补贴那些旨在开发新抗生素的研究。

a. 抗生素市场有要求政府补贴以实现经济上有效的结果的那种外部性吗？请简要解释。

b. 许多人拥有的医疗保险会支付他们的大部分处方药成本，其中包括抗生素。这一事实使得政府补贴抗生素的生产的理由更强还是更弱？请简要解释。

资料来源：Sabrina Tavernise and Michael D. Shear, “Obama Seeks to Double Funding to Fight Antibiotics Resistance”, *New York Times*, March 27, 2015.

5.7 《纽约时报》的一篇专栏的标题是《我们应该对烦人的人征税吗?》。

a. 烦人的人导致负外部性吗？他们应该被征税吗？公交车或飞机上啼哭的婴儿导致负外部性吗？婴儿（或其父母）应该被征税吗？

b. 种植花草和以其他方式使街道上可以见到美丽花园的人导致正外部性吗？他们应该收到政府补贴吗？

c. 每项负外部性都应该被征税吗？每项正外部性都应该被补贴吗？政府可能会如何决定使用庇古税和补贴是否适当？

资料来源：Adam Davidson, “Should We Tax People for Being Annoying?” *New York Times*, January 8, 2013.

5.8 迈克尔·刘易斯（Michael Lewis）在《纽约时报》的一篇文章里这样写道：“好的新技术有些像好的新公路：它们的社会效益远远超过发明这些新技术的个人或公司能得到的回报。”这一评论为政府补贴新技术的发明提供了依据吗？如果是，政府可能会怎么做？

资料来源：Michael Lewis, “In Defense of the Boom”, *New York Times*, October 27, 2002.

5.9 ［与4.5.2节中的“建立联系”专栏有关］杜克大学的经济学家埃里克·芬克尔斯坦（Eric Finklestein）认为，肥胖的外部成本比吸烟的外部成本更大，原因是“肥胖对死亡率的影响比吸烟对死亡率的影响小得多，其外部成本在人生中开始产生的时间要早得多”。

a. 芬克尔斯坦所说的“对死亡率的影响”是指什么？为什么肥胖对死亡率的影响比吸烟对死亡率的影响更小会导致肥胖的外部成本更大？

b. 香烟税比对汽水征税在政治上更受欢迎。为什么公众更愿意支持香烟税而不是汽水税呢？

资料来源：David Leonhardt, “Obama Likes Some Sin Taxes More Than Others”, *New York Times*, April 10, 2013.

5.10 ［与例题4.5有关］在例题4.5的求解中有这么一句话：“当然，政府事实上是从卖者而非从消费者那里收税，但是，无论政府对商品的买者还是卖者征税，我们得到的结果相同。”假设汽油税的增加使得供给曲线而非需求曲线移动，求解例题 4.5，以此来证明这句话的正确性。

5.11　［与例题 4.5 有关］干洗剂所产生的烟雾会污染空气。假定下图说明了干洗市场的状况。

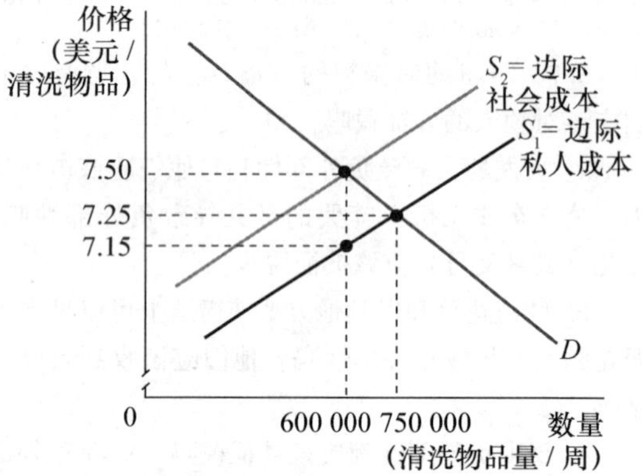

a. 解释政府怎样用针对干洗的税收来实现有效的产量水平。税收的量应该是多少？

b. 根据图形中的信息，过度干洗所产生的无谓损失（用美元表示）有多大？

5.12　［与例题 4.5 有关］生产手纸的公司使用漂白剂令纸变白。有些纸厂将漂白粉排放到河里和湖里，这导致了严重的环境损害。假定下图说明了手纸市场的状况。

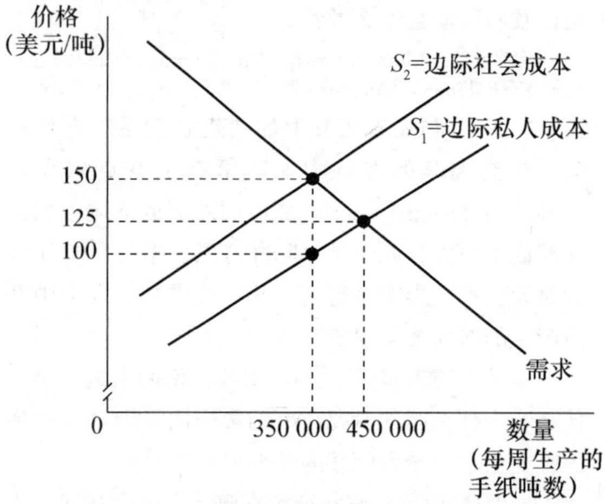

解释联邦政府如何对手纸征税以产生有效的生产水平。税收的数值应该是多少？

5.13　马萨诸塞州前州长德瓦尔·帕特里克(Deval Patrick) 曾经提议，罪犯必须向政府支付“安全费”。安全费的多少要以罪行的严重程度为依据（也就是说，罪行越严重，安全费就越高）。

a. 存在经济上有效率的犯罪数量吗？请简要解释。

b. 请简要解释安全费是否属于本章讨论的庇古税。

资料来源：Michael Levenson，“Patrick Proposes New Fee on Criminals”，*Boston Globe*，January 14，2007.

5.14　下图说明了干洗市场的状况。此处假设随着每周清洗物品的数量的增加，污染的边际社会成本上升。图中有两条需求曲线，D_S 是较小城市的，D_L 是较大城市的。

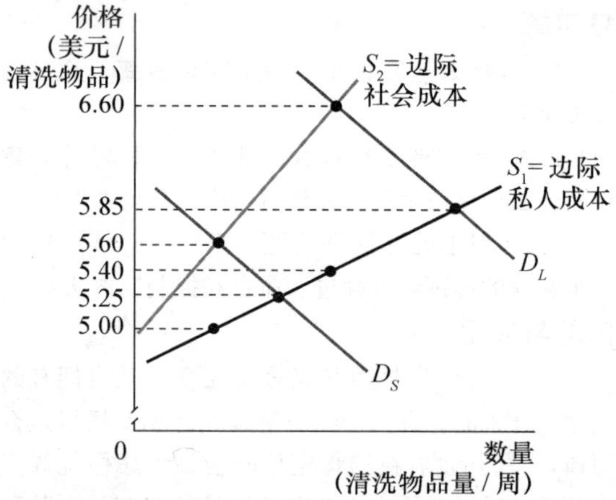

a. 解释为什么边际社会成本曲线的斜率不同于边际私人成本曲线。

b. 在较小的城市，对每件清洗物品征多少税就能实现经济效率？在较大的城市呢？解释为什么两个城市中的有效税收不相同。

5.15　［与 4.5.5 节中的“建立联系”专栏有关］一个经济学家在讨论奥巴马当局的清洁能源计划时说：“最好的解决方案是将以环境保护局为中心的管制代之以包括碳税在内的更适合的工具。”

a. 为什么就减少二氧化碳排放的目的而言，实行碳税这种方法比依靠对每个州的电厂如何发电进行直接管制的方法更好？

b. 为什么就控制污染的目的而言，“命令和控制”方法比依靠税收的方法在政治上更加受欢迎？在你的答案中简要讨论这一政策议题的规范分析和实证分析之间的差别。

资料来源：Phillip A. Wallach，“Debating the EPA's Clean Power Plan Proposal-The Big Picture for the EPA's Clean Power Plan”，brookings. edu，August 27，2014.

5.16　［与 4.5.5 节中的“建立联系”专栏有

关］根据国会预算办公室的一份报告，碳税的负担将不成比例地落到低收入家庭身上。

a. 报告所说的税收“负担”是指什么？

b. 为什么碳税的负担将不成比例地落到低收入家庭身上？政府可以采取什么措施来减少落到这些家庭身上的负担？

资料来源：Congressional Budget Office，“Effects of a Carbon Tax on the Economy and the Environment”，May 2013，p. 8.

第 5 章 卫生保健经济学

本章概览和学习目标

5.1 美国人不断改善的健康状况

利用数据讨论美国人健康状况随时间的变化趋势。

5.2 世界各地的卫生保健

比较美国和其他国家的卫生保健体系和卫生保健结果。

5.3 卫生保健市场中的信息问题和外部性

定义信息问题和外部性，讨论它们如何影响卫生保健市场。

5.4 关于美国的卫生保健政策的争论

解释关于美国的卫生保健政策的争论所涉及的主要议题。

开篇案例

你将为医疗保险支付多少钱？

在 2010 年，奥巴马总统和国会颁布了《患者保护与平价医疗法案》(Patient Protection and Affordable Care Act，ACA)，该法案对美国卫生保健体系做出了重大改变。如果你年轻且健康，你可能极少去看医生，可能不怎么会考虑医疗保险。但是，根据《患者保护与平价医疗法案》，你必须有医疗保险，否则就会被罚款。在 2016 年，罚金为 695 美元或收入的 2.5%，取两者之中较大的那一个。

许多人通过他们的雇主获得医疗保险。如果你有一份全职工作，你将为医疗保险支付多少钱？凯恩杂货店（T. Cain Grocery）在亚拉巴马州和佛罗里达州开了五家“小猪扭扭”(Piggly Wiggly) 超市。在 2015 年，凯恩从每个雇员的工资支票中每年扣 2 800 美元，作为给他们提供医疗保险的交换。该保险将支付雇员的大部分医疗费用，但只有在雇员先支付了 4 500 美元的费用之后。各州和联邦政府从雇员的工资支票里扣留的税收中有一部分将被用于支持两个联邦项目：医疗照顾保险（Medicare）和医疗补助保险（Medicaid）；前者向 65 岁及以上的人提供医疗保险，后者向低收入者提供医疗保险。许多大学生刚参加工作时，他们对工资支票中被扣除的卫生保健成本的金额之高感到吃惊。

对于许多像凯恩杂货店这样的小企业而言，为工人提供医疗保险是它们增长得最快的成本。《患者保护与平价医疗法案》有这么一条条款：全职雇员（每周工作时间为 30 小时或以上的雇员）在 50 人或以上的企业必须给其所有全职雇员提供医疗保险，否则将面临罚款。根据该法案，各州也建立了医疗保险交易市场，通过允许小企业和个人进入一个保险池（在这个保险池中，身体健康者和疾病患者都享用同样的保险计划和支付相同的保费），使医疗保险对小企业和个人便宜一些。

小企业面临的日益增加的卫生保健成本反映在整体经济的趋势中。卫生保健支出占国内生产总值（GDP）的百分比从 1960 年的大约 5%增加到了 2015 年的 18%，这一上升趋势预计还将继续。

《患者保护与平价医疗法案》对卫生保健支出和卫生保健结果的全面影响仍有待观察。

资料来源：Angus Loten，“Small Business Owners Scramble to Prepare for New Tax Form”，*Wall Street Journal*，March 4，2015；Sarah E. Needleman and Angus Loten，“Small Businesses Find Benefits，Costs as They Navigate Affordable Care Act”，*Wall Street Journal*，April 23，2014；U. S. Centers for Medicare and Medicaid Studies，“National Health Expenditure Data”，www. cms. gov；and “Employment”，cainspigglywiggly. com.

生活中的经济学

你到手的工资会受到雇主在你的医疗保险上支出多少的影响吗？

如果你在一家为你提供医疗保险的企业工作，该企业将从你每个月的工资支票里扣除一些金额来支付该保险。通常，企业为它们的雇员支付医疗保险的大部分成本。在2014年，雇员只支付本人保险项目的成本的18%或家庭保险项目的成本的29%。你的工资支票很可能没有显示出你的雇主代表你为医疗保险支付了多少钱，但是，雇主在你的医疗保险上的支出会影响你到手的工资吗？在阅读本章的过程中，试着回答这个问题。对照我们在本章末提供的答案，你可以检验你的答案。

资料来源：The Kaiser Family Foundation and Health Research and Educational Trust, *Employer Health Benefits*, *2014 Annual Survey*, September 10, 2014.

卫生保健（health care）是指意在维持或改善人的健康的商品和服务，如处方药、看医生和外科手术。卫生保健占美国经济的1/6以上，大约相当于整个法国的经济规模。卫生保健的改善是美国和其他高收入国家在过去100年间实现的生活水平大幅提高的重要组成部分。卫生保健实现的快速技术变革体现在：新产品（如核磁共振成像设备和其他诊断设备），治疗癌症、高血压和艾滋病的处方药，脑膜炎疫苗接种，新手术技术（如用于心脏病治疗的心导管检查）。

卫生保健是通过市场提供的，就像智能手机和理发等大多数其他商品和服务一样。因此，我们可以将我们在前面几章所使用的经济分析工具应用于卫生保健。但是，卫生保健市场有别于其他市场。在美国，提供大部分卫生保健的医生和医院属于私有企业，但是，政府也通过退伍军人健康管理局［Veterans Health Administration，美国退伍军人事务部（U. S. Department of Veterans Affairs）的一部分］直接和通过医疗照顾保险和医疗补助保险项目间接提供部分卫生保健服务。

除了政府扮演着很重要的角色外，卫生保健市场与大部分市场还在其他方面存在差别。最重要的是，卫生保健的典型消费者不支付其全部价格。大部分人有私人的医疗保险（要么是由雇主提供的，要么是在政府经营的医疗保险交易所购买的），或者享有医疗照顾保险和医疗补助保险项目提供的保障。拥有保险的消费者所做的关于希望消费多少卫生保健的决策不同于需要为所有这些服务支付全部成本的情况下所做出的决策。因此，为了分析卫生保健市场，我们将需要使用前面几章没有介绍的经济工具。我们先概述世界各地的卫生保健，以此开始对卫生保健的分析。

5.1 美国人不断改善的健康状况

200年前，若以现代标准来衡量，整个世界都非常贫穷。今天，高收入国家的普通民众的生活水平远远超过过去最富裕的人能够想象的水平。更高的生活水平的一个方面是普通民众的健康状况改善了。例如，在18世纪后期，在大国中，英国的人均收入居于世界首位。但是，当时英国的普通民众的寿命短，深受霍乱、黄热病、痢疾、天花等疾病之苦，而这些疾病在今天的高收入国家已经消失了。当时英国人出生时的预期寿命平均只有38岁，30%的人口活不到30岁。就算是那些已经活到20岁的人平均来说预期也只能再多活34年。现在，英国和其他高收入国家的人们出生时的平均预期寿命在80岁左右。按照现代的标准来衡量，18世纪的英国人个子也矮。成年男性平均身高为5英尺5英寸，而今天则为 5 英尺 9 英寸。

在本节，我们讨论美国普通民众的健康状况。在 5.2 节，我们讨论其他国家的人们的健康状况。

□ 5.1.1 美国人健康状况随时间的变化趋势

当经济学家衡量一国生活水平随时间的变化时，他们通常先看人均收入的增加。但是，健康状况的变化也重要，原因是健康是人的福利的一个基本组成部分，从而也是生活水平的一个基本组成部分。在美国，普通人的健康状况在 19 世纪和 20 世纪明显改善了，而且，大体来说，今天还在继续改善。

表 5.1 比较了 1850 年和 2015 年美国人健康状况的一些指标。与 165 年前相比，今天的美国人更高，寿命长得多，出生后前几个月死亡的可能性低得多。经济学家常常使用身高作为一个衡量人口平均福利的长期变化的指标。人的身高部分地依靠基因（也就是说，较高的父母往往有较高的子女），但也取决于其营养状况。一个人的营养状况取决于他所摄入的食物相对于他必须完成的工作的量、在寒冷的天气里能否保持温暖以及他所患的疾病。随着时间的推移，美国和其他高收入国家的人平均而言变得更高，这是他们的营养状况得到了改善的一个指示器。

表 5.1　　1850 年和 2015 年美国人的健康状况

变量	1850 年	2015 年
出生时的预期寿命	38.3 岁	79.6 岁
平均身高（成年男性）	5 英尺 7 英寸	5 英尺 9.5 英寸
婴儿死亡率（出生后一年内死亡的人数）	每 1 000 个活胎婴儿中 228.9 个	每 1 000 个活胎婴儿中 6.2 个

注：表中 1850 年的身高数据只包括土著白人和黑人男性公民。2015 年的身高数据是 2007—2010 年采集的，代表着 20 岁及以上成年男性身高的中位数。

资料来源：Susan B. Carter, et al., eds., *Historical Statistics of the United States: Millennium Edition*; U.S. National Center for Health Statistics, *Anthropometric Reference Data for Children and Adults: United States, 2007—2010*, October, 2012; U.S. Central Intelligence Agency, *World Factbook*.

□ 5.1.2 美国人健康状况长期改善的原因

在美国历史上的大部分时间里，美国人的健康状况稳步改善了，预期寿命增加了，死亡率则下降了。图 5.1（a）显示了 1900—2013 年预期寿命的增加和死亡率（用每 10 万人中的死亡数量来衡量）的下降。注意，这里的死亡率已经进行了年龄调整，这意味着它不会受到每个年龄群体的人数变化的影响。美国人出生时的预期寿命从 1900 年的 47.3 岁增加到了 2015 年的 79.6 岁。图 5.1（b）显示了近些年美国人口综合死亡率的变化以及进行了年龄调整的几种疾病的死亡率（用每 10 万人中的死亡数量来衡量）。从 1981 年到 2013 年，综合死亡率下降了 25%以上。在同一时期，癌症、心血管病（如心脏病发作和中风）、肝脏疾病等导致的死亡都大幅下降。例如，2013 年的癌症死亡率比 1981 年低 20%，而同一时期心血管病死亡率下降了一半以上。在此期间，糖尿病和肾脏疾病导致的死亡则略有上升，这主要是由肥胖率上升造成的。自 1981 年以来的美国综合死亡率的下降是由于生活方式的变化（特别是吸烟的减少）及新诊断设备、新处方药和新手术技术等的出现。

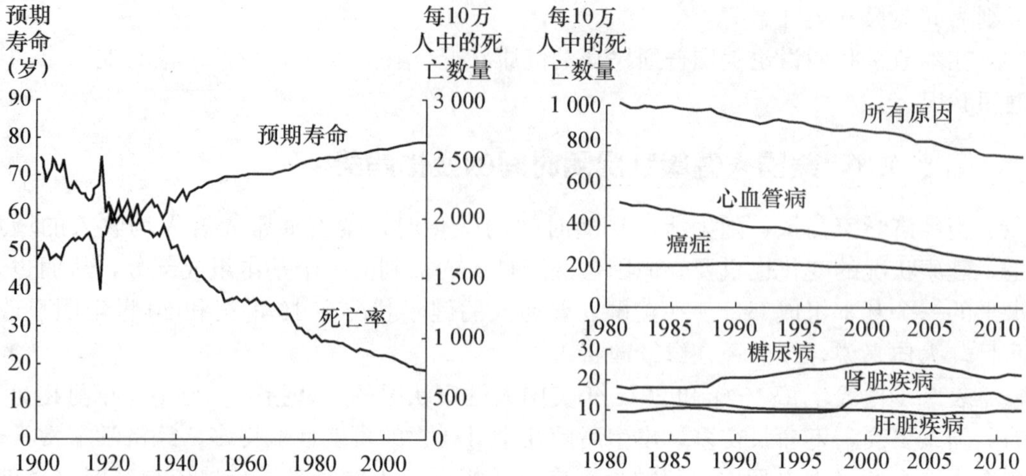

(a) 美国人出生时的预期寿命和每10万人中的死亡数量

(b) 死亡率

图 5.1　美国人口健康状况的改善

1900 年以来，美国人的预期寿命增加了，死亡率下降了。1981 年以来，癌症、心血管病和肝脏疾病等导致的死亡都大幅下降了。糖尿病和肾脏疾病导致的死亡则略有上升，这是由肥胖率上升造成的。注意，在图（a）中，1918 年出现的死亡率的增加和预期寿命的下降是由于那一年出现了严重的流感疫情。

资料来源：[图（a）] Susan B. Carter et al.，eds.，*Historical Statistics of the United States*：*Millennium Edition*，Series Ab644；and Centers for Disease Control and Prevention，*National Vital Statistics Reports*，various issues；[图（b）] Centers for Disease Control and Prevention，National Center for Health Statistics，*National Vital Statistics Reports*，Vol. 63，No. 9：Deaths Final Data for 2012.（2015），http：//www. cdc. gov/nchs/data/nvsr/nvsr63/nvsr63 _ 09. pdf.

是什么解释了 1850 年以来预期寿命的长期增加和死亡率的下降呢？19 世纪后期和 20 世纪早期卫生状况的改善和食物配送的改善导致了这一时期更好的健康状况。更一般地，芝加哥大学的已故诺贝尔经济学奖得主罗伯特·福格尔（Robert Fogel）和格雷沙姆学院（Gresham College）的罗德里克·弗拉德（Roderick Floud）及其合作者描述了这么一个过程，根据这个过程，更好的健康状况使得人们在变得更高、更强壮和对疾病的抵抗能力更强时可能更加努力地工作。更加努力地工作提高了一国的总收入，使得该国可能提供更好的卫生状况、更多的食物和更好的食物配送系统。实际上，健康状况的改善使一国的生产可能性边界发生了外移。更高的收入还使该国将更多资源用于研究和开发，其中也包括医学研究。美国一直是医疗技术、新手术技术和新药物等的开发上的先驱，这些医疗技术、新手术技术和新药物在延长寿命和降低因病死亡人数上起着重要作用。

5.2　世界各地的卫生保健

在美国，私人企业通过医生诊所或医院提供了大部分卫生保健。主要的例外是政府通过由联邦政府退伍军人健康管理局经营的医院网络提供的护理，但有些城市也拥有和经营医院。美国以外的大部分国家的政府在支付卫生保健费用或提供卫生保健上起着更加重要的直接作用。政策制定者和经济学家在政府更多地参与卫生保健体系对预期寿命、婴儿死亡率和疾病的成功治疗等健康结果的影响这一问题上存在争论。

□ 5.2.1 美国的卫生保健体系

不同国家的卫生保健体系之间的一个重要区别是人们对其卫生保健付费的方式。美国的大部分人有帮助人们支付医疗费用的医疗保险。**医疗保险**（health insurance）是一个合同，根据该合同，买者同意支付保险费以获取合同提供方同意支付买者的部分或全部医疗费用。图 5.2 显示了美国 2014 年医疗保险的来源。有些人有不止一种类型的保险，例如，既参加医疗照顾保险等政府保险项目，又有私人保单。大约 55%的人通过雇主得到私人医疗保险，大约 15%的人直接从保险公司购买个人或家庭医疗保险保单。大约 36%的人通过政府项目，包括医疗补助保险、医疗照顾保险和退伍军人健康管理局经营的项目，得到医疗保险。

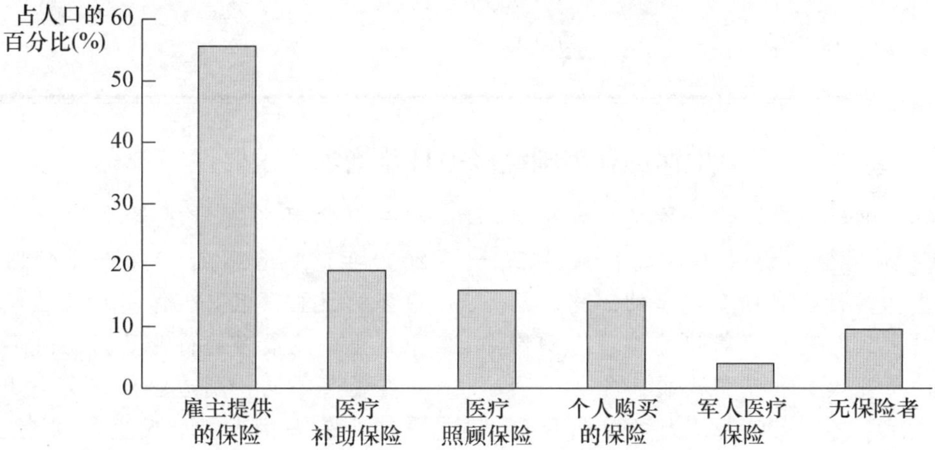

图 5.2　美国 2014 年医疗保险的来源

在 2014 年，大约 55%的人通过雇主得到私人医疗保险，大约 15%的人直接从保险公司购买个人或家庭医疗保险保单。大约 36%的人通过政府项目，包括医疗补助保险、医疗照顾保险和退伍军人健康管理局经营的项目，得到医疗保险。大约 10%的人没有医疗保险。

注：由于有些人有不止一种类型的医疗保险，所示各类的数值之和大于 100%。

资料来源：Jessica Smith and Carla Medalia，*Health Insurance Coverage in the United States*：*2014*，U. S. Census Bureau，Current Population Reports，P60-253，Washington，DC：U. S. Government Printing Office，September 2015，Table 1.

大部分私人医疗保险拥有者是通过雇主得到私人医疗保险的。在 2014 年，大约 98%的雇用 200 个或以上工人的企业和大约 54%的雇用 3～199 个工人的企业向雇员提供医疗保险，作为一项附加福利（即一项非工资形式的报酬）。私人医疗保险公司要么是非营利性企业［如蓝十字与蓝盾协会（Blue Cross and Blue Shield)］，要么是营利性企业［如安泰保险（Aetna）和恒康保险（John Hancock)］，后者一般还销售其他类型的保险。私人医疗保险公司既向雇主销售覆盖所有雇员的团体保险计划，也直接向公众出售个人保险计划。有些医疗保险计划基于**按服务计费**（fee-for-service）向医生和医院进行偿付，这意味着医生和医院因其提供的每项服务收到单独的支付。其他医疗保险计划则按健康维护组织（HMOs）的形式进行组织，它们通常主要按每个病人一笔固定费用的方式向医生进行偿付，而不是按诊治病人或提供的其他服务的数量向医生进行偿付。

在 2014 年，大约 10%的人没有任何医疗保险。这个百分比比前些年要低，部分地是

2010 年《患者保护与平价医疗法案》通过的结果，但没有医疗保险的人仍有数百万。许多人没有医疗保险的原因是，他们的收入低且相信即使有政府补贴他们也买不起私人医疗保险。一些低收入者要么不满足医疗补助保险的条件，要么选择不参加该项目。大约 70% 的没有保险的人所在的家庭中至少有一个人有工作。这些人要么是雇主没有给他们提供医疗保险，要么是选择不购买医疗保险。有些年轻人选择退出雇主提供的医疗保险，因为他们身体健康且认为雇主收取的保险费的成本超过了拥有医疗保险带来的好处。没有保险的人中超过一半不到 35 岁。尽管大部分大企业向雇员提供医疗保险，但只有不到 2/3 的雇员选择接受医疗保险。余下的雇员要么受到配偶的保单的保障，要么不符合保障的条件，要么因为他们不想付保险费而决定不要保险。没有保险的人必须自掏腰包支付他们自己的医疗费（就像支付其他费用一样），或者接受医生或医院的免费护理或低于正常价格的护理。

建立联系

卫生保健在美国经济中日益增加的重要性

当你大学毕业时，你比你父母或祖父母更有可能获得一份卫生保健行业的工作。卫生保健行业有许多类型的工作，从医生和护士到医院和疗养院的管理者到制药企业的研究人员和销售人员。正如下面的地图所示，在 1990 年，大多数州最大的就业来源是制造业，卫生保健行业在任何一个州都不是就业最多的行业。到了 2000 年，制造业在 27 个州里仍旧是就业最多的行业，但卫生保健行业已经成为两个州里就业最多的行业了。2014 年的结果更是显著不同，制造业只在 7 个州里仍旧是就业最多的行业，卫生保健行业在 34 个州里是就业最多的行业。

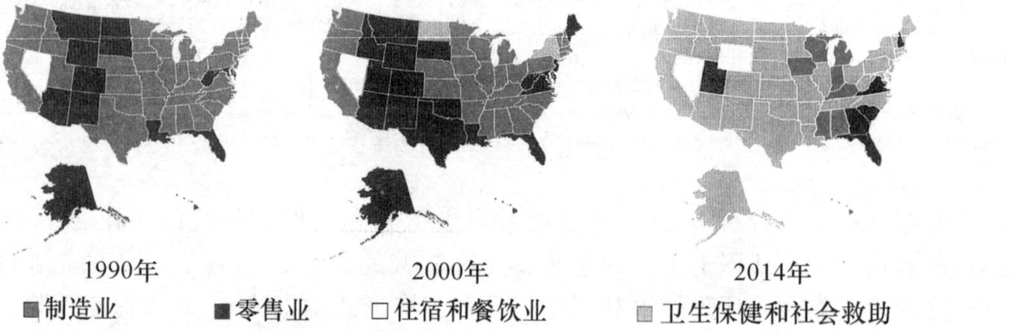

(a) 在 1990 年，大多数州最大的就业来源是制造业。

(b) 在 2000 年，制造业在 27 个州里仍旧是就业最多的行业，但卫生保健行业已经成为两个州里就业最多的行业了。

(c) 在 2014 年，制造业只在 7 个州里仍旧是就业最多的行业，卫生保健行业在 34 个州里是就业最多的行业。

在 1990 年，在制造业工作的美国人几乎是在卫生保健行业工作的美国人的两倍。现在，卫生保健行业的就业翻倍了，而制造业的就业下降了 30%以上。这些趋势可能仍将继续。美国劳工统计局预测，未来 10 年增长最快的 20 种职业中卫生保健行业占 13 席。

什么解释了这些趋势呢？我们在 5.4 节将讨论对美国的卫生保健支出上升的解释。此处我们指出卫生保健行业的就业增长与零售商店和餐馆等其他服务行业类似，卫生保健行业和服务行业的就业增长比制造业等商品生产行业快得多。此外，有证据表明随着人们的收入增长，他们对卫生保健的需求比对大多数其他商品和服务的需求增长得更快。美国人口的平均年龄也在增加，年长者对卫生保健有更高的需求。最后，《患者保护与平价医疗法案》通过两种方式增加了低收入者对卫生保健的需求：通过为收入低于某一水平的人购买医疗保险提供补贴和通过拓宽医疗补助保险体系的范围。

看起来卫生保健在接下来几十年里可能仍将继续是经济中的一个急速发展的部门和新工作岗位的重要来源。

资料来源：U. S. Bureau of Labor Statistics；U. S. Census Bureau；Rani Molla，“How America's Top Industries Have Changed”，*Wall Street Journal*，July 28，2014；and “Why Nurses Are the New Auto Workers”，*Economist*，July 25，2014.

轮到你了：做本章末与本专栏相关的问题与应用 2.9，看看你理解得如何。

□ 5.2.2 加拿大、日本和英国的卫生保健体系

在许多国家，如加拿大、日本和英国，政府要么通过经营医院并雇用医生和护士来直接提供卫生保健，要么支付大部分卫生保健费用，即使医院并非为政府所有，医生也非政府雇员。在本节，我们简单介绍三个国家的卫生保健体系。

加拿大。加拿大的卫生保健体系是**单一付款人卫生保健体系**（single-payer health care system），政府向加拿大所有居民提供国民医疗保险。加拿大的 10 个省都有各自的体系，尽管每个体系都必须满足联邦政府提出的必须全部覆盖所有必要的医疗手术的成本这一要求。个人不必支付看医生或住院的任何费用；他们通过向省政府和联邦政府缴税来间接为医疗保健进行支付。与美国一样，大部分医生和医院都是私有企业；但与美国不同的是，医生和医院都被要求接受政府设定的收费标准。与美国一样的还有，医生和医院通常都是基于按服务计费得到偿付。

日本。日本有一个全民医疗保险体系，该体系要求该国每个居民要么参加由行业或职业组织的众多非营利性医疗保险协会之中的一个，要么参加国民政府提供的医疗保险项目。这个体系的资金来源是雇员和企业支付的保险费以及与美国的医疗照顾保险项目资金来源类似的薪资税。与加拿大的体系不同，日本的体系要求大幅的共同支付，病人支付 30%的医疗费用，而医疗保险支付剩余的部分。日本的医疗保险不对大部分预防性护理（如年度体检）进行支付，也不对与怀孕相关的医疗支出进行支付，除非出现并发症。美国和加拿大的医疗保险通常覆盖这些支出。与在美国一样，日本的大部分医生不是为政府工作，有许多私人所有的医院。但是，政府经营的医院数量多于美国。

英国。在英国，通过国民卫生服务（National Health Service，NHS）体系，政府拥有所有的医院，直接雇用几乎所有的医生。该体系与美国、加拿大和日本不同，在这些国家，政府雇用的医生相对很少，拥有的医院也相对很少。由于英国的私人保险计划和私人医院很少，它的卫生保健体系通常被称为**公费医疗**（socialized medicine）。NHS 有 170 万名雇员，是全世界最大的由政府经营的卫生保健体系。除了处方药存在小幅的共同支付外，NHS 向病人提供免费的卫生保健服务，因为它从收入税得到拨款。NHS 集中于预防性护理和严重情况的护理。非紧急护理（也称可选择性护理，如髋关节置换术、运动受伤

后的膝盖手术和乳房切除术后的整形外科手术等）的优先程度则要低一些。NHS 的目标导致可选择性护理的候诊名单可能很长，病人有时候需要等待 1 年或更长的时间，而这样的护理在美国只需要等几周或更短的时间。为了避免候诊时间过长，超过 10%的人口也有私人医疗保险，这常常是由雇主提供的，投保人用私人医疗保险来偿付可选择性护理的费用。实质上，NHS 是在更广泛的覆盖范围（从而导致更长的等待时间）和做更少的手术（特别是非紧急手术）之间进行权衡。

□ 5.2.3 卫生保健结果的国际比较

我们已经看到，各国的卫生保健体系的组织方式差别很大。卫生保健结果和各国在卫生保健上的支出数量也有很大的差别。正如图 5.3 所示，通常来说，一国人均收入水平越高，人均卫生保健支出水平也越高。这并不令人奇怪，因为卫生保健是一种正常品。我们知道，随着收入增加，在正常品上的支出也增加（见第 3 章 3.1 节）。图中的直线表示了人均收入和人均卫生保健支出之间的平均关系。每个点代表一个国家，大部分点都相当接近这条直线，但是，注意代表美国的点远高于该直线。处在远高于该直线的位置表明，即使考虑到美国相对高的收入水平，美国的人均卫生保健支出仍然高于其他国家。我们将在 5.4 节讨论对美国卫生保健支出水平高的解释。

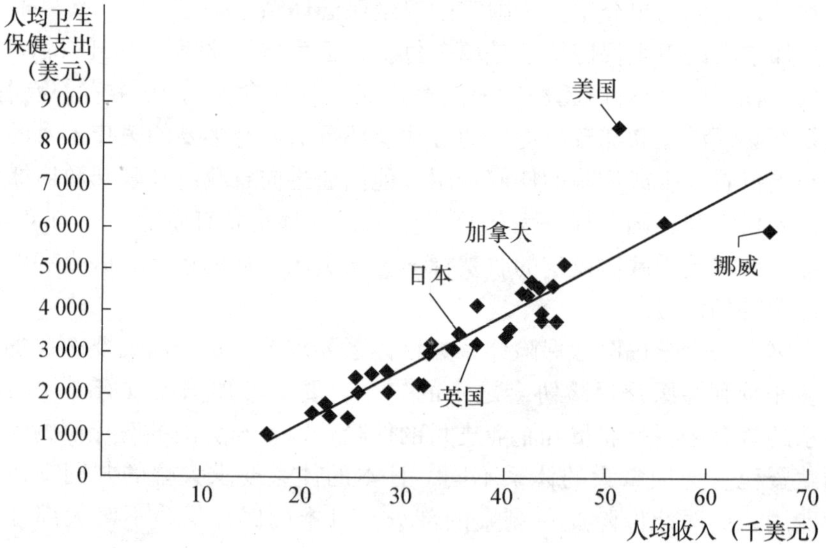

图 5.3 人均收入水平和人均卫生保健支出

美国远远高于图中表示人均收入和人均卫生保健支出之间的平均关系的直线，这表明，即使考虑到美国相对高的收入水平，美国的人均卫生保健支出仍然高于其他国家。

注：人均收入用人均实际 GDP 衡量。

资料来源：Organization for Economic Cooperation and Development，*OECD Health Data 2014*，November 2014.

美国的高卫生保健支出水平导致了更好的健康结果吗？美国人更健康吗？他们的医疗问题得到处理的速度比其他国家的人更快吗？表 5.2 比较了经济合作与发展组织（OECD，由 34 个高收入国家组成）成员国的几个方面的卫生保健结果。该表显示，美国在婴儿死亡率这个指标上表现不佳，而在预期寿命这个指标上居于平均水平。与其他国家的人相比，美国人肥胖的可能性更高，这可能导致患糖尿病和其他健康问题。

美国在可用于诊断和治疗疾病的医疗设备的可得性这个数据上的表现很好。表 5.2 显示，美国拥有的核磁共振成像设备是 OECD 国家平均水平的近 3 倍，拥有的 CT 扫描仪比 OECD 国家平均水平高近 50%，不过这些设备的拥有量都比日本少。美国在癌症治疗上也做得更好。美国人因癌症而死亡的比率和癌症死亡率都较低。癌症死亡率衡量的是因癌症而死亡的比率相对于被诊断患有癌症的比率的大小。低癌症死亡率表明，美国的卫生保健体系在降低癌症患者的死亡率方面相对较为成功。

表 5.2　　高收入国家的健康结果

卫生保健结果	美国	加拿大	日本	英国	OECD 平均值
预期寿命					
出生时的预期寿命（年）	79.6	81.0	82.7	81.1	80.1
65 岁男性的预期寿命（年）	17.8	18.8	18.9	18.5	17.6
65 岁女性的预期寿命（年）	20.4	21.7	23.8	20.9	20.9
婴儿死亡率（每 1 000 个活胎婴儿中的死亡数）	6.1	4.9	2.3	4.3	4.1
健康问题					
肥胖率（BMI>30 的人口百分比，%）	33.7	28.0	3.3	28.1	23.4
诊断设备					
每 100 万人拥有的核磁共振成像设备	34.5	8.8	46.9	6.8	12.3
每 100 万人拥有的 CT 扫描仪	40.9	14.6	101.3	8.7	23.1
癌症					
每 10 万人中因癌症死亡的人数	105.8	103.2	93.8	110.0	109.5
在 75 岁前因癌症死亡的概率（%）	11.2	10.8	9.3	11.3	11.5
癌症死亡率（%）	33.3	34.9	43.2	40.3	40.4

资料来源：Organization for Economic Co-operation and Development，*OECD Health Statistics*，最新可得到的数据，一般是 2012 年；World Health Organization，*Global Health Observatory Data Repository*，2014；and World Health Organization，Agency for Research on Cancer，“Globocan 2012：Estimated Cancer Incidence，Mortality，and Prevalence Worldwide in 2012”。关于癌症的数据，最后一列使用了欧盟国家而非 OECD 国家的平均值。

健康结果的跨国比较对衡量不同卫生保健体系的效果的用处有多大呢？卫生经济学家和其他研究人员对这个问题的答案分歧很大。以下是使得健康结果难于进行跨国比较的一些因素：

● 数据问题。各国并不总是以同样的方式搜集关于疾病和其他健康问题的数据。因此，无法获得足够的一致性数据来比较几种以上疾病的卫生保健结果。

● 衡量卫生保健服务提供的问题。最容易衡量的结果是由某一具体事件的发生引起的死亡数。因此，各国的预期寿命、婴儿死亡率、癌症等某些疾病的死亡率等的指标都可获得。但是，许多卫生保健涉及伤病治疗、简单的外科手术、开处方和结果难以衡量的其他活动。例如，尽管英国在表 5.2 中的许多指标上表现都很好，但是，英国的病人要想得到可选择的手术治疗需要等待很长的时间，而这些手术在包括美国在内的一些其他国家可以得到快得多的安排。经济学家难以衡量这些等待时间对病人的成本。

● 区分卫生保健效果和生活方式选择的问题。健康结果部分地取决于医生和医院提供医疗服务的效果。但是，它们也取决于个人的选择。因此，例如，美国的高肥胖率和糖尿病（可能是肥胖症的并发症）入院治疗数可能更多地是由个人的饮食和锻炼决策所引起的，与美国的卫生保健体系的效果的关系可能要小一些。

● 确定消费者偏好的问题。在大多数市场中，我们可以假设我们观察到的数量和价格反映了消费者偏好（需求）与企业生产商品和服务的成本（供给）之间的相互作用。给定消费者的收入和偏好，消费者在做出购买决策时比较不同商品和服务的价格。企业收取的价格代表了生产该商品或服务的成本。但是，在卫生保健市场，与美国不同，大部分国家的政府在供给这项服务中扮演着主导角色，因此，这项服务的成本没有完全由价格代表，在有些国家其价格为零。甚至在那些消费者必须支付医疗服务费用的国家里，他们支付的价格通常也没有代表提供这项服务的成本。例如，在美国，拥有私人医疗保险的消费者通常只支付卫生保健服务的价格的10%～20%（即前面提到的共同支付的方式）。由于这些原因，确定一些国家在提供成本和效果与消费者偏好相一致的卫生保健服务上是否比其他国家做得更好是很困难的。

5.3 卫生保健市场中的信息问题和外部性

卫生保健市场受到信息不对称问题的严重影响。**信息不对称**（asymmetric information）问题发生在经济交易的一方拥有的信息比另一方少的时候。理解信息不对称的概念有助于我们分析卫生保健与医疗保险的买者和卖者的行动以及卫生保健市场中的政府行动。如果我们首先考虑信息不对称对二手车市场的影响，那么，信息不对称的后果可能更易于理解。二手车市场正是经济学家最初开始仔细研究信息不对称问题时所考察的市场。

5.3.1 逆向选择和次品市场

加州大学伯克利分校的诺贝尔经济学奖得主乔治·阿克洛夫（George Akerlof）指出，二手车的卖主对二手车的真实状况所掌握的信息总是比潜在的买者所掌握的要多。例如，甚至训练有素的技工也难以发现没有定期换油对车造成的损害。

如果二手车的潜在买者知道他们难以区分好的二手车和坏的二手车（被称为次品），那么，他们在确定愿意支付的价格时就会把这一点考虑进去。考虑如下的简单例子：假定二手车市场上一半的2013年款大众捷达车得到了很好的保养，从而是可靠的好二手车，而另一半保养不善，从而是不可靠的次品车。假定2013年款大众捷达车的潜在买者为一辆可靠的二手车愿意支付10 000美元，但为一辆不可靠的二手车只愿意支付5 000美元。卖者知道他们对自己的车的保养情况以及是否可靠，但买者没有这些信息从而无法区分可靠的和不可靠的二手车。

在这种情况下，买者通常出的价将介于他们为一辆好车愿意支付的价格和为一辆次品车愿意支付的价格之间。由于买到一辆好车和一辆次品车的概率各为50%，买者也许会出价7 500美元，即如果他们知道是一辆好车愿意出的价格和如果他们知道是一辆次品车愿意出的价格的平均值。

对二手车的买者来说不幸的是，这里会产生一个大问题。从买者的角度来看，在他们不知道任何一辆特定的供出售的二手车是好还是坏的条件下，出价 7 500 美元是合理的。但是，卖者确实知道他们要卖的车是好车还是次品车。对好车的卖者来说，7 500 美元的价格比车的真实价值低 2 500 美元，卖者不愿意卖掉。但是，对次品车的卖者来说，7 500 美元的价格比车的真实价值高 2 500 美元，卖者乐于卖掉。当次品车的卖者利用他们比买者知道更多关于车的实际情况的信息优势时，二手车市场就成了**逆向选择**（adverse selection）的牺牲品：大部分供出售的二手车是次品车。换句话说，由于信息不对称，市场逆向地选择了供出售的二手车。另外，我们也注意到，由于供出售的好车很少，逆向选择问题减少了二手车市场上的总交易量。

□ 5.3.2 医疗保险市场中的信息不对称

信息不对称问题在所有类型的保险市场中尤其严重，这也包括医疗保险市场。为了理解这一点，首先考虑保险如何起作用。保险公司向家庭销售保单时，提供了风险共担服务。例如，如果你拥有价值 15 万美元的住房但没有购买火灾保单，那么，一场毁灭你的住房的火灾对你来说就是一场财务灾难。但是，通过向你和其他成千上万的房屋业主销售火灾保单，保险公司可以汇聚你们的房屋被烧毁的风险。房屋业主愿意支付由保险费代表的确定性成本以消除一旦房屋被烧毁的不确定的（但可能很大的）成本。

注意，保险公司若要弥补其所有成本，它们收到的保险费总额就必须比它们为保险客户理赔时付出的总额要高。为了能够存活，保险公司必须精确预测它们可能付给保险客户的金额。例如，如果一家保险公司预测一年内只有 2%的保险客户的房子会被烧毁，但实际比例达到 5%，那么，该公司就会遭受损失。相反，如果一家保险公司预测一年内有 8%的保险客户的房子会被烧毁，但实际比例只有 5%，那么，该公司收取的保险费就太高了。如果一家公司收取的保险费过高，那么，客户就会流失到其他公司，这样的公司最终可能会被行业淘汰。

医疗保险市场中的逆向选择。医疗保险公司精确预测保险客户索取赔付数量的一个障碍是医疗保险保单的买者对他们的健康状况知道得总是比保险公司更多，从而，对他们提交医疗账单要求赔付的可能性也了解得更多。换句话说，保险公司面临着一个逆向选择问题，原因是身体有病的人比健康的人更有可能需要医疗保险。如果保险公司难以确定谁的身体有病和谁的身体健康，那么，健康状况差的医疗保险保单买者人数就可能比预期的要多，结果是保险公司收取的保险费太低而不能弥补成本。

如果保险公司收取的保险费过低而无法弥补保险客户索赔的成本，那么，它就面临着财务问题。公司也许会试着增加它收取的保险费，但是这可能使逆向选择问题更加严重。如果保险费上升，那么，那些很少看医生的更年轻和更健康的人对此做出的反应可能是不再买保险。更高的保险费使得保险公司面临的逆向选择问题更加严重了，原因是身体健康的保险客户比保险费提高之前更少了。这一局面与二手车买者面临的局面相似。二手车买者知道二手车市场中存在逆向选择问题，于是决定通过降低他愿意支付的价格来应对此问题。但是，更低的价格将减少愿意卖车给他的好二手车卖者的数量，从而使他面临的逆向选择问题更加严重了。

处理逆向选择问题的一种方法是政府要求个人购买医疗保险。大部分州要求所有司机购买汽车保险，从而高风险和低风险的司机都参保。2010 年通过的《患者保护与平价医疗法案》要求美国居民必须购买医疗保险，否则将被罚款。这一法律条款被称为个人强制参保，一直存在争议。我们将在 5.4 节进一步对此进行讨论。

医疗保险市场中的道德风险。保险市场还遭受着信息不对称的另一个后果。**道德风险**（moral hazard）是指人们在进入交易后采取的使交易的另一方境况变差的行动。当人们拥有保险后改变他们的行为时，保险市场中的道德风险就发生了。例如，一旦一家企业为其仓库购买了火灾保险，其经理人也许就不愿意安装昂贵的自动喷水灭火系统。类似地，拥有医疗保险的人可能会因为感冒或其他小疾病去看医生，而在没有医疗保险时却不会去。或者，拥有医疗保险的人也许会从事那些没有保险时会避免的高风险的活动，如骑摩托车。

思考与保险有关的基本的道德风险问题的一种方式是注意到正常情况下一笔经济交易存在买者和卖者两方。保险公司成了医疗服务购买的第三方，因为保险公司而非病人支付了这项服务的部分或全部成本。由于这个原因，经济学家把传统的医疗保险称为一种第三方付款人体系。由于这个体系的存在，卫生保健的消费者支付的价格没有反映提供这项服务的全部成本。消费者支付的价格较低，这导致消费者使用的卫生保健超过了倘若需要支付全部价格情况下的数量。

第三方付款人医疗保险还能导致另一个被称为委托-代理问题的道德风险后果，这是由于医生可能采取不一定符合病人最佳利益的行动，如通过开处方要病人做一些不必要的检查或接受能使医生收到报酬的其他治疗来增加收入。**委托-代理问题**（principal-agent problem）的产生是因为代理人（在这个例子中是医生）追求他们自己的利益而不是雇用他们的委托人（在这个例子中是病人）的利益。如果病人不得不支付实验室检查、核磁共振成像扫描和其他治疗的全部价格，那么，他们就会更有可能质疑这些治疗是否真有必要。由于医疗保险支付了这些治疗的大部分费用，病人更有可能接受这些治疗。注意，在美国，大部分医疗保险按服务计费的特点可能使委托-代理问题更加严重，原因是医生和医院是按每次提供的服务得到偿付的，而不论服务是否有必要和有效果。

在美国，所执行的医疗手术数量一直在持续增加。许多医生认为，医疗手术数量的增加并不是第三方付款人医疗保险的结果。相反，这一增加是由于医疗手术在诊断疾病上效果的提高以及某些医生采取“防御性治疗”的倾向（因为他们担心如果他们未能准确地诊断出疾病，病人可能会对他们提起医疗事故诉讼）。

不要犯这样的错误！ ☞

不要混淆逆向选择和道德风险

信息不对称的两个重要后果是逆向选择和道德风险。这两个概念很容易混淆。区分这两个概念的一种方式是记住逆向选择是指进入交易时发生的事情。一个例子是，由于保险公司缺乏关于个人健康状况的信息，某保险公司向一个患了绝症的人销售了一份寿险。道德风险是指进入交易后发生的事情。例如，一个不吸烟的人买了一份寿险后开始每天吸 4 盒香烟。［下面这种记法可能有用，在字母表中，字母 a 出现在 m 之前，正如逆向选择（英文为 adverse selection）

出现在道德风险（英文为 moral hazard） | 之前那样。]

轮到你了：做本章末与本专栏相关的问题与应用 3.9 和 3.10，看看你理解得如何。

保险公司如何应对逆向选择和道德风险？保险公司可以采取措施来减少逆向选择和道德风险问题。例如，保险公司可以用免赔额和共同保险（或共同支付）来减少道德风险。免赔额要求保险客户在保险公司开始支付索赔额之前支付某一金额。共同保险则是指保险公司只支付索赔额的一个百分比。假定你的医疗保险保单规定有 200 美元的免赔额和 20%的共同保险，你的医疗账单是 1 000 美元。那么，你必须付前 200 美元和剩余 800 美元的 20%。免赔额和共同保险使得保单对想要提出很多次索赔的人来说吸引力下降了，从而减少了逆向选择问题。免赔额和共同保险还给保险客户提供了避免提出索赔的激励，从而减少了道德风险问题。但是，注意，免赔额和共同保险减少但并没有消除逆向选择和道德风险问题。预期会有很多医疗费用的人还是比健康的人有更大的激励购买保险，拥有医疗保险的人还是比没有医疗保险的人更有可能因为小毛病去看医生。

为了减少逆向选择问题，保险公司通常要求申请购买个人医疗保险保单的人提交其医疗记录。保险公司常常还对购买保险者进行体检。在 2010 年《患者保护与平价医疗法案》通过之前，保险公司通常对既有病症只做有限的覆盖，所谓既有病症是指买者在购买保险之前就有的健康问题，如心脏病或癌症。医疗保险公司通常有一或两年的时间不对既有病症做覆盖，有时候甚至永久地拒绝进行覆盖。关于对既有病症所做覆盖的限制在个人的医疗保险保单中一直是很常见的，但有时也包括在团体保险（如本章开篇案例中描述的凯恩杂货店为其雇员购买的保单）中。排除和限制对既有病症的覆盖是存在争议的。

批评者认为，通过排除对既有病症的覆盖，保险公司迫使那些患有严重疾病的人不得不全额支付那些金额可能很大的医疗费用或者无法得到治疗。有些患有慢性疾病或绝症的人发现不可能购买到个人的医疗保险。保险公司认为，如果它们不排除对既有病症的覆盖，那么，它们可能无法提供任何医疗保险保单或者被迫收取太高的保险费，而收取太高的保险费会使相对健康的人不再购买保险，从而使逆向选择问题更加严重。在一定程度上，关于对既有病症的覆盖的争论是一个规范性争论。通常，在市场体系中，买不起某种商品或服务的人必须在没有这种商品或服务的条件下生活。但是，许多人不希望其他人因为买不起医疗保险而没有医疗保险。正如我们在下一节将讨论的那样，国会在通过《患者保护与平价医疗法案》时对保险公司限制对既有病症的覆盖的能力施加了相当多的约束。

□ 5.3.3 卫生保健市场中的外部性

对于大部分商品和服务来说，我们假设消费者收到消费该商品或服务的所有效益且生产该商品或服务的企业承担所有的生产成本。但是，有些商品或服务涉及外部性，外部性是指影响在商品或服务的生产或消费中未直接涉及的某人的效益或成本。例如，如果一家公用事业公司烧煤来发电，那么就会产生空气污染，这引起了一种负外部性，原因是那些有哮喘病或其他呼吸问题的人可能承担了成本，尽管他们并未参与引起该污染的电的买卖。大学教育可能产生一种正外部性，原因是受过大学教育的人犯罪的可能性更低，而且他们作为了解情况更多的选民，更有可能对更好的政府政策做出贡献。因此，尽管你收到了你的大学教育的大部分效益，但其他人也收到了部分效益。

外部性干扰了市场均衡的经济效率。竞争市场通过最大化消费者剩余与生产者剩余之和实现了经济效率（见第 4 章 4.1 节）。但是，当生产中存在负外部性时，如空气污染，市场生产的数量就超过有效数量；当消费中存在正外部性时，市场生产的数量就低于有效数量（对外部性的更完整的讨论见第 4 章 4.4 节）。

许多经济学家相信卫生保健的几个方面涉及外部性。例如，任何接种了传染病疫苗的人不但保护了自己，而且减少了没有接种疫苗的人染上这种疾病的可能性。接种疫苗的正外部性导致接种疫苗的私人效益和社会效益存在差别。私人效益是指某种商品或服务的消费者收到的效益。社会效益是指消费某种商品或服务的总效益，它等于私人效益加上任何外部效益，如其他人从因你接种了某种疾病的疫苗而降低了患该种疾病的可能性上所获得的效益。由于这一正外部性，接种疫苗的社会效益大于私人效益。

图 5.4 显示了疫苗接种的市场。如果接种疫苗的人能够得到所有的效益，那么需求曲线将是 D_2，它代表边际社会效益。然而，实际需求曲线是 D_1，它仅仅代表接种疫苗的人获得的边际私人效益。有效的均衡将会是价格为 $P_{有效}$ 和产量为 $Q_{有效}$ 的均衡。在这个均衡处，经济剩余达到了最大（见第 4 章）。市场均衡是价格为 $P_{市场}$ 和产量为 $Q_{市场}$ 的均衡，它是无效的，因为对于在 $Q_{市场}$ 到 $Q_{有效}$ 之间的那些疫苗接种，需求曲线在供给曲线之上。也就是说，这些疫苗接种的边际效益——包括外部效益在内——超过了边际成本。结果，存在等于阴影三角形面积的无谓损失。由于这一正外部性的存在，如果更多人接种疫苗，经济效率会提高。

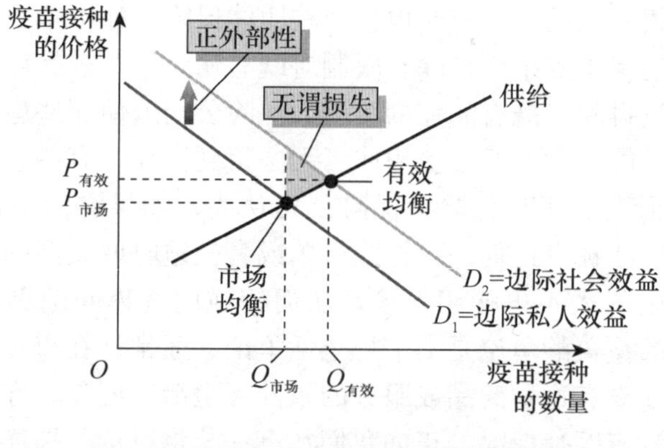

图 5.4　正外部性对疫苗接种市场的影响

不接种疫苗的人也能从其他人接种疫苗中获益。结果，疫苗接种的边际社会效益大于疫苗接种者获得的边际私人效益。由于市场需求曲线 D_1 仅仅代表了边际私人效益，疫苗接种的数量 $Q_{市场}$ 太低了。如果市场需求曲线是 D_2 而非 D_1，疫苗接种的数量将会为 $Q_{有效}$，这一产量水平是有效的。在市场均衡处，存在等于阴影三角形面积的无谓损失。

图 5.4 假设疫苗接种市场与汉堡包等商品市场一样，消费者支付接种疫苗的全部价格。在实际中，有医疗保险的人只支付疫苗接种的部分价格，政府常常给生产疫苗的企业提供进一步的补贴。这些政府补贴的原因之一是克服正外部性的影响。

外部性在卫生保健市场中很重要，但是经济学家和政策制定者对这些外部性要求政府在何种程度上参与卫生保健仍在争论。

□ 5.3.4　政府应该经营卫生保健体系吗？

一些国会议员提议采用与加拿大所使用的单一付款人卫生保健体系类似的体系来扩大

联邦政府在卫生保健中的作用，在这种体系下，政府将给所有美国居民提供卫生保健。联邦政府应该在卫生保健中扮演什么角色，这仍然是一个备受争议的公共政策议题。

经济学家基于商品是否具有竞争性和排他性对商品进行分类。当一个人消费一单位商品意味着其他人消费不了这一单位时，竞争性就出现了。例如，如果你消费（Chipotle Mexican Grill）店里的一个墨西哥卷饼，那么别人谁都消费不了这个卷饼。排他性意味着不为某个商品付费的任何人都不能消费该商品。例如，如果你不为墨西哥卷饼付费，那么，Chipotle Mexican Grill 就可以阻止你消费卷饼。公共产品既没有竞争性也没有排他性。公共产品常常是（尽管并非总是）由政府而非私人企业提供的。公共产品的经典例子是国防。你对国防的消费不会干扰你邻居的消费，因此消费是没有竞争性的。无论你是否为国防付费，没有人能阻止你消费。由于每个人都无须付费就能消费国防，因此，没有一家私人企业愿意供给国防。

卫生保健是一种政府应该供给——或者至少为之付费——的公共产品吗？或者，它是像家具、衣服或计算机一样的私人商品从而私人企业应该供给、消费者应该付费而无须政府援助吗？又或者，私人企业应该在受到某些政府监管的条件下供给大部分卫生保健吗？经济学家对这些问题的回答各异，原因是卫生保健的提供涉及许多复杂的议题，但是我们只能简单考虑一些最重要的问题。由于公共产品必然是既没有竞争性也没有排他性的，按照这一通常的定义，卫生保健并不属于公共产品。例如，不可能有多人可以同时“消费”某一特定医院的特定医生做的同一台外科手术。医院和医生可以不给不为手术付费的人做手术。（大部分州要求医院给那些因为太穷而无法支付治疗费用的病人治疗，许多医生会以优惠价格为穷人提供治疗。但是，由于卫生保健不能阻止那些不为之付费的人被禁止消费它，因此，卫生保健不符合公共产品的定义。）

但是，卫生保健的提供有一些方面让某些经济学家确信政府干预是合理的。例如，消费某些类型的卫生保健会产生正外部性。接种流感或脑膜炎等传染病疫苗不但降低了接种疫苗者本人染上这种病的可能性，而且减少了这种疾病疫情发生的可能性。因此，除非接种疫苗受到政府补贴，否则，市场供给的疫苗数量可能低于有效数量。

信息问题在私人医疗保险市场中也可能很重要。购买医疗保险的消费者对自身健康状况的了解常常比那些销售医疗保险的公司多得多。当被保险人的数量过少时，这一信息问题可能会提高保险公司的成本，使得保险公司不愿意给那些公司怀疑有可能索赔太多的消费者提供医疗保险。对于信息问题在卫生保健市场中有多重要以及为了减少卫生保健市场中的信息问题是否需要政府干预，经济学家争论不休。

许多经济学家相信，基于市场的解决方案是改善卫生保健体系的最佳方法。正如我们在表 5.2 中所看到的，美国在健康结果上的表现有的好有的差。然而，美国在医疗技术和处方药的创新上引领世界。以市场为导向的卫生保健改革方法的目标是，改善美国的卫生保健结果，同时保持美国企业继续在医疗扫描设备、外科手术和处方药等方面进行创新的激励。目前，市场给消费者传递的信号是不准确的，原因是，与购买大部分其他商品和服务时不同，消费者在购买卫生保健时支付的价格远低于提供这一服务的真实成本。在现行税法下，个人不必为他们从雇主那里收到的医疗保险福利纳税，这一好处鼓励了个人要求医疗保险有着更加全面的覆盖范围，而更加全面的覆盖范围又降低了控制成本的激励。正如我们将在本章后面讨论的，基于市场的卫生保健改革方法尝试解决这些问题。

美国的卫生保健体系是继续向政府干预更多的方向演化还是实行基于市场的改革，这仍然是一个悬而未决的问题。大部分其他国家采用的方法是增加政府干预。由于卫生保健对消费者是如此重要，且卫生保健是美国经济中越来越大的组成部分，政府在卫生保健体系中的角色可能是未来一段时间内激烈争论的一个主题。

5.4 关于美国的卫生保健政策的争论

2009 年 1 月入主白宫后不久，贝拉克·奥巴马总统就提出了对美国的卫生保健体系进行意义深远的改革。结果就有了 2010 年 3 月国会通过的《患者保护与平价医疗法案》。这一法案是有争议的，国会的每个共和党议员和 34 个民主党议员投了反对票。自从该法案通过以来，经济学家对这一法案对卫生保健和经济的影响展开了激烈的争论。下面我们将探究不断上升的卫生保健成本这一问题，它在卫生保健的争论中起着重要作用，然后我们将讨论《患者保护与平价医疗法案》的细节以及关于这一法案的影响的争论。

□ 5.4.1 不断上升的卫生保健成本

图 5.5 说明了关于美国的卫生保健政策的争论背后的一个关键事实：卫生保健占国内生产总值（经济生产的产出的总价值）的份额在递增。图 5.5（a）显示，卫生保健支出占 GDP 的百分比从 1965 年的不到 6%上升到了 2015 年的接近 18%，并且据预测在未来的年份里将继续上升。换句话说，卫生保健对美国的总产值的贡献在增加。图 5.5（b）显示了

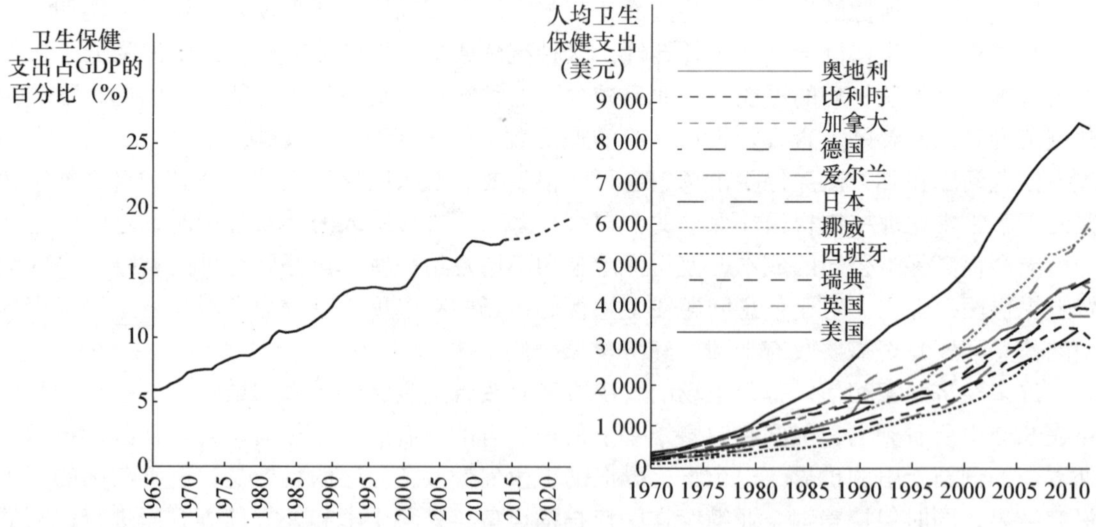

(a) 美国卫生保健支出占GDP的百分比，1965—2023年　　(b) 人均卫生保健支出，1970—2012年

图 5.5　世界各国的卫生保健支出

图（a）显示，在美国，卫生保健支出占 GDP 的百分比在上升。卫生保健支出占 GDP 的百分比从 1965 年的不到 6%上升到了 2015 年的接近 18%，并且据预测在未来的年份里将继续上升。（预测的增加在图中用虚线表示。）图（b）显示，美国的人均卫生保健支出增长的速度要快于其他高收入国家。

资料来源：[图（a）] U. S. Department of Health and Human Services, Centers for Medicare & Medicaid Services; [图（b）] Organization for Economic Co-operation and Development, *OECD Health Data 2014* , November 2014。

美国和其他10个高收入国家的人均卫生保健支出的增加。美国卫生保健支出增长的速度要快于其他国家。

卫生保健支出占美国经济的总支出和总产出的比例在上升，这个事实重要吗？不同产品占总支出的份额变化得很频繁。例如，在美国，2015年在智能手机或4K电视机上的支出所占的份额要远高于2010年。食品支出占总支出的份额在过去几十年里一直在下降。经济学家对这些变化的解释是它们部分地反映了消费者偏好：消费者选择把相对更多的收入用于智能手机支出，把相对更少的收入用于食品支出。但是，正如我们所看到的，大多数人依赖第三方付款人——如雇主提供的医疗保险或政府提供的医疗照顾保险或医疗补助保险——支付卫生保健的费用。用于卫生保健的自掏腰包的支出，即消费者用自己的收入而非通过医疗保险付费的卫生保健支出，一直在下降。

图5.6显示，自1960年以来，自掏腰包的卫生保健支出占所有卫生保健支出的百分比在稳步下降。在1960年，总的卫生保健支出中有48%是自掏腰包的，而现在这一比例只有大约12%。结果，近些年里，卫生保健的消费者直接支付的价格只是提供卫生保健的真实成本的一个小的比例，第三方付款人支付了剩下的部分。随着平均收入的上升，或许我们预期消费者会将更大份额的收入用于卫生保健支出。但是，由于消费者并没有支付卫生保健支出增加的全部成本，如果他们必须支付全部的价格，那么，他们愿意购买的卫生保健可能不会有目前所消费的那么多。

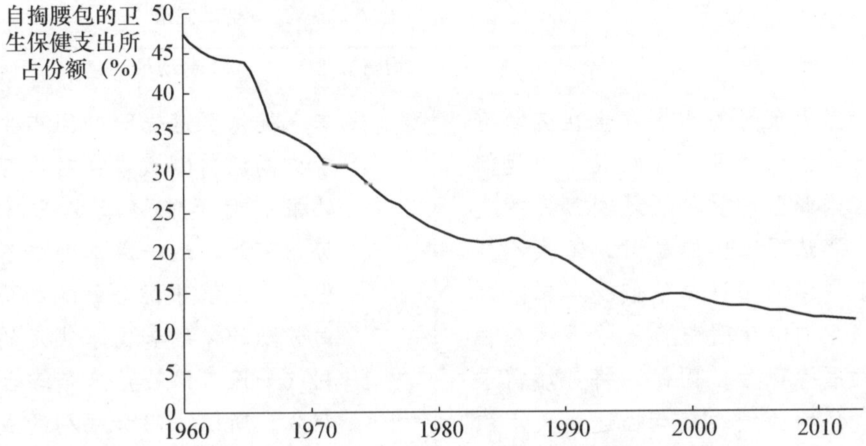

图5.6　美国人自掏腰包的卫生保健支出所占的份额下降

自掏腰包的卫生保健支出占所有卫生保健支出的份额一直在急剧下降，而第三方付款人（如企业或政府）支付的支出所占份额在上升。

资料来源：U. S. Department of Health and Human Services，Centers for Medicare & Medicaid Services.

由于美国的联邦政府和州政府通过医疗照顾保险、医疗补助保险和其他项目支付了刚刚超过一半的卫生保健支出，卫生保健支出的增加可能引起政府预算上的问题。医疗照顾保险和医疗补助保险始于1965年。到2015年，这些项目上的支出已经增长到了占GDP的6%。如果卫生保健成本增长的速度不下降，那么，这个百分比预期在未来40年内会变成现有水平的两倍。国会和总统一直在苦苦寻找在不削减其他联邦支出或大幅提高税收的条件下支付预计会出现的增加的医疗照顾保险和医疗补助保险支出的方法。

美国企业受制于为雇员支付医疗保险了吗?

有些国会议员和商界领袖认为，美国的高卫生保健成本妨碍了美国企业与外国企业的竞争。许多国家的企业并不像美国的大部分大企业那样为其员工购买医疗保险。因为美国的高卫生保健成本，外国企业事实上相对于美国企业占有优势吗？我们可以利用劳动的需求和供给分析这种说法。

下图说明了某一特定行业（比如说汽车行业）的劳动力市场。由于工资越低，企业对工人的需求量越高，需求曲线向下倾斜。由于随着工资上升，想在该行业工作的工人将更多，供给曲线向上倾斜。

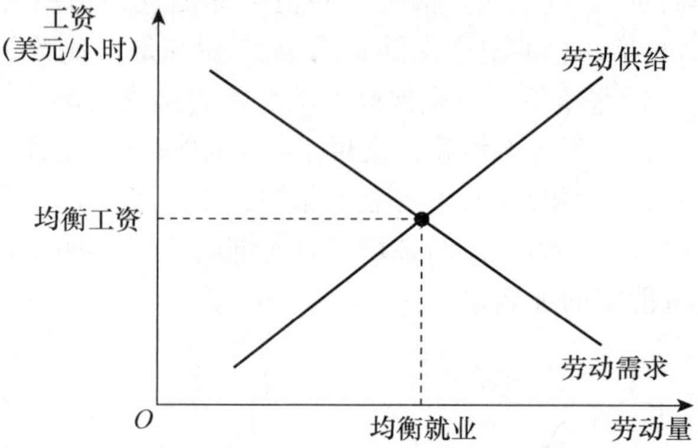

这个劳动力市场的均衡发生在劳动需求量等于劳动供给量处。在纵轴上，我们衡量工资，因此图形显示了均衡工资的决定。可是，当选择工作岗位时，工人不只是考虑企业提供的工资，他们还考虑附加福利，如雇主向退休账户存入的退休金和雇主提供的医疗保险。因此，将劳动需求曲线和劳动供给曲线的交点描述成决定均衡薪酬而非均衡工资更为确切。

假定美国转向加拿大那样的卫生保健体系，政府用税收来支付大部分卫生保健。如果劳动力市场决定了均衡薪酬，那么，若企业不再支付员工的医疗保险，会发生什么呢？国会预算办公室承担了国会政策议题的研究。在对改革美国医疗保险的诸多提议的综述中，国会预算办公室对这个问题进行了如下探讨：

> 有些评论员宣称，与保险不是以就业为基础的国家的竞争者相比，为工人提供医疗保险的国内生产者面临着更高的薪酬成本；对医疗保险体系的根本变革能够减少或消除这一劣势。可是，这一成本削减不太可能发生……经济中综合薪酬的均衡水平是由劳动的供给和需求决定的。附加福利（如医疗保险）只是综合薪酬的一部分。所以，附加福利的成本主要是由工人承担的，他们的现金工资比如果雇主不提供这些福利的情况下要低。将以就业为基础的卫生保健更换为政府经营的体系能够减少雇主对其工人保险的支付，但是，他们不得不支付的综合薪酬的数量将大体保持不变。

例如，假定一家企业给每个工人支付50 000美元的工资和10 000美元的医疗保险，从而总薪酬为60 000美元。如果政府开始支付所有的卫生保健支出，那么，看似该企业每个工人的劳动成本下降了10 000美元。但是，如果该企业只给其雇员提供50 000美元的工资作为总薪酬，那么，许多工人将离职转而去其他企业工作。该企业将不得不给雇员额外支付10 000美元的工资以便它提供的总薪酬处于该行业的均衡水平，即60 000美元。换言之，基本的需求和供给分析表明，让企业而非政府给工人提供医疗保险改变的是企业支付的薪酬的构成而非其水平。

资料来源：Congressional Budget Office，"Key Issues in Analyzing Major Health Insurance Proposals"，December 2008，p. 167.

轮到你了： 做本章末与本专栏相关的问题与应用4.11，看看你理解得如何。

□ 5.4.2 对卫生保健支出增加的解释

在本节，我们简要讨论对美国经济中卫生保健的份额一直持续增加的一些解释。我们先回顾有时候由政策制定者和新闻记者提供的解释，但是这些因素却不大可能解释卫生保健成本的大部分增加。

不能解释卫生保健支出持续增加的因素。 图5.5显示，至少在过去几十年里，卫生保健支出一直比经济整体增长得更快。解释卫生保健支出的快速增加要求确定那些不止有一次性影响的因素。例如，由于美国卫生保健体系依赖许多独立的医院、医疗诊所和保险公司，有些观察家认为，这个体系比其他国家的体系产生了更多的文书工作、重复和浪费。就算这个评论是正确的，它也不能解释卫生保健在GDP中份额的增加，除非文书工作和浪费是年复一年地增加，而这看起来是不可能的。

与在大部分国家不同，在美国，因医疗事故而受到伤害的病人就此起诉医生和医院相对容易。但是，国会预算办公室估计，为解决医疗事故诉讼所支付的款项加上医生支付的医疗事故保险费只占卫生保健成本的不到1%。其他经济学家认为，国会预算办公室的估计太低了，医疗事故诉讼的成本，包括医生为了避免被起诉而要求病人做的不必要的检查和治疗的成本，占到了总的卫生保健成本的7%。但是，这些成本仍然没有随着时间的推移大幅增加。

介于1%～4%之间的某个比例的卫生保健成本是由于没有保险的病人在医院的急诊室接受的治疗，而这些治疗原本可以在诊室以更低的成本被提供。但是，再一次地，这一成本增长的速度并没有快到可以解释卫生保健占GDP比例的很多增加。

卫生保健部门的"成本病"。 有些经济学家认为，卫生保健遭受着服务行业经常碰到的一个问题。在经济的商品生产部门，特别是制造业部门，生产率（即每个工人在给定时间内能生产的产出数量）稳步增长。随着时间的推移，企业给工人提供了更多的用于工作的机器和设备（包括电脑），而且技术进步导致了机器和设备以及生产过程中的其他部分的改善，于是，生产率增长就出现了。当工人生产更多的商品时，企业就能够支付给他们更高的工资。在生产服务的行业，增加工人人均产出更加困难。在医疗行业，核磁共振成像设备、CT扫描仪和其他医疗技术改善了诊断和治疗，但是大部分医疗仍然要求医生面对面地诊治病人。随着那些生产率快速增长的行业的工资的上升，生产率增长得没那么快的服务行业必须匹配工资的这些上升，否则就会失去工人。由于工资的上升并没有被服务行业中的生产率上升抵消，企业提供服务的成本增加了。

纽约大学的威廉·鲍莫尔把服务行业中的低生产率导致这些行业中的成本上升的趋势称为“服务部门的成本病”。有很好的理由认为卫生保健遭受着这种“成本病”，因为卫生保健中劳动生产率的增速只有整体经济的劳动生产率增速的不到一半。生产率的低增长有助于解释为什么卫生保健的成本一直以来快速上升，从而增加了卫生保健占总支出和总产出的份额。

人口老龄化和医疗技术的进展。随着人们变老，他们增加了卫生保健支出。企业继续开发新处方药和新医疗设备，而这些新药和新设备通常比它们替代的药和设备成本更高。美国人口的老龄化及更高成本的药和医疗设备的引入共同推高了联邦政府的医疗照顾保险支出以及总体的卫生保健支出。许多新引入的药和诊断工具得到了 65 岁以上老人不成比例的经常使用。部分地由于这个原因，65 岁以上老人的卫生保健支出比 18～24 岁的人高 6 倍，比 25～44 岁的人高 4 倍。在 2015 年，有 5 400 万人加入医疗照顾保险，而这一数字到 2025 年预计将增长到 7 400 万。正如我们所看到的，即使没有新药和其他医疗技术的开发，卫生保健部门生产率的低增长率也会推高成本。事实上，正如图 5.7 所说明的那样，国会预算办公室估计，联邦政府在医疗照顾保险和医疗补助保险上的支出的大部分增加将是由于提供卫生保健的成本的增加，而不是由于人口的老龄化。在图中，“成本过度增长的影响”是指人均卫生保健成本比人均 GDP 增长更快的程度。人口老龄化和提供卫生保健的成本增加是卫生保健支出占 GDP 的百分比增长的重要原因。

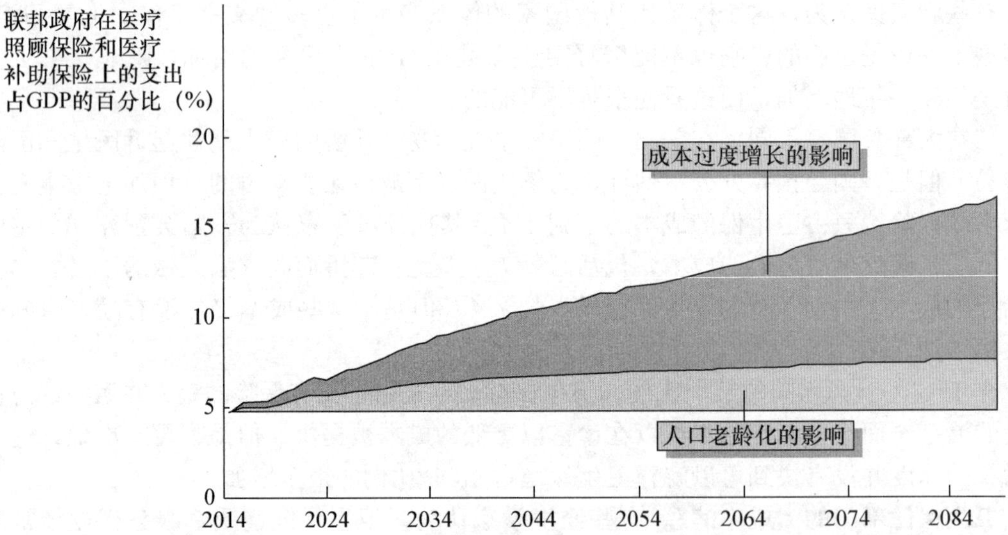

图 5.7 联邦政府在医疗照顾保险和医疗补助保险上的支出增长的原因

尽管美国人口的老龄化将增加联邦政府在医疗照顾保险和医疗补助保险上的支出，但提供卫生保健的成本的增加对这些项目上的政府支出有更大的影响。

资料来源：U. S. Congressional Budget Office.

被扭曲的经济激励。正如我们在前面所指出的，卫生保健支出随时间增长的有些部分代表了消费者在收入上升时选择将更多的收入配置于卫生保健。但是，正如我们也已经看到的，消费者通常支付的价格低于治疗的真实成本，原因是第三方——通常是保险公司或政府——常常支付了大部分医疗费用。例如，拥有由雇主提供的医疗保险的消费者通常只为看一次医生支付很少的数量——也许是 20 美元，而医生给他看病的真实成本或许达到

80 美元或 90 美元。结果，消费者对卫生保健服务的需求量比他们支付的价格能更好地代表提供该服务的成本的情况下要多。

图 5.8 说明了这种状况。如果消费者支付医疗服务的全部价格，他们的需求将是 D_1。医疗服务给消费者带来的边际效益将等于提供这些服务的边际成本，均衡数量将会处于有效水平 $Q_{有效}$。然而，由于消费者只支付医疗服务的真实成本的一部分，他们的需求增加到 D_2。医疗服务的均衡数量增加到 $Q_{市场}$，它高于有效水平。提供这些额外医疗服务的边际成本高于它们给消费者带来的边际效益。结果，存在等于图中阴影三角形部分的无谓损失。医生和医疗服务的其他提供者收到的价格 $P_{市场}$ 高于消费者支付的价格 P。注意，第三方付款人的影响对几乎所有卫生保健体系都是共有的，无论政府直接提供卫生保健（如英国）还是许多人有私人医疗保险（如美国）。

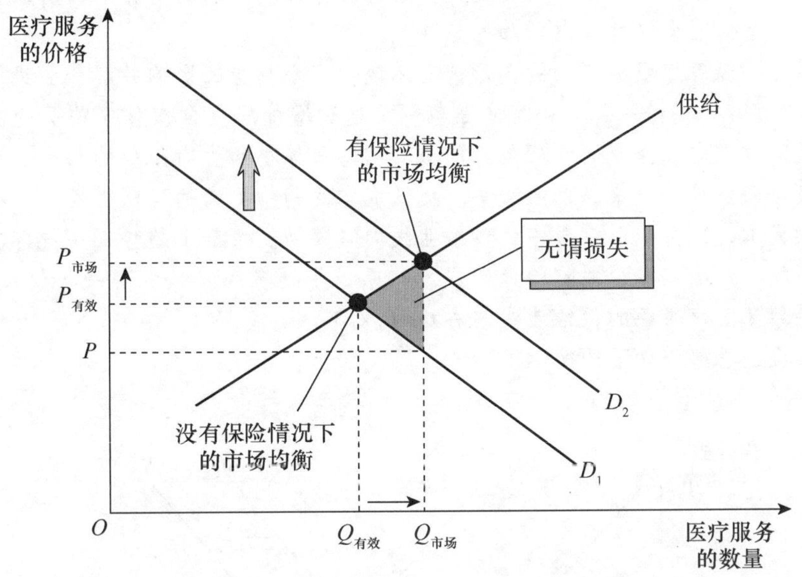

图 5.8　第三方付款人体系对医疗服务需求的影响

如果消费者支付医疗服务的全部价格，他们的需求将是 D_1，均衡数量将会处于有效水平 $Q_{有效}$。由于消费者只支付医疗服务的真实成本的一部分，他们的需求是 D_2，医疗服务的均衡数量增加到 $Q_{市场}$，它高于有效水平。存在等于图中阴影三角形部分的无谓损失。医生和医疗服务的其他提供者收到的价格 $P_{市场}$ 高于消费者支付的价格 P。

卫生保健与其他类型的保险在重要的方面存在差别。正如我们在前面所讨论的，保险的基本思想是，许多购买保险的消费者的不可预期的、高成本的事件（如房屋火灾或严重车祸）的财务风险被汇聚在一起。但是，医疗保险通常还覆盖许多计划性支出，如常规体检、年度体检和其他低成本事件（如小病的治疗）。通过隐藏这些常规支出的真实成本，医疗保险鼓励了对卫生保健服务的过度使用。

我们在下一节将进一步讨论经济激励在卫生保健中的作用。

例题 5.4　卫生保健近来的趋势

《纽约时报》上关于卫生保健近来的趋势的一篇文章提到了如下几个新情况：

(1) 雇主提供的卫生保健计划中免赔额的增加。例如，本章开篇案例提到的凯恩杂货店的卫生保健计划从每月保险费 950 美元和年度免赔额 500 美元变成了每月保险费 400 美元和年度免赔额 4 500 美元。

(2) 更低成本的通用药物可获得性的增加。

(3)《患者保护与平价医疗法案》对再次接收太多病人住院的医院施以罚款后被再次接收住院的病人的减少。

a. 用一幅医疗服务市场的图形说明这些趋势的影响。答案中要解释需求曲线或供给曲线的任何移动。

b. 假设医疗服务市场发生的变化只有以上三点。我们能确定这些变化将导致医疗服务的均衡价格上升还是下降吗？医疗服务的均衡数量呢？请简要解释。

解：

第 1 步：复习本章内容。这一问题是关于解释医疗保健支出的变化的，所以你可能需要复习一下 5.4.2 节“对卫生保健支出增加的解释”。

第 2 步：画一幅医疗服务市场的图形来显示题中三个趋势的影响并解释曲线的移动，以此来回答问题 a。第一个趋势——更高的免赔额——通过增加雇员自掏腰包购买的医疗服务数量减少了道德风险和逆向选择问题。雇员可能减少因感冒等小病去看医生的频率。因此，医疗服务的需求曲线将向左移动。第二个趋势——更低成本的药物更高的可获得性——减少了提供这类医疗服务的成本，这将使医疗服务的供给曲线向右移动。第三个趋势——被再次接收住院的病人数量的下降——应该减少住院治疗的成本，原因是更多病人只住院一次就被成功治愈了。这一趋势也将导致医疗服务的供给曲线向右移动。

你的图形应该看起来如下图所示。

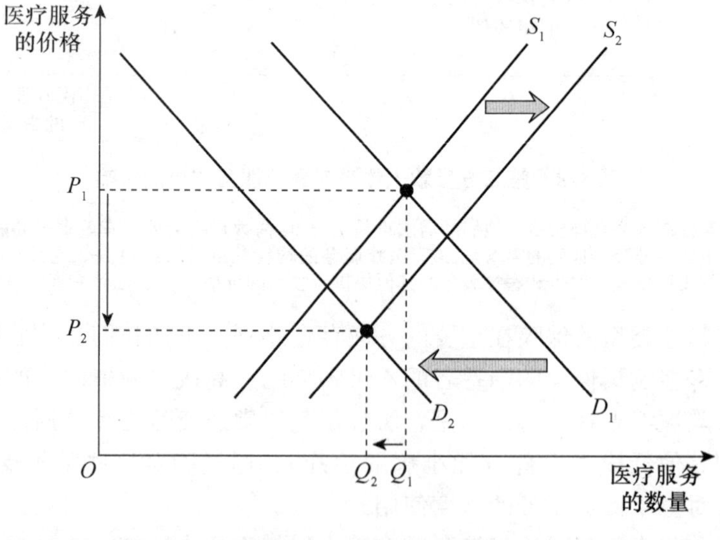

第 3 步：解释这些趋势将增加还是减少医疗服务的均衡价格和均衡数量，以此来回答问题 b。问题 a 中的图形显示，均衡价格和均衡数量都下降。由于需求曲线的左移和供给曲线的右移都导致均衡价格下降，我们可以确定均衡价格将下降。但是，我们不能确定均衡数量将下降，原因是供给曲线向右移动的影响是使均衡数量上升。均衡数量是否下降取决于需求移动与供给移动的相对大小。尽管题中所列三个趋势中有两个影响供给而只有一个影响需求，但是我们不知道这些趋势导致的移动的大小，因此，我们无法确定对均衡数量的影响是什么。

附注： 医疗护理的成本一直在持续上升。但是，在 2015 年，经济学家在分析其增长率减缓的原因。本题中提及的趋势是其中一些可能的因素。医疗服务的数量持续增加，至少部分地是因为《患者保护与平价医疗法案》的影响。该法案为收入低于某一水平的人购买医疗保险提供补贴并扩大了医疗补助保险体系，从而增加了低收入人群对卫生保健的需求。

资料来源：Margot Sanger-Katz，"Has the Law Contributed to a Slowdown in Health Care Spending?"，*New York Times*，October 26，2014.

轮到你了： 要想做更多的练习，请做本章末与本专栏相关的问题与应用 4.12。

□ 5.4.3 关于卫生保健政策的持续争论

正如我们所看到的，在高收入国家中，美国在为多数人提供卫生保健上对私人医疗保险（通常是通过雇主或新医疗保险交易所购买的）非同寻常地依赖。大多数其他高收入国家要么通过政府拥有的医院和政府雇用的医生直接提供卫生保健（如英国），要么给所有居民提供医疗保险而不直接雇用医生或拥有医院（如加拿大）。历史上有过几次重新组织美国的卫生保健体系的尝试，目的是使其与其他国家的体系更相似。1945 年，哈里·杜鲁门（Harry Truman）总统提议了一个国民医疗保险的计划，按照这个计划，任何人都可以从联邦政府购买医疗保险。医疗保险将覆盖同意参加这个体系的医生和医院提供的所有治疗。但国会拒绝颁布这个计划。1993 年，比尔·克林顿（Bill Clinton）总统提议了一个旨在提供全民保险的卫生保健计划。尽管这个计划有些复杂，但它的基础是要求大部分企业向雇员提供医疗保险并成立新的、政府资助的卫生联盟以保证那些没有其他方式得到医疗保险的人能得到保险。在经过长时间的政治辩论后，国会选择不颁布克林顿总统的计划。

《患者保护与平价医疗法案》。 2009 年，奥巴马总统提出了卫生保健议案。在经过了许多的辩论和重大的修改后，该议案于 2010 年 3 月被签署成为法律，即《患者保护与平价医疗法案》。这个法案很长、很复杂，超过 20 000 页，触及了美国卫生保健的几乎每个方面。下面仅仅是这个法案主要条款的总结：

- 个人强制参保。这个法案要求，除了一些有限的例外情况，美国的每个居民都必须拥有满足某些基本要求的医疗保险。没有医疗保险的个人将被罚款。2016 年，罚金为 695 美元或收入的 2.5%，取两者之中较大的那一个。（在未来的年份里，罚金会随通货膨胀而上升。）例如，在 2016 年，收入为每年 40 000 美元的成年人如果不购买医疗保险将支付 1 000 美元的罚款。
- 州医疗保险交易所。每个州都将建立一个平价保险交易所。针对个人的和针对少于 50 个雇员的小企业的交易所被分别设立。这些交易所提供满足某些特定要求的医疗保险保单。尽管这些交易所原计划是由州政府机构或非营利性企业经营的，但是，许多州决定允许联邦政府在它们的州里经营交易所。私人保险公司在交易所相互竞争，向个人和小企业提供保单。低收入的个人和只有不超过 25 个雇员的小企业可以得到税收减免来抵消购买医疗保险的成本。交易所的目的是，与原有的卖给个人或小企业的医疗保险保单市场相比，实现更多的风险汇聚和更低的管理成本。如果成功，更多的风险汇聚和更低的管理成本将使个人和小企业以比以前更低的保险费购买保单成为可能。
- 雇主强制参保。每家全职雇员超过 200 人的企业必须向雇员提供医疗保险，必须自动将雇员纳入该计划。全职雇员不少于 50 人的企业必须提供医疗保险，或者对通过某州的医疗保险交易所获得医疗保险并因而从联邦政府得到税收减免的雇员，企业向联邦政府缴纳每个雇员 3 000 美元的费用。全职雇员是指每周工作时间在 30 小时或以上的工人。

● 对医疗保险的管制。保险公司被要求参加一个高风险池，这个高风险池对有既有病症且过去至少 6 个月内无法买到医疗保险的个人提供保险。所有的个人和团体保单都必须覆盖 26 岁或以下的受抚养子女。禁止对保险的终生理赔金额设置上限。对免赔额和保险生效前的等待时期设置了上限。

● 医疗照顾保险和医疗补助保险的变化。医疗补助保险的享受资格最初被放宽到收入不超过联邦贫困线的 138%的人，尽管 2012 年最高法院的一个裁决导致各州可以不遵守这一条款。为了控制卫生保健成本的增加，美国成立了独立支付顾问委员会（Independent Payment Advisory Board，IPAB），该委员会有权力在医疗照顾保险支出超过某些水平时减少医疗照顾保险对处方药与诊断设备和其他技术的使用的支付。医疗照顾保险对医院和医生的某些支付也减少了。

● 税收。有几项新税收来帮助为这一项目筹措资金。收入超过 20 万美元的工人为医疗照顾保险缴付更高的薪资税，而且收入超过 20 万美元的人获得的投资收入要缴纳一项 3.8%的新税收。按照时间表，从 2018 年开始，雇主提供的对个人价值在 10 200 美元以上或对家庭价值在 27 500 美元以上的医疗保险计划——所谓的凯迪拉克计划——将被征收一项税收。制药企业、医疗保险公司以及生产医疗设备的企业也支付新税收。

按照时间表，到 2019 年《患者保护与平价医疗法案》将全面实施，届时，拥有卫生保健保险的个人预计将增加 3 000 万以上。国会预算办公室估计，这一法案将使联邦政府的支出在 2016—2025 年这一期间增加大约 2 万亿美元。税收和收费的增加将使这一法案导致的联邦政府支出净增额减少到大约 1.4 万亿美元。

关于《患者保护与平价医疗法案》的争论。任何像《患者保护与平价医疗法案》这样意义深远和复杂的法律都注定会招致批评。国会对这一法律的辩论是具有高度倾向性的，最终，每个共和党国会议员都投了反对票，而大部分民主党国会议员都投了赞成票。对这一法案的批评人士可以被分成两大派：一派认为卫生保健改革应该更大步地迈向一个与英国、加拿大和日本的体系类似的体系，一派认为卫生保健改革应该包括更多基于市场的变化。

正如我们在上一节中所讨论的，一些经济学家和政策制定者相信，卫生保健市场中的信息问题和外部性是如此之大，以至政府应该要么通过政府拥有的医院和政府雇用的医生直接提供卫生保健，要么通过国民医疗保险（有时候被称为单一付款人卫生保健体系）为卫生保健付费。尽管《患者保护与平价医疗法案》大幅提高了联邦政府在卫生保健体系中的参与度，但是它离加拿大、日本和英国现有的政府参与度还有距离。支持政府更多地参与这一改革方向的批评人士通常认为，这样做将减少现有体系引起的文书工作和浪费。他们认为，现有的医疗照顾保险体系——本质上是一个针对 65 岁以上老人的单一付款人卫生保健体系——已经被证明比私人卫生保险公司有着更低的管理成本。支持政府更多地参与卫生保健体系的人还认为，与美国的体系相比，加拿大和英国的体系有着更低的人均卫生保健支出水平，卫生保健总支出的增长率也更低，但却提供了很好的健康结果。

基于市场的改革（market-based reform）涉及改革卫生保健市场以使其与其他商品和

服务的市场更类似。那样一来，与在其他市场中一样，消费者支付的价格和供给者收到的价格将更好地传达关于消费者需求和供给者成本的信息。从而可以预期，医生、医院、制药公司以及卫生保健的其他提供者之间竞争程度的增加将降低成本和提高经济效率。认为基于市场的改革是改善卫生保健体系的最佳方法的经济学家对《患者保护与平价医疗法案》没有采纳这种方法感到失望。目前，市场给消费者传递的信号是不准确的，原因是，与购买大部分其他商品和服务时不同，消费者在购买卫生保健时支付的价格远低于提供这一服务的真实成本。

建立联系

核磁共振成像扫描收取多少钱？

核磁共振成像设备在现代医学中起着很重要的作用。自它于20世纪80年代被推出以来，核磁共振成像设备使医生能够看见人体软组织内部，从而能够发现肿瘤、肌肉撕裂以及其他医学问题。正如我们在5.2节所指出的那样，核磁共振成像设备在美国比在其他国家使用得更加广泛。在正常情况下，我们预计，当一种产品得到广泛使用时，企业之间的竞争会导致该产品在各处的价格几乎相同。如果一本畅销书在Amazon.com的价格比在BarnesandNoble.com贵50%，那么，顾客就不会从前者那里购买。

那么，竞争使医疗服务的价格相等了吗？证据表明没有。每家医院或诊所提供的确切服务难于被发现，这使得消费者比较价格存在困难。下表中的数据表明，腹部核磁共振扫描的价格差别很大。在美国的大多数城市，最昂贵的核磁共振扫描比最便宜的贵了一倍以上。各城市间核磁共振扫描的价格差别也很大。有两个记者考察了在佛罗里达州的彭萨科拉城的肩部核磁共振成像扫描的价格，结果发现，Sacred Heart Hospital收取的价格为800美元，而相距不到一英里的一家私立医院Pensacola Open MRI & Imaging收取的价格只有450美元。实际上，后者使用的核磁共振成像设备更新，所成的像分辨率更高，因此，该医院提供的服务更好但收取的价格却更低。

城市	最高价格（美元）	最低价格（美元）	差价（美元）
得克萨斯州休斯敦市	4 800	675	4 125
路易斯安那州巴吞鲁日市	4 400	600	3 800
伊利诺伊州芝加哥市	4 200	450	3 750
佐治亚州亚特兰大市	4 400	700	3 700
内布拉斯加州奥马哈市	4 100	600	3 500
肯塔基州列克星敦市	4 000	550	3 450
北卡罗来纳州夏洛特市	3 500	600	2 900
佛罗里达州俄勒冈市	2 475	650	1 825
加利福尼亚州旧金山市	2 400	650	1 750
纽约州纽约市	2 175	800	1 375

有些医疗服务的提供者收取的价格比竞争对手高数百或数千美元却仍能继续经营，这怎么可能呢？答案是，由于大部分病人并不为医疗服务付费或者只支付其价格的一小部分，因此，他们不关心价格。病人通常依赖医生告诉他们去做核磁共振成像扫描或者其他治疗，他们自己很少去努力或者根本不去努力确定医疗服务收取的价格。对卫生保健体系的基于市场的改革的目标就是给病人更多地关心医疗服务价格的激励。

资料来源：Caitlin Kenney，"Shopping for an MRI"，www.npr.org，November 6，2009；核磁共振成像扫描的价格来自 newchoicehealth.com，June 3，2015。

轮到你了：做本章末与本专栏相关的问题与应用 4.13，看看你理解得如何。

支持基于市场的改革的人指出，雇员必须为雇主支付给他们的工资缴纳联邦收入税和薪资税，但是，在大多数情况下，他们却不必为雇主给他们提供的医疗保险的价值缴纳税收。税法的这一特征鼓励雇员要求医疗保险有非常全面的覆盖范围；事实上，如果提供两个选择，即一个是加薪 1 000 美元，另一个是价值 1 000 美元的医疗保险的额外覆盖范围，由于后者是免税的，许多人会选择后者（尽管有些健康的且预计不会有医疗费用的年轻人很可能会选择加薪）。这一税收减免的规模相当大，在 2015 年高达 2 500 亿美元以上。但是，个人在购买个人医疗保险保单或者自掏腰包支付卫生保健费用时，通常是享受不到税收减免的。①

有些经济学家提议在税收上同样对待雇主提供的医疗保险与个人购买的医疗保险和自掏腰包的卫生保健支出。他们认为，这一改变可能明显降低卫生保健支出且不会降低所收到的卫生保健的效果。这样的税法变化将会使雇主提供的医疗保险更有可能侧重于大额医疗账单（如住院引起的医疗账单），而消费者所付的价格更加接近提供常规医疗保健的成本。胡佛研究所的约翰·科根（John Cogan）、哥伦比亚大学的格伦·哈伯德（Glenn Hubbard）以及斯坦福大学的丹尼尔·凯斯勒（Daniel Kessler）估计，废止对雇主提供的医疗保险的税收优惠将使这些项目的参加者的卫生保健支出降低 33%。

目前，美国的卫生保健体系在医疗技术和处方药方面居于世界领先地位。大约 2/3 的药品专利被授予给了美国的企业，大约 2/3 的新药研究是在美国进行的。基于市场的改革的目标之一是确保美国企业继续在医疗扫描设备、外科手术和处方药等方面进行创新。美国制药企业的执行官们已经表达了对《患者保护与平价医疗法案》规定的改革是否会影响他们从向市场推出新处方药中获利的能力的关心。特别地，这些企业的经理们担心新成立的独立支付顾问委员会或许会减少医疗照顾保险对新处方药的支付。

对《患者保护与平价医疗法案》的这两派批评人士，即主张政府更多地参与卫生保健的人士和主张市场改革的人士，都对该法案的个人强制参保规定提出了质疑。个人强制参保要求每个美国居民都拥有医疗保险。这一强制性规定被认为是有必要的，原因是，如果不这样的话，健康的人或许会等到病了才购买保险。由于保险公司将既有病症排除在保险范围之外的做法将会被禁止，因此，保险公司到头来就得为那些在身体健康时不曾为支持

① 个人的医疗费用只有在医疗费用超过收入的 10%时才能在联邦收入税中扣除。只有相对很少的人的医疗费用高到可以扣除的程度。

卫生保健体系而支付保险费的人支付大额医疗费用。按照该法案的规定，不购买保险的人会面临罚款，但是，关于罚款对推动人们购买保险会多有效也存在问题。在 2015 年，有几百万人没有购买保险而是支付罚金。

接第 151 页

生活中的经济学

你到手的工资会受到雇主在你的医疗保险上支出多少的影响吗？

在本章一开头，我们要求你思考这么一个问题：你的工资支票没有显示出你的雇主代表你为医疗保险支付了多少钱，但是，雇主在你的医疗保险上的支出会影响你到手的工资吗？5.4.1 节的“建立联系”专栏显示，工人在劳动力市场收到的均衡薪酬由工资和医疗保险等附加福利组成。因此，尽管企业代表你为医疗保险支付的数量不会影响你的综合薪酬，但是，它会影响你的到手工资数量。对于给定的薪酬水平，企业为你的医疗保险支出得越多，它以工资形式付给你的金额就越少。一个相关的问题是，为什么企业会为你购买医疗保险而不是给你提高相同数量的工资然后让你自己购买保险。我们已经看到，如此多的人从雇主那儿得到医疗保险有两个重要的原因：(1) 雇主发给你的工资是你的应纳税收入，而雇主用于为你购买医疗保险的钱是免税的；(2) 保险公司通常愿意对团体保险收取更低的保险费，特别是对大企业，原因是风险池得到了改善，逆向选择和道德风险问题也没有个人保单那么严重。

5.5 结论

在本章，我们已经看到，经济分析能够对卫生保健市场提供重要的见解。但是，与许多其他政策议题一样，经济分析可能有助于引发争论，但却无法解决争论。由于卫生保健对消费者如此重要并且卫生保健服务是美国经济中如此大的组成部分，政府在卫生保健体系中的作用在接下来的几年中可能都是一个争论激烈的主题。

访问 MyEconLab，你可以找到与本章的概念有关的一篇新闻文章和分析。

本章总结和习题

□ 关键术语

逆向选择	医疗保险	《患者保护与平价医疗法案》	单一付款人卫生保健体系
信息不对称	基于市场的改革	按服务计费	道德风险
委托-代理问题	公费医疗	卫生保健	

□ 5.1 美国人不断改善的健康状况

总结

卫生保健是指意在维持或改善人的健康的商品和服务，如处方药和看医生。随着时间的推移，大部分国家人们的健康状况改善了。在美国，作为健康状况改善的结果，预期寿命提高了，死亡率降低了，婴儿死亡率降低了，平均而言人们变得更高了。

复习题

1.1 简要讨论卫生保健市场与其他商品和服务市场之间最重要的区别。

1.2 简要描述美国一般民众的健康状况随时间如何变化。

1.3 健康状况的改善会如何增加一国的总收入？一国总收入的增加会如何改善健康状况？

问题与应用

1.4 在何种意义上美国普通民众的健康状况的改善引起了美国的生产可能性边界向外移动？图5.1（a）表明，美国人的预期寿命在1918年下降了。预期寿命的下降对美国的生产可能性边界可能有什么影响？请简要解释。

1.5 19世纪后期社会上对细菌导致疾病有了广泛的认识。这一认识导致了公共卫生运动。这一运动最终给所有美国公民带来了下水道、清洁的饮用水和垃圾清运。美国19世纪后期和20世纪早期的公共卫生运动对该国的生产可能性边界有什么影响？

1.6 1830—1890年期间，美国成年男性身高下降了大约2英寸，而1890年美国人的平均收入增加到了1830年的3倍以上。在此期间美国人的生活水平提高了吗？在此期间的身高下降可能为美国人口的健康和福利提供什么启示？请简要解释。

□ 5.2 世界各地的卫生保健

总结

医疗保险是一个合同，根据该合同，买者同意支付保险费以获取合同提供方同意支付买者的部分或全部医疗费用。在美国，大部分人所在家庭拥有私人医疗保险，这通常是通过雇主获得的。其他人通过退伍军人健康管理局或医疗照顾保险和医疗补助保险项目拥有医疗保险。2014年，在美国有大约10%的人没有医疗保险。许多医疗保险计划基于按服务计费进行运作，医生和医院因其提供的每项服务收到偿付。在美国以外的大部分国家，卫生保健体系中的政府参与度都更高。加拿大的卫生保健体系是单一付款人卫生保健体系，政府向加拿大所有居民提供国民医疗保险。在英国，政府拥有大部分医院，雇用大部分医生，因此，其卫生保健体系被称为公费医疗。与其他高收入国家相比，美国的人均卫生保健支出更高，但预期寿命更低，婴儿死亡率更高，肥胖率也更高，不过，美国人均拥有的医疗设备更多，癌症患者的死亡率更低。数据问题和其他问题使得卫生保健结果的跨国比较很困难。

复习题

2.1 定义以下术语：a. 医疗保险；b. 按服务计费；c. 单一付款人卫生保健体系；d. 公费医疗。

2.2 在美国，医疗保险的主要来源是什么？

2.3 对加拿大、日本和英国的卫生保健体系与美国的卫生保健体系进行简要比较。

2.4 “健康结果”（或称“卫生保健结果”）这一短语是什么意思？美国的健康结果与其他高收入国家相比怎么样？当尝试比较各国之间的健康结果时，会产生什么问题？

问题与应用

2.5 根据《经济学人》上一篇关于英国的卫生保健体系的文章：“国民卫生服务体系的一个判定标准是它‘在提供时免费’。”“在提供时免费”是指什么？卫生保健对英国的居民实际上是免费的吗？请简要解释。

资料来源：“Free-for-All”，*Economist*，June 1，2013.

2.6 在一个关于提高美国医生的绩效的意见专栏中，一位卫生经济学家评论说：“我们真正关心的东西，如生活质量和功能的提高，是很难衡量的。”为什么这些结果难于衡量？这位经济学家的评论对健康结果的跨国比较有相关性吗？请简要解释。

资料来源：Aaron E. Carroll，“The Problem With ‘Pay for Performance’ in Medicine”，*New York Times*，July 28，2014.

2.7 《经济学人》上一篇关于评估健康结果的文章的副标题是“为了改善卫生保健，政府需要使用正确的数据”。在大多数国家目前尚未搜集的众多数据中，这篇文章提到“病人手术后回归工作岗位有多快”。为什么政府目前没有搜集这些数据？为什么这样的数据对评估一国卫生保健体系的效果可能很重要？

资料来源：“Measuring Health Care”，*Economist*，February 1，2014.

2.8 两个卫生保健分析师认为，在美国，“我们已经到了一个在战胜各种疾病上很难取得进展的时刻。相反，我们今天的主要成就是想方设法稍微延长重病患者的寿命。”

a.“稍微延长重病患者的寿命”应该成为卫生保健体系的一个重要目标吗？哪些其他目标应该更重要？（注：这个问题基本上是一个规范性问题，它没有肯定正确或不正确的答案。你要回答的是卫生保健体系的目标应该是什么。）

b. 有可能衡量不同国家的卫生保健体系在延长重病患者的寿命上有多成功吗？如果有可能，那要怎么衡量？

资料来源：David Brooks，“Death and Budgets”，*New York Times*，July 14，2011.

2.9 ［与5.2.1节中的“建立联系”专栏有关］《经济学人》上的一篇文章指出，在美国，大约10%的人在卫生保健部门工作，“这些人承担着让美国的卫生保健更有效率的关键工作，而让美国的卫生保健更有效率很可能是美国国内最大的挑战”。

a. 我们可以如何衡量一国卫生保健部门的效率？存在表明美国的卫生保健部门比其他国家的效率更高或更低的证据吗？请简要解释。

b. 如果美国的卫生保健部门的效率提高，该部门雇用的工人数比效率不提高的情况下可能更多还是更少？请简要解释。

资料来源：“Why Nurses Are the New Auto Workers”，*Economist*，July 25，2014.

□ 5.3 卫生保健市场中的信息问题和外部性

总结

卫生保健市场受到信息不对称问题的影响。信息不对称问题发生在经济交易的一方拥有的信息比另一方少的时候。逆向选择是指交易的一方利用所知道的信息比交易的另一方多的优势这样一种状况。对于销售医疗保险保单的企业来说，逆向选择是一个问题，原因是它导致健康状况更差的人比健康状况更好的人更有可能购买保险。道德风险是指人们在进入交易后采取的使交易的另一方境况变差的行动。对保险公司来说，道德风险也是一个问题，原因是，一旦人们拥有医疗保险，他们就可能更多地去看医生，并以其他方式增加对医疗服务的使用。道德风险也可能涉及委托-代理问题。医生可能要求拥有医疗保险的病人做更多化验、核磁共振成像扫描和其他治疗。保险公司使用免赔额和共同支付来减少逆向选择和道德风险问题。医疗和卫生保健中可能存在外部性，原因是，举例来说，接种了流感或其他传染病疫苗的人可能没有收到接种疫苗带来的所有好处，肥胖者可能没有承担肥胖的所有成本。

复习题

3.1 定义以下术语：a. 信息不对称；b. 逆向选择；c. 道德风险；d. 委托-代理问题。

3.2 卫生保健市场中的信息不对称问题是指什么？

3.3 医疗保险公司如何处理信息不对称问题？

3.4 什么是外部性？卫生保健市场中存在外部性吗？请简要解释。

问题与应用

3.5 假定你在校园报纸上看到一个卖二手车的广告，一辆2013款大众捷达GLS涡轮增压轿车卖价9 000美元。如果你知道这辆车质量可靠，那么你愿意付10 000美元。如果你知道它的质量不可靠，那么，你就只愿意付5 000美元。在什么情况下你应该买这辆车？

3.6 什么是“次品问题”？医疗保险市场中存在次品问题吗？请简要解释。

3.7 政治专栏作家迈克尔·金斯利（Michael Kinsley）这么评论道：“保险的思想是分摊坏结果的风险。”在何种意义上保险涉及分摊风险？逆向选择问题如何影响保险提供分摊风险这一好处的能力？

资料来源：Michael Kinsley，“Congress on Drugs”，*Slate*，August 1，2002.

3.8 根据社会保障退休体系，联邦政府对大部分人的工资收入征税，给超过某一年龄且在该体系保障范围内的退休工人发退休工资。（收到全额社会保证退休金的年龄随着工人出生年份而变化。）社会保障退休体系有时候被认为是一个社会保险项目。社会保障在与公司提供给雇员的医疗保险保单相同的意义上来说是一个保险项目吗？请简要解释。

3.9 ［与 5.3.2 节中的“不要犯这样的错误！”专栏有关］请简要解释你是否同意如下说法：“对保险公司来说，健康又年轻的成年人对购买保险的不情愿产生了一个道德风险问题。”

3.10 ［与 5.3.2 节中的“不要犯这样的错误！”专栏有关］在讲授信息不对称概念时，教授要求学生列举婚姻中的逆向选择或道德风险的例子。某个已婚学生回答说：“你的配偶再也不给你送花了。”该学生的回答是逆向选择还是道德风险的例子？请简要解释。

3.11 一篇新闻报道指出，美国卫生保健体系的一些特征“通过鼓励医院和医生做检查和手术而不论其对病人的价值如何导致了医疗保健的高成本”。该文所指的是什么特征？为什么医院和医生会做可能对病人没有什么价值的检查？

资料来源：Reed Abelson，“Industry Group to Back Results-Focused Care”，*New York Times*，January 28，2015.

3.12 《华尔街日报》杂志的一个意见专栏对“防御型医疗”做出了如下评论：“许多医生宣称，对诉讼的担心显著影响了医疗惯例，改革医疗事故体系对控制成本是至关重要的。”除了担心诉讼以外，对于医生做不必要的检查和其他医疗手术还有其他经济学解释吗？请简要解释。

资料来源：Amitabh Chandra，Anupam B. Jena，and Seth A. Seabury，“Defensive Medicine May Be Costlier Than It Seems”，*Wall Street Journal*，February 7，2013.

3.13 《经济学人》杂志的一篇文章认为，医疗保险真正的问题是：

> 身体健康的人出于理性的私利考虑决定不购买保险，结果他们的决定是正确的。通过不购买保险，那些身体健康的人（大部分是年轻人）就没有补贴那些保险为之服务的人：那些最终生病了的人。

a. 为什么身体健康的人不购买保险是理性的？

b. 你同意医疗保险是为那些最终生病了的人服务的吗？

c. 为什么这段话所描述的状况对医疗保险体系来说是一个问题？如果它是一个问题，提出可能的解决方案。

资料来源：“Romney on Health Care：To Boldly Go Where He Had Already Been Before”，*Economist*，May 13，2011.

3.14 《洛杉矶时报》的一篇文章将一个决定不购买医疗保险的身体健康的 23 岁女孩描述成“正是保险计划、各州和联邦政府要使卫生改革成功所指望的那种类型的人”。为什么要使卫生改革成功需要身体健康的 23 岁的人？

资料来源：Anna Gorman，“Affordable Care Act's Challenge：Getting Young Adults Enrolled”，*Los Angeles Times*，June 2，2013.

3.15 解释你是否同意如下说法：

> 卫生保健的提供显然是一种公共产品。如果一个人生病了而得不到治疗，那么，他可能传染给其他人。如果许多人生病了，那么，经济的产出将受到负向的影响。因此，卫生保健的提供是一种应该由政府提供的公共产品。

□ 5.4 关于美国的卫生保健政策的争论

总结

2010 年，国会通过了《患者保护与平价医疗法案》。该法案极大地重组了美国的卫生保健体系。美国的卫生保健支出占 GDP 的百分比一直在快速增加，人均卫生保健支出的增长比其他高收入国家更快。第三方付款人（如雇主提供的医疗保险以及医疗照顾保险和医疗补助保险项目）所支付的卫生保健支出所占比例越来越大，而自掏腰包的支出占卫生保健总支出的比例急剧下降。对美国卫生保健支出快速增加的解释已经有了好几种：卫生保健中劳动生产率的低增长率可能推高了成本，美国人口在老龄化，医疗技术和新处方药的成本更高了，税收体系和对第三方付款人的依赖扭曲了卫生保健的消费者和供给者的经济激励。《患者保护与平价医疗法案》有几个重要的条款：（1）个人强制参保，它要求美国的每个居民都必须拥有医疗保险，否则将被罚款；（2）建立由州政府或联邦政府经营的医疗保险交易所，它将为个人和小企业提供购买医疗保险的一个途径；（3）雇主强制参保，它要求每家雇员数超过 200 人的企业必须向雇员提供医疗保险；（4）增加对医疗保险的管制；（5）放宽医疗补助保险的享受资格，成立独立支付顾问委员会，该委员会有权力在医疗照顾保险支出超过某些水平时减少医疗照顾保险对处方药与诊断设备和其他技术的使用的支付；（6）增加收入超过 20 万美元的人应缴纳的税收。《患者保护与平价医疗法案》的一些批评人士认为，在增加政府对卫生保健体系的参与程度方面该法案的步子迈得还不够大，而另一些批评人士则认为，卫生保健改革应该更多地依赖基于市场的改革，这涉及改革卫生保健市场以使其与其他商品和服务市场更类似。

复习题

4.1 什么是《患者保护与平价医疗法案》？简要列举它的主要条款。

4.2 在美国，卫生保健支出占GDP的百分比有什么样的趋势？对美国与其他高收入国家人均卫生保健支出的增加进行比较。卫生保健支出现在的趋势对美国联邦政府支出的增长有什么启示？

4.3 简要讨论经济学家如何解释卫生保健支出的快速增加。

4.4 认为政府在卫生保健体系中应该扮演更重要角色的经济学家和政策制定者是如何批评《患者保护与平价医疗法案》的？

4.5 认为基于市场的改革是改善卫生保健体系的关键的经济学家和政策制定者是如何批评《患者保护与平价医疗法案》的？

问题与应用

4.6 图5.7显示，国会预算办公室预测，医疗补助保险支出占GDP的百分比未来的增加只有约10%是由于人口的老龄化。什么因素解释了其他90%的增加？

4.7 技术的提高通常导致更低的生产成本或者更好的消费品和服务。假设医疗技术的提高导致65岁及以上老人的预期寿命延长。这一技术进步可能会如何影响卫生保健支出？

4.8 一些经济学家和政策制定者主张，控制联邦政府在医疗补助保险上的支出的一种方法是成立一个专家委员会来决定新的医疗技术与其更高的成本相比是否值得。如果专家委员会认为不值得，那么，医疗照顾保险就不为这些新医疗技术付款。其他经济学家和政策制定者主张，受益人支付的成本应该更加真实地代表提供医疗服务的成本。这一结果或许可以通过提高保险费、免赔额以及共同支付或者通过“个人收入调查”（这将限制高收入者收到的医疗照顾保险补贴）来达到。政治专栏作家戴维·布鲁克（David Brook）这么总结这两种限制医疗照顾保险支出增长的方法：“从高层来说，政府可以授权一个专家委员会进行配给决策……或者，从底层来说，可以将成本转移给受益人，但同时向这些人提供保险费支持以帮助他们解决看病的负担。”

a. 什么是“配给决策”？这些决策会如何限制医疗照顾保险支出的增长？

b. 把医疗照顾保险的成本转移给受益人会如何限制医疗照顾保险支出的增长？布鲁克所说的“保险费支持”是指什么？

c. 国会和总统应该关心医疗照顾保险支出的增长吗？如果是，他们应该采取这两种方法中的哪一种，或者存在可能更好的第三种方法吗？（注：最后一个问题是规范性的，没有确定的答案。它的意图是引导你思考实施医疗照顾保险项目的可能方法。）

资料来源：David Brooks，“The Missing Fifth”，*New York Times*，May 9，2011.

4.9 本章正文说卫生保健是一种正常品。简要解释原因。在未来，卫生保健在美国可能变成一种劣等品吗？简要解释为什么判断这一变化是否发生是有可能的。

4.10 芝加哥大学的已故诺贝尔经济学奖得主罗伯特·福格尔这样说道：“卫生保健支出是由需求驱动的，而需求则受到收入和那些使健康干预越来越有效的生物技术进展的推动。”

a. 如果福格尔的观点是正确的，那么，政策制定者应该对卫生保健支出占GDP的百分比的预计增加担心吗？

b. 一些经济学家对福格尔关于卫生保健支出增加的驱动因素的分析提出了什么反对意见？

资料来源：Robert Fogel，“Forecasting the Cost of U.S. Healthcare”，*The American*，September 3，2009.

4.11 ［与5.4.1节中的“建立联系”专栏有关］在大多数情况下，雇员不会为其雇主提供的医疗保险的价值纳税。如果雇员需要为其雇主提供的医疗保险的价值纳税，你预期雇主付给雇员的综合薪酬会发生什么变化？雇主提供的医疗保险的价值会发生什么变化？雇主付给雇员的工资呢？请简要解释。

4.12 ［与例题5.4有关］假定由于第三方，如保险公司或政府，支付了医疗服务的大部分费用，消费者所支付的数额少于医疗服务的真实成本。在下页图中，D_1代表在消费者支付医疗服务的全部价格的情况下对医疗服务的需求；D_2代表在消费者只支付医疗服务真实成本的一部分的情况下对医疗服务的需求；S代表医疗服务的供给。利用下页图回答如下问题。简要解释你的答案。

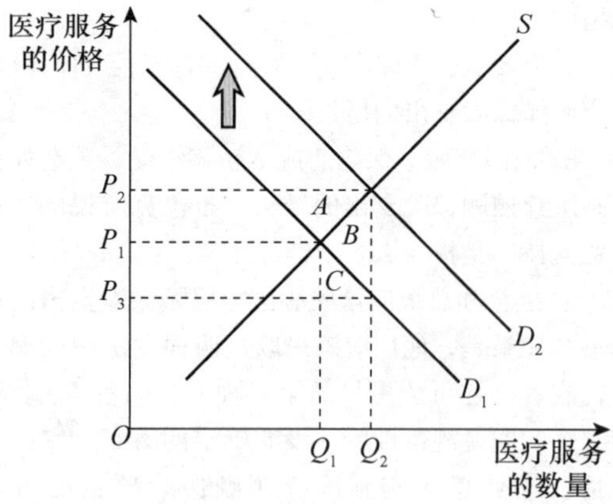

a. 医生和医疗服务的其他提供者收到的均衡市场价格是多少？

b. 医疗服务的均衡数量是多少？

c. 医疗服务的消费者支付的价格是多少？

d. 哪个区域代表了消费者不支付医疗服务的全部价格导致的无谓损失？

4.13 ［与5.4.3节中的“建立联系”专栏有关］《华尔街日报》的一个专栏评论说：“Edmunds.com、AutoTrader.com 和 Kelley Blue Book 等独立网站为消费者公布详细的汽车定价信息，而且是免费的。消费者想要这类信息，企业也看到了提供这类信息的机会（哪怕是免费的），这样可以吸引眼球注意网站上的广告……在卫生保健上不存在这类信息。”为什么没有网站提供卫生保健的定价数据并从销售广告中赚取利润呢？

资料来源：Holman W. Jenkins, Jr., “The Young Won't Buy ObamaCare”, *Wall Street Journal*, June 18, 2013.

4.14 ［与开篇案例有关］我们在本章的开篇案例中看到，凯恩杂货店为其雇员提供的卫生保健计划所包含的免赔额高达每年4 500美元。高免赔额的卫生保健计划对雇员去看医生或者以其他方式使用卫生保健服务的频率有什么影响？如果联邦政府要求雇主提供的卫生保健计划的免赔额不得高于每年200美元，这些计划中的雇员的境况会得到改善吗？提供这些计划的雇主的境况会恶化吗？请简要解释。

第3篇

微观经济基础：消费者和企业

第 6 章

企业、股票市场和公司治理

本章概览和学习目标

6.1 企业的类型

刻画美国主要的企业类型。

6.2 企业如何融资

解释企业如何筹集它们经营和扩张所需的资金。

6.3 利用财务报表评估公司

理解公司在财务报表中包含的信息。

6.4 公司治理政策和 2007—2009 年金融危机

解释公司治理问题在 2007—2009 年金融危机中可能扮演的角色。

开篇案例

推特是下一个脸书吗?

现在大多数人难以想象没有脸书（Facebook）、推特（Twitter）、Snapchat 和 Instagram 的世界是什么样子。所有这四个社交网络应用程序的设计公司都是初创时很小但后来迅速成长的公司。为了给增长提供资金，它们需要筹集资金。有些企业通过从银行借钱来筹集资金。一旦企业成长到足够大，它们就能变成上市公司，在金融市场（如纽约证券交易所）向投资者出售股票和债券。不出售股票的企业为私有企业。脸书和推特都实现了向上市公司的转变。图片分享手机应用程序 Snapchat 的创始人采取了一种不同的方法：在 2012 年，他们把公司以 10 亿美元卖给了脸书。2015 年夏天，允许人们分享图片和 15 秒短视频的应用程序 Instagram 还是一家私有企业。它依赖来自风险投资公司的投资。风险投资公司为私有企业提供资金以换取部分所有权。

成功的社交媒体新兴公司要做的一个主要决策是继续作为私有企业还是变成上市公司或者像 Snapchat 那样卖给一家更大的企业。变成上市公司提供了获得更多融资的通道，但也有其缺陷。从马克·扎克伯格于 2004 年创立脸书（当时，他还是一个大学二年级的学生）到 2012 年该公司成为上市公司，他是该公司无可置疑的领导者。但是，现在脸书股票的买者对公司有部分所有权，对公司利润也有索取权，并且可以质疑扎克伯格的决策。推特于 2013 年成为上市公司。

股东想投资于能够获利的公司。在脸书作为上市公司的第一年，它想方设法满足投资者的期望。最终，脸书发现了一种更好地吸引其他公司在其应用程序上投放广告的方法，它的股价涨到了每股 38 美元，是其 2012 年的初始价格的两倍以上。

可是，推特发现作为一家上市公司的日子更加具有挑战性。到 2015 年，它的活跃用户超过 3 亿人，已经成为许多人生活中的重要部分。但是，广告客户尚不确定在推特投放广告的效果，而推特的大部分收益来自广告收入。

正如我们在本章将要看到的，诸如推特和脸书等企业在金融市场筹集资金的能力对经济的健康是至关重要的。当家庭为购买住房、支付大学学费和为退休做准备而积累储蓄时，金融市场对家庭来说也是一个重要的投资机会来源。

资料来源：Jack Marshall and Yoree Koh，“The Problem with Twitter Ads”，*Wall Street Journal*，April 30，2015；Douglas MacMillan，“Snapchat Raises Another ＄500 Million From Investors”，*Wall Street Journal*，May 29，2015；and Vindu Goel，“An Early Twitter Investor Calls for Change”，*New York Times*，June 3，2015.

生活中的经济学

你会为使用脸书或推特而付费吗?

你可以免费使用脸书或推特。真的可以吗？社交媒体应用程序并不直接向你收费；相反，它们赚取收益的主要方式是在你使用该应用程序时展示广告。大多数网站收集关于你网页搜索和浏览习惯的数据，然后展示那些它们认为你可能会买的产品的广告。但是，许多人认为定向广告是对他们隐私的侵犯。如果付费使用就可以不看到广告的话，这些人中有一部分愿意为使用这些应用程序而付费。你愿意付费使用社交媒体应用程序吗？你认为其他用户愿意付足够多的费用从而企业可以依赖该收益来源吗？在阅读本章的过程中，试着回答这个问题。对照我们在本章末提供的答案，你可以检验你的答案。

在本章，我们考察企业：它们是如何组织的，如何筹集资金，以及它们给投资者提供的信息。正如我们在前面几章中已经讨论的，市场体系中的企业负责组织生产要素来生产商品和服务。企业家创办企业，通过提供商品或服务来赚取利润。为了获得成功，企业家必须满足消费者的需要，其方式是生产新的或更好的商品和服务或者找到以更低的成本生产从而可以以更低的价格出售已有的商品和服务的方式。企业家还需要有获得足够资金的渠道，他们必须能够有效地组织生产。由于许多行业中的典型企业在过去 100 年里规模已经变得更大了，有效组织生产的任务也变得更加困难。在本章的最后一节，我们考察近些年来出现的公司治理问题。我们还将考察企业和政府为避免类似的问题将来继续出现而采取的措施。

6.1 企业的类型

在研究市场经济时，理解企业如何运行的基本原理是很重要的。在美国，法律上有三种企业类型：

（1）**独资企业**（sole proprietorship）是由单一个体拥有的企业。尽管大部分独资企业都很小，但是，有些独资企业雇用了许多工人，赚取的利润也很高。

（2）**合伙制企业**（partnership）是由两个或多个人（有时是许多人）共同拥有的企业。大多数律师事务所和会计师事务所都是合伙制企业。一些合伙制企业规模很大。例如，总部在芝加哥的 Baker&McKenzie 律师事务所在 2015 年有 1 400 个合伙人。

（3）**公司**（corporation）是企业的一种合法形式，它给企业的所有者提供了保护，使他们在企业破产时最多只损失他们在该企业的投资。大部分大企业都是以公司形式组织的。

6.1.1 谁来承担责任？有限责任和无限责任

三种类型的企业之间的一个关键区别是独资企业和合伙制企业的所有者有无限责任。无限责任意味着在法律上不对企业所有者的个人资产和企业的资产进行区分。**资产**（asset）是指个人或企业拥有的任何有价值的东西。如果一家独资企业或一家合伙制企业欠了企业的供货商或雇员许多钱，那么，其供货商和雇员具有起诉该企业要求偿付的合法权利，哪怕为了还债，企业的所有者不得不出售部分个人资产，如股票或债券。换句话说，独资企业和合伙制企业的所有者与这些所有者拥有的企业在法律上不做区分。

企业所有者要对企业的债务负责，这可能是仅仅看起来公平。但是，在 19 世纪早期，美国许多州的立法机构意识到，无限责任对任何想从很多投资者手里筹集资金的企业都成了一个重大问题。投资者对在一家企业做一点儿小投资可能会感兴趣，但是，他可能不愿意成为该企业的合伙人，原因是担心这样做会将他的所有个人资产在企业破产时都置于风险之中。为了解决这个问题，州立法机构开始通过普通公司法，这使得企业更容易组织成公司的形式。按照公司制企业的规定，企业的所有者具有**有限责任**（limited liability），这意味着，一旦企业破产了，公司的所有者最多只损失他们的投资额。企业所有者的个人资产不会受到企业破产的影响。事实上，在法律看来，公司是一个不同于其所有者的法人。有限责任使得公司通过向很多投资者发行股份来筹集资金成为可能。例如，如果你买一股推特的股票，你就成了这家企业的部分所有者，但是，哪怕推特破产了，你个人也不必为推特的任何债务负责。因此，你的损失不会超过你购买股票所支付的金额。

将企业组织成公司的形式也有一些劣势。在美国，公司利润被课税两次，一次是在公司层面上，另一次是在投资者收到公司利润分红的时候。一般来说，公司的规模比独资企业和合伙制企业要大，因此也更难以组织和经营。表 6.1 回顾了不同形式的企业组织的优势和劣势。

表 6.1　企业组织形式的区别

	独资企业	合伙制企业	公司
优势	● 由所有者控制 ● 没有管理层级	● 分摊工作的能力 ● 分担风险的能力	● 有限的个人责任 ● 融资能力更强
劣势	● 无限的个人责任 ● 融资能力有限	● 无限的个人责任 ● 融资能力有限	● 组织和经营成本高 ● 收入可能会被双重征税

□ 6.1.2　公司赚取了大部分收益和利润

图 6.1 给出了三种类型的企业组织的基本统计量。图 6.1（a）显示，接近 3/4 的企业是独资企业。图 6.1（b）和图 6.1（c）显示，尽管只有 18%的企业是公司形式，但在所有企业赚取的收益和利润中，公司赚取的占到了大部分。利润是企业销售商品和服务获得的收益和生产它们的成本之差。

美国的公司数量超过 580 万家，但是，年收益超过 5 000 万美元的只有 37 000 家。我们可以认为这 37 000 家企业——包括苹果、麦当劳和脸书——代表了“大企业”。这些大企业赚取了美国所有公司总利润的 80%以上。

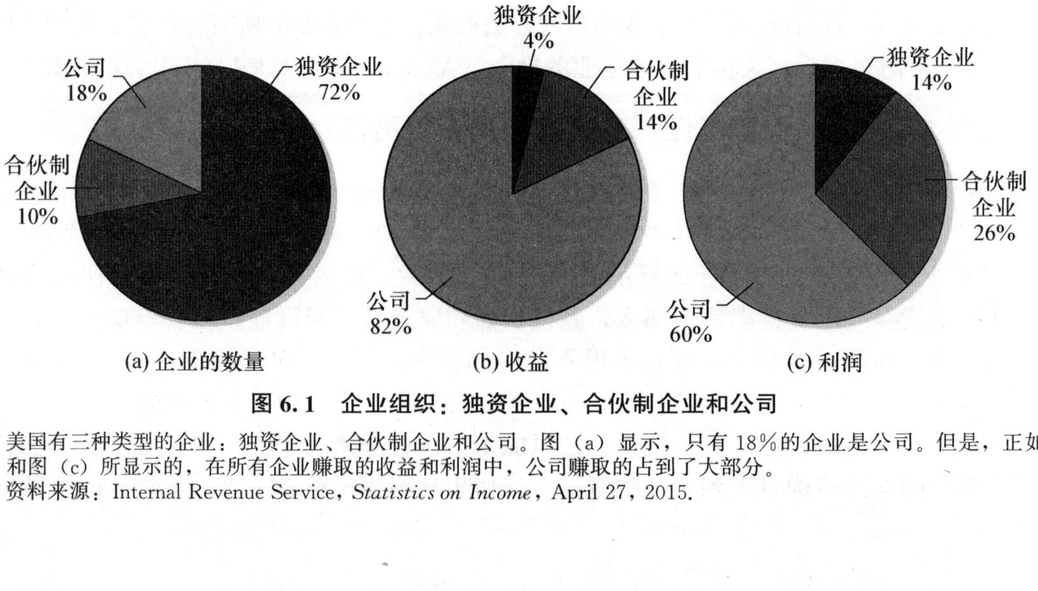

图 6.1　企业组织：独资企业、合伙制企业和公司

美国有三种类型的企业：独资企业、合伙制企业和公司。图（a）显示，只有 18%的企业是公司。但是，正如图（b）和图（c）所显示的，在所有企业赚取的收益和利润中，公司赚取的占到了大部分。

资料来源：Internal Revenue Service, *Statistics on Income*, April 27, 2015.

为什么创业的年轻人变少了？

我们已经看到，尽管大部分企业是独资企业，但是，独资企业所赚取的总收益和利润只占所有企业的总收益和利润的一个很小的比例。事实上，超过70%的人在至少有50个雇员的企业工作。这意味着小企业对美国经济不重要吗？

情况恰恰相反，大部分经济学家会说，小企业对美国的经济健康很重要。创办小企业给企业家提供了向市场推出一种新产品或新工艺的工具。在19世纪后期和20世纪早期，托马斯·爱迪生、亨利·福特、莱特兄弟都在创建了最初很小的企业之后很快就推出了重要的产品。在更近些年里，比尔·盖茨、史蒂夫·乔布斯、迈克尔·戴尔、马克·扎克伯格都认为发展他们的想法的最佳方式是通过创建微软、苹果、戴尔电脑和脸书，而不是去大公司工作。

在大部分年份里，美国有超过40万家新企业开张，其中95%以上的企业雇用的工人不到20人。在一个典型的年份，新的小企业创造了330万个工作岗位。在所有新工作岗位中，有40%是由小企业创造的，某些年份里甚至超过一半。如果只看新创办的企业，在新创造的所有新工作中，超过85%是由小企业创造的。

由于小企业的重要性，一些经济学家和政策制定者对近些年里新创办企业数量的减少颇感忧虑。正如下图所显示的，在20世纪70年代后期，在所有企业中，有超过15%的企业成立还不到1年。而在近些年里，这一比例只有大约8%。在绝对数量上，近些年初创企业比仅仅10年前还少大约25%。初创企业的减少并非集中在某个行业或某个地区，而是遍布包括信息和高科技部门在内的各个行业及大部分州和城市。

创办新企业的人的减少在35岁以下人群中特别明显。由于推特、脸书、优步和爱彼迎等高科技初创企业受到高度关注且这些公司的创始人都是年轻的企业家，乍看起来，这一趋势可能让人意外。但是，20世纪90年代有大约1/3的新企业是由35岁以下的人创办的，现在这一比例只有不到1/4了。

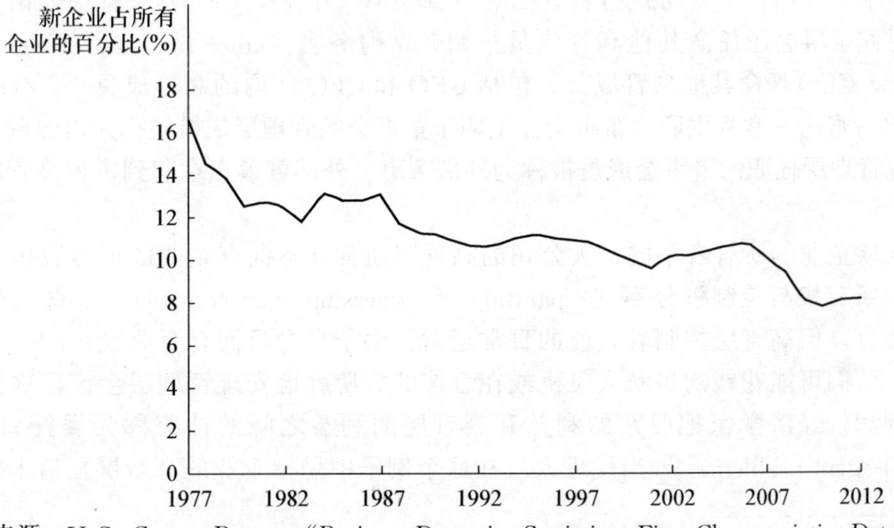

资料来源：U. S. Census Bureau，“Business Dynamics Statistics，Firm Characteristics Data Tables”，June 2015.

对于初创企业减少的原因，经济学家还没有形成共识。有些经济学家认为，尽管创新型高科技企业受到关注，但美国经济整体上正在出现技术进步的减缓。在新技术减少的情况下，为销售新商品和服务创办新企业的机会也更少了。还有些经济学家认为，政府管制的增加提高了创办和经营小企业的成本。例如，州政府和地方政府对许多职业施加了许可要求。根据一项研究，曾经只有5%的工人所在的职业要求获得许可，而现在这一比例是20%以上。人口增长减速也可能减少了创办新企业的机会。

无论如何解释，许多经济学家和政策制定者都担心，如果没有更多年轻的企业家创办新企业，美国经济的活力和维持高速经济增长的能力都将下降。

资料来源：Asma Ghribi, "Why It's Worrying That U. S. Companies Are Getting Older", *Wall Street Journal*, August 4, 2014; Ian Hathaways and Robert E. Litan, "What's Driving the Decline in the Firm Formation Rate? A Partial Explanation", *Brookings Economic Studies*, November 20, 2014; Morris M. Kleiner and Alan B. Krueger, "Analyzing the Extent and Influence of Occupational Licensing on the Labor Market", *Journal of Labor Economics*, Vol. 31, No. 2, April 2013, pp. S173-S202; David Neumark, Brandon Wall, and Junfu Zhang, "Do Small Businesses Create More Jobs? New Evidence for the United States from the National Establishment Time Series", *Review of Economics and Statistics*, Vol. 93, No. 1, February 2011, pp. 16-29.

轮到你了：做本章末与本专栏相关的问题与应用1.10和1.11，看看你理解得如何。

□ 6.1.3 公司的结构和委托-代理问题

由于大公司占据了经济中的大部分销售额和利润，因此，了解它们的经营管理是很重要的。大部分大公司都有类似的管理结构。公司的组织方式以及组织结构对公司行为的影响被称为**公司治理**（corporate governance）。

公司在法律上由它们的股东——公司股票的持有者——所有。与独资企业不同，公司的股东尽管是企业的所有者，但并不直接管理企业，而是选举一个董事会代表他们的利益行事。董事会任命一个首席执行官（chief executive officer, CEO）来管理公司的日常运营。有时候董事会还任命其他高管成员，如首席财务官（chief financial officer, CFO）。其他时候，CEO任命其他高管成员。包括CEO和CFO在内的高管成员——有时候被称为C型执行官——常常供职于董事会。供职于董事会的管理层成员被称为内部董事。不直接在企业管理层任职的董事会成员被称为外部董事。外部董事意在起到审核高管的决策的作用。

与家族企业的所有者不同，大公司的高管层通常并不拥有企业的很多股份，因此大公司存在**所有权与控制权分离**（separation of ownership from control）。尽管企业实际上由股东拥有，但高管层控制着企业的日常运营。由于高管只拥有企业股份的一个很小的百分比，他们可能花钱购买私人飞机或在奢侈的旅游胜地安排管理层会议，这样会减少企业的利润。经济学家把股东的利益和高管层的利益之间的冲突称为**委托-代理问题**（principal-agent problem）。[①] 当代理人（在这个例子中是指企业的高管层）追求他们自己

① 我们在第5章中看到，委托-代理问题的产生源于信息不对称引起的道德风险。在这个例子中，信息不对称涉及高管对企业实际上如何运营了解得比企业股东要多。

的利益而不是雇用他们的委托人（在这个例子中是指企业的股东）的利益时，这一问题就产生了。由于外部董事不参与企业的日常运营，他们难以判断高管所采取的行动是否符合股东的最佳利益。为了降低委托-代理问题的影响，20 世纪 90 年代很多董事会开始把高管的薪酬与企业的利润或企业的股价挂钩。他们希望这么做将激励高管为企业赚取尽可能多的利润，从而使股东受益。但是，有时候，高管采取的措施虽然增加了企业的短期利润——从而增加了高管的薪酬和奖金，但实际上降低了企业的长期利润。

6.2 企业如何融资

企业的所有者和经理努力赚取利润。要想成功，企业必须融资来维持企业的运营，包括付工资给雇员以及购买或租赁电脑与其他机器设备。事实上，任何经营企业的人——无论是独资企业老板还是大公司的高管——面临的中心挑战都是筹集运营和扩张企业所需的资金。假定你开发了一个新的社交网络应用程序，你决定用你存在银行的 10 万美元创办一家企业。你用这 10 万美元为你的企业租办公场所、购买电脑、支付其他启动费用。你的企业取得了极大的成功，你决定扩大规模，于是你搬到一个更大的办公场所，并购买更多的电脑。作为一家小企业的所有者，你可以用如下三种方式为企业扩张融资：

（1）如果你现在有利润，你可以把利润再投资于你的企业。用于企业再投资而不是从企业拿走并分配给企业所有者的利润被称为留存收益。

（2）你可以通过招募更多的所有者来投资于你的企业而筹集资金。这种安排将增加企业的金融资本。

（3）最后，你可以从亲戚、朋友或银行借款。

正如我们在下面将要看到的那样，大的上市公司的经理有一些其他融资方式。

□ 6.2.1 外部资金的来源

除非企业依赖留存收益，否则，它们必须从有可用资金投资的其他人那里筹集它们所需的外部资金。将资金从储蓄者手里转移到借款人手里正是经济的金融体系的作用。

大部分企业以两种方式筹集外部资金。第一种方式依赖银行等金融中介，被称为**间接融资**（indirect finance）。如果你存 1 000 美元到支票账户或者购买 1 000 美元的定期存单，银行就会把大部分这些资金贷给借款人。银行将把你的资金和其他储户的资金集结在一起，然后（比如说）向本地一家企业发放 10 万美元的贷款。小企业高度依赖银行贷款，以此作为它们的主要外部资金来源。

企业获得外部资金的第二种方式是通过金融市场。在这些市场（如纽约市华尔街的纽约证券交易所）融资被称为**直接融资**（direct finance）。直接融资通常采用的形式是借款人出售金融证券给贷款人。金融证券是一个规定资金在什么样的条款下从证券的购买者（资金借出方）转移给借款人的文件，这样的文件有时候是电子形式的。债券和股票是两种主要的金融证券类型。通常只有大公司才能在金融市场出售债券和股票。投资者通常不愿意购买小企业和中等规模企业发行的债券，原因是投资者缺乏足够的有关更小规模企业财务健康状况的信息。

债券。债券（bond）是代表偿付固定数量的资金这样一个承诺的金融证券。当苹果公司出售债券来融资时，它承诺在债券存续期每年向债券买者支付利息，在存续期结束时（到期日）支付一笔等于贷款金额的款项，即本金。苹果公司可能需要筹集数百万美元来建新办公楼，但是，每份债券的本金或面值只有 1 000 美元，这是每份债券的购买者借给苹果公司的金额。因此，苹果公司必须出售许多份债券才能筹集到它所需的所有资金。假定苹果公司承诺它将向每份债券的购买者每年支付 40 美元的利息。债券的利息支付被称为**息票支付**（coupon payment）。借款的成本为**利率**（interest rate），通常表示为所借数量的百分比。用息票除以债券面值，我们就得到债券的利率，称为息票率。在这个例子中，息票率为：

$$\frac{40}{1\,000}=0.04 \text{ 或 } 4\%$$

公司发行的许多债券的期限（或称到期时间）都为 30 年。在这个例子中，如果你从苹果公司购买一份债券，苹果公司将在 30 年里每年付给你 40 美元，在第 30 年年末再偿还给你 1 000 美元本金。

出售债券的公司必须支付的利率取决于债券购买者（即投资人）认为公司违约（即不支付所承诺的息票和本金）的可能性有多大。债券的违约风险越高，利率就越高。例如，投资者认为联邦政府的债券几乎不可能出现违约，因此联邦政府债券的利率比苹果公司等企业债券低。反过来，苹果公司支付的债券利率低于投资者认为兑现债券所承诺的支付（息票和本金）的可能性更低的公司。

建立联系

评级游戏：美国财政部可能对其债券违约吗？

联邦监管要求，企业和政府必须先请一家信用评级机构对其债券评级然后才能向投资者出售其债券。穆迪投资者服务公司、标准普尔公司和惠誉评级公司是最大的三家评级机构。这三家私有企业对债券评级的方式是用字母等级反映发行债券的企业或政府能够兑现债券所承诺的支付的可能性，如 AAA 或 Aaa 是最高等级。下表显示了各种评级等级：

	穆迪	标准普尔	惠誉	评级的含义
投资评级债券	Aaa	AAA	AAA	最高信用质量
	Aa	AA	AA	很高信用质量
	A	A	A	高信用质量
	Baa	BBB	BBB	好信用质量

续前表

	穆迪	标准普尔	惠誉	评级的含义
非投资评级债券	Ba	BB	BB	投机
	B	B	B	高度投机
	Caa	CCC	CCC	相当大的违约风险
	Ca	CC	CC	很高的违约风险
	C	C	C	极高的违约风险
	—	D	D	违约

注："评级的含义"这一列中的各项是从惠誉所使用的略做修改后得到的。另外两家评级机构的描述类似。对于从Aa到Caa的每种评级，穆迪增加了一个数字调节符1、2或3。Aa1评级高于Aa2，Aa2高于Aa3。类似地，标准普尔和惠誉评级增加了＋号或－号。评级AA＋高于AA，AA高于AA－。

资料来源：*Money，Banking，and the Financial System*，2nd edition by R. Glenn Hubbard and Anthony P. O'Brien，Copyright © 2014 by Pearson Education，Inc..

投资者可以用这些评级决定他们在购买债券时愿意承受多高的风险。一般来说，评级越低，投资者收到的利率就越高，债券发行者违约的风险也越高。

评级机构向发行债券的企业和政府收取评级服务费，而不是向投资者收取评级服务费。这种安排引发了评级机构是否面临利益冲突的问题。由于发行债券的企业可以选择雇用哪家评级机构来为它们的债券评级，所以，评级机构可能有激励为了保住企业的业务而给出高于实际水平的评级。在21世纪头十年的中期，有些金融企业发行了抵押贷款担保债券。这些债券类似于常规公司债券，区别在于利息支付来自人们为了购买房子而借的抵押贷款。来自那些抵押贷款还款的钱被转移给购买了抵押贷款担保债券的投资者。评级机构给了许多这样的债券AAA评级，尽管房价在2006年开始下跌时许多住房业主停止还房贷从而这些债券的价值急剧下降。有些经济学家和政策制定者相信，评级机构提供高评级的目的主要是为了确保发行抵押贷款担保债券的企业会继续雇用它们。

有些投资者担心美国政府有一天可能对其出售的债券违约。在过去15年里，联邦政府的支出一直高于其税收收入。结果就是存在联邦预算赤字，这迫使财政部出售等于赤字数量的债券。2007—2009年的经济衰退导致税收收入急剧下降和政府支出增加。在衰退期间和紧随其后的几年里，预算赤字特别大。美国国会预算办公室的预测表明，大额预算赤字仍将无限期存在，原因是社会保障、医疗补助保险、医疗照顾保险和其他政府项目的支出预计会比税收收入增长得更快。

2011年，标准普尔公司决定，由于这些持续的赤字的存在，它将把美国国债的评级从AAA下调到AA＋。此前从未有评级机构给美国国债以低于AAA的评级。

美国财政部有可能对其债券违约吗？标准普尔公司认为，尽管违约仍旧不大可能，但是，持续的大额赤字增加了有那么一天财政部或许不支付其债券利息的可能性。但是，大多数投资者看起来仍然相信财政部不会违约，尽管国债历史上的利率一直很低，他们仍然愿意购买。就像查尔斯·狄更斯的小说《圣诞颂歌》（*A Christmas Carol*）中的圣诞精灵未来之灵一样，标准普尔公司所警告的是某种或许会出现的情况，而不是必然会出现的情况。

资料来源：Mary Williams Walsh，"Credit Ratings Services Give Mixed Reviews to Tax Deal"，*New York Times*，January 3，2013；and Cyrus Sanati，"S. E. C. Urges Changes to Ratings-Agency Rules"，*New York Times*，August 28，2009.

轮到你了：做本章末与本专栏相关的问题与应用 2.8 和 2.9，看看你理解得如何。

股票。当你从一家企业购买新发行的债券时，你在借钱给那家企业。当你购买一家企业发行的**股票**（stock）时，你实际上是购买该企业的部分所有权。当一家公司卖出股票时，它与小企业的所有者吸纳合伙人时做的是相同的事：企业正在通过吸纳额外的所有者增加金融资本。任何单个股东通常只拥有公司发行的总股份的一小部分。

许多小投资者购买共同基金的份额而不是直接购买各公司发行的股票。共同基金，如富达投资集团（Fidelity Investment）的麦哲伦基金（Magellan Fund），向投资者出售份额，然后使用这些资金投资于股票和债券等金融资产的组合。小投资者购买共同基金的份额的成本比购买许多不同股票和债券的成本要低。钱只够买很少的股票和债券的小投资者可以用共同基金来多样化投资，由于大多数共同基金持有许多股票和债券，这降低了小投资者的投资风险。如果发行股票或债券的企业宣布破产，从而导致该股票或债券的价值完全丧失，这对共同基金的投资组合的影响可能很小。但是，对将大部分储蓄投资于该股票或债券的小投资者来说影响就可能是毁灭性的。由于共同基金愿意随时买回它们的份额，它们也给储蓄者提供了流动性，储蓄者很容易赎回自己的钱。

交易型开放式指数基金（Exchange-traded fund，ETF）在如下一点上与共同基金相似：当你购买 ETF 的份额时，你购买的是对一个股票或债券的投资组合的索取权。但是，共同基金只能从发行它们的企业那里购买，买了后也只能卖给它们。而 ETF 的交易对象是金融市场上的其他投资者，就像股票和债券一样。

股东有权得到公司利润（如果有的话）的一部分。公司通常保留部分利润作为留存收益，用于未来的扩张。其余利润作为**红利**（dividends）支付给股东。如果一家企业用其留存收益实现增长和赚取经济利润，企业股价就会上升，这为投资者提供了资本收益。如果一家公司不能赚取利润，通常就不会派发红利。根据法律，公司在向其所有者进行支付前必须先进行债务支付。也就是说，公司在向股东派发红利之前必须先向债券持有人进行约定支付。与债券不同，股票没有到期日，因此，企业没有在任何特定日期归还投资者资金的义务。

□ 6.2.2 股票和债券市场提供了资本和信息

股票和债券最初的购买者可以把股票和债券转售给其他投资者。事实上，每天发生的股票和债券的大多数买卖都涉及投资者相互之间转售现有的股票和债券，而不是公司向投资者出售新股票和债券。股票和债券的买者和卖者共同组成了股票和债券市场。股票和债券的买卖并不集中于一个单一的地方。有些股票和债券交易在被称为交易所的建筑物中进行，如纽约证券交易所或东京证券交易所。在美国，最大的一些公司的股票和债券在纽约证券交易所交易。电脑技术的发展使股票和债券的交易扩展到交易所外通过电脑联结的证券交易商。这些交易商组成了场外交易市场。许多高科技企业——包括苹果、推特和脸书——的股票的交易发生在最重要的场外交易市场——纳斯达克系统，即全美证券交易商协会自动报价系统，英文首字母缩写为 NASDAQ。

股份代表对股票发行企业的利润的索取权。因此，当企业的机遇发生变化从而所赚取的利润发生变化时，企业发行的股票的价格也应该变化。类似地，债券代表了收到息票支付和最后的本金支付的权利。因此，过去发行的某一特定债券的价格可能上升或下降，这取决于新发行债券提供的息票支付比已有债券高还是低。如果你持有的债券每年息票为 30 美元，新发行的类似债券每年息票为 40 美元，那么，由于你的债券对投资者的吸引力更低，所以，它的价格就会下降。债券的价格还会受到违约风险的影响（违约风险反映了投资者对债券发行企业进行息票支付的能力的期望）。例如，如果投资者开始相信一家企业可能很快要破产和停止向其债券持有人进行息票支付，那么，该企业债券的价格就会下降到很低的水平。

企业股票和债券价值的变化为企业经理和投资人提供了重要的信息。股票价格的上升意味着投资者对企业的利润前景更加乐观了，结果，企业的经理可能想扩大企业规模。相反，企业股票价格的下降表明投资者对企业的利润前景更加悲观了，因此管理层可能想要缩小企业规模。类似地，企业债券价值的变化意味着为企业的研发或新工厂投资而融资的外部资金成本变化了。债券价格上升表明新外部资金的成本更低，债券价格下降表明新外部资金的成本更高。

不要犯这样的错误！

当推特股票被卖出时，推特没有得到那些钱

推特是深受投资者喜欢的投资对象，当投资者对公司价值的看法改变时常常进行股票买卖。这对推特是好事，对吗？想象一下，当推特股票换手和股价上升时，所有那些钱都被推特拿到了。错了！推特在一级市场融资，但是股票交易是在二级市场进行的。那些交易的钱并没有流入推特手里，但那些交易确实向该企业的经理提供了重要的信息。让我们看看是什么原因。

一级市场是指发行者在其中将新发行的股票和债券出售给初始购买者的市场。企业在一级金融市场有两种融资方式——通过借款（卖出债券）或者通过出售股份，这两种方式导致了对借款企业未来收入不同类型的索取权。尽管你可能在每天的最新新闻中听到许多关于股票市场波动的新闻，但是，实际上借款者通过债券筹集到的资金更多。在美国，债券的总价值通常大约为股票价值的两倍。

在二级市场，已经发行的股票和债券在投资者之间转手。如果推特向公众出售股份，那么，它是在一级市场筹集新资金。一旦推特股票已经发行，投资者就在二级市场进行股票交易。当推特股票被交易时，推特并没有收到任何新的资金。股票或债券的初始卖者仅仅在一级市场从投资人那里筹集资金。通过确定股票和债券的价格，二级市场向企业的经理和投资者传递了信息。例如，推特股票价格的大幅上升传递了市场对该企业的乐观期望，推特可能会决定筹集资金来进行扩张。因此，二级市场对考虑融资的公司来说是有价值的信息来源。

一级市场和二级市场都很重要，但是它们所起的作用不同。作为投资者，你主要在二级市场交易股票和债券。作为公司经理，一级市场和二级市场有助于你决定如何为扩张企业融资。

轮到你了：做本章末与本专栏相关的问题与应用 2.11，看看你理解得如何。

□ 6.2.3 起起伏伏的股票市场

美国股票市场的表现常常用股票市场指数来衡量。股票市场指数是股票价格的平均值，指数在被称为基年的某一特定年份的值被设定为等于 100。由于股票指数意在表示价格从一年到下一年的运动，而不是表示作为其基础的股票的实际货币价值，因此，基年的选择是无关紧要的。图 6.2 显示了三种最受关注的股票指数从 1998 年 1 月至 2015 年 6 月的运动（阴影区域代表美国经济处于经济周期的衰退阶段——此时许多企业的产量和利润都在下降）：

● 道琼斯工业平均指数，它是关于美国 30 家大公司股票价格的一种指数。

● 标准普尔 500 指数，它是由标准普尔公司计算的一种指数，包括 500 家美国大企业的股票价格。

● 纳斯达克（NASDAQ）综合指数，它包括股票在纳斯达克股票市场交易的超过 4 000 家企业的股票价格。纳斯达克是一个场外交易市场，即纳斯达克市场的买卖是在通过电脑联结在一起的交易商之间进行的。在纳斯达克上市的公司主要是苹果、脸书和推特等高科技企业。

正如我们已经看到的那样，对某企业股票的所有权代表了对该企业利润的索取权。因此，企业的利润越高，其股票价格也会越高。当整体经济扩张时，收入、就业和支出都会增加，企业利润也会增加。当经济处于衰退阶段时，收入、就业和支出都会减少，企业利润也会减少。因此，我们预计股票价格在经济扩张时上升、在经济衰退时下降。我们看到，这一模式在图 6.2 的三种股票价格指数中都得到了反映。所有这三种指数都遵循一个基本类似的模式：20 世纪 90 年代后期经济扩张期间股票价格上升，2000 年互联网泡沫破灭和 2001 年衰退期间股票价格下降，从 2001 年下半年到 2007 年下半年股票价格上升，随着美国经济在 2007 年年底进入衰退，股票价格又下降，然后从 2009 年上半年起又开始上升。

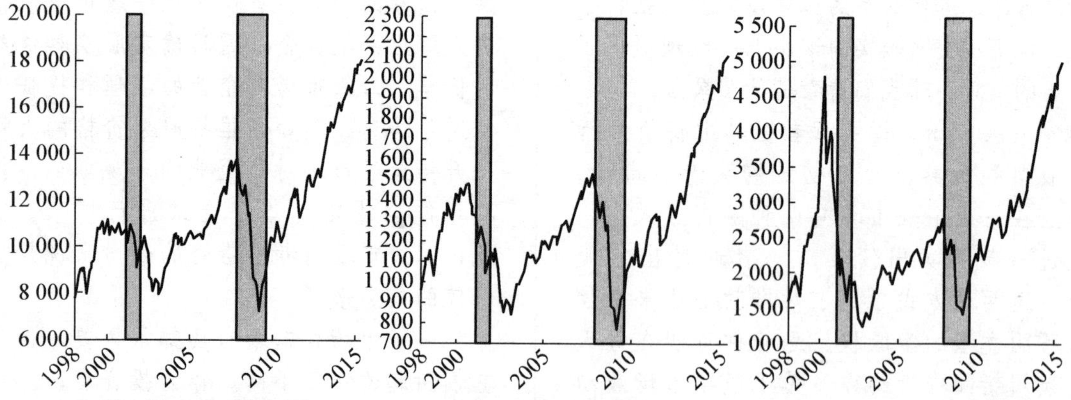

(a) 道琼斯工业平均指数　(b) 标准普尔500指数　(c) 纳斯达克综合指数

图 6.2　股票市场指数的运动：从 1998 年 1 月至 2015 年 6 月

美国股票市场的表现常常用股票市场指数——股票价格的平均值——来衡量。三种最受关注的股票指数是道琼斯工业平均指数、标准普尔 500 指数和纳斯达克综合指数。在 1998—2015 年期间，这三种指数都遵循类似的模式：当美国经济扩张时上升，当经济衰退时下降。注意，在本图的三个面板中，纵轴都不是从零开始的。

由于一些分析师对在线零售的增长速度做出了非常乐观的预测，许多早期的互联网公司的股价在20世纪90年代后期暴涨。事实证明他们的预测过度乐观了。在2000年，当投资者逐渐意识到许多互联网公司将永远不会盈利时，它们的股票价格崩盘了。由于在纳斯达克上市的主要是高科技企业，在20世纪90年代后期和21世纪头十年的初期互联网经济大起大落期间，纳斯达克指数的波动比另外两种指数要大。所有这三种指数从2007年下半年都开始大幅下跌，这反映了从该年12月开始的衰退的严重性。正如我们将在6.4节讨论的那样，这场严重的衰退的产生部分地是由于金融企业的问题。到2015年，随着经济走出衰退和持续复苏，所有这三种指数都达到了历史最高点位。

建立联系

为什么许多人作为股票市场投资人很失败?

你很可能听说过这个标准的投资建议："低买高卖。"也就是说，你应该在股票和其他金融资产的价格低的时候买进，在价格高的时候卖出。遗憾的是，许多人的操作正好相反。例如，许多人在2012年9月苹果每股股价超过700美元时买进了苹果的股票，而在2013年4月股价低于400美元时卖出了。

股价难以预测，但是，许多人相信价格在一段时间里一直在上涨的股票会继续上涨，一直在下跌的股票会继续下跌。结果，人们的操作就成了高买低卖而不是相反。研究表明，当个体投资者希望预测股价变动从而频繁买卖股票时，他们的投资回报始终如一地相对较低。

但是，为什么股票价格如此难以预测呢？关键原因是股票价格更多地基于对企业未来盈利能力的预期而更少地基于它们现在的盈利能力。毕竟，很少有投资者愿意为现在盈利但预计明天会大量亏损的公司的股票支付高价。类似地，2015年下半年的投资者愿意为每股推特股票支付30美元，尽管该公司当时仍处于亏损状态；原因是投资者预期该公司在未来会盈利。如果你仔细看图6.2，你可以看到，当投资者开始预期经济复苏将很快开始而非复苏已经开始的时候，股票价格开始上升。

许多华尔街的投资专业人士花大量时间和金钱收集关于企业未来盈利能力的所有可能的信息，希望买入盈利能力最强的公司的股票。结果，关于某企业的所有公开可获得的信息都已经反映在该企业的股价里。例如，如果某天收盘时推特的股价为每股30美元，该价格就反映了关于推特未来盈利能力的所有可获得的信息。什么会引起推特股价的变化呢？只有关于其未来盈利能力的新信息。例如，如果推特发布的新数据显示其广告收入比投资者预期的少，其股价就会下降。

就算是高收入的专业投资者也无法始终如一地预测股价。想通过频繁买卖股票来赚取高回报的共同基金经理们极少能够跑赢股市的平均水平（如标准普尔500指数）。一项研究发现，在一个典型的年份，只有1/3的共同基金经理给他们的投资者赚取的回报比小投资者投资于只买入标准普尔500指数所包含的股票的指数共同基金所赚取的回报更高。只有10%的共同基金经理连续两年赚取的回报高于指数基金。

无论你或者华尔街的专业人士预测股价未来向哪个方向走，你的预测对或错的可能性都是50%。

资料来源：Morgan Housel, "Three Mistakes Investors Keep Making Again and Again", *Wall Street Journal*, September 12, 2014; Joe Light, "How to Find a Fund Manager Who Can Beat the Market", *Wall Street Journal*, January 11, 2013; and Howard Gold, "Almost No One Can Beat the Market", marketwatch.com, October 25, 2013.

轮到你了：做本章末与本专栏相关的问题与应用 2.12，看看你理解得如何。

例题 6.2　为什么巴菲特喜欢共同基金？

沃伦·巴菲特被认为是有史以来最伟大的投资者之一。他预测哪些企业的股票价格可能会上涨的能力帮助他成为世界上最富有的人之一。然而，巴菲特建议个体投资者不要费心选择个股而是用90%的储蓄购买收费低的共同基金的份额，如先锋集团（Vanguard Group）旗下的共同基金。主要投资于共同基金的人有可能变得像巴菲特那么富有吗？为什么巴菲特会这么建议？

解：

第1步：复习本章内容。这一问题是关于投资于股票市场的，所以你可能需要复习一下6.2.3节“起起伏伏的股票市场”和“建立联系”专栏“为什么许多人作为股票市场投资人很失败?”。

第2步：讨论投资于低成本的共同基金是不是一种变得像巴菲特那么富有的方式，以此来回答第一个问题。大多数因投资致富的投资者只对少数企业进行大笔投资。通常，共同基金持有众多的股票和债券，因此，即使其中一两只股票表现上佳，基金的总投资回报也会因为基金中其他股票的盈利较少（甚至亏损）而不会太高。通过投资于共同基金，你可以积累大量的钱去买房、上大学或者为退休做准备。许多中等收入者通过投资于低成本的共同基金到退休时积累了上百万美元。但是没有人是通过这种储蓄的方法富甲天下的。

第3步：解释为什么尽管将储蓄投资于共同基金并不会令大多数人变得富裕，但巴菲特仍会建议他们这么做，以此来回答第二个问题。共同基金给了个体投资者一种低成本的多样化方法。尽管投资于个股有可能获得高回报，但是，如果那些企业遇到财务问题，小投资者也会轻易损失其全部的钱。

附注：巴菲特变成亿万富翁可能是因为他在预测自己投资的企业未来的利润上比其他投资者做得更好，也可能是因为他幸运地投资了业绩特别好的企业——在这种情况下他在预测企业未来的盈利能力上不见得比其他投资者做得更好。鉴于几乎所有其他同样聪明和勤奋的专业投资者都没有能够始终如一地“跑赢市场”，即没能比典型的低成本和高度分散化的共同基金赚取更高的回报，要确切地知道巴菲特成功的真实原因几乎是不可能的。

资料来源：Warren Buffett, *Letter to Berkshire Shareholders*, March 1, 2014, p. 20.

轮到你了：要想做更多的练习，请做本章末与本专栏相关的问题与应用 2.13。

6.3　利用财务报表评估公司

为了融资，企业的经理必须说服潜在的贷款人或投资者相信公司将会盈利。在企业获准发行新股票或债券前，它必须先向投资者和金融监管机构提供关于其财务状况的信息。为了从银行借款，企业也必须向该银行提供财务信息。

在大多数高收入国家，政府机构要求企业获准在金融市场出售股票或债券等证券之前向公众披露具体的财务信息。在美国，证券交易委员会要求上市公司在用标准的会计方法（常常被称为通用会计准则）编制的财务报表中报告企业的业绩。这样的披露减少了投资者收集关于企业的信息的成本，但是由于两个原因它并没有消除这些成本。第一，有些企业成立时间太短，没有很多信息供潜在投资者评估。第二，经理可能试图以最有利的方式呈现所要求披露的信息，从而使投资者高估企业证券的价值。

私有企业也收集关于借款企业的信息，然后把这些信息卖给贷款人和投资者。如果信息收集企业的工作做得好，那么，购买这些信息的贷款人和投资者就能更好地评价借款企业的质量。有些企业——包括穆迪投资者服务公司、标准普尔公司、价值线公司（Value Line）和邓白氏公司（Dun & Bradstreet）——收集企业的信息并把它卖给订阅户。信息购买者包括单个投资者、图书馆和金融中介。你可以在你所在大学的图书馆或者通过网络在线信息服务找到一些这样的出版物。

投资者和企业经理需要什么样的信息？企业必须回答三个基本问题：生产什么？如何生产？收取什么价格？为了回答这些问题，企业经理需要两方面的信息：第一是企业的收益和成本，第二是企业拥有的财产和其他资产的价值以及企业的债务或企业欠家庭和其他企业的其他**负债**（liability）。企业的投资者也需要这些信息来决定是否购买该企业的股票或债券。这些信息包含在该企业的财务报表中，主要是在我们下面讨论的利润表和资产负债表中。

□ 6.3.1 利润表

企业的**利润表**（income statement）显示了企业一段时期内的收益、成本和利润。公司发布年度利润表，不过，为了更好地代表企业业务的季节模式，年度利润表所覆盖的12个月的财年可能不同于日历年。

会计利润。利润表显示了企业一个财年的收益、成本和利润。为了确定企业的盈利能力，利润表先列出企业的收益，然后减去其经营支出和所缴纳的税收。所得余数即为净收入，它是企业的**会计利润**（accounting profit）。

经济利润。会计利润提供了关于企业当前净收入的信息，这一净收入是根据通用会计准则衡量的。但是，由于会计利润忽略了企业的部分成本，所以，它不是一个衡量企业利润的理想指标。由于经济利润的计算中扣除了企业的所有成本，所以它比会计利润更好地反映了企业成功的程度。赚取经济利润的企业会继续经营，甚至可能会扩张。蒙受经济亏损的企业不可能长期继续经营。为了理解经济利润是如何计算的，记住经济学家总是用机会成本来衡量成本。任何活动的**机会成本**（opportunity cost）是从事该项活动必须放弃的价值最高的其他用途的价值。成本要么是显性的，要么是隐性的。当企业花钱时，就产生了**显性成本**（explicit cost）。当企业的机会成本是非货币的时，就产生了**隐性成本**（implicit cost）。例如，当企业支付工资给雇员时，企业就产生了显性劳动成本。企业还有许多其他显性成本，如用于办公照明的电力成本或广告及保险成本。

但是有些成本是隐性的。投资者最重要的隐性成本是投资于企业的资金的机会成本。

经济学家用术语“正常回报率”来指投资者投资于企业的资金必须赚取的最低回报，表示为投资额的百分比。如果企业给投资者提供的回报率低于正常回报率，那么，它就不能长期继续经营，原因是投资者不会继续将资金投资于该企业。例如，Borders 曾经是美国第二大连锁书店，盈利状况非常好，股价达到每股 40 美元以上。到 2010 年，投资者确信 Borders 难以与亚马逊和其他网上书店竞争而且电子图书也使得 Borders 的销售额不断下降，这意味着该企业不再能为投资者提供正常回报率。许多投资者预计该企业最终将不得不宣布破产，结果，Borders 的股票价格急跌至每股 1 美元。一年内该公司即宣布破产，所剩资产被变卖。投资者为继续投资于一家企业所要求的回报（用货币而非百分比表示）是企业的一项真实成本，在计算利润时应该从企业的收益中将其减去。

投资者为继续投资于一家企业所要求的回报率因企业而异。如果投资风险很高（如投资于一家刚创办的生物科技企业），那么，投资者可能要求很高的回报率以补偿其承担的风险。投资于确定性更高的行业（如电力公用事业）的投资者要求的回报率可能低一些。投资者投资于任意一家特定企业所要求的确切回报率是难以计算的，这使得会计师难以把投资者要求的回报当做一项成本包括在利润表中。除了投资者要求的回报之外，企业可能还有难以计算的其他隐性成本。结果，通用会计准则通常要求企业的财务记录中只包括显性成本。经济成本既包括显性成本，也包括隐性成本。**经济利润**（economic profit）等于企业的收益减去其经济成本。由于会计利润排除了一些隐性成本，它比经济利润要高。

□ 6.3.2 资产负债表

企业的**资产负债表**（balance sheet）汇总了企业在特定的某一天（通常是季度末或年末）的财务状况。回忆前面所讲过的，资产是企业拥有的任何有价值的东西，负债是企业所欠的债务。将企业的资产值减去其债务值就得到了企业的净值。我们可以把企业净值看做是当企业破产时资产被卖掉且负债被清偿后留给企业所有者的价值。投资者可以通过检查企业的资产负债表来确定企业的净值。

6.4 公司治理政策和 2007—2009 年金融危机

准确且易于理解的财务报表有助于企业经理做决策，并为考虑购买该企业的股票或债券的投资者提供了信息。事实上，会计报表中的信息有助于指引经济中的资源配置。

企业在提交给联邦政府的定期报告和提交给股东的年度报告中披露财务报表。如果一家企业的利润表显示有很多税后利润且资产负债表显示有很大的净值，那么，投资者更有可能购买该企业的股票。企业的高层至少有两个原因要吸引投资者和使企业股价维持在高水平。第一，更高的股价增加了企业出售给定数量股票能够筹集到的资金数量。第二，为了减少委托-代理问题，董事会常常将高管的薪酬与企业的股价或企业的盈利能力挂钩。

显然，高管有激励最大化利润表中报告的利润和资产负债表中报告的净值。如果高管做出了好决策，企业的利润就会高，企业的资产相对于负债而言也会大。可是，21 世纪头十年早期出现的问题显示，有些高管夸大了利润，隐藏了本该在资产负债表中列出的负债。在其他企业，经理所采取的经营活动的风险比披露给投资者的要高。通过讨论21世纪头十年早期的会计丑闻和许多金融企业在2007—2009年金融危机中遇到的问题，我们将探究公司治理近些年来出现的问题以及政府对这些问题做出的反应。

□ 6.4.1　21世纪头十年早期的会计丑闻

在21世纪头十年早期，包括安然公司（一家能源交易企业）和世通公司（一家通信企业）在内的几家知名企业的高管曾经为误导投资者相信企业盈利状况良好而篡改了财务报表。几名高管被判处了长期徒刑，其中包括安然在内的有些企业破产了。

安然和世通这样的公司怎么有可能在财务报表上作假呢？联邦政府对财务报表的编制方法有规定，但是这种监管本身不能保证报表的准确性。所有向公众发行股票的企业都会聘请注册会计师（他们为外部企业工作）审计它们的财务报表。不幸的是，正如安然和世通的丑闻所揭示的那样，下定决心要在企业的真实财务状况上欺骗投资者的高管也可以欺骗外部审计人员。

为了防止类似的丑闻继续发生，2002年美国颁布了新的联邦法律。2002年通过的《萨班斯-奥克斯利法案》（Sarbanes-Oxley Act）是具有里程碑意义的法律，它要求CEO个人保证财务报表的准确性，并要求财务分析师和审计师披露是否存在限制他们评估企业财务状况独立性的任何利益冲突。总的来说，大多数观察家都承认《萨班斯-奥克斯利法案》增加了人们对美国公司治理体系的信心。但是，正如我们将在下一节讨论的那样，2007—2009年金融危机期间金融企业出现的问题再次提出了公司是否准确地向投资者披露了信息的问题。

□ 6.4.2　2007—2009年金融危机

从2007年开始一直持续到2009年，美国经济遭受了自20世纪30年代大萧条以来最严重的金融危机。这次危机的中心问题是住房抵押市场的问题。当人们购买住房时，他们通常从银行或其他金融机构获取住房抵押贷款。他们正在购买的住房正是贷款的抵押品，这意味着，如果借款人违约而不能还贷，那么银行就可以接管住房并将它卖掉。

住房抵押贷款的证券化。在过去的许多年里，银行或其他发放住房抵押贷款的金融机构会保留贷款，直到借款人清偿完毕。但是，从20世纪70年代开始，金融机构开始将部分住房抵押贷款证券化，意思是许多住房抵押贷款被打包在一起并卖给投资者。这些抵押贷款担保证券与债券相似，购买了抵押贷款担保证券的投资者定期获得利息收入，利息收入来源于最初的住房抵押贷款的还款。起初，证券化过程是由房利美（Fannie Mae）和房地美（Freddie Mac）两家公司进行的。这两家公司是国会为了帮助增加住房抵押贷款市场上的贷款数量而成立的，它们购买银行和其他金融机构发放给信用良好的借款人的住房抵押贷款，并将这些住房抵押贷款打包成证券然后卖给投资者。

更宽松的放贷标准刺激了房地产泡沫。从20世纪90年代开始，私有金融企业（主要是投资银行）开始经营住房抵押贷款证券化业务。到21世纪头十年早期，银行和其他金融机构放宽了发放住房贷押贷款的标准。贷款人开始给次级借款人和次优借款人发放住房抵押贷款。次级借款人是指那些信用历史中有过未按时支付账单记录的借款人，次优借款人是指那些未能提供文件证明他们的收入高到足以还房贷的借款人。获得抵押贷款的便利增加了对住房的需求，导致价格飙升。房地产泡沫在2006年年中开始破灭，许多城市的住房价格急剧下降。到2007年，许多借款人——特别是那些次级和次优借款人——开始对其住房抵押贷款违约。这些违约对那些持有抵押贷款担保证券的人来说是坏消息，原因是这些证券的价值依赖于住房抵押贷款的稳定还贷。随着这些证券价格的大跌，金融危机发生了，许多金融机构蒙受了重大损失，一些最大的金融机构由于获得了联邦政府的救助才得以继续经营。一些经济学家认为，这些金融机构未能准确评估它们在抵押贷款担保证券上所做投资的风险。如果高管未能有效监控那些做出投资于风险证券的决策的雇员，那么，金融机构未能准确评估前述风险可能是公司治理糟糕的一个表征。

作为对金融危机的反应的政府管制。在这次金融危机期间，许多投资者抱怨他们不知道金融企业资产负债表上某些资产——特别是抵押贷款担保证券——的风险性。一些评论员认为，许多金融企业的经理在这些资产的风险性上故意误导投资者。其他评论员则认为，这些经理自己都不知道这些资产的风险有多高。2008年秋，房利美和房地美被政府直接控制了。当危机结束时，国会在2010年7月通过了《华尔街改革和消费者保护法案》[Wall Street Reform and Consumer Protection Act，也被称为《多德-弗兰克法案》(Dodd-Frank Act)]，对金融体系的监管进行彻底改革。根据这一法案的有关条款，政府成立了消费者金融保护局（Consumer Financial Protection Bureau，该局设在美国的中央银行——美联储）来制定旨在保护投资者的借款和投资活动的规则。该法案还创立了金融稳定监管委员会（Financial Stability Oversight Council），该委员会包括来自包括美国证监会和美联储在内的所有主要的联邦金融监管机构的代表。该委员会的目的是确定金融体系的风险并据此采取相应的行动。对于《多德-弗兰克法案》是否会大幅降低未来金融危机的可能性，经济学家的意见不一。

□ 6.4.3 委托-代理问题推动了2007—2009年金融危机的发生吗?

正如我们已经看到的那样，住房抵押贷款证券化过程在2007—2009年金融危机中扮演了重要角色。私有投资银行从20世纪90年代开始经营住房抵押贷款证券化业务。与主要活动为接受存款和发放贷款的商业银行不同，投资银行的业务在传统上集中于为公司提供关于出售新股票和债券的建议以及通过向出售股票和债券的企业承诺一个价格来承销股票和债券的发行。由于投资银行可能在承销上遭受重大损失，因此，投资银行业务被认为比商业银行业务有更高的风险。为了解决这一更高的风险，国会于1933年通过了《格拉斯-斯蒂格尔法案》(Glass-Steagall Act)。该法案禁止金融企业同时成为商业银行和投资银行。

有些经济学家和政策制定者认为，《格拉斯-斯蒂格尔法案》通过禁止商业银行提供投资银行服务减少了投资银行服务的竞争。国会在1999年废除了《格拉斯-斯蒂格尔法案》，此后一些商业银行开始从事投资银行业务。许多最大的、最负盛名的投资银行，如雷曼兄弟、贝尔斯登、高盛、美林和摩根士丹利，仍然只从事投资银行业务而不从事商业银行业务。这些投资银行打包发行的抵押贷款担保证券大部分被卖给了投资者，但也有一些被这些企业留在手里当做投资。结果，当这些证券的价格从2007年开始下跌时，这些投资银行遭受了重大损失。雷曼兄弟被迫宣告破产，美林和贝尔斯登在美国政府安排的交易中被卖给了商业银行，高盛和摩根士丹利变成了银行控股公司，这使得它们能够从事商业银行业务。

为什么投资银行会冒这么大的风险去发行由发放给有相当大可能性违约的借款人的住房抵押贷款担保的证券呢？曾经在华尔街做债券销售员的财经记者迈克尔·刘易斯认为，一个关键原因是投资银行组织方式的变化。传统上，华尔街的投资银行是采取合伙制方式被组建起来的，但是，到了 2000 年，它们都变成了上市公司。正如我们已经看到的那样，在合伙制企业中，数量相对少的所有者的资金被直接置于风险之中，由于基本没有所有权与控制权分离的问题，所以委托-代理问题减少了。但是，成了上市公司之后，委托-代理问题可能变得很严重。刘易斯认为：

> 任何由雇员拥有的投资银行都不会……购买并持有价值 500 亿美元（的奇异的抵押贷款担保证券）……或者甚至根本就不允许发行并把这些证券卖给客户。希望得到的短期收益并不能保证长期的成功。

显然，公司治理问题将会受到经济学家、政策制定者和投资者的持续关注。

例题 6.4　《多德-弗兰克法案》会改善公司治理吗？

商业银行、投资银行、共同基金和经纪公司常常被称为金融服务公司。某会计师在《华尔街日报》上发表了对《多德-弗兰克法案》的影响的评论，其中包括这么一条意见：“很明显，改善金融服务公司的治理这一驱动力在未来数年内仍将继续存在。”作者所说的“改善治理”是指什么？为什么改善金融服务公司的治理是一个重大政策议题？

解：

第 1 步：复习本章内容。这一问题是关于政府管制是否能减少委托-代理问题的，所以你可能需要复习一下 6.4.2 节中的“作为对金融危机的反应的政府管制”和 6.4.3 节“委托-代理问题推动了 2007—2009 年金融危机的发生吗？”。

第 2 步：解释“改善治理”是指什么，以此来回答第一个问题。有些经济学家认为，导致 2007—2009 年金融危机的一个因素是大型金融服务公司的高管所做投资与符合公司股东最佳利益所要求的投资相比风险更高。有些经济学家还认为，金融服务公司在评估投资于抵押贷款担保证券所包含的风险上本来应该做得更好。在此背景下，更好的治理是指提高高管行动与股东偏好的一致程度和改善对投资的评估和监控。

第 3 步：解释为什么改善金融服务公司的治理已经成为一个政治议题，以此来回答第二个问题。政策制定者认识到，糟糕的公司治理可能对金融危机的发生有所作用。给定其严重性，他们一直在寻找增加金融体系稳定性的方式。

附注：许多经济学家和政策制定者希望《多德-弗兰克法案》改善了金融服务公司的治理。但是，有些经济学家认为，该法案给公司带来的管理成本可能大于治理改善带来的效益。还有些经济学家还批评该法案的一些条款限制了美联储在金融危机中可能采取的货币政策举措。

资料来源：David Wright, “Dodd-Frank Four Years Later”, *Wall Street Journal*, January 28, 2015.

轮到你了：要想做更多的练习，请做本章末与本专栏相关的问题与应用 4.6。

接第 186 页

生活中的经济学☞

你会为使用脸书或推特而付费吗?

在本章一开头,我们要求你思考两个问题:如果脸书和推特等社交媒体应用程序不再向你展示定向广告,你愿意付费使用吗?你认为其他用户愿意付足够多的费用从而企业可以依赖该收益来源吗?第一个问题的答案可能取决于这些应用程序将收取什么价格,你的收入有多高,以及你对定向广告有多厌烦。当然,有些人发现定向广告中的信息有用,偏好看到广告而不是付费使用。

在实践中,人们已经变得日益不情愿为下载和使用应用程序支付任何费用。有些免费应用程序被下载数百万次,而收取小额费用的非常相似的应用程序的下载量就要少得多。在给定的一年里,只有大约1/3的智能手机或平板电脑用户为应用程序付费。应用程序的开发者大多采用了如下商业模式:允许其应用程序被免费下载和使用,同时努力从其用户那里赚取收入。例如,"部落冲突"(Clash of Clans)和"糖果传奇"(Candy Crush Saga)这两款游戏都可以免费下载和免费玩。开发者从付费用户那里赚取利润,付费用户得到的服务是玩游戏的速度更快,次数更多,或者收到免费用户无法得到的福利。社交媒体应用程序的有用性随着用户数量的增加而增加。如果只有少数人使用脸书或推特,这些应用程序就不是那么有趣。因此,这些应用程序无法承受一旦开始收费可能引起的用户数的大量减少。而且,一旦用户数大量减少,余下的付费用户也可能发现使用这些应用程序的趣味减少,从而逐步停止使用。

因此,无论你喜欢还是厌恶,看起来你还是不得不继续容忍社交媒体应用程序上的定向广告。

6.5 结论

在市场体系中,企业独立做出关于生产什么商品和服务、如何生产以及收取什么价格的决策。在美国等现代高收入国家中,大公司占到了所有企业赚取的销售额和利润的大部分。一般来说,在提供消费者需要的商品和服务的同时,这些大公司的经理很好地代表了股东的利益。但是,正如 21 世纪头十年早期的会计丑闻和 2007—2009 年金融危机中暴露出来的金融企业的问题所说明的那样,委托-代理问题有时候可能变得很严重。经济学家对为处理这些问题而提出的管制措施的成本和效益存在争论。

访问 MyEconLab,你可以找到与本章的概念有关的一篇新闻文章和分析。

本章总结和习题

□关键术语

会计利润	直接融资	利率	所有权与控制权分离
资产	红利	负债	资产负债表
经济利润	有限责任	独资企业	债券
显性成本	机会成本	股票	公司治理
隐性成本	合伙制企业	《华尔街改革和消费者保护法案》(《多德-弗兰克法案》)	
公司	利润表	委托-代理问题	息票支付
间接融资			

□ 6.1 企业的类型

总结

有三种类型的企业：独资企业是由单一个体拥有、不以公司的形式组织的企业。合伙制企业是由两个或多个人共同拥有、不以公司的形式组织的企业。公司是为所有者提供有限责任保护的一种法律形式的企业。资产是指个人或企业拥有的任何有价值的东西。独资企业和合伙制企业的所有者具有无限责任，这意味着这些企业所有者的个人资产与企业的资产在法律上不做区分。公司的所有者具有有限责任，这意味着他们最多只损失他们的投资额。尽管只有大约18%的企业是公司制的，但是，公司占到了所有企业的收益和利润的大部分。公司治理是指公司的组织方式以及组织结构对公司行为的影响。大多数公司有着类似的管理结构：股东选举董事会，董事会任命CEO等公司高管。由于高管层通常并不拥有企业的很多股份，因此大公司存在所有权与控制权分离。当高管增加公司利润的激励低于提高他们自己的工资和享受的激励时，公司可能遭受委托-代理问题之苦。当委托人（在这个例子中是指公司的股东）难以要求代理人（在这个例子中是指公司的高管层）按照他们的愿望行事时，这一问题就产生了。

复习题

1.1 美国有哪三种主要的企业类型？简要讨论每种类型最重要的特征。

1.2 什么是有限责任？为什么政府会准许公司所有者只有有限责任？

1.3 为什么有限责任对力图从许多投资者手里融资的企业比对从少数投资者手里融资的企业更重要？

1.4 大企业中存在所有权与控制权分离，这么说的意思是什么？

1.5 所有权与控制权分离与委托-代理问题是如何相互联系的？

问题与应用

1.6 假定你在大学结束后不久决定自己办企业。你可能把你的企业组织成独资企业、合伙制企业还是公司？解释你的推理。

1.7 一篇讨论康涅狄格州立法机构通过普通公司法的原因的文章做出了如下评论：在该法律通过之前，投资者担心“对他们的钱而言，大企业不是安全的投资”。简要解释作者的推理。

资料来源：Anne Rajotte，“Connecticut's General Incorporation Law Was the First of Its Kind”，ctstatelibrary.org，June 10，2014.

1.8 评估如下说法：

> 我想投资于股票市场，但是我认为购买公司的股票风险太高了。假定我买了价值10 000美元的通用电气的股票，公司最终破产了。由于作为股东我是公司的部分所有者，我或许要对偿还公司几十万美元的债务负责。

1.9 根据《经济学人》杂志的一篇文章，历史学家戴维·福尔（David Faure）认为，中国经济在19世纪未能快速增长的原因是“家族企业……不能筹集到足够的资本来利用与蒸汽机的兴起相联系的大规模机会，尤其是铁路、（除少数例外情况的）全球航运、自动化生产。”美国是如何筹集企业运营铁路和其他大规模业务所需资金的？

资料来源：“The PCCW Buy-Out in Court”，*Economist*，April 21，2009.

1.10 ［与6.1.2节中的“建立联系”专栏有关］布鲁金斯学会的两个经济学家认为：“在过去颠覆性的从而极大地提高了生产率的创新——汽车、飞机、计算机和个人电脑、空调、网络搜索引擎以及许多其他的创新——中，新企业而非现有企业占据了不成比例的份额。”

a. 为什么新企业比老企业更有可能推出“颠覆性的”创新？

b. 假设这些经济学家关于提高生产率的创新的最重要的来源的观点是正确的，近些年里新企业创办的趋势对美国经济的未来有什么启示？

资料来源：Ian Hathaways and Robert E. Litan，“What's Driving the Decline in the Firm Formation Rate? A Partial Explanation”，*Brookings Economic Studies*，November 20，2014.

1.11 ［与6.1.2节中的“建立联系”专栏有关］美联社的一篇文章指出，有些团体已经对其描述的“诸如编发师、瑜伽老师、棺材制造商等职业中过头的牌照制度”提起了法律诉讼。

a. 这些政府牌照要求对新企业创办的速度可能有什么影响？

b. 鉴于问题a的答案，为什么州政府和地方政府批准了这些牌照要求？

资料来源：Associated Press，“High Court Asked to Rule on Tour-Guide Licensing”，*New York Times*，November 18，2014.

1.12 委托-代理问题在商业世界中几乎随处可见，在日常生活中也会出现。讨论大学教室中存在的委托-代理问题。谁是委托人？谁是代理人？委托人和代理人的目标之间可能有什么冲突？

1.13 上市公司中所有权与高管层之间的委托-代理问题都源于信息不对称。什么样的信息，如果已知的话，会防止这一委托-代理问题？

1.14 无论是寿险、汽车还是杂志的销售人员通常都会获得佣金作为报酬，而不是简单的小时工资。支付佣金这一做法如何有助于解决企业所有者和销售人员之间的委托-代理问题？

1.15 黑石（Blackstone）和KKR（Kohlberg Kravis Roberts & Co.）等私募股权投资公司积极寻找那些其经理人没有最大化利润的企业。私募股权投资公司可以购买这些企业的股份，然后让其雇员进入这些企业的董事会，甚至获得目标企业的控制权并更换高管。私募股权投资公司的存在减少了公司治理中的什么问题？请简要解释。

□ 6.2 企业如何融资

总结

企业经营和扩张所需的资金有赖于留存收益或家庭储蓄（即外部资金）。当投资者在金融市场购买股票和债券时，家庭的储蓄直接流向企业，这种方式是直接融资。当家庭将钱存入银行的储蓄和支票账户然后银行把资金贷给企业时，家庭储蓄间接流向企业，这种方式是间接融资。联邦、州和地方政府也在金融市场出售债券，家庭也从银行借款。当企业出售债券时，它就是在从债券的买者那里借钱。企业向债券的买者进行息票支付。利率是借款的成本，通常表示为所借数量的百分比。当企业出售股票时，它就是在向债券的买者出售企业的部分所有权。企业向股东进行的支付被称为红利。股票和债券的最初买者可以在股票和债券市场（如纽约证券交易所）转售。美国股票市场的表现常常用股票市场指数来衡量。三种最受关注的股票指数是道琼斯工业平均指数、标准普尔500指数和纳斯达克综合指数。

复习题

2.1 直接融资和间接融资有何区别？如果你从银行借款购买新汽车，你是在使用直接融资还是间接融资？

2.2 为什么一份债券被认为是一笔贷款而股票不是？为什么公司既发行债券又发行股票？

2.3 股票和债券市场如何向企业提供信息？为什么股票和债券价格随着时间而变化？

问题与应用

2.4 假定你投资的一家企业在亏钱。你愿意持有该企业的股票还是债券？请简要解释。

2.5 假定你起初投资了一家规模小且没有盈利的企业。现在这家企业已经成长为一家大企业且盈利了。你起初投资时买该企业的股票和买债券两种情况，哪种情况对你更好？请简要解释。

2.6 如果你在银行的储蓄账户存入2万美元，你每年可能赚取1%的利息。从银行借入2万美元买一辆新车的人可能得为这笔贷款每年支付6%的利息。在知道这些事实的情况下，你为什么不直接把钱借给买车的人而跳过银行？

2.7 ［与开篇案例有关］推特首次公开招股（IPO）所发行的股份是在一级市场还是二级市场出售？首次公开招股是直接融资还是间接融资的例子？

2.8 ［与6.2.1节中的“建立联系”专栏有关］根据《华尔街日报》的一篇文章，在2015年，穆迪投资者服务公司把麦当劳的债券评级从A3下调到了A2。

a. 穆迪的最高债券评级是什么？在何种情况下，穆迪或其他债券评级机构可能下调一家企业的债券评级？

b. 这一评级下调对麦当劳销售新债券时将不得不支付的利率可能的影响是什么？

资料来源：Chelsey Dulaney，“Moody's Downgrades McDonald's，Following S&P and Fitch”，*Wall Street Journal*，May 15，2015.

2.9 ［与6.2.1节中的“建立联系”专栏有关］投资者使用穆迪、标准普尔和惠誉给出的债券评级来决定购买哪些债券和愿意支付的价格。评级机构提供评级服务时，它们从发行债券的企业和政府那里而不是从投资者那里收取费用。批评人士认为，评级机构可能为了继续向债券发行企业出售服务而给出偏高的评级。为了避免这一印象，为什么穆迪、标准普尔和惠誉不直接向投资者出售评级服务？

2.10 下述事件对谷歌股价可能有什么影响？

a. 某一竞争对手推出了一个比谷歌的搜索引擎更好的搜索引擎。

b. 公司收入税被废止。

c. 谷歌的董事会变成由高管的亲戚朋友主导。

d. 发展中国家链接无线互联网的价格出人意料地下降，因此全世界越来越多的人使用互联网。

e. 谷歌宣布赚取了100亿美元的利润，但投资者此前预期公司会赚取110亿美元的利润。

2.11 ［与6.2.2节中的“不要犯这样的错误！”专栏有关］请简要解释你是否同意如下说法：“上周在纳斯达克交易的微软股票的总价值为2.5亿美元，因此，微软从股票销售中收到的收益实际上比从软件销售中得到的还多。”

2.12 ［与6.2.3节中的“建立联系”专栏有关］《华尔街日报》的一个专栏把“试图预测股票接下来会如何走”列为投资者反复犯的三个错误之一。请简要解释为什么对普通投资者而言试图预测股票走势是一个错误。

资料来源：Morgan Housel，“Three Mistakes Investors Keep Making Again and Again”，*Wall Street Journal*，September 12，2014.

2.13 ［与例题6.2有关］巴菲特在给其公司股东的一封信中提供了如下建议：“当然，大多数投资者没有把对企业前景的研究作为他们生活中的优先事项……我有一个好消息给这些非专业人士：普通投资者不需要这一技能。”请简要解释巴菲特的推理。

资料来源：Warren Buffett，*Letter to Berkshire Shareholders*，March 1，2014，p. 20.

□ 6.3 利用财务报表评估公司

总结

企业的利润表显示了企业一段时期内的收益、成本和利润。企业的资产负债表显示了企业在特定的某天（通常是季度末或年末）的财务状况。资产负债表记录了企业的资产和负债。负债是指个人或企业所欠的任何东西。企业在它们的利润表中报告会计利润。会计利润并非总是包括企业的所有机会成本。显性成本是涉及花钱的成本。隐性成本是非货币机会成本。由于会计利润排除了部分隐性成本，它比经济利润要高。

复习题

3.1 企业的资产和负债有什么区别？各举一个资产和负债的例子。

3.2 企业的资产负债表和利润表有什么区别？

3.3 区分企业的显性成本和隐性成本，区分企业的会计利润和经济利润。

3.4 如果某企业赚取的会计利润为正，但经济利润为负，你预计这家企业在长期会存活吗？请简要解释。

问题与应用

3.5 保罗（Paolo）现在有10万美元的债券投资，每年赚到的利率为10%。他想开一家比萨店，正在考虑要么卖掉债券然后用这10万美元开店，要么从银行借10万美元，银行收取的年利率为7%。他最终决定卖掉债券而不从银行贷款。他的推理是这样的：“由于我已经有这10万美元的债券投资，卖掉后我不必付任何钱就可以用这些钱。如果我从银行贷款，我就得支付利息，因此我制作比萨的成本就比卖掉债券的情况下更高。”请评估保罗的推理。

3.6 保罗和阿尔弗雷多（Alfredo）是双胞胎，两个人都想开比萨店。他们的父母最喜欢阿尔弗雷多，父母买了两个比萨烤箱并全都给了阿尔弗雷多。不幸的是，保罗必须自己买比萨烤箱。由于阿尔弗雷多的比萨烤箱是父母所赠而保罗得自己买，所以，阿尔弗雷多制作比萨的成本比保罗低吗？请简要解释。

3.7 戴恩（Dane）决定放弃年薪 20 万美元的公司法律顾问的工作而且把他拥有的双层公寓套房改建成一个 UFO 博物馆。（此前他出租双层公寓套房每年可以收取租金 2 万美元。）他的显性成本包括付给助理的每年 7.5 万美元以及水电气等公用事业费每年 1 万美元。UFO 迷涌向他的博物馆参观他收集的外星人用品，这些收藏可以很容易地在 eBay 上卖到 100 万美元。博物馆这一年给他带来的收益为 20 万美元。

a. 戴恩这一年的会计利润是多少？

b. 戴恩在赚取经济利润吗？请解释。

3.8 推特成立于 2006 年，但是直到 2013 年才向美国证券交易委员会提交第一份年度报告。请解释原因。

3.9 《华尔街日报》引用了佛罗里达大学一位叫杰伊·里特（Jay Ritter）的教授对脸书的评论："一家公司有坚实的增长前景而其股票又被高估是完全可能的。"

a. 说一只股票"被高估"是什么意思？

b. 为什么尽管一家企业有"坚实的增长前景"但其股票仍可能被高估？

资料来源：Mark Hulbert, "A Year after Its Debut, Facebook Still Looks Overpriced", *Wall Street Journal*, May 17, 2013.

□ 6.4 公司治理政策和 2007—2009 年金融危机

总结

由于公司高管的薪酬常常随着公司盈利能力的增加而上升，他们有激励夸大在公司利润表中报告的利润。在 21 世纪头十年早期，尽管故意篡改财务报表是非法的，但是有证据清楚地表明几家大公司的高管这么做过。2002 年通过的《萨班斯-奥克斯利法案》采取了几个措施，旨在增加财务报表的准确性和加大对篡改财务报表的惩罚。2007—2009 年金融危机显示，许多金融企业持有的资产的风险远比投资者所意识到的高。为了解决这次金融危机提出的部分问题，国会于 2010 年通过了《华尔街改革和消费者保护法案》。

复习题

4.1 什么是《萨班斯-奥克斯利法案》？为什么它获得了通过？

4.2 许多企业在 2007—2009 年金融危机期间遇到的问题的源头是什么？

问题与应用

4.3 下面一段话摘自《今日美国》（*USA Today*）的一篇文章：

> 在所谓的全球公司治理运动中，股东在推动更严格的公司治理法律，与来自不同国家的投资者合作，并与公司进行幕后谈判。

什么是公司治理？为什么股东要推动更严格的公司治理法律？

资料来源：Edward Iwata, "Corporate Governance Gets More Transparent Worldwide", *USA Today*, February 17, 2008.

4.4 根据《华尔街日报》上的一篇文章，"标准普尔 500 股票指数中的公司去年选举的新董事是 10 年来最少的"。董事会成员供职时间变长对公司治理是好消息还是坏消息？请简要解释。

资料来源：Joann S. Lublin, "The 40-Year Club: America's Longest Serving Directors", *Wall Street Journal*, July 16, 2013.

4.5 迈克尔·戴尔于 1984 年创办了个人电脑有限公司（PCs Limited）。该公司于 1988 年首次公开招股时被更名为戴尔电脑公司。这次公开招股使得该公司筹集到了扩张业务所需的资金。2013 年，迈克尔·戴尔和一家私募股权投资公司从股东手上买回了公司的所有权。戴尔公司现在是一家私有公司。什么促使迈克尔·戴尔做出了这一变化？

资料来源：Michael Dell, "Going Private Is Paying Off for Dell", *Wall Street Journal*, November 24, 2014.

4.6 ［与例题 6.4 有关］福布斯网站上的一篇关于公司欺诈的文章说："误导性的会计和披露惯例弱化了资本市场的诚信。"该文指出，给高管提供激励合同创造了"'不正当的'操纵股价的激励，原因是高管的总薪酬是基于股价上升的"。

a. 为什么金融市场依赖准确的会计和披露惯例？为什么误导性的会计和披露惯例弱化了金融市

场的诚信？

b. 为什么公司董事会有时将高管的薪酬和公司的股价联系起来？请简要解释薪酬与股价联系过于紧密如何会创造公司欺诈的激励？

资料来源：John Wasik，"How Corporate Fraud Costs You Money：Four Red Flags"，forbes.com，June 17，2013.

实时数据练习

D6.1（考察股票数据）2015 年 6 月 19 日，脸书股票的收盘价为 82.51 美元。当天的成交量大约为 2 150 万股。访问 wsj.com，使用脸书的股票代码 FB 找到最新交易日的如下数据：

a. 收盘价。

b. 成交额。

c. 成交量。

d. 股本。

e. 成交量/股本。

D6.2（股票市场和衰退）访问圣路易斯联邦储备银行（FRED）的网站（research.stlouisfed.org/fred2/），下载 1971 年 2 月至最近一天的纳斯达克综合指数的数据序列并绘图。访问美国国家经济研究局的网站（nber.org），找到经济周期顶峰和谷底的时间（经济周期顶峰和谷底之间的时期为衰退）。描述衰退刚刚开始之前、衰退期间、衰退刚刚结束之后股价是如何运动的。股价运动模式在各次衰退间相同吗？

D6.3（考察红利）访问 wsj.com，找到如下企业的每股分红：

a. 微软（Microsoft）。

b. 苹果（Apple）。

c. 可口可乐（Coca-Cola）。

d. 脸书（Facebook）。

为了找到每股分红，在主页上的搜索栏键入企业名称。哪家企业的分红最高？哪家企业的股息收益率最高？哪家企业没有分红？为什么企业可能不分红？为什么投资者会购买不分红的企业的股票？

D6.4（使用股票数据）下表列出了三家金融企业——摩根士丹利、花旗集团、PNC 银行——2015 年 6 月 19 日的股票收盘价。下表还包括这些企业给股东的最新分红。

	摩根士丹利	花旗集团	PNC 银行
股票代码	MS	C	PNC
收盘价	39.37 美元	56.23 美元	97.13 美元
最新分红	0.15 美元	0.05 美元	0.51 美元
股份数量	100	100	100
股份价值			
总红利			
股价上涨	5%	5%	5%
新股价			
股份价值			
资本所得			

计算如下各项，填充表格：(a) 每家企业 100 股股票的价值；(b) 100 股股票的总红利，(c) 假设每家企业的股价上涨 5%，新的股价、股份价值及其增加值（资本所得）。股价的上升将如何影响每家企业的股票所分红利的总量？

第 7 章 消费者选择和弹性

本章概览和学习目标

7.1 效用和消费者决策

定义效用，解释消费者如何选择商品和服务来最大化他们的效用。

7.2 需求曲线来自何处

利用效用的概念来解释需求定律。

7.3 社会因素对决策的影响

解释社会因素如何能够影响消费选择。

7.4 行为经济学：人们理性地做选择吗?

描述理解决策的行为经济学方法。

7.5 需求的价格弹性及其衡量

定义需求的价格弹性，理解如何衡量它。

7.6 需求的价格弹性的决定因素

列举和解释需求的价格弹性的决定因素。

7.7 需求的价格弹性和总收益之间的关系

解释需求的价格弹性和总收益之间的关系。

开篇案例

杰西潘尼的顾客不相信"每日低价"

2010年，百货连锁商店杰西潘尼(J.C.Penney)做了近600次"促销"，近3/4的产品售价都比标价便宜了至少50%。可是，这些促销只是假象，原因是杰西潘尼在打折之前先提高了价格。该公司还常常要求顾客出示优惠券以得到促销价格。2011年，罗恩·约翰逊(Ron Johnson)被任命为杰西潘尼的首席执行官，此前他作为苹果公司的零售主管很成功。他上任不久就决定采用"每日低价"的策略，这种策略将消除大部分促销和优惠券。但是，这种新的定价策略事与愿违。杰西潘尼2012年的销售额下降了25%，约翰逊在上任仅17个月后即被公司解雇。到2015年，杰西潘尼的日子仍然很难过，其收益和利润仍低于2010年的水平。

约翰逊的定价策略有什么问题呢？首先，"每日低价"的价格到头来比之前定价策略下的促销价更高。有些顾客注意到了，转而去沃尔玛或其他百货商店购买。但是，有些经济学家认为约翰逊遇到了一个甚至更大的问题：尽管经济学家通常假设人们有足够的信息做最优的购买决策，但是，这一假设可能并不总是正确的。例如，许多消费者对一条牛仔裤或一件衬衫通常的价格只有大概的概念。这些消费者难于知道"每日低价"的价格是否真的低。于是，他们等待促销和使用优惠券，因为他们相信这样做让他们能以低于正常水平的价格买到这些东西。正如西北大学的亚历山大·切尔内夫(Alexander Chernev)所说的："杰西潘尼也许会说价格公道，但消费者为什么应该相信杰西潘尼呢？"他认为消费者"想要划算的买卖"，而消费者认为他们只有在商店做促销或他们有优惠券时才能得到划算的买卖。

当企业分析消费者需求时，它们研究的一个关键因素是产品价格的变化如何影响消费者购买该产品的数量。在本章，我们将看到如何衡量一种产品需求量对自身价格变化的响应程度。

资料来源：Brett Arends，"Why You Want to Buy the Most Hated Stocks on Wall Street"，marketwatch.com，June 19，2015；Stephanie Clifford and Catherine Rampell，"Sometimes，We Want Prices to Fool Us"，*New York Times*，April 13，2013；Wendy Liebmann，"What Will We Learn from Ron Johnson's Mistake?" *Forbes*，May 8，2013；and Brad Tuttle，"The 5 Big Mistakes That Led to Ron Johnson's Ouster at JC Penney"，*Time*，April 9，2013.

生活中的经济学

你会理性决策吗？

经济学家通常假设人们以理性和一致的方式做决策。但是人们真的像经济学家假设的那样理性吗？考虑如下情况：你花了75美元买了一张音乐会门票，75美元是你愿意出的最高价格。在你排队进入音乐厅时，有人出价90美元来买你的票。你会卖掉你的票吗？经济学家会认为卖掉票是理性的吗？在阅读本章的过程中，试着回答这个问题。对照我们在本章末提供的答案，你可以检验你的答案。

本章我们先探究消费者如何做决策。我们已经看到，经济学家通常假设人们以一种理性的、自利的方式采取行动。在解释消费者行为时，经济学家相信，在喜好、收入以及可获得的商品和服务的价格给定的条件下，人们会做使他们尽可能满意的选择。我们将会看到，向下倾斜的需求曲线是如何从消费者行为的经济模型得到的。我们还将探究为何在某些情况下确定最优决策是何种决策可能是很困难的。在这些情况下，经济推理为消费者改善他们的决策提供了强大的工具。最后，我们将会看到，实验经济学已经表明，社会压力等因素和公平等观念能够影响消费者行为。我们将讨论企业在设定价格时如何将这些因素考虑在内。

无论你是管理一家出版公司还是书店或是咖啡店，你都需要知道你的产品价格上升或下降会如何影响消费者愿意购买的数量。我们在第 3 章看到，降低某种商品的价格增加了该商品的需求量而提高价格则减少了需求量。但是，关键的问题是：随着价格上升或下降，需求量会变化多少？经济学家使用**弹性**（elasticity）的概念来衡量一个经济变量（如需求量）对另一个经济变量（如价格）的变动做出多大的反应。例如，一种商品的需求量对自身价格的变化的响应程度被称为需求的价格弹性。了解价格弹性让你能够计算价格变化对需求量的影响。

7.1 效用和消费者决策

我们已经看到，需求和供给模型是分析价格和数量如何决定的强大的工具。我们还已经看到，根据需求定律，在某种商品的价格下降的任何时候，需求量都增加。在本节，我们将说明消费者行为的经济模型如何导致了需求定律。

7.1.1 消费者行为经济模型概览

想象你在逛一家商场，试着确定如何花费你买衣服的预算。如果你的预算没有限制，那么你的决策就很容易：只要是你想买的东西，想买多少就买多少。然而，在预算有限的条件下，你要怎么做呢？经济学家假设消费者采取行动的目的是使自己的境况尽可能好。因此，你应该从你能买得起的衣服的所有组合中选择使你的境况尽可能好的一个组合。更一般地说，消费者行为的经济模型预测，消费者会从他们的预算允许他们购买的所有组合中选择使他们的境况尽可能好的组合。

尽管这一预测看起来可能是显而易见的，可能显得不是特别有用，但是，我们将看到这一预测导致了有用且并非显而易见的结论。

7.1.2 效用

从消费某一特定组合的商品和服务中你得到的满足的数量取决于你的喜好或偏好。有一句古老的谚语："人的喜好无法解释"，经济学家也并不想去解释。如果你买一罐红牛饮料而不是"怪物"能量饮料（Monster Energy），那么，即使后者价格更低，你也必定从喝红牛饮料中得到更多的享受或满足。经济学家把人们从消费商品和服务中所获得的享受或满足称为**效用**（utility）。因此我们可以说，消费者的目标是花费可用的收入以最大化效用。但是，效用是一个难以衡量的概念，原因是没有办法确切知道人们从消费一种产品中得到的享受或满足有多大。类似地，比较不同消费者的效用是不可能的。没有办法确切地知道吉尔从喝一罐红牛饮料中得到的满足比杰克高还是低。

两百多年以前，经济学家曾经希望用“尤特尔”（util）为单位来衡量效用。尤特尔应该是一个客观的测度，就像温度那样：如果纽约和洛杉矶的温度都为 75 华氏度，那么两个城市就同样暖和。这些经济学家想说，如果杰克喝一罐红牛饮料的效用是 10 尤特尔而吉尔的效用是 5 尤特尔，那么，杰克喝一罐红牛得到的满足就正好是吉尔的两倍。事实上，在不同人之间衡量效用是不可能的。后来人们发现，消费者行为的经济模型得到的重要结论都不依赖于效用的可直接衡量性。但是，如果我们假设效用是像温度那样可以直接衡量的东西，那么，理解消费者行为的经济模型就更为容易。

□ 7.1.3 边际效用递减原理

为了让消费者选择模型更加具体，让我们看看消费者在只有两种产品——比萨和可口可乐——的情形下怎么做决策。首先，考虑你消费一种商品得到的效用如何随着你消费的该商品的数量变化而变化。假定你刚刚到达一个超级碗派对，主人提供比萨，你很饿。在这种情况下，你从消费第 1 片比萨中得到的享受或效用可能很高。假定这种满足是可以衡量的，等于 20 单位效用，即 20 尤特尔。在吃了第 1 片比萨后，你决定再来一片。由于你不再那么饿了，你吃第 2 片比萨得到的满足低于吃第 1 片比萨得到的满足。消费第 2 片比萨使你的效用只增加了 16 尤特尔，这将你吃两片比萨的总效用增加到 36 尤特尔。如果你继续吃比萨，每片额外的比萨给你带来的满足越来越少。

图 7.1 中的表格显示了你观看超级碗比赛时消费的比萨片数和得到的效用之间的关系。表格的第 2 列显示了你吃某一特定数量的比萨得到的总效用。第 3 列显示了你消费额外一片比萨得到的额外效用，即**边际效用**（marginal utility，*MU*）。（记住，在经济学中，“边际”的意思是“额外”。）例如，当你的消费量从 2 片增加到 3 片时，你的总效用从 36 增加到 46，因此，你消费第 3 片比萨得到的边际效用是 10 尤特尔。正如该表所示，你那天晚上吃到的第 5 片比萨的边际效用已经低到只有 2 尤特尔了。如果你吃第 6 片，你就会觉得有点恶心了，你的边际效用实际上就变成−3 尤特尔了。

图 7.1 还根据表格中的数据画出了图形。图 7.1（a）显示了你吃前 5 片比萨时总效用上升，吃第 6 片比萨时总效用下降。图 7.1（b）显示了每一片额外的比萨的边际效用下降以及最后吃第 6 片时变成负的。图 7.1（b）中在比萨的每一数量水平下边际效用线的高度代表了消费该片额外的比萨引起的效用变化。例如，消费 4 片比萨相比消费 3 片比萨时的效用变化了 6 尤特尔，因此，在图 7.1（b）中边际效用线的高度为 6 尤特尔。

图 7.1 所说明的在某一时期消费额外单位的产品与消费每一额外单位带来的边际效用之间的关系被称为**边际效用递减定律**（law of diminishing marginal utility）。对几乎所有的商品或服务来说，你在某一时期消费得越多，消费的每一额外单位给你带来的总满意度增加量越少。

片数	吃比萨得到的总效用（尤特尔）	吃最后一片比萨得到的边际效用（尤特尔）
0	0	—
1	20	20
2	36	16
3	46	10
4	52	6
5	54	2
6	51	−3

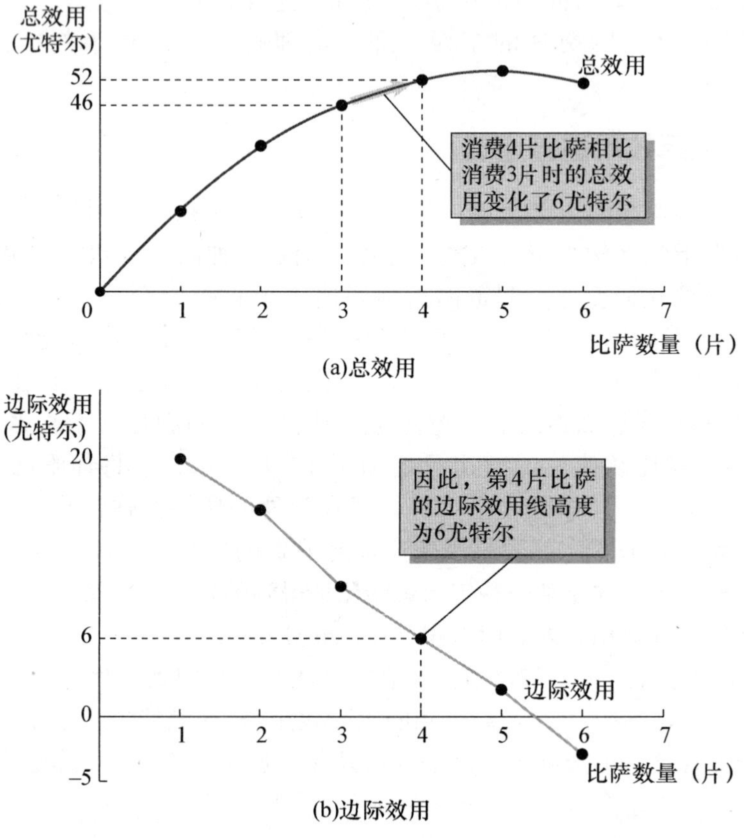

图 7.1　在超级碗周日派对上吃比萨得到的总效用和边际效用

图中的表格显示，对于前 5 片比萨，你吃得越多，总满意度或效用越高。如果你吃第 6 片，因为吃太多了，你开始觉得恶心，你的总效用下降。每片额外的比萨使你的效用增加值都低于前一片，因此，每片比萨的边际效用低于前一片。图（a）显示了你吃前 5 片比萨时总效用上升然后吃第 6 片时下降。图（b）显示了每一片额外比萨的边际效用下降以及最后吃第 6 片时变成负的。图（b）中在比萨的每一数量水平下边际效用线的高度代表了消费该片额外的比萨引起的效用变化。例如，消费 4 片比萨相比消费 3 片使你的效用变化了 6 尤特尔，因此，在图（b）中边际效用线的高度为 6 尤特尔。

□ 7.1.4　支出的每一美元等边际效用规则

消费者的重大任务是决定如何在他们想买的所有产品之间配置他们有限的收入。每个消费者不得不进行权衡：如果你一个月有 100 美元可用于娱乐，那么，你租的影碟或购买的在线电影越多，你在影院能看的电影就越少。经济学家把消费者可用于花费在商品和服务上的有限数量的收入称为**预算约束**（budget constraint）。边际效用递减原理有助于我们理解消费者如何能最佳地把有限的收入用于可供购买的产品。

假定你在一家餐馆参加一个超级碗派对，你有 10 美元可用于购买茶点。每片比萨的售价是 2 美元，每杯可口可乐售价 1 美元。表 7.1 显示了你吃的比萨数量、喝的可乐数量与你获得的满意度或效用的数量。比萨的总效用和边际效用与图 7.1 的表格中的数据一样。可乐的效用也遵循边际效用递减原理。

表 7.1　吃比萨和喝可乐得到的总效用和边际效用

比萨片数	吃比萨得到的总效用（尤特尔）	吃最后一片比萨得到的边际效用（尤特尔）	可乐杯数	喝可乐得到的总效用（尤特尔）	喝最后一杯可乐得到的边际效用（尤特尔）
0	0	—	0	0	—
1	20	20	1	20	20
2	36	16	2	35	15
3	46	10	3	45	10
4	52	6	4	50	5
5	54	2	5	53	3
6	51	−3	6	52	−1

如果你想最大化你的效用，你会买多少片比萨和多少杯可乐呢？如果你没有预算约束，你会买 5 片比萨和 5 杯可乐，因为那会使你的总效用达到 107(＝54＋53) 尤特尔，这是你能获得的最大效用。在派对的那一晚上再多吃比萨或多喝可乐都会降低你的效用。遗憾的是，你确实有一个预算约束。你只有 10 美元可供花费。为了买 5 片比萨（每片 2 美元）和 5 杯可乐（每杯 1 美元），你需要 15 美元。

为了选出花费 10 美元的最佳方式，记住这一关键经济原理：最优决策基于边际分析。也就是说，在大部分时间里，经济决策者——消费者、企业和政府——面临着关于一件事多做一点儿还是另一件事多做一点儿的决策。在这个例子中，你在选择多消费一点儿比萨还是多消费一点儿可乐。特斯拉公司选择在它位于加利福尼亚州的工厂里生产更多轿车还是生产更多多功能越野车。国会和总统选择将更多支出用于心脏病研究还是用于修高速公路。每个人都面临预算约束，每个人都面临权衡。

做出最佳消费决策的关键是通过遵循支出的每一美元等边际效用规则来最大化效用。当你决定如何花费你的收入时，你应该购买比萨和可乐，直到你购买的最后一片比萨和最后一杯可乐所花的每一美元给你带来的效用增加值相等。通过采用这种方法，你就在给定的预算约束下最大化了你的总效用。

为了遵循这一规则，你必须让支出的每一美元的边际效用相等而非每种商品的边际效用相等。记住这一点是很重要的。购买你最喜欢的美国职业橄榄球大联盟（NFL）球队或交响乐的套票或购买一辆宝马车给你的满足可能比喝一杯可乐要多得多，但是，NFL 套票上支出的每一美元给你的满足可能还低一些。为了决定购买多少片比萨和多少杯可乐，你必须把表 7.1 中的边际效用数值转化为每一美元的边际效用。为此，你把边际效用除以每种商品的价格，结果如表 7.2 所示。

表 7.2　　把边际效用转化为每一美元的边际效用

比萨片数	边际效用（$MU_{比萨}$，尤特尔）	每一美元的边际效用（$MU_{比萨}/P_{比萨}$，尤特尔/美元）	可乐杯数	边际效用（$MU_{可乐}$，尤特尔）	每一美元的边际效用（$MU_{可乐}/P_{可乐}$，尤特尔/美元）
1	20	10	1	20	20
2	16	8	2	15	15
3	10	5	3	10	10
4	6	3	4	5	5
5	2	1	5	3	3
6	−3	−1.5	6	−1	−1

在第 3 列，我们计算支出的每一美元的边际效用。由于比萨的价格是每片 2 美元，吃 1 片比萨所花的每一美元的边际效用等于 20 尤特尔除以 2，即每一美元 10 尤特尔。类似地，我们在第 6 列表示出喝 1 杯可乐所花的每一美元的边际效用等于 20 除以 1，即每一美元 20 尤特尔，这是因为可乐的价格是每杯 1 美元。为了最大化你得到的总效用，你必须确保最后一片比萨每一美元的效用等于最后一杯可乐每一美元的效用。表 7.2 表明，有 3 个比萨和可乐的组合满足每一美元的边际效用相等这一条件。表 7.3 列出了这些组合、购买每个组合需要的总金额以及消费每个组合得到的总效用。

表 7.3　　使支出的每一美元的边际效用相等

使每一美元的边际效用相等的比萨和可乐的组合	每一美元的边际效用（MU/P，尤特尔/美元）	总支出（美元）	总效用（尤特尔）
1 片比萨和 3 杯可乐	10	2+3=5	20+45=65
3 片比萨和 4 杯可乐	5	6+4=10	46+50=96
4 片比萨和 5 杯可乐	3	8+5=13	52+53=105

看一下表 7.3 的最后一行，如果你购买 4 片比萨，最后 1 片比萨带给你的效用是每一美元 3 尤特尔。如果你购买 5 杯可乐，最后 1 杯可乐带给你的效用也是每一美元 3 尤特尔，因此你已经使每一美元的边际效用相等了。遗憾的是，正如表格第 3 列所示，买 4 片比萨和 5 杯可乐需要 13 美元，而你只有 10 美元。表 7.3 的第一行显示，你购买 1 片比萨和 3 杯可乐也可以使每一美元的边际效用相等，但是那个组合只要 5 美元，你还剩余 5 美元。正如表 7.3 的中间一行所显示的，只有在购买 3 片比萨和 4 杯可乐时，你既使每一美元的边际效用相等了，又正好花光了可用的 10 美元。

我们可以把效用最大化的两个条件总结如下：

（1）$MU_{比萨}/P_{比萨}=MU_{可乐}/P_{可乐}$。这个条件所说的是，购买两种商品的每一美元的边际效用必须相等。

（2）在比萨上的支出+在可乐上的支出=可供支出的总金额。这个条件是预算约束，它所说的是，在两种商品上的总支出必须等于可供支出的总金额。

当然，效用最大化的这两个条件不但适用于比萨和可乐，也适用于任意两种商品。

例题 7.1　找出最优消费水平

下页表显示了李（Lee）从消费冰激凌和汽水中得到的效用：

冰激凌个数	消费冰激凌得到的效用（尤特尔）	消费最后一个冰激凌得到的边际效用（尤特尔）	汽水听数	消费汽水得到的效用（尤特尔）	喝最后一听汽水得到的边际效用（尤特尔）
0	0	—	0	0	—
1	30	30	1	40	40
2	55	25	2	75	35
3	75	20	3	101	26
4	90	15	4	119	18
5	100	10	5	134	15
6	105	5	6	141	7

a. 埃德（Ed）仔细看了上表后得出结论："李的最优选择将是消费 4 个冰激凌和 5 听汽水，这是因为这个组合使得他消费冰激凌得到的边际效用等于消费汽水得到的边际效用。"你同意埃德的推理吗？请简要解释。

b. 假定李购买冰激凌和汽水的预算是无限制的。在这种情况下，他将消费多少个冰激凌和多少听汽水？（假设李消费的冰激凌不能超过 6 个，消费的汽水不能超过 6 听。）

c. 假定李每周只有 7 美元用于购买冰激凌和汽水。一个冰激凌的价格是 2 美元，一听汽水的价格是 1 美元。如果李想最大化他的效用，他应该购买多少个冰激凌和多少听汽水？

解：

第 1 步：复习本章内容。这一问题是关于找出两种商品的最优消费量的，所以你可能需要复习一下 7.1.4 节"支出的每一美元等边际效用规则"。

第 2 步：分析埃德的推理，回答问题 a。埃德的推理是不正确的。为了最大化效用，李需要使两种商品的每一美元边际效用相等。

第 3 步：确定李在预算无限制的情况下如何最大化效用，回答问题 b。在预算无限制的情况下，只要效用在增加，消费者就会继续购买每种商品以最大化效用。在这个例子中，我们假设李购买的每种商品不能超过 6 单位，他将购买 6 个冰激凌和 6 听汽水来最大化效用。

第 4 步：确定李的最优组合所包含的冰激凌和汽水数量，回答问题 c。如果李每周花 7 美元，他的效用最大化条件为冰激凌的边际效用除以其价格等于汽水的边际效用除以其价格。我们可以用下表来解答问题的这一部分：

数量	冰激凌		汽水	
	MU（尤特尔）	$\frac{MU}{P}$（尤特尔/美元）	*MU*（尤特尔）	$\frac{MU}{P}$（尤特尔/美元）
1	30	15	40	40
2	25	12.5	35	35
3	20	10	26	26
4	15	7.5	18	18
5	10	5	15	15
6	5	2.5	7	7

李将购买 1 个冰激凌和 5 听汽水以最大化效用。在这一组合中，每种商品的边际效用和价格的比值为 15 尤特尔/美元。他也花光了 7 美元。

轮到你了：要想做更多的练习，请做本章末与本专栏相关的问题与应用 1.8 和 1.9。

□7.1.5 支出的每一美元等边际效用规则不满足又将如何?

通过让你购买的所有商品的边际效用和价格的比值相等来最大化效用的这个想法可能难以理解，因此有必要换一种方式思考。假定你不是购买3片比萨和4杯可乐，而是购买了4片比萨和2杯可乐。这个组合需要10美元，因此你花光了可用的钱，满足预算约束。但是你得到最高的效用了吗？没有。根据表7.2中的信息，我们可以列出你消费4片比萨和2杯可乐时最后一单位的比萨和可乐的每一美元的边际效用与你得到的总效用：

第4片比萨的每一美元的边际效用=3尤特尔/美元

第2杯可乐的每一美元的边际效用=15尤特尔/美元

消费4片比萨和2杯可乐的总效用=87尤特尔

显然，每一美元的边际效用不相等。最后一杯可乐所花的每一美元给你带来的满足感远远超过最后一片比萨。你可以通过少买比萨和多买可乐来增加你的总效用。少买1片比萨省下的2美元可以让你多买2杯可乐。少吃1片比萨使你的效用减少了6尤特尔，但是多喝2杯可乐使你的效用提高了15尤特尔（确保你能看得出来），从而你的效用净增加了9尤特尔。这样做还使得两种商品每一美元的边际效用相等（最后一片比萨和最后一杯可乐每一美元的边际效用均为5尤特尔），你的总效用也从87尤特尔提高到96尤特尔。

不要犯这样的错误！

使每一美元的边际效用相等

哈里喜欢在其平板电脑上读电子图书和看电影。下表给出了哈里购买图书和电影得到的效用：

哈里购买图书和电影得到的效用

图书的数量	从图书中得到的总效用（尤特尔）	最后一本图书的边际效用（尤特尔）	电影的数量	从电影中得到的总效用（尤特尔）	最后一部电影的边际效用（尤特尔）
0	0	—	0	0	—
1	50	50	1	60	60
2	85	35	2	105	45
3	110	25	3	145	40
4	130	20	4	175	30
5	140	10	5	195	20
6	145	5	6	210	15

根据上表，你能确定对哈里而言最优的图书和电影组合吗？你很可能会说，哈里应该买4本图书和5部电影，原因是这一组合使得图书和电影的边际效用相等。事实上，我们不能确定这是最佳组合，原因在于我们缺乏某些关键信息：哈里的预算约束（即他有多少钱可用于购买图书和电影）以及图书和电影的价格。

假设哈里这个月有100美元可用于购买图书和电影，一本电子图书和一部在线电影的价格分别为10美元和20美元。利用上表的信息，我们现在能够计算哈里用于这两种商品的支出的每一美元的边际效用，结果如下页表所示：

哈里购买图书和电影得到的边际效用和每一美元的边际效用

图书的数量	最后一本图书的边际效用（$MU_{图书}$，尤特尔）	每一美元的边际效用（$MU_{图书}/P_{图书}$，尤特尔/美元）	电影的数量	最后一部电影的边际效用（$MU_{电影}$，尤特尔）	每一美元的边际效用（$MU_{电影}/P_{电影}$，尤特尔/美元）
1	50	5	1	60	3
2	35	3.5	2	45	2.25
3	25	2.5	3	40	2
4	20	2	4	30	1.5
5	10	1	5	20	1
6	5	0.5	6	15	0.75

对于下表所示的两个图书和电影的组合，哈里的每一美元的边际效用相等：

每一美元边际效用相等的图书和电影的组合	每一美元的边际效用（MU/P，尤特尔/美元）	总支出（美元）	总效用（尤特尔）
5 本图书和 5 部电影	1	50＋100＝150	140＋195＝335
4 本图书和 3 部电影	2	40＋60＝100	130＋145＝275

遗憾的是，5 本图书和 5 部电影将花费 150 美元，而哈里只有 100 美元。哈里的最佳选择是购买 4 本图书和 3 部电影。给定他的预算约束，这一组合给他提供了能达到的最高效用。

和例题 7.1 一样，关键在于：当消费者购买的每种商品的每一美元的边际效用相等而非每种商品的边际效用相等时，消费者的效用达到了最大。

轮到你了：做本章末与本专栏相关的问题与应用 1.11，看看你理解得如何。

□ 7.1.6　价格变动的收入效应和替代效应

我们可以用每一美元等边际效用规则来分析消费者在价格变动时如何调整他们的购买决策。假定你再次去那家餐馆参加超级碗派对，但是这次比萨的价格为每片 1.5 美元而不是 2 美元。你用于比萨和可乐的钱仍为 10 美元。

当比萨价格为每片 2 美元和可乐价格为每杯 1 美元时，你最优的选择是消费 3 片比萨和 4 杯可乐。比萨价格下降到每片 1.5 美元对你消费的比萨数量有两种影响。

收入效应。当一种商品的价格下降时，你有更多的购买力。在我们的例子中，3 片比萨和 4 杯可乐现在总共只需要 8.5 美元而不是 10 美元。购买力的增加与收入的增加本质上是同一回事。在所有其他因素不变的条件下，由购买力的这一增加导致的你需要的比萨量的变化是价格下降的**收入效应**（income effect）。回忆如果一种产品是正常品，消费者在收入上升时增加需求量，但是如果一种产品是劣等品，消费者在收入上升时减少需求量（见第 3 章）。因此，如果我们假设比萨对你来说是一种正常品，价格下降的收入效应会导致你消费更多的比萨。如果比萨对你来说是一种劣等品，价格下降的收入效应会导致你消费更少的比萨。

替代效应。当比萨的价格下降时，比萨相对于可乐变得更加便宜，对于你消费的每片比萨，每一美元的边际效用增加。如果我们保持价格变动对你的购买力的影响不变，只聚焦于相对价格变得更加便宜的影响，那么，我们就分离出了价格变动的**替代效应**（substitution effect）。比萨相对于可乐的价格的下降降低了你消费比萨的机会成本，原因是你为了消费相同数量的比萨不得不放弃的可乐减少了。因此，比萨相对于可乐的价格的下降所产生的替代效应导致你吃更多的比萨和喝更少的可乐。在这个例子中，价格下降的收入效应和替代效应都导致你吃更多的比萨。如果比萨的价格上升，收入效应和替代效应都导致你吃更少的比萨。表 7.4 总结了价格变动对需求量的影响。

表 7.4　　价格变动的收入效应和替代效应

当价格……	消费者的购买力……	收入效应导致需求量……	替代效应导致消费那种商品的机会成本……
下降时	增加	增加（如果是正常品），减少（如果是劣等品）	下降（如果价格下降），这导致该商品的需求量增加
上升时	减少	减少（如果是正常品），增加（如果是劣等品）	上升（如果价格上升），这导致该商品的需求量减少

我们可以用表 7.5 来确定比萨价格下降对你的最优消费的影响。表 7.5 与表 7.2 相比只有一处变化：吃比萨的每一美元的边际效用发生了变化以反映它更低的新价格，每片 1.5 美元。考察该表，我们可以看到，比萨价格的下降将导致你多吃 1 片比萨，因此拟定最优消费现在变成了 4 片比萨和 4 杯可乐。你将花光你的 10 美元，你花在比萨上的最后一美元给你带来的边际效用与花在可乐上的最后一美元大约相等。花在这两种产品上的每一美元的边际效用不完全相等。正如表 7.5 所示，最后一片比萨给你带来的边际效用是 4 尤特尔/美元，而最后一杯可乐给你带来的边际效用是 5 尤特尔/美元。但是，这已经是花在这两种产品上的每一美元的边际效用尽可能接近的情形了，除非你能购买一片比萨的一部分或一杯可乐的一部分。

表 7.5　　比萨价格下降后最优消费的调整

比萨片数	边际效用（$MU_{比萨}$，尤特尔）	每一美元的边际效用（$MU_{比萨}/P_{比萨}$，尤特尔/美元）	可乐杯数	边际效用（$MU_{可乐}$，尤特尔）	每一美元的边际效用（$MU_{可乐}/P_{可乐}$，尤特尔/美元）
1	20	13.33	1	20	20
2	16	10.67	2	15	15
3	10	6.67	3	10	10
4	6	4	4	5	5
5	2	1.33	5	3	3
6	−3	−2	6	−1	−1

7.2 需求曲线来自何处

我们在第 3 章看到，根据需求定律，任何时候只要产品价格下降，需求量就会上升。由于我们已经介绍过总效用、边际效用和预算约束的概念，我们可以更深入地考察为什么需求定律成立。

在我们关于超级碗派对上比萨和可乐的最优消费的例子中，我们发现：

比萨的价格＝2 美元/片⇒比萨的需求量＝3 片

比萨的价格＝1.5 美元/片⇒比萨的需求量＝4 片

在图 7.2（a）中，我们标出了表示你在每个价格水平下选择消费的最优比萨数量的两个点。在图 7.2（b）中，我们画出了联结这两个点的直线。这条向下倾斜的直线代表着你对比萨的需求曲线。通过改变比萨的价格和利用表 7.2 中的信息找到在每一价格水平下你需要的新的最优比萨数量，你可以找到更多位于该直线上的点。

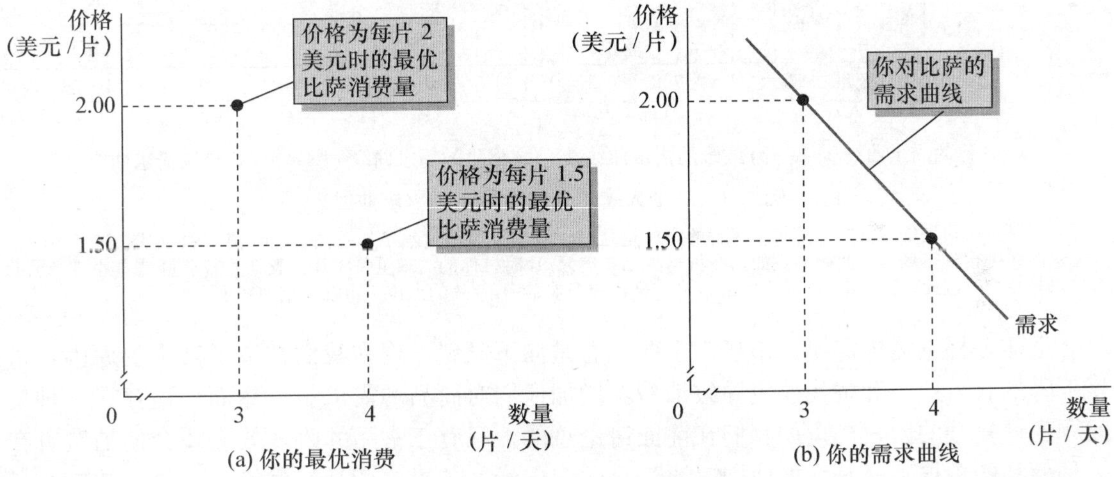

图 7.2 推导比萨的需求曲线

当一种产品的价格下降时，消费者通过消费更多该产品来做出最优反应。在图（a）中，比萨的价格从每片 2 美元下降到 1.5 美元，最优消费量从 3 片增加到 4 片。当我们在图（b）中作图绘出这一结果时，我们就得到了该消费者的需求曲线。

在本章，到此为止，我们一直在考察个人的需求曲线。然而，经济学家感兴趣的通常是市场需求曲线。我们可以从市场中所有消费者的个人需求曲线构建市场需求曲线。为了问题的简单起见，我们假设比萨市场中只有 3 个消费者：你、戴维和洛里。图 7.3 中的表格显示了这 3 个消费者的个人需求表。由于消费者的收入和对产品的偏好各不相同，我们不会预期每个消费者在每一价格水平下对某一给定产品的需求量相同。最后一列给出了市场需求，它就是每个消费者在每一价格水平下需求量的简单加总。例如，在价格为 1.5 美元/片时，你的需求量是 4 片，戴维的需求量是 6 片，洛里的需求量是 5 片。因此，在价格为 1.5 美元时，整个市场的需求量是 15 片。图 7.3 中的图形表示，我们可以通过水平加总个人需求曲线来得到市场需求曲线。

价格（美元/片）	数量（片/天）			
	你	戴维	洛里	市场
2.50	2	4	1	7
2.00	3	5	3	11
1.50	4	6	5	15
1.00	5	7	7	19
0.50	6	8	9	23

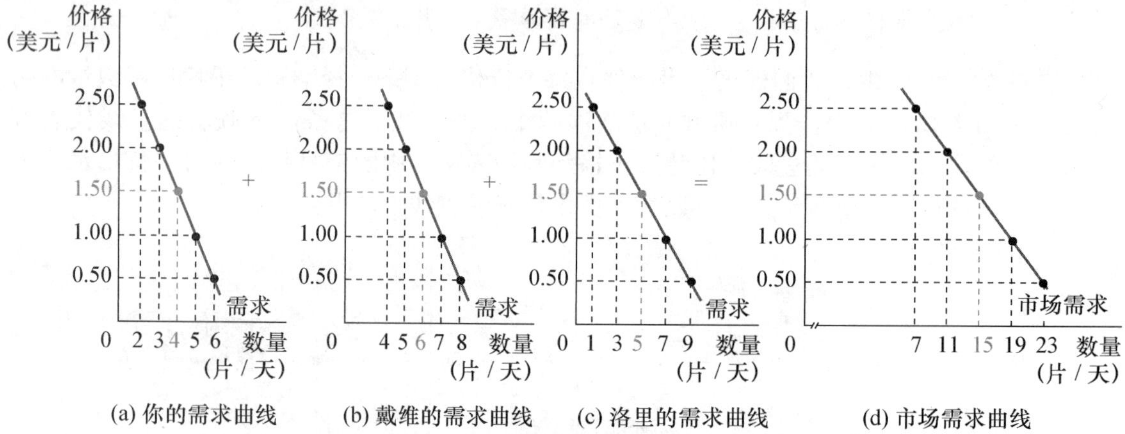

图 7.3　从个人需求曲线推导市场需求曲线

表格显示，市场的总需求量是每个买者的需求量之和。我们可以通过水平加总图（a）、图（b）和图（c）中的个人需求曲线来得到市场需求曲线。例如，在价格为 1.5 美元/片时，你的需求量是 4 片，戴维的需求量是 6 片，洛里的需求量是 5 片。因此，图（d）显示，价格为 1.5 美元和需求量为 15 片的点位于市场需求曲线上。

记住，根据需求定律，市场需求曲线总是向下倾斜。现在我们知道了其中的原因：价格下降的收入效应和替代效应导致消费者增加他们对商品的需求量。然而，还存在一种使问题变得复杂的因素。正如我们在前面讨论过的，只有正常品的收入效应才会使消费者在一种商品的价格下降时增加他们对该商品的需求量。如果该商品是劣等品，收入效应会导致消费者减少他们的需求量。相反，无论是正常品还是劣等品，替代效应都导致消费者在价格下降时增加需求量。因此，当一种劣等品的价格下降时，收入效应和替代效应的方向相反：收入效应导致消费者减少他们的需求量，而替代效应导致消费者增加他们的需求量。那么，当一种商品的价格下降时，消费者实际上购买的数量有没有可能反而会更少呢？如果这样的情形发生，那么需求曲线将向上倾斜。

建立联系

现实世界中存在向上倾斜的需求曲线吗？

需求曲线要向上倾斜，该商品就得是一种劣等品，收入效应就得大于替代效应。从 19 世纪 90 年代英国经济学家阿尔弗雷德·马歇尔（Alfred Marshall）最早讨论向上倾斜的需求曲线的可能性以来，经济学家就知道了这种需求曲线存在的条件。马歇尔在他的著作中提到，他的朋友罗伯特·吉芬（Robert Giffen）爵士告诉过他，当面包的价格上升时，英国城市里那些非常贫穷的人购买的面包实际上会更多而非更少。从那时起，有着向上倾斜的需求曲线的商品一直被称为吉芬品。

在一个多世纪的时间里，找到吉芬品的实例已经被证明是不可能的。对数据进行更加仔细的考察后发现，吉芬爵士弄错了，英国城市里的穷人在价格上升时购买的面包更少，因此他们的需求曲线是向下倾斜的。吉芬品的其他候选也被发现实际上有着向下倾斜的需求曲线。最后，2006年，布朗大学的罗伯特·詹森（Robert Jensen）和哈佛大学的诺兰·米勒（Nolan Miller）发现了两种吉芬品。詹森和米勒的推理是：一种商品要是吉芬品，收入效应要大于替代效应，该商品必须是劣等品且在消费者的预算中占一个很大的比例。詹森和米勒知道，在中国湖南省，非常贫穷的人把大部分收入用于购买大米，而在甘肃省，非常贫穷的人将大部分收入用于购买小麦制成的食物，如馒头和面条。在这两个地方，穷人在收入允许时会吃肉。尽管肉提供的热量并没有用相同的钱能买的大米或小麦所提供的那么多，但是，穷人还是喜欢肉的味道。

詹森和米勒做了如下实验：在湖南省，在五个月的时间里，他们挑选了一定数量的贫困家庭，给他们提供能够以更低的价格购买大米的优惠券，这些优惠券没有其他任何用途。在甘肃省，詹森和米勒也挑选了一定数量的贫困家庭，给他们提供能够以更低的价格购买小麦的优惠券。然后，詹森和米勒观察了这些家庭在收到优惠券期间和在紧接下来的没有优惠券期间的购买情况。在湖南省，这些家庭在收到优惠券的月份里购买了更少的大米和更多的肉；在甘肃省，这些家庭在收到优惠券的月份里购买了更少的小麦和更多的肉。由于在湖南省的这些家庭在价格更低时购买了更少的大米，所以他们对大米的需求曲线是向上倾斜的。类似地，在甘肃省，这些家庭在价格更低时购买了更少的小麦，所以他们对小麦的需求曲线是向上倾斜的。在经过一个多世纪的搜寻之后，经济学家终于找到了吉芬品的例子。

资料来源：Robert T. Jensen and Nolan H. Miller，"Giffen Behavior and Subsistence Consumption"，*American Economic Review*，Vol. 98，No. 4，September 2008，pp. 1553-1577.

轮到你了：做本章末与本专栏相关的问题与应用 2.9，看看你理解得如何。

7.3 社会因素对决策的影响

社会学家和人类学家认为，文化、习俗和宗教等社会因素对于解释消费者做出的选择很重要。传统上，经济学家就算把这些因素考虑在内也会把这些因素看成是相对不重要的。然而，近来一些经济学家已经开始研究社会因素如何影响消费者选择。

例如，人们看起来从消费他们认为流行的商品中得到了更多的效用。正如经济学家加里·贝克（Gary Becker）和凯文·墨菲（Kevin Murphy）所描述的那样：

从毒品、犯罪、打保龄球、拥有一块劳力士手表、给民主党人投票、穿休闲服上班或保持草坪整洁等中得到的效用取决于朋友和邻居是否吸毒、犯罪、打保龄球、拥有劳力士手表、给民主党人投票、着休闲服上班或保持草坪整洁等。

这一推理有助于解释为什么有的餐馆爆满而另一些提供本质上相同的食物且装饰相似的餐馆的顾客要少得多。消费者决定去哪家餐馆除了部分地取决于食物和装饰之外，还取决于餐馆的人气。人们从被别人看到在一家受欢迎的餐馆吃饭中得到效用，因为他们认为这会使他们看起来有见识和时尚。在任何公共场合的消费，许多消费者的购买决策是基于其他消费者在买什么。在公共场合消费的例子有：在餐馆吃饭，参加体育活动，穿衣服或戴首饰，开车等。在所有这些例子中，购买某种产品的决策部分地取决于这种产品的特征以及有多少其他人在购买这种产品。

□ 7.3.1 名人代言的影响

在许多情况下，不只是使用某种产品的人数使得该产品成为一种合意产品，还有使用该产品的人的类型。如果消费者相信媒体明星或职业运动员使用某种产品，那么，对该产品的需求常常会增加。例如，新英格兰爱国者队的四分卫汤姆·布兰迪（Tom Brady）是美国职业橄榄球大联盟（NFL）最耀眼的明星之一，因此，毫不奇怪，邀请布兰迪代言产品的公司排起了长队，包括酷乐仕智能水（Glaceau Smartwater）、摩凡陀手表（Movado watches）、安德玛运动服（Under Armour sportswear）、UGG 鞋（UGG footwear）等。布兰迪每年的代言广告收入约为 700 万美元。

汤姆·布兰迪是一个伟大的橄榄球运动员，但是，为什么消费者关心他使用什么产品呢？他们可能认为布兰迪对他代言的产品了解得比他们要多。普通的橄榄球球迷可能相信，如果布兰迪代言安德玛运动服，也许安德玛生产的运动服会更好。但是，看起来更有可能的是，人们购买汤姆·布兰迪或其他名人代言的产品是因为使用这些产品令他们感觉与代言的名人更为接近或是因为使用这些产品令他们看起来更为时尚。

□ 7.3.2 网络外部性

技术在解释消费者为什么购买许多其他人正在购买的产品时也可以起作用。如果一种产品的有用性随着使用该产品的消费者数量的增加而增加，那么，这种产品的消费就具有**网络外部性**（network externality）。

数字有力量。如果全世界只有你有手机，那么它的用处就不大。手机的有用性随着拥有手机的人数的增加而增加。类似地，你购买苹果 iPad 的意愿部分地取决于拥有 iPad 的其他人的数量。拥有 iPad 的人越多，其他企业为 iPad 开发的应用程序就会越多，出版商提供的可供下载到 iPad 中的小说、教材、报纸和杂志就会越多，从而，iPad 对你就越有用。

转换成本导致低档技术存活吗？有些经济学家认为，网络外部性可能有重大的负面效应，因为它们也许会导致消费者购买包含低档技术的产品。这一结果有可能发生，原因是网络外部性会产生与变换产品相关的转换成本：当一种产品已经被认可时，消费者可能会发现转换到一种包含更好的技术的新产品有着很高的代价。产品的选择可能是路径依赖的。这意味着，由于转换成本的存在，最先被采用的技术可能比后来开发的更好的技术有优势。换句话说，过去经济发展的路径是很重要的。

路径依赖和低档技术的使用的一个可能的例子是大多数电脑键盘最上面一行字母的QWERTY排序。当19世纪后期手工打字机诞生时，这一顺序得到了广泛的采用。如果使用者打字太快，那么，手工打字机上的金属键就会粘在一起，QWERTY键盘的设计正是为了降低打字员打字的速度和最大限度地减少键盘粘在一起的问题。使用计算机的时候，设计QWERTY键盘来解决的问题不再存在，因此，键盘的顺序本来可以改变以使字母的布局更有效率。但是，由于绝大多数人已经学会了使用采用QWERTY布局的键盘，他们若要转而采用其他布局的键盘就可能有很大的成本，哪怕新的布局最终会使他们打字更快。

被认为体现了低档技术的其他产品还有VHS视频录像机和Windows计算机操作系统，前者被认为不如Sony Betamax录像机，后者被认为不如Macintosh操作系统。

网络外部性导致市场失灵吗？有些经济学家认为，由于路径依赖和转换成本，网络外部性可能导致市场失灵，即市场未能生产出有效的产出水平这样一种状况。如果网络外部性导致了市场失灵，那么，这些市场中的政府干预或许可以提高经济效率。然而，许多经济学家怀疑网络外部性真的导致消费者被具有低档技术的产品锁定了。特别地，得克萨斯大学达拉斯分校的经济学家斯坦·列伯维茨（Stan Leibowitz）和北卡罗来纳州立大学的经济学家斯蒂芬·马戈利斯（Stephen Margolis）认为，在实践中，使用更优良技术的收益超过了转换成本造成的损失。在仔细研究了QWERTY键盘、VHS视频录像机和Windows计算机操作系统等案例后，他们得出结论：没有有力的证据表明替代技术真的更优良。经济学家之间对网络外部性对经济效率的启示仍然充满争议。

□ 7.3.3 公平重要吗？

如果人们感兴趣的只是使自己在物质层面上的境况尽可能地好，那么，他们就不会关心公平。然而，有非常多的证据表明人们喜欢受到公平的对待且人们通常试图公平地对待别人，哪怕这么做会损害他们的财务利益。给餐馆的服务员小费就是一个例子。在美国，餐馆就餐者给服务员的小费通常达到账单的15%～20%。给小费并非一种要求，但是大部分人认为不给小费是不公平的，除非服务员提供的服务确实非常差。你可能会认为，人们给小费并不是出于公平的考虑，而是因为他们担心不给小费就会导致下次再去该餐馆就餐时会得到很差的服务。然而，研究表明，大部分人哪怕是度假时或者在其他不大可能再去同一家餐馆的情况下也会支付小费。

有许多其他的例子表明人们会自愿放弃金钱，这并非人们被要求这么做，也并非放弃金钱能收到物质上的回报。最明显的例子是向慈善机构捐款。显然，捐款给慈善机构或给再也不会光顾的餐馆的服务员小费带给人们的效用比把钱留给自己使用所能带来的效用要高。

经济学实验室中对公平的测试：最后通牒游戏的实验。经济学家已经采用实验来理解公平在消费者决策中的作用。实验经济学在过去20年里得到了广泛的运用，美国和欧洲有许多实验经济学实验室。实验使得聚焦于消费者行为的单个方面有了可能性。最先由德国的马克斯-普朗克经济学研究所（Max Planck Institute of Economics）的维尔纳·古斯（Werner Güth）推广的“最后通牒游戏”（ultimatum game）是一个测试公平在消费者决策中是否重要的实验。不同的经济学家在略有不同的条件下做了最后通牒游戏这个实验，但是结果却大体相同。

图 7.4 说明了最后通牒游戏。一组志愿者（常常是大学生）被分开组成对。每对的一个成员是“配置者”，另一个是“接受者”。实验组织者给每对志愿者一定数量的钱，比如说 20 美元。配置者决定每个成员将得到多少钱。因此，对配置者如何分钱没有任何限制。配置者可以把钱全部留给自己，或者全部分给接受者，或者是介于两者之间的任何其他分法。然后接受者必须决定是接受还是拒绝这一配置。如果接受者决定接受，那么，每个成员就得到他/她的份额。如果接受者决定拒绝，两个成员什么都得不到。

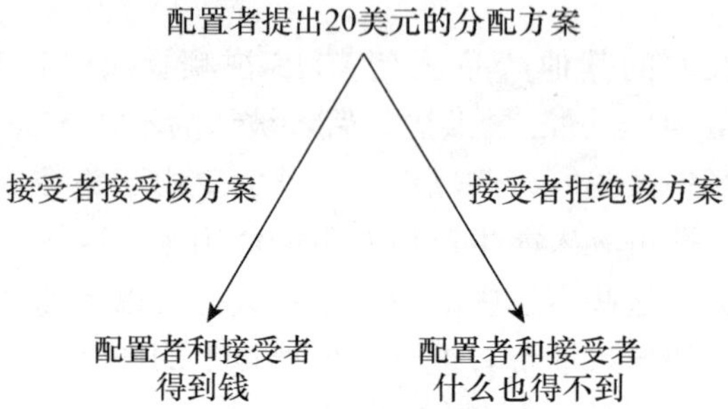

图 7.4　最后通牒游戏

在最后通牒游戏中，配置者在他自己和接受者之间分配一定数量的钱。如果接受者拒绝配置者的方案，那么，两人什么也得不到。在实验中，大部分接受者宁愿什么也得不到也不接受他们认为不公平的分配方案。

如果配置者和接受者都不关心公平，最后通牒游戏中最优的做法就很简单：配置者应该提议这么来分，自己拿 19.99 美元，而接受者拿 0.01 美元。这样配置者就最大化了自己的收益。接受者应该接受这一划分，因为另一个选择是拒绝从而什么也得不到：1 美分总比什么都没有好。事实上，当进行最后通牒游戏这个实验时，配置者和接受者的行为都反映出他们认为公平是很重要的。通常配置者分给接受者的金钱份额至少有 40%，而接受者几乎总是拒绝低于 10%的分配方案。

为什么配置者分给接受者的数量并非小到可以忽略不计呢？有可能是因为配置者不关心公平，但担心接受者关心公平从而会拒绝他们认为不公平的方案。这种可能性在一个被称为“独裁者游戏”（dictator game）的实验中得到了测试。该实验是由丹尼尔·卡纳曼（Daniel Kahneman，心理学家，2002 年诺贝尔经济学奖得主之一）、杰克·尼奇（Jack Knetsch）和理查德·塞勒（Richard Thaler）招募康奈尔大学的学生来做的。在这个实验中，配置者对 20 美元只有两种可能的分法：要么给自己 18 美元，给接受者 2 美元；要么平均分配，每人 10 美元。这个游戏与最后通牒游戏的一个重要区别是不允许接受者拒绝配置者的分法。实验结果表明，161 个配置者中的 122 个选择了平均分配。由于给自己 18 美元和给接受者 2 美元的这种分法没有被拒绝的可能性，配置者选择平均分配的原因必然是因为他们对公平行事很看重。

假定很少的钱好于一分钱都没有，在最后通牒游戏里，接受者为什么会拒绝只分给他们很少钱的方案呢？显然，大部分人对公平足够看重，这使他们拒绝参与他们认为不公平的交易，哪怕这样做会损害他们的财务利益。

经济学实验的结果可靠吗？经济学家在不同国家用不同群体的人做了很多次最后通牒游戏和独裁者游戏。因此，大部分经济学家相信，游戏的结果为人们看重公平提供了强有力的证据。然而，近来有些经济学家开始质疑这一结论。他们认为，实验的情景是实验者设计的，因此，实验结果可能在现实世界中并不能经受住检验。尽管独裁者游戏中的配置者把钱分给了不明身份的另一个游戏参与者，但是，在现实世界中，人们极少简单地给陌生人钱。因此，有可能在实验中观察到的公平是人们想避免被认为自私的结果而非人们看重公平的结果。例如，在最后通牒游戏中，给自己留 19.99 美元而只给另一个人 0.01 美元的人也许担心这样做会给做实验的经济学家留下自私的印象。特别地，由于实验中涉及的金额很小，想取悦做实验的人可能是实验参与者所做选择背后的主要动机。

有一些实验证据证明，当被分配的金额很大时，最后通牒游戏中的接受者将接受哪怕是很不公平的分配方案。哥本哈根商学院的斯蒂芬·安徒生（Steffen Andersen）及其同事在印度的贫穷村民中做了这个实验，这些村民的平均日工资大约为 100 卢比。在他们的实验中，被分配的金额从 200 卢比到 20 000 卢比变动。他们发现，被分配的金额越大，配置者分给接受者的份额越小。当被分配的金额为 20 000 卢比——相当于大约 200 天的工资——时，配置者分给接受者的平均份额只有大约 12%。面对这么低的份额，只有 4%的接受者拒绝了分配方案。这些结果表明，正如经济学家可能预期的那样，接受者拒绝不公平的方案的成本越高，他这么做的可能性就越小。

芝加哥大学的约翰·李斯特（John List）做了独裁者游戏的如下变种实验。

版本 1：当李斯特给每个参与者 5 美元然后遵循通常的程序让一半参与者作为独裁者来分配这 5 美元时，他发现了通常的结果：71%的独裁者给另一个参与者分了一部分钱。

版本 2：当李斯特给独裁者的选择是要么分钱给另一个参与者，要么从另一个参与者那里拿钱（最多 5 美元）时，只有 10%的独裁者分钱给另一个参与者，而一半以上的独裁者从另一个参与者那里拿钱。

版本 3：当李斯特要求游戏参与者在玩游戏之前花 30 分钟完成一个简单的任务来赚取那 5 美元时，2/3 的独裁者既不分钱给另一个参与者，也不从另一个参与者那里拿钱。最后一个结果可能表明，待配置的钱的来源很重要。

李斯特的结果没有完全推翻对最后通牒游戏和独裁者游戏的结果的通常解释。然而，他的研究确实说明，那些游戏的结果并非像许多经济学家原来认为的那样清晰。该研究还说明，调整经济实验的一个细节可能对结果有重要的影响。

公平对企业的启示。如果消费者看重公平，那么，这会如何影响企业呢？一个后果是，哪怕对商品和服务的需求大幅增长，企业有时候也不会提高价格，原因是它们担心顾客会认为涨价是不公平的从而有可能去别的地方购买。

考虑三个看起来企业能够通过涨价来增加利润的例子。

- 当舞蹈摇滚乐队 LCD 在纽约麦迪逊广场花园开音乐会时，票价是每张 50 美元。然而，对音乐会门票的需求是如此之高以至网上转手的票卖到了每张 2 500 美元。为什么乐队或音乐会主办者不收取更高的票价呢？
- 每年，想以美国职业橄榄球大联盟（NFL）定的票价买票观看超级碗比赛的人比可供购买的票要多得多。为什么 NFL 不提高票价呢？
- 当餐馆 Next 在芝加哥开业时，它采用了一种独特的定价方法。餐馆售票给购买者，买到票的人可以来吃一次正餐，饮料和小费都包括在票价内。该餐馆的票价在 45～75 美元，取决于所选的正餐时间和就餐位置。在网上转手的票卖到了 500～3 000 美元。为什么 Next 不提高票价呢？

在以上每个例子中，看起来企业都可以通过提价来增加利润。卖者可以以更高的价格卖出同样的数量——音乐会的座位或橄榄球场的座位或餐馆的膳食数量，因此利润应该增加。经济学家对企业有时候在这些情况下不提高价格提供了两种解释。加里·贝克认为，以上所涉及的产品——音乐会、橄榄球比赛或餐馆膳食——都是买者和其他买者一起消费的产品。在那些情况下，消费者希望购买的数量可能与其他人正在消费的产品数量有关。人们喜欢消费和被别人看见消费流行的产品——那些需求量看起来比供给量大得多的产品。如果摇滚乐队、NFL 和受欢迎的餐馆把价格提高得足够高以使需求量等于供给量，那么，它们可能会发现其人气也被消除了。

丹尼尔·卡纳曼、杰克·尼奇和理查德·塞勒对为什么企业在提价看起来将增加利润时却不总是会提价提供了另一种解释。在对消费者进行的调查中，这些研究人员发现，大部分人认为企业在成本增加后提高价格是公平的，但是在需求增加后提高价格是不合理的。例如，卡纳曼、尼奇和塞勒做了一个调查，询问人们对如下情况的意见："一家五金店一直以 15 美元的价格销售雪铲。在一场大雪过后的早晨，该商店把价格提高到了 20 美元。" 82%的受调查者认为五金店的做法是不合理的。卡纳曼、尼奇和塞勒得出结论：企业在产品的需求量超过供给量时有时候可能不会提高价格，原因是它们担心在长期会失去那些认为涨价不公平的顾客。

在分析超级碗票价的定价时，普林斯顿大学的经济学家阿兰·克鲁格为卡纳曼、尼奇和塞勒对公司在需求量超过供给量时为何不总是提价的解释提供了一些支持。2015 年，NFL 对超级碗比赛最好的座位收取的价格是 2 000 美元，大部分其他座位的价格是至少 800 美元。这些票中有许多在网上转手，价格达到每张 10 000 美元。克鲁格对那些现场观看超级碗比赛的橄榄球球迷进行问卷调查，目的是看看他们的观点是否有助于解释为什么 NFL 不收取更高的票价。在他做调查的那一年，超级碗比赛的票面价格是 325～400 美元。当被问到是否同意"如果 1 500 美元仍然低于大部分人愿意支付的票价，那么 NFL 把价格提高到 1 500 美元是公平的"这一说法时，在受调查的球迷中，高达 92%的人的答案是"不"。那些实际上支付的价格超过 1 500 美元的球迷中也有 83%的人的答案是"不"。克鲁格得出结论：NFL 或许在短期能从提高票价中获益，但在长期会因疏远球迷而造成损失。

对企业为什么不总是把价格提高到使需求量等于供给量的水平的这些解释有一个共同的基本思想：有时候，为了博取顾客的欢心和增加长期利润，企业在短期会放弃部分利润。

建立联系

优步存在定价欺诈吗？

优步手机应用程序已经变得越来越流行了。在聚会或橄榄球比赛结束后回家时，很多人不再打电话叫出租车或者在路边招手打出租车，而是使用该应用程序预约一位司机提供搭乘服务。许多消费者偏好优步，原因是他们相信优步司机在响应上比出租车更可靠，到达也更快，特别是在出租车服务并非总是可信赖的小一些的城市。此外，一些消费者发现优步的支付系统更为方便。由于用户的信用卡信息已经被载入该应用程序，搭乘服务的费用从信用卡自动扣款，不需要再给司机付小费。商务旅行者也使用优步。在 2015 年，商务旅行者使用优步的次数是使用出租车次数的约33%，而这一比例在一年前只有11%。

特拉维斯·卡兰尼克（Travis Kalanick）和加内特·坎普（Garrett Camp）于2009年在旧金山创办了优步。他们认为，许多地方政府对出租车服务施加的限制意味着许多市场上出租车搭乘服务的供给量低于有效水平。由于优步依赖开私家车的个人，它不是合法的出租车服务，因此，政府对出租车的管制对它不适用。但是，由于优步收取的价格通常低于地方政府允许出租车公司收取的价格，许多城市的出租车公司对优步进行了抗议。

通常，优步收取的价格比出租车公司低，但并非总是如此。优步根据某一给定区域在某一给定时间预约搭乘服务的人数设定价格，当需求增加时它提高价格。当需求很高时，这种“峰时定价”会使得价格达到正常水平的三倍以上。新年夜使用优步约车的人会发现，收费不是他所预期的35美元，而是262美元。卡兰尼克认为，消费者应该用考虑机票价格的方式来考虑优步的价格：“你知道，如果你在圣诞节前一天购买机票，票价很可能比圣诞节过了两周后贵10倍。”此外，他认为，当需求增加时提价给了司机——他的报酬随价格的增加而增加——在繁忙时段（如新年夜或橄榄球比赛结束后的体育馆）提供搭乘服务的激励。

但是，正如卡纳曼、尼奇和塞勒的研究所表明的，消费者认为企业在成本增加后提价比需求增加时提价更为公平。毫不令人奇怪，优步因其“峰时定价”在脸书和其他社交网络站点遭到了批评。金融记者詹姆斯·索罗维基（James Surowiecki）认为，如果优步这样的企业把峰时价格标为正常价格、把更低的非峰时价格标为折扣价格，那么，它们就可以避免“峰时定价不公平”这样的批评。正如影院把晚间（需求高的时间）票价标为正常票价而把下午（需求低的时间）票价标为折扣价格一样。

一些消费者对他们认为不公平的峰时定价的不满是否会限制优步提供的搭乘服务的增长还有待观察。

资料来源：“Uber Uber Alles”, *Economist*, March 11, 2015; “Pricing the Surge”, *Economist*, March 19, 2014; Douglas MacMillan, “Uber CEO: Surge Pricing Is Here to Stay”, *Wall Street Journal*, Januray 7, 2014; James Surowiecki, “In Praise of Efficient Price Gouging”, technologyreview.com, August 19, 2014; and Daniel Kahneman, Jack Knetsch, and Richard Thaler, “Fairness as a Constraint on Profit Seeking: Entitlements in the Market”, *American Economic Review*, Vol. 76, No. 4, September 1986, pp. 728-741.

轮到你了：做本章末与本专栏相关的问题与应用3.8和3.9，看看你理解得如何。

7.4 行为经济学：人们理性地做选择吗？

当经济学家说消费者和企业在理性行事时，他们的意思是，给定所有可获得的信息，消费者和企业采取对实现自身目标合适的行动。近些年有些经济学家开始研究人们所做的选择看上去在经济上不理性的状况。这一新的经济学领域被称为**行为经济学**（behavioral economics）。为什么消费者或企业有可能不理性地行动呢？最显然的原因将是他们没有意识到他们的行动和目标不一致。经济学的目标之一就是提出能够做出更佳决策的方法。在本节，我们讨论人们通过避免一些常见的错误来改善决策的方法。我们还运用行为经济学的思想来分析消费者在购物时如何做决策。

□7.4.1 决策中的错误

消费者在决策时的常见错误有如下三个：

（1）他们考虑货币成本但忽视非货币机会成本。

（2）他们未能忽视沉没成本。

（3）他们对未来的行为有着不切实际的期望。

忽视非货币机会成本。回忆任何活动的**机会成本**（opportunity cost）是从事该活动必须放弃的价值最高的其他用途的价值。例如，如果你拥有可以出售的某样东西，那么，你自己使用时就产生了机会成本。人们常常难以在这样的意义上考虑机会成本。

考虑如下例子：NFL 举办的抽奖活动的获奖者可以以票面价格来购买超级碗比赛的门票。视座位在体育馆的位置而定，票面价格为 325 美元或 400 美元。普林斯顿大学的经济学家阿兰·克鲁格对抽奖活动的获奖者进行了问卷调查，询问了他们两个问题：

问题 1：如果你没有赢得抽奖，你愿意花 3 000 美元买票吗？

答案 1：94%的人回答说他们不会花 3 000 美元购买门票。

问题 2：如果在你赢得门票后（且在到达佛罗里达州观看超级碗比赛前），某人出 3 000 美元购买你的门票，你愿意卖给他吗？

答案 2：92%的人回答说他们不会以 3 000 美元的价格卖掉门票。

但是这些答案是相互矛盾的！如果有人出价 3 000 美元买你的门票，那么自己使用门票而不卖掉的机会成本就是 3 000 美元。使用门票真的有 3 000 美元的成本，尽管你并没有付 3 000 美元的现金。这两种情形——支付 3 000 美元或没有收到 3 000 美元——其实是同一回事。

如果门票对你不值 3 000 美元，你应该卖掉。如果值 3 000 美元，你应该愿意花 3 000 美元现金购买。不愿意以 3 000 美元的价格卖掉你已经拥有的门票，与此同时在不拥有门票时却不愿意花 3 000 美元购买门票，这两者是不一致的。不一致产生的原因是你未能考虑非货币机会成本。行为经济学家相信，这种不一致是由禀赋效应导致的。**禀赋效应**（endowment effect）是指这样一种倾向：对于已经拥有的商品，即使人们收到的价格高于他们在没有拥有该商品时为购买该商品而愿意支付的价格，人们仍不愿意出售。

未能考虑机会成本是决策中的一个非常常见的错误。例如，假定一个朋友急于打扫房间（今天是周五，父母在周末要来），他支付 50 美元请你打扫。你拒绝了，而将时间用于打扫你自己的房间，尽管你知道只要花 20 美元大厅里就有人愿意为你打扫房间。撇开使问题复杂化的细节不说（请你打扫房间的朋友是一个十足的懒汉，或者你不愿意让那个愿意为 20 美元来为你打扫房间的人翻你的东西），你应该理解我们想说明的要点。打扫你自己房间的机会成本是 50 美元，即你朋友为了请你打扫他的房间而愿意出的金额。一方面，你拒绝花 20 美元请别人打扫你的房间；另一方面，你自己打扫房间的机会成本是 50 美元，这样的行为是不一致的。这里的要点是：非货币机会成本和货币成本同等真实，人们在决策时应该都予以考虑。

企业利用消费者忽略非货币成本的倾向的例子有很多。例如，有些企业用可以邮寄申请退款的方式销售它们的产品。如果顾客可以先付全款再通过邮寄退款表格而获得 10 美元，为什么公司不直接减价 10 美元呢？这些公司在依赖如下事实：一旦你已经付全款购买一种产品，未能邮寄退款表格就是一项非货币机会成本而不是直接的货币成本。事实上，只有很小比例的顾客邮寄退款表格。

未能忽视沉没成本。沉没成本（sunk cost）是已经支付且不能回收的成本。一旦你已经付了钱且拿不回来了，在后面的决策中你应该忽略那些钱。考虑如下两种情形：

情形 1：你花 75 美元买了一张戏票。这张票不能退，必须在周二晚上使用，因为该戏剧只在那天晚上上演。在周一，你的一个朋友打电话邀请你去本地的一个喜剧俱乐部看一个你们俩都喜欢的喜剧演员的表演，该喜剧演员只在周二晚上表演。你的朋友答应支付你去俱乐部的开支。

情形 2：现在是周一晚上。你打算去买情形 1 所述的周二晚上上演的同一戏剧的门票。你正要出发去买票时，你的朋友打电话邀请你去喜剧俱乐部。

你去剧院看戏剧还是去喜剧俱乐部看喜剧演员的表演的决定在情形 1 和情形 2 中相同吗？大部分人会说，在情形 1 中，他们将去看戏剧，否则他们就会损失买票所花的 75 美元。但是，事实上，无论你怎么做，那 75 美元已经失去了，因为票是不能退的。对你的决策唯一重要的是你是偏好去看喜剧还是偏好和你朋友一起去喜剧俱乐部。如果你偏好去喜剧俱乐部，那么，你已经花了 75 美元买票这一事实就不重要了。你在两种情形下的决策应该相同。

心理学家丹尼尔·卡纳曼和阿莫斯·特沃斯基（Amos Tversky）通过询问两个样本的人群如下问题，探究了消费者不忽视沉没成本的倾向：

问题 1：一个样本的人群被问到的问题是："想象你已经决定看一场戏剧且已经花 10 美元买了票。当你进入剧院时，你发现你的票丢了。座位没有标记，票也找不到了。你会花 10 美元再买一张票吗？" 46%的人回答"会"，54%的人回答"不会"。

问题 2：另一个样本的人群被问到的问题是："想象你已经决定看一场戏剧，戏票需要 10 美元。当你进入剧院时，你发现你丢了 10 美元。你还会花 10 美元买一张戏票吗？" 88%的人回答"会"，12%的人回答"不会"。

上面两个问题所描述的情况实际上是相同的，对这两个问题回答"会"或"不会"的人所占的比例应该相同。但是，许多人难以理解在问题 1 中决定是否看戏剧时应该忽视已经支出的 10 美元购票费用，因为它是沉没成本。

建立联系

一个懂得忽视沉没成本重要性的博主

近些年来，许多人开始写博客，或称"网络日志"。他们在博客中记录自己对政治、体育、爱好或令他们感兴趣的任何事物的想法。有些博主每天花好几个小时写下他们最新的想法和提供网络上相关材料的链接。有些博客是如此成功以至吸引了付费广告，博主因此赚到了不菲的收入。阿诺德·金（Arnold Kim）于 2000 年开始撰写关于苹果公司产品的日志，当时他还是医学院的四年级学生。在接下来的八年里，他在他的站点 MacRumors.com 上持续撰写日志，同时作为一名肾科大夫（治疗肾脏问题的大夫）从事医生这个职业的工作。

到 2008 年，金的站点已经非常成功，每个月吸引的访客人数达到 440 万人，而页面访问量超过4 000万。金从付费广告中每年赚取的收入超过10万美元，在他的站点做广告的公司包括Verizon、Audible.com和CDW。但是，汇编关于苹果公司新产品的传言、更新苹果公司产品购买指南以及监控站点上多个论坛等任务已经不是他兼职能够应付的了。金享受在网络站点上的工作，并且相信网络站点最终能够让他赚到超过作为医生能赚到的收入。然而，他对放弃医生这个职业很犹豫，因为他在教育上花掉了近20万美元。

但是，那20万美元以及他在医学院学习、完成内科住院医师培训和取得肾科医生资格所花掉的那几年时间都是沉没成本。金意识到为了对继续医生职业生涯还是成为一个全职博主做一个理性决策需要忽视这些沉没成本。经过计算他发现他从其站点能够赚到超过作为医生能赚到的收入，并且考虑到他在家工作使得他能够有更多时间陪伴他的女儿之后，他决定全职写博客。他这样说道："理论上，这是一个简单的决定。"尽管面临新博客的竞争，MacRumores.com仍然很成功，2015年年中每个月的访客超过了1 000万人，金的收入已经上升到超过了作为医生本来可以赚取的收入。

懂得"忽视沉没成本是理性的"对生活中的重大决策可能是很重要的。

资料来源：Brian X. Chen，"Arnold Kim Celebrates 10 Years as Apple Rumor King"，www.wired.com，February 23，2010；Brian Stelter，"My Son，the Blogger：An M. D. Trades Medicine for Apple Rumors"，*New York Times*，July 21，2008；Dan Frommer，"Nephrologist to Mac Blogger：The Unlikely Career Path of MacRumors' Arnold Kim"，businessinsider.com，July 23，2008；and "Macrumors Traffic"，www.quantcast.com，June 23，2015.

轮到你了：做本章末与本专栏相关的问题与应用4.9、4.10和4.11，看看你理解得如何。

对未来的行为有着不切实际的期望。研究显示，美国大多数成年人都超重。为什么许多人过量饮食呢？一个可能性是他们从过量饮食中得到的效用超过从身材苗条中得到的效用。然而，更有可能的解释是，由于他们期望明天会少吃一些，所以许多人今天吃很多。但是他们从来不会少吃，因此最终就变胖了。（当然，有些人肥胖是某些健康问题导致的。）类似地，有些人今天继续吸烟是因为他们期望未来某个时候可以戒烟。遗憾的是，对许多人来说，那个时候永远不会到来，他们不得不承受长年吸烟对健康产生的后果。在这两个例子中，人们高估了当前选择——吃巧克力蛋糕或吸烟——所带来的效用，而低估了未来从身材苗条或避免得肺癌中得到的效用。

研究这个问题的经济学家认为，许多人的偏好具有时间不一致性。在长期，你希望身材苗条或戒烟或达到其他某个目标，但是，你每天做的决策（如过量饮食或吸烟）与这一长期目标是不一致的。如果你对你未来的行为有着不切实际的期望，那么，你就低估了你今天所做选择（如过量饮食或吸烟）的成本。避免这一问题的重要方式是对未来的行为要有切合实际的期望。

考虑非货币机会成本、忽视沉没成本以及对未来的行为有切合实际的期望是消费者能够改善他们的决策的三种方式。

□ 7.4.2 购物的行为经济学

在7.1节，我们分析了消费者如何选择要购买的产品组合以最大化效用。在本节，我们简要考虑消费者可能碰到的阻止他们做出最优消费选择的问题。

在讨论消费者如何最大化效用时，我们使用的是人们在预算约束下选择两种商品的最优数量的简单例子。但是，考虑一下平常你去超市购物。为四口之家购物的人可能最终会购买 25 种产品，甚至更多。这种局面下的消费者在决定购买数量时不太可能做到让所有这些产品的边际效用与价格之比相等。消费者常常并不做出最优的消费选择这一点重要吗？对这个问题的答案，经济学家意见不一。许多经济学家在论证上述问题的答案是“否”时提出了如下两点：

(1) 包括经济模型在内的大多数科学模型中的假设不是完全正确的。例如，在消费者选择的模型中，通过聚焦于决策中涉及的最重要的因素，不现实的假设对简化复杂的现实是必需的。

(2) 评判模型最好的标准是模型所做预测的成功而非所做假设的现实性。基于消费者选择的模型所做的预测在预测许多类型的消费者行为上是成功的。

经验规则。行为经济学家认为，消费者通常并不做出最优的消费选择这一点是重要的。这些经济学家相信，分析消费者实际上如何做决策是有好处的。我们在本章所使用的模型假设：

- 当人们购物时，他们对产品价格有完全的信息，包括各商店间价格差异的信息。
- 人们可以做诸如计算许多产品的边际效用和价格之比等复杂的计算。

事实上，人们做选择的依据常常只是有限的信息，也没有时间或能力计算他们的最优选择。结果，人们并不做最优的选择，而是常常使用经验规则，即可能不能产生最优选择的决策准则。例如，消费者可能判断他要买的产品在某一特定超市卖价最便宜，而不会不停地核实这一假设是否正确。如果一个卖价更便宜的新超市开业了，该消费者可能至少还有一段时间会在原来的超市购物，尽管这么做不再是最优的。

锚定。购物者如何判断某产品的价格是高还是低呢？行为经济学家使用“锚定”这个词来描述消费者如何评估价格的一个方面。如果人们对某个数值，比如说某个价格，不确定，他们常常把该数值与某个其他的已知数值联系起来或者说锚定该已知数值，哪怕那个已知数值是无关的。心理学家阿莫斯·特沃斯基和丹尼尔·卡纳曼做了一个实验来说明锚定的影响。他们制作了一个圆轮，该圆轮在旋转时总是停在数值 10 或 65 上。每个实验参与者都旋转该圆轮，然后被问道：“你对联合国中非洲国家所占百分比的最佳猜测是多少？”当该圆轮停在数字 10 上时，参与者的平均答案是 25%。当该圆轮停在数字 65 上时，参与者的平均答案是 45%。尽管圆轮旋转后停在哪个数值上与被问及的问题完全没有相关性，但是，该数值锚定了参与者的反应。在康奈尔大学的布莱恩·万辛克（Brian Wansink）、特拉华大学的罗伯特·肯特（Robert Kent）和宾夕法尼亚大学的斯蒂芬·霍奇（Stephen Hoch）所做的另一个实验中，三家超市降价 12% 促销罐装饮料金宝汤（Campbell's soup）。在促销期间的某一天，促销的陈列牌上写着“每人限购 12 罐”；在另一天，陈列牌上写着“不限量”。在陈列牌上写着限购数量的那一天，超市的销售量是人均 7 罐。在陈列牌上写着不限量的那一天，超市的销售量是人均 3.3 罐。陈列牌上的数字 12 锚定了购物者关于购买多少罐的决策。

消费者常常缺乏评估某商品的价格是高还是低的信息。商店可以利用该信息的缺乏来锚定消费者的估计，其方式是在产品上标一个高“常规价格”，这将使折后的促销价看起来很划算，哪怕该产品极少以常规价格销售。

建立联系

杰西潘尼遇上了行为经济学

我们在本章开篇案例中看到，罗恩·约翰逊在作为苹果公司的零售主管取得了非凡的成功后被聘任为连锁百货商店杰西潘尼的首席执行官。约翰逊制定了新的定价策略：以“每日低价”销售商品，并且极少对那些低价打折。这种新的定价策略被证明是一个败笔，杰西潘尼的销售额下降了。约翰逊也在上任仅 17 个月后即被公司解雇。

来自行为经济学的思想有助于解释到底哪里错了。首先，约翰逊假设消费者会知道每日低价真的是低价，至少与杰西潘尼以前做促销时计算其广告中所说的折扣时所使用的非常高的常规价格相比是如此。然而，有大量证据证明，有些消费者就连他们经常购买的商品的价格都不清楚。有一项对超市购物者的研究询问了人们刚放进购物篮中的商品的价格是多少。能准确回想起价格的购物者不到半数，还有 1/4 的人甚至都不能提供一个猜测的数字，哪怕他们把那些商品放进购物篮还不到一分钟。另一项研究询问了正要进入百货商店的人们关于他们频繁购买的商品的价格问题。只有大约 1/3 的人能给出准确答案。当被要求评价他们频繁购买的某种商品的某个具体价格是高还是低时，大约 15%的人把实际上高的价格确认为好交易而把实际上低的价格确认为不好的交易。

对零售的研究显示，消费者以折扣价购买了相当高比例的商品。例如，一项对 9 个超市的收银台扫描设备上的数据的研究显示，尽管洗衣液只有大约 1/4 的时间打折，但以折扣价购买的洗衣液达到了将近一半。由于消费者对打折促销的反应是如此强烈，以低的固定价格代替促销这样一种策略不大可能有效果。

为什么消费者对促销做出反应呢？为什么杰西潘尼不能说服消费者相信“每日低价”真的是低价呢？一种可能性是，通过既展示高“常规价格”又展示低“促销价格”，促销给消费者提供了解释价格可用的一个“锚”或者说参考点。促销价格是对高常规价格的削价，因此它看起来是低价，哪怕由于促销和优惠券的使用很少有人以常规价格购买该商品。没有常规价格这个锚，消费者可能难于判断每日低价是否确实低，特别是由于一些来购物的消费者对商品通常的价格所知甚少。正如本章开篇案例中引用的那位西北大学教授所说的：“杰西潘尼也许会说价格公道，但消费者为什么应该相信杰西潘尼呢？”

通过基本上消除促销，约翰逊忽视了行为经济学的一些见解。结果，杰西潘尼蒙受了损失，约翰逊也丢掉了他的工作。

资料来源：Stephanie Clifford and Catherine Rampell，“Sometimes，We Want Prices to Fool Us”，*New York Times*，April 13，2013；Daniel Kahneman，*Thinking，Fast and Slow*，New York：Farrar，Strauss and Giroux，2011；Julio Rotemberg，“Behavioral Aspects of Price Setting，and Their Policy Implications”，National Bureau of Economic Research，Working Paper 13754，January 2008；Marc Vanhuele and Xavier Drèze，“Measuring the Price Knowledge Shoppers Bring to the Store”，*Journal of Marketing*，Vol. 66，No. 4，October 2002，pp. 72－85；Peter R. Dickson and Alan G. Sawyer，“The Price Knowledge and Search of Supermarket Shoppers”，*Journal of Marketing*，Vol. 54，No. 3，July 1990，pp. 42－53；and Igal Hendel and Aviv Nevo，“Measuring the Implications of Sales and Consumer Inventory Behavior”，*Econometrica*，Vol. 74，No. 6，November 2006，pp. 1637－1673.

轮到你了：做本章末与本专栏相关的问题与应用 4.15，看看你理解得如何。

7.5 需求的价格弹性及其衡量

根据需求定律我们知道，当一种产品的价格下降时，该产品的需求量上升。但是，需求定律仅仅告诉企业，它们的产品的需求曲线是向下倾斜的。衡量需求量对价格变化的响应程度更有用。这一测度被称为**需求的价格弹性**（price elasticity of demand）。

□ 7.5.1 衡量需求的价格弹性

我们或许想用需求曲线的斜率来衡量需求的价格弹性，因为该斜率告诉我们当价格变化时需求量变化了多少。然而，这一方法有一个缺陷：斜率的衡量对数量和价格的单位很敏感。例如，假定每加仑汽油的价格下降 1 美元导致需求量从每天 10.1 百万加仑上升到 10.2 百万加仑。数量的变化是 0.1 百万加仑，价格的变化是－1 美元，因此斜率为 0.1/(－1)＝－0.1。但是：

- 如果我们用美分而不是美元来衡量价格，那么斜率为 0.1/(－100)＝－0.001。
- 如果我们用美元来衡量价格，用千加仑而不是百万加仑作为数量单位，那么，斜率为 100/(－1)＝－100。
- 如果我们用美分来衡量价格，用千加仑作为数量单位，那么，斜率为 100/(－100)＝－1。

显然，视我们使用的数量和价格的单位而定，我们计算得到的斜率数值可以发生急剧变化。

为了避免单位引起的混乱，经济学家在衡量需求的价格弹性时采用百分比变化。百分比变化与度量单位无关。（关于如何计算百分比变化，参见第 1 章附录。）无论我们用什么单位来衡量汽油数量，多 10%的汽油就是多 10%的汽油。因此，需求的价格弹性用需求量的百分比变化除以价格的百分比变化来衡量，即：

$$\text{需求的价格弹性}=\frac{\text{需求量的百分比变化}}{\text{价格的百分比变化}}$$

需求的价格弹性不同于需求曲线的斜率，记住这一点很重要。

如果我们计算价格下降时需求的价格弹性，价格的百分比变化将为负，需求量的百分比变化将为正。类似地，如果我们计算价格上升时需求的价格弹性，价格的百分比变化将为正，需求量的百分比变化将为负。因此，需求的价格弹性总是为负。但是，在比较弹性时，我们通常感兴趣的是它们的相对大小。因此，我们常常去掉负号，比较它们的绝对值。换句话说，尽管－3 实际上是一个小于－2 的数，但是，值为－3 的价格弹性大于值为－2 的价格弹性。

□ 7.5.2 弹性需求和无弹性需求

如果需求量对价格变化的响应很大，那么，需求量的百分比变化将大于价格的百分比变化，需求的价格弹性绝对值将大于 1。在这种情况下，需求是**有弹性的**（elastic）。例如，如果百吉饼的价格下降 10%导致其需求量上升 20%，那么：

$$需求的价格弹性=\frac{20\%}{-10\%}=-2$$

我们可以下结论说百吉饼的需求是有弹性的。

然而，当需求量对价格变化的响应不是很大时，那么，需求量的百分比变化将小于价格的百分比变化，需求的价格弹性绝对值将小于 1。在这种情况下，需求是**无弹性的**（inelastic）。例如，如果小麦的价格下降 10%导致其需求量上升 5%，那么：

$$需求的价格弹性=\frac{5\%}{-10\%}=-0.5$$

我们可以下结论说小麦的需求是无弹性的。

对于需求量的百分比变化等于价格的百分比变化的特殊情形，需求的价格弹性等于−1（绝对值为 1）。在这种情况下，需求是**单位弹性的**（unit elastic）。

□ 7.5.3 计算价格弹性的一个例子

假定你拥有一个加油站，你正要决定是否降低汽油价格。你现在处于图 7.5 中的 A 点：以每加仑 3 美元的价格每天卖出 1 000 加仑。把价格降到 2.7 美元能多卖出多少加仑汽油取决于对你的加油站的汽油的需求价格弹性。让我们考虑两种可能性：如果你的加油站的汽油需求曲线是 D_1，那么，你的销售量将增加到每天 1 200 加仑，即 B 点。但是，如果你的加油站的汽油需求曲线是 D_2，那么，你的销售量将只增加到每天 1 050 加仑，即 C 点。我们也许会预期（正如我们将看到的，这一预期是正确的），在这些点之间，需求曲线 D_1 是有弹性的，需求曲线 D_2 是无弹性的。

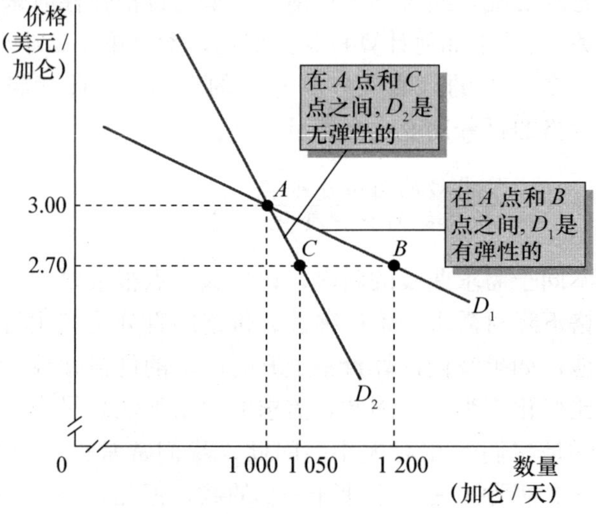

图 7.5 弹性需求和无弹性需求

沿着需求曲线 D_1，价格从 3 美元下降到 2.7 美元使汽油的需求量从每天 1 000 加仑增加到 1 200 加仑。由于需求量的百分比变化大于价格的百分比变化（绝对值），因此，在 A 点和 B 点之间需求是有弹性的。沿着需求曲线 D_2，价格从 3 美元下降到 2.7 美元使汽油的需求量从每天 1 000 加仑只增加到 1 050 加仑。由于需求量的百分比变化小于价格的百分比变化（绝对值），因此，在 A 点和 C 点之间需求是无弹性的。

为了确认需求曲线 D_1 在 A 点和 B 点之间是有弹性的，需求曲线 D_2 在 A 点和 C 点之间是无弹性的，我们需要计算每条曲线的需求价格弹性。但是，在计算一条需求曲线上两点之间的价格弹性时，我们面临一个问题，因为对于同样的两点，在价格上升时计算出的弹性不同于在价格下降时计算出的弹性。假定我们计算价格从3美元下降到2.7美元时D_1的价格弹性。价格下降了10%，需求量从1 000加仑上升到1 200加仑，即上升了20%。因此，在A点和B点之间需求的价格弹性为20%/(−10%)=−2。现在让我们计算当价格从2.7美元上升到3美元时D_1的价格弹性。价格上升了11.1%，需求量从1 200加仑下降到1 000加仑，即下降了16.7%。因此，现在我们算出的A点和B点之间需求的价格弹性为（−16.7%)/11.1%=−1.5。同一需求曲线上相同两点之间需求的价格弹性可以有不同的数值，这一点让人有些困惑。正如我们在下一小节将要看到的，经济学家在计算弹性时常常使用一个能够避免这种困惑的公式。

□ 7.5.4　中点公式

我们可以用中点公式保证一条需求曲线上相同两点之间需求的价格弹性只有一个值。中点公式利用起点与终点数量和价格的平均值来计算需求的价格弹性。如果起点的数量和价格分别为Q_1和P_1，终点的数量和价格分别为Q_2和P_2，那么，中点公式为：

$$\text{需求的价格弹性}=\frac{(Q_2-Q_1)}{\frac{Q_1+Q_2}{2}}\div\frac{(P_2-P_1)}{\frac{P_1+P_2}{2}}$$

中点公式乍看起来很复杂，但是，分子只不过是数量的变化除以起点和终点数量的平均值，分母只不过是价格的变化除以起点和终点价格的平均值。

让我们运用这个公式来计算图7.5中在A点和B点之间D_1的价格弹性。在这两点之间，数量的变化是200，两个数量的平均值是1 100，因此，数量的百分比变化是18.2%。价格的变化是−0.3美元，两个价格的平均值是2.85，因此，价格的百分比变化是−10.5%。从而，需求的价格弹性为18.2%/(−10.5%)=−1.7。注意利用中点公式计算需求的价格弹性得到的如下三个结果：

(1) 正如我们考察图7.5后所猜测的那样，在A点和B点之间需求曲线D_1是有弹性的。

(2) 用中点公式得到的价格弹性的值介于我们前面计算得到的两个值之间。

(3) 无论我们是考虑价格下降还是价格上升，中点公式计算得到的价格弹性是同一个值。

我们也可以用中点公式计算在A点和C点之间D_2的价格弹性。在这个例子中，数量的百分比变化是4.9%，价格的百分比变化是−10.5%。因此，需求的价格弹性为4.9%/(−10.5%)=−0.5。再一次地，如同我们猜测的那样，在A点和C点之间需求曲线D_2是无弹性的。

例题7.5　计算需求的价格弹性

假定你拥有一个加油站，你现在以每加仑2.5美元的价格销售汽油。在这一价格水平，你每天能卖出2 000加仑。你正在考虑将价格下降到2.3美元以吸引在其他加油站加油的司机。下页图显示了降价引起的销售量增加的两种可能性。根据该图的信息，利用中点公式计算每条需求曲线上这两个价格之间的价格弹性，指出每条需求曲线在这两个价格之间是有弹性的还是无弹性的。

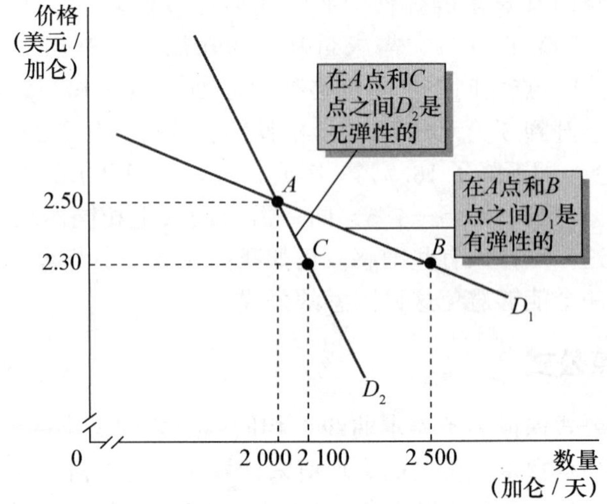

解：

第 1 步：复习本章内容。这一问题是关于计算价格弹性的，所以你可能需要复习一下 7.5.4 节“中点公式”。

第 2 步：为了利用中点公式，计算需求曲线 D_1 上两个数量和价格的平均值。

平均数量=(2 000+2 500)/2=2 250(加仑)

平均价格=(2.5+2.3)/2=2.4(美元/加仑)

第 3 步：现在计算需求曲线 D_1 上两点间需求量和价格的百分比变化。

需求量的百分比变化=(2 500−2 000)/2 250×100%=22.2%

价格的百分比变化=(2.3−2.5)/2.4×100%=−8.3%

第 4 步：用需求量的百分比变化除以价格的百分比变化得到需求曲线 D_1 上两点间的需求的价格弹性。

需求的价格弹性=22.2%/(−8.3%)=−2.7

由于弹性的绝对值大于 1，所以，在这两点之间 D_1 是有价格弹性的。

第 5 步：计算需求曲线 D_2 上两点间的需求的价格弹性。

需求量的百分比变化=(2 100−2 000)/2 050×100%=4.9%

价格的百分比变化=(2.3−2.5)/2.4×100%=−8.3%

需求的价格弹性=4.9%/(−8.3%)=−0.6

由于弹性的绝对值小于 1，所以，在这两点之间 D_2 是无价格弹性的。

轮到你了：要想做更多的练习，请做本章末与本专栏相关的问题与应用 5.7。

□ 7.5.5 当需求曲线相交时，越平坦的曲线越有弹性

记住，弹性与斜率不是一回事。斜率是用数量和价格的变化计算的，而弹性是用数量

和价格的百分比变化计算的。但是，如果两条需求曲线相交，那么，

- 斜率（绝对值）更小的也就是更平坦的那一条弹性更大。
- 斜率（绝对值）更大的也就是更陡峭的那一条弹性更小。

在图 7.5 中，对于给定的价格变化，需求曲线 D_1 比 D_2 更有弹性。

□ 7.5.6 完全弹性和完全无弹性需求的极端情况

尽管价格弹性的极端情况不经常出现，但你应该对此有所了解。如果一条需求曲线是垂直线，那么，它就是**完全无弹性的**（perfectly inelastic）。在这种情况下，需求量对价格完全没有反应，需求的价格弹性为零。无论价格上升或下降多少，需求量都保持不变。只有很少的产品的需求量对价格完全没有反应，从而需求曲线是垂直线。药物胰岛素就是一个例子。有些糖尿病患者每天必须打一定数量的胰岛素。如果胰岛素的价格下降，所要求的剂量不会受到影响，从而不会增加需求量。类似地，价格上升也不会影响所要求的剂量，从而不会减少需求量。（当然，当价格更高时，有些需要胰岛素的糖尿病患者买不起胰岛素。如果是这样，那么，甚至在这个例子中，需求曲线可能也不是完全垂直的，从而不是完全无弹性的。）

如果一条需求曲线是水平直线，那么，它就是**完全弹性的**（perfectly elastic）。在这种情况下，需求量对价格的反应无限大，需求的价格弹性为无穷。如果一条需求曲线是完全弹性的，那么，价格上升会引起需求量下降到零。再一次地，完全弹性的需求曲线是很罕见的，重要的是不要混淆弹性和完全弹性。表 7.6 总结了不同的需求的价格弹性。

表 7.6　　需求的价格弹性总结

<table>
<tr><th>如果需求是……</th><th>那么价格弹性的绝对值……</th><th></th></tr>
<tr><td>有弹性的</td><td>大于 1</td><td>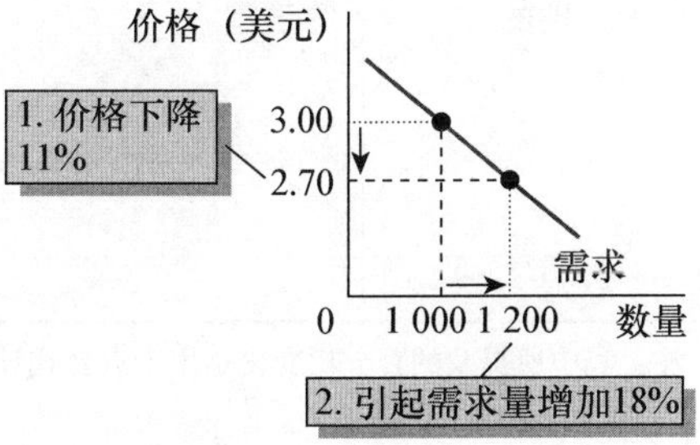
</td></tr>
<tr><td>无弹性的</td><td>小于 1</td><td>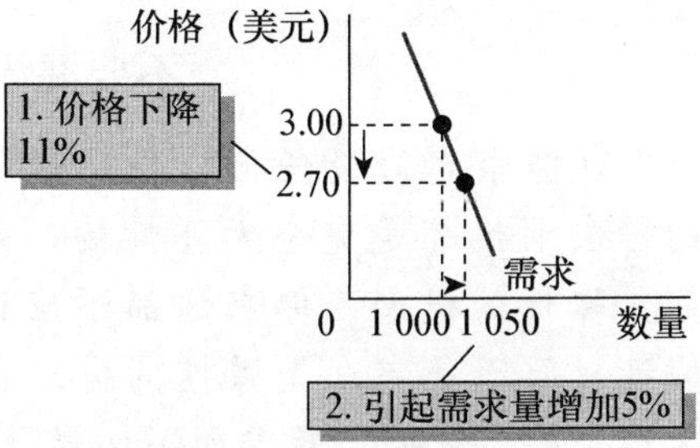
</td></tr>
</table>

续前表

如果需求是……	那么价格弹性的绝对值……	
单位弹性的	等于1	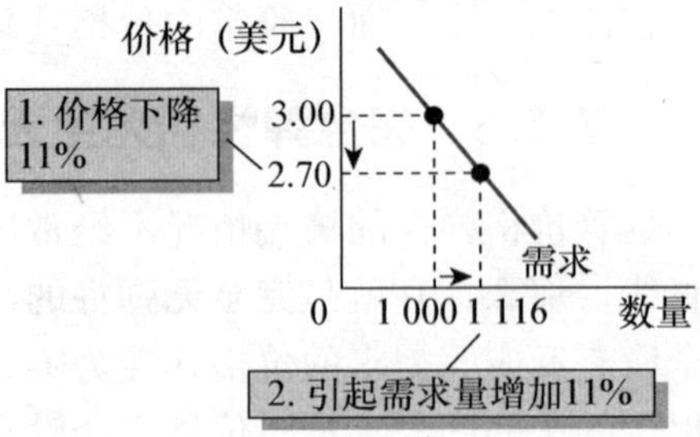
完全弹性的	等于无穷	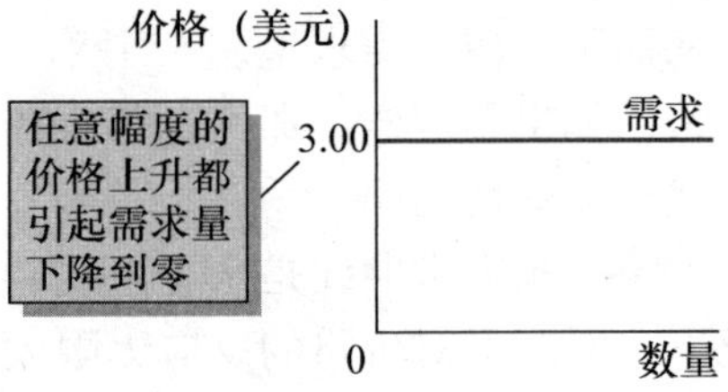
完全无弹性的	等于零	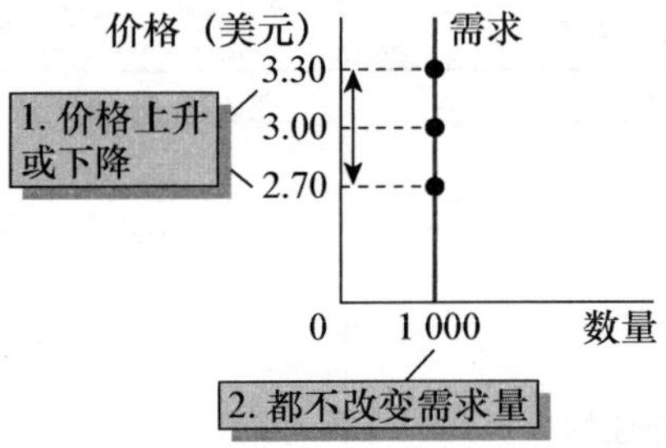

注：表中所提及的百分比变化是用中点公式计算的，四舍五入到最接近的整数。

不要犯这样的错误！

不要混淆无弹性和完全无弹性

你可能很想假设任何被描述成无弹性的需求曲线都是完全无弹性的，以此来简化弹性的概念。你永远都不应该这么假设，原因是完全无弹性的需求曲线是很罕见的。例如，考虑如下问题：“利用需求和供给图形说明供给的减少如何影响汽油的均衡数量。假设汽油的需求是无弹性的。”下页左图就不是一个正确的答案。

汽油的需求是无弹性的，但并非完全无弹性。当汽油价格上升时，需求量下降。因此，正确回答上述问题的图形应该把需求曲线画成向下倾斜的而非一条垂直线（见下页右图）。

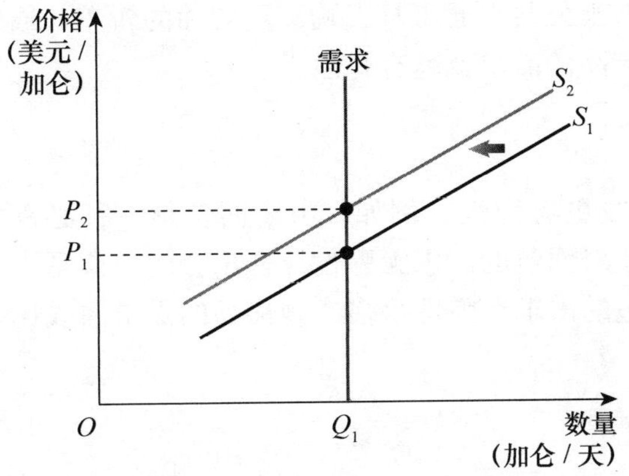

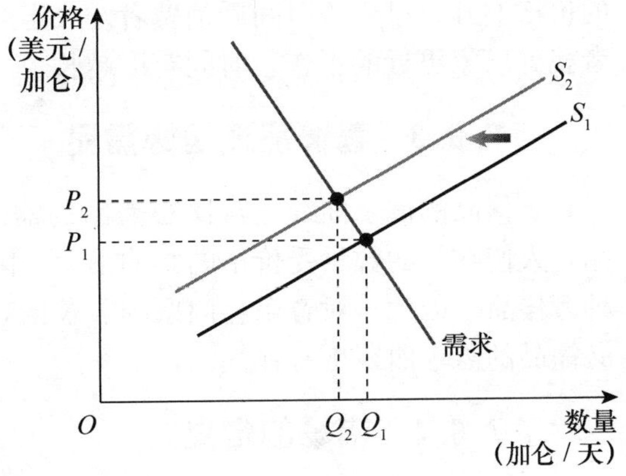

轮到你了：做本章末与本专栏相关的问题与应用5.10，看看你理解得如何。

7.6 需求的价格弹性的决定因素

我们已经看到，某些产品的需求可能是有弹性的，而另一些产品的需求可能是无弹性的。在本节，我们考察为什么各种产品之间的价格弹性会有差异。需求的价格弹性的重要决定因素有如下几个：

- 接近替代品的可得性；
- 时间跨度；
- 奢侈品还是必需品；
- 市场的定义；
- 商品在消费者预算中的份额。

□7.6.1 接近替代品的可得性

消费者如何对产品价格的变动做出反应取决于是否有替代品。因此，替代品的可得性是需求价格弹性最重要的决定因素。例如，当汽油价格上升时，消费者几乎没有其他替代品，因此需求量只下降一点点。但是，如果比萨的价格上升，那么，消费者可以吃的其他替代性食物有很多，因此，需求量可能大幅下降。事实上，企业定价策略的一个关键约束就是其产品有多少种接近替代品存在。一般来说，一种产品有越多的替代品可以获得，它的需求弹性就越大；一种产品有越少的替代品可以获得，它的需求弹性就越小。

□7.6.2 时间跨度

当价格变化时消费者通常需要一些时间来调整购买习惯。例如，如果鸡肉的价格下降，过一段时间后消费者才会决定将每周正餐吃鸡肉的次数从一次调整为两次。如果汽油的价格上升，过一段时间后消费者才决定开始乘坐公共交通工具、购买更省油的轿车，或者找到离家更近的工作。时间跨度越长，一种产品的需求就越有弹性。

□ 7.6.3 奢侈品还是必需品

奢侈品的需求曲线通常比必需品的需求曲线更有弹性。例如，由于面包是一种必需品，人们购买的数量受价格的影响不大，因此，对面包的需求无弹性。音乐会的门票是一种奢侈品，因此，对音乐会门票的需求比对面包的需求有弹性得多。奢侈品的需求曲线比必需品的需求曲线更有弹性。

□ 7.6.4 市场的定义

在一个定义得很窄的市场，消费者可以获得的替代品较多。例如，如果你拥有一个加油站，当你提高汽油价格时，你的许多客户就会转而去其他加油站加油。因此，对某一特定加油站的汽油的需求可能是有弹性的。但是，对作为一种产品的汽油的需求是无弹性的，因为消费者（在短期）没有多少替代品可买。我们对市场的定义越窄，需求就越有弹性。

□ 7.6.5 商品在消费者预算中的份额

在消费者预算中只占很小份额的商品往往比占很大份额的商品缺乏弹性。例如，大多数人不频繁买食盐，买的数量也很少。花在食盐上的支出在普通消费者的预算中占的份额很小。结果，就算食盐的价格翻倍，食盐需求量也可能只有很小的下降。大件物品，如住房、轿车和家具，在普通消费者的预算中占的份额较大。这些商品的价格上升可能导致需求量大幅下降。一般来说，一种商品在普通消费者预算中的份额越大，对该商品的需求就越有弹性。

□ 7.6.6 一些需求价格弹性的估计值

表 7.7 显示了一些短期需求价格弹性的估计值。记住下面这一点很重要：不同商品的价格弹性的估计值可能会有很大的差异，这取决于所采用的数据和对什么时期的需求价格弹性进行估计。表中给出的结果与我们对价格弹性决定因素的讨论是一致的。替代品很少的商品，如香烟、汽油和医疗保险，是无价格弹性的；定义宽泛的商品，如面包和啤酒，也是无价格弹性的。特定品牌的产品，如可口可乐、汰渍（Tide）和宝氏提子麦片（Post Raisin Bran），是有价格弹性的。

表 7.7　现实生活中需求价格弹性的估计值

产品	弹性估计值	产品	弹性估计值
图书（Barnes & Noble）	−4.00	水（家用）	−0.38
图书（亚马逊）	−0.60	鸡肉	−0.37
DVD（亚马逊）	−3.10	可卡因	−0.28
宝氏提子麦片	−2.50	香烟	−0.25

续前表

产品	弹性估计值	产品	弹性估计值
汽车	−1.95	啤酒	−0.29
汰渍（液体洗涤剂）	−3.92	天主教学校就读	−0.19
可口可乐	−1.22	家用天然气	−0.09
葡萄	−1.18	汽油	−0.06
餐馆膳食	−0.67	牛奶	−0.04
医疗保险（低收入家庭）	−0.65	糖	−0.04
面包	−0.40		

资料来源：Kelly D. Brownell and Thomas R. Frieden，"Ounces of Prevention—The Public Policy Case for Taxes on Sugared Beverages"，*New England Journal of Medicine*，April 30，2009；Sheila M. Olmstead and Robert N. Stavins，"Comparing Price and Non-Price Approaches to Urban Water Conservation"，Resources for the Future，Discussion paper 08-22，June 2008；Jonathan E. Hughes，Christopher R. Knittel，and Daniel Sperling，"Evidence of a Shift in the Short-Run Price Elasticity of Gasoline Demand"，*Energy Journal*，Vol. 29，No. 1，January 2008；Robert P. Trost，Frederick Joutz，David Shin，and Bruce McDonwell，"Using Shrinkage Estimators to Obtain Regional Short-Run and Long-Run Price Elasticities of Residential Natural Gas Demand in the U. S. "，George Washington University Working Paper，March 13，2009；Lesley Chiou，"Empirical Analysis of Competition between Wal-Mart and Other Retail Channels"，*Journal of Economics and Management Strategy*，Vol. 18，No. 2，Summer 2009；Judith Chevalier，and Austan Goolsbee，"Price Competition Online：Amazon versus Barnes and Noble"，*Quantitative Marketing and Economics*，Vol. 1，No. 2，June 2003；Henry Saffer and Frank Chaloupka，"The Demand for Illicit Drugs"，*Economic Inquiry*，Vol. 37，No. 3，July 1999；"Response to Increase in Cigarette Prices by Race/Ethnicity，Income，and Age Groups—United States，1976—1993"，*Morbidity and Mortality Weekly Report*，June 31，1998；James Wetzel and George Hoffer，"Consumer Demand for Automobiles：A Disaggregated Market Approach"，*Journal of Consumer Research*，Vol. 9，No. 2，September 1982；Jerry A. Hausman，"The Price Elasticity of Demand for Breakfast Cereal"，in Timothy F. Bresnahan and Robert J. Gordon，eds.，*The Economics of New Goods*，Chicago：University of Chicago Press，1997；Christopher J. Ruhm，et al.，"What U. S. Data Should Be Used to Measure the Price Elasticity of Demand for Alcohol"，*Journal of Health Economics*，Vol. 31，No. 16，December 2012；Susan Dynarski，Joanthan Gruber，and Danielle Li，"Cheap By the Dozen：Using Sibling Discounts at Catholic Schools to Estimate the Price Elasticity of Private School Attendance"，NBER Working Paper 15461，October 2009；and U. S. Department of Agriculture，Economic Research Service.

表 7.7 还显示：

- 对从某一特定零售商处购买的图书或 DVD 的需求通常是有价格弹性的。但是，注意，对亚马逊的图书的需求无弹性，这表明消费者不认为从其他网站订购是从亚马逊订购的好的替代品。
- 葡萄价格的上升将导致有些消费者购买其他水果，因此，对葡萄的需求是有价格弹性的。
- 类似地，新汽车的价格上升将导致有些消费者购买二手车或者继续驾驶现有的汽车，因此，对汽车的需求也是有价格弹性的。
- 对天然气和水等必需品的需求是无价格弹性的。

7.7 需求的价格弹性和总收益之间的关系

知道产品的需求价格弹性让企业能够计算价格变化会如何影响其**总收益**（total revenue），即企业从销售其产品或服务中收到的资金总量，其计算方法是单价乘以销售数量。

- 当需求无弹性时，价格和总收益同方向变化：价格上升将提高总收益，价格下降则降低总收益。

● 当需求有弹性时，价格和总收益反方向变化：价格上升将降低总收益，价格下降则提高总收益。

为了理解价格弹性和总收益之间的关系，考虑图 7.6。图 7.6（a）显示了一条汽油的需求曲线（同图 7.5 中的 D_2）。这条需求曲线在 A 点和 B 点之间是无弹性的。加油站所有者在 A 点收到的总收益等于价格（每加仑 3 美元）乘以汽油销售量（1 000 加仑），即 3 000 美元。这一数量等于图中矩形 C 和 D 的面积之和，因为这两个矩形加在一起的高为 3 美元，底为 1 000 加仑。由于这条需求曲线在 A 点和 B 点之间是无弹性的，将价格降到 2.7 美元（B 点）减少了总收益。新的总收益表示为图中矩形 D 和 E 的面积之和，等于每加仑 2.7 美元乘以 1 050 加仑，即 2 835 美元。总收益减少的原因是，需求量的增加不足以弥补价格的下降。结果，价格下降导致的收益增加部分——135 美元（矩形 E 的面积）——小于收益减少部分——300 美元（矩形 C 的面积）。

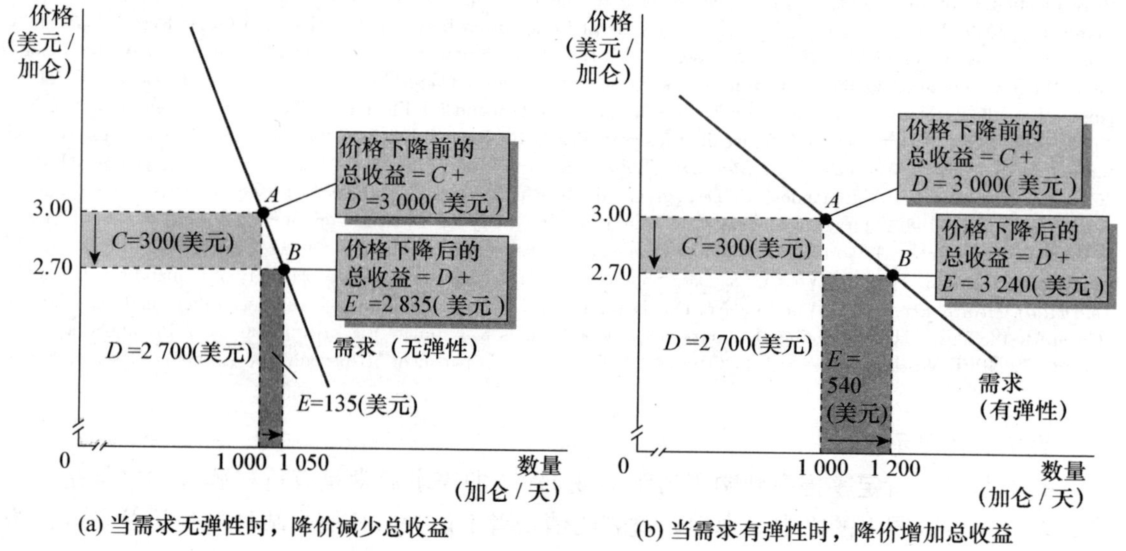

图 7.6　价格弹性和总收益之间的关系

当需求无弹性时，降价将减少总收益。在图（a）中，在 A 点，价格为每加仑 3 美元，汽油销售量为 1 000 加仑，加油站收到的总收益等于 $3\times1\,000=3\,000$（美元）。在 B 点，价格下降到 2.7 美元使需求量增加到 1 050 加仑，但是，需求量的增加不足以抵消价格的下降。结果，收益下降到 $2.7\times1\,050=2\,835$（美元）。当需求有弹性时，降价将增加总收益。在图（b）中，在 A 点，矩形 C 和 D 的面积之和仍然等于 3 000 美元，但是，在 B 点，矩形 D 和 E 的面积之和等于 $2.7\times1\,200=3\,240$（美元）。在这种情况下，需求量的增加足以抵消价格的下降，因此总收益增加。

图 7.6（b）显示了另一条汽油的需求曲线，它在 A 点和 B 点之间是有弹性的（同图 7.5 中的 D_1）。在这种情况下，降价增加了总收益。在 A 点，矩形 C 和 D 的面积之和仍然等于 3 000 美元，但是，在 B 点，矩形 D 和 E 的面积之和等于每加仑 2.7 美元乘以 1 200 加仑，即 3 240 美元。在这里，总收益增加的原因是，需求量的增加足以抵消价格的下降。结果，价格下降导致的收益增加部分——540 美元（矩形 E 的面积）——大于收益减少部分——300 美元（矩形 C 的面积）。

与图 7.6 所显示的相比不常见的另一种可能性是单位弹性。在这种情况下，价格的小幅下降正好被需求量的同比例增加抵消，从而收益不受影响。因此，当需求是单位弹性的时，价格的下降和上升都不影响收益。表 7.8 总结了价格弹性和收益之间的关系。

表 7.8　　　　价格弹性和收益之间的关系

如果需求是……	那么……	原因是……
有弹性的	价格上升将减少总收益	需求量下降的比例大于价格上升的比例
有弹性的	价格下降将增加总收益	需求量上升的比例大于价格下降的比例
无弹性的	价格上升将增加总收益	需求量下降的比例小于价格上升的比例
无弹性的	价格下降将减少总收益	需求量上升的比例小于价格下降的比例
单位弹性的	价格上升不影响总收益	需求量下降的比例等于价格上升的比例
单位弹性的	价格下降不影响总收益	需求量上升的比例等于价格下降的比例

□ 7.7.1　线性需求曲线情形的弹性和收益

大部分需求曲线上各点的弹性不相同。例如，图 7.7 中的表格显示了不同价格水平下的汽油需求量和总收益，根据表格中的数据可以画出图 7.7（a）和图 7.7（b）。图 7.7（a）是汽油的需求曲线，它是一条直线，或者称线性需求曲线。（为简单起见，所使用的数量都很小。）该需求曲线表明，当每加仑汽油的价格下降 1 美元时，消费者总是每天多买 2 加仑。当价格高、需求量低时，需求是有弹性的。同样是价格下降 1 美元和需

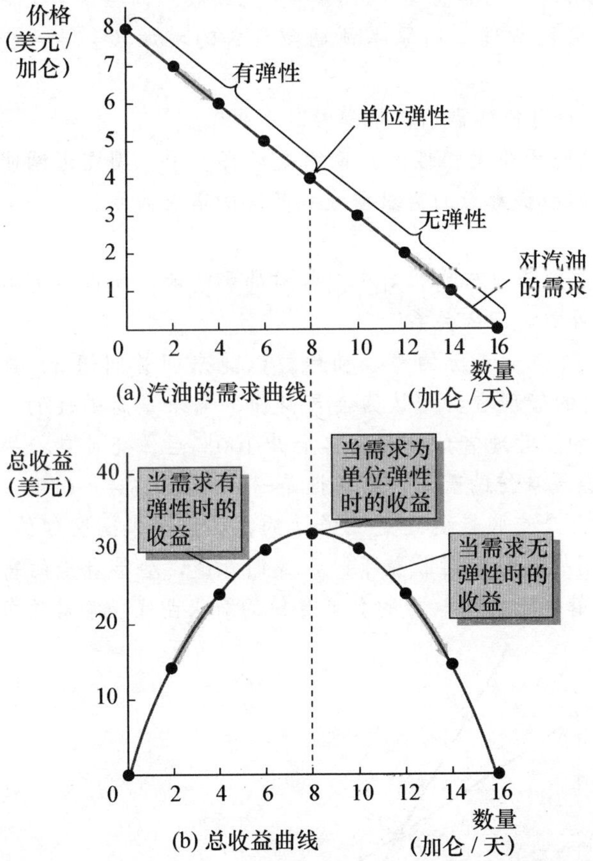

价格（美元 / 加仑）	需求量（加仑）	总收益（美元）
8	0	0
7	2	14
6	4	24
5	6	30
4	8	32
3	10	30
2	12	24
1	14	14
0	16	0

图 7.7　线性需求曲线上各点的弹性不相同

图形是根据表格中的数据做出来的。图（a）表明，当我们沿着汽油的需求曲线向下移动时，需求的价格弹性下降。换句话说，在较高的价格水平，需求是有弹性的；而在较低的价格水平，需求是无弹性的。图（b）显示，随着所购买的汽油量从零开始增加，收益将增加，直到购买量为 8 加仑时收益达到最大值 32 美元。随着购买量超过 8 加仑，由于在需求曲线的这一部分需求是无弹性的，收益逐渐减少。

求量增加 2 加仑，在价格高时这 1 美元的下降量是较小的百分比变化，在需求量低时这 2 加仑的增加量是较大的百分比变化。运用类似的推理可知，我们可以理解为什么当价格低、需求量高时需求是无弹性的。

图 7.7（a）显示，当价格在 4 美元和 8 美元之间、需求量在 0 加仑和 8 加仑之间时，需求是有弹性的。图 7.7（b）显示，在同样的区间，总收益随价格下降而增加。例如，在图 7.7（a）中，随着价格从 7 美元下降到 6 美元，需求量从 2 加仑增加到 4 加仑；在图 7.7（b）中，总收益从 14 美元增加到 24 美元。类似地，当价格在 0 美元和 4 美元之间、需求量在 8 加仑和 16 加仑之间时，需求是无弹性的。在同样的区间，总收益随价格下降而减少。例如，随着价格从 3 美元下降到 2 美元，需求量从 10 加仑增加到 12 加仑，总收益从 30 美元减少到 24 美元。

例题 7.7 价格和收益不总是同方向变动

纽约市的官员认为，他们需要更多的收益以维护该城拥有的 35 个娱乐中心。为了筹集额外的收益，该城的公园管理部门把使用这些中心的会员费从每年 75 美元增加到了每年 150 美元。根据《纽约时报》上的一篇文章，“公园管理部门希望增加 400 万美元的收益，但事实上它还损失了大约 20 万美元。”该文还解释到，公园管理部门原本预期会员费的增加只会导致会员减少 5%。

a. 该公园管理部门认为娱乐中心会员身份的需求价格弹性是多少？

b. 会员身份的需求实际上是有弹性的还是无弹性的？请简要解释。用一副图形阐明你的答案，在图中画出公园管理部门所认为的会员身份的需求曲线和实际的需求曲线。

解：

第 1 步：复习本章内容。这一问题是关于价格变化对企业收益的影响的，所以你可能需要复习一下 7.7 节“需求的价格弹性和总收益之间的关系”。

第 2 步：解释公园管理部门如何看待会员身份的需求曲线，以此来回答问题 a。查看表 7.8，我们可以得到结论：公园管理部门的管理者必定认为会员身份的需求是无弹性的，原因在于他们认为如果提高价格，收益会增加。管理者估计，价格上升 100%后，会员身份的需求量只会下降 5%。因此，他们一定认为会员身份的需求价格弹性是$-5\%/100\%=-0.05$。

第 3 步：解释会员身份的需求实际上是有弹性的还是无弹性的，并作图来阐明你的答案，以此来回答问题 b。由于当公园管理部门提高价格时收益下降，我们知道，会员身份的需求必定是有弹性的。在下图中，D_1表示公园管理部门所认为的会员身份的需求曲线。沿着这条需求

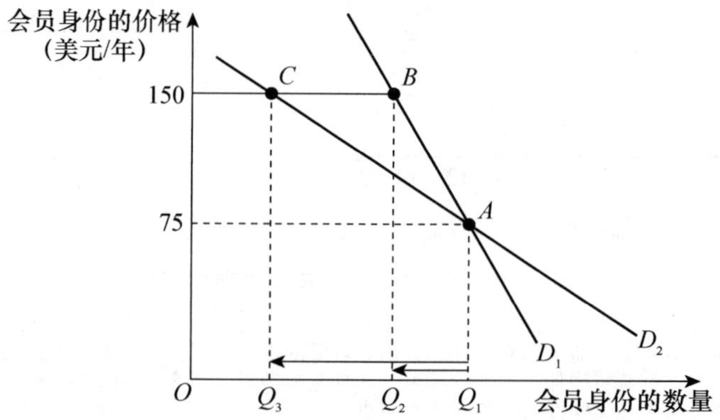

曲线从 A 点运动到 B 点，价格从 75 美元增加到 150 美元导致会员身份的需求量从 Q_1 只减少到 Q_2。D_2 表示会员身份的实际需求曲线。沿着这条需求曲线从 A 点运动到 C 点，价格从 75 美元增加到 150 美元导致会员身份的需求量从 Q_1 减少到 Q_3，这一减少量比公园管理部门所认为的要大得多。

资料来源：Lisa W. Foderaro, "Public Recreation Centers Looking to Stem Exodus", *New York Times*, February 15, 2013.

轮到你了：要想做更多的练习，请做本章末与本专栏相关的问题与应用 7.8 和 7.9。

建立联系

为什么亚马逊关心价格弹性？

在 2014 年，亚马逊对大型图书出版商阿歇特（Hachette）出版公司发起了抵制。该图书出版商出版的图书的作者包括詹姆斯·帕特森（James Patterson）、J. K. 罗琳（J. K. Rowling）和 J. D. 塞林格（J. D. Salinger）等。阿歇特出版公司为其电子书定价 14.99～19.99 美元，但是亚马逊要求它把价格降到 9.99 美元。亚马逊采取的招数包括减少阿歇特出版公司的精装图书的折扣，不允许预订该出版商的图书，将该出版商部分图书的发货时间延迟两三周。

但是，为什么亚马逊要阿歇特出版公司降低电子书的价格呢？在其网站上的一个帖子中，亚马逊声称，"我们从对许多图书的反复测度中量化了电子图书的价格弹性。"亚马逊估计电子图书的需求价格弹性为−1.35。下表使用亚马逊的估计值显示了电子图书价格下降后销售收入将如何变化。

图书价格	该价格下的销售量	该价格下的总收益
14.99 美元	100 000 册	1 499 000 美元
9.99 美元	174 000 册	1 738 260 美元

亚马逊得出结论："在 9.99 美元的价格，尽管顾客付得更少，但总的蛋糕更大了，可在亚马逊、阿歇特出版公司和图书作者之间分配的钱更多了。"

如果亚马逊的分析是正确的，那么，为什么阿歇特出版公司反对给电子图书降价呢？阿歇特出版公司认为，尽管詹姆斯·帕特森和 J. K. 罗琳等作者所著的畅销书的需求可能是有价格弹性的，但它出版的不那么有名的作者所著的或者主题难懂的其他电子图书的需求是无价格弹性的。对于那些图书，降价将降低阿歇特出版公司的收益。此外，阿歇特出版公司认为，电子图书的价格下降可能会损害那些图书的精装版本的销量，而该出版商从精装图书上得到的利润更高。最终，亚马逊和阿歇特出版公司达成了协议，该协议允许阿歇特出版公司确定它在亚马逊网站上销售的电子图书的价格。

对于电子图书等相对新的产品，企业常常不得不尝试设定不同的价格，以便能够确定需求的价格弹性。知道价格弹性对于企业确定利润最大化的价格是很重要的。

资料来源：The Amazon Books Team，"Announcement Update re：Amazon/Hachette Business Interruption"，Amazon.com，July 29，2014；Farhad Manjoo，"Amazon Wants Cheaper E-books，But Should It Get to Enforce Prices?" *New York Times*，August 1，2014；Tom Ryan，"Amazon Explains Digital Pricing Elasticity"，retailwire.com，August 4，2014；David Streitfeld，"Amazon and Hachette Resolve Dispute"，*New York Times*，November 13，2014；and Vauhini Vara，"Amazon's Failed Pitch to Authors"，*New Yorker*，July 31，2014.

轮到你了：做本章末与本专栏相关的问题与应用 7.10 和 7.11，看看你理解得如何。

接第 211 页

生活中的经济学

你会理性决策吗？

在本章一开头，我们要求你考虑这么一种情况：你花了 75 美元买了一张音乐会门票，75 美元是你愿意出的最高价格。就在你排队进入音乐厅时，有人出价 90 美元来买你的票。我们提出了两个问题：你会卖掉你的票吗？经济学家会认为卖掉票是理性的吗？如果你的答案是你会卖掉，那么，按照经济学家所使用的理性概念，你的答案是理性的。去听音乐会的成本是你为这张票不得不放弃的东西。起初，成本只是 75 美元，即票的价格。这一金额也是你愿意支付的最大值。然而，一旦有人出价 90 美元买你的票，去听音乐会的成本上升到 90 美元。音乐会的成本现在是 90 美元的原因是，一旦你拒绝了 90 美元的出价，你自己使用这张票就产生了 90 美元的非货币机会成本。禀赋效应揭示了为什么有些人不会卖掉他的音乐会门票。看起来相对于没拥有的东西，人们更加看重他们拥有的东西。因此，你已经拥有的音乐会门票可能比你尚未购买的音乐会门票更有价值。行为经济学家就是研究类似这样的、人们所做的选择看上去在经济上不理性的状况。

7.8 结论

在一个市场体系中，消费者处于驱动者的位置。只有消费者想要的商品才会被生产出来。因此，消费者如何做决策是经济学家研究的重要领域。经济学家预期，消费者花费他们的收入以便花在每种商品上的最后一美元有着相等的额外满意程度或者说相等的边际效用。在实践中，社会因素对消费者决策有着重要的影响，特别是当商品或服务是在公共场合消费的时候。公平看起来对大多数消费者而言也是一个重要的考虑因素。最后，如果考虑非货币机会成本、忽视沉没成本和对未来的行为有切合实际的期望，那么许多消费者能够改善他们的决策。

在本章，我们还探究了弹性这一重要的概念。计算弹性在经济学中是很重要的，原因是弹性使我们能够衡量一个变量如何随另一个变量的变动而变动。例如，通过计算产品的需求价格弹性，企业能够对价格变化对它收到的总收益的影响进行数值估计。

我们在本章研究了消费者选择。在接下来的几章，我们将研究企业的选择。

访问 MyEconLab，你可以找到与本章的概念有关的一篇新闻文章和分析。

本章总结和习题

□ 关键术语

行为经济学	收入效应	网络外部性	替代效应
预算约束	无弹性需求	机会成本	沉没成本
弹性需求	边际效用递减定律	完全弹性的需求	总收益
弹性	完全无弹性的需求	单位弹性需求	禀赋效应
边际效用	需求的价格弹性	效用	

□ 7.1 效用和消费者决策

总结

效用是人们从消费商品和服务中所获得的享受或满足。消费者的目标是花费可用的收入以最大化效用。边际效用是一个人从消费额外一单位商品或服务中得到的总效用的变动。边际效用递减定律是说，随着消费者在某一给定时期消费越来越多的某种商品或服务，他们获得的额外满意度递减。消费者可用于花费在商品和服务上的有限数量的收入被称为预算约束。为了最大化效用，消费者应该确保他们的收入花费满足“在每种产品上花费的最后一美元的边际效用相等”这样一个性质。收入效应是指由于一种商品的价格变动对消费者购买力的影响而导致的该商品需求量的变动。替代效应是指在保持价格变动对消费者购买力的影响不变的条件下，一种商品的价格变动使得它相对于作为替代品的其他商品更加昂贵或更加便宜而引起的该商品需求量的变动。

复习题

1.1 经济学上对效用的定义是什么？效用是可以衡量的吗？

1.2 边际效用的定义是什么？什么是边际效用递减定律？为什么在消费者决策中边际效用比总效用更加有用？

1.3 消费者的预算约束是什么意思？什么是支出的每一美元等边际效用规则？

1.4 一种产品的价格变动如何引起替代效应和收入效应？

问题与应用

1.5 边际效用递减定律在每种情况下都成立吗？你能想出什么产品至少在刚开始消费时边际效用是递增的吗？

1.6 如果消费者对收入的花费应该使得花在每种商品上的最后一美元给他们带来相同数量的额外效用，那么，他们应该如何决定收入中用于储蓄的数量？

1.7 你有 6 个小时可用于为明天的两门考试做准备。下表显示了学习时间和考试成绩之间的关系：

经济学		心理学	
小时数	成绩	小时数	成绩
0	54	0	54
1	62	1	60
2	69	2	65
3	75	3	69
4	80	4	72
5	84	5	74
6	87	6	75

a. 把考试成绩中的每 1 分看做 1 单位效用，假设你认为经济学考试成绩的每 1 分和心理学考试成绩的每 1 分有相同的价值。利用决定最优购买量的规则决定你应该在每门课上花多少时间。

b. 现在假定你是心理学专业的学生，你认为心理学考试成绩的每 1 分的价值是经济学考试成绩的每 1 分的价值的 3 倍。现在你在每门课上花多少时间准备?

1.8 [与例题 7.1 有关] 乔有 16 美元可用于购买奶油夹心蛋糕和奶油夹心饼干。每盒奶油夹心蛋糕和奶油夹心饼干的价格分别为 1 美元和 2 美元。利用下图的信息确定乔为最大化效用应该购买的奶油夹心蛋糕和奶油夹心饼干的盒数。

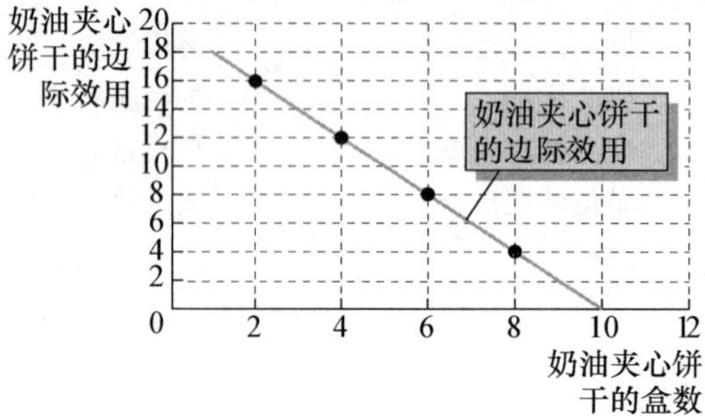

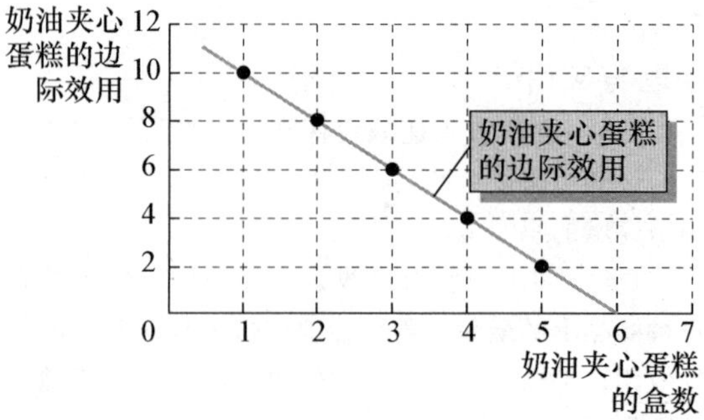

1.9 [与例题 7.1 有关] 乔有 55 美元可用于购买苹果和橙子。给定下表中的信息,乔在最大化效用吗?请简要解释。

	价格(美元)	数量	总效用	最后一单位的边际效用
苹果	0.50	50	1 000	20
橙子	0.75	40	500	30

1.10 玛娅有 50 美元的预算用于购买两种商品:金枪鱼罐头和姜汁汽水。起初,她花在金枪鱼罐头上每一美元的边际效用等于花在姜汁汽水上每一美元的边际效用。然后,姜汁汽水的价格下降,而她的预算和金枪鱼罐头的价格不变。简要解释下面关于姜汁汽水价格下降导致的变动的每一句描述正确还是错误。

a. 她消费姜汁汽水的边际效用增加。

b. 她花在姜汁汽水上的每一美元的边际效用增加。

c. 由于替代效应,玛娅将购买更多的姜汁汽水。因此,我们可以下结论说姜汁汽水是一种正常品。

d. 随着玛娅对姜汁汽水价格的变化做出调整,她花在金枪鱼罐头上每一美元的边际效用将增加。

1.11 [与 7.1.5 节中的"不要犯这样的错误!"专栏有关] 拉托亚(Latoya)正在购买玉米片和汽水。她的购物车里有 4 袋玉米片和 5 瓶汽水。第 4 袋玉米片的边际效用是 10 尤特尔,第 5 瓶汽水的边际效用也是 10 尤特尔。拉托亚在最大化效用吗?请简要解释。

1.12 在 7.1.6 节中超级碗的例子中,当比萨价格下降时,收入效应和替代效应都导致你想消费更多的比萨。如果比萨是劣等品,分析将如何变化?在这种情况下,比萨价格下降有可能导致你购买更少的比萨吗?请简要解释。

□ 7.2 需求曲线来自何处

总结

当一种商品的价格下降时,边际效用与价格的比值上升。这导致消费者购买更多的该商品。结果,无论一种产品的价格何时下降,需求量都增加。我们在第 3 章 3.1 节看到,这一关系被称为需求定律。市场需求曲线可以从市场中所有消费者的个人需求曲线构建出来。

复习题

2.1 解释消费者因价格的变化而对他们的消费选择进行的调整是如何产生向下倾斜的需求曲线的。

2.2 如何从消费者的个人需求曲线得到市场需求曲线?

2.3 需求曲线若要向上倾斜需要满足什么条件?

问题与应用

2.4 只考虑收入效应,如果劣等品的价格下降,消费者想购买的该商品的数量是增加还是减少?这意味着劣等品的需求曲线应该向上倾斜吗?请简要解释。

2.5 本章说道:"当劣等品的价格下降时,收入效应和替代效应的方向相反。"解释这句话的意思。

2.6 假定冰激凌市场只有三个消费者:蒂亚戈(Tiago)、特雷尔(Terrell)和蒂姆(Tim)。利用下表中的信息构建冰激凌的市场需求曲线。用表格和图形分别表示出来。

价格（美元/个）	蒂亚戈	特雷尔	蒂姆
	需求量（个/周）	需求量（个/周）	需求量（个/周）
1.75	2	1	0
1.50	4	3	2
1.25	6	4	3
1.00	7	6	4
0.75	9	7	5

2.7 马蒂（Marty）和安（Ann）在讨论她们在经济学课程上学到的所支出的每一美元等边际效用规则。

马蒂："当我用计算器将比萨的边际效用除以为零的价格时，我得不到答案。这一结果必然意味着如果比萨的售价为零，需求量将是无穷大。"

安："马蒂，那不可能。没有哪个生产者会愿意以为零的价格卖比萨或任何其他产品。需求量不可能是无穷大，因此，零价格不可能出现在需求曲线和需求表上。"

假设马蒂和安寻求你的建议。她们中谁的说法是正确的？

2.8 考虑两种商品：比萨和可口可乐。沿着某个个人对比萨的需求曲线，当比萨的价格下降时，花在比萨上的每一美元的边际效用总是等于花在可口可乐上的每一美元的边际效用吗？换句话说，当比萨的价格变化（从而你沿着需求曲线运动）时，所支出的每一美元等边际效用规则成立吗？在比萨价格沿着需求曲线变化的情况下，这一规则如何成立？如果需要帮助，你可以回顾一下对图 7.2 的讨论。

2.9 ［与 7.2 节中的"建立联系"专栏有关］在对中国一些非常贫穷的家庭的消费进行的研究中，罗伯特·詹森和诺兰·米勒发现，在湖南省和甘肃省，"吉芬行为最有可能在某种范围的贫困（不是太穷或太富）家庭中观察到。"

a. 詹森和米勒所说的"吉芬行为"是什么意思？

b. 为什么最贫穷的家庭表现出这种行为的可能性比收入稍高的家庭要小？

c. 为什么一种商品要是吉芬品就得在消费者的预算中占很大的比例？

资料来源：Robert T. Jensen and Nolan H. Miller，"Giffen Behavior and Subsistence Consumption"，*American Economic Review*，Vol. 98，No. 4，September 2008，p. 1569.

2.10 在 2015 年上半年，美国许多地方的汽油价格下降到低于每加仑 2 美元，一篇新闻文章将这件事称为"史上最迅速的下跌之一"。汽油对大部分人而言是劣等品还是正常品？对于预测这一价格下跌将引起汽油需求量增加多少，你的答案重要吗？请简要解释。

资料来源：Nick Timiraos，"As Gasoline Heads Toward ＄2，the Benefits Start to Trickle Down"，*Wall Street Journal*，January 22，2015.

2.11 根据美国能源信息署，2014—2015 年冬季期间，燃料油的平均价格下降到低于每加仑 3 美元，这是四年多来的最低价格。大约 620 万美国东北部的家庭依赖这种燃料取暖。对于如下问题，假设 2014—2015 年冬季期间除价格外影响燃料油的因素都没有发生变化。

a. 如果东北部的家庭在 2014—2015 年冬季增加对燃料油的消费，那么，我们可以下结论说对这些家庭而言燃料油是正常品吗？请简要解释。

b. 如果东北部的家庭在 2014—2015 年冬季减少对燃料油的消费，那么，我们可以下结论说对这些家庭而言燃料油是劣等品吗？请简要解释。

c. 如果东北部的家庭在 2014—2015 年冬季减少对燃料油的消费，那么，我们可以下结论说对这些家庭而言燃料油是吉芬品吗？请简要解释。

资料来源：John Camp，"Cheaper Heating Oil Fuels Billions in Savings in Northeast"，*Wall Street Journal*，January 16，2015.

□ 7.3 社会因素对决策的影响

总结

社会因素对消费也能产生影响。例如，人们从消费一种商品中得到的效用量常常取决于他们知道有多少其他人也在消费这种商品。如果一种产品的有用性随使用该产品的消费者数量增加而增加，那么，这种产品的消费就具有网络外部性。有证据表明，人们喜欢受到公平的对待且人们通常试图公平地对待别人，哪怕这么做会损害他们的财务利益。这一结果已经在实验室的实验（如最后通牒游戏）中得到证实。当企业设定价格时，它们考虑消费者对公平的偏好。例如，五金店常常不会因为暴雪过后雪铲需求临时增加而提高雪铲的价格。

复习题

3.1 在以下哪种情形下社会因素对消费者决策的影响可能更大：选择去哪家餐馆吃饭或选择某种品牌的牙膏？请简要解释。

3.2 什么是网络外部性？网络外部性对什么类型的产品可能很重要？什么是路径依赖？

3.3 消费者明显看重公平这一事实如何影响企业的定价决策？

问题与应用

3.4 下面哪种产品最有可能具有重要的网络外部性？请解释。

a. 智能手表；

b. 狗粮；

c. 桌上游戏；

d. LCD 电视机；

e. 3D 电视机。

3.5 经济学家丹尼尔·哈默迈什（Daniel Hamermesh）在《纽约时报》上发表的一篇关于到瑞士的一次旅行的文章指出，瑞士的插座使用了一种不寻常的三插头。通常的插头适配器对这类插头不适用，因此，他和他妻子无法把电脑的插头插入酒店的插座。哈默迈什感到疑惑："为什么瑞士使用了标准 220 伏的电却放弃了使用标准欧洲插头的网络外部性呢？"通过不使用标准欧洲插头，瑞士如何"放弃了网络外部性"？

资料来源：Daniel Hamermesh, "If Switzerland Would Only Change Its Plugs", *New York Times*, September 23, 2008.

3.6 根据一项民意调查，动漫形象史努比是最吸引人的代言人。连载漫画作品《花生漫画》（*Peanuts*）中的这只猎兔犬出现在了保险公司大都会（MetLife）的广告中。用史努比而不是真实的人来代言一种产品有什么优势和劣势？

资料来源：Jeff Bercovici, "America's Most Loved Spokescharacters", *Forbes*, March 14, 2011.

3.7 拉斯维加斯是美国最受欢迎的旅游目的地之一。几年前，拉斯维加斯的利澳酒店和赌场把本地人消费早餐自助餐的价格降到了 5.99 美元，而外地人消费早餐自助餐的价格维持在 14.99 美元不变。当设定一顿饭的价格时，为什么顾客是否为本地居民对餐馆很重要？

资料来源：*Las Vegas Advisor*, November, 2008.

3.8 ［与 7.3.3 节中的"建立联系"专栏有关］《纽约时报》的一篇文章指出，古典摇滚明星汤姆·佩蒂（Tom Petty）喜欢在不像纽约的麦迪逊广场花园这种大型场地有那么多座位的小一些的场地表演。根据该篇文章，佩蒂坚持要求其音乐会门票"低于市场价格"出售。该文作者感到疑惑，为什么"在显然有人愿意付高得多得多的价格的情况下佩蒂及其经纪人将票价定得这么低呢"？

a. 作者如何知道佩蒂的音乐会门票的价格低于市场价格呢？

b. 为什么佩蒂及其经纪人想要票价低于市场价格呢？

资料来源：Adam Davidson, "How Much Is Michael Bolton Worth to You?" *New York Times*, June 4, 2013.

3.9 ［与 7.3.3 节中的"建立联系"专栏有关］假定优步判断它在高需求时段的"峰时定价"策略导致公司收到了太多负面报道，它决定哪怕在高需求时段也维持其常规价格。

a. 如果你试图在橄榄球赛后或新年夜使用优步的搭乘服务，你会从优步定价策略的改变中获益吗？请简要解释。

b. 优步由于在波士顿一场严重的暴风雪后使用峰时定价受到了批评。为什么有些人对优步在暴风雪后使用峰时定价比在新年夜使用峰时定价持有更多的批评？如果优步决定在暴风雪期间或其他与天气相关的场合不使用峰时定价，消费者会受益吗？请简要解释。

□ 7.4 行为经济学：人们理性地做选择吗？

总结

行为经济学是对人们的行事方式看起来在经济上不理性这样的状况的研究。机会成本是从事某项活动必须放弃的价值最高的其他用途的价值。如果人们考虑非货币机会成本，那么他们将改善他们的决策。有时候人们忽视非货币机会成本，原因在于禀赋效应——对于已经拥有的商品，即使人们收到的价格高于他们在没有拥有该商品时为购买该商品而愿意支付的价格，人们仍不愿意出售的倾向。如果人们忽视沉没成本，那么他们也将改善他们的决策。沉没成本是已经支付且不能回收的成本。最后，如果人们对未来行为的期望更切合实际，那么他们也将改善他们的决策。行为经济学提供了对消费者行为的见解，这些见解能够指导经营战略。

复习题

4.1 经济上的理性是指什么？

4.2 定义行为经济学。消费者常犯的三个错误是什么？各举一个例子。

4.3 使用经验规则会增加还是减少消费者做出最优选择的可能性？请简要解释。

4.4 什么是锚定？企业如何运用锚定来影响消费者选择以增加销量？

问题与应用

4.5 马尔温（Marvin）访问他住在密尔沃基的姑父姑母。在他访问期间，密尔沃基雄鹿篮球队有一场主场对金州勇士队的比赛。某一网上代理有比赛球场212区的球票出售，但是，75美元的票价超过了马尔温的意愿支付价格。他从另一个网上代理处以50美元买到了同样区域的球票。在比赛那天，马尔温的姑父的一个朋友提出用75美元买马尔温的球票。但他拒绝了。如何解释马尔温拒绝以75美元出售他的球票？

4.6 芝加哥大学的经济学家理查德·塞勒是最先使用术语"禀赋效应"的人。他用这个术语来描述相对于现在不拥有的东西人们对已经拥有的东西更加看重这一倾向。根据《经济学人》杂志的一篇文章：

> 塞勒博士有一些很贵的酒近来被偷了，他对此这么评述："我现在所面临的情况正是我自己所做过的实验之一：那些酒我没有计划要卖掉，现在我会从保险公司得到一张支票，大部分被偷的那些种类的酒我都不会再买。作为一个经济学家，我知道这里有一点儿不一致性。"

基于塞勒的陈述，他那些被偷的酒如何说明了禀赋效应？为什么他会说："作为一个经济学家，我知道这里有一点儿不一致性"？

资料来源："It's mine，I Tell You"，*Economist*，June 19，2008.

4.7 假定你是哈利·波特系列图书的忠实粉丝。你很想要一本该系列第一本书的初版，但是，遗憾的是，你以5 000美元以下的价格买不到。你最多愿意付200美元，但是，以这样的价格你一直买不到，直到有一天你在一个二手书店看到有这么一本书，售价只有10美元，你毫不犹豫就买下来了。如果你保留这本书而不出售，这样的做法是非理性的吗？

4.8 一栋连排别墅的主人给一位房地产建议专栏作家写信，询问他是应该卖掉他的连排别墅还是等到他希望价格会更高的将来再出售。该专栏作家这么回复道："问你自己：你今天会买下这栋连排别墅作为一项投资吗？因为无论是哪一天，只要你不卖掉，就相当于在买入。"你同意这个专栏作家的说法吗？在何种意义上，你不卖掉就相当于在买入？连排别墅的主人关于是否出售的决策应该取决于他当初是以多少钱买入的吗？

资料来源：Edith Lane，"Contract Exclusion OK?"（Allentown，PA）*Morning Call*，May 22，2011.

4.9 ［与7.4.1节中的"建立联系"专栏有关］罗布·奈尔（Rob Neyer）是sbnation.com网站的一个棒球记者。他这样描述在炎热而潮湿的一天在波士顿的芬威公园坐在一个直接被太阳晒到的座位上观看一场波士顿红袜队的比赛："诚然，我本可以换到一个舒适、凉快、背阴的座位上观看今天的比赛。但是，当你花了45美元买了一张第4排的票时，换到后面第24排的座位是很困难的决定。"评论奈尔的推理。

资料来源：Rob Neyer，*Feeding the Green Monster*，New York：iPublish.com，2001，p.50.

4.10 ［与7.4.1节中的"建立联系"专栏有关］美国职业橄榄球大联盟的华盛顿红皮队在2012年球员选秀中付了很大的代价签下了贝勒大学的四分卫罗伯特·格里芬三世（Robert Griffin Ⅲ）。除了付给格里芬高工资外，球队还与圣路易斯队做了一笔交易，在这笔交易中放弃了选择其他几个高顺位球员的权利（选秀签）。根据一篇新闻报道，到2014年，该球队的教练认为球队的替补四分卫比格里芬更加优秀，"但是不得不继续用格里芬，原因是球队已经为格里芬付出了如此大的代价"。据该报道描述，球队已经付出了"NFL球员选秀历史上最高的代价"。对关于格里芬或其替补应该作为球队的首发球员的决定来说，球队付出的代价重要吗？请简要解释。

资料来源：Neil Irwin，"Robert Griffin Ⅲ and the Sunk Cost Fallacy"，*New York Times*，September 15，2014.

4.11 ［与7.4.1节中的"建立联系"专栏有关］下面的一段话摘自发送给一个财务建议专栏作家的信："我和我的妻子有一笔25万美元的意外收获，正要决定如何投资。她想偿还11.4万美元的住房抵押贷款，但我不想那么做，原因是我们9个月前才刚刚贷款，支付了3 000美元的各项费用。"

简要讨论这 3 000 美元的再融资成本对这对夫妇的投资决策有什么影响。

资料来源：Liz Pulliam，*Los Angeles Times* advice column，March 24，2004.

4.12 安德烈娅（Andrea）是吃意大利的祖母在家做的饭菜长大的。鸡肉和带狮子头的意大利面食是她最喜欢吃的食物。但是，安德烈娅大学毕业、参加工作并结婚后变成了一个素食主义者，不再吃鸡肉和狮子头。简要解释下面哪句陈述对安德烈娅变成素食主义者的决策提供了最有可能的解释。

● 安德烈娅年轻时对未来的行为有不切实际的期望。因此，她的行动不理性。

● 安德烈娅年轻时没有工作。她大学毕业并参加工作后，收入上升了。我们可以下结论说，鸡肉、狮子头和其他肉类食品对安德烈娅来说都是劣等品。

● 社会影响解释了安德烈娅变成素食主义者的决策。包括娱乐界名人在内的许多人变成了素食主义者。安德烈娅变成素食主义者是因为她现在感觉和这些名人有亲切感，作为素食主义者使她看起来很时髦。

4.13 在《经济学季刊》（*Quarterly Journal of Economics*）的一篇论文中，特德·欧多诺格（Ted O'Donoghue）和马修·雷宾（Matthew Rabin）做出了如下评论："人们有由于以一种'长期自我'不欣赏的方式追求即时满足的倾向所导致的自我控制问题。"他们所说的人的"长期自我"是什么意思？举两个例子说明人们追求不为他们的长期自我所欣赏的即时满足。

资料来源：Ted O'Donoghue and Matthew Rabin，"Choice and Procrastination"，*Quarterly Journal of Economics*，Vol. 116，No. 1，February 2001，pp. 125-126.

4.14 根据《纽约时报》上的一篇文章，网站 Stickk 提供了这么一项服务：你给它钱，如果你未能像你承诺的那样常去体育馆锻炼，它就把你的钱捐给慈善机构。（你甚至可以要求把你的钱捐给反慈善机构——你不赞成的事业。）为什么有人使用这项服务？

资料来源：Josh Barro，"How to Make Yourself Go to the Gym"，*New York Times*，January 10，2015.

4.15 ［与 7.4.2 节中的"建立联系"专栏有关］《经济学人》就订阅该杂志提供了如下两个选项：

（1）网络版每年 56 美元。

（2）纸质版加网络版每年 125 美元。

绝大部分订阅者选择了选项（1）。但是，该杂志希望更多的订阅者选择选项（2），原因是它在纸质版上收取的广告费用比在网络版上高。该杂志决定依赖行为经济学的见解，试图增加选择选项（2）的人数。它开始提供如下三个选项：

（1）网络版每年 56 美元。

（2）纸质版加网络版每年 125 美元。

（3）纸质版每年 125 美元。

现在，绝大部分订阅者选择了选项（2）而非选项（1）。本章讨论的哪些行为经济学见解有助于解释这一结果？

资料来源：Mukul Patki，"5 Behavioral Economics Principles Marketers Can't Afford to Ignore"，*Forbes*，March 1，2013.

4.16 ［与开篇案例有关］《纽约时报》上一篇关于前 CEO 罗恩·约翰逊领导下杰西潘尼的定价策略的文章这么评论："杰西潘尼拉起了锚，只看到许多顾客扬帆而去。"

a. 在行为经济学中，"锚"是什么？

b. 在何种意义上，杰西潘尼"拉起了锚"？

c. 为什么杰西潘尼采用这种策略，结果是什么？

资料来源：Stephanie Clifford and Katherine Rampell，"Sometimes We Want Prices to Fool Us"，*New York Times*，April 13，2013.

□ 7.5 需求的价格弹性及其衡量

总结

弹性衡量一个经济变量对另一个经济变量的变动做出多大的反应。需求的价格弹性衡量需求量对价格变化的响应程度。需求的价格弹性等于需求量的百分比变化除以价格的百分比变化。如果需求量的百分比变化大于价格的百分比变化，那么，需求的价格弹性绝对值大于 1，需求是有弹性的。如果需求量的百分比变化小于价格的百分比变化，那么，需求的价格弹性绝对值小于 1，需求是无弹性的。如果需求量的百分比变化等于价格的百分比变化，那么，需求的价格弹性绝对值等于 1，需求是单位弹性的。完全无弹性的需求曲线是垂直线，完全弹性的需求曲线是水平直线。具有完全弹性或完全无弹性的需求曲线的产品相对很少。

复习题

5.1 写出需求的价格弹性的公式。为什么弹性不能用需求曲线的斜率来衡量？

5.2 如果麦片价格上涨 10%引起麦片需求量下降 25%，那么，麦片的需求价格弹性是多少？麦片的需求是有弹性的还是无弹性的？

5.3 什么是计算需求的价格弹性的中点公式？除此之外还可以怎么计算需求的价格弹性？使用中点公式的优势是什么？

5.4 画一幅图表示完全无弹性的需求曲线。举出一种具有完全无弹性需求曲线的产品。解释为什么这种产品的需求是完全无弹性的。

问题与应用

5.5 根据一则新闻报道，在 2015 年夏季期间，汽油价格预计要下降 32%，而“美国司机预计这个夏季只多消费 1.6%的汽油”。给定这些信息，计算汽油需求的价格弹性。该需求是有弹性的还是无弹性的？请简要解释。

资料来源：Damian J. Troise，“Summer Gas Prices Expected to Be 32 Percent Lower This Year”，Associated Press，April 7，2015.

5.6 假定下表给出了 2015 年和 2016 年黑麦的价格及其销售量：

年	价格（美元/蒲式耳）	数量（百万蒲式耳）
2015	3.00	8
2016	2.00	12

a. 计算黑麦需求量的变化除以价格的变化。以蒲式耳为单位衡量黑麦的数量。

b. 计算黑麦需求量的变化除以价格的变化，这次以百万蒲式耳为单位衡量黑麦的数量。将结果与问题 a 的答案进行比较。

c. 假设黑麦的需求曲线在 2015 年和 2016 年之间没有移动，利用表中的信息用中点公式计算黑麦的需求的价格弹性。比较需求价格弹性的值和问题 a、问题 b 中的计算得到的值。

5.7 ［与例题 7.5 有关］你有一个热狗摊位，每天午饭时间摆在学生会外面。目前，你每个热狗的售价为 3 美元，每天卖出 30 个。你在考虑把价格降到 2 美元。下图显示了价格下降引起的需求量增加的两种可能性。利用图中的信息用中点公式计算每条需求曲线上这两点之间的价格弹性。

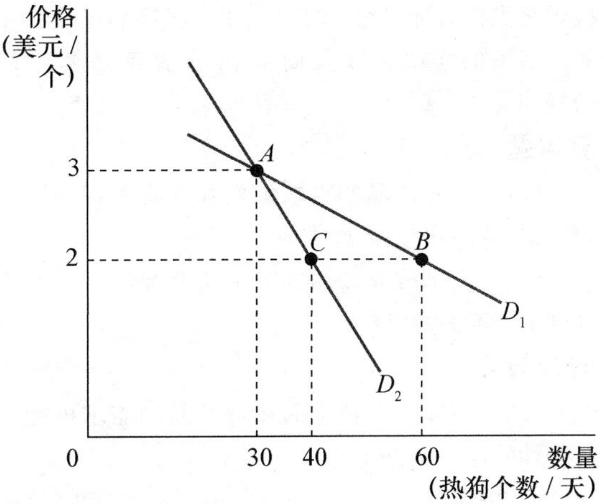

5.8 在 2006 年秋季，纽约的佩斯大学将每年的学费从 24 751 美元提高到了 29 454 美元。新生入学人数从 2005 年秋季的 1 469 人减少到 2006 年秋季的 1 131 人。假设佩斯大学的新生入学资格的需求曲线在 2005 年和 2006 年之间没有移动，利用上面的信息用中点公式计算需求的价格弹性。佩斯大学新生入学资格的需求是有弹性的还是无弹性的？与 2005 年秋季相比，2006 年秋季佩斯大学从新生班级收到的总学费增加了还是减少了？

资料来源：Karen W. Arenson，“At Universities，Plum Post at Top Is Now Shaky”，*New York Times*，January 9，2007.

5.9 在 1916 年，福特汽车公司以 440 美元的单价卖出了 50 万辆福特 T 型车。亨利·福特认为，价格每下降 1 美元就能多卖出 1 000 辆 T 型车。利用这一信息用中点公式计算福特 T 型车的需求价格弹性。

5.10 ［与 7.5.6 节中的“不要犯这样的错误！”专栏有关］某杂志的出版商向员工介绍了以下信息。

当前价格	每期 2 美元
当前销售量	每月 15 万本
当前总成本	每月 45 万美元

出版商告诉员工：“现在，我们每月的成本比收益高出 15 万美元。我提议通过把每期杂志的价格提高到 3 美元来消除这个问题。这将使我们的收益正好等于成本。”你同意出版商的分析吗？请解释。（提示：记住企业的收益等于产品价格乘以销售量。）

□ 7.6 需求的价格弹性的决定因素

总结

一种商品的需求价格弹性的主要决定因素有：

接近替代品的可得性，时间跨度，奢侈品还是必需品，市场的定义，以及商品在消费者预算中的份额。

复习题

6.1　一种产品的需求价格弹性有哪些关键决定因素？哪一个是最重要的？

6.2　大部分农产品的需求是有弹性的还是无弹性的？请简要解释。

问题与应用

6.3　请简要解释下面每种产品的需求可能是有弹性的还是无弹性的。

a. 牛奶；

b. 冷冻芝士比萨；

c. 可乐；

d. 处方药。

6.4　根据一则关于宾夕法尼亚州利哈伊谷的巴士系统的新闻报道，“在 2012 年，公交车费增加 33%后搭乘量下降了 14%”。基于这一信息，公交出行的需求是有价格弹性的还是无价格弹性的？用价格弹性的 5 个决定因素解释你的答案。

资料来源：Dan Hartzell，“Rebounding from a 2012 Rate Hike，LANTA's Ridership Was Up Last Year”，(Allentown，PA) *Morning Call*，March 13，2014.

6.5　一项研究发现，汽水的需求价格弹性是－0.78，而可口可乐的需求价格弹性是－1.22。可口可乐是汽水的一种类型，为什么它的价格弹性与作为一种产品的汽水的价格弹性不相同？

资料来源：Kelly D. Brownell and Thomas R. Frieden，“Ounces of Prevention—The Public Policy Case for Taxes on Sugared Beverages”，*New England Journal of Medicine*，April 30，2009，pp. 1805-1808.

6.6　在美国，原油的需求价格弹性的估计值为：短期－0.06，长期－0.45。为什么原油的需求在长期比在短期更有弹性？

资料来源：John C. B. Cooper，“Price Elasticity of Demand for Crude Oil：Estimate for 23 Countries”，*OPEC Review*，March 2003，pp. 1-8.

6.7　位于怀俄明州西北部的黄石国家公园的门票价格如下：“私人非商业车辆 50 美元；摩托车 40 美元；以徒步、骑自行车、滑板滑行等方式进入的 16 岁及以上的每个游客 20 美元。”上述价格为黄石国家公园和附近的大提顿国家公园的联票价格，有效期为 7 天。

a. 你预期驾驶（和乘坐）私人非商业车辆进入黄石国家公园的游客的需求是有弹性的还是无弹性的？请简要解释。

b. 通常通过三种类型进入该公园：私人非商业车辆，摩托车，以及徒步、骑自行车、滑板滑行等。你预期哪种类型的需求价格弹性最小？请简要解释。

资料来源：National Park Service，Yellowstone National Park，“Fees，Reservations，and Permits”，http://www.nps.gov/yell/planyourvisit/feesandreservations.htm，2015.

□ 7.7　需求的价格弹性和总收益之间的关系

总结

总收益是产品或服务的卖者收到的资金总量。当需求无弹性时，价格下降将降低总收益，价格上升则提高总收益。当需求有弹性时，价格下降将提高总收益，价格上升则降低总收益。当需求具有单位弹性时，价格上升或下降都不会改变总收益。

复习题

7.1　如果橙汁的需求是无弹性的，那么，橙汁价格的上升会增加还是减少橙汁卖者的收益？

7.2　有机苹果的价格在下降，苹果种植者发现他们的收益在增加。有机苹果的需求是有弹性的还是无弹性的？

问题与应用

7.3　一个体育记者在一篇关于克利夫兰印第安人棒球队的文章里做出了如下评论：“如果印第安人队削减所有票的票价到 10 美元，它们的上座人数会增加吗？不会增加多少。因此，收益将大幅下降。”该体育记者对印第安人队门票的需求价格弹性做了什么假设？

资料来源：David Schoenfield，“Chat with David Schoenfield”，espn.com，November 27，2012.

7.4　《华尔街日报》上一篇关于纽约大都会歌剧院的财务问题的文章包括这么一条评论：“2012 年的票价涨价事与愿违。”

a. 作者所说的票价涨价“事与愿违”是指什么？

b. 基于这一信息，大都会歌剧院门票的需求可能是有价格弹性的还是无价格弹性的？请简要解释。

资料来源：Jennifer Maloney，“A Mixed Bill at the Metropolitan Opera”，*Wall Street Journal*，July 1，2014.

7.5　经济学家所估计的价格弹性可能有些差

异，这取决于估计所采用的价格和数量等数据是在什么时期和什么市场搜集的。《纽约时报》上的一篇文章刊登了疾病控制和预防中心的如下说法："香烟价格上升 10%会使香烟消费量减少 3%～5%。"给定这一信息，计算香烟需求的价格弹性区间。解释香烟需求是有弹性的、无弹性的还是单位弹性的。如果香烟生产厂家提高价格，它们的收益会增加还是减少？请简要解释。

资料来源：Shaila Dewan, "States Look at Tobacco to Balance the Budget", *New York Times*, March 20, 2009.

7.6 可口可乐公司聚焦于在靠近超市结账队列的陈列台上销售更多 7.5 盎司罐装可口可乐。此前，公司更加高度依赖在超市饮料区域陈列的 20 盎司瓶装可乐。《华尔街日报》的一篇文章指出："通常，更小的 7.5 盎司迷你罐装可乐每盎司售价 5～7 美分，而 12 盎司罐装可乐每盎司售价 3～4 美分。"它援引可口可乐一位执行官的观点说，消费者"不关心价格。如果你把可乐放在他们触手可及的范围，他们就会买"。

a. 可口可乐的这位执行官假设可乐的需求价格弹性为多大？请简要解释。

b. 如果这位执行官的观点是正确的，那么，这种营销策略对可口可乐公司销售可乐得到的收益的影响是什么？请简要解释。

c. 为什么这位执行官认为把罐装可乐放在结账队列"触手可及的范围"是很重要的？这么放置对需求的价格弹性有影响吗？请简要解释。

资料来源：Mike Esterl, "Coke under Pressure as Sales Abroad Weaken", *Wall Street Journal*, July 30, 2014.

7.7 下图是约兰达（Yolanda）冷冻酸乳酪摊位的需求曲线，根据该图回答问题。

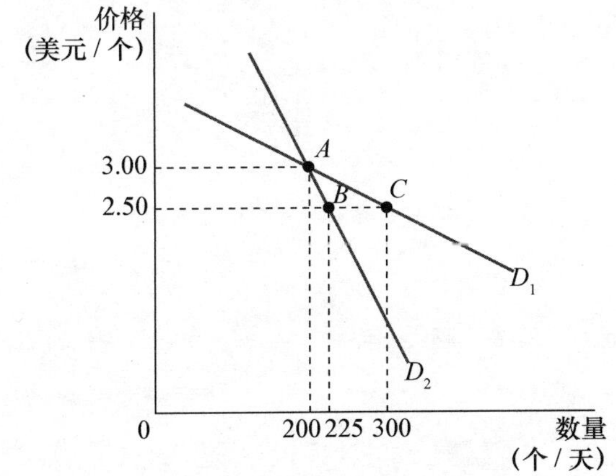

a. 利用中点公式计算需求曲线 D_1 上 A 点和 C 点之间的价格弹性以及需求曲线 D_2 上 A 点和 B 点之间的价格弹性。哪条需求曲线更有弹性？请简要解释。

b. 假定约兰达一开始以 3 美元的单价每天销售 200 个冷冻酸乳酪。如果她把价格降到每个 2.5 美元，其需求曲线为 D_1，那么，她的收益变化多少？如果需求曲线为 D_2 呢？

7.8 ［与例题 7.7 有关］请简要解释你是否同意经理 2 的推理。

经理 1："我们增加冷冻比萨的销售收益的唯一方式是降价。"

经理 2："降价永远不会增加你获得的收益。如果我们要增加收益，我们就不得不涨价。"

7.9 ［与例题 7.7 有关］根据公司的一份新闻稿，在 2014 年第三季度，可口可乐公司在北美的汽水销售量下降了 1%，但收益增加了。

a. 在此期间可口可乐公司提高还是降低了汽水价格？请简要解释。

b. 基于这一信息，对可口可乐公司销售的汽水的需求是有价格弹性的还是无价格弹性的？请简要解释。

资料来源：The Coca-Cola Company, "The Coca-Cola Company Reports Third Quarter and Year-to-Date 2014 Results", October 21, 2014.

7.10 ［与 7.7.1 节中的"建立联系"专栏有关］根据《纽约时报》的一篇文章，一些小出版商认为，亚马逊提高了在其网站上销售的它们的图书的价格。通过减少给消费者购买这些图书的折扣，亚马逊提高了价格。一家非小说类的小型出版商说，亚马逊将它的图书的折扣从大约 30%减少到了大约 16%。根据这篇文章的作者，"对于这个出版商来说，由于一些买者拒绝更贵的图书，折扣的减少意味着收益和利润的双双下降。"

a. 价格提高以后一些买者不再购买该出版商的图书这一事实必然意味着该出版商的收益下降吗？请简要解释。

b. 若要使该作者的说法正确，该出版商的图书的需求价格弹性必须是什么样的？请简要解释。

资料来源：David Streifeld, "As Competition Wanes, Amazon Cuts Back Its Discounts", *New York Times*, July 4, 2013.

7.11 ［与 7.7.1 节中的"建立联系"专栏有关］亚马逊允许自己出版电子书的作者设定他们收取的价格。一个作者这么说道，"我能够降价，通过纯粹的销量来增加我的收入。"她的图书的需求是有价格弹性的还是无价格弹性的？请简要解释。

资料来源：David Streifeld，"For the Indie Writers of Amazon，It's Publish or Perish"，*New York Times*，January 4，2015.

7.12　特拉华河联合收费大桥委员会将从新泽西州到宾夕法尼亚州的22号线和78号州际公路上的桥的过桥费从0.5美元增加到1美元。利用下表的信息回答问题。（假设除了过桥费有变化外，两个月份之间没有发生任何影响消费者需求的事情。）

月份	过桥费（美元）	过桥的车辆数	
		22号线桥	78号州际公路桥
11月	0.50	519 337	728 022
12月	1.00	433 691	656 257

a. 利用中点公式计算对每座桥的需求的价格弹性。

b. 委员会11月从这两座桥共收到多少过桥费？12月收到多少？将答案与问题a的答案联系起来。

资料来源：Garrett Therolf，"Frugal Drivers Flood Free Bridge"，*Morning Call*，January 20，2003.

第8章 技术、生产和成本

本章概览和学习目标

8.1 技术：经济学上的定义

定义技术并举出技术变革的例子。

8.2 经济学上的短期和长期

区分经济学上的短期和长期。

8.3 劳动的边际产量和平均产量

理解劳动的边际产量和平均产量之间的关系。

8.4 短期产量和短期成本之间的关系

解释和说明边际成本和平均总成本之间的关系。

8.5 图示成本曲线

作图表示平均总成本、平均可变成本、平均固定成本和边际成本。

8.6 长期成本

理解企业在制订计划时如何使用长期平均成本。

开篇案例

慕课的成本将对高等教育产生革命性影响吗？

数百年来，大学教育通常发生在教员和学生互动的讲堂里。提供大学教育的总成本中很大一部分是建造和维护大楼以及支付教员和管理人员工资的支出。经济学家把这些成本称为固定成本，原因是无论多少学生注册选课，这些成本都保持不变。只要教室里有空座位，高等教育的边际成本，即多教一个学生的成本，就很低。但是，一旦教室满员了，由于学校需要建更多的教室和雇更多的教员，所以，边际成本显著上升。

新技术已经开始改变大学的成本。例如，有些大学现在提供海量公开网上课程（慕课）。网上课程的固定成本相对高，这是因为教员必须开发新的教学大纲、测试和教学课件，以及决定何时和如何跟学生互动。但是，在这些课程准备完毕被上传到网上后，由于授课不受教室大小的限制，多向一个学生授课的成本接近于零。由于边际成本低，在固定成本被回收后，大学就能从慕课上赚取大量收益，哪怕它们向修这些课程的学生收取很低的价格。在 2015 年，亚利桑那州立大学宣布，它将把所有的大学一年级学生的课程作为慕课课程。学生要支付每学分 200 美元的费用，但只有在通过课程后才缴纳费用。

慕课的早期结果是混合的。尽管有些学生在网上课程中表现很好，但是，退课率往往比传统课程要高。在选课学生很多的慕课课程中，教员不能与单个学生互动。而且，并不是所有的教员都对这种新技术感到自在。大学需要迎接的一个重大挑战是决定在传统的测试方法不再能使用时如何评估学生的学习情况。但是，在线授课的成本优势表明它不会是昙花一现。

在本章，我们将分析商品或服务的生产中涉及的成本类型并理解那些成本如何影响企业的经营。

资料来源：Tamar Lewin，"Promising Full College Credit，Arizona State University Offers Online Freshman Program"，*New York Times*，April 22，2015；"Massive Open Online Forces"，*Economist*，February 8，2014；and "The Digital Degree"，*Economist*，June 28，2014.

生活中的经济学

在你自己的网上生意中使用成本概念

假定你在考虑创办一个在线卖 iPhone 保护套的网站。你找到了一家中国台湾的制造商，可以从它那里以 10 美元的单价购买保护套。你的朋友乔斯（Jose）已经在运营一个这样的站点，你打算购买与乔斯所用的完全相同的电脑和软件。与乔斯一样，你打算在一个工业园租一栋小楼，用于办公和仓储。你计划以每个 15 美元的价格出售 iPhone 保护套。你发现乔斯现在每个月卖的保护套数量比你预期自己能卖的要多，而他的售价只有 13 美元。你感到疑惑，乔斯为何能在更低价格水平下获得利润。由于乔斯每个月卖的保护套更多，他的成本会比你的低吗？在阅读本章的过程中试着回答这个问题。对照我们在本章末提供的答案，你可以检验你的答案。

在第7章中，我们探讨了需求曲线背后的原理以更好地理解消费者决策。在本章，我们将探讨供给曲线背后的原理以更好地理解企业决策。前面几章显示，供给曲线是向上倾斜的，原因在于边际成本随着企业供给量的增加而增加。在本章，我们将更加深入地考察为什么会这样。一旦我们很好地理解了生产和成本，我们就能学习接下来的几章，以求理解企业如何决定生产多少产量和收取什么价格。

8.1 技术：经济学上的定义

企业的基本活动是利用工人、机器和自然资源等投入生产商品和服务产出。例如，比萨店用比萨面团、比萨酱、厨师和烤箱等投入生产比萨。**技术**（technology）是企业将投入转化成商品和服务产出所使用的工序。注意经济学上对技术的这一定义比日常的定义要广泛。当我们在日常语言中使用“技术”这个词时，我们通常只用来指代新产品的开发。在经济学的意义上，企业的技术取决于许多因素，如经理的技能、工人的培训、机器和设备的速度与效率。例如，比萨店生产比萨的技术不仅包括比萨烤箱的容量及其烤比萨的速度，还包括在放进烤箱前厨师准备比萨的速度、经理激励员工的效果，以及经理安排设备以便厨师能够迅速地准备比萨然后放进烤箱的效率。

在企业经历正向的**技术变革**（technological change）的任何时候，企业用相同数量的投入能够生产更多的产出或者用更少的投入能够生产同样多的产出。正向的技术变革有许多来源。企业的经理可以重新安排工厂布局或零售商店的布局以提高产量和销售量。企业的工人可以参加培训。企业可以安装更快或更可靠的机器或设备。当然，企业也可能经历负向的技术变革。例如，如果企业雇用技能较低的工人或者如果飓风损坏了企业的设备，企业用给定数量的投入能够生产的产出数量就可能减少。

建立联系

UPS利用技术来应对假期包裹的激增

2013年的圣诞节不是UPS（United Parcel Services）欢乐的节日。数十年来，该公司的大部分业务是在不同公司间配送包裹。但是，随着始于20世纪90年代后期的亚马逊等电子商务站点的兴起，配送到居民家的包裹量大量增加。大部分配送到居民家的包裹数每次只有一个，这使得配送到居民家的成本比配送到公司要更高，原因是配送到公司的包裹数每次都是多个。在假日期间，包括亚马逊、沃尔玛和塔吉特（Target）等在内的电商之间的竞争导致它们保证在平安夜之前送达，哪怕有些订单是12月23日才收到的。尽管UPS——像其竞争对手FedEx一样——向这些电商承诺它能够完成这些配送，但是，事实上，它没有做到，数以百万计的包裹直到圣诞节上午甚至更迟才送达。父母不得不向失望的孩子解释，UPS的经理人也不得不向亚马逊和其他电商解释。

为了确保在下个假日能够实现其承诺，UPS的经理人本来可以采取雇用更多的工人和购买更多的飞机的方法。尽管

UPS每年12月确实短暂增加雇用量，但这样做增加了它的成本。如果该公司购买更多的飞机，那么，由于其他月份的包裹配送量只有12月的不到一半，这些飞机在一年的大部分时间里就会闲置。只在12月22日那天，UPS就配送了超过3 000万个包裹。UPS没有持续增加工人和飞机数，而是决定采用技术以便能够使用相同数量的工人和飞机配送更多的包裹。

新技术的一部分采取了新设备的形式。此前，为了知道将包裹投入哪个斜道然后存放进卡车或飞机里，UPS分拣部的雇员得记住超过100个邮编。新设备只要扫描一下包裹，就能立即告诉工人应该将包裹投入哪个颜色编码的斜道。这一设备使得UPS的工人每天能多处理15%的包裹。

UPS的其他变化涉及的不是新设备，而是包裹配送路线的改进。该企业开始使用更详细的地图来规划包裹配送路线。结果，一般的快递员每天能够配送更多的包裹而且行驶的里程数更少了。UPS还开始更好地考虑天气预报以避免包裹空运的延误。处理包裹方面的这些改进使得该企业能够用相同的投入——工人、飞机和其他设备，生产更多的产出——配送更多的包裹，因此它符合经济学对正向的技术变革的定义。

利用技术变革可以使企业降低成本和更好地与行业内其他企业竞争。在这个例子中，UPS通过使用技术让公司配送大量电子商务包裹到居民家变得有利可图。

资料来源：Laura Stevens，“UPS Reports Higher Earnings”，*Wall Street Journal*，April 28，2015；Laura Stevens，“A Test for UPS：One Day，34 Million Packages”，*Wall Street Journal*，December 21，2014；and Elizabeth A. Harris and Vindu Goel，“After Carriers Falter，Questions for Web Shopping”，*New York Times*，December 26，2013.

轮到你了：做本章末与本专栏相关的问题与应用1.5，看看你理解得如何。

8.2 经济学上的短期和长期

当企业分析产量水平和成本之间的关系时，它们区分短期和长期。在**短期**（short run），企业的投入至少有一种是固定的。特别地，在短期，企业的技术和实物厂房（工厂、商店或办公室）都是固定的，而企业雇用的工人数量是可变动的。在**长期**（long run），企业能改变其所有投入、采用新技术和增大或减小厂房规模。

短期变成长期前的实际时间长度对不同的企业各不相同。比萨店也许只要几周就能通过增加一个比萨烤箱和一些桌椅来增大规模。相反，宝马公司可能要一年甚至更长的时间才能通过安装新设备来增加某一汽车装配厂的生产能力。

□ 8.2.1 固定成本和可变成本之间的区别

总成本（total cost，*TC*）是企业生产中使用的所有投入的成本。我们刚才已经看到，在短期，有些投入是固定的而其他投入是可变的。固定投入的成本是固定成本，可变投入的成本是可变成本。我们可以把**可变成本**（variable costs，*VC*）看做是随产出变化而变化的成本。类似地，**固定成本**（fixed costs，*FC*）是当产出变动时保持不变的成本。一家典型企业的可变成本包括其劳动成本、原材料成本以及电和其他公用事业（水、煤气等）的成本。典型的固定成本包括工厂或零售场地的租金、火灾保险费以及网上和电视广告费。企业的所有成本要么是固定的，要么是可变的，因此我们可以写出如下等式：

总成本＝固定成本＋可变成本

或者，用符号写成：

$$TC = FC + VC$$

建立联系

出版业的固定成本

剑桥大学出版社的一位编辑对中等规模的学术图书出版商每年的固定成本做出了如下估计：

成本	金额（美元）
工资与福利	625 000
租金	75 000
水电费等公用事业费	20 000
日用品	6 000
邮费	5 000
差旅费	9 000
订阅费等	5 000
其他	5 000
总计	750 000

学术图书出版商雇用编辑、设计师以及对图书出版的准备提供帮助的生产和营销经理。由于这些雇员同时忙于几本书的出版工作，公司雇用的人数不会随着某一特定年份公司出版图书数量的增减而增减。因此，出版公司把这些工作种类的雇员的工资与福利看做固定成本。

相反，对印刷厂来说，工人数量随着图书印刷数量而变化。因此，举例来说，操作印刷机的工人的工资与福利将是可变成本。

左侧表列出的其他成本在许多企业都是典型的固定成本。

资料来源：*Handbook for Academic Authors*，5th edition by Beth Lucy，Cambridge University Press，2010.

轮到你了：做本章末与本专栏相关的问题与应用 2.6、2.7 和 2.8，看看你理解得如何。

□ 8.2.2 隐性成本和显性成本

记住经济学家总是用机会成本来衡量成本。任何活动的**机会成本**（opportunity cost）是从事该项活动必须放弃的价值最高的其他用途的价值。正如我们在第 6 章所看到的，成本要么是显性的，要么是隐性的。当企业花钱时，就产生了**显性成本**（explicit cost）。当企业的机会成本是非货币的时，就产生了**隐性成本**（implicit cost）。

例如，假定吉尔·约翰逊拥有一家比萨餐馆。她的显性成本包括她付给工人的工资、她付的租金和电费等。但是，吉尔的一些最重要的成本是隐性的。在经营自己的餐馆之前，吉尔为别人管理一家餐馆，每年赚到 3 万美元的工资。为了开始经营自己的餐馆，吉尔辞掉了工作，从银行账户取了 5 万美元——这些钱每年本来可以赚到的利息为

3 000 美元，用这些钱购置了桌椅、收银机和其他设备。为了经营自己的餐馆，吉尔不得不放弃这 3 万美元工资和 3 000 美元利息。这 33 000 美元是隐性成本，因为吉尔并不需要支付这些成本。但是，每年放弃的这 33 000 美元对吉尔来说是一笔实实在在的成本。

此外，在这一年中，吉尔的餐馆里价值 5 万美元的桌椅和其他实物资本会减值，部分地是由于磨损，部分地是由于更好的家具、收银机等变得可以获得。经济折旧是吉尔在这一年年初为她的资本所支出的金额与在年末若卖掉资本能回收的金额之差。如果吉尔年末能以 4 万美元的价格卖掉她的资本，那么，1 万美元的经济折旧代表了另一部分隐性成本。(注意，她在资本上的那 5 万美元支出并不算成本，原因是她在年末仍然拥有这些设备，尽管现在这些设备的价值只有 4 万美元。)

表 8.1 列出了吉尔的成本。前五项是显性成本，接下来三项是隐性成本。会计规则通常要求，为了保持企业财务记录和纳税的目的，只有显性成本才入账（见第 6 章）。因此，显性成本有时候被称为会计成本。经济成本则既包括会计成本，又包括隐性成本。

表 8.1　　吉尔·约翰逊比萨餐馆每年的成本　　单位：美元

吉尔的成本	数量
比萨面团、番茄酱和其他配料	20 000
工资	48 000
为购买比萨烤箱所贷款的利息支出	10 000
电费	6 000
店面租金	24 000
损失的工资	30 000
损失的利息	3 000
经济折旧	10 000
总计	151 000

□ 8.2.3　生产函数

下面我们考察一下吉尔·约翰逊比萨餐馆的产量和成本之间在短期的关系。通过假设吉尔只使用劳动（工人）和一种类型的资本（比萨烤箱）来生产唯一的商品——比萨，我们可以对表 8.1 中的情形进行简化。许多企业使用两种以上的投入生产一种以上的商品，但是，通过把注意力集中于使用两种投入来生产一种商品的情形，我们理解产出和成本之间的关系就更为容易。在短期，吉尔没有时间建一个更大规模的餐馆、安装额外的比萨烤箱或重新设计餐馆的布局。因此，在短期，她只能通过增加或减少雇用的工人数量来增加或减少她所生产的比萨数量。

表 8.2 的前三列显示了吉尔每周所用的工人和烤箱数量与她能生产的比萨数量之间的关系。一家企业使用的投入和它用这些投入能生产的最高产出之间的关系被称为该企业的**生产函数**（production function）。由于企业的技术是它将投入转化成产出所使用的工序，生产函数代表了这家企业的技术。由于我们假设时期太短从而吉尔不能增加或减少她所使用的烤箱数量，因此，表 8.2 的前三列显示了吉尔的短期生产函数。

表 8.2　　吉尔·约翰逊比萨餐馆的短期产量和成本

工人数量	比萨烤箱数量	每周的比萨数量	比萨烤箱成本（固定成本，美元）	工人成本（可变成本，美元）	每周比萨的总成本（美元）	每个比萨的成本（平均总成本，美元）
0	2	0	800	0	800	—
1	2	200	800	650	1 450	7.25
2	2	450	800	1 300	2 100	4.67
3	2	550	800	1 950	2 750	5.00
4	2	600	800	2 600	3 400	5.67
5	2	625	800	3 250	4 050	6.48
6	2	640	800	3 900	4 700	7.34

□ 8.2.4　产量与成本之间的关系初探

表 8.2 显示了吉尔·约翰逊比萨餐馆的成本。如果我们知道生产某一给定数量的比萨需要多少工人和烤箱以及吉尔必须为这些工人和烤箱支出多少钱，那么，我们就可以确定生产这一数量的比萨的总成本。假定吉尔从银行贷款购买了两个比萨烤箱。这笔贷款的成本是每周 800 美元。因此，她的固定成本是每周 800 美元。如果吉尔每周给每个工人付 650 美元，她的可变成本取决于她雇用多少工人。在短期，吉尔可以通过雇用更多工人来增加她生产的比萨数量。表 8.2 显示，如果她雇用 1 个工人，她每周能生产 200 个比萨；如果她雇用 2 个工人，每周能生产 450 个比萨；等等。对于某一特定周来说，吉尔生产比萨的总成本等于她为购买烤箱而贷款所支出的 800 美元加上她付给工人的报酬。如果吉尔决定雇用 4 个工人和生产 600 个比萨，那么，她的总成本就是 3 400 美元：租赁烤箱的 800 美元加上雇用工人的 2 600 美元。每个比萨的成本等于生产比萨的总成本除以所生产的比萨数量。如果她以 3 400 美元的总成本生产了 600 个比萨，那么，每个比萨的成本即平均总成本就是 3 400/600＝5.67（美元）。企业的**平均总成本**（average total cost）总是等于总成本除以生产的产出数量。

图 8.1（a）使用表 8.2 倒数第 2 列的数字画出了吉尔的总成本。图 8.1（b）使用表 8.2 最后一列的数字画出了她的平均总成本。注意，在图 8.1（b）中，吉尔的平均总成本曲线的形状大致为 U 形。随着产量从低水平开始增加，平均总成本下降。然后，在上升到更高的产量水平之前，平均总成本曲线变得相当平坦。为了理解为什么平均总成本曲线具有这种 U 形形状，我们需要先更深入地考察生产比萨的技术，即吉尔的比萨餐馆的生产函数。然后我们需要考察这一技术如何决定了产量和成本之间的关系。

8.3　劳动的边际产量和平均产量

为了更好地理解吉尔面临的选择，给定她能获得的技术，首先考虑如果她只雇用一个工人会发生什么。唯一的那个工人将不得不从事几种不同的活动，包括接受顾客点餐、烘制比萨、把比萨送到顾客的餐桌、在收银台记账。如果吉尔雇用两个工人，那么，这些活

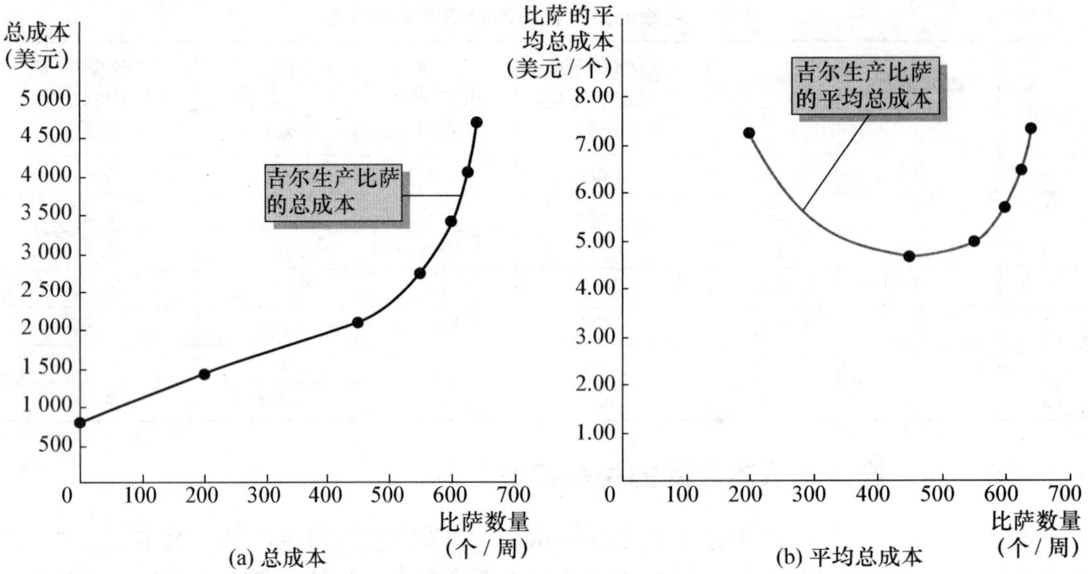

图 8.1　吉尔的餐馆的总成本和平均总成本的图形表示

我们可以利用表 8.2 中的信息画出吉尔生产的比萨数量和她的总成本以及平均总成本之间的关系。图（a）显示，总成本随着产量水平的增加而增加。图（b）显示，平均总成本曲线的形状大致为 U 形：随着产量从低水平开始增加，在上升到更高的产量水平之前，平均总成本下降。

动就可以在两人之间进行分工：一个工人可以接受顾客点餐和在收银台记账，另一个工人可以烘制比萨。在这样分工的情况下，吉尔会发现雇用两个工人实际上能够生产的比萨数量是只雇用一个工人情况下的两倍多。

企业多雇用一个工人所生产的额外产出被称为**劳动的边际产量**（marginal product of labor）。我们可以通过确定随着每多雇用一个工人总产出增加多少来计算劳动的边际产量。在表 8.3 中我们计算了吉尔比萨餐馆的劳动的边际产量。

表 8.3　吉尔·约翰逊比萨餐馆的劳动的边际产量

工人数量	比萨烤箱数量	比萨数量	劳动的边际产量
0	2	0	—
1	2	200	200
2	2	450	250
3	2	550	100
4	2	600	50
5	2	625	25
6	2	640	15

当吉尔只雇用一个工人时，她每周生产的比萨从 0 个增加到 200 个。因此，第一个工人的边际产量是 200 个比萨。当她雇用两个工人时，她每周生产 450 个比萨。雇用第二个工人使每周的产量增加了 250 个比萨。因此，第二个工人的边际产量上升到 250 个比萨。边际产量的增加源于劳动分工和专业化。通过对要做的任务进行划分——劳动分工，吉尔减少了工人从一项活动转换到另一项活动所损失的时间。她也使得工人更加专业地从事他们各自的任务。例如，专门烘制比萨的工人将会变得技术娴熟，能够迅速而有效率地烘制比萨。

□ 8.3.1 边际报酬递减定律

在短期，吉尔租的比萨烤箱数量是固定的，因此，随着她雇用的工人增加，劳动的边际产量最终开始递减。在某点，吉尔用完了来自劳动分工和专业化的所有好处，开始受到边际报酬递减定律的影响。**边际报酬递减定律**（law of diminishing marginal returns）是指如下原理：增加更多的可变投入（如劳动）于相同数量的固定投入（如资本）最终将引起可变投入的边际产量下降。对吉尔来说，当她雇用第三个工人时，劳动的边际产量开始递减。雇用 3 个工人将她生产的比萨数量从每周 450 个增加到了 550 个。但是，比萨增加的数量（100 个）低于当她雇用第二个工人时增加的数量（250 个），因此，劳动的边际产量递减。

如果吉尔继续增加工人数量，而比萨烤箱数量保持不变，最终工人将因为过于拥挤而使劳动的边际产量实际上变成负的。当边际产量为负时，总产出水平下降。实际上，没有一个企业会雇用这么多工人，以至劳动的边际产量为负从而总产量下降。

□ 8.3.2 生产的图形表示

利用表 8.3 中的数字，图 8.2（a）画出了吉尔雇用的工人数量和比萨总产出之间的关系。图 8.2（b）画出了劳动的边际产量。在图 8.2（a）中，产出随着雇用的工人增加而

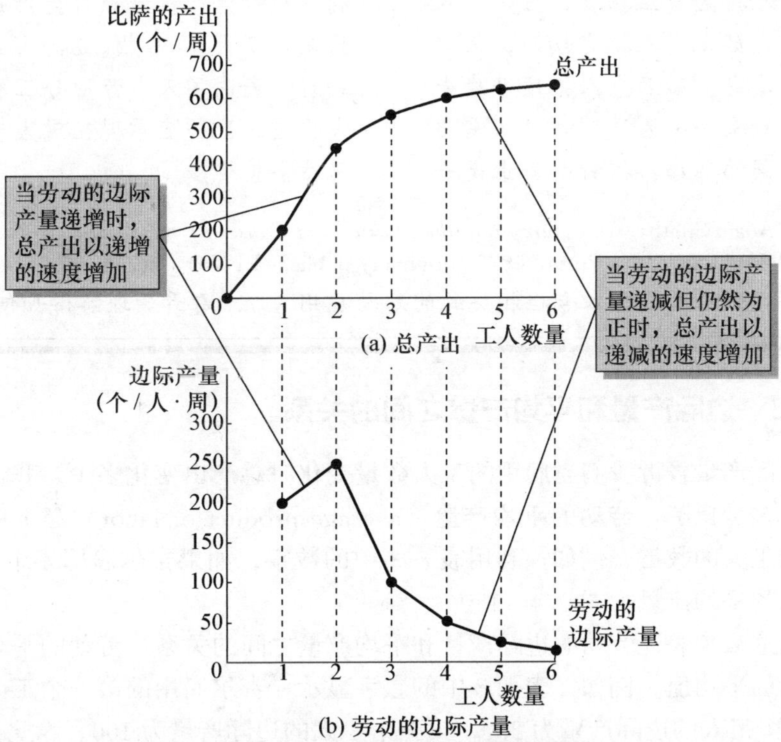

图 8.2 总产出和劳动的边际产量

在图（a）中，产出随着雇用的工人增加而增加，但产出增加的速度并不为常数。由于专业化和劳动分工，产出一开始以递增的速度增加，每个额外雇用的工人引起的产量增加量都超过前一个工人引起的产量增加量。当达到边际报酬递减的点时，产量以递减的速度增加。在第二个工人之后每个额外雇用的工人引起的产量增加量都少于前一个工人引起的产量增加量。在图（b）中，劳动的边际产量是多雇用一个工人生产的额外产出。由于专业化和劳动分工的影响，劳动的边际产量一开始上升，然后由于边际报酬递减的影响开始下降。

增加，但产出增加的速度并不为常数。由于专业化和劳动分工，产出一开始以递增的速度增加，每个额外雇用的工人引起的产量增加量都超过前一个工人引起的产量增加量。但是，在已经雇用第二个工人后，雇用更多的工人而不增加烤箱数量导致了边际报酬递减。当达到边际报酬递减的点时，产量以递减的速度增加。在第二个工人之后吉尔雇用的每个额外的工人引起的产量增加量都少于前一个工人引起的产量增加量。在图 8.2（b）中，由于专业化和劳动分工的影响，劳动的边际产量曲线一开始上升，然后由于边际报酬递减的影响开始下降。

建立联系

亚当·斯密对别针厂劳动分工的著名叙述

亚当·斯密 1776 年在苏格兰撰写的《国富论》是讨论经济学的一些重要思想的首部著作。斯密认为劳动分工的概念足够重要，需要在该书的第一章进行讨论。他使用别针厂的例子阐述了该概念。下面这段话摘自他对别针生产过程如何被分成一系列任务的叙述：

> 一个人把金属丝拉长，另一个人把它拉直，第三个人把它切断，第四个人把它削尖，第五个人把顶部磨光以备安装针头……为了制作针头需要两三项不同的程序：把针头安上是一项；把针漆成白色是一项；甚至用纸把针包起来也是一项。生产别针这一重要的任务就以这种方式被分成了十八项不同的程序。

由于别针生产的劳动进行了这种方式的分工，平均每个工人每天能够生产大约 4 800 枚别针。斯密估计，如果一个工人利用别针生产机器独自生产别针，他每天只能生产大约 20 枚。240 年以前得到的这一启示表明了来自劳动分工和专业化的巨大收益，这一启示现在对大多数经营活动仍然很重要。

资料来源：Adam Smith, *An Inquiry into the Nature and Causes of the Wealth of Nations*, Vol. Ⅰ, Oxford, UK: Oxford University Press, 1976 (originally published 1776), pp. 14-15.

轮到你了：做本章末与本专栏相关的问题与应用 3.7，看看你理解得如何。

□ 8.3.3 边际产量和平均产量之间的关系

劳动的边际产量告诉我们当雇用的工人数量变化时总产出变化多少。我们也可以计算工人平均生产多少比萨。**劳动的平均产量**（average product of labor）等于一家企业生产的总产出除以工人的数量。例如，利用表 8.3 中的数字，如果吉尔雇用 4 个工人生产 600 个比萨，劳动的平均产量为 600/4＝150。

我们可以这么来表述劳动的边际产量和平均产量之间的关系：劳动的平均产量等于劳动的边际产量的平均值。例如，表 8.3 中的数字显示，吉尔雇用的第一个工人的边际产量为 200，第二个工人的边际产量为 250，第三个工人的边际产量为 100。因此，这三个工人的平均产量为 183.3：

$$183.3 = (200 + 250 + 100)/3$$

三个工人的平均产量 | 第一个工人的边际产量 | 第二个工人的边际产量 | 第三个工人的边际产量

通过对前三个工人的边际产量取平均值，我们得到了这三个工人的平均产量。

只要劳动的边际产量大于劳动的平均产量，劳动的平均产量必然在增加。这个结论成立的原因与下面的例子相同：某房间里的人平均身高为 5 英尺 9 英寸，如果一个身高 6 英尺 2 英寸的人进入该房间，他就使房间里的人的平均身高上升了。只要劳动的边际产量小于劳动的平均产量，劳动的平均产量必然减少。在劳动的平均产量达到最大时，劳动的边际产量等于劳动的平均产量。

□ 8.3.4　边际值和平均值的一个例子：大学绩点

劳动的边际产量和平均产量之间的关系与任何变量的边际值和平均值之间的关系相同。为了理解得更清楚，考虑大家所熟悉的学生单个学期的学分绩点（GPA）和综合（累积）学分绩点之间的关系。图 8.3 中的表格显示了保罗从大一秋季学期开始每个学期的大学绩点。图 8.3 中的图形是根据表格中的数字绘制的。就像每多雇用一个工人增加了企业的总

	学期 GPA（边际 GPA）	累积 GPA（平均 GPA）
大一		
秋季学期	1.50	1.50
春季学期	2.00	1.75
大二		
秋季学期	2.20	1.90
春季学期	3.00	2.18
大三		
秋季学期	3.20	2.38
春季学期	3.00	2.48
大四		
秋季学期	2.40	2.47
春季学期	2.00	2.41

尽管边际 GPA 下降，但平均 GPA 继续上升

当边际 GPA 低于平均 GPA 时，平均 GPA 下降

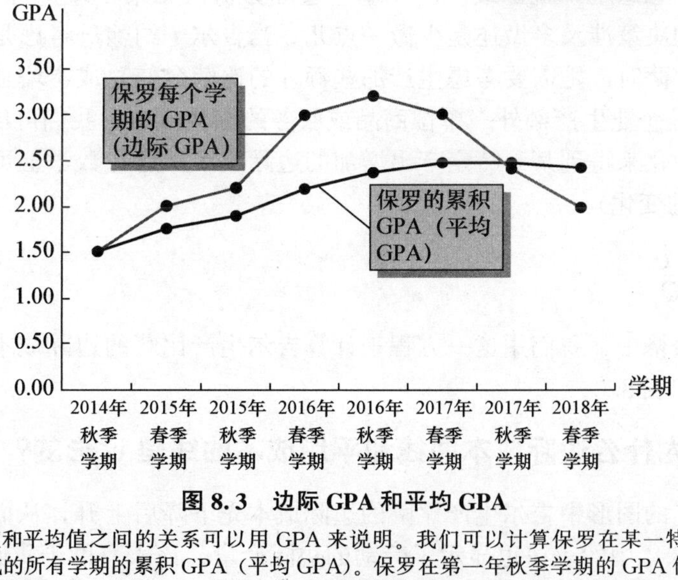

图 8.3　边际 GPA 和平均 GPA

一个变量的边际值和平均值之间的关系可以用 GPA 来说明。我们可以计算保罗在某一特定学期的 GPA（边际 GPA）以及他在已完成的所有学期的累积 GPA（平均 GPA）。保罗在第一年秋季学期的 GPA 仅为 1.50。在此之后直到大三秋季学期的每个学期，他的学期 GPA 都在上升，这使他的累积 GPA 上升。尽管保罗大三春季学期的 GPA 下降了，但他的累积 GPA 仍在上升。只有在大四的秋季学期，他那个学期的 GPA 降到了累积 GPA 以下，他的累积 GPA 才下降。

产量一样，每个额外的学期增加了保罗的总学分绩点。我们可以计算每多雇用一个工人增加了多少总产量（边际产量）以及雇用的工人的平均产量。

类似地，我们可以计算保罗在某一特定学期的 GPA（边际 GPA）以及他在已完成的所有学期的累积 GPA（平均 GPA）。正如该表所显示的，保罗在第一年的秋季学期起步不佳，GPA 仅为 1.50。在此之后直到大三秋季学期的每个学期，他的 GPA 都比前一学期高，这使他的累积 GPA 上升。然而，正如图形所示的那样，他的累积 GPA 并没有像每个学期的 GPA 上升得那么快，原因是他的累积 GPA 被头几个学期的低 GPA 拖了后腿。注意，尽管保罗大三春季学期的 GPA 下降了，但他的累积 GPA 仍在上升。只有在大四的秋季学期，他那个学期的 GPA 降到了累积 GPA 以下，他的累积 GPA 才下降。

8.4 短期产量和短期成本之间的关系

我们已经看到，技术决定了劳动的边际产量和平均产量。反过来，劳动的边际产量和平均产量影响企业的成本。记住，我们正在讨论的关系是短期关系。我们正在假设所考虑的时期很短，以至企业无法改变其技术或厂房的规模。

图 8.1（b）所示的吉尔·约翰逊比萨餐馆的平均总成本曲线都具有 U 形形状。正如我们很快就要看到的那样，平均总成本曲线的 U 形形状是由表示边际成本和产量水平之间关系的曲线的形状决定的。

□ 8.4.1 边际成本

经济学的关键思想之一就是最优决策基于边际分析（见第 1 章）。消费者、企业和政府官员通常所做的决策涉及多做还是少做一点儿。当吉尔·约翰逊考虑是否雇用额外的工人来生产额外的比萨时，她需要考虑生产那些额外的比萨会使总成本增加多少。**边际成本**（marginal cost）是企业生产额外一单位商品或服务的额外成本。我们可以通过将总成本的变化除以产出的变化来得到某一特定产出增加的边际成本，这在数学上可以表示为（希腊字母 Δ 代表变量的变化）：

$$MC=\frac{\Delta TC}{\Delta Q}$$

在图 8.4 的表格中，我们用这一方程来计算吉尔生产比萨的边际成本。表格中的其他数值来自表 8.2 和表 8.3。

□ 8.4.2 为什么边际成本曲线和平均成本曲线是 U 形的？

注意到图 8.4 的图形中吉尔生产比萨的边际成本先下降后上升，从而边际成本曲线具有 U 形形状。图 8.4 中的表格也显示了劳动的边际产量。该表有助于我们理解劳动的边际产量和边际生产成本之间的重要关系：

● 对前两个工人来说，劳动的边际产量在上升，但这些工人生产的比萨的边际成本在下降。

工人数量	比萨数量	劳动的边际产量	比萨的总成本（美元）	比萨的边际成本（美元）	比萨的平均总成本（美元）
0	0	—	800	—	—
1	200	200	1 450	3.25	7.25
2	450	250	2 100	2.60	4.67
3	550	100	2 750	6.50	5.00
4	600	50	3 400	13.00	5.67
5	625	25	4 050	26.00	6.48
6	640	15	4 700	43.33	7.34

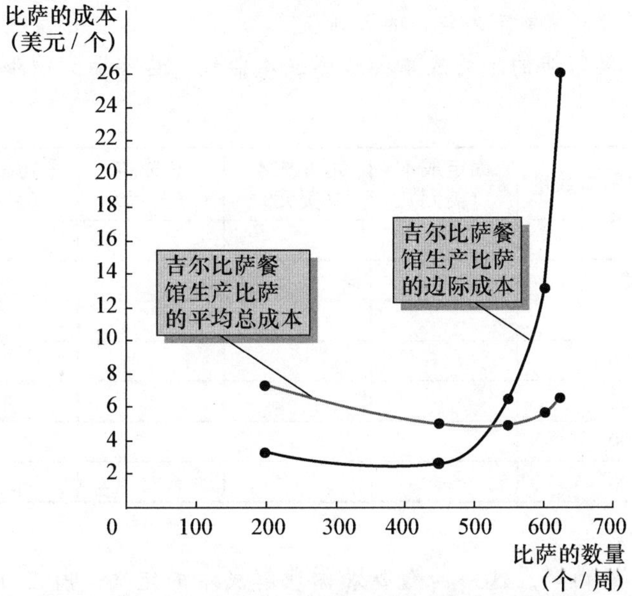

图 8.4　吉尔·约翰逊比萨餐馆生产比萨的边际成本和平均总成本

我们可以利用表格中的信息来计算吉尔比萨餐馆生产比萨的边际成本和平均总成本。对所雇用的前两个工人来说，劳动的边际产量在上升，这使得生产的边际成本在下降。对所雇用的后四个工人来说，劳动的边际产量在下降，这使得生产的边际成本在上升。因此，边际成本曲线先下降后上升也就是具有 U 形形状的原因在于劳动的边际产量先上升后下降。只要边际成本低于平均总成本，平均总成本就会下降。当边际成本高于平均总成本时，平均总成本就会上升。边际成本和平均总成本之间的关系解释了为什么平均总成本曲线也具有 U 形形状。

● 对后四个工人来说，劳动的边际产量在下降，但这些工人生产的比萨的边际成本在上升。

我们可以把该表所显示的关系概括为：当劳动的边际产量在上升时，产出的边际成本在下降；当劳动的边际产量在下降时，产出的边际成本在上升。

理解劳动的边际产量和产出的边际成本之间的关系的一种方式是注意到吉尔生产更多比萨仅有的额外成本是她雇用更多工人所支付的工资。她每周支付给每个新工人的工资都是同样的 650 美元。因此，每个工人制作的额外的比萨的边际成本取决于该工人的额外产出即边际产量。只要每个新工人生产的额外产出在上升，那些产出的边际成本就在下降。当每个新工人生产的额外产出下降时，那些产出的边际成本就在上升。我们可以得出结论：边际生产成本先下降后上升——形成 U 形形状——的原因是劳动的边际产量先上升后下降。

边际成本和平均总成本之间的关系与通常的边际值和平均值之间的关系相同。只要边际成本低于平均总成本，平均总成本就下降。当边际成本高于平均总成本时，平均总成本上升。当平均总成本处于最低点时，边际成本等于平均总成本。因此，由于边际成本曲线具有 U 形形状，平均总成本曲线也具有 U 形形状。

例题 8.4 计算边际成本和平均成本

圣地亚哥·德尔加多（Santiago Delgado）拥有一家复印店。他租了两台复印机，每天的租金为每台 12.5 美元。他若要增加租赁的复印机数量，就必须提前 6 周通知办公设备公司。他可以雇用任意数量的工人，每个工人每天的工资为 50 美元。这两种投入是他提供复印服务所用到的所有投入。

a. 利用成本的定义，填充下表空白的各列。

b. 画出圣地亚哥复印店的平均成本和边际成本曲线。这些曲线的形状符合你的预期吗？请简要解释。

工人数量	每天的副本数量	固定成本（美元）	可变成本（美元）	总成本（美元）	平均总成本（美元）	边际成本（美元）
0	0					
1	625					
2	1 325					
3	2 200					
4	2 600					
5	2 900					
6	3 100					

解：

第 1 步：复习本章内容。这一问题要求你理解成本的定义，所以你可能需要复习一下 8.2.1 节“固定成本和可变成本之间的区别”和 8.4.2 节“为什么边际成本曲线和平均成本曲线是 U 形的？”。

第 2 步：利用成本的定义回答问题 a。圣地亚哥的固定成本是他为了租赁复印机所支付的成本。他使用两台复印机，每台的租金是 12.5 美元，因此，他的固定成本为 25 美元。圣地亚哥的可变成本是他为了雇用工人所支付的成本。他每天付给每个工人 50 美元。他的总成本是固定成本和可变成本之和。他的平均总成本等于总成本除以当天生产的副本数量。他的边际成本等于总成本的变化量除以产出的变化量。举例来说，他每天生产 1 325 本副本而非 625 本的边际成本为

$$MC=\frac{125-75}{1\,325-625}=0.07(\text{美元})$$

填充后的表格如下：

工人数量	每天的副本数量	固定成本（美元）	可变成本（美元）	总成本（美元）	平均总成本（美元）	边际成本（美元）
0	0	25	0	25	—	—
1	625	25	50	75	0.12	0.08
2	1 325	25	100	125	0.09	0.07

续前表

工人数量	每天的副本数量	固定成本（美元）	可变成本（美元）	总成本（美元）	平均总成本（美元）	边际成本（美元）
3	2 200	25	150	175	0.08	0.06
4	2 600	25	200	225	0.09	0.13
5	2 900	25	250	275	0.09	0.17
6	3 100	25	300	325	0.10	0.25

第 3 步：画出圣地亚哥复印店的平均成本和边际成本曲线，解释它们是否具有通常的形状，回答问题 b。利用表中的数据，你可以画出下图：

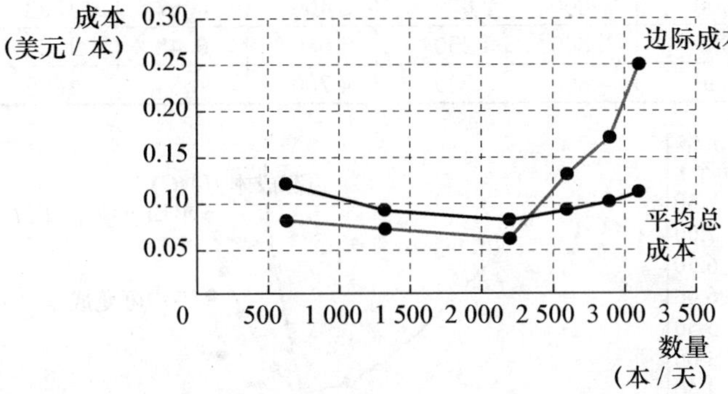

我们预期，平均总成本和边际成本曲线具有 U 形形状。圣地亚哥复印店的平均成本和边际成本曲线的确具有这种形状。与图 8.4 中的成本曲线一样，这两条曲线都先下降后上升。

轮到你了：要想做更多的练习，请做本章末与本专栏相关的问题与应用 4.7。

8.5 图示成本曲线

我们已经看到，我们是通过将总成本除以产出数量来得到平均总成本的。类似地，我们可以将固定成本除以产出数量来得到**平均固定成本**（average fixed cost），将可变成本除以产出数量来得到**平均可变成本**（average variable cost）。令 Q 代表产出水平，我们可以把这三个成本的测度在数学上表达为：

$$平均总成本=ATC=\frac{TC}{Q}$$

$$平均固定成本=AFC=\frac{FC}{Q}$$

$$平均可变成本=AVC=\frac{VC}{Q}$$

最后，注意到平均总成本是平均固定成本和平均可变成本之和：

$$ATC=AFC+AVC$$

吉尔经营餐馆所发生的唯一的固定成本是每周为购买比萨烤箱从银行贷款所支付的 800 美元。她的可变成本是她支付给工人的工资。图 8.5 中的表格和图形显示了吉尔的成本。

工人数量	烤箱数量	比萨数量	烤箱的成本（固定成本，美元）	工人的成本（可变成本，美元）	比萨的总成本（美元）	*ATC*（美元）	*AFC*（美元）	*AVC*（美元）	*MC*（美元）
0	2	0	800	0	800	—	—	—	—
1	2	200	800	650	1 450	7.25	4.00	3.25	3.25
2	2	450	800	1 300	2 100	4.67	1.78	2.89	2.60
3	2	550	800	1 950	2 750	5.00	1.45	3.54	6.50
4	2	600	800	2 600	3 400	5.67	1.33	4.33	13.00
5	2	625	800	3 250	4 050	6.48	1.28	5.20	26.00
6	2	640	800	3 900	4 700	7.34	1.25	6.09	43.33

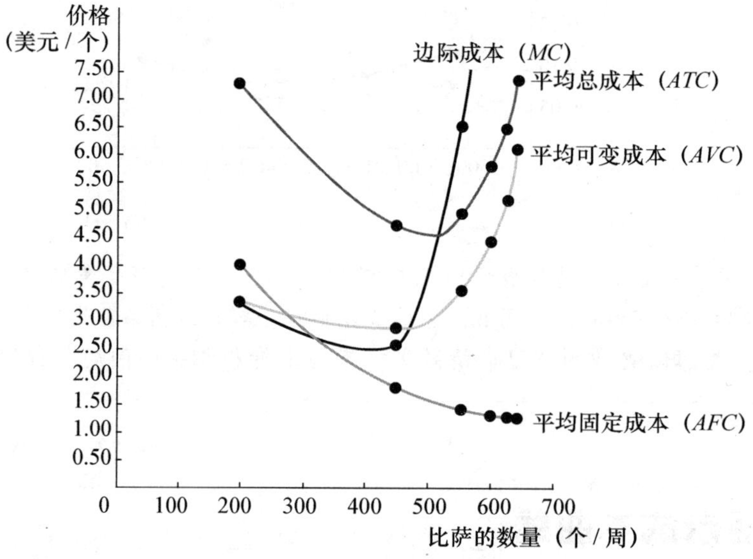

图 8.5　吉尔·约翰逊比萨餐馆的成本

表格和图形显示了吉尔生产比萨的成本。注意关于图形的三个重要事实：(1) 边际成本（*MC*）、平均总成本（*ATC*）和平均可变成本（*AVC*）曲线都是 U 形的，边际成本曲线经过平均可变成本曲线和平均总成本曲线的最低点。(2) 随着产出增加，平均固定成本（*AFC*）变得越来越小。(3) 随着产出增加，平均总成本与平均可变成本之差减小。确保你能解释为什么会出现这三个事实。你应该花时间熟悉这幅图，因为它是微观经济学中最重要的图形之一。

我们在接下来的几章里将用类似图 8.5 那样的图形来分析企业如何决定生产的产出水平和收取的价格。在进一步学习之前，确保你理解了以下关于图 8.5 的三个重要事实：

(1) 边际成本（*MC*）、平均总成本（*ATC*）和平均可变成本（*AVC*）曲线都是 U 形的，边际成本曲线经过平均可变成本曲线和平均总成本曲线的最低点。当边际成本低于平均可变成本或平均总成本时，它使得它们下降。当边际成本高于平均可变成本或平均总成本时，它使得它们上升。因此，当边际成本等于平均可变成本或平均总成本时，它们必然处于最低点。

(2) 随着产出增加，平均固定成本变得越来越小。这是因为，在计算平均固定成本时，我们使用一个保持不变的量——固定成本——去除以一个变得越来越大的量——产出。企业通常把通过销售更多产出来降低平均固定成本的过程称为“摊薄经常费用”（其中“经常费用”是指固定成本）。

(3) 随着产出增加，平均总成本与平均可变成本之差减小。这是因为，平均总成本与平均可变成本之差就是平均固定成本，它随着产出增加而变小。

8.6 长期成本

我们刚刚讨论的固定成本与可变成本的区别适用于短期但不适用于长期。例如，在短期，吉尔·约翰逊每周有800美元的固定成本，因为她在购买比萨烤箱时与一家银行签署了一份贷款协议。在长期，由于吉尔能够选择是否通过购买更多烤箱来扩展业务，因此，购买更多比萨烤箱的成本变成了可变成本。对于与吉尔比萨餐馆类似的公司可能有的任意其他固定成本，情况也同样如此。一旦公司购买了火灾保险，保险费就是固定的。但是，当保单期满时，公司必须决定是否继续购买，这一成本就变成了可变成本。这里的要点是：在长期，所有成本都是可变的，没有固定成本。换句话说，在长期，总成本等于可变成本，平均总成本等于平均可变成本。

成功企业的经理们同时考虑他们如何才能从现有商店、工厂或营业处的经营中获得最多的利润以及在长期是否可以通过增大或缩小规模而获得更多的利润。吉尔必须考虑如何经营现在的只有两台比萨烤箱的餐馆，还必须计划当现在的银行贷款还清和店面租约到期时要做些什么。她该购买更多的比萨烤箱吗？她应该租一间更大的店面吗？

8.6.1 规模经济

短期平均成本曲线代表了企业在某些投入（如它使用的机器）的数量固定时所面临的成本。**长期平均成本曲线**（long-run average cost curve）显示了企业在长期（此时没有投入是固定的）生产某一给定数量的产出的最低成本。企业可能会经历**规模经济**（economies of scale），即企业的长期平均成本随产量增加而下降。我们可以在图8.6中看到规模经济的影响，该图显示了短期平均成本曲线与长期平均成本曲线之间的关系。经理们可以用长期平均成本曲线来做规划，因为长期平均成本曲线表示产出扩张（例如，建造一家更大规模的工厂或餐馆）对成本的影响。

8.6.2 汽车工厂的长期平均成本曲线

图8.6显示了汽车行业的长期平均成本。如果一家小公司，如特斯拉汽车公司，预期每年只卖20 000辆汽车，那么，若它建一个图中左边的平均总成本曲线代表的小工厂，则它将能以最低平均成本每辆52 000美元生产20 000辆汽车。一家规模大得多的汽车工厂，如福特、通用汽车、丰田公司运营的汽车工厂，能够以更低的平均成本每辆27 000美元生产200 000辆汽车。平均成本从52 000美元到27 000美元的这种下降代表了汽车制造中存在的规模经济。为什么规模更大的汽车工厂会有更低的平均成本？一个重要的原因是，福特这样的公司的一个工厂每年生产的汽车是特斯拉的工厂所生产的汽车的10倍，但需要

的工人或许只有6倍那么多。劳动成本的节约将降低福特生产汽车的平均成本。

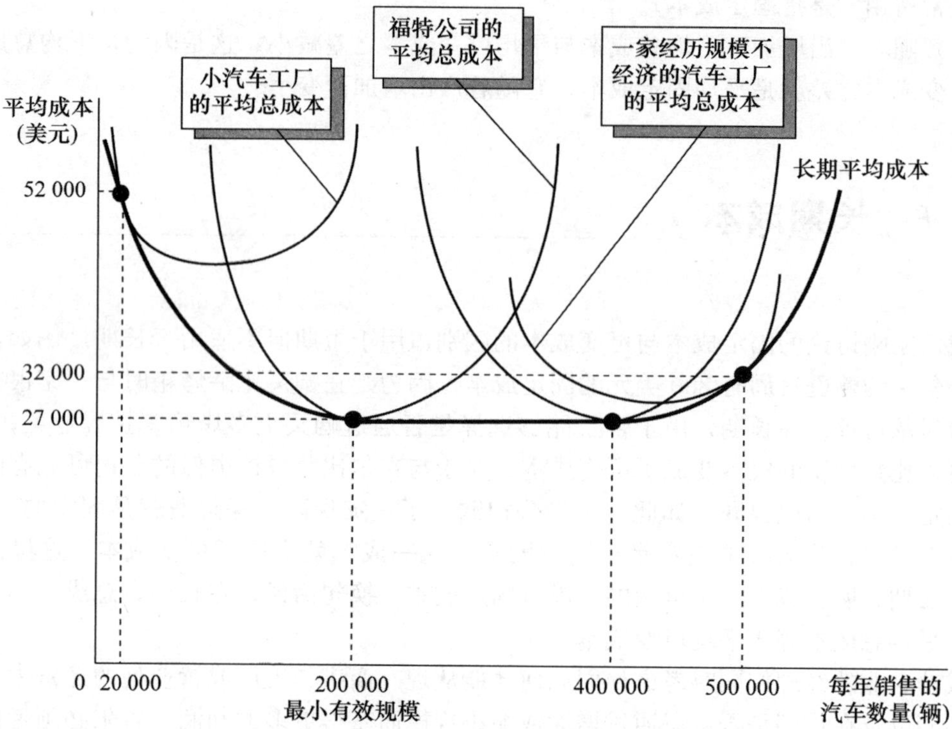

图 8.6　短期平均成本曲线与长期平均成本曲线之间的关系

如果一家小汽车公司预期每年只卖20 000辆汽车，那么，若它建一个图中左边的平均总成本曲线代表的小工厂，则它将能以最低平均成本每辆52 000美元生产20 000辆汽车。一家规模更大的汽车工厂能够以更低的平均成本每辆27 000美元生产200 000辆汽车。每年的产量为200 000辆的汽车工厂和每年的产量为400 000辆的汽车工厂经历着不变规模报酬，有着相同的平均成本。每年生产200 000辆的汽车工厂达到了最小有效规模。很大的汽车工厂将经历规模不经济，随着每年的产量超过400 000辆，它们的平均成本将上升。

一般来说，企业之所以经历规模经济，可能有很多原因，其中下面这些是最重要的：

(1) 和汽车生产的例子一样，企业的技术可能使得在产量增加的同时，至少有一种投入不需要增加同样多的比例。

(2) 工人和经理都更加专业化，这使得他们的生产率随着产出增加而上升。

(3) 与规模更小的竞争者相比，福特、沃尔玛和苹果公司这样的大企业能够以更低的成本购买投入。事实上，随着苹果和沃尔玛的扩张，它们与供货商讨价还价的能力增强了，从而平均成本下降了。

(4) 随着一家企业的扩张，它也许能够以更低的利率借到钱，从而降低了成本。

随着企业增加产出，规模经济不会无限期持续。大多数行业中的长期平均成本曲线有一段是平坦的，这一段所包含的产出范围常常很大。如图8.6所示，每年的产量为200 000辆的汽车工厂和每年的产量为400 000辆的汽车工厂有着相同的平均成本。在这一产出范围，该行业中的企业经历着**不变规模报酬**（constant returns to scale）。当这些企业增加产出时，它们同比例地增加各种投入，如工厂的规模和工人的数量。所有的规模经济都已经实现时的产出水平被称为**最小有效规模**（minimum efficient scale）。每年生产200 000辆的汽车工厂达到了最小有效规模。

当经理开始面临协调汽车工厂运营的困难时，很大的汽车工厂将经历不断增加的平均成本。图 8.6 显示，对于超过每年 400 000 辆的产量，该行业中的企业经历着**规模不经济**(diseconomies of scale)。例如，丰田公司发现，当它在位于肯塔基州乔治城和中国的工厂扩张产量时，它的经理难以阻止平均成本的上升。丰田位于乔治城的工厂负责人曾经说道："产品的高需求消耗着你的精力。过了一段时间以后，它使我们的工作重心发生偏移，并削弱了我们多年来精心积累的专长和知识。"对丰田扩张产量的过程中面临的问题所进行的一个分析得出了这样的结论："这正是许多高度成功的公司面临的悖论：规模扩大并不总是意味着变得更好。"

随着时间的推移，一个行业中的大部分企业所建造的工厂或商店至少会达到有效生产规模，但不会大到出现规模不经济的情况。例如，在汽车行业，大部分工厂每年的产量在 200 000～400 000 辆之间。然而，企业常常并不知道它们的长期平均成本曲线的确切形状。结果，它们也许会错误地建造了规模过大或过小的工厂或商店。

例题 8.6　利用长期平均成本曲线理解商业战略

中型卡车比敞篷小型载货卡车大，购买者主要是建筑企业和其他企业。福特的 F 序列小型载货卡车的生产线很成功。2015 年，福特宣布了在其位于俄亥俄州埃文莱克的工厂开始生产中型卡车的计划。根据《华尔街日报》的一篇文章，福特的新中型卡车"将与它的其他 F 序列卡车用相同的发动机、传输装置和驾驶室等组件，以实现规模经济"。该篇文章还说，福特的新中型卡车的成本每辆将比竞争对手生产的类似卡车低 5 000 美元。

a. 解释该文所说的福特打算"实现规模经济"是什么意思。

b. 用长期平均总成本曲线阐述福特的战略。

c. 关于福特的竞争对手的运营，该文可以让我们得出什么结论？

解：

第 1 步：复习本章内容。这一问题是关于长期平均成本曲线的，所以你可能需要复习一下 8.6 节"长期成本"。

第 2 步：解释该文所说的福特打算"实现规模经济"是什么意思，以此来回答问题 a。通过在生产 F 序列卡车的同一家工厂生产新中型卡车的许多组件，福特打算通过增加产出来降低平均成本。换言之，通过扩大工厂规模，福特在利用卡车生产中的规模经济。

第 3 步：画出福特的卡车工厂的长期平均成本曲线，以此来回答问题 b。福特的策略要想成功，其工厂现在必然不在最小有效规模。在下图中，我们假设福特正在其长期平均成本

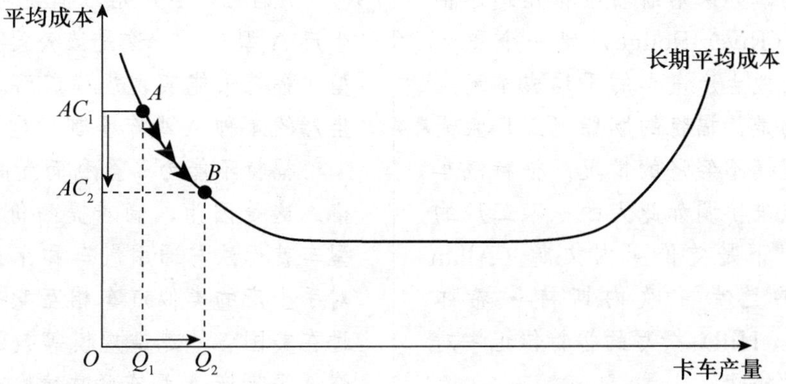

曲线上的 A 点生产，此时卡车产量为 Q_1，平均总成本为 AC_1。福特的策略是将生产扩张到 B 点，此时卡车产量为 Q_2，平均总成本为 AC_2。

第 4 步：解释关于福特的竞争对手的运营，我们可以得出什么结论，以此来回答问题 c。在扩张其卡车工厂后，福特生产卡车的平均成本将比竞争对手低 5 000 美元。我们可以得出结论，福特的竞争对手未能利用卡车生产中的规模经济。竞争对手的工厂显然在低于最小有效规模处运营。

资料来源：Bob Tita，"Navistar Steels Itself for Ford Business Loss"，*Wall Street Journal*，May 12，2014.

轮到你了：要想做更多的练习，请做本章末与本专栏相关的问题与应用 6.7、6.8 和 6.9。

建立联系

庞大的胭脂河工厂：福特汽车公司的规模不经济

当亨利·福特于 1903 年创建福特汽车公司时，当时的汽车公司雇用的工人都有很高的技能，但生产汽车的车间却很小。福特提出了两个新想法，这使他能够利用规模经济的好处。首先，福特使用相同的（即可以互换使用的）零部件，从而技能不高的工人也能装配汽车。其次，他不是让成群的工人从一辆固定的汽车移动到下一辆，而是让工人待在固定的位置而汽车沿着装配线移动。福特在底特律外的高地公园建了一个大型的工厂，在那里，他把他的这些想法付诸实践，生产著名的 T 型车。结果，他的平均成本比在更小的工厂里利用更古老的生产方法生产汽车的竞争对手要低得多。

福特相信，如果沿着密歇根州迪尔伯恩的胭脂河（River Rouge）建一个更大的工厂，那么他生产汽车的平均成本还会更低。遗憾的是，福特的胭脂河工厂太大了，出现了规模不经济的情况。福特汽车公司的经理很难协调如此大的一家工厂的汽车生产。以下是艾伦·内文斯（Allan Nevins）和弗兰克·欧内斯特·希尔（Frank Ernest Hill）撰写的福特传记中对胭脂河工厂的描述：

> 胭脂河工厂共有 93 栋分开的建筑物……铁路轨道总长 93 英里，传送带总长 27 英里。大约有 75 000 名工人在这个庞大的工厂工作。其中有 5 000 人只负责打算卫生，每个月要用掉 5 000 个拖把和 3 000 把扫帚，擦洗地板、墙壁和（面积达 330 英亩的）窗户每月需要用掉 86 吨肥皂。胭脂河工厂是一座庞大的、机器和劳动集中的、布满动力单元的工业城……但是，由于它的庞大规模和复杂性，高层无法接触和理解底层工人，这使底层工人在无情的庞大规模和动力单元中有一种迷失的感觉。

从 1927 年开始，福特在胭脂河工厂生产 A 型车——这是该公司当时唯一的车型。福特未能实现规模经济，事实上，它生产的 4 种 A 型车全都发生了亏损。

福特不能为了盈利而提高 A 型车的价格。这是因为，倘若提高价格，那么，A 型车就无法与通用汽车和克莱斯勒等竞争对手生产的类似汽车相互竞争。最终，通过在美国各地建造规模等效的工厂，福特降低了生产 A 型车的成本。这些规模更小的工厂生产A型车的平均成本比胭脂河工厂的要低。

资料来源：Allan Nevins and Frank Ernest Hill，*Ford：Expansion and Challenge，1915—1933*，New York：Scribner，1957，pp. 293-295.

轮到你了：做本章末与本专栏相关的问题与应用6.10，看看你理解得如何。

不要犯这样的错误！

不要混淆边际报酬递减和规模不经济

边际报酬递减和规模不经济的定义可能看起来相似，但是，实际上，它们是不相关的。边际报酬递减只适用于短期，此时，企业至少有一种投入（如所使用的机器数量）是固定的。边际报酬递减告诉我们，在短期，当雇用的工人数量达到一定程度后，工人的边际产量将下降。边际报酬递减解释了为什么边际成本曲线最终向上倾斜（见下面的左图）。规模不经济只适用于长期，此时，企业可自由改变所有的投入，可以采用新技术，也可以改变它使用的机器的数量和设施的规模。规模不经济解释了为什么长期平均成本曲线最终向上倾斜（见下面的右图）。

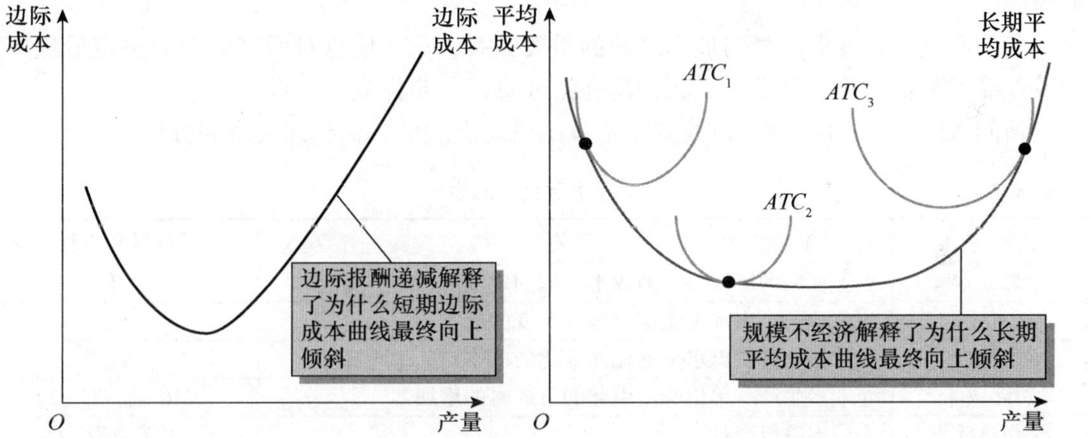

轮到你了：做本章末与本专栏相关的问题与应用6.12，看看你理解得如何。

接第260页

生活中的经济学

在你自己的网上生意中使用成本概念

在本章一开头，我们要求你假定你将要创办一个在线卖iPhone保护套的网站。你和你的朋友乔斯都可以从制造商那里以10美元的单价购买保护套。但是，由于乔斯每月销售的保护套数量比你预期自己能销售的要多，他的平均成本比你的低。我们要求你思考为什么会这样。

在本章，我们已经看到，随着企业的

销售量增加，企业的平均成本常常会下降。乔斯的平均成本比你的低的一个重要原因一定与固定成本有关。由于你打算购买的电脑和软件与乔斯所用的完全相同，要租的办公场所也与之相似，你支付的设备费和场地租金与乔斯支付的大约相等。你支付的水电费、保险费和广告费可能也与乔斯支付的相等。所有这些成本都不会随着你销售的保护套的数量的变化而变化，所以这些都是固定成本。由于乔斯的固定成本与你的相等，但他卖的保护套的数量更多，因此，他的平均固定成本更低，从而平均总成本也更低。在平均总成本更低的情况下，他可以以更低的价格销售保护套，同时还能获得利润。

8.7 结论

在本章，我们讨论了企业的技术、生产和成本之间的关系。我们碰到了许多成本的定义。由于我们在后面几章中将用到这些定义，我们把它们汇总在表 8.4 中，以便你进行回顾。

我们看到了企业的产量与成本之间的重要关系。这一信息对所有的企业决定最优产量以及产品的最优价格至关重要。我们将在第 9 章进一步探究这一点。

访问 MyEconLab，你可以找到与本章的概念有关的一篇新闻文章和分析。

表 8.4　成本定义汇总表

术语	定义	符号和方程
总成本	企业使用的所有投入的成本，即固定成本加上可变成本	TC
固定成本	当企业的产出水平变动时保持不变的成本	FC
可变成本	随着企业的产出水平变化而变化的成本	VC
边际成本	企业多生产一单位产出引起的总成本的增加	$MC=\Delta TC/\Delta Q$
平均总成本	总成本除以产量	$ATC=TC/Q$
平均固定成本	固定成本除以产量	$AFC=FC/Q$
平均可变成本	可变成本除以产量	$AVC=VC/Q$
隐性成本	非货币机会成本	—
显性成本	涉及花钱的成本	—

本章总结和习题

□ 关键术语

平均固定成本	规模经济	长期平均成本曲线	生产函数
劳动的平均产量	显性成本	短期	平均总成本
固定成本	边际成本	技术变革	平均可变成本

隐性成本	劳动的边际产量	技术	不变规模报酬
边际报酬递减定律	总成本	最小有效规模	可变成本
规模不经济	长期	机会成本	

□ 8.1 技术：经济学上的定义

总结

企业的基本经济活动是运用工人、机器和自然资源等投入生产商品和服务。企业的技术是将投入转化成商品和服务所使用的工序。技术变革是指企业用给定数量的投入生产一定的产出水平的能力的变动。

复习题

1.1 技术和技术变革之间的区别是什么？

1.2 技术变革有可能是负向的吗？如果有可能，举一个例子。

问题与应用

1.3 请简要解释你是否同意如下评论："技术变革仅指新产品的推出，因此它与大部分企业的运营无关。"

1.4 以下哪些是企业经历正向技术变革的例子？

a. 付给技工的工资下降导致联合航空公司降低票价。

b. 某一培训项目使得某企业的工人劳动生产率提高。

c. 某一健身项目使得某企业的工人更加健康、劳动生产率更高。

d. 某企业裁员后仍能维持原来的产出水平。

e. 某企业重新安排工厂布局，发现它使用原来的投入组合能够生产的产量与重新安排前正好一样多。

1.5 ［与8.1节中的"建立联系"专栏有关］UPS重新安排了司机配送包裹到居民家的路线。根据《华尔街日报》的一篇文章，"UPS的司机平均每天的总里程数减少1英里，公司一年就能节约5 000万美元。"

a. 简要解释这一成本节约是不是由于该公司的技术变革。

b. 假定UPS每年因汽油价格下降而节约5 000万美元。这一成本节约是不是由于该公司的技术变革？请简要解释。

资料来源：Steven Rosenbush and Laura Stevens, "At UPS, the Algorithm Is the Driver", *Wall Street Journal*, February 16, 2015.

□ 8.2 经济学上的短期和长期

总结

在短期，企业的技术和工厂、商店或办公室的大小都是固定的。在长期，企业能采用新技术和扩大或缩小实物厂房的规模。总成本是企业生产中使用的所有投入的成本。可变成本是随产出变化而变化的成本。固定成本是当产出变动时保持不变的成本。一项活动的机会成本是从事该项活动必须放弃的价值最高的其他用途的价值。显性成本是涉及花钱的成本。隐性成本是非货币机会成本。一家企业使用的投入和它用这些投入能生产的最高产出之间的关系被称为该企业的生产函数。

复习题

2.1 短期和长期之间的区别是什么？将短期和长期区分开来的时间长度对每家企业都是相同的吗？

2.2 区分企业的固定成本和可变成本，并各举一个例子。

2.3 什么是隐性成本？它们与显性成本如何区分？

2.4 什么是成本函数？短期成本函数中什么是固定的？

问题与应用

2.5 根据《福布斯》上的一篇文章，苹果公司生产的带16G存储器的iPhone 6的原料成本据估计为227美元。iPhone 6的售价为650美元。大部分通信运营商，如AT&T和Verizon，给苹果公司支付款项，这使消费者支付的价格降低到200美元。根据这些信息，我们可以下结论说苹果公司每销售一部iPhone赚取的利润大约为423美元吗？请简要解释。

资料来源：Chuck Jones, "Apple's iPhone 6 Teardown and Other Costs Analysis", *Forbes*, September 24, 2014.

2.6 ［与8.2.1节中的"建立联系"专栏有关］小企业主杰伊·戈尔茨（Jay Goltz）描述了他为降低企业的固定成本所做的几个决策，包括将卤钨灯换成LED灯。戈尔茨指出，“我猜许多企业主可以节省不少固定成本，那些节约……都变成了利润。”

a. 为什么戈尔茨先生的企业的照明用电的成本是固定成本？

b. 为什么戈尔茨说减少固定成本导致的节约“变成了利润”？

资料来源：Jay Goltz，“Not All Fixed Costs Are Truly Fixed”，*New York Times*，May 25，2011.

2.7 ［与8.2.1节中的“建立联系”专栏有关］解释以下每项成本是吉尔·约翰逊比萨餐馆的固定成本还是可变成本：

a. 她为火灾保险保单支付的保险费；

b. 她购买比萨面团的费用；

c. 她付给工人的工资；

d. 她付给店面房东的租金；

e. 她付给本地报纸的每月300美元的广告费用（广告每周一次）。

2.8 ［与8.2.1节中的“建立联系”专栏有关］美国统计局曾经出版了多年《美国统计摘要》（*Statistical Abstract of the United States*）。《美国统计摘要》提供了一个关于商业、经济、社会和政治的统计量的总结。它可以从网上免费得到，印刷副本可以从美国政府出版办公室以39美元的价格买到。由于政府文件是没有版权的，任何人都可以印刷《美国统计摘要》的副本然后出售。每年，通常有一两家公司会印刷和销售副本，售价远远低于政府出版办公室的售价。这些公司销售的《美国统计摘要》副本与政府销售的通常是相同的，除了封面不同以外。这些公司怎么做到以更低的价格销售同样的书同时还能收回成本呢？

2.9 假定比尔拥有一家汽车维修店。下表显示比尔每月能修理的汽车数量如何取决于他雇用的工人的数量。假设他每月给每个工人的工资为4 000美元，固定成本为每月6 000美元。利用这些信息完成下表。

工人数量	每月维修汽车数	固定成本（美元）	可变成本（美元）	总成本（美元）	平均总成本（美元）
0	0	6 000			
1	20				
2	30				
3	40				
4	50				
5	55				

2.10 一项研究分析了某一制药企业开发一种处方药并得到政府批准的成本。《华尔街日报》的一篇文章指出，“用于开发药物的钱如果投资于其他用途可以获得的回报”也包括在该企业的成本中。请简要解释你是否同意这一回报应该包括在企业的成本中。

资料来源：Ed Silverman，“Can It Really Cost ＄2.6 Billion to Develop a Drug?” *Wall Street Journal*，November 21，2014.

2.11 假定吉尔·约翰逊在市中心的一个商铺经营她的比萨餐馆。附近类似商铺的租金为每月4 000美元。吉尔在考虑卖掉她的商铺，去郊区每月花3 000美元租一个店面。最终，吉尔决定不这么做。她的推理是：“我想在郊区开一家餐馆，但是我现在不必为我的餐馆付租金，我不想看到我的成本每月增加3 000美元。”请对吉尔的推理进行评价。

2.12 当杜邦（DuPont）化学公司开始尝试进入涂料业务时，它没有取得成功。根据公司的一篇报道，在一年的时间里，它“损失了将近50万美元的现金，此外还损失了将近50万美元的投资预期回报，加起来公司的损失总共接近100万美元”。为什么这一报道把它为了制造涂料所进行的投资的预期回报的数量（但实际上它并没有获得这一回报）作为公司损失的一部分？

资料来源：Alfred D. Chandler，Jr.，Thomas K. McCraw，and Richard Tedlow，*Management Past and Present*，Cincinnati，OH：South-Western，2000.

□ 8.3 劳动的边际产量和平均产量

总结

劳动的边际产量是指企业多雇用一个工人所生产的额外产出。由于专业化和劳动分工，企业所雇用的前几个工人的（劳动的）边际产量上升。最终，边际报酬递减定律引起劳动的边际产量下降。劳动的平均产量等于一家企业生产的总产出除以所雇用的工人的数量。当劳动的边际产量大于劳动的平均产量时，劳动的平均产量增加。当劳动的边际产量小于劳动的平均产量时，劳动的平均产量减少。

复习题

3.1 画图表示劳动的边际产量和劳动的平均产量之间通常情况下的关系。为什么劳动的边际产量和劳动的平均产量具有你所绘制的形状？

3.2 专业化和劳动分工通常如何影响劳动的边际产量？

3.3 什么是边际报酬递减定律？它在长期适用吗？

问题与应用

3.4 填充下表：

工人数量	总产出	劳动的边际产量	劳动的平均产量
0	0		
1	400		
2	900		
3	1 500		
4	1 900		
5	2 200		
6	2 400		
7	2 300		

3.5 利用上题中的数据画图表示总产出如何随雇用的工人数量的增加而增加，再画一幅图表示劳动的边际产量和劳动的平均产量。

3.6 一个学生看了一下表 8.3 中的数据后得出了如下结论：

> 所雇用的前两个工人的劳动的边际产量递增，然后接下来四个工人的劳动的边际产量下降。我猜测前两个工人一定工作很努力。然后，吉尔不得不勉强接受表现越来越差的工人。

你同意这个学生的分析吗？请简要解释。

3.7 [与 8.3.2 节中的"建立联系"专栏有关] 请简要解释你是否同意下面的说法：

> 当所制造的商品是汽车或电脑这样复杂的商品时，亚当·斯密认为企业从劳动分工中获益的想法很有道理。但是，这样的想法不适用于不那么复杂的商品的制造，也不适用于经济的其他部门（如零售）。

3.8 萨利（Sally）看了一下她大学的成绩单，然后对你说："这怎么可能？我这学期课程的平均学分绩点高于上个学期，但是，我的综合（累积）平均学分绩点相比上学期更低了。"向萨利解释为什么这是可能的。

3.9 企业有可能经历这样的技术变革吗：劳动的边际产量增加了，但劳动的平均产量不变？请解释。

3.10 下表显示了某地比萨店的工人数和总产出。基于该表回答如下问题：

工人数量	总产出
0	0
1	5
2	—
3	19
4	24
5	28
6	26

a. 当该店老板雇用 4 个工人时，劳动的平均产量是多少？

b. 第 5 个工人的边际产量是多少？

c. 如果第 2 个工人的边际产量是 6，当该店老板雇用 2 个工人时，比萨总产量是多少？

d. 假设第 2 个工人的边际产量是 6，边际报酬递减定律在第几个工人身上开始起作用？

□ 8.4 短期产量和短期成本之间的关系

总结

生产的边际成本是企业生产额外一单位产出导致的总成本的增加。边际成本曲线具有 U 形形状，其原因是：当劳动的边际产量在上升时，产出的边际成本在下降；当劳动的边际产量在下降时，产出的边际成本在上升。当边际成本低于平均总成本时，平均总成本下降。当边际成本高于平均总成本时，平均总成本上升。因此，平均总成本曲线也具有 U 形形状。

复习题

4.1 生产的平均成本与边际成本之间有什么区别？

4.2 如果劳动的边际产量在上升，生产的边际成本是在上升还是在下降？请简要解释。

4.3 解释为什么边际成本曲线与平均总成本曲线相交于平均总成本曲线的最低点。

问题与应用

4.4 日产油量低于 10 桶石油的老油井被称为低产井。假定你和一个合伙人拥有一口日产油量为 8 桶石油的低产井，你估计再多产一桶石油的边际成本为 80 美元。在你的计算中，你考虑了生产更多石油时增加的劳动、原料和其他投入的成本。你的合伙人看了你对边际成本的计算后说："你忘记我们两年前收到的银行贷款了。如果我们把还款利息计入，每桶石油的边际成本将增加 10 美元。”简要解释你是否同意你的合伙人的分析。

4.5 在边际成本上升的产出区间，平均总成本有可能下降吗？请简要解释。

4.6 假定某家企业没有固定成本，因此它的所有成本就算在短期也都是可变的。

a. 如果该企业的边际成本一直在递增（也就是说，从第一个产出单位开始边际成本就在递增），那么，该企业的平均总成本曲线会有 U 形形状吗？

b. 如果该企业在每个产出水平的边际成本均为 5 美元，那么，该企业的平均总成本曲线具有什么形状？

4.7 ［与例题 8.4 有关］圣地亚哥拥有一家复印店。他租了两台复印机，每天的租金为每台 20 美元。他若要租赁更多的复印机，需要提前 6 周通知办公设备公司。他可以雇用任意数量的工人，每个工人每天的工资为 40 美元。这两种投入是他提供复印服务所用到的所有投入。

a. 填充下表空白的各列。

b. 画出圣地亚哥复印店的平均总成本和边际成本曲线。这些曲线的形状符合你的预期吗？请简要解释。

工人数量	每天的副本数量	固定成本（美元）	可变成本（美元）	总成本（美元）	平均总成本（美元）	边际成本（美元）
0	0					
1	600					
2	1 100					
3	1 500					
4	1 800					
5	2 000					
6	2 100					

4.8 吉尔·约翰逊的如下说法是否正确？“我现在每月生产 10 000 个比萨，总成本为 50 000 美元。如果我生产 10 001 个比萨，总成本将上升到 50 011 美元。因此，我生产比萨的边际成本必定在增加。”画图说明你的答案。

4.9 吉尔·约翰逊的如下说法是否正确？“我现在每月生产 20 000 个比萨，总成本为 75 000 美元。如果我生产 20 001 个比萨，总成本将上升到 75 002 美元。因此，我生产比萨的边际成本必定在增加。”画图说明你的答案。

4.10 （这个题目有些难度。）运用符号，我们可以把劳动的边际产量写成 $\Delta Q/\Delta L$。边际成本等于 $\Delta TC/\Delta Q$。由于固定成本是不变的，因此，边际成本也等于 $\Delta VC/\Delta Q$。如果吉尔·约翰逊比萨店仅有的可变成本（VC）是劳动成本，那么，她的可变成本就只是工资乘以所雇用的工人数，即 wL。

a. 如果吉尔付的工资是固定的，那么，ΔVC 用 w 和 L 如何表示？

b. 利用你得到的问题 a 的答案以及上面给出的劳动的边际产量和产出的边际成本的表达式，用工资 w 和劳动的边际产量 $\Delta Q/\Delta L$ 表示边际成本 $\Delta TC/\Delta Q$。

c. 利用你得到的问题 b 的答案确定在工资为每周 750 美元和劳动的边际产量为 150 个比萨时吉尔生产比萨的边际成本。如果工资下降到每周 600 美元而劳动的边际产量不变，吉尔的边际成本会怎么变化？如果工资保持为每周 750 美元不变而劳动的边际产量上升到 250 个比萨，吉尔的边际成本会怎么变化？

□ 8.5 图示成本曲线

总结

平均固定成本等于固定成本除以产出水平。平均可变成本等于可变成本除以产出水平。图 8.5 显示了边际成本、平均总成本和平均可变成本之间的关系。它是微观经济学中最重要的图形之一。

复习题

5.1 边际成本曲线和平均可变成本曲线在哪里相交，和平均总成本曲线在哪里相交？

5.2 随着产出水平的增加，平均总成本和平均可变成本之差怎么变化？

问题与应用

5.3 假定生产 10 000 个网球的总成本为 30 000 美元，固定成本为 10 000 美元。

a. 可变成本为多少？

b. 当产出为 10 000 个网球时，平均可变成本和平均固定成本为多少？

c. 假设成本曲线具有通常的形状，平均总成本和平均可变成本之差在产出为 10 000 个还是 30 000 个网球时更大？请解释。

5.4 某一个对铁路运营成本的描述评论道：“铁路运营的固定成本的性质与对公路业务征收的税收相同：业务量越小，税收就越高。”请简要解释为什么固定成本与税收类似。在什么意义上业务量越大时税收越低？

资料来源：Alfred D. Chandler, Jr., Thomas K. McCraw, and Richard Tedlow, *Management Past and Present*, Cincinnati, OH: South-Western, 2000, pp. 2-27.

5.5 在古代，书可以是卷轴装，也可以是手抄本。后者是把纸张粘在一起制成的，与现代的图书有点像。一个学者估计了这两种方法的可变成本（货币单位为希腊德拉克马），结果如下：

单位：德拉克马

	卷轴装	手抄本
抄写成本（抄写员工资）	11.33	11.33
纸张成本	16.50	9.25

另一个学者指出，生产手抄本涉及一笔重大的固定成本：

> 为了生产一本手抄本……文字数量和每页的布局都得提前仔细计算以确定所需纸张的确切数量。无疑，与生产卷轴装的书相比，这更耗时间，需要进行更多的试验。但是，生产下一本手抄本时，这些计算可以再次使用。

a. 假定准备手抄本的固定成本是58德拉克马，而卷轴装的书没有类似的固定成本。如果一位古代图书出版商打算卖5本书，那么，他更可能生产卷轴装还是手抄本？如果他想卖10本呢？请简要解释。

b. 尽管在公元1世纪时大部分图书都以卷轴装的形式出版，但是，到了3世纪，大部分图书都是以手抄本的形式出版。若只考虑本题中提到的因素，解释为什么发生了这个变化。

资料来源：T. C. Skeat, "The Length of the Standard Papyrus Roll and the Cost-Advantage of the Codex", *Zeitschrift fur Papyrologie and Epigraphik*, Germany: Rudolf Habelt, 1982, p. 175; and David Trobisch, *The First Edition of the New Testament*, New York: Oxford University Press, 2000, p. 73.

5.6 ［与开篇案例有关］我们在开篇案例中看到，有些大学和私人公司推出了任何有网络连接的人都可以选的在线课程。这些海量公开网上课程（慕课）中最成功的已经吸引了数以万计的学生。假定你的大学提供一门慕课课程，花了一次性总成本20万美元用于请教员准备课程材料和购买额外的服务器容量。大学管理部门估计，提供这门课程的可变成本为每个学生20美元。无论有多少学生选这门课程，这一可变成本都是这么多。

a. 利用以上信息填充下表空白的各列。

选课学生人数	平均总成本（美元）	平均可变成本（美元）	平均固定成本（美元）	边际成本（美元）
1 000				
10 000				
20 000				

b. 利用问题a的答案画一幅成本曲线图来阐述你的大学提供这门课程的成本。图形应该用纵轴衡量成本，用横轴衡量选课学生人数，应该包括如下曲线：平均总成本、平均可变成本、平均固定成本和边际成本。

5.7 利用下图中的信息找出在产出水平为1 000时如下各种类型成本的值：

a. 边际成本；

b. 总成本；

c. 可变成本；

d. 固定成本。

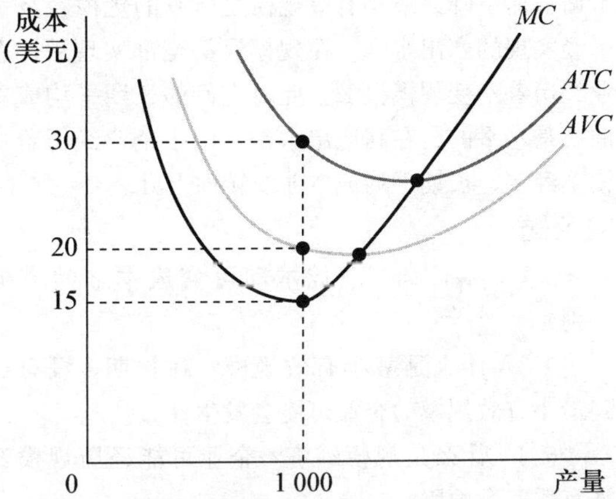

5.8 列举下图中的错误。仔细解释为什么这样画的曲线是错误的。换句话说，为什么这些曲线不能如下图所示？

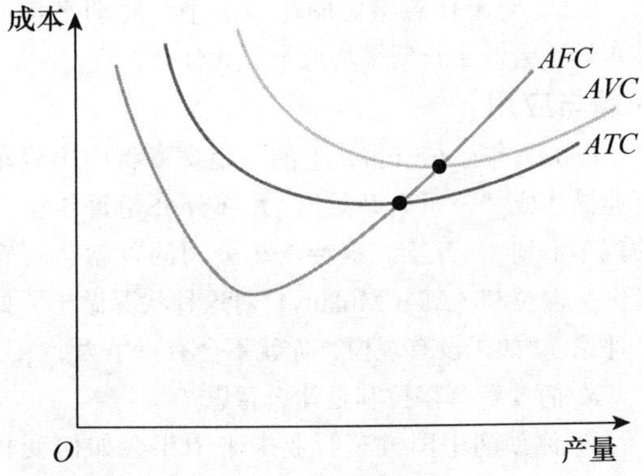

5.9 解释下面 a～d 所列的事件会如何影响西南航空公司的以下每项成本：边际成本、平均可变成本、平均固定成本、平均总成本。

a. 西南航空公司与运输工人工会签订了一份新合同，该合同要求西南航空公司提高空乘人员的工资。

b. 联邦政府开始对所有商用航空旅行征收每个乘客 20 美元的碳排放税。

c. 西南航空公司决定将整个董事会的高管薪酬削减 10%。

d. 西南航空公司决定将电视广告预算翻倍。

□ 8.6 长期成本

总结

长期平均成本曲线显示了企业在长期能够生产某一给定数量的产出的最低成本。对许多企业来说，由于规模经济的存在，长期平均成本曲线随产量增加而下降。最小有效规模是所有的规模经济都已经实现的产出水平。在规模经济全部实现后，企业经历着不变规模报酬，此时它们的长期平均成本曲线是水平的。在高产出水平，由于企业经历着规模不经济，长期平均成本曲线转而上升。

复习题

6.1 在长期，总成本和可变成本之间有何差别？

6.2 什么是最小有效规模？在长期，没有达到最小有效规模的企业可能会发生什么？

6.3 什么是规模经济？企业可能经历规模经济有哪四个原因？

6.4 什么是规模不经济？随着企业不断扩大其商店或工厂的规模，企业最终会遭遇规模不经济，主要原因是什么？

6.5 对于任意给定的产出水平，短期平均成本永远不会低于长期平均成本，为什么？

问题与应用

6.6 《华尔街日报》上的一篇文章将中国汽车行业描述成“公司大杂烩”，大部分公司每年生产的汽车不到 10 万辆。福特汽车公司的首席执行官艾伦·穆拉利（Alan Mulally）对这种状况做出了如下评论：“如果没有规模，你就不会有竞争力。”

a. 简要解释穆拉利是什么意思。

b. 你预期中国汽车行业未来十年会如何变化（企业数量和企业规模方面）？

资料来源：Colum Murphy, “Chinese Car Makers Struggle to Lure Buyers”, *Wall Street Journal*, April 21, 2014.

6.7 [与例题 8.6 有关] 假定吉尔·约翰逊不得不在建造一家较小的餐馆和较大的餐馆之间进行选择。在下图中，较小餐馆的成本和产出之间的关系用曲线 ATC_1 代表，较大餐馆的成本和产出之间的关系用曲线 ATC_2 代表。

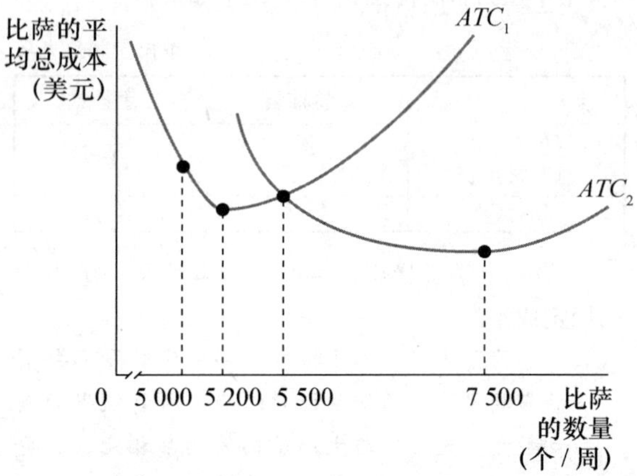

a. 如果吉尔预计每周生产 5 100 个比萨，她应该建造一家较小的还是较大的餐馆？请简要解释。

b. 如果吉尔预计每周生产 6 000 个比萨，她应该建造一家较小的还是较大的餐馆？请简要解释。

c. 一个学生问：“如果当吉尔每周生产 7 500 个比萨时在较大餐馆生产比萨的平均成本更低，那么，为什么当吉尔每周生产 5 200 个比萨时在较大餐馆生产比萨的平均成本不会也更低？”简要回答学生提出的这个问题。

6.8 [与例题 8.6 有关]《华尔街日报》上的一篇文章讨论了 Zipcar 这家小汽车租赁企业被大得多的 Avis 收购这件事情。该文预测，这一收购将会是成功的，原因是“将这两家公司整合会提高效率”。该文还评论道：“光靠自己的话，Zipcar 太小了而无法实现规模经济。”

a. 汽车租赁行业可能存在什么样的规模经济？为什么太小的汽车租赁企业无法实现这些规模经济？

b. 该文所说的将这两家公司整合可能提高的“效率”是指什么？

c. 如果 Avis 在购买 Zipcar 之前已经达到了最小有效规模，合并后的公司还会比分开经营更有效率吗？请简要解释。

资料来源：Rolfe Winkler, “Avis Puts Some Zip in Its

Weekend", *Wall Street Journal*, January 2, 2013.

6.9 [与例题 8.6 有关] 时代华纳和沃尔特·迪士尼公司曾经讨论过将它们的新闻业务合并。时代华纳拥有美国新闻网(CNN),迪士尼公司拥有美国广播公司新闻网(ABC)。在分析合并新闻业务的事宜时,两家公司得出结论:倘若合并,那么,合并后的新闻业务的平均成本比 CNN 或 ABC 新闻各自单独运营还要高。利用一幅长期平均成本曲线图形说明为什么两家公司没有合并它们的新闻业务。

资料来源:Martin Peers and Joe Flint, "AOL Calls Off CNN-ABC Deal, Seeing Operating Difficulties", *Wall Street Journal*, February 14, 2003.

6.10 [与 8.6.2 节中的"建立联系"专栏有关] 假定无论亨利·福特建造的汽车工厂有多大,他都继续经历着规模经济。讨论这对汽车行业有什么启示。

6.11 近些年里,美国的石油产量大幅增加,这主要是因为水力压裂法这种新技术的出现。水力压裂法是指通过高压将水、沙子和化学物质的混合物注入岩层以释放石油和天然气。《华尔街日报》上的一篇文章指出,水力压裂法中的规模经济可能比传统的石油钻探中的小得多。如果这一观点正确,美国的石油钻探企业的数量的可能后果会是什么?

资料来源:Russell Gold and Theo Francis, "The New Winners and Losers in America's Shale Boom", *Wall Street Journal*, April 20, 2014.

6.12 [与 8.6.2 节中的"不要犯这样的错误!"专栏有关] 地质学家、企业家和石油公司高管 T. 布恩·皮肯斯(T. Booner Pickens)在他的自传中写道:

> 有效率的大公司是不常见的……当你深入内部观察时,就很容易发现大企业实际上有多么效率低下了。大多数公司的官僚机构都人浮于事。

皮肯斯描述的是边际报酬递减还是规模不经济?请简要解释。

资料来源:T. Booner Pickens, *The Luckiest Man in the World*, Washington DC: Beard Books, 2000, p. 275.

6.13 2012 年,美国连锁书店 Barnes & Noble 的 CEO 威廉·林奇(William Lynch)预测,尽管该企业在 Nook 平板电脑的销售上遭受了亏损,但是,"Nook 业务的规模在 2013 财年将扩大,亏损相比上一年将会减少。"

a. 林奇所说的 Nook 业务的规模将扩大是什么意思?

b. 为什么 Nook 业务的规模扩大会减少该公司的亏损?

c. 2013 年,Barnes & Noble 在 Nook 平板电脑的销售上的亏损增加了,林奇辞去了 CEO 职位。我们可以下结论说 Nook 业务的规模没有扩大吗?请简要解释。

资料来源:Jeffrey A. Trachtenberg, "Nook Loses Ground in Tablet War", *Wall Street Journal*, January 3, 2013.

第 4 篇

市场结构和企业战略

第 9 章

完全竞争市场中的企业

本章概览和学习目标

9.1 完全竞争市场

解释什么是完全竞争市场以及为什么完全竞争企业面临着水平的需求曲线。

9.2 完全竞争市场中的企业如何最大化利润

解释完全竞争市场中的企业如何最大化利润。

9.3 在成本曲线图形上表示利润或亏损

用图形表示企业的利润或亏损。

9.4 短期生产或停产的决策

解释为什么企业可能会暂时停产。

9.5 “如果人人都可以做，那么你无法从中获利”：企业在长期的进入和退出

解释进入和退出如何保证完全竞争企业在长期赚取零利润。

9.6 完全竞争和效率

解释完全竞争如何导致了经济效率。

开篇案例

散养柴鸡蛋是致富之路吗？

近些年来，对更健康食品的需求增加了。此外，许多人担心有些用食物饲养的动物没有得到人道的对待。美国有超过 65 000 个只生产鸡蛋的养鸡场。大部分农场主在鸡笼里养鸡，而鸡笼限制了鸡的活动范围。但是，有些农场主开始卖用散养法生产的鸡蛋。尽管美国农业部还没有对“散养”等术语下过官方定义，但是，以这种方法饲养的鸡有很大的活动范围，有些甚至是在户外饲养的。

有些消费者愿意为散养鸡生的鸡蛋付更多的钱。《华尔街日报》上的一篇文章援引了一个消费者购买散养柴鸡蛋的理由：“我喜欢我的鸡能够吃虫子和抓东西。”以这种方法养鸡的成本更高，原因如下：给定大小的区域能养的鸡更少，由于鸡走来走去，因而吃得更多，有些鸡会被别的鸡啄死。但是，有些农场主能够以传统方法生产的鸡蛋的两倍价格销售散养柴鸡蛋。总体上，农场主在散养柴鸡蛋上比在传统鸡蛋上赚取的利润更高。

到 2015 年，只有大约 6%的鸡蛋是散养鸡生的。但是，许多农场主转向采用这种方法。某个农场主给出了如下解释：“饲养是为了赚取利润，如果有人愿意付给我们更多钱，我们就那么做。”但是，这些利润还会持续多久呢？尽管散养柴鸡蛋的份额很小，但它增长迅速；随着更多农场主转向这种方法，已经有迹象表明散养柴鸡蛋相对于传统鸡蛋的溢价在缩水。

新企业进入一个有利可图的市场并压低价格和利润这个过程并不是只在农业部门才有。在整个经济中，企业家不断推出新产品或销售产品的新方式，如果获得成功，这会使他们在短期赚取经济利润。但是，在长期，企业之间的竞争迫使价格下降到正好收回生产成本的水平。这个竞争过程是市场体系的中心，也是本章关注的焦点。

资料来源：David Kesmodel，“Latest Flap on Egg Farms：Whether to Go ‘Cage-Free’”，*Wall Street Journal*，March 11，2015；David Kesmodel，“Free-Range? Cage-Free? Organic?” *Wall Street Journal*，March 11，2015；“Dunkin’ Donuts Eyes Shift to All Cage-Free Eggs Globally”，Associated Press，March 30，2015；and U. S. Department of Agriculture data.

生活中的经济学☞

你是一个企业家吗？

你在高中时期是一个企业家吗？你可能做过保姆，或者为邻居家修剪过草坪。尽管你可能不认为这些工作算得上小生意，但它们确实是。你在提供这些服务时是如何决定收什么价格的？你也许想过要收取每小时 25 美元的价格，但是很可能你实际上收取的要比 25 美元少得多。在阅读本章的过程中，思考一下你作为青年企业家所面临的竞争情景，试着解释为什么大多数保姆和修剪草坪的人收到的价格如此低。对照我们在本章末提供的答案，你可以检验你的答案。

行业是指销售某一特定商品或服务——例如，鸡蛋、汽车或寿险——的所有企业。养鸡业是完全竞争行业的一个例子。完全竞争行业中的企业不能控制它们出售的产品的价格，在长期不能赚取经济利润，这有两个主要原因：

(1) 这些行业中的企业销售的是相同的产品；

(2) 新企业很容易进入这些行业。

研究完全竞争行业如何运行的最佳方法是理解市场如何回答第1章中讨论的三个基本经济问题：

- 生产什么商品和服务？
- 如何生产这些商品和服务？
- 谁将获得这些商品和服务？

但是，大部分行业都不是完全竞争的。在大部分行业中，企业生产的产品并不是相同的。在某些行业中，新企业可能很难进入。在美国有数以千计的行业。尽管每个行业在某些方面都是独一无二的，但是，各行业具有足够的相似性，经济学家据此将所有的行业分成四种市场结构。特别地，任何行业都有如下三个关键特征：

(1) 行业中的企业数量。

(2) 行业中企业生产的商品或服务的相似性。

(3) 新企业进入该行业的难易程度。

经济学家用这些特征把所有行业分成表9.1所列出的四种市场结构。

包括餐馆、服装店和其他零售商在内的许多行业都有大量销售差异化产品而非相同产品的企业，这些行业属于垄断竞争的类型。计算机和汽车等一些行业只有少数企业，它们属于寡头。最后，美国邮政经营的特快专递等少数行业只有一家企业，它们属于垄断。在本章讨论了完全竞争之后，我们将在下一章讨论垄断，在第11章讨论垄断竞争和寡头。

表 9.1　　四种市场结构

特征	市场结构			
	完全竞争	垄断竞争	寡头	垄断
企业数量	许多	许多	几家	一家
产品类型	相同	差异化	相同或差异化	唯一
进入难易程度	易进入	易进入	不易进入	无法进入
行业例子	种植小麦，养鸡	服装店，餐馆	生产计算机，生产汽车	特快专递，提供自来水

9.1 完全竞争市场

为什么**完全竞争市场**（perfectly competitive market）中的企业不能控制它们出售的商品的价格？为什么这些企业的所有者在长期不能赚取经济利润呢？我们的分析从列举完全竞争市场需要满足的三个条件开始：

(1) 有许多买者和许多企业，它们相对于市场来说都很小。

(2) 市场中所有企业必须出售相同的产品。

(3) 新企业进入市场必须没有壁垒。

农产品市场满足这三个条件。例如，任意一个苹果消费者或生产者所购买或销售的苹果都只占苹果总收成的一个很小的比例。每个苹果种植者所出售的苹果都相同，新企业只要购买土地和栽种苹果树就可以进入苹果市场，没有任何壁垒。正如我们将要看到的，正是因为存在许多出售相同产品的企业，才使得任何单个苹果农场主都不能影响苹果的价格。

尽管苹果市场满足完全竞争的条件，但大部分商品和服务的市场不满足。特别地，第二个和第三个条件非常具有约束性。在大多数有着许多买者和卖者的市场，企业销售的产品并不是相同的。例如，并非所有的餐馆食物都相同，也不是所有的女装都相同。在接下来的两章，我们将探究常见的垄断竞争情形，在这种市场结构下，许多企业销售的产品相似而非相同；我们将分析新企业难以进入的寡头行业和新企业无法进入的垄断行业。在本章，我们集中于完全竞争市场，以便我们可以把完全竞争市场作为一个分析企业在面临最大程度的竞争时如何行事的基准。

□ 9.1.1　完全竞争企业不能影响市场价格

完全竞争市场中的价格是由商品或服务的需求和供给相互作用决定的。任何单个消费者或企业的行动对市场价格都没有任何影响。如果消费者和企业想在完全竞争市场购买和销售商品或服务，他们就必须接受市场价格。

由于完全竞争市场中的一个企业相对于整个市场来说很小并且它所销售的产品与其他企业所销售的完全相同，因此，它不必降价就能卖出任意多数量。如果一个完全竞争企业试图提高价格，那它就什么也卖不掉，原因是消费者可以转而去该企业的竞争对手那里购买该产品。因此，完全竞争企业是**价格接受者**（price taker），不得不收取与市场中其他企业同样的价格。尽管我们通常不会认为企业小到无法影响市场价格的程度，但是，消费者常常处于价格接受者的位置。例如，假定本地超市在以每块 2.5 美元的价格销售面包。你可以往购物车里装 10 块面包，超市会很乐意以每块 2.5 美元的价格卖给你这 10 块面包。但是，如果你去收银台说想以每块 2.49 美元的价格购买这些面包，那么，收银员不会卖给你。你的购买量相对于整个面包市场而言太小了，因而对均衡价格没有任何影响。无论你是不买面包而离开超市还是购买 10 块面包，你都不能改变面包的市场价格，哪怕是 1 美分。

你作为一个面包买者所面临的情况与小麦农场主作为一个小麦卖者所面临的情况是相同的。美国有大约 15 万农场主种植小麦。小麦的市场价格不是由任何单个小麦农场主决定的，而是由小麦市场上所有的买者和卖者的相互作用决定的。如果任何单个小麦农场主的收成为历年最好，或者如果任何单个农场主不再种植小麦了，那么，由于小麦的市场供给曲线移动的程度没有大到使均衡价格改变哪怕 1 美分，因此，小麦的市场价格不会受到影响。

□ 9.1.2　完全竞争企业产出的需求曲线

假定比尔·帕克（Bill Parker）在华盛顿州一个面积为 250 英亩的农场种植小麦。帕克在一个完全竞争市场销售小麦，因此他是一个价格接受者。由于他可以在市场价格水平销售任意数量的小麦，但在更高价格水平下根本卖不出去任何小麦，因此，他的小麦的需求曲线有着异乎寻常的形状：它是水平的，如图 9.1 所示。由于需求曲线是水平的，帕克必须接受市场价格，在这个例子中是每蒲式耳 7 美元。帕克每年卖掉的小麦数量是 6 000 蒲式耳还是15 000 蒲式耳对市场价格没有影响。

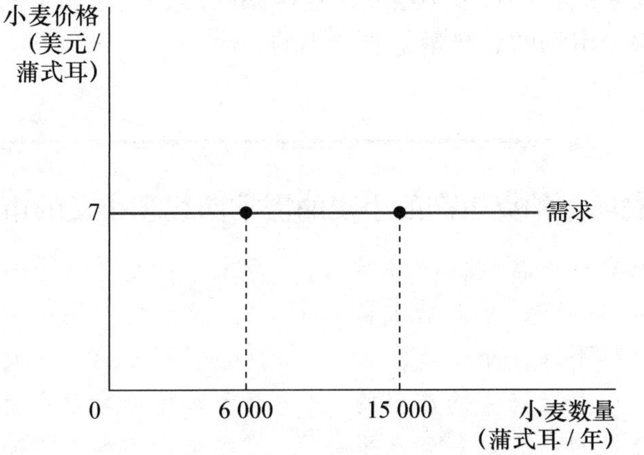

图 9.1　完全竞争企业面临着水平的需求曲线

完全竞争市场中的企业销售的产品与市场中所有其他企业销售的完全相同。因此，它可以在现行市场价格下销售任意多数量，但是，如果它提高价格，哪怕是 1 美分，就卖不掉任何东西。结果，完全竞争企业产出的需求曲线是一条水平直线。在图中，这个小麦农场主每年卖掉的小麦数量是 6 000 蒲式耳还是 15 000 蒲式耳对市场价格每蒲式耳 7 美元没有影响。

帕克生产的小麦的需求曲线与小麦的市场需求曲线有很大的差别。图 9.2（a）显示了小麦市场，图中的需求曲线是小麦的市场需求曲线，它的形状是正常的，与我们在第 3 章所熟悉的市场需求曲线一样向下倾斜。图 9.2（b）显示了帕克生产的小麦的需求曲线，它是一条水平的直线。把这两幅图对照起来看，你可以看出图 9.2（b）中帕克收到的小

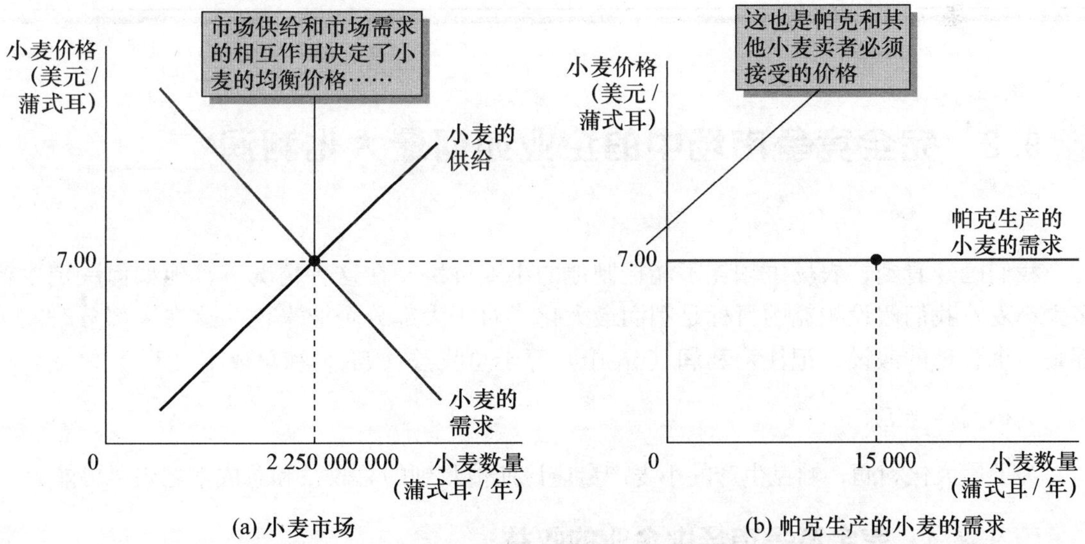

图 9.2　小麦的市场需求和单个农场主生产的小麦的需求

在一个完全竞争市场，价格是由市场需求和市场供给的相互作用决定的。在图（a）中，小麦的需求曲线和供给曲线交点处的价格为每蒲式耳 7 美元。帕克这样的单个小麦农场主不能影响小麦的市场价格。因此，如图（b）所示，帕克生产的小麦的需求曲线是一条水平直线。为了理解该图，重要的是注意到两幅图的横轴所使用的比例尺有很大差别。图（a）中小麦均衡数量为 22.5 亿蒲式耳，图（b）中帕克只生产了 15 000 蒲式耳小麦。

麦价格是由图 9.2（a）小麦市场中所有小麦买者和卖者的相互作用决定的。不过，注意两幅图中横轴的比例尺有很大差别。图 9.2（a）中小麦均衡数量为 22.5 亿蒲式耳，图 9.2（b）中帕克只生产了 15 000 蒲式耳，不到市场产出的 0.001%。我们需要在两幅图中使用不同的比例尺才能在一页纸中绘制出这两幅图形。记住如下的关键要点：帕克生产的小麦数量相对于整个市场的总产量是非常小的。

不要犯这样的错误！

不要混淆农场主帕克生产的小麦的需求曲线和小麦的市场需求曲线

小麦的需求曲线有着正常的向下倾斜的形状。如果小麦价格上升，小麦需求量就下降；如果小麦价格下降，小麦需求量就上升。但是，单个小麦农场主的产出的需求曲线不是向下倾斜的：它是一条水平直线。如果单个小麦农场主试图提高他收取的小麦价格，那么，对他的小麦的需求量将下降到零，原因是买者将从其他 15 万小麦农场主的任何一个那里购买。但是，任何一个农场主不必降低价格就可以卖出任意数量的小麦。以上这两点成立的原因是每个小麦农场主相对于整个小麦市场来说都是非常小的。

当我们绘制小麦市场的图形时，我们通常用百万蒲式耳或十亿蒲式耳为单位来表示市场均衡数量。当我们绘制对一个农场主生产的小麦的需求图形时，我们通常用更小的单位（如千蒲式耳）来表示产量。在解释这些图形时记住这个差别是很重要的。

最后，并非只有小麦农场主的产品才有水平的需求曲线，完全竞争市场中的任何企业都面临着水平的需求曲线。

轮到你了：做本章末与本专栏相关的问题与应用 1.6，看看你理解得如何。

9.2 完全竞争市场中的企业如何最大化利润

我们已经看到，农场主帕克不能控制他的小麦价格。在这种情况下，他如何决定生产多少小麦？我们假设帕克的目标是利润最大化。对于大部分企业来说，这在大部分时间里都是一个合理的假设。记住，**利润**（profit）等于总收益（TR）和总成本（TC）之差：

利润 $= TR - TC$

为了最大化利润，帕克生产的小麦产量应该使他收到的总收益和总成本之差尽可能大。

□ 9.2.1 完全竞争市场中企业的收益

为了理解农场主帕克如何最大化利润，让我们先考虑他的收益。为了简单起见，我们将假设他拥有的农场很小，每年最多生产 10 蒲式耳小麦。表 9.2 显示了帕克在小麦市场价格为 7 美元时销售不同数量的小麦的收益。

表 9.2 帕克种植小麦得到的收益

(1) 小麦数量（Q，蒲式耳）	(2) 市场价格（P，美元/蒲式耳）	(3) 总收益（TR，美元）	(4) 平均收益（AR，美元）	(5) 边际收益（MR，美元）
0	7	0	—	—
1	7	7	7	7
2	7	14	7	7
3	7	21	7	7
4	7	28	7	7
5	7	35	7	7
6	7	42	7	7
7	7	49	7	7
8	7	56	7	7
9	7	63	7	7
10	7	70	7	7

表 9.2 的第 3 列显示，帕克每多卖出 1 蒲式耳小麦，他的总收益就增加 7 美元，原因是他可以在每蒲式耳 7 美元的市场价格下卖出任意数量的小麦。表格的第 4 列和第 5 列显示了帕克销售小麦的平均收益和边际收益。他的**平均收益**（average revenue，AR）等于总收益除以卖掉的小麦数量。例如，如果他卖掉 5 蒲式耳小麦得到 35 美元，那么，他的平均收益为 7(=35/5) 美元。注意，他的平均收益总是等于市场价格，即 7 美元。实际上，无论产出水平为多少，企业的平均收益总是等于市场价格。这一等式成立的原因是，总收益等于价格乘以数量（$TR=P\times Q$），而平均收益等于总收益除以数量（$AR=TR/Q$），因此，$AR=TR/Q=(P\times Q)/Q=P$。

帕克的**边际收益**（marginal revenue，MR）等于他多卖出 1 蒲式耳小麦所引起的总收益的变动：

$$\text{边际收益}=\frac{\text{总收益的变动}}{\text{数量的变动}}，\text{即 } MR=\frac{\Delta TR}{\Delta Q}$$

由于帕克每多卖出 1 蒲式耳小麦，他的总收益总是增加 7 美元，因此，他的边际收益就是 7 美元。帕克的边际收益总是每蒲式耳小麦 7 美元，原因是他是在一个完全竞争市场卖小麦，在市场价格下他能够想卖多少就卖多少。实际上，帕克的边际收益和平均收益都等于市场价格。这是一个重要的结论：对于完全竞争市场中的企业，平均收益和边际收益都等于价格。

□ 9.2.2 确定利润最大化产出水平

为了确定帕克如何才能最大化利润，我们必须既考虑他的收益，又考虑他的成本。小麦农场主有许多成本，包括种子成本和化肥成本以及支付给农场工人的工资。我们把表 9.2 中的收益数据和帕克的农场成本数据都放在表 9.3 中。回忆企业的边际成本就是多生产 1 单位产出引起的总成本的增加。

表 9.3 帕克种植小麦得到的利润

小麦数量（Q，蒲式耳）	总收益（TR，美元）	总成本（TC，美元）	利润（$TR-TC$，美元）	边际收益（MR，美元）	边际成本（MC，美元）
0	0.00	10.00	−10.00	—	—
1	7.00	14.00	−7.00	7.00	4.00
2	14.00	16.50	−2.50	7.00	2.50
3	21.00	18.50	2.50	7.00	2.00
4	28.00	21.00	7.00	7.00	2.50
5	35.00	24.50	10.50	7.00	3.50
6	42.00	29.00	13.00	7.00	4.50
7	49.00	35.50	13.50	7.00	6.50
8	56.00	44.50	11.50	7.00	9.00
9	63.00	56.50	6.50	7.00	12.00
10	70.00	72.00	−2.00	7.00	15.50

我们在第 4 列中列出利润，计算方法是从第 2 列的总收益中减去第 3 列的总成本。第 3 列表明，只要帕克生产的小麦数量介于 3～9 蒲式耳之间，他就赚得利润。他的最大利润是生产 7 蒲式耳小麦时能得到的 13.5 美元。由于帕克想最大化利润，我们预期他将生产 7 蒲式耳小麦。生产更多的小麦会降低他的利润。例如，如果他生产 8 蒲式耳小麦，那么，利润将从 13.5 美元下降到 11.5 美元。表格最后一列给出的边际成本的值有助于我们理解为什么帕克生产的小麦超过 7 蒲式耳时利润会减少：超过 7 蒲式耳小麦后，边际成本上升到了边际收益之上，这导致利润下降。

事实上，比较每一产出水平下的边际成本和边际收益是计算帕克的利润的另一种方法。我们将在图 9.3 中表示出这两种计算利润的方法。在图 9.3（a）中，我们表示出了总收益和总成本方法；在图 9.3（b）中，我们表示出了边际收益和边际成本方法。图 9.3（a）中的总收益是一条直线，原因是每多卖出 1 蒲式耳小麦，总收益就增加 7 美元。当代表总收益的直线和总成本曲线之间的垂直距离达到最大时，帕克的利润就达到了最大。正如我们在表 9.3 中所看到的，他的最大利润出现在产出为 7 蒲式耳的时候。

表 9.3 的最后两列显示了帕克多卖出 1 蒲式耳小麦得到的边际收益（MR）和多生产 1 蒲式耳小麦的边际成本（MC）。图 9.3（b）是一幅表示帕克的边际收益和边际成本的图形。由于边际收益总是等于 7 美元，它是一条在市场价格处的水平直线。我们已经看到，完全竞争企业所面临的需求曲线也是在市场价格处的水平直线。因此，完全竞争企业的边际收益曲线与它的需求曲线相同。帕克生产小麦的边际成本先下降后上升，与我们在第 8 章讨论的通常形状相同。

我们从图 9.3（a）得知，利润在产量为 7 蒲式耳小麦时达到最大。在图 9.3（b）中，利润同样是在产量为 7 蒲式耳小麦时达到最大。为了理解为什么在边际收益等于边际成本的产出水平处利润达到最大，回忆一个重要的经济学原理：最优决策基于边际分析。企业利用这一原理来决定生产的产品数量。例如，在决定生产多少小麦时，帕克需要比较他多卖出 1 蒲式耳小麦的边际收益和他生产这一蒲式耳小麦的边际成本。边际收益和边际成本之差就是多生产 1 蒲式耳小麦得到的额外利润（或损失）。只要边际收益大于边际成本，帕克的利润就在增加，他就要扩大生产。例如，他不会停止在 6 蒲式耳小麦处，原因是生产和销售第 7 蒲式耳小麦令他的收益增加了 7 美元但成本只增加了 6.5 美元，因此他的利润增加了 0.5 美元。他想继续生产，直到多卖出 1 蒲式耳小麦得到的边际收益等于生产这一蒲式耳小麦的边际成本为止。在那个产出水平，他多卖 1 蒲式耳小麦不能得到额外的利润，因此，他的利润达到了最大。

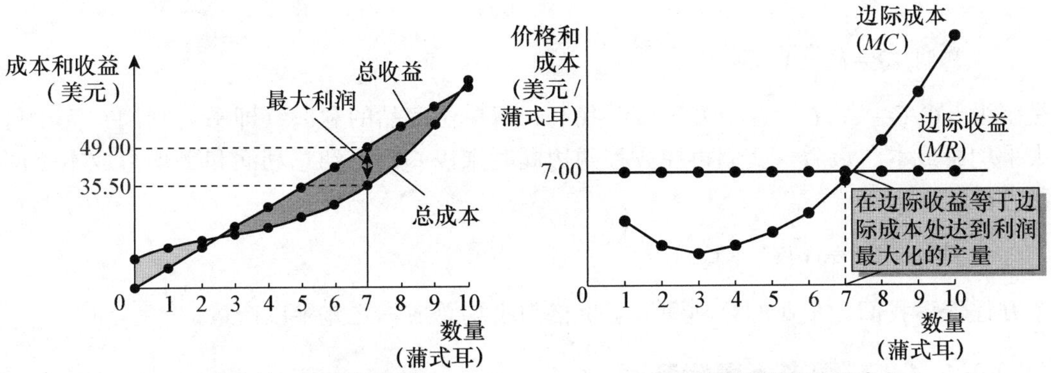

(a) 总收益、总成本和利润　　(b) 边际收益和边际成本

图 9.3　利润最大化产出水平

在图（a）中，帕克的利润在总收益和总成本之间的垂直距离最大处达到最大。此时产出为 7 蒲式耳小麦。图（b）显示，帕克的边际收益（*MR*）总是等于每蒲式耳 7 美元。帕克通过生产使最后 1 蒲式耳小麦的边际收益等于其边际成本（*MR*=*MC*）的产量，实现了利润最大化。在这个例子中，没有哪个产出水平使边际收益正好等于边际成本。帕克能生产的最接近的产量为 7 蒲式耳小麦。一旦边际成本超过边际收益，他就不愿意继续生产，原因是那样做会降低他的利润。图（a）和图（b）表示了思考帕克如何决定利润最大化产量的两种方法。

通过仔细观察表 9.3，我们可以看到，没有哪个产出水平使边际收益正好等于边际成本。帕克能生产的最接近的产量为 7 蒲式耳小麦。一旦边际成本超过边际收益，他就不愿意继续生产，原因是那样做会降低他的利润。例如，第 8 蒲式耳小麦使他的成本增加了 9 美元但收益只增加了 7 美元，因此，生产这一单位使他的利润减少了 2 美元。

从表 9.3 和图 9.3 的信息我们可以得出如下结论：

（1）在利润最大化的产出水平，总收益和总成本之差达到最大。

（2）在利润最大化的产出水平，边际收益等于边际成本，即 *MR*=*MC*。

无论企业是否处于完全竞争行业，这两个结论对任何企业都成立。我们可以得出只对完全竞争行业中的企业才成立的关于利润最大化的另一个结论：对于完全竞争行业中的企业，价格等于边际收益，即 *P*=*MR*。因此，我们可以把 *MR*=*MC* 的条件改写成 *P*=*MC*。

9.3　在成本曲线图形上表示利润或亏损

我们已经看到，利润是总收益和总成本之差。我们可以用平均总成本来表示利润。这允许我们在第 8 章所讨论的成本曲线图形上表示利润。

首先，我们需要确定利润和平均总成本之间的关系。由于利润等于总收益（*TR*）减去总成本（*TC*），而总收益等于价格乘以数量，所以，利润可以表示成：

利润$=(P\times Q)-TC$

如果我们把方程两边都除以 Q，我们得到

利润$/Q=(P\times Q)/Q-TC/Q$

即

利润$/Q=P-ATC$

这是因为 $TC/Q=ATC$。这个方程告诉我们，每单位商品的利润（即平均利润）等于价格减去平均总成本。最后，我们再在方程两边同时乘以 Q，得到总利润和平均总成本之间的关系方程：

利润$=(P-ATC)\times Q$

这个方程告诉我们，企业的总利润等于价格与平均总成本之差乘以产量。

□ 9.3.1 在图形上表示利润

图 9.4 表示了我们在第 8 章讨论的企业的平均总成本与边际成本之间的关系。在该图中，我们还画出了企业的边际收益曲线（与需求曲线相同），标出了代表总利润的区域。利用我们刚刚得到的利润与平均总成本之间的关系，我们可以说，代表总利润的这个区域的高为 $(P-ATC)$，底为 Q。这个区域用深灰色阴影矩形表示。

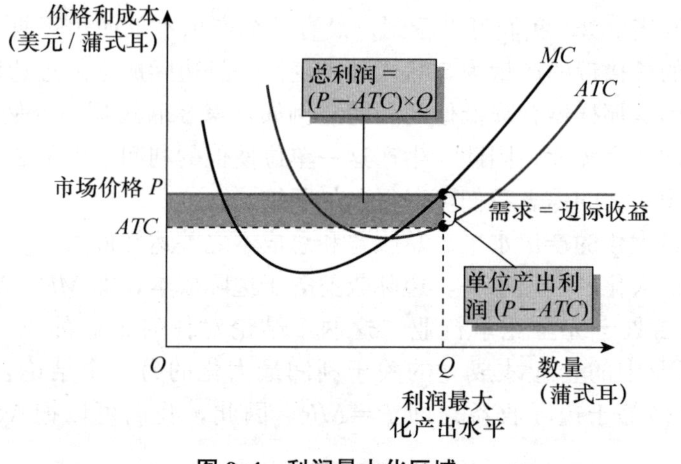

图 9.4 利润最大化区域

企业在边际收益等于边际成本的产出水平实现了利润最大化。价格和平均总成本之差等于单位产出利润。总利润等于单位产出利润乘以产量。总利润用深灰色阴影矩形区域表示，它的高为 $(P-ATC)$，底为 Q。

例题 9.3 确定利润最大化价格和产量

假定安迪（Andy）在一个完全竞争的篮球市场销售篮球。他每天的产出和成本如下：

每天的产出（个）	总成本（美元）
0	10.00
1	20.50

续前表

每天的产出（个）	总成本（美元）
2	24.50
3	28.00
4	34.00
5	43.00
6	55.50
7	72.00
8	93.00
9	119.00

a. 假定篮球市场当前的市场均衡价格为 12.5 美元。为了最大化利润，安迪将生产多少个篮球？收取什么价格？赚取多少利润（或亏损多少）？画图说明你的答案。在图形中清楚地标明安迪的需求，*ATC*、*AVC*、*MC* 和 *MR* 曲线，他收取的价格，他生产的产量，以及代表他的利润（或亏损）的区域。

b. 假定篮球的均衡价格下降到 6 美元。现在，安迪将生产多少个篮球？收取什么价格？赚取多少利润（或亏损）？画图说明你的答案，和问题 a 一样，标明各项。

解：

第 1 步：复习本章内容。这一问题是关于利用成本曲线图形分析完全竞争企业的，所以你可能需要复习一下 9.3 节“在成本曲线图形上表示利润或亏损”。

第 2 步：计算安迪的边际成本、平均总成本和平均可变成本。为了最大化利润，安迪将生产使得边际收益等于边际成本的产出水平。我们可以根据表中的信息计算出边际成本。为了画出所要求的图形，我们也可以计算平均总成本和平均可变成本。平均总成本（*ATC*）等于总成本（*TC*）除以产出水平（*Q*）。平均可变成本（*AVC*）等于可变成本（*VC*）除以产出（*Q*）。为了计算可变成本，回忆总成本等于可变成本加上固定成本。当产出为零时，总成本等于固定成本。在这个例子中，固定成本等于 10 美元。

每天的产出（*Q*，个）	总成本（*TC*，美元）	固定成本（*FC*，美元）	可变成本（*VC*，美元）	平均总成本（*ATC*，美元）	平均可变成本（*AVC*，美元）	边际成本（*MC*，美元）
0	10.00	10.00	0.00	—	—	—
1	20.50	10.00	10.50	20.50	10.50	10.50
2	24.50	10.00	14.50	12.25	7.25	4.00
3	28.00	10.00	18.00	9.33	6.00	3.50
4	34.00	10.00	24.00	8.50	6.00	6.00
5	43.00	10.00	33.00	8.60	6.60	9.00
6	55.50	10.00	45.50	9.25	7.58	12.50
7	72.00	10.00	62.00	10.29	8.86	16.50
8	93.00	10.00	83.00	11.63	10.38	21.00
9	119.00	10.00	109.00	13.22	12.11	26.00

第 3 步：利用第 2 步得到的表格中的信息计算在篮球的市场价格为 12.5 美元时安迪会生产多少个篮球，收取什么价格，获得多少利润。安迪的边际收益等于市场价格，即 12.5 美元。

当安迪每天生产6个篮球时，边际收益等于边际成本。因此，安迪每天将生产6个篮球，收取每个篮球12.5美元的价格。安迪的利润等于他的总收益减去总成本。他的总收益等于他的篮球销售量乘以价格，即75(=6×12.5)美元。因此，他的利润等于19.5(=75−55.5)美元。

第4步：利用第2步得到的表格中的信息，用一幅图说明你对问题a的答案。

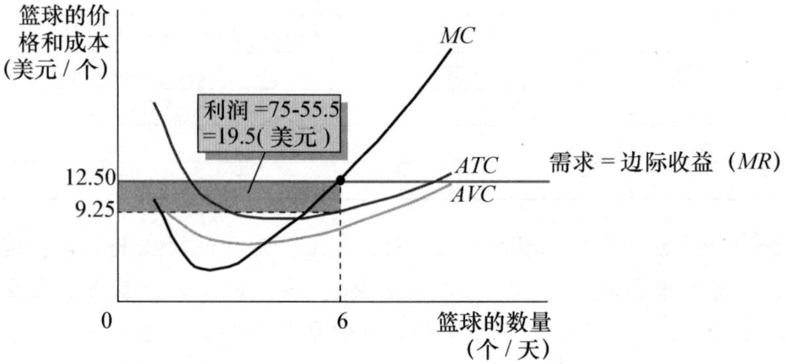

第5步：计算当篮球的市场价格为6美元时，安迪会生产多少个篮球，收取什么价格，获得多少利润。参考第2步中的表格，我们可以看到当安迪每天生产4个篮球时，边际收益等于边际成本。他收取的市场价格是每个篮球6美元。因此，他的总收益只有24美元，而他的总成本为34美元，从而有10美元的亏损。（我们可以肯定安迪在经营出现亏损时仍将继续生产吗？在下一节中我们将回答这个问题。）

第6步：用一幅图说明你对问题b的答案。

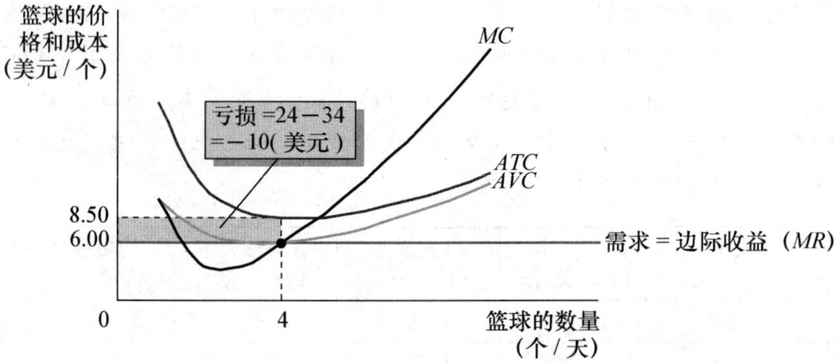

轮到你了：要想做更多的练习，请做本章末与本专栏相关的问题与应用3.3和3.4。

不要犯这样的错误！

记住，企业最大化的是它们的总利润而非单位利润

一个学生仔细看了下页右侧图后说："我认为这家企业会想生产 Q_1 而不是 Q_2 这么多产量。当产量为 Q_1 时，价格和平均总成本之间的垂直距离达到最大。因此，此时该企业的单位利润达到最大。"简要说明你是否同意该学生的说法。

这个学生的说法是错误的，原因在于企业感兴趣的是最大化总利润而非最大化

单位利润。我们知道，在产量为 Q_1 时利润没有达到最大，原因是此时边际收益大于边际成本。如果多生产的产出单位使企业的收益增加量超过成本增加量，那么，企业就能通过增加产量而增加利润。只有在产量增加到 Q_2 时，该企业才已经生产出了每一个边际收益大于边际成本的产出单位。在该点，该企业实现了利润最大化。

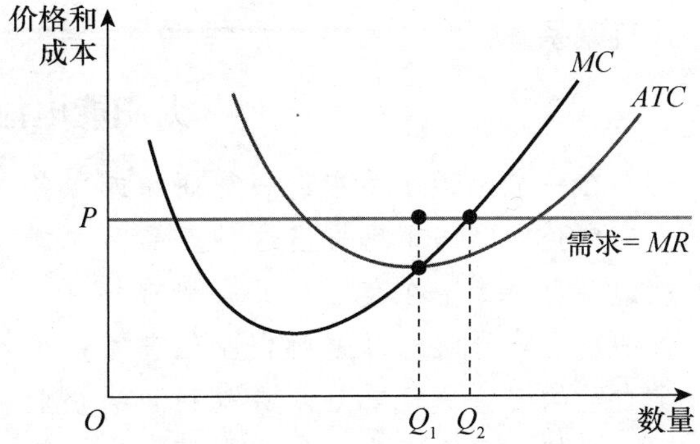

轮到你了：做本章末与本专栏相关的问题与应用 3.5，看看你理解得如何。

□ 9.3.2 图示企业收支相抵或经营亏损的情形

我们已经看到，为了最大化利润，企业生产的产出水平满足边际收益等于边际成本。但是，在这一产出水平，企业实际上赚取了利润吗？这取决于价格和平均总成本之间的关系。有如下三种可能性：

(1) $P>ATC$，这意味着企业赚取了利润。

(2) $P=ATC$，这意味着企业收支相抵（总成本等于总收益）。

(3) $P<ATC$，这意味着企业出现了亏损。

图 9.4 显示了第一种可能性，即企业赚取利润的情形。图 9.5（a）和图 9.5（b）分别显示了企业收支相抵和出现亏损的情形。在图 9.5（a）中，在 $MR=MC$ 的产出水平，价格等于平均总成本，因此，总收益等于总成本，企业收支相抵，赚取的经济利润为零。在图 9.5（b）中，在 $MR=MC$ 的产出水平，价格小于平均总成本，因此，总收益小于总成本，企业发生亏损。在这种情况下，最大化利润等价于最小化亏损。

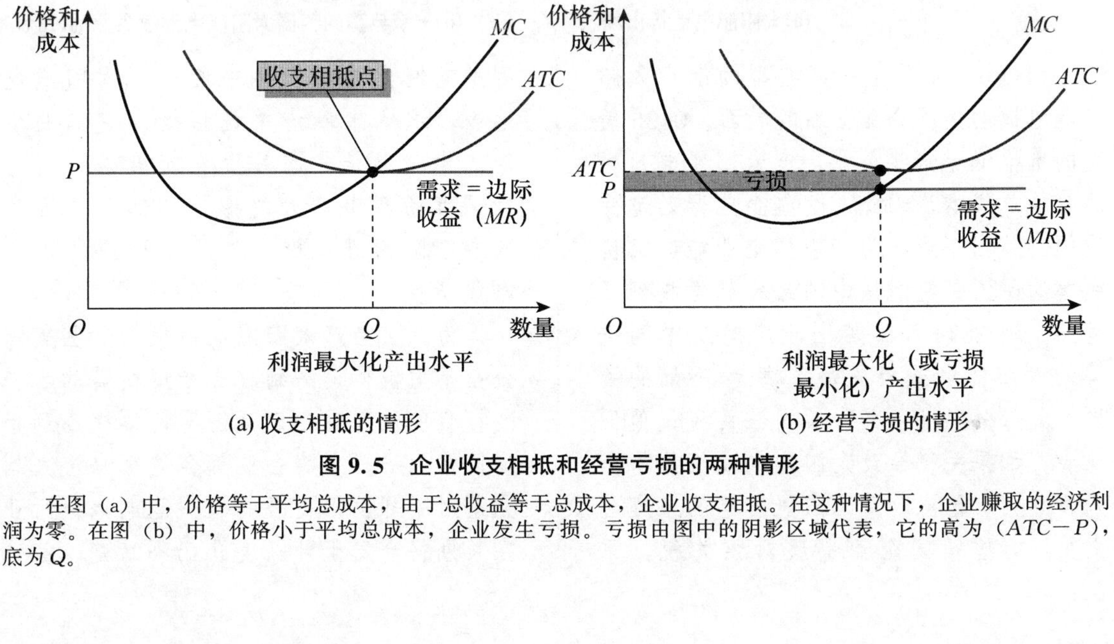

图 9.5 企业收支相抵和经营亏损的两种情形

在图（a）中，价格等于平均总成本，由于总收益等于总成本，企业收支相抵。在这种情况下，企业赚取的经济利润为零。在图（b）中，价格小于平均总成本，企业发生亏损。亏损由图中的阴影区域代表，它的高为 $(ATC-P)$，底为 Q。

太阳能电池板行业的亏损

在一个市场体系中，一种商品或服务只有在企业家向市场推出这种产品时才能被消费者得到。在美国，每周都有数以千计的新企业开张。每家新企业代表着一个拿自己的资金进行冒险以赚取利润的企业家。当然，没有百分之百的成功，许多新企业出现了亏损，而没有像它们的所有者所希望的那样赚到利润。

到了 21 世纪头十年中期，高油价和对燃烧化石燃料产生的污染的担心导致更多的人对太阳能产生了兴趣。技术进步降低了太阳能电池板中使用的太阳能光伏电池的成本。此外，安装太阳能家用发电系统的家庭能收到等于该系统成本的 30%的联邦税收抵免。在接下来的几年里，生产成本的下降和需求的增加导致美国的企业家们创办生产太阳能电池板的新企业。然而，到了 2009 年，中国企业生产的太阳能电池板的大量进口压低了市场价格。正如图 (a) 所示，用每瓦电的价格来衡量的太阳能电池板的价格从 2009 年的每瓦 2 美元下降到 2014 年的每瓦 0.36 美元。

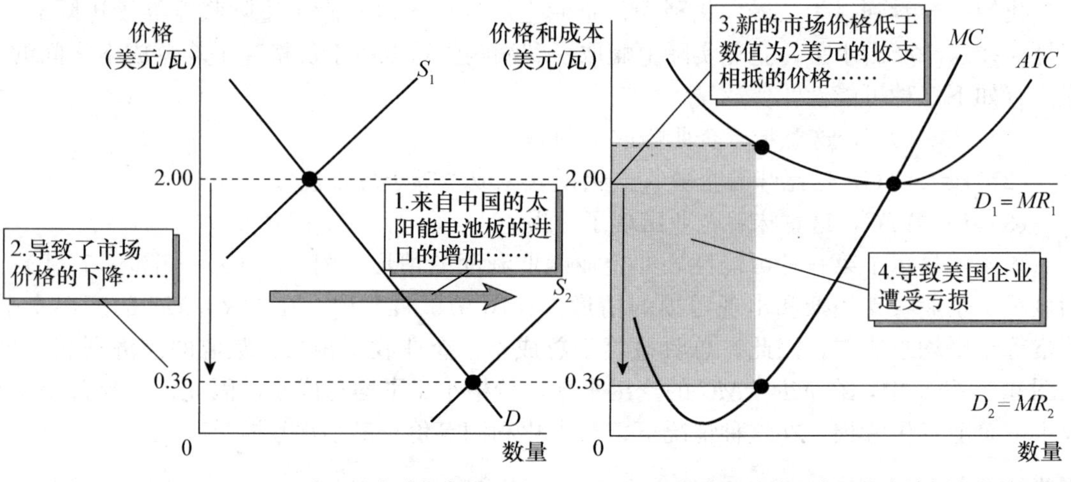

(a)太阳能电池板市场　　(b)一家典型的美国太阳能电池板企业的亏损

图 (b) 显示了一家典型的生产太阳能电池板的美国企业面临的局面。0.36 美元的价格低于这些企业生产太阳能电池板的平均总成本，因此，这些企业开始遭受亏损。美国企业认为，中国企业能够低价销售的原因是它们从中国政府那里收到了补贴。到 2014 年，美国政府对从中国进口的太阳能电池板施加了高达 78%的关税。大部分环境主义者反对该关税，他们认为，如果关税导致太阳能电池板价格上升，那么，愿意改用太阳能发电的家庭会更少。有些美国企业也反对该关税，原因是它们出口的产品中使用了太阳能电池板，这意味着该关税将提高它们的生产成本。但是，该关税看起来并没有对美国市场产生多大的影响，部分原因是来自中国的进口被来自马来西亚的进口取代了。

为什么生产太阳能电池板的那些美国企业不把价格提高到收支相抵所需的水平呢？我们已经看到，试图把价格提高到市场价格水平以上的企业都会使客户流失到竞争对手那里。美国的太阳能电池板行业在长期将会发生什么变化仍不清楚。2015

年，一些美国企业对特斯拉汽车公司推出家庭电池能量墙的声明将会产生的影响持乐观态度。家庭电池能量墙将会允许安装了太阳能电池板的人将大晴天产生的能量储存起来，等到阴天或晚上就可以使用了。通过减少对买电的依赖，家庭电池能量墙有可能增加太阳能电池板的需求从而使价格提高到足以使美国企业至少收支相抵的水平。然而，对许多已经破产的美国太阳能电池板企业来说，这一新进展来得太晚了。创办那些企业的企业家都损失了他们的大部分投资。

资料来源：Diane Cardwell, "U. S. Imposes Steep Tariffs on Chinese Solar Panels", *New York Times*, December 16, 2014; Kate Galbraith, "With Tesla Entering Market, Hopes for Home Batteries Grow", *New York Times*, May 13, 2015; and Peter Diamandis, "Solar Energy Revolution: A Massive Opportunity", forbes. com, September 2, 2014.

轮到你了：做本章末与本专栏相关的问题与应用 3.7，看看你理解得如何。

9.4 短期生产或停产的决策

在图 9.5（b）中，我们假设企业在经营亏损时仍继续生产。实际上，出现亏损的企业有两个选择：

（1）继续生产；

（2）暂时停产。

在许多情况下，出现亏损的企业会考虑暂时停产。但是，在暂时停产期间，企业也必须支付其固定成本。例如，如果企业签了一份租约租用办公场所，那么，就算它不生产任何东西，它每月也得给房东付租金。因此，如果一家企业不生产，它发生的亏损就等于其固定成本。这一亏损是企业会接受的最大亏损额。如果生产会使亏损超过固定成本，那么，企业就会停产。

如果企业继续生产得到的总收益超过其可变成本，那么，企业可以通过继续生产来将其亏损降低到总固定成本以下。企业可以用超过可变成本的收益收回部分固定成本。在这种情况下，企业继续生产时的亏损比停产时要小。

在分析企业是否停产的决策时，我们假设企业的固定成本是沉没成本。回忆**沉没成本**（sunk cost）是已经支付且不能收回的成本。我们假设企业不能通过停产来收回固定成本，这也是通常的现实情况。例如，如果一个农场主贷款买地，那么，无论他是否种植小麦，他每月都得还贷。由于这些钱是必须花的而且收不回来，因此，该农场主应该把沉没成本看做与决策无关的成本。对任何企业来说，总收益大于还是小于可变成本都是决定在短期停产还是继续生产的关键。只要企业的总收益大于其可变成本，它就应该继续生产而不论其固定成本有多大或多小。

完全竞争市场中出现亏损的企业不能提高价格。如果企业真的提高了价格，那么，它就会失去所有的客户，销售额就会下降到零。例如，在过去的 20 年中，美国的小麦价格通常处在足以使美国的典型小麦农场主至少收支相抵的水平。但是，在 2015 年，小麦的价格从三年前的每蒲式耳 7.5 美元下降到大约 5 美元。有些农场主发现，每蒲式耳 5 美元低于他们的收支相抵点。但是，倘若有农场主试图将价格提高到每蒲式耳 7.5 美元，那么他就会看到他的销售量迅速消失了，原因是买者可以以每蒲式耳 5 美元的价格从数以千计的其他小麦农场主那里买到他们想要的所有小麦。

□ 9.4.1 企业的短期供给曲线

记住企业的供给曲线告诉了我们企业在任何给定价格愿意销售多少单位的产品。注意完全竞争市场中企业的边际成本曲线告诉了我们同样的东西。企业将生产满足 $MR=MC$ 的产出水平。由于对完全竞争市场中的企业而言价格等于边际收益，因此，企业将在 $P=MC$ 的产出水平生产。对于任何给定的价格，我们可以从边际成本曲线确定企业将供给的产出数量。因此，完全竞争企业的边际成本曲线也是它的供给曲线。但是，这个事实有一个重要的限制条件。我们已经看到，如果一家企业出现亏损，那么，在总收益小于可变成本时它就会停产：

总收益＜可变成本

这一条件用符号表示就是：

$$(P\times Q)<VC$$

如果我们把方程两边都除以 Q，我们得到企业停产的条件：

$$P<AVC$$

如果价格下降到平均可变成本以下，那么，企业停产从而不生产任何产出时的亏损更小。因此，企业的边际成本曲线就是其供给曲线这一结论只对等于或大于平均可变成本的价格才成立。

回忆边际成本曲线与平均可变成本曲线相交于平均可变成本曲线的最低点。因此，正如图 9.6 所示，企业的供给曲线是边际成本曲线位于平均可变成本曲线最低点以上的部分。对于低于最小平均可变成本的价格（$P_{最小}$），企业将停产，产出将下降到零。平均可变成本曲线的最低点被称为**停产点**（shutdown point），此时的产出水平为图 9.6 中的 Q_{SD}。图 9.6 中加粗的线表示企业的短期供给曲线。

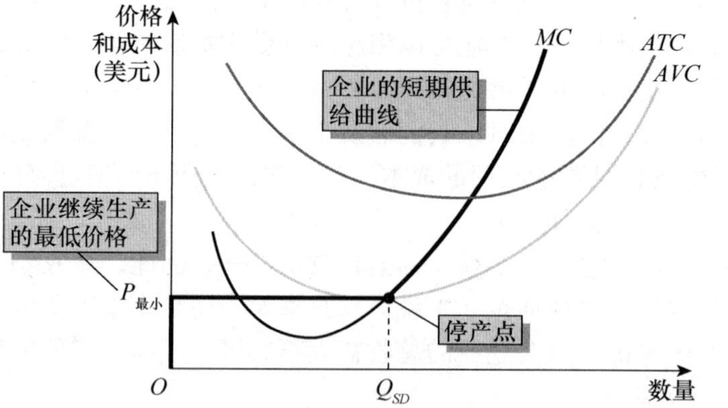

图 9.6 企业的短期供给曲线

由于对完全竞争市场中的企业而言价格等于边际收益，因此，企业将在 $P=MC$ 的产出水平生产。对于任何给定的价格，我们可以从边际成本曲线确定企业将供给的产出数量，因此，企业的边际成本曲线也是它的供给曲线。但是，如果价格下降到平均可变成本以下，则企业将停产。边际成本曲线与平均可变成本曲线相交于企业的停产点，此时产出为 Q_{SD}。对于低于 $P_{最小}$ 的价格，供给曲线与价格轴（纵轴）重合，它表明企业在这些价格水平下供给的产量为零。图中加粗的线是企业的短期供给曲线。

例题 9.4　何时关闭油井?

2015 年，当石油价格下降时，某行业分析师评论说，许多页岩油油井的可变生产成本仅为每桶 20 美元。他认为作为结果，这些油井不会“仅仅因为石油价格下降到每桶 45 美元”就停产。请简要解释为什么该分析师认为这些油井生产石油的可变成本而非总成本是决定这些油井是否停产的关键。用图形阐释你的答案。

解：

第 1 步：复习本章内容。这一问题是关于在价格低于平均总成本时企业决定是否停产的，所以你可能需要复习一下 9.4 节“短期生产或停产的决策”。

第 2 步：讨论可变成本和总成本在企业短期生产或停产的决策中的作用，以此回答这个问题。当一家企业决定短期是否生产时，如果价格下降到低于平均总成本，可变成本和总成本之间的差别很重要。由于该分析师区分了可变成本和总成本，我们知道，这些油井的所有者在石油价格为每桶 45 美元时必然在遭受亏损。换言之，这一价格必然低于他们的平均总成本。但是，由于这一价格高于平均可变成本，所以，该分析师下结论说，这些企业将继续经营这些油井。

第 3 步：作图阐释第 2 步的答案，以此完成这个问题的回答。你的图形应该看起来如下图。注意，图中所示的价格高于平均可变成本，但低于平均总成本。

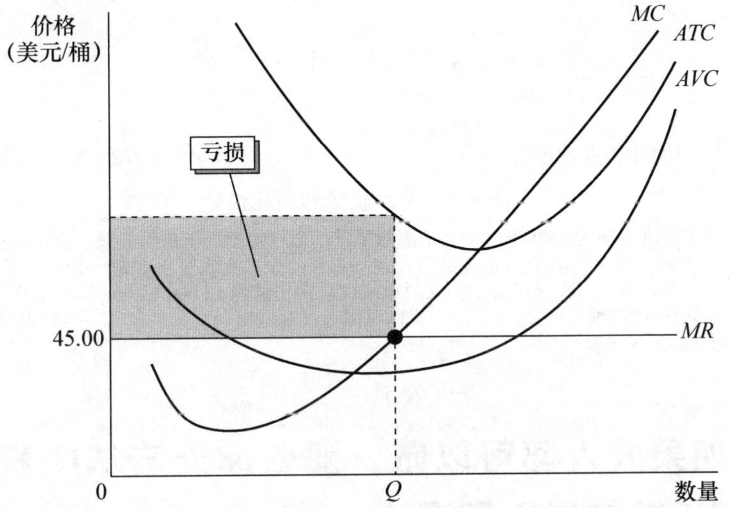

资料来源：Gretchen Morgenson，“What's So Bad about Cheap Oil?” *New York Times*，January 17，2015.

轮到你了： 要想做更多的练习，请做本章末与本专栏相关的问题与应用 4.9 和 4.10。

□ 9.4.2　完全竞争行业的市场供给曲线

市场需求曲线是通过加总市场中每个消费者在每一价格下的需求量得到的（见第 7 章）。类似地，市场供给曲线也是通过加总市场中每个供给者在每一价格下的供给量得到的。每家企业的边际成本曲线告诉了我们该企业在每一价格下将供给多少。因此，市场供给曲线可以从市场中所有企业的边际成本曲线直接得到。图 9.7（a）显示了一个小麦农场主的边际成本曲线。在价格为 7 美元时，这个小麦农场主供给 15 000 蒲式耳小麦。如果每个小麦农场主在这个价格的供给数量相同而小麦农场主的数量为 150 000 个，那么，在价格为 7 美元时小麦的总供给量为：

$$15\,000 \times 150\,000 = 22.5(\text{亿蒲式耳小麦})$$

图 9.7（b）把价格 7 美元和数量 22.5 亿蒲式耳这一组合表示为小麦市场供给曲线上的一个点。当然，在现实中，并非所有小麦农场都相同。有些小麦农场在市场价格水平处供给的数量比典型农场供给的更多，有些供给得更少。关键的要点是，我们可以通过加总市场中的每家企业在每一价格水平愿意且能够供给的数量来得到市场供给曲线。

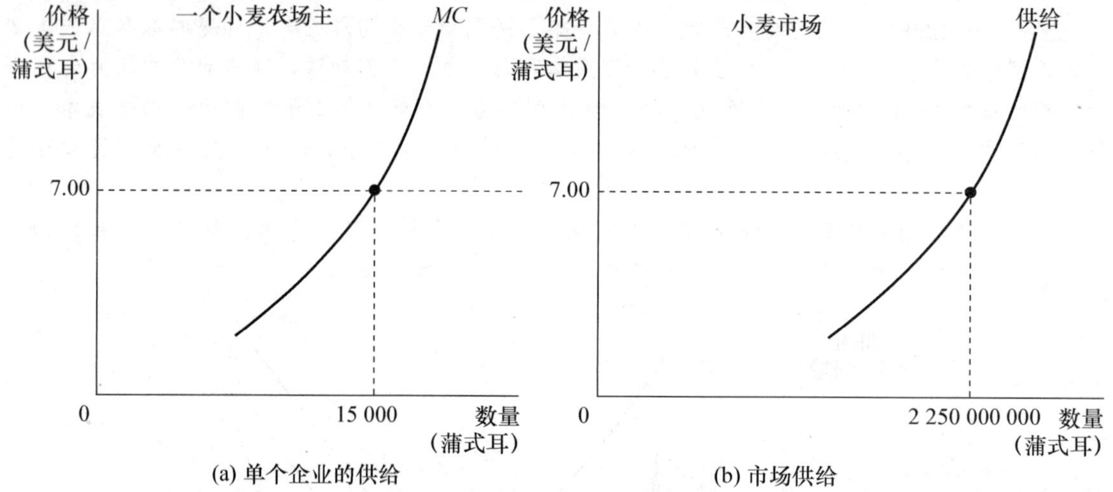

图 9.7　企业供给和市场供给

我们可以通过加总市场中每家企业在每一价格下愿意供给的数量得到市场供给曲线。在图（a）中，一个小麦农场主在价格为每蒲式耳 7 美元时愿意供给 15 000 蒲式耳小麦。如果每个小麦农场主在这个价格下的供给数量相同而小麦农场主的数量为 150 000 个，那么，在价格为 7 美元时小麦的总供给量为 15 000×150 000＝22.5（亿蒲式耳小麦）。这是图（b）中表示的小麦市场供给曲线上的一个点。我们可以通过确定每个农场主在每一价格水平愿意供给的数量来找到市场供给曲线上的其他点。

9.5　“如果人人都可以做，那么你无法从中获利”：企业在长期的进入和退出

在长期，除非企业能够收回所有成本，否则它将停产并退出所在行业。在市场体系中，企业持续地进入和退出行业。我们将在本节看一看利润和亏损如何向企业提供了进入和退出的信号。

□ 9.5.1　经济利润和进入或退出决策

首先，让我们更仔细地考察经济学家如何刻画企业所有者赚取的利润。假定萨夏·希列特（Sacha Gillette）决定开始创办自己的企业。在考虑了她的技能和兴趣并制订了商业计划后，她决定建一个散养柴鸡蛋农场而不是开餐馆或时装店。经过此前 10 年的努力，

希列特有了 10 万美元的储蓄。她还从银行获得了 90 万美元的贷款。她用这些资金买了建农场所需的土地、设备和鸡。她打算在本地农贸市场卖鸡蛋。当一个人将自有资金投资于自己的企业时，其机会成本是这些资金在其他最有价值的用途上本来可以获得的回报（见第 8 章）。如果希列特的这 10 万美元储蓄在其他最有价值的用途（例如，有可能是买一个小餐馆）上的回报率为 10%，那么，她用于鸡蛋生意的这 10 万美元的机会成本为 1 万美元。我们也可以认为这 1 万美元是要使希列特长期留在生产鸡蛋这个行业她投资于农场的这 10 万美元需要赚取的最低回报。

表 9.4 列出了希列特的成本。除了她的显性成本外，我们假设她有两项隐性成本：代表她投资于农场的自有资金的机会成本 1 万美元，她管理别人而非自己的农场本来可以赚到的 3 万美元工资。她的总成本是 12.5 万美元。如果散养柴鸡蛋的市场价格为每打 3 美元而希列特卖掉 5 万打，那么她的总收益将为 15 万美元，她的经济利润将为 2.5 万美元（总收益 15 万美元减去总成本 12.5 万美元）。回忆**经济利润**（economic profit）等于企业的收益减去其所有成本（包括隐性和显性成本）。

表 9.4　农场主希列特每年的成本　单位：美元

显性成本	
水费	15 000
工资	25 000
鸡食	20 000
电费	10 000
银行还贷	15 000
隐性成本	
损失的工资	30 000
投资于自己农场的 1 万美元的机会成本	10 000
总成本	125 000

经济利润导致新企业的进入。不幸的是，农场主希列特赚取经济利润的时间不太可能维持很长。假定其他卖传统鸡蛋的农场主正好收支相抵。在那种情况下，他们就有激励转而卖散养柴鸡蛋从而可以开始获得经济利润。正如我们在本章开篇案例中所看到的那样，近些年里更多的农场主已经从用传统方法生产鸡蛋转到用散养法生产鸡蛋，希望赚取更高的利润。记得前面讲过，一个行业中的企业越多，市场供给曲线就越靠右。图 9.8（a）显示，随着更多的农场主开始卖散养柴鸡蛋，市场供给曲线向右移动。农场主将继续进入该市场，直至市场供给曲线从 S_1 移动到 S_2。

当市场供给曲线为 S_2 时，市场价格将下降到每打 2 美元。图 9.8（b）显示了这对希列特的影响。我们假设希列特与其他鸡蛋农场主的成本相同。随着市场价格从每打 3 美元下降到 2 美元，希列特的需求曲线从 D_1 向下移动到 D_2。在新的均衡处，希列特卖出 40 000 打鸡蛋，每打的价格为 2 美元。她和其他鸡蛋农场主不再获得任何经济利润。他们正好收支相抵，投资回报正好收回这些资金的机会成本。新的农场主将停止进入散养柴鸡蛋市场，原因是卖散养柴鸡蛋的回报率并不比卖传统鸡蛋高。

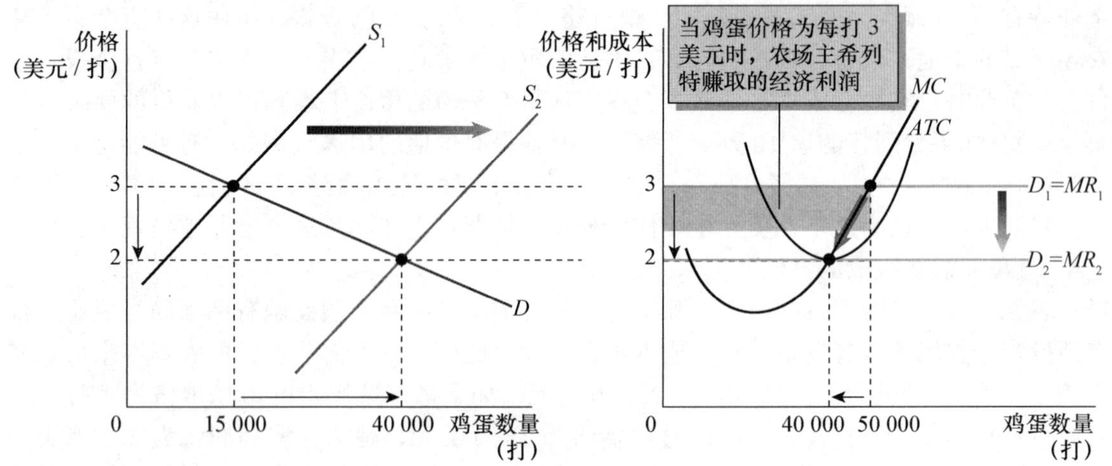

(a) 在农贸市场中出售的散养柴鸡蛋的市场　　(b) 希列特的农场

图 9.8　进入对经济利润的影响

我们假设希列特的成本与其他卖散养柴鸡蛋的人的成本相同。起初，希列特和卖散养柴鸡蛋的其他农场主能够收取每打 3 美元的价格，此时赚取经济利润。希列特的经济利润用图（b）中的阴影矩形区域表示。图（a）显示，随着其他农场主开始卖散养柴鸡蛋，市场供给曲线从 S_1 向右移动到 S_2，市场价格下降到每打 2 美元。图（b）显示，价格下降引起希列特的需求曲线从 D_1 向下移动到 D_2，她的产出从 50 000 打鸡蛋减少到 40 000 打。在新的均衡价格每打 2 美元处，散养柴鸡蛋农场主正好收支相抵：他们的总收益等于总成本，经济利润为零。注意图（a）和图（b）中比例尺的区别。

农场主希列特刚好收支相抵，那她会继续卖散养柴鸡蛋吗？她会，原因是卖散养柴鸡蛋使她赚取的投资回报与在别的地方本来可以赚的一样高。新企业将进入某个市场直至经济利润消失，而已有企业尽管没有赚到任何经济利润但仍然留在市场中，这看起来可能很奇怪。但是，看起来奇怪仅仅是因为我们习惯于用会计利润而非经济利润来思考问题。回忆前面讲过，会计规则通常只要求在企业的财务报表中包括显性成本。希列特投资于农场的自有资金的机会成本（1 万美元）和她损失的工资（3 万美元）都是经济成本，但是这两项都不是会计成本。因此，尽管会计师会认为希列特赚取了 4 万美元的经济利润，但是，经济学家会认为她刚好收支相抵。希列特在编制财务报表和支付收入税时必须关注会计利润。但是，由于经济利润考虑了她的所有成本，它更精确地表明了她的农场的财务健康状况。

经济亏损导致企业的退出。假定某些消费者决定不再吃鸡蛋，无论是不是散养柴鸡蛋。图 9.9（a）显示，对散养柴鸡蛋的需求曲线将向左移动，从 D_1 移动到 D_2，市场价格将从每打 2 美元下降到 1.75 美元。图 9.9（b）显示，随着价格下降，希列特这样的单个农场主将沿着边际成本曲线向下移动到一个更低的产出水平。在更低的产出水平和更低的价格处，她不能收回全部成本，因此将遭受**经济亏损**（economic loss）。只要价格高于平均可变成本，那么，在短期她将继续生产，哪怕遭受亏损。但是，在长期，企业如果不能收回所有成本就将退出所在行业。在这个例子中，有些农场主将从生产鸡蛋变成生产其他农产品或离开农业。

图 9.9（c）显示，随着有些农场主不再卖散养柴鸡蛋，市场供给曲线向左移动。一些农场主将继续退出，供给曲线将继续向左移动，直到价格回升到 2 美元和市场供给曲线移动到 S_2。图 9.9（d）显示，当价格回升到 2 美元时，留在行业中的企业将正好收支相抵。

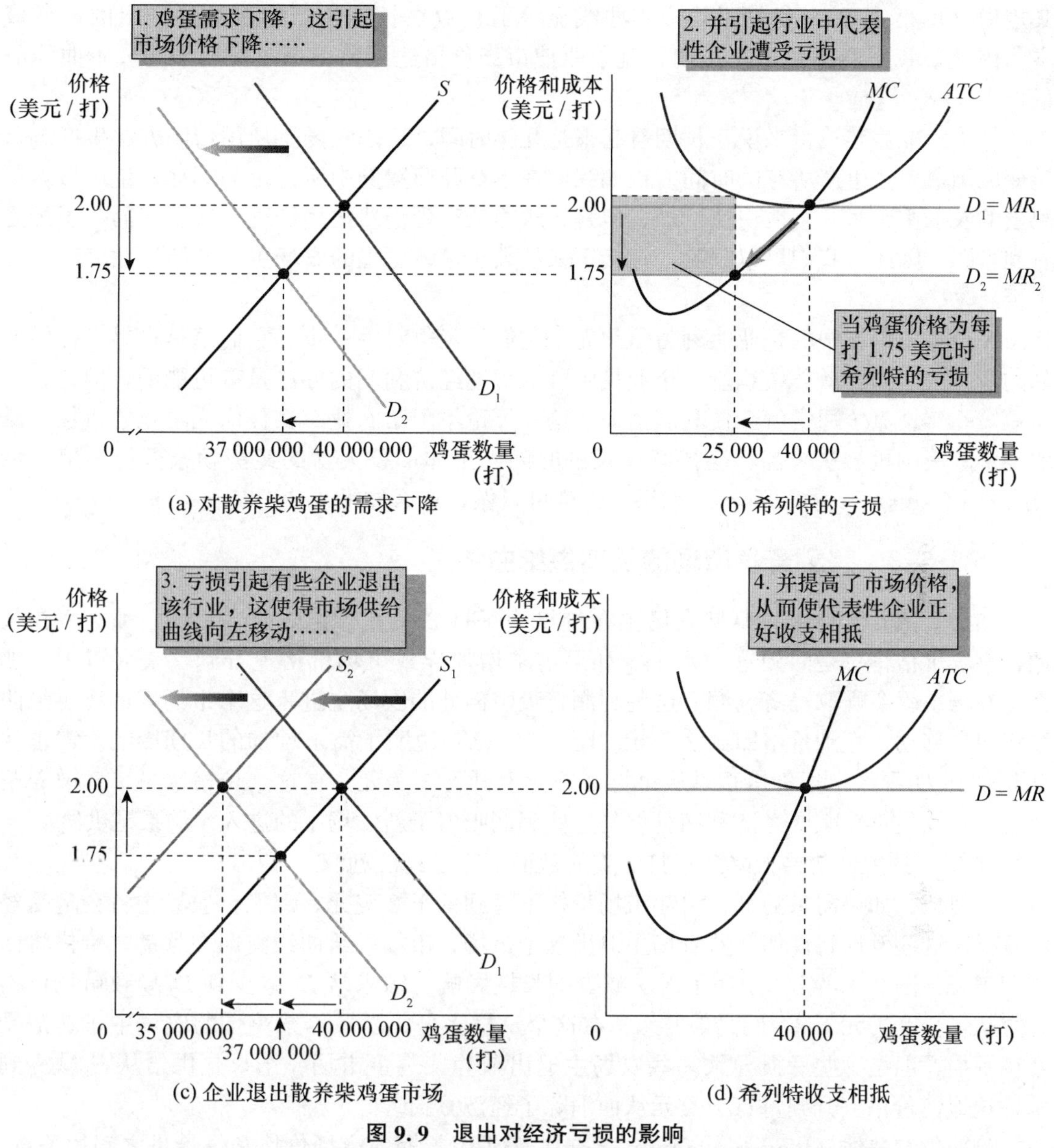

图 9.9　退出对经济亏损的影响

当散养柴鸡蛋的价格为每打 2 美元时，希列特和其他农场主正好收支相抵。市场上鸡蛋的总销售量为 40 000 000 打。希列特卖出 40 000 打。图（a）显示了对散养柴鸡蛋的需求曲线从 D_1 下降到 D_2，市场价格下降到每打 1.75 美元。图（b）显示，价格下降使希列特的需求曲线从 D_1 向下移动到 D_2，她的产出从 40 000 打鸡蛋减少到 25 000 打。在市场价格为每打 1.75 美元时，农场主有经济亏损，由图中的阴影矩形区域代表。结果，有些农场主将退出这个市场，这使市场供给曲线向左移动。图（c）显示，这样的退出将持续到供给曲线从 S_1 移动到 S_2 和价格从每打 1.75 美元回升到 2 美元。图（d）显示，当价格回升到 2 美元时，希列特将正好收支相抵。在图（c）中显示的新的市场均衡处，散养柴鸡蛋的总销售量从 40 000 000 打下降到 35 000 000 打。

□ 9.5.2　完全竞争市场的长期均衡

我们已经看到，经济利润吸引企业进入一个行业。企业的进入迫使市场价格下降直到典型企业正好收支相抵。经济亏损导致企业退出所在行业。企业的退出迫使均衡市场价格上升直到典型企业正好收支相抵。在**长期竞争均衡**（long-run competitive equilibrium）处，进入和退出导致典型企业正好收支相抵。在长期，企业可以通过扩张或收缩来改变其规模（见第 8 章）。长期平均成本曲线显示了企业在长期生产给定数量产出的最低成本。因此，我们会预期，在长期，竞争驱使市场价格达到典型企业长期平均成本曲线的最低点。

对于卖散养柴鸡蛋来说，长期看起来是几年时间，这是农场主从用传统方法生产鸡蛋转变成用散养法生产所花的时间。正如我们在本章开篇案例中所讨论的那样，生产散养柴鸡蛋的农场主数量一直在快速增加，但是，散养柴鸡蛋仍然比用传统方法生产的鸡蛋更为有利可图。因此，我们可以预测，在接下来的数年里，更多的农场主将开始用散养法生产鸡蛋。

完全竞争市场中的企业时刻力争领先于它们的竞争对手一步。它们总是在寻求提供产品的新方法，如卖散养柴鸡蛋。企业找到赚取短期经济利润的办法是有可能的，但是，只需短短几年，竞争通常就会使利润消失。这一评论不限于农业。在任何完全竞争市场，赚取经济利润的机会从来都不会持续很长的时间。正如耶鲁大学的经济学家沙伦·奥斯特（Sharon Oster）所说的那样："如果人人都可以做，那么你无法从中获利。"

□ 9.5.3 完全竞争市场的长期供给曲线

如果卖散养柴鸡蛋的典型农场主在价格为每打 2 美元时正好收支相抵，那么，在长期，市场价格将总是回到这一水平。如果需求增加导致市场价格上升到 2 美元以上，那么，农场主就会赚取经济利润。这些利润将吸引额外的农场主进入这个市场，市场供给曲线将向右移动，直到价格回到 2 美元。图 9.10（a）说明了需求增加的长期影响。需求从 D_1 增加到 D_2 导致市场价格暂时从每打 2 美元上升到 3 美元。在这个价格水平，卖散养柴鸡蛋的农场主正在赚取经济利润，但是这些利润吸引了新农场主的进入。结果是供给从 S_1 增加到 S_2，这迫使价格下降到每打 2 美元从而消除了经济利润。

类似地，如果需求的减少引起市场价格下降到低于 2 美元，那么，农场主将会遭受经济亏损。这些亏损将促使一些农场主退出这个市场，市场供给曲线将向左移动，价格将回到 2 美元。图 9.10（b）说明了需求减少的长期影响。需求从 D_1 减少到 D_2 导致市场价格暂时从每打 2 美元下降到 1.75 美元。在这个价格水平，卖散养柴鸡蛋的农场主正在遭受经济亏损，但是这些亏损导致一些农场主退出散养柴鸡蛋市场。结果是供给从 S_1 减少到 S_2，这迫使价格上升到每打 2 美元从而消除了经济亏损。

长期供给曲线（long-run supply curve）表示了长期内市场价格和供给量之间的关系。在长期，无论有多少鸡蛋被生产出来，价格都将为每打 2 美元。因此，正如图 9.10 所示，长期供给曲线（S_{LR}）是在价格 2 美元处的一条水平直线。记住，价格在长期回到 2 美元的原因是在这个价格该行业中的典型企业正好收支相抵。在这个价格（2 美元）典型企业正好收支相抵，原因在于它是典型企业平均总成本曲线的最低点。我们可以得出重要结论：在长期，在典型企业的长期平均总成本曲线的最低点所决定的价格，完全竞争市场将供给消费者需要的任意数量。

由于长期供给曲线的位置是由典型企业的平均总成本曲线的最低点决定的，提高或降低典型企业长期成本的任何东西都将引起长期供给曲线移动。例如，如果鸡食的成本增加导致每个农场主生产散养柴鸡蛋的成本每打提高了 0.25 美元，那么，长期供给曲线将向上移动 0.25 美元。

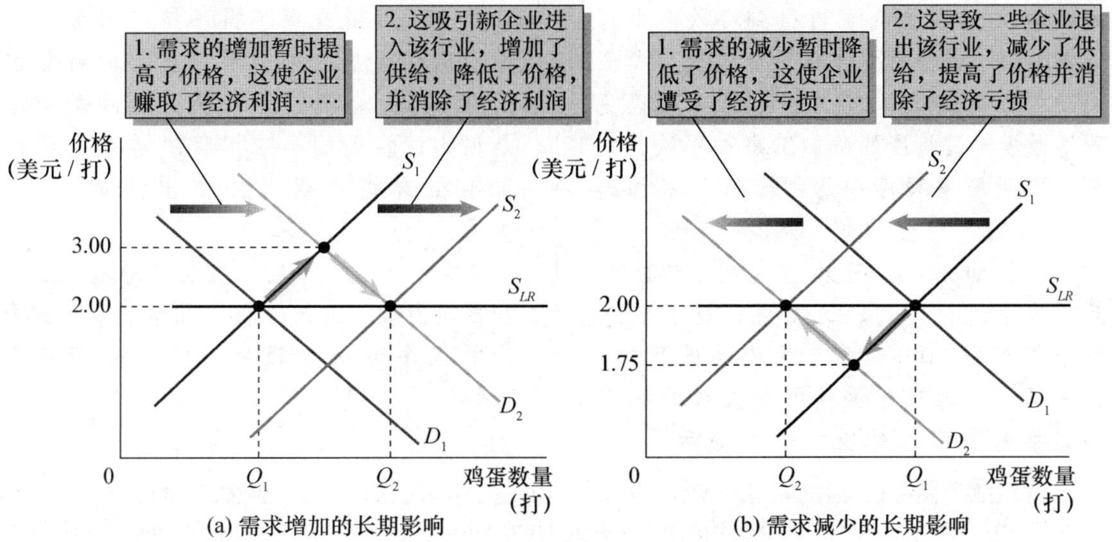

图 9.10　完全竞争行业的长期供给曲线

图（a）显示，对散养柴鸡蛋的需求增加将使市场需求曲线从 D_1 向右移动到 D_2，导致价格暂时从每打 2 美元上升到 3 美元。新农场主的进入使市场供给曲线从 S_1 向右移动到 S_2，这使价格下降到其长期水平——每打 2 美元。图（b）显示，需求的减少使市场需求曲线从 D_1 向左移动到 D_2，导致价格暂时从每打 2 美元下降到 1.75 美元。农场主的退出使市场供给曲线从 S_1 向左移动到 S_2，这使价格上升到其长期水平——每打 2 美元。长期供给曲线（S_{LR}）表示了长期内市场价格和供给量之间的关系。在这个例子中，长期供给曲线是一条水平直线。

建立联系

在苹果应用程序商店，轻易进入使得长期相当短暂

苹果的 iPhone 和 iPad 流行的原因之一是苹果的 iTunes 音乐和视频商店开设的应用程序专区。苹果允许独立的软件编程人员编写的应用程序在 iTunes 应用程序商店上线，作为交换，苹果提取应用程序产生的收益的 30%。主要的软件公司以及编写软件程序的新手在苹果应用程序商店发布了游戏、日历、词典以及许多其他类型的应用程序。

最初，应用程序的开发人员通过收取下载费能够赚取大量收入。例如，2011 年，一家名为 Hogrocket 的三人公司开发了 Tiny Invaders 这款游戏并开始在苹果商店出售。刚开始时，该公司的应用程序售价 2.99 美元并取得了成功。但是，正如我们已经看到的，当企业在一个市场赚取经济利润时，其他企业有很强的经济激励进入该市场。到 2015 年，苹果商店每天有大约 750 款新增的游戏。这么多的游戏迫使 Hogrocket 将其游戏价格降到 0.99 美元。然而，在那个价格水平，该公司的游戏下载量还不足以收支相抵，因此公司不得不关门。

苹果商店的竞争是如此激烈，以至到了 2015 年，许多人不愿意下载收费的游戏。根据一个估计，那一年只有不到 1/3 的智能手机和平板电脑用户购买应用程序。有些应用程序的设计者尝试采用了如下策略：允许其应用程序被免费下载，同时通过迫使用户在打开或运行应用程序时看到广告来赚取收入。然而，许多人发现这些广告让人厌烦，因此，开发者开始提供不带广告的免费应用程序，转而依靠玩家在应用程序内的购买而赚取收入。例如，在流行游戏“糖果传奇”中，用户可以得到免费次数。用户用光免费次数后，

可以等 30 分钟后免费再得到一次，也可以支付一小笔费用立即再得到五次。类似地，在游戏"部落冲突"中，玩家可以免费地慢慢建设村庄的防御工事和军队，也可以购买应用程序中的"宝石"来加速进程。

尽管如此，还是只有大约 3%的游戏玩家会进行内购。这使得开发者依赖每个月花费 50～100 美元内购的玩家。只有最好的游戏能够吸引花大钱的玩家和在苹果商店的激烈竞争中存活下来。就算是这些游戏也不得不持续增加新特征以留住用户，否则用户就去玩新发布的游戏了。然而，开发新游戏的激励还是很大，在美国，应用程序游戏的玩家每年在这些游戏上的支出接近 20 亿美元。

在一个竞争市场，在长期赚取经济利润极其困难。进入智能手机和平板电脑的应用程序市场的轻易性使得长期相当短暂。

资料来源：Sara E. Needleman，"Mobile-Game Makers Try to Catch More 'Whales' Who Pay for Free Games"，*Wall Street Journal*，May 10，2015；Jens Hansegard，"The Drama behind 'Candy Crush Soda Saga'：Creating New Levels"，*Wall Street Journal*，April 7，2015；and Jussi Rosendahl，"Less Is More? 'Clash of Clans' Maker Banks on Handful of Games"，Reuters，May 20，2015.

轮到你了：做本章末与本专栏相关的问题与应用 5.10，看看你理解得如何。

□ 9.5.4 成本递增和成本递减的行业

典型企业的平均成本不随着行业产量增加而变化的任何行业都有着如图 9.10 所示的水平的长期供给曲线。具有这一特征的行业，如鸡蛋行业，被称为成本不变行业。但是，典型行业的平均成本有可能随着行业扩张而变化。

例如，如果用于生产一种商品的某种投入可使用量有限，那么，这种投入的成本就会随着该行业扩张而上升。如果种植生产某种酒所用的葡萄的土地数量有限，那么，对这种酒的需求的增加将导致对土地的竞争，从而推高土地的价格。结果，在长期，只有酒的价格上升到能够收回典型企业的更高的平均成本，才会有更多的酒被生产出来。在这种情况下，长期供给曲线将向上倾斜。具有向上倾斜的长期供给曲线的行业被称为成本递增行业。

最后，在有些情况下，典型企业的成本可能随着行业扩张而下降。假定某人发明了一种新智能手机，这种智能手机使用了一种特别的存储芯片作为投入，而该存储芯片现在的产量很小。如果对这种智能手机的需求增加，那么，生产智能手机的企业将会增加对这种存储芯片的订单。如果某种商品的生产存在规模经济，那么，其平均生产成本将随着产出的增加而下降（见第 8 章）。如果这种存储芯片的生产存在规模经济，那么，平均生产成本就会下降，竞争将导致其价格也下降。价格下降反过来将降低生产这种新智能手机的平均成本。在长期，竞争将迫使智能手机的价格下降到等于典型企业生产新智能手机的平均成本。在这种情况下，长期供给曲线将向下倾斜。具有向下倾斜的长期供给曲线的行业被称为成本递减行业。

9.6 完全竞争和效率

注意消费者在市场体系中有多强大。如果消费者想要更多散养柴鸡蛋，那么，市场就会供给更多的这种鸡蛋。这之所以会发生，不是因为华盛顿的政府机构或者农场主协会的官员下了命令。更多的鸡蛋被生产出来是因为需求增加导致了价格的上升，从而卖散养柴鸡蛋的利润增加。试图获得最高的投资回报的农场主开始从用传统方法生产鸡蛋转变成用散养法生产。如果消费者不再喜欢这种鸡蛋从而需求下降，那么，上述过程就会反过来。

9.6.1 生产效率

在市场体系中，消费者得到了他们想要的散养柴鸡蛋数量，这些鸡蛋是以最低的平均成本生产出来的。竞争的力量会驱使市场价格达到典型企业的最低平均成本。**生产效率**（productive efficiency）是指商品或服务以最低的成本生产这样一种状况。正如我们已经看到的，完全竞争导致了生产效率。

每家企业的经理都努力通过降低成本来获得经济利润。但是，在完全竞争市场，其他企业迅速地复制了降低成本的方法。因此，在长期，从成本下降中获益的只有消费者。

例题 9.6　生产效率如何造福于消费者?

财经作家迈克尔·刘易斯曾经发表了如下评论："令投资者感到悲哀的真相是，新技术的大部分效益被免费转移给了消费者。"

a. 你认为刘易斯所说的新技术的效益"被免费转移给了消费者"是什么意思？用一幅类似于图 9.8 的图形说明你的答案。

b. 解释为什么这一结果是令投资者"感到悲哀的真相"。

解：

第 1 步：复习本章内容。这一问题是关于完全竞争和效率的，所以你可能需要复习一下 9.6 节"完全竞争和效率"。

第 2 步：利用本章的概念解释刘易斯所说的意思。刘易斯所说的"新技术"是指新产品（如智能手表或 4K 电视机）或现有产品的成本更低的生产方法。在任意一种情况下，新技术都将使企业能够暂时赚取经济利润，但是，在长期，这些利润将导致新企业进入该市场。

第 3 步：用一幅类似于图 9.8 的图形说明为什么新技术的效益"被免费转移给了消费者"。图 9.8 显示了企业在短期赚取经济利润但这些利润在长期被新企业的进入消除了这样一种状况。我们可以画一幅类似的图形分析 4K 电视机市场在长期会发生什么。

当 4K 电视机最初被引入时，价格很高，市场中只有少数几家企业。图（a）显示，4K 电视机市场的初始均衡价格为 P_1。图（b）显示，在这一价格水平，该行业中的典型企业正在赚取经济利润，经济利润如图中的阴影矩形区域所示。经济利润吸引了新企业进入该行业。这一进入使市场供给曲线从图（a）中的 S_1 向右移动到 S_2，市场价格从 P_1 下降到 P_2。图（b）显示，在新的市场价格 P_2 处，典型企业正好收支相抵。因此，4K 电视机的生产成本达到了最低，实现了生产效率。消费者只需支付等于最低的生产成本的价格，从这个意义上说，消费者"免费"得到了新技术。

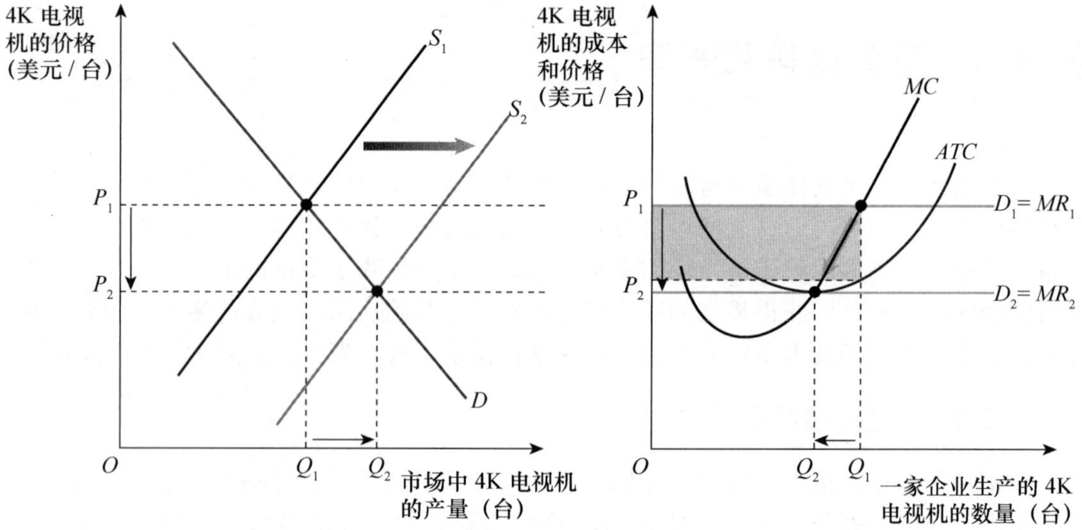

(a) 4K 电视机市场　　　(b) 一家销售 4K 电视机的企业

第 4 步：通过解释为什么问题 a 中的结果是令投资者“感到悲哀的真相”，回答问题 b。我们在回答问题 a 的过程中已经看到，在长期，企业用于生产高科技商品的投资只是刚好收支相抵。这一结果意味着这些企业的投资者在长期也不可能赚取经济利润。

附注：刘易斯使用了本章的一个重要结果：在长期，新企业的进入消除了经济利润。注意，严格来说，刘易斯所讨论的高科技行业不是完全竞争市场。例如，智能手表或 4K 电视机并非相同的产品，每家智能手表公司生产的数量大到足以影响市场价格。但是，正如我们将在第 11 章看到的，对完全竞争的这些偏离不会改变如下的重要结论：新企业的进入通过迫使价格下降到平均成本处而造福了消费者。事实上，在 4K 电视机变成大众化产品的三年内，4K 电视机的价格下降了 50%以上。

资料来源：Michael Lewis，“In Defense of the Boom”，*New York Times*，October 27，2002.

轮到你了：要想做更多的练习，请做本章末与本专栏相关的问题与应用 6.6、6.7 和 6.8。

□ 9.6.2　配置效率

完全竞争企业不只是以最低的成本生产商品和服务，它们还生产了消费者评价最高的商品和服务。企业生产的商品数量满足这样一个性质：生产最后一单位的边际成本等于消费者从消费该单位中获得的边际效益。换句话说，只要消费者获得的边际效益不低于生产的边际成本，企业就将供给所有那些商品。这一结果成立的原因是：

（1）商品的价格代表了消费者从消费最后一单位所出售的商品中得到的边际效益。

（2）完全竞争企业的产量满足：商品的价格等于生产最后一单位的边际成本。

（3）因此，企业的产量满足：最后一单位给消费者带来的边际效益等于其生产的边际成本。

换言之，竞争市场体系中的企业家将劳动、机器和其他投入有效地配置到最满足消费者需要的商品和服务的生产上。以这种方式，完全竞争达到了**配置效率**（allocative efficiency）。正如我们在接下来的两章将要探讨的那样，美国经济中出售的许多商品和服务都不是在完全竞争市场生产的。但是，生产效率和配置效率是比较经济的实际表现时的有用基准。

接第 292 页

生活中的经济学☞

你是一个企业家吗?

在本章一开头，我们要求你思考为什么你提供保姆或修剪草坪等服务时只能收取相对较低的价格。在本章我们看到，在竞争市场销售产品的企业不能比竞争对手收取更高的价格。保姆和修剪草坪的市场具有很高的竞争性，原因是在大多数邻里社区，有许多愿意提供这些服务的十几岁的年轻人。你提供保姆服务所收取的价格在 20 岁时可能不划算，但这一价格足以抵得上渴望进入这一市场的 14 岁青年人的机会成本。换言之，进入保姆和修剪草坪等市场非常容易。因此，在你还是一个十几岁的企业家的时候，你可能已经熟悉了本章的一个启示：竞争市场中的企业不能控制价格。

9.7 结论

市场的竞争性力量给企业施加了无情的压力，迫使企业以最低的成本生产新的和更好的商品和服务。未能准确预期到消费者偏好的变化或者未能采用最新的和最有效的技术的企业在长期将无法生存。在 19 世纪，生物学家查尔斯·达尔文（Charles Darwin）建立了基于“适者生存”的进化论。只有那些最能适应环境需求的植物和动物才能生存。达尔文在阅读了 19 世纪早期的经济学家对物竞生存在经济世界中所起的作用的描述后才首先意识到物竞生存在自然界中的重要作用。正如“适者生存”是自然法则一样，它也是经济法则。

在本章的开头，我们看到有四种市场结构：完全竞争、垄断竞争、寡头和垄断。现在我们已经学习了完全竞争，在接下来的两章我们将转到另外三种市场结构。

访问 MyEconLab，你可以找到与本章的概念有关的一篇新闻文章和分析。

本章总结和习题

□ 关键术语

配置效率	长期竞争均衡	完全竞争市场	利润
平均收益（*AR*）	停产点	经济亏损	长期供给曲线
价格接受者	沉没成本	经济利润	边际收益（*MR*）
生产效率			

□ 9.1 完全竞争市场

总结

完全竞争市场必须有许多买者和卖者，企业必须出售相同的产品，新企业进入市场必须没有壁垒。完全竞争市场生产的商品或服务的需求曲线是向下倾斜的，但是完全竞争市场中的企业面临的需求曲线是市场价格处的一条水平直线。完全竞争市场中的企业是价格接受者，如果它们尝试收取市场价格以上的价格，那么，它们的销售量将下降到零。

复习题

1.1 完全竞争市场需要满足的三个条件是什么？

1.2 什么是价格接受者？什么时候企业可能会是价格接受者？

1.3 画一幅图表示玉米的市场需求和供给以及单个玉米农场主面临的玉米需求。标明市场价格和单个玉米农场主收到的价格。

问题与应用

1.4 解释下面每个市场是否为完全竞争市场。如果不是，解释原因。

a. 玉米种植。

b. 咖啡店。

c. 汽车制造。

d. 新房建造。

1.5 已故诺贝尔经济学奖得主乔治·斯蒂格勒（George Stigler）曾经写道："对完全竞争最常见和最重要的批评……是它不切合实际。"既然很少有企业在没有进入壁垒的市场销售完全相同的产品，为什么经济学家认为完全竞争模型重要？

资料来源：George Stigler, "Perfect Competition, Historically Contemplated", *Journal of Political Economy*, Vol. 65, No. 1, February 1957, pp. 1-17.

1.6 ［与 9.1.2 节中的"不要犯这样的错误！"专栏有关］解释你是否同意如下评论：

> 根据完全竞争市场模型，小麦需求应该是一条水平直线。但是这不可能是正确的：当小麦价格上升时，小麦需求量下降；当小麦价格下降时，小麦需求量上升。因此，小麦需求不是一条水平直线。

1.7 金融读物作家安德鲁·托拜厄斯（Andrew Tobias）这样描述他在哈佛商学院读书时发生的一件事：班上的每个学生被发给了关于某一特定企业的许多信息，然后被要求确定该企业的定价战略。大部分学生花了很多时间准备答案，带着做了计算的很多纸张来到教室。托拜厄斯只花了几分钟而且也没做任何计算就得到了正确答案。当教授在课堂上叫他陈述答案时，托拜厄斯说："这个案例说 XYZ 公司位于一个极具竞争性的行业……这个案例说该公司拥有它能做的所有生意。"给定这些信息，托拜厄斯认为该公司应该收取什么价格？请简要解释。（托拜厄斯说，对于他的答案，班上响起了"雷鸣般的掌声"。）

资料来源：Andrew Tobias, *The Only Investment Guide You'll Ever Need*, Boston: Houghton Mifflin Harcourt, 2010, pp. 7-8.

1.8 2015 年，有些喝啤酒的人起诉了贝克啤酒（Beck's beer）的酿造商百威英博（Anheuser-Busch）。这些人声称，贝克啤酒在营销时宣称它是真正的德国啤酒，但实际上它是在圣路易斯酿造的。其他啤酒厂在加拿大建立基地以便它们能够可信地宣称它们的啤酒是"进口的"。如果啤酒市场是完全竞争的，啤酒厂的位置对消费者重要吗？请简要解释。

资料来源：Jacob Gershman and Tripp Mickle, "Trouble Brews for 'Imported' Beers Made in America", *Wall Street Journal*, June 24, 2015.

□ 9.2 完全竞争市场中的企业如何最大化利润

总结

利润等于总收益（TR）和总成本（TC）之差。平均收益（AR）等于总收益除以卖掉的产品数量。企业通过生产使收益与成本之差达到最大的产出水平来最大化利润。这个产出水平与边际收益等于边际成本的产出水平相同。边际收益（MR）等于多销售一单位产出所引起的总收益的变动。

复习题

2.1 请简要解释为什么对于完全竞争市场中的企业而言有 $P=MR=AR$。

2.2 解释为什么在 TR 和 TC 之差达到最大的正值的产出水平必然有 $MR=MC$。

2.3 解释为什么对完全竞争市场中的企业而

言，利润最大化条件 $MR=MC$ 等价于条件 $P=MC$。

问题与应用

2.4 一个学生说："为了最大化利润，企业应该生产使边际收益与边际成本之差最大的产量。如果一家企业生产了更多的产量，那么，每一额外单位所赚得的利润都将下降。"请简要解释你是否同意这一推理。

2.5 为什么企业不最大化收益而是最大化利润？请简要解释一家最大化收益的企业生产的产量比利润最大化产量更多还是更少。

2.6 参考表 9.3。假定小麦价格下降到每蒲式耳 5.5 美元。农场主帕克将生产多少蒲式耳小麦？赚取多少利润？请简要解释。

2.7 参考表 9.3。假定所生产的每蒲式耳小麦的边际成本上升了 0.5 美元。例如，生产第 8 蒲式耳小麦的边际成本现在为 9.5 美元。假设小麦价格仍为每蒲式耳 7 美元。边际成本的这一增加会改变农场主帕克的利润最大化产量吗？请简要解释。帕克现在将赚取多少利润？

2.8 在表 9.3 中，农场主帕克的固定成本是多少？假定他的固定成本增加了 10 美元。固定成本的这一增加会改变农场主帕克的利润最大化产量吗？请简要解释。帕克现在将赚取多少利润？

□ 9.3 在成本曲线图形上表示利润或亏损

总结

根据利润和平均总成本的定义，我们可以把总利润和平均总成本之间的关系表示成：利润 $=(P-ATC)\times Q$。利用这个表达式，我们可以确定在成本曲线图形上表示利润或亏损的区域：表示利润或亏损的区域是一个高等于价格减去平均总成本（对利润而言）或平均总成本减去价格（对亏损而言）、底等于产量的矩形。

复习题

3.1 画一幅图形表示完全竞争市场中的一家企业正在赚取利润。图形要包括该企业的需求曲线、边际收益曲线、边际成本曲线、平均总成本曲线、平均可变成本曲线，并标明代表企业利润的区域。

3.2 画一幅图形表示完全竞争市场中的一家企业正在遭受亏损。图形要包括该企业的需求曲线、边际收益曲线、边际成本曲线、平均总成本曲线、平均可变成本曲线，并标明代表企业亏损的区域。

问题与应用

3.3 [与例题 9.3 有关] 弗朗西丝在一个完全竞争的铅笔市场卖铅笔。她每天的产出和成本如下：

每天的产出（根）	总成本（美元）
0	1.00
1	2.50
2	3.50
3	4.20
4	4.50
5	5.20
6	6.80
7	8.70
8	10.70
9	13.00

a. 如果铅笔市场当前的均衡价格为 1.8 美元，弗朗西丝将生产多少根铅笔？收取什么价格？赚取多少利润（或遭受多少亏损）？画图说明你的答案。在图形中清楚地标明弗朗西丝的需求，*ATC*、*AVC*、*MC* 和 *MR* 曲线，她收取的价格，她生产的产量，以及代表她的利润（或亏损）的区域。

b. 假定铅笔的均衡价格下降到 1 美元。现在，弗朗西丝将生产多少根铅笔？收取什么价格？赚取多少利润（或遭受多少亏损）？画图说明你的答案，和问题 a 一样，标明各项。

c. 假定铅笔的均衡价格下降到 0.25 美元。现在，弗朗西丝将生产多少根铅笔？收取什么价格？赚取多少利润（或遭受多少亏损）？

3.4 [与例题 9.3 有关] 回顾例题 9.3，然后回答如下问题：假定篮球的均衡价格下降到 2.5 美元。现在安迪将生产多少个篮球？收取什么价格？赚取多少利润（或遭受多少亏损）？

3.5 [与 9.3.1 节中的"不要犯这样的错误！"专栏有关] 一个学生仔细看下页图后说道："我相信企业想生产的产量是 Q_1 而不是 Q_2。在产量为 Q_1 时，价格和边际成本之间的距离最大。因此，此时企业实现了利润最大化。"请简要解释你是否同意这个学生的说法。

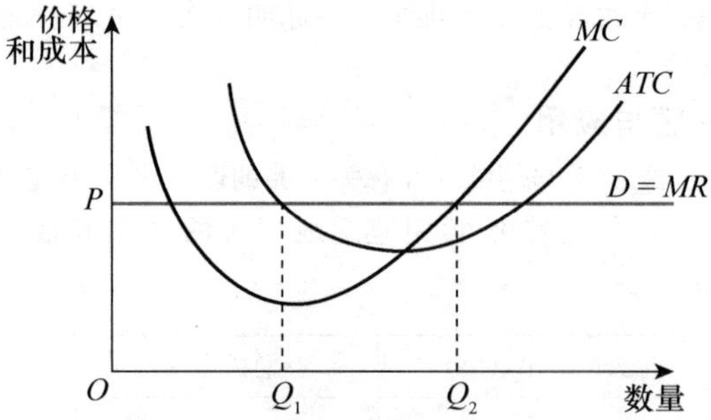

3.6 《华尔街日报》的一篇文章讨论了智能手机和软件公司黑莓（BlackBerry）的财务指标，文中说："在5月30日结束的这个季度，收益从一年前的96 600万美元下降到65 800万美元，下降了32%……黑莓公司的利润达到6 800万美元……比一年前增加了2 300万美元。"黑莓公司的收益下降但利润增加，为什么这是可能的？黑莓公司为了最大化利润必须最大化收益吗？请简要解释。

资料来源：Ben Dummett, "BlackBerry Results Miss Expectations", *Wall Street Journal*, June 23, 2015.

3.7 ［与9.3.2节中的"建立联系"专栏有关］假定石油价格翻倍，这提高了家庭使用燃料油和电取暖的成本。这一新情况对生产太阳能电池板的美国企业会产生什么影响？用两幅图形阐述你的答案：一幅表示太阳能电池板市场的状况，另一幅表示该行业中代表性企业的状况。前一幅图形中要表示出市场需求曲线和/或供给曲线的移动以及均衡市场价格的变化。后一副图形中要标出代表性企业的需求曲线、边际收益曲线、边际成本曲线和平均总成本曲线。

3.8 玛格丽特的帽子（Marguerite's Caps）是完全竞争的帽子行业中的一家企业。下图代表了这家企业的状况：

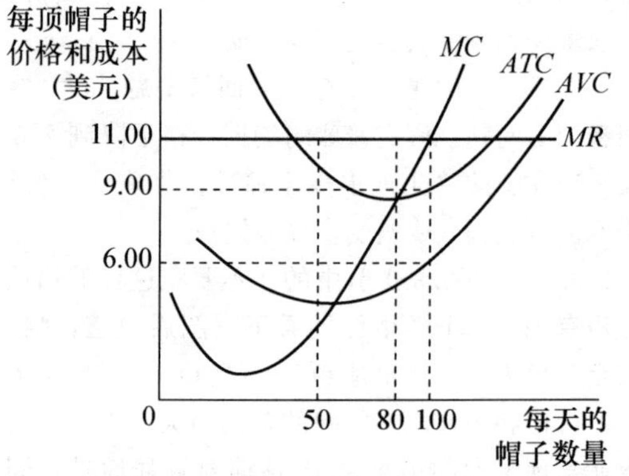

a. 玛格丽特应该生产多少顶帽子以最大化利润？

b. 玛格丽特将赚取多少利润？

c. 假定玛格丽特决定停业，她的损失将是多少？

□ 9.4 短期生产或停产的决策

总结

在决定短期是停产还是生产时，企业应该忽略沉没成本。沉没成本是已经支付且不能收回的成本。在短期，只要价格至少等于平均可变成本，企业就会继续生产。完全竞争企业的停产点是企业平均可变成本曲线的最低点。如果价格下降到平均可变成本以下，那么，企业在短期停产。对于停产点以上的价格，完全竞争企业的边际成本曲线也是它的供给曲线。

复习题

4.1 企业短期和长期的停产点有何区别？为什么企业在短期愿意接受亏损而在长期不愿意？

4.2 完全竞争企业的边际成本曲线与供给曲线之间有什么关系？

4.3 从各家企业的供给曲线如何推导市场供给曲线？

问题与应用

4.4 考虑处于以下每种局面中的一家企业。对于每种局面，仔细解释该企业在短期将生产还是停产。

	局面1	局面2	局面3
价格（美元）	10	10	10
数量	1 000	1 000	1 000
可变成本（美元）	5 000	5 000	11 000
固定成本（美元）	5 000	6 000	5 000
第1 000单位的边际成本（美元）	10	10	10

4.5 埃德·斯卡希尔（Ed Scahill）在完全竞争的台灯市场生产台灯。

a. 填充下表空白的各列。

每周的产出	总成本（美元）	*AFC*（美元）	*AVC*（美元）	*ATC*（美元）	*MC*（美元）
0	100				
1	150				
2	175				
3	190				
4	210				

续前表

每周的产出	总成本（美元）	AFC（美元）	AVC（美元）	ATC（美元）	MC（美元）
5	240				
6	280				
7	330				
8	390				
9	460				
10	540				

b. 假定台灯市场的均衡价格为 50 美元。埃德应该生产多少台灯？将赚取多少利润？

c. 如果下周台灯均衡价格下降到 30 美元，埃德应该停产吗？请解释。

4.6　马特·拉弗蒂（Matt Rafferty）在完全竞争的旅行靴市场生产旅行靴。

a. 填充下表空白的各列。

每周的产出	总成本（美元）	AFC（美元）	AVC（美元）	ATC（美元）	MC（美元）
0	100.00				
1	155.70				
2	205.60				
3	253.90				
4	304.80				
5	362.50				
6	431.20				
7	515.10				
8	618.40				
9	745.30				
10	900.00				

b. 假定旅行靴的市场均衡价格为 100 美元。马特应该生产多少双旅行靴？收取什么价格？赚取多少利润？

c. 如果下周旅行靴的市场均衡价格下降到 65 美元，马特应该生产多少双旅行靴？收取什么价格？赚取多少利润（或遭受多少亏损）？

d. 如果旅行靴的市场均衡价格下降到 50 美元，马特应该生产多少双旅行靴？收取什么价格？赚取多少利润（或遭受多少亏损）？

4.7　下图代表了一家完全竞争企业的状况：

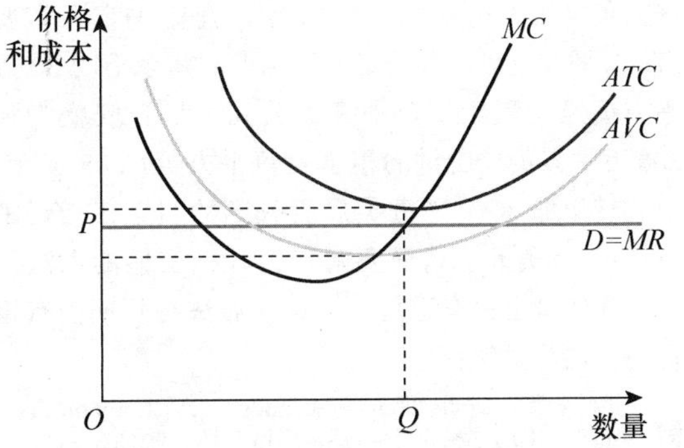

在图中标出代表以下各项的区域。

a. 总成本；

b. 总收益；

c. 可变成本；

d. 利润或亏损。

请简要解释该企业在短期是否将继续生产。

4.8　根据《纽约时报》的一篇文章，偿还银行贷款的利息占一家典型太阳能电池板制造企业的成本的一半以上。一家进口太阳能电池板的企业的老板对太阳能电池板制造企业做了如下评论："只要公司能收回它们的可变成本并至少赚到能够支付利息的收益，它们就将继续经营，哪怕会发生亏损。"

a. 这些企业偿还的利息是可变成本还是固定成本？请简要解释。

b. 引文准确地描述了太阳能电池板制造企业的短期行为吗？它准确地描述了它们的长期行为吗？请简要解释。

资料来源：Diane Cardwell，"Solar Tariffs Upheld，but May Not Help in U. S."，*New York Times*，November 7，2012.

4.9　［与例题 9.4 有关］假定你决定开一个复印店。你租了一个店铺（签了一份为期一年的租约），在本地银行贷款后用这笔钱购买了 10 台复印机。6 个月后，某大型连锁店在离你的复印店两个街区远的地方开了一家分店。结果，你的复印店的收益虽然足以收回你的员工的工资和纸张费、水电费等成本，但不能收回所有的租金以及为购买复印机所贷款项的利息和还款。简要解释你是否应该继续经营。

4.10　［与例题 9.4 有关］根据《华尔街日报》上的一篇文章，安盛公平（AXA Equitables）保险公司于 2007 年签订了一份长期租约，租下了位于纽约市曼哈顿第六大道的一栋摩天大楼中的 200 万平方英尺的办公场所。2013 年，安盛决定只需要 170 万平方英尺的办公场所，因此它将余下的 30 万平方英尺转租给了其他几家公司。尽管安盛为那 200 万平方英尺所付的租金是每平方英尺 88 美元，但它转租那 30 万平方英尺所收到的租金仅为每平方英尺 40 美元。请简要解释为什么安盛的做法短期内在经济上是有道理的。这些做法在长期会有道理吗？请简要解释。

资料来源：Molly Hensley-Clancy, "A Slump on Sixth Revenue", *Wall Street Journal*, June 16, 2013.

□ 9.5 "如果人人都可以做，那么你无法从中获利"：企业在长期的进入和退出

总结

经济利润等于企业的收益减去其所有成本（包括隐性和显性成本）。经济亏损是企业的总收益低于其包括所有隐性成本在内的总成本这样一种状况。如果企业在短期赚取经济利润，新企业就会进入该行业，直到市场价格下降到足以消除所有经济利润。如果企业遭受经济亏损，有些企业就会退出该行业，直到市场价格上升到足以消除所有经济亏损。长期竞争均衡是指企业的进入和退出导致典型企业收支相抵这样一种状况。长期供给曲线表示了市场价格和供给量之间的关系。

复习题

5.1 企业在什么时候可能进入一个行业？什么时候可能退出一个行业？

5.2 赚取零经济利润的企业会继续生产吗，哪怕是在长期？

5.3 讨论完全竞争市场中长期供给曲线的形状。假定完全竞争市场起初处于长期均衡，然后产品需求出现了永久的减少。画一幅图形说明市场在长期如何调整。

问题与应用

5.4 假定一个经济学助理教授现在的年薪为 7.5 万美元。有一天她辞职了，卖掉了价值 10 万美元、本来每年可以获得 3%的回报的债券，然后用这些钱开了一家书店。她年末的利润表上显示有 8 万美元的会计利润。她的经济利润是多少？

5.5 一项研究分析了某一制药企业开发一种处方药并得到政府批准的成本。《华尔街日报》上的一篇文章指出，"用于开发药物的钱投资于其他用途可以获得的回报"也包括在该企业的成本中。请简要解释你是否同意这一回报应该包括在企业的成本中。

资料来源：Jason Millman, "Does It Really Cost ＄2.6 Billion to Develop a Drug?" *Wall Street Journal*, November 18, 2014.

5.6 ［与开篇案例有关］下面的问题是关于散养柴鸡蛋市场的长期均衡的。

a. 本章开篇案例所描述的 2015 年的散养柴鸡蛋市场处于长期均衡吗？请简要解释。

b. 我们预计散养柴鸡蛋的价格和数量在长期将发生什么变化？请简要解释。

c. 2015 年 1 月，加州开始要求该州卖的所有鸡蛋都必须是散养柴鸡蛋。唐恩都乐（Dunkin' Donuts）也宣布它在全国范围内卖的早餐三明治中的鸡蛋最终将只用散养柴鸡蛋。其他企业也做了类似的声明。散养柴鸡蛋需求的增加对其长期价格将有什么影响？请简要解释。

资料来源：John Kell, "Dunkin'Donuts Considers Using Only Cage-Free Eggs", fortune.com, March 30, 2015.

5.7 在图 9.9（b）中，当价格下降到每打 1.75 美元时，希列特将鸡蛋的产量从 40 000 打减少到了 25 000 打。在这一价格和产出水平，她正在遭受亏损。为什么她不继续收取原来的 2 美元的价格和生产 40 000 打鸡蛋呢？

5.8 根据《华尔街日报》上的一篇文章，消费者对自然和有机食品的需求的迅速增长帮助 Whole Foods 连锁超市变得非常有利可图。但是，根据同一篇文章，"该超市的成就吸引了来自 Kroger 和 Safeway Inc. 等主流零售商与 Sprouts Farmers Market Inc. 和 Fresh Market Inc. 等新贵的广泛竞争。"结果，Whole Foods 和这些其他商店卖的有机食品的价格下降了，利润也相应减少。用两幅图形阐述 Whole Foods 和超市卖的有机食品的市场发生的变化。一幅图阐述 Whole Foods 的状况，另一幅图说明有机食品市场发生的变化。在图形中要正确标记所有的曲线，表示出由有机食品市场的竞争加剧引起的曲线移动。

资料来源：Annie Gasparro, "Slow to Cut Prices, Whole Foods Is Punished", *Wall Street Journal*, May 7, 2014.

5.9 一个在学习经济学原理课程的学生做出了如下评论：

> 完全竞争市场的经济模型在理论上很完美，但却很不现实。它预测在长期完全竞争市

场中的企业将赚取零利润。现实世界中没有企业会在零利润的情况下继续经营。

简要解释你是否同意这一评论。

5.10 [与 9.5.3 节中的“建立联系”专栏有关] 根据一则新闻报道，总部在波士顿的游戏公司 Proletariat 发布了它的第一款手机游戏 World Zombination，在此之前，公司“投入了将近 18 个月的时间和 200 万美元开发这款游戏”。该游戏于 2015 年 2 月发布后的头三个月里被下载了超过 300 万次。然而，该公司在这款游戏上仅仅收支相抵。如果游戏公司在它们开发的手机游戏上只能收支相抵，那么，我们会预期它们在长期继续开发这样的游戏吗？

资料来源：Sarah E. Needleman，“Mobile-Game Makers Try to Catch More ‘Whales’ Who Pay for Free Games”，*Wall Street Journal*，May 10，2015.

5.11 假定无麸质意大利面市场现在处于长期均衡，价格为每箱 3.5 美元，销售量为每年 400 万箱。如果对无麸质意大利面的需求永久性地增加，你预期在长期将会看到均衡价格和均衡数量的以下哪种组合？仔细解释你选择的答案。

a. 价格为每箱 3.5 美元，数量为每年 400 万箱。

b. 价格为每箱 3.5 美元，数量超过每年 400 万箱。

c. 价格超过每箱 3.5 美元，数量超过每年 400 万箱。

d. 价格低于每箱 3.5 美元，数量少于每年 400 万箱。

5.12 假定下面每一条都是事实：(1) 笔记本电脑行业是完全竞争的且装配笔记本电脑的企业不生产显示屏；(2) 笔记本电脑显示屏行业也是完全竞争的；(3) 由于对笔记本电脑显示屏的需求现在相对较小，笔记本电脑显示屏行业中的企业在生产中还未能利用所有的规模经济。用一幅笔记本电脑市场的图形说明笔记本电脑需求大幅且持续的增加对笔记本电脑市场均衡价格和数量的长期影响。用另一幅图形说明对笔记本电脑行业中典型企业的成本曲线的影响。请简要解释你的图形。你的图形表明笔记本电脑行业是一个成本不变行业、成本递增行业还是成本递减行业？

5.13 根据《华尔街日报》上的一篇文章，由于美国消费者对牛肉需求的增加，2015 年世界牛肉价格上升。例如，根据这篇文章，“澳大利亚的牛肉价格今年上涨了 40%，新西兰的上涨了 17%。”该文评论道：“美国的需求增加，涨势还没有停止的迹象……” 如果美国对牛肉的需求继续增加，牛肉价格在长期也将继续上升吗？请简要解释。

资料来源：Lucy Craymer，“Beef Prices Sizzle With U. S. Demand”，*Wall Street Journal*，September 10，2015.

5.14 假定某年年初，玉米价格为每蒲式耳 3.8 美元，玉米收成为 142 亿蒲式耳。玉米农场主大约有 4 万个，因此平均每个农场主的产量大约为 35 万蒲式耳。下面的图形假设玉米市场起初处于长期均衡。该年的好天气使玉米总收成增加到 160 亿蒲式耳。假设没有其他因素影响玉米市场。

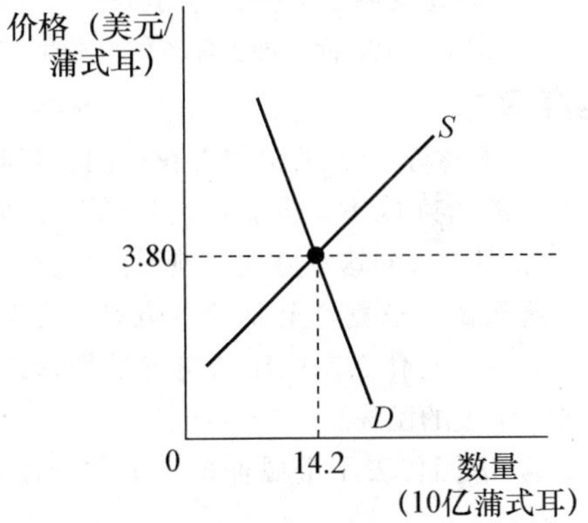

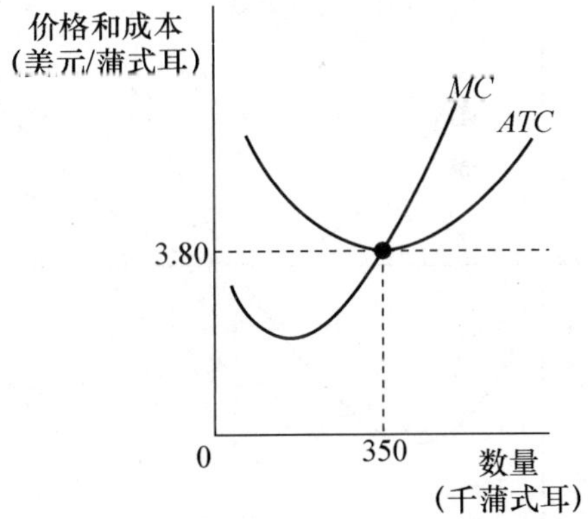

a. 年初平均每个玉米农场主生产的玉米占总产量的百分之多少？

b. 在表示玉米市场的图形上和表示典型农场的图形上表示出玉米收成增加引起的短期变化。指出是否有曲线发生移动，均衡价格和均衡数量是否发生了变化。

c. 在表示玉米市场的图形上和表示典型农场的图形上表示出玉米收成增加引起的长期变化。指出是否有曲线发生移动，均衡价格和均衡数量是否发生了变化。

□ 9.6 完全竞争和效率

总结

完全竞争实现了生产效率，这意味着商品和服务是以最低的价格生产的。完全竞争也实现了配置效率，这意味着企业生产的商品和服务数量满足这样一个性质：最后一单位给消费者提供的边际效益等于其边际生产成本。

复习题

6.1 为什么消费者在市场体系中这么强大？

6.2 配置效率是什么意思？生产效率是什么意思？简要讨论这两个概念之间的区别。

6.3 完全竞争如何实现了配置效率和生产效率？

问题与应用

6.4 本章称："只要消费者获得的边际收益不低于生产的边际成本，企业就将供给所有那些商品。"一个学生反对这一陈述，他说："我怀疑企业真的会这么做。毕竟，企业做生意是为了赚取利润；它们不关心什么东西对消费者是最好的。"请评论这个学生的说法。

6.5 下图代表了金橘种植户卡尔（Karl）的状况。

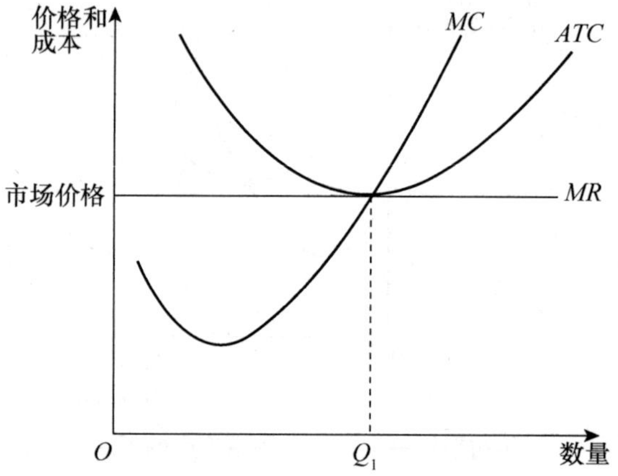

a. 卡尔赚取多少利润？

b. 卡尔当前的状况说明了生产效率还是配置效率？请简要解释。

6.6 ［与例题 9.6 有关］讨论如下陈述："在完全竞争市场，在长期，消费者从成本下降中获益，但企业没有从中获益。"难道成本下降不会使企业能够获得更多利润从而获益吗？

6.7 ［与例题 9.6 有关］假定你在一篇报纸文章《铅笔市场被控存在价格欺骗》中读到了下面这段话：

> 消费者保护团体在昨天的一个记者招待会上指控铅笔销售中存在广泛的价格欺骗。它发布了一项研究，这项研究表明，铅笔的平均零售价格为 1 美元，但生产铅笔的平均成本仅为 0.5 美元。"铅笔的生产无须复杂的机器或高技能的工人，因此这些公司没有理由收取两倍于生产成本的价格。铅笔在每个美国人的生活中是如此重要，以至我们不能再容忍这种价格欺骗了。"消费者保护团体的首席发言人乔治·格梅特（George Grommet）如是说。消费者保护团体提议通过一部法律要求销售铅笔的公司收取的价格不能比平均生产成本高出 20%。

你认为在这种局面下这样一部法律是可取的吗？请解释。

6.8 ［与例题 9.6 有关］索尼的电视机销售在 2014 年最终赚取利润之前连续十年出现亏损。给定消费者对等离子、LCD 和 LED 电视机的强劲需求，索尼在亏损的那十年不是本来可以提价以赚取利润的吗？请简要解释。

资料来源：Eric Pfanner and Takashi Mochizuki，"Sony's TV Business Mends，but Will It Be Enough?" *Wall Street Journal*，December 12，2014.

6.9 《华尔街日报》上的一篇文章讨论了视觉特效行业，该行业由为电影和电视节目提供视觉特效的企业组成。该文指出："大片……常常有数以千计的视觉特效镜头。甚至现在的戏剧和喜剧也可能有数以百计的视觉特效镜头。"但是该文也指出，生产视觉特效的企业并没有赚到什么钱。有些企业宣布破产了，该文引用一家企业的前总经理的话说，"5%的回报率对我们来说就是好年份了。"如果对视觉特效的需求如此强劲，那么，为什么提供视觉特效的企业难于赚取经济利润？

资料来源：Ben Fritz，"Visual Effects Industry Does a Disappearing Act"，*Wall Street Journal*，February 22，2013.

6.10 尽管纽约州的苹果产量仅次于华盛顿州，但是，它的产量在过去 20 年里一直在下降。苹果产量的下降幅度在靠近纽约市的县里尤其大。在 1985 年，位于纽约市以北 75 英里的阿尔斯特县的苹果园面积超过 11 000 英亩，而现在只剩下大约 6 000 英亩。随着该县的苹果种植者变得更加难以与其他地方成本更低的种植者竞争，这些苹果种植者用来生产苹果的资源——特别是土地——在其他用途上的价值变得更大。许多农场主把他们的土地卖给了房地产开发商。假定一位营养学家开发了一种具有革命性的食谱，要求每天吃 10 个苹果。新食谱很受大众欢迎。新食谱对纽约市周围 100 英里的苹果园数量可能有什么影响？新食谱对纽约市的房价可能有什么影响？

第 10 章

垄断和反托拉斯政策

本章概览和学习目标

10.1　真的有垄断企业吗？

定义垄断。

10.2　垄断来自何处？

解释垄断产生的四个主要原因。

10.3　垄断企业如何选择价格和产出？

解释垄断企业如何选择价格和产出。

10.4　垄断降低了经济效率吗？

用图形说明垄断如何影响了经济效率。

10.5　针对垄断的政府政策

讨论针对垄断的政府政策。

开篇案例

缅因州的龙虾宴垄断者？

《纽约时报》上一篇发自缅因州斯托宁顿的文章说：“这里的龙虾充斥市场。”撰写该文章的记者评论道，龙虾的大丰收对渔民不是什么好消息，原因是“需求和供给法则迫使价格下降到40年来的低位”，每磅只有1.35美元。然而，这篇文章见诸报端后没多久，网络杂志*Slate*的一个专栏作家与他的父亲在斯托宁顿唯一的一家龙虾餐厅The Fisherman's Friend共进晚餐。他惊讶地发现，该餐厅的餐费达20.99美元。

在龙虾价格如此之低的时候，The Fisherman's Friend怎么能对龙虾宴收取如此高的价格呢？答案在于The Fisherman's Friend是斯托宁顿唯一一家海鲜餐厅。这个*Slate*的记者和他父亲不能在“隔壁的竞争对手”那里就餐，因为根本就没有竞争对手。要想在斯托宁顿吃龙虾，他们就不得不在那家餐厅吃，或者在超市买了龙虾再自己做。换言之，就斯托宁顿镇上的海鲜宴而言，The Fisherman's Friend是一个垄断者。

在市场体系中，通常来说，只要某一市场中的企业赚取经济利润，就会有其他企业进入这个市场，因此，美国的垄断企业很少。于是，企业要想保持作为一种商品或服务的唯一提供商的地位很困难。在斯托宁顿，只有在龙虾的价格和龙虾宴的价格之差未能吸引竞争对手进入的情况下，The Fisherman's Friend才能维持其垄断地位。尽管垄断并不常见，但是，垄断仍然值得研究，原因是垄断为企业在面临很少的竞争或没有竞争时如何行事提供了一个基准。在本章，我们将建立一个分析垄断的模型。

资料来源：Katharine Q. Seelye, “In Maine, More Lobsters Than They Know What to Do With”, *New York Times*, July 28, 2012; and Matthew Yglesias, “The Mystery of the Market Price”, www.slate.com, August 21, 2012.

生活中的经济学

你宿舍的生意可能是垄断吗？

你和室友法蒂玛（Fatma）听见同学们抱怨周六和周日晚上校园里没有餐饮服务，因此，你们想出了一个做生意的点子：你们将购买小圆面包、午餐肉、生菜和土豆，成为周六和周日晚上你们学校宿舍区里潜艇三明治的唯一卖者。你们相信，当学生从图书馆和进行完校外活动回到校园时将会有许多人肚子饿。你们将为潜艇三明治定价多少呢？

法蒂玛认为，由于你们的生意是垄断，你们收取的价格可以比本地商店白天卖潜艇三明治的价格高得多；肚子饿的同学们将不得不购买你们的三明治，否则就得饿着肚子熬到第二天。你希望你们的生意能赚钱，但你不确定法蒂玛的观点是否正确。你们的生意是垄断吗？你应该为潜艇三明治收取高价吗？在阅读本章的过程中，试着回答这个问题。对照我们在本章末提供的答案，你可以检验你的答案。

尽管很少有企业是垄断者，但是，垄断的经济模型可能很有用。正如我们已经看到的那样，即使完全竞争市场很罕见，但是，该竞争市场模型为企业在竞争程度最高的环境——它处于一个有很多企业且它们全都供给相同的产品的行业（如农业）——中如何行动提供了一个基准。垄断为另一个极端——所分析的企业是所在市场中唯一的企业，从而没有面临来自其他企业的竞争——提供了一个基准。垄断模型对分析企业同意合谋（即不竞争）和像一个垄断者一样共同行动这样的状况也很有用。正如我们将在本章讨论的那样，合谋在美国是非法的，但是它偶尔也会出现。

垄断令政府处于一个两难境地。政府应该允许垄断存在吗？有没有政府应该促进垄断的情况存在呢？政府应该管制垄断者收取的价格吗？如果应该，这样的价格管制是否会增进经济效率？在本章，我们将探究这些公共政策议题。

10.1 真的有垄断企业吗？

垄断（monopoly）是作为没有很接近的替代品的某种商品或服务的唯一卖者的企业。几乎每种产品都有某种形式的替代品，那真的会有垄断企业吗？答案是“是的”，只要替代品并不是很接近的替代品。但是我们如何判断一种替代品是不是很接近的替代品呢？有些经济学家使用的垄断的狭义定义是，如果一家企业能够忽略所有其他企业的行动，那么这家企业就是垄断者。换句话说，如果一家企业能够忽略其他企业收取的价格，那么，由于其他企业必然不是生产很接近的替代品，因此，它是一个垄断者。例如，蜡烛是电灯的替代品，但是，你本地的电力公司可以忽略蜡烛的价格，原因是无论蜡烛的价格有多低，几乎没有顾客会放弃使用电灯而改用蜡烛。因此，你本地的电力公司明显是一个垄断企业。

可是，许多经济学家使用了一个更广义的垄断定义。例如，再次考虑我们在开篇案例中讨论的缅因州斯托宁顿的 The Fisherman's Friend 海鲜餐厅。这家餐厅是一个垄断者吗？龙虾宴的替代品当然存在。如果龙虾宴的价格太高了，人们就会转而去其他餐厅吃牛排或意大利面或者某种其他食品。人们并不是不在 The Fisherman's Friend 吃饭就得挨饿。这家餐厅和本地的其他餐厅进行竞争。因此，The Fisherman's Friend 并不满足狭义的垄断定义。但是，许多经济学家仍然会认为把 The Fisherman's Friend 看做一个垄断者是有用的。

尽管牛排和意大利面是龙虾的替代品，但是，来自销售这些替代品的企业的竞争并不足以阻止 The Fisherman's Friend 赚取经济利润。我们已经看到，当企业赚取经济利润时，我们可以预期新的企业会进入这一行业，从而经济利润在长期会被消除（见第 9 章）。只要 The Fisherman's Friend 是龙虾宴的唯一卖者，The Fisherman's Friend 的利润就不会被消除。开篇案例中提到的记者指出：“斯托宁顿是一个旅游胜地，但它也是一个很小的镇。”因此，没有其他海鲜餐厅会选择在这个镇开业是有可能的。在那种情况下，运用更广义的垄断定义，我们可以认为 The Fisherman's Friend 是一个垄断者，原因在于不存在其他企业出售足够接近的以至在长期会消除它的经济利润的替代品。

全国大学体育协会（NCAA）是一个垄断者吗？

1905年，上个赛季18个大学橄榄球员死亡和多个球员受伤的事让西奥多·罗斯福总统（Theodore Roosevelt，第26任美国总统，以下称老罗斯福总统，区别于第32任总统富兰克林·罗斯福——译者注）焦虑不安。老罗斯福总统和几个大学校长在白宫开会商议如何改变规则以使橄榄球运动变得更为安全。这次会面最终导致全国大学体育协会（National Collegiate Athletic Association，NCAA）于1910年成立。NCAA的规则现在支配着超过1 200个机构的男子和女子体育运动。NCAA在其网站上说："全国大学体育协会是一个会员制驱动的组织，致力于保障学生运动员的福利和给他们装备在运动场上、教室里和整个人生都取得成功所需的技能。"有些经济学家怀疑NCAA的规则是否还有其他目标。

哈佛大学的经济学家罗伯特·巴罗（Robert Barro）宣称NCAA实际上是一个垄断者。几乎所有大学都想要它们的队伍参加NCAA的锦标赛和其他比赛项目。因此，那些大学不得不同意NCAA的规则。众多规则中包括限制大学颁发给学生运动员的奖学金份数和禁止给运动员支付工资。这些限制减少了大学经营体育项目的成本。注意很少有大学运动员能成为职业运动员。巴罗认为："许多大学篮球运动员来自穷人家庭……如果没有NCAA，这样的学生在大学运动生涯中本来能够积累大量现金。但是，有了NCAA的控制，这样的学生仍然贫穷。"NCAA为它对奖学金份数的限制和支付工资的禁令进行辩解，认为这是保持大学运动业余状态的方式。

由于NCAA并不直接控制其成员大学的体育部门的运作，有些经济学家认为把该组织看做一个卡特尔比看做一个垄断者更为合适。卡特尔是指通过同意限制产量来形成合谋以提高价格和增加利润的企业团体。NCAA限制其成员大学球队可以参加的比赛数量，从而有效地限制了产出。数十年来，NCAA还限制了可以进行电视直播的大学橄榄球和篮球比赛的数量。然而，一些更大的大学不支持这些限制，1982年，佐治亚大学和俄克拉何马大学起诉NCAA违反了联邦反托拉斯法。正如我们将在10.5节看到的，反托拉斯法旨在消除企业间的合谋和促进企业间的竞争。1984年，最高法院做出了不利于NCAA的裁决，指出"好的动机并不能使反竞争性的惯例合法化"。在这个判决之后，大学橄榄球和篮球比赛的直播数量大大增加了。

2014年，NCAA成为两起与电子游戏相关的反托拉斯诉讼的对象。NCAA达成了一项和解：它同意给那些其姓名或肖像在NCAA品牌的电子游戏中用到过的10万名现役运动员和退役运动员支付总共2 000万美元。在另一起诉讼中，某联邦法官做出了有利于加州大学洛杉矶分校退役篮球运动员埃德·欧班农（Ed O'Bannon）的裁决。该运动员认为，某款NCAA品牌的电子游戏使用了他的肖像，他应该得到补偿。该法官宣布了一个涉及面很广的裁决，如果得到美国最高法院的赞成，该裁决将允许大学对在电子游戏和电视中出境的现役运动员进行补偿。NCAA还同意允许五个最成功的联盟——东南联盟、大西洋海岸联盟、太平洋十二校联盟、大十联盟、大十二联盟——有更多的自由度决定它们给运动员的报酬。

NCAA 的拥护者认为它的规则和限制对于如下目的而言是必要的，一是维护大学体育的业余性这一原则，二是使如下事情成为可能：大学给学生提供参加那些不能从门票销售和直播权中得到很多收益的运动的机会，同时又保持较小的大学与较大的大学竞争的能力。批评者则相信 NCAA 的诸多管制和限制与联邦的反托拉斯法是不一致的，因而主张取消这些管制和限制。

资料来源：Mar Tracy，"N. C. A. A. Votes to Give Richest Conferences More Autonomy"，*New York Times*，August 7，2014；Sharon Terlep，"NCAA Reaches \$20 Million Settlement with Ex-Players over Videogames"，*Wall Street Journal*，June 9，2014；Gary Becker，"The NCAA as a Powerful Cartel"，becker-posnerblog. com，April 4，2011；Robert J. Barro，"The Best Little Monopoly in America"，bloomberg. com，December 8，2002；"Who We Are"，ncaa. org；and Michael A. Leeds and Peter von Allmen，*The Economics of Sports*，5th edition，Boston：Pearson，2014.

轮到你了：做本章末与本专栏相关的问题与应用 1.6，看看你理解得如何。

10.2 垄断来自何处？

由于垄断者并不面临竞争，因此每家企业都想处于垄断地位。但是，要想处于垄断地位，进入该市场的壁垒必须高到其他企业不能进入的程度。由于以下四个主要原因，进入壁垒可能高到足以阻止竞争企业进入的程度：

（1）政府的行动阻止一家以上的企业进入某市场。

（2）某企业控制了生产某种商品所需的关键资源。

（3）商品或服务的供给存在重要的网络外部性。

（4）规模经济足够大，以至一家企业成为自然垄断者。

□ 10.2.1 政府设置的进入壁垒

正如我们在 10.5 节将要讨论的那样，政府通常尽量促进市场中的竞争，但是有时候政府也会采取行动设置进入壁垒。在美国，政府有两种主要的阻止进入的方式：

（1）通过给个人或企业授予专利、版权或商标，赋予其独家生产某种产品的权利。

（2）通过授予一家企业公共特许经营权，使其成为某种商品或服务的唯一合法提供商。

专利、版权和商标。美国政府给开发新产品或现有产品的新生产方法的企业授予专利。**专利**（patent）赋予企业从专利申请在政府归档日起 20 年内对一种新产品的排他性权利。由于苹果公司拥有用于智能手机和其他移动设备的 iOS 操作系统的专利，因此，其他企业不能销售它们自己的 iOS 版本。政府授予专利是为了鼓励企业投资于创造新产品所需的研发。如果其他企业可以随意复制 iOS，苹果公司就不太可能花钱来开发它。有时候，企业在没有专利保护的条件下也能够维持其在某种产品生产上的垄断地位，只要它能够将该产品的生产方法保密。

专利保护对制药企业特别重要，原因在于，从制药企业开始研发新处方药到开始销售该药品平均需要 12 年。企业在开始销售新处方药的大约 10 年前就申请专利。从政府授予专利到企业正式销售药物之间平均 10 年的时滞是由于美国食品药品监督管理局（FDA）要求企业必须证明它的新药安全且有效。因此，在新药销售得到批准之前的时期，企业的开发和测试成本很大。如果新药没能成功进入市场，那么，制药企业的损失就非常大。

一旦药物可以销售了，那么，随着该药物被更多的医生和病人知晓，制药企业从该药物上赚得的利润就会在整个专利保护期内（通常为 10 年左右）递增。专利期满后，其他企业可以自由地合法生产从化学上来讲完全相同的药物，这样的药物被称为通用药物。随着时间的推移，来自通用药物的竞争将消除研发企业之前一直能获得的利润。例如，在格华止［Glucophage，百时美施贵宝公司（Bristol-Myers Squibb）生产的糖尿病治疗药品］的专利保护期满后，由于来自其他企业生产的 12 种仿制药的竞争，该药品的销售额在第一年下降了 15 亿美元以上。在百忧解［Prozac，礼来公司（Eli Lilly）生产的一种抗抑郁药］的专利到期后，其销售额下降了 80%以上。销售处方药能赚到的大多数经济利润在药物问世 20 年后就会被消除。

商标赋予了企业合法保护其产品名称不被其他企业使用的权利。商标也被称为品牌。美国专利商标局把商标定义成："一切用于或打算用于识别和区分一个卖者或提供者的产品或服务与其他卖者或提供者的产品或服务以及表明该产品或服务的来源的文字、名称、符号或装置，或它们的组合。"企业常常大力捍卫它们的商标，包括对出售侵犯其商标的产品的其他企业提出诉讼等。例如，克里斯提·鲁布托（Christian Louboutin）起诉了伊夫·圣·罗兰（Yves Saint Laurent），宣称后者侵犯了它的女士红底鞋商标。

建立联系

孩之宝公司（Hasbro）是"大富翁"游戏的垄断者吗？

为了获得版权、专利或商标，作品必须基本上是新的。一旦某件作品不再享有合法保护，它就进入了公共领域，可以被免费使用。例如，对马克·吐温的《哈克贝利·费恩历险记》做些小改动然后要求该书的版权是不可能的，原因是该书进入公共领域已经几十年了。（不过，如果你为该书画些新插图，那么，只对那些独立于文字的插图申请版权是有可能的。）

孩之宝公司（Hasbro）是美国的一家跨国公司，它是世界上最流行的桌面游戏之一"大富翁"（Monopoly）的所有者。该公司估计，这款游戏卖出的份数超过 2.75 亿，有 43 种语言的版本。根据孩之宝公司的说法，这款游戏是查尔斯·达罗（Charles Darrow）在 20 世纪 30 年代发明的。达罗卖掉了很多份在家生产的这款游戏，然后把游戏卖给了帕克兄弟公司（Parker Brothers）。1935 年，美国专利商标局给帕克兄弟公司颁发了使用"Monopoly"作为桌面游戏名称的商标。孩之宝公司于 1991 年购买了帕克兄弟公司。不同于专利和版权，商标永不过期，因此，孩之宝公司继续拥有"Monopoly"这个商标。

当加州大学旧金山分校的经济学教授拉尔夫·安斯波（Ralph Anspach）在 20 世纪 70 年代决定卖一款关于竞争的游戏并将其命名为"Anti-Monopoly"时，他收到了一个意料之外的关于商标法的教训。他的这款游戏取得了很大的成功，第一年就卖出了 20 万份。但是，帕克兄弟公司起诉了安斯波，理由是他的游戏侵犯了该公司的“Monopoly”商标。在辩护过程中，安斯波认为，他发现了证据证明早在1904年，一个叫伊丽莎白·马吉（Elizabeth Magie）的妇女就开发了一款类似于“大富翁”的地主游戏（The Landlord's Game）。这款游戏从未取得商标，在东海岸玩了数十年。根据安斯波的说法，达罗在20世纪30年代中期知道了这款地主游戏，对它进行了一些改动，然后于1935年卖给了帕克兄弟公司。联邦上诉法院大体上同意安斯波的看法：鉴于该游戏的历史，“Monopoly”这个名字处于公共领域，因此不能被授予商标。然而，国会后来修改了商标法，根据新的商标法，帕克兄弟公司仍然拥有“Monopoly”商标。最终，安斯波和孩之宝公司达成了和解，安斯波被允许在获得孩之宝公司许可的条件下卖他的“Anti-Monopoly”游戏。

如果失去“Monopoly”游戏商标，那么，由于其他公司可以开始用同样的名称推出类似的游戏，孩之宝公司每年就会损失数百万美元。孩之宝公司和安斯波教授之间耗时长久的官司说明，公司认为保留对它们的产品的独家控制是至关重要的。

资料来源：Mary Pilon，“How a Fight Over a Board Game Monopolized an Economist's Life”，*Wall Street Journal*，October 20，2009；Ralph Anspach，*The Billion Dollar Monopoly* ® *Swindle*，2nd edition，Bloomington，IN：Xlibris，2007；and Rachel Doepker，“Monopoly Patented”，Business Reference Services，Library of Congress，www.loc.gov/rr/business/businesshistory/December/monopoly.html.

轮到你了：做本章末与本专栏相关的问题与应用2.9，看看你理解得如何。

就像政府对新产品赋予专利或商标保护一样，它也对图书、电影和音乐赋予**版权**（copyright）保护。美国法律赋予图书、电影或音乐的创作人在其一生使用其作品的排他性权利。创作人的继承人在创作人死后70年内享有这一排他性权利。事实上，版权创造了对受版权保护的东西的垄断。如果没有版权，个人和企业就不大可能投资于新图书、电影和软件的创作和开发。

公共特许经营权。在有些情况下，政府赋予一家企业以**公共特许经营权**（public franchise）使其成为某种商品或服务的唯一合法提供商。例如，州和地方政府常常指定一家公司作为电力、天然气或自来水的唯一提供商。

政府偶尔也可能决定通过公共企业直接向消费者提供某些服务。这种情况在欧洲比在美国要常见得多。例如，大多数欧洲国家的政府拥有铁路系统。在美国，许多城市政府直接提供自来水和污水处理服务而不依赖私有企业。国会赋予了美国邮政独家提供特快专递服务的权利。没有其他公司能够合法地往你邮箱中投递信件。

□ 10.2.2 对关键资源的控制

企业成为垄断者的另一种方式是通过控制关键资源。企业很少能获得这种控制权，原因是包括石油或铁矿石等原材料在内的大多数资源可以从很多供给商那里购买。但是，仍然有一些基于控制关键资源而形成垄断的著名例子，如美国铝业公司和加拿大国际镍业公司。

在20世纪40年代前的许多年里，美国铝业公司对几乎所有可获得的铝土矿——制铝所需的矿物——要么具有所有权，要么签订了长期购买合同。竞争对手在无法获得铝土矿的情况下不得不使用回收铝，这限制了它们能生产的铝的数量。类似地，加拿大国际镍业公司控制了90%以上的可用镍的供给。当第二次世界大战后俄罗斯北部的佩萨莫镍矿得到开发后，镍市场的竞争增加了。

在美国，职业运动队的一个关键资源是大型体育馆。参加主要职业运动联盟——美国职业棒球大联盟（MLB）、美国职业橄榄球大联盟（NFL）、北美职业冰球联盟（NHL）和美国职业篮球联盟（NBA）——的球队通常要么在大城市拥有体育馆，要么与大城市的体育馆签订长期租约。对这些体育馆的控制是阻碍新的职业棒球、橄榄球、冰球或篮球联盟形成的主要壁垒。

建立联系

钻石利润是永恒的吗？戴比尔斯公司的钻石垄断

最著名的基于对原材料的控制形成的垄断者是南非戴比尔斯（De Beers）钻石开采和营销公司。在19世纪60年代前，钻石非常稀少。每年的钻石产量只有几磅，主要产地是巴西和印度。然后，在1870年，南非奥兰治河（Orange River）沿岸发现了丰富的钻石矿藏。每年可以生产数以千磅计的钻石，这些新矿的所有者担心钻石的价格会大跌。为了避免财务灾难，这些矿的所有者于1888年决定合并，组成了戴比尔斯联合矿业有限公司。

戴比尔斯公司成为历史上盈利能力最高和存活时间最长的垄断企业之一。公司小心地控制着钻石的供给以维持高价格。当俄罗斯和刚果民主共和国发现了新的钻石矿藏时，戴比尔斯公司通过购买大部分新的钻石供给得以维持高价格。

由于钻石极少损坏，戴比尔斯公司总是担心钻石转售带来的竞争。公司解决这个问题的方法是使用广告用语“钻石恒久远，一颗永流传”来大力宣传订婚钻戒和结婚钻戒的情感价值。由于订婚钻戒和结婚钻戒具有很高的情感价值，它们很少被转售，即使是钻戒领受人的继承人也很少转售。甚至在一些没有赠送订婚钻戒习俗的国家（如日本），戴比尔斯公司的广告也取得了成功。随着戴比尔斯公司的重要市场中人口年龄的增长，它近些年的广告把注意力集中于中年男性和女性，前者将钻戒送给妻子作为事业成功的象征，而后者则为自己购买“右手戒指”。

数年来，钻石行业的竞争一直在逐渐增加。到了2000年，戴比尔斯公司直接控制的钻石产量只占到全世界的大约40%。公司开始忧虑它购买其他来源的钻石以阻止它们进入市场所花费的钱的数量。公司决定放弃尝试控制全球钻石供给的战略，转而将精力集中于通过其知名度来差异化它的钻石。现在，每颗戴比尔斯钻石都标有一个微小的“永恒印记”（Forevermark）品牌以让消费者对其高质量感到安心。其他企业，如拥有加拿大北部的钻石矿的必和必拓公司（BHP Billiton），也通过钻石品牌化来仿效戴比尔斯公司的做法。虽然品牌化战略帮助戴比尔斯公司在2015年保持了钻石市场的35%～40%的市场份额，但是，消费者是否会对钻石的品牌保持关注仍有待观察。

资料来源：Alex MacDonald，“De Beers Brings Oppenheimer Era to End”，*Wall Street Journal*，October 3，2012；William J. Holstein，“De Beers Reworks Its Image as Rivals Multiply”，*New York Times*，December 12，2008；Edward Jay Epstein，“Have You Ever Tried to Sell a Diamond?”，*Atlantic Monthly*，February 1982；and Donna J. Bergenstock，Mary E. Deily，and Larry W. Taylor，“A Cartel's Response to

Cheating: An Empirical Investigation of the De Beers Diamond Empire", *Southern Economic Journal*, Vol. 73 No. 1, July 2006, pp. 173-189.

轮到你了：做本章末与本专栏相关的问题与应用 2.10，看看你理解得如何。

□ 10.2.3 网络外部性

如果一种产品的有用性随着使用该产品的消费者数量的增加而增加，那么，这种产品的消费就具有**网络外部性**（network externalities）。例如，如果全世界只有你有高清电视机，那么它就不是很有价值，原因是企业没有激励提供高清节目。人们使用的高清电视机越多，它们对消费者的价值就越大。

有些经济学家认为，网络外部性可能会起到进入壁垒的作用。例如，在 20 世纪 80 年代早期，微软开发了 MS-DOS（最早的 IBM 个人电脑使用的操作系统），从而获得了相对于其他软件公司的优势。由于 IBM 卖掉的电脑比任何其他公司都多，软件开发人员为 MS-DOS 写了许多应用程序。使用基于 MS-DOS 的程序的人越多，使用基于 MS-DOS 的程序对消费者的价值就越大。到了 20 世纪 90 年代，微软用 Windows 取代了 MS-DOS。今天，Windows 在个人电脑操作系统市场占到了 85%的市场份额，苹果公司的操作系统占了 10%的份额，包括开放源代码的 Linux 系统在内的其他操作系统只占了约 1%甚至还不到 1%的份额。如果另一家企业推出一种新的操作系统，那么，一些经济学家认为最初它的用户会相对很少，在这样的操作系统上运行的应用程序也会很少，这会限制该操作系统对其他消费者的价值。

eBay 是第一家吸引众多人参与其在线拍卖的互联网网站。一旦许多人开始使用 eBay 买卖收藏品、古玩和许多其他产品，它就变成了一个有价值的买卖场所。Yahoo. com、Amazon. com 和其他网站最后都开始了在线拍卖，但是它们难以吸引买家和卖家。与在 Amazon. com 或其他拍卖网站相比，在 eBay，买家预计能找到更多的卖家，卖家也预计能找到更多潜在的买家。

正如这些例子所表明的，从企业的角度来看，网络外部性可以引起一个良性循环：如果一家企业一开始就能吸引足够的顾客，那么，由于它的产品的价值随着越来越多人的使用而增加，它就能吸引到额外的顾客，而这又能进一步吸引到更多的顾客，等等。对于计算机操作系统和在线拍卖这样的市场，新企业或许很难进入，从而这种市场的第一家企业所赚取的利润很难通过竞争而消除。

但是，经济学家对商业世界中网络外部性作为进入壁垒的重要程度存在争论。有些经济学家认为，微软和 eBay 处于主导地位的主要原因是它们能够有效地提供满足消费者偏好的产品而不是因为网络外部性的影响。根据这种观点，现有企业从网络外部性中获得的优势不足以阻止竞争对手提供更好的产品。例如，许多人从使用台式或笔记本电脑转变成使用在苹果的 iOS 或谷歌的安卓操作系统上运行的平板电脑和智能手机，这使得微软在电脑操作系统上的主导地位不再那么重要了。

□ 10.2.4 自然垄断

我们在第 8 章看到，当企业的长期平均成本随着产量增加而下降时就存在规模经济。

当规模经济大到由一家企业来供给整个市场比由两家或更多家企业来供给整个市场的平均总成本更低的程度时，**自然垄断**（natural monopoly）就出现了。在那种情况下，市场只有容纳一家企业的“空间”。

图 10.1 显示了一家电力生产企业的平均总成本曲线以及电力市场的总需求。注意，平均总成本曲线在与需求曲线相交于 *A* 点时还在下降。如果该企业是一个垄断者并且每年生产 300 亿度（即千瓦时）电，它的平均总成本将为每度电 0.04 美元。假定市场中有两家企业，每家企业生产一半的市场产出即每年 150 亿度电。假设每家企业的平均总成本曲线相同。该图显示，每年生产 150 亿度电将使每家企业沿着平均总成本曲线向上移动，生产电的平均成本将上升到每度电 0.06 美元（*B* 点）。在这种情况下，如果其中一家企业扩大产量，它将沿着平均总成本曲线向下移动，平均成本会更低，它也就能以低于另一家企业的价格供应电。最终，另一家企业将被驱逐出市场，剩下的企业成为垄断企业。由于在这个市场中垄断自动地（或自然地）形成，因此它是自然垄断。

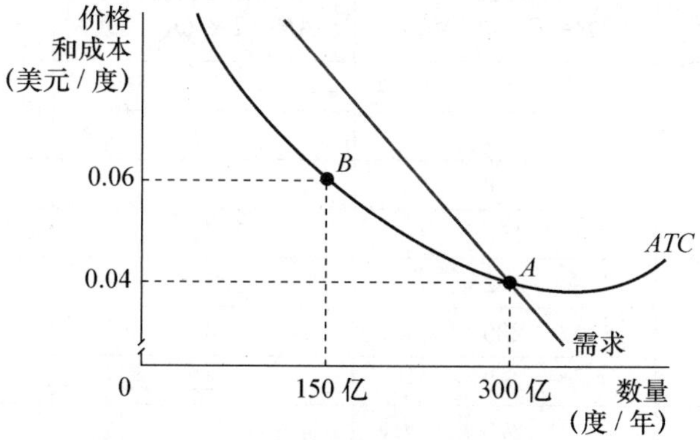

图 10.1　自然垄断者的平均总成本曲线

在自然垄断的情况下，平均总成本曲线在与需求曲线相交于 *A* 点时还在下降。如果市场中只有一家企业生产电且它在平均成本曲线与需求曲线的交点处生产，那么，平均总成本将为每度电 0.04 美元。如果市场在两家企业之间平分，每家企业生产 150 亿度电，那么，生产电的平均成本将上升到每度电 0.06 美元（*B* 点）。在这种情况下，如果其中一家企业扩大产量，它将沿着平均总成本曲线向下移动，设定一个更低的价格，将另一家企业驱逐出市场。

自然垄断最有可能在固定成本相对于可变成本很高的市场中产生。例如，生产电的企业必须在发电所需的机器和设备以及送电所需的电线电缆上投入很多资金。但是，一旦该企业已经完成初始投资，多生产 1 度电的边际成本就相对很小。

10.3　垄断企业如何选择价格和产出？

与每一家其他企业一样，垄断企业通过生产使边际收益等于边际成本的产量来最大化利润。垄断企业区别于其他企业的地方在于：垄断企业的需求曲线与产品的市场需求曲线相同。在讨论完全竞争时，我们强调了小麦的市场需求曲线与任何单个农场主生产的小麦的需求曲线迥异（见第 9 章）。但是，如果一个农场主垄断了小麦的生产，那么，这两条需求曲线就是完全相同的。

□ 10.3.1 再访边际收益

回忆完全竞争市场中的企业（如小麦市场中的农场主）面临着水平的需求曲线。这些企业是价格接受者。所有其他企业，包括垄断企业在内，都是价格设定者。如果价格设定者提高价格，它们就会损失部分（但不是全部）顾客。因此，它们面临着向下倾斜的需求曲线，边际收益曲线也向下倾斜。让我们来看一下为什么在企业的需求曲线向下倾斜的情况下其边际收益曲线也向下倾斜。

当一家企业降低产品价格时，一件好事和一件坏事同时发生：

- 好事情。它卖了更多的产品。
- 坏事情。它从每个单位上获得的收益都低于在更高价格时本来可以获得的收益。

例如，考虑图 10.2 中的表格，该表显示了康卡斯特（Comcast）的基本有线电视套餐

每月用户数（Q，个）	价格（P，美元）	总收益（$TR=P\times Q$，美元）	平均收益（$AR=TR/Q$，美元）	边际收益（$MR=\Delta TR/\Delta Q$，美元）
0	60	0	—	—
1	57	57	57	57
2	54	108	54	51
3	51	153	51	45
4	48	192	48	39
5	45	225	45	33
6	42	252	42	27
7	39	273	39	21
8	36	288	36	15
9	33	297	33	9
10	30	300	30	3

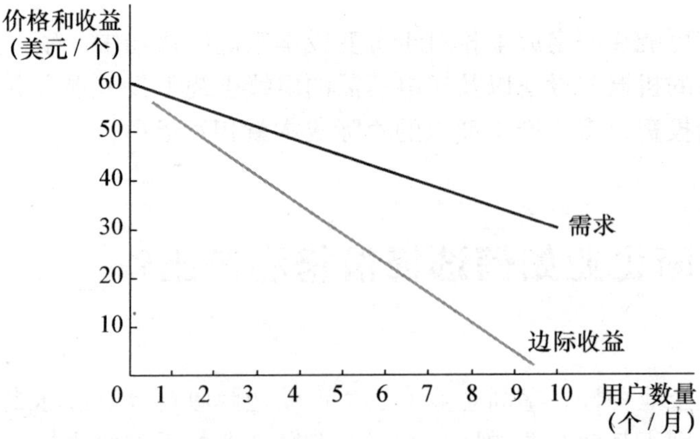

图 10.2 计算垄断企业的收益

康卡斯特面临的基本有线电视套餐订购需求曲线是向下倾斜的。为了销售给更多的用户，它必须降价。当它降价时，它从销售更多订购量上得到了收益，但是，由于价格下降了，它从原本可以以更高价格销售的订购量上损失了收益。它的边际收益是多销售给 1 个用户所导致的收益的变化。我们可以这么来计算边际收益：用所获得的收益减去价格下降导致的收益损失。该图中的表格显示，对于第 1 个用户之后的每个用户，康卡斯特得到的边际收益总是小于价格。因此，康卡斯特的边际收益曲线位于需求曲线下方。

的需求曲线。为了在一个城市运营有线系统，企业通常需要获得市政府的许可。康卡斯特是某些城市唯一的有线电视提供商。为了简单起见，我们假设某一特定市场只有 10 个潜在的用户。如果康卡斯特收取的价格为每月 60 美元，那么就不会有用户订购。如果价格为 57 美元，那么只有 1 个人订购。如果价格为 54 美元，有 2 个人订购，如此等等。康卡斯特的总收益等于每月用户数乘以价格。它的平均收益——从每个用户那里得到的平均收益——等于它的总收益除以用户数。康卡斯特特别感兴趣的是边际收益，这是因为边际收益告诉了企业当它为增加 1 个用户而降价时收益会增加多少。

注意，对于第 1 个用户之后的每个用户，康卡斯特的边际收益总是小于价格。为了弄清其中的原因，考虑一下如果康卡斯特将基本有线电视套餐的价格从 42 美元降到 39 美元从而使用户数从 6 个增加到 7 个会发生什么。康卡斯特从第 7 个用户那里得到的收益是 39 美元，但是，它从前 6 个用户中的每个用户那里得到的收益少了 3 美元，因为它原本可以收取 42 美元。因此，它销售给第 7 个用户得到的边际收益为 21（＝39－18）美元，这正是表格中所显示的数字。图 10.2 中的图形基于表格中的信息绘制了康卡斯特的需求曲线和边际收益曲线。

□ 10.3.2　垄断企业的利润最大化

图 10.3 显示了康卡斯特如何将需求和边际收益的信息与平均成本和边际成本的信息结合在一起以决定销售多少订购量（即用户数）和收取什么价格。我们假设它的边际成本和平均总成本曲线有着我们在前两章看到的通常的 U 形形状（见第 8 章和第 9 章）。在图 10.3（a）中，我们看到康卡斯特如何计算其利润最大化数量和价格。只要多销售一个订购量的边际成本小于边际收益，它就应该继续销售，因为这样做会增加利润。随着康卡斯特销售的有线电视订购量越来越多，不断上升的边际成本最终将等于边际收益，康卡斯特此时的用户数就是利润最大化数量。康卡斯特的利润最大化订购量为 6，即图 10.3（a）中的 A 点，第 6 个用户使企业的成本和收益都增加了 27 美元。需求曲线告诉我们，当销售的订购量为 6 个时，康卡斯特可以收取每月 42 美元的价格。我们可以得出结论：康卡斯特的利润最大化订购量为 6 个，利润最大化价格为 42 美元。

图 10.3（b）显示，订购量为 6 个时的平均总成本为 30 美元，康卡斯特收取的价格为 42 美元（需求曲线上的 B 点）。康卡斯特在每个用户那里获得的利润为 12 美元，即价格 42 美元减去平均成本 30 美元。它的总利润为 72（＝6×12）美元，在图中用阴影矩形表示。我们也可以通过计算康卡斯特的总收益和总成本之差来得到其总利润。它销售给 6 个用户得到的总收益为 252 美元。它的总成本等于平均总成本乘以用户数，即 180（＝30×6）美元。因此，它的利润为 72（＝252－180）美元。

注意：尽管康卡斯特正在赚取经济利润，但是新的企业并不会进入这个市场，除非它们能获得市政府的许可。如果康卡斯特拥有唯一的许可，那么，它就是一个垄断者，不会面临来自其他有线电视运营商的竞争。因此，如果其他因素保持不变，康卡斯特将能够继续赚取经济利润，哪怕在长期也是如此。

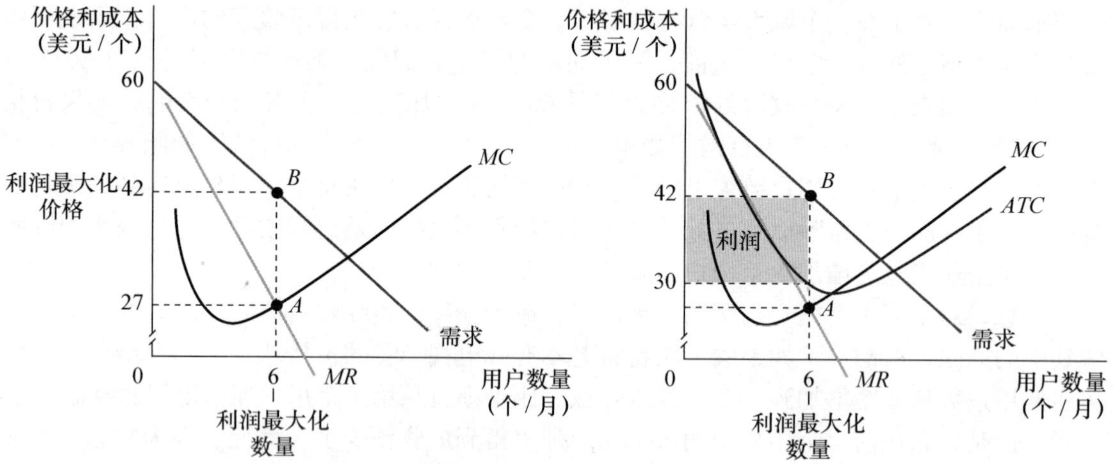

(a) 垄断企业的利润最大化数量和价格　　(b) 垄断企业的利润

图 10.3　垄断者的利润最大化价格和产出

图（a）显示，为了最大化利润，康卡斯特销售的订购量应该使得最后一单位的边际收益等于其边际成本（A 点）。在这个例子中，第 6 个单位的边际收益和边际成本均为 27 美元。在每月销售的订购量为 6 个和价格为 42 美元时（B 点），康卡斯特实现了利润最大化。在图（b）中，阴影矩形代表了康卡斯特的利润。这个矩形的高为 12 美元，即价格 42 美元减去平均总成本 30 美元，底为 6 个，即有线电视订购量。因此，康卡斯特的利润等于 72（$=12\times6$）美元。

例题 10.3　确定有线电视垄断者的利润最大化价格和产量

假定康卡斯特是费城的一家有线电视垄断企业。下表给出了康卡斯特每月的基本有线电视订购的需求和成本（再一次地，为了简单起见，我们假设用户人数很少）。

价格（美元）	数量（个）	总收益（美元）	边际收益（$MR=\Delta TR/\Delta Q$，美元）	总成本（美元）	边际成本（$MC=\Delta TC/\Delta Q$，美元）
27	3			56	
26	4			73	
25	5			91	
24	6			110	
23	7			130	
22	8			151	

a. 填充表中空白的各列。

b. 如果康卡斯特要最大化利润，它应该收取什么价格？每月销售的有线电视订购量应该是多少？将赚取多少利润？请简要解释。

c. 假定当地政府对康卡斯特每月征税 25 美元。现在，康卡斯特应该收取什么价格？每月销售的有线电视订购量应该是多少？将赚取多少利润？

解：

第 1 步：复习本章内容。这一问题是关于确定垄断企业的利润最大化产量和价格的，所以你可能需要复习一下 10.3.2 节“垄断企业的利润最大化”。

第 2 步：填充表中空白的各列，回答问题 a。记住，为了计算边际收益和边际成本，你用总收益或总成本的变化去除以产量的变化。

表格中没有充分的信息让我们能够填充第一行的边际收益和边际成本值。

价格（美元）	数量（个）	总收益（美元）	边际收益（$MR=\Delta TR/\Delta Q$，美元）	总成本（美元）	边际成本（$MC=\Delta TC/\Delta Q$，美元）
27	3	81	—	56	—
26	4	104	23	73	17
25	5	125	21	91	18
24	6	144	19	110	19
23	7	161	17	130	20
22	8	176	15	151	21

第 3 步：确定利润最大化产量和价格，回答问题 b。我们知道，当康卡斯特销售的订购量满足边际成本等于边际收益时，它就实现了利润最大化。在这个例子中，这意味着每月销售的订购量为 6 个。从表格前两列我们知道，利润最大化价格为 24 美元。康卡斯特的利润等于其总收益和总成本之差，即每月 34（＝144－110）美元。

第 4 步：分析税收的影响，回答问题 c。这一税收固定在每月 25 美元，与康卡斯特销售的订购量无关，因此它对康卡斯特来说是一项固定成本。由于这一税收不影响康卡斯特的边际收益和边际成本，因此利润最大化产出水平不变。康卡斯特仍将以每月 24 美元的价格把基本有线电视套餐卖给 6 个用户，但是它的利润将减少税收量这么多，即从每月 34 美元减少到 9 美元。

轮到你了：要想做更多的练习，请做本章末与本专栏相关的问题与应用 3.4 和 3.5。

不要犯这样的错误！

不要认为收取更高的价格总是会使垄断者赚取更多的利润

在回答例题 10.3 的问题 c 时，你很可能会认为康卡斯特应该提高价格以弥补税收损失。毕竟，康卡斯特是一个垄断者，因此为什么它不能把税收转嫁给客户呢？康卡斯特不能这么做的理由是，它与任何其他垄断者一样必须关注需求。康卡斯特对为了收取高价而收取高价不感兴趣，它感兴趣的是最大化利润。对基本有线电视套餐的订购收取每月 1 000 美元的价格听起来很妙，但是，如果在这个价格水平没人愿意买，康卡斯特就不可能实现利润最大化。

换一种方式来看，在政府征税之前，康卡斯特已经确定了利润最大化价格为每月 24 美元。在政府征税之后，它必须确定 24 美元是否仍然是利润最大化价格。由于这一税收既不影响康卡斯特的边际收益，也不影响它的边际成本，因此，24 美元仍然是利润最大化价格，康卡斯特应该继续收取这一价格。这一税收降低了康卡斯特的利润，但是不会导致康卡斯特提高有线电视订购的价格。

轮到你了：做本章末与本专栏相关的问题与应用 3.8，看看你理解得如何。

10.4 垄断降低了经济效率吗？

我们已经看到，完全竞争市场在经济上是有效率的（见第 9 章）。如果市场是垄断而非完全竞争的，经济效率会受到什么样的影响呢？经济剩余提供了一种刻画市场的经济效率的方式。完全竞争市场中的均衡使社会从一种商品或服务的生产中得到的经济剩余或称总效益达到最大（见第 4 章）。垄断市场中的经济剩余会发生什么变化呢？我们的分析从一个假想的例子开始：智能手机市场一开始是完全竞争的，然后变成了垄断市场，我们来看看经济剩余将发生什么变化。

□ 10.4.1 比较垄断和完全竞争

图 10.4（a）说明了智能手机市场为完全竞争的情况。价格和数量由需求曲线和供给曲线的交点决定。记住，完全竞争行业中任何单家企业都不能控制价格。每家企业必须接受市场决定的价格。图 10.4（b）显示了智能手机行业变成垄断行业将会发生的变化。我们知道，垄断者将生产使边际收益等于边际成本的产量来最大化利润。为此，垄断者降低了产量，提高了价格。图 10.4（b）说明了一个重要的结论：与生产同一产品的完全竞争行业相比，垄断行业生产的产量更少、价格更高。

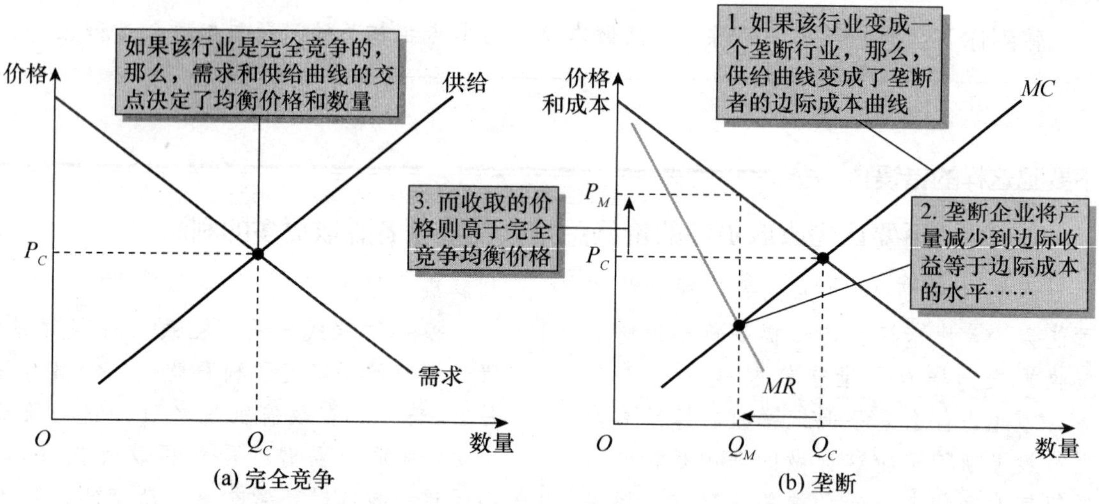

图 10.4 如果完全竞争行业变成垄断行业会发生什么变化？

图（a）中，智能手机市场是完全竞争的，价格和数量由需求曲线和供给曲线的交点决定。图（b）中，完全竞争的智能手机行业变成了垄断行业。结果：

（1）行业供给曲线变成了垄断者的边际成本曲线。

（2）垄断者将产出减少到边际收益等于边际成本的水平，即 Q_M。

（3）垄断者将价格从 P_C 提高到 P_M。

□ 10.4.2 衡量垄断造成的效率损失

图 10.5 利用图 10.4（b）说明了垄断如何影响消费者、生产者以及经济效率。回忆消费者剩余衡量了消费者从购买一种商品或服务中收到的净效益（见第 4 章）。我们用需求

曲线以下和市场价格以上的区域衡量消费者剩余。价格越高，消费者剩余就越小。由于垄断者提高了市场价格，所以它减少了消费者剩余。在图 10.5 中，消费者剩余的损失等于矩形 A 加上三角形 B。回忆生产者剩余衡量了生产者从销售一种商品或服务中收到的净效益。我们用供给曲线以上和市场价格以下的区域衡量生产者剩余。垄断引起的价格上升使生产者剩余增加了等于矩形 A 的数量，减少了等于三角形 C 的数量。由于矩形 A 大于三角形 C，所以我们知道，与完全竞争相比，垄断增加了生产者剩余。

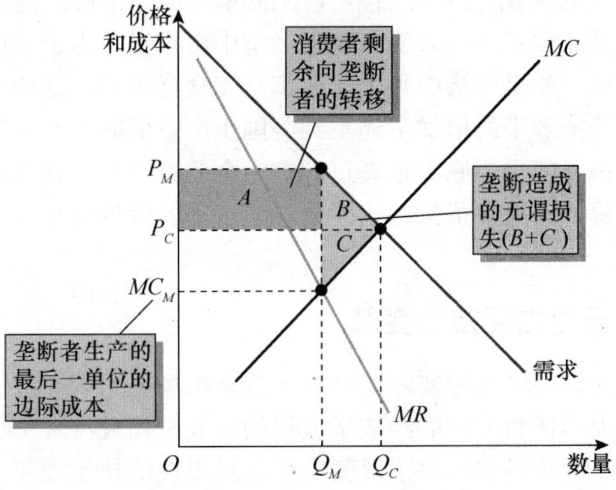

图 10.5　垄断的无效率

行业为完全竞争行业时价格为 P_C，产量为 Q_C。与之相比，垄断者收取了更高的价格 P_M，产量 Q_M 却更低。更高的价格使消费者剩余减少了等于矩形 A 加上三角形 B 的数量。减少的消费者剩余的一部分变成了垄断者的生产者剩余，另一部分变成了无谓损失。总的无谓损失等于三角形 B 和 C 之和。

经济剩余等于消费者剩余与生产者剩余之和。通过提高价格和降低产量，垄断者使经济剩余减少了等于三角形 B 和 C 之和的数量。经济剩余的这一减少被称为无谓损失，它代表了垄断造成的经济效率损失。

理解垄断为何会导致经济效率损失的最佳方法是回忆在完全竞争市场中价格等于边际成本。结果，只要完全竞争市场中的消费者愿意支付等于商品的边际生产成本的价格，他就总是能够买到商品。正如图 10.5 所示，在垄断者停止生产的产量处，价格高于边际成本。尽管某些消费者为智能手机愿意支付的价格超过了边际生产成本，但消费者却买不到这些智能手机。为什么垄断者不生产这些额外的智能手机呢？那是因为垄断者在限制产出从而推高价格时的利润更高。垄断者生产了利润最大化的产出水平但却未能生产出从社会角度看有效的产出水平。

我们可以把垄断的影响总结如下：

（1）垄断造成了消费者剩余的减少。

（2）垄断造成了生产者剩余的增加。

（3）垄断造成了无谓损失，它代表着经济效率的降低。

□ 10.4.3　垄断造成的效率损失有多大？

我们知道，垄断企业的数量相对很少，因此，垄断造成的经济效率损失一定也小。但是，许多企业有**市场势力**（market power），即企业收取高于边际成本的价格的能力。我们刚刚完成的分析显示，只要企业有市场势力，能够收取高于边际成本的价格，那么，哪怕企业不是垄断者，经济效率损失也会出现。唯一一种没有市场势力的企业类型是完全竞争市场中的企业，这种企业必须收取等于边际成本的价格。由于完全竞争的市场很少，因此，几乎每种商品或服务都有一些经济效率损失。

由市场势力造成的总经济效率损失是大还是小？通过估计每个行业的无谓损失三角形（如图 10.5 所示）的大小来用货币度量经济效率损失是可能的。第一个这么做的经济学家是加州大学洛杉矶分校的阿诺德·哈伯格（Arnold Harberger）。他的估计——在很大程度上被后来的研究人员证实了——表明，美国经济中由市场势力造成的总经济效率损失相对很小。根据他的估计，如果经济中每个行业都是完全竞争的，从而每个市场中的价格等于边际成本，那么，经济效率的增加量还不到美国生产总值的 1%，人均不到 600 美元。

经济效率损失这么小的主要原因是真正的垄断企业很罕见。在大多数行业中，与垄断的情况相比，竞争使价格保持在很接近边际成本的水平。价格越接近边际成本，无谓损失的规模就越小。

□ 10.4.4 市场势力和技术变革

有些经济学家认为，经济可能实际上受惠于拥有市场势力的企业。这种观点与奥地利经济学家、曾在哈佛大学任教多年的经济学教授约瑟夫·熊彼特（Joseph Schumpeter）最有关联。熊彼特认为，经济过程取决于以新产品形式出现的技术变革。例如，汽车代替马车、冰箱代替冰盒、电子计算机代替机械计算器等都代表着大幅提高生活水平的技术变革。按照熊彼特的观点，新产品引发了“创造性破坏”的风潮，这股风潮促使旧产品——常常还有生产旧产品的企业——退出市场。熊彼特并不担心拥有市场势力的企业会比完全竞争企业收取更高的价格：

> 重要的不是那种（价格）竞争，而是来自新商品、新技术、新供给来源、新组织类型……的竞争，拥有决定性的成本或质量优势的竞争，这种竞争打击的不是现有企业的利润和产出边际，而是它们的根基和生命。

支持熊彼特的观点的经济学家认为，新产品的引入要求企业投资于研发。企业通过从投资者或银行借款来筹集所需资金当然是有可能的。但是，投资者和银行通常对尚未通过市场中消费者认可测试的新产品的想法持怀疑态度。结果，企业常常只能依赖自己的利润来为引入新产品所需的研发筹集资金。由于拥有市场势力的企业比完全竞争企业更有可能赚取经济利润，所以，它们也更有可能进行研发从而引入新产品。根据这种观点，拥有市场势力的企业收取的更高的价格相对于社会从这些企业引入市场的新产品中得到的效益而言是无关紧要的。

有些经济学家不同意熊彼特的观点。这些经济学家提到了由更小规模的企业开发的新产品的数量，包括史蒂夫·乔布斯和史蒂夫·沃兹尼亚克在乔布斯的车库里发明了第一代苹果电脑，拉里·佩奇（Larry Page）和谢尔盖·布林（Sergey Brin）在斯坦福大学读研究生的时候发明了谷歌搜索引擎。正如我们在下一节将要看到的，政府的政策制定者仍在继续纠缠于具有市场势力的大企业总体来说对经济是好还是坏这一问题。

10.5 针对垄断的政府政策

由于垄断减少了消费者剩余和降低了经济效率，大多数政府都制定了管制垄断企业行为的政策。不是垄断者的企业有激励通过合谋来避免竞争。**合谋**（collusion）是指企业间达成的收取相同价格或者以其他方式不相互竞争的协议。在美国，反托拉斯法就是为了防止垄断和合谋而制定的。政府还对自然垄断的企业进行管制，其方式是对这些企业收取的价格进行控制。

□ 10.5.1 反托拉斯法及其实施

在美国，第一部重要的管制垄断的法律是《谢尔曼法案》(Sherman Act)，国会于1890年通过了这部法律，目的是促进竞争和防止垄断的形成。《谢尔曼法案》的第一节禁止“托拉斯或其他形式的任何合同、联合或者限制贸易的密谋”。第二节规定，“任何垄断或试图垄断抑或与其他人或团体联合或密谋垄断任何贸易或商业的人都将被认为犯有重罪”。

《谢尔曼法案》的矛头指向了19世纪70年代和80年代几个行业中联合在一起形成“托拉斯”的企业。托拉斯中的企业是独立经营的，但是，选举的控制权被交给了一个理事会。理事会执行这些企业关于收取同一价格和不抢夺彼此的客户的合谋协议。最臭名昭著的托拉斯是由约翰·D. 洛克菲勒创建的标准石油托拉斯。在《谢尔曼法案》通过后，托拉斯消失了，但是，**反托拉斯法**（antitrust laws）这个术语流传了下来，用来指代旨在消除企业间的合谋和促进竞争的法律。

《谢尔曼法案》禁止托拉斯和合谋协议，但是它也有漏洞。例如，两家或更多家企业合并成一家新的、更大规模的、有很大的市场势力的企业是否合法，《谢尔曼法案》对此没有做出清晰的规定。最高法院的一系列判决对《谢尔曼法案》做了狭义的解释，结果在19世纪与20世纪之交出现了兼并潮。其中的一例是美国钢铁公司，这家公司是由几十家较小规模的公司形成的，美国钢铁公司是由J. P. 摩根创建的，它是美国第一家产值达到10亿美元的公司，控制了美国2/3的钢铁生产。对于没有公然合谋的商业惯例是否非法，《谢尔曼法案》也没有做出清晰的说明。

为了解决《谢尔曼法案》的漏洞，国会于1914年通过了《克莱顿法案》(Clayton Act)和《联邦贸易委员会法案》(Federal Trade Commission Act)。《克莱顿法案》规定，如果某一兼并的效果是“大幅削弱了竞争或者倾向于形成垄断”，那么，这样的兼并是非法的。《联邦贸易委员会法案》设立了联邦贸易委员会（FTC），该委员会被赋予了监督不公平的商业惯例的权力。FTC对采用包括欺骗性广告在内的许多种商业惯例的企业提起了诉讼。在设立FTC时，国会还赋予了该委员会监督兼并的权力。现在，美国司法部反托拉斯局和FTC都对兼并政策负责。表10.1列出了重要的美国反托拉斯法以及各部法律的目的。

表 10.1 **重要的美国反托拉斯法**

法律	颁布年份	目的
《谢尔曼法案》	1890	禁止“对贸易的限制”，包括限定价格和合谋，还禁止垄断

续前表

法律	颁布年份	目的
《克莱顿法案》	1914	禁止企业购买竞争对手的股票和派人到竞争对手的董事会担任董事
《联邦贸易委员会法案》	1914	设立联邦贸易委员会来帮助执行反托拉斯法律
《罗宾逊-帕特曼法案》	1936	禁止企业向不同的买者收取不同的价格，如果这样做会减少竞争的话
《塞勒-基福弗法案》	1950	通过禁止会减少竞争的兼并，加强对兼并的限制

建立联系

苹果公司的电子图书定价违法了吗？

当 2010 年苹果公司推出 iPad 时，购买电子图书的人收到了一些坏消息：新书和畅销书的价格从 9.99 美元上涨到了 12.99 美元或 14.99 美元。不只是苹果公司的 iBooks 商店卖的图书涨价了，亚马逊卖的 Kindle 电子书也涨价了。为什么会发生这次价格大幅上涨呢？美国司法部有一个直截了当的解释：苹果公司组织 5 家大型图书出版商达成了提高电子书价格的协议。正如司法部的一个律师所说的，苹果公司指引了“一个老套的、直截了当的固定价格的协议”。于是，司法部起诉苹果公司违反了反托拉斯法。该诉讼是一起民事行动，这意味着司法部并不对苹果公司高管提出刑事指控。

当亚马逊于 2007 年推出其 Kindle 电子阅读器时，它把大部分新书和畅销书的价格定在了 9.99 美元，尽管这一价格低于图书出版商向亚马逊收取的图书价格。亚马逊相信，通过亏本卖电子书，它能增加 Kindle 的销量。然而，大部分图书出版商对亚马逊的电子书低价并不满意，因为它们相信电子书的低价减少了畅销书的精装本的销量，而它们从精装图书上得到的利润更高。根据美国司法部的说法，苹果公司利用了这些出版商的不满，提出了一个“代理定价模式”。在这个模式下，这些出版商将设定电子书的零售价格，苹果公司每卖出一本书将提成价格的 30%。

此外，苹果公司通过谈判在与这些出版商的合同中了列出了允许它匹配其他电子书卖者的零售价格的这么一条条款。借助这一条款，如果亚马逊继续将电子书的价格定在 9.99 美元，那么苹果公司也能定在这一价格。然后，这些出版商坚持要求亚马逊转而采用代理定价模式。如果亚马逊不这么做，那么，这些出版商说，只有在它们的精装本图书出版几个月后才允许亚马逊卖这些书的电子版本，而这将使苹果公司在电子书市场取得巨大优势。面对这样的局面，亚马逊也采用了代理定价模式，这些出版商得以将大部分新书的价格提高到 12.99 美元或 14.99 美元。

在案件审理过程中，苹果公司辩称它没有打算组织这些出版商达成固定价格的协议。取而代之的是，苹果只是提出了一个与它对 iTunes 商店的歌曲已经采用的定价模式相似的定价模式。正如负责与这些出版商谈判的苹果公司高管所说：“我没有提高价格。设定价格的是出版商。”这些出版商的代表在审理过程中也作证说，他们既没有与苹果公司也没有相互之间密谋固定电子书的价格。

最终，一个法官裁定，苹果公司与这

些出版商密谋提高了电子书的价格。这个裁决出来之后，司法部提议该法官禁止苹果公司在五年内与出版商签订代理定价合同。苹果公司对该法官的裁决提出了上诉，2015 年，上诉法庭维持原判，也认为苹果公司违反了法律。然而，其中一个法官提出了异议，认为“苹果公司采取措施与一个垄断者竞争，使得该市场向更多进入者开放，在此过程中只产生了不重要的竞争限制”。司法部同意上诉法庭的分析，欢迎上诉法庭的判决，并宣称：“由于苹果公司和作为被告的出版商寻求消除电子书销售中的价格竞争，消费者被迫为许多电子书支付更高的价格。”苹果公司又将上诉法庭的判决向美国最高法院提出了上诉。

司法部针对苹果公司提出的起诉是政府阻止企业人为地限制产量以提高价格的尝试的一个例子。正如我们已经看到的，更高的价格减少了消费者剩余，降低了经济效率。

资料来源：Larry Neumeister，“US Court Agrees Apple Violated Antitrust Law in e-Book Entry”，Associated Press，June 30，2015；Chad Bray，“Apple's e-Book Damages Trial Set to Begin in May”，*Wall Street Journal*，August 15，2013；Bob Van Voris，“Apple Awaits e-Book Decision with State，Private Suits in Wings”，*Bloomberg Businessweek*，June 22，2013；Joe Palazzolo and Chad Bray，“Apple's Civil Antitrust Trial：The Highlights”，*wall Street Journal*，June 20，2013；and Julie Bosman，“Publishers Tell of Disputes with Apple on e-Book Prices”，*New York Times*，June 5，2013.

轮到你了：做本章末与本专栏相关的问题与应用 5.6 和 5.7，看看你理解得如何。

□ 10.5.2 兼并：市场势力和效率之间的权衡

如果企业通过兼并获得了市场势力，那么，它们可能利用这些市场势力去提高价格和降低产量，因此，联邦政府对企业兼并进行管制。结果，政府最关注的是**横向兼并**（horizontal merger)，即同一行业内企业之间的兼并。两家航空公司或两家糖果制造企业合并就是横向兼并的例子。横向兼并比纵向兼并更有可能增加市场势力。**纵向兼并**（vertical merger）是指某一商品不同生产阶段的企业之间的兼并，例如，生产软饮料的公司和生产塑料瓶的公司之间的兼并。

联邦监管机构对两个可能使横向兼并的评估复杂化的因素进行处理。

(1) 市场的程度。企业所处的“市场”并非总是清楚的。例如，如果好时食品公司（Hershey Foods）想和玛氏食品公司（Mars，Inc.，公司生产 M&M 巧克力、士力架和其他糖果）合并，那么，相关的市场是什么？

● 如果政府只看糖果市场，合并形成的新公司的市场份额将超过 70%，这一市场份额很高，政府很可能会反对这一兼并。

● 如果政府看一下范围更宽的零食市场，那么，好时和玛氏两家公司与薯片、饼干和花生等产品的生产者，可能甚至还有新鲜水果的生产者进行竞争。采用这个更广泛的市场定义，好时和玛氏的市场份额就可能低到联邦监管机构不会反对它们合并的程度。

● 如果政府看一下范围非常宽的食品市场，那么，好时和玛氏两家公司的市场份额都很小，联邦监管机构就没有反对这两家公司合并的理由。

在实践中，政府对相关市场的定义基于拟合并企业所生产的产品是否有相近的替代品。在这个例子中，薯片和提到的其他饼干食品不是糖果的相近替代品。因此，政府把糖果市场看做是相关的市场，并且以新企业将会有太多的市场势力为由反对这一兼并。

（2）可能的经济效率增加。使兼并政策复杂化的第二个因素是兼并后的新企业可能比兼并前的企业单独经营更有效率。例如，一家企业可能拥有很优秀的产品，但把产品送达消费者手中的分销体系很糟糕。一家竞争对手可能建立了很好的分销体系，但产品较差。允许这两家企业合并或许对这两家企业和消费者都有好处。或者，两家相互竞争的企业可能都有庞大的仓储体系，但只使用了一半的仓储能力，如果这两家企业合并，那么，它们就能整合仓库，大幅降低平均成本。

受到司法部和 FTC 审查的大多数兼并都是大企业之间的兼并。但是，为了简单起见，让我们考虑这样一个例子：某一完全竞争行业中的所有企业想合并成一家垄断企业。正如我们在图 10.5 中所看到的，作为这一兼并的结果，价格将上升，产量将下降，导致消费者剩余和经济效率下降。但是，如果合并后规模更大的企业实际上比原来规模更小的企业更有效又会如何呢？图 10.6 显示了一种可能的结果。

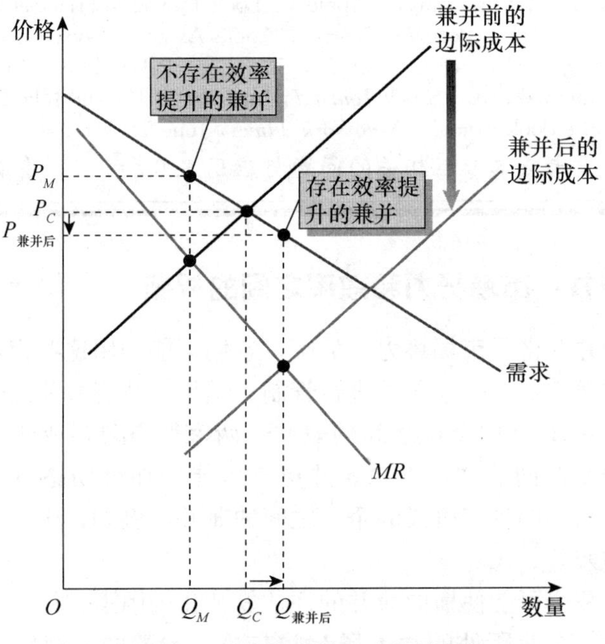

图 10.6 使消费者境况改善的兼并

该图显示了某一完全竞争行业合并成一家垄断企业的结果。如果兼并不影响成本，那么，结果与图 10.5 所示相同：价格从 P_C上升到P_M，产量从 Q_C下降到Q_M，消费者剩余减少，出现了经济效率损失。但是，如果兼并后的垄断企业的成本低于兼并前的完全竞争企业的成本，边际成本曲线发生图中所示的移动，那么，如下的情况就有可能出现：兼并后，价格从 P_C下降到$P_{兼并后}$，产量从 Q_C上升到$Q_{兼并后}$。

如果兼并不影响成本，那么，我们得到与图 10.5 所示相同的结果：价格从 P_C上升到P_M，产量从 Q_C下降到Q_M，消费者剩余减少，出现了经济效率损失。但是，如果兼并后的垄断企业的成本低于完全竞争企业，那么，就有可能出现价格下降和产量增加的情况。在图 10.6 中，注意兼并后边际收益曲线和边际成本曲线在新的利润最大化产量 $Q_{兼并后}$处相交。需求曲线表明，垄断者可以以 $P_{兼并后}$的价格卖出这一数量。因此，兼并后，价格从 P_C下降到$P_{兼并后}$，产量从 Q_C上升到$Q_{兼并后}$。我们得到了如下看起来相悖的结果：尽管兼并后的新企业有很大的市场势力，但是，由于它更有效率，消费者的境况改善了，经济效率提高了。当然，有时候兼并后的企业更有效率和有着更低的成本，但别的时候并非如此。即使兼并后的企业更有效率和有着更低的成本，这也有可能不够抵消企业市场势力的增强，从而不会增加消费者剩余和经济效率。

正如你也许预期到的那样，无论大企业什么时候提出兼并的计划，它们都声称兼并后的新企业会更有效率和有着更低的成本。它们意识到，如果不这么说，司法部和 FTC 以及法院系统就不大可能批准它们所提议的兼并。

□ 10.5.3 司法部和 FTC 的兼并准则

在《谢尔曼法案》于 1890 年通过后的许多年里，司法部的律师贯彻执行了反托拉斯法。律师们极少考虑经济方面的理由，例如，如果兼并后经济效率显著提高，那么消费者的境况在兼并后变得更好。这一情况在 1965 年得到了改变，这一年唐纳德·特纳（Donald Turner）成为司法部反托拉斯局局长，他是首位担任这一职务的经济学博士。在特纳和他的继任者的领导下，经济分析对反托拉斯政策产生了影响。1973 年，反托拉斯局经济科成立，这个科的职员均为经济学家，他们负责评估企业之间拟进行的兼并的经济后果。

1982 年，司法部和 FTC 制定了兼并准则，经济学家在这一过程中起到了很重要的作用。兼并准则使那些正在考虑兼并的企业更容易判断政府可能允许还是反对拟进行的兼并。兼并准则于 2010 年进行了修改，它包括三个主要部分：

（1）市场定义。

（2）集中度的衡量。

（3）兼并标准。

市场定义。一个市场由所有生产被消费者认为是接近替代品的产品的企业组成。经济学家可以通过考察价格上升的影响来确定接近替代品。如果对某个市场的定义过于狭窄，那么，由于消费者转而购买相近的替代品，价格上升将导致企业遭受销售量和利润的明显下降。

确定拟进行的兼并所涉及的相关市场首先从行业的狭义定义开始。对于好时和玛氏公司的（假想的）兼并，经济学家或许会从糖果行业开始。如果糖果行业中所有企业的价格都上升 5%，那么，它们的利润会增加还是减少？如果利润会增加，那么，相关市场就被定义成只由这些企业组成。如果利润会下降，那么，经济学家会尝试一个更广义的定义，例如，把薯片和其他零食包括进去。如果更广义定义的市场中所有企业的价格都上升 5%，它们的利润会增加吗？如果利润增加，那么，相关市场就确定出来了。如果利润下降，经济学家就考虑一个更广义的定义。这一过程一直持续到相关市场被确定出来为止。

集中度的衡量。如果一个市场中相对少的企业占有了总销售量的一个很大的份额，那么，我们说这个市场是集中的。已经高度集中的市场中的企业之间的合并很可能增加市场势力。而一个集中度很低的行业中的企业之间的合并不大可能增加市场势力，因而可以被忽略。利用赫芬达尔-赫希曼指数（Herfindahl-Hirschman Index，HHI）可衡量集中度，HHI 的计算方法是将行业中每家企业的市场份额平方后相加。下面是一些例子：

- 1 家企业，占有 100%的市场份额：$HHI=100^2=10\,000$。
- 2 家企业，各占有 50%的市场份额：$HHI=50^2+50^2=5\,000$。

● 4 家企业，各自的市场份额分别为 30%、30%、20%和 20%：$HHI=30^2+30^2+20^2+20^2=2\,600$。

● 10 家企业，各占有 10%的市场份额：$HHI=10\times10^2=1\,000$。

兼并标准。表 10.2 显示了司法部和 FTC 如何利用计算得到的市场的 HHI，根据这些标准来评估拟进行的横向兼并。

表 10.2　　联邦政府的横向兼并标准

兼并后市场的 HHI	兼并使 HHI 增加的数量	联邦监管机构的反托拉斯行动
低于 1 500	增加的数量不重要	允许兼并
1 500～2 500	少于 100 点	兼并不会受到挑战
1 500～2 500	超过 100 点	兼并可能会受到挑战
高于 2 500	少于 100 点	兼并不会受到挑战
高于 2 500	100～200 点	兼并可能会受到挑战
高于 2 500	超过 200 点	兼并极可能会受到挑战

兼并准则表明，经济效率的改进会被考虑进来，这样一来，在不考虑经济效率改进的情况下原本会被反对的兼并现在就有可能得到批准，但是，证明效率改进的责任落在了拟兼并企业的头上：

> 拟兼并企业必须证明它们所声称的效率改进，以便（司法部和 FTC）能够用合理的方式证实所宣称的每一项效率改进的可能性及其规模……如果所声称的效率改进是模糊不清的、猜测性的或者无法通过合理的方式证实的，那么，这样的效率改进不会被考虑。

□10.5.4　管制自然垄断

如果一家企业是一个自然垄断者，那么，来自其他企业的竞争就不能起到通常那种促使价格降到使该企业的经济利润为零这一水平的作用。结果，地方或州政府的管制委员会通常为自然垄断企业（如销售天然气或电的企业）设定产品价格。这些委员会应该把价格设定在什么水平？回忆经济效率要求最后一单位商品或服务给消费者带来的额外效益等于其生产的额外成本（见第 9 章）。我们可以用价格来衡量消费者从最后一单位中收到的额外效益，用边际成本来衡量垄断者生产最后一单位的额外成本。因此，为了实现经济效率，管制者应该要求垄断者收取的价格等于其边际成本。但是，这么做有一个重要的缺陷，正如图 10.7 所说明的那样，该图显示了一家典型的受管制自然垄断企业的情况。

记住，对于自然垄断的情形，平均总成本曲线在与需求曲线相交时仍在下降。如果不受管制，自然垄断企业将收取的价格为 P_M，生产的产量为 Q_M。为了实现经济效率，管制者就会要求垄断者将价格定为 P_E。于是垄断者生产的产量将为 Q_E。但是，这里有一个缺陷：P_E低于平均总成本，因此垄断者将遭受如图中阴影矩形区域所示的亏损。在长期，垄断企业的所有者在遭受亏损的条件下不会继续经营。意识到了这一点，大多数政府管制者会将受管制的价格设定为 P_R，即需求曲线与平均总成本（*ATC*）曲线的交点处的平均总成本。在这样的价格水平，垄断企业的所有者生产的产量为 Q_R，正好能够实现收支相抵。但是，Q_R低于有效率的产量 Q_E。

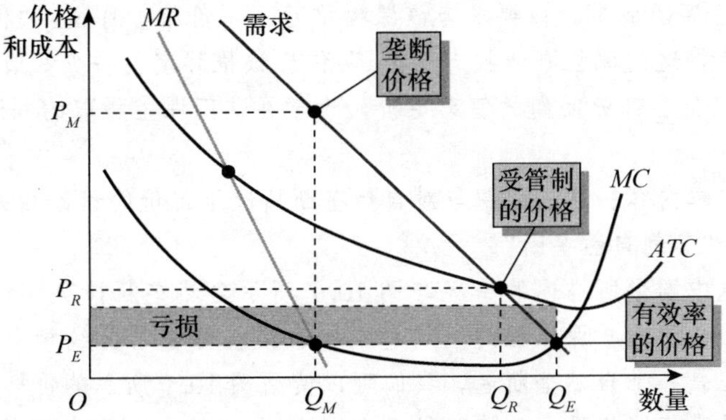

图 10.7　对自然垄断企业的管制

没有受到政府管制的自然垄断企业将收取的价格为 P_M，生产的产量为 Q_M。如果政府管制者要想实现经济效率，它们就会将受管制的价格设定为等于 P_E，垄断者生产的产量为 Q_E。遗憾的是，P_E 低于平均总成本，垄断者将遭受如图中阴影矩形区域所示的亏损。由于垄断者在遭受亏损的条件下在长期不会继续生产，因此，政府管制者将价格设定为等于平均总成本，即图中的 P_R。结果，垄断者的产量为 Q_R，低于有效率的水平。

例题 10.5　你的大学应该为慕课课程定价多少？

在第 8 章，我们观察到有些大学提供慕课课程。我们看到一门在线课程的固定成本相对较高，原因是教员必须开发新的教学大纲、考试和教学课件，以及决定何时和如何跟学生互动。但是，在这些课程准备完毕被上传到网上后，由于授课不受教室大小的限制，多向一个学生授课的成本很低并且为常数，而不是呈 U 形。假定你的大学决定提供一门微积分慕课课程，全球任何地方的学生不论是不是你们学校的学生都能修读该课程。下图显示了该慕课课程的需求和成本信息：

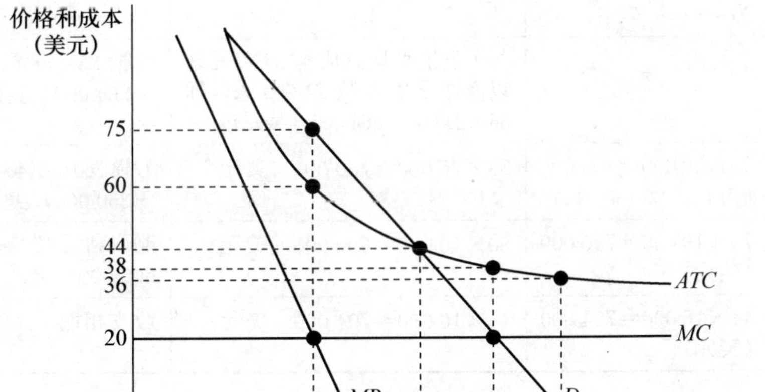

a. 设计该课程的教工说："我认为这门课程的定价应该使得修读该课程的学生尽可能多。"这位教工希望定价多少？请简要解释。

b. 一位经济学教授说："我认为这门课程的定价应该使得经济效率得以实现。"这位教授希望定价多少？请简要解释。

c. 大学校长说："我认为这门课程的定价应该最大化学校赚取的利润，然后这些资金可以用于支付其他费用。"这位校长希望定价多少？请简要解释。

d. 你是学生会主席团成员，被要求为该课程推荐一个价格。你说："我认为学校为这门课程收取的价格应该使得这门课程刚好收支相抵。"你应该推荐定价多少？请简要解释。

e. 如果分别按以上各部分问题的答案定价，大学在这门课上赚取的利润分别是多少？

解：

第1步：复习本章内容。这一问题与对自然垄断情况下定价的讨论相关，所以你可能需要复习一下10.5.4节"管制自然垄断"。

第2步：注意题中图形所描述的情况与图10.7所示自然垄断情况相似，以此来开始回答本题。由于题中图形显示，慕课课程的平均总成本曲线在与需求曲线相交后继续下降，所以，实际上这门慕课课程是一个自然垄断者，我们可以使用图10.7所示的价格分析来回答本题。

第3步：解释什么价格将最大化修读该课程的学生人数，以此来回答问题a。图形显示，当价格为0美元从而需求曲线与数量轴相交时，修读该课程的学生人数最多。

第4步：解释什么价格将实现经济效率，以此来回答问题b。当价格等于边际成本时，经济效率得以实现。在图中，为了实现经济效率，价格应该被设定为20美元。

第5步：解释什么价格将最大化学校从这门课上赚取的利润，以此来回答问题c。为了最大化利润，大学应该收取的价格将使需求量的边际收益等于边际成本。在图中，利润最大化的价格等于75美元。

第6步：解释什么价格将导致学校在这门课上刚好收支相抵，以此来回答问题d。为了收支相抵，大学应该收取等于平均总成本的价格。在图中，当价格等于44美元时，价格等于平均总成本，大学在这门课上刚好收支相抵。

第7步：计算大学分别按之前问题的答案定价在这门课上赚取的利润（或亏损），以此来回答问题e。下表显示了每个价格水平下利润（或亏损）的计算。

如果大学收取的价格为……	它将赚取的收益为……	此时的总成本等于……	因此，大学将……
0美元	0美元	每个学生平均总成本36美元乘以修课学生人数24 000人，即36×24 000=864 000（美元）	亏损864 000(0−864 000=−864 000）美元
20美元	20×20 000=400 000（美元）	38×20 000=760 000（美元）	亏损360 000(400 000−760 000=−360 000）美元
75美元	75×10 000=750 000（美元）	60×10 000=600 000（美元）	赚取利润150 000（=750 000−600 000）美元
44美元	44×16 000=704 000（美元）	44×16 000=704 000（美元）	收支相抵

轮到你了：要想做更多的练习，请做本章末与本专栏相关的问题与应用5.12和5.13。

接第327页

生活中的经济学

你宿舍的生意可能是垄断吗？

在本章一开头，我们要求你思考你和室友法蒂玛在寝室做的潜艇三明治生意是不是垄断以及你们是否应该为潜艇三明治收取高价以增加利润。在本章，我们已经看到，垄断是作为没有很接近的替代品的某种商品或服务的唯一卖者的企业。尽管你和法蒂玛是周六和周日晚上校园里潜艇三明治的唯一卖者，但是肚子饿的学生可能有其他选择。例如，学生可以从附近的校外餐馆购买食物，从这些餐馆叫外卖，或者从白天早些时候开业的校内摊贩那里购买食物。大部分商品都有替代品，你和法蒂玛应该意识到，对许多学生来说，本地餐馆里的比萨和汉堡包是潜艇三明治很好的替代品。高价可能导致你们的许多顾客去购买那些替代品。

10.6 结论

企业之间的竞争越激烈，市场运行得就越好。在本章中我们看到，与完全竞争相比，垄断市场中商品或服务的价格更高、产出更低、消费者剩余和经济效率都下降。幸运的是，真正的垄断企业是很少的。即使大部分企业在能够收取高于边际成本的价格这一点上有着垄断企业的特征，大多数市场的竞争也足以使市场势力导致的效率损失保持在较低的水平。

访问 MyEconLab，你可以找到与本章的概念有关的一篇新闻文章和分析。

本章总结和习题

关键术语

反托拉斯法	横向兼并	自然垄断	公共特许经营权
合谋	市场势力	网络外部性	纵向兼并
版权	垄断	专利	

10.1 真的有垄断企业吗?

总结

垄断是作为没有很接近的替代品的某种商品或服务的唯一卖者的企业，它只在很罕见的情况下存在。有些经济学家使用了一个狭义的垄断定义：如果一家企业能够忽略所有其他企业的行动，那么这家企业就是垄断者。许多经济学家偏爱使用一个更广义的垄断定义：如果不存在出售足够接近的替代品的其他企业，从而企业的经济利润在长期也不会被消除，那么，这样的企业就是垄断企业。

复习题

1.1 什么是垄断？如果某企业的产品存在接近的替代品，它可能是一家垄断企业吗？

1.2 如果你拥有小镇上唯一一家五金店，你是垄断者吗？

问题与应用

1.3 众所周知，伟大的棒球运动员柯布（Ty Cobb）很节俭。在他死前不久，一个访问他的记者吃惊地发现柯布家照明用的是蜡烛而非电。柯布会认为本地电力公司是一个垄断者吗？

1.4 在《华尔街日报》的一个专栏中，风险投资家彼得·蒂尔（Peter Thiel）描述了垄断企业和竞争企业之间的区别："假定你想在帕罗奥图市开一家提供英国食物的餐馆。你也许会这么推理：'没有别人这么做。我们将拥有整个市场。'"在帕罗奥图市或任何其他城市提供英国食物的唯一餐馆会被认为是一个垄断者吗？你会用什么准则去判断该餐馆是不是垄断者？

资料来源：Peter Thiel，"Competition Is for Losers"，*Wall Street Journal*，September 12，2014.

1.5 哈佛大学商学院于1912年开始在课程中使用案例研究——对真实公司碰到的战略问题的描述。现在，哈佛商学院出版公司把它的案例研究卖给世界上大约4 000所大学。哈佛商学院出版公司是哈佛大学商学院的案例研究的唯一卖者。你会用什么准则去判断哈佛商学院出版公司在大学课程中使用的商业案例研究的销售上是不是垄断者？

1.6 [与10.1节中的"建立联系"专栏有关] 在讨论NCAA时，诺贝尔经济学奖得主加里·贝克写道："仔细查看这些NCAA规则的外部人士不可能不得到这么一个结论：NCAA的主要目标是使NCAA实际上成为严重限制各学校之间竞争球员的卡特尔。"

a. 什么是卡特尔？在哪些方面NCAA的行为像卡特尔？

b. 作为NCAA像卡特尔那样行事的结果，谁受益？谁受损？如果你是一个不参加校际比赛的学生，但你在亚拉巴马大学或俄亥俄州立大学这种有著名运动队的大学读书，NCAA像卡特尔那样行事使你的境况变好还是变差？请简要解释。

资料来源：Gary Becker，"The NCAA as a Powerful Cartel"，beckerposnerblog.com，April 4，2011.

□ 10.2 垄断来自何处？

总结

要想处于垄断地位，进入该市场的壁垒必须高到其他企业不能进入的程度。由于以下四个主要原因，进入壁垒可能高到足以阻止竞争企业进入的程度：(1) 政府通过授予专利（从专利申请在政府归档日起20年内生产一种产品的排他性权利）或版权（生产和销售一项创作的排他性权利）或商标（赋予了企业合法保护其产品名称不被其他企业使用的权利），或授予一家企业公共特许经营权（成为某种商品或服务的唯一合法提供商的权利），阻止一家以上的企业进入某市场；(2) 某企业控制了生产某种商品所需的关键资源；(3) 商品或服务的供给存在重要的网络外部性；(4) 规模经济足够大，以至一家企业成为自然垄断者。网络外部性是指产品的有用性随使用该产品的消费者数量增加而增加这样一个特征。自然垄断是指规模经济如此之大以至由一家企业来供给整个市场比由两家或更多家企业来供给整个市场的平均总成本更低这样一种状况。

复习题

2.1 企业成为垄断者的四种最重要的方式有哪些？

2.2 如果专利、版权和商标减少了竞争，那么，联邦政府为什么要颁发这些东西？

2.3 什么是公共特许经营权？所有的公共特许经营权都是自然垄断吗？

2.4 自然垄断为什么是"自然"形成的？

问题与应用

2.5 由于美国联邦政府阻止其他企业进入特快专递市场，所以美国邮政是一个垄断者。美国邮政也是一个自然垄断者吗？对此做出判断的依据是什么？如果禁止该市场中的竞争的法律被废除，那会发生什么？

2.6 专利的期限是20年，但是制药企业研发的新药获得美国食品药品监督管理局的批准需要花几年时间，因此，对它们来说，专利保护的垄断势力远没有20年那么长。药品专利的期限应该延长为获得美国食品药品监督管理局的批准后的20年吗？这么延长专利期限的成本和效益分别是什么？

2.7 如果企业开发新技术和新产品不需要成本，那么还需要专利吗？请简要解释。

2.8 德国公司Koenig & Bauer在全世界的印钞机市场中占有90%的份额。讨论使新公司难以进入这个市场的因素。

2.9 [与10.2.1节中的"建立联系"专栏有关] 为什么安斯波教授所说的孩之宝公司的"大富翁"游戏与查尔斯·达罗宣称发明了该游戏之前已经玩了数十年的一款游戏相差无几是否正确在法律上应该很重要？它在经济上重要吗？请简要解释。

2.10 [与10.2.2节中的"建立联系"专栏有关] 为什么戴比尔斯公司担心人们可能会转售旧钻石？该公司用什么办法尝试说服消费者相信用过的钻石不是新钻石的好替代品？该公司的战略对新钻石的需求曲线产生了什么影响？戴比尔斯公司的战略对它的利润产生了什么影响？

2.11 在一篇杂志文章中，一个作者解释说，美国的电力供应由两个过程构成：发电和配电。该作者认为："配电是自然垄断……但是……发电者与配电者应该是同一批人却没有理由。"

a. 为什么配电是自然垄断？

b. 为什么发电不是自然垄断？

资料来源：Tim Worstall, "Which Should We Have: Public Utilities or Regulated Private Monopolies", *Forbes*, March 24, 2013.

2.12 在中国，政府拥有的企业数比美国多得多。某前中国政府官员认为，炼油等众多政府经营的行业是自然垄断。炼油行业可能是自然垄断吗？你判断的依据是什么？

资料来源：Shen Hong, "Former State Assets Regulator: SOE Monopolies 'Natural'", *Wall Street Journal*, January 4, 2012.

2.13 假定某产品价格为 35 美元时每天的需求量为 90。下表显示了该市场的一家垄断企业的成本：

每天的数量	总成本（美元）
30	1 200
40	1 400
50	2 250
60	3 000

请简要解释这家企业是否为自然垄断。

2.14 正如本章所指出的，在治糖尿病的药物格华止的专利保护期满后一年内，市场上出现了许多格华止的通用药物。美国最高法院规定，尽管"因服用品牌药而受害者可以起诉药品制造商要求索赔"，但是，因服用通用药物而受害的病人不能起诉那些药品的制造商。最高法院的规定可能如何影响制药企业投资于新药物的研发意愿？

资料来源：David G. Savage, "Supreme Court Rules Drug Makers Can't Be Sued over Defects", *Los Angeles Times*, June 25, 2013.

□ 10.3 垄断企业如何选择价格和产出？

总结

垄断企业面临向下倾斜的需求曲线和边际收益曲线。与其他企业一样，垄断企业通过在边际收益等于边际成本处生产来最大化利润。与完全竞争企业不同，赚取经济利润的垄断企业不会面临新企业进入该市场。因此，垄断企业甚至在长期也能赚取经济利润。

复习题

3.1 垄断企业的需求曲线和市场需求曲线之间的关系是什么？垄断企业的需求曲线和它的边际收益曲线之间的关系是什么？

3.2 在何种意义上垄断者是价格设定者？收取最高的价格总是最大化垄断者的利润吗？请简要解释。

3.3 画图表示一家垄断企业正在赚取利润。图中要包括垄断企业的需求、边际收益、平均总成本和边际成本曲线，并标明利润最大化的产出水平和价格。

问题与应用

3.4 ［与例题 10.3 有关］埃德获得了棒球生产的垄断地位（不要问怎么获得的），他面临着下表所示的需求和成本状况：

价格（美元）	数量（每周）	总收益（美元）	边际收益（美元）	总成本（美元）	边际成本（美元）
20	15 000			330 000	
19	20 000			365 000	
18	25 000			405 000	
17	30 000			450 000	
16	35 000			500 000	
15	40 000			555 000	

a. 填充表中空白的各列。

b. 如果埃德要最大化利润，他应该收取什么价格？他应该销售多少个棒球？他将赚取多少利润（或遭受多少亏损）？画图说明你的答案。图形中应该包括并清楚地标出埃德的需求、*ATC*、*AVC*、*AFC*、*MC* 和 *MR* 曲线，他收取的价格和生产的产量，以及代表其利润（或亏损）的区域。

c. 假定政府对棒球生产每月征税 50 000 美元。现在，埃德应该收取什么价格？他应该销售多少个棒球？他将赚取多少利润（或遭受多少亏损）？

d. 假定政府将对棒球生产的每月征税额提高到 70 000 美元。现在，埃德应该收取什么价格？他应该销售多少个棒球？他将赚取多少利润（或遭受多少亏损）？他关于收取什么价格和生产多少产量的决策在长期和短期有区别吗？请简要解释。

3.5 ［与例题 10.3 有关］利用例题 10.3 中的信息回答如下问题：

a. 如果税收为每月 36 美元而不是 25 美元，康卡斯特会怎么做？（提示：它的决策在长期和在短期有区别吗？）

b. 假定每月的税收数额不再固定，而是按每个有线电视用户 25 美元向康卡斯特征税。现在，如果康卡斯特要最大化利润，它应该收取什么价格？每月销售的有线电视订购量应该是多少？它将赚取多少利润？（假设康卡斯特销售的有线电视订购量仅限于表格中所列的数量。）

3.6 在廉价的袖珍计算器出现之前，许多理科生和工科生使用计算尺来做数值计算。计算尺现在已经不再生产了，这意味着没有什么可以阻止你成为计算尺市场的垄断者。画一幅图形说明你的计算尺企业所处的情形。图形中要包括你的需求、边际收益、平均总成本和边际成本曲线，并标明你将收取的价格和生产的产量。你可能赚取利润还是遭受亏损？在图形中标出代表你的利润或亏损的区域。

3.7 垄断企业有供给曲线吗？请简要解释。（提示：复习一下第 3 章给出的供给曲线的定义，思考它对垄断企业是否适用。）

3.8 [与 10.3.2 节中的“不要犯这样的错误！”专栏有关] 一个学生说：“如果垄断企业发现了以更低的成本生产某种商品的方法，它不会降低价格。由于它是一个垄断者，它会保持价格和产量不变，从而仅仅增加了利润。”你同意他的说法吗？用一幅图形说明你的答案。

3.9 当住宅建筑商建造新小区时，它们通常把铺设电缆的权利卖给唯一一家有线电视公司。结果，业主不能选择其他有线电视公司提供的服务。有些城市开始禁止这样的排他性协议。宾夕法尼亚州的威廉斯镇决定允许任何有线电视公司在新小区的公用设施坑道铺设电缆。该镇的政务委员会主席说：“我想看到和想做的是把选择权留给消费者。如果没有选择，那么，有线电视的价格就会任由有线电视提供商决定。”在一个小区的消费者只有一家有线电视公司可以选择时，价格真的是任由该公司决定吗？比如说，公司会对基本有线电视服务每月收取 500 美元吗？请简要解释。

资料来源：Sam Kennedy, “Williams Township May Ban Exclusive Cable Provider Pacts”, (Allentown, PA) *Morning Call*, November 5, 2004.

3.10 实现了利润最大化的垄断企业也最大化了收益吗？它也最大化了产量吗？请简要解释。

□ 10.4 垄断降低了经济效率吗？

总结

与完全竞争行业相比，垄断者收取的价格更高、生产的产量更少，这减少了消费者剩余、降低了经济效率。只要企业有市场势力，能够收取高于边际成本的价格，那么，经济效率损失就会出现。但是，美国经济中由市场势力造成的总经济效率损失很小，这是因为真正的垄断企业很罕见。在大多数行业中，与垄断的情况相比，竞争使价格保持在很接近边际成本的水平。

复习题

4.1 假定一个完全竞争行业变成了一个垄断行业。描述这一变化对消费者剩余、生产者剩余和无谓损失的影响。

4.2 解释为什么市场势力导致了无谓损失。市场势力引起的总无谓损失对经济来说是大还是小？

问题与应用

4.3 回顾关于垄断的无效率的图 10.5。垄断造成的无谓损失在需求有弹性时更大还是无弹性时更大？请简要解释。

4.4 经济学家哈维·莱宾斯坦（Harvey Leibenstein）认为，非完全竞争行业中的经济效率损失被低估了。他认为，当竞争较弱时，企业采用新技术或控制成本的压力较小。他把这种效应称为“X 非效率”。如果 X 非效率引起企业的边际成本上升，说明图 10.5 所示的无谓损失低估了垄断引起的真实无谓损失。

4.5 大多数城市拥有为家庭和企业提供自来水的自来水系统。有些城市每月收取固定的费用，而另一些城市则按用水量收费。哪种定价方法更有可能实现自来水市场中的经济效率？在答案中参考经济效率的定义。你认为为什么并非所有城市都用同一种定价方法？

4.6 回顾第 4 章给出的外部性的定义。如果一个市场是垄断市场，那么，生产中的负外部性会总是导致产量高于具有经济效率的水平吗？用图形说明你的答案。

4.7 [与开篇案例有关] 假定另一家海鲜餐厅在缅因州斯托宁顿开业了。消费者剩余和经济利润必然会增加吗？请简要解释。

4.8 假定某城市赋予了豪尔赫（Jorge）在当地的职业棒球小联盟体育馆卖棒球帽的垄断经营

权。利用下图回答如下问题：

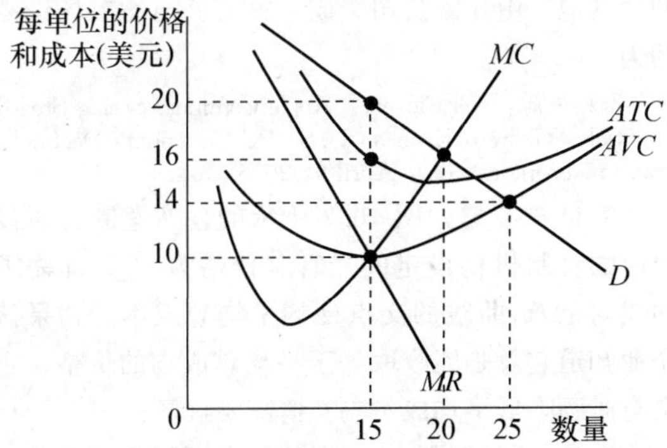

a. 豪尔赫将生产多少棒球帽并收取什么价格？

b. 豪尔赫将赚取多少利润？

c. 回忆第 9 章中配置效率的定义。如果豪尔赫生产有配置效率的产出水平，他将生产多少棒球帽？

d. 豪尔赫像一个垄断者那么行事与作为完全竞争者相比，产生的无谓损失有多大？（假设两个相关点之间的边际成本曲线是直线。）

□ 10.5 针对垄断的政府政策

总结

由于垄断减少了消费者剩余和降低了经济效率，大多数政府都对垄断企业进行管制。不是垄断者的企业有激励通过合谋（即同意收取相同价格或者以其他方式不相互竞争）来避免竞争。在美国，反托拉斯法的目的就是阻止合谋、消除垄断和促进企业间的竞争。美国司法部反托拉斯局和联邦贸易委员会共同对反托拉斯法的实施负责，其中包括管制企业间的兼并。横向兼并是指同一行业内企业之间的兼并。纵向兼并是指某一商品不同生产阶段的企业之间的兼并。地方政府还对自然垄断企业收取的价格进行管制。

复习题

5.1 反托拉斯法的目标是什么？谁负责这些法律的实施？

5.2 横向兼并与纵向兼并有什么区别？哪种类型的兼并更有可能增加合并后企业的市场势力？

5.3 为什么要求自然垄断企业收取的价格等于边际成本是经济上有效率的？为什么大多数管制机构要求自然垄断企业收取的价格等于平均成本而不是边际成本？

问题与应用

5.4 食品服务企业购买肉、蔬菜和其他食品然后转卖给餐馆、学校和医院。美国食品公司（US Food）和西斯科公司（Sysco）是到目前为止该行业最大的两家公司。2015 年，这两家公司打算合并成一家公司。一则新闻报道引用一个餐馆老板的话说：“当这两家公司要合并的消息被公布时，餐馆行业无疑出现了恐慌。它们知道它们要被压榨了。”

a. 分析这两家公司合并对食品服务市场的影响。为了简单起见，假设在这两家企业合并前该市场是完全竞争的，合并后变成垄断。你的图形中要显示出均衡价格、均衡数量、消费者剩余、生产者剩余和无谓损失等的变化。

b. 为什么餐馆老板认为他们将要被这一新情况压榨？

资料来源：Tess Stynes，“Sysco Extends Merger Pact with U. S. Foods to May”，*Wall Street Journal*，March 9，2015；and Annie Gasparro and Jesse Newman，“Restaurants Fear Clout of a New Food Giant”，*Wall Street Journal*，January 6，2014.

5.5 Zillow 和 Trulia 占有网上房源信息市场非常大的份额。想在网上房源信息旁边做经纪服务广告的房地产经纪人很少有其他选择。Zillow 和 Trulia 已经考虑合并。这两家企业称，房地产经纪人除了在网上房源信息旁边做广告外，还有许多其他做广告的方式，包括邮寄广告和在本地报纸上做广告。《华尔街日报》的一篇文章引用 Zillow 的 CEO 的话说，广告市场的“碎片化令人难以置信”。他还说：“就在哪里做广告而言，经纪人有许多选择。”

a. 你难道不期望 Zillow 的 CEO 强调在他的网站上相较于其他广告方式做广告的效果吗？那么，为什么他公开称房地产经纪人有许多其他做广告的方式？

b. 联邦监管机构将如何着手评估 Zillow 和 Trulia 之间的兼并？

资料来源：Brent Kendall and Joe Light，“Review of Zillow-Trulia Merger Hinges on Advertising”，*Wall Street Journal*，September 8，2014.

5.6 ［与 10.5.1 节中的“建立联系”专栏有关］作家马修·伊格莱西亚斯（Mathew Yglesias）不同意声称亚马逊在电子书市场是一个垄断者的批评意见：“亚马逊没有任何垄断……你可以在它的季度财务报告中找到一条重要的线索。那是你可以发现公司利润有多少的地方。”

a. 亚马逊要想在电子书市场处于垄断地位，必要条件是什么？

b. 你同意“如果亚马逊是一个垄断者，那么我们可以在其财务报告中找到证据”吗？请简要解释。

资料来源：Mathew Yglesias，“There's One Huge Problem with Calls for Anti-Trust Action Against Amazon”，vox.com，October 10，2014.

5.7 ［与10.5.1节中的“建立联系”专栏有关］在某联邦法院法官判决苹果公司犯有与图书出版商密谋提高电子书价格的罪行后，司法部提议该法官禁止苹果公司在五年内与出版商签订代理定价模式合同。出版商反对该提议，称若采纳该提议将“通过禁止出版商与苹果公司有任何采用代理定价模式的协议，实际上惩罚了出版商”。

a. 什么是代理定价模式？

b. 为什么司法部要阻止苹果公司与出版商签订代理定价模式合同？为什么出版商要继续签订这样的合同？

资料来源：Chad Bray，“Publishers Object to e-Book Plan for Apple”，*Wall Street Journal*，August 7，2013.

5.8 画一幅表示兼并后成本下降的类似图10.6的图形。在图形中表示出兼并前与兼并后的生产者剩余和消费者剩余。

5.9 参见10.5.3节“司法部和FTC的兼并准则”，评估如下状况：

a. 某市场起初有20家企业，每家的市场份额为5%。现在其中4家准备合并，这样该行业中的企业数将变成17家。司法部和FTC很可能反对这项兼并吗？请简要解释。

b. 某市场起初有5家企业，每家的市场份额为20%。现在其中2家准备合并，这样该行业中的企业数将变成4家。司法部和FTC很可能反对这项兼并吗？请简要解释。

5.10 下表显示了2015年头3个月美国个人电脑市场中的公司的市场份额。美国个人电脑(PC)市场包括台式机、便携式PC（如迷你笔记本），但不包括媒体平板电脑（如iPad）。

公司	市场份额（%）
惠普	26
戴尔	23
苹果	12
联想	12
华硕	7
其他	20

利用10.5.3节“司法部和FTC的兼并准则”中的信息预测司法部和FTC有没有可能反对表中所列5家公司中任何两家之间的兼并？假设表格中的“其他”由4家公司组成，每家公司的市场份额约为5%。

资料来源：Juli Clover，“Apple Continues Seeing Steady Mac Sales Growth Even as U.S. PC Shipments Decline”，www.macrumors.com，April 9，2015.

5.11 考虑如图10.7所示的自然垄断。假设政府的管制机构设定的受管制价格为 P_R，即需求曲线与 *ATC* 曲线的交点处的平均总成本。如果该企业知道它总是能收取等于平均总成本的价格，它会有激励降低平均成本吗？请简要解释。

5.12 ［与例题10.5有关］利用下面关于垄断企业的图形回答如下问题：

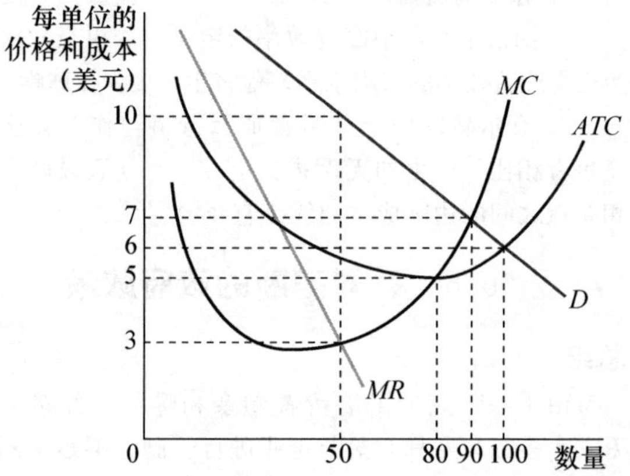

a. 该垄断企业将生产多少产量？它将收取什么价格？

b. 假定该垄断企业受到了管制。如果管制机构要想实现经济效率，它应该要求该垄断企业收取什么价格？该垄断企业在这一价格下将生产多少产出？如果它收取这一价格，该垄断企业会赚取利润吗？请简要解释。

5.13 ［与例题10.5有关］利用下面关于垄断企业的图形回答如下问题：

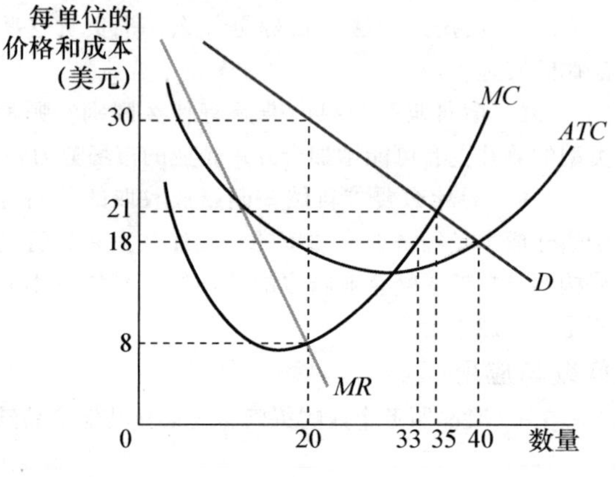

a. 该垄断企业将生产多少产量？它将收取什么价格？

b. 假定政府决定管制该垄断企业，设定了价格上限 18 美元（换句话说，该垄断企业收取的价格可以低于 18 美元，但不能高于 18 美元）。现在，该垄断企业将生产多少产量？它将收取什么价格？愿意支付这一价格的每个消费者都能买到该产品吗？请简要解释。

第 11 章

垄断竞争和寡头

本章概览和学习目标

11.1　垄断竞争市场中企业的需求和边际收益

解释为什么垄断竞争企业有着向下倾斜的需求和边际收益曲线。

11.2　垄断竞争企业在短期如何最大化利润？

解释垄断竞争企业在短期如何最大化利润。

11.3　在长期，利润会发生什么变化？

分析垄断竞争企业在长期的情况。

11.4　比较垄断竞争和完全竞争

比较垄断竞争和完全竞争的效率。

11.5　寡头和进入壁垒

说明进入壁垒如何解释了寡头的存在性。

11.6　博弈论和寡头

利用博弈论分析寡头企业的战略。

开篇案例

Chipotle 是新的麦当劳吗？

1993 年，斯蒂芬·厄尔斯（Steve Ells）在丹佛的一个临街小店开了第一家 Chipotle Mexican Grill 餐馆。尽管该区域许多其他餐馆供应墨西哥食物，但是，厄尔斯采用了一种多少有些不同的方法：食物完全是用本地种植的新鲜原料做的，原料是在顾客可见的“开放式厨房”中准备的，菜单被精简成只有两种食物——墨西哥卷饼和墨西哥夹饼。厄尔斯的方法被证明是非常成功的。到 2015 年，该公司的餐馆超过 1 800 家，员工超过 50 000 人，收益高达 40 亿美元以上。事实上，Chipotle 被认为开创了一种新的餐馆类型——快速休闲餐馆。和 Chipotle 一样，快速休闲餐馆准备新鲜食物很迅速但不提供餐桌服务。这些餐馆提供的食物被很多顾客认为比塔可钟（Taco Bell）和麦当劳的食物更为健康，原因是它们用的原料质量更高。

当我们在第 9 章讨论完全竞争市场中企业的情况时，我们看到，在这些市场中，存在许多销售相同产品的企业且不存在新企业进入的壁垒。

Chipotle 所处的市场有许多提供墨西哥食物的餐馆，进入该市场的壁垒很低。但是，Chipotle 和它的竞争者销售的产品是有差异的而非相同的。因此，墨西哥食物市场是垄断竞争的而非完全竞争的。

有些市场只有几个企业相互竞争，因此这样的企业更加偏离完全竞争。例如，在折扣百货商店市场占主导地位的就只有几家企业，包括沃尔玛和塔吉特。只有几家企业的行业是一个寡头。在寡头中，企业的盈利能力关键取决于它和其他企业的相互作用。

资料来源：Ilan Brat and Tess Stynes, “Chipotle Raises Concerns Its Growth May Be Cooling”, *Wall Street Journal*, February 3, 2015; Charles Passy, “10 Things Chipotle Won't Tell You”, marketwatch.com, June 16, 2015; and Jay Cheshes, “The Chipotle Effect: How Chefs Are Reinventing Fast Food”, *Wall Street Journal*, February 6, 2015.

生活中的经济学

你可以经营一家成功的餐馆吗？

毕业后，你计划实现开一家自己的意大利餐馆的梦想。你在经营餐馆的过程中要做出许多选择。餐馆是“家庭风格”的——家具结实而不昂贵，还是更加优雅一些——有着漂亮的家具、桌布和蜡烛？你会提供全套菜单还是只集中供应使用你祖母的秘密调味汁做的通心粉？这些选择和你做的其他选择将把你的餐馆和竞争者的餐馆区分开来。在你开业之后，你家乡的餐馆市场可能发生什么变化？你可能取得多大的成功？在阅读本章的过程中，试着回答这些问题。对照我们在本章末提供的答案，你可以检验你的答案。

美国经济中的许多市场与餐馆市场类似：有许多的买者和卖者，进入壁垒低，但是，供销售的商品和服务是有差异的而非相同的。这些市场的例子包括咖啡馆、影院、超市、服装制造等。事实上，你光顾的大部分企业都是在**垄断竞争**（monopolistic competition）市场竞争。

我们已经看到完全竞争如何造福了消费者和导致了经济效率。这些合意的结果在垄断竞争市场也同样成立吗？由于垄断竞争市场很常见，因此这个问题非常重要。

在本章，我们还将学习**寡头**（oligopoly）——少数相互依存的企业相互竞争这样的市场结构。我们用来分析寡头企业之间竞争的方法被称为博弈论。博弈论可以被用于分析群体或个人相互作用的任何情况。对经济分析来说，博弈论是对每家企业的利润取决于它与其他企业的相互作用这样的行业中企业决策的研究。博弈论已经被用于分析核战争、国际贸易谈判、政治竞选以及许多其他例子中的战略。在本章中，我们把注意力放在博弈论如何用于分析大企业的商业战略上。

11.1 垄断竞争市场中企业的需求和边际收益

如果离你家一英里远的 Chipotle 餐馆把墨西哥蔬菜卷饼的价格从 7 美元提高到 7.5 美元，那么，它会失去部分但不是全部顾客。有些顾客会转而在另一家餐馆购买墨西哥卷饼，但其他顾客出于各种不同的原因愿意支付涨价后的价格：这家餐馆可能离他们更近，或者相对于其他餐馆的类似墨西哥卷饼，他们更喜欢 Chipotle 的墨西哥卷饼。因此，Chipotle 餐馆将面临向下倾斜的需求曲线而不是像生产小麦的农场主那样面临水平的需求曲线（如果他提高价格，他的玉米就卖不出去）。

11.1.1 垄断竞争企业的需求曲线

图 11.1 显示了价格的变化如何影响 Chipotle 销售的墨西哥卷饼的数量。价格从 7 美元提高到 7.5 美元使墨西哥卷饼的销售量从每周 3 000 个减少到 2 400 个。

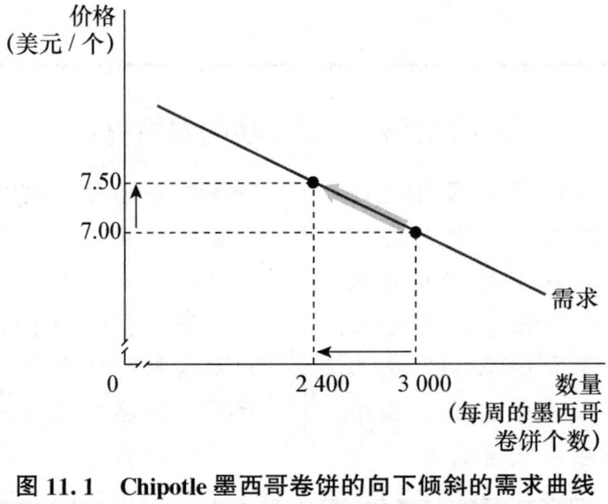

图 11.1 Chipotle 墨西哥卷饼的向下倾斜的需求曲线

如果 Chipotle 餐馆提高墨西哥卷饼的价格，那么，它会失去部分但不是全部顾客。在这个例子中，把价格从 7 美元提高到 7.5 美元使墨西哥卷饼的销售量从 3 000 个减少到2 400 个。因此，与完全竞争企业不同，Chipotle 餐馆面临向下倾斜的需求曲线。

□ 11.1.2 具有向下倾斜的需求曲线的企业的边际收益

对完全竞争市场中的企业来说，需求曲线和边际收益曲线相同（见第9章）。完全竞争企业面临水平的需求曲线，不必为了销售更多数量而削价。相反，垄断竞争企业必须削价才能卖出更多，因此，它的边际收益曲线向下倾斜，位于其需求曲线下方。

表11.1中的数据说明了这一点。为了简单起见，假设你本地的Chipotle餐馆很小，每周最多卖11个墨西哥卷饼。如果这家Chipotle餐馆给墨西哥卷饼定价10美元或更高，所有潜在顾客都会去别的地方购买墨西哥卷饼。如果定价9.5美元，它每周将卖出1个墨西哥卷饼。这家Chipotle餐馆每降价0.5美元，它每周将多销售1个墨西哥卷饼。表格的第3列说明了该企业的总收益如何随着它销售的墨西哥卷饼的增加而变化。第4列说明了该企业的单位收益，即平均收益。平均收益等于总收益除以数量。由于总收益等于价格乘以数量，所以除以数量之后就等于价格。因此，平均收益总是等于价格。这一结果对四种市场结构（见第9章）中任何一种中的企业都成立。

表11.1最后一列显示了该企业的边际收益，即企业多销售1个墨西哥卷饼时总收益的变化量。对于完全竞争企业来说，从多销售1个单位中得到的额外收益就等于价格。对于这家Chipotle餐馆却不是这样，原因是它为了多卖1个墨西哥卷饼必须降价。当该企业削价0.5美元时，一件好事和一件坏事同时发生：

- 好事：它多卖了1个墨西哥卷饼；我们称之为产出效应。
- 坏事：对于本可以以更高价格卖出的每个卷饼，它少卖了0.5美元；我们称之为价格效应。

表11.1　Chipotle的需求和边际收益

每周销售的墨西哥卷饼（Q）	价格（P，美元）	总收益（$TR=P\times Q$，美元）	平均收益（$AR=TR/Q$，美元）	边际收益（$MR=\Delta TR/\Delta Q$，美元）
0	10.00	0.00	—	—
1	9.50	9.50	9.50	9.50
2	9.00	18.00	9.00	8.50
3	8.50	25.50	8.50	7.50
4	8.00	32.00	8.00	6.50
5	7.50	37.50	7.50	5.50
6	7.00	42.00	7.00	4.50
7	6.50	45.50	6.50	3.50
8	6.00	48.00	6.00	2.50
9	5.50	49.50	5.50	1.50
10	5.00	50.00	5.00	0.50
11	4.50	49.50	4.50	−0.50

图11.2说明了当Chipotle把价格从7.5美元降到7美元时会发生什么。卖出第6个墨西哥卷饼一方面使企业的收益增加了7美元，这是产出效应。但是，现在Chipotle销售的前5个卷饼的售价是7美元而非7.5美元，这是价格效应。价格效应的结果是，Chipotle

从这 5 个墨西哥卷饼上获得的收益比不降价时少了 2.5 美元。因此，Chipotle 在第 6 个墨西哥卷饼上增加了 7 美元的收益但在前 5 个上损失了 2.5 美元的收益，收益的净变化是 4.5 美元。边际收益是企业多销售 1 单位引起的总收益的变化。因此，第 6 个墨西哥卷饼的边际收益是 4.5 美元。注意，第 6 个卷饼的边际收益远远低于其价格 7 美元。事实上，对 Chipotle 多卖出的每个墨西哥卷饼来说，边际收益都将小于价格。有一个重要的一般性结论：有能力影响所销售的商品或服务的价格的每家企业的边际收益曲线都在其需求曲线下方。只有在完全竞争市场中的企业，由于它们可以在市场价格水平销售任意多单位，它们的边际收益曲线与需求曲线相同。

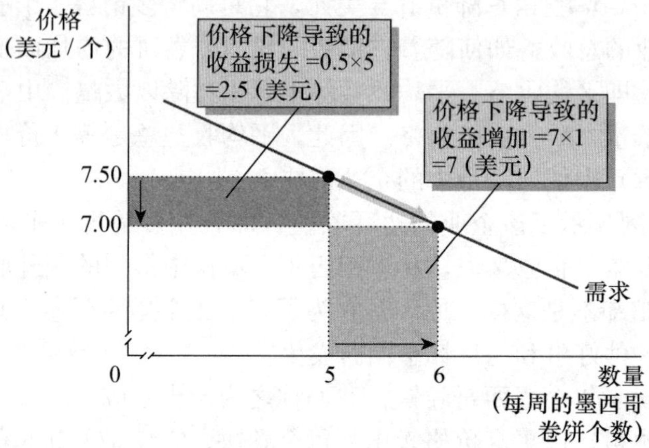

图 11.2　降价如何影响企业的收益

如果本地的 Chipotle 餐馆把价格从 7.5 美元降到 7 美元，那么，它每周卖出的墨西哥卷饼的数量将从 5 个增加到 6 个。它从卖出第 6 个墨西哥卷饼中得到的边际收益将为 4.5 美元，即多卖出 1 个墨西哥卷饼得到的额外 7 美元（浅灰色阴影区域的面积）减去前 5 个每个价格下降 0.5 美元引起的 2.5 美元的损失（深灰色阴影区域的面积）。

图 11.3 表示了本地 Chipotle 餐馆的需求曲线和边际收益曲线之间的关系。注意，在第 10 个卷饼之后，边际收益变成负数。边际收益之所以为负，原因是多销售 1 个墨西哥卷饼所得到的额外收益小于本可以以更高价格卖出的墨西哥卷饼但现在以更低的价格出售所导致的收益损失。

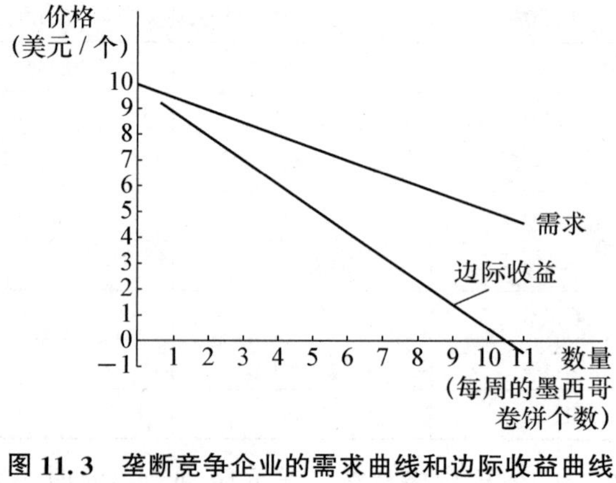

图 11.3　垄断竞争企业的需求曲线和边际收益曲线

任何有能力影响所销售产品的价格的企业的边际收益曲线都在其需求曲线下方。我们根据表 11.1 中的数据画出了需求曲线和边际收益曲线。在第 10 个卷饼之后，边际收益变成负数，原因是多销售 1 个墨西哥卷饼所得到的额外收益小于本可以以更高价格卖出的墨西哥卷饼但现在以更低的价格出售所导致的收益损失。

11.2 垄断竞争企业在短期如何最大化利润？

所有企业都用相同的方法去最大化利润：它们生产的产量使得边际收益等于边际成本。因此，本地的 Chipotle 餐馆销售的墨西哥卷饼的利润最大化数量满足如下条件：所销售的最后一个卷饼给企业增加的收益和成本一样多。让我们通过考虑本地 Chipotle 餐馆在短期面临的情况更仔细地考察垄断竞争企业如何最大化利润。回忆第 8 章所讲过的，在短期，至少一种生产要素是固定的，新企业没有足够的时间进入这个市场。Chipotle 餐馆有许多成本，包括购买制作墨西哥卷饼和菜单上其他食物所需原料的成本、它所用的电费以及雇员的工资。回忆企业的边际成本是多生产 1 单位产出引起的总成本的增加量。我们已经看到，许多企业的边际成本曲线具有 U 形形状。我们将假设这家 Chipotle 餐馆的边际成本曲线也有通常的形状。

我们把表 11.1 中这家 Chipotle 餐馆的收益数据和成本数据汇总在图 11.4 的表格中。图 11.4 中的图形是根据表中的数据绘制的。在图 11.4（a）中，我们看到 Chipotle 如何能够确定其利润最大化的产量和价格。只要多卖 1 个墨西哥卷饼的边际成本小于边际收益，它就应该继续卖。例如，把墨西哥卷饼的销售量从每周 3 个增加到 4 个使总成本增加了 5 美元，但总收益增加了 6.5 美元。因此，卖出第 4 个墨西哥卷饼使该企业的利润增加了 1.5 美元。

随着这家 Chipotle 餐馆销售的墨西哥卷饼越来越多，不断上升的边际成本最终等于边际收益，该企业销售了利润最大化的墨西哥卷饼数量。在第 5 个卷饼处——图 11.4（a）中的 A 点，边际成本等于边际收益，这个卷饼使 Chipotle 的成本和收益都增加了 5.5 美元。需求曲线告诉我们在什么价格该企业每周能够卖出 5 个墨西哥卷饼。在图 11.4 中，如果我们在数量为 5 个墨西哥卷饼的这一点画一条垂直线与需求曲线相交，我们可以发现，企业每周刚好能卖出 5 个墨西哥卷饼的价格为 7.5 美元（B 点）。我们可以得出结论：Chipotle 的利润最大化产量为 5 个墨西哥卷饼，利润最大化价格为 7.5 美元。如果该企业每周卖出 5 个以上的墨西哥卷饼，它的利润将下降。例如，卖出第 6 个墨西哥卷饼使成本增加了 6 美元但收益只增加了 4.5 美元。因此，利润将从 7.5 美元下降到 6 美元。

图 11.4（b）增加了 Chipotle 的平均总成本曲线。该图显示，卖 5 个卷饼的平均总成本为 6 美元。回忆一下，第 9 章*讲到，利润 $=(P-ATC)\times Q$。

在这个例子中，利润 $=(7.5-6)\times 5=7.5$（美元）。图 11.4（b）中的阴影矩形表示利润的数量。这个矩形的底为 Q，高为 $(P-ATC)$，因此它的面积等于利润。

注意，与在 $P=MC$ 处生产的完全竞争企业不同，垄断竞争企业在 $P>MC$ 处生产。在这个例子中，尽管 Chipotle 的边际成本为 5.5 美元，但它收取的价格为 7.5 美元。对于一个完全竞争企业来说，价格等于边际收益，$P=MR$。因此，为了满足利润最大化条件 $MR=MC$，完全竞争企业在 $P=MC$ 处生产。由于对垄断竞争企业来说有 $P>MR$（这是由于边际收益曲线在需求曲线下方），因此，在垄断竞争企业的利润最大化产量处有 $P>MC$。

* 原文为第 12 章，疑有误。——译者注

每周销售的墨西哥卷饼（Q）	价格（P，美元）	总收益（TR，美元）	边际收益（MR，美元）	总成本（TC，美元）	边际成本（MC，美元）	平均总成本（ATC，美元）	利润（美元）
0	10.00	0.00	—	6.00	—	—	−6.00
1	9.50	9.50	9.50	11.00	5.00	11.00	−1.50
2	9.00	18.00	8.50	15.50	4.50	7.75	2.50
3	8.50	25.50	7.50	19.50	4.00	6.50	6.00
4	8.00	32.00	6.50	24.50	5.00	6.13	7.50
5	7.50	37.50	5.50	30.00	5.50	6.00	7.50
6	7.00	42.00	4.50	36.00	6.00	6.00	6.00
7	6.50	45.50	3.50	42.50	6.50	6.07	3.00
8	6.00	48.00	2.50	49.50	7.00	6.19	−1.50
9	5.50	49.50	1.50	57.00	7.50	6.33	−7.50
10	5.00	50.00	0.50	65.00	8.00	6.50	−15.00
11	4.50	49.50	−0.50	73.50	8.50	6.68	−24.00

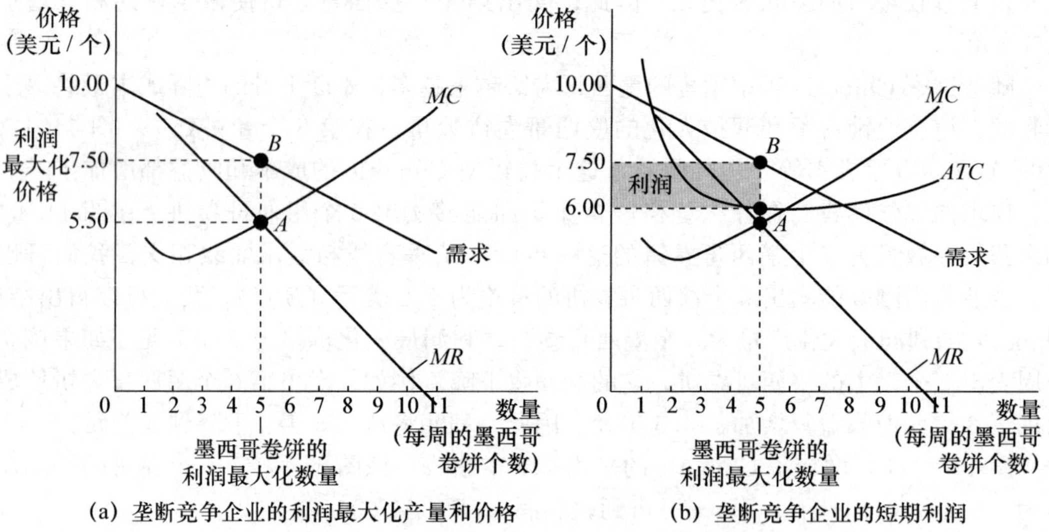

图 11.4　垄断竞争市场中企业的利润最大化

为了最大化利润，Chipotle 餐馆销售的墨西哥卷饼数量要使最后一个卷饼的边际收益正好等于边际成本。正如表格所示，销售第 5 个卷饼［图（a）中的 A 点］使 Chipotle 的成本和收益都增加了 5.5 美元。然后，Chipotle 利用需求曲线找到导致消费者购买这一数量的墨西哥卷饼的价格（B 点）。在图（b）中，阴影矩形代表了企业的利润。这个矩形的高为 1.5 美元，即 7.5 美元的价格与 6 美元的平均总成本之差，矩形的底为 5 个墨西哥卷饼。因此，该 Chipotle 餐馆的利润等于 1.5×5=7.5（美元）。

例题 11.2　成本最小化就最大化了利润吗？

假定苹果公司发现了如下页图所示的生产 iPhone 的平均总成本与 iPhone 产量之间的关系。如果苹果公司每月生产 800 000 部 iPhone，公司的利润最大化了吗？请简要解释。

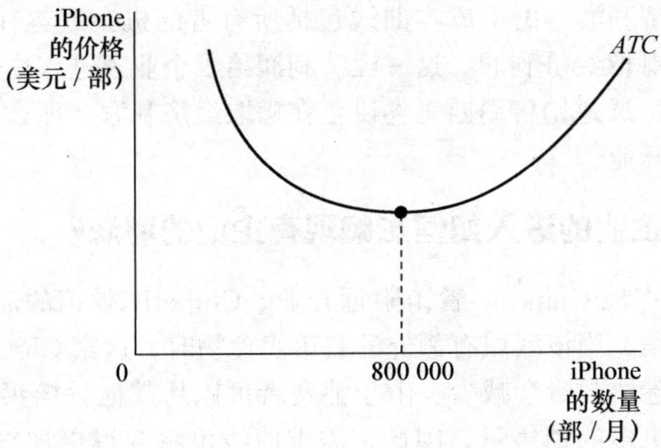

解：

第 1 步：复习本章内容。这一问题是关于垄断竞争企业如何最大化利润的，所以你可能需要复习一下 11.2 节“垄断竞争企业在短期如何最大化利润?”。

第 2 步：讨论成本最小化和利润最大化之间的关系。企业常常谈及它们为降低成本所采取的措施。该图显示，通过每月生产 800 000 部 iPhone，苹果公司将最小化其平均生产成本。但是，记住成本最小化并非企业的终极目标；企业的终极目标是最大化利润。视需求情况而定，企业最大化利润时所生产的产量可能高于也可能低于平均总成本最小化时的产量。

第 3 步：画一幅图说明在苹果公司利润最大化的产量上，平均成本没有最小化。注意，在图中，平均成本在产量为 800 000 部时达到最小，但利润在产量为 600 000 部时达到最大。

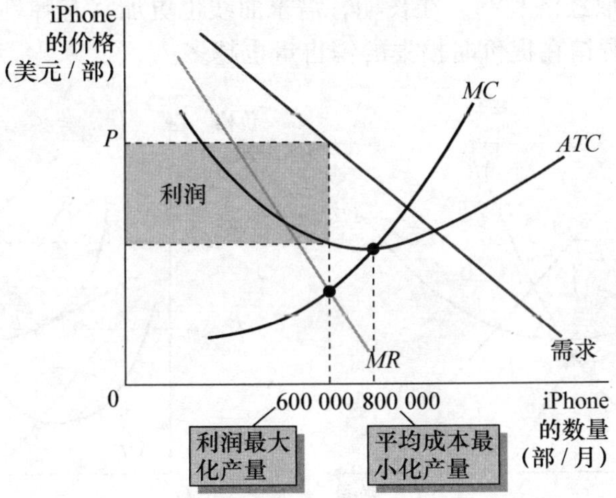

轮到你了：要想做更多的练习，请做本章末与本专栏相关的问题与应用 2.5。

11.3 在长期，利润会发生什么变化?

记住，当企业的总收益大于所有的成本（包括企业所有者投资于企业的资金的机会成本）时，企业获得经济利润。由于成本曲线包括所有者的机会成本在内，图 11.4 所代表的 Chipotle 餐馆正在赚取经济利润。这一经济利润给了企业家进入这个市场和建立新企业的激励。如果 Chipotle 通过销售墨西哥卷饼正在赚取经济利润，那么提供类似食物的新餐馆就可能在同一区域开业。

□ 11.3.1 新企业的进入如何影响现有企业的利润?

随着新的餐馆在本地 Chipotle 餐馆附近开业，Chipotle 餐馆的需求曲线将向左移动。需求曲线移动的原因是，当该区域有额外的餐馆卖食物时，这家 Chipotle 餐馆在每一价格水平能卖出的墨西哥卷饼数量会减少。由于消费者可以从其他餐馆买卷饼，从而 Chipotle 餐馆在提价时会损失更多的销售量，因此，需求曲线也将变得更加富有弹性。图 11.5 显示了本地 Chipotle 餐馆的需求曲线随着新企业进入市场如何移动。

在图 11.5（a）中，短期需求曲线显示了在新企业进入前墨西哥卷饼的价格和这家 Chipotle 餐馆每周销售的墨西哥卷饼的数量之间的关系。面临这样的需求曲线，Chipotle 能够收取高于平均总成本的价格——由图 11.5（a）中的 *A* 点表示，并赚取利润。但是，这一利润吸引了额外的餐馆进入本区域，从而 Chipotle 的墨西哥卷饼的需求曲线向左移动。只要 Chipotle 正在赚取经济利润，额外的餐馆就有在本区域开业的激励，Chipotle 面临的需求曲线就会继续向左移动。正如图 11.5（b）所示，最终，需求曲线将移动到与平均总成本曲线相切的位置。

在长期，在需求曲线与平均成本曲线相切的点，价格等于平均总成本（*B* 点），企业收支相抵，它不再赚取经济利润。在长期，需求曲线也更加富有弹性，原因是，本区域的餐馆越多，Chipotle 餐馆在提价时损失的销售量也越多。

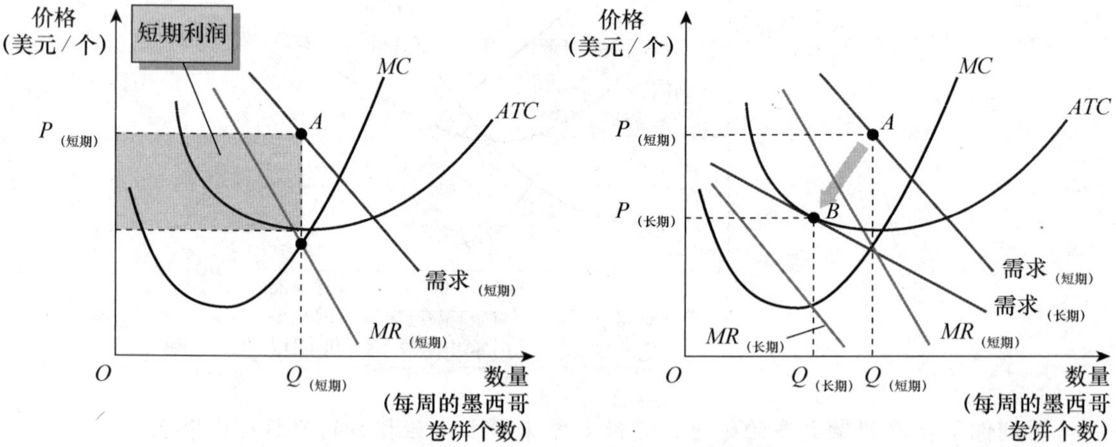

（a）垄断竞争企业可能赚取短期利润　　（b）垄断竞争企业的利润在长期被消除了

图 11.5　新企业的进入如何消除利润

图（a）显示，在短期，本地 Chipotle 餐馆面临着标注了“短期”的需求曲线和边际收益曲线。面临这样的需求曲线，Chipotle 能够收取高于平均总成本的价格（*A* 点），并赚取利润（由图中阴影矩形表示）。但是，这一利润吸引了新企业进入市场，最终，Chipotle 餐馆的需求曲线和边际收益曲线移动到图（b）中标注着“长期”的位置。由于现在的价格等于平均总成本（*B* 点），Chipotle 餐馆收支相抵，不再赚取经济利润。

当然，垄断竞争企业在短期也可能遭受经济亏损。结果，企业的所有者将无法收回投资的机会成本。我们预期，在长期，如果企业遭受经济亏损，那么，这些企业将退出其所处的行业。如果企业退出，那么，对那些留在行业中的企业的产出的需求曲线将向右移动。这一过程将一直持续，直到行业中的代表性企业能够收取等于平均成本的价格和收支相抵为止。因此，在长期，垄断竞争企业既不会有经济利润，也不会有经济亏损。

不要犯这样的错误！

不要混淆零经济利润和零会计利润

记住，经济学家把企业所有者在企业的投资的机会成本看做成本的一部分。例如，假定你投资20万美元开一家比萨店，这些资金如果投资于其他机会——如开一家三明治店——可以获得的回报为10%。因此，将这些资金投资在你自己的生意上每年的机会成本为20万美元的10%，即2万美元。这2万美元是会计意义上的利润的一部分，你得为之缴税。但是，在经济学意义上，这2万美元是成本的一部分。在长期均衡中，我们预期新企业的进入将阻止你获得超过10%的投资回报。因此，你最终会收支相抵，赚取的经济利润为零，尽管会计利润为2万美元。

轮到你了：做本章末与本专栏相关的问题与应用3.7，看看你理解得如何。

建立联系

健康饮食的趋势对Chipotle来说是一个威胁吗？

一个汉堡包，一份炸薯条，一杯软饮料，或者一个加奶酪的辣香肠比萨。这些是一代又一代青少年和年轻成年人典型的一顿饭的食物。然而，现在有些人认为这些传统快餐食品不健康。Chipotle等快速休闲餐馆受益于这种观点。Chipotle在广告中宣称，公司致力于“采购我们能找到的最好的原料并且手工准备原料”。该连锁餐馆还指出，它只用“在健康的土壤上种植的蔬菜和散养猪肉或大型猪圈养的猪肉”准备食物。一则新闻报道这么总结Chipotle等快速休闲餐馆的吸引力：它们提供“新鲜的、有益健康的和为动而生的食物”。在一次访谈中，Chipotle的CEO斯蒂芬·厄尔斯说：“人们知道，从整个国家来看，我们并没有应有的那么健康，我们的很多健康问题很可能都与饮食有关，如果只吃适当的食物，我们本可以健康和快乐得多。”

很清楚，Chipotle的部分吸引力在于它提供的食物比汉堡包和比萨等传统快餐更加健康。因此，《纽约时报》上一篇说明许多餐馆食物——包括Chipotle提供的食物在内——有很多卡路里的文章引起了Chipotle的管理层的一些忧虑。美国农业部推荐成年人每天摄入1 600～2 400卡路里，具体视年龄、性别和活动水平而定。例如，中等活动水平的20岁女性每天可以摄入大约2 200卡路里而不会增重。根据《纽约时报》上的这篇文章，在Chipotle吃一顿——一个肉丝墨西哥卷饼、一份炸薯条和鳄梨酱、一杯可口可乐——就意味着接近那么多卡路里。

Chipotle的管理层称，很少有顾客预订的一顿饭的食物包含那么高的卡路里。《纽约时报》上的一篇跟进文章指出，从GrubHub网站收集的在线订餐数据表明，在Chipotle预订的典型的一顿饭的食物只包含1 070卡路里。但是，那些数据还显示，Chipotle 典型的一顿饭的食物包含每天推荐摄入盐量的几乎 100%和每天推荐摄入饱和脂肪量的接近 75%。

2015 年下半年，Chipotle 的销售额因许多人在其餐馆吃饭后生病的消息而受到重创。受到污染的农产品看起来是顾客生病的源头。Chipotle 在快速休闲的墨西哥食物这一细分市场上的成功至少部分地取决于消费者是否仍然认为它的食物健康和有营养。行业分析师对 Chipotle 是否能让消费者消除疑虑从而使销量继续快速增长存在分歧。

资料来源：Jay Cheshes，"The Chipotle Effect：How Chefs Are Reinventing Fast Food"，*Wall Street Journal*，February 6，2015；"Chipotle：Fast Food with 'Integrity'"，bloomberg. com，February 16，2007；Charles Passy，"10 Things Chipotle Won't Tell You"，marketwatch. com，June 16，2015；Josh Barro，Troy Griggs，David Leonhardt，and Claire Cain Miller，"What 2 000 Calories Looks Like"，*New York Times*，December 22，2014；Kevin Quealy，Amanda Cox，and Josh Katz，"At Chipotle，How Many Calories Do People Really Eat?" *New York Times*，February 17，2015；以及 chipotle. com 网站上的信息。

轮到你了：做本章末与本专栏相关的问题与应用 3.9，看看你理解得如何。

□ 11.3.2 在长期，零利润是不可避免的吗？

对长期进行的经济分析显示了市场势力随着时间推移的影响。当然，垄断竞争企业的所有者并非必须消极地接受这一长期结果。赚取经济利润的关键是要么销售一种差异化产品，要么找到一种以更低的成本生产现有产品的方式。如果一家销售差异化产品的垄断竞争企业正在赚取利润，那么，这些利润就会吸引额外企业的进入，那些企业的进入最终会消除该企业的利润。如果一家企业开发了能够以更低成本销售某种商品或服务的新技术，那么，竞争对手最终将复制该技术从而消除该企业的利润。但是，这一结果成立的必要条件是：企业维持现状，未能找到差异化产品的新方法或者未能找到降低生产成本的新方式。

在 2015 年，由于 Qdoba 和 Moe's Southwest Grill 等新竞争者进入墨西哥食物市场和塔可钟等现有企业开始提供类似的食物，Chipotle 的增长开始减速。作为回应，Chipotle 的管理层采取措施以增强它比竞争对手更健康、更富有社会责任感的形象。例如，它宣布它是第一家停止使用转基因原料的大连锁餐馆。它还宣传自己比其他连锁餐馆从本地农场购买了更多的原料。当企业力图保持相对于那些试图复制其成功的其他企业的领先地位时，它们为了找到差异化其产品的新方法而持续地付出努力。

竞争企业的所有者所处的地位就像是查尔斯·狄更斯的小说《圣诞颂歌》中的人物埃比尼泽·斯克鲁奇（Ebenezer Scrooge）的位置。当圣诞精灵中的未来之灵向斯克鲁奇展示他自己死亡的幻影时，他问未来之灵："这些幻影是将要发生的事情的影子，还是只是可能会发生的事情的影子？"企业利润终结的影子困扰着每家企业的所有者。通过降低成本、改进产品、提供出色的客户服务或者说服消费者相信它们的产品与竞争企业提供的产品确实存在差异等方式，企业尽力继续赚取利润。为了保持领先于竞争对手一步，企业给消费者提供的商品或服务必须让消费者觉得比竞争对手提供的商品或服务有更高的价值。价值的形式可以是使商品或服务与消费者偏好更匹配的产品差异，也可以是更低的价格。

例题 11.3　Buffalo Wild Wings 增加成本以增加需求

近些年 Buffalo Wild Wings 在以大屏幕电视直播体育赛事为特色的餐馆中提供鸡翅和其他便宜食物上非常成功。总部位于明尼波利斯的这家连锁餐馆在过去 10 年里从 300 家餐馆增加到超过 1 000 家。但是，竞争对手可以轻易复制其形式，因此，其 CEO 萨利·史密斯（Sally Smith）采用了花费巨资重新布局餐馆以吸引更多的午餐顾客和更多的家庭这样一种战略。新布局有更多的自然光，更大的电视机，比之前的布局看起来更像体育馆。为了整修餐馆，该公司将一次性花费 2 亿美元以上。但是，增加成本以增加需求和利润总是高风险的。

假定史密斯的战略未能增加对其餐馆的需求。这对一家典型的 Buffalo Wild Wings 餐馆以下各项的影响是什么：平均总成本、平均可变成本、平均固定成本、边际成本、需求、经济利润？用图形说明你的答案。你的图形应该显示新战略实施前后典型餐馆的情况。

解：

第 1 步：复习本章内容。这一问题是关于垄断竞争企业如何最大化利润以及企业如何竭力在长期赚取经济利润的，所以你可能需要复习一下 11.2 节"垄断竞争企业在短期如何最大化利润?"和 11.3.2 节"在长期，零利润是不可避免的吗?"。

第 2 步：解释史密斯的战略对一家典型的 Buffalo Wild Wings 餐馆的成本、需求和利润的影响。如果史密斯的战略未能增加对其餐馆的需求，那么，典型的 Buffalo Wild Wings 餐馆的需求曲线将保持不变（而非如她所希望的那样向右移动），原因是消费者并不认为餐馆变得更令人满意，从而餐馆在每个价格下不能卖出更多的鸡翅和其他食物。由于新布局的成本是一次性的，它增加了固定成本，因而对餐馆的边际成本和平均可变成本没有影响，但是，平均固定成本和平均总成本都将增加。由于餐馆的成本将增加，而鸡翅的需求不变，因此，餐馆的利润将下降。

第 3 步：画图说明你的论述。为了简单起见，这里所画的图形假设该餐馆只卖鸡翅。需求曲线和边际收益曲线不变，平均固定成本从 AFC_1 向上移动到 AFC_2，平均总成本从 ATC_1 向上移动到 ATC_2。图形表明，该餐馆的利润在新战略实施后更低了。

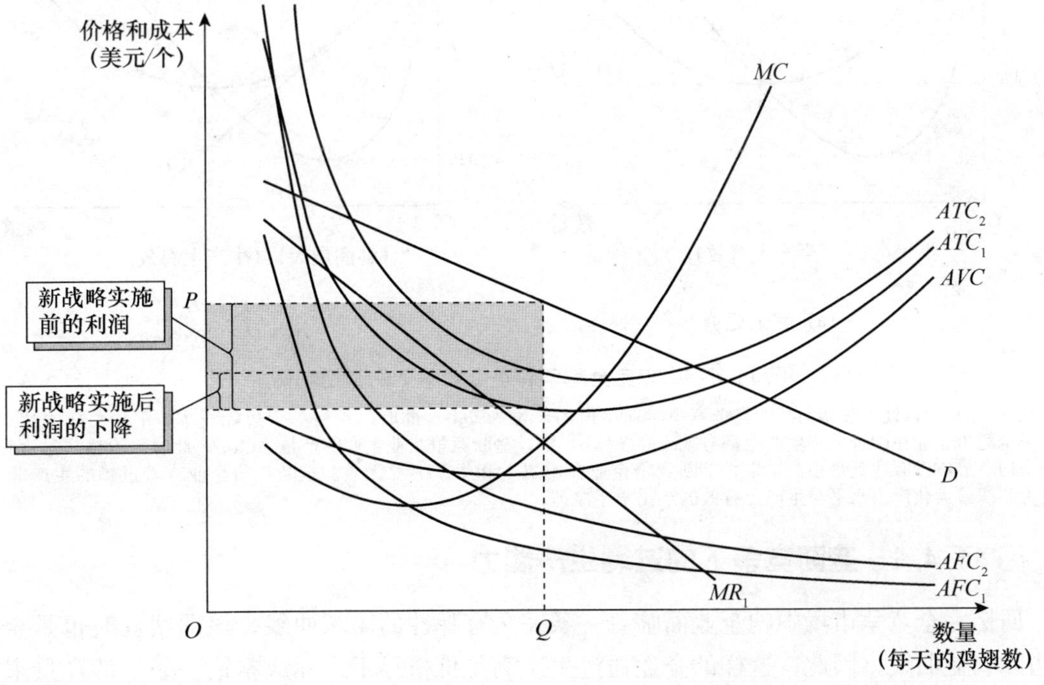

附注：正如我们已经看到的，企业持续地寻找将它们自己与竞争对手区分开来的方式。差异化常常可以在一段时间内起作用，但是随着竞争对手复制同样的战略，原有的差异化就不起作用了。2015 年，史密斯实施其新战略，意在抵消类似餐馆进入墨西哥食物市场的影响。但是，以大得多的电视机为特色的新方法是否必然会吸引更多的家庭（吸引更多的家庭是史密斯的关键目标之一）存在疑问。和其他垄断竞争企业的 CEO 一样，史密斯知道，如果没有创新，她的企业的利润最终将因其他企业的竞争而消失，因此她愿意冒险一搏，希望餐厅的整修能使需求增加足够多从而增加利润（尽管成本也增加了）。这个例题显示，她的战略实际上有可能导致利润减少。

资料来源：Bryan Gruley，“The Secret Sauce”，bloomberg. com，April 6，2015.

轮到你了：要想做更多的练习，请做本章末与本专栏相关的问题与应用 3.10。

11.4 比较垄断竞争和完全竞争

我们已经看到，垄断竞争和完全竞争具有一个共同的特征：在长期，企业的经济利润为零。然而，正如图 11.6 所示，这两种市场的长期均衡存在两个重要的区别：

- 垄断竞争企业收取的价格超过边际成本。
- 垄断竞争企业没有在平均总成本最小处生产。

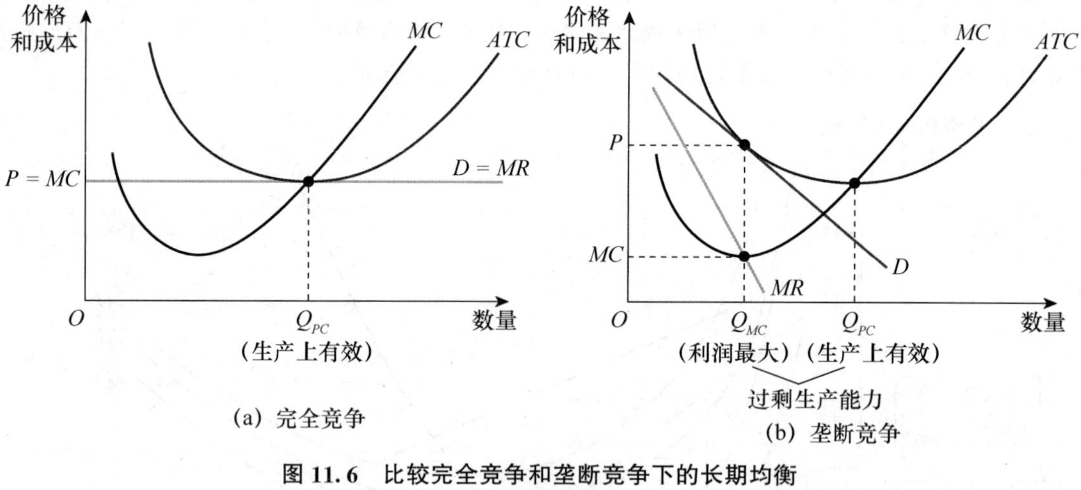

图 11.6　比较完全竞争和垄断竞争下的长期均衡

在图（a）中，处于长期均衡的完全竞争企业生产的产量为 Q_{PC}，此时，价格等于边际成本，平均总成本达到最小。完全竞争企业在配置上和生产上都有效。在图（b）中，垄断竞争企业生产的产量为 Q_{MC}，此时，价格超过边际成本，平均总成本没有达到最小。结果，垄断竞争企业在配置上和生产上都无效。垄断竞争企业有着过剩的生产能力，其值为利润最大化产出水平与生产上有效的产出水平之差。

□ 11.4.1　垄断竞争下的过剩生产能力

回忆完全竞争市场中的企业面临着一条完全有弹性的需求曲线，该曲线同时也是企业的边际收益曲线。因此，这样的企业通过生产满足价格等于边际成本这一条件的产量来最大化利润。正如图 11.6 (a) 所示，在长期均衡中，完全竞争企业在平均总成本曲线的最低点生产。

图 11.6 (b) 显示，在垄断竞争企业的利润最大化产出水平，价格超过边际成本，企业没有在平均总成本曲线的最低点生产。垄断竞争企业具有过剩的生产能力：如果它增加产出，那么，平均成本会更低。

□ 11.4.2 垄断竞争是有效率的吗?

在第 9 章，我们讨论了生产效率和配置效率之间的区别。

- 生产效率是指商品或服务以最低的成本生产这样一种状况。若要具有生产效率，企业必须在平均总成本的最低点生产。
- 配置效率是指每种商品或服务的生产数量都具有如下性质的这样一种状况：最后一个单位对消费者的边际效益等于其生产的边际成本。若要具有配置效率，企业收取的价格必须等于边际成本。

在完全竞争市场，生产效率和配置效率都实现了，但是，在垄断竞争市场，两者都没有实现。这重要吗？对垄断竞争市场既未能实现生产效率也未能实现配置效率是否导致了相对于完全竞争市场而言的重大福利损失，经济学家之间存在争论。

□ 11.4.3 消费者如何从垄断竞争中获益?

再次考察图 11.6，你可以看出垄断竞争企业和完全竞争企业之间的唯一区别在于垄断竞争企业的需求曲线是向下倾斜的，而完全竞争企业的需求曲线是一条水平直线。垄断竞争企业的需求曲线向下倾斜的原因是，企业所销售的商品或服务与竞争对手所销售的有区别。而完全竞争企业销售的商品或服务与竞争对手所销售的相同。记住：企业差异化它们的产品是为了吸引消费者。当 Chipotle 餐馆开始提供鸡肉和猪肉香肠卷饼时，当苹果公司开始卖屏幕更大的智能手机时，当通用磨坊（General Mills）推出苹果肉桂 Cheerio 牌燕麦片时，当百事可乐推出营养野樱桃百事可乐时，它们都在通过产品差异化竭力吸引和留住消费者。这些产品差异化战略的成功表明，有些消费者发现这些产品比其他替代品更加符合他们的偏好。因此，与这些公司不差异化它们的产品的情况相比，消费者的境况改善了。

我们可以得出结论：消费者在购买垄断竞争企业的产品时面临着权衡，他们所付的价格高于边际成本，产品没有在最小平均成本处生产，但是，他们因能够购买差异化的并且与他们的偏好更为接近的产品而获益了。

建立联系

纸杯蛋糕都相同吗?

一种产品越基础，你会预期企业家要使其产品与竞争对手的产品差异大到能够赚取经济利润（哪怕是在短期）就越困难。当米娅·鲍尔（Mia Bauer）说服许多消费者相信她开发了纸杯蛋糕这种大众熟悉的产品的一个差别非常大的品种时，她成功地战胜了这一困难。

2002 年，米娅·鲍尔在大多数面包房

和超市只能找到基础口味的纸杯蛋糕——草莓味、香草味和巧克力味。她认为消费者也许会喜欢她烘焙的更加精心制作的纸杯蛋糕，如焦糖玛奇朵——一种焦糖巧克力纸杯蛋糕，上面涂一层咖啡奶油芝士糖霜。米娅和她的丈夫贾森（Jason）没有把纸杯蛋糕卖给面包房或超市，而是决定在纽约市开自己的纸杯蛋糕店——Crumbs Bake Shop。当时美国只有三家其他的专门卖纸杯蛋糕的商店。鲍尔夫妇相信，他们的纸杯蛋糕比其他纸杯蛋糕味道好得多以至消费者愿意为一个纸杯蛋糕支付高达 3.75 美元的价格。起初，鲍尔夫妇的挑战取得了成功，他们的商店利润很高。他们不断扩张，最终在 10 个州开了总共 63 家纸杯蛋糕店。

但是，企业家可以轻易地开一家新的纸杯蛋糕店，这意味着进入零售纸杯蛋糕行业的壁垒很低。到 2013 年，许多企业家开了纸杯蛋糕店，与鲍尔夫妇竞争。其中许多店供应的纸杯蛋糕与鲍尔夫妇的非常相似，但是价格更低。当贾森被问及他如何能与这些新的进入者竞争时，他说："每个人都买纸杯蛋糕，这种局面仍将继续，但是我们正在建立全国知名的品牌。"

但是，全国知名的品牌还不够。到 2013 年下半年，销量的下滑迫使鲍尔夫妇关闭了 10 家店。但销量继续下滑，2014 年 7 月，鲍尔夫妇关闭了余下的所有商店并宣布破产。几个月后，新的所有者控制了这家企业，一些商店又重新开张了，但不再像过去那样只卖纸杯蛋糕。一家从事市场研究的公司的负责人评论说，新的所有者要想成功，就"需要……说服人们相信，新的产品在某些方面与原有的纸杯蛋糕存在区别"。

对鲍尔夫妇来说不幸的是，尽管消费者可能认为并非所有的纸杯蛋糕都相同，但是，他们显然不认为 Crumbs Bake Shop 的纸杯蛋糕与其他纸杯蛋糕有显著的区别。

资料来源：Sara Randazzo，"Crumbs Bake Shop Closing Its Doors"，*Wall Street Journal*，July 7，2014；Julie Halpert，"Crumbs Bake Shop about to Get Bigger"，newsweek. com，February 3，2011；Hilary Stout，"For Crumbs，Growth May Have Come Too Fast"，*New York Times*，July 8，2014；and Phyllis Furman，"Crumbs Bake Shop Set to Reopen First of 16 NYC-Area Stores"，*New York Daily News*，October 14，2014.

轮到你了：做本章末与本专栏相关的问题与应用 4.7，看看你理解得如何。

11.5 寡头和进入壁垒

在垄断竞争行业有许多企业，但在寡头行业却只有几家企业。衡量一个行业竞争程度的指标之一是集中度。美国调查统计局每五年发布四企业集中度，这一指标测度了每个行业四家最大的企业的销售量占整个行业的份额。大部分经济学家相信，若四企业集中度超过 40%，那就表明该行业是一个寡头行业。

但是，作为一个衡量行业竞争程度的指标，集中度有如下缺陷：

（1）集中度没有包括外国企业出口到美国的商品和服务。

（2）集中度是针对全国市场计算的，哪怕有些行业（如餐馆或大学书店）的竞争主要是地方性的。

（3）集中度没有考虑不同行业的企业之间有时候也会存在竞争。例如，沃尔玛被归入折扣百货商店行业，但也与超市行业和玩具零售商店行业的企业竞争。

有些经济学家更喜欢用另一个被称为赫芬达尔-赫希曼指数的指标来衡量竞争程度。尽管有这些缺陷，但是，集中度仍然可以为我们提供对某一行业竞争程度的基本认识。

表 11.2 列出了制造业和零售业的寡头例子并列出了每个行业的代表性企业。美国调查统计局没有单独调查流媒体音乐行业，但是，在 2015 年，少数几家企业——包括苹果、声田（Spotify）、谷歌和 Rdio——就占到了付费流媒体音乐订购的 90%以上，使得该行业成为寡头。

表 11.2　　零售业和制造业的寡头例子

零售业		制造业	
行业	四企业集中度（%）	行业	四企业集中度（%）
折扣百货商店（Walmart 和 Target）	97	香烟（Phillip Morris 和 R. J. Reynolds）	98
仓储式会员店和超级购物中心（Sam's Club 和 BJ's Wholesale Club）	94	啤酒（Anheuser-Busch 和 MillerCoors）	90
大学书店（Barnes & Noble 和 Follett）	75	计算机（Hewlett-Packard 和 Dell）	87
娱乐、玩具和游戏商店（Toys “R” Us 和 Michael's）	72	飞机（Boeing 和 Lockheed Martin）	81
收音机、电视机和其他电子产品商店（Best Buy 和 Apple）	70	早餐谷物类食品（Kellogg's 和 General Mills）	80
运动鞋店（Footlocker 和 Champs）	68	狗粮和猫粮（Mars 和 Procter & Gamble）	71
药店和药房（Walgreens 和 CVS Caremark）	63	汽车（General Motors 和 Ford）	68

资料来源：U. S. Census Bureau，*Concentration Ratios*，2007.

□ 11.5.1　进入壁垒

为什么会存在寡头？为什么计算机行业、折扣百货商店行业、啤酒行业和电子游戏机行业没有多得多的企业？回忆一下，前面讲过，如果现有企业正在赚取经济利润，那么，新企业就会进入这样的行业。但是，新企业常常难以进入一个寡头行业。阻止新企业进入现有企业正在赚取经济利润的行业的任何事物被称为**进入壁垒**（barrier to entry）。规模经济、关键投入的所有权以及政府设置的壁垒是三种重要的进入壁垒。

规模经济。最重要的进入壁垒是规模经济。在第 8 章，我们看到，当企业的长期平均成本随产量的增加而下降时，就存在**规模经济**（economies of scale）。规模经济越大，行业内的企业数量越少。图 11.7 说明了这一点。

如果规模经济在行业中相对不重要，那么，典型企业的长期平均成本曲线（*LRAC*）达到最小值时的产出水平（图 11.7 中的 Q_1）只占总行业销售量的一个小的比例。该行业就会有空间容纳许多企业，就会是竞争行业。如果规模经济很显著，那么，典型企业的长期平均成本曲线达到最小值时的产出水平（图 11.7 中的 Q_2）就会占总行业销售量的一个大的比例。该行业就只有容纳少数企业的空间，就会成为一个寡头。

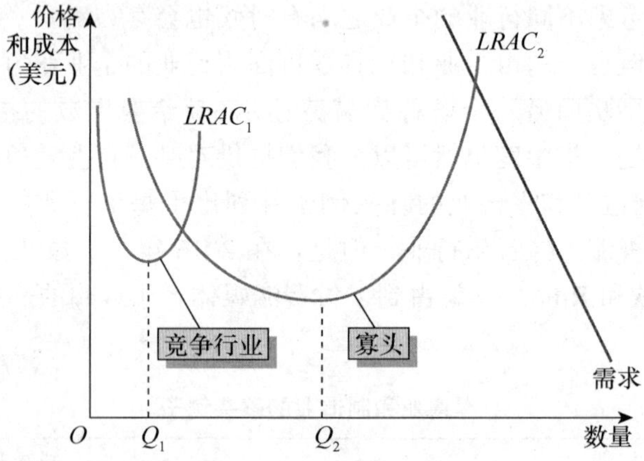

图 11.7　规模经济有助于决定一个行业的竞争程度

如果典型企业的长期平均成本曲线的最低点处的产出水平（如 Q_1）只占总行业销售量的一个小的比例，那么，该行业就会是竞争行业。如果最低点处的产出水平（如 Q_2）占总行业销售量的一个大的比例，那么，该行业就会成为一个寡头。

规模经济能够解释为什么餐馆行业比流媒体音乐行业的竞争大得多。由于很大的餐馆的平均成本也不会比小一些的餐馆低很多，因此，餐馆行业有容纳许多企业的空间。相反，声田这样的大型流媒体音乐企业的平均成本比小型流媒体音乐企业低得多，这其中的部分原因是大企业可以在多得多的订购量上分摊音乐流媒体化的高昂的固定成本，包括非常大的服务器容量、大量的应用程序研发成本以及为记录付给相关音乐家和其他版权所有人的报酬所需的复杂的会计核算成本。

关键投入的所有权。如果一种商品的生产要求某种特定投入，那么，对该种投入的控制就成了进入壁垒。美国铝业公司曾经在很多年里控制了世界上大部分高质量铝土矿的供给，而铝土矿是制铝所需的矿物。其他公司进入制铝业和与美国铝业公司竞争的唯一方式是回收铝。南非戴比尔斯公司因控制了世界上大部分钻石矿的产出而能够阻止钻石市场上的竞争。直到 20 世纪 90 年代，优鲜沛（Ocean Spray）公司在新鲜和冷冻蔓越莓市场上都几乎没有面临任何竞争，原因是它控制了几乎所有蔓越莓的供给。即使是现在，优鲜沛公司也还通过与 650 个蔓越莓种植户签订协议而控制了大约 65%的蔓越莓收成。

政府设置的壁垒。有时候企业力图说服政府设置进入壁垒。许多大型企业雇用说客来说服州政府立法者和国会议员通过对这些企业的经济利益有利的法律。仅在华盛顿就有数以万计的说客。顶级说客要求的年薪达到了 30 万美元甚至更高，这表明了他们的活动对企业多么有价值。政府设置的进入壁垒的例子包括专利、许可要求以及国际贸易壁垒。

专利（patent）赋予企业从专利申请在政府归档日起 20 年内对一种新产品的排他性权利。政府用专利来鼓励企业从事研发，以开发出新的且更好的产品或改进现有产品的生产方法。当企业投入资源用于研发时，产出和生活水平增加得更快，但是，如果别的企业可以复制新产品，那么，斥资开发新产品的企业可能赚不到多少利润。例如，制药公司默克（Merck）每年在新处方药的研发上的支出在 50 亿美元以上。如果竞争对手在默克公司开发出新药后很快就能随意地生产这些新药，那么，默克公司的大部分投资就会白费。由于默克公司能够获得新药的专利，所以，公司在专利有效期内能够收取更高的价格，从而因其成功的创新而赚取经济利润。

政府还通过职业许可来限制竞争。例如，每个州的医生和牙医都需要行医许可。但是，近些年来，需要许可的职业范围不断扩大，诸如牙齿美白、灌溉承包、艺术治疗等职业也已经被包括进来。现在美国有近1/3的职业要求获得许可。制定这些法律的理由是保护公众免受不称职的从业人员所害，但是，通过限制这些需要得到许可的职业的从业人员数量，这些法律也提高了这些服务的价格。研究表明，在那些更难获得牙医许可证的州，牙医服务的价格比其他州高出大约15%。类似地，在那些要求销售隐形眼镜的外州企业必须获得许可的州，隐形眼镜的价格更高。当编发师、瑜伽老师等职业需要获得本州许可证时，限制竞争就成了主要的结果。

政府还通过对外国竞争设置关税和配额来设置进入某些行业的壁垒。关税是对进口品征收的税收，配额限制了某种商品可以进口的数量（见第19章）。对外国食糖的进口配额严重限制了美国食糖市场的竞争。结果，美国的食糖公司所收取的价格比国外的公司收取的价格高得多。

总之，为了赚取经济利润，所有的企业都想收取高于平均成本的价格，但是，赚取经济利润会吸引新企业进入该行业。最终，更加激烈的竞争迫使价格下降到等于平均总成本，企业刚好收支相抵。在寡头市场中，进入壁垒阻止或者至少延缓了进入，这使企业能够在更长的时期内赚取经济利润。

建立联系

亚特兰大市的艰难时期

20世纪早期，新泽西州的亚特兰大市是一个繁荣的度假胜地，城市著名的栈桥两侧建了许多酒店。（桌面游戏“大富翁”中的物业是以亚特兰大市的街道命名的。）到了20世纪50年代，由于廉价航空使得东北部各州的人到缅因州和加勒比海地区度假成为可能，亚特兰大市的经济出现了衰退。在当时的美国，在内华达州以外的赌场赌博都是非法的。

为了尝试把游客吸引回亚特兰大市，新泽西州的选民在1976年通过公投决定把赌博合法化。从1978年开始，几家赌场在亚特兰大市开业了。起初，这些赌场获得了很高的利润，吸引了来自中大西洋地区和东北地区各州的游客。由于赌场赌博在这些州是非法的，所以这些州的企业家无法跟亚特兰大市的赌场竞争。实质上，政府施加了赌场赌博行业的法律壁垒。

但是，有几个东部的州最终废除了禁止赌场赌博的法律，企业家在那些州开办了新赌场。到2014年，赌场赌博在宾夕法尼亚州、纽约州、康涅狄格州、特拉华州和马里兰州都是合法的了。这些新赌场的进入导致对亚特兰大市的赌场的需求大幅减少。特别地，纽约州的大量赌客现在可以去比亚特兰大市更近的几个赌场了。到2014年，亚特兰大市赌场的收益从2006年最高的52亿美元下降到了25亿美元。

2014年，亚特兰大市的12个赌场中的4个宣布即将关闭。最令人吃惊的是，其中一个是Revel赌场酒店，这家耗资高达24亿美元的赌场两年前才开业。另外还有几家赌场也在破产的危险之中。

亚特兰大市的赌场行业在政府管制限制了它们面临的竞争时很繁荣。但是，随着政府开始消除进入的法律壁垒，这些赌场的盈利能力就大幅下降了。

资料来源：Emily Brennan，"In Time for Memorial Day，Atlantic City Attempts a Turnaround"，*New York Times*，May 8，2015；Charles V. Bagli，"Owner of Revel Casino in Atlantic City Files for Bankruptcy Protection"，*New York Times*，June 19，2014；Josh Dawsey and Heather Haddon，"Revel Casino，Still Shiny and New，Teeters on the Edge"，*Wall Street Journal*，July 10，2014；and Daniel Kelley，"Atlantic City CasinoWorkers Fear Bleak Future"，(Allentown) *Morning Call*，July 14，2014.

轮到你了：做本章末与本专栏相关的问题与应用 5.10，看看你理解得如何。

11.6 博弈论和寡头

正如我们在本章开头所指出的，经济学家用博弈论来分析寡头。博弈论是 20 世纪 40 年代由数学家约翰·冯·诺依曼（John von Neumann）和经济学家奥斯卡·摩根斯特恩（Oskar Morgenstern）开创的。**博弈论**（game theory）是对人们在满足如下特征的状况中如何决策的研究：人们实现其目标取决于他们与其他人的相互作用。在寡头中，由于企业所占市场份额很大，所以，企业之间的相互作用是决定盈利能力的关键。

在所有的博弈中，无论是扑克、棋牌还是"大富翁"游戏，参与人之间的相互作用对决定结果都很关键。此外，博弈有以下三个关键特征：

（1）决定哪些行动被允许的规则。

（2）参与人在博弈中为了实现其目标所采用的战略。

（3）参与人的战略相互作用的结果，即支付。

在商业情景中，博弈的规则不但包括企业必须遵守的法律，还包括企业至少在短期无法控制的其他因素（如企业的生产函数）。**商业战略**（business strategy）是一家企业为实现一个目标（如利润最大化）所采取的行动的集合。支付是企业的战略与其他企业的战略相互作用后赚取的利润。理解博弈论方法的最佳方式是考察一个例子。

□ 11.6.1 双头博弈：两家企业之间的价格竞争

在这个简单的例子中，我们用博弈论来分析双头——只有两家企业的寡头——中的价格竞争。我们假设苹果和声田是唯一两家销售流媒体音乐订购的企业。2015 年，这两家企业每月收取的价格均为 9.99 美元，可供付费用户选择在线播放的歌有 3 000 万首。有些行业分析师认为，除非这些企业收取每月 14.99 美元的价格，否则这一服务可能难以持续盈利。让我们把注意力放在苹果和声田面临的定价决策上。我们假设两家企业的经理都必须决定是将流媒体音乐订购的价格定在 9.99 美元还是 14.99 美元。哪个价格能赚取更多利润取决于另一家企业收取的价格。定价决策就是商业战略的一个例子。在图 11.8 中，我们把两家企业的行动能导致的所有可能的结果表示为一个**支付矩阵**（payoff matrix），它是表示每家企业从各企业战略的每个组合中得到的支付的表格。

苹果公司的利润用深灰色显示，声田的利润用浅灰色显示。支付矩阵的每个方格显示了这两家企业采用的战略的不同组合所导致的结果。如果苹果和声田都将无限制播放音乐的价格定为每月 14.99 美元，那么，我们就处在左上方格，它表明每家企业每月能够赚取的利润为 1 000 万美元。如果苹果收取的价格为 9.99 美元，而声田的价格为 14.99 美元，那么，苹果将赢得声田的许多顾客。苹果的利润将为 1 500 万美元，而声田的利润只有 500 万美元。类似地，如果声田收取的价格为 9.99 美元，而苹果的价格为 14.99 美元，那么，苹果的利润只有 500 万美元，而声田的利润将为 1 500 万美元。如果两家企业的价格都为 9.99 美元，那么，每家企业每月赚取的利润为 750 万美元。

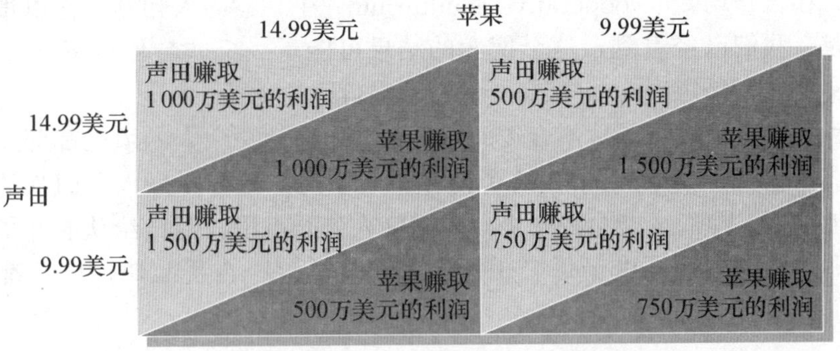

图 11.8　双头博弈

声田的利润用浅灰色显示，苹果的利润用深灰色显示。如果它们都将流媒体音乐在线播放的价格定为 14.99 美元，那么，每家企业每月销售流媒体音乐订购能够赚取的利润为 1 000 万美元。可是，每家企业都有激励通过收取更低的价格来削弱对手。如果两家企业的价格都为 9.99 美元，那么，每家企业每月赚取的利润只有 750 万美元。

显然，如果两家企业都定价为每月 14.99 美元，那么，两家企业都会获益。但是，它们会都收取这一价格吗？一种可能性是，苹果和声田的经理聚在一起，同意收取更高的价格以实现合谋。**合谋**（collusion）是指企业间达成的收取相同价格或者以其他方式不相互竞争的协议。对苹果和声田来说不幸的是（但对顾客来说是幸运的），在美国和欧洲，合谋是违反法律的。政府可以对合谋的公司罚款，并将涉案的经理送进监狱。

苹果的经理不能与声田的经理合法地讨论它们的价格决策，因此他们不得不预测对方的经理会怎么做。假定苹果的经理确信声田的经理将定价为 14.99 美元。在这种情况下，苹果的经理无疑会定价为 9.99 美元，原因是这样做会使公司的利润从定价为 14.99 美元时的 1 000 万美元增加到 1 500 万美元。但是，倘若苹果的经理确信声田的经理会定价为 9.99 美元，那么，苹果的经理还是无疑会定价为 9.99 美元，原因是这样做会使公司的利润从定价为 14.99 美元时的 500 万美元增加到 750 万美元。事实上，无论声田的经理定价为 14.99 美元还是 9.99 美元，苹果的经理定价为 9.99 美元都会比定价为 14.99 美元更好。因此，我们知道苹果的经理会选择每月 9.99 美元的价格。

现在从声田的经理的角度来考虑。他们与苹果的经理处在相同的位置，因此，我们预期他们也会做出相同的决策，定价为每月 9.99 美元。在这种情况下，两家企业都有一个占优战略。**占优战略**（dominant strategy）是指这样的战略：无论其他企业采用何种战略，这样的战略对某企业都是最好的。结果就出现了一个两家企业都定价为 9.99 美元的均衡。这种状态是一个均衡，因为每家企业都在另一家企业价格给定的条件下最大化了利润。换句话说，给定另一家企业选择的价格，哪家企业都不能通过改变价格来提高利润。给定其他企业选择的战略，每家企业都选择了最好的战略，这样的均衡被称为**纳什均衡**

(Nash equilibrium)。纳什均衡是以博弈论发展的先驱之一、普林斯顿大学的已故诺贝尔经济学奖得主约翰·纳什(John Nash)的名字命名的。

□ 11.6.2 企业行为和囚徒困境

注意，图11.8中的均衡对每家企业来说都是不令人满意的。每家企业通过定价为9.99美元每月赚取了750万美元的利润，但是，如果它们都定价为14.99美元，那么它们本可以赚取1 000万美元的利润。通过“合作”和收取更高的价格，它们本来可以实现一个合作均衡。在**合作均衡**(cooperative equilibrium)中，参与人相互合作以增加它们相互的回报。但是，我们已经看到，这个博弈的结果可能是一个**非合作均衡**(noncooperative equilibrium)，在这个均衡中，每家企业都追求它自己的利益。

类似这种采取占优战略导致不合作而这种不合作会使每个人的境况都变差的局势被称为**囚徒困境**(prisoner's dilemma)。这个博弈得名于两个犯罪嫌疑人所面临的问题。如果警察缺乏其他证据，他们可能会将两个犯罪嫌疑人分开审讯，承诺给认罪并指证另一犯罪嫌疑人的犯罪嫌疑人减刑。由于每个嫌疑人都有认罪这一占优战略，他们都将认罪和入狱，尽管他们如果都保持沉默就会无罪获释。

例题 11.6 当日送达对沃尔玛和亚马逊来说是一种囚徒困境吗?

网络购物在过去15年里大幅增加了。但是，与去商店从货架上选购东西相比，消费者在网购时面临的一个缺陷是在收到商品之前需要等待。亚马逊在减少配送时间上是一个先行者，包括在几个城市提供当日送达服务。为了避免顾客流失到亚马逊，包括沃尔玛、eBay和谷歌等的几个其他企业也开始在一些城市提供当日送达服务。这些企业通常雇人去零售商店购买顾客预订的产品，然后直接将这些产品送给顾客。有些零售分析师认为，这个过程的成本是如此之高以至这些企业的大部分当日送达的订单实际上是赔钱的。但是，如果不提供这一服务，那么就可能导致顾客所有的订单——包括那些能赚钱的订单——都流失到提供这一服务的企业。

假定亚马逊和沃尔玛在某一特定城市的当日送达服务上相互竞争。利用以下虚构信息构建一个支付矩阵：

- 如果两家企业都不提供当日送达服务，那么，亚马逊和沃尔玛每月都赚取700万美元的利润。
- 如果两家企业都提供当日送达服务，那么，亚马逊和沃尔玛每月都赚取500万美元的利润。
- 如果亚马逊提供当日送达服务而沃尔玛不提供，那么，亚马逊和沃尔玛每月的利润分别为900万美元和400万美元。
- 如果沃尔玛提供当日送达服务而亚马逊不提供，那么，沃尔玛和亚马逊每月的利润分别为900万美元和400万美元。

a. 如果亚马逊要最大化利润，它会提供当日送达服务吗？请简要解释。

b. 如果沃尔玛要最大化利润，它会提供当日送达服务吗？请简要解释。

c. 这一博弈存在纳什均衡吗？如果存在，纳什均衡是什么？

解：

第1步：复习本章内容。这一问题利用支付矩阵来分析商业场景，所以你可能需要复习一下11.6.1节“双头博弈：两家企业之间的价格竞争”。

第2步：构建支付矩阵。

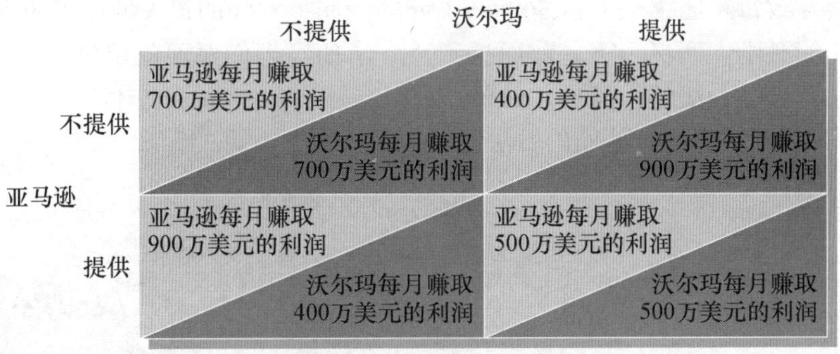

第3步：通过证明亚马逊的占优战略是提供当日送达服务，回答问题a。如果沃尔玛不提供当日送达服务，那么，亚马逊在提供当日送达服务的情况下利润为900万美元，而在不提供的情况下利润只有700万美元。如果沃尔玛提供当日送达服务，那么，亚马逊在提供当日送达服务的情况下利润为500万美元，而在不提供的情况下利润只有400万美元。因此，提供当日送达服务是亚马逊的占优战略。

第4步：通过证明沃尔玛的占优战略是提供当日送达服务，回答问题b。沃尔玛面临的情况与亚马逊相同，因此，它的占优战略也是提供当日送达服务。

第5步：通过说明这个博弈存在一个纳什均衡，回答问题c。两家企业都提供当日送达服务是一个纳什均衡。给定亚马逊提供当日送达服务，沃尔玛的最优战略是提供当日送达服务。给定沃尔玛提供当日送达服务，亚马逊的最优战略是提供当日送达服务。因此，给定对手的决策，提供当日送达服务是两家企业的最优决策。

附注：这是囚徒困境博弈的又一个例子。如果亚马逊和沃尔玛都不提供当日送达服务，从而节约用于雇人在短时间内配送单个包裹的高成本，两家企业都会赚取更多利润。但是，每家企业的占优战略都是提供当日送达服务，因此，最终它们达到的均衡是都提供当日送达服务，利润也就更低了。

轮到你了：要想做更多的练习，请做本章末与本专栏相关的问题与应用6.10和6.11。

□ 11.6.3 企业可以摆脱囚徒困境吗？

尽管囚徒困境博弈看似表明合作均衡总是会瓦解，但是，我们知道人们常常合作以实现他们的目标，企业常常找到办法避免在价格上竞争以实现合作。基本的囚徒困境故事并不总是适用的原因是，它假设博弈只进行一次。然而，大部分商业情景会反复出现。例如，考虑如下情形：假定在一个小镇上，能够买到比萨的地方只有达美乐（Domino's）和必胜客（Pizza Hut）。假设经理为一个大辣香肠比萨收取的价格要么为12美元，要么为10美元。图11.9（a）显示了支付矩阵。注意每个经理都有激励收取较低的价格。再一次地，这些企业看起来好像陷入了囚徒困境。但是，这些经理并不会只进行一次这样的博弈；他们每天都要决定为比萨设定什么样的价格。用博弈论的语言来说，经理们在进行一个重复博弈。在一个重复博弈中，不合作所产生的损失比只进行一次博弈时的损失要大，参与者还可以对不合作的参与者使用报复战略。结果，企业有更大的激励合作。

图 11.9（a）显示，达美乐和必胜客对比萨收取的价格都为 10 美元时比都为 12 美元时每月赚取的利润要少 150 美元。只要价格定为 10 美元，每天都会增加损失的总量：一年的时间就会导致每家店损失超过 50 000 美元的利润。利润的损失增加了经理们通过隐性合谋进行合作的激励。回忆一下，前面提到过，诸如经理们碰面就定价为 12 美元达成一致这样的显性合谋是非法的。但是，如果经理们能够找到一种方法向彼此发送信号表明他们会定价为 12 美元，那么，他们的做法就可能是法律所允许的。

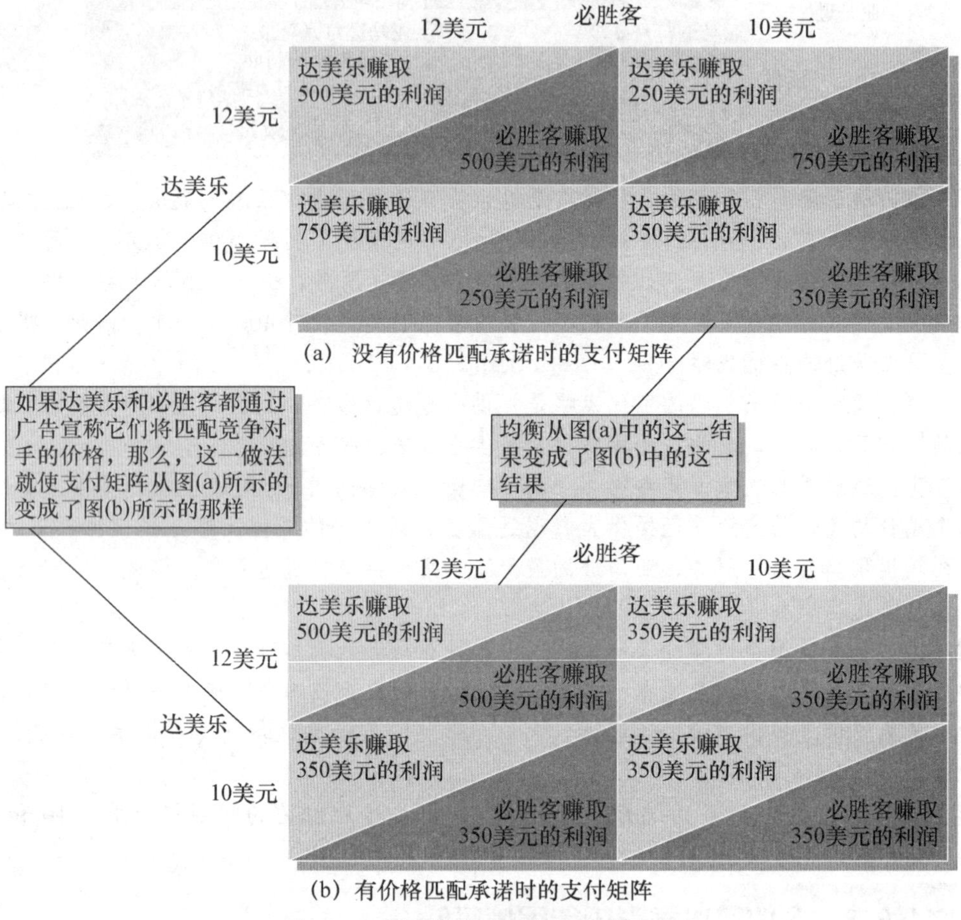

图 11.9 重复博弈中支付矩阵的变化

达美乐和必胜客可以通过广告宣传它们将匹配竞争对手的价格来改变销售大辣香肠比萨的支付矩阵。这一报复战略提供了这样一个信号：一家餐馆收取较低价格将会被另一家餐馆通过同样收取较低价格来自动匹配。在图（a）所示的支付矩阵中，没有关于价格匹配的广告，每家餐馆在对手定价为 12 美元时可以通过定价为 10 美元而赚取更多利润。在图（b）所示的支付矩阵中，在做了价格匹配的广告后，经理只有两个选择：定价为 12 美元从而（在对手也定价为 12 美元时）每天赚取 500 美元的利润，或者定价为 10 美元从而每天赚取 350 美元的利润。均衡从囚徒困境结果——每家餐馆都收取低价和赚取低利润——变成了每家餐馆都收取高价和赚取高利润这样的结果。

例如，假定达美乐和必胜客都通过广告来宣称它们将匹配任何竞争对手提供的最低价——在我们的简单例子中，它们就是彼此的竞争对手。这些广告就是它们发送给对方的打算定价为 12 美元的信号。这个信号是清楚的，因为每家餐馆都知道，如果它定价为 10 美元，那么，另一家餐馆就会自动通过也把价格降到 10 美元来实施报复。匹配价格的承诺是一个很好的执行机制，因为它保证了在任意一家餐馆没有合作而收取较低价格时竞争对手会自动通过也收取较低价格来惩罚不合作的餐馆。正如图 11.9 所示，这些餐馆改变了它们面对的支付矩阵。

在图 11.9（a）所表示的支付矩阵中，没有关于价格匹配的广告，每家餐馆在对手定价为 12 美元而自己定价为 10 美元时赚取了更多的利润。关于价格匹配的广告使支付矩阵变成了图 11.9（b）所示的那样。现在，这些餐馆的经理可以定价为 12 美元从而（在对手也定价为 12 美元时）每天赚取 500 美元的利润，或者定价为 10 美元从而每天赚取 350 美元的利润。均衡从囚徒困境结果——每家餐馆都收取低价和赚取低利润——变成了每家餐馆都收取高价和赚取高利润这样的结果。匹配竞争对手的价格这一广告看起来也许对消费者有利，但是，博弈论告诉我们，实际上，它可能通过帮助企业维持高价而损害消费者的利益。

一种形式的隐性合谋是作为价格领导的结果而发生的。在**价格领导**（price leadership）中，一家企业首先宣布一个价格变动，该行业的其他企业随后都匹配这一变动。例如，在整个 20 世纪 70 年代，通用汽车在每个车型年度（model year）初宣布一个价格变动，福特和克莱斯勒都会匹配通用汽车的价格变动。在有些行业，如航空业，有些企业试图作为价格领导者采取行动但是失败了，原因是该行业中的其他企业拒绝合作。

建立联系

航空公司在进行产能合谋以维持高价吗？

协调价格在一些行业比在另一些行业要更容易。航空业中的固定成本非常高，边际成本则很低。从芝加哥飞到纽约多载一名乘客的边际成本不过几美元：多一份餐点和少量额外的喷气燃料而已。结果，航空公司常常在最后几分钟降价以填满航班上剩余的空座位。就算是廉价机票给航空公司增加的边际收益也会超过边际成本。和其他寡头一样，如果所有航空公司都降价，行业利润就会减少。因此，航空公司持续地调整自己的价格，同时监测竞争对手的价格，对降价或者不同步提价的竞争对手实施报复。

但是，近些年航空业的兼并增加了隐性合谋的可能性。2015 年，四家大航空公司——美国航空公司、达美航空公司、美国联合航空公司和西南航空公司——的旅客运输量占到了总量的 80%。更小一些的航空公司，如捷蓝航空公司（JetBlue）、精神航空公司（Spirit Airlines）和忠实航空公司（Allegiant Air），在一些航线上参与竞争，但是许多城市之间的航线上只有前述四家大航空公司的航班。

2014 年间飞机燃料成本下降了 40%，这给航空公司节省了数十亿美元，使它们赚取了创纪录的利润。在以前高利润的时期，航空公司常常通过购买额外的飞机或增加额外的航线来扩大产能。但是，增加产能意味着可供销售的机票更多了，从而增加了为提高满座率而降价的可能性。由于企业的股价取决于其盈利能力，所以投资分析师试图预测企业未来的盈利能力。由于有些分析师预期航空公司将增加产能，因此他们预测航空公司未来的盈利能力将下降。结果，这些航空公司的股价下跌。高管不想看到他们公司的股价下跌，部分是因为他们自己的薪酬常常与股价联系在一起，也因为更低的股价意味着如果公司通过增发股票融资的话能融到的资金更少。结果，为了让分析师和投资者相信航空公司的高利润能够得以维持，所有这四家大航空公司的高管都公开宣称他们只计划适度增加产能。

这些高管只是对投资分析师的忧虑做出回应吗，还是它们在隐性合谋？如果这四家大航空公司都只适度增加产能，那么可供出售的机票数量就不会增加很多，它们要避免削价就会更容易。正如我们在第10章10.5节所讨论的，美国司法部负责执行反合谋的法律。2015年7月，司法部开始调查这些航空公司，看看这些高管关于不扩大产能的言论是否意味着非法合谋。正如一位航空业分析师所说的："如果你是司法部的律师，听到这些航空公司高管的话后你会说：'等等，这些人都在说同样的话，那不可能是自然而然发生的，不是吗?'"

这些航空公司否认它们在合谋，称它们没有通过增加新飞机而是通过给现有的飞机增加座位来缓慢扩大产能。达美航空公司的一位高管说："我们在让我们已有的飞机更有效率。无须进行基础设施的建设，我们就能运载更多的乘客。"司法部的调查将有助于确定这些航空公司是否在合谋……以及消费者是否能够期待未来有更便宜的机票。

资料来源：Christopher Drew，"Airlines under Justice Dept. Investigation over Possible Collusion"，*New York Times*，July 1，2015；Jack Nicas，Brent Kendall，and Susan Carey，"Justice Department Probes Airlines for Collusion"，*Wall Street Journal*，July 1，2015；and Susan Carey and Jack Nicas，"Airlines' New Normal：More Seats，Fewer Flights"，*Wall Street Journal*，July 2，2015.

轮到你了：做本章末与本专栏相关的问题与应用6.15、6.16和6.17，看看你理解得如何。

□ 11.6.4 卡特尔：欧佩克（OPEC）的例子

在美国，企业不能合法地会面协商收取什么价格和生产多少产量。但是，假定它们可以这么做，这足以保证它们的合谋会成功吗？欧佩克（OPEC，石油输出国组织）表明，这一问题的答案是"不"。欧佩克有12个成员国，包括沙特阿拉伯、科威特和其他阿拉伯国家，还有伊朗、委内瑞拉和尼日利亚。这些国家拥有的石油储量加在一起占到世界已探明原油储量的75%以上，尽管它们每年供应的石油占全世界石油销售量的约35%。欧佩克作为一个卡特尔在运作。所谓**卡特尔**（cartel），是指通过同意限制产量来形成合谋以提高价格和增加利润的企业团体。欧佩克的成员国定期会谈，就每个成员国生产的产量即配额达成一致。配额的意图是将石油产量降低到远低于竞争水平，以便推高石油价格和增加成员国的利润。

图11.10表示了从1972年到2015年年中的石油价格。虚线表示了每年每桶油的价格。从1972年以来，价格总体在上升，这减少了消费者用同样数量的钱买到的商品和服务的数量。通过用2015年美元的购买力来衡量石油价格，实线消除了总体价格上升的影响。该图显示，欧佩克在20世纪70年代中期和80年代早期曾经成功地提高了石油价格，尽管这段时期中东的政治动荡和其他因素对价格也有影响。1972年石油价格每桶不到3美元，但是1980年上升到了39美元以上，按照2015年美元的购买力来衡量达到了115美元以上。该图还显示，在后来的年份里欧佩克难以维持1980年的高价，尽管石油价格在2004年至2008年年中这段时期急剧上升，其中的部分原因是中国和印度对石油的需求不

断增加。在过去几年里，由于美国的石油公司采用水力压裂技术开采页岩石油从而产量大增，所以欧佩克也难于维持高油价。

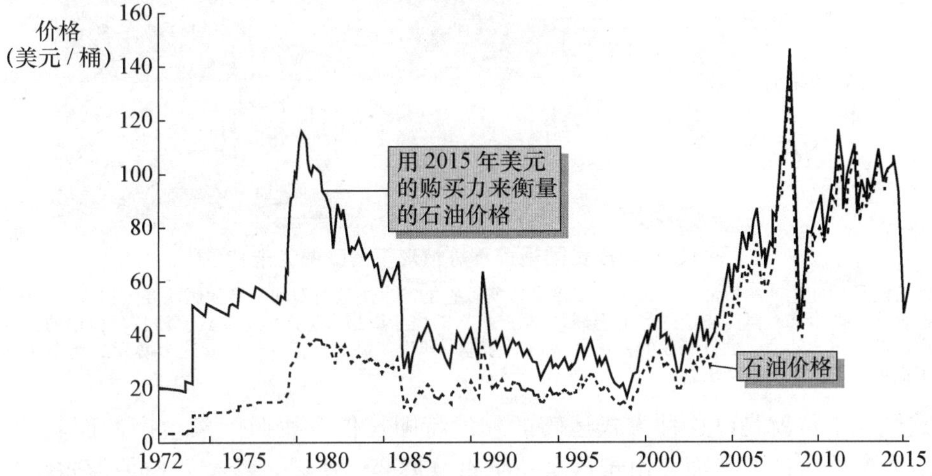

图 11.10　石油价格，1972 年至 2015 年年中

虚线表示每年每桶油的价格。实线是用 2015 年美元的购买力来衡量的石油价格。通过减少石油产量，欧佩克在 20 世纪 70 年代中期和 80 年代早期曾经很成功地提高了石油价格。但是，由于欧佩克成员国生产的产量常常超过产出配额，因此，在长期维持高价一直很困难。

资料来源：Federal Reserve Bank of St. Louis.

博弈论有助于我们理解为什么石油价格会波动。如果欧佩克的每个成员国合作，生产由配额决定的低产出水平，那么，价格就会提高，卡特尔就会获得大量利润。（即使欧佩克不能把石油价格提高到美国石油产量增加之前那么高的水平，只要所有成员国同意限制产量，它仍旧能提高世界石油价格。）可是，一旦价格被推高了，每个成员国就有激励停止合作，通过将产出增加到超过配额的水平以获得更高的利润。但是，如果没有国家坚持按照配额生产，那么，总的石油产出就会增加、利润就会下降。换句话说，欧佩克陷入了囚徒困境。

如果欧佩克的成员国生产的产量总是超过配额，那么，卡特尔对世界石油价格就没有影响。事实上，欧佩克的成员国定期会晤和指定新的配额，而新的配额至少在短期内能够使它们充分地限制产量以提高价格。两个因素解释了欧佩克为何能够偶尔成功地作为一个卡特尔来采取行动。首先，欧佩克的成员国在进行一个重复博弈。正如我们所看到的，这增加了合作结果出现的可能性。其次，沙特阿拉伯的石油储量比欧佩克的任何其他成员国都大得多。因此，它从高石油价格中获得的好处最大，合作的激励也更高。为了理解这一点，考虑如图 11.11 所示的支付矩阵。为了简化，我们假设欧佩克只有两个成员国：沙特阿拉伯和尼日利亚。在图 11.11 中，“低产出”对应于合作，即生产欧佩克指定的产出配额，“高产出”对应于以最大生产能力生产。该支付矩阵显示了每个国家每天获得的利润。

我们可以看到，沙特阿拉伯有很强的激励合作和维持它的低产出配额。通过维持低的产出，沙特阿拉伯凭一己之力就能大幅提高世界石油价格，增加自身的利润以及欧佩克其他成员国的利润。因此，沙特阿拉伯的占优战略是合作，即生产低的产出。然而，尼日利亚凭一己之力对石油价格并没有多大的影响。因此，尼日利亚的占优战略是不合作，即生产高的产出。这个博弈的均衡是沙特阿拉伯生产低产出而尼日利亚生产高产出。事

		尼日利亚：低产出	尼日利亚：高产出
沙特阿拉伯	低产出	沙特阿拉伯赚取1亿美元的利润；尼日利亚赚取1 000万美元的利润	沙特阿拉伯赚取7 500万美元的利润；尼日利亚赚取1 500万美元的利润
	高产出	沙特阿拉伯赚取8 000万美元的利润；尼日利亚赚取700万美元的利润	沙特阿拉伯赚取6 000万美元的利润；尼日利亚赚取1 000万美元的利润

图 11.11　成员国规模不等情形下的欧佩克卡特尔

由于沙特阿拉伯能生产的石油比尼日利亚多得多，所以它的产出决策对石油价格的影响要大得多。在图中，“低产出”对应于合作，即生产欧佩克指定的产出配额，“高产出”对应于以最大生产能力生产。沙特阿拉伯的占优战略是合作，即生产低的产出。然而，尼日利亚的占优战略是不合作，即生产高的产出。因此，这个博弈的均衡是沙特阿拉伯生产低产出而尼日利亚生产高产出。

实上，欧佩克常常就是以这种方式运转的。沙特阿拉伯会按照配额生产，而其他 11 个成员国以最大产能生产。然而，由于这是一个重复博弈，所以，沙特阿拉伯偶尔会生产超过配额的产量，从而故意降低石油价格，对其他成员国不合作的行为实施报复。

接第 359 页

生活中的经济学

你可以经营一家成功的餐馆吗？

在本章一开头，我们要求你思考你在家乡开一家意大利餐馆可能取得多大的成功。由于你学过了本章，你知道，如果你的餐馆取得了成功，其他人可能开设餐馆与你竞争，你的经济利润最终会消失。之所以会这样，原因在于经济利润吸引了新企业进入这个市场。你的新竞争对手会卖意大利食物，但并不会与你卖的完全相同。每家餐馆对如何最佳地吸引喜欢意大利食物的顾客都有独有的想法。除非你的食物与竞争对手的食物有很大的差别或者你的服务好得多，否则，你无法在长期收取足以让你赚取经济利润的高价。

在一个垄断竞争市场，自由进入会降低价格，导致长期的经济利润为零。除了降低价格外，竞争还通过引导企业提供多少有些不同的产品造福消费者；例如，两家意大利餐馆完全相同的可能性微乎其微。

11.7　结论

在本章，我们把讨论完全竞争时阐释的许多关于竞争的思想应用于更常见的垄断竞争市场结构。在第 9 章末，我们得出结论：“市场的竞争性力量给企业施加了无情的压力，迫使企业以最低的成本生产新的和更好的商品和服务。未能准确预期到消费者偏好的变化或者未能采用最新的和最有效的技术的企业在长期将无法生存。”这些结论对完全竞争市场中的小麦农场主和散养柴鸡蛋农场主是正确的，对快速休闲餐馆和其他垄断竞争市场中的企业也同样正确。

甚至在本章讨论的寡头中，企业在长期也难以赚取经济利润。我们已经看到，企业竭力以各种办法避免竞争的影响。例如，它们可能明确界定一个安全的细分市场，可能与竞争对手进行隐性合谋，或者可能竭力让政府设置进入壁垒。

本章结束了我们对微观经济学的研究。在余下各章，我们将分析宏观经济学中的重要议题。

访问 MyEconLab，你可以找到与本章的概念有关的一篇新闻文章和分析。

本章总结和习题

关键术语

进入壁垒	规模经济	专利	商业战略
博弈论	支付矩阵	卡特尔	垄断竞争
价格领导	合谋	纳什均衡	囚徒困境
合作均衡	非合作均衡	占优战略	寡头

11.1 垄断竞争市场中企业的需求和边际收益

总结

在垄断竞争市场中竞争的企业销售差异化产品。因此，与完全竞争市场中的企业不同，它面临着向下倾斜的需求曲线。当一家垄断竞争企业削减其产品的价格时，它卖掉的数量更多了，但是，对于本可以在更高价格卖掉的所有单位的产品，它必须接受更低的价格。结果，它的边际收益曲线向下倾斜。每家有能力影响它所出售的商品或服务的价格的企业都有着位于需求曲线下方的边际收益曲线。

复习题

1.1 完全竞争企业与垄断竞争企业之间最重要的区别是什么？对在这两种市场中销售的产品各举两个例子。

1.2 为什么本地麦当劳的牛肉汉堡包面临着向下倾斜的需求曲线？如果麦当劳把牛肉汉堡包的价格提高到其他快餐餐馆收取的汉堡包的价格之上，它会失去所有的顾客吗？

1.3 对于向下倾斜的需求曲线，为什么平均收益等于价格？为什么边际收益小于价格？

问题与应用

1.4 加利福尼亚州的纳帕谷有大约 400 家葡萄酒酿酒厂。如果其中一家酿酒厂——Jerry's Wine Emporium——的老板把他的葡萄酒价格提高到每瓶 5 美元，在以下假设下分别描述消费者的反应。

a. 该行业是完全竞争的。

b. 该行业是垄断竞争的。

1.5 普瑞来（Purell）宣布，它的洗手液中的新化学配方是如此有效以至“喷射一次普瑞来的高级洗手液能杀死的细菌有任何其他国产品牌喷射两次能杀死的那么多”。如果普瑞来成功地说服消费者相信它所宣称的，它的需求曲线的弹性会变大还是变小？请简要解释。

资料来源：http://www.purell.com/purell-advanced.aspx.

1.6 下表显示每天对滑雪课的需求，请完成下表：

每天滑雪课的数量（Q）	价格（P，美元）	总收益（$TR=P\times Q$，美元）	平均收益（$AR=TR/Q$，美元）	边际收益（$MR=\Delta TR/\Delta Q$，美元）
0	80.00			
1	75.00			
2	70.00			

续前表

每天滑雪课的数量（Q）	价格（P，美元）	总收益（$TR=P\times Q$，美元）	平均收益（$AR=TR/Q$，美元）	边际收益（$MR=\Delta TR/\Delta Q$，美元）
3	65.00			
4	60.00			
5	55.00			
6	50.00			
7	45.00			
8	40.00			

1.7 世界上有许多小麦农场，也有超过 1 800 家 Chipotle 餐馆。那么，为什么一家 Chipotle 餐馆面临的需求曲线是向下倾斜的，而一个小麦农场主面临的需求曲线是水平的？

1.8 对于在完全竞争市场中销售的企业来说，边际收益有可能为负吗？对在垄断竞争市场中销售的企业来说呢？请简要解释。

1.9 在下图中，考虑所销售的第 11 单位商品的边际收益。当该企业为了销售第 11 单位商品而将价格从 5 美元降到 4.75 美元时，图中哪个区域表示产出效应？该效应的值为多少美元？图中哪个区域表示价格效应？该效应的值为多少美元？第 11 单位的边际收益为多少？

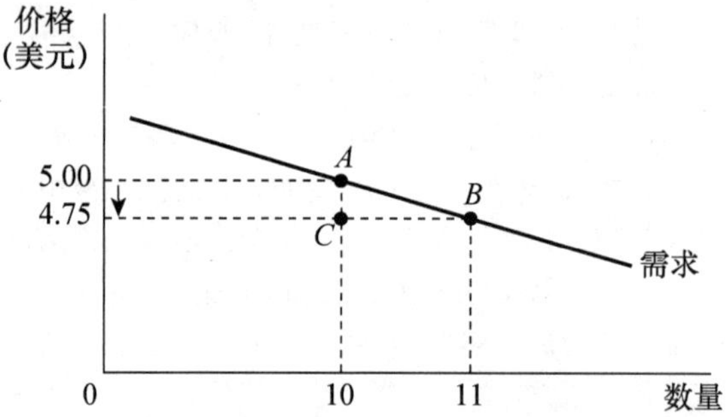

1.10 萨利（Sally）经营一个蔬菜摊位。下表显示了她卖的传统番茄的需求曲线上的两点：

价格（美元）	每周的需求量
5	100 000
3.25	200 000

a. 萨利把番茄的价格从 5 美元降到 3.25 美元的边际收益是多少？

b. 计算上述价格下降的产出效应和价格效应。

□ 11.2 垄断竞争企业在短期如何最大化利润？

总结

在垄断竞争企业的利润最大化产出水平，边际收益等于边际成本。对于完全竞争企业来说，价格等于边际收益。但是对于垄断竞争企业来说，价格大于边际收益。因此，与在 $P=MC$ 处生产的完全竞争企业不同，垄断竞争企业在 $P>MC$ 处生产。

复习题

2.1 为什么垄断竞争企业不是和完全竞争企业一样在 $P=MC$ 处生产？

2.2 斯蒂芬（Stephen）经营一家宠物沙龙。他现在每周为 125 只狗梳毛。如果他为 126 只狗梳毛的话，他的成本将增加 68.5 美元，收益将增加 60 美元。为 126 只狗而非 125 只狗梳毛对他的利润有多大的影响？

2.3 如果丹尼尔（Daniel）以 3.25 美元的单价卖 350 个巨无霸汉堡包，他生产 350 个巨无霸汉堡包的平均成本是 3 美元，那么，他的利润是多少？

问题与应用

2.4 玛利亚（Maria）管理着一个烤面包店，专门制作脆皮面包。该烤面包店的需求和成本信息如下：

每小时脆皮面包销售量（Q）	价格（P，美元）	总成本（TC，美元）
0	6.00	3.00
1	5.50	7.00
2	5.00	10.00
3	4.50	12.50
4	4.00	14.50
5	3.50	16.00
6	3.00	17.00
7	2.50	18.50
8	2.00	21.00

a. 为了最大化利润，玛利亚每小时应该卖多少块脆皮面包？她应该收取什么价格？她将获得多少利润？

b. 销售利润最大化数量的脆皮面包时，玛利亚收到的边际收益是多少？生产这一数量的脆皮面包的边际成本是多少？

2.5 ［与例题 11.2 有关］假定生产台灯的某企业的成本信息如下：

数量	平均总成本（美元）
1 000	15.00
2 000	9.75
3 000	8.25
4 000	7.50
5 000	7.75
6 000	8.50
7 000	9.75
8 000	10.50
9 000	12.00

本（Ben）和杰瑞（Jerry）是公司的经理，他们进行了下面的讨论：

> 本：我们每月应该生产 4 000 盏台灯，因为该数量将使平均成本达到最小。
>
> 杰瑞：但是我们难道不是应该最大化利润而非最小化成本吗？为了最大化利润，我们不需要考虑需求吗？
>
> 本：别担心。通过最小化平均成本，我们就最大化了利润。需求将决定我们能收取的价格有多高，但它不会影响我们的利润最大化产量。

请评价这两位经理之间的讨论。

2.6 ［与开篇案例有关］根据《纽约时报》上的一篇文章，在 2014 年，Chipotle 用于墨西哥牛肉卷饼的牛肉的成本增加了。画一幅图形说明牛肉成本的增加对 Chipotle 的牛肉卷饼的价格和销售量的影响。你的图形要包括 Chipotle 的需求、边际收益、边际成本和平均总成本曲线，并表示出曲线发生的变化。

资料来源：Stephanie Strom，"Shares Fall at Chipotle although Sales Rise"，*New York Times*，February 3，2015.

2.7 威廉·格尔马诺（William Germano）曾经担任劳格里奇出版公司的副总裁和出版总监。他曾经对出版商可能如何应对图书出版成本意料之外的增加做了如下描述：

> 常常有人问为什么出版商（在成本上升时）不简单地提高价格……可能编辑收取的价格（已经）高到了市场能够承受的最高价……换句话说，你或许愿意为一本关于布鲁克林大桥的书花 50 美元，但是，如果……生产成本上升了 25%，你或许认为 62.5 美元的价格太高了，尽管那是出版商需要收取的价格。确实，出版商可能会确定这本书能够收取的最高价就是 50 美元，即你在决定转而去租一张关于这座桥的影碟前愿意支付的最高价格。

a. 根据你在本章学到的知识，当成本增加时企业如何调整一种商品的价格？利用一幅图形说明你的答案。

b. 垄断竞争模型看起来是否符合格尔马诺的描述？如果一家出版商在生产成本增加后不提高图书的价格，结果会是什么？

c. 所出版图书的需求弹性会如何影响出版商在成本上升时提高图书价格的能力？

资料来源：William Germano，*Getting It Published：A Guide to Scholars and Anyone Else Serious about Serious Books*，2nd edition，Chicago：University of Chicago Press，2008，p. 107.

2.8 在 1916 年，福特汽车公司生产了 50 万辆 T 型车，每辆售价 440 美元。公司该年的利润为 6 000 万美元。亨利·福特告诉一个报纸记者，他准备把 T 型车的价格降到 360 美元，预计在这个价格下能卖出 80 万辆车。福特说："虽然每辆车的利润少了，但是卖掉了更多的车，也增加了就业，最终我们得到了应该赚取的总利润。"

a. 福特预计价格下降后销售 T 型车给他带来的总收益将增加还是减少？

b. 利用上面给出的信息用中点公式计算 T 型车的价格弹性。（中点公式参见第 7 章。）

c. 要使福特公司销售 80 万辆 T 型车时获得的利润等于销售 50 万辆车时的利润，生产 80 万辆 T 型车的平均总成本将会是多少？它比生产 50 万辆 T 型车时的平均总成本高还是低？

d. 假设福特公司销售 80 万辆 T 型车时获得的利润等于销售 50 万辆车时的利润。亨利·福特所说的销售 80 万辆车时每辆车的利润比销售 50 万辆车时低是否正确？

2.9 利用下面关于以利亚（Elijah）汉堡包的图形回答问题。

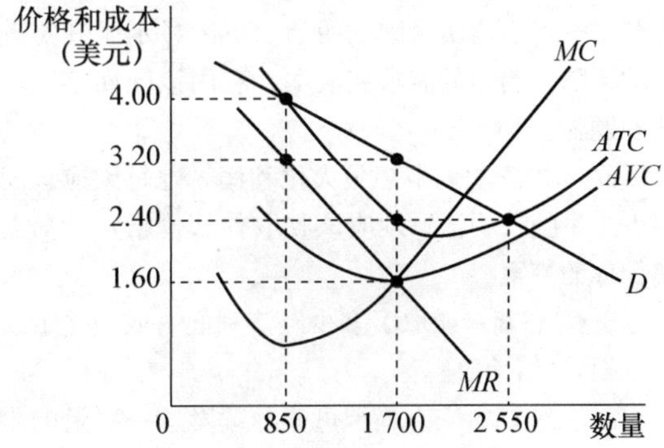

a. 如果以利亚生产利润最大化的产出水平，他的总收益和总成本是多少？请简要解释你的计算。

b. 以利亚将赚取多少经济利润？请简要解释你的计算。

□ 11.3 在长期，利润会发生什么变化？

总结

如果一家垄断竞争企业在短期正在赚取经济利润，那么，在长期，新企业的进入最终会消除那些利润。如果一家垄断竞争企业在短期正在遭受经济亏损，那么，在长期，现有企业的退出最终会消除那些亏损。当垄断竞争企业力图保持相对于那些试图复制其成功的其他企业的领先地位时，它们为了找到差异化其产品的新方法而持续地付出努力。

复习题

3.1 新企业的进入对现有企业的经济利润有什么影响？

3.2 新企业的进入为什么会引起垄断竞争市场中现有企业的需求向左移动并变得更有弹性？

3.3 零会计利润与零经济利润之间有何区别？

3.4 随着新企业进入市场，垄断竞争企业有可能继续赚取经济利润吗？

问题与应用

3.5 [与开篇案例有关] Chipotle 餐馆一直是一个很流行的快速休闲进餐的去处——比麦当劳等快餐馆有更好的食物选择，比传统的餐馆有更快的服务和更低的价格。Chipotle 平均每家餐馆的利润比麦当劳高得多。你预期十年后 Chipotle 平均每家餐馆的经济利润与现在相比会更高、更低还是差不多？请简要解释。

3.6 假定安杰莉卡（Angelica）在大学校园附近开了一家小店卖牛腩三明治。下图显示了安杰莉卡的牛腩三明治的需求和成本，利用该图回答下面的问题：

a. 如果安杰莉卡想最大化利润，她每天应该卖多少个牛腩三明治？她应该收取什么价格？请简要解释你的答案。

b. 安杰莉卡赚取了多少经济利润（或遭受了多少亏损）？请简要解释。

c. 在长期，安杰莉卡可能继续卖这一数量的牛腩三明治吗？请简要解释。

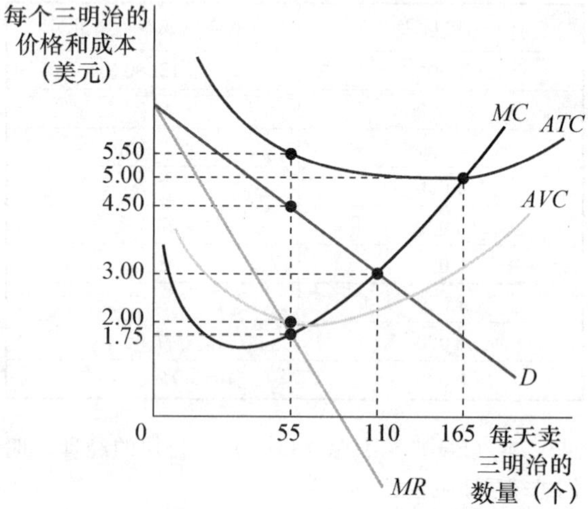

3.7 [与 11.3.1 节中的“不要犯这样的错误!”专栏有关] 一个学生说道：

> 如果垄断竞争行业中的企业正在赚取经济利润，新企业就会进入这一行业。最终，代表性企业会发现，它的需求曲线向左移动，直到需求曲线与平均成本曲线相切，此时利润为零。由于企业在该点赚取的利润为零，有些企业将离开这一行业，代表性企业会发现它的需求曲线将向右移动。在长期均衡处，价格将高于平均总成本，高出的水平使每家企业正好收支相抵。

请简要解释你是否同意这一分析。

3.8 来自亚马逊和其他网上书商的竞争导致一些实体书店遭受了亏损。根据《纽约时报》上的一篇文章，在过去 15 年里，纽约市曼哈顿行政区的书店数量减少了 30%。画一幅图形说明许多竞争者从这个行业退出对一家余下书店的影响。你的图形要包括这家书店的需求曲线、边际收益曲线、边际成本曲线和平均总成本曲线以及这些曲线的任何移动。还应该显示代表该书店的经济利润（或亏损）的区域的变化。对你做的假设需要做出解释。

资料来源：Julie Bosman, “Literary City, Bookstore Desert”, *New York Times*, March 25, 2014.

3.9 [与 11.3.1 节中的“建立联系”专栏有关]《纽约时报》上的一篇文章把 Chipotle 描述成“代表千禧一代口味的连锁餐馆”，将 Chipotle 成功的源泉列举为该餐馆允许“它们的顾客按需定制膳食并且仍然能快速准备好……迎合消费者在定制、快速和要求原料来源符合动物福利、有机和其他标准等方面的口味”。这些属性可能确保 Chipotle 在长期赚取经济利润吗？请简要解释。

资料来源：Stephanie Strom，"Chipotle Posts Another Quarter of Billion-Dollar Sales"，*New York Times*，April 21，2015.

3.10 ［与例题 11.3 有关］2015 年，高盛投资银行的分析师对 Buffalo Wild Wings 接下来几年的利润增加持乐观态度。他们列举了两个有利于该连锁餐馆的盈利能力的因素：该连锁餐馆"更大的定价势力使得它能够轻易地变更菜单以利用消费者偏好的变化"和"该连锁餐馆成长为午餐去处的机会"。

a. 这些分析师所说的"该连锁餐馆更大的定价势力"是指什么？Buffalo Wild Wings 在长期有可能维持这一更大的定价势力吗？请简要解释。

b. 为什么在午餐时间做额外的生意有可能增加 Buffalo Wild Wings 赚取的利润？额外的午餐生意会导致该连锁餐馆在长期赚取经济利润吗？请简要解释。

资料来源：Kathleen Burke，"Goldman Upbeat on Casual Dining amid Changing Consumer Tastes"，marketwatch.com，July 1，2015.

3.11 迈克尔·科达（Michael Korda）曾经担任西蒙与舒斯特图书出版公司的主编很多年。他写了很多书评，对许多因承诺给读者提供让读者变富裕的财务建议（如通过买卖房地产）而畅销的图书进行评论。科达对这些书中的建议的有用性持怀疑态度，原因是"我从未见过因为买了一本书而变富裕的人，倒是有很多人通过写书致富了"。根据本章的分析，讨论为什么按照一本书中的建议行事非常难致富。

资料来源：Michael Korda，*Making the List：A Cultural History of the American Bestseller，1900—1999*，New York：Barnes & Noble Books，2001，p. 168.

3.12 《华尔街日报》报道，西欧啤酒企业喜力（Heineken）、嘉士伯（Carlsberg）和百威英博（Anheuser-Busch InBev）在增加非酒精啤酒的生产和营销。该文援引嘉士伯的新产品开发总监的话说：

> 非酒精啤酒对大啤酒企业来说在很大程度上是一个尚未开发的机会。当你看到西欧整体的啤酒市场下滑时，生产非酒精啤酒是很自然的一个行动。因此，毫无疑问，我们在争夺市场份额。

该文进一步写道："啤酒企业希望利用健康意识"，而且"酿酒技术近来的进展正在帮助改善非酒精啤酒的味道"。

a. 在什么意义上，非酒精啤酒对大啤酒企业是一个"尚未开发的机会"？

b. 啤酒企业是在对消费者的欲望做出反应还是在剥削消费者？请简要解释。

c. 提高了非酒精啤酒的味道的"酿酒技术近来的进展"将如何影响非酒精啤酒市场？

资料来源：Ilan Brat，"Taking the Buzz out of the Beer"，*Wall Street Journal*，August 30，2011.

□ 11.4 比较垄断竞争和完全竞争

总结

完全竞争企业在价格等于边际成本处生产，且平均总成本达到了最低。完全竞争企业既实现了配置效率，又实现了生产效率。垄断竞争企业在价格大于边际成本处生产，且平均总成本高于其最小值。垄断竞争企业既没有实现配置效率，也没有实现生产效率。消费者在购买垄断竞争企业的产品时面临着权衡：他们所付出的价格高于边际成本，产品没有在最小平均成本处生产，但是，他们因能够购买差异化的并且与他们的偏好更为接近的产品而获益。

复习题

4.1 完全竞争企业的长期均衡与垄断竞争企业的长期均衡有何区别？

4.2 为什么垄断竞争企业缺乏生产效率？在什么意义上垄断竞争企业具有过剩生产能力？

4.3 为什么垄断竞争企业缺乏配置效率？

4.4 垄断竞争市场既没有实现配置效率，也没有实现生产效率，这一事实意味着这些市场对社会造成了重大福利损失吗？在你的答案中，明确定义你所指的"经济福利"是什么意思。

问题与应用

4.5 一个学生做出了如下评论：

> 我能理解为什么完全竞争企业在长期没有赚取利润，原因是它收取的价格等于边际成本。但是，垄断竞争企业可以收取超过边际成本的价格，那么，为什么它在长期不能赚取利润呢？

你会如何回答这个问题？

4.6 考虑下页图，回答以下问题。

a. 可能判断这家企业是一家完全竞争企业还是垄断竞争企业吗？如果能，解释你是如何判断的。

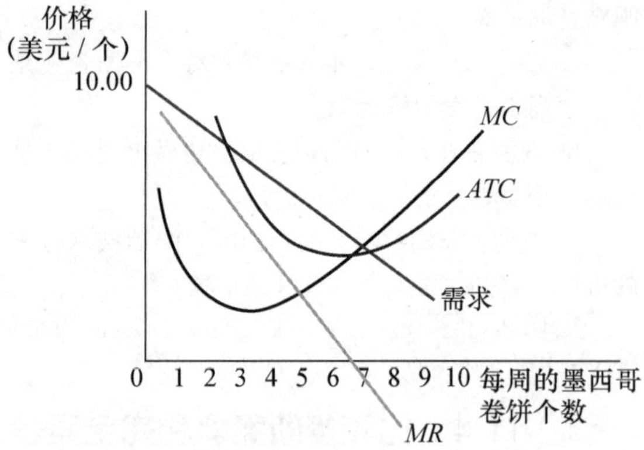

b. 该图表示的是短期均衡还是长期均衡？请简要解释。

c. 如果该企业是完全竞争企业，图上的哪个数量代表了长期均衡？

4.7 ［与 11.4.3 节中的“建立联系”专栏有关］一位食品行业分析师在描述 Crumbs Bakery 发生了什么事情时，他指出了 Sprinkles 和 Georgetown Cupcake 等竞争者的进入。他下结论说：“竞争达到了这样的程度：有太多纸杯蛋糕，但想消费和消费得起的人又不够。”

a. 请简要解释该分析师说的“有太多纸杯蛋糕，但想消费和消费得起的人又不够”是什么意思？

b. Crumbs 的创始人鲍尔夫妇可能预期到这个结果了吗？如果他们预期到了，他们还可能创办这家公司吗？请简要解释。

资料来源：Sydney Ember，“As the Cupcake Declines，Crumbs Shuts Its Doors”，*New York Times*，July 8，2014.

4.8 考虑下图：

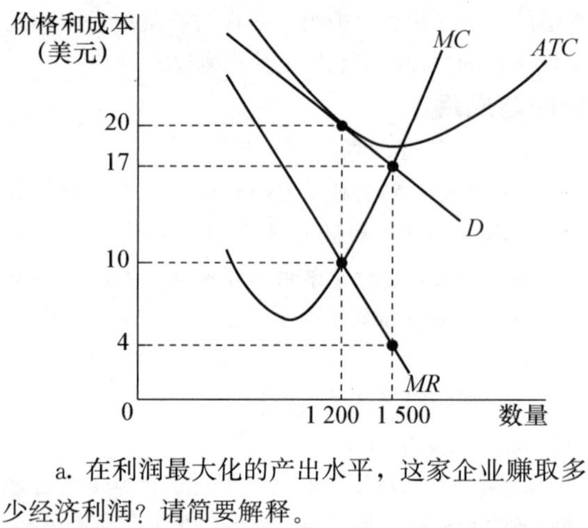

a. 在利润最大化的产出水平，这家企业赚取多少经济利润？请简要解释。

b. 这家企业实现了配置效率吗？实现了生产效率吗？请简要解释。

4.9 近些年消费者越来越不愿意购买含谷蛋白或脂肪和盐含量高的包装食品和含糖的软饮料。通用磨坊（General Mills）、家乐氏（Kellogg）和可口可乐（Coca-Cola）对此做出的应对是改良它们的许多产品，例如，使它们的产品变成不含谷蛋白的和消除或减少盐、糖、人工香料和色素。通用磨坊的 CEO 肯·鲍威尔（Ken Powell）解释说：“我们的消费者的食品价值观不断变化这一现实对我们所做的事情至关重要。”垄断竞争企业没有实现生产效率和配置效率，但是，经济学家认为，当这些企业为吸引消费者而差异化其产品时，消费者得到了好处。请简要解释通用磨坊和其他食品和饮料公司采取的行动如何能使消费者受益。

资料来源：Chelsey Dulaney and Julie Jargon，“Changing Consumer Tastes Continue to Weigh on General Mills”，*Wall Street Journal*，July 1，2015.

□ 11.5 寡头和进入壁垒

总结

寡头是少数相互依存的企业相互竞争这样的市场结构。进入壁垒阻止新企业进入一个行业。三种最重要的进入壁垒有规模经济、关键投入的所有权以及政府设置的壁垒。规模经济是最重要的进入壁垒。当企业的长期平均成本随产量增加而下降时，就存在规模经济。政府设置的进入壁垒包括专利、许可要求以及国际贸易壁垒。专利赋予了企业从专利申请在政府归档日起 20 年内对一种新产品的排他性权利。

复习题

5.1 什么是寡头？举三个美国寡头行业的例子。

5.2 商业作家尼克·舒尔茨（Nick Schultz）在他的一篇书评中引用了关于高速互联网接入市场的如下一段话：“有两个很大的垄断子市场——一个是无线传输，一个是有线传输。两者都被两家或三家大公司主导。”舒尔茨对这段话评论道：“根据定义，这么说完全是胡说。”请简要解释他的批判。

资料来源：Nick Schulz，“The Joys of Oligopoly”，*Wall Street Journal*，January 10，2013.

5.3 进入壁垒与一个行业的竞争程度有什么关系？有些行业，如流媒体音乐行业，被少数几家企业主导，最重要的原因是什么？

5.4 举一个政府设置的进入壁垒的例子。为什么政府愿意设置行业进入壁垒？

问题与应用

5.5 迈克尔·波特（Michael Porter）认为：“一个行业中竞争的激烈强度既非偶然也非坏运气。相反，行业中的竞争植根于它的基础经济结构。”波特所说的“经济结构”是指什么？除了经济结构以外，预计还有哪些因素决定一个行业的竞争强度？

资料来源：Michael Porter，*Competitive Strategy：Techniques for Analyzing Industries and Competitors*，New York：The Free Press，1980，p. 3.

5.6 《华尔街日报》上的一篇文章指出，谷歌正在计划进入提供无线数据服务的市场。根据该文章，“谷歌说它无意取代那些大的运营商，Verizon和AT&T的巨大规模意味着它们无法轻易被挤出市场。”

a. 谷歌无意“取代”那些大的无线运营商是什么意思？

b. Verizon和AT&T的巨大规模与谷歌或其他进入者取代它们存在的困难有什么关系？

资料来源：Drew Fitzgerald，“Google Wants to Make Wireless Airwaves Less Exclusive，Cheaper”，*Wall Street Journal*，March 3，2015.

5.7 已故的托马斯·麦格劳（Thomas McCraw）在任哈佛大学商学院教授时写道：“在美国历史上，企业家一直在努力有时甚至竭尽全力想在小规模经营中做出大生意。但一直没有成功。”企业家希望从做出“大生意”中获得什么优势？为什么企业家未能用“小规模经营”做出大生意？用一幅表示长期平均成本的图形说明你的答案。

资料来源：Thomas K. McCraw，ed.，*Creating Modern Capitalism*，Cambridge，MA：Harvard University Press，1997，p. 323.

5.8 下图画出了两家汽车制造企业的平均成本曲线，这两家汽车制造企业分别被称为小汽车企业和大汽车企业。在以下哪种条件下你预计会看到市场由小汽车企业这样的企业组成？在哪种条件下你预计会看到大汽车企业这样的企业在市场中占主导地位？

a. 市场需求曲线与横轴的交点的产量低于1 000单位时。

b. 市场需求曲线与横轴的交点的产量高于1 000单位但低于10 000单位时。

c. 市场需求曲线与横轴的交点的产量高于10 000单位时。

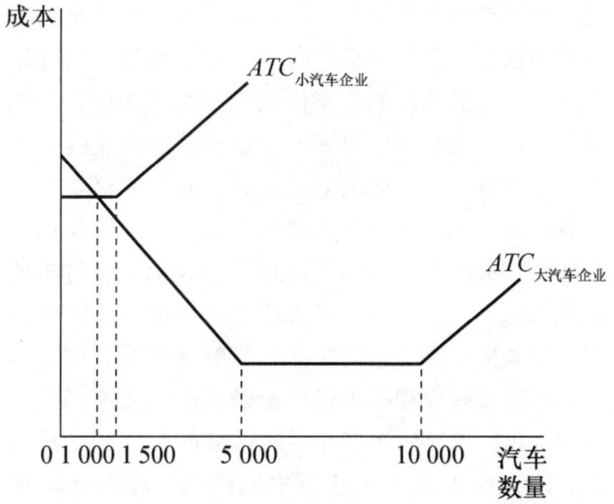

5.9 曾在哈佛大学商学院任教的艾尔弗雷德·钱德勒（Alfred Chandler）教授曾经评论道：“想象一下如果由三个工厂生产全世界约1/4的鞋子、纺织品或木材会产生多大的规模不经济，即单位成本的大幅增加！”鞋、纺织品和木材行业是很有竞争性的，每种产品都有许多企业生产。请简要解释钱德勒的评论如何有助于解释这些行业是竞争性的。

资料来源：Alfred D. Chandler，Jr.，“The Emergence of Managerial Capitalism”，in Alfred D. Chandler，Jr.，and Richard S. Tedlow，*The Coming of Managerial Capitalism*，New York：Irwin，1985，p. 406.

5.10 ［与11.5.1节中的“建立联系”专栏有关］北卡罗来纳州牙科管理局过去一直要求只有获得许可的牙医才被允许提供洗牙服务。该管理局对那些也提供洗牙服务的美发沙龙和水疗中心提起了诉讼，称只有经过许可的牙医所受的训练才能确保消费者在洗牙过程中不会受伤。2015年，美国最高法院裁决，某联邦政府机构有权阻止该管理局禁止非牙医提供洗牙服务。根据一则新闻报道，该联邦政府机构认为，“该牙科管理局的动机是为获得财务私利而非对健康的关注。”

a. 预测最高法院的裁决对北卡罗来纳州洗牙服务的价格和数量的影响。

b. 我们可以肯定这一裁决的结果是增加该州洗牙服务消费者的福利吗？请简要解释。

资料来源：Brent Kendall，“Supreme Court Affirms FTC Antitrust Authority over Licensing Boards”，*Wall Street Journal*，February 25，2015.

□ 11.6 博弈论和寡头

总结

由于寡头市场结构中只有几家企业，那些企业之间的互动特别重要。博弈论是对人们在满足如下特征的状况下如何决策的研究：人们实现其目标取决于他们与其他人的相互作用。在经济学中，博弈论是指对企业利润取决于该企业与其他企业的相互作用这种行业中企业决策的研究。商业战略是指一家企业为实现一个目标（如利润最大化）所采取的行动。寡头博弈可以用支付矩阵来表示，支付矩阵是表示每家企业从各企业战略的每个组合中得到的支付的表格。寡头中的一个可能的结果是合谋，即企业间达成收取相同价格或者以其他方式不相互竞争的协议。卡特尔是指企业间达成的收取相同价格或者以其他方式不相互竞争的协议。在合作均衡中，企业相互合作以增加它们相互的回报。在非合作均衡中，企业不合作而是追求它们自己的利益。占优战略是指这样的战略：无论其他企业采用何种战略，这样的战略对某企业都是最好的。纳什均衡是指给定其他企业选择的战略，每家企业都选择了最好的战略这样一种状况。每个人都采取占优战略导致不合作，而这种不合作会使每个人的境况都变差的局势被称为囚徒困境。由于许多商业情景都是重复博弈，企业最终可能进行隐性合谋以维持高的价格。在价格领导中，一家企业首先宣布一个价格变动，该行业的其他企业随后都匹配这一变动。

复习题

6.1 简单定义以下概念：博弈论，合作均衡，非合作均衡，占优战略，纳什均衡，价格领导。

6.2 为什么经济学家把分析寡头的方法论称为博弈论？

6.3 显性合谋与隐性合谋之间有什么区别？各举一个例子。

6.4 什么是囚徒困境博弈？该博弈的结果在重复博弈中会不同吗？请简要解释。

问题与应用

6.5 鲍勃（Bob）和汤姆（Tom）是两名因入室盗窃被拘捕的罪犯。警察将他们两人关在不同的审讯室里分别审问。他们跟鲍勃说，如果他认罪并指证汤姆就可以将他释放，如果他保持沉默而汤姆认罪了那他就要被判刑 15 年，如果两人都认罪了则每人被判刑 10 年。警察也跟汤姆说了同样的话。假设鲍勃和汤姆知道，如果两个人都保持沉默，那么，警察掌握的证据只够给他们定更轻的罪，他们都将被判刑 3 年。

a. 利用所提供的信息写出两人的支付矩阵。

b. 鲍勃有占优战略吗？如果有，是什么？

c. 汤姆有占优战略吗？如果有，是什么？

d. 鲍勃和汤姆会被判刑多少年？他们可能如何避免这一结果？

6.6 解释合谋如何使企业的境况变好。给定合谋的激励，请简要解释为什么不是每个行业都会形成卡特尔。

6.7 根据“提前录取”的大学招生计划的规定，学生在秋季申请一所大学，如果被录取了，则必须去该大学就读。这一招生计划的一些批评家——包括一些大学校长在内——认为，提前录取计划给学生的压力太大，迫使他们在高二就要决定去哪所大学就读。有些大学的管理者提议废除提前录取计划。但是，正如《纽约时报》上的一篇文章的标题所说的，“申请人继续涌向提前录取计划”。如果许多大学的管理者都认为提前录取计划应该被废除，那么为什么他们的大学继续使用这样的招生计划呢？博弈论有助于分析这种局面吗？

资料来源：Jacques Steinberg and Tanya Abrams，“Applicants Continue to Flock to Early Admission Programs”，*New York Times*，December 20，2012.

6.8 约翰·霍普金斯大学的一位教授在给学生期末成绩时几年来一直采用如下评分方案：分数最高者拿到 A，其余同学的成绩等级基于他们的分数是最高分的百分之多少。2012 年秋季学期，这个班的学生想出了抵制期末考试的点子。他们站在教室外面的走廊上，但不进考场。等了一段时间后，这位教授取消了考试，并按照他的评分方案给了所有人 A。《纽约时报》上一篇关于这个事件的文章评论道：“这是一个有趣的博弈结果，它不是经济学家会预测到的结果。”你同意“博弈论表明这些学生的战略不大可能起作用”这一评论吗？请简要解释。

资料来源：Catherine Rampell，“Gaming the System”，*New York Times*，February 14，2013.

6.9 一个学生说道：“囚徒困境博弈是不现实的。每个参与人的战略都基于另一个参与人不会合作这一假设。但是，如果每个参与人都假设另一个参与人会合作，那么，‘困境’就消失了。”请简要解释你是否同意这一说法。

6.10 ［与例题 11.6 有关］UPS 和 FedEx 在年终的假日季收到的包裹激增，它们配送起来都很费劲。根据《华尔街日报》上的一篇文章，在 2014 年，两家企业都考虑对圣诞节前一周时间里的包裹配送向亚马逊等企业加收10%的费用。提高价格可能会增加两家企业的利润。但是，事实上，没有哪家企业在2014年的假日季提高了价格。使用支付矩阵说明为什么两家企业都选择了不提高价格。假设这两家企业是包裹配送市场上的双头，它们面临的选择是"提高价格"和"不提高价格"。

资料来源：Laura Stevens and Ben Fox Rubin, "UPS Cuts Earnings View, Citing Holiday Challenges", *Wall Street Journal*, January 17, 2014; and Laura Stevens, "UPS, FedEx Got Back on Time This Holiday", *Wall Street Journal*, December 29, 2014.

6.11 [与例题11.6有关] 可口可乐和百事可乐都大量地做广告。但是，如果它们不这么做，境况是否会更好呢？它们的广告通常不是用于向消费者传达关于产品的新信息，而是为了抢夺对方的顾客。利用以下虚构信息构建一个支付矩阵：

- 如果两家企业都不做广告，那么，可口可乐和百事可乐每年都赚取7.5亿美元的利润。
- 如果两家企业都做广告，那么，可口可乐和百事可乐每年都赚取5亿美元的利润。
- 如果可口可乐做广告而百事可乐不做广告，那么，可口可乐和百事可乐每年的利润分别为9亿美元和4亿美元。
- 如果百事可乐做广告而可口可乐不做广告，那么，百事可乐和可口可乐每年的利润分别为9亿美元和4亿美元。

a. 如果可口可乐要最大化利润，它会做广告吗？请简要解释。

b. 如果百事可乐要最大化利润，它会做广告吗？请简要解释。

c. 这一广告博弈存在纳什均衡吗？如果存在，纳什均衡是什么？

6.12 一个经济学家说，关于一些行业中的广告，"做广告的企业的所得就是同行业中竞争对手的损失"。请简要解释该经济学家的推理。如果他的推理是正确的，那么，为什么这些行业中的企业做广告呢？

资料来源：Craig L. Garthwaite, "Demand Spillovers, Combative Advertising, and Celebrity Endorsements", *American Economic Journal: Applied Economics*, Vol. 6, No. 2, April 2014, p. 76.

6.13 第一次世界大战始于1914年8月，西线很快陷入了阵地战。在比利时和法国北部，趴在堑壕里的英法军队与几百码以外的德国军队对峙。两军反复交战，直到一件非同寻常的、被史学家称为"圣诞节休战"的事件发生。在平安夜，沿着西线的几个军事防御区，英国军队和德国军队停止交火，最终爬出堑壕来到两军阵地之间的防御区共唱圣诞之歌并交换小礼物。这场休战在西线的大多数地方持续到了圣诞节晚上，尽管后来又重新开战并且在一些地方一直持续到新年夜。大多数军事将领对这场休战不满意——他们希望军队在圣诞节继续作战，后来，他们常常使用在西线一带轮换部队的做法以便同一批英国和德国军队对峙的时间相对较短。博弈论有助于解释为什么将领们的战略成功地减少了未来未经批准的休战吗？

资料来源：Robert M. Sapolsky, "The Spirit of the 1914 Christmas Truce", *Wall Street Journal*, December 19, 2014.

6.14 在2014年，沃尔玛决定采用这么一项新政策：它的商店将匹配亚马逊等大型电商收取的较低价格。例如，如果它的4K电视机售价为899美元而亚马逊的售价为799美元，那么，沃尔玛将匹配亚马逊的价格。一位经济学家评论说，这一新政策更有可能的结果是提高而不是降低沃尔玛和亚马逊收取的价格。请简要解释这位经济学家的推理。

资料来源：Shelly Banjo, "Wal-Mart Weighs Matching Online Prices", *Wall Street Journal*, October 30, 2014.

6.15 [与11.6.3节中的"建立联系"专栏有关] 在2015年，美国司法部调查本专栏提到的那四家美国大航空公司是否为了避免削价而通过限制产能增加来达成合谋。一位航空行业分析师对这一调查评论说："我感觉这些公司的高管们不会相互交谈。说实话，他们实际上相互憎恨。但是，在只有这么少的航空公司的情况下，几乎存在自然寡头。"

a. 这位分析师所说的"自然寡头"是什么意思？

b. 这些航空公司高管有必要通过相互交谈才能合谋吗？请简要解释。

资料来源：Christopher Drew, "Airlines under Justice Dept. Investigation over Possible Collusion", *New York Times*, July 1, 2015.

6.16 [与11.6.3节中的"建立联系"专栏有关] 航空公司有时候发现它们置身于价格战中。考虑如下博弈（见下页图）：达美航空公司和美国联合航空公司是仅有的在休斯敦—奥马哈航线飞行的两家航空公司。每家企业有两个战略：收取高价和收取低价。

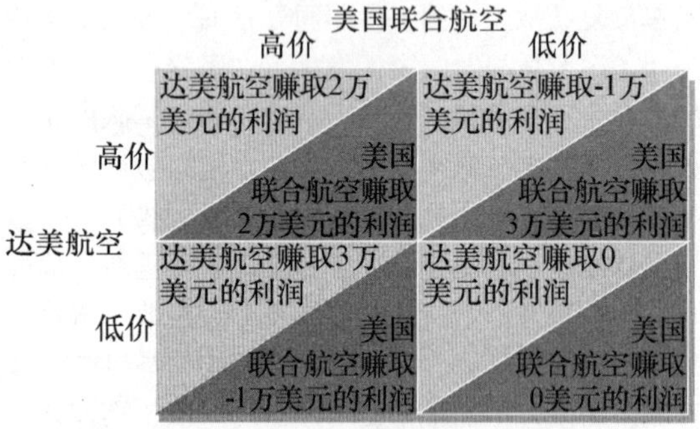

a. 每家企业的占优战略是什么（如果有的话）？

b. 这个博弈是一个囚徒困境吗？

c. 这个博弈重复进行会如何改变每家企业使用的战略？

6.17 ［与 11.6.3 节中的“建立联系”专栏有关］多年来，航空公司在新票价生效的几天前会在电脑订票系统中发布拟实施的票价变动。最终，联邦政府采取行动终结了这种做法。现在，航空公司只能在订票系统中发布那些立即可供购买的机票价格。为什么联邦政府反对在票价生效之前发布价格的老做法？

资料来源：Scott McCartney，“Airfare Wars Show Why Deals Arrive and Depart”，*Wall Street Journal*，March 19，2002.

6.18 找到占优战略常常是一种分析博弈的很有效的方法。考虑如下博弈（见下图）：微软公司和苹果公司是操作系统市场中的两家企业。每家企业有两种战略：收取高价和收取低价。

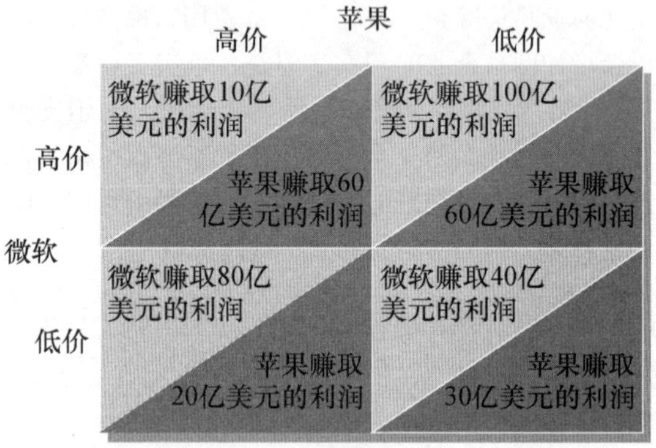

a. 每家企业的占优战略是什么（如果有的话）？

b. 这个博弈有纳什均衡吗？请简要解释。

6.19 假定有四家大的卫生纸制造企业。最大的一家宣布，由于纸的成本提高，它将提价 15%。三天内，另三家大的卫生纸制造企业也宣布了类似的提价。这一提价决策是这四家公司显性合谋的证据吗？请简要解释。

6.20 百威英博是生产百威啤酒的比利时公司，这种啤酒在美国啤酒行业有很大的市场份额。根据《纽约时报》上的一篇文章，“百威英博向其竞争对手示意，如果它们降低价格，那么它将开启一场恶性零售大战。”

a. 该文所说的“零售大战”是指什么？

b. 为什么百威英博威胁开启零售大战？

资料来源：Adam Davidson，“Are We in Danger of a Beer Monopoly”，*New York Times*，February 26，2013.

第5篇

宏观经济学基础

第 12 章

GDP：衡量总产出与总收入

本章概览和学习目标

12.1　国内生产总值衡量了总产出
解释总产出如何衡量。

12.2　GDP 衡量了我们想用它衡量的东西吗？
讨论 GDP 是不是一个衡量福利的好指标。

12.3　实际 GDP 与名义 GDP
讨论实际 GDP 与名义 GDP 之间的不同。

12.4　总产出与总收入的其他衡量指标
理解总产出与总收入的其他衡量指标。

开篇案例

福特汽车公司依赖经济周期

在福特汽车公司创立以来的 100 多年中，它的经历常常反映了美国经济的经历。所以，毫不奇怪，在 2008 年春，当美国经济遭受着自 20 世纪 30 年代以来最严重的下滑时，福特汽车公司的轿车和卡车的销售也迅速减少。总体上，整个汽车行业的新车销售量从 2007 年的 1 610 万辆大幅下降到了 2009 年的 1 040 万辆。尽管福特汽车公司遭到了重创，但是，它在美国的两大竞争对手——通用汽车公司和克莱斯勒公司——的情况更糟，双双宣布破产。这两家公司继续得以生存的主要原因是联邦政府向这两家公司注资了超过 620 亿美元。虽然福特汽车公司遭受了惨重的损失，但是它并没有要求政府直接救助。

2015 年，经济从下滑中复苏好几年了，福特汽车公司的销售量比 2009 年的低点上升了 1/3 以上。这些销售量波动表明，福特汽车公司和整个汽车行业都经受着经济周期的影响。经济周期是指经济扩张和经济衰退的时期相互交错出现；生产与就业在经济扩张时期上升，在经济衰退时期下降。

经济活动的总体水平是否增长，无论对于福特这样的公司，还是对于想知道自己能否保住工作的工人，以及对于想知道毕业时能否找到工作的大学生而言，都非常重要。一项研究表明：在从 2007—2009 年衰退中缓慢复苏的时期，在 2010 年春季毕业的学生中，一年后只有 56% 找到了工作。找到工作的毕业生的平均工资是 2.7 万美元，低于 2006—2008 年毕业生的平均工资（3 万美元）。而且，在衰退期间毕业的学生的较低工资将持续 15 年之久。显而易见，经济的总体状况非常重要！

资料来源：汽车销售量数据来自美国经济分析局和福特汽车公司；Catherine Rampell，“Many with New College Degrees Find the Job Market Humbling”，*New York Times*，May 18，2011；and Lisa B. Kahn，“The Long-Term Labor Market Consequences of Graduating from College in a Bad Economy”，*Labour Economics*，Vol. 17，No. 2，April 2010，pp. 303-316。

生活中的经济学

在哪个国家工作对你最有利？

假定福特汽车公司在你 2016 年毕业后为你提供了一份工作。这家公司在加拿大和中国都有职位空缺。因为你可以流利地讲英语和汉语普通话，你可以选择在其中一个国家工作和生活。由于国内生产总值（GDP）衡量了一个经济体生产的商品和服务的总产出，所以这两个国家 GDP 的增长率是你做决策时需要考虑的因素之一。根据国际货币基金组织对 2016 年的预测，加拿大的 GDP 将增长 2.4%，而中国的 GDP 将增长 6.8%。这两个截然不同的增长率对你选择到哪个国家去工作和生活会有什么影响？如果中国高得多的增长率并不必然导致你选择在中国工作与生活，那是什么原因？在阅读本章的过程中，试着回答这些问题。对照我们在本章末提供的答案，你可以检验你的答案。

正如我们在第 1 章所看到的，我们可以将经济学分成微观经济学和宏观经济学两个领域。**微观经济学**（Microeconomics）研究家庭和企业如何做出选择、它们在市场中如何相互作用以及政府如何试图影响它们的选择。

宏观经济学（Macroeconomics）是把经济视为一个整体而进行的研究，包括通货膨胀、失业和经济增长等主题。在微观经济分析中，经济学家一般研究单个市场，例如智能手机市场。在宏观经济分析中，经济学家研究同时影响多个市场的因素。

在以下各章，我们将讨论许多重要的宏观经济学议题，包括：

- 经济周期。**经济周期**（business cycle）是指经济扩张和经济衰退的时期相互交错出现，正如美国经济 19 世纪早期以来所经历的那样。**扩张**（expansion）是指经济周期中总生产和总就业都增加的时期。**衰退**（recession）是指经济周期中总生产和总就业都减少的时期。我们将讨论影响经济周期的因素以及政府为了减少经济周期的影响可以采用的政策。
- 经济增长。**经济增长**（economic growth）指的是经济增加商品和服务的生产的能力。经济增长非常重要，其原因是增长得太慢的经济不能提高人们的生活水平。在非洲的一些国家，在过去 50 年中经济增长得很慢，很多人依然高度贫困。宏观经济学既分析一个国家经济增长率的决定因素，也分析增长率在不同国家迥异的原因。
- 经济体中就业总水平的波动。在短期，就业水平受到经济周期的显著影响；但是，在长期，经济周期的影响消失了，其他因素决定了就业水平。一个与此相关的问题是：随着时间的推移，为什么一些经济体在保持高的就业水平上比另一些经济体更为成功?
- 通货膨胀率的波动。**通货膨胀率**（inflation rate）是指平均价格水平从一年到下一年的百分比增加。和就业一样，通货膨胀既受经济周期的影响，也受其他长期因素的影响。
- 以国际金融和国际贸易为表现形式的不同经济体之间的联系。

宏观经济分析提供了消费者和企业为理解当前经济状况和预测未来经济状况所需要的信息。一个家庭在经济体中的就业减少时也许不愿意买房子，原因是有些家庭成员可能面临着失业的风险。类似地，企业可能只有在预计未来的销售量强劲时才愿意投资建造新的工厂或者在信息技术上花费大笔资金。例如，2015 年，福特汽车公司在中国开办了两个新工厂并且宣布将耗资超过 10 亿美元扩大一个现有工厂的规模。福特汽车公司这么做的依据是，宏观经济预测表明中国经济将继续快速增长和该国的汽车销量将从 2014 年的 2 400 万辆增加到 2020 年的 3 200 万辆。宏观经济分析也可以帮助联邦政府制定有助于提高美国经济运行效率的政策。

在本章和第 13 章，我们通过思考怎样最优地衡量重要的宏观经济变量来开始我们对宏观经济学的学习。我们先来思考经济体中总产出和总收入的衡量指标。

12.1 国内生产总值衡量了总产出

《美国 GDP 一季度转向萎缩》;

《加拿大 4 月发布的 GDP 意外下降》；

《巴西 GDP 一季度缩水》；

《关于印度的 GDP 增长，你需要知道的 5 件事情》；

《中国二季度维持 7%的 GDP 增速》。

这些大字标题来自 2015 年《华尔街日报》的文章。为什么 GDP 如此频繁地成为新闻的焦点？本节我们将探究什么是 GDP 及其衡量方法。我们还将探究为什么理解 GDP 对于消费者、企业、政府政策制定者而言很重要。

□ 12.1.1 总产出的衡量：国内生产总值

经济学家用**国内生产总值**（gross domestic product，GDP）来衡量总产出。GDP 是一国在一段时期内（通常为 1 年）生产的所有最终商品和服务的市场价值。在美国，商务部下属的经济分析局（Bureau of Economic Analysis，BEA）搜集计算 GDP 所需的数据。BEA 每三个月发布一次 GDP 报告。GDP 是宏观经济学的中心概念之一，所以我们要仔细思考它的定义。

GDP 用市场价值而不是数量来衡量。价值这个词在 GDP 的定义中非常重要。在微观经济学中，我们用数量来衡量产出：福特汽车公司生产的汽车的数量，美国农民种植的小麦的吨数，Chipotle 销售的墨西哥卷饼数。当衡量经济体的总产出时，我们不能仅仅将每种商品和服务的数量直接加总（也就是说将小麦的吨数、牛奶的加仑数、墨西哥卷饼数等直接相加），因为这样的结果杂乱而无意义。相反，我们用所有生产出来的商品和服务以货币表示的价值来衡量产出。

GDP 只包含最终商品的市场价值。在衡量 GDP 时，我们只包括最终商品和服务的价值。**最终商品或服务**（final good or service）是指由最终使用者购买的、不包括在任何其他商品或服务的生产中的商品或服务。消费者购买的汉堡包、企业购买的电脑等就是最终商品。与此相对，**中间商品和服务**（intermediate goods and services）成为其他商品或服务的一部分。例如，福特汽车公司不为自己的轿车和卡车生产轮胎，而是从固特异公司（Goodyear）和米其林公司（Michelin）等轮胎生产商处购买。这些轮胎就是中间商品，而福特卡车就是最终商品。在计算 GDP 的过程中，我们把福特卡车的价值包括在内，但不包括轮胎的价值。如果我们计入了轮胎的价值，就出现了重复计算：轮胎的价值在其被轮胎生产商卖给福特汽车公司时被计入，在装有轮胎的卡车被卖给消费者时又被二次计入。

GDP 只包含当前的生产。GDP 只包含在标明时期内生产的商品和服务。例如，2016 年的 GDP 只包括当年生产的商品和服务。特别地，GDP 不计入二手商品的价值。如果你从亚马逊购买了一张《星球大战：原力觉醒》的蓝光光碟，这笔购买会被计入 GDP。如果半年后你在 eBay 上将其转售出去，那笔交易就不会被计入 GDP。

例题 12.1　计算 GDP

假定一个非常简单的经济体只生产如下四种商品和服务：眼科检查、比萨、鞋和奶酪。假设该经济体中所有的奶酪都被用于比萨的生产。运用下页表格中的信息来计算 2017 年的 GDP。

2017 年生产和价格数据		
产品	(1) 数量	(2) 单价 (美元)
眼科检查	100	50.00
比萨	80	10.00
鞋	20	100.00
奶酪	80	2.00

解:

第 1 步：复习本章内容。这一问题是关于国内生产总值的，所以你可能需要复习一下 12.1.1 节“总产出的衡量：国内生产总值”。

第 2 步：确定表格中列出的哪些商品和服务应该在计算 GDP 时被计入。GDP 是所有最终商品和服务的价值之和。所以，我们需要计算表格中列出的所有最终商品和服务的价值。眼科检查、比萨和鞋是最终商品和服务。如果奶酪被消费者购买后用于准备食物，那它也是一种最终商品。但是，在本题中我们假设餐馆购买了所有奶酪来制作比萨，所以奶酪就是中间商品，其价值不被计入 GDP。

第 3 步：计算表格中列出的 3 种最终商品和服务的价值。价值等于产量乘以单价，所以我们用第 (1) 列的数字乘以第 (2) 列的数字，得到第 (3) 列的数字：

产品	(1) 数量	(2) 单价 (美元)	(3) 价值 (美元)
眼科检查	100	50	5 000
比萨	80	10	800
鞋	20	100	2 000

第 4 步：将 3 种最终商品和服务的价值加总得到 GDP。GDP＝眼科检查产出的价值＋比萨产出的价值＋鞋产出的价值＝5 000＋800＋2 000＝7 800 (美元)。

轮到你了：要想做更多的练习，请做本章末与本专栏相关的问题与应用 1.11。

□ 12.1.2 产出、收入和循环流动图

当我们通过计算 GDP 来衡量经济体中总产出的价值时，我们同时也衡量了总收入的价值。要明白为什么总产出的价值等于总收入的价值，考虑你在某个产品上所花的钱会发生些什么。假定你花费 149 美元在一家 Foot Locker 商店购买了一双新百伦 (New Balance) 跑鞋。所有这 149 美元最终将成为某些人的收入。新百伦和 Foot Locker 商店将得到 149 美元中的一部分作为利润，新百伦的员工将得到一部分作为工资，将这双跑鞋卖给你的销售人员将得到一部分作为工资，为新百伦提供部件的企业将得到一部分作为利润，那些企业的工人将得到一部分作为工资，等等。每一分钱最终都会成为某人的收入。(但是，注意这双跑鞋的销售税将由该商店收取然后交给政府，而不会成为任何人的收入。) 所以，如果我们将经济体中所销售的所有商品和服务的价值加总，我们一定会得到一个总量，它恰好等于经济体中总收入的价值。

图 12.1 所示的循环流动图是在第 2 章引入的，用来阐述市场中企业和家庭的相互作用。在这里我们用它来阐述经济体中的支出和货币的流动。企业向三类人出售商品和服务：本国家庭，外国企业和家庭，政府。外国企业和家庭 (在图中表示为“世界其他地

方”）在本国生产的商品和服务上的支出叫做出口。例如，美国联合航空公司将机票卖给欧洲和亚洲的乘客。正如图 12.1 底部所指出的，我们可以通过加总这些群体在商品和服务上的总支出来计算 GDP。

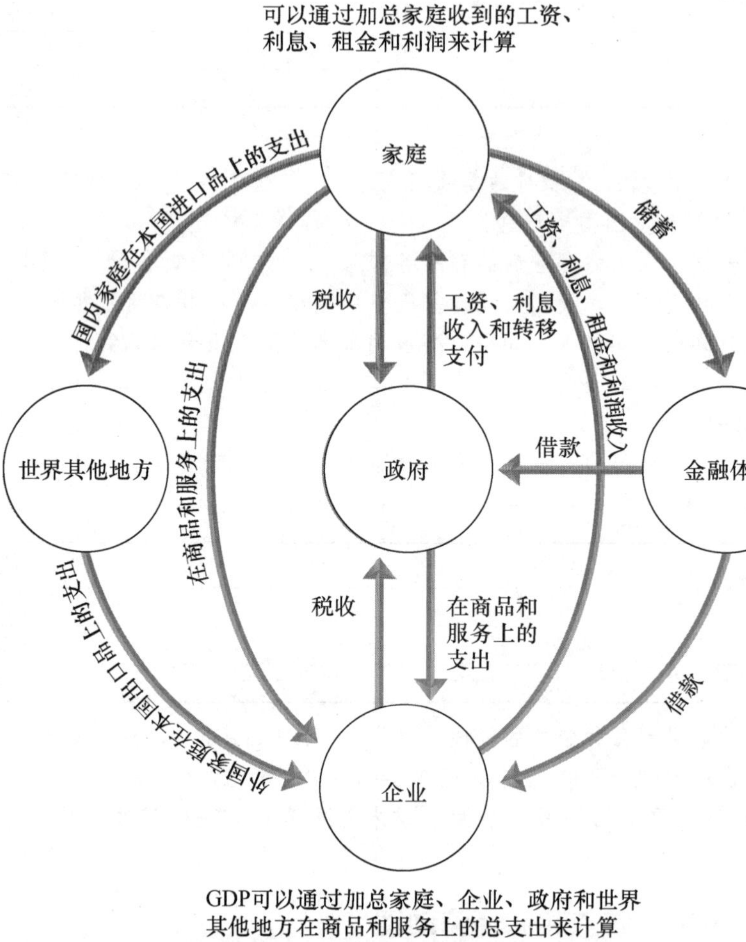

图 12.1　循环流动图和 GDP 的衡量

循环流动图说明了经济体中的支出和货币的流动。企业向三类人出售商品和服务：本国家庭，外国企业和家庭，政府。为了生产商品和服务，企业使用以下生产要素：劳动、资本、自然资源和企业家才能。家庭为企业提供生产要素，换取工资、利息、利润和租金等形式的收入。企业付给家庭工资、利息和租金以换取劳动服务和其他生产要素。工资、利息、利润和租金的总和就是经济体中的总收入。我们可以计算家庭的总收入来得到 GDP。这个图也表明家庭用其收入购买商品和服务、交税和为未来储蓄。企业和政府借入从家庭流向金融体系的资金。我们既可以用计算在最终商品和服务上的总支出的方法也可以用计算总收入的方法来得到 GDP。

企业用劳动、资本、自然资源和企业家才能等生产要素来生产商品和服务。家庭向企业提供生产要素以换取收入。我们将收入分成四类：工资、利息、租金和利润。企业向家庭支付工资以换取劳动服务、支付利息以换取对资本的使用权、支付租金以换取对土地等自然资源的使用权。利润是一个企业的收入在支付工资、利息和租金后剩下的部分，它是组织其他生产要素与承担生产和销售商品和服务的风险的企业家才能的回报。正如图 12.1 所示，联邦、州和地方政府都向家庭支付工资和利息，以换取劳动服务和其他生产要素。政府还向家庭提供转移支付。**转移支付**（transfer payments）包含对退休人员和残疾人的社会保障金以及对失业工人的失业救济金。这些支付并没有被包含在 GDP 中，因为它们不会收到新商品或服务作为交换。工资、利息、租金和利润的总和是经济体中的总收入。正如图 12.1 顶部所指出的，我们可以用家庭的总收入来计算 GDP。

这幅图也使我们能够追踪家庭使用其收入的方式。家庭将其部分收入花在商品和服务上。这些花费一部分花在国内生产的商品和服务上，一部分花在进口——国外生产的商品和服务——上。家庭用其部分收入向政府交税。（注意企业也向政府交税。）家庭还将一部分收入储蓄起来，存入银行的支票或储蓄账户或购买股票或债券。银行及债券和股票市场构成了金融体系。从家庭流入金融体系的资金流动使得政府和企业的借款成为可能。正如我们将看到的，金融体系的健康对于一个经济体而言至关重要。如果企业丧失了从金融体系借款的能力，它就难以扩张和采用新技术。事实上，如果一个国家没有一个发展良好的金融体系，它就不能保持高水平的经济增长。

循环流动图表明，我们既可以用计算在最终商品和服务上的总支出的方法也可以用计算总收入的方法来得到 GDP。用这两种方法算得的 GDP 数值相等。

□ 12.1.3 GDP 的组成部分

美国经济分析局将 GDP 的数据分成四种主要的支出类型：消费、投资、政府购买和净出口。经济学家运用这些类别来了解 GDP 波动的原因和预测未来 GDP。

个人消费支出，或简称“消费”。消费（consumption）支出是家庭在商品和服务上的支出，被分为三种类型：

（1）在医疗保健、教育、理发等服务上的支出；

（2）在食物和服装等非耐用品上的支出；

（3）在汽车和家具等耐用品上的支出。

家庭购买新房地产的支出没有被包含在消费中。购买新房地产的支出被包含在我们下面讨论的投资这一类别中。

总私人国内投资，或简称“投资”。在总私人国内投资或简称**投资**（investment）上的花费也被分为三类。

（1）企业固定投资是企业在新工厂、办公大楼和用来生产其他商品的机器上的花费。从 2013 年起，这类投资包括了企业在研究和开发上的支出。美国经济分析局之前把企业在研究和开发上的支出看做中间商品。

（2）住房投资是家庭和企业在新的独栋住房或多单元住宅上的支出。

（3）企业存货的变动是指已经生产但尚未出售的商品库存的变动。如果福特汽车公司在年初有价值 2 亿美元的未出售的汽车，而在年末有价值 3.5 亿美元的未出售的汽车，那么这一年福特汽车公司在存货投资上花费了 1.5 亿美元。

政府消费和总投资，或简称“政府购买”。政府购买（government purchases）是联邦政府、州政府和地方政府在商品和服务上的花费，如教师的工资、高速公路和航空母舰的建造费用。再一次地，政府在转移支付上的花费没有被包含在政府购买中，因为其没有导致新商品和服务的生产。

商品和服务的净出口，或简称“净出口”。净出口（net exports）等于出口减进口。出口是指美国生产的但由外国的公司、家庭和政府购买的商品和服务。在计算 GDP 时，我们将出口加到支出的其他类别中，原因在于否则我们就无法涵盖所有在美国生产的新商品和服务。例如，如果南达科他州的农民将小麦卖给中国，小麦的价值被包含在GDP中，因为它代表在美国的产出。进口是指美国的企业、家庭和政府购买的但由国外生产的商品和服务。我们将进口从总支出中减去，因为不然的话就包含了不在美国生产的新商品和服务。例如，美国消费者购买了中国生产的价值10亿元的家具，这笔花费被计入了消费支出。但是计算GDP时要将其减去，因为进口这些进口品不代表在美国的产出。

不要犯这样的错误！ ☞

记住经济学家所说的投资是什么意思

注意本章中所用投资的定义比日常生活中用的要窄。例如，人们经常提到他们投资于股票市场和稀有钱币。正如我们已经看到的，经济学家用投资这个词指代对机器、厂房和房地产的购买。经济学家没有把购买股票或稀有钱币和储蓄账户的存款包括在投资的定义中，因为这些活动没有导致新商品的生产。例如，一股推特公司的股票代表对该公司的部分所有权。当你购买了一股推特公司的股票时，没有新商品被生产出来，只是这一小部分推特公司的所有权从卖者手里转移到了你手里。类似地，购买一枚稀有钱币或将1 000美元存入储蓄账户，并没有导致产出的增加。GDP不受任何这类活动的影响，所以这些活动没有被包含在投资的经济学定义中。

轮到你了：做本章末与本专栏相关的问题与应用1.12，看看你理解得如何。

□ 12.1.4 GDP等式和一些现实数字

一个简单的等式加总了GDP的各个组成部分：

$$Y=C+I+G+NX$$

这个等式告诉我们GDP（用Y表示）等于消费（C）、投资（I）、政府购买（G）和净出口（NX）之和。图12.2列出了2014年美国GDP各个组成部分的数值。图形鲜明地表明消费是GDP最大的组成部分，而且占到了大部分。表格对GDP各组成部分做了更加详细的分解，显示出如下有趣的几点：

- 在服务上的消费者支出大于在耐用品和非耐用品上的消费者支出之和。美国和其他高收入国家持续出现了从商品生产转向服务生产的趋势。随着这些国家的人口平均变得年龄更大而且更富有，他们对于医疗保健和理财建议等服务的需求比对商品的需求增长得更快。

- 企业固定投资是投资中最大的组成部分。正如我们在后面几章将要看到的，企业在新厂房、电脑和生产设备上的支出可能发生波动。例如，企业固定投资的减少在2007—2009年的衰退中起到了非常重要的作用。

- 州政府和地方政府的购买大于联邦政府的购买。原因在于，基本的政府活动，如教育和执法，大部分发生在州政府和地方政府层面。

- 进口大于出口，所以净出口为负。我们将在第19章中讨论为什么美国经济的进口通常大于出口。

GDP 的组成部分（10 亿美元）		
消费		11 930
耐用品	1 303	
非耐用品	2 666	
服务	7 962	
投资		2 852
企业固定投资	2 211	
住房投资	559	
企业存货的变动	82	
政府购买		3 175
联邦政府	1 219	
州政府和地方政府	1 956	
净出口		–538
出口	2 337	
进口	2 875	
GDP 总和		17 419

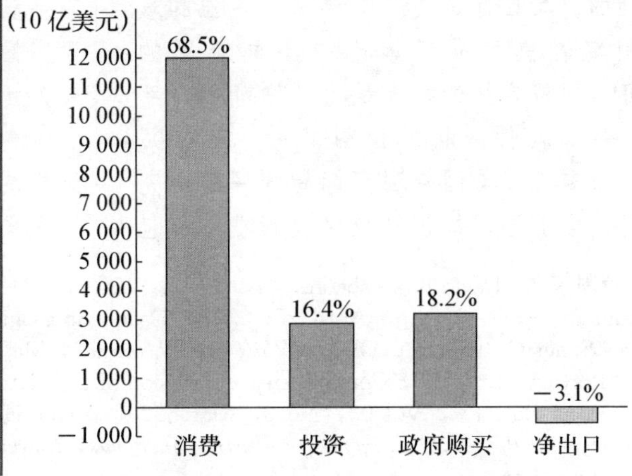

图 12.2　2014 年 GDP 的组成部分

消费占 GDP 的百分比远超 GDP 的其他任何组成部分。近几年，净出口一般为负，这降低了 GDP。注意由于四舍五入，每一类的各子类的和可能不等于总和。

资料来源：U. S. Bureau of Economic Analysis.

建立联系

Lady Gaga 对 GDP 的贡献增加了

美国经济分析局总是在研究如何改进对 GDP 的衡量。几年前，经济分析局改变了它处理研发支出的方式。2013 年之前，经济分析局认为企业或政府的研发是中间品，就像在汽车制造中轮胎和电池被认为是中间品一样。但是，研发支出与投资支出是相似的。例如，当福特汽车公司购买新机床——它被包括在投资支出中——时，它这么做是为了帮助现在和将来生产汽车。类似地，当福特汽车公司为改进福特福克斯电车上安装的电池而在研发上花钱时，它这么做也是为了帮助现在和将来改进福克斯电车。经济分析局现在把研发支出计入投资。换言之，经济分析局从原来不把研发支出计为 GDP 的一部分转变成计入 GDP 了。

研究和开发（研发）这个术语让人想起在实验室工作（如试图开发新药或改进电脑芯片）的科学家。但是，正如企业和政府投入资源用于研发一样，电影和电视工作室、图书作者和音乐家投入时间和资源用于生产新电影、电视节目、图书和唱片。2013 年前，经济分析局把企业和个人开发娱乐产品的支出看做那些产品生产成本的一部分，就像它看待劳动和原料成本一样。因此，开发娱乐产品的成本不被包括在 GDP 中。但是，在 2013 年，经济分析局改变了统计 GDP 的程序，把这些成本看做投资的一部分，从而开始将其包括在 GDP 中。例如，在 2013 年前，iTunes 和 CD 上 Lady Gaga 演唱的歌的销售额和她的音乐会的门票收入被包括在 GDP 中，但是，Lady Gaga 和她的唱片公司作词作曲和录制唱片的成本则不被包括在内。现在，这两种类型的支出都被包括在 GDP 中。

通过扩大投资支出的定义，经济分析局将 2013 年测度出来的 GDP 增加了大约 3%。经济分析局调整了 1929 年以来的 GDP 历史数据，因此，尽管 GDP 的数值增加了，但 GDP 的增速并没有受到多大影响。经济分析局是在与其他国家的政府统计机构商议之后才对 GDP 的计算进行变动的。其目标是使经济学家、企业和政策制定者更加准确地比较不同国家的GDP。投资定义的扩大是为了增加知识产权——如软件、电影和图书——在GDP中的重要性。美国专利商标局的一项研究估计，在美国，知识产权密集行业——包括制药、电脑和软件、电信、图书出版、广播电视事业——提供的工作岗位数大约为4 000万，占GDP的份额超过1/3。

当经济随着时间发生变化时，经济分析局就会评估是否要调整衡量GDP的方式。

资料来源：David Kestenbaum，"Lady Gaga Writing a New Song Is Like a Factory Investing in a New Machine"，www.npr.org，April 25，2013；Osagie Imasogie and Thaddeus J. Kobylarz，"Yes，Lady Gaga's Songs Contribute to GDP"，*Wall Street Journal*，May 27，2013；U.S. Bureau of Economic Analysis；"Preview of the 2013 Comprehensive Revision of the National Income and Product Accounts"，*Survey of Current Business*，Vol. 93，No. 3，March 2013；and U.S. Department of Commerce，*Intellectual Property and the U.S. Economy：Industries in Focus*，March 2012.

轮到你了：做本章末与本专栏相关的问题与应用1.13，看看你理解得如何。

□ 12.1.5 用增加值法计算GDP

我们已经看到，通过加总所有最终商品和服务上的支出能够计算GDP。另一种计算GDP的方法是增加值法。**增加值**（value added）指的是企业为一种产品所增加的市场价值，等于这个企业出售一种商品的价格减去它向其他企业购买中间商品所支付的价格。表12.1给出了一个利用增加值计算GDP的假想例子。这个例子中所涉及的每家企业参与了一件在L. L. Bean网站上销售的衬衫的生产。

假定一个棉农向纺织厂出售1美元的生棉花。为了简化问题，我们不考虑棉农从其他企业购买的任何投入（如棉种和肥料），所以这个棉农的增加值是1美元。纺织厂将生棉花制成棉布，并以3美元的价格卖给衬衣公司。纺织厂的增加值（2美元）是其购买生棉花所支付的价格（1美元）和出售所织棉布的价格（3美元）之差。类似地，衬衣公司的增加值（12美元）是其购买棉布所支付的价格（3美元）和出售衬衣给L. L. Bean公司的价格（15美元）之差。L. L. Bean公司的增加值（20美元）是购买衬衣所支付的价格（15美元）和在网站上出售衬衣的价格（35美元）之差。注意：L. L. Bean公司在网站上出售衬衣的价格正好等于生产这件衬衣过程中每家企业创造的增加值的总和。我们可以通过加总某一特定时期内生产的最终商品和服务的市场价值来计算GDP。或者，我们也可以通过加总生产这些商品和服务的过程中所涉及的每家企业的增加值来得到相同的GDP值。

表12.1 **计算增加值** 单位：美元

企业	产品价值	增加值
棉农	生棉花的价值=1	棉农创造的增加值=1
纺织厂	由生棉花织成的棉布的价值=3	纺织厂创造的增加值=3−1=2
衬衣公司	由棉布做成的衬衫的价值=15	衬衣公司创造的增加值=15−3=12
L. L. Bean公司	在L. L. Bean网站上销售的衬衫的价值=35	L. L. Bean公司创造的增加值=35−15=20
	总增加值	**=35**

12.2 GDP 衡量了我们想用它衡量的东西吗？

经济学家用 GDP 来衡量经济体中的总产出。出于这个目的，我们希望 GDP 尽可能全面而不遗漏经济体中任何重要的生产。大部分经济学家认为 GDP 很好地衡量了产出（但不是毫无瑕疵的）。GDP 有时也被用来衡量福利。虽然通常来说人们拥有的商品和服务越多，福利就越高，但是，我们将会看到，GDP 只是一个粗略的衡量福利的指标。

12.2.1 GDP 作为总产出指标的缺陷

当美国经济分析局计算 GDP 时，它不计入两类产出：家庭产出和地下经济产出。

家庭产出。除了极少数例外，美国经济分析局没有试图估计未在市场买卖的商品和服务的价值。如果一个木匠制作和销售书架，这些书架的价值将被计入 GDP。如果这个木匠制作一个书架供自己使用，这就不被计入 GDP。家庭产出指的是人们生产出来供自己使用的商品和服务。家庭产出最重要的类型是家庭主妇或主夫为自己家庭提供的服务。如果一个人在家照顾孩子、打扫房屋、为家人做饭，这些服务的价值没有被计入 GDP。如果一个人决定出去工作，将孩子们送到日托中心、雇用保洁服务和去餐馆吃饭，那么支付给日托中心、保洁和餐馆的费用就会增加 GDP，即使这些服务的生产实际上并没有增加。

地下经济产出。个人和企业有时会隐瞒商品和服务的买卖，在这种情况下，他们的产出就没有被计入 GDP。个人和企业隐瞒他们购买和销售的东西有以下三个主要原因：他们交易非法的商品和服务，如毒品和性交易；他们希望规避收入所得税；或是他们希望绕开政府管制。这些被隐瞒的买卖被称作**地下经济**（underground economy）。对美国地下经济规模的估计差别很大，但很可能最多只有测得的 GDP 的 10%，约合 1.8 万亿美元。在一些低收入国家，如津巴布韦和秘鲁，地下经济可能超过测得的 GDP 的一半。近来，西欧国家已经决定把对毒品和性交易的支出的估计值包括在它们的 GDP 中。但美国经济分析局决定不效仿这种做法。如果它效仿，那么，据估计，美国测得的 GDP 将增加大约 3%。

不包含家庭产出和地下经济产出是 GDP 的严重缺陷吗？大多数经济学家都认为不是，原因是 GDP 的最重要的用途是衡量经济表现在短时期内的变动，如逐年变动。对于这个目的，遗漏家庭产出和地下经济产出并不重要，因为这两者的规模在相邻年份之间一般不太可能有大的变动。

我们也用 GDP 来衡量相当长时期内商品和服务产出如何变动，例如 10 年或更长。对于这个目的，遗漏家庭产出和地下经济产出可能更加重要。例如，从 20 世纪 70 年代开始，离开家庭外出工作的女性人数显著增长。在接下来的年份里一些商品和服务（例如照顾儿童和餐馆饭菜）并不是总产出的真实增加，只是之前家庭产出的替代。

建立联系

为什么很多发展中国家有如此大规模的地下经济？

近来的估计认为，美国地下经济的规模是测得的 GDP 的 8%，西欧国家的则为

13%。许多发展中国家地下经济的规模要大得多，可能达到测得的GDP的50%甚至更多。在发展中国家，地下经济常常被称为非正规经济部门，与正规经济部门相对，正规经济部门中的商品和服务产出是被衡量了的。虽然商品和服务是被衡量了从而被计入GDP还是未被衡量或许看上去无关紧要，但是大规模非正规经济部门的存在可能是政府政策阻碍经济增长的标志。

因为非正规经济部门中的企业在非法经营，所以与合法经营的企业相比，它们的规模往往更小，拥有的资本也往往更少。在非正规经济部门创办企业的企业家们可能担心政府有朝一日会关闭他们的企业或将其充公。所以，这些企业家们会限制他们对这些企业的投资。结果，在这些企业工作的工人有较少的机器和设备可以使用，所以能够生产出来的商品和服务也更少。非正规经济部门的企业家们还需要支付规避政府当局的花费。例如，巴西的非正规经济部门的建筑公司需要雇用望风者，以便当政府检查人员来到附近时提醒工人们躲起来。在很多国家，非正规经济部门的企业需要大量贿赂政府官员以便能够继续营业。一些发展中国家的非正规经济部门规模很大的原因在于高税收和广泛的政府管制。例如，巴西的企业所支付的税收占到了总税收的85%，而在美国，这一比例只有40%。毫不令人奇怪，大约一半巴西工人受雇于非正规经济部门。根据一项估计，在巴西，非正规经济部门的企业能赚到的利润是正规经济部门中类似规模企业的3倍。在津巴布韦和秘鲁，在非正规经济部门就业的工人比例可能高达60%或70%。一项估计认为印度非正规经济部门的规模接近测得GDP的50%。

很多经济学家认为，发展中国家税收如此高的原因是这些国家在试图为相对于它们的经济体来说与工业化国家相同规模的政府部门支付费用。例如，巴西的政府支出（包含转移支付）占测得的GDP的41%，而在美国，该比例是36%。在20世纪早期，美国远比如今更贫穷时，政府支出只占GDP的8%左右，所以当时美国企业的税收负担低得多。在巴西这样的国家，将企业从非正规经济部门引导到正规经济部门可能要求政府削减支出和税收。但是，在大多数发展中国家，选民并不愿意看到政府服务减少。

资料来源：“The Price Is Wrong”，*Economist*，September 28，2013；“Dynamic but Dirty”，*Economist*，December 2，2010；“Notes from the Underground”，*Economist*，April 2，2009；Mary Anastasia O'Grady，“Why Brazil's Underground Economy Grows and Grows”，*Wall Street Journal*，September 10，2004；and the International Monetary Fund.

轮到你了：做本章末与本专栏相关的问题与应用2.8和2.9，看看你理解得如何。

□ 12.2.2 GDP作为福利衡量指标的缺陷

GDP的主要目的是衡量一个国家的总产出。但是GDP也常被用来衡量福利。例如，新闻报道常常包含那些显示不同国家人均GDP水平的表格。人均GDP的计算方法是用一个国家的GDP值除以该国的人口数量。这些文章暗示，在人均GDP水平更高的国家，人民生活得更好。虽然GDP的增长常常引起人们福利水平的提升，但是，由于以下几个原因，GDP并不是一个完美的衡量福利的指标。认识到这一点非常重要。

闲暇的价值没有被包含在GDP中。如果一个经济咨询师打算退休，虽然这个咨询师认为增加的闲暇价值比在咨询公司挣得的收入更高，但是GDP却会减少。这个咨询师的福利增加了，但是GDP减少了。在1890年，一个典型的美国人每周工作60小时。如今，一般美国人每周工作时间少于40小时。如果现在美国人仍每周工作60小时，GDP将会比现今数值高得多，但是，一个典型美国人的福利将会降低，因为可用于休闲活动的时间会更少。

GDP没有对污染和生产的其他负效应进行调整。当一个干洗工清洗并熨平衣物时，这项服务的价值被包含在GDP中。如果这个干洗工使用的化学用品污染了空气或水，GDP并没有为补偿污染产生的成本而进行调整。类似地，生产出来的香烟的价值被计入GDP，但是GDP也没有对一些吸烟者患上肺癌的成本做出调整。

但是，我们需要注意，GDP的增加经常导致国家投入更多资源来减少污染。例如，1970—2013年，随着美国GDP的平稳增长，六种主要空气污染物的排放量减少了50%以上。与高收入国家相比，发展中国家的污染水平常常更高，这是因为这些国家的GDP水平更低，使其更加不愿意将资源用于减少污染。中国的污染水平比美国、日本和西欧国家要高得多。根据世界卫生组织的数据，世界上污染最严重的10个城市中有7个在中国。但是，随着中国GDP的持续上升，该国可能会投入更多的资源来减少污染。

GDP没有根据犯罪和其他社会问题的变化进行调整。犯罪的增加会降低福利，但是，如果这导致在警察、安保和警报体系上的支出增加，那么GDP可能实际上会上升。GDP同样没有对离婚率、毒瘾和其他影响人们福利的因素的变化进行调整。

GDP衡量了蛋糕的大小，但是并没有衡量蛋糕是怎么分配的。当一个国家的GDP增加时，这个国家拥有了更多的商品和服务，但是这些商品和服务的分配可能非常不公平。所以，对于普通人消费的商品和服务，GDP可能没有提供有用的信息。

总而言之，我们可以说一个人的福利取决于许多GDP的计算中未考量的因素。因为GDP是为衡量总产出而设计的，所以它在衡量福利方面并不完美就不足为奇了。

12.3 实际GDP与名义GDP

因为GDP衡量的是价值，所以当解释其随时间的变动时，我们要非常小心。为了弄明白其中的原因，想一想该如何解释载货卡车的总产值从2016年的400亿美元到2017年的440亿美元的增加。因为440亿美元比400亿美元多10%，所以2017年生产的卡车数量比2016年多10%吗？只有当2016—2017年卡车的平均价格没有变动时，我们才能得到这一结论。事实上，GDP的逐年增长部分是由于商品和服务产量的增加，部分是由于价格的上升。因为我们主要关注GDP对产出的衡量，所以我们需要有一种方法把价格变动与数量变动分离开来。

12.3.1 计算实际GDP

美国经济分析局通过计算一个被称为实际GDP的产出衡量指标把价格变动与数量变动分离开来。**名义GDP**（nominal GDP）是通过把最终商品和服务的现值加总得到的。**实际GDP**（real GDP）的计算则是先指定一个特定年份作为基年，然后用商品和服务在基年的价格来计算所有其他年份商品和服务的价值。例如，如果 2009 年是基年，2017 年的实际 GDP 是用 2009 年的商品和服务的价格计算的。在保持价格固定不变的情况下，我们就知道实际 GDP 的变动代表的是经济体中商品和服务产量的变动。

例题 12.3 计算实际 GDP

假定一个非常简单的经济体只生产以下三种最终商品和服务：眼科检查、比萨和鞋。用下表给出的信息计算 2017 年的实际 GDP。假设 2009 年是基年。

产品	2009 年		2017 年	
	产量	价格（美元）	产量	价格（美元）
眼科检查	80	40	100	50
比萨	90	11	80	10
鞋	15	90	20	100

解：

第 1 步：复习本章内容。这一问题是关于计算实际 GDP 的，所以你可能需要复习一下 12.3.1 节“计算实际 GDP”。

第 2 步：运用 2009 年的价格和 2017 年的产量，计算表中所列三种商品和服务的价值。实际 GDP 是所有最终商品和服务以基年价格计算的价值。在本例中，基年是 2009 年，本题的表格中给出了这一年每种产品的价格信息。因此，我们得到下表：

产品	2017 年数量	2009 年价格（美元）	价值（美元）
眼科检查	100	40	4 000
比萨	80	11	880
鞋	20	90	1 800

第 3 步：将这三种产品的价值加总，得到实际 GDP。2017 年的实际 GDP 等于以下数字之和：

2017 年眼科检查的数量×2009 年眼科检查的价格＝4 000 美元

2017 年比萨的产量×2009 年比萨的价格＝880 美元

2017 年鞋的产量×2009 年鞋的价格＝1 800 美元

即 6 680 美元。

附注：注意 2009 年每种商品的产量与计算 2017 年的实际 GDP 是无关的。同样注意，2017 年的实际 GDP 是 6 680 美元，小于我们在例题 12.1 中计算出的 2017 年的名义 GDP 的值 7 800 美元。

轮到你了：要想做更多的练习，请做本章末与本专栏相关的问题与应用 3.4。

使用基年价格计算实际 GDP 的一个缺点是，随着时间的变化，相对价格可能也会变化。例如智能手机相对于牛奶的价格可能会下降。因为这种变化并不能在基年的固定价格中反映出来，所以实际 GDP 的估计部分失真。离基年越远，这个问题就越严重。为了使实际 GDP 的计算更加精确，在 1996 年，美国经济分析局改为采用链式加权价格，现在发布的实际 GDP 数据都是采用“链式（2009 年）美元”。

虽然运用链式加权价格计算实际 GDP 的细节比我们这里需要讨论的更加复杂，但是它的基本原理非常简单：从基年开始，美国经济分析局对当年的价格和下一年的价格取平均值。然后用这个平均价格计算基年（现在是 2009 年）下一年的实际 GDP。对于再下一年（即基年之后的第二年），美国经济分析局运用当年和前一年的平均价格计算实际 GDP。运用这种方式，每一年的价格和其上一年的价格被一条“链”连接起来，相对价格变动引起的偏差也被最小化了。

保持价格不变意味着美元在相邻年份的购买力不变。通常，美元的购买力逐年递减，原因是价格的上涨减少了单位美元可购买的商品和服务的数量。

□ 12.3.2 比较实际 GDP 与名义 GDP

实际 GDP 保持价格不变，所以相对于名义 GDP 而言，实际 GDP 能更好地衡量商品和服务的产量的逐年变化。事实上，经济增长几乎总是用实际 GDP 的增长来衡量。如果《华尔街日报》的一个新闻标题是《去年美国经济增长 2.3%》，这篇文章报道的是去年的实际 GDP 增长了 2.3%。

我们用“基年美元”来衡量实际 GDP。例如，把 2009 年作为基年，2014 年的名义 GDP 是 17.419 万亿美元，而 2014 年的实际 GDP 是 16.086 万亿“2009 年美元”。因为平均而言，价格逐年上升，所以基年之前的年份实际 GDP 大于名义 GDP，而基年之后的年份实际 GDP 小于名义 GDP。基年当年的实际 GDP 与名义 GDP 相等，因为两者是用相同的价格和产量计算出来的。图 12.3 显示了 1990—2014 年名义 GDP 和实际 GDP 的运动。

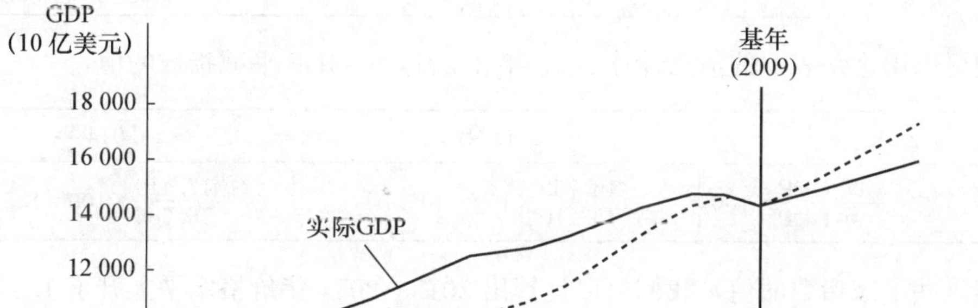

图 12.3 1990—2014 年的名义 GDP 与实际 GDP

当前计算 GDP 的基年是 2009 年。2009 年之前的平均价格低于 2009 年，所以名义 GDP 比实际 GDP 低。2009 年当年，名义 GDP 与实际 GDP 相等。从 2009 年开始，平均价格高于 2009 年，所以名义 GDP 比实际 GDP 高。

资料来源：U. S. Bureau of Economic Analysis.

2009 年之前的平均价格低于 2009 年，所以名义 GDP 比实际 GDP 低。2009 年当年，名义 GDP 与实际 GDP 相等。从 2009 年开始，平均价格高于 2009 年，所以名义 GDP 比实际 GDP 高。

□ 12.3.3 GDP 平减指数

经济学家和政策制定者们不仅对用实际 GDP 衡量的总产出水平感兴趣，同样也对价格水平感兴趣。**价格水平**（price level）衡量了经济体中商品和服务的平均价格。稳定价格水平是经济政策的目标之一。我们可以用名义 GDP 和实际 GDP 的值来计算一个被称为 **GDP 平减指数**（GDP deflator）的价格水平衡量指标。我们可以用这个公式计算 GDP 平减指数：

$$\text{GDP 平减指数}=\frac{\text{名义 GDP}}{\text{实际 GDP}}\times 100$$

要弄清楚为什么 GDP 平减指数衡量了价格水平，考虑当产出不变但商品和服务的价格上升时会发生什么。在这种情况下，名义 GDP 将上升，但是实际 GDP 不变，所以 GDP 平减指数将上升。在现实中，价格和产量通常逐年上升，但是价格相对于产量增加得越多，名义 GDP 相对于实际 GDP 就增加得越多，GDP 平减指数的值也越大。GDP 平减指数的增加使得经济学家和政策制定者们能够追踪价格水平随时间的增长。

记住基年（现在是 2009 年）的名义 GDP 等于实际 GDP，所以基年 GDP 平减指数的值总是 100。下表列出了 2013 年和 2014 年名义 GDP 与实际 GDP 的值：

	2013 年	2014 年
名义 GDP	16.768 万亿美元	17.419 万亿美元
实际 GDP	15.710 万亿美元	16.086 万亿美元

我们可以用这张表中的信息计算 2013 年和 2014 年 GDP 平减指数的值：

公式	2013 年	2014 年
$\text{GDP 平减指数}=\frac{\text{名义 GDP}}{\text{实际 GDP}}\times 100$	$\frac{16.768}{15.710}\times 100=106.7$	$\frac{17.419}{16.086}\times 100=108.3$

根据这些平减指数的值，我们可以计算出 2013—2014 年价格水平上升了 1.5%：

$$\frac{108.3-106.7}{106.7}\times 100\%=1.5\%$$

在第 13 章中，我们将会看到经济学家和政策制定者们也依赖另一个衡量价格水平的指标，即我们熟知的消费者价格指数。另外，我们将会讨论价格水平的不同衡量指标各自的优劣。

建立联系 ☞

尼日利亚的生活水平是如何一夜之间几乎翻倍的？

像尼日利亚这样的发展中国家的政府机构难以衡量 GDP，这有两个主要原因：

第一，地下经济的规模可能很大，这使得很多企业的数据难以搜集。第二，政府机构可能缺乏预算或能够对搜集的数据进行准确处理和使用与美国和其他高收入国家相同的计算 GDP 的方法的专门人才。例如，我们已经看到，在计算实际 GDP 时，政府使用基年价格，而相对价格可能随着时间的推移发生变化，从而扭曲 GDP 的衡量。为了处理这个问题，经济分析局相当频繁地改变基年和采用链式加权价格。但是，对于发展中国家来说，这种方法可能难以实施，原因是政府雇员搜集大量价格数据的成本可能太高了。

到 2010 年，尼日利亚政府意识到，由于它还在使用 1990 年作为基年但该国经济在过去十几年里发生了巨大的变化，所以它发布的实际 GDP 数据不准确。尼日利亚的国家统计局得到了更多的预算，政府要求它把实际 GDP 的基年变更成 2010 年并搜集关于地下经济中以前没记录的产出的数据。正如《华尔街日报》上的一篇文章所说的："尼日利亚的普查人员骑着摩托车或乘坐快艇，走遍了这个西非国家。他们访问网络咖啡屋老板、电影制片人和其他生意人，记录以前没有被记录过的商业活动。"在这次数据普查中，被调查过的企业数量从以前的 85 000 增加到了850 000。

当 2014 年新的 GDP 数据被发布时，结果是引人注目的。2013 年实际 GDP 的估计值从原来的 2 700 亿美元变更成 5 100 亿美元，增加了 89%。GDP 的增加是如此之多，以至尼日利亚取代南非，成为非洲最大的经济体。正如下图所显示的，新数据也更加准确地描绘了尼日利亚的经济结构。例如，以前被认为在该国经济中占比不到 1/3 的服务业部门实际上占比超过 1/2。此外，尽管并没有显示在下图中，电信部门实际上占到了该国经济的 9%，而不是以前估计的 1%；石油行业只占该国经济的 14%，而不是以前估计的 33%。

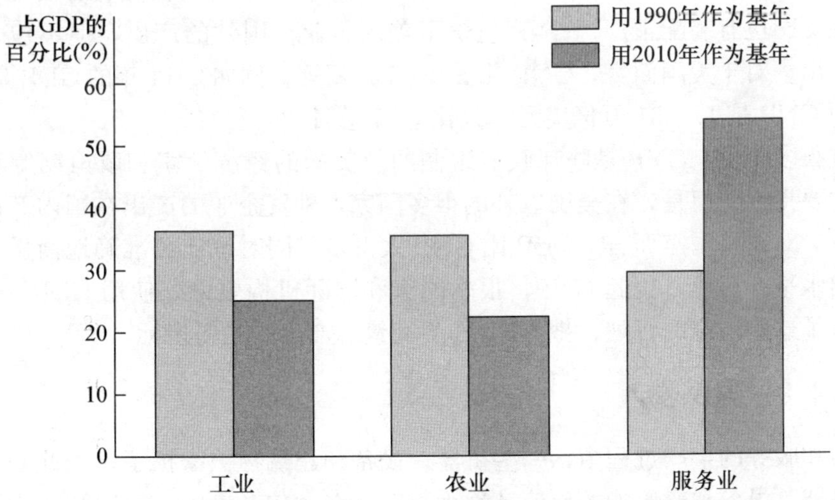

但是，普通尼日利亚人的生活水平实际上提高了吗？新的估计值看上去是这样的，人均实际 GDP 从 1 500 美元增加到了 2 688 美元。当然，实际上变化了的只是政府衡量实际 GDP 的准确程度。在新 GDP 数据被发布的 2014 年 4 月 6 日那一天，该国并没有比前一天多生产商品和服务。

尼日利亚衡量 GDP 的经历显示了政府在准确构建这些统计量上存在的问题，也说明了依赖这些统计量作为一国生活水平的衡量指标可能有多么大的误导性。

资料来源：Drew Hinshaw and Patrick McGroarty，"Nigeria's Economy Surpasses South Africa's in Size"，*Wall Street Journal*，April 6，2014；Javier Blas and William Wallis，"Nigeria Almost Doubles GDP in Recalculation"，*Financial Times*，April 7，2014；and "How Nigeria's Economy Grew by 89% Overnight"，*Economist*，April 7，2014.

轮到你了：做本章末与本专栏相关的问题与应用 3.10，看看你理解得如何。

12.4 总产出与总收入的其他衡量指标

国民收入账户指的是美国经济分析局用来追踪经济体中总产出和总收入的方法。包含这些信息的统计表格被称为国民收入和产出账户（NIPA）。每个季度，经济分析局都发布包含总产出和总收入的几个衡量指标的 NIPA 表格。我们已经讨论了总产出和总收入最重要的衡量指标：国内生产总值（GDP）。除了计算 GDP 外，经济分析局还计算了以下四个衡量产出和收入的指标：国民生产总值、国民收入、个人收入和个人可支配收入。

□ 12.4.1 国民生产总值（GNP）

我们已经看到，GDP 是美国国内生产的最终商品和服务的价值。国民生产总值（GNP）是美国国民生产的最终商品和服务的价值，包含在美国国外的产出。美国企业有在国外的机构，外国企业也有在美国的机构。例如福特汽车公司在英国有装配工厂，丰田汽车公司在美国也有装配工厂。GNP 包含了美国企业在国外的产出，但不包含外国企业在美国的产出。对于美国而言，GNP 几乎和 GDP 相等。例如 2014 年的 GDP 是 17.419 万亿美元，而 GNP 是 17.631 万亿美元，只比 GDP 多 1.2%左右。

曾经在很多年里，GNP 是联邦政府编制的及美国的经济学家和政策制定者们使用的总产出的主要指标。但是，在美国以外的很多国家，外资企业的产出在国内产出中占有相当大的比重。对这些国家而言，GDP 比 GNP 大得多，同时也能更准确地衡量这个国家国境内的产出水平。所以，比起 GNP，很多国家和国际机构更偏好使用 GDP。在 1991 年，美国也加入了这些国家的行列，把 GDP 作为衡量总产出的主要指标。

□ 12.4.2 国民收入

在商品和服务的生产过程中，一些机器、设备和建筑物被磨损了，因此必须重置。这些磨损的机器、设备和建筑物的价值被称为折旧。在 NIPA 表中，折旧被称为固定资本的消费。如果我们把这部分价值从 GDP 中减去，就得到国民收入。

在 12.1 节，我们强调总产出的价值等于总收入的价值。但如果我们把 GDP 当做"总产出的价值"并把国民收入当做"总收入的价值"，就会发现这一点并不严格正确，因为国民收入总是比 GDP 少相当于折旧数量的值。但是在实践中，对于大部分宏观经济问题，GDP 和国民收入数值上的差异并不重要。

□ 12.4.3 个人收入

个人收入指的是家庭获得的收入。为了计算个人收入，我们要减去没有被公司以红利形式支付给股东而是被公司留存下来的收入。我们也要加上家庭从政府那里收到的转移支付或是政府债券利息形式的收入。

□ 12.4.4 个人可支配收入

个人可支配收入等于个人收入减去个人缴纳的税收（如联邦个人所得税）。它是对家庭实际可花费的收入的最佳衡量指标。

图 12.4 用一张表格和一幅图形显示了 2014 年总产出和总收入的这些衡量指标的数值。

衡量指标	10亿美元
GDP	17 419
GNP	17 631
国民收入	15 077
个人收入	14 734
个人可支配收入	12 990

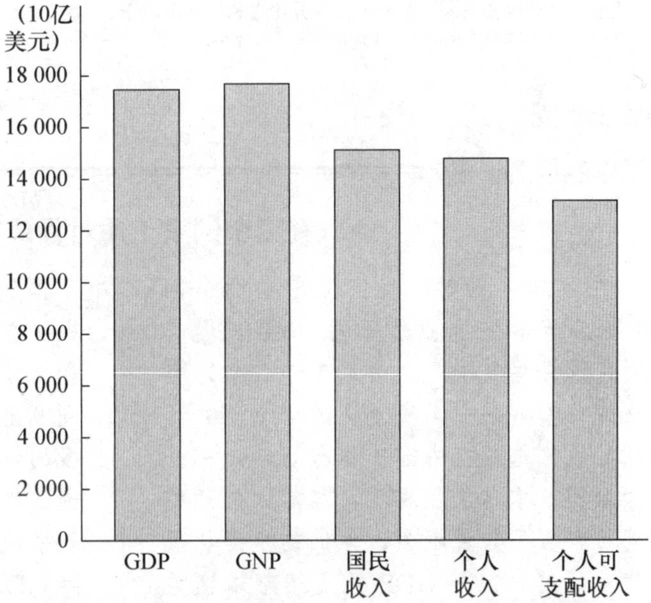

图 12.4 2014 年总产出与总收入的衡量

总收入和总产出最重要的衡量指标是国内生产总值（GDP）。正如我们在后面的章节中将会看到的，对于某些目的，该图中显示的总产出和总收入的其他衡量指标比 GDP 更加有用。

资料来源：U. S. Bureau of Economic Analysis.

□ 12.4.5 收入的划分

图 12.1 说明了一个重要事实：我们可以用总支出或是家庭得到的总收入来衡量 GDP。作为家庭收入的总和被计算的 GDP 有时被称为国内收入总值。图 12.5 显示了总收入在工资、利息、租金、利润以及一些非收入项目之间的划分。非收入项目被包含在国内收入总值中的原因是，销售税、折旧和其他一些项目被包含在商品和服务的价值里，但是没有被家庭当做收入直接得到。工资包括雇员收到的所有报酬，其中包含如医疗保险之类的附加福利。利息是家庭收到的净利息，即储蓄账户、政府债券和其他投资收到的利息与汽车贷款、房屋抵押贷款和其他负债所付出的利息之差。利润包括独资企业（通常为小企业）的

利润和公司的利润。图 12.5 显示，工资是国内收入总值最大的组成部分，约为利润的三倍。

		10 亿美元
工资		9 237
利息		660
租金		640
利润		3 076
独资企业的利润	1 380	
公司的利润	1 696	
税收、折旧和统计误差		3 989

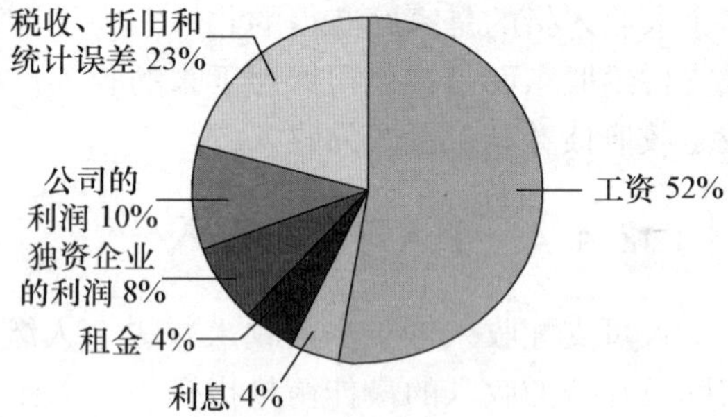

图 12.5　2014 年收入的划分

我们可以用总支出或是家庭得到的总收入来衡量 GDP。工资是家庭收入最大的组成部分，约为独资企业和公司得到的利润之和的三倍。

注意：由于四舍五入，图形中各百分比之和可能不等于 100%。

资料来源：U. S. Bureau of Economic Analysis.

接第 398 页

生活中的经济学

在哪个国家工作对你最有利？

在本章开始时，我们提出了两个问题：加拿大和中国截然不同的 GDP 增长率对你选择去其中哪个国家工作和生活有什么影响？如果中国高得多的增长率并不必然导致你选择在中国工作与生活，那是什么原因？本章已经表明，虽然人们拥有的商品和服务数量越多，他们的生活状况通常就越好，但是 GDP 只是粗略地衡量了福利。GDP 并没有包含闲暇的价值，也没有对污染和生产的其他负效应、犯罪和其他社会问题做出调整。所以，在决定到哪里工作和生活时，你需要在中国高得多的增长率和这些其他考量之间进行平衡。你也应该考虑到，虽然中国的经济增长率比加拿大更高，但是加拿大目前的实际 GDP 水平要高于中国。

12.5　结论

本章中，我们通过考察一个重要的概念——一国的总产出和总收入如何衡量——来开始对宏观经济学的学习。理解 GDP 的概念对于理解经济周期和长期经济增长的过程至关重要。在下一章中，我们将讨论衡量其他两个重要的经济变量——失业率和通货膨胀率——所涉及的问题。

访问 MyEconLab，你可以找到与本章的概念有关的一篇新闻文章和分析。

本章总结和习题

关键术语

经济周期	政府购买	投资	实际 GDP
消费	国内生产总值（GDP）	宏观经济学	衰退
经济增长	微观经济学	转移支付	扩张
通货膨胀率	净出口	地下经济	最终商品或服务
中间商品或服务	名义 GDP	GDP 平减指数	价格水平
增加值			

12.1 国内生产总值衡量了总产出

总结

经济学被分成微观经济学和宏观经济学两个子领域。微观经济学研究家庭和企业如何做选择；而宏观经济学把经济作为一个整体进行研究。经济周期是一个重要的宏观经济学问题，它是指经济扩张和经济衰退的时期相互交错出现。扩张是指经济周期中总生产和总就业都增加的时期。衰退是指经济周期中总生产和总就业都减少的时期。另一个重要的宏观经济学主题是经济增长。经济增长指的是经济增加商品和服务的生产的能力。宏观经济学还研究通货膨胀率，即价格水平从一年到下一年的百分比增加。经济学家用国内生产总值（GDP）衡量总产出。GDP 是一个经济体在一段时期内生产的所有最终商品和服务的市场价值。最终商品或服务是由最终使用者购买的。中间商品或服务是作为另一种商品或服务的投入的商品或服务，不被计入 GDP。当我们通过计算 GDP 来衡量经济体中总产出的价值时，我们同时也衡量了总收入的价值。GDP 被分成了四种主要的支出类型：消费、投资、政府购买和净出口。消费是家庭在商品和服务上的支出，不包括在新住房上的支出。投资是企业在新工厂、办公楼、机器和新增存货上的支出，加上家庭和企业在新住房上的支出。政府购买是联邦政府、州政府和地方政府在商品和服务上的花费。净出口等于出口减进口。政府的转移支付没有被包含在 GDP 中，因为它是政府给个人的、不会收到新商品或服务作为交换的支付。我们也可以通过加总最终商品或服务的生产所涉及的每家企业的增加值来计算 GDP。

复习题

1.1　为什么在微观经济学中我们用数量来衡量产出，而在宏观经济学中我们用市场价值来衡量产出？

1.2　如果美国经济分析局将一年中出售的每件商品和服务的价值加总，总和会大于还是小于 GDP？请简要解释。

1.3　在收入循环流动图中，为什么经济体中总产出和总收入的价值必然相等？

1.4　描述 GDP 的四个组成部分并写出 GDP 与这四类支出的关系式。

1.5　企业的“增加值”是指什么？

问题与应用

1.6　一个学生评论说：“中间商品不被计入 GDP 非常不合理。计算机芯片是中间商品，但是如果没有它，手提电脑就不能工作。所以为什么不把计算机芯片计入 GDP 呢？”请为这个学生的问题提供解答。

1.7　请简要解释以下交易是否代表对最终商品的购买。

a. 面包店购买面粉。

b. 联邦政府购买航空母舰。

c. 美国消费者购买法国酒。

d. 美国航空公司购买新客机。

1.8　《华尔街日报》上的一篇文章说：“存货的变动使 GDP 的增长减少了 0.57 个百分点。”要使该结果发生，存货必须增加还是减少？请简要解释。

资料来源：Eric Morath and Ben Leubsdorf，“GDP Slows to Crawl in First Quarter，up 0.1%”，*Wall Street Journal*，April 30，2014.

1.9 ［与开篇案例有关］以下每一笔涉及福特汽车公司的交易各影响了 GDP 的哪个组成部分？如果你认为对 GDP 的任何一个组成部分都没有影响，请简要解释。

a. 你从福特汽车公司的一个经销商处购买了一辆新的福特翼虎混合动力车。

b. 你从一个朋友处购买了一辆 2011 年款福特翼虎混合动力车。

c. 福特汽车公司从印第安纳州的一个汽车配件生产商那里购买了车门把手用于装配翼虎车。

d. 福特汽车公司在密苏里州的工厂生产了1 000 辆翼虎车，然后运到位于中国上海的经销商处。

e. 福特汽车公司购买了新的机器设备，以供其位于密苏里州的工厂生产翼虎车使用。

f. 密苏里州修建了一条新的高速公路，帮助改善了到福特汽车公司生产翼虎车的工厂的交通。

1.10 一栋建于 2006 年、在 2017 年转售的房屋的价值会被计入 2017 年的 GDP 吗？请简要解释。2017 年帮助出售（或购买）这栋房屋的房地产经纪人服务的价值会被计入 2017 年的 GDP 吗？请简要解释。

1.11 ［与例题 12.1 有关］假定一个简单的经济体只生产四种商品：鞋、汉堡包、衬衫和棉花。假设所有棉花都被用来生产衬衫。使用下表中的信息，计算 2017 年的名义 GDP。

2017 年的产出和价格数据		
产品	数量	价格（美元）
鞋	100	60.00
汉堡包	100	2.00
衬衫	50	25.00
棉花	80	0.60

1.12 ［与 12.1.3 节中的“不要犯这样的错误！”专栏有关］请简要解释你是否同意以下说法：“在人们购买许多股股票的年份中，投资会高，所以 GDP 也会高。”

1.13 ［与 12.1.4 节中的“建立联系”专栏有关］根据韦尔斯利学院的经济学家丹·西奇尔（Dan Sichel）的观点，歌手在录音棚为录制唱片所花的时间与“工厂投资于新机器是很相似的”。你同意吗？请简要解释。

资料来源：David Kestenbaum，“Lady Gaga Writing a New Song Is Like a Factory Investing in a New Machine”，www.npr.org，April 25，2013.

1.14 一个艺术家从当地钢铁厂购买废金属作为金属雕刻作品的原材料。去年，她购买了价值 5 000 美元的废金属。在这一年中，她完成了 10 件金属雕刻作品，并以每件 800 美元的价格卖给了当地的艺术品商店。当地的艺术品商店以每件1 000 美元的均价全部卖给了当地的艺术收藏家。对于这 10 件金属雕刻作品，艺术家创造的总增加值是多少？当地艺术品商店实现的总增加值是多少？

□ 12.2 GDP 衡量了我们想用它衡量的东西吗？

总结

GDP 并没有包含家庭产出，即人们为自己生产的商品和服务。它也没有包含地下经济的产出，即隐藏起来的买卖。一些发展中国家的地下经济可能超过测得 GDP 的一半。GDP 并不是一个完美的衡量福利的指标，因为它并没有包括休闲的价值，没有对污染和生产的其他负面影响以及犯罪和其他社会问题的变化进行调整。

复习题

2.1 为什么一个国家的 GDP 规模很重要？它是如何影响该国人民的生活质量的？

2.2 什么是地下经济？为什么一些国家的地下经济规模比其他国家大？

2.3 为什么 GDP 是一个不完美的衡量经济福利的指标？GDP 没有衡量哪些类型的产出？如果 GDP 包含了这些类型的产出，它还是一个不完美的衡量经济福利的指标吗？

问题与应用

2.4 下面各项哪些可能会增加 GDP，哪些可能会减少 GDP？

a. 离开家庭外出工作的妇女的比例增加。

b. 犯罪率锐增。

c. 更高的税收使得某些人隐瞒更大部分的收入。

2.5 德国洪堡大学的迈克尔·布尔达（Michael Burda）教授和得克萨斯州立大学的丹尼尔·哈默梅什（Daniel Hamermesh）教授研究了美国失业工人是如何度过时间的。他们发现，在工人失业的时期，有偿工作时间的减少量约等于这些人在家庭的劳动时间的增加量。根据布尔达教授和哈默梅什教授的研究成果，我们可以就经济体中的总产出（不管是不是被包含在 GDP 中）在这些工人失业时是否下降了得出结论吗？你的答案取决于他们在失业时所做的家庭劳动是否为他们在失业前出钱请别人来做的活动（如照看小孩）吗？请简要解释。

资料来源：Michael Burda and Daniel S. Hamermesh，"Unemployment，Market Work，and Household Production"，*Economic Letters*，Vol. 107，May 2010，pp. 131－133.

2.6　如今一般美国工人每周工作时间少于40小时，而1890年一般美国工人每周工作时间是60小时。在比较现今与1890年美国工人的经济福利水平时，工作时间长度的差异重要吗？或者说，我们能够忽略每周工作小时数的差别而用现今的人均实际GDP与1890年之差来衡量经济福利水平的差距吗？请简要解释。

2.7　经济历史学家罗格·兰塞姆（Roger Ransom）和理查德·萨奇（Richard Sutch）估计，美国南部的非裔美国农民在内战后的每年工作时间比其内战前作为奴隶时少了30%。如果内战后非裔美国农民继续工作相同的时间，他们的产出和收入就会更高，同样美国GDP也会更高。如果内战后这些农民仍旧工作与内战前相同的时间，他们的福利水平会更高吗？你的答案会影响我们应该如何对内战前后美国GDP变动进行解读吗？请简要解释。

资料来源：Roger L. Ranson and Richard Sutch，*One Kind of Freedom：The Economic Consequences of Emancipation*，2nd edition，New York：Cambridge University Press，2001.

2.8 ［与12.2.1节中的"建立联系"专栏有关］《纽约时报》上的一篇文章描述在中国的买卖中现金的使用比支票和信用卡多得多。该文描述某人带着装了相当于13万美元的人民币的几袋子现金去一家汽车经销商店购买一辆新宝马车。另一篇文章指出："许多经济学家相信，现金使用的增加与地下经济的增长密切相关。"

a. 什么是地下经济？

b. 为什么地下经济中的买者和卖者可能喜欢使用现金？

资料来源：David Barboza，"Chinese Way of Doing Business：In Cash We Trust"，*New York Times*，April 30，2013；and Bruce Bartlett，"America's Most Profitable Export Is Cash"，*New York Times*，April 9，2013.

2.9 ［与12.2.1节中的"建立联系"专栏有关］《华尔街日报》上的一篇文章指出，许多经济学家相信印度的GDP数据是不可靠的，原因是"普通的企业只雇少数员工，压倒性的多数成年人在远离主要城市的黑市工作"。

a. 该文所说的"在黑市工作"是什么意思？

b. 为什么题中列举的问题使得印度政府难以准确衡量GDP？

c. 对一国政府或企业来说，如果政府不能准确衡量GDP，这可能导致什么问题？

资料来源：Raymond Zhong，"Just How Bad Are India's Official GDP Numbers?" *Wall Street Journal*，August 27，2014.

2.10　下表显示了关于七个国家的工人平均每周工作小时数和人均实际GDP的数据（来自经合组织）以及经合组织的平均值。

国家	平均每周工作小时数	人均实际GDP（美元）
德国	26.2	41 007
加拿大	32.8	41 475
日本	33.3	34 929
经合组织（34个成员国）平均	34.0	36 074
美国	34.4	50 429
希腊	39.6	23 919
韩国	41.6	32 711
墨西哥	43.0	16 022

德国工人平均每周工作时间比美国工人少约8小时，但每年少赚约9 000美元。根据这些数据，我们可以就普通德国工人和美国工人的福利比较下什么结论吗？若要评估经合组织国家工人的福利，除了工人平均每周工作小时数和人均实际GDP，你还想看到什么别的指标？

资料来源：Eric Morath，"Are Americans Working Less Than the Rest of the World?" *Wall Street Journal*，July 10，2015；and OECD Data，http：//data. oecd. org/emp/hours-worked. htm # indicator-chart.

□ 12.3　实际GDP与名义GDP

总结

名义GDP是用当前价格计算的所有最终商品和服务的价值。实际GDP是用基年价格计算的所有最终商品和服务的价值。通过保持价格不变，我们知道实际GDP的变动代表了经济体中商品和服务的产量的变化。当价格水平（即经济体中商品和服务的平均价格）上升时，基年之前的年份的实际GDP高于名义GDP。基年之后的年份的实际GDP低于名义GDP。GDP平减指数是一个衡量价格水平的指标，其计算方法是用名义GDP除以实际GDP再乘以100。

复习题

3.1　为什么通货膨胀使得名义GDP不能很好地衡量总产出的逐年增长？美国经济分析局是怎么

处理这一缺陷的？

3.2　什么是GDP平减指数？它是如何计算的？

3.3　假设随着时间的推移发生了通货膨胀，以下每种情况下名义GDP和实际GDP之间的关系是什么？

a. 基年之后的年份。

b. 基年。

c. 基年之前的年份。

问题与应用

3.4　[与例题12.3有关] 假定一个简单经济体只生产四种商品和服务：鞋、汉堡包、衬衫和棉花。假设所有棉花都被用来生产衬衫。根据表中的信息计算：

a. 2016年、2017年的实际GDP是多少？假设基年是2009年。

产品	2009年		2016年		2017年	
	数量	价格（美元）	数量	价格（美元）	数量	价格（美元）
鞋	90	50.00	100	60.00	100	65.00
汉堡包	75	2.00	100	2.00	120	2.25
衬衫	50	30.00	50	25.00	65	25.00
棉花	100	0.80	800	0.60	120	0.70

b. 2017年实际GDP的增长率是多少？

3.5　请简要解释你是否同意以下说法：

a. “如果名义GDP低于实际GDP，当年的价格水平一定下降了。”

b. “当实际GDP下降时，名义GDP一定也下降。”

c. “如果衰退严重到使价格水平下降了，那么我们知道实际GDP和名义GDP一定都会下降。”

d. “从2008年到2009年名义GDP下降了，所以GDP平减指数一定也下降了。”

3.6《华尔街日报》上的一篇文章讨论了加拿大财政部长乔·奥利弗（Joe Oliver）关于石油价格下降对加拿大经济的影响的观点。根据这篇文章，奥利弗称：“更低的石油价格对实际GDP的影响大体为中性，但对名义GDP的影响为负”。给定这一观点，我们可以判断奥利弗预期更低的石油价格对通货膨胀率的影响是什么吗？请简要解释。

资料来源：Scott Hagget，“Canada Pushes Back Budget to April Due to Market Instability”，*Wall Street Journal*，January 15，2015.

3.7　下表列出了一些虚构的数值。

(1) 年份	(2) 名义GDP	(3) GDP平减指数（2014年为基年）	(4) 实际GDP（2014年为基年）	(5) 实际GDP的百分比变化	(6) GDP平减指数（2016年为基年）	(7) 实际GDP（2016年为基年）	(8) 实际GDP的百分比变化
2012	980	90			81.8		
2013	1 020	92			83.6		
2014	1 050	100			90.9		
2015	1 200	105			95.5		
2016	1 400	110			100		

a. 以2014年为基年，使用第（3）列的GDP平减指数计算实际GDP从而填充第（4）列。以2016年为基年，使用第（6）列的GDP平减指数计算实际GDP从而填充第（7）列。

b. 使用第（4）列的数值计算每年实际GDP的百分比变化从而填充第（5）列。使用第（7）列的数值计算每年实际GDP的百分比变化从而填充第（8）列。

c. 实际GDP的计算所使用的基年的变化对你计算的实际GDP的百分比变化有何影响？

3.8　根据《经济学人》上的一篇文章：“中国的GDP第二季度增长了7%，高于预期。”该文指的是名义GDP的变化还是实际GDP的变化？请简要解释。

资料来源：“World This Week”，*Economist*，July 15，2015.

3.9　运用下表数据计算每年的GDP平减指数（数值单位为10亿美元）。

年份	名义GDP	实际GDP
2010	14 964	14 784
2011	15 518	15 021
2012	16 163	15 369
2013	16 768	15 710
2014	16 245	16 086

用GDP平减指数的变化衡量价格水平的百分

比增加，2011—2014 年中哪一年的百分比最高？请简要解释。

3.10 ［与 12.3.3 节中的“建立联系”专栏有关］《经济学人》上的一篇关于尼日利亚 GDP 修订的文章评论道：“这次 GDP 修订绝不是耍花招。通过给电信业、银行业和诺莱坞电影业等近些年增长迅速的小经济部门应有的权重，它提供了对尼日利亚的经济规模更真实的描述。”

a. 该文所说的对迅速增长的经济部门“给予应有的权重”是指什么？

b. 尼日利亚的国家统计局如何完成了给这些部门应有权重的任务？

c. 为什么对 GDP 的计算做的这一变化提供了对尼日利亚的经济规模更真实的描述？

资料来源：“Africa's New Number One”，*Economist*，April 12，2014.

□ 12.4 总产出与总收入的其他衡量指标

总结

总产出和总收入的最重要的衡量指标是国内生产总值（GDP）。正如我们将在后面章节中看到的，对于某些目的，总产出和总收入的其他衡量指标实际上比 GDP 更有用。这些衡量指标是：国民生产总值（GNP）、国民收入、个人收入和个人可支配收入。

复习题

4.1 GDP 和 GNP 有什么不同？请简要解释两者的区别对美国而言是否重要。

4.2 国民收入、个人收入和个人可支配收入有什么区别？

4.3 什么是国内收入总值？国内收入总值最大的组成部分是哪一个？

问题与应用

4.4 假定土耳其有许多公民暂时在其他国家工作，也有许多企业在外国设有机构。而且，在土耳其工作的外国公民相对很少，设有机构的外国企业也相对很少。在这种情况下，你预计土耳其的 GDP 和 GNP 哪个更大？请简要解释。

4.5 《经济学人》上的一篇关于爱尔兰经济的文章称：“爱尔兰的经济和财政进展通常是用 GDP 来衡量的……但是，对一个外国企业如此占主导的经济体来说，GNP……更重要。”请简要解释作者的推理。

资料来源：“Fitter，yet Fragile”，*Economist*，January 5，2013.

4.6 假定联邦政府征收的个人所得税上升，而 GDP 水平保持不变。国民收入、个人收入和个人可支配收入的值将会怎么变化？

4.7 如果你尝试预测家庭的消费支出水平，总产出和总收入的多个衡量指标中的哪一个对你的预测最有帮助？请简要解释。

4.8 简要讨论如下表述的准确性：“公司利润太高了：大部分公司的利润等于商品售价的 50%。”

实时数据练习

D12.1 （分析个人消费支出的组成部分）访问圣路易斯联邦储备银行（FRED）的网站（research.stlouisfed.org/fred2/）。

a. 找到以下四个变量最近一个季度的数值：(1) 个人消费支出（PCEC）；(2) 个人消费支出——耐用品（PCDG）；(3) 个人消费支出——非耐用品（PCND）；(4) 个人消费支出——服务（PCESV）。

b. 家庭总支出的多少百分比被用于商品消费（包括耐用品和非耐用品）？

D12.2 （分析投资的组成部分）访问圣路易斯联邦储备银行（FRED）的网站（research.stlouisfed.org/fred2/）。

a. 找到以下三个变量最近一个季度的数值：(1) 私人国内投资总值（GPDI）；(2) 私人非住房固定投资（PNFI）；(3) 私人住房固定投资（PRFI）。

b. 利用这些数值计算私人国内投资与私人住房和非住房固定投资之差。这个数值代表 GDP 的哪个组成部分？

D12.3（计算净出口）访问圣路易斯联邦储备银行（FRED）的网站（research.stlouisfed.org/fred2/）。

a. 找到（1）商品和服务实际出口（EXPGSCA）和（2）商品和服务实际进口（IMPGSCA）最近两年的数值。

b. 计算最近两年每年的净出口值。

D12.4 （比较 GDP 和 GNP）访问圣路易斯联邦储备银行（FRED）的网站（research.stlouisfed.org/fred2/）。

a. 找到（1）国内生产总值（GDP）和（2）国民生产总值（GNP）最近一个季度的数值。

b. 给定这些数值，解释美国企业在国外的生产是否超过国外企业在美国的生产。

D12.5（分析个人收入的组成部分）访问圣路易斯联邦储备银行（FRED）的网站（research. stlouisfed. org/fred2/）。

a. 找到以下三个变量最近一个季度的数值：(1) 个人收入（PINCOME）；(2) 个人可支配收入（DPI）；(3) 个人消费支出（PCEC）。

b. 利用这些数值计算个人收入和个人可支配收入之差。这个差值代表什么？

D12.6 （计算 GDP 平减指数和通货膨胀率）访问圣路易斯联邦储备银行（FRED）的网站（research. stlouisfed. org/fred2/）。

a. 找到 (1) 名义 GDP（GDP）和 (2) 实际 GDP（GDPC1）最近一个季度和一年前同一季度的数值。

b. 利用这些数值计算最近一个季度和一年前同一季度的 GDP 平减指数。

c. 利用这两个 GDP 平减指数数值，计算这一年期间的通货膨胀率。

d. 再看一下图 12.3。简要解释为什么名义 GDP 线和实际 GDP 线相交于基年。名义 GDP 线和实际 GDP 线相交的那一年的 GDP 平减指数是多少？

D12.7 （计算实际 GDP 和实际增长率）访问圣路易斯联邦储备银行（FRED）的网站（research. stlouisfed. org/fred2/）。

a. 找到 (1) 名义 GDP（GDP）和 (2) GDP 隐性价格平减指数（GDPDEF）最近一个季度和一年前同一季度的数值。

b. 利用这些数值计算最近一个季度和一年前同一季度的实际 GDP。

c. 利用这两个实际 GDP 数值，计算这一年期间经济的实际增长率。

第 13 章

失业与通货膨胀

本章概览和学习目标

13.1 失业率、劳动力参与率和就业人口比的衡量

定义失业率、劳动力参与率和就业人口比，理解其计算方法。

13.2 失业的类型

区分失业的三种类型。

13.3 解释失业

解释哪些因素决定了失业率。

13.4 通货膨胀的衡量

定义价格水平和通货膨胀率，理解其计算方法。

13.5 运用价格指数调整通货膨胀的效应

运用价格指数调整通货膨胀的效应。

13.6 名义利率与实际利率

区分名义利率与实际利率。

13.7 通货膨胀给经济带来了成本吗？

讨论通货膨胀引发的问题。

开篇案例

为什么摩根大通裁员？

当我们学习宏观经济学时，我们关注的是大图景：总产出、总就业和价格水平。但是，大图景是由无数的单个消费者、工人和企业共同构成的。近些年很少有行业像金融服务业（包括银行和经纪公司等企业）一样存在那么多问题。在严重的2007—2009年经济衰退期间，许多工人丢掉了他们的工作，许多企业的销售量急剧减少。银行业尤其受到了这次衰退的重创。总部位于纽约市的摩根大通是美国最大的银行，雇员超过24万人。该银行由传奇金融家J. P. 摩根（J. P. Morgan）创建于20世纪早期。当美国金融体系遭受了自20世纪30年代的大萧条以来最严重的危机时，该银行2008年的利润相比2007年下降了2/3。到2009年，美国失业率上升到10%，这么高的失业率是自20世纪30年代以来的第二次。

到2015年，美国经济和摩根大通都已从衰退中得到了很好的复苏。但是，银行的处境仍很艰难，重要的原因有如下三个：(1) 整个经济体的利率仍处在很低的水平，这通过缩小银行能向家庭和企业收取的贷款利率和银行付给支票和储蓄存款的利率之差减少了银行的利润。(2) 大银行还正在设法应对增多的联邦管制，这些管制导致一些大银行停止了某些业务，例如摩根大通停止了发放学生贷款。(3) 随着包括存入支票存款和申请贷款等更多的银行业务变成可以通过网上操作，银行正在设法应对技术变革。2015年5月，摩根大通宣布它将解雇5 000名雇员，平均每家分支机构要减少两个柜员。另外三家美国最大的银行——美国银行、花旗银行和富国银行——也在出于类似的原因裁员。

在2007—2009年经济衰退结束后的几年里曾经继续居高不下的全国失业率到2015年终于达到了更加正常的水平。但是，对于工资只在缓慢增加而且有工作或在积极求职的人的比例处于多年来的低位，许多经济学家感到忧虑。

在本章中，我们将关注如何衡量失业和价格水平的变化。价格水平的变化就是通货膨胀。因为失业和通货膨胀都是主要的宏观经济问题，所以了解如何衡量这些变量非常重要。

资料来源：Emily Glazer，"J. P. Morgan Aims to Cut 5 000 Jobs"，*Wall Street Journal*，May 28，2015；Ryan Tracy，Victoria McGrane，and Justin Baer，"Fed Lifts Capital Requirements for Banks"，*Wall Street Journal*，July 20，2015；Eric Morath，"Jobs at a Crossroads：Hiring Up，Pay Flat"，*Wall Street Journal*，July 2，2015；and Rachel Louise Ensign and Lisa Beilfuss，"U. S. Bancorp Says Pressure from Low Rates Looks to Ease"，*Wall Street Journal*，July 15，2015.

生活中的经济学

如果你在经济衰退期间毕业，你应该调整自己的职业规划吗？

假定你现在是一名经济或金融专业的大二学生，计划毕业后在银行业求职。现在经济处于严重衰退期，失业率是你出生以来最高的，逾10%。银行业正在大幅裁员。你应该换一个专业吗？你应该仍然考虑在银行业求职吗？在阅读本章的过程中，试着回答这些问题。对照我们在本章末提供的答案，你可以检验你的答案。

失业和通货膨胀是媒体和政治竞选中被讨论得最多的宏观经济问题。对很多人而言，整个经济的状况只需两个指标就可以总结出来：失业率和通货膨胀率。在 20 世纪 60 年代，时任林登·约翰逊（Lyndon Johnson）总统政府经济顾问委员会主席的阿瑟·奥肯（Arthur Okun）创造了“痛苦指数”这个术语，该指数把通货膨胀率和失业率相加来粗略衡量整个经济的状况。正如我们将在后面几章中看到的，虽然在短期中失业和通货膨胀是重要的问题，但是经济在长期成功与否的最佳判断标准是经济产生高水平的人均实际 GDP 的能力。在本章中，我们将讨论政府是如何衡量失业率和通货膨胀率的。我们将密切关注联邦政府每月发布的失业和通货膨胀的统计指标。

13.1 失业率、劳动力参与率和就业人口比的衡量

在每月某个周五（通常为第一个周五）早上 8:30，美国劳工部公布它对上月失业率的估计。如果失业率高于或低于预期，投资者可能会改变其对经济健康程度的看法。结果在一小时后纽约证券交易所开盘时显现出来。有关失业的好消息通常引起股票价格上升，而坏消息则引起股票价格下降。失业率也可能有重要的政治后果。在大多数总统选举中，如果在选举年上半年失业率下降，那么现任总统会获得连任。而如果失业率上升，现任总统就会败选。在 2012 年的选举中，这一关系应验了。2012 年上半年的失业率比 2011 年下半年低，时任总统奥巴马成功连任。

失业率是一个关键的宏观经济统计数据。但是劳工部如何估计失业率？这些失业率有多准确？我们将在本节探究这些问题的答案。

13.1.1 家庭调查

美国调查统计局每个月都会进行现期人口调查（Current Population Survey，常被称作家庭调查）来收集计算失业率所需的数据。统计局选取了一个 6 万家庭的样本来代表美国人口，采访这些家庭中年龄在 16 岁或以上成员的就业状况。劳工部的劳工统计局（BLS）运用这些数据计算每月的失业率。

● 如果调查前一周受调查者在工作或由于生病、度假、罢工或其他原因暂时离开工作岗位，他们就被认为是**就业者**（employed）。

● 如果在前一周受调查者没有工作，但是可以工作并且此前四周某些时间里在积极寻找工作，他们就被认为是**失业者**（unemployed）。

劳动力（labor force）是经济体中就业者和失业者之和。**失业率**（unemployment rate）是失业者占劳动力的百分比。

劳工统计局将如下各种无工作并且没有在积极寻找工作的人归类为不属于劳动力者。

● 退休者、家庭主妇/主夫、全日制学生、军队服役者、监狱服刑者以及精神病医院的病人。

● 可以工作且在受调查前 12 个月里某段时间积极寻找工作但在受调查前四周没有积极寻找工作的人。一些人因交通困难或需要照看儿童等原因在受调查前四周没有积极寻找

工作。而那些可以工作但由于认为自己找不到工作而在过去四周没有寻找工作的人被称为**丧失信心的工人**（discouraged workers）。* 图 13.1 显示了美国 2015 年 8 月处于工作年龄的平民的就业状况。

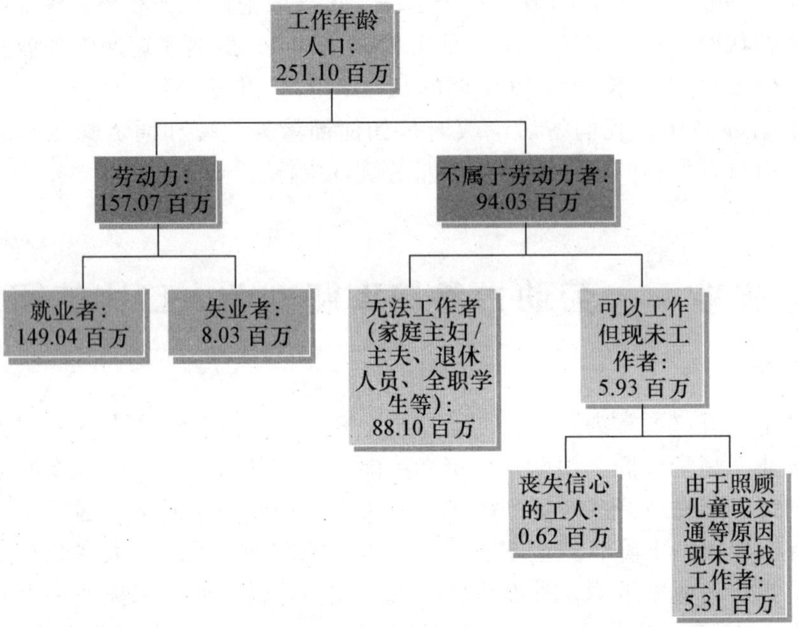

图 13.1 美国 2015 年 8 月处于工作年龄的平民的就业状况

2015 年 8 月，美国的工作年龄人口是 2.511 亿。工作年龄人口被分为劳动力（1.570 7 亿）和不属于劳动力者（0.940 3 亿）。劳动力被分为就业者（1.490 4 亿）和失业者（803 万）。不属于劳动力者被分为无法工作者（8 810 万）和可以工作但现未工作者（593 万）。后者又被分为丧失信心的工人（62 万）和因其他原因现未工作者（531 万）。

资料来源：U. S. Department of Labor, Bureau of Labor Statistics, *The Employment Situation—August 2015*, September 4, 2015.

我们可以运用图中的信息来计算三个重要的宏观经济指标。

- **失业率**。失业率衡量了劳动力中失业者人数的百分比：

$$\frac{\text{失业者人数}}{\text{劳动力}}\times 100\%=\text{失业率}$$

运用图 13.1 中的数字，我们能计算出 2015 年 8 月的失业率：

$$\frac{8.03\text{ 百万}}{157.07\text{ 百万}}\times 100\%=5.1\%$$

- **劳动力参与率。劳动力参与率**（labor force participation rate）衡量了劳动力占工作年龄人口的百分比：

$$\frac{\text{劳动力}}{\text{工作年龄人口}}\times 100\%=\text{劳动力参与率}$$

在 2015 年 8 月，劳动力参与率是：

$$\frac{157.07\text{ 百万}}{251.10\text{ 百万}}\times 100\%=62.6\%$$

* 原文将丧失信心的工人单列，但这显然不对，也与图 13.1 不一致。——译者注

- **就业人口比**。就业人口比衡量了就业者人数占工作年龄人口的百分比：

$$\frac{\text{就业者人数}}{\text{工作年龄人口}}\times 100\%=\text{就业人口比}$$

在2015年8月，就业人口比是：

$$\frac{149.04\ \text{百万}}{251.10\ \text{百万}}\times 100\%=59.3\%$$

例题 13.1 如果BLS把军队包括在内，会发生什么？

在BLS的家庭调查中，现服兵役的人并没有被包括在就业者、劳动力、工作年龄人口中。假定BLS把现服兵役的人包括在以上各类中，失业率、劳动力参与率和就业人口比会如何变化？

解：

第1步：复习本章内容。这一问题是关于计算失业率、劳动力参与率和就业人口比的，所以你可能需要复习一下13.1节“失业率、劳动力参与率和就业人口比的衡量”。

第2步：证明包含了现服兵役的人后，失业率降低。失业率的计算方法是：

$$\frac{\text{失业者人数}}{\text{劳动力}}\times 100\%$$

在包含了现服兵役的人后，算作劳动力的人数会增加，但失业者人数不变。所以，失业率会降低。

第3步：证明在包含现服兵役的人后，劳动力参与率和就业人口比都会增加。劳动力参与率的计算方法是：

$$\frac{\text{劳动力}}{\text{工作年龄人口}}\times 100\%$$

就业人口比的计算方法是：

$$\frac{\text{就业者人数}}{\text{工作年龄人口}}\times 100\%$$

在包含现服兵役的人后，劳动力人数、就业者人数和工作年龄人口都会增加相同的数量。这一变化将导致劳动力参与率和就业人口比均增加，因为小于1的分数的分子、分母同时增加相同的数量时，该分数值增加。

为了帮助理解这一点，考虑如下简单的例子。假定有1亿人是工作年龄人口，其中劳动力人数是0.5亿，此时没有包括现服兵役的人。假定现服兵役的人有100万（0.01亿）。那么，当不包含现服兵役的人时，劳动力参与率是：

$$\frac{0.5\ \text{亿}}{1\ \text{亿}}\times 100\%=50\%$$

在包含了现服兵役的人后，劳动力参与率是：

$$\frac{0.51\ \text{亿}}{1.01\ \text{亿}}\times 100\%=50.5\%$$

类似的计算可以说明当现服兵役的人被包括在内时，就业人口比将增加。

轮到你了：要想做更多的练习，请做本章末与本专栏相关的问题与应用1.8。

□ 13.1.2 失业率衡量中的问题

虽然 BLS 报告的失业率精确到了 0.1 个百分点，但是，它仍不是一个完美的衡量经济体中失业状况的指标。BLS 面对的问题之一是区分失业者和不属于劳动力者。例如，在经济衰退期，由于找工作遇到困难的人停止积极寻找工作，所以丧失信心的工人的数量增加。因为这些人并不被计入失业人口中，BLS 衡量的失业率将低估经济体中失业的真实程度。BLS 同时将从事兼职工作的人计入就业人数中，即使这些人更愿意得到一份全职工作。在衰退期，把想从事全职工作的兼职工作者算作就业者会导致经济体中失业程度被低估，从而使就业状况显得比实际情况更好。

不把丧失信心的工人计入失业人数和把更愿意从事全职工作的兼职工人计入就业人数，对衡量到的失业率有着显著影响。在图 13.2 中，虚线代表官方的失业率，实线代表倘若 BLS 将（1）所有可以工作但是没有积极寻找工作的人和（2）更想要全职工作的兼职工作者都计入失业人口将会得到的失业率。这两种衡量失业率的方法的差异是很大的，在 2007—2009 年的衰退和其后的缓慢复苏期尤其大。例如，在 2015 年 8 月，运用更广义的失业定义计算将会使失业率从 5.1%上升至 10.3%。

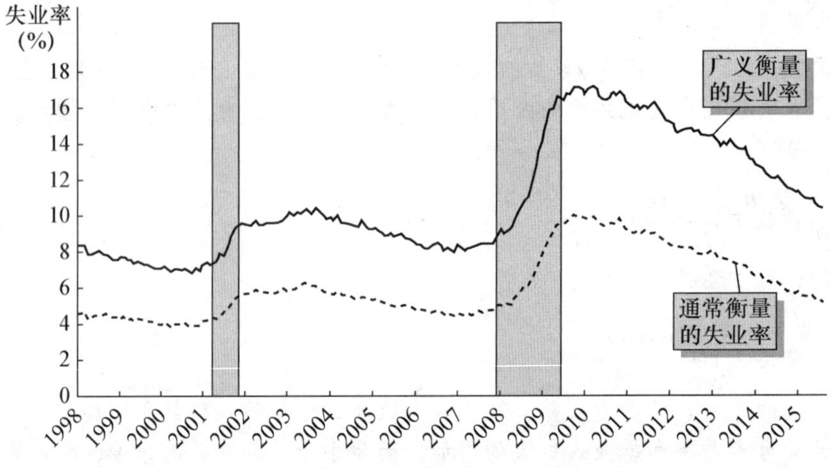

图 13.2 1998—2015 年官方失业率和更广义概念下的失业率

虚线代表通常衡量的失业率，而实线代表倘若 BLS 将所有可以工作但是没有积极寻找工作和更想要全职工作的兼职工作者都计入失业人口将会得到的失业率。两种衡量方法的差异在 2007—2009 年的衰退和其后的缓慢复苏期尤其大。阴影部分表示处于衰退期的月份。

注：通常的衡量是 BLS U-3 序列，广义的衡量是 BLS U-6 序列。

资料来源：U.S. Bureau of Labor Statistics.

但是，也有其他衡量问题导致失业率衡量值高估了真实失业情况。这些问题的出现是由于家庭调查并没有证实受调查者的回答。一些声称失业且积极寻找工作的人可能并未积极寻找。有些声称积极寻找工作的人可能只是为了有资格领取政府发放的失业救济金。在这种情况下，实际上并不属于劳动力的人会被算作失业者。另一些人可能有工作但从事的是非法活动（如贩毒）或者为了避税而想隐瞒自己的合法工作。在这种情况下，实际上有工作的人就被算作了失业者。调查中的这些不准确的回答使 BLS 衡量的失业率高估了实际的失业状况。所以，我们能得到如下结论：虽然失业率提供了一些关于一国就业状况的有用信息，但是它绝不是经济体中失业状况的精确度量。

□ 13.1.3 劳动力参与率的趋势

劳动力参与率很重要，因为它决定了一定人口规模下经济体可用的劳动力数量。劳动力参与率越高，可用的劳动力就越多，该国的GDP水平和人均GDP水平就越高。图13.3突出了美国自1948年以来16周岁或以上成年人的劳动力参与率变化的两个重要趋势：成年男性劳动力参与率下降，成年女性劳动力参与率上升。(但是，注意，到2014年，女性的劳动力参与率还没有完全从衰退的影响中走出来。)

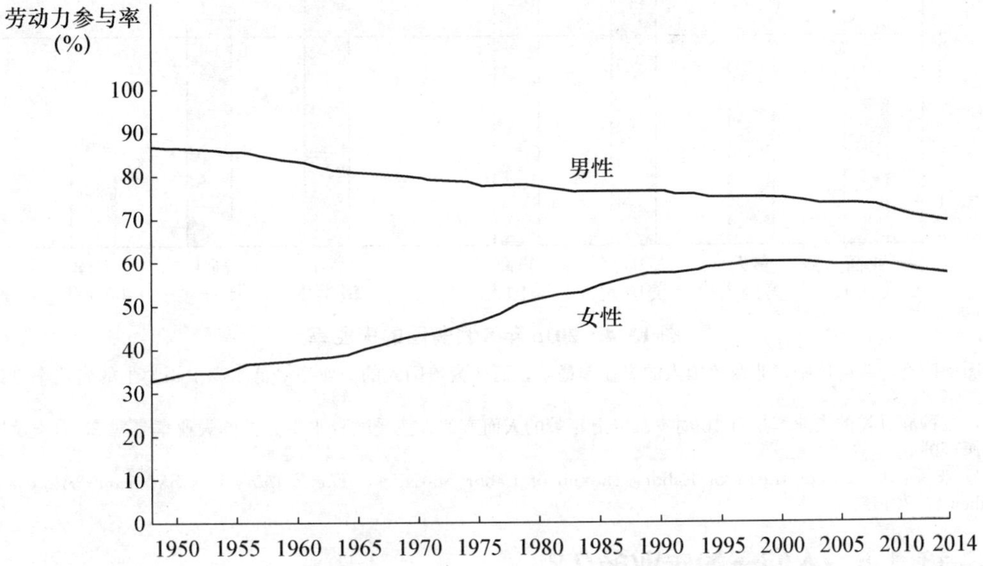

图13.3 劳动力参与率的趋势：1948年以来成年男性和女性的劳动力参与率

成年男性劳动力参与率自1948年以来逐步下降，但是成年女性劳动力参与率显著上升，这使现今综合的劳动力参与率高于1948年的水平。

资料来源：U. S. Bureau of Labor Statistics.

成年男性劳动力参与率从1948年的87%降低到2014年的69%。这一下降主要是由于年长男性更早退休和年轻男性受教育时间更长。此外，那些不在学校接受教育但又没到退休年龄的成年男性的劳动力参与率也出现了下降。长期看来，成年男性劳动力参与率的下降部分地是因为国会使人们更容易根据社会保障中的残疾保障项目获得现金支付。短期看来，是因为2007—2009年衰退的严重性和衰退后复苏的疲软。

成年女性劳动力参与率从1948年的33%大幅增加到2014年的57%，这不仅抵消了成年男性劳动力参与率的降低，还使综合的劳动力参与率上升了：从1948年的59%上升到2014年的63%。女性劳动力参与率的上升有几个原因，包括(部分地)由妇女运动造成的社会观念改变、联邦法律禁止性别歧视、女性工资上升、典型家庭生的孩子更少了以及女性养家的家庭增加了。

□ 13.1.4 不同群体的失业率

人口中不同群体的失业率迥异。图13.4显示了2015年8月不同种族群体和不同受教育水平群体的失业率。总失业率为5.1%，但亚裔美国人的失业率只有3.5%，非裔美国人的失业率高达9.5%。高中辍学生的失业率为7.7%，而大学毕业生的失业率仅为 2.5%。

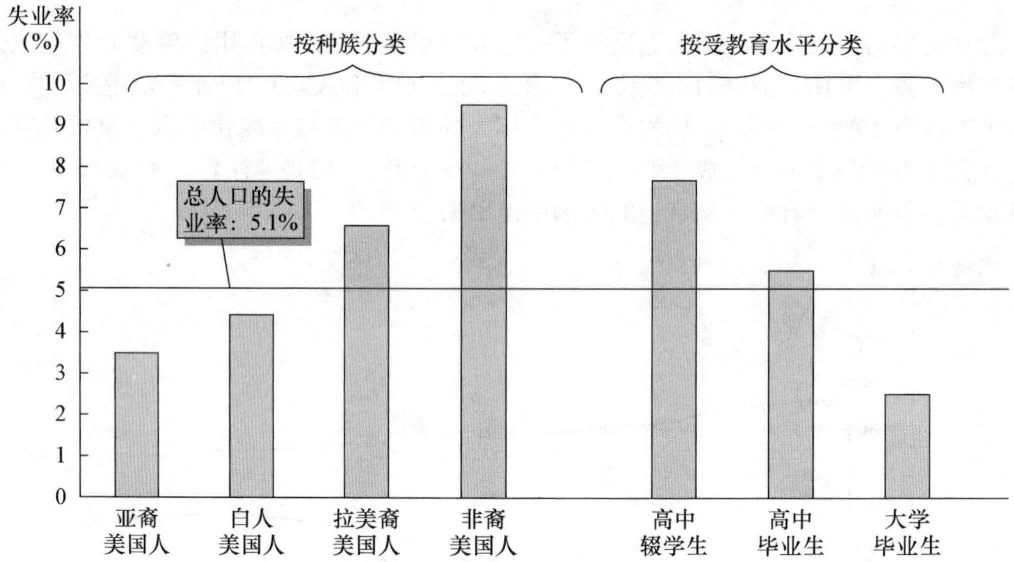

图 13.4 2015 年 8 月美国的失业率

在图中四类种族群体中，非裔美国人的失业率最高，而亚裔美国人的失业率最低。高中辍学生的失业率是大学毕业生的三倍多。

注：按种族分类的失业率是对 16 周岁及以上年龄的人而言的，按受教育水平分类的失业率是对 25 周岁及以上年龄的人而言的。

资料来源：U. S. Department of Labor，Bureau of Labor Statistics，*The Employment Situation—August 2015*，September 4，2015.

□ 13.1.5 人们一般失业多久？

一个人失业越久，所受的苦难就越大。在 20 世纪 30 年代大萧条期间，某些人一次失业长达数年。在当今的美国经济中，一般失业者失业的时间相对较短，尽管在严重的经济衰退中会大幅延长。例如，当 2007 年上半年经济正处于扩张阶段时，只有不到 20%的失业者失业时间超过 6 个月。但是，到 2007—2009 年经济衰退结束时，有一半的失业者失业时间超过 6 个月。平均失业时长增加了一倍以上，从大约 4 个月增加到大约 10 个月。在 2007—2009 年衰退期间及之后的时期失业的严重程度打破了美国正常的失业经历。在正常情况下，典型的失业者在少数几个月内就能找到另一份工作，或者回到原来的工作岗位。

建立联系

800 万工人不见了！

尽管失业率是关于劳动力市场状况的得到最广泛关注的衡量指标，但是，在 2007—2009 年衰退后的经济复苏时期，就业人口比成为许多经济学家和政策制定者关注的指标。正如我们在前面所看到的，就业人口比衡量工作年龄人口中就业者所占的百分比。图 13.2 显示，到 2015 年年中，失业率从 2009 年高达 10%下降到了 5.1%的大致正常的水平。但是，下页图中的虚线显示，就业人口比并没有完全从 2007—2009 年衰退期间的下降中恢复。

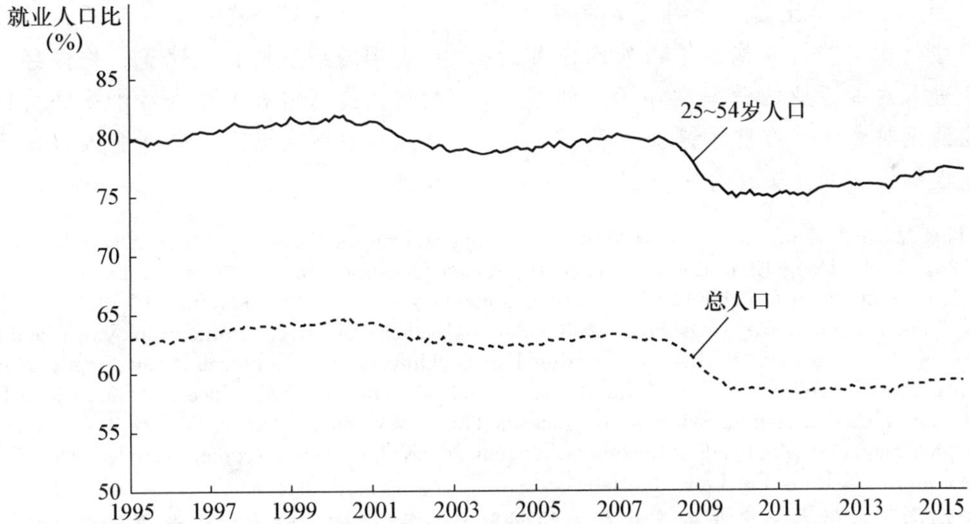

在这次衰退开始前的 2006 年，就业人口比为 63.4%。2005 年 8 月，衰退结束已经超过 6 年了，这一比例还只有 59.4%。如果就业人口比恢复到了衰退前的水平，那么，2015 年工作的人数就会比实际水平多出 800 万！如果有这额外的 800 万工人，GDP 就会比实际水平高得多。

为什么就业人口比没有回到衰退前的水平呢？部分解释是，随着婴儿潮一代——1946—1964 年出生的人——变老，人口的平均年龄增加了。60 岁上下的人比更年轻的人有工作的可能性要小一些。图中的实线阐明了这一事实，该线表示 25～54 岁人口（这是最有可能在工作的人所处的年龄段）的就业人口比。这一年龄段的就业人口比在 2006—2015 年之间下降了大约 3 个百分点，比所有工作年龄人口的就业人口比下降了大约 1/4。对于就业人口比下降的其余部分的解释，经济学家没有达成共识。一些经济学家指出，许多人不仅在衰退期间失业了，而且，衰退后的缓慢复苏意味着有些人失业了好几年。长时间没工作的人常常难于找到一份新工作，原因是他们的技能退化了，从而雇主更加不愿意雇用他们。这种“劳动力市场伤疤”可能有助于解释就业人口比的部分下降。还有些经济学家则指向了社会保障中的残疾保障领取人数的增加。根据残疾保障项目，残疾人士从联邦政府收到现金支付并从医疗补贴保险收到医疗补助。有些领取残疾保障的人本来是会去工作的（如果没有残疾保障项目的话）。

国会预算办公室的经济学家估计，为购买医疗保险提供补贴并扩大了医疗照顾保险覆盖范围的《患者保护与平价医疗法案》（见第 5 章）导致了就业的减少。根据国会预算办公室的一份报告，作为该法案的结果，“与没有该法案相比，有些人将决定不工作或减少工作时间——包括一些选择提前退休的人和一些选择减少自己的工作时间并更多地依赖配偶收入的人。”

加州大学圣迭戈分校的经济学家杰弗里·克莱门斯（Jeffrey Clemens）和迈克尔·威瑟（Michael Wither）分析了联邦最低工资从 2007 年的每小时 5.15 美元增加到 2009 年的 7.25 美元所产生的影响。他们发现，通过使低技能的工人更难以找到工作，最低工资的增加降低了就业人口比。他们估计，这一影响解释了就业人口比总的下降的约 14%。

最后，正如我们在第 6 章所看到的，

新企业创办的比率比过去下降了，而且，由于一些州对某些行业施加了额外的许可要求，进入这些行业的壁垒增加了。创办新企业的困难意味着有些本来会自己当小企业老板的人离开了劳动力市场。

正如我们将在后面几章看到的，近些年美国的经济增长减速了。许多经济学家相信，提高增长率和生活水平的关键之一是政府制定有助于逆转就业人口比下降的政策。

资料来源：Josh Zumbrun，"Labor-Market Dropouts Stay on the Sidelines"，*Wall Street Journal*，December 28，2014；Doug Elmendorf，"Frequently Asked Questions about CBO's Estimates of the Labor Market Effects of the Affordable Care Act"，cbo. gov，February 10，2014；Jeffrey Clemens and Michael Wither，"The Minimum Wage and the Great Recession：Evidence of Effects on the Employment and Income Trajectories of Low-Skilled Workers"，Working Paper，University of California，San Diego，November 24，2014；Janet L. Yellen，"Labor Market Dynamics and Monetary Policy"，Speech at the Federal Reserve Bank of Kansas City Economic Symposium，Jackson Hole，Wyoming，August 22，2014；Samuel Kapon and Joseph Tracy，"A Mis-Leading Labor Market Indicator"，libertystreeteconomics. nyfed. org，February 3，2014；and U. S. Bureau of Labor Statistics.

轮到你了：做本章末与本专栏相关的问题与应用 1.10，看看你理解得如何。

□ 13.1.6 机构调查：就业的另一个衡量指标

除了家庭调查，BLS 运用了机构调查，也被称为工资名单调查，来衡量经济体中的总就业。这项月度调查的样本是约 30 万家商业机构（例如工厂、商店和办事处）。一家小公司通常只有一个运营机构，而一家大公司可能有多个运营机构。机构调查提供了在工资名单上的就业者的信息。机构调查有四个缺点：

（1）这种调查没有提供自我雇用的人员数量，因为他们不在任何一家公司的工资名单上。

（2）这种调查没有计入那些没有被包括在调查中的新成立公司雇用的人员。

（3）这种调查没有提供关于失业的信息。

（4）当来自额外机构的信息可以获得时，BLS 起初公布的雇用数可能会被大幅修正。

尽管有这些缺点，但是，机构调查也有其优点：它是由实际的工资名单决定的，而不是像家庭调查那样是由未经核实的回答决定的。结果，许多经济学家在分析现今劳动力市场情况时更加依赖机构调查的数据而非家庭调查的数据。一些金融分析师在预测未来经济状况以帮助预测股票价格时，也更多地依赖机构调查的数据，而非家庭调查的数据。

表 13.1 显示了 2015 年 7 月和 8 月的家庭调查和机构调查数据。注意因为家庭调查包括了自我雇用者，所以其总就业人数高于机构调查的数据。家庭调查提供了有关失业人数和劳动力人数的信息。这些信息在机构调查中是不可得的。在 2015 年 7—8 月，家庭调查得到的就业量上升了 19.6 万，而机构调查得到的就业量只上升了 17.3 万。这种不一致部分地是由于两种调查涵盖的群体有些差别，部分地是由于调查的不精确性。

表 13.1　　2015 年 7—8 月家庭和机构调查数据

	家庭调查			机构调查		
	7 月	8 月	变动	7 月	8 月	变动
就业者人数	148 840 000	149 036 000	196 000	142 115 000	142 288 000	173 000

续前表

	家庭调查			机构调查		
	7月	8月	变动	7月	8月	变动
失业者人数	8 266 000	8 029 000	−237 000			
劳动力人数	157 106 000	157 065 000	−41 000			
失业率	5.3%	5.1%	−0.2%			

资料来源：U. S. Department of Labor，Bureau of Labor Statistics，*The Employment Situation—August 2015*，September 4，2015.

□ 13.1.7 机构调查就业数据的修正：2007—2009 年衰退有多严重?

经济学家和政策制定者依赖政府发布的经济数据（如从机构调查中得到的就业数据）来了解当前经济形势。但是，给定美国经济这么大的规模，经济分析局、劳工统计局和调查统计局等政府机构需要相当长的时间来搜集关于 GDP、就业和其他宏观经济变量的完整而精确的数据。为了避免政策制定者和普通民众长时间等待数据，政府机构通常先发布初步估计数据，在得到进一步信息后再进行修正。正如我们之前所指出的，BLS 从机构调查中得到的就业数据在一段时期后可能要进行特别大的修正。

图 13.5 显示了 2007 年 12 月—2010 年 12 月这段时期里每个月机构调查原先报告的就业变化量与 2015 年 9 月获得的修正值之间的差额。在灰色长条代表的月份，BLS 修正后的数据显示，减少的工作岗位比原先报告的要少（或者创造出来的工作岗位比原先报告的要多）。在黑色长条代表的月份，BLS 修正后的数据显示，减少的工作岗位比原先报告的要多（或者创造出来的工作岗位比原先报告的要少）。例如，BLS 原先报告 2008 年 9 月的工作岗位减少了 15.9 万。实际上，在得到更多信息后，BLS 修正后的数据显示，该月就

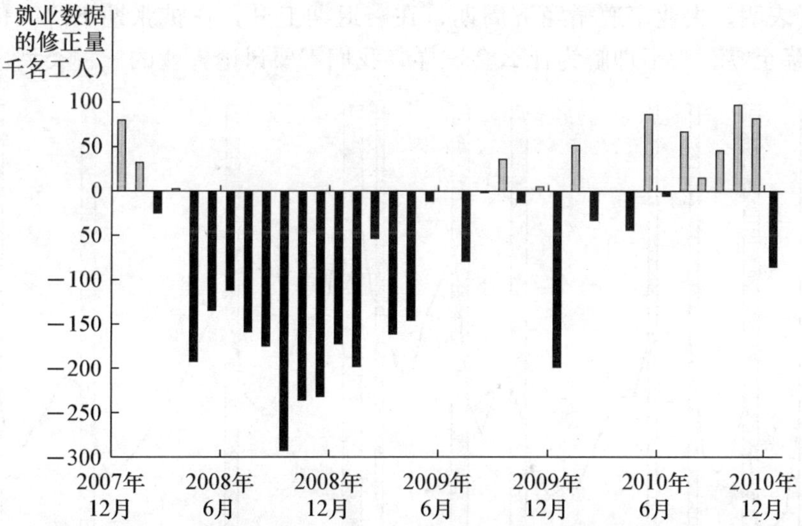

图 13.5 对机构调查报告的就业变动量的修正，2007—2010 年

随着时间的推移，BLS 修正其对就业变动量的初步估计。在 2007—2009 年衰退中，实际失去的工作数量比初步估计数要多得多。在灰色长条代表的月份，BLS 修正后的数据显示，减少的工作岗位比原先报告的要少（或者创造出来的工作岗位比原先报告的要多）。在黑色长条代表的月份，BLS 修正后的数据显示，减少的工作岗位比原先报告的要多（或者创造出来的工作岗位比原先报告的要少）。

资料来源：U. S. Bureau of Labor Statistics.

业量下降了 45.2 万，较之前的估计多下降了近 30 万。随着衰退在 2008 年 4 月—2009 年 4 月期间进一步加深，BLS 原先报告的数据低估了 230 万个减少的工作岗位。也就是说，2007—2009 年的衰退比经济学家和政策制定者们当时意识到的严重得多。

□ 13.1.8 随着时间推移的职位创造和消亡

有一个关于就业的重要事实并非众所周知：每一年美国经济中新创造和消亡的职位数以百万计。例如，2014 年新创造的职位有约 2 910 万个，消亡的职位则有约 2 610 万个。在一个活跃的市场体系中，这种程度的职位创造和削减并不令人惊讶，因为总会有新企业成立，有些现有的企业不断发展壮大，有些现有的企业则不断收缩，还有一些则退出了市场。职位的创造和消亡是由消费者喜好的变化、技术进步及企业家应对消费者喜好变化和技术进步所带来的机会和挑战的成败导致的。大量的职位创造和消亡有助于解释为什么在大多数年份里典型失业者的失业时间相对较短。

当 BLS 宣布每月就业者和失业者人数的增减时，这些都是净值数字。也就是说，就业者人数的变动等于创造的职位数减去消亡的职位数。以 2014 年 9—12 月为例。在此期间，763.5 万个职位被创造出来，652.6 万个职位消亡了，净增加 110.9 万个职位。因为与创造量和消亡量相比，净变动量太小了，所以净变动量并不能完全反映现实中美国就业市场的动态变化。

13.2 失业的类型

图 13.6 表明，失业率遵循经济周期，在衰退期上升，在扩张期下降。但是，注意失业率从未下降至零。为了理解为什么会这样，我们需要讨论失业的三种类型：

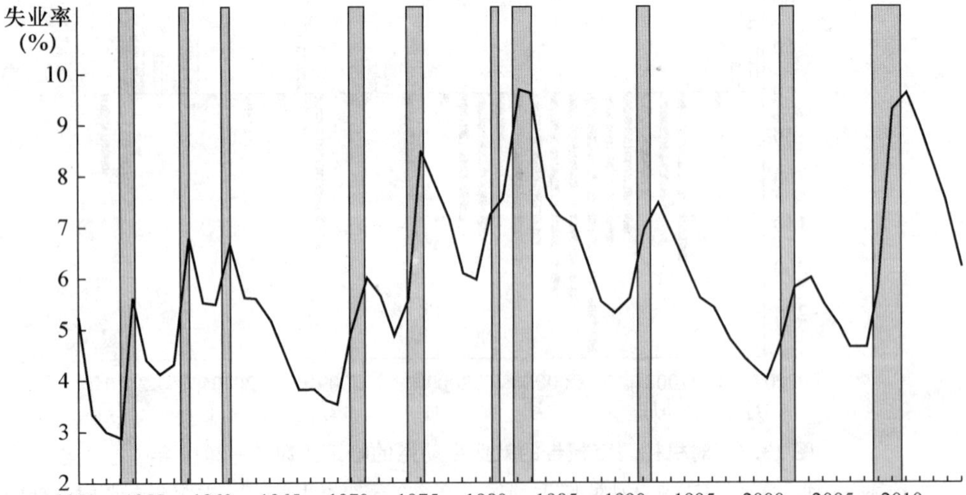

图 13.6 1950—2014 年美国的年失业率

失业率在衰退期上升，在扩张期下降。阴影部分代表衰退。
资料来源：U. S. Bureau of Labor Statistics.

(1) 摩擦性失业;
(2) 结构性失业;
(3) 周期性失业。

□ 13.2.1 摩擦性失业和工作搜寻

工人们有不同的技能、兴趣和能力，工作岗位也有不同的技术需求、工作条件和薪资水平。所以，一个刚进入劳动力市场的新工人或一个失业的工人都不大可能立即找到可以接受的工作岗位。大多数工人都要花费时间进行工作搜寻，大部分企业也需要花费时间寻找新员工来填补职位空缺。**摩擦性失业**（frictional unemployment）是指因工人和工作之间的匹配过程而引起的失业。一定程度的摩擦性失业是不可避免的。正如我们所看到的，美国经济每年创造和消亡的职位数以百万计。工作搜寻的过程需要时间，所以总会有一些摩擦性失业工人，他们失去了原有的工作，正在寻找新的工作。

有些失业是由于季节因素，如天气状况或一年中不同时间对某些商品和服务的需求的波动。例如，在海滨度假地的商店冬季会裁减员工，滑雪度假村在夏季会裁减员工。百货商店在 11 月和 12 月会增加人手而新年后会减少雇员。在农业地区，雇用量在收获季节会增加，之后则会减少。在美国许多地区，建筑工人在冬季的失业量高于夏季。季节性失业是指由天气、游客量的变化和其他与日历相关的事件造成的失业。因为季节性失业会使某些月份的失业率虚高、另一些月份的失业率虚低，所以 BLS 每月发布两个失业率——一个是经过季节调整的，一个是未经季节调整的。经季节调整后的数据消除了季节性失业的影响。经济学家和政策制定者们将经季节调整后的数据看做是对当前劳动力市场状况的更精确的描述。

消除所有摩擦性失业对经济有利吗？答案是否定的。因为一定程度的摩擦性失业实际上增加了经济效率。摩擦性失业的出现是因为工人和企业花费必要的时间来确保工人特性和岗位特征之间的良好匹配。通过花费时间于工作搜寻，工人最终得到自己满意并且能施展自身才干的工作。当然，拥有满意且高产的工人也符合企业的利益。

□ 13.2.2 结构性失业

由计算机生成的 3D 动画已经被用于《头脑特工队》(*Inside Out*) 和《小黄人》(*Minions*) 等电影，它比传统的手绘 2D 动画受欢迎得多。结果，很多很擅长手绘动画的人失去了他们在迪士尼（Walt Disney Pictures）和梦工厂（DreamWorks）等电影工作室的职位。为了重新找到工作，他们中许多人学习了用计算机生成动画的技术，或者转投到其他行业。在重新就业之前，他们处于失业状态。经济学家认为这些动画师的失业属于结构性失业。**结构性失业**（structural unemployment）是指源于工人的技能和特征与工作要求的持续不匹配的失业。摩擦性失业的时间短，但结构性失业延续更长时间，因为失业者学习新技术需要时间。例如，由于来自国外生产商的竞争和用机器代替工人的技术变革，在 20 世纪 80 年代早期至 21 世纪头一个十年的早期美国钢铁行业的雇用量减少了一半以上。很多钢铁工人经过漫长的职业培训后，才在其他行业重新找到工作。

一些工人缺乏基本的从业技能，例如识字，或是有酗酒或吸毒的恶习。这使他们几乎不能胜任任何工作。这些工人可能长期处于结构性失业状态。

□ 13.2.3 周期性失业

当经济进入衰退时，很多企业发现销售量下降，从而减少生产。当生产减少时，企业开始裁员。这些因为经济衰退而失业的工人就会经历**周期性失业**（cyclical unemployment）。例如，福特汽车公司在2007—2009年的衰退期间裁员了。当经济从衰退中缓慢复苏时，福特汽车公司开始重新雇用那些员工。这些在衰退期间被裁掉而在其后的扩张期间重新被雇用的福特员工就经历了周期性失业。

□ 13.2.4 充分就业

当经济步入经济周期的扩张阶段时，周期性失业最终下降至零。但是，由于摩擦性失业和结构性失业的存在，失业率不会是零。正如图13.6所显示的，美国的失业率很少低于4%。我们在图13.6中看到的波动主要是由于周期性失业水平发生的变动。当仅有结构性失业和摩擦性失业存在时，我们就说经济处于充分就业。

经济学家将摩擦性失业和结构性失业之和看做经济体中正常的潜在失业水平，称其为**自然失业率**（natural rate of unemployment）。经济学家对自然失业率的确切数值有不同的意见，有充分的理由认为它在十年或更长时期不会保持不变。现在，大部分经济学家估计自然失业率为5%～5.5%。自然失业率有时也被称为充分就业的失业率。

建立联系

我们应该如何将摩根大通的失业归类?

我们在本章开篇案例中看到，摩根大通在2015年宣布计划裁员5 000人，平均每家分支机构要减少两个柜员。此外，该银行还从包括发放学生贷款等某些业务中退出了。摩根大通裁员所造成的失业是摩擦性失业、结构性失业还是周期性失业?在回答这个问题时，我们应该承认，把失业分成这三种类型对理解失业的来源是有用处的，但是，在特定例子中运用这些分类可能是困难的。例如，BLS提供了对总失业人数的估计，但是并没有将其归类为摩擦性失业、结构性失业或周期性失业。

虽然有这些困难，我们仍可对摩根大通这次解雇引起的失业大致进行分类。在这次解雇发生时，美国经济正处于扩张阶段，对贷款和摩根大通提供的其他服务的需求在增加，因此，摩根大通这次解雇所造成的失业不是周期性的，即使经济复苏更为强劲，该银行也不大可能重新雇用它这次解雇的工人。

解雇银行柜员的决定是技术变革的结果。随着更多的人使用智能手机应用程序在网上存入支票存款和归还贷款，访问银行分支机构的人更少了，因此，摩根大通不需要以前那么多银行柜员。由于其他银行也受到同样的技术变革的影响，这些被解雇的银行柜员可能需要接受针对其他工作的培训以便再就业。因此，这些工人的失业属于结构性失业。

作为美国最大的银行，摩根大通受到了一些不适用于小规模银行的联邦监管。由于新的联邦监管增加了美国规模最大的一些银行面临的成本，摩根大通退出了一些类型的服务，包括发放学生贷款。因此，如果提供这些服务的摩根大通雇员能够在不受新监管影响的小银行找到工作，那么，在这些雇员失业的那段时间里，他们的失业属于摩擦性失业。

因此，2015 年摩根大通解雇工人造成的失业可能有一部分属于结构性失业，一部分属于摩擦性失业。给定当时的经济形势，这些失业没有属于周期性失业的。

资料来源：Emily Glazer，“J. P. Morgan Aims to Cut 5 000 Jobs”，*Wall Street Journal*，May 28，2015；and Ryan Tracy，Victoria McGrane，and Justin Baer，“Fed Lifts Capital Requirements for Banks”，*Wall Street Journal*，July 20，2015.

轮到你了：做本章末与本专栏相关的问题与应用 2.6、2.7 和 2.8，看看你理解得如何。

13.3 解释失业

我们已经看到，某些失业是由经济周期导致的。在后面几章中，我们将探究经济周期产生的原因，这将帮助我们了解周期性失业。在本节，我们将讨论摩擦性失业和结构性失业水平的决定因素。

13.3.1 政府政策和失业率

寻找工作的工人们通过投送简历、在 Monster.com 这样的求职网站注册、通过朋友和亲戚推荐来找工作。企业通过在报纸上刊登广告、在网上发布招聘职位、举办招聘会和校园宣讲会来招聘人才。政府政策能够助这些私人努力一臂之力的方式如下：

- 通过采取有助于加速失业工人与空缺职位之间的匹配过程的政策，政府能够帮助减少摩擦性失业水平。
- 通过执行帮助失业工人接受再培训的政策，政府也可以帮助减少结构性失业。例如，联邦政府的贸易调整援助项目为那些因为来自外国公司的竞争而被企业裁减的员工提供培训。

但是，一些政府政策能够增加摩擦性失业和结构性失业。这些政府政策增加了失业率，其原因要么是增加了工人找工作需要花的时间，要么是抑制了企业雇用员工的激励，要么是使工资保持在市场水平之上。

失业保险和其他失业补助。假定你已经进入劳动力市场多年，但是刚刚失去了工作。如果你愿意，你很可能马上能在沃尔玛或者麦当劳找到一个低薪职位。但是，你或许决定通过投寄简历、应聘报纸和网上招聘广告中的职位来寻找一个更好的、工资更高的职位。注意任何活动的机会成本是指你从事该项活动必须放弃的价值最高的其他用途的价值。在这个例子中，继续寻找工作的机会成本就是现在你本来可以获得的工作的工资。你找工作的时间越长，你找到一个更好的、工资更高的职位的机会就越大，但同时你放弃的薪水就越多，机会成本就越大。

在美国和大多数其他工业国家，失业者有资格获得政府提供的失业保险金。在美国，失业保险金的数量在各州都不同，但一般约为平均工资的一半。由于失业者获得了这些保险金，所以他们花费更多的时间来寻找工作。找工作花的时间更多了，这提高了失业率。我们可以下结论说失业保险项目是一个糟糕的主意吗？大多数经济学家认为并不是。在20世纪30年代末国会创立失业保险项目之前，失业工人的收入大大减少，这导致他们大幅缩减开支。支出的减少又加剧了衰退的严重程度。失业保险有助于失业工人维持他们的收入水平和支出水平，这减轻了失业带来的困苦，也有助于降低衰退的严重性。

在美国，失业的工人通常有资格在失业后的6个月里获得失业保险金。不过，在衰退期间领取失业保险金的时间通常会延长，正如2007—2009年衰退期间和之后实际所发生的情况那样。在有资格领取失业保险金的时期过后，继续寻找工作的机会成本增加。在许多其他高收入国家，如加拿大和大多数西欧国家，工人有资格领取失业保险金的时间为一年甚至更长的时间，保险金的数量可能达到失业前工资的70%。此外，许多这些国家都有非常慷慨的社会保险项目，这些社会保险项目允许失业的成年人在有资格领取失业保险金的时期结束后，仍能获得一些政府补助。在美国，除了允许单亲家庭获得最多五年补助的贫困家庭临时援助项目外，政府很少给予健康的成年人补助。虽然由于多种原因，各国的失业率可能不同，但是大多数经济学家相信，因为在加拿大和西欧国家寻找工作的机会成本更低，所以这些国家的失业工人会用更长的时间寻找工作，从而这些国家的失业率往往高于美国。但是，在2007—2009年的衰退中，加拿大和德国的失业率比美国低。

最低工资法。在1938年，联邦政府颁布了全国性的最低工资法。起初，企业可以支付给工人的法定最低工资是每小时0.25美元。随着时间的推移，国会逐渐提高了最低工资；在2015年，最低工资为每小时7.25美元。一些州和城市也有自己的最低工资法。例如，2015年加利福尼亚的最低工资是每小时9美元，旧金山的最低工资是每小时12.25美元。如果最低工资被设定在高于由劳动供给和需求决定的市场工资水平，那么，劳动的供给量就会高于劳动的需求量。有些在没有最低工资的条件下被雇用的人会失业。结果，有最低工资时的失业率就会比没有时高。经济学家一致认为，对某些工人来说，当前的最低工资比市场工资水平高，但是他们对由此导致的失业量的看法不一致。因为一般而言，青少年拥有相对少的与工作相关的技能，他们也就成为最可能拿到最低工资的群体。研究估计，最低工资上升10%会使青少年就业量减少约2%。因为青少年和其他拿到最低工资的工人只占劳动力中一个相对很小的部分，所以，大部分经济学家相信，在现有的最低工资水平，最低工资对美国失业率的影响相当小。

□ 13.3.2 工会

工会是代表会员同雇主谈判以争取更高的工资和更好的工作条件的工人组织。在工会化的行业里，工资通常高于没有工会条件下的市场水平。高于市场水平的工资就导致了在工会化的行业里雇主雇用了更少的工人，但是这显著地提高了经济体中的总失业率吗？大多数经济学家并不这么认为，原因是在美国，除政府部门外只有约9%的工人加入了工会。虽然在诸如航空、汽车、钢铁和电信等几个行业中工会的力量仍旧强大，但是，在美国，大部分行业并没有工会化。结果是，大部分因为工资水平高于市场工资水平而不能在工会化的行业找到工作的工人能够在其他行业顺利就业。

□ 13.3.3 效率工资

有些企业支付高于市场水平的工资，其原因并不是政府的要求或是受到工会的影响，而是它们相信这样做会提高自身利润。由于对很多雇主而言工资是最大的成本，所以支付更高的工资看起来会降低企业的利润而不是提高利润。理解这一工资政策的关键是工资水平能够影响工人的生产率水平。很多研究显示，更高的工资能激励工人更努力地工作。**效率工资**（efficiency wage）是指企业为提高工人生产率而支付的高于市场水平的工资。企业不能通过监督来保证工人努力工作吗？在有些情况下可以。例如电话营销公司可以通过电子监控来确保工人们每小时拨打规定数量的电话。但是，在很多商业情形中，监督工人困难得多。许多企业必须依赖于有足够的激励努力工作的工人。通过支付超过市场工资的高薪，企业提高了工人失去工作的成本，因为许多其他工作只付市场工资。支付高工资导致的生产率提高不仅抵消了工资成本的增加，还降低了企业的生产成本。

因为效率工资高于市场工资，所以与最低工资法和工会一样，它导致劳动供给量大于需求量。所以，效率工资是经济在周期性失业为 0 时仍存在失业的另一个原因。

13.4 通货膨胀的衡量

经济生活中的一个事实是大多数商品和服务的价格都随时间上升。所以，生活成本不断提高。在 1914 年，亨利·福特开始支付给工人 5 美元的日工资，在当时是其他汽车生产商支付工资的两倍以上。当时价格水平很低，所以 5 美元的日工资已经使福特汽车公司的工人跻身中产阶级行列。在 1914 年，福特汽车公司在全国畅销的 T 型车的售价不到 600 美元，一件男式西服的价格是 15 美元，电影票价是 0.15 美元，一盒家乐氏玉米片的售价是 0.08 美元。在 2015 年，生活成本比 1914 年高得多，法律规定企业可以支付的最低法定工资是每小时 7.25 美元，小时工资比福特汽车公司当年给员工支付的高日薪都多。

了解政府如何编制就业和失业数据对解释这些统计量很重要。政府发布的生活成本统计量也是如此。**价格水平**（price level）衡量了经济体中商品和服务的平均价格（见第 12 章）。**通货膨胀率**（inflation rate）是平均价格水平从一年到下一年的百分比增加。在第 12 章，我们介绍了 GDP 平减指数，它是一个衡量价格水平的指标。GDP 平减指数是价格水平最广泛的测度，因为它包含了所有最终商品和服务的价格。但是，对于某些目的而言，它太宽泛了。例如，如果我们想了解通货膨胀率如何影响一个典型家庭，GDP 平减指数可能具有误导性，因为它包含了大型发电机和机床这样的商品的价格，这些商品属于 GDP 中的投资这一组成部分，但是并不在典型家庭的购买范围内。在本章，我们将集中于用消费者价格指数的变化来衡量通货膨胀率，因为这个指数的变动与衡量典型家庭经历的生活成本的变化最为接近。我们也会简单讨论衡量通货膨胀的第三个指标：生产者价格指数。

□ 13.4.1 消费者价格指数

为了得到一组代表性商品和服务的价格，BLS 调查了全国范围内的 14 000 户家庭的支出习惯。然后运用调查的结果构造了一个包含 211 种由典型的城市四口之家购买的商品和服务的“市场篮子”。图 13.7 显示了这一篮子商品和服务的八种大类。几乎有 3/4 的商品和服务都属于住房、交通和食物这三大类。每个月，数以百计的 BLS 的雇员都会造访位于 87 个城市的 2.3 万家商店，记录市场篮子中商品和服务的价格。在消费者价格指数中的每个价格被赋予的权重等于在该商品或服务上的支出占典型家庭预算的比重。

消费者价格指数（consumer price index，CPI）是一个衡量典型的城市四口之家为购买的商品和服务支付的价格在一段时间内的平均变化的指标。某一年被选定为基年，该年的 CPI 值被设定为 100。在除了基年外的任何年份，CPI 等于当年购买商品和服务的市场篮子所需货币量与基年购买该市场篮子所需货币量的比值乘以 100。因为 CPI 衡量的是一个典型的城市四口之家购买代表性商品和服务的篮子的费用，所以，有时也称它为生活成本指数。

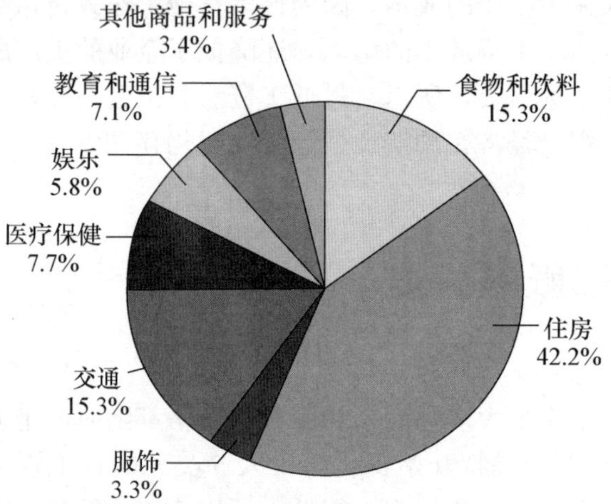

图 13.7　2014 年 12 月 CPI 的市场篮子

劳工统计局调查了 14 000 户家庭的支出习惯，运用调查的结果构造了一个由典型的城市四口之家购买的商品和服务的“市场篮子”。该图显示了这一篮子商品和服务的八种大类。百分数代表市场篮子中各种类型的消费份额。住房、交通和食物这三大类占市场篮子的约 3/4。

资料来源：U. S. Bureau of Labor Statistics.

一个简单的例子就能阐明 CPI 是如何构造的。在这个例子中，我们假设市场篮子里只有三种产品：眼科检查、比萨和图书（见下表）。

产品	基年（1999 年）			2016 年		2017 年	
	数量	价格（美元）	支出（美元）	价格（美元）	支出（按基年数量计算，美元）	价格（美元）	支出（按基年数量计算，美元）
眼科检查	1	50.00	50.00	100.00	100.00	85.00	85.00
比萨	20	10.00	200.00	15.00	300.00	14.00	280.00
图书	20	25.00	500.00	25.00	500.00	27.50	550.00
总和			750.00		900.00		915.00

假定在基年 1999 年，一项调查估计典型家庭每月购买 1 次眼科检查、20 张比萨和 20 本图书。按照 1999 年的价格计算，这个典型家庭购买这一市场篮子商品和服务花费了 750.00 美元。在基年后每年的 CPI 就等于当年购买市场篮子所需货币量与基年购买市场篮子所需货币量之比乘以 100。注意在计算 CPI 时，2016 年和 2017 年所购买的产品数量

是不相关的，因为我们假设家庭每月购买同一产品市场篮子。运用表中的数据，我们能够计算 2016 年和 2017 年的 CPI（见下表）：

公式	应用于 2016 年	应用于 2017 年
$CPI=\frac{\text{当年的支出}}{\text{基年的支出}}\times 100$	$\frac{900}{750}\times 100=120$	$\frac{915}{750}\times 100=122$

我们怎么解释 120 和 122 这样的数值呢？首先，注意这些数值是指数数字，这意味着它们不是用美元或是任何其他单位来衡量的。CPI 的目的是衡量价格水平在一段时间内的变化。我们不能使用 CPI 来从绝对意义上说明价格水平有多高，只能说明价格水平在一段时间内变动了多少。我们用 CPI 逐年的百分比增加来衡量通货膨胀率。在我们的简单例子中，2017 年的通货膨胀率就是从 2016 年到 2017 年 CPI 的百分比变化。

$$\frac{122-120}{120}\times 100\%=1.7\%$$

因为 CPI 被设计用于衡量生活成本，我们也可以说 2017 年的生活成本增加了 1.7%。

不要犯这样的错误！☞

不要错误计算通货膨胀率

假定你有了下表中的数据并被要求计算 2014 年的通货膨胀率：

年份	CPI
2013	233
2014	237

你可能会不做任何计算而简单地回答说 2014 年的通货膨胀率是 137%，因为从 100 增加到 237 是 137% 的增加。但是这个答案是错误的。2014 年的 CPI 值为 237，它告诉我们的是 2014 年的价格水平比基年高 137%，但是通货膨胀率指的是价格水平相比于上一年的百分比增加，而不是相比于基年的百分比增加。计算 2014 年通货膨胀率的正确方法是：

$$\frac{237-233}{233}\times 100\%=1.7\%$$

轮到你了：做本章末与本专栏相关的问题与应用 4.5 和 4.6，看看你理解得如何。

□ 13.4.2 CPI 精确吗？

CPI 是使用最广泛的通货膨胀衡量指标。政策制定者们利用 CPI 来追踪经济的状况。企业利用它来帮助设定产品的价格和雇员的工资。每年，联邦政府给退休职工的社会保障金增加的幅度等于前一年 CPI 增加的百分比。在离婚案中，法官们也常常要求赡养费和儿童抚养金每年都要增加等于 CPI 所衡量的通货膨胀率的幅度。

CPI 尽量精确非常重要，但是有四类偏差导致 CPI 的变化高估了真实的通货膨胀率：

● 替代性偏差。在构建 CPI 时，BLS 假设消费者每月购买的市场篮子中的每种产品的数量相同。事实上，对于涨价最多的产品，消费者的购买量会减少，而对于涨价最少（或是降价最多）的产品，消费者的购买量会增加。例如，如果某个月苹果的价格迅速上涨，而橘子的价格下降，消费者会减少对苹果的消费，增加对橘子的消费。所以，消费者实际上购买的市场篮子的价格上升的数量将会低于BLS计算CPI时使用的市场篮子的价格上升的数量。

- 质量提高偏差。CPI中包含的大部分产品的质量都会随时间提高：汽车变得更加耐用，安全气囊变成了标准配置；智能手机的处理器更好、内存更高；洗碗机用水更少、洗得更洁净等。这些商品价格的提高，部分是由于质量的改进，部分是纯粹的通货膨胀。BLS尝试进行调整以便只有纯粹的通货膨胀所导致的价格提高才被包含在CPI中。但是，要做出这样的调整非常困难，所以，某些产品的价格上升高估了纯粹的通货膨胀。
- 新产品偏差。在过去很多年里，BLS每十年才更新计算CPI所用的市场篮子里的商品和服务。所以，更新后市场上才出现的新产品没有被包括在市场篮子中。例如，手机是在1987年市场篮子更新后才被引入市场的。虽然到20世纪90年代中期时已经有数以百万计的美国家庭在使用手机，但是直到1997年市场篮子更新时手机才被包括在计算CPI所用的市场篮子中。像手机、蓝光播放器、4K电视机等多种产品在它们被引入市场后不久就迅速降价。如果市场篮子更新得不够快，这些降价就不会被包含在CPI中。
- 折扣店偏差。在20世纪90年代中期，越来越多的消费者开始在诸如山姆会员店（Sam's Club）和好市多连锁店（Costco）等折扣店购物。到了20世纪90年代后期，互联网开始占据了某些产品销售的很大比例。因为BLS一直都从传统的全价零售店搜集价格信息，所以CPI没有反映出消费者实际支付的价格。

大多数经济学家认为这些偏差使得CPI的变动高估了真实的通货膨胀率0.5%～1%。也就是说，如果CPI表明通货膨胀率是3%，实际值很可能是2%～2.5%。BLS不断采取措施减少偏差的大小。例如，BLS通过用每两年代替每十年更新一次市场篮子，减少了替代性偏差和新产品偏差。BLS还通过进行购买地点调查来追踪消费者实际购买商品的地点，以此来降低折扣店偏差。另外，BLS还采用统计方法来减少质量偏差。在采取这些方法之前，CPI中的总偏差很可能超过了1%。

□ 13.4.3 生产者价格指数

除了GDP平减指数和CPI，政府也计算**生产者价格指数**（producer price index，PPI）。像CPI一样，PPI也追踪了一个商品和服务的市场篮子的价格。但是，CPI追踪的是典型家庭购买的商品和服务的价格，而PPI追踪的是商品或服务所有生产阶段的生产者收到的价格。PPI包括了面粉、纱线、钢铁和木材等中间商品的价格，也包括了棉花、煤炭和原油等原材料的价格。如果这些商品的价格上升，生产最终商品和服务的企业的成本就会升高，这可能导致消费者购买相应商品和服务的价格随之上涨。所以，PPI的变化能够提前警示未来的CPI走势。

13.5 运用价格指数调整通货膨胀的效应

你毕业后拿到的工资很可能远远高于25年前你父母刚毕业时的薪水。但是，25年前的平均价格远远低于现在的水平。换言之，25 年前 1 美元的购买力要高得多，因为当时大部分商品和服务的价格都低得多。诸如 CPI 之类的价格指数给了我们一种调整通货膨胀效应的方法，这样我们就能比较不同年份的货币价值。

例如，假定在 1989 年你母亲的工资是 25 000 美元。利用 CPI，我们就能计算 1989 年的 25 000 美元相当于 2014 年的多少钱。1989 年的 CPI 是 124，2014 年的是 237。因为 237/124＝1.9，所以，我们知道，平均而言，2014 年的价格是 1989 年的几乎两倍。我们可以运用这个结果来计算 1989 年的 25 000 美元相当于 2014 年多少钱的购买力：

$$\text{2014 年的美元值} = \text{1989 年的美元值} \times \frac{\text{2014 年的 CPI}}{\text{1989 年的 CPI}}$$

$$= 25\,000 \times \frac{237}{124} = 47\,782(\text{美元})$$

我们的计算表明，如果你在 2014 年的工资是 47 782 美元，你能购买的商品和服务的数量与你母亲在 1989 年收入为 25 000 美元能够购买的数量大体相同。经济学家把用当年价格水平计算的经济变量称为名义变量。我们刚刚所做的计算利用价格指数对一个名义变量——你母亲的工资——进行了调整，消除了通货膨胀效应。

对于某些目的而言，我们感兴趣的是追踪一个经济变量随时间的变化，而不是看它的值用现在的货币来表示是多少。在那种情况下，为了消除通货膨胀的效应，我们可以用名义变量除以一个价格指数再乘以 100 来得到实际变量。这样，实际变量就是用价格指数基年的美元值来衡量的。目前，CPI 的基年价格是 1982—1984 年的平均价格。

例题 13.5　美国的实际工资发生了什么变动?

除了就业数据以外，BLS 的机构调查还搜集了生产工人平均时薪的数据。生产工人包括除经理和专业人员外的所有工人。平均时薪是这些工人每小时的工资。经济学家和政策制定者对平均时薪进行密切追踪，因为这个变量是典型工人收入的一个宽泛的衡量指标。但是，注意，为了衡量这些工资的购买力的变化，我们不得不把 BLS 报告的名义值转化为实际值。运用下表中的信息，计算每年的实际平均时薪。解释你计算得到的实际平均时薪代表什么。比较从 2013 年到 2014 年名义和实际平均时薪的百分比变化。

年份	名义平均时薪（美元）	CPI（1982—1984 年的值为 100）
2012	19.73	230
2013	20.14	233
2014	20.60	237

解：

第 1 步：复习本章内容。这一问题是关于运用价格指数来对通货膨胀的效应进行调整的，所以，你可能需要复习一下 13.5 节“运用价格指数调整通货膨胀的效应”。

第 2 步：首先定义实际平均时薪，计算每年的实际平均时薪值，并解释你计算得到的值代表什么。名义平均时薪是工人收到的美元数量。要计算实际平均时薪，我们得用名义平均时薪除以该年的 CPI，再乘以 100。例如，2012 年的实际平均时薪是：

$$\frac{19.73}{230}\times 100=8.59(\text{美元})$$

以下是这三年的计算结果：

年份	名义平均时薪（美元）	CPI（1982—1984 年的值为 100）	实际平均时薪（1982—1984 年美元）
2012	19.73	230	8.59
2013	20.14	233	8.65
2014	20.60	237	8.70

CPI 的基年价格是 1982—1984 年的平均价格。因此，我们计算得到的实际平均时薪是以 1982—1984 年美元衡量的。换言之，这些实际工资数值告诉我们，2013 年的 20.14 美元能够购买到 1982—1984 年的 8.65 美元能够购买到的东西，2014 年的 20.60 美元能够购买到 1982—1984 年的 8.70 美元能够购买到的东西。

第 3 步：计算从 2013 年到 2014 年名义和实际平均时薪的百分比变化，以此完成你的回答。名义平均时薪的百分比变化等于：

$$\frac{20.60-20.14}{20.14}\times 100\%=2.3\%$$

实际平均时薪的百分比变化等于：

$$\frac{8.70-8.65}{8.65}\times 100\%=0.6\%$$

我们可以得到结论：虽然名义平均时薪增加了 2%以上，但实际平均时薪增加了不到 1%。

附注：我们计算出的实际平均时薪是以 1982—1984 年美元衡量的。因为这个时间距离现在超过 30 年了，所以这个值解释起来有些困难。我们可以运用之前计算你母亲工资的方法，用 2014 年美元来衡量收入。但是，请注意，对于计算实际平均时薪随时间的变化这一目的，价格指数的基年并不重要。从 2013 年到 2014 年的变化仍将是 0.6%。你可以运用计算你母亲工资所用的方法来计算用 2014 年美元衡量的 2013 年和 2014 年的实际平均时薪，然后计算百分比变化。除非你犯了计算错误，否则你将发现答案仍是 0.6%。最后，谨记平均时薪不包括诸如雇主为雇员缴纳的退休金和提供的医疗保险等雇员福利。由于福利随时间的增加快于工资，因此，平均时薪的变化在衡量典型工人生活水平的变化上可能具有误导性。

轮到你了：要想做更多的练习，请做本章末与本专栏相关的问题与应用 5.4、5.5、5.6 和 5.7。

13.6 名义利率与实际利率

当货币被借入和贷出时，名义值和实际值的差别非常重要。利率是借款的成本，用借款额的百分比来表示（见第 6 章）。如果你借给某人 1 000 美元，为期一年，收取的利率是 6%，到期借款者将偿还你 1 060 美元，即比借款多 6%。但是一年之后收到的 1 060 美元真的比如今的 1 000 美元多 6%吗？如果这一年中价格上涨，一年后的 1 060 美元所购买的东西将没有今天相同数量的金钱购买的多。你借出的 1 000 美元真实的回报等于考虑通货膨胀效应后购买力变化的百分比。

一笔贷款所规定的利率是**名义利率**（nominal interest rate）。**实际利率**（real interest rate）对名义利率进行了修正，考虑了通货膨胀对购买力的影响。举一个简单的例子，假定你购买的唯一商品是 DVD，在某年年初，DVD 的价格是 10.00 美元。你可以用 1 000 美元购买 100 张 DVD。如果你以一年 6%的利率将这笔钱借出一年，在年末你将收到 1 060 美元。假定这一年的通货膨胀率是 2%，从而年末 DVD 的价格升至 10.20 美元。你的购买力因为这笔贷款而提高了吗？年初，你的 1 000 美元能购买 100 张 DVD。年末，你的 1 060 美元能购买 1 060/10.20＝103.92 张 DVD。也就是说，你能多购买将近 4%的 DVD。因此，在这个例子中，你贷款所得的实际利率接近 4%（实际上是 3.92%）。当通货膨胀率低时，实际利率的简便算法是：

实际利率＝名义利率－通货膨胀率

在我们的例子中，我们可以运用这个公式计算实际利率：6%－2%＝4%，它接近实际值 3.92%。如果当年的通货膨胀率是 5%，实际利率就仅为 1%。在名义利率保持不变的条件下，通货膨胀率越高，实际利率就越低。注意，如果通货膨胀率最终比预期的高，借款人偿还和出借人收到的实际利率就都比预期的低。例如，如果你和向你借 1 000 美元的人都预期通货膨胀率为 2%，那么你们对这笔贷款的实际利率的预期都是 4%。如果实际上的通货膨胀率是 4%，这笔贷款的实际利率就是 2%。对你而言，这是一个坏消息，但对借款人而言，这是一个好消息。

对于整个经济体来说，我们可以用 3 个月期的美国国库券的利率来衡量名义利率。美国国库券是投资者贷给联邦政府的短期贷款。我们可以用由 CPI 的变化来衡量的通货膨胀率计算美国国库券的实际利率。图 13.8 显示了 1970 年至 2015 年年初的名义利率和实际利率。注意，当通货膨胀率低时，就像 20 世纪 90 年代早期以来大部分年份里那样，名义利率和实际利率之差很小。当通货膨胀率高时，就像 20 世纪 70 年代中后期那样，名义利率和实际利率之差变得很大。事实上，一个特定的名义利率在不同年份中可能与差别很大的实际利率相对应。例如在 1975 年下半年，名义利率大约是 5.5%，但是因为通货膨胀率是 7%，所以实际利率是－1.5%。在 1987 年上半年，名义利率也是 5.5%，但因为通货膨胀率只有 2%，所以实际利率是 3.5%。

这个例子说明：我们不可能知道一个特定的名义利率是“高”还是“低”。这完全取决于通货膨胀率。相较名义利率而言，实际利率更好地衡量了真实的借款成本和真实的贷款收益。当企业考虑是否要借款来购买投资品（例如建一个新工厂）时，它们将关注实际利率，因为实际利率衡量了企业借款的真实成本。

名义利率比实际利率低的情况会出现吗？会，但仅当通货膨胀率是负值的时候出现。负的通货膨胀率被称为**通货紧缩**（deflation），在价格水平下降时就会发生，但这种情况很罕见。在图 13.8 所示的年份中，由 CPI 的变化所衡量的通货膨胀率只在 2009 年头 9 个月和 2015 年上半年的 3 个月里为负值。

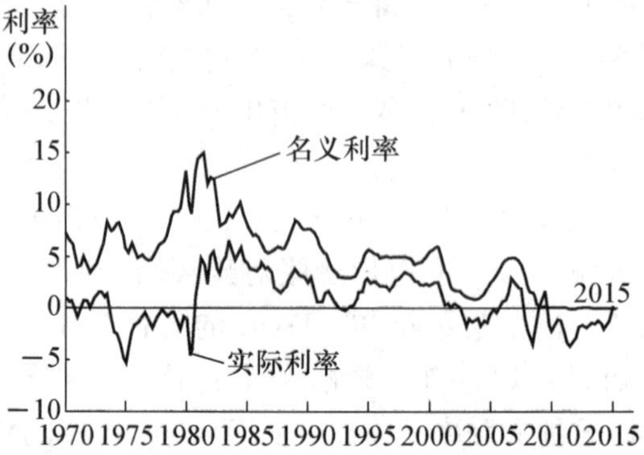

图 13.8　1970—2015 年的名义利率和实际利率

实际利率等于名义利率减去通货膨胀率。相较名义利率而言，实际利率更好地衡量了真实的借款成本和真实的贷款收益。图中的名义利率是 3 个月期的美国国库券利率。通货膨胀率是用与上一年同季度相比 CPI 的百分比变化来衡量的。

资料来源：Federal Reserve Bank of St. Louis.

13.7　通货膨胀给经济带来了成本吗？

想象一下你明天早晨醒来，发现经济体中所有商品的价格都翻倍了。食品、汽油、衣服、笔记本电脑、住房、理发的价格都翻倍了。但是假定所有的工资也已经翻倍。这种工资和价格的翻倍重要吗？想象一下你走进麦当劳，想买一个售价 4.5 美元的巨无霸汉堡包，但是你发现它的售价变成了 9 美元。你会转身离去吗？很可能不会。因为你的年薪一夜之间也从 4.5 万美元增加到了 9 万美元。所以你的工资的购买力保持不变，你今天购买巨无霸汉堡包的可能性和昨天一样大。

这个假想的情景说明一个很重要的事实：名义收入通常随通货膨胀而增加。记住我们可以认为巨无霸汉堡包的 4.5 美元售价代表了产品的价值，也代表了生产这个产品所产生的所有收入（见第 12 章）。无论巨无霸汉堡包的售价是 4.5 美元还是 9 美元，产品的价值和生产这个产品所产生的所有收入这两个数量总是相等的。当巨无霸汉堡包的价格从 4.5 美元上升至 9 美元时，增加的 4.5 美元最终成为麦当劳的员工、麦当劳的供货商、麦当劳公司的股东等人的收入，正如之前的 4.5 美元那样。

我们很容易这么想：通货膨胀的问题在于，当价格上升时，消费者购买不起同样多的商品和服务了。但是，我们的例子说明这么想是错误的。10%的预期通货膨胀率将使商品和服务的平均价格上升 10%，但是它也将使平均工资上升 10%。平均消费者对商品和服务的承受能力与没有通货膨胀时是相同的。

13.7.1　通货膨胀影响收入分配

如果通货膨胀并没有降低平均消费者对商品和服务的承受能力，那么人们为什么厌恶通货膨胀呢？原因之一是上一节的论述只适用于平均消费者而不是对每个人都适用。某些人将发现他们收入上升的速度比通货膨胀率快，因此他们的购买力就会上升。另一些人将发现他们收入上升的速度比通货膨胀率慢，或根本没有增加，因此他们的购买力就会下降。收入固定的人们尤其有可能被通货膨胀伤害。假如一个退休工人每月领取 3 000 美元的退休金，随着时间的推移，通货膨胀就会减少这笔钱的购买力。以这种方式，通货膨胀会以对许多人不公平的方式改变收入分配。

通货膨胀重新分配收入的程度部分地取决于通货膨胀是否被预料到。预料到的是指消费者、工人和企业能够预见到它的到来，并且为之做好准备。未预料到的是指人们没有预见到它的到来从而没有为之做好准备。

□ 13.7.2 预料到的通货膨胀的问题

像生活中的许多问题一样，如果你能预见到通货膨胀的到来，处理起来就容易得多。假定每个人都知道未来 10 年的通货膨胀率是每年 10%。工人们知道如果他们的工资不以至少每年 10%的速率增长，他们的工资的购买力就会下降。因为企业知道它们出售的商品价格将上升，所以企业也愿意增加工人的工资来补偿通货膨胀的影响。出借人知道他们借出的钱款在还回来时的价值每年会损失 10%，为了弥补这种损失，他们会要求更高的利率。借款人也知道他们的还款价值缩水，所以他们也愿意支付更高的利率。到目前为止，预料到的通货膨胀似乎不存在成本。

但是，即使通货膨胀完全被预料到，一些个人和企业仍将出现损失：

(1) 不可避免地，由于一些人的收入增长率低于预料到的通货膨胀率，所以仍会有收入的重新分配。

(2) 为了方便购买和销售，企业和消费者都不得不持有部分纸币。纸币持有者将会发现，纸币的购买力每年以与通货膨胀率相同的速率下降。为了避免这些成本，工人和企业会尽可能少地持有纸币，但是总会不得已持有一些。

(3) 企业的产品价格目录不得不更频繁地重印。超市和其他商店将不得不投入更多时间和人力来改变货物包装和货架上的标价。企业改变价格的成本叫作**菜单成本**（menu costs）。当预料到的通货膨胀处于适度水平时，菜单成本相对很小，但是当通货膨胀水平很高时，如一些发展中国家所经历的那样，菜单成本就变得相当大了。

(4) 因为投资者缴纳的税收基于他们从持有股票和债券或放贷上收到的名义报酬而不是实际报酬（消除了通货膨胀效应后的名义报酬），所以，投资者的税收会增加。由于投资者感兴趣的是他们投资于企业时收到的实际税后报酬，所以，通货膨胀导致投资者支付的税收增加意味着企业必须为扩张所需的资金支付更高的回报。

□ 13.7.3 未预料到的通货膨胀的问题

在任何高收入经济体（如美国）中，通常情况下，家庭、工人和企业都会涉入一些合同，这些合同承诺在未来的年份付出或收到确定的款项。例如，当企业签订工资合同时，它们承诺在合同期内支付具体数额的工资。当人们购买房地产时，他们通常从银行借得所需款项的大部分。这样的贷款被称为抵押贷款，规定借款人在贷款期限内每月偿还固定金额的月供。大多数抵押贷款的期限很长，常常长达 30 年。

为了做出这样的长期承诺，家庭、工人和企业必须预测通货膨胀率。如果一家企业相信未来三年的通货膨胀率是每年 6%，那么它和工会签订一份每年工资增长 8%的三年合约看起来可能是合理的，因为这家企业的产品价格可能能够以每年不低于通货膨胀率的速度增长。如果这家企业相信未来三年的通货膨胀率只有每年 2%，那么每年工资增长 8%就会显著地减少它的利润，甚至迫使它破产。

当人们借入资金或银行（如摩根大通）贷出资金时，他们必须预测通货膨胀率以便能够计算贷款的实际利率。在 1980 年，银行向抵押贷款收取 18%甚至更高的利率。与 2015 年抵押贷款不到 5%的利率相比，1980 年的贷款利率看起来非常高。但是 1980 年的通货膨胀率超过了 13%，而且预计还会保持在高位。事实上，通货膨胀率出人意料地下降了；到 1983 年，通货膨胀率只有约 3%。以 1980 年的高利率借款 30 年的人们很快发现，他们的贷款的实际利率远远高于预期。

当实际通货膨胀率与预期通货膨胀率相距甚远时，既有赢家也有输家。这样的结果看起来对大部分人并不公平，因为他们的输赢仅仅是因为有些出乎意料的事发生了。这种明显不公平的重新分配是人们不喜欢未预料到的通货膨胀的重要原因。

建立联系

价格下降有什么不好？

我们刚讨论了高于预期的通货膨胀会如何给消费者、工人和企业带来问题。但是如果一个经济体开始经历价格下降（即通货紧缩）而非通货膨胀呢？价格水平下降看似对经济体是好消息。毕竟，下降的价格应该会鼓励消费者增加支出，因为商品和服务变得更便宜了。但是，事实上，通货紧缩对消费者造成的影响往往相反。通货紧缩的情形相对很罕见，但是我们可以从两次重要的通货紧缩中得到一些启示，这两次通货紧缩分别发生在 20 世纪 30 年代的美国和 20 世纪 90 年代的日本。在这两次通货紧缩中，面对价格的下降，许多消费者减少了支出，这显然是因为他们在等待价格进一步降低。等待价格下降到更低也是美国房地产市场在 21 世纪头十年后期所出现的问题。在 2002—2006 年，房屋价格飙升。当房屋价格开始下降时，许多潜在的购买者预期房屋价格会进一步下降从而推迟了购买。

下图显示了 1925—1940 年美国消费者价格指数的变化。1929 年大萧条的发生导致整个国家出现了严重的通货紧缩。

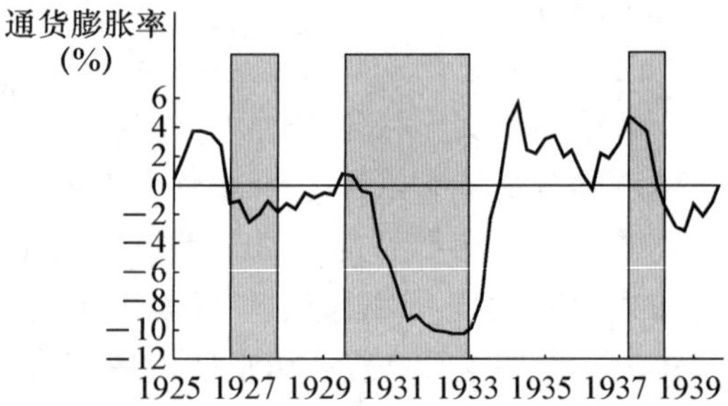

20 世纪 30 年代的通货紧缩伤害了美国经济，不仅因为它导致一些消费者推迟了购买，而且因为它加重了借款人的负担。例如，假定你在 1929 年以 5%的名义利率借款 5 年。那些年里你支付的实际利率是多少呢？我们知道，要计算实际利率，需要用名义利率减去通货膨胀率。当通货紧缩时，价格水平的变化是负值，所以为了计算实际利率，我们事实上要在名义利率上加上价格水平的变化（绝对值）。下页表运用了每年的现实通货紧缩率来计算你的贷款的实际利率：

	1929 年	1930 年	1931 年	1932 年	1933 年
名义利率	5%	5%	5%	5%	5%
消费者价格指数的变动	0	−2.3%	−9%	−9.9%	−5.1%
实际利率	5%	7.3%	14%	14.9%	10.1%

表中最后一行表明：虽然你的贷款的名义利率是 5%，但在这 5 年中有 3 年你支付的实际利率都高于 10%。事实上，20 世纪 30 年代早期的高实际利率给借款的家庭和企业带来了沉重的损失，也加重了大萧条的严重程度。

在 2001 年和 2007—2009 年的衰退期间，一些政策制定者和经济学家担心美国经济又会经历通货紧缩。幸运的是，严重的通货紧缩并没有出现。如果出现了通货紧缩，衰退将可能比实际情况更为严重。

轮到你了：做本章末与本专栏相关的问题与应用 7.9 和 7.10，看看你理解得如何。

接第 424 页

生活中的经济学

如果你在经济衰退期间毕业，你应该调整自己的职业规划吗？

在本章一开头，我们问到银行业的裁员是否应该导致你改变专业和放弃你在银行业找工作的计划。在本章中我们学到，与经济扩张期相比，衰退期的失业率更高、裁员更普遍。因为你还是一名大二学生，几年后才会毕业，那时衰退很可能结束了，失业率也可能下降了。你也许还想探究一下银行业的裁员代表了该行业规模的永久性缩减还是代表了经济衰退导致的暂时性减少。如果银行业工作岗位的减少更有可能是永久性的，那么，你或许需要考虑在其他行业求职。如果裁员看起来与当前的衰退相关，那么你很可能就不需要改变你的职业计划。

13.8 结论

通货膨胀和失业是重要的宏观经济问题。总统选举的结果常依赖于哪位候选人能使公众相信他/她能更好地处理这些问题。但是很多经济学家认为，对长期而言，保持高水平的人均实际 GDP 增长率才是最重要的宏观经济问题。只有当人均实际 GDP 增长时，一国的生活水平才会提升。在下一章，我们将更深入地探究经济增长这一重要主题。

访问 MyEconLab，你可以找到与本章的概念有关的一篇新闻文章和分析。

本章总结和习题

关键术语

消费者价格指数（CPI）	周期性失业	通货紧缩	丧失信心的工人
效率工资	就业者	摩擦性失业	通货膨胀率
劳动力	劳动力参与率	菜单成本	自然失业率
名义利率	价格水平	生产者价格指数（PPI）	实际利率
结构性失业	失业者	失业率	

13.1 失业率、劳动力参与率和就业人口比的衡量

总结

美国劳工统计局运用月度家庭调查的结果来计算失业率、劳动力参与率和就业人口比。劳动力是有工作的人数（就业者）和没有工作但在积极寻找工作的人数（失业者）之和。失业率是失业者占劳动力的百分数。丧失信心的工人是可以工作但由于认为自己找不到工作而没有积极寻找工作的人。丧失信心的工人并没有被算作失业者。劳动力参与率是工作年龄人口中劳动力的百分比。从 1950 年开始，女性的劳动力参与率不断上升，而男性的不断下降。就业人口比衡量的是工作年龄人口中就业者所占的百分比。亚裔美国人、白人美国人和大学毕业生的失业率低于平均水平。非裔美国人、拉美裔美国人和高中辍学者的失业率高于平均水平。除非处于严重的衰退期，一般失业者数月之后就会重新就业或者回到他原来的职位。美国每年创造和消亡的岗位都数以百万计。

复习题

1.1 失业率是怎么衡量的？某人被算作失业者需要满足哪三个条件？

1.2 失业率衡量中有哪些问题？以什么样的方式，BLS 的官方失业率衡量值低估了真实的失业程度？以什么样的方式，BLS 的官方失业率衡量值高估了真实的失业程度？

1.3 哪些群体的失业率水平往往高于平均值？哪些群体的失业率水平往往低于平均值？

1.4 劳动力参与率衡量了什么？从 1950 年开始，男性和女性的劳动力参与率各自发生了什么变化？

1.5 就业人口比衡量了什么？如果一个失业者退出了劳动力大军，失业率将发生什么变化？就业人口比将发生什么变化？

1.6 家庭调查和机构调查有什么差别？在衡量就业量的变化时，许多经济学家更喜欢使用哪个调查的结果？为什么？

问题与应用

1.7 下表是 2015 年 6 月家庭调查中搜集的数据，补全空白的各项：

工作年龄人口数	
就业数	148 739 000
失业数	
失业率	5.3%
劳动力	
劳动力参与率	62.6%
就业人口比	

1.8 ［与例题 13.1 有关］在美国劳工统计局的家庭调查中，家庭主妇/主夫没有被算作就业者，也没有被计入劳动力。但是他们被计入了工作年龄人口。假定家庭主妇/主夫被算作就业者和计入了劳动力。那么失业率、劳动力参与率和就业人口比将发生什么变化？

1.9 2015 年 6 月，失业率从 5 月的 5.5%下降到了 5.3%。劳动力参与率也从 5 月的 62.9%下降到了 62.6%。如果劳动力参与率从 5 月到 6 月保持不变，那么，6 月的失业率会低于、高于还是等于 5.3%？请简要解释。

1.10 ［与 13.1.5 节中的“建立联系”专栏有关］在讨论 2007—2009 年衰退后复苏期间的劳动力市场时，美联储主席珍妮特·耶伦（Janet Yellen）指出：“在过去的几年里，就业人口比的增

加比根据过去的经验失业率表明的要少得多。”

a. 在经济扩张期间，为什么正常情况下我们预期在失业率下降时就业人口比增加？

b. 为什么在2007—2009年衰退后复苏期间就业人口比的增加没有预期的那么多？

资料来源：Janet L. Yellen，“Labor Market Dynamics and Monetary Policy”，Speech at the Federal Reserve Bank of Kansas City Economic Symposium，Jackson Hole，Wyoming，August 22，2014.

1.11 在2015年上半年，就业人口比在增加而劳动力参与率大体保持不变。这两个数据序列不是应该往同一方向运动吗？请简要解释为什么它们有可能不同向运动。

1.12 《华尔街日报》上的一篇文章包含了如下评论：“每个月，数百万工人由于退休、照顾小孩或年迈的父母、接受更多的教育或者丧失信心等原因离开劳动力市场。数百万其他人在毕业后加入劳动力市场。”

a. 在BLS的数据中，因为该评论中列举的原因离开劳动力市场的数百万工人被算作失业者吗？请简要解释。

b. BLS把高中或大学毕业后加入劳动力市场但没有马上找到工作的人算作劳动力吗？请简要解释。

资料来源：Josh Zumbrun，“Labor-Market Dropouts Stay on the Sidelines”，*Wall Street Journal*，December 28，2014.

1.13 《华尔街日报》上的一篇文章指出，在2014年下半年的四个月期间，佐治亚州的就业“上升了1%，而该州的失业率也上升了1.2个百分点”。请简要解释该州的失业率增加和就业增加如何能同时发生。

资料来源：Cameron McWhirter and Ben Leubsdorf，“Rising Jobless Rates Are a Southern Mystery”，*Wall Street Journal*，October 5，2014.

1.14 在2015年的国情咨文中，奥巴马总统评论道：“在过去5年里，我们的企业新创造了超过1 100万个就业岗位。”美国经济在此期间有可能仅仅创造了1 100万个就业岗位吗？如果不可能，那么奥巴马总统指的是什么？

资料来源：Barack Obama，“Remarks by the President in State of the Union Address”，whitehouse. gov，January 20，2015.

□ 13.2 失业的类型

总结

失业有三种类型：摩擦性失业、结构性失业、周期性失业。摩擦性失业是指因工人和工作之间的匹配过程而引起的失业。摩擦性失业的一个例子是季节性失业，即由于天气、游客量的变化和其他与日历相关的事件造成的失业。结构性失业是指源于工人的技能和特征与工作要求的持续不匹配的失业。周期性失业是由经济周期中衰退引起的失业。自然失业率是正常的失业率，由摩擦性失业和结构性失业构成。自然失业率有时被称为充分就业的失业率。

复习题

2.1 失业有哪三种类型？你认为哪类失业最有可能使失业者陷入经济困难？请简要解释。

2.2 摩擦性失业和工作搜寻之间有什么关系？

2.3 什么是自然失业率？自然失业率和充分就业有什么关系？

问题与应用

2.4 [与开篇案例有关] 福特汽车公司在2015年雇用的人数比1980年少。就业量的这一下降属于摩擦性失业、结构性失业、周期性失业还是这些类型的某种混合？要想得到确定的答案，你还需要哪些信息？

2.5 一个政客提出了以下观点：“如果消除了摩擦性失业，经济的运行效率将提高。因此，将摩擦性失业率降低到尽可能低的水平应该成为政府政策的一个目标。”请简要解释你是否同意这个观点。

2.6 [与13.2.4节中的“建立联系”专栏有关] 对于一个摩擦性失业者，你将给他提供什么求职建议？对于一个结构性失业者，你将给他提供什么求职建议？对于一个周期性失业者呢？

2.7 [与13.2.4节中的“建立联系”专栏有关] BLS估计2015年5月有270万人辞职。BLS对辞职的定义是“由雇员提出的自愿解约”。

a. 经济学家区分了三类失业：摩擦性失业、结构性失业和周期性失业。你会把由辞职导致的失业归为哪一类？

b. 辞职数量的增加表明人们找工作变得更容易还是更困难？请简要解释。

资料来源：Bureau of Labor Statistics，“Job Openings and Labor Turnover Survey”，July 7，2015.

2.8 [与13.2.4节中的“建立联系”专栏有关]《纽约时报》上的一篇文章的标题为《欧洲的失业者因缺乏技术技能陷入困境》。这些工人的失业可能属于周期性失业、摩擦性失业还是结构性失业？请简要解释。

资料来源：Liz Alderman，“Unemployed in Europe Stymied by Lack of Technology Skills”，*New York Times*，January 3，2014.

□ 13.3 解释失业

总结

通过帮助寻找工作和再培训工人，政府政策能够降低摩擦性失业和结构性失业的水平。但是，一些政府政策增加了摩擦性失业和结构性失业的水平。失业保险金延长了失业工人寻找工作的时间，因此提高了失业率。慷慨的失业保险金和其他失业补助等政府政策导致了大多数其他发达国家的失业率通常高于美国。高于市场水平的工资也会增加失业。由于最低工资、工会和效率工资，工资可能高于市场水平。效率工资是指企业为提高工人的生产率而支付的高于市场水平的工资。

复习题

3.1 政府的失业保险金对失业率有什么影响？对衰退的严重程度有什么影响？

3.2 讨论以下各因素如何影响失业率。

a. 联邦最低工资法；

b. 劳动工会；

c. 效率工资。

3.3 为什么美国的失业率一般低于加拿大和西欧国家？

问题与应用

3.4 当赛戈莱娜·罗亚尔（Ségolène Royal）在竞选法国总统时（最终败选），她提议，失业工人在失业的第一年将得到等于其失业前工资90%的失业救济金。如果这个提议真正得到实施，它对法国的失业率可能会有什么影响？请简要解释。

资料来源：Alessandra Galloni and David Gauthier-Villars，“France's Royal Introduces Platform Ahead of Election”，*Wall Street Journal*，February 12，2007.

3.5 预算与政策优先决策中心的经济学家贾里德·伯恩斯坦（Jared Bernstein）说：“我希望看到衰退期间失业救济金增加。”他解释说，如果政府的失业救济金不增加，那么，它“将是有些地方很不对劲的标志”。如果衰退期间政府失业救济金未能增加，什么东西将很不对劲？这对失业者和对经济体造成的后果将是什么？

资料来源：Jared Bernstein，“Lessons of the Great Recession：How the Safety Net Performed”，*New York Times*，June 24，2013.

3.6 讨论以下各种情形将对失业率产生的可能的影响。

a. 工人有资格获得失业保险金的时间延长一倍。

b. 最低工资法被废止。

c. 大多数美国工人参加了工会。

d. 更多公司在网上的招聘网站发布招聘信息，使招聘信息更易获得。

3.7 1914年，亨利·福特将他付给位于密歇根州迪尔伯恩市的汽车工厂的工人的工资提高到每天5美元。该工资水平是当时其他汽车制造商所付的工资的两倍以上。福特曾经这样说道：“为每天工作8小时支付5美元是我们所做出的最好的减少成本的行动之一。”支付高于市场水平的工资怎么会导致企业成本的下降呢？

3.8 2015年，彭博社网站上的一篇文章指出，沃尔玛、星巴克、TJ Maxx、宜家、Gap和其他几家大零售商宣布给新雇员支付更高的工资。该文还指出：“零售部门的人员更替率一直在稳定增加，现在一个月达5%。”

a. 作者所说的“人员更替率”是指什么？

b. 人员更替率的增加与大零售商给新员工支付的工资的增加可能有联系吗？请简要解释。

资料来源：Kyle Stock and Kim Bhasin，“Why Retailers Are Suddenly Desperate to Keep Their Least-Valuable Workers”，bloomberg.com，March 6，2015.

□ 13.4 通货膨胀的衡量

总结

价格水平衡量了经济体中商品和服务的平均价格。通货膨胀率是平均价格水平从一年到下一年的百分比变动。联邦政府编制了三个不同的统计量来衡量价格水平：消费者价格指数（CPI）、GDP平减指数和生产者价格指数（PPI）。消费者价格指数是一个衡量典型的城市四口之家为购买的商品和服务支付的价格在一段时间内的平均变化的指标。CPI的变动是典型家庭生活成本变动的最佳衡量指标。CPI的构建中存在的偏差使得由CPI变动所衡量的通货膨胀率高估了真实值0.5～1个百分点。生产者价格指数是商品或服务所有生产阶段的生产者收到的价格的平均水平。

复习题

4.1 简要描述价格水平的三个主要衡量指标。

4.2 政府运用哪个价格指数来衡量生活成本的变动？

4.3 消费者价格指数的计算有哪些潜在偏差？劳工统计局采取了哪些措施来减少这些偏差？

4.4 消费者价格指数和生产者价格指数之间有什么区别？

问题与应用

4.5 ［与 13.4.1 节中的“不要犯这样的错误！”专栏有关］请简要解释你是否同意以下说法：“我不相信政府的价格统计数据。2014 年的 CPI 是 237，但是，据我所知 2014 年的通货膨胀率不可能有 137%那么高。”

4.6 ［与 13.4.1 节中的“不要犯这样的错误！”专栏有关］《华尔街日报》问了这么一个问题：“当每样东西都这么贵时，通货膨胀怎么会低呢？”该文还指出：“CPI 显示，价格处于前所未有的最高水平。”用 CPI 的变化来衡量的低通货膨胀率与“价格处于前所未有的最高水平”和“每样东西都这么贵”这些评论之间有矛盾吗？请简要解释。

资料来源：Josh Zumbrun，“5 Things You Always Wanted to Know about Inflation Statistics”，*Wall Street Journal*，May 15，2014.

4.7 考虑一个只生产以下三种产品的简单经济：理发、汉堡包和蓝光 DVD。运用下表中的信息，计算 2016 年用 CPI 的变化来衡量的通货膨胀率：

产品	基年（1999 年）		2015 年	2016 年
	数量	价格（美元）	价格（美元）	价格（美元）
理发	2	10.00	11.00	16.20
汉堡包	10	2.00	2.45	2.40
蓝光 DVD	6	15.00	15.00	14.00

4.8 标准普尔/凯斯-希勒房价指数是美国住房价格趋势的领先指标之一。该指数的基年是 2000 年 1 月。下表列出了 2014 年 4 月和 2015 年 4 月五个城市的房价指数。

城市	2014 年 4 月	2015 年 4 月
纽约	174.5	179.3
迈阿密	183.2	198.5
凤凰城	145.4	150.4
达拉斯	136.8	148.8
旧金山	192.5	211.5

a. 从 2014 年 4 月到 2015 年 4 月，这五个城市中的哪个城市的房价增加得最快？哪个城市增加得最慢？请简要解释你的答案。

b. 基于这些指数数字，你能判断 2015 年 4 月哪个城市的房价最高吗？请简要解释。

资料来源：“House Price Indices”，Federal Reserve Bank of St. Louis （FRED），research. stlouisfed. org/fred2/.

4.9 假定一国的 CPI 的走势如下图所示。

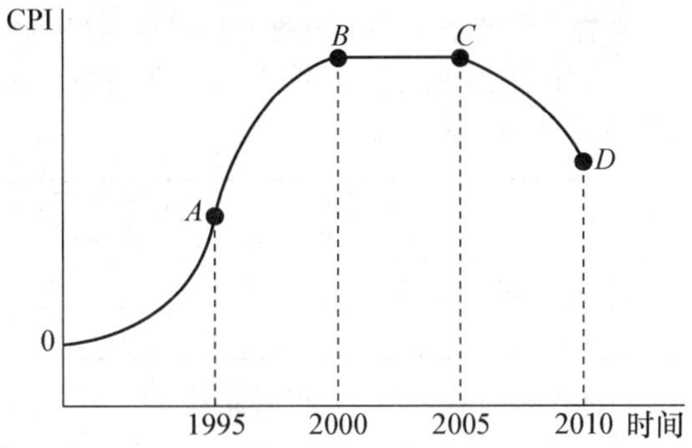

a. 哪个时期该国的通货膨胀率为零？

b. 哪个时期该国的通货膨胀率在增加？

c. 哪个时期该国的通货膨胀率在减少（尽管通货膨胀率仍为正）？(这种情况被称为“反通货膨胀”。)

d. 哪个时期该国出现了通货紧缩？

4.10 《华尔街日报》上的一篇文章指出，BLS 改变了它计算 CPI 的方法，结果使得现在所测得的通货膨胀率低于用老方法将得到的通货膨胀率。该文指出：“但是，这并不是一个为了隐藏失控的通货膨胀的大阴谋。”BLS 改变 CPI 计算方法的动机是什么？

资料来源：Josh Zumbrun，“5 Things You Always Wanted to Know about Inflation Statistics”，*Wall Street Journal*，May 15，2014.

4.11 2015 年秋，苹果公司推出了一款新 iPhone 手机。和之前的 iPhone 手机相比，这款新手机有更快的处理器和更好的摄像头，但是售价相同。这款新手机的推出对消费者价格指数有什么影响？

□ 13.5 运用价格指数调整通货膨胀的效应

总结

价格指数是为了衡量价格水平随时间的变化而不是为了衡量绝对价格水平而设计的。为了修正通货膨胀的效应，我们可以将名义变量除以价格指数再乘以 100 得到实际变量。实际变量是用价格指数基年的美元来衡量的。

复习题

5.1 名义变量和实际变量有什么区别？

5.2 在通货紧缩期间，名义平均时薪与实际平均时薪哪一个增长得更快？请简要解释。

问题与应用

5.3 从实际 GDP 的下降幅度和失业率的上升幅度来看，大萧条是美国历史上最严重的经济灾难。运用下表中的数据，计算从 1929 年到 1933 年实际 GDP 下降的百分比。

年份	名义 GDP（10 亿美元）	GDP 平减指数（2009 年＝100）
1929	104.6	9.9
1933	57.2	7.3

资料来源：U. S. Bureau of Economic Analysis.

5.4 ［与例题 13.5 有关］在 1924 年，著名小说家 F. 斯科特·菲茨杰拉德（F. Scott Fitzgerald）在《星期六晚邮报》（Saturday Evening Post）上发表了一篇标题为《一年 3.6 万美元如何花》的文章，他对他和他的夫人怎么花掉了那么多收入而没有留下任何储蓄感到疑惑。1924 年的 CPI 是 17，2014 年的 CPI 是 237。要想与菲茨杰拉德 1924 年的 3.6 万美元具有相同的购买力，2014 年的收入得是多少？写出你的计算步骤。

资料来源：F. Scott Fitzgerald，"How to Live on $36 000 a Year"，*Saturday Evening Post*，April 5，1924.

5.5 ［与例题 13.5 有关］运用下表中的信息，计算从 1957 年到 2014 年美国和法国实际最低工资的百分比变动。你并没有被告知美国和法国 CPI 的基年，这对你的答案重要吗？在这些年期间，哪国的价格水平百分比变化更大？

年份	美国		法国	
	最低工资（每小时美元数）	CPI	最低工资（每小时欧元数）	CPI
1957	1.00	27	0.19	8
2014	7.25	237	9.61	106

资料来源：John M. Abowd，Francis Kramarz，Thomas Lemieux，and David N. Margolis，"Minimum Wages and Youth Employment in France and the United States"，in D. Blanchflower and R. Freeman，eds.，*Youth Employment and Joblessness in Advanced Countries*，Chicago：University of Chicago Press，1999，pp. 427－472（最低工资数值是以法郎为单位给出的；按照 1 欧元＝6.559 57 法郎转换成了欧元）；Insee online data bank，www.insee.fr；U. S，Department of Labor；and U. S. Bureau of Labor Statistics。

5.6 ［与例题 13.5 有关］在《华尔街日报》上的一篇文章中，一个财务规划教授指出了价格上升对购买力的影响："现在（对退休人员来说，除了社会保障收入外）每月 2 000 美元的收入看似是合理的，但是，40 年后，那就只能买三杯咖啡和一个甜甜圈了。"假定现在买三杯咖啡和一个甜甜圈需要 10 美元。2014 年的 CPI 为 237。若要使 2054 年的 2 000 美元能买三杯咖啡和一个甜甜圈，2054 年的 CPI 得是多少？假设在这 40 年间咖啡和甜甜圈的价格与 CPI 以相同的速度增长。

资料来源：Matthias Rieker，"Rising Use of Immediate Annuities Raises Some Concerns"，*Wall Street Journal*，December 4，2014.

5.7 ［与例题 13.5 有关］下表列出了到 2015 年 7 月为止美国票房最高的十部电影和另外几部著名电影。

排名	电影	票房总收入（美元）	发行年份	CPI
1	《阿凡达》	760 507 625	2009	215
2	《泰坦尼克号》	658 672 302	1997	161
3	《侏罗纪世界》	628 700 000	2015	238
4	《复仇者联盟》	623 357 910	2012	230
5	《黑暗骑士》	534 858 444	2008	215
6	《星战前传 1：幽灵的威胁》	474 544 677	1999	167
7	《星球大战》	460 998 007	1977	61
8	《复仇者联盟 2：奥创纪元》	456 774 004	2015	238
9	《黑暗骑士崛起》	448 139 099	2012	230
10	《怪物史瑞克 2》	441 226 247	2004	189
11	《ET 外星人》	435 110 554	1982	97
79	《大白鲨》	260 000 000	1975	54
161	《乱世佳人》	198 676 459	1939	14
183	《白雪公主和七个小矮人》	184 925 486	1937	14
257	《音乐之声》	158 671 368	1965	32
303	《101 只斑点狗》	144 880 014	1961	30

2015年的CPI是238。运用这一信息和表中的数据来计算每部电影以2015年美元为单位的票房数。假设每部电影的票房收入都在发行当年获得。运用你的结果，根据以2015年美元为单位的票房收入，排列出新的最卖座的十部电影。(某些影片，例如《星球大战》《乱世佳人》《白雪公主和七个小矮人》发行过几次，所以它们的票房收入实际上是不同年份收入的总和，但是我们忽略这些细节。)

资料来源：boxofficemojo. com and the U. S. Bureau of Labor Statistics.

□ 13.6 名义利率与实际利率

总结

一笔贷款所规定的利率是名义利率。实际利率是名义利率减去通货膨胀率。因为修正了通货膨胀效应，所以较名义利率而言，实际利率更好地衡量了真实的借款成本和真实的贷款收益。除非经济体中出现通货紧缩，否则名义利率总是高于实际利率。通货紧缩指的是价格水平的下降。

复习题

6.1 名义利率和实际利率之间有何区别?

6.2 如果通货膨胀预计要上升，名义利率将会发生什么变化? 请简要解释。

6.3 本章称，要知道一个特定的名义利率是"高"还是"低"是不可能的。请简要解释其原因。

6.4 如果经济正在经历通货紧缩，名义利率将高于还是低于实际利率?

问题与应用

6.5 某报纸文章写道："利哈伊谷在今年第一季度的通货膨胀率不及全国通货膨胀率的一半……所以，与许多其他地方不同，这里所担忧的问题是通货紧缩，即价格下降到如此低的水平以至CPI降至零以下。"你同意该记者对通货紧缩的定义吗? 请简要解释。

资料来源：Dan Shope, "Valley's Inflation Rate Slides", (Allentown, PA) *Morning Call*, July 9, 1996.

6.6 假定你借款购买一辆汽车。

a. 以下情况你更喜欢哪一种：汽车贷款的利率是20%，通货膨胀率是19%，或者汽车贷款的利率是5%，通货膨胀率是2%? 请简要解释。

b. 现在假定你在摩根大通工作并负责发放汽车贷款。你更喜欢问题a中的哪种情况? 请简要解释。

6.7 2014年6月，一年期国库券的名义利率是0.10%。从2014年6月到2015年6月，消费者价格指数从237.3上升到了237.8。如果你在2014年5月购买了一年期国库券，计算在接下来的12个月期间你赚得的实际利率。给定你的计算结果，为什么投资者在2014年5月愿意购买国库券?

6.8 历史学家罗伯特·斯基德尔斯基(Robert Skidelsky)对1920年英国的情形做了如下描述："当价格以每月4%的速度上升时，有谁不会以每年4%的利率借款呢?"在这种情况下，借款人支付的实际利率是多少? (提示：如果月通货膨胀率是4%，那么年通货膨胀率是多少?)

资料来源：Robert Skidelsky, *John Maynard Keynes: Volume 2, The Economist as Saviour 1920—1937*, New York: The Penguin Press, 1992, p. 39.

6.9 假定你购买的唯一商品是汉堡包。在年初，汉堡包的价格是2美元。假定你以5%的利率借出1 000美元，期限为一年。在年末，汉堡包的价格是2.08美元。你从借出这笔钱上赚得的实际利率是多少?

□ 13.7 通货膨胀给经济带来了成本吗?

总结

通货膨胀没有降低平均消费者对商品和服务的承受能力，但是它的确给经济带来了成本。当通货膨胀被预料到时，它的主要成本是纸币贬值和企业增加了菜单成本。菜单成本包括更改产品价格和印刷新产品目录的成本。当通货膨胀未被预料到时，实际通货膨胀率和预期通货膨胀率可能有差别。所以，收入被重新分配，某些人获益、某些人受损。

复习题

7.1 为什么名义收入通常随通货膨胀上升? 如果名义收入随通货膨胀上升，那么通货膨胀降低了平均消费者的购买力吗? 请简要解释。

7.2 通货膨胀如何能够影响收入分配?

7.3 预料到的通货膨胀和未预料到的通货膨胀相比，哪个是更大的问题? 请简要解释。

7.4 什么是菜单成本? 互联网对菜单成本的大小有什么影响?

7.5 通货紧缩造成了什么问题?

问题与应用

7.6 假定实际通货膨胀率比大部分人预期的

要高得多。在那种情况下，你愿意做借款人还是出借人？请简要解释。

7.7　假定詹姆斯（James）和弗兰克（Frank）都今年退休。对于退休后的收入，詹姆斯依赖公司每月给他的 2 500 美元养老金，直至去世，他没有任何存款。弗兰克没有退休金，但他之前存了相当大一笔钱，并用它购买了银行的定期存单。现在，弗兰克的定期存单每月的利息收入为 2 300 美元。

a. 10 年以后，詹姆斯和弗兰克谁的实际收入可能更高？在回答问题时，请定义实际收入。

b. 现在假定詹姆斯的养老金不是固定数额，而是每年都增加，增加的百分比等于 CPI 增加的百分比。例如，如果在詹姆斯退休后的第一年，CPI 增加了 5%，那么他第二年的养老金就是 2 500＋2 500×0.05＝2 625 美元。在这种情况下，10 年后，詹姆斯和弗兰克谁的实际收入可能更高？

7.8　假定苹果公司和购买了苹果公司债券的投资者都预测本年的通货膨胀率是 2%。给定这样的预期，假定债券的名义利率是 6%，从而实际利率为 4%。假定投资人购买债券一年之后，实际通货膨胀率是 6%，而不是之前预期的 2%。谁因意料之外的高通货膨胀率获益？谁受损？

7.9　[与 13.7.3 节中的“建立联系”专栏有关] 2015 年春季期间，英国出现了短时期的通货紧缩。根据《华尔街日报》上的一篇文章，“英国长期不变的、难以控制的通货膨胀的历史表明，短时期的价格下降将被消费者看做是通货膨胀出现了暂缓，而不是推迟购买的标志。”为什么消费者有可能把通货紧缩看做“推迟购买的标志”？更低的价格难道不应该导致消费者购买更多而不是更少吗？请简要解释。

资料来源：Richard Barley，“U. K. Deflation More Curiosity Than Concern”，*Wall Street Journal*，May 9，2015.

7.10　[与 13.7.3 节中的“建立联系”专栏有关] 在 19 世纪后期的美国，许多农民为了购买土地大量借钱。在 1870 年到 19 世纪 90 年代中期的大部分时间里，美国经历了温和的通货紧缩：价格水平每年都降低。在那些年里，许多农民都参与了政治抗议，通货紧缩是他们抗议的问题之一。解释为什么通货紧缩加重了农民的负担。

实时数据练习

D13.1　(利用 CPI 测度通货膨胀）访问圣路易斯联邦储备银行（FRED）的网站（research. stlouisfed. org/fred2/）。

a. 找到消费者价格指数（CPIAUCSL）最近一个月和一年前同一个月的数值。

b. 利用问题 a 中的数值计算过去一年的通货膨胀率。

D13.2　(利用 CPI 数据，用 Excel 计算通货膨胀率）访问圣路易斯联邦储备银行（FRED）的网站（research. stlouisfed. org/fred2/）。

a. 找到消费者价格指数（CPIAUCSL）数据的位置。把开始日期改成最近一次观测值的 6 年前。结束日期不做改变。然后点击“下载数据”（Download Data），下载数据并以 Excel 格式保存在电脑上。最后，打开你刚刚下载的 Excel 文件。（注意：你也可以用其他兼容的电子表格软件，例如 Open Office 办公软件。）

b. 利用 Excel，从比第一个观测值晚一年的那个观测值开始，对每个观测值计算 CPI 相比一年前的百分比变化。为了计算，点击相关日期观测值旁边的空白单元格，键入以下公式（注意：Excel 中的乘号用符号“*”表示）：

$$百分比变化=\frac{CPI_t-CPI_{t-1}}{CPI_{t-1}}\times 100\%$$

其中，$t-1$ 是第 1 个观测值，t 是其一年后的观测值。对剩余的观测值重复这个过程。（你可以用复制粘贴功能以避免重复键入该公式。）

c. 利用问题 b 的计算结果画一幅 CPI 相比一年前的百分比变化的图形。

d. 利用问题 b 的计算结果说明哪个时期的通货膨胀率最高。那个时期的通货膨胀率是多少？

D13.3　(利用 CPI 数据，用 Excel 计算通货膨胀率的另一个测度）除了通常的 CPI 外，BLS 还计算不包含食品和能源价格的 CPI。由于食品和能源价格往往比其他价格的波动更大，有些经济学家相信，忽略这些价格的 CPI 提供了一个对长期通货膨胀率的更好的测度。访问圣路易斯联邦储备银行（FRED）的网站（research. stlouisfed. org/fred2/）。

a. 找到消费者价格指数（CPIAUCSL）和不含食品和能源价格的消费者价格指数（CPILFESL）数据的位置。把开始日期改成 2006-07-01。结束日期不做改变。然后点击“下载数据”（Download Data），下载数据并以 Excel 格式保存在电脑上。最后，打开你刚刚下载的 Excel 文件。（注意：你也可以用其他兼容的电子表格软件，例如 Open Office

办公软件。）

b. 利用 Excel，从 2007-07-01 那个观测值开始，对每个观测值计算两个 CPI 指数相比一年前的百分比变化。为了计算，点击 2007-07-01 观测值旁边的空白单元格，键入以下公式（注意：Excel 中的乘号用符号“*”表示）：

$$百分比变化=\frac{CPI_t-CPI_{t-1}}{CPI_{t-1}}\times100\%$$

其中，$t-1=$2007-07-01，$t=$2006-07-01。对剩余的观测值重复这个过程。（你可以用复制粘贴功能以避免重复键入该公式。）

c. 利用问题 b 的计算结果，在同一幅图中画出两个 CPI 指数相比一年前的百分比变化的图形。

d. 讨论这两个通货膨胀率指标的差别。例如，根据你的计算，用这两个 CPI 指标计算得到的 2009 年 6 月的通货膨胀率分别是多少？

D13.4 （分析 CPI 所包括的不同类型商品和服务的通货膨胀率）计算 CPI 市场篮子中不同类型的商品和服务的通货膨胀率可以提供对不同经济部门通货膨胀率的见解。访问圣路易斯联邦储备银行（FRED）的网站（research. stlouisfed. org/fred2/）。

a. 找到以下四类消费者价格指数最近一个月和 2010 年同一个月的数值：（1）食品和饮料（CPIFABSL）；（2）服饰（CPIAPPSL）；（3）交通（CPITRNSL）；（4）医疗保健（CPIMEDSL）。

b. 利用问题 a 的数据，计算从 2010 年到现在这段时期以上四类商品和服务的通货膨胀率。

c. 根据你的计算，哪类商品和服务的通货膨胀率最低，哪类最高？

D13.5 （分析劳动力和失业）访问圣路易斯联邦储备银行（FRED）的网站（research. stlouisfed. org/fred2/）。

a. 找到以下三个变量最新的数值：（1）失业者（UNEMPLOY）；（2）平民劳动力（CLF16OV）；（3）因经济原因、开工不足或商业环境而兼职工作者（LNS12032195）。这些数据是每年、每个季度还是每月报告一次？数值的单位是什么？

b. 利用问题 a 的数据，计算平民失业率和包括未充分就业者（因经济原因而兼职工作者）的平民失业率。

D13.6 （计算不同群体的失业率）访问圣路易斯联邦储备银行（FRED）的网站（research. stlouisfed. org/fred2/）。

a. 找到以下四个变量最新的数值：（1）男性失业者（LNS13000001）；（2）女性失业者（LNS13000002）；（3）男性平民劳动力（LNS11000001）；（4）女性平民劳动力（LNS11000002）。这些数据是每年、每个季度还是每月报告一次？数值的单位是什么？

b. 利用问题 a 的数据，计算男性失业率和女性失业率。

c. 解释为什么有些人被认为是失去信心的工人。如果失去信心的工人增加，失业率会怎么变化？

D13.7 （计算就业人口比）访问圣路易斯联邦储备银行（FRED）的网站（research. stlouisfed. org/fred2/）。

a. 找到以下三个变量最新的数值：（1）失业者（UNEMPLOY）；（2）平民劳动力（CE16OV）；（3）不属于劳动力者（LNS15000000）。

b. 利用问题 a 的数据，计算工作年龄人口和就业人口比。

c. 在所有其他因素保持不变的条件下，如果经济陷入衰退，你预期就业人口比会怎么变化？请简要解释。

D13.8 （计算周期性失业）访问圣路易斯联邦储备银行（FRED）的网站（research. stlouisfed. org/fred2/）。

a. 找到以下两个变量最新一个月和两年前同一个月的数值：（1）平民失业率（UNRATE）；（2）自然失业率（NROU）。

b. 利用问题 a 的数据，计算周期性失业率。

c. 给定这两年期间周期性失业的变化，你可以对经济形势下什么结论？

D13.9 （失业率和经济周期）访问圣路易斯联邦储备银行（FRED）的网站（research. stlouisfed. org/fred2/）。

a. 找到以下变量的最新数值：（1）失业者（UNEMPLOY），平民劳动力（CE16OV）；（2）所有行业因经济原因而兼职工作者（LNS12032194）；（3）不属于劳动力、找过工作且可以工作者（LNU05026642）。

b. 利用问题 a 的数据，计算官方失业率。

c. 有些经济学家认为，官方失业率低估了经济体中失业的程度，原因在于它使用的就业定义很狭义。BLS 还计算一个更广义的失业率指标，这个指标包括了因经济原因而兼职工作者和可以工作但没有积极找工作者。利用问题 a 的数据，计算这个更广义的失业率指标。

d. 你预期官方失业率和更广义的失业率之差在经济周期整个过程中会如何变化？

D13.10 （计算实际利率）访问圣路易斯联邦储备银行（FRED）的网站（research.stlouisfed.org/fred2/）。

a. 找到以下两个变量的最新数值：（1）3 个月期的国库券二级市场利率（TB3MS）；（2）密歇根大学通货膨胀预期（MICH）。

b. 利用问题 a 的数据，计算预期的实际利率。

c. 如果现实的通货膨胀率高于预期的通货膨胀率，借款人和出借人会如何受到影响？

D13.11 （计算通货膨胀对实际工资的影响）访问圣路易斯联邦储备银行（FRED）的网站（research.stlouisfed.org/fred2/）。

a. 找到以下两个变量的最新月份和一年前同一月份的数值：（1）所有城市消费者的消费者价格指数——所有物品（CPIAUCNS）；（2）生产和非管理阶层雇员的平均时薪——所有私有企业（AHETPI）。

b. 利用问题 a 的数据，计算每年的平均实际时薪。

c. 计算这一年期间平均名义时薪和平均实际时薪的百分比变化。

d. 给定问题 c 的计算，解释一个典型工人的境况比一年前变好了还是变差了。

第6篇

长期经济增长和短期波动

第 14 章 经济增长、金融体系和经济周期

本章概览和学习目标

14.1 长期经济增长

讨论长期经济增长的重要性。

14.2 储蓄、投资和金融体系

讨论金融体系在促进经济长期增长方面的作用。

14.3 经济周期

解释经济周期期间会发生什么。

开篇案例

康宁公司的经济增长和商业周期

艾默里·霍顿（Amory Houghton）于1851年创立了康宁公司（Corning，Inc.）的前身。最初，该公司只生产基本的玻璃产品，如玻璃罐。但是，随着时间的推移，该公司使用创新性技术开发出了许多新产品。例如，1921年，康宁公司的一个雇员发明了一种可以生产数百万个（爱迪生发明的）灯泡的机器。在20世纪70年代，康宁公司开发了光纤电缆，这种光纤电缆最终成为传输现代通信和互联网所需的电子信号的工具。在2007年，该公司的研究人员开发了一种用于iPhone屏幕和许多其他手提电子设备的、被称为大猩猩玻璃（Gorilla glass）的抗损玻璃。到2015年，总部位于纽约州康宁市的康宁公司有超过34 000名雇员，销售额接近100亿美元。

技术进步是美国经济增长和生活水平提高的基础。康宁公司是为这种技术进步做出重大贡献的众多企业之一。该公司的发展经历反映了两个重要的宏观经济事实：在长期，美国经济不断增长；在短期，美国经济经历着一系列经济周期。在2001年衰退期间，由于互联网股市泡沫的破灭导致光纤电缆市场崩溃，康宁公司亏损了50亿美元。类似地，2007—2009年的衰退导致包括汽车、电视机和电脑等耐用品的需求急剧下降。由于康宁公司为汽车尾气排放系统供应陶瓷和为电视机和电脑供应显示面板，它的销售额在2008—2009年之间下降了60%以上。

不同于许多企业，康宁公司在这次衰退期间继续赚取利润。该公司成功地保持盈利，原因在于，大猩猩玻璃等产品在衰退期间的销量仍然很好。康宁公司的下一个成功产品可能是更薄版本的大猩猩玻璃，它被称为Willow玻璃，可以弯曲，运送时可以卷起来，这使苹果和其他企业生产可折叠的智能手机和其他电子设备成为可能。

在本章，我们将对长期增长和经济周期进行概述，并且探讨它们对企业、消费者和经济整体的重要性。

资料来源：Robin Goldwyn Blumenthal，“Corning's Latest Magic：Turning Glass into Cash”，*Barron's*，June 6，2015；Connie Guglielmo，“Working with Innovators from Thomas Edison to Steve Jobs，Corning Finds a Glass Fix”，*Forbes*，September 23，2013；and Corning，Inc.，Annual Reports on corning. com.

生活中的经济学

消费和储蓄哪个对经济帮助更大？

假定美国政府寄给你一张收入税退税支票。你不确定将拿这笔钱做什么，所以你去寻求两位室友的建议。一位说如果你想帮助经济发展，你应该将这笔钱储蓄起来，因为一国经济增长依赖于家庭储蓄的数量。另一位表示不同意，建议你花掉这笔钱，因为消费支出是国内生产总值（GDP）的主要组成部分之一，你的消费有助于增加产出和创造更多工作岗位。哪位室友说得对？在阅读本章的过程中，试着回答这个问题。对照我们在本章末提供的答案，你可以检验你的答案。

一个成功的经济体能够以比人口增长更快的速度增加商品和服务的产量。达到这样的增长水平是提高一国普通民众生活水平的唯一途径。但遗憾的是，世界上一些经济体根本没有增长，或者增速缓慢。这些国家的大部分民众与几十年甚至几百年前的先辈的收入水平大体相同。但是，在美国和其他发达国家，今天的收入和生活水平已经远远高于 50 年前。一个重要的宏观经济问题就是：为什么某些国家的增长速度比其他国家快得多?

正如我们将要看到的，经济增长的决定因素之一就是企业扩展业务、购买更多设备、培训员工和采用新技术的能力。为了进行这些活动，企业必须直接通过金融市场（如股票和债券市场）或者间接通过金融机构（如银行）从家庭那里获得资金。金融市场和金融中介共同组成金融体系。在本章，我们将对金融体系进行概述，理解资金是如何通过可贷资金市场从家庭流向企业的。

至少从 19 世纪早期以来，美国经济每一个生产和就业扩张的时期之后就会有一个生产和就业下降的衰退时期。经济扩张和经济衰退的时期相互交错出现被称为**经济周期**(business cycle)。经济周期并不是千篇一律的：各次扩张和各次衰退的时间长度都不相同。但是，在美国历史上，每一次经济扩张之后就会出现经济衰退，而每一次经济衰退过后又会出现经济扩张。

在本章，我们开始探索宏观经济学两个重要的方面：稳定地提高着美国生活水平的长期增长和经济周期的短期波动。

14.1 长期经济增长

美国、加拿大、日本和西欧国家等高收入国家的大部分民众都预期他们的生活水平随着时间的推移会提高。他们预期企业每年都会推出新的和改进的产品，新处方药和更好的外科技术会攻克更多疾病，他们购买这些产品和服务的能力也会增强。对于大部分人来说，这些都是合理的预期。

在 1900 年，美国已经享受着世界上最高的生活水平。但是当时，只有 3%的美国家庭通电了，只有 15%的家庭有室内抽水马桶，只有 25%的家庭使用自来水。自来水的缺乏意味着人们必须先从井中抽水，再用水桶挑回家，之后才能做饭或洗澡。当时平均每个家庭每年的用水量约为 10 000 加仑。毫不奇怪，每人每天的用水量只有 5 加仑，而今天高达约 150 加仑。结果是，当时人们并不经常洗澡和洗衣服。生活在城市中的大部分家庭不得不与其他家庭共用室外公共厕所。那时天花、斑疹伤寒、痢疾和霍乱病还很常见。在 1900 年，在芝加哥出生的每 4.5 万名新生儿中，有 5 000 名在 1 岁之前夭折。人们出生时的预期寿命大约为 47 岁，而 2015 年达到了 80 岁。当时很少有家庭拥有电灯，而是依靠蜡烛和煤油灯来照明。在冬季，许多家庭依靠烧煤取暖，给大多数大城市造成了严重的空气污染。在 1900 年，没有现代家电，因此家务劳动既费时又费体力。一个普通的美国家庭主妇每年要烤半吨面包。

长期经济增长（long-run economic growth）的过程将美国人的生活水平从 1900 年的水平提高到现今的水平。衡量生活水平的最好的指标是人均实际 GDP。所以，我们用长时期（通常为数十年甚至更长）内人均实际 GDP 的增长来衡量长期经济增长。为了对价格水平随时间的变化做出调整，我们采用实际 GDP 而不是名义 GDP。图 14.1 显示了从 1900 年到 2014 年美国人均实际 GDP 的增长。该图表明：虽然人均实际 GDP 由于经济周期短期上下波动，但是，在长期，上升的趋势非常明显。我们在讨论长期经济增长时，关注的就是人均实际 GDP 的上升趋势。

图 14.1 中的数值是用 2009 年的价格来衡量的，所以每一单位（即每一 2009 年美元）代表着相同的购买力水平。在 1900 年，人均实际 GDP 约为 6 000 美元，在一个多世纪后的 2014 年，达到了约 50 010 美元，这就意味着 2014 年的普通美国人能够购买的商品和服务的数量是 1900 年的普通美国人的 8 倍以上。虽然增长得足够多，但是，人均实际 GDP 的增长仍然低估了 2014 年美国人的生活水平相较于 1900 年实际上提高的程度。今天的许多商品和服务在 1900 年根本不存在。例如，如果你生活在 1900 年，不幸得了严重的传染病，那么，不管你的收入有多高，你都不可能买到抗生素来治病。你也许会因为一种在当今社会就算是一个非常穷的人也能得到有效治疗的疾病而离世。当然，一个人生活的愉快和满足程度并不能完全用他所能购买的商品和服务的数量来衡量。教育水平、健康、心理健康和在 GDP 的计算中被忽略的许多其他因素也影响着一个人的幸福。但是，经济学家非常依赖人均实际 GDP 的比较，因为它是比较同一经济体不同时间的表现和不同经济体在任意特定时间的表现的最佳工具。

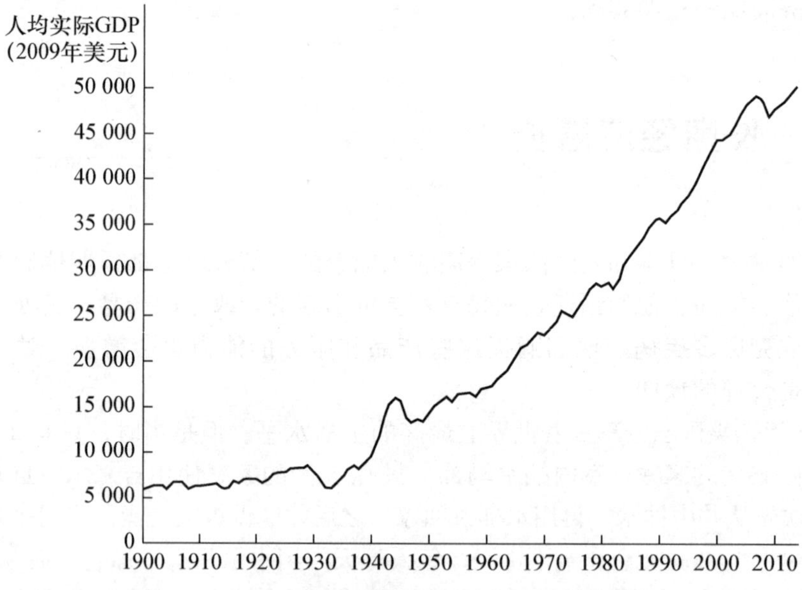

图 14.1　1900—2014 年美国人均实际 GDP 的增长

以 2009 年美元作为单位，美国的人均实际 GDP 从 1900 年的约 6 000 美元增长到 2014 年的约 50 010 美元。2014 年的普通美国人能够购买的商品和服务的数量是 1900 年的 8 倍以上。

资料来源：Samuel H. Williamson，"What Was the U.S. GDP Then?" MeasuringWorth，July 2015；and U.S. Bureau of Economic Analysis.

建立联系

经济繁荣和健康之间的联系

通过观察高收入国家在过去 100 多年里居民健康状况的改善，我们能清楚地看到经济增长对生活水平的直接影响。已故诺贝尔经济学奖获得者罗伯特·福格尔(Robert Fogel)强调了经济增长、技术进步和人类生理机能提高之间的紧密联系。出生时的预期寿命是一个重要的健康指标。如下图所示，在1900年，美国、英国和法国的预期寿命都不到50岁。现在预期寿命约为80岁。虽然最低收入国家的预期寿命还很短，但是，在一些已经开始出现经济增长的国家，预期寿命显著增加。例如，印度的预期寿命从1900年的27岁增加到现在的68岁，翻了一倍以上。

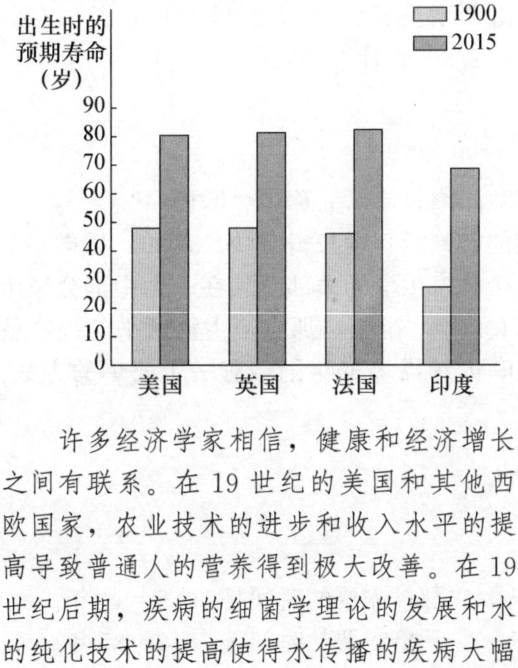

许多经济学家相信，健康和经济增长之间有联系。在19世纪的美国和其他西欧国家，农业技术的进步和收入水平的提高导致普通人的营养得到极大改善。在19世纪后期，疾病的细菌学理论的发展和水的纯化技术的提高使得水传播的疾病大幅减少。随着人们变得更加高大、强壮、更不易感染疾病，他们也变得更有生产力。也有证据表明，随着时间的推移，人们变得更聪明，智商测验得分在过去100年里增加了大约30%。这些增加可能是收入增加的结果：不断上升的收入不但提高了孩子的健康水平，使他们能够在学校学到更多，而且为父母提供了供孩子在学校接受更长时间教育所需的金钱。更多的学习将使这些孩子在成年后更有生产力。更高的生产力将使他们赚取更高的收入，他们的孩子更健康并有更多学习机会，等等。现在，研究经济发展的经济学家越来越强调低收入国家有必要把减少疾病和增加营养作为加快经济增长最重要的第一步。

许多研究人员相信，随着技术进步，人类生理机能的状况将持续提高。在高收入国家，到21世纪中叶，出生时的预期寿命预计会从当前的约80岁提高到约90岁。技术进步会继续减少普通人每天的工作时间和有酬劳动的工作年限。人们每天大约花费10小时睡觉、吃饭和洗澡，剩下的自由支配时间花在有酬工作和休闲上。下图是根据罗伯特·福格尔的估计绘制的，它将人们在2040年的时间分配与1880年和1995年进行了对比。技术进步和经济增长不仅使人们在不远的将来寿命更长，而且使人们只需将比例少得多的时间花在有酬工作上。

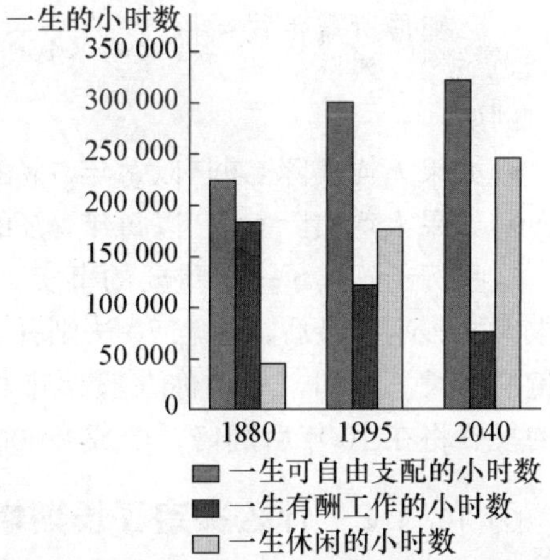

资料来源：Robert William Fogel，*The Escape from Hunger and Premature Death，1700—2100*，New York：Cambridge University Press，2004；Alison Gopnik，“Smarter Every Year? Mystery of the Rising IQs”，*Wall Street Journal*，May 27，2015；and U.S. Central Intelligence Agency，*The 2015 World Factbook*，online version.

轮到你了：做本章末与本专栏相关的问题与应用1.7，看看你理解得如何。

□ 14.1.1 计算增长率和 70 法则

特定年份的实际 GDP 增长率或人均实际 GDP 增长率等于与前一年相比的百分比变化。例如，以 2009 年美元为单位，2013 年实际 GDP 等于 15.710 万亿美元，2014 年上升至 16.086 万亿美元。2014 年实际 GDP 增长率的计算公式是：

$$\frac{16.086-15.710}{15.710}\times 100\%=2.4\%$$

对于更长的时间段，我们可以使用平均年增长率。例如，美国 1950 年的实际 GDP 为 2.184 万亿美元，2014 年为 16.086 万亿美元。为了计算这 64 年间的平均年增长率，我们计算使 2.184 万亿美元在 64 年后增长为 16.086 万亿美元的年增长率。在这个例子中，增长率是 3.2%。也就是说，如果 2.184 万亿美元以平均每年 3.2%的速度增长，那么，64 年之后将会增长到 16.086 万亿美元。

对于更短的时间段，通过将每年的增长率取平均值，我们可以得到近似相同的结果。例如，美国 2012 年实际 GDP 增长了 2.3%，2013 年增长了 2.2%，2014 年增长了 2.4%。所以，2012—2014 年的年平均实际 GDP 增长率是 2.3%，计算公式是：

$$\frac{2.3\%+2.2\%+2.4\%}{3}=2.3\%$$

最后，当讨论长期经济增长时，我们通常把“平均年增长率”简称为“增长率”。

通过计算经济变量需要多长时间翻倍，我们能够判断它增长得多快。例如，如果一个国家的人均实际 GDP 每 20 年翻倍，那么，在这个国家生活的大部分人在一生中都会经历明显的生活水平的提高。如果人均实际 GDP 每 100 年才翻倍，那么，生活水平的提高就相当缓慢，几乎不会被察觉。计算人均实际 GDP 大约需多少年翻倍有一个简单的方法：运用 70 法则。70 法则的公式如下：

$$\text{翻倍所需年数}=\frac{70}{\text{增长率}\times 100}$$

例如：

- 如果人均实际 GDP 以每年 5%的速度增长，它翻倍需要的时间是 70/5=14 年。
- 如果人均实际 GDP 以每年 2%的速度增长，它翻倍需要的时间是 70/2=35 年。

这些例子阐述了一个重要的事实：增长率的细微差别对一个国家生活水平提高的速度有很大的影响。最后，注意 70 法则并不仅适用于人均实际 GDP 的增长，而且适用于任何变量的增长。例如，如果你在股票市场投资 1 000 美元，投资的年收益率是 7%，那么，你的投资将在 10 年后翻倍，变成 2 000 美元。

□ 14.1.2 什么决定了长期增长率？

解释长期经济增长的一个要点是，人均实际 GDP 的增长依赖于劳动生产率的增长。**劳动生产率**（labor productivity）是指一个工人或一小时工作时间能够生产的商品和服务的数量。在分析长期增长时，经济学家通常用每小时工作时间的产出来衡量劳动生产率，以避免因工作时间的波动和就业人口比的变化产生的影响。如果普通人消费的商品和服务的数量增加，那么每小时工作时间生产的商品和服务的数量也必须增加。为什么 2014 年普通美国人能够购买的商品和服务的数量是 1900 年的 8 倍以上呢？原因是 2014 年普通美国工人的生产率是 1900 年的 8 倍以上。

如果劳动生产率的增长是长期经济增长的关键，那么什么导致了劳动生产率的增长呢？经济学家相信，两个重要因素决定了劳动生产率：

(1) 每小时工作时间的资本量；

(2) 技术水平。

所以，如果每小时工作时间的资本量增加且出现了技术变革，就会出现经济增长。

每小时工作时间资本量的增加。现在在美国等高收入国家工作的工人，与低收入国家的工人或 100 年前那些高收入国家的工人相比，拥有更多可用的实物资本。回忆前面讲过的，**资本**（capital）指的是用于生产其他商品和服务的制成品。例如计算机、厂房、机床、仓库和卡车都是资本。一个国家可用的实物资本总量被称为该国的资本存量。

随着每小时工作时间的资本存量增加，工人的生产率就会提高。使用 Excel 记录企业收益和成本的会计师比只使用纸笔的会计师更加高产。使用挖掘机的工人比只使用铁铲的工人铲的土更多。

在解释经济增长时，经济学家考虑的不只是电脑和厂房等实物资本，还有人力资本。人力资本指的是工人通过教育和培训或生活经验而积累的知识和技能。例如，拥有大学学历的工人通常比只有高中学历的工人拥有更多技能和更高的生产力。人力资本的增加对经济增长的刺激作用尤为重要。

技术变革。经济增长对技术变革的依赖超过它对每小时工作时间的资本量的依赖。技术指的是企业将投入转化成商品和服务产出所使用的工序。技术变革指的是企业用给定数量的投入能生产出更多数量的产出。技术变革的来源多种多样。例如，公司经理可以重新安排工厂布局或零售商店的布局来增加产量和销售。但是，大多数技术变革是由新机器、设备和软件体现的。

非常重要的一点是：如果没有发生技术变革，仅仅积累更多的投入（如劳动、资本和自然资源）并不能保证一个经济体出现经济增长。例如，虽然苏联持续增加每小时工作时间的资本量，但是它没能保持高经济增长率，因为它经历的技术变革相对很少。

企业家对实施技术变革至关重要。回忆企业家是指经营企业的人，他们把生产要素——劳动、资本和自然资源——集合在一起以生产商品和服务（见第 2 章）。在市场经济中，是否引入新技术来生产更好或成本更低的商品这样的关键决策是由企业家做出的。企业家还决定是否将企业的资源配置于能产生新技术的研发部门。中央计划经济在保持经济增长中面临的困难之一是，与市场体系中的企业家相比，计划经济中政府雇用的经理人在开发和采用新技术方面通常要慢得多。

产权。最后，经济增长的另一个要求是政府必须保障私有产权。除非私有产权得到保障，否则市场体系就不能起作用（见第 2 章）。此外，通过建立独立的司法体系保障私人之间的合约得以履行，政府能促进经济增长。许多经济学家还认为，政府在促进建立有效的金融体系、教育体系、交通体系和通信体系上也可以起作用。纽约大学的经济学家理查德·西拉（Richard Sylla）认为，每个国家在经历经济增长之前都要先经历一场“金融革命”。例如，美国经济在 19 世纪早期迅速增长之前，该国的银行和货币体系在亚历山大·

汉密尔顿（1789 年被任命为美国第一任财政部长）的领导下进行了改革。如果没有政府政策的支持，长期经济增长不大可能发生。

例题 14.1　生产率来自何处?

《华尔街日报》的一个专栏指出："生产率增长是一国繁荣的关键因素。"该专栏作者所说的"繁荣"是指什么？生产率增长与繁荣之间有什么联系？

解：

第 1 步：复习本章内容。这一问题是关于长期增长率的决定因素的，所以你可能需要复习一下 14.1.2 节"什么决定了长期增长率?"。

第 2 步：解释在上下文中该专栏作者所说的"繁荣"是指什么，以此回答第一个问题。大多数人提到"繁荣"指的是高生活水平。在经济增长的上下文中，生活水平的关键衡量指标是人均实际 GDP。

第 3 步：解释生产率增长与繁荣之间的联系，以此回答第二个问题。"生产率"是指平均每个工人生产的商品和服务的数量。正如我们已经看到的，只有生产率增长了，人均实际 GDP 才会增长。因此，一国生活水平的提高——繁荣——与生产率增长联系紧密。

资料来源：Jon Hilsenrath，"More Disturbing Findings Emerge on U. S. Productivity Path"，*Wall Street Journal*，February 12，2015.

轮到你了：要想做更多的练习，请做本章末与本专栏相关的问题与应用 1.10 和 1.11。

建立联系

印度能够维持快速增长吗?

当你碰到电脑问题打电话寻求技术支持时，接你电话的人很可能在印度。除了信息技术，印度企业近些年来在钢铁、石油、汽车以及其他一些商品的全球市场中获利颇丰。

对许多美国人来说，印度的快速经济增长是出乎意料的。正如右图所示，在 1947 年（摆脱英国的殖民地统治）独立之前，印度的人均实际 GDP 增长非常缓慢。结果，1950 年的印度极度贫穷。用 2015 年美元来测度，印度 1950 年的人均实际 GDP 不到 1 000 美元，仅为当年美国人均值的不到 7%。在独立后的前 40 年期间，印度的增长率提高了，但还是太低，无法显著降低该国的贫困程度。但是，近些年的情况则大为不同。1991 年，印度政府决定减少中央计划的规模，减少管制，并推出基于市场的改革。结果，在接下来的十年里经济增长率翻倍了。

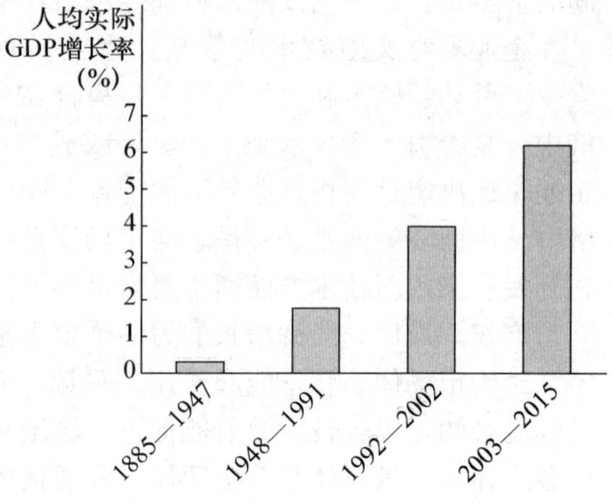

不过，印度仍然是一个很穷的国家。该国 13 亿人口中近半数从事农业生产，

许多人生产的东西只够勉强养活自己。婴儿死亡率仍然为高收入国家的10倍，大约40%的成年女性和20%的成年男性缺乏读写能力。如果普通的印度居民最终要达到美国和其他高收入国家居民的生活水平，那么，始于1991年的快速经济增长在接下来数十年里就还得维持下去。但是，印度能够维持其快速增长吗？

有些经济学家和政策制定者担心印度的增长率可能开始下降了，这将使数以亿计的印度人陷入深度贫困。这些经济学家指出了印度经济面临的几个问题。公立教育体系提供基本的教育都很困难，特别是在农村和贫穷的城市地区。印度的教育支出在173个国家和地区中排名第134位，远远低于大多数成功的发展中国家的水平。结果，许多成年人缺乏成为高生产率工人所需的基本技能。甚至许多高中毕业生和大学毕业生也缺乏在参与全球市场竞争的企业中工作的技能。高传染病发病率也降低了劳动人口的生产率。只有60%的城市居民可以利用现代污水处理系统，农村居民的比例则不到1/4。大体上，印度在满足其基本设施需要上也很困难，原因是高速公路、桥梁和始建于英国殖民时期的铁路系统都破败不堪了。

印度还深受政治问题之苦：种族、宗教、文化和地理上的分隔——官方语言达15种——常常使得政府难以成功推行政策改革。许多观察家相信政府腐败增加了，这使得企业更加难以获得经营所需的许可。有一项估计认为印度的地下经济规模超过其GDP的50%。限制农业用地卖给工业用途的法律降低了制造业增长的速度。尽管纳伦德拉·莫迪（Narendra Modi）于2014年当选总理的部分原因是他承诺了刺激经济增长的新政策，但是，一些经济学家和政策制定者担心，市场导向的改革速度在过去几年里已经降低了。他们还敦促印度政府允许在金融和零售部门有更多的外国投资。更多的外国投资将使这些部门能够利用新技术和提高生产率。

印度在过去25年里取得的经济发展成就已经让数以亿计的印度人摆脱了贫困。但是，许多经济学家相信，这样的经济发展若要持续下去，印度政府就需要升级基础设施，改进教育和卫生服务，并恢复奉行法治和基于市场的改革。

资料来源："Ready, Steady, Go", *Economist*, April 18, 2015; Ellen Barry, "After a Year of Outsize Expectations, Narendra Modi Adjusts His Plan for India", *New York Times*, May 25, 2015; Amartya Sen, "Why India Trails China", *New York Times*, June 19, 2014; Geeta Anand, "India Graduates Millions, but Too Few Are Fit to Hire", *Wall Street Journal*, April 5, 2011；图形中的数据是作者根据the Maddison Project database (www.ggdc.net/maddison/maddison-project/home.htm) 计算的；以及International Monetary Fund, *World Economic Outlook Database*。

轮到你了：做本章末与本专栏相关的问题与应用1.13和1.14，看看你理解得如何。

□ 14.1.3 潜在GDP

因为经济学家用长期视角讨论经济增长，所以潜在GDP的概念非常有用。**潜在GDP**（potential GDP）是当所有企业都满负荷生产时达到的实际GDP水平。企业满负荷的产量并不是该企业能生产的最大产出。倘若康宁的工厂每年52周、每天24小时全面开工，那么，它的产出水平将达到最大。但是，该工厂的满负荷产量（产能）是用正常数量的劳动力工作正常工作小时数生产的产出来衡量的。如果经济体中所有的企业都满负荷生产，那么，最终商品和服务的总产出水平就是潜在 GDP。随着劳动力的增加、新厂房和办公楼的修建、新机器和设备的安装使用以及新技术变革的发生，潜在 GDP 随着时间的推移不断增长。

1949—2015 年美国潜在 GDP 每年的平均增幅为 3.2%。也就是说，平均而言，经济生产最终商品和服务的满负荷产量每年增加 3.2%。由于存在经济周期，任一特定年份的实际 GDP 的真实增速可能高于也可能低于 3.2%。图 14.2 显示了 1989 年以来实际 GDP 真实值和潜在 GDP 的变化。平滑的实线代表潜在 GDP，虚线代表实际 GDP 真实值。注意在 1989 年后发生的三次衰退中，每一次的实际 GDP 真实值都低于潜在 GDP。在 2007—2009 年的衰退中，实际 GDP 真实值和潜在 GDP 之间的差距特别大，表明了这次衰退有多严重。

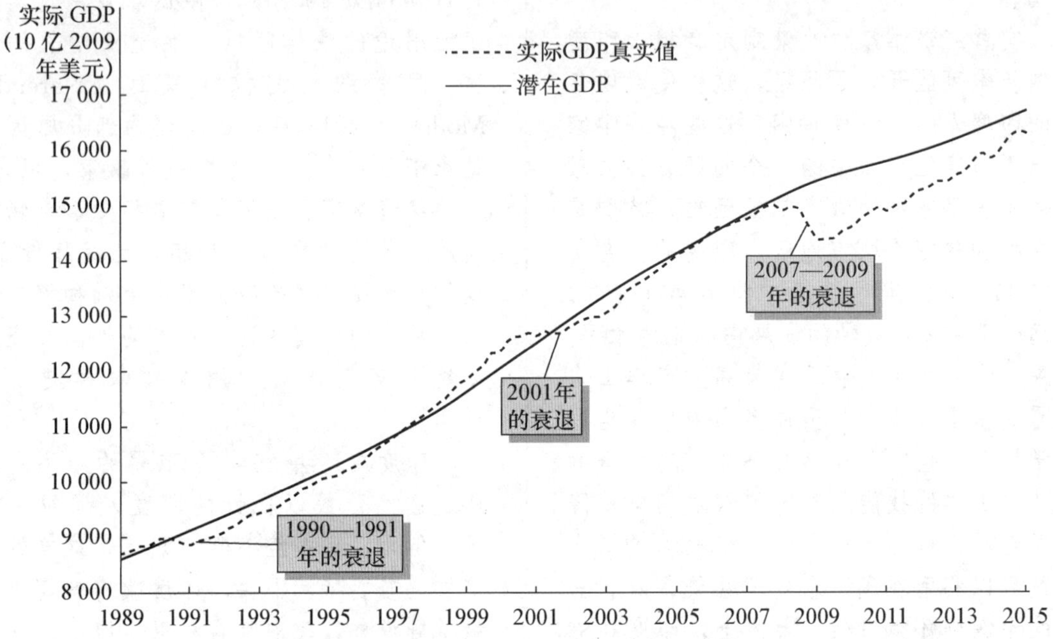

图 14.2 实际 GDP 真实值和潜在 GDP

随着劳动力和资本存量的增长以及技术变革的发生，潜在 GDP 每年都会增加。平滑的实线代表潜在 GDP，虚线代表实际 GDP 真实值。在 1989 年后发生的三次衰退中，每一次的实际 GDP 真实值都低于潜在 GDP。

资料来源：Federal Reserve Bank of St. Louis.

14.2 储蓄、投资和金融体系

经济增长的过程依赖企业扩大生产、购买新设备、培训员工和采用新技术的能力。企业的留存收益（即再投资于企业的利润而不是支付给企业所有者的利润）可以为部分这些活动提供资金。在经济高速增长的经济体中，许多企业的留存收益并不足以支持自身的迅速扩张，这些企业还需要直接通过金融市场（如股票和债券市场）或者间接通过金融机构（如银行）从家庭那里获得资金。金融市场和金融中介共同组成了**金融体系**（financial system）。没有金融体系的良好运行，经济增长就不可能发生，因为企业不能扩张或采用新技术。正如我们之前所指出的，如果一个国家没有一个发展良好的金融体系，它就不能保持高水平的经济增长。

□ 14.2.1 金融体系全貌

金融体系使得资金能够从储蓄者流向借款者，并使储蓄者借出的资金的回报流向储蓄者。在本节，我们讨论金融体系的重要组成部分及其向家庭和企业提供的服务。

金融市场。在股票和债券市场等**金融市场**（financial markets）中，企业通过直接向储蓄者售卖金融证券来融资（见第 6 章）。金融证券是一个规定资金在什么样的条款下从证券的购买者（资金借出方）转移给借款人的文件，这样的文件有时候是电子形式的。股票是代表企业的部分所有权的金融证券。如果你购买一股康宁公司的股票，你就成为康宁公司数以百万计所有者中的一员。债券是代表偿付固定数量的资金这样一个承诺的金融证券。当康宁公司出售债券时，它承诺在债券存续期每年向债券买者支付利息，并且到期会偿还本金。

金融中介。金融中介（financial intermediaries），如银行、共同基金、养老基金和保险公司，是借款人和贷款人（出借人）之间的中间人。事实上，金融中介从储蓄者处借款，再贷给借款人。当你向支票账户中存钱时，你就将钱借给了银行。银行可能把你的钱（与其他储蓄者的钱一起）贷给一个想开始创业的企业家。假定丽娜（Lena）想开一家洗衣店。你并不是直接把钱借给丽娜开洗衣店，而是由银行作为你和丽娜之间的中间人。金融中介将许多小储蓄者的资金汇总，出借给许多个体借款人。作为对使用储蓄者资金的补偿，中介向储蓄者支付利息，并且通过把钱借给借款人并向借款人收取更高的利率来赚取利润。例如，银行给储户的利率可能是 2%，但它借给丽娜洗衣店的贷款利率是 6%。

银行、共同基金、养老基金和保险公司也代表储蓄者进行股票和债券投资。例如，共同基金向储蓄者出售基金份额，并用这些资金购买股票、债券、抵押贷款和其他金融证券的组合。富达（Fidelity）、先锋（Vanguard）、德莱弗斯（Dreyfus）等大型共同基金公司提供了许多股票和债券基金供投资者购买。有些基金持有多种多样的股票或债券；有些则集中于特定行业或部门（如卫生保健）发行的证券；还有些基金是指数基金，投资于固定的证券篮子，例如标准普尔 500 指数基金。在过去的 30 年中，共同基金在金融体系中的作用急剧增加。今天，数以百计的共同基金公司的竞争提供了数以千计的基金供投资者选择。

金融体系提供的服务：风险分担、流动性和信息。除了将有多余资金的家庭和想借款的企业匹配起来之外，金融体系还为储蓄者和借款人提供了三种重要的服务：风险分担、流动性和信息。风险指的是金融证券的价值相对于你预期的价值变动的可能性。例如，你可能以 25 美元的价格购买了一股康宁公司的股票，不料价格下跌至 5 美元。大多数储蓄者并不是赌徒，他们寻求的是储蓄的稳定回报，而不是在高低回报间飘忽不定。通过允许储蓄者在多种金融投资间分散资金，金融体系提供了风险分担。例如，你可以将你的储蓄分散于银行定期存单、债券和股票共同基金。

流动性是指金融证券换成货币的难易程度。通过为储蓄者提供能够出售他们所持有的金融证券的市场，金融体系提供了流动性服务。例如，储蓄者能轻易地在主要的股票和债券市场上出售其持有的大型公司的股票和债券。

金融体系提供给储蓄者的第三种服务是信息的搜集和交流，这里的信息是指关于借款人的事实和关于金融证券回报的预期。例如，丽娜的洗衣店可能想向你借 1 万美元。弄清楚丽娜借钱的用途和她还钱的可能性需要成本和时间。通过将 1 万美元存入银行，实际上，你在允许银行帮你搜集信息。因为银行在搜集关于借款人的信息方面有专长，它们比单个投资者能更快地搜集到这些信息，成本也更低。金融体系在信息交流方面扮演了重要角色。如果你读到一则新闻，该新闻说某汽车企业发明了一种用水作为驱动能源的汽车，你会怎么判断这项发明对该企业利润的影响呢？通过将这些信息反映在股票、债券和其他金融证券的价格中，金融市场就帮你做了这项工作。在这个例子里，对未来更高利润的预期将使该汽车公司股票和债券的价格迅速上扬。

□ 14.2.2 储蓄和投资的宏观经济学

正如我们已经看到的，企业通过金融体系能获得的资金来自储蓄。当企业用这些资金购买机器、厂房和办公楼时，它们就是在进行投资。在本节中，我们将探讨储蓄和投资的宏观经济学。我们将阐述的一个重要结论是：经济体中的总储蓄必然等于总投资。国民收入账户指的是经济分析局用来记录经济体中总产出和总收入的方法（见第 12 章）。我们可以运用来自国民收入账户的一些关系来理解为什么总储蓄必然等于总投资。

我们先从 GDP(Y) 与它的组成部分——消费（C）、投资（I）、政府购买（G）和净出口（NX）——之间的关系开始：

$$Y=C+I+G+NX$$

记住，GDP 既衡量了经济体中的总产出，也衡量了总收入。

在开放经济体中，存在通过商品和服务的贸易及借贷与其他经济体发生的相互作用。今天，所有的经济体都是开放经济体，虽然各自的开放程度差异甚大。在封闭经济体中，不存在与其他经济体之间的贸易和借贷。为了简便，我们将研究一个封闭经济体中储蓄和投资的关系。这就使得我们能在一个更简单的框架中着重关注最重要的内容。

在封闭经济体中，净出口为零。所以我们将 GDP 和其组成部分的关系式重写为：

$$Y=C+I+G$$

储蓄等于投资。如果我们改写 GDP 和其组成部分的关系式，我们可以把投资用其他变量表示成：

$$I=Y-C-G$$

这个式子告诉我们，在封闭经济体中，投资支出等于总收入减去消费支出再减去政府购买。

我们还可以推导总储蓄的表达式。私人储蓄等于家庭在购买商品和服务（C）并缴纳税收（T）后留存的收入。家庭从为企业提供生产要素中获得收入。这部分的家庭收入等于 Y。家庭还从政府收到以转移支付（TR）为形式的收入。转移支付包括社会保障金和失业救济金。我们可以写出私人储蓄（$S_{私人}$）的表达式：

$$S_{私人}=Y+TR-C-T$$

政府也参与储蓄。公共储蓄（$S_{公共}$）等于政府在为政府购买付费和给家庭提供转移支付后留存的税收收入：

$S_{公共}=T-G-TR$

所以，经济体中总储蓄（S）等于私人储蓄和公共储蓄之和：

$$S=S_{私人}+S_{公共}$$

即：

$$S=(Y+TR-C-T)+(T-G-TR)$$

也就是：

$$S=Y-C-G$$

等式的右边与我们之前得到的投资支出的表达式相同。所以，我们能得到结论：总储蓄必然等于总投资：

$$S=I$$

预算赤字和预算盈余。当政府支出等于其税收收入时，政府的预算是平衡的。当政府支出大于其税收收入时，就存在预算赤字。当存在预算赤字时，T 小于 $G+TR$，这意味着公共储蓄为负。储蓄值为负被称为负储蓄。公共储蓄怎么可能为负呢？当联邦政府有预算赤字时，美国财政部出售国债来借款以为税收和支出之间的差额融资。在这种情况下，政府并没有增加可供投资支出借用的总储蓄量，而是使其减少。（注意，如果家庭借款比储蓄多，总储蓄也会下降。）储蓄少了，投资就必须减少。我们能够得到结论：在保持其他条件不变的情况下，与预算平衡相比，在存在预算赤字时经济体中的投资支出水平更低。

当政府支出小于其税收收入时，就存在预算盈余。预算盈余增加了公共储蓄和经济体中的总储蓄水平。储蓄更多，投资支出就会更高。所以，在保持其他条件不变的情况下，与预算平衡相比，存在预算盈余时经济体中的投资支出水平更高。

在过去的 20 多年里，美国联邦政府的预算状况经历了巨大的波动。在 1992 年，联邦预算赤字达到了 2 974 亿美元，而在 2000 年则有 1 895 亿美元的联邦预算盈余。但是，2007—2009 年的衰退导致税收大幅减少和政府支出增加，这使得 2009 年的预算赤字达到了创纪录的 1.4 万亿美元。到 2015 年，预算赤字下降到了 5 000 亿美元。

□ 14.2.3 可贷资金市场

我们已经看到，总储蓄一定等于总投资，但是我们还没有讨论在金融体系中这一等式是如何实现的。我们可以将金融体系看做由银行的定期存单市场、股票市场、债券市场和共同基金市场等许多小市场组成。在这些市场中，资金从储蓄者流向借款人。为了简化，我们将这些市场统称为可贷资金市场。在**可贷资金市场**（market for loanable funds）模型中，借款人和贷款人之间的相互作用决定了市场利率和交换的可贷资金的数量。企业也可以从其他国家的储蓄者那里借钱，但是，为了简化，我们将假设美国的家庭和企业与其他国家的家庭和企业之间没有相互作用。

可贷资金市场中的供给和需求。可贷资金的需求是由要开发新投资项目（如建造新厂房、研发新产品）的企业的借款意愿决定的。在决定是否借款之前，企业会比较投资的预期收益率和借款利率。例如，假定家得宝公司（Home Depot）在考虑开几家新分店，预期收益率是 12%。如果家得宝公司能以 8%的利率借款，投资就有利可图，而如果利率是 15%，投资就不能获利。在图 14.3 中，可贷资金的需求曲线向下倾斜，原因在于：利率越低，企业可以获利的投资项目就越多，可贷资金的需求量就越大。

可贷资金的供给是由家庭储蓄的意愿和政府储蓄或负储蓄的规模决定的。当家庭储蓄时，它们减少了当前能购买和享受的商品和服务的数量。家庭现在储蓄而不是消费的意愿部分地由出借资金能获得的利率决定。利率越高，储蓄的回报就越大，家庭储蓄的资金量就越多。所以，在图 14.3 中，可贷资金的供给曲线是向上倾斜的，因为利率越高，储蓄的供给量就越大。

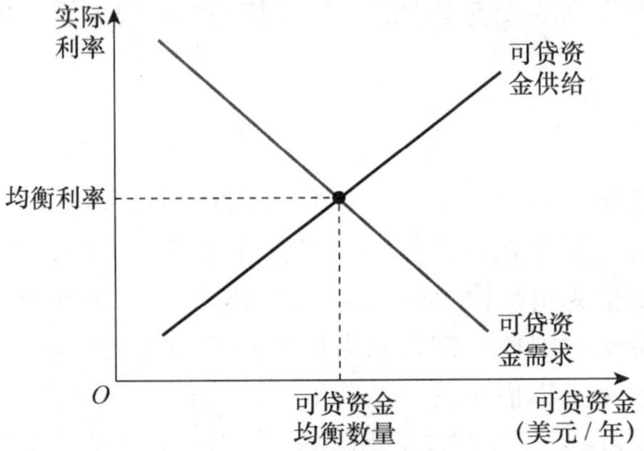

图 14.3　可贷资金市场

可贷资金的需求是由要开发新投资项目的企业的借款意愿决定的。可贷资金的供给是由家庭储蓄的意愿和政府储蓄或负储蓄的规模决定的。可贷资金市场的均衡决定了实际利率和交换的可贷资金数量。

回忆名义利率和实际利率之间的区别（见第 13 章）。名义利率是贷款的标明利率。实际利率对名义利率进行了修正，考虑了通货膨胀对购买力的影响，它等于名义利率减去通货膨胀率。因为借款人和贷款人关心的是他们将要收到或支付的实际利率，所以可贷资金市场的均衡决定的是实际利率而不是名义利率。

建立联系

埃比尼泽・斯克鲁奇：经济增长的意外促进者？

埃比尼泽・斯克鲁奇的名字已经变成了吝啬鬼的同义词。在查尔斯・狄更斯的小说《圣诞颂歌》中，主人公斯克鲁奇在小说末尾转变之前特别不愿意花钱。虽然他收入丰厚，但是他拒绝适当的取暖和照明，生活在一栋阴冷、黑暗的房屋里。他每天只喝稀粥，因为他不买更贵的食物。在全书的大部分篇幅里，狄更斯对斯克鲁奇的行为所进行的描述都是采用负面的方式。在小说的末尾，斯克鲁奇开始转变，对自己和别人都更加慷慨了，狄更斯这才赞扬了他的行为。

但是，正如罗切斯特大学的经济学家斯蒂芬・兰茨伯格（Steven Landsburg）所指出的，从经济学角度来讲，可能斯克鲁奇转变之前的行为才更值得赞扬：

在整个世界上，没有人比吝啬鬼更加慷慨了：因为他能够消耗这个世界的资源，但是他却选择不这样做。吝啬鬼和慈善家之间的唯一区别是慈善家只帮助了那些受惠的小部分人，而吝啬鬼却惠及大众。

我们可以进一步扩展兰茨伯格的讨论，来考虑到底是变化前还是变化后的斯克鲁奇的行为更有利于经济增长。变化前的斯克鲁奇很少花钱，他把大部分收入投资于金融市场。企业可以借这些资金来建造新厂房和从事研发。变化后的斯克鲁奇花的钱要多得多，储蓄则少得多。他之前的储蓄被花在为鲍勃一家购买食物和在圣诞节“制造快乐”上了。也就是说，变化后的斯克鲁奇的行为导致更多消费类商品被生产出来，而被生产出来的投资类商品更少了。我们能够得出结论：斯克鲁奇的转变降低了经济增长速度，即使只降低了一点点。当然，更深层次的要点是：储蓄者提供了对经济增长所要求的投资支出必不可少的资金，提高储蓄的唯一途径是减少消费。

资料来源：Steven Landsburg，“What I Like About Scrooge”，*Slate*，December 9，2004.

轮到你了：做本章末与本专栏相关的问题与应用 2.14 和 2.15，看看你理解得如何。

解释储蓄、投资和利率的变动。可贷资金市场的均衡决定了每个时期从出借者流向借款人的可贷资金的数量。它也决定了出借人收到的和借款人支付的实际利率。通过假定利率以外的其他影响借款人借款意愿的因素不变，我们画出可贷资金的需求曲线。通过假定利率以外的其他影响出借人供给资金意愿的因素不变，我们画出可贷资金的供给曲线。需求曲线或供给曲线的移动都会改变均衡利率和可贷资金的均衡数量。

例如，如果由于技术变革或者由于政府减少了公司税，新投资项目的盈利能力增加，那么，企业对可贷资金的需求就会增加。图 14.4 显示了可贷资金市场需求增加的影响。

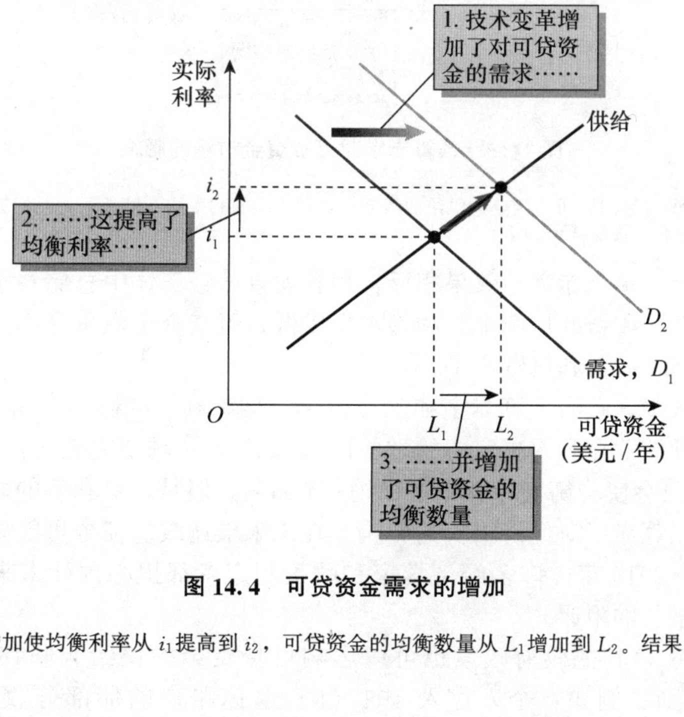

图 14.4 可贷资金需求的增加

可贷资金需求的增加使均衡利率从 i_1 提高到 i_2，可贷资金的均衡数量从 L_1 增加到 L_2。结果，储蓄和投资都增加。

同商品和服务市场一样，可贷资金市场需求的增加使得需求曲线向右移动。在新的均衡中，利率从 i_1 提高到 i_2，可贷资金的均衡数量从 L_1 增加到 L_2。注意可贷资金数量的增加意味着家庭储蓄的数量和企业投资的数量都增加了。投资的增加使资本存货和每小时工作时间的资本量都增加，这有利于加快经济增长。

我们也可以运用可贷资金市场考察政府预算赤字的影响。不考虑国外储蓄的影响，回忆前面讲过的，如果政府存在预算赤字，它就减少了经济体中的总储蓄量。假定政府增加了支出，造成了预算赤字。我们在图 14.5 中通过向左移动可贷资金供给曲线来分析预算赤字的影响。在新的均衡中，利率变高，可贷资金的均衡数量变少。赤字减少了经济体中的总储蓄水平，并且还通过提高利率减少了企业的投资支出。通过借款为预算赤字融资，政府挤出了某些企业本来能够借款进行的投资。**挤出**（crowding out）是指政府购买的增加导致私人支出（在这个例子中是投资支出）的减少。在图 14.5 中，挤出效应造成的投资支出的减少用可贷资金的需求曲线上从 L_1 到 L_2 的运动表示。更低的投资支出意味着资本存量和每小时工作时间的资本量的增加量会减少。

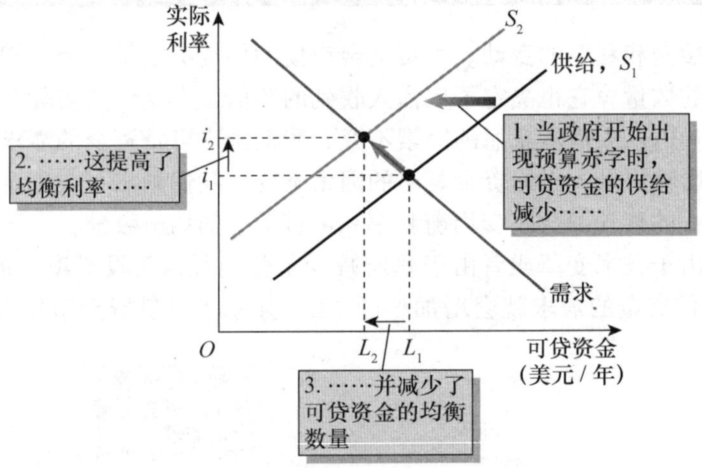

图 14.5　预算赤字对可贷资金市场的影响

当政府开始出现预算赤字时，可贷资金的供给曲线向左移动。均衡利率从 i_1 提高到 i_2，可贷资金的均衡数量从 L_1 减少到 L_2。结果，储蓄和投资都减少。

政府预算盈余与预算赤字的效果相反：预算盈余使经济体中总储蓄量增加，可贷资金供给曲线向右移动。在新的均衡中，利率水平更低，可贷资金数量更高。我们能够得到结论：预算盈余提高了储蓄和投资水平。

但是，在实践中，政府预算赤字和预算盈余对均衡利率的影响非常有限。（这一发现部分地反映出全球储蓄在利率决定中的重要性。）例如，一项研究表明：增加相当于 1%的 GDP 的政府借款只会使均衡实际利率增加约 0.003%。但是，对利率的微小影响并不意味着我们可以忽略预算赤字对经济增长的影响。在未来偿还政府债务可能要求提高税收，这将压制经济增长。2015 年，许多经济学家和政策制定者都担心预计未来会出现的巨额预算赤字将会成为增长的阻碍。

除了预算赤字，其他政府政策也可以影响可贷资金的供给。联邦政府给储蓄提供了特别的税收激励。例如，个人存入 401（k）退休账户的那部分收入可以推迟到他们真正退休时才纳税。延迟纳税增加了储蓄的税后回报，因此，这一政策鼓励了个人储蓄。

例题 14.2　未来的预算赤字是对经济的威胁吗?

国会给国会预算办公室的职责之一是估计联邦支出和税收政策对经济的影响。美联社的一篇关于国会预算办公室的某个报告的新闻报道指出，美国的联邦预算赤字在未来很可能增加。根据国会预算办公室的观点，这些更高的预算赤字可能“通过挤出企业投资和导致利率激增对经济造成威胁”。

a. 国会预算办公室所说的“利率激增”是什么意思? 为什么联邦预算赤字的增加可能导致利率激增? 用图形阐明你的答案。

b. 利率激增与挤出有联系吗? 为什么挤出被认为是对经济的威胁?

解：

第 1 步：复习本章内容。这一问题是关于应用可贷资金市场模型的，所以你可能需要复习一下 14.2.3 节中的“解释储蓄、投资和利率的变动”一部分。

第 2 步：解释国会预算办公室所说的“利率激增”是什么意思，解释为什么联邦预算赤字的增加可能导致利率激增，并画一幅图形阐明你的答案，以此回答问题 a。国会预算办公室所说的“利率激增”是指未来的利率可能显著更高。下图与图 14.5 相同，它显示，更高的预算赤字将使可贷资金供给曲线向左移动，导致均衡实际利率上升。

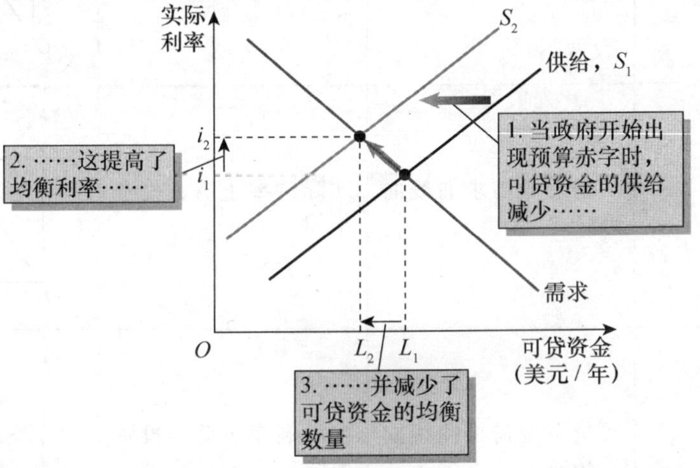

第 3 步：解释利率激增与挤出之间有何联系以及为什么挤出被认为是对经济的威胁，以此回答问题 b。利率激增是更高的预算赤字导致挤出的方式。更高的利率将导致企业的投资支出减少。更低的投资支出可能降低经济增长。国会预算办公室所说的对经济的威胁指的正是更高的预算赤字导致更慢的经济增长这种可能性。

资料来源：Andrew Taylor，“CBO：Deficits to Drift Lower on Lower Health Costs”，*Associated Press*，April 14，2014.

轮到你了： 做本章末与本专栏相关的问题与应用 2.16，看看你理解得如何。

表 14.1 总结了导致可贷资金需求和供给曲线移动的重要因素。

表 14.1　　　　　　　　　　　　　　可贷资金模型总结

变量的增加	将使……	导致……	对可贷资金市场均衡的影响的图形分析
政府预算赤字	可贷资金供给曲线向左移动	实际利率上升，投资减少	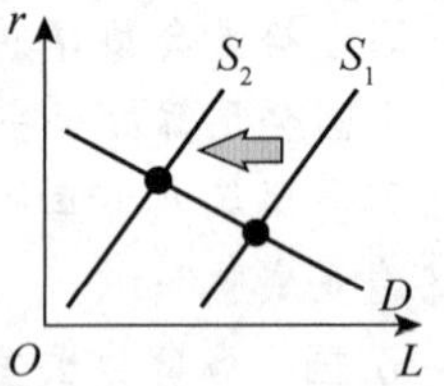
家庭现在消费的意愿	可贷资金供给曲线向左移动	实际利率上升，投资减少	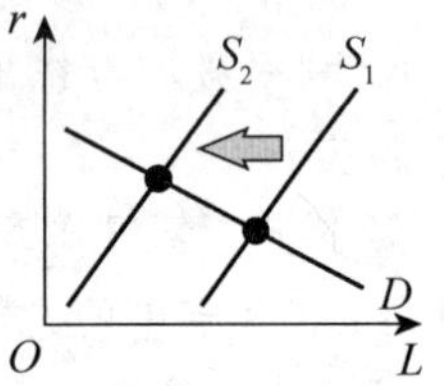
能够增加储蓄的激励的储蓄税收优惠［如 401（k）退休账户］	可贷资金供给曲线向右移动	实际利率下降，投资增加	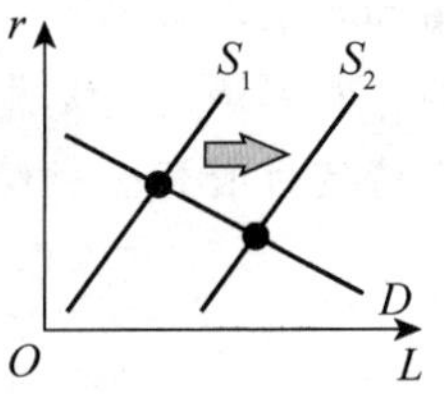
预期的未来利润	可贷资金需求曲线向右移动	实际利率上升，投资增加	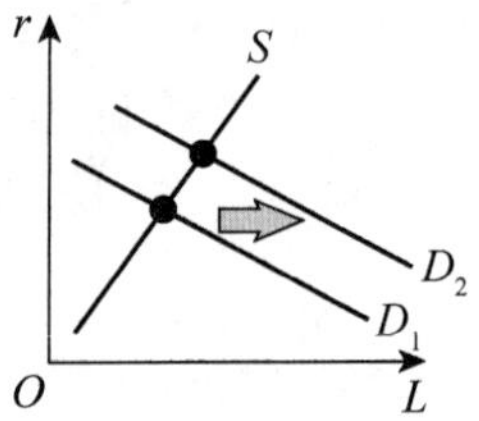
公司税	可贷资金需求曲线向左移动	实际利率下降，投资减少	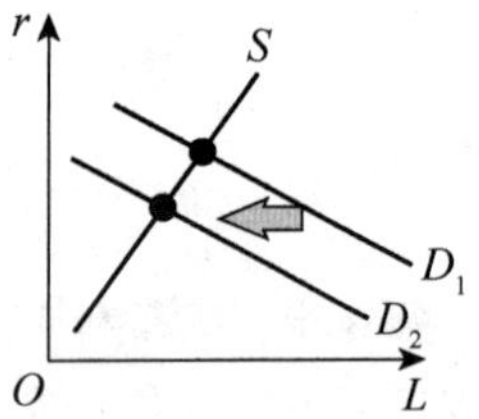

14.3　经济周期

图 14.1 展示了过去一个多世纪普通美国人经历的生活水平的显著增长。但是，仔细观察该图就会发现，这一期间人均实际 GDP 并没有每年都增加。例如，在 20 世纪 30 年代的头五年里，人均实际 GDP 连续下降。长期增长趋势中这些波动的原因是什么呢？

□ 14.3.1 一些基本的经济周期相关定义

图 14.1 中显示的人均实际 GDP 的波动反映了背后实际 GDP 的波动。从至少 19 世纪早期开始，美国经济就经历了经济周期，即经济扩张期和衰退期交替出现。因为实际 GDP 是衡量经济活动最好的指标，所以经济周期通常用实际 GDP 的运动来表示。

在经济周期的扩张阶段，生产、就业和收入都会增长。到达经济周期顶峰时，扩张结束。接下来，生产、就业和收入都减少，经济进入周期的衰退阶段。随着经济周期谷底的到来，衰退结束，下一个扩张时期开始。图 14.6 阐释了经济周期的各个阶段。图 14.6（a）显示了一个理想化的经济周期，实际 GDP 在扩张阶段平稳上升直到到达顶峰，然后在衰退阶段平稳下降直到到达谷底，之后下一个扩张阶段开始。图 14.6（b）画出了 2006—2015 年这段时期实际 GDP 的波动，显示了一个现实的、更为杂乱的经济周期。该图显示，（始于 2011 年的）经济扩张持续至 2007 年 12 月达到经济周期顶峰。接下来的衰退是自 20 世纪 30 年代大萧条以来时间最长、程度最严重的经济衰退。这次衰退的严重程度导致一些经济学家将其称为“大衰退”。经济在 2009 年 6 月达到了经济周期谷底，接下来开始了下一轮经济扩张。虽然在经济周期谷底后实际 GDP 开始增长，但是增速比一般的经济周期扩张阶段开始时的速度慢。

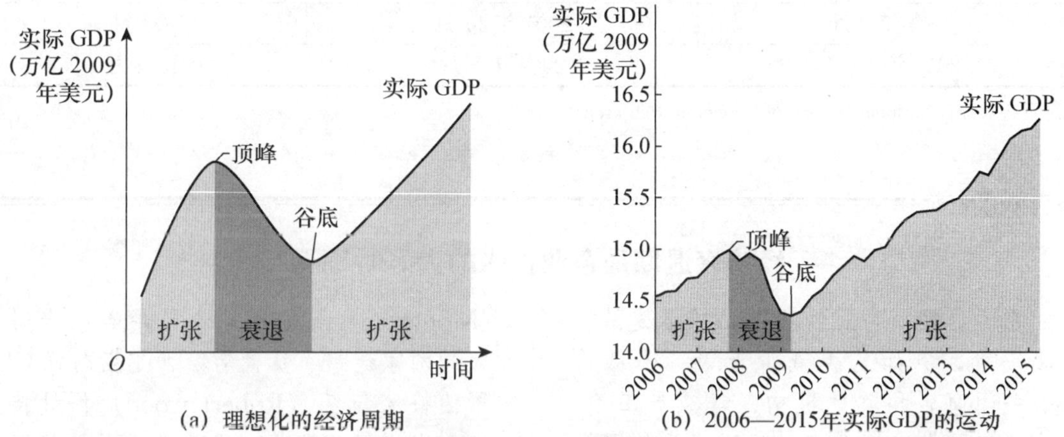

图 14.6 经济周期

图（a）显示了一个理想化的经济周期，实际 GDP 在扩张阶段平稳上升直至到达顶峰，在衰退阶段平稳下降直至到达谷底，之后下一个扩张阶段开始。图中扩张阶段用浅灰色阴影表示，衰退阶段用深灰色阴影表示。图（b）绘制了 2006—2015 年现实中实际 GDP 的运动。2007 年 12 月经济周期到达顶峰后出现的衰退是自 20 世纪 30 年代大萧条以来时间最长、程度最严重的经济衰退。

□ 14.3.2 我们如何知道经济何时步入衰退？

联邦政府计算了许多统计量，这使得监控经济运行情况成为可能。但是，联邦政府并不会官方判定衰退何时开始、何时结束。大多数经济学家接受国家经济研究局（NBER）经济周期界定委员会的判断。国家经济研究局是一个位于马萨诸塞州剑桥镇的私人研究机构。虽然报纸和杂志的作家常常将衰退定义为实际 GDP 连续两个季度下降，但是 NBER 对衰退的定义更加宽泛：“衰退是指大多数经济领域的经济活动都出现明显下滑，持续时间至少为几个月，在工业生产、就业、实际收入和批发零售贸易中都明显可见。”

NBER在宣布经济周期这件事上相当慢，因为搜集和分析经济数据需要时间。通常在衰退开始一段时间后，NBER才宣布经济进入衰退。例如，经济从2007年12月进入衰退后的第11个月，即2008年11月底，NBER才宣布经济进入衰退。表14.2列出了NBER确定的1950年以来的经济周期顶峰和谷底。衰退期长度指的是顶峰到下一个谷底之间的月份数。

表14.2　　1950年以来美国的经济周期

顶峰	谷底	衰退期长度
1953年7月	1954年5月	10个月
1957年8月	1958年4月	8个月
1960年4月	1961年2月	10个月
1969年12月	1970年11月	11个月
1973年11月	1975年3月	16个月
1980年1月	1980年7月	6个月
1981年7月	1982年11月	16个月
1990年7月	1991年3月	8个月
2001年3月	2001年11月	8个月
2007年12月	2009年6月	18个月

资料来源：National Bureau of Economic Research.

建立联系

经济衰退期是企业扩张的大好时期吗？

在衰退期，企业经理们必须迅速做出许多决策，例如是否减少产量、降低价格、关闭商店和其他机构、裁减员工等。他们不仅要做出旨在应对衰退产生的即期影响的决策，还必须考虑如何为衰退后的扩张做准备。经理们知道，每一次衰退，即使是2007—2009年那样严重的衰退，都会紧接着出现扩张，而在扩张阶段，企业的产品需求可能会增加。但是当前景不明、衰退结束时间难以预测时，很难将资源投入到为未来扩张做准备的用途上。

但是，为未来的增长做好准备的回报可能会很可观。例如，在1945年第二次世界大战结束时，许多经济学家和企业经理都预计美国经济将会步入严重的衰退。西尔斯（Sears）和蒙哥马利－沃德（Montgomery Ward）公司是美国当时最大的两家连锁百货商店。西尔斯时任CEO罗伯特·伍德（Robert wood）预计接下来会出现经济繁荣，于是在全国开设新分店。而蒙哥马利－沃德的CEO萨维尔·艾福瑞（Sewelly Avery）则预计收入会下降且失业会增加，所以拒绝开设任何新分店，并且关闭了一些现有的商店。结果，当20世纪40年代后期经济强劲增长时，西尔斯迅速抢占了蒙哥马利－沃德公司的市场份额。

在2001年9月11日的恐怖袭击后，许多酒店的经理认为旅游会减少，且会持续很长时间。因此，他们裁减了员工、推迟或取消了新建设项目。但是，四季酒店（Four Seasons Hotels）的主席兼CEO艾萨多尔·夏普（Isadore Sharp）认为，虽然衰退可能重创酒店业，但是这种影响的时间会很短。他决定完成18家新酒店的建设，并且再增加建设10家酒店。按他自己的话说："与许多行业专家的预测相反，我们保持或提高了在大部分地区的市场份额。"在2002年3月一封致股东的信中，他写道："我们为预计今年晚些时候会出现的经济复苏做好了充分准备。"

在2007—2009年的严重衰退期间，经理们也要做类似的决策。总部位于北卡罗来纳州格林斯伯勒的VF公司是世界上最大的服装制造商，旗下品牌包括North Face、Timberland、Wrangler等。当J. Crew、Anne Klein和Liz Claiborne等许多企业都关闭商店或推迟开新店时，VF公司的CEO艾瑞克·怀斯曼（Eric Wiseman）决定大力推进，在2008年新开了89家分店，在2009年又新开了70家。一位零售业分析师评论道："不幸的是，许多公司在衰退期间收缩发展，但这些时期往往是最好的成长机会。"类似地，计算机芯片制造商英特尔公司在2009年上半年决定斥资70亿美元升级其在美国的工厂，而同期许多竞争对手由于计算机销量下降而减少了在新工厂上的支出。英特尔公司CEO保罗·欧德宁（Paul Otellini）说："我认为英特尔这样的公司站出来表明自己的信心是很重要的。"重型机械制造商卡特彼勒公司（Caterpillar）宣布，将建造几个新工厂并扩张现有工厂的规模来"满足消费者需求的预期增加"。

到2015年，经济从2007—2009年的衰退中复苏的形势喜人，尽管其步伐比典型的复苏要慢。VF公司的扩张决策看起来是一个好决策，它的销售额和利润持续增加，股价接近历史最高水平。该公司继续开设新店，在全世界的商店接近1 500家。卡特彼勒公司和英特尔公司的决定则更加复杂一些，尽管两家公司仍然是有利润的。英特尔公司在2015年年中宣布，技术问题将导致它的最新一代计算机芯片推迟到2017年下半年才能推出，这一声明可能代表着一个暂时的挫折，也有可能表明英特尔公司开始落后于其他芯片制造商了。卡特彼勒公司受到了煤炭、铁矿石、石油和其他大宗商品价格下降的影响，这些商品的价格下降减少了对采矿和石油开采设备的需求。不过，卡特彼勒公司的CEO仍然期待，当世界经济增长导致大宗商品价格回升时，该公司未来的销售额能上升。

长期看来，大多数企业在美国经济的未来上所下的赌注都获得了丰厚的回报。

资料来源：Lisa Beilfuss，"VF Corp. Tops Expectations on Strength in Outdoor Sales"，*Wall Street Journal*，July 24，2015；Tiernan Ray，"Is Intel in Trouble?" *Barrons*，July 18，2015；James R. Hagerty，"Caterpillar Resists Calls to Slash Spending"，*Wall Street Journal*，July 23，2015；Robert Sobel，*When Giants Stumble*，Paramus，NJ：Prentice Hall，1999；Isadore Sharp，*Four Seasons：The Story of a Business Philosophy*，New York：Portfolio，2009；Bob Tina，"Caterpillar to Expand Kansas Plant"，*Wall Street Journal*，August 18，2011；Rachel Dodes，"VF Dresses Up Its Operations，Bucking Recession"，*Wall Street Journal*，March 31，2009；and Don Clark，"Intel to Spend Heavily on U. S. Plants"，*Wall Street Journal*，February 10，2009.

轮到你了：做本章末与本专栏相关的问题与应用3.6，看看你理解得如何。

□ 14.3.3 经济周期期间都发生了什么？

每个经济周期都不相同。任何两个经济周期中的扩张阶段和衰退阶段的时间长度、受影响最大的经济部门都很少相同。但是大部分经济周期都有如下这些特征：

(1) 当经济处于扩张阶段末期时，利率通常上升，工人工资的上涨速度比价格快。作为利率和工资上升的结果，企业的利润将下降。一般而言，当经济处于扩张阶段末期时，家庭和企业的负债都迅速增多。这些债务是企业和家庭在扩张期借款为其支出融资的结果。不断上升的债务最终导致家庭和企业减少它们的支出。

(2) 企业在机器设备、新厂房、新办公楼等资本品上的支出减少或家庭在新住宅和家具、汽车等耐用消费品上的支出减少常常预示着衰退的开始。当支出减少时，房地产企业与出售资本品和耐用消费品的厂商发现其销售量下降。当销售量下降时，企业缩小生产规模并开始裁减工人。升高的失业率和降低的利润减少了收入，导致支出进一步下降。

(3) 当衰退持续时，经济形势最终开始改善。支出的下降最终结束；家庭和企业开始减少债务，因此增加了支出能力；利率下降，增加了家庭和企业借款为新的支出融资的可能性。由于企业预计在下一个扩张阶段需要增加生产，因此它们开始增加在资本品上的支出。家庭在新住房和耐用消费品上的支出增加以及企业在投资品上的支出增加最终使衰退结束，经济进入下一个扩张阶段。

康宁公司，技术和经济周期。我们已经看到，长期经济增长取决于新技术的开发，如康宁等公司在其发展过程中所开发的技术。但是，由于新技术体现在耐用品——使用时间预计至少为三年的商品——中，所以，这些企业受到经济周期的影响。耐用消费品包括汽车、电器和智能手机等，耐用生产品包括机床、发电机和商用飞机等。非耐用品是使用时间预计不到三年的商品。非耐用消费品包括食物和衣服等。耐用品比非耐用品更易受经济周期的影响。在衰退期，如果工人失业、害怕失业或工资降低，他们都会减少支出。因为人们常常可以继续使用现有的汽车、电器和智能手机，所以，他们更可能推迟购买耐用品而不是非耐用品。类似地，当企业在衰退期出现销量和利润下降时，它们也常常减少对耐用生产品的购买。

在本章开篇案例关于康宁公司的讨论中我们提到，该公司的大量产品被销售给了汽车、电视机和电脑生产企业。结果，康宁公司的销售额受到经济周期的重大影响。图 14.7 (a) 显示了从 1999 年年初到 2015 年年初每个季度实际 GDP 的运动。我们既能看出实际 GDP 随时间的上升趋势，也能看出 2001 年和 2007—2009 年衰退的影响。康宁公司单种产品的销售额数据不可获得，但是，图 14.7 (b) 显示了同时期汽车产出的实际价值和电脑等信息处理设备产出的实际价值的运动。图 14.7 (b) 显示，经济衰退对这些行业的影响比对整体经济的影响更大。例如，在 2007—2009 年衰退期间，实际 GDP 只下降了大约 4%，而汽车产量下降了近 25%，信息处理设备的产量下降了 17%。由于这些行业的产出下降，康宁公司所销售的用于汽车尾气排放系统的陶瓷和电脑显示面板的数量也下降了。当这些行业从衰退中复苏时，康宁公司的销售额也回升了。

经济周期对通货膨胀率的影响。价格水平衡量了经济体中商品和服务的平均价格，通货膨胀率是价格水平逐年的百分比增长（见第 13 章）。关于经济周期的一个重要事实是：在经济扩张阶段，特别是末期，通货膨胀率通常上升；在衰退阶段，通货膨胀率通常下降。图 14.8 显示了自 1990 年以来发生的三次经济衰退的模式。

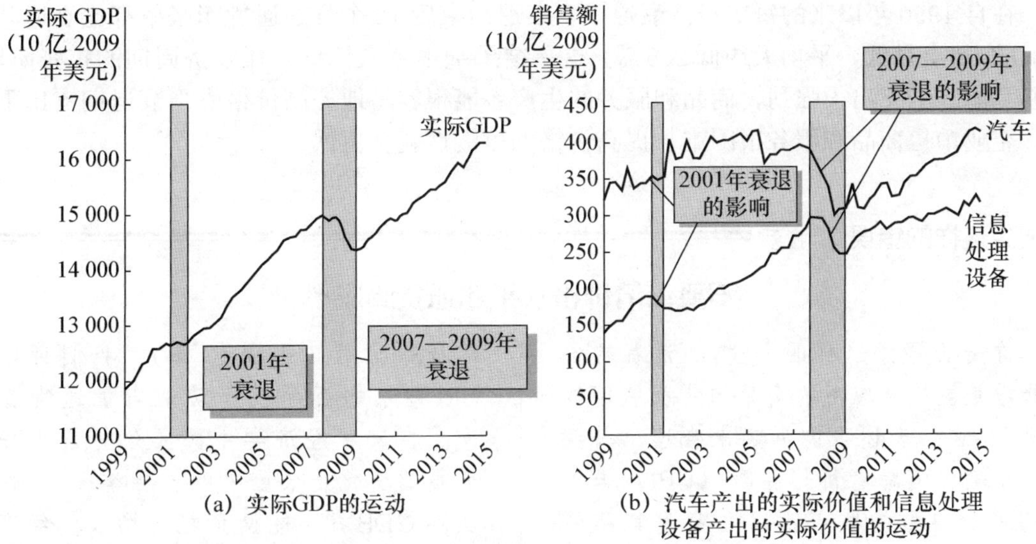

图 14.7　经济周期对康宁公司的影响

图（a）显示了从 1999 年年初到 2015 年年初每个季度实际 GDP 的运动。图（b）显示了同时期汽车产出的实际价值和信息处理设备产出的实际价值的运动。在图（b）中，经济衰退对康宁公司的产品买家的销售额的影响比对整体经济的影响更大。

资料来源：U. S. Bureau of Economic Analysis.

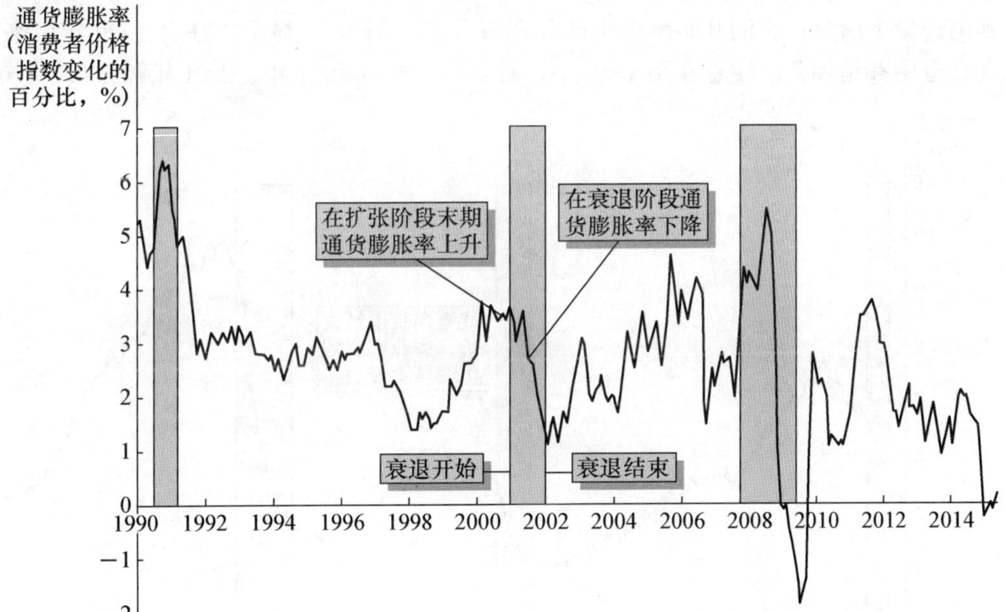

图 14.8　经济周期对通货膨胀率的影响

在典型的经济扩张阶段末期，通货膨胀率开始上升；在衰退阶段，通货膨胀率下降。图中用阴影部分表示衰退期。到衰退结束时，通货膨胀率大大低于衰退刚开始的时候。

注：图中每年的通货膨胀率是用与上年相同月份相比消费者价格指数变化的百分比来衡量的。

资料来源：U. S. Bureau of Labor Statistics.

在自1950年以来的每次经济衰退中，衰退结束后12个月的通货膨胀率都比衰退开始之前的12个月低，平均大约低2.5%。这一结果毫不令人惊讶。在经济周期的扩张阶段，企业和家庭的支出很强劲，商品和服务的生产者能很容易地提高价格。当衰退期支出下降时，企业销售商品和服务很困难，提高价格的可能性就会更低。

不要犯这样的错误！ ☞

不要混淆价格水平和通货膨胀率

你是否同意这样的表述："消费者价格指数是被广泛应用的衡量通货膨胀率的指标"？这一表述可能听起来合理，其实并不正确。消费者价格指数（CPI）告诉我们一个典型的城市四口之家为其购买的商品和服务所支付的价格相对于基年的数量，但是CPI的数值没有直接衡量通货膨胀率（见第13章）。我们可以用CPI逐年的百分比变动来衡量通货膨胀率。在宏观经济学中，区分变量水平和变量的变化是很重要的。再举一个例子，实际GDP并不能衡量经济增长。经济增长是用实际GDP逐年变化的百分比衡量的。

轮到你了： 做本章末与本专栏相关的问题与应用3.8，看看你理解得如何。

经济周期对失业率的影响。 衰退造成了通货膨胀率下降，但却造成失业率上升。当企业看到销售量下滑时，它们开始减少生产和裁减员工。图14.9显示，在自1990年以来发生的三次衰退中都是如此。注意在图14.9中，甚至在1990—1991年、2001年和2007—2009年

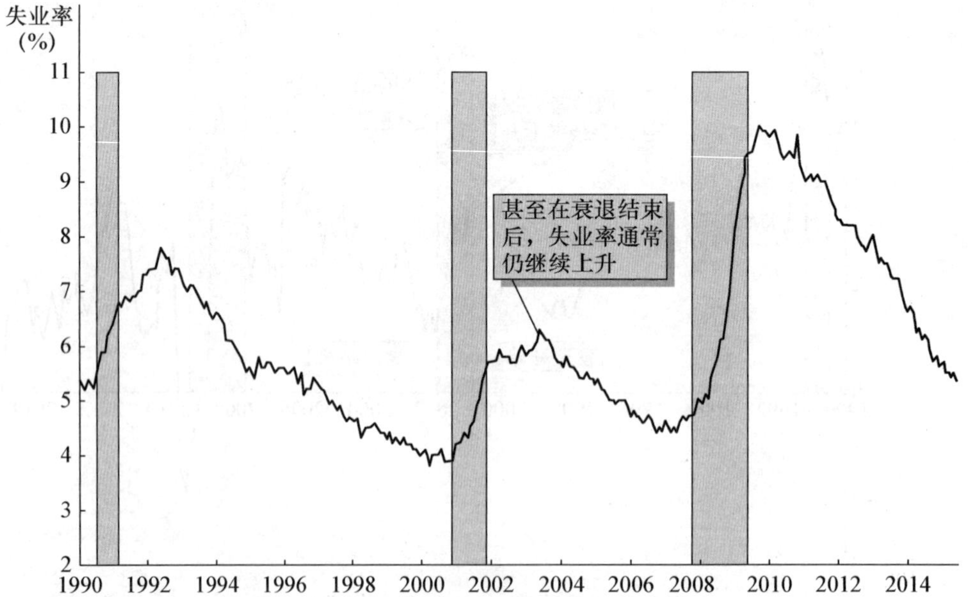

图14.9 经济周期对失业率的影响

在衰退阶段失业率上升，在扩张阶段失业率下降。在经济复苏的早期阶段，企业不愿意雇用新员工，这通常导致失业率甚至在衰退结束后仍继续上升。

资料来源：U. S. Bureau of Labor Statistics.

衰退结束后，失业率仍然上升。失业率下降滞后于衰退结束这一现象非常普遍，原因被归结为两个因素。第一，虽然随着衰退的结束，就业量开始上升，但是其上升速度可能低于人口增长造成的劳动力增加的速度。如果就业量相对于劳动力增长得足够慢，失业率就会提高。第二，即便衰退结束后销售量开始增加，一些企业继续在其满负荷生产能力以下生产。结果，企业一开始可能不会完全召回它们之前解雇的员工，甚至可能在一段时间里继续裁员。

在1950年后的经济衰退中，在衰退发生后的12个月里，失业率平均增长了1.2%。所以，衰退发生后的12个月与发生前的12个月相比，失业的工人数平均多了100万以上。

"大稳健时代"结束了吗？图14.10显示了从1900年以来实际GDP逐年的百分比变动，它清楚地表明，从1950年左右开始，实际GDP的波动发生了一个明显的变化。在1950年以前，实际GDP的逐年波动比1950年后大得多。尤其是20世纪80年代中期之后，波动非常温和。到了21世纪早期，一些经济学家开始把这种没有严重衰退的情形称为"大稳健"，认为美国进入了"大稳健时代"。但是，由于始于2007年12月的衰退，经济学家开始质疑这一观点。这次衰退是自20世纪30年代的大萧条以来时间最长、程度最严重的衰退，被称为大衰退。2009年实际GDP下降的百分比是1932年*以来最大的。尽管大衰退结束后经济持续扩张已经超过6年，但是，经济学家和政策制定者们并不确定大稳健是否会回归。

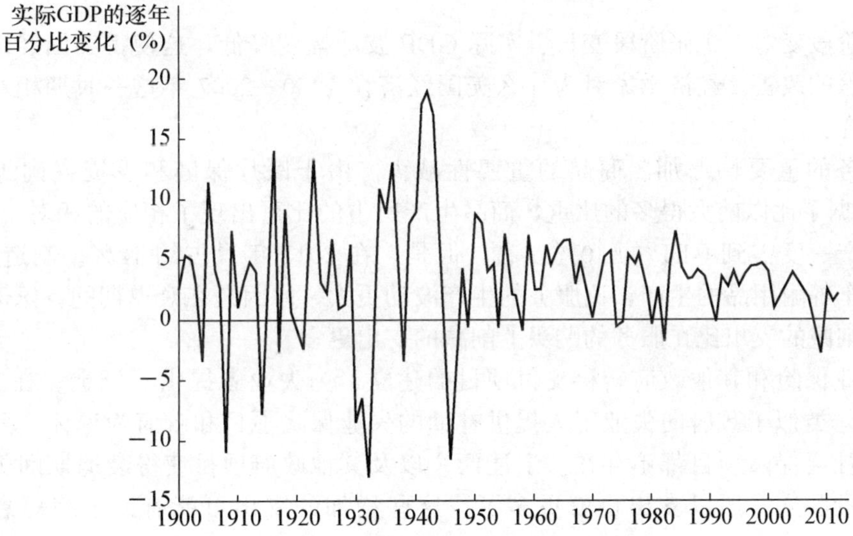

图14.10　1900—2014年实际GDP的波动

1950年以前实际GDP的波动比1950年后大得多。

资料来源：Samuel H. Williamson，"What Was the U. S. GDP Then?" MeasuringWorth，July 2015；and U. S. Bureau of Economic Analysis.

通过将2007—2009年衰退的时间长度和其他近来的衰退进行比较，我们能看出它超乎寻常的严重性。表14.3显示，在19世纪后期，衰退阶段的平均时间长度与扩张阶段相

* 原文如此。从图14.10来看应为1946年。——译者注

同。在20世纪上半叶，扩张阶段的平均时间长度略微缩短，而衰退阶段的平均时间长度显著缩短。所以，在这些年份里，扩张阶段比衰退阶段大约长6个月。最明显的变化发生在1950年后，扩张阶段的时间长度大幅延长，而衰退阶段的时间长度缩短。在1950年后，扩张阶段的时间长度是衰退阶段的5倍多。也就是说，在19世纪后期，美国经济经历的扩张和衰退时间相当。而1950年后，美国经历着长时间的扩张，只是中间被相对短暂的衰退所打断。

2007—2009年的衰退是这种相对短暂和温和的衰退经历的一个特例。这次衰退历时18个月，是1950年后最长的。它的时间长度和严重程度是否表明美国正在重新回到实际GDP剧烈波动的时代？这个问题至少几年之内都不会有完整的答案。但是，在下一小节，我们将思考为什么1950—2007年是一个宏观经济相对稳定的时期，以此为这个问题提供一些视角。

表 14.3　　直到2007年，经济周期变得更温和了

时期	扩张阶段的平均时间长度	衰退阶段的平均时间长度
1870—1900年	26个月	26个月
1900—1950年	25个月	19个月
1950—2009年	61个月	11个月

□ 14.3.4　美国经济会重回稳定吗？

衰退阶段变短、扩张阶段变长、实际GDP波动幅度降低，这使得美国经济的健康程度有了显著的改善。经济学家对为什么美国经济在1950—2007年这一时期相对稳定提供了几种解释：

- 服务的重要性增加、商品的重要性减少。由于医疗保健和投资咨询等服务业在GDP中占据了比以前大得多的比重，商品生产所占的比重出现了相应的相对下降。例如，制造业生产一度占到GDP的40%左右，但是，在2015年只占约12%。制造业的生产，尤其是汽车等耐用品的生产，比服务的生产波动更大，原因是在衰退期间，家庭在耐用品的购买上削减的支出比在服务的购买上削减的支出更多。
- 失业保险和其他政府转移支付项目的建立，为失业者提供了资金。在20世纪30年代之前，类似于政府向失业工人提供补助的失业保险项目和政府为退休、残疾工人提供补助的社会保障项目都不存在。上述两个以及其他政府项目使得衰退期间失业的工人有了更高的收入，所以支出也就更多了。这些增加的支出可能有助于缩短衰退的时间长度。
- 积极的联邦政府政策稳定了经济。在20世纪30年代大萧条之前，联邦政府没有试图缩短经济的衰退阶段和延长扩张阶段。因为大萧条的程度太严重了，失业率攀升至超过20%，实际GDP下降了接近30%，所以公众舆论开始支持政府进行稳定经济的尝试。在第二次世界大战后，联邦政府积极地运用宏观经济政策措施来结束衰退和延长扩张期。许多经济学家认为这些政府政策在稳定经济中起到了至关重要的作用。但是，另一些经济学家认为，积极的政府政策收效甚微。关于宏观经济政策的争论在2007—2009年衰退期间及其之后的时间里变得尤为激烈（见第17章和第18章）。

● 金融体系稳定性的增强。20 世纪 30 年代大萧条的严重程度部分地归结于金融体系的不稳定。1929—1933 年，超过 5 000 家银行破产，这减少了许多家庭的存款，也使得家庭和企业难以获得维持其支出所需的贷款。此外，股票价格缩水 80%以上，大大减少了许多家庭的财富，企业也难以通过出售股票来融资。大部分经济学家相信，在 2007—2009 年衰退期间，金融体系不稳定性的重新出现是这次衰退如此严重的关键原因之一。如果美国想重新恢复宏观经济稳定，就必须先恢复金融体系的稳定。

接第 462 页

生活中的经济学

消费和储蓄哪个对经济帮助更大？

在本章开始时，我们提出了一个问题：你哪位室友说得对？是那位认为你应该把退税支票储蓄起来对经济帮助更大的室友，还是那位认为你应该花掉这笔钱的室友？在本章中，我们看到消费支出使得有更多消费类商品和服务（例如牛仔裤和理发）被生产出来，但是减少了投资类商品和服务（如实物资本和研发）的生产。储蓄（不是消费）对为投资支出融资是必需的。所以，长期看来，将你的退税支票储蓄起来将帮助经济发展。但是，如果经济正处于衰退中，花费这笔钱能刺激更多消费类商品的生产。所以，在某种意义上，你的两个室友都是正确的：在衰退期，消费这笔钱有助于刺激经济；在长期，储蓄这笔钱有助于经济增长。

14.4 结论

美国经济在提高美国人民生活水平上保持着令人瞩目的成绩。今天美国人的生活水平远远高于 100 年以前。但是家庭和企业仍然受到经济周期起伏的影响。在接下来的几章中，我们将继续分析宏观经济学的这一基本事实：不断增加的长期繁荣是在短期波动的背景下实现的。

访问 MyEconLab，你可以找到与本章的概念有关的一篇新闻文章和分析。

本章总结和习题

□ 关键术语

经济周期	金融中介	劳动生产率	可贷资金市场
资本	金融市场	长期经济增长	挤出
金融体系	潜在 GDP		

□ 14.1 长期经济增长

总结

美国经济既经历了长期增长，又经历了经济周期。经济周期是指经济扩张和经济衰退的时期相互交错出现。长期经济增长是指不断上升的生产率提高普通人生活水平的过程。经济增长使现在的普通美国人能够购买的商品和服务达到了 1900 年的 8 倍以上。长期增长是用人均实际 GDP 的增长来衡量的。人均实际 GDP 的增加依赖于劳动生产率的提高。劳动生产率是指一个工人或一小时工作时间能够生产的商品和服务的数量。经济学家相信劳动生产率由两个关键因素决定：每小时工作时间的资本量和技术水平。资本指的是用于生产其他商品和服务的制成品。人力资本指的是工人通过教育和培训或生活经验而积累的知识和技能。如果每小时工作时间的资本量增加或技术变革发生，就会出现经济增长。经济学家常常用潜在 GDP 的增长来讨论经济增长，潜在 GDP 指的是所有企业满负荷生产时达到的 GDP 水平。

复习题

1.1 从 1900 年到 2014 年间，美国人均实际 GDP 增加了多少？讨论人均实际 GDP 的增加可能比实际生活水平的真实增加更大还是更小。

1.2 70 法则是什么？如果人均实际 GDP 每年增长 5%，它翻一番需要多少年？

1.3 使劳动生产率随时间上升的两个关键因素是什么？

1.4 什么是潜在 GDP？随着时间的推移，它会保持不变吗？

问题与应用

1.5 请简要解释你愿意以 100 万美元的年收入生活在 1900 年的美国还是以 5 万美元的年收入生活在 2016 年的美国。假设这两个收入数值都是用 2016 年美元衡量的。

1.6 根据你在本章读到的有关经济增长的内容，讨论 GDP 增长——特别是人均实际 GDP 增长——对一国公民生活质量的重要性。

1.7 [与 14.1 节中的“建立联系”专栏有关] 思考经济繁荣和预期寿命之间的关系。这种关系对一个经济体的卫生保健部门的规模有什么启示？特别地，这个行业在接下来的年份里可能扩张还是收缩？

1.8 运用下表回答以下问题：

年份	实际 GDP（10 亿 2009 年美元）
1990	8 955
1991	8 948
1992	9 267
1993	9 521
1994	9 905

a. 计算从 1991 年到 1994 年每年的实际 GDP 增长率。

b. 计算从 1991 年到 1994 年这段时期里实际 GDP 的平均年增长率。

1.9 正如本章所讨论的，美国的人均实际 GDP 从 1900 年的大约 6 000 美元增加到了 2014 年的 50 010 美元，平均年增长率为 1.9%。如果美国经济继续以此速度增长，人均实际 GDP 翻一番需要多少年？如果政府制定的旨在刺激经济增长的经济政策使得年增长率提高至 2.2%，人均实际 GDP 翻一番需要多少年？

1.10 [与例题 14.1 有关] 麦肯锡咨询公司发布的一份关于世界经济增长的报告包含了这么一条评论：“需要提高生产率以驱动增长。”麦肯锡指的是实际 GDP 的增长还是人均实际 GDP 的增长？你同意这一评论吗？请简要解释。

资料来源：McKinsey Global Institute, “Global Growth: Can Productivity Save the Day in an Aging World?” January, 2015.

1.11 [与例题 14.1 有关]《华尔街日报》上的一篇文章指出：“在长期，提高生产率是提高生活水平最有效的方式。”你同意吗？请简要解释。

资料来源：Greg Ip, “Politicians Should Pay Heed to Productivity Problem”, *Wall Street Journal*, July 22, 2015.

1.12 《经济学人》上的一篇文章指出：“从 1770 年到 1830 年的 60 年里，由于生产率增长仅限于几个行业，经通货膨胀调整后英国工资的增长令人难以察觉。”直到 19 世纪后期生产率“增长遍及整体经济”时，实际工资的持续增长才开始。为什么你会预期生产率增长和实际工资的增长之间有紧密联系？

资料来源：“The Onrushing Wave”, *Economist*, January 18, 2014.

1.13 [与 14.1.2 节中的“建立联系”专栏有

关］哈佛大学经济学教授、诺贝尔经济学奖得主阿玛蒂亚·森（Amartya Sen）认为，“印度若要赶上中国的制造业水平……它需要在社会各阶层有受到更好教育和更健康的劳动力”。教育和卫生保健在经济增长中起到什么作用？1991年以来，尽管印度的教育和卫生保健体系很糟糕，它如何能实现快速经济增长？

资料来源：Amartya Sen，“Why India Trails China”，*New York Times*，June 19，2014.

1.14 ［与14.1.2节中的“建立联系”专栏有关］印度的劳动力在逐步从低生产率的农业部门转移到更高生产率的服务业和工业部门。

a. 简要解释这一转移如何影响印度的人均实际GDP。

b. 这一转移可能导致未来数十年里印度的增长率持续上升吗？请简要解释。

□ 14.2 储蓄、投资和金融体系

总结

金融市场和金融中介共同组成了金融体系。一个良好运行的金融体系是经济增长的重要决定因素。企业直接通过金融市场（如股票和债券市场）或者间接通过金融机构（如银行）从家庭那里获得资金。企业能够获取的资金来自储蓄。经济体中有两种类型的储蓄：家庭的私人储蓄和政府的公共储蓄。经济体中的总储蓄量总是等于总投资支出。在可贷资金市场模型中，借款人和贷款人的相互作用决定了市场利率和交换的可贷资金的数量。

复习题

2.1 为什么一国的金融体系对长期经济增长非常重要？

2.2 为什么金融体系——无论是金融市场还是金融中介——为储蓄者和借款人提供了风险分担、流动性和信息？

2.3 请简要解释为什么经济体中总储蓄必须等于总投资。

2.4 什么是可贷资金？为什么企业对可贷资金有需求？为什么家庭供应可贷资金？

问题与应用

2.5 假定你在银行购买定期存单能得到3%的利率，而银行给借款人发放的新汽车贷款的利率是7%。为什么即使那个买汽车的借款人愿意支付你高于3%的利率，你或许也不愿意把钱直接借给他？

2.6 《国际货币基金组织资料便览》（*International Monetary Fund Factsheet*）对健全的金融体系做出了如下评论：“一国的金融体系……为支持经济增长……提供了一个框架。”你同意这一评论吗？请简要解释。

资料来源：“Financial System Soundness”，*International Monetary Fund Factsheet*，September 21，2015.

2.7 给定一个封闭经济体的如下数据：

Y＝11万亿美元

C＝8万亿美元

I＝2万亿美元

TR＝1万亿美元

T＝3万亿美元

运用这些数据计算以下各项：

a. 私人储蓄；

b. 公共储蓄；

c. 政府购买；

d. 政府预算赤字或预算盈余。

2.8 给定一个封闭经济体的如下数据：

Y＝12万亿美元

C＝8万亿美元

G＝2万亿美元

$S_{公共}$＝－0.5万亿美元

T＝2万亿美元

运用这些数据计算以下各项：

a. 私人储蓄；

b. 投资支出；

c. 转移支付；

d. 政府预算赤字或预算盈余。

2.9 在问题与应用2.8中，假定政府购买从2万亿美元增加到2.5万亿美元。如果Y和C的值保持不变，S和I的值必须如何变化？请简要解释。

2.10 将下面每种情形与合适的可贷资金市场图形匹配起来。

a. 实际利率的增加仅仅导致家庭私人储蓄的少量增加。

b. 实际利率的减少导致企业投资项目支出的大量增加。

c. 联邦政府取消了401（k）退休账户。

d. 联邦政府降低了公司利润税。（假设联邦预算赤字或预算盈余没有变化。）

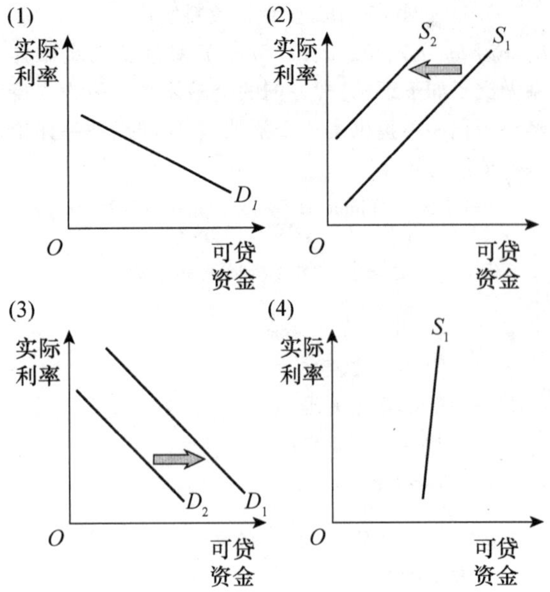

2.11　运用如下图形，回答以下问题：

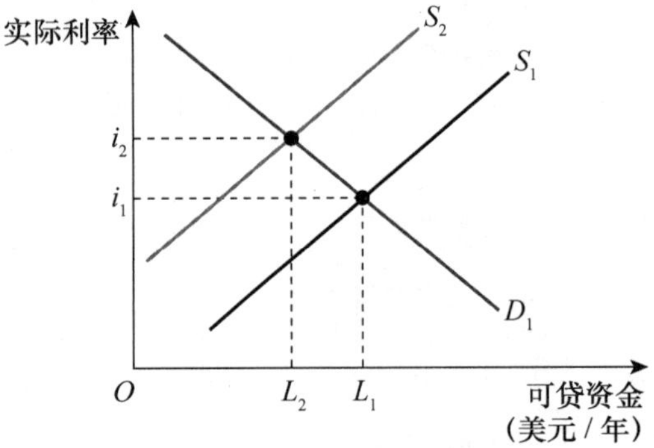

a. 可贷资金供给曲线从 S_1 移动到 S_2，代表着可贷资金供给的增加还是减少？

b. 供给曲线这样移动会使可贷资金的均衡数量发生什么变化？

c. 当可贷资金数量发生这样的变化时，储蓄量如何变化？投资量呢？

2.12　运用如下图形，回答以下问题：

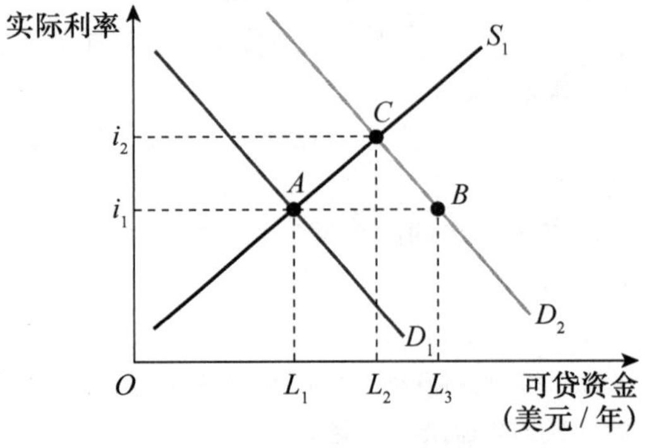

a. 可贷资金需求曲线从 D_1 移动到 D_2，均衡实际利率和可贷资金均衡数量如何变化？

b. 当实际利率上升时，可贷资金均衡数量为何会上升？不是应该下降吗？

c. 如果利率保持在 i_1 的水平，可贷资金需求量将增加多少？

d. 当实际利率从 i_1 提高到 i_2 时，可贷资金供给量将增加多少？

2.13　企业关心投资项目的税后回报率。在可贷资金市场，画图表示并解释企业利润税增加的影响。(为简化问题，假设政府预算赤字或预算盈余保持不变。) 均衡实际利率和可贷资金均衡数量将发生什么变化？对企业的投资数量和经济体未来的资本存量将产生什么影响？

2.14　[与 14.2.3 节中的"建立联系"专栏有关]《华尔街日报》的一个作者写了一封古怪的"致吝啬的美国消费者的信"：

> 亲爱的美国消费者：
>
> 我是《华尔街日报》……四月的太阳闪耀，而你没有花多少钱……你储蓄得太多了……这样存钱可不像你……你知道美国经济正指望着你吗？

经济学家斯蒂芬·兰茨伯格赞美斯克鲁奇选择储蓄而不是把钱花掉，称储蓄而不是消费刺激了经济增长。《华尔街日报》的这封信责怪美国消费者储蓄而不花费收入，称支出——而不是储蓄——刺激经济增长。哪种说法是正确的？

资料来源：Jon Hilsenrath, "Grand Central: A Letter to Stingy American Consumers", *Wall Street Journal*, June 2, 2015.

2.15　[与 14.2.3 节中的"建立联系"专栏有关] 这一"建立联系"专栏宣称，当埃比尼泽·斯克鲁奇是一个吝啬鬼并将他的大部分收入储蓄起来时，他对经济增长的促进作用比他转变成一个肆意挥霍的人时更大。但是，现在假定他转变后的大部分支出用于为鲍勃一家和其他贫困家庭购买食物。许多经济学家认为，赤贫人口吃多少与他们工作多长时间以及工作效率有多高之间有着密切的联系。那么，这一事实对斯克鲁奇改变前还是改变后更有利于经济增长的结论有影响吗？请简要解释。

2.16　[与例题 14.2 有关] 美国联邦政府有着巨额预算赤字。假定国会和总统采取措施将预算赤字扭转为预算盈余。

a. 运用可贷资金市场图形来说明联邦预算盈余

的影响。均衡实际利率和可贷资金均衡数量将发生什么变化？储蓄和投资数量将发生什么变化？

b. 现在假定家庭相信盈余将导致国会和总统在不久的将来减税以便从预算盈余变成预算平衡。结果，由于预期将来要缴纳的税收更少，家庭增加了消费支出。请简要解释这将会如何影响你在问题 a 中的分析。

2.17 储蓄者缴纳的税收是基于他们收到的名义利息而不是基于实际利息。假定政府从对名义利息征税转为对实际利息征税。（也就是说，储蓄者可以从他们收到的名义利率中减去通货膨胀率，只需基于实际利率缴税。）运用可贷资金市场图形来分析这项税收政策变化的影响。均衡实际利率和可贷资金均衡数量将发生什么变化？储蓄和投资数量将发生什么变化？

□ 14.3 经济周期

总结

在经济周期的扩张阶段，生产、就业和收入都会增长。当到达经济周期顶峰时，扩张结束。接下来，生产、就业和收入都减少，经济进入周期的衰退阶段。随着经济周期谷底的到来，衰退结束，下一个扩张时期开始。通货膨胀率通常在靠近经济周期的扩张末期上升，然后在衰退期间下降。失业率在扩张阶段的后半部分下降，在衰退阶段上升。甚至在扩张阶段开始后，失业率也常常继续上升。从 1950 年以来，衰退变得更温和，经济也更稳定，直到 2007—2009 年的严重衰退发生。经济学家对经济是否会回到大稳健时期的那种稳定局面存在争论。

复习题

3.1 经济周期中发生的以下每一事件的名称是什么？

a. 经济活动的高点；

b. 经济活动的低点；

c. 经济活动高点和其后低点之间的时期；

d. 经济活动低点和其后高点之间的时期。

3.2 请简要解释经济周期对通货膨胀率和失业率的影响。为什么失业率在经济扩张初期仍有可能继续上升？

3.3 简要比较 1950 年前与 1950 年后衰退的严重程度。对于从 1950 年到 2007 年宏观经济相对稳定的时期，经济学家提供了哪些解释？

问题与应用

3.4 ［与开篇案例有关］请简要解释在经济周期中，以下每种商品的生产波动大于还是小于实际 GDP 的波动：

a. 福特 F-150 卡车；

b. 麦当劳的巨无霸汉堡包；

c. 康宁公司的 4K 电视屏；

d. 好奇牌纸尿裤；

e. 波音客机。

3.5 国家经济研究局是一家私人机构，负责宣布衰退何时开始、何时结束。你能想到作为联邦政府的一部分的美国经济分析局不愿意承担这项责任的可能原因吗？

3.6 ［与 14.3.2 节中的“建立联系”专栏有关］正如我们所见，有些企业通过在衰退期扩张业务而不断发展。当这些企业采取这样的战略时，它们承担了什么样的风险？就某些特定行业而言，有没有什么环境下特定行业采取更谨慎的方法更加可取？请简要解释。

3.7 《华尔街日报》上的一篇文章指出，在 2014 年年末，“美国家庭的债务负担处于过去十年中的最低水平”。这一信息表明美国经济在 2014 年年末经济扩张阶段接近结束吗？请简要解释。

资料来源：Neil Shah，“Americans' Debt-Cutting Levels Off”，*Wall Street Journal*，December 11，2014.

3.8 ［与 14.3.3 节中的“不要犯这样的错误！”专栏有关］请简要解释你是否同意这一说法：“2014 年实际 GDP 是 16.1 万亿美元。这是一个很大的数值。所以 2014 年的经济增长一定很高。”

3.9 ［与开篇案例有关］康宁公司在其 2009 年年报中指出，公司大部分产品的销售额出现了下降。但是，它还说，这些下降“部分地被大猩猩玻璃——一种对手提显示设备最好的防护性玻璃——的销售额的增加抵消了。随着公司积极利用大猩猩玻璃的市场机会，这种产品的销量持续上升”。为什么大猩猩玻璃的销售额比该公司的其他产品——如 LCD 电视屏和用于汽车尾气排放系统的陶瓷——受经济周期的影响要小？

资料来源：Corning，Inc.，“Form 10-K（Annual Report）”，2010，p. 34.

3.10 罗伯特·萨缪尔森（Robert Samuelson）是《华盛顿邮报》（*Washington Post*）的一个专栏作家，他认为大稳健实际上导致了大衰退。在大稳健期间，“消费者能承担更多债务，出借人可以更无所顾忌地放贷。”为什么在大稳健期间，消费者愿意承担更多债务，出借人愿意更无所顾忌地放贷？为什么这些行为使得严重的2007—2009年衰退更有可能发生？

资料来源：Robert J. Samuelson，“Is the Economy Experiencing Another Great Moderation”，*Washington Post*，June 4，2014.

实时数据练习

D14.1 （分析经济周期期间的实际GDP）访问圣路易斯联邦储备银行（FRED）的网站（research.stlouisfed.org/fred2/）。

a. 找到以下三个变量最近一个季度的数值：(1) 名义GDP（GDP）；(2) 实际GDP（GDPC1）；(3) 实际潜在GDP（GDPPOT）。

b. 利用问题a中的数值计算最近一个季度的GDP平减指数。

c. 计算这个季度实际GDP和潜在GDP之差。

d. 利用图14.2，描述过去十年里实际GDP和潜在GDP之间的关系。

D14.2 （分析储蓄和投资）访问圣路易斯联邦储备银行（FRED）的网站（research.stlouisfed.org/fred2/）。

a. 找到(1)总私人储蓄（GPSAVE）和(2)总政府储蓄（GGSAVE）最近一个季度和三年前同一季度的数值。

b. 利用问题a中的数值计算这两个时期经济体中总储蓄的值。

c. 画一幅显示可贷资金市场处于均衡的图形。解释哪条曲线代表总储蓄。

d. 在问题c的图形中，表示出问题b计算出来的两个时期总储蓄的变化对可贷资金市场的影响。

D14.3 （分析储蓄和投资）访问圣路易斯联邦储备银行（FRED）的网站（research.stlouisfed.org/fred2/）。

a. 找到总政府储蓄（GGSAVE）最近一个季度和四年前同一季度的数值。

b. 经济体中的总储蓄由私人储蓄和政府储蓄构成。政府储蓄代表什么？

c. 利用问题a中的数值，解释这两个时期政府预算处于平衡、盈余还是赤字状态。从第一个时期到最近那个时期，政府储蓄增加了、减少了还是保持不变？

d. 画一幅显示可贷资金市场处于均衡的图形。利用该图形表示出问题c计算出来的政府储蓄的变化对可贷资金市场的影响。（假设私人储蓄的数量保持不变。）解释经济体中的投资水平发生了什么变动。

第 15 章 总需求和总供给分析

本章概览和学习目标

15.1 总需求

确定总需求的决定因素，区分沿着总需求曲线的运动和总需求曲线的移动。

15.2 总供给

确定总供给的决定因素，区分沿着短期总供给曲线的运动和短期总供给曲线的移动。

15.3 宏观经济的长期均衡和短期均衡

运用总需求-总供给模型来阐述宏观经济的长期均衡和短期均衡之间的区别。

15.4 动态总需求-总供给模型

运用动态总需求-总供给模型来分析宏观经济状况。

附录：不同宏观经济学派

比较不同的宏观经济学派。

开篇案例

达美航空随经济周期的沉浮

1924年，南部一些州昆虫出没威胁到棉花的收成，这导致B.R.科德（B.R.Coad）和科利特·E.伍尔曼（Collett E.Woolman）创办了一个从事给农作物喷洒农药业务的公司——哈夫·达兰除尘公司（Huff Daland Dusters）。1930年，该公司改名为达美航空公司（Delta Air Corporation），提供航空邮寄和客运业务。达美航空已经成长为世界上最大的航空公司，2015年的载客量超过1.7亿人次，服务范围覆盖全球300多个目的地，营业收入超过400亿美元。

尽管达美航空在长期取得了成功，但是，该公司和美国其他航空公司的沉浮受到经济周期上下起伏的影响。正如《华尔街日报》上的一篇文章所说的："年复一年，国内的营业收入为GDP的0.73%。"这一关系在GDP增加的经济扩张阶段是好消息，但在GDP减少的经济衰退阶段就是坏消息了。在2007—2009年严重衰退期间，达美航空不但卖的机票更少，而且还不得不降价。结果，2009年公司亏损了12亿美元。

到2015年，在经济扩张期间GDP稳步增长的背景下，达美航空的载客量和机票价格都在增加，因而赚取了创纪录的利润。由于美国页岩油产量增加导致世界石油价格下降，达美航空也受益于飞机燃油价格的下降。许多商业分析师认为达美航空是美国四大航空公司——另外三家是西南航空、美国航空和美联航——中管理得最好的。不过，达美航空的管理层仍在采取措施减少该公司在下次衰退（不可避免）到来时将会遇到的问题。在国内，达美航空尝试通过"曲线式扩张"——在现有飞机上增加座位数量并用大型飞机取代小型飞机——降低成本。在国际上，达美航空继续采用购买外国航空公司部分所有权的战略。在2015年，它购买了中国东方航空公司的部分所有权。根据协议，这两家航空公司将在各自的订票系统列出对方的航班并且在中国的机场共享部分设施。通过在海外扩张，达美航空不但参与到快速增长的市场，而且在某种程度上将自己与美国经济周期的波动隔绝开来。

为了更好地理解经济周期如何影响达美航空和其他企业，我们需要探究衰退和扩张对生产、就业和价格的影响。

资料来源：Susan Carey, "Delta Air Lines to Buy China Eastern Stake for \$450 Million", *Wall Street Journal*, July 27, 2015; Bob McAdoo and Scott Buck, "American Airlines Shares Have Over 70% Upside", barrons.com, July 27, 2015; Susan Carey, "Airline Industry Sees Pain Extending Beyond the Recession", *Wall Street Journal*, August 17, 2009; and Delta Air Lines, "Earnings Releases", various dates.

生活中的经济学

衰退期间雇主会减少你的薪水吗？

假定你在当地的咖啡厅做咖啡师已经两年了。经过在职培训和积累经验，你已经掌握了制作咖啡的技术，能做出最好喝的拿铁。然后，经济进入了衰退，咖啡店的销售量下降了。咖啡店老板可能降低拿铁和其他饮料的价格吗？假定店主与你约谈，讨论明年给你多少工资。老板可能减少你的薪水吗？在阅读本章的过程中，试着回答这个问题。对照我们在本章末提供的答案，你可以检验你的答案。

我们已经看到，美国的实际 GDP 有一种长期向上的趋势。GDP 的这些增加提高了美国的生活水平，现今的生活水平远高于 100 年前。但是，在短期，由于经济周期的影响，实际 GDP 围绕这一长期上升趋势而波动。GDP 的波动造成了就业的波动。实际 GDP 和就业的波动是经济周期中最显而易见的和最引人注目的部分。在经济衰退期，我们更可能看到工厂关闭、小企业破产和工人失业。而在扩张期，我们更可能看到新公司成立和新就业机会被创造出来。除了产出和就业的这些变化，经济周期还造成了工资和价格的变动。面对销售量的下降，有些企业缩减了生产规模，但是它们可能还会降低价格和工资。在衰退中，有些企业虽然依旧提高价格和工资，但减少了提高的幅度。

在本章，我们通过建立总需求-总供给模型扩展对经济周期的讨论。这个模型将帮助我们分析经济衰退和扩张对生产、就业和价格的影响。

15.1 总需求

要理解经济周期中发生了什么，我们需要解释为什么实际 GDP、失业率和通货膨胀率会发生波动。我们已经看到，失业率的波动主要是由实际 GDP 的波动造成的。在本章，我们运用**总需求-总供给模型**（aggregate demand and aggregate supply model）来解释价格水平和实际 GDP 的短期波动。正如图 15.1 所示，在这个模型中，短期实际 GDP 和价格水平是由总需求曲线和总供给曲线的交点决定的。实际 GDP 和价格水平的波动是由总需求曲线或总供给曲线的移动引起的。

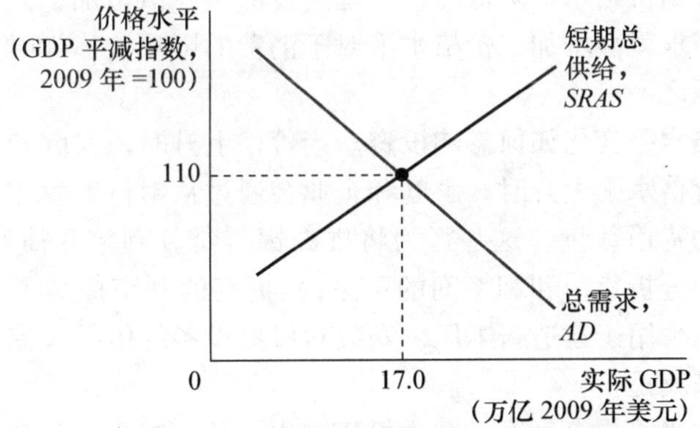

图 15.1　总需求和总供给

在短期，实际 GDP 和价格水平是由总需求曲线和总供给曲线的交点决定的。在图中，横轴衡量实际 GDP，纵轴衡量价格水平（GDP 平减指数）。在这个例子中，均衡实际 GDP 为 17 万亿美元，均衡价格水平为 110。

总需求曲线［aggregate demand（*AD*）curve］表示了价格水平与家庭、企业和政府需求的实际 GDP 数量之间的关系。**短期总供给曲线**［short-run aggregate supply（*SRAS*） curve］表示了短期内价格水平和企业供给的实际 GDP 数量之间的关系。图 15.1 中的总需求和短期总供给曲线看起来与我们在第 3 章中学到的单个市场的需求和供给曲线相仿。但是，因为这些曲线适用于整个经济体而不是单独的某个市场，所以总需求-总供给模型与单个市场的需求-供给模型截然不同。因为我们考虑的是经济整体，所以必须为总需求曲线向下倾斜、短期总供给曲线向上倾斜和两条曲线发生移动的原因提供宏观经济学解释。我们从解释为什么总需求曲线向下倾斜开始。

□ 15.1.1 为什么总需求曲线向下倾斜？

我们已经看到，GDP 有四个组成部分：消费（C）、投资（I）、政府购买（G）和净出口（NX）。如果我们用 Y 表示 GDP，将有如下关系：

$$Y=C+I+G+NX$$

因为价格水平的下降会导致实际 GDP 需求量增加，所以总需求曲线向下倾斜。要理解为什么会这样，我们需要分析价格水平的变动如何影响 GDP 的各个组成部分。我们先假设政府购买由立法机构的政策决定，不受价格水平的影响。然后，我们讨论价格水平变动对其他三个组成部分——消费、投资和净出口——的影响。

财富效应：价格水平变化如何影响消费。当前收入是决定家庭消费的最重要的变量。当收入上升时，消费也将上升；当收入下降时，消费也将下降。但是消费也取决于家庭财富，即家庭的资产价值和负债价值之差。考虑两个年收入都为 8 万美元的家庭。第一个家庭的财富是 500 万美元，而第二个家庭的财富是 5 万美元。第一个家庭可能比第二个家庭把更多的收入用于消费。所以，当家庭总财富上升时，消费也将上升。一些家庭财富以现金或其他名义资产的形式持有，名义资产的价值随价格水平上升而减少，随价格水平下降而增加。例如，如果你有 1 万美元现金，价格水平上升 10％就会使这笔钱的购买力减少 10％。当价格水平上升时，家庭财富的实际值减少，因此消费也会减少，从而对商品和服务的需求就会下降。当价格水平降低时，家庭财富的实际值增加，因此消费也会增加，从而对商品和服务的需求就会增加。价格水平对于消费的影响被称为财富效应，它是总需求曲线向下倾斜的原因之一。

利率效应：价格水平变化如何影响投资。当价格上升时，家庭和企业需要更多的钱用于买卖。所以，当价格水平上升时，家庭和企业会通过从银行取款或借款、出售债券等金融资产来增加持有的货币数量。这些行为将推高银行贷款利率和债券利率。（在第 17 章中，我们将更详细地分析货币和利率间的关系。）更高的利率提高了企业和家庭的借款成本。所以，企业将减少用于建造新工厂、安装新机器设备的借款，家庭也会减少购买新住宅的借款。总结起来就是：

- 更高的价格水平将提高利率和减少投资支出，从而减少商品和服务的需求量。
- 更低的价格水平将降低利率和增加投资支出，从而增加商品和服务的需求量。

在某种更低的程度上，当利率上升时，家庭减少借款来购买汽车、家具和其他耐用品，消费也会下降。

价格水平对投资和消费的这种影响被称为利率效应，它是总需求曲线向下倾斜的第二个原因。

国际贸易效应：价格水平变化如何影响净出口。 净出口等于外国家庭和企业用在美国生产的商品和服务上的支出减去美国家庭和企业用在外国生产的商品和服务上的支出。如果美国的价格水平相对于其他国家上升，美国出口品将变得相对更昂贵，国外进口品将变得相对更便宜。部分外国消费者将用本国产品代替美国产品，而部分美国消费者也将用国外产品代替美国产品。美国的出口下降、进口上升，这导致净出口下降，从而降低商品和服务的需求量。而美国价格水平相对于其他国家下降则会有相反的效果，导致净出口增加，商品和服务的需求量上升。价格水平对净出口的影响被称为国际贸易效应，它是总需求曲线向下倾斜的第三个原因。

□ 15.1.2 总需求曲线的移动和沿着总需求曲线的运动

需要记住的一个要点是：总需求曲线告诉我们的是当其他条件不变时价格水平和实际GDP需求量之间的关系。如果价格水平变化了，而影响家庭、企业和政府支出意愿的其他变量保持不变，那么，经济就将沿着一条稳定的总需求曲线上下运动。如果价格水平之外的其他变量变化了，那么总需求曲线会发生移动。例如，如果政府购买增加而价格水平保持不变，那么，在每个价格水平下总需求都将增加，总需求曲线向右移动。或者，如果企业对投资支出未来的盈利能力持悲观态度，从而削减在厂房和机器上的支出，那么，总需求曲线将向左移动。

□ 15.1.3 使总需求曲线发生移动的变量

引起总需求曲线移动的变量分为三类：

- 政府政策的变化。
- 家庭和企业预期的变化。
- 外国变量的变化。

政府政策的变化。 正如我们将在第17章和第18章中讨论的，联邦政府运用货币政策和财政政策来移动总需求曲线。**货币政策**（monetary policy）指的是美国中央银行——美联储——采取的管理货币供给和利率以及保障资金从出借人向借款人流动等行动。美联储采取这些行动是为了实现高就业、价格稳定、高经济增长等宏观经济目标。例如，通过采取降低利率的行动，美联储能降低企业和家庭的借款成本。借款成本的降低增加了消费和投资支出，这使总需求曲线向右移动。利率升高则会使总需求曲线向左移动。

财政政策（fiscal policy）指的是为实现宏观经济政策目标而对联邦税收和政府购买所做的变动。因为政府购买是总需求的一个组成部分，所以：

- 政府购买的增加使总需求曲线向右移动，而政府购买的减少使总需求曲线向左移动。
- 个人所得税的提高使家庭可支配收入减少，从而消费支出下降，使总需求曲线向左移动。个人所得税的降低则使总需求曲线向右移动。
- 企业税收的增加使企业投资支出的盈利能力下降，从而总需求曲线向左移动。企业税收的减少则使总需求曲线向右移动。

家庭和企业预期的变化。如果家庭对未来的收入预期更加乐观，它们很可能提高当前消费。消费的提高使总需求曲线向右移动。如果家庭对未来的收入预期更加悲观，总需求曲线向左移动。类似地，如果企业对于投资支出未来的盈利能力更加乐观，总需求曲线向右移动。如果企业对于投资支出未来的盈利能力更加悲观，总需求曲线向左移动。

外国变量的变化。如果其他国家的企业和家庭减少对美国商品的购买或者美国的企业和家庭增加对国外商品的购买，那么，净出口将下降，总需求曲线向左移动。当实际 GDP 上升时，消费者的可支配收入上升。如果美国的实际 GDP 增长率高于其他国家，那么，美国的进口增长将快于出口增长，净出口下降。如果美元与其他国家货币之间的汇率上升，那么，净出口也会下降，原因是在外国销售的、以外国货币度量的美国商品的价格将上升，而在美国销售的、以美元度量的外国商品的价格将下降。例如，如果美元对欧元现在的汇率是 1 美元=1 欧元，那么：

- 一张从美国出口到法国的 20 美元的蓝光光盘在法国的售价是 20 欧元；
- 一瓶从法国出口到美国的 50 欧元的红酒在美国的售价是 50 美元。

但是，当汇率上升至 1 美元=1.5 欧元时，那么：

- 蓝光光盘在法国的价格将从 20 欧元上升到 30 欧元，这会使销售量下降；
- 法国红酒在美国的售价将从 50 美元降低到 33.33 美元，这会使销售量上升。

结果，美国出口将下降，进口将上升，总需求曲线向左移动。

在每个价格水平下净出口的上升使总需求曲线向右移动。如果美国的实际 GDP 增长速度低于其他国家，或美元相对于其他货币贬值，净出口将上升。但需要注意，由美国价格水平的变化造成的净出口的变化将导致沿着总需求曲线的运动，而不是总需求曲线的移动。

不要犯这样的错误！

理解为什么总需求曲线向下倾斜

总需求曲线和单一产品的需求曲线都向下倾斜，但是原因不同。当我们画单一产品（以苹果为例）的需求曲线时，我们知道它是向下倾斜的，原因在于：当苹果价格上升时，它相对于其他产品（如橘子）的价格上升，消费者会减少苹果的消费、增加其他产品的消费。也就是说，消费者用其他产品代替苹果。当总体价格水平上升时，所有国内生产的商品和服务的价格都上升，所以消费者没有其他可以替代的国内产品。总需求曲线向下倾斜的原因是价格水平的上升

- 减少了家庭财富的实际值，这会减少消费；
- 提高了利率，这会减少投资和消费；
- 使美国出口品更昂贵而外国进口品更便宜，这会减少净出口。

轮到你了：做本章末与本专栏相关的问题与应用 1.8，看看你理解得如何。

例题 15.1 沿着总需求曲线的运动和总需求曲线的移动

德国和另外18个欧洲国家使用欧元作为货币。根据《华尔街日报》上的一篇文章，2014年德国的净出口上升到了“2 170亿欧元（2 460亿美元)，这打破了此前在2007年创下的1 953亿欧元的纪录”。该文引用了一位在一家德国银行工作的经济学家的话说：“我认为，由于欧元走弱，我们的出口应该会更加强劲。”

a. 在那位经济学家写作该文的时候，美元和欧元之间的汇率是多少？

b. 文中提及的那位经济学家所说的“欧元走弱”是什么意思？

c. 为什么欧元走弱将导致德国净出口增加？

d. 请简要解释欧元走弱将导致德国经济中总需求曲线的移动还是沿着总需求曲线的运动。用图形阐明你的答案。

解：

第1步：复习本章内容。这一问题是关于理解沿着总需求曲线的运动和总需求曲线的移动之间的区别的，所以你可能需要复习一下15.1.2节“总需求曲线的移动和沿着总需求曲线的运动”和15.1.3节“使总需求曲线发生移动的变量”。

第2步：计算在写作该文时美元和欧元之间的汇率，以此来回答问题a。如果在写作该文时2 170亿欧元相当于2 460亿美元，那么，汇率必然是2 460亿美元/2 170亿欧元=1.13美元/欧元，或者说1美元=0.88欧元。

第3步：解释那位经济学家所说的“欧元走弱”是什么意思，以此来回答问题b。欧元走弱意味着1美元（或一单位其他国家的货币）将购买更多的欧元，或者说1欧元将购买更少的美元（或其他国家的货币）。

第4步：解释为什么欧元走弱将导致德国净出口增加，以此来回答问题c。如果购买以欧元定价的德国商品需要的美元数减少，那么，美国消费者将购买更多的德国商品，这增加了德国的出口。如果购买以美元定价的美国商品需要的欧元数增加，那么，德国消费者将购买更少的美国商品，这减少了德国的进口。我们可以应用类似的推理于欧元区外其他国家的产品。因此，我们预期，欧元走弱将导致德国净出口增加。

第5步：解释欧元走弱是导致德国经济中总需求曲线的移动还是沿着总需求曲线的运动并画图阐述你的答案，以此来回答问题d。只有德国价格水平的变化将导致德国经济中沿着总需求曲线的运动。尽管欧元价值的下降影响德国出口品和进口品的价格，但是它并不直接影响德国的价格水平。通过增加德国的净出口，欧元走弱将导致德国经济中总需求曲线向右移动，如下图所示：

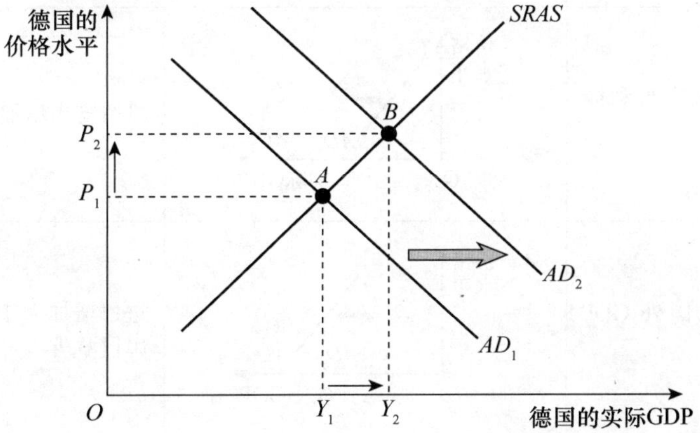

资料来源：Todd Buell and Bertrand Benoit，“Germany Enjoys Record Year for Trade”，*Wall Street Journal*，February 9，2015.

轮到你了： 要想做更多的练习，请做本章末与本专栏相关的问题与应用 1.9 和 1.10。

表 15.1 总结了造成总需求曲线移动的最重要的变量。该表显示了各个变量增加引起的总需求曲线的移动。这些变量的减少会造成总需求曲线向相反的方向移动。

表 15.1　　　　使总需求曲线发生移动的变量

变量的增加	使总需求曲线移动	原因是
利率	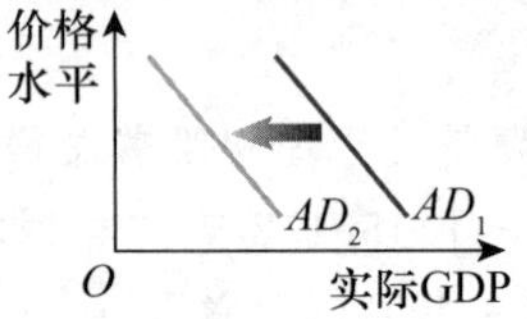	更高的利率增加了企业和家庭的借款成本，这会使消费和投资支出减少
政府购买	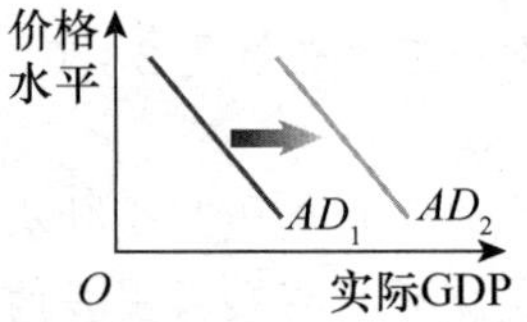	政府购买是总需求的组成部分之一
个人所得税或企业税收	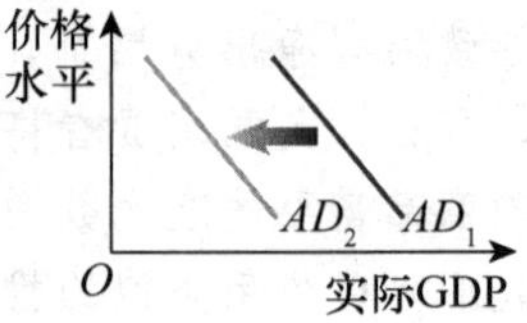	当个人所得税上升时，消费支出减少；当企业税收上升时，投资减少
家庭对未来收入的预期	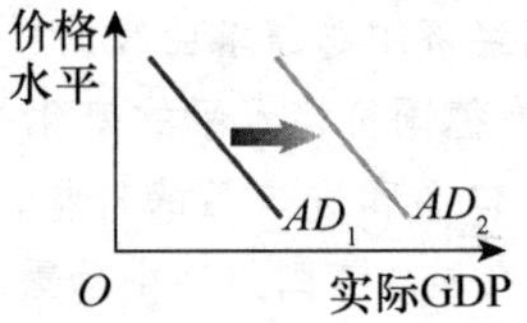	消费支出增加
企业对投资支出未来盈利能力的预期	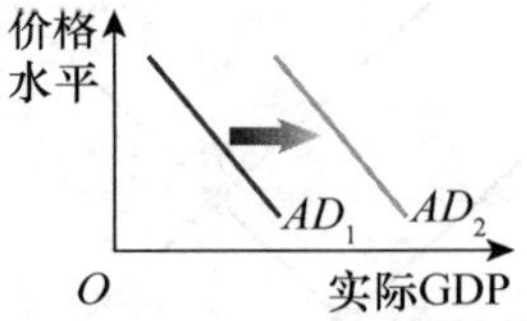	投资支出增加
国内 GDP 相对于国外 GDP 的增长率	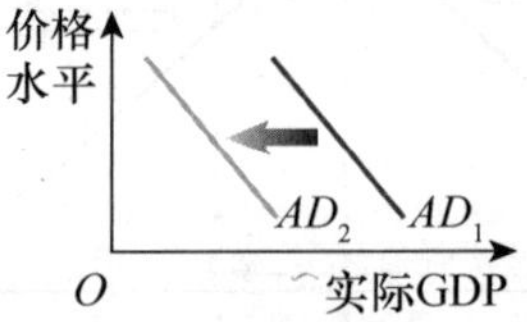	进口增加大于出口增加，从而净出口减少

续前表

变量的增加	使总需求曲线移动	原因是
相对于国外货币的汇率（美元的价值）	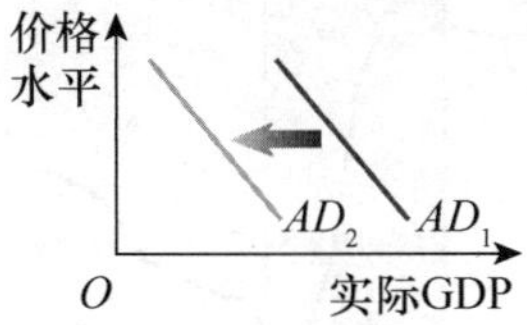	进口增加，出口减少，从而净出口减少

建立联系

2007—2009年衰退期间总需求的哪些组成部分变化最大?

2007—2009年的衰退是自20世纪30年代大萧条后发生的历时最长、程度最严重的衰退。我们可以通过考察总需求各个组成部分随时间的变化来获得一些关于这次衰退为什么持续这么长时间和为什么这么严重的见解。在下页的几幅图中，我们显示了从2005年第一季度到2015年第二季度总需求的三个组成部分——消费、住房投资支出和净出口——的变化，这三个组成部分是总需求各个组成部分中在此期间变化最大的。阴影区域代表2007—2009年的衰退。我们知道，潜在GDP，即企业满负荷生产的GDP水平，随着时间的推移而增长。所以，经济学家常常对衡量总需求各组成部分相对于潜在GDP的变化感兴趣，在这些图形中我们就显示了消费、住房投资支出和净出口相对于潜在GDP的变化。

这几幅图形阐明了关于2007—2009年衰退的几个事实：

- 在此次衰退开始前的两年，住房投资支出相对于潜在GDP而言已经显著下降。
- 在此次衰退结束后的头两年，住房投资支出相对于潜在GDP而言并没有增加。从2011年下半年开始，住房投资支出开始缓慢增加，但是，在2015年年中，它仍远低于2005—2006年的水平。
- 在衰退期间通常相对稳定的消费在此次衰退期间相对于潜在GDP显著下降，在此次衰退结束六年后仍没有回到2007年的水平。
- 在此次衰退期间净出口增加了。(因为在图形所示期间净出口都为负值，所以它的增加指的是变成一个更小的负值。)

虽然并没有在图中显示，但企业固定投资和企业存货的变化——投资支出中非住房建设部分——在此次衰退期间相对于潜在GDP实际上是上升的。在此次衰退期间，政府购买相对于潜在GDP保持稳定，直到2010年下半年至2015年年中减少。联邦政府购买在此次衰退期间大幅增加，但在后来的年份里减少了，原因是旨在对抗衰退的暂时性支出计划结束了，而且国会和总统为了缓解对联邦预算赤字的担忧进一步削减了支出。

我们可以简要解释以上列出的这些事实。房地产业在2002—2005年欣欣向荣，房屋价格和新住房支出迅速增加。但是房地产市场从2006年开始由盛转衰，这解释了住房投资支出的大幅下滑。持续低水平的住房投资支出有助于解释为什么此次衰退是大萧条以来历时最长的以及为什么从2009年6月开始的经济扩张相对疲软。

高失业率降低了家庭收入，导致消费支出减少。此外，许多家庭增加了储蓄并偿还了债务，这进一步减少了消费支出。低水平的消费支出也是此次衰退严重以及

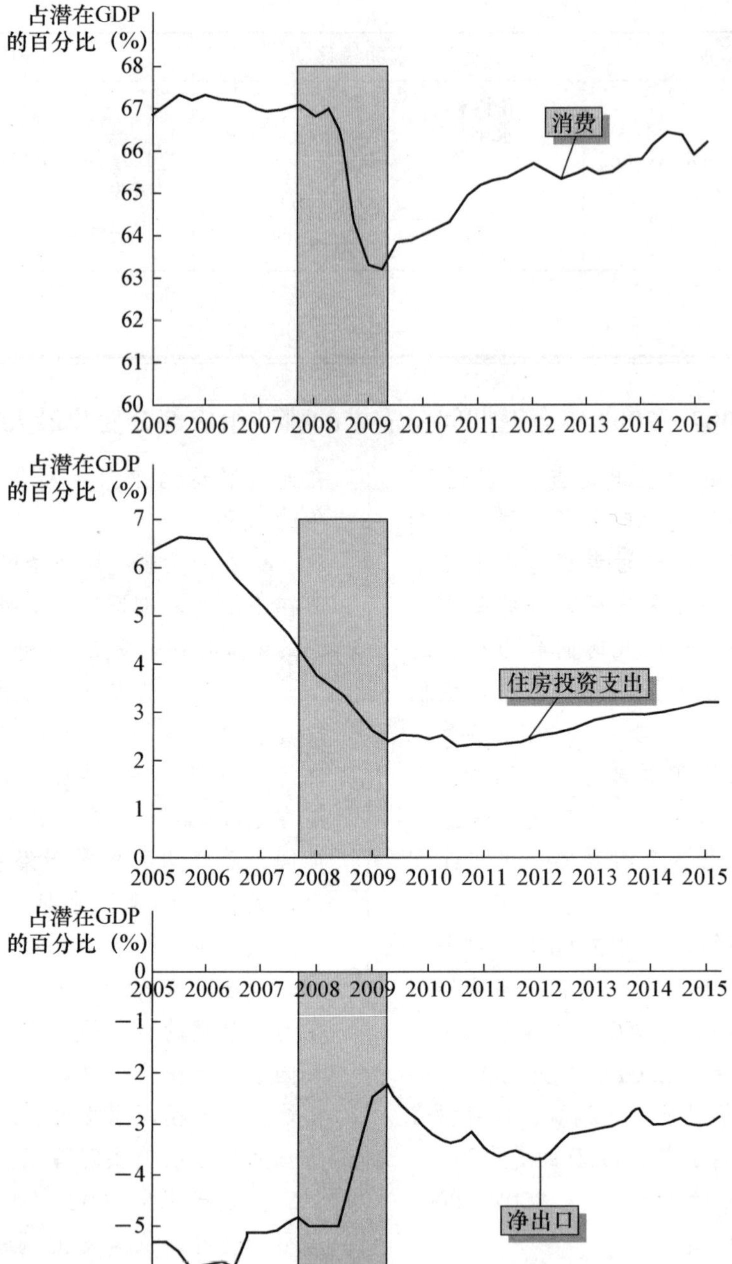

随后的扩张疲软的原因之一。最后，美联储降低利率的举措使得美元的价值降低，从而降低了美国出口品的价格，提高了国外进口品的价格。结果，此次衰退期间净出口增加了。（我们将在第 17 章进一步讨论美联储政策对净出口的影响。）

资料来源：U. S. Bureau of Economic Analysis and Congressional Budget Office.

轮到你了：做本章末与本专栏相关的问题与应用 1.11，看看你理解得如何。

15.2 总供给

在讨论了总需求后，现在我们转向总供给，它表示了价格水平变化对企业愿意并且能够提供的商品和服务数量的影响。因为价格水平变化对总供给的影响在短期和长期截然不同，所以我们使用两条总供给曲线：一条是短期总供给曲线，一条是长期总供给曲线。我们从考虑长期总供给曲线开始。

□ 15.2.1 长期总供给曲线

在长期，实际 GDP 水平由工人数量、资本存量——包括厂房、办公楼、机器设备——以及可用技术水平决定（见第 14 章）。因为价格水平的变动并不影响工人数量、资本存量或技术，所以，在长期，价格水平的变动并不影响实际 GDP 水平。记住，长期实际 GDP 水平被称为潜在 GDP 或充分就业 GDP。在 GDP 处于其潜在水平时，企业以正常水平的生产能力运营，除了结构性失业者和摩擦性失业者，任何想工作的人都有工作。价格水平的变化并不会造成企业正常生产能力的变化。**长期总供给曲线**［long-run aggregate supply（*LRAS*）curve］表示了长期内价格水平和实际 GDP 供给量的关系。正如图 15.2 所示，在 2015 年，价格水平为 109，潜在 GDP 为 16.8 万亿美元。如果价格水平为 119 或 99，长期总供给还会是 16.8 万亿美元。所以，*LRAS* 曲线是一条垂直线。

图 15.2 也显示了长期总供给曲线每年都向右移动。这种移动之所以会发生，原因在于：随着（1）经济体中的工人数量增加、（2）经济积累了更多的机器设备以及（3）发生了技术变革，潜在 GDP 每年都要增长。该图显示，2015 年实际 GDP 为 16.8 万亿美元，2016 年达到了 17.1 万亿美元，2017 年达到了 17.5 万亿美元。

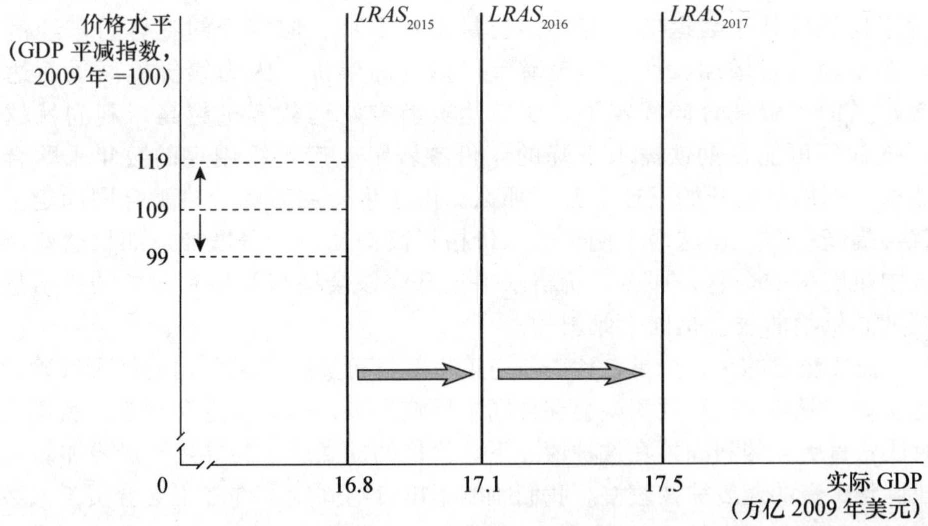

图 15.2 长期总供给曲线

价格水平的变化不影响长期总供给水平。所以，长期总供给（*LRAS*）曲线是一条位于实际 GDP 潜在水平的垂直线。例如，当 2015 年价格水平为 109 时，潜在 GDP 为 16.8 万亿美元。如果价格水平为 119 或 99，长期总供给仍将为 16.8 万亿美元。随着经济体中的工人数量增加、经济积累了更多的机器设备以及发生了技术变革，长期总供给曲线每年都向右移动。

□ 15.2.2 短期总供给曲线

LRAS 曲线是垂直线，但 *SRAS* 曲线则是向上倾斜的。*SRAS* 曲线向上倾斜的原因是：在短期，当价格水平上升时，企业愿意供给的商品和服务数量将增加。企业在价格水平上升时供给更多商品和服务有两个重要原因：

(1) 当最终商品和服务的价格上升时，投入品的价格，如工人的工资或自然资源的价格，提高得更慢。当企业出售的商品和服务的价格上涨快于投入品的价格上涨时，企业利润增加。所以，更高的价格水平导致更高的利润，提高了企业供给更多商品和服务的意愿。

(2) 当价格上升时，一些企业调整价格的速度慢。当价格水平上升时，提价速度慢的企业会发现它的销量增加，因此就会提高产量。

为什么一些企业调整价格的速度比其他企业慢？为什么工人的工资和其他投入品价格的变动速度比最终商品和服务的价格慢？大部分经济学家相信，这是由于一些企业和工人没有正确预测价格水平的变化。如果企业和工人能确切地预测未来的价格水平，短期总供给曲线就会和长期总供给曲线完全相同。

但是为什么企业和工人对价格水平的错误预测会使 *SRAS* 曲线向上倾斜呢？经济学家对这个问题看法不一，但是我们可以简单讨论三种最常见的解释：

(1) 合同使一些工资和价格具有“黏性”。

(2) 企业调整工资的速度往往较慢。

(3) 菜单成本使一些价格具有“黏性”。

合同使一些工资和价格具有“黏性”。当工资和价格不能迅速对需求和供给的变化做出反应时，我们说它们具有“黏性”。合同可以使工资和价格变得具有黏性。例如，假定达美航空与该公司飞行员所属工会——美国民航飞行员协会——洽谈一份三年合约，此时正逢经济处于衰退期，客票销售量正在下降。假定合约签订后，经济开始迅速扩张，客票销售量增加，所以达美航空可以提高票价。因为票价提高了而达美航空支付给飞行员的工资被合同固定了，所以达美航空发现载客量越高，利润就越高。或者，一个钢铁厂可能在钢铁需求下降的年份签署了生产钢铁用煤的数年采购合约。如果钢铁需求和钢铁价格开始迅速上升，那么，由于生产用煤的价格被合同固定了，多生产钢铁就会提高利润。在这两个例子中，价格提高都使得产量增加。如果这些例子代表了经济体中足够多的企业，那么，价格水平上升应该会提高商品和服务的供给量。也就是说，短期总供给曲线会是向上倾斜的。

但是，需要注意的是，如果在达美航空工作的飞行员或煤炭公司的经理准确预测了价格会如何变动，那么，这种预测就会在合同中反映出来，达美航空和钢铁厂就不会在价格上升的时候获得更高的利润。在这种情况下，价格的提高就不会导致产量增加。

企业调整工资的速度往往较慢。我们刚刚指出合约固定了许多工会会员工人数年的工资。许多非工会会员工人的工资也一年才调整一次。假定你 6 月份到一家管理咨询公司就职，年薪是 4.5 万美元。这家企业在下一年 6 月之前很可能都不会调整你的工资，即使它提供服务所收取的价格高于或低于企业在雇用你时的预期。如果企业调整工资较慢，那么，在价格水平上升后，企业雇用更多工人并生产更多产出就会获得更高的利润。在价格水平下降后，企业雇用更多工人并生产更多产出的利润就会减少。再一次地，我们对短期供给曲线向上倾斜提供了解释。

企业降薪的速度比涨薪的速度更慢。降薪对工人的士气和生产率都有负面影响，也会造成企业的一些优秀员工辞职，另谋高就。

建立联系

工资黏性有多大?

当我们在第3章讨论需求和供给模型时，我们假设，如果某产品的需求曲线或供给曲线发生移动，那么，价格将迅速从原来的均衡调整到新的均衡。但是，正如我们刚刚讨论的，许多经济学家认为，至少有些工资和价格是具有黏性的，不会迅速对需求或供给的变化做出调整。还有些经济学家认为，工资和价格的黏性并没有普遍到在宏观经济分析中很重要的程度。换言之，这些经济学家相信总供给曲线不只是在长期是垂直的，在短期也可能是垂直的。

近来，许多经济学家考察了工资黏性的证据。劳工统计局（BLS）每个月搜集关于所有工人和各子类工人（如制造业工人）的平均时薪数据。但是，利用这些数据不是衡量工资黏性的最佳方法，原因是BLS所统计的每个类型包括许多工人。结果，BLS报告的平均时薪数据的变化代表的是工资的平均变化而没有显示有多少工人加薪、降薪或薪水不变，也没有显示那些工资变化有多大。为了更好地了解雇主变动工资的频率，经济学家转而考察单个工人的数据。

对单个工人的数据所做的不同研究得到了类似的结论。这些研究的一个重要结果是，在衰退期间，企业降低给新雇员提供的工资比降低给同一岗位的现有雇员支付的工资的可能性大得多。例如，旧金山联邦储备银行的经济学家马里·C. 戴利（Mary C. Daly）、巴特·霍布金（Bart Hobijn）和蒂莫西·尼（Timothy Ni）证明，许多企业在衰退期间并不削减工资，而是减少给工人涨薪的数量，更多工人的工资保持不变，有时候是长时期保持不变。回忆名义工资是企业支付给工人的美元数量，而实际工资等于名义工资除以价格指数。如果企业维持工人的名义工资不变，那么，由于通货膨胀的存在，该工人的实际工资将随着时间的推移逐渐下降。对大多数工人来说，由通货膨胀造成的实际工资下降比由名义工资下降造成的实际工资下降令他们感到沮丧的程度要低一些。

戴利、霍布金和尼使用对单个工人的普查数据计算了每月工资与上年同月工资相同的工人所占的百分比。下页图显示了1997—2014年的这些数据。（阴影部分是衰退期。）注意，在衰退期间和随后的月份里，随着失业率上升，工资保持不变的工人所占百分比大幅增加。在2007—2009年衰退结束后的几年里工资保持不变的工人所占比例持续处于高位，这表明了劳动力市场的复苏有多慢以及自这次衰退以来通货膨胀率有多低。利用其他国家的数据的研究人员也发现，企业在衰退期间不愿意削减名义工资，而是保持工人的名义工资不变，从而实际工资随着通货膨胀逐渐下降。

在衰退期间，为什么企业常常保持名义工资不变——经常是很长时间不变——

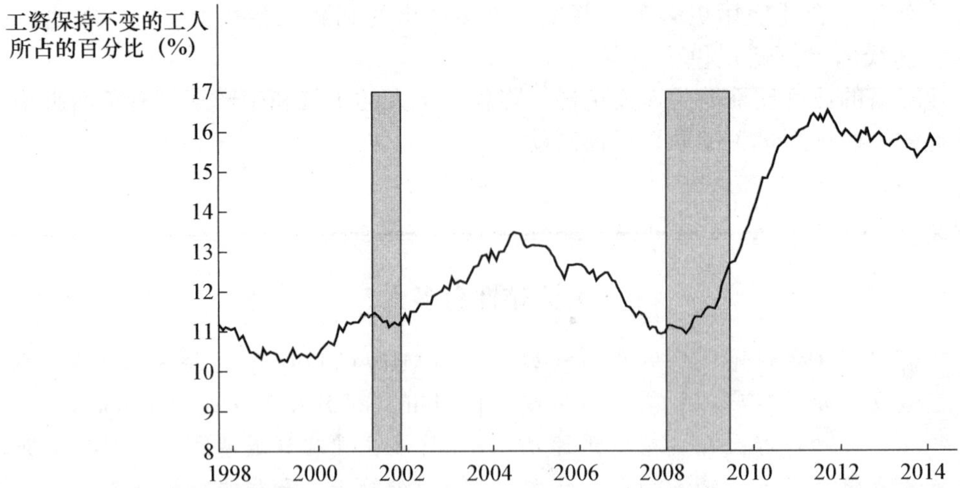

且同时裁员呢？许多经济学家相信，主要原因是削减工资会令工人不高兴。结果，被削减工资的工人的生产率可能下降，有些工人可能立即辞职或者等到经济形势改善和失业率下降时就辞职另谋高就。正如耶鲁大学的经济学家杜鲁门·比利（Truman Bewley）所说："解雇相对于降薪的优点是将痛苦挡在公司外（而不是公司内部）。"

资料来源：Mary C. Daly，Bart Hobijn，and Timothy Ni，"The Path of Wage Growth and Unemployment"，*Federal Reserve Bank of San Francisco Economic Letter*，July 15，2013；Anabela Carneiro，Paulo Guimarães，and Pedro Portugal，"Real Wages and the Business Cycle：Accounting for Worker，Firm，and Job Title Heterogeneity"，*American Economic Review：Macroeconomics*，Vol. 4，No. 2，April 2012，pp. 133-152；Hervé Le Bihan，Jérémi Montornés，and Thomas Heckel，"Sticky Wages：Evidence from Quarterly Microeconomic Data"，*American Economic Review：Macroeconomics*，Vol. 4，No. 3，July 2012，pp. 1-32；Alessando Barattieri，Susanto Basu，and Peter Gottschalk，"Some Evidence on the Importance of Sticky Wages"，National Bureau of Economic Research，Working Paper 16130，June 2010；William T. Dickens et al.，"How Wages Change：Micro Evidence from the International Wage Flexibility Project"，*Journal of Economic Perspectives*，Vol. 21，No. 2，Spring 2007，pp. 195-214；Truman F. Bewley，*Why Wages Don't Fall During a Recession*，Cambridge，MA：Harvard University Press，1999，p. 16；and data from Federal Reserve Bank of San Francisco，"Nominal Wage Rigidity Data Releases".

轮到你了：做本章末与本专栏相关的问题与应用2.12和2.13，看看你理解得如何。

菜单成本使一些价格具有"黏性"。企业部分地根据它们对未来价格的预期来决定今天的价格。例如，如果你拥有一家餐馆，你将基于对你提供的食物的需求的预期和对工人工资、租金、原料及其他投入的成本的预期决定菜单上印制的价格。类似地，许多企业在自己的网站上列出产品的价格。如果产品需求或生产成本高于或低于企业预期，企业可能想收取不同于菜单或网站上列出的价格。但是改变价格要耗费成本，因为需要印制新菜单或在网站上键入新的价格。企业改变价格的成本叫作**菜单成本**（menu cost）。为了理解菜单成本为何会导致一条向上倾斜的短期总供给曲线，思考价格水平出乎意料地提高所产生的影响。在这种情况下，企业想提高它们收取的价格。但是，由于菜单成本的存在，某些企业可能不愿意提高价格。因为它们的价格相对竞争者来说较低，所以这些企业的销售量增加，这会导致它们增加产量。再一次地，更高的价格水平导致商品和服务供给量增加。

□ 15.2.3 短期总供给曲线的移动和沿着短期总供给曲线的运动

谨记一条曲线的移动和沿着一条曲线的运动之间的区别。短期总供给曲线告诉我们的是当影响企业供给商品和服务数量的其他变量保持不变时价格水平和企业愿意供给的商品和服务数量之间的关系。

- 如果价格水平变动了而其他变量保持不变，经济将沿着一条稳定的总供给曲线上下运动。
- 如果价格水平之外的变量变动了，总供给曲线将发生移动。

□ 15.2.4 使短期总供给曲线发生移动的变量

我们现在简单讨论引起短期总供给曲线移动的五个最重要的变量。

劳动力和资本存量的增加。如果一家企业有更多的员工和更多的实物资产，它在每一个价格下都将供给更多的产出。对整个经济体来说也是如此。所以，当劳动力和资本存量增加时，企业在每一个价格水平下都供给更多产出，短期总供给曲线将向右移动。在日本，人口走向老龄化，劳动力在减少。当其他变量保持不变时，劳动力的这种减少造成日本的短期总供给曲线向左移动。

技术变革。当技术变革发生时，工人和机器设备的生产率会增长，这意味着企业用相同数量的劳动和机器能够生产更多的商品和服务。生产率的这种增长减少了企业的生产成本，所以，在每个价格水平下企业都将生产更多的产出。结果，短期总供给曲线向右移动。

未来价格水平的预期变动。如果工人和企业相信下一年的价格水平将上升3%，他们将努力相应地调整价格和工资。例如，如果一个工会相信明年的通货膨胀率是3%，那么，它知道为了保持工资的购买力不变，工资必须上涨3%。其他工人和企业做出的类似调整将导致整个经济的成本上升3%。结果，短期总供给曲线将向左移动，使得任何实际GDP水平现在所对应的价格水平都提高3%，如图15.3所示。一般来说，在影响*SRAS*曲线的其他因素不变时，如果工人和企业都预期价格水平将上升某一特定百分比，*SRAS*曲线就会向左移动相应的幅度。

工人和企业对过去关于价格水平预期错误的调整。有时，工人和企业对于价格水平的预测并不正确。随着时间的推移，他们会试图弥补这些错误。例如，假定美国民航飞行员协会与达美航空都预期未来价格水平只有小幅上升，因而签订了一份工资仅有小幅增加的合约。如果价格水平的上升出乎意料地大，那么，工会在协商下一份合约时就会将它考虑进去。达美航空飞行员在新合约下收到的工资提高了，达美航空的成本就会提高，达美航空只有在价格更高的条件下才会生产与原来相同数量的产出。如果经济体中所有工人和企业都对高于预期的价格水平做出调整，那么，*SRAS*曲线就会向左移动。如果他们都对低于预期的价格水平做出调整，*SRAS*曲线就会向右移动。

重要自然资源价格的未预期到的变动。使短期总供给曲线移动的未预期到的事件被称为**供给冲击**（supply shock）。供给冲击常常是由某种重要自然资源价格的未预期到的变动所导致的。这种价格变化造成了企业的成本与预期的差异。石油价格特别容易波动。一些企业在生产过程中用到了石油。其他企业会用到塑料等用石油做的产品。如果石油价格

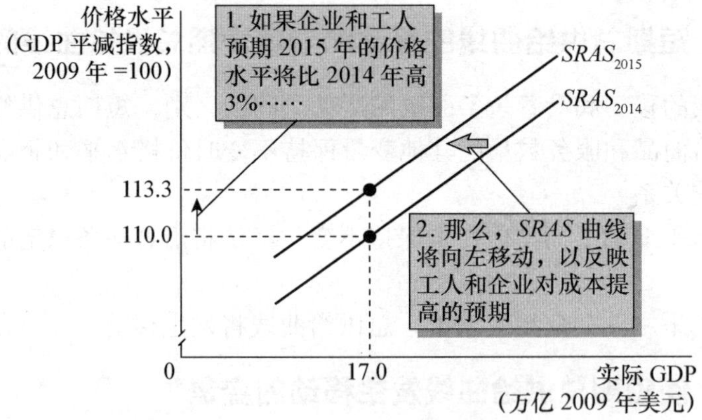

图 15.3　对未来价格水平的预期如何影响短期总供给曲线

SRAS 曲线的移动反映了工人和企业对未来价格水平的预期。

(1) 如果工人和企业预期未来价格水平将上升 3%，从 110 变为 113.3，那么，他们将把工资和价格提高相同的幅度。

(2) 当影响总供给的其他变量不变时，短期总供给曲线将向左移动。

如果工人和企业预期未来价格水平将下降，那么，短期总供给曲线将向右移动。

出现未预期到的上涨，这些企业的生产成本就会上升。某些电力公司燃烧石油来发电，所以电价也会上升。石油价格升高还会导致汽油价格升高，这提高了许多企业的运输成本。面对增加的成本，企业只有在收到更高的价格的条件下才会提供相同数量的产出，所以短期总供给曲线向左移动。

因为 20 世纪 30 年代以来每年美国经济都经历着不同程度的通货膨胀，工人和企业总是预期明年的价格水平比今年高。在其他因素不变的条件下，对更高价格水平的预期将使 *SRAS* 曲线向左移动。但是其他条件并不是不变的，因为每年美国劳动力和资本存量都会增加，技术变革也会发生，这都使得 *SRAS* 曲线向右移动。在某一特定年份中 *SRAS* 曲线向左移动还是向右移动取决于当年这些变量的影响有多大。

表 15.2 总结了引起 *SRAS* 曲线移动的最重要的变量。表中显示了当每个变量增加时 *SRAS* 曲线发生的移动。当这些变量减少时，*SRAS* 曲线的移动方向相反。

表 15.2　　使短期总供给曲线发生移动的变量

变量的增加	使短期总供给曲线移动	原因是
劳动力或资本存量	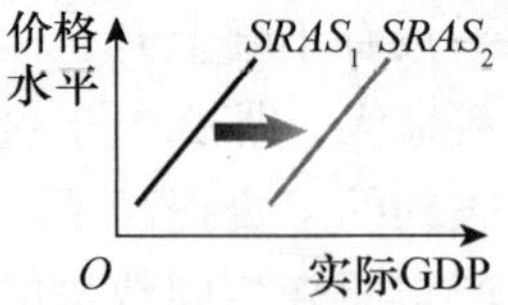 价格水平 $SRAS_1$ $SRAS_2$ O 实际GDP	每个价格水平下的产出都增加了
生产率	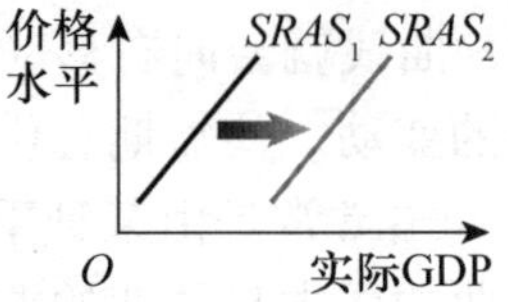 价格水平 $SRAS_1$ $SRAS_2$ O 实际GDP	生产成本下降

续前表

变量的增加	使短期总供给曲线移动	原因是
预期的未来价格水平	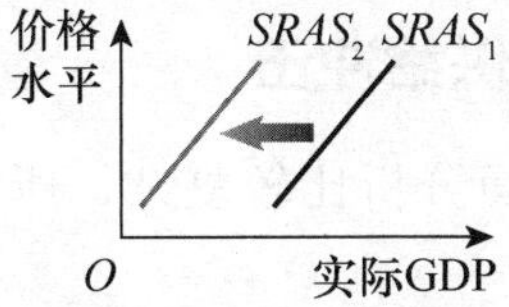	工人和企业提高了工资和价格
对之前低估了的价格水平做出调整的工人和企业	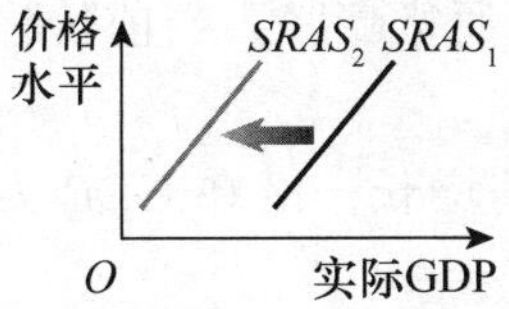	工人和企业提高了工资和价格
一种重要自然资源的预期价格	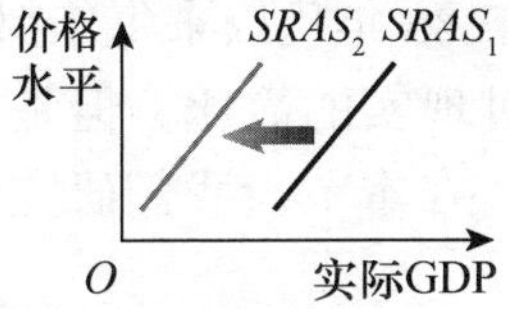	生产成本上升

15.3 宏观经济的长期均衡和短期均衡

我们已经讨论了总需求-总供给模型的各个组成部分，现在我们可以用这个模型来分析实际 GDP 和价格水平的变动了。在图 15.4 中，我们把总需求曲线、短期总供给曲线和长期总供给曲线画在一幅图中，来显示长期宏观经济均衡。在图中，均衡时的实际 GDP 为 17 万亿美元，价格水平为 110。注意在长期均衡中，短期总供给曲线和总需求曲线相交于长期总供给曲线上的一个点。因为均衡点位于长期总供给曲线上，所以我们知道此时经济处于潜在 GDP 水平：企业满负荷生产，除了摩擦性失业者和结构性失业者外，

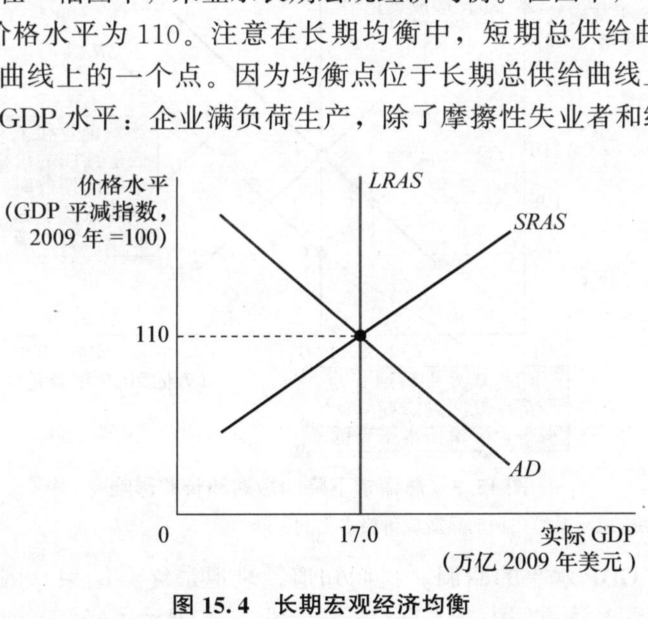

图 15.4　长期宏观经济均衡

在长期宏观经济均衡中，*AD* 和 *SRAS* 曲线相交于 *LRAS* 曲线上。图中，均衡时的实际 GDP 为 17 万亿美元，价格水平为 110。

每个想工作的人都有工作。但是，我们知道经济并不经常处于长期宏观经济均衡。下面我们讨论推动经济偏离长期均衡的经济力量。

□ 15.3.1 衰退、扩张和供给冲击

因为总需求-总供给模型的全面分析比较复杂，所以我们从简化的情况开始。我们使用以下两个假设来进行简化：

（1）经济体中一直没有过任何通货膨胀。当前价格水平为 110，工人和企业预期未来仍为 110。

（2）经济体没有经历任何长期增长。潜在 GDP 为 17 万亿美元，未来仍保持在这个水平。

因为现实中美国经济从 20 世纪 30 年代以来每年都经历着不同程度的通货膨胀，潜在 GDP 都会增长，所以这些假设是对现实的简化。但是，这些假设使我们能够更容易地理解总需求-总供给模型的核心思想。在本节，我们研究衰退、扩张和供给冲击的短期和长期影响。

衰退

总需求下降的短期影响。假定利率提高引起企业削减在厂房和设备上的支出，进而引起家庭减少在新住房上的支出。投资的下降将使总需求曲线从 AD_1 向左移动至 AD_2，如图 15.5 所示。经济从 A 点移动到新的短期宏观经济均衡，即 AD_2 与 $SRAS_1$ 的交点 B。在新的短期均衡中，实际 GDP 从 17 万亿美元下降至 16.8 万亿美元，处于潜在水平之下。GDP 水平的降低使许多企业的盈利能力下降，许多工人被解雇：经济将进入衰退期。

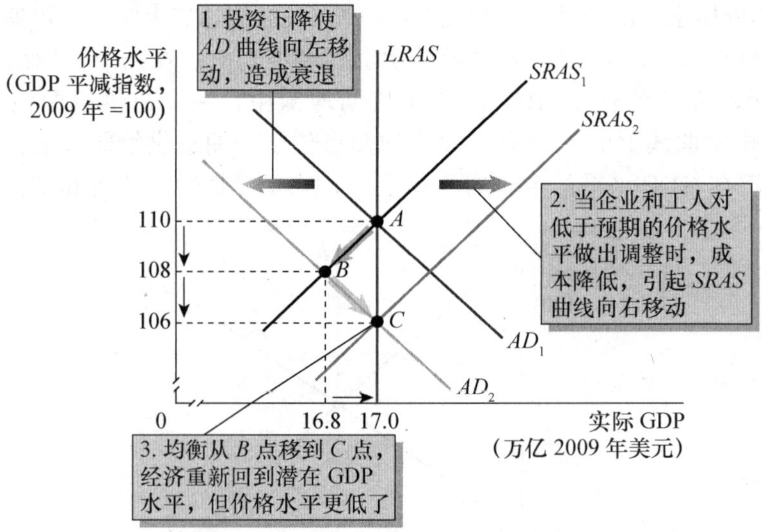

图 15.5　总需求下降的短期和长期影响

总需求的下降在短期造成衰退，在长期只造成价格水平的下降。

在长期向潜在 GDP 水平的回调。我们知道，衰退最终会结束，因为有一些力量在起作用，在长期推动着经济重回潜在 GDP 水平。图 15.5 展示了经济是如何从衰退回到潜在 GDP 水平的。总需求曲线从 AD_1 到 AD_2 的移动最初导致了一个短期均衡（B 点），价格水平从 110 下降至 108。工人和企业开始对低于预期的价格水平做出调整。工人愿意接受更

低的工资，因为每一美元的工资能够购买更多的商品和服务。企业也愿意接受更低的价格。此外，衰退造成的失业率上升也使工人愿意接受更低的工资，需求的减少也使企业更愿意接受更低的价格。结果，*SRAS* 曲线从 $SRAS_1$ 向右移动至 $SRAS_2$。经济回到长期均衡（*C* 点）。从 $SRAS_1$ 到 $SRAS_2$ 的移动不会马上发生。经济回到潜在 GDP 可能需要几年时间。一个重要的结论是：总需求的下降在短期造成衰退，但在长期只造成价格水平的下降。

经济学家把刚才描述的向潜在 GDP 水平回调的过程称为自动调整机制，因为它的发生不需要政府采取任何行动。除了等待自动调整机制来结束衰退外，另外一种选择是政府实施货币政策或财政政策，使 *AD* 曲线向右移动，从而使经济更快地回到潜在 GDP 水平。我们将在第 17 章和第 18 章讨论货币政策和财政政策。等待自动调整机制来结束衰退与采用货币政策和财政政策来结束衰退这两种方法中哪一种更好，经济学家对此存在争论。

建立联系

造成总需求下降的原因重要吗？

我们已经看到，GDP 有四个组成部分，其中任意一个部分的下降都可能使总需求曲线向左移动，导致衰退。在实践中，第二次世界大战后美国发生的大部分衰退都是由住宅建设支出的下降引发的。加州大学洛杉矶分校的爱德华·莱默（Edward Leamer）教授甚至说“住宅就是经济周期”，意思是说住宅建设支出的下降是使总需求下降从而引发衰退的最重要的原因。下图中阴影部分代表衰退期。该图显示，在自 1955 年以来的每次衰退发生之前，住宅建设支出都先下降。

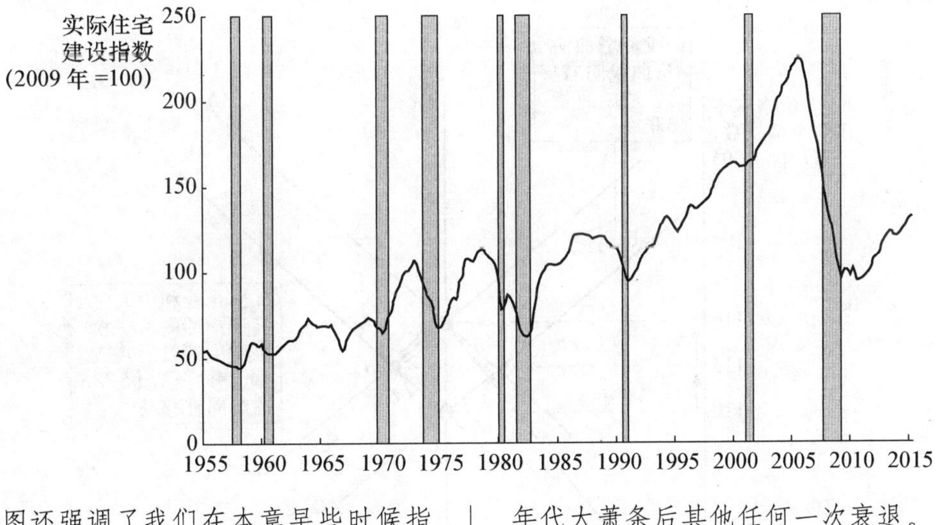

该图还强调了我们在本章早些时候指出的一个事实：在 2007—2009 年衰退期间住宅建设支出的减少尤其严重。从 2005 年第四季度到 2010 年第三季度，住宅建设支出减少了近 60%。主要是由于房地产市场的这些问题，在 2007—2009 年衰退期间实际 GDP 的下降超过了 20 世纪 30 年代大萧条后其他任何一次衰退。

通常是什么造成了住宅建设支出的下降？在经济周期扩张阶段后期，通货膨胀率和利率都开始上升（见第 14 章）。利率的提高常常是美联储在试图给经济降温和降低通货膨胀率时采取的货币政策措施的结果（见第 17 章）。利率的提高通过增加贷款成本而降低了消费者对于新住房的需求。

但是，在2007—2009年衰退前和衰退期间住宅建设的大幅减少，更多是由于2002—2005年房地产泡沫后来的破灭和从2007年开始的金融危机，而不是由于利率的提高。我们在本章后面会讨论房地产泡沫和金融危机。在这里，我们想指出的是，哈佛大学的卡门·M. 莱因哈德（Carmen M. Reinhart）和肯尼思·S. 罗格夫（Kenneth S. Rogoff）两位教授的研究表明，由金融危机引发的总需求减少往往比由其他因素引发的总需求减少更为严重，持续的时间也更长。所以，2007—2009年衰退的经验表明，事实上，总需求下降的来源对决定衰退的严重程度可能很重要。

资料来源：Edward E. Leamer，"Housing Is the Business Cycle"，in *Housing, Housing Finance, and Monetary Policy*，Federal Reserve Bank of Kansas City，August 2007；and Carmen M. Reinhart and Kenneth S. Rogoff，"The Aftermath of Financial Crises"，*American Economic Review*，Vol. 99，No. 2，May 2009，pp. 466-472；and U. S. Bureau of Economic Analysis.

轮到你了：做本章末与本专栏相关的问题与应用3.6，看看你理解得如何。

扩张

总需求增加的短期影响。假定像20世纪90年代后期的信息技术和通信技术繁荣时期一样，许多企业对新投资未来的盈利能力持乐观态度而不是悲观态度，结果引起投资的上升，这会使*AD*曲线向右移动，如图15.6所示。均衡从*A*点移至*B*点。实际GDP从17万亿美元升至17.3万亿美元，价格水平从110升至113。经济的实际GDP大于潜在GDP水平：企业超负荷生产，一些正常情况下本该属于结构性失业者或摩擦性失业者的工人或是本来不属于劳动力的工人也被雇用。

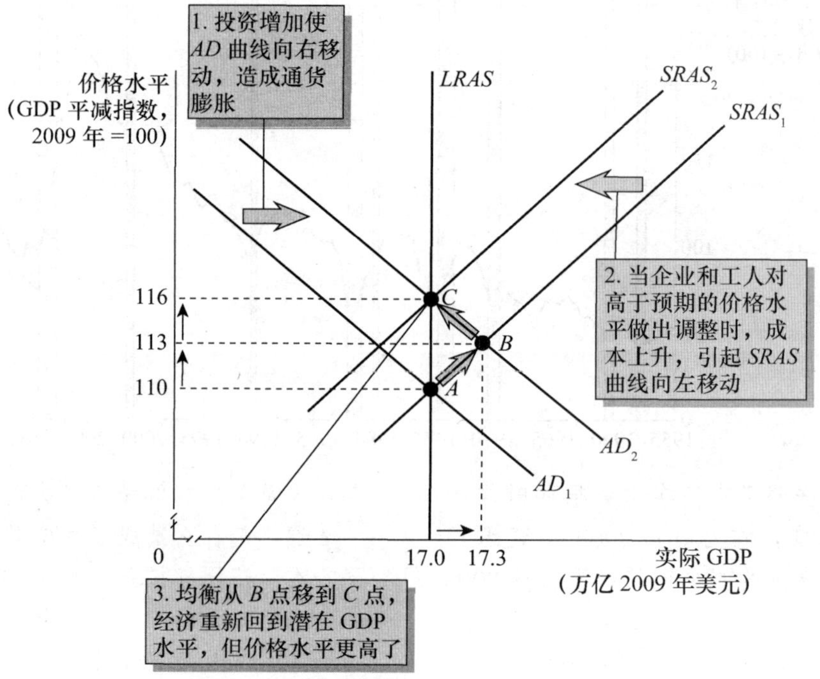

图15.6　总需求增加的短期和长期影响

总需求的增加在短期造成了实际GDP的上升，在长期仅造成价格水平的上升。

在长期向潜在 GDP 水平的回调。正如存在一种自动调整机制把经济从衰退带回到潜在 GDP 水平一样，也存在一种自动调整机制把经济从超过潜在 GDP 水平的短期均衡带回到潜在 GDP 水平。图 15.6 阐释了这种机制。从 AD_1 到 AD_2 的移动最初使经济达到一个短期均衡，价格水平从 110 上升至 113（*B* 点）。工人和企业开始对高于预期的价格水平做出调整。工人努力要求获得更高的工资，因为每一美元的工资能够购买的商品和服务变少了。企业也会收取更高的价格。此外，扩张造成的失业率下降也使得工人更容易争取到更高的工资，需求的增加也使企业更容易收取更高的价格。结果，*SRAS* 曲线从 $SRAS_1$ 向左移动到 $SRAS_2$。经济回到长期均衡（*C* 点）。再一次地，从 $SRAS_1$ 到 $SRAS_2$ 的移动不会马上发生。经济回到潜在 GDP 的过程可能需要一年以上的时间。

供给冲击

供给冲击的短期影响。假定石油价格大幅上涨。这一供给冲击将提高许多企业的成本，使 *SRAS* 曲线向左移动，如图 15.7（a）所示。注意，在新的短期均衡中，价格水平更高了（从 110 上升至 112），但实际 GDP 更低了（从 17 万亿美元下降至 16.7 万亿美元）。这种通货膨胀和衰退的令人不愉快的结合被称为**滞胀**（stagflation）。

在长期向潜在 GDP 水平的回调。由供给冲击造成的衰退增加了失业并减少了产出。工人最终将愿意接受更低的工资，企业将愿意接受更低的价格。在图 15.7（b）中，短期总供给曲线从 $SRAS_2$ 移动至 $SRAS_1$，经济从 *B* 点回到 *A* 点。实际 GDP 重新回到潜在 GDP 水平，价格也回到原来的水平。这一过程可能耗时数年。另外一种选择是政府实施货币政策或财政政策来使 *AD* 曲线向右移动。这样的政策能使经济更快地回到潜在 GDP 水平，但是价格水平会永久性地高于原来的水平。

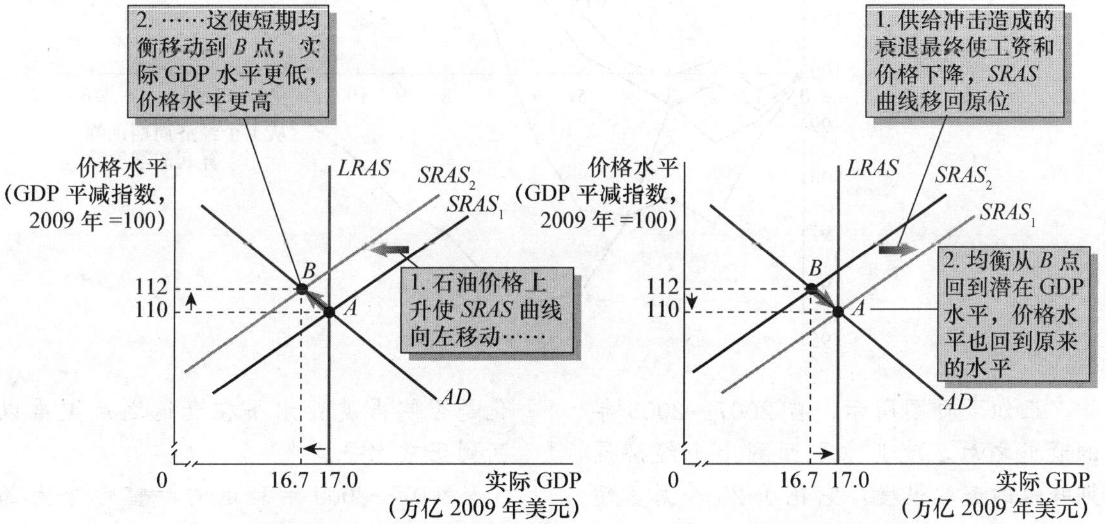

(a) 供给冲击的短期影响——伴随着价格水平上升的衰退

(b) 供给冲击的长期影响——向潜在 GDP水平的回调

图 15.7 供给冲击的短期和长期影响

图（a）显示，一次供给冲击（如石油价格大幅上涨）在短期造成了衰退和价格水平上涨。供给冲击造成的衰退导致失业增加和产出减少。图（b）显示，增加的失业和减少的产出导致工人愿意接受更低的工资和企业愿意接受更低的价格。短期总供给曲线从 $SRAS_2$ 移动至 $SRAS_1$，均衡从 *B* 点回到 *A* 点，实际 GDP 回到其潜在水平，价格水平也回到原来的水平。

建立联系

宏观经济学中的长期是多长？

一旦衰退开始，实际GDP和就业水平回到它们上个经济周期的峰值水平需要多长时间呢？平均而言，对于自1950年以来的历次衰退，实际GDP回到上个周期的峰值花了6个季度，即约一年半的时间。同一时期（即自1950年以来），就业水平回到上个周期的峰值平均花了约9.5个季度，即接近两年半。但是，这些平均值掩盖了各次衰退之间的重大差别。

下图显示了1981—1982年、1990—1991年、2001年和2007—2009年这四次衰退。上个经济周期顶峰的实际GDP值被设定为100。横轴显示了从上个经济周期顶峰算起的季度数。从图中可以清楚地看出2007—2009年衰退的严重程度。实际GDP在2007年第四季度达到这个经济周期的顶峰。直到2011年第二季度，实际GDP才回到这个水平，这时距这次衰退开始时已经过去14个季度，即三年半的时间。这个时间长度比自1950年以来的任何其他衰退都要长得多。有些经济学家把1981—1982年的衰退描述为V形衰退，原因是尽管实际GDP的下降幅度很大，但它回到上个经济周期峰值的速度相对也快。相反，2007—2009年的衰退则是一次U形衰退，原因是实际GDP回到上个周期峰值所花的时间相当长。

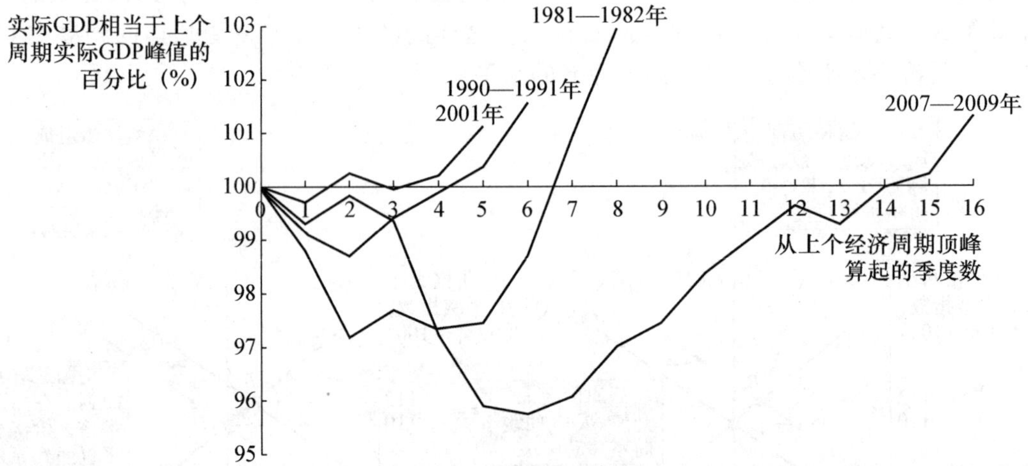

正如下页图所示，自2007—2009年的衰退之后，就业水平回到上个经济周期峰值的速度很慢：它花了25个月，超过了6年。这个时间长度比自1950年以来的任何其他衰退都要长得多，是一次典型衰退后复原所花时间的两倍以上。自2001年衰退之后就业水平回到上个经济周期的峰值是第二慢的，这导致一些经济学家思考美国劳动力市场发生的变化是否使得就业水平在衰退之后更难以回到正常水平。

2007—2009年衰退的严重性令大部分经济学家和政策制定者感到惊讶，因为他们没有预测到始于2006年的房地产价格下跌最终导致2008年出现了一次大的金融危机。甚至在这次衰退于2009年结束时，奥巴马总统的经济顾问、美联储的经济学家以及国会预算办公室的经济

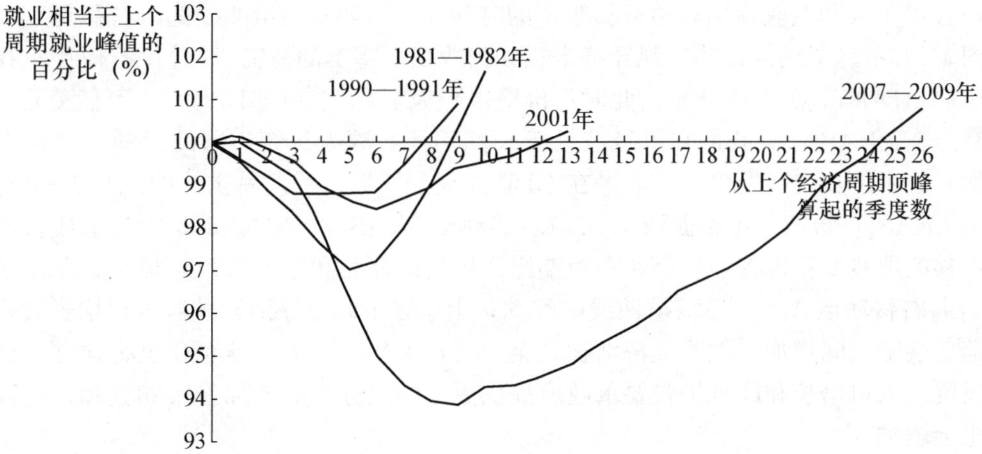

学家都预期经济回到实际 GDP 和就业正常水平的速度比实际情况要快得多。

在第 17 章和第 18 章，我们将讨论经济学家和政策制定者们在美国经济在 2007—2009 年衰退之后为什么花了这么长时间才回到潜在 GDP 水平和充分就业这个问题上的不同意见。

资料来源：Board of Governors of the Federal Reserve System，"Economic Projections of Federal Reserve Board Members and Federal Reserve Bank Presidents"，various dates；Congressional Budget Office，"Data Underlying Selected Economic Figures，Real Gross Domestic Product"，various dates；Christina Romer and Jaret Bernstein，"The Job Impact of the American Recovery and Reinvestment Plan"，January 9，2009；U. S. Bureau of Economic Analysis；U. S. Bureau of Labor Statistics；and National Bureau of Economic Research.

轮到你了：做本章末与本专栏相关的问题与应用 3.9，看看你理解得如何。

15.4 动态总需求-总供给模型

本章到目前为止所使用的基本总需求-总供给模型为理解短期宏观经济均衡的决定提供了重要的洞见。遗憾的是，这个基本模型也提供了一些误导性的结果。例如，它错误地预测由总需求曲线向左移动导致的衰退将使价格水平下降，而自 20 世纪 30 年代以来没有哪一年发生过这样的事情。这个基本模型的问题是由我们做出的两个假设引发的：（1）经济体中没有持续的通货膨胀，（2）经济体中没有长期增长。通过放弃这些假设，我们可以建立一个更加有用的总需求-总供给模型。结果将是一个新模型：它考虑到经济不是静态的（静态是指经济的潜在 GDP 不变，没有连续的通货膨胀）而是动态的（动态是指经济的潜在 GDP 随着时间的推移而增长，每年都有通货膨胀）。通过对基本模型进行改动使其纳入如下重要的宏观经济事实，我们可以建立一个动态总需求-总供给模型：

- 潜在 GDP 不断增加，使长期总供给曲线向右移动。
- 在大部分年份里，总需求曲线向右移动。

● 除了工人和企业预期高通货膨胀率的时期外，短期总供给曲线都向右移动。

图 15.8 阐释了纳入这些宏观经济事实如何改变了基本的总需求-总供给模型。我们从 $SRAS_1$ 和 AD_1 的交点 A 点开始，此时，价格水平为 110，实际 GDP 为 17 万亿美元。因为这个交点在 $LRAS_1$ 上，我们知道经济处于长期均衡。因为每年美国的劳动力和资本存量都增加，技术进步也在发生，从而潜在 GDP 提高，所以，长期总供给曲线从 $LRAS_1$ 向右移动至 $LRAS_2$。短期总供给曲线从 $SRAS_1$ 移动至 $SRAS_2$，它的移动是因为造成长期供给曲线右移的那些变量也将增加企业在短期愿意供给的商品和服务数量。最后，总需求曲线从 AD_1 向右移动至 AD_2。总需求曲线的移动是由于以下几个原因：随着人口增长和收入提高，消费会随时间增加。随着经济增长，企业将扩大生产能力，新企业也将建立，这就增加了投资。人口增长和经济扩张要求政府提供更多的服务，如增加警察和教师，所以政府购买也会增加。

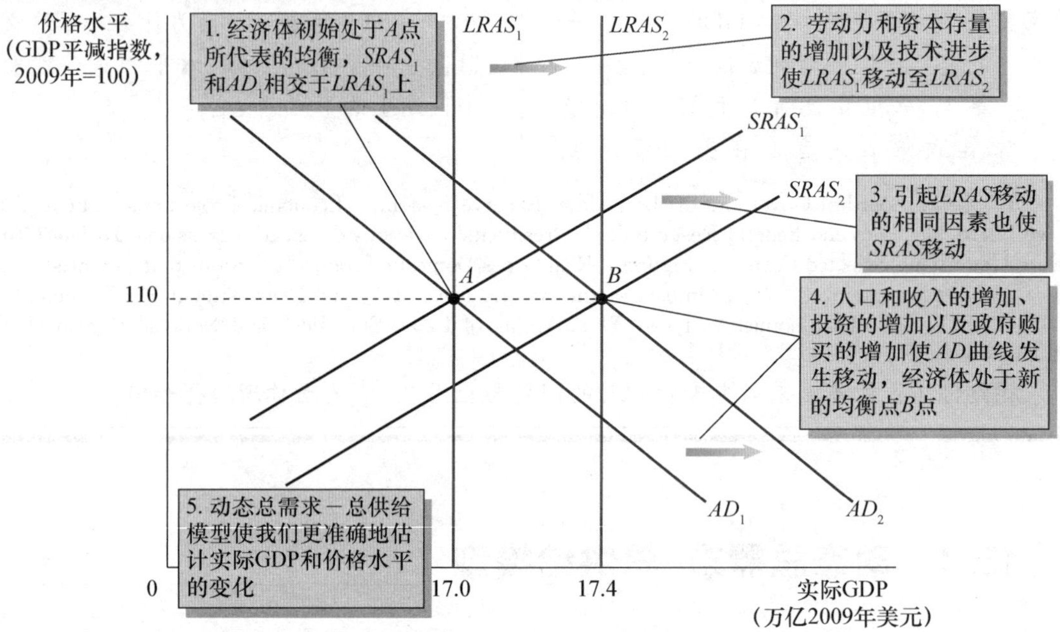

图 15.8　动态总需求-总供给模型

我们从基本的总需求-总供给模型开始。在动态总需求-总供给模型中，劳动力和资本存量的增加以及技术变革的发生使得长期总供给曲线每年都向右移动，从 $LRAS_1$ 移动到 $LRAS_2$。通常情况下，这些同样的因素也引起短期总供给曲线从 $SRAS_1$ 移动到 $SRAS_2$。如果消费者支出、企业支出和政府支出也增加，就像通常的情况那样，总需求曲线将从 AD_1 移动到 AD_2。

图 15.8 中的新均衡在 B 点，即 AD_2 与 $SRAS_2$ 的交点，它位于 $LRAS_2$ 上。在新均衡中，价格水平保持在 110，而实际 GDP 增长至 17.4 万亿美元。注意，因为价格水平保持在 110 不变，所以没有通货膨胀。之所以没有通货膨胀，是因为总需求和总供给向右移动的距离正好等于长期总供给曲线移动的距离。但是，实际上，我们不会预期这三条曲线向右移动相同的距离是典型情况。例如，*SRAS* 曲线还受工人和企业对未来价格水平变动的预期以及供给冲击的影响。这些变量可能部分或完全抵消 *SRAS* 曲线在一年间向右移动的正常趋势。我们还知道，消费者支出、企业支出和政府支出的变化可能导致 *AD* 曲线向右移动的距离大于或小于 *SRAS* 曲线和 *LRAS* 曲线向右移动的距离。事实上，正如我们马

上将看到的，价格水平和实际 GDP 的短期变动是由 *SRAS* 曲线和 *AD* 曲线移动的多少决定的。

□ 15.4.1　通货膨胀通常的起因是什么？

与基本模型相比，动态总需求-总供给模型对大部分通货膨胀的来源给出了更精确的解释。如果经济体中总支出的增加快于总产出，价格就会上升。图 15.9 说明了这一点。在图中，*AD* 曲线比 *LRAS* 曲线向右移动得更多，在新的均衡点 *B* 点，价格更高了，这就产生了通货膨胀。在新的均衡，*SRAS* 曲线也已经向右移动了，但移动的距离比 *LRAS* 曲线少，原因是预期到的价格上升部分地抵消了该年技术变革和劳动力、资本存量增加的影响。虽然通货膨胀通常是总支出增长快于总产出的结果，但是短期总供给曲线的向左移动也能造成价格水平的上升，正如我们在 15.3 节讨论供给冲击时所指出的那样。

正如我们在图 15.8 中所看到的，如果总需求的增加量与短期和长期总供给的增加量相等，价格水平就不会发生变动。这样，经济体就经历着无通货膨胀的经济增长。

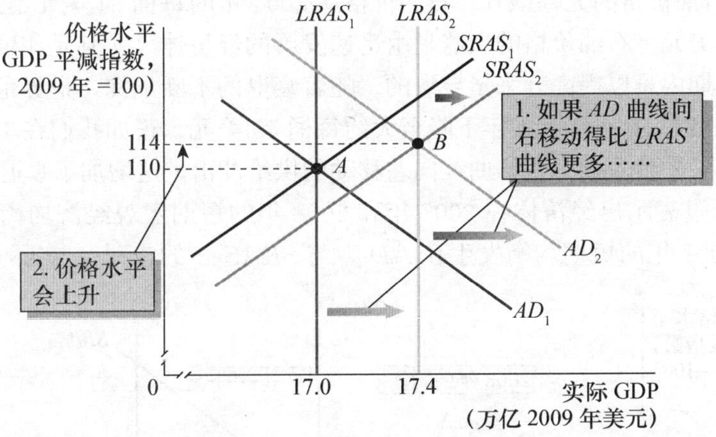

图 15.9　运用动态总需求-总供给模型理解通货膨胀

通货膨胀最常见的起因是总支出的增加快于总产出。

(1) 经济体初始处于 *A* 点，实际 GDP 为 17 万亿美元，价格水平为 110。充分就业的实际 GDP 从 17 万亿美元上升至 17.4 万亿美元，使得长期总供给曲线从 $LRAS_1$ 移动至 $LRAS_2$。总需求曲线从 AD_1 移动至 AD_2。

(2) 因为 *AD* 曲线向右移动得比 *LRAS* 曲线多，所以，在新的均衡中，价格水平从 110 上升至 114。

□ 15.4.2　2007—2009 年的衰退

我们可以用动态总需求-总供给模型来分析 2007—2009 年的衰退。这次衰退开始于 2007 年 12 月，它结束了从 2001 年 11 月开始的经济扩张。几个因素的共同作用造成了此次衰退：

● 房地产泡沫的破灭。15.3.1 节的“建立联系”专栏中的图形显示了住宅建设支出从 2002 年至 2005 年迅速增长，而后在 2005 年年末至 2010 年年初下降了超过 60%。2005 年及之前这段时间里住宅建设支出的增加部分地是美联储在 2001 年衰退期间和之后为降低利率而采取的措施的结果。由于抵押贷款的利率下降，更多的消费者开始购买新住宅。但是，到 2005 年，已经很清楚地可以看到，新建住宅和原有房地产的价格迅速攀升部分地是由于投机性泡沫。当人们不再那么关心资产——无论是住宅等实物资产还是股票等金融资产——本身的价格而是关注资产价格上升的预期时，泡沫就出现了。在美国某些地区，如加利福尼亚州、亚利桑那州和佛罗里达州，许多住宅的购买者是以更高的价格转售而不是以自住为目的的投资者。一些深受大众喜爱的电视节目也在探究炒房——购买房屋后迅速转售——的方法。投机性泡沫最终走到了尽头，房地产泡沫从 2006 年开始破灭。新房销售量和房屋价格都开始下降。随着住宅建设支出——投资支出的一个组成部分——的下降，总需求增长速度放缓。

● 金融危机。房地产市场出现的问题对住宅建设业的工人和企业来说都是坏消息。此外，房屋价格下降使得越来越多的借款人拖欠他们的抵押贷款。这些违约现象使银行和一些其他金融机构遭受了严重的损失。从 2008 年春季开始，美国财政部和美联储都进行了干预，目的是救助一些大型金融机构使它们免于破产。我们将在第 16 章和第 17 章中进一步介绍金融危机的细节。现在我们只需要指出，金融危机导致了信贷紧缩，这使许多家庭和企业难以获得贷款来为其支出融资。这种信贷紧缩也造成了消费支出和投资支出的下降。

● 2008 年石油价格的大幅飙升。石油价格从 2004 年的每桶 34 美元迅速飙升至 2008 年年中的每桶 140 美元。石油价格的上涨是由迅速发展的经济体（尤其是印度和中国）对石油的需求增加和短期内难以提高开采量导致的。随着衰退的不断加深，世界范围内对石油的需求下降，石油价格在 2009 年上半年下降至大约每桶 40 美元。正如我们在本章中看到的，石油价格上升引发了导致短期总供给曲线向左移动的供给冲击，这增加了衰退的严重程度。

图 15.10 通过表示出经济体在 2007 年和 2008 年的短期宏观经济均衡说明了衰退的开始。在图中，2007 年的短期均衡发生在 AD_{2007} 与 $SRAS_{2007}$ 的交点，实际 GDP 为 14.87 万

图 15.10　2007—2009 年衰退的开始

在 2007—2008 年间，*AD* 曲线向右移动，但是远不足以抵消 *LRAS* 曲线右移造成的影响。*LRAS* 曲线的向右移动代表了潜在 GDP 从 14.95 万亿美元上升至 15.26 万亿美元。因为油价迅速上升，短期总供给曲线从 $SRAS_{2007}$ 向左移动至 $SRAS_{2008}$。实际 GDP 从 2007 年的 14.87 万亿美元下降至 2008 年的 14.83 万亿美元，远低于 $LRAS_{2008}$ 所示的潜在 GDP 水平。因为总需求的增加很小，价格水平仅仅从 2007 年的 97.3 上升至 2008 年的 99.2，所以 2008 年的通货膨胀率仅为 2%。

亿美元，价格水平为 97.3。2007 年的实际 GDP 低于 $LRAS_{2007}$ 表示的潜在 GDP（14.95 万亿美元）。2008 年的总需求曲线从 AD_{2007} 向右移动到 AD_{2008}。总需求增加量少于潜在 GDP 的增加，这是因为房地产泡沫的破灭和金融危机对消费支出和投资支出产生了负面影响。油价上升引发的供给冲击使得短期总供给曲线从 $SRAS_{2007}$ 向左移动到 $SRAS_{2008}$。

在 2008 年的短期均衡中，实际 GDP 为 14.83 万亿美元，价格水平为 99.2。短期均衡实际 GDP 和潜在 GDP 之间有很大的差距。毫不奇怪，失业率从 2007 年的 4.6%提高至 2008 年的 5.8%。价格水平仅从 97.3 提高至 99.2，所以通货膨胀率低，仅为 2%。

到 2009 年，衰退仍在持续，潜在 GDP 增加至 15.5 万亿美元，而实际 GDP 降低至 14.42 万亿美元。（图 15.10 没有画出 2009 年的情况。）实际 GDP 和潜在 GDP 的差距进一步扩大，这使得失业率猛增至 9.3%——这是自 1981—1982 年衰退以来的最高失业率，也是自 20 世纪 30 年代大萧条以来的第二高失业率。虽然此次衰退在 2009 年 6 月结束，但是，在 2010 年和 2011 年，实际 GDP 增长缓慢，失业率仍然高于 8.5%。

2007—2009 年衰退的严重性导致政府经济政策发生了自大萧条以来最重大的变化。我们将在第 17 章和第 18 章讨论这些新政策。

例题 15.4 运用动态总需求-总供给模型显示 1974—1975 年石油冲击的影响

1974—1975 年的衰退清晰地说明了供给冲击是如何影响经济的。自 1973 年第四次中东战争后，石油输出国组织（OPEC）采取行动，使每桶石油的价格从不到 3 美元提高至 10 美元以上。运用这一信息和下表中的数据画一幅动态总需求-总供给图形，说明 1974 年和 1975 年的宏观经济均衡。假设 1974—1975 年总需求曲线没有移动。请简要解释你的图形。

	实际 GDP 真实值（万亿美元）	潜在 GDP（万亿美元）	价格水平
1974 年	5.40	5.43	28.7
1975 年	5.39	5.63	31.4

资料来源：U. S. Bureau of Economic Analysis; and Federal Reserve Bank of St. Louis.

解：

第 1 步：复习本章内容。这一问题是关于运用动态总需求-总供给模型的，所以你可能需要复习一下 15.4 节“动态总需求-总供给模型”。

第 2 步：运用表中的信息画出图形。你需要画出 5 条曲线：1974 年和 1975 年的 *SRAS* 曲线、*LRAS* 曲线，以及 *AD* 曲线（这两年 *AD* 曲线相同）。我们知道两条 *LRAS* 曲线是位于表中给出的潜在 GDP 值的垂直线。因为巨大的供给冲击，所以 *SRAS* 曲线向左移动。题目中假设 *AD* 曲线不移动。你的图形应该像下页图所示。

第 3 步：解释图形。$LRAS_{1974}$ 和 $LRAS_{1975}$ 都处于各年的潜在 GDP 水平。1974 年的宏观经济均衡发生在 *AD* 曲线和 $SRAS_{1974}$ 曲线的交点，实际 GDP 为 5.40 万亿美元，价格水平为 28.7。1975 年的宏观经济均衡发生在 *AD* 曲线和 $SRAS_{1975}$ 曲线的交点，实际 GDP 为 5.39 万亿美元，价格水平为 31.4。

附注：供给冲击使得均衡实际 GDP 从 1974 年稍低于潜在 GDP（衰退实际上从 1973 年年末开始）变动到 1975 年远低于潜在 GDP。1975 年的实际 GDP 比潜在水平低约 4.3%，失业率从 1974 年的 5.6%迅速上升到 1975 年的 8.5%。

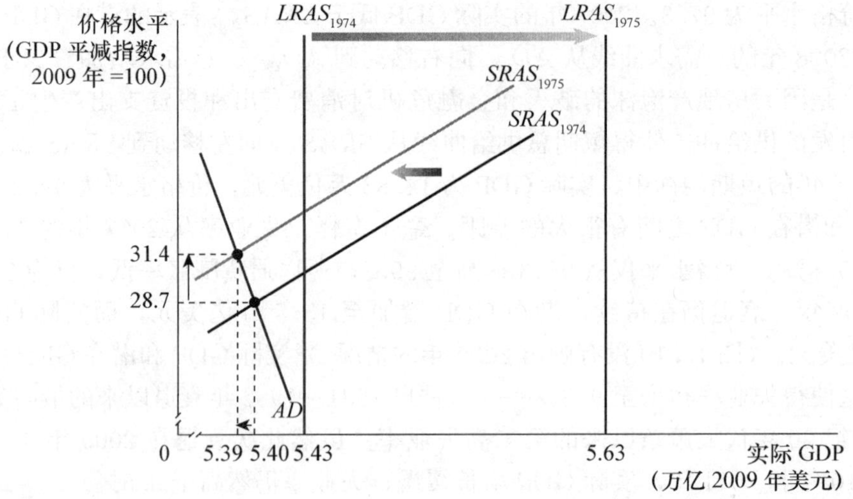

轮到你了：要想做更多的练习，请做本章末与本专栏相关的问题与应用 4.5 和 4.6。

接第 494 页

生活中的经济学

衰退期间雇主会减少你的薪水吗?

在本章开始时，我们要求你思考在衰退期间你的雇主有没有可能减少你的薪水，有没有可能降低他所销售的产品的价格。我们已经看到，甚至在衰退期间，价格水平也很少下降。事实上，在美国，自 20 世纪 30 年代以来没有哪一年出现过 GDP 平减指数降低的情况。虽然许多企业在 2007—2009 年衰退中降低了价格，但是大部分企业并没有这样做。所以，你工作的咖啡店的老板很可能不会降低拿铁的价格，除非销量大幅减少。我们也知道，比起加薪，大部分企业更不愿意降薪，因为降薪对工人的士气和生产率都有负面影响。因为 2007—2009 年衰退特别严重，确实有些企业降薪了。但是，由于你是一个技术高超的咖啡师，你的雇主不大可能给你降薪，因为他害怕你辞职去竞争对手那里工作。

15.5 结论

第 3 章展现了微观经济的需求-供给模型在解释单个产品的价格和产量如何决定时的强大力量。本章表明，我们需要一个不同的模型来解释整体经济的行为。我们看到宏观经济的总需求-总供给模型解释了实际 GDP 和价格水平的波动。

实际 GDP、就业和价格水平的波动促使联邦政府实施宏观经济政策。我们将在之后的章节分析这些政策在经济体中的作用。

访问 MyEconLab，你可以找到与本章的概念有关的一篇新闻文章和分析。

本章总结和习题

□ 关键术语

总需求（*AD*）曲线	总需求-总供给模型	财政政策
长期总供给（*LRAS*）曲线	菜单成本	货币政策
短期总供给（*SRAS*）曲线	滞胀	供给冲击

□ 15.1 总需求

总结

总需求-总供给模型使得我们能够解释实际 GDP 和价格水平的短期波动。总需求曲线表示价格水平与家庭、企业和政府计划总支出水平之间的关系。短期总供给曲线表示短期内价格水平和企业供给的实际 GDP 数量之间的关系。长期总供给曲线表示长期内价格水平和实际 GDP 供给量的关系。消费（*C*）、投资（*I*）、政府购买（*G*）和净出口（*NX*）是总需求的四个组成部分。总需求曲线向下倾斜，这是因为价格水平的下降造成了消费、投资和净出口的增加。如果价格水平变动而其他变量保持不变，经济将沿着一条固定的总需求曲线上下运动。如果价格水平之外的变量发生变动，那么，总需求曲线将发生移动。使总需求曲线发生移动的变量分为三类：政府政策的变化、家庭和企业预期的变化、外国变量的变化。例如，货币政策是美联储为了实现宏观经济政策目标而采取的管理货币供给和利率的行动。当美联储采取行动改变利率时，消费和投资支出将变动，这将使总需求曲线发生移动。财政政策是为了实现宏观经济政策目标而对联邦税收和政府购买所做的变动。联邦税收和政府购买的变动使总需求曲线发生移动。

复习题

1.1 总需求曲线表示了何种关系？总供给曲线表示了何种关系？

1.2 解释总需求曲线向下倾斜的三个原因。

1.3 *AD* 曲线和单个产品（例如苹果）的需求曲线有什么不同？

1.4 哪些变量使得 *AD* 曲线移动？对于每一个变量，指出其增加将使 *AD* 曲线左移还是右移，并说明 GDP 的哪个（哪些）组成部分——消费、投资、政府购买、净出口——将变化。

问题与应用

1.5 请解释如下每个事件如何影响总需求曲线？

a. 价格水平上升。

b. 政府购买增加。

c. 州所得税提高。

d. 利率上升。

e. 其他国家收入增长加快。

f. 美元和外币之间的汇率上升。

1.6 从 2009 年 8 月到 2015 年 8 月，标准普尔 500 股票价格指数翻了一番以上，而消费者价格指数只增加了 10%多一点。请简要解释这些变化对总需求曲线的影响（如果有的话）。

1.7 考虑下图中的两条总需求曲线。什么会引起沿着曲线 AD_1 从 *A* 点到 *B* 点的运动？什么会引起从 *A* 点到 *C* 点的运动？

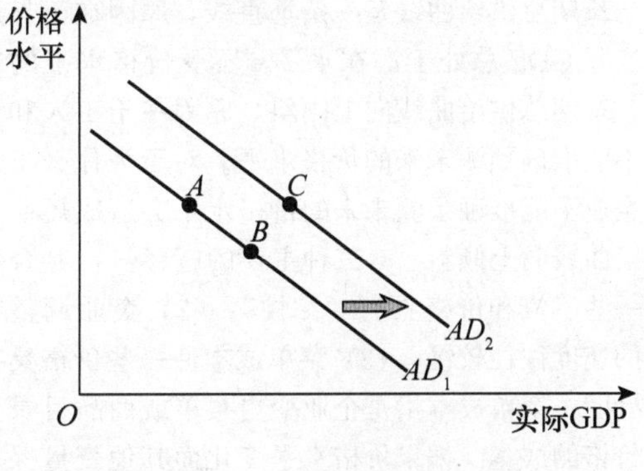

1.8 [与 15.1.3 节中的“不要犯这样的错误！”专栏有关] 一个经济学专业的学生这么说道：

第15章 总需求和总供给分析

"理解为什么总需求曲线向下倾斜很容易：当价格水平增加时，消费者用不那么贵的商品进行替代，这降低了经济体中的总支出。"请简要解释你是否同意该说法。

1.9 ［与例题 15.1 有关］解释如下每个事件将引起 AD 曲线的移动还是沿着 AD 曲线的运动：

a. 企业更加乐观，增加了在机器设备上的支出。

b. 联邦政府为了降低预算赤字而增加税收。

c. 美国经济出现了 4%的通货膨胀率。

1.10 ［与例题 15.1 有关］《华尔街日报》的一个记者写道："强势美元和海外的疲弱增长预示着美国出口有向下的压力。"

a. 该记者所说的"强势美元"是什么意思？

b. 该记者所说的"海外的疲弱增长"是什么意思？

c. 请简要解释为什么强势美元和海外的疲弱增长的结合可能导致美国出口下降。

d. 强势美元将导致沿着美国总需求曲线的运动还是总需求曲线的移动？请简要解释。

资料来源：Jon Hilsenrath，"Rising Dollar and Falling Oil Could Be Recipe for a U. S. Asset Boom"，*Wall Street Journal*，December 11，2014.

1.11 ［与 15.1.3 节中的"建立联系"专栏有关］如果在 2007—2009 年的衰退中，美国的实际 GDP 的减少量大于加拿大、中国和其他贸易伙伴，那么，美国的净出口将上升还是下降？请简要解释。

□ 15.2 总供给

总结

长期总供给曲线是一条垂直线，原因在于长期的实际 GDP 总处于潜在水平，不受价格水平的影响。短期总供给曲线向上倾斜，原因在于工人和企业不能准确预测未来的价格水平。对于为什么工人和企业不能准确预测未来的价格水平会造成短期总供给曲线向上倾斜，有三种主要的解释：（1）合同使一些工资和价格具有"黏性"；（2）企业调整工资的速度往往较慢；（3）菜单成本使一些价格具有"黏性"。菜单成本指是企业变更菜单或商品目录上的价格的成本。如果价格水平变化而其他变量保持不变，经济将沿着一条固定的总供给曲线上下运动。如果价格水平外的其他变量变动，总供给曲线将发生移动。总供给曲线移动是因为劳动力和资本存量的增加、技术变革的发生、未来价格水平预期的变动、工人和企业对过去关于价格水平预期错误的调整和某种重要原材料未预期到的价格变动。供给冲击是使短期总供给曲线移动的未预期到的事件。

复习题

2.1 解释长期总供给曲线垂直的原因。

2.2 哪些变量使得长期总供给曲线移动？对于每一个变量，说明其增加使长期总供给曲线左移还是右移。

2.3 短期总供给曲线向上倾斜的原因是什么？

2.4 哪些变量使得短期总供给曲线移动？对于每一个变量，说明其增加使短期总供给曲线左移还是右移。

问题与应用

2.5 说明以下每个事件将如何影响长期总供给曲线：

a. 价格水平上升。

b. 劳动力增加。

c. 资本品数量增加。

d. 技术变革。

2.6 一个学生被要求画一幅总需求-总供给图形来说明总供给增加的影响。他画的图如下：

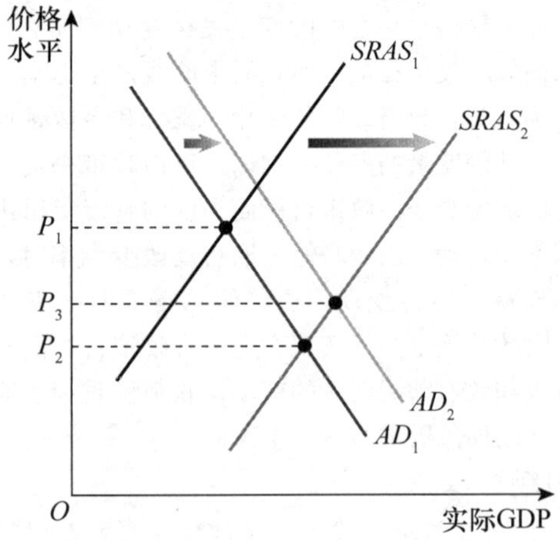

该同学这样解释图形：

总供给的增加使总供给曲线从 $SRAS_1$ 移动至 $SRAS_2$。因为总供给曲线的这种移动导致价格水平下降，所以消费、投资和净出口增加。这些变化使总需求曲线从 AD_1 右移至 AD_2。我们知道，实际 GDP 将增加，但不确定价格水平会上升还是下降，因为这取决于总供给曲线和总需求曲线何者向右移动得更多。我假设总供给曲线的移动量大于总需求曲线，所以我在图中所画出的最终价格水平 P_3 低于初始价格水平 P_1。

解释你是否同意这个学生的分析。仔细解释你认为这一分析到底错在哪里（如果有的话）。

2.7 考虑下图中的两条短期总供给曲线。什么会引起沿着曲线 $SRAS_1$ 从 A 点到 B 点的运动？什么会引起从 A 点到 C 点的运动？

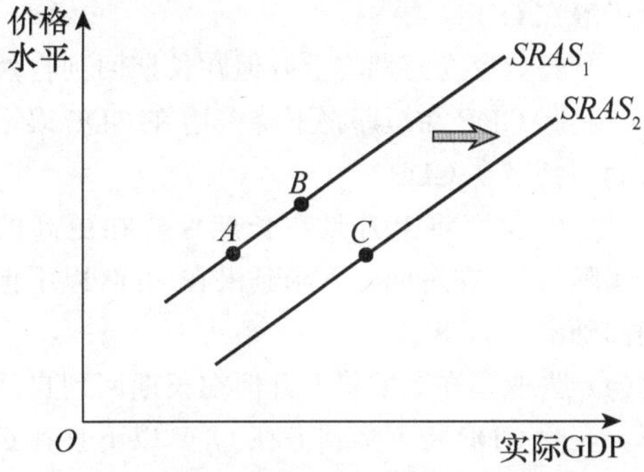

2.8 《经济学人》杂志上的一篇文章指出，“经济提供商品和服务的潜力是由劳动力、资本存量和通货膨胀预期这些因素决定的。”你是否同意这篇文章所列出的潜在 GDP 的决定因素？请简要解释。

资料来源：“Money's Muddled Message”, *Economist*, May 19, 2009.

2.9 说明以下每个事件将如何影响短期总供给曲线：

a. 价格水平上升。

b. 对未来价格水平的预期提高。

c. 当前价格水平高于预期。

d. 一种重要原材料的价格出现未预期到的增加。

e. 劳动力参与率提高。

2.10 考虑使长期总供给曲线移动的变量和使短期总供给曲线移动的变量。将下面每种情形与右边合适的长期和短期总供给曲线图形匹配起来。

a. 预期的未来价格水平下降。

b. 工人和企业对之前被低估的价格水平做出调整。

c. 某项正向技术变革发生。

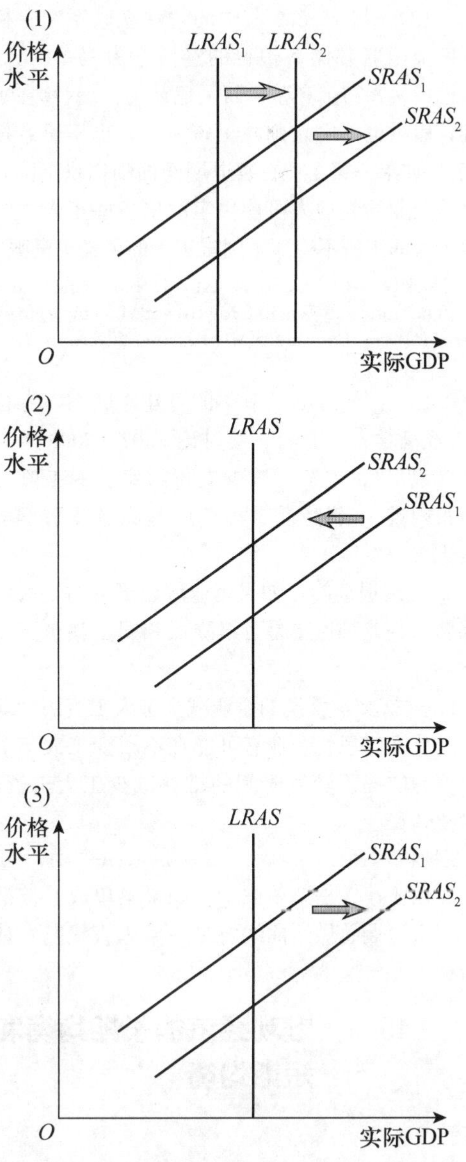

2.11 美国货车运输协会预期在接下来几年里卡车司机将出现短缺，原因是将要退休的司机人数超过进入该职业的新司机人数。在接下来的几年里货运列车车厢的数量预计也将下降 40%以上，原因是联邦管制限制货运列车车厢的服务年限为 50 年而许多现在在使用的车厢到 2020 年将达到使用年限。那些依赖货运列车车厢运货的木材生产商和纸生产商担心它们将不得不更多地依赖卡车来运输，这将比铁路运输贵 20%。卡车和货运列车车厢运输量的减少可能影响短期总供给曲线吗？可能影响长期总供给曲线吗？请简要解释。

资料来源：Lindsay Ellis and Laura Stevens, “International Paper Focuses on Improving Shipment Planning”, *Wall Street Journal*, July 30, 2015; and Bob Tita, “Why Railroads Can't Keep Enough Boxcars in Service”, *Wall Street Journal*, June 21, 2015.

2.12 [与 15.2.2 节中的“建立联系”专栏有关] 旧金山联邦储备银行的经济学家马里·C. 戴利、巴特·霍布金和蒂莫西·尼认为：“就算在衰退期间，雇主也不愿意削减工资，工人也不愿意接受降薪。”如果一家企业在衰退期间面临销量下降，为什么该企业的经理人可能决定解雇一些工人并维持其他工人的工资不变而不削减工人的名义工资呢？

资料来源：Mary C. Daly, Bart Hobijn, and Timothy Ni, “The Path of Wage Growth and Unemployment”, *Federal Reserve Bank of San Francisco Economic Letter*, July 15, 2013.

2.13 [与 15.2.2 节中的“建立联系”专栏有关]《经济学人》上的一篇讨论 2007—2009 年衰退的文章说：“雇主发现减少支付给雇员的工资的现金值很困难。(将降薪强加于所有雇员几乎不可能提振士气。)”

a. 在衰退期间，如果企业解雇更少的工人但同时降薪，企业难道不是可以降低相同多甚至更多的成本吗？

b. 这篇文章所说的企业减少工人工资的“现金值”是什么意思？企业有可能在不减少工人工资的现金值的前提下随着时间的推移减少工人工资吗？请简要解释。

资料来源：“Careful Now”, *Economist*, April 11, 2015.

2.14 什么是菜单成本？如果菜单成本被消除了，那么短期总供给曲线将是一条垂直线吗？请简要解释。

□ 15.3 宏观经济的长期均衡和短期均衡

总结

在长期宏观经济均衡中，总需求曲线和短期总供给曲线的交点落在长期总供给曲线上。在短期宏观经济均衡中，总需求曲线和短期总供给曲线的交点常常并不落在长期总供给曲线上。自动调整机制推动经济回到长期均衡。如果短期均衡的 GDP 低于其潜在水平，工资和价格将下降，短期总供给曲线将向右移动，直至恢复潜在 GDP 水平。如果短期均衡的 GDP 高于其潜在水平，工资和价格将上升，短期总供给曲线将向左移动，直至恢复潜在 GDP 水平。实际 GDP 可能暂时高于或低于其潜在水平，这要么是因为总需求曲线的移动，要么是因为供给冲击导致总供给曲线发生移动。滞胀是通货膨胀和衰退的结合，通常由供给冲击导致。

复习题

3.1 当经济处于长期宏观均衡时，*AD*、*SRAS*、*LRAS* 曲线之间有什么关系？

3.2 为什么供给冲击可能会导致滞胀？

3.3 假定经济进入衰退。如果政府政策制定者——国会、总统和美联储成员——不采取任何政策措施来应对衰退，下面列出的哪种情况是可能的结果？请详细解释你做出的选择。

(1) 失业率将上升且在长期保持在更高的水平，实际 GDP 将下降到潜在 GDP 以下且在长期仍旧低于潜在 GDP。

(2) 失业率在短期将上升但在长期回到自然失业率，实际 GDP 在短期将下降到潜在 GDP 以下但在长期回到潜在 GDP。

(3) 失业率将上升且在长期保持在更高的水平，实际 GDP 在短期将下降到潜在 GDP 以下但在长期回到潜在 GDP。

(4) 失业率在短期将上升但在长期回到自然失业率，实际 GDP 将下降到潜在 GDP 以下且在长期仍旧低于潜在 GDP。

问题与应用

3.4 《经济学人》上的一篇文章指出，在 2015 年上半年，加拿大石油出口量下降，“占资本支出约 1/3 的能源企业预计今年将减少投资近 40%”。结果，2015 年上半年加拿大的实际 GDP 出现了下降。

a. 用一幅基本总需求-总供给图形（*LRAS* 保持不变）来阐释这种状况。

b. 在图形上表示出经济向长期均衡的回调。

资料来源：“A Rough Ride”, *Economist*, July 11, 2015.

3.5 画一幅表示经济处于长期均衡的基本总需求-总供给图形（*LRAS* 保持不变）。

a. 假设对美国出口品的需求大幅增加。在图中画出由此产生的短期均衡。在这个短期均衡中，失业率比出口增加前可能更高还是更低？请简要解释。解释经济如何回调到长期均衡。解释当经济调整到长期均衡后，下面各项的数值与出口增加前相比发生了怎样的变动：

(1) 实际 GDP。

(2) 价格水平。

(3) 失业率。

b. 假设石油价格出乎意料地上升。在图中画出由此产生的短期均衡中。在这个短期均衡中，失业率比石油价格上升前可能更高还是更低？请简要解释。解释经济如何回调到长期均衡。解释当经济调整到长期均衡后，下面各项的数值与石油价格增加前相比发生了怎样的变动：

（1）实际 GDP。

（2）价格水平。

（3）失业率。

3.6 ［与 15.3.1 节中的第一个“建立联系”专栏有关］加州大学洛杉矶分校的爱德华·莱默教授说：“住宅就是经济周期”。为什么住宅建设支出比家庭在汽车或家具等耐用消费品上的支出或企业在厂房和设备上的支出波动更大？

资料来源：Edward E. Leamer，“Housing Is the Business Cycle”，in *Housing*，*Housing Finance*，*and Monetary Policy*，Federal Reserve Bank of Kansas City，August 2007.

3.7 考虑下表给出的 1969 年和 1970 年的数据：

年份	实际 GDP 真实值（万亿 2009 年美元）	潜在 GDP（万亿 2009 年美元）	失业率（%）
1969	4.71	4.57	3.5
1970	4.72	4.74	4.9

资料来源：U. S. Bureau of Labor Statistics；and Federal Reserve Bank of St. Louis.

a. 在 1969 年，实际 GDP 真实值高于潜在 GDP。解释可能的原因。

b. 虽然 1970 年的实际 GDP 略高于 1969 年，但是 1969—1970 年的失业率大幅上升。为什么失业率会上升？

c. 1970 年的通货膨胀率可能比 1969 年高还是低？你的答案与从 1969 年 12 月开始的衰退是由总需求某一组成部分的变动引起的还是由供给冲击引起的有关吗？

3.8 运用下图来回答以下问题：

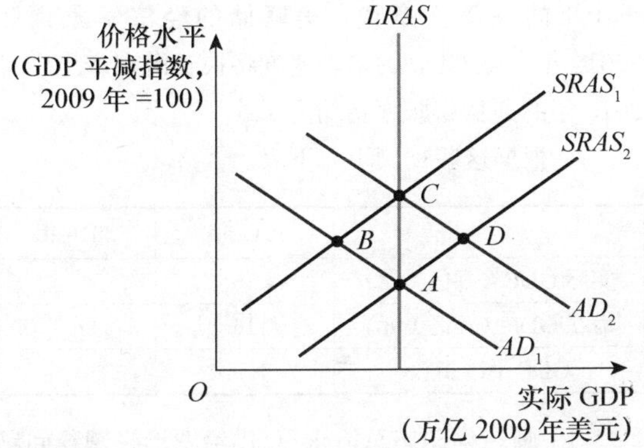

a. A、B、C、D 哪个点代表长期均衡？

b. 假定初始时经济处于 A 点。如果总需求从 AD_1 提高至 AD_2，哪个点代表经济的短期均衡？哪个点代表经济最终的长期均衡？请简要解释经济是如何从短期均衡调整至长期均衡的。

3.9 ［与 15.3.1 节中的第二个“建立联系”专栏有关］2009 年上半年，时任经济顾问委员会主席的克里斯蒂娜·罗默（Christina Romer）和时任副总统约瑟夫·拜登（Joseph Biden）的经济顾问的贾里德·伯恩斯坦（Jared Bernstein）在假设国会通过奥巴马总统提出的财政政策提案的情况下，预测了实际 GDP 回到潜在水平需要多长时间：

> 必须明白，这份备忘录中所呈现的所有估计值都可能有重大的误差幅度。对一个假想的方案而非国会通过的最终方案建模，显然存在不确定性。但是，对一个计划带来的影响进行估计有着更根本的不确定性。我们对经济关系的估计是基于历史经验获得的，因此不可能完全适用于任何给定的时期。并且，当前的不确定性显然会比正常水平更高，因为目前的经济衰退不论是从根本原因还是严重性上看都不同寻常。

为什么衰退的原因和严重程度会影响对经济何时回到潜在 GDP 水平的预测的准确性？

资料来源：Christina Romer and Jared Bernstein，*The Job Impact of the American Recovery and Reinvestment Plan*，January 9，2009，p. 2.

3.10 下页图形显示了总需求曲线或短期总供给曲线向右或向左的移动。

a. 将下面每种情形与合适的图形匹配起来。

i. 预期的未来价格水平提高。

ii. 家庭对未来收入的预期增加。

iii. 某种重要自然资源的价格下降。

iv. 企业对投资支出未来的盈利能力的预期下降。

b. 将下面每种情形与合适的（可能不仅有一幅）图形匹配起来。

i. 经济出现了衰退。

ii. 经济出现了短期通货膨胀。

iii. 经济出现了滞胀。

□ 15.4 动态总需求-总供给模型

总结

为了使总需求-总供给模型更加符合现实，我

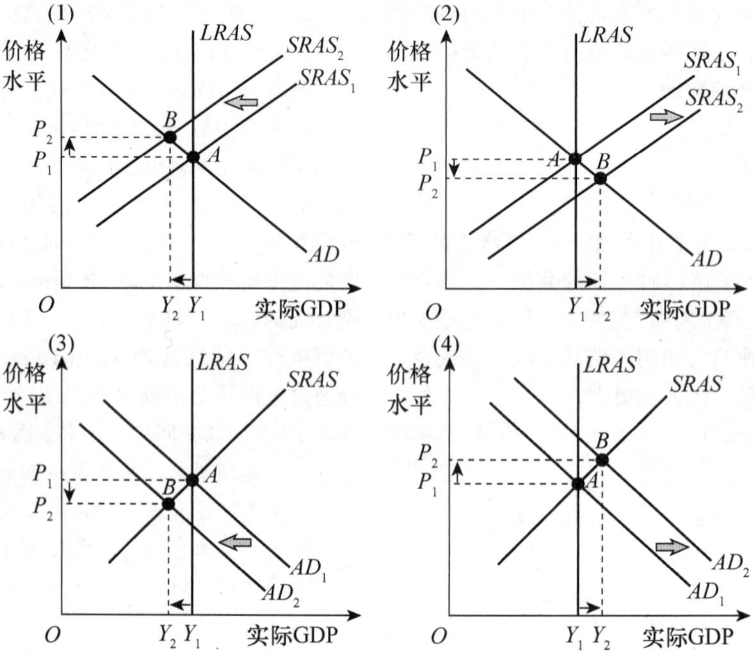

们需要纳入被基本模型忽略了的三个事实来使其变成动态的：(1) 潜在 GDP 不断增加，使长期总供给曲线向右移动；(2) 在大部分年份里，总需求曲线向右移动；(3) 除了工人和企业预期高通货膨胀率的时期外，短期总供给曲线都向右移动。动态总需求-总供给模型使得我们能够分析宏观经济状况，包括 2007—2009 年衰退的开始。

复习题

4.1 基本总需求-总供给模型和动态总需求-总供给模型有什么关键区别？

4.2 在动态总需求-总供给模型中，总需求增加多于潜在实际 GDP 增加会导致什么结果？总需求增加少于潜在实际 GDP 增加又会导致什么结果？

4.3 简要讨论引发 2007—2009 年衰退的因素。

问题与应用

4.4 画一幅动态总需求-总供给图形，表示经济从 2017 年的潜在 GDP 移动至 2018 年的潜在 GDP，并且没有引起通货膨胀。你的图形应该包含 2017 年和 2018 年的 *AD*、*SRAS*、*LRAS* 曲线，并且应该标明每年的短期宏观经济均衡和曲线的移动方向。指出要满足什么样的条件才能使 2018 年的增长没有通货膨胀？

4.5 ［与例题 15.4 有关］考虑下表给出的大萧条头两年的数据：

年份	实际 GDP 真实值（10 亿 2009 年美元）	潜在 GDP（10 亿 2009 年美元）	价格水平
1929	1 056.6	1 006.3	10.6
1930	966.7	1 094.1	10.2

资料来源：U. S. Bureau of Labor Statistics; and Federal Reserve Bank of St. Louis.

a. 该表显示，在 1929—1930 年发生的某些情况在过去 50 年的衰退中都没有发生过。指出是什么情况。

b. 画一幅动态总需求-总供给图形来说明这两年发生了什么。你的图形应该包含 1929 年和 1930 年的 *AD*、*SRAS*、*LRAS* 曲线，并且应该标明每年的短期宏观经济均衡和曲线的移动方向。

4.6 ［与例题 15.4 有关］《纽约时报》2015 年下半年的一篇文章说，美联储的经济学家预测“2015 年实际 GDP 的增长速度将快于潜在产出”且 2015 年的通货膨胀率将约为 1%。

a. 根据这些预测填充下表。

	2015 年	2016 年
实际 GDP（万亿美元）	16.5	
潜在 GDP（万亿美元）	16.8	17.1
GDP 平减指数	119.2	

b. 画一幅动态总需求-总供给图形来阐释问题

a 的答案。

资料来源：Reuters，“Factbox：Fed Staff Forecasts from FOMC Minutes”，*New York Times*，October 8，2015.

4.7 在下图中，假定经济从第 1 年的 *A* 点移动至第 2 年的 *B* 点。运用图形，请简要解释你对以下问题的答案：

a. 从第 1 年到第 2 年，潜在 GDP 的增长率是多少？

b. 第 2 年的失业率比第 1 年高还是低？

c. 第 2 年的通货膨胀率是多少？

d. 第 2 年的实际 GDP 增长率是多少？

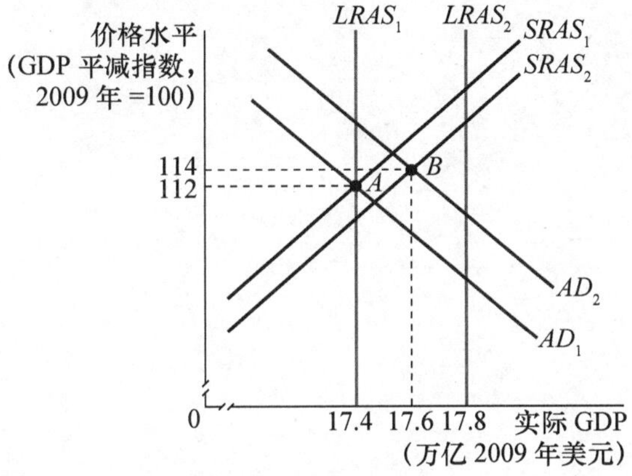

4.8 解释你是否同意以下说法：

动态总需求-总供给模型预测，AD 下降所导致的衰退会造成通货膨胀率下降。我知道 2007—2009 年的衰退是由 AD 下降引起的，但是这次衰退并没有使通货膨胀率下降。大多数商品在 2008 年的价格无疑高于 2007 年，所以通货膨胀率不可能下降了。

4.9 在 2011 年下半年发表的一次演讲中，奥巴马总统提道：“导致这次金融危机和严重衰退的最重要的原因很有可能是四年前破灭的房地产泡沫。”奥巴马总统所说的“房地产泡沫”指的是什么？房地产泡沫是如何引发衰退的？

资料来源：Laura Meckler，“Obama Says Plan Will Cut Mortgage Payments for Millions”，*Wall Street Journal*，October 24，2011.

4.10 [与开篇案例有关] 飞机燃料是达美航空公司最大的运营成本。2015 年，达美航空的 CEO 理查德·安德森（Richard Anderson）宣布，由于燃料价格下降，公司该年可能节约 20 亿美元以上。航空公司这种成本更依赖于原料价格的企业比汽车公司这种成本没那么依赖原料价格的企业相比，受经济周期的影响更大还是更小呢？请简要解释。

资料来源：Paul R. La Monica，“Delta Air Lines Is Saving $2 Billion on Fuel”，money.cnn.com，January 20，2015.

实时数据练习

D15.1 （表示均衡实际 GDP 和价格水平的运动）访问圣路易斯联邦储备银行（FRED）的网站（research.stlouisfed.org/fred2/），找到以下两个变量 1960 年、1973 年、1975 年和 2007 年的数值：(1) 实际 GDP（GDPCA）；(2) GDP 平减指数（USAGDPDEFAISMEI）。

a. 在一幅 *AD-AS* 图形中，使用实际 GDP 和 GDP 平减指数的现实数值，画出 1960 年和 2007 年的均衡。假设这两年经济的均衡实际 GDP 均等于潜在 GDP。从 1960 年到 2007 年，长期总供给发生了什么变化？给定 GDP 平减指数的变化，总需求增长得比长期总供给多还是少？

b. 在一幅 *AD-AS* 图形中，使用实际 GDP 和 GDP 平减指数的现实数值，画出 1973 年和 1975 年的均衡。假设 1973 年经济的均衡实际 GDP 等于潜在 GDP，但 1975 年经济仅处于短期均衡。给定实际 GDP 和 GDP 平减指数的变化，简要解释从 1973 年到 1975 年，短期总供给发生了什么变化。

D15.2 （正向供给冲击的影响）使用圣路易斯联邦储备银行（FRED）（research.stlouisfed.org/fred2/）的数据，考察 20 世纪 90 年代期间的美国经济。1995 年后信息通信技术和互联网的普及给美国经济带来了一次正向供给冲击。

a. 下载 1981 年至今个人消费支出价格指数（PCEPI）的月度数据。计算 1982—2007 年用 PCEPI 与上年同月相比的百分比变化来衡量的通货膨胀率。

b. 计算 1982—1994 年和 1995—2007 年的平均通货膨胀率。

c. 你的计算结果与 1994 年后的正向供给冲击一致吗？请简要解释。

D15.3 （比较各国的经济周期）在 2007—2009 年期间，英国和美国经济经历了类似的问题。高油价和房地产泡沫影响了两国的经济。通过限制信贷和增加风险溢价，美国的金融危机也影响了英国的投资。使用圣路易斯联邦储备银行（FRED）（research.stlouisfed.org/fred2/）的数据，考察自 2007 年以来的英国经济。

a. 下载 2006 年至今英国实际 GDP（GBRRGDPQDSNAQ）和 GDP 平减指数（GBRGDPDEFQIS-

MEI）的季度数据。计算用实际 GDP 与上年同季度相比的百分比变化来衡量的增长率和用 GDP 平减指数与上年同月相比的百分比变化来衡量的通货膨胀率。下载同一时期的失业率（GBRURHARMMDSMEI）数据。失业率数据的频率选择季度以便与实际 GDP 和 GDP 平减指数数据的频率匹配。

b. 在同一幅图中画出自 2007 年至今的这三个数据序列。关于英国和美国这些年的经历的相似性，数据表明了什么？

附录：不同宏观经济学派

1936 年，随着约翰·梅纳德·凯恩斯的著作《就业、利息和货币通论》(*The General Theory of Employment, Interest, and Money*，简称《通论》) 的出版，宏观经济学成为一个独立的经济学领域。凯恩斯是英国剑桥大学的经济学家，他试图解释 20 世纪 30 年代毁灭性的大萧条。美国的实际 GDP 在 1929—1933 年下降了超过 25%，直至 1941 年美国加入第二次世界大战时才回到潜在水平。到 1933 年失业率狂飙至 20%以上，直到 1942 年才回到 1929 年的水平。凯恩斯建立了一个总需求-总供给模型来解释这些事实。在 20 世纪 30 年代和 40 年代，凯恩斯的模型得到了广泛接受，这被称为**凯恩斯革命**(Keynesian revolution)。

事实上，在分析宏观经济问题时，使用总需求-总供给模型仍是被最广泛接受的方法。因为这个模型从凯恩斯时代起一直在做重大修改，如今运用这个模型的经济学家把自己称为新凯恩斯主义者。新凯恩斯主义者强调工资和价格的黏性在解释实际 GDP 波动中的重要性。但是，大量的经济学家对使用总需求-总供给模型（就像本章中所讨论的那样）是不是分析宏观经济问题的最佳方法持怀疑态度。这些其他学派使用的模型与标准的总需求-总供给模型有很大区别。我们可以简单讨论以下三个主要的其他模型：

（1）货币主义模型；

（2）新古典模型；

（3）实际经济周期模型；

（4）奥地利学派模型。

□ 15A.1　货币主义模型

货币主义模型也被称为新货币数量论模型，是由 1976 年诺贝尔经济学奖获得者、芝加哥大学的经济学家米尔顿·弗里德曼（Milton Friedman）从 20 世纪 40 年代开始建立的。弗里德曼认为凯恩斯主义者的方法过度强调了经济体中宏观经济不稳定性的程度。他特别指出，经济体常常处于潜在 GDP 水平。在他与安娜·施瓦茨（Anna Schwartz）合著的《美国货币史：1867—1960》(*A Monetary History of the United States: 1867—1960*) 一书中，弗里德曼认为，实际产出的大部分波动是由货币供给的波动造成的，而不是由消费支出或投资支出的波动造成的。弗里德曼和施瓦茨认为，由于美联储放任经济体中的货币数量在 1929—1933 年下降超过 25%，所以才导致大萧条如此严重。

在美国，美联储负责控制货币数量。正如我们将在第 17 章进一步讨论的，美联储通常更关注控制利率而不是控制货币供给。弗里德曼认为美联储应该改变它的政策，采用一个**货币增长规则**（monetary growth rule），即以固定速度增加货币供给的计划。弗里德曼相信，采用货币增长规则有助于减少实际 GDP 、就业和通货膨胀的波动。

弗里德曼的思想被称作**货币主义**（monetarism），在 20 世纪 70 年代和 80 年代早期高失业率和通货膨胀率时期吸引了大量支持者。在 20 世纪 80 年代后期和 90 年代，失业率和通货膨胀率相对较低，货币主义的支持率下降。在第 16 章，我们将探讨货币数量论，它是货币主义模型的基石。

□ 15A.2 新古典模型

新古典模型是在20世纪70年代中期由一批经济学家建立的，其中包括诺贝尔经济学奖获得者、芝加哥大学的罗伯特·卢卡斯（Robert Lucas），诺贝尔经济学奖获得者、纽约大学的托马斯·萨金特（Thomas Sargent），以及哈佛大学的罗伯特·巴罗（Robert Barro）。新古典经济学家的某些观点与大萧条前经济学家的观点一致。凯恩斯称大萧条前的经济学家为“古典经济学家”。与古典经济学家一样，新古典宏观经济学家相信，经济通常处于潜在GDP水平。他们也相信，工资和价格会对供给和需求的变动迅速做出调整。也就是说，他们认为新凯恩斯主义者强调的工资和价格的黏性并不重要。

卢卡斯认为，工人和企业都拥有理性预期，也就是说，他们运用所有可得信息（包括关于货币量的变动和可能影响总需求的其他变量的信息）来形成对经济变量（如通货膨胀率）未来数值的预期。如果家庭和企业形成的对通货膨胀率的预期不正确，那么，产出和就业的波动就会出现。如果现实的通货膨胀率低于预期，现实的实际工资就会高于预期实际工资。更高的实际工资将导致衰退，原因是企业将裁减员工和减少生产。随着工人和企业根据更低的通货膨胀率调整他们的预期，实际工资将下降，就业和产出将提高，促使经济走出衰退。卢卡斯和他的追随者的思想被称为**新古典宏观经济学**（new classical macroeconomics）。新古典模型的支持者们与货币主义模型的支持者们有一个共同的观点：美联储应该采用一个货币增长规则。他们认为货币增长规则会使工人和企业更容易准确预测价格水平，从而减少实际GDP的波动。

□ 15A.3 实际经济周期模型

在20世纪80年代，包括加州大学圣巴巴拉分校的芬恩·基德兰德（Finn Kydland）和亚利桑那州立大学的爱德华·普雷斯科特（Edward Prescott）这两位诺贝尔经济学奖获得者在内的一些经济学家认为卢卡斯所做的关于工人和企业理性地形成预期以及工资和价格对供给和需求迅速做出调整的假设是正确的，但是对实际GDP的波动来源的看法是错误的。他们认为，实际GDP的波动是由对生产率的暂时冲击而非对价格水平不正确的预测造成的。这些冲击可能是负向的，如石油或其他原材料可获得性的下降，也可能是正向的，如使得同样数量的投入能生产更多产出的技术变革。

根据这一学派的观点，总需求曲线的移动对实际GDP没有任何影响，因为短期总供给曲线是垂直的。（其他学派认为短期总供给曲线向上倾斜，只有长期总供给曲线是垂直的。）当对生产率的负向冲击使短期总供给曲线向左移动（减少实际GDP）或对生产率的正向冲击使短期总供给曲线向右移动（增加实际GDP）时，实际GDP就发生波动。因为这个模型关注的是用于解释实际GDP波动的“实际”因素（生产率冲击）而不是货币量的变动，所以它被称为**实际经济周期模型**（real business cycle model）。

□ 15A.4 奥地利学派模型

奥地利经济学派形成于19世纪后期维也纳大学的经济学家卡尔·门格尔（Carl Menger）的著作。这一学派后来的重要贡献者有路德维希·冯·米塞斯（Ludwig von Mises）和弗里德里希·冯·哈耶克（Friedrich von Hayek），前者职业生涯的最后阶段在纽约大学度过，后者则在伦敦经济学院度过了大部分职业生涯。奥地利学派最出名的是“市场体系优于政府经济计划”这一主张。特别地，哈耶克强调只有通过市场起作用的价格体系能够利用家庭和企业可获得的分散信息而实现资源的有效配置。

在20世纪30年代，哈耶克建立了一种经济周期理论，该理论强调中央银行推动利率到很低水平引发的问题。低利率导致企业在工厂、机器、办公大楼和其他类型的资本上支出更多。起初，投资支出的激增将引起经济扩张，但是，额外的资本品最终生产了过多的产品致使企业无法获得利润。企业遭受亏损，于是减少产出并解雇工人，从而导致衰退。中央银行推动利率到越低的水平，投资支出的增加就越多，经济扩张就越大，最后的衰退就越深。

在20世纪30年代早期，哈耶克的经济周期理论一度令经济学家——特别是在英国的经济学家——非常感兴趣。但是，凯恩斯的《通论》于1936年出版后，对哈耶克的理论的兴趣下降了，现今只有相对很少的经济学家属于奥地利学派。但是，在过去几年里，奥地利学派的经济学家声称，2007—2009年的衰退事件很符合该模型：美联储为了对抗2001年的衰退而降低利率，低利率刺激资本支出——在这个例子中，是住宅支出而非在工厂或办公大楼上的支出——激增。最终，过度的住宅投资以房地产泡沫的破灭和一次严重的衰退宣告结束。

建立联系☞

卡尔·马克思：资本主义最严厉的批判者

我们在这个附录中讨论的这些宏观经济学派被认为是主流经济理论的一部分，因为这些理论认可市场体系是在长期提高生活水平的最佳工具。卡尔·马克思(Karl Marx)是一位影响深远的主流经济理论批判者。马克思于1818年出生于德国特里尔市。在1841年从柏林大学毕业后，他成为一名政治记者和革命鼓动者。他的政治活动使他先后被德国、法国和比利时驱逐。在1849年，马克思搬到伦敦，并在那里度过了余生。

在1867年，马克思出版了他最重要的著作《资本论》(*Das Kapital*)的第一卷。马克思详细研究了包括亚当·斯密、大卫·李嘉图、约翰·穆勒在内的最杰出的主流经济学家的著作。但马克思相信，他对市场体系在长期将如何演变的理解比他之前的这些作者深刻得多。他认为，市场体系最终会被由工人控制生产的共产主义经济所代替。他信奉劳动价值论，这种理论认为，商品和服务的所有价值都是由其中蕴含的劳动创造的。根据马克思的理论，企业的所有者(即资本家)赚取利润并不是通过对商品和服务的生产贡献有价值的东西，而是通过“占有生产资料”(对厂房和机器的所有权)，由于他们占有生产资料，所以他们支付给工人的工资低于工人对产出的贡献价值，从而造成了对工人的剥削。

马克思认为工人的工资最终会降至仅供生存的水平。他还认为，小型企业最终将被大型企业赶出市场，迫使小企业主变为工人阶级。生产最终被小部分企业所掌握，这小部分企业难以把它们生产的产品卖给贫困的大众。最终爆发的经济危机将使工人阶级起义，获得对生产的控制权，建立共产主义。马克思卒于1883年，没有来得及详细解释共产主义经济的运行方式。

马克思对美国主流思想的影响相对很小，但是他的思想指导了欧洲某些政党的行动。1917 年，布尔什维克党控制了俄国，建立了苏联——第一个社会主义国家。虽然苏联在列宁和他的继任者斯大林的统治下不够民主，但是，当它避免了 20 世纪 30 年代席卷市场经济国家的宏观经济危机时，苏联声名鹊起。到了 20 世纪 40 年代后期，共产党在中国和东欧各国成为执政党。由于经济表现糟糕，苏联最终解体，尽管政府干预仍广泛存在，但是这些地区实行市场经济。在中国，共产党执政，该国正在发展社会主义市场经济。现在，只有朝鲜和古巴宣称它们不实行市场经济。

□ 关键术语

凯恩斯革命	货币增长规则	实际经济周期模型
货币主义	新古典宏观经济学	

第7篇

货币政策和财政政策

第 16 章

货币、银行和联邦储备体系

本章概览和学习目标

16.1　什么是货币？我们为什么需要货币？

定义货币，讨论货币的四种职能。

16.2　美国当前如何衡量货币？

讨论美国当前使用的货币供给的定义。

16.3　银行如何创造货币？

解释银行如何创造货币。

16.4　联邦储备体系

比较美联储用来管理货币供给的三种政策工具。

16.5　货币数量论

解释货币数量论，并用其解释高通货膨胀率的出现。

开篇案例

没有了银行，希腊可以运转吗？

你多久使用一次银行？如果你和大多数人一样，你每周从自动取款机取款两次，偶尔去存入支票。你可能去银行申请过学生贷款或汽车贷款。如果你自己做生意，那你与银行打交道的次数就会多得多。例如，你可能为了扩大生意从银行借过长期贷款。

大多数国家的个人和企业会认为没有银行就难以运转。但是，那正是2015年希腊人面临的局面。2001年，希腊和大多数其他欧洲国家放弃了各自的货币转而采用欧元。（希腊以前的货币是德拉克马。）2007—2009年金融危机后，希腊政府难以偿付它以前发行的债券的利息。许多人担心希腊可能离开欧元区，恢复使用德拉克马。如果那种情况真的发生了，那么，德拉克马可能不如欧元有价值，这给了希腊人持有尽可能多欧元的激励。2015年，希腊陷入了债务违约的危机。为了防止银行失去其所有的资金，希腊政府决定关闭银行三周且规定每天从自动取款机取款的限额为60欧元（约66美元）。

关闭银行沉重打击了希腊的经济。在银行被关闭的情况下，许多企业坚持要求现金支付。但是，由于许多自动取款机里没有钱了，消费者难以找到现金。有些商店开始接受没有现金的顾客日后支付的承诺。Nikos Manisoitis & Son是一家进口调料、意大利面和其他产品的希腊企业。它的老板抱怨道："我们感觉就像人质一样。我们不能从银行取钱，我们担心就要变得一无所有。"有些进口商带着装满欧元的手提箱飞往其他国家去给供应商付款。

正如我们在第14章所看到的，如果一国经济要想繁荣和增长，那么，该国就需要良好运行的金融体系。希腊2015年夏季的情况说明了当一国的银行体系崩溃时会发生什么。在本章，我们将学习银行在金融体系中所起的作用。我们还将讨论货币供给的变化和通货膨胀率之间的联系，并对美国的中央银行即美联储的运作提供一个概览。

资料来源：Suzanne Daley，"Greeks Spend in Droves，Afraid of Losing Savings to a Bailout"，*New York Times*，July 8，2015；Liz Alderman，"Greek Economy under Siege，with Fears That the Worst Is Coming"，*New York Times*，July 9，2015；and "When Banks Die"，*Economist*，July 5，2015.

生活中的经济学

如果货币变得越来越有价值将会如何？

大多数人对货币购买力随着价格逐年上升而下降这一事实习以为常。你用1 000美元在明年能购买的商品和服务数量比今年少，而后年甚至会更少。事实上，如果通货膨胀率只有3%，25年以后的1 000美元只能购买今天475美元的商品。假定你生活在一个货币购买力逐年提高的国家中。在这样一个经济体中生活的优点和缺点各有哪些？在阅读本章的过程中，试着回答这个问题。对照我们在本章末提供的答案，你可以检验你的答案。

在本章中，我们将研究货币在经济中的作用。我们将会看到，银行体系如何创造货币以及美联储使用何种政策工具来管理美国的货币数量。我们还将考察 2007—2009 年衰退期间和之后银行体系的危机。在本章末，我们将探讨货币数量变动和价格水平变动之间的联系。你在本章学到的内容将为理解在第 17 章和第 18 章要学习的货币政策和财政政策打下重要的基础。

16.1 什么是货币？我们为什么需要货币？

一个没有货币的经济体能正常运行吗？历史上存在这样的经济体的例子，在其中，人们不使用货币而是以物易物。例如，在殖民地时期美国的边远地区，可以获得的货币非常少，因此，农民可能会用牛换取犁。但是大部分经济体使用货币。**货币**（money）的经济学定义是在商品和服务的交换以及债务偿还中人们普遍愿意接受的资产。回忆第 6 章中讲过的，**资产**（asset）指的是个人或企业拥有的任何有价值的东西。货币可能有多种形式：在西部非洲，贝壳曾被用作货币。在第二次世界大战期间，战俘们使用香烟作为货币。

16.1.1 物物交换和货币的诞生

为了理解货币的重要性，让我们进一步考虑没有货币的经济体中的情况。商品和服务直接与其他商品和服务进行交换的经济被称为物物交换经济。物物交换经济有一个重大的缺陷。为了说明这个缺陷，考虑殖民地时期一个生活在美国边远地区的农民。假定这个农民需要一头耕牛，他想用自己多余的犁交换邻居的一头牛。如果这个邻居不需要犁，交换就不会发生。要在两个人之间达成物物交换，前提是每一方所需必须是另一方所有。经济学家将这个条件称为需求的双向一致性。需要牛的农民也许最终能够得到牛，但需要先与其他邻居交换到拥有牛的那个邻居所需的东西。但是，在这个农民最终交换到拥有牛的那个邻居所需的东西之前，他可能要经历多次交易。多次寻找交易对象和进行中间交易可能耗费大量的时间和精力。

为了避免物物交换存在的问题，社会有激励确定一种大部分人在交换中都愿意接受的物品。例如，在殖民地时期，动物毛皮在制衣时很有用。事实上，第一任田纳西州州长的年薪是 1 000 张鹿皮，财政部长的年薪是 450 张水獭皮。被作为货币使用且具有独立于货币用途的价值的商品被称为**商品货币**（commodity money）。历史上，一旦某种物品作为货币被广泛接受，甚至暂时不需要使用它的人们也愿意接受它。殖民地时期的农民或者田纳西州州长可能并不需要鹿皮，但是只要他们知道鹿皮可以用来购买其他商品和服务，他们就愿意在出售自己的商品时接受鹿皮。

货币出现后，商品和服务的交易便捷得多了。人们只需要出售自己的商品换取货币，然后再使用货币来购买他们所需的物品。如果殖民地时期的家庭能够找到愿意购买它们的犁的买家，它们就能用这些货币购买所需要的牛。拥有牛的家庭会接受这些货币，因为它们知道自己能够用牛来购买所需的任何商品。货币出现后，家庭更有可能专门从事某些产品的生产，自己生产全部或几乎全部的所需物品的可能性就更小了。

现代经济中大部分人都高度专业化。他们只从事一件事——例如作为护士、会计师或工程师，然后用工资来购买所需的一切。正如我们在第2章中讨论的，专业化提高了人们的生产力，因为他们能追求自己的比较优势。现代经济的高收入水平建立在货币带来的专业化基础上。我们现在可以回答这个问题了："为什么我们需要货币？"通过简化交易，货币促使人们专业化，提高了生产力。

□ 16.1.2 货币的职能

任何被用作货币的物品，不论是鹿皮、贝壳、香烟还是美钞，都应该履行如下四种职能：

- 交易媒介；
- 价值尺度；
- 价值储藏；
- 延期支付。

交易媒介。当商品和服务的卖方愿意接受货币时，货币就充当了交易媒介。当你在当地超市用5美元购买面包和牛奶时，这5美元就发挥了交易媒介的作用。有了交易媒介，人们能够出售商品和服务来获得货币，然后用这些货币购买所需商品和服务。当人们接受单一的某种商品充当交易媒介时，经济的运行就更加有效率。

价值尺度。在物物交换体系中，每种商品都有多种价格。一头牛可能值两张犁、20蒲式耳小麦或6把斧头。一旦单一的某种商品成为货币，每种商品就只有唯一的价格。货币的这种职能给买卖双方提供了价值尺度，也就是用货币衡量在经济体中的价值的方式。因为美国经济采用美元作为货币，所以每种商品都有用美元标价的价格。

价值储藏。货币使得价值很容易被储藏：如果你今天不需要使用所有的货币来购买商品和服务，那么你就能持有余下的货币以备将来使用。但是，货币并不是唯一的价值储藏手段。任何资产，比如脸书公司的股票、国债、不动产和雷诺阿的画作等，都是价值储藏手段。相较于持有货币而言，股票和债券等金融资产提供了一项重要的收益，因为它们支付了更高的利率或者未来可能升值。其他资产相较于货币也有优势，因为它们提供服务。例如房子能给你提供居住的地方。

那么，为什么人们持有货币呢？这个答案与流动性有关，即资产转换到交易媒介的容易程度。因为货币是交易媒介，它是最具流动性的资产。如果你为了购买某样东西需要出售资产，你很可能会支付一些成本。例如，如果你想出售债券或股票来购买一辆汽车，你需要向经纪人支付佣金。为了避免这种成本，人们愿意以货币形式持有部分财富，即使其他可作为价值储藏手段的资产能提供更大的回报。

延期支付。货币的用途还表现在借贷中的延期支付上。通过货币的交易媒介和价值尺度职能，它促进了某一给定时点的交换。通过货币的价值储藏和延期支付职能，它也可以促进一段时间内的交换。例如，一个计算机制造商可以从另一家企业购买硬盘，并承诺在60天内付款。

货币作为一种可靠的价值储藏和延期支付手段有多重要呢？人们关心自己拥有的货币能购买多少食物、衣服及其他商品和服务。货币的价值取决于它的购买力，即它购买商品和服务的能力。通货膨胀造成了购买力的下降，因为随着价格上升，给定数量的货币能够购买的商品和服务减少了。当通货膨胀达到很高的水平时，货币就不再是可靠的价值储藏手段和延期支付手段了。

□ 16.1.3 什么可以充当货币?

交易媒介方便了交易，提高了经济的运行效率。接下来的逻辑问题就是：什么可以充当货币？也就是说，哪种资产可以充当交易媒介？我们之前看到，一种资产作为货币的最低标准是它作为支付手段被普遍接受。但是，在实践中，它需要满足更多的条件：

一种适合作为交易媒介的资产需要满足以下 5 个标准：

(1) 这种资产必须被大部分人接受（即被大多数人使用）。

(2) 它应该具有标准化的质量，从而任意两个单位都是同质的。

(3) 它应该是耐用的，从而价值不会因被迅速磨损而损失。

(4) 相对于它的重量来说，它应该很有价值，从而哪怕交易中需要使用的数量足够多也可以轻易运输。

(5) 它应当是可分的，从而既可以用于低价商品又可以用于高价商品的购买。

美钞满足上述所有标准。什么决定了美钞作为交易媒介的可接受性？这基本上是通过预期的自我实现而形成的：只有你相信其他人会接受某种物品作为支付手段时，你才会把它当做货币。社会使用美钞作为货币的意愿就使美钞成为可接受的交易媒介。

商品货币。商品货币拥有独立于其货币职能的价值。例如，黄金是 19 世纪和 20 世纪早期普遍使用的货币形式，因为它具有交易媒介、价值尺度、价值储藏和延期支付的职能。但是，商品货币有一个重要的问题：它的价值取决于它的纯度。因此，某些人会在贵金属（如金、银）中掺入价值低的金属（如铁）来欺骗他人。使用黄金作为货币的另一个问题是货币供给很难控制，因为它部分地依赖于无法预测的新金矿的发现。

法定货币。如果一个经济体仅仅依赖黄金或其他贵金属作为货币供给来源，那可能是缺乏效率的。如果你为了完成交易必须携带大量金条，那会如何呢？这么做不仅操作困难、耗费成本，而且有被抢劫的风险。为了克服这个问题，私人机构和政府开始储藏黄金，发行可兑换黄金的纸质凭证。在现代经济中，纸币通常由中央银行发行，它是监管货币供给的政府机构。**美联储**（Federal Reserve）是美国的中央银行。当今世界已经没有由政府发行的可兑换黄金的纸币了。除非用作货币，否则纸币没有任何价值，因此它不是商品货币。纸币是**法定货币**（fiat money），在货币用途之外没有其他价值。如果纸币在货币用途之外没有价值，为什么消费者和企业会使用它呢？

如果你观察美钞的顶部，你会发现“联邦储备票据”字样，因为它是由美联储发行的。因为美钞是法定货币，美联储无须为你的美钞兑换黄金或白银。联邦储备货币是美国的法定货币，这意味着联邦政府要求在偿还债务时它应该被接受，在纳税时应该使用现金或以美元计数的支票。尽管美钞是法定货币，但是如果人们通常不接受它，那么，美钞就不是一个良好的交易媒介，就不能起到货币的作用。人们接受美钞的关键在于家庭和企业相信，如果它们在交换商品和服务时接受美钞，美钞在它们持有期间不会大幅贬值。如果没有这种信心，美钞就不能充当交易媒介。

建立联系

苹果公司不收我的现金！

既然联邦储备票据是法定货币，这意味着美国的每家企业和每个人都必须收取纸币吗？答案是“否”。加利福尼亚州的一位女士在去帕罗奥图市的苹果零售店，想用600美元现金购买一台iPad时，就遇到了该商店拒收纸币的事情。当时，iPad刚刚发售，苹果公司并不想大量出售给那些在eBay、Craigslist或其他地方转售的人。所以，iPad的购买者必须使用借记卡或者信用卡付账，这使苹果公司能够更容易地追踪那些试图购买超过每个顾客两台上限的人。

因为联邦储备票据是法定货币，所以债权人必须接受用它偿还的债务，政府必须接受用它缴纳的税款。但是，这一事件告诉我们，出售商品和服务的企业并不一定要接受现金付款。美国财政部在其网站上这样解释：

> 联邦法律并没有明确规定，出售商品和服务的私人企业、个人或者机构必须接受纸币或硬币付款……例如，公交车可能不接受用1美分的硬币或纸币支付车费。此外，电影院、便利店和加油站可能有拒绝大额面值纸币（通常是超过20美元的纸币）的规定。

这位尝试用现金购买iPad的女士是残疾人且收入有限，所以这一事件给苹果公司带来了负面影响。结果，苹果公司放弃了其禁止用现金购买iPad的规定，但要求顾客在购买时建立一个苹果账户。此外，苹果公司给那位用现金购买时被拒绝的消费者免费赠送了一台iPad。

资料来源：Michael Winter，“Apple Ends No-Cash Policy and California Woman Gets Free iPad”，www.usatoday.com，May 20，2010；and U.S. Treasury，“FAQs：Currency”，www.treasury.gov/resource-center/faqs/Currency/Pages/edu_faq_currency_index2.aspx.

轮到你了：做本章末与本专栏相关的问题与应用1.9，看看你理解得如何。

16.2 美国当前如何衡量货币？

人们对货币供给感兴趣，原因在于，正如我们将要看到的，货币供给的变化可以影响包括就业、国内生产总值和通货膨胀在内的其他经济变量。如果货币的唯一职能是作为交易媒介，那么，狭义的货币供给定义应该只包括通货、支票账户存款和旅行者支票，因为家庭和企业能够轻易地使用这些资产购买商品和服务。更广义的货币供给定义将包括虽然不如通货和支票账户存款那么有流动性但也可以用作交易媒介的其他资产。例如，你不能直接用你在银行的储蓄账户上的资金购买商品和服务，但从你的储蓄账户提现然后用这些资金购买商品和服务是很容易的事情。

国会赋予美联储以管制货币供给的职责和决定如何衡量货币供给的任务。在过去几十年里，美联储对货币供给的衡量变化了好几次。现今，美联储发布M1和M2这两个货币供给衡量指标的数据。这些指标有时候被称为货币供给量，理解这些指标是很重要的，因此我们用下面几小节的篇幅来讨论它们。

□ 16.2.1 M1：狭义的货币供给定义

图 16.1 阐释了货币供给的定义。狭义的货币供给定义被称为 **M1**，它包括：

（1）通货，即家庭和企业持有的所有纸币和硬币（不包括银行持有的通货）。

（2）银行中所有支票账户存款。

（3）旅行者支票。（因为这一种类相较于其他两类是如此少——通常不到 40 亿美元，所以我们在货币供给的讨论中将其忽略。）

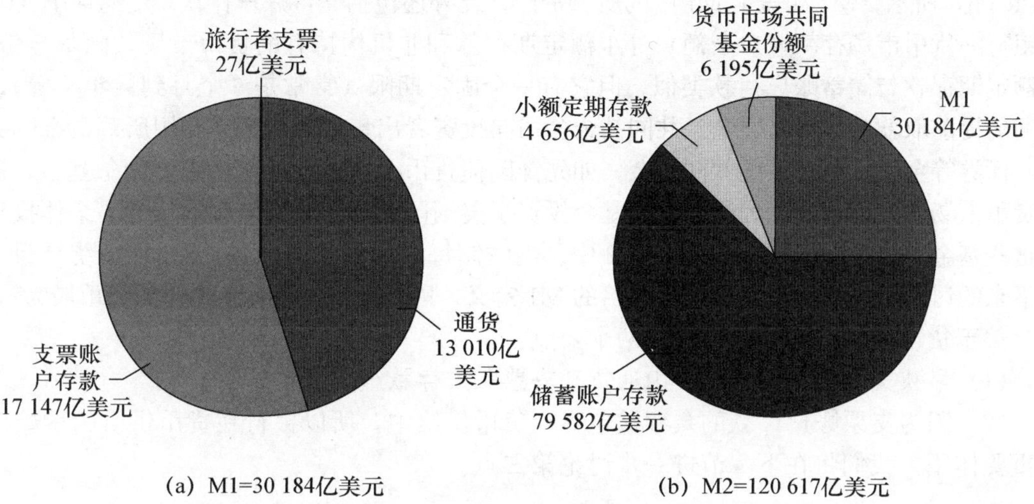

图 16.1 衡量货币供给

美联储使用两个衡量货币供给的指标：M1 和 M2。图（a）显示了 M1 中的资产。图（b）显示了 M2，它涵盖了 M1 中的所有资产以及货币市场共同基金份额、小额定期存款和储蓄账户存款。

资料来源：Board of Governors of the Federal Reserve System，“Federal Reserve Statistical Release，H. 6”，July 30，2015.

虽然通货的金额几乎与支票账户存款一样大，但是在支付中支票账户中的资金使用得比通货要频繁得多。商品和服务支出的 80%以上都是用支票而不是通货支付的。事实上，流通中的通货总量——在 2015 年 7 月为 1.3 万亿美元——是一个具有误导性的数字。这个数值相当于平均每个美国人（不论老幼）持有超过 4 000 美元。平均每个美国人持有这么多数量的通货听起来不切实际，确实如此。经济学家估计，超过 60%的美国通货实际上在美国国境外流通。3/4 以上的美国纸币通货的面额为 100 美元甚至更大——太大了而不能在美国境内的常规买卖中使用。

在美国境外，哪些人持有这些美元？外国银行和外国政府持有一部分，但大部分是被那些对本国通货信心不足或地下经济规模庞大的国家中的家庭和企业持有。当通货膨胀率很高时，许多家庭和企业不想持有本国通货，因为其贬值太快了。美元的价值比它们本国的通货稳定得多。如果有足够多的人愿意接受美元以及本国通货（甚至只接受美元而不接受本国通货），那么，美元就成为这个国家的第二货币。当津巴布韦的通货膨胀飙升至买一罐可口可乐需要 150 亿津巴布韦元时，该国政府放弃了本国通货，采用了美元作为本国的官方通货。

□ 16.2.2 M2：广义的货币供给定义

在1980年以前，美国法律不允许银行给支票账户存款支付利息。家庭和企业持有支票账户存款主要是为了购买商品和服务。因此，M1十分接近货币作为交易媒介的职能。几乎所有的通货、支票账户存款和旅行者支票都是为了买卖东西而持有，而不是为了储藏价值。在1980年，法律做了修改，允许银行向几类特定的支票账户支付利息。这一变化减少了支票账户和储蓄账户之间的差异，尽管人们仍不能对储蓄账户余额开支票。

1980年后，经济学家开始更密切地关注一个更广义的货币供给定义，**M2**。正如图16.1（b）所示，M2涵盖了M1中的所有资产，此外还包括储蓄账户存款、定期存单（CDs，在银行的货币市场存款账户余额）等小额定期存款和非机构持有的货币市场共同基金份额。小额定期存款与储蓄账户存款类似，但它有一个固定期限（常常是6个月到数年不等），在到期前提前取款必须支付罚金。共同基金公司向投资者出售基金份额，并用所筹资金购买股票、债券等金融资产。某些共同基金，如先锋国债货币市场基金或富达现金储备基金，被称为货币市场共同基金，因为这些共同基金投资于美国国库券等非常短期的债券。个体投资者在这些基金中持有的余额被包括在M2中。美联储每周都发布关于M1和M2的统计量。在接下来的讨论中，我们将运用货币供给的M1定义，因为它与作为交易媒介的货币最为对应。

关于货币供给，我们需要记住两个要点：

（1）最狭义的货币供给定义由通货和支票账户存款组成。

（2）因为支票账户存款的余额被包含在货币供给中，所以银行在货币供给的增减中起着重要作用。我们将在下一节进一步讨论第二点。

不要犯这样的错误！

不要混淆货币、收入和财富

根据《福布斯》杂志的排行榜，2015年，比尔·盖茨拥有高达790亿美元的财富，这使他成为世界上最富有的人。他的收入同样丰厚，但是他有多少货币呢？你的财富等于你的资产的价值减去你的负债的价值。你的收入等于你当年赚的钱。比尔·盖茨作为微软主席的收入以及他的投资收益非常可观。但是他持有的货币仅仅等于他的通货与支票账户存款总额，而这些只占他790亿美元财富的一个很小的比例。他的大部分财富投资于股票、债券和不包含在货币定义中的其他金融资产。

在日常对话中，我们常称非常富有或收入很高的人“有很多钱”（money）。但当经济学家运用“money”这个词时，他们通常指通货加支票账户存款。弄清楚财富、收入和货币之间的区别十分重要。

正如货币和收入对个人而言有区别，对整个经济也是一样。美国2014年的国民收入是15.1万亿美元。2014年的货币供给是2.8万亿美元（用M1衡量）。一个国家的国民收入没有理由应该等于该国的货币供给，同样，一个国家货币供给增加并不一定导致该国的国民收入增加。

资料来源：“The World's Billionaires”，*Forbes*，March 2，2015.

轮到你了：要想做更多的练习，请做本章末与本专栏相关的问题与应用2.5和2.6。

例题 16.2　M1 和 M2 的定义

假定你决定从你的支票账户中取 2 000 美元，并用这笔钱来购买银行定期存单。请简要解释这一行动将如何影响 M1 及 M2。

解：

第 1 步：复习本章内容。这一问题是关于货币供给的定义的，所以你可能需要复习一下 16.2 节“美国当前如何衡量货币？”。

第 2 步：运用 M1 和 M2 的定义来回答这个问题。支票账户中的存款既被包括在 M1 中，也被包括在 M2 中。但定期存款的资金只被包括在 M2 中。你很可能会这样回答：将支票账户中的 2 000 美元转成定期存款，M1 会减少 2 000 美元，M2 会增加 2 000 美元，但是支票账户中的 2 000 美元已经被计入了 M2。所以，正确的答案是：你的行为将使 M1 减少 2 000 美元，而 M2 不变。

轮到你了：要想做更多的练习，请做本章末与本专栏相关的问题与应用 2.7 和 2.8。

□ 16.2.3　信用卡和借记卡呢?

许多人用信用卡购买商品和服务，但是货币供给的定义中并不包含信用卡。理由是，当你用信用卡买东西时，你实际上是从发行信用卡的银行申请了一笔贷款。只有当你月末支付信用卡账单时（通常以支票的形式或从支票账户电子转账的形式支付），这笔交易才完成。相反，在使用借记卡时，购物的资金直接从你的支票账户扣除。无论采用哪种方式，卡本身并不代表货币。

建立联系

比特币是货币吗?

通常，当我们想到“货币”时，我们想到的是政府发行的通货。但是，我们刚刚看到，无论用 M1 还是 M2 来衡量货币供给，通货代表的都只是美国货币供给的一小部分。M1 或 M2 中除了通货以外的组成部分不是政府发行的，是我们熟悉的支票账户或储蓄账户等金融资产。有些用 M1 或 M2 中的资产为买卖商品和服务提供资金的家庭和企业转而使用电子货币（或称数字资金）。最著名的电子货币形式是 PayPal，它在 2005 年之前是网上拍卖站点 eBay 旗下的一家公司。个人或企业可以通过从支票账户或信用卡转账建立 PayPal 账户。只要卖者愿意接受买者 PayPal（或其他电子货币）账户里的资金，电子货币就行使了与传统的政府发行的货币一样的功能。

近年来，新闻工作者、经济学家和政策制定者一直对比特币这种新的电子货币形式的优点争论不休。与 PayPal 和其他类似的电子转账服务不同，比特币并不由某家公司拥有，而是一种由相互连接的电脑组成的分散化系统的产品。比特币的概念是中本聪（Satoshi Nakamoto）2009 年提出来的，中本聪这个名字可能是比特币创始人的化名。比特币的生产依靠人们进行复杂的计算，而这些计算对于确保用比特币进行的网上购买的真实性——某人不会试图多次使用同一个比特币——是必要的。成功完成这些计算的人会得到固定数量的比特币——通常是25个——作为奖励。这个比特币“挖矿”的过程将持续到2 100万个比特币被生产出来才结束（2 100万个是比特币的最大数量），时间预计是在2030年。

由于人们可以在网站上用比特币与美元和其他货币进行交易，有时人们把它称为“隐秘货币”（cryptocurrency）。你可以购买比特币然后储存在智能手机的“电子钱包”里。只要用你的手机扫一下条形码，你就可以从接受比特币的商店购买东西。许多网站，如总部在亚特兰大的BitPay，允许商户用与处理信用卡结账的类似方式处理用比特币结账的购买。

为什么有些买者和卖者喜欢用比特币而不是现金或信用卡呢？对有些买者来说，是因为这是一种新的和流行的购买方式以及使用智能手机购买的便利。此外，有些人担心，由于大多数国家的中央银行在2007—2009年衰退期间和之后大幅增加了货币供给，最终会出现高通货膨胀。这些人希望，由于比特币总量有限，通货膨胀不会损害它们的价值。最后，当你用信用卡买东西时，信用卡公司有你的交易的永久记录。而用比特币做的交易则不会有这样的记录，因而更加私密。

有些零售商喜欢用比特币付款而不是用信用卡付款，原因是零售商的处理成本不一样，前者约为销售额的1%，后者约为3%。此外，用比特币付款的销售是最终的，就像用现金购买一样，而用信用卡结账的销售则不同，甚至在数月之后买者仍有可能对购买有争议。

尽管使用比特币有这些可能的好处，但是，到2015年，它还没有得到广泛的采用。苹果支付和谷歌钱包的推出给消费者提供了使用绑定了信用卡的智能手机进行支付的方式，这削弱了比特币的一个优势。有些企业还质疑支持比特币交易的软件是否能处理数量庞大的交易，这将是隐秘货币得到广泛使用的一个障碍。总部位于日本的Mt. Gox曾经是最流行的在线比特币交易所，它的破产进一步降低了人们对隐秘货币的信心。在该企业破产时，其CEO说，软件问题导致黑客盗走了投资者在该交易所储存的价值超过5 000亿美元的比特币。日本警察后来逮捕了该CEO。

有些政策制定者担心交易所的投资者可能操纵比特币和其他虚拟货币的价格。比特币兑换美元的比率从2012年6月的每比特币5美元上升到2013年4月的每比特币266美元，然后下降到2013年7月的每比特币94美元，接着再上升到2015年7月的每比特币287美元。人们并不清楚这些价值波动代表了比特币需求和供给的运动还是代表了价值操纵。

美联储应该在货币供给衡量指标中包括比特币和其他虚拟或隐秘货币吗？到目前为止，用这些货币进行的交易量还很小，这使得该问题几乎没有什么现实意义。现在，美联储对虚拟货币的处理与对信用卡或借记卡的处理相同，而与对通货或支票账户余额的处理不同，不把它们纳入M1或M2。

资料来源：Paul Vigna, “Bitcoiners Decamp to Bretton Woods, Assess the Future of Bitcoin”, *Wall Street Journal*, July 30, 2015; Takashi Mochizuki, “Japanese Police Arrest Mark Karpelès of Collapsed Bitcoin Exchange Mt. Gox”, *Wall Street Journal*, August 1, 2015; Lingling Wei, “Fed Studying Risks at Online Payment Providers”, *Wall Street Journal*, June 3, 2013; and “How Does Bitcoin Work?” *Economist*, April 11, 2013.

轮到你了：做本章末与本专栏相关的问题与应用2.11，看看你理解得如何。

16.3 银行如何创造货币?

我们已经看到，货币供给最重要的组成部分是在银行的支票账户存款。为了理解货币在经济中的作用，我们需要更深入地考察银行的运作方式。正如百货商店和超市一样，银行也是营利企业。有些银行规模很小，只有几家分行，网点所覆盖的地域也很有限。有的银行规模很大，居于美国最大的公司之列，拥有分布于许多州的数以千计的分行。银行通过吸纳存款和发放贷款在经济中起重要作用。中央银行吸纳存款和发放贷款，通过货币供给过程控制货币供给，从而在货币供给过程中发挥着一项重要的作用。

16.3.1 银行资产负债表

为了理解银行是如何创造货币的，我们需要简单考察一下银行的资产负债表。回忆在资产负债表上，企业的资产被列于左侧，负债和股东权益被列于右侧（见第 6 章）。资产是企业拥有的东西的价值，负债是企业所欠的东西的价值。股东权益是总资产和总负债的差额。股东权益代表当企业破产时资产被卖掉且负债被清偿后企业的价值。公司的股东权益也被称为它的净值。银行的股东权益或净值也被称为它的资产。

表 16.1 列出了一家典型大型银行的资产负债表。银行资产负债表中的主要资产是它的准备金、贷款和它持有的美国国库券等证券。**准备金**（reserves）是银行保留而没有被贷出或投资的存款。银行准备金的形式要么是放在金库中的现金，要么是存在美联储的存款。法律规定，对于超过某一临界水平（2015 年是 1.036 亿美元）的支票账户存款，银行必须保留 10%作为准备金。这些准备金被称为**法定准备金**（required reserves）。法律要求银行持有的准备金占存款的最低比率被称为**法定准备金率**（required reserve ratio）。我们可以将法定准备金率简写为 *RR*。银行持有的超过法定要求的准备金称为**超额准备金**（excess reserves）。表 16.1 中的资产负债表显示，贷款是一家典型银行规模最大的资产种类。

表 16.1 **一家典型大型银行的资产负债表**

资产（10 亿美元）		负债和股东权益（10 亿美元）	
准备金	135	存款	1 000
贷款	900	短期借债	400
证券	700	长期债务	360
办公楼和设备	15	其他负债	275
其他资产	550	总负债	2 035
		股东权益	265
总资产	2 300	总负债和股东权益	2 300

银行资产负债表中最重要的项目是它的准备金、贷款和存款。注意，银行的总资产和总负债的差额是其股东权益。所以，资产负债表左右两侧总是相等的。

注：为了简化资产负债表，某些项目被合并了。

银行为家庭提供消费贷款、为企业提供商业贷款。贷款属于银行资产，因为它代表了借款人按规定向银行还款的承诺。银行的准备金和所持证券也是其资产，因为它们都是银行拥有的有价值的东西。

存款是一家典型银行最大的负债。存款包括支票账户存款、储蓄账户存款和定期存单。存款属于银行负债，因为它们是银行对存入资金的家庭或企业的欠款。如果你在支票账户中存入 100 美元，银行就欠你 100 美元，你在任何时候都能提取。所以，你的支票账户对你而言是资产，而对银行而言是负债。银行也从其他银行和美联储借入短期借款，通过向投资者出售债券借入长期借款。这些借款也是负债。

建立联系

你会从网络 P2P 借贷企业借款吗？

银行的基本业务是从储蓄者手里吸纳存款，然后用这些资金给家庭和企业放贷。在发放贷款之前，银行常常要求借款人提供抵押物，这意味着如果借款人停止偿还贷款，银行就可以没收借款人的抵押物。例如，如果你从银行贷款购买了一辆汽车，当你停止还贷时，银行就能收回你的汽车然后将其卖掉以收回它的钱。

除了抵押物外，银行在决定是否发放贷款时还依赖借款人的信用分数。最知名的信用分数是由 FICO 公司编制的，它给出的借款人分数范围是 350～850，分数越高意味着借款人违约的可能性越小。信用分数由许多因素决定，包括借款人是否及时偿还其他贷款和信用卡；借款人在现居住地生活时间有多长；借款人在现在的工作岗位上任职时间有多长；借款人有多少其他债务。分数高的借款人被称为优质借款人，分数低的则被称为次级借款人。在典型情况下，银行向优质借款人收取的利率比向次级借款人要低。向次级贷款收取的更高利率补偿了银行所承担的借款人更大的违约风险。信用分数低于某一水平就会被出借人认为是次级借款人，不同出借人所选择的这个临界值各不相同，但通常是 650 分左右。

在 21 世纪第一个十年早期的房地产泡沫中，许多银行和其他出借人向购买住房的次级借款人发放了住房抵押贷款。2006 年房地产泡沫破灭后这些抵押贷款的高违约率是 2007—2009 年金融危机的主要原因，它导致政策制定者加强了对发放次级贷款的银行的监管。有些消费者维权人士也批评这些贷款，原因是他们认为高利率剥削了借款人。为了规避新监管和避免这些批评，许多银行削减了次级贷款，特别是次级个人贷款（即给不为贷款提供抵押物的个人发放的贷款）。以前，许多刚上班的大学毕业生会从银行贷出一笔个人贷款，去购置装修公寓必需的家具或小电器。如果你有过两次没及时还信用卡的记录，工作经历很短，又刚刚搬进一套新公寓，那么，你的信用分数可能就很低。于是，银行可能就认为你是一个次级借款人，不愿意贷款给你。

你可以从你的信用卡预提现金，但是利率可能很高——通常在 20%以上。当银行削减次级个人贷款时，它就给金融体系留下了一个空洞。在过去几年里，出现了一些为填补这个空洞而创立的新企业。例如，Lending Club 和 FreedomPlus 都是为促进网络 P2P（点对点）借贷而创立的企业。这些企业搜集关于借款人的信息，决定贷款利率，然后将贷款在网上平台发布出去。接下来个人投资者就可以选择为这笔贷款提供资金。有些贷款的资金来源于一个投资者，而有些贷款则是由好几个甚至很多投资者提供资金。贷款期限可能短至几周，也可能长达几年；利率从 7%到 20%以上不等，典型的利率在 14%左右。网络 P2P 借贷企业是“共享经济”的一部分（共享经济还包括提供搭乘服务的优步和提供短租服务的爱彼迎等）。在网络 P2P 借贷中，被共享的是钱。

到 2015 年，网络 P2P 借贷站点发放的贷款规模为 100 亿美元。尽管该贷款数量一直在快速增长，但是，它与银行发放的数以万亿美元计的各类贷款相比还是小巫见大巫。网络借贷站点最终是否会成为家庭和企业的主要信贷来源仍有待观察。

资料来源：Ianthe Jeanne Dugan and Telis Demos，“New Lenders Spring Up to Cater to Subprime Sector”，*Wall Street Journal*，March 5，2014；and “From the People，for the People”，*Economist*，May 9，2015.

轮到你了：做本章末与本专栏相关的问题与应用 3.7 和 3.8，看看你理解得如何。

□ 16.3.2 运用 T 形账户说明银行如何创造货币

运用 T 形账户说明银行创造货币比用资产负债表更加容易。T 形账户是一个简化的资产负债表，只表示出了交易如何改变了银行的资产负债表。假定你在美国银行开设的一个账户中存入了 1 000 美元。这笔交易将美国银行的总存款量提高了 1 000 美元，同时也将其准备金提高了 1 000 美元。我们可以用如下的 T 形账户来表示：

资产		负债	
准备金	+1 000美元	存款	+1 000美元

你在支票账户中存入的1 000美元存款使美国银行的资产和负债增加了同一数量

因为资产负债表中右侧各项的总价值必定等于表中左侧各项的总价值，所以，任何增加（或减少）资产负债表一侧的交易都必然会增加（或减少）资产负债表的另一侧。在本例中，T 形账户显示资产负债表两侧都增加了 1 000 美元。

这个交易最初并不会增加货币供给。货币供给的通货部分减少了 1 000 美元，因为这 1 000 美元存款不再流通，所以不被计入货币供给。但是通货的减少被货币供给中支票账户存款增加的 1 000 美元抵消了。

不过，最初的变动并不是故事的结局。银行按要求保留存款的 10%作为准备金。因为美联储向银行的准备金支付的利率很低，所以银行有激励将剩余的 90%作为贷款发放出去或用来购买证券。为了简单起见，假定一开始美国银行没有超额准备金。在那种情况下，美国银行将 100 美元留作准备金，将剩余的 900 美元超额准备金作为贷款发放出去。假设美国银行将这笔 900 美元的贷款发放给一个二手车买主，他用这笔钱购买了一辆很便宜的二手车。美国银行可以把这 900 美元以现金（通货）的形式给予借款人，但是，银行常常通过增加借款人支票账户余额的方式发放贷款。我们可以用另一个 T 形账户表示：

资产		负债	
准备金	+1 000美元	存款	+1 000美元
贷款	+900美元	存款	+900美元

1. 通过贷出900美元超额准备金……

2. ……美国银行增加了900美元货币供给

注意，通过发放这 900 美元贷款，美国银行增加了 900 美元货币供给。你最初存入支票账户的 1 000 美元现金变成了 1 900 美元支票账户存款——货币供给净增加了 900 美元。

但是故事到此并没有结束。这 900 美元的借款人是为了购买一辆二手车而贷款的。为了简化问题，我们假定他所购车的价格正好为 900 美元，他对他在美国银行的支票账户开具支票来支付这笔钱。二手车的卖主将这张支票存入她的银行。这家银行可能也是美国银行的分行，但是，大多数城市往往有多家银行，因此，我们假设二手车卖主的账户开户行是 PNC 银行的某家分行。一旦她存入这张支票，PNC 银行就会把支票寄给美国银行，进行结算并取走这 900 美元。结果用下面的 T 形账户表示：

美国银行

资产		负债	
准备金	+100美元	存款	+1 000美元
贷款	+900美元		

1. 当存入 PNC 银行的那 900 美元支票到达美国银行并被结算时，美国银行的准备金的增加量减少了 900 美元，降至 100 美元……

2……美国银行的存款增加量减少了 900 美元，降至 1 000 美元

PNC银行

资产		负债	
准备金	+900美元	存款	+900美元

在这张对美国银行账户开具的支票结算之后，PNC 银行的准备金和存款同时增加了 900 美元

在二手车买主的这张支票结算后，美国银行的存款减少了 900 美元（即二手车买主的贷款量），同时准备金也减少了 900 美元（即当 PNC 银行把这张支票寄给美国银行时，美国银行必须支付给 PNC 银行的金额）。PNC 银行的支票账户存款增加了 900 美元（即卖主的存款），同时它的准备金增加了 900 美元（即从美国银行收取的金额）。

PNC 银行现在对这 900 美元的新存款持有 100％的准备金，而法定准备金只需要它的 10％。该银行在将其中的 90 美元留作准备金后，它有激励将超额准备金 810 美元作为贷款发放出去。如果 PNC 银行这样做，我们用下面的 T 形账户表示它的资产负债表的变动：

PNC银行

资产		负债	
准备金	+900美元	存款	+900美元
贷款	+810美元	存款	+810美元

通过发放810美元贷款，PNC银行的贷款和存款都增加了810美元

通过将这 810 美元超额准备金贷出，PNC 银行创造了 810 美元的新支票账户存款。存入美国银行起初的 1 000 美元现金（通货）现在创造了 2 710（＝1 000＋900＋810）美元的支票账户存款。货币供给增加 1 710（＝2 710－1 000）美元。

但是，这个过程仍没有结束。借入这 810 美元的人将以开具支票的形式花费这笔钱。收到这 810 美元的人将把这笔钱存入她的银行，可能是美国银行的分行，或 PNC 银行的分行或是其他银行的分行。这家新银行（如果不是 PNC 银行的话）将把这张支票寄到 PNC 银行，收到 810 美元的新准备金。这家新银行同样有激励将这些新准备金的 90%作为贷款发放出去，将 10%作为法定准备金持有，而且这一过程还将继续。在每个阶段，新增贷款和存款都减少 10%，因为每家银行都必须把这部分资金作为法定准备金持有。我们可以用一张表列出由你最初的 1 000 美元存款所创造的所有支票账户存款增加值。表中的点代表货币创造过程中的额外步骤：

银行	支票账户存款增加值（美元）
美国银行	1 000
PNC 银行	＋900(＝0.9×1 000)
第三家银行	＋810(－0.9×900)
第四家银行	＋729(＝0.9×810)
•	＋•
•	＋•
•	＋•
支票账户存款的总变化	＝10 000

□ 16.3.3 简单存款乘数

你初始的 1 000 美元存款使银行系统的准备金增加了 1 000 美元，致使支票账户存款总共增加了 10 000 美元。银行创造的存款数量与新准备金数量之比叫作**简单存款乘数**（simple deposit multiplier）。在本例中，简单存款乘数等于 10（＝10 000 美元/1 000 美元）。为什么是 10？我们如何知道你初始的 1 000 美元存款最终会导致存款增加 10 000 美元？

有两种方法能回答这个问题。第一种方法是，在这个过程中，每家银行都保留了存款的 10%作为准备金。对于银行系统整体而言，准备金的增加总量是 1 000 美元，即你初始的现金存款。所以，整个系统将创造 10 000 美元的存款，因为 1 000 是 10 000 的 10%。

回答这个问题的第二种方法是推导简单存款乘数的表达式。存款的总增加量等于：

$$1\,000+0.9\times1\,000+(0.9\times0.9)\times1\,000+(0.9\times0.9\times0.9)\times1\,000+\cdots$$

或

$$1\,000+0.9\times1\,000+0.9^2\times1\,000+0.9^3\times1\,000+\cdots$$

或

$$1\,000\times(1+0.9+0.9^2+0.9^3+\cdots)$$

代数法则告诉我们，括号中的表达式加起来等于：

$$\frac{1}{1-0.9}$$

进一步简化，我们得到：

$$\frac{1}{0.10}=10$$

所以，

$$\text{存款的总增加量}=1\,000\text{ 美元}\times10=10\,000\text{ 美元}$$

注意，10 等于 1 除以法定准备金率 RR，在本例中 RR 是 10%，即 0.10。这就为我们提供了简单存款乘数的另一个表达式：

$$\text{简单存款乘数}=\frac{1}{RR}$$

这个公式表明，法定准备金率越高，简单存款乘数越小。当法定准备金率是 10%时，简单存款乘数是 10。当法定准备金率是 20%时，简单存款乘数降至 5（=1/0.20)。

我们可以运用这个公式来计算（例如，由存入银行的现金增加所导致的）银行准备金增加引起的支票账户存款的总增加量：

$$\text{支票账户存款变动}=\text{银行准备金变动}\times\frac{1}{RR}$$

例如，如果 100 000 美元现金被存入银行，法定准备金率是 10%，那么：

$$\text{支票账户存款变动}=100\,000\times\frac{1}{0.10}=100\,000\times10=1\,000\,000(\text{美元})$$

不要犯这样的错误！ ☞

不要混淆资产和负债

考虑如下推理："支票账户存款怎么会是银行的负债呢？它们毕竟是存在银行的有价值的东西。所以，支票账户存款应该被算作银行资产而非银行负债。"

这一表述并不正确。支票账户的余额代表银行欠账户所有者的东西。所以，虽然对于账户所有者而言，它是资产，但是对于银行而言，它是负债。类似地，你的

汽车贷款是你的负债，因为它是你欠银行 | 的债务，但是它属于银行的资产。

轮到你了：做本章末与本专栏相关的问题与应用3.11，看看你理解得如何。

例题16.3 说明银行如何创造货币

假定你在PNC银行分行的支票账户中存入了5 000美元现金。我们假设该银行在你存款时没有超额准备金，法定准备金率是0.10。

a. 用T形账户说明这笔交易对PNC银行的资产负债表的初始影响。

b. 假定PNC银行利用你存入的资金发放尽可能多的贷款。运用T形账户说明发放贷款对PNC银行的资产负债表的初始影响。在这个T形账户中要包括问题a中涉及的交易。

c. 现在假定问题b中贷款的获得者针对这笔钱开具了一张支票，收到这张支票的人将其存入美国银行。表示出支票结算后这些交易对PNC银行和美国银行的资产负债表的影响。在PNC银行的T形账户中，要包括问题a和b中涉及的交易。

d. 你5 000美元的存款能创造的支票账户存款增加量最高是多少？你的存款能创造的货币供给增加量最高是多少？请解释。

解：

第1步：复习本章内容。这一问题是关于银行如何创造支票账户存款的，所以你可能需要复习一下16.3.2节“运用T形账户说明银行如何创造货币”。

第2步：运用T形账户解释你这笔存款的影响，回答问题a。记住T形账户只列出了由相关交易引起的资产负债表变动，资产在表的左侧，负债在表的右侧。我们得到：

PNC银行

资产		负债	
准备金	5 000美元	存款	5 000美元

因为这家银行的金库里现在有你这5 000美元现金，它的准备金（从而它的资产）增加了5 000美元。但是这笔交易也使你的支票账户余额增加了5 000美元。因为银行欠你这笔钱，所以银行的负债同样提高了5 000美元。

第3步：运用T形账户解释这笔贷款的影响，回答问题b。题目中告诉你假设PNC银行没有超额准备金，法定准备金率是10%。这个条件意味着，如果银行的支票账户存款增加了5 000美元，它必须将500美元作为准备金持有，而余下的4 500美元可以作为贷款被发放出去。前面提到，新贷款往往采用新开一个支票账户或者增加借款人支票账户余额的方式。我们得到：

PNC银行

资产		负债	
准备金	5 000美元	存款	5 000美元
贷款	4 500美元	存款	4 500美元

T形账户的第一行表示问题a中涉及的交易。第二行表示PNC银行通过在借款人支票账户中增加4 500美元，发放了4 500美元的贷款。这笔贷款对于PNC银行而言是一项资产，因

为它代表了借款人按照贷款合同约定还款的承诺。

第 4 步：运用 PNC 银行和美国银行的 T 形账户解释支票结算的影响，回答问题 c。我们现在说明借款人花费从 PNC 银行所借的 4 500 美元贷款的影响。这张支票的收款人将其存入美国银行的账户中。我们需要两个 T 形账户来说明这项活动：

PNC 银行

资产		负债	
准备金	500 美元	存款	5 000 美元
贷款	4 500 美元		

美国银行

资产		负债	
准备金	4 500 美元	存款	4 500 美元

先看 PNC 银行的 T 形账户。一旦美国银行把借款人的支票寄给 PNC 银行，PNC 银行的准备金就减少了 4 500 美元，而美国银行的准备金就增加了 4 500 美元。这笔钱也从借款人账户中被扣除。PNC 银行现在对这一结果感到满意。它从你手中获得了 5 000 美元现金储蓄。当现金在金库中存放时，它没有为 PNC 银行赚取任何利息。现在，这 5 000 美元中的 4 500 美元被当做贷款发放出去，赚取了利息。这些利息使得 PNC 银行能弥补成本并赚取利润。利润是它继续经营的动力。

在支票结算后，美国银行的存款增加了 4 500 美元，准备金也增加了 4 500 美元。美国银行面临的情况与问题 a 中的 PNC 银行相同：由于这笔交易，它拥有超额准备金，有很强的激励将其作为贷款发放出去。

第 5 步：运用简单存款乘数计算支票账户存款的最大增加量和货币供给的最大增加量，回答问题 d。简单存款乘数的表达式是（RR 是法定准备金率）：

$$\text{支票账户存款变动}=\text{银行准备金变动}\times\frac{1}{RR}$$

在本例中，你初始的存款使银行准备金提高了 5 000 美元，法定准备金率是 0.10，所以：

$$\text{支票账户存款变动}=5\,000\times\frac{1}{0.10}=5\,000\times10=50\,000(\text{美元})$$

因为支票账户存款是货币供给的一部分，所以你很可能会认为货币供给同样增加了 50 000 美元。记住，你原来持有的 5 000 美元现金也是货币供给的一部分，但是当它躺在银行金库里时并不属于货币供给。所以：

支票账户存款增加量－流通中的通货减少量＝货币供给增加量

即

50 000 美元－5 000 美元＝45 000 美元

轮到你了：做本章末与本专栏相关的问题与应用 3.12，看看你理解得如何。

□ 16.3.4 简单存款乘数与现实存款乘数

我们之前所讲的货币供给过程的故事以两种方式进行了简化。第一，我们假设银行不持有任何超额准备金。也就是说，我们假设当你在美国银行的支票账户中存入1 000美元现金时，银行发放900美元贷款，只持有100美元的法定准备金。事实上，银行常常会持有部分超额准备金以备许多储户同时取款。自从2007年开始的金融危机以来，银行持有大量的超额准备金。银行持有的超额准备金越多，存款乘数就越小。想象一个极端的情况：美国银行持有全部这1 000美元作为准备金，不发放任何贷款。在这种情况下，我们之前描述的过程——贷款创造了新存款，存款又导致额外的贷款等——就不会发生。增加的这1 000美元准备金只会使存款总量增加1 000美元，存款乘数将会是1，而不是10。

第二，我们假设每张支票的全部金额都被存入了银行，没有人以现金方式持有货币。在现实中，家庭和企业持有的现金金额与其支票账户存款金额的比例大致固定。所以，我们预期，当人们的支票账户存款金额增加时，人们通常会增持现金。再一次考虑极端情况。假定当美国银行为想购买二手车的借款人提供初始的900美元贷款时，汽车的卖主将这张支票变现，而不是存入银行。在那种情况下，PNC银行没有获得新准备金，不能发放新贷款。再一次地，你在美国银行支票账户中增加的1 000美元就是存款的总增加量，存款乘数是1。

这两个简化产生的影响是把现实的存款乘数降低到正常情况下的约1.6。这意味着银行系统的准备金每增加1美元，存款约增加约1.6美元。2007—2009年金融危机后，银行持有的超额准备金的猛增使得存款乘数降到了小于1。

虽然存款乘数的故事可能比较复杂，但是我们应该记住的要点是：货币供给最重要的部分是支票账户余额。当银行发放贷款时，它们增加了支票账户余额，货币供给就扩张。只要银行获得准备金，它们就会发放新贷款。整个过程反之同样起作用：如果银行损失了准备金，它们就会减少未清偿贷款和存款，货币供给就收缩。

我们可以总结出以下重要结论：

(1) 当银行获得准备金时，它们发放新贷款，货币供给扩张。

(2) 当银行损失准备金时，它们缩减贷款，货币供给收缩。

16.4 联邦储备体系

当许多人知道银行并没有把所有支票账户存款都锁到金库时，他们感到十分惊讶。像几乎所有其他国家一样，美国实行**部分准备金银行制度**（fractional reserve banking system），这意味着银行只把低于100%的存款作为准备金。当人们把钱存入一家银行时，这家银行会把大部分钱贷给他人。如果储户想要回他们的钱，那会发生什么？储户提现看上去是一个问题，因为银行将大部分货币作为贷款发放出去了，不能轻易收回。

在实践中，取款对银行通常并不是问题。一般情况下，一天中存款金额大约等于取款金额。如果取款金额稍大于存款金额，银行可以用其超额准备金或从其他银行借款来弥补这部分差额。有时，当储户怀疑银行的基础资产（特别是其贷款）的价值时，储户会对银行失去信心。人们常常会因为坏消息对银行失去信心，无论消息真假。当许多储户同时决定从一家银行取款时，**银行挤兑**（bank run）就发生了。如果许多银行同时经历挤兑，就会带来**银行业恐慌**（bank panic）。一家银行通过向其他银行借款有可能渡过挤兑的危机，但是如果许多银行同时发生挤兑，银行系统可能将陷入困境。

中央银行，如美联储，能够通过充当最后贷款人帮助阻止银行业恐慌。在行使最后贷款人职责时，中央银行为那些无法从别处借款的银行提供贷款。这些银行能够用这些贷款支付给储户。当恐慌结束且储户又把存款存回银行账户中时，这些银行就能够偿还中央银行的贷款了。

□ 16.4.1 联邦储备体系的建立

银行业恐慌造成了经济活动的严重破坏，因为家庭和企业难以使用其账户中的余额，也可能借不到款。正如我们在开篇案例中所看到的，在 2015 年，希腊的银行挤兑促使政府命令银行关闭三周，这导致希腊经济出现混乱，产出和就业下降。在美国，19 世纪后期和 20 世纪早期的每一次银行业恐慌都伴随着衰退出现。图 16.2 说明了银行挤兑期间的反馈回路如何能导致衰退。为了终结银行业恐慌，在 1913 年，国会通过了《联邦储备法案》(Federal Reserve Act)，根据该法案建立了联邦储备体系，常常被称为“美联储”。这一体系于 1914 年开始运作，拥有向银行发放贷款的权利。美联储发放给银行的贷款叫作**贴现贷款**（discount loans）。美联储的贴现贷款收取的利率叫作**贴现率**（discount rate）。当银行从美联储获得贷款时，其准备金增加，增加量等于贷款金额。

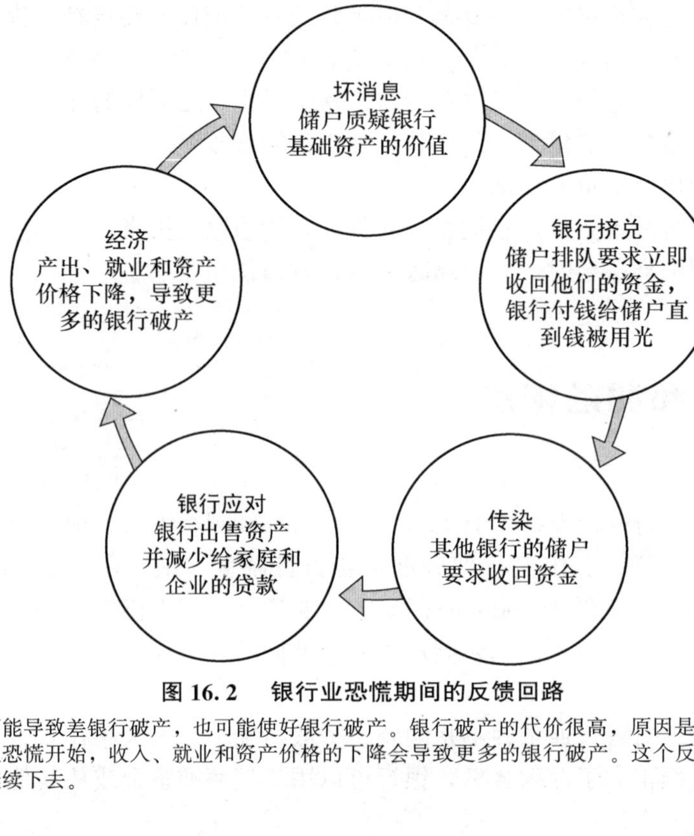

图 16.2　银行业恐慌期间的反馈回路

银行挤兑不但可能导致差银行破产，也可能使好银行破产。银行破产的代价很高，原因是这降低了家庭和企业获得贷款的能力。一旦恐慌开始，收入、就业和资产价格的下降会导致更多的银行破产。这个反馈回路意味着，若没有政府干预，恐慌会继续下去。

对美联储作为最后贷款人的第一次检验出现在20世纪30年代大萧条早期。当时，由于储户从支票账户和储蓄账户中大量取款，许多银行都受到挤兑的重创。虽然美联储成立的目的就是行使最后贷款人职责，但是美联储官员拒绝了许多银行的贷款要求，因为他们担心受挤兑的银行可能存在坏账或其他不好的投资。美联储相信，如果向因投资不当而陷入资金问题的银行提供贷款，就可能会降低银行管理者们谨慎投资的激励。部分地由于美联储不愿意充当最后贷款人，在20世纪30年代早期，5 000多家银行倒闭了。今天，许多经济学家仍在批评美联储当年的决定，因为他们相信，这些决定加重了大萧条的严重程度。在1934年，国会成立了联邦存款保险公司（Federal Deposit Insurance Corporation，FDIC），为大多数银行中不超过某一上限（现在是每个账户25万美元）的存款提供保险。如果你的支票账户开户行破产了，那么，联邦存款保险公司将会在两天之内把你的钱还给你。存款保险大大减少了银行挤兑，因为这保证了除了那些存款金额超过上限的储户之外所有其他储户的存款都是安全的，哪怕在银行破产时也是如此。在2007—2009年金融危机中，一些银行经历了挤兑，因为那些超过存款保险额度的储户担心一旦他们的开户行倒闭他们就会遭受损失。

在建立联邦储备体系时，国会将美国划分成12个联邦储备区域，如图16.3所示。每个区域都拥有自己的联邦储备银行，为该区域的银行提供服务。但是，联邦储备体系的实权掌握在位于华盛顿特区的理事会手里。理事会共有7名成员，由美国总统任命，任期为14年，不能连任。理事会中的一名成员被任命为主席，任期为4年，可以连任。除了充当银行

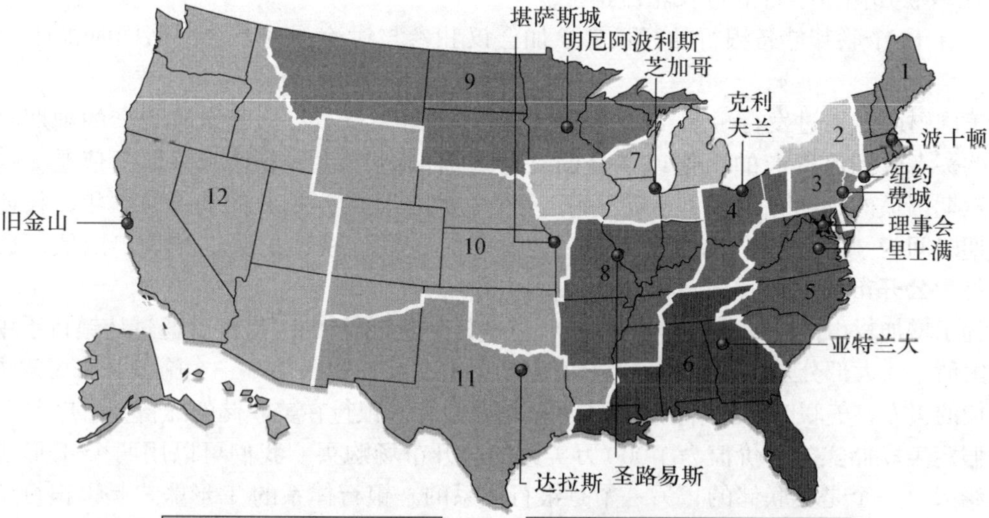

理事会：
负责监督联邦储备体系。理事会的7名成员由美国总统任命，任期为14年，不能连任。理事会的一名成员被任命为主席，任期为4年，可以连任。

联邦公开市场委员会：
负责公开市场操作。共12名成员，包括理事会的7名成员、纽约联邦储备银行行长，以及其他11个区域银行的4名行长（轮值1年）。理事会主席担任联邦公开市场委员会主席。

图16.3　联邦储备体系

美国被分为12个联邦储备区域，每个区域都拥有自己的联邦储备银行。但是，联邦储备体系的实权掌握在位于华盛顿特区的理事会手里。理事会共有7名成员，由美国总统任命。货币政策是由12人构成的联邦公开市场委员会制定的。

资料来源：Board of Governors of the Federal Reserve System.

的最后贷款人外，美联储还是银行的银行，为银行提供支票结算服务，同时它还承担着管理美国货币供给的职责。

□ 16.4.2 美联储如何管理货币供给

虽然国会建立美联储的主要目的是通过行使最后贷款人职责来终结银行业恐慌，但是，现在美联储也负责管理货币供给。正如我们将在第 17 章中更详细地讨论的，管理货币供给是**货币政策**（monetary policy）的一部分，美联储实施货币政策的目的是实现宏观经济目标。为了管理货币供给，美联储采用了三种货币政策工具：

（1）公开市场操作；

（2）贴现政策；

（3）准备金要求。

记住货币供给最重要的部分是支票账户存款。所以，美联储的这三种政策工具都旨在影响银行准备金从而改变支票账户存款的数量，就不会令人惊讶了。

公开市场操作。联邦公开市场委员会（Federal Open Market Committee，FOMC）每年在华盛顿特区召开 8 次讨论货币政策的会议。委员会有 12 名拥有投票权的委员：

- 联邦储备理事会的 7 名成员；
- 纽约联邦储备银行行长；
- 其他 11 个区域联邦储备银行的 4 名行长，这 4 名行长在 FOMC 的任期为一年，由 11 名区域联邦储备银行的行长轮流担任。

所有 12 个联邦储备银行的行长都参加会议和参与讨论。理事会主席同时担任 FOMC 主席。

美国财政部通过发行短期、中期和长期国债来筹集资金。一种金融资产的到期时间指的是购买者收到该资产的面值或本金的支付之前的时期。一般地，国债面值是 1 000 美元，短期国债的到期时间为 1 年或不到 1 年，中期国债的到期时间为 2～10 年，长期国债的到期时间为 30 年。为了控制货币供给的规模，美联储视情况买进和卖出国债，这个过程被称为**公开市场操作**（open market operations）。

为了增加货币供给，FOMC 指示位于纽约联邦储备银行的交易柜台通过从银行手中购买美国国债——大部分是短期国债，但有时也购买中期或长期国债——实施公开市场购买。作为国债的买方，美联储付款给银行的方式是把资金存入银行在美联储的准备金账户中。

假定美联储实施了价值为 1 000 万美元的公开市场购买。我们可以用两个 T 形账户来阐述结果：一个是美联储的，另一个是银行体系的。银行体系的 T 形账户是以银行体系的资产负债表为基础的，银行体系的资产负债表简单地加总了美国所有银行的资产和负债。作为公开市场购买的结果，银行体系持有的国债减少了 1 000 万美元，准备金增加了 1 000 万美元。

银行体系

资产		负债
国债	－1 000 万美元	
准备金	＋1 000 万美元	

美联储持有的国债增加了 1 000 万美元，银行体系的准备金余额——这是美联储的负债——也增加了 1 000 万美元。

美联储

资产		负债	
国债	+1 000 万美元	准备金	+1 000 万美元

准备金的增加开启了贷款和支票账户存款增加的过程，这个过程增加了货币供给。

为了减少货币供给，FOMC 会指示该交易柜台通过出售美国国债实施公开市场操作。当国债的买家用支票支付时，银行体系的准备金下降。准备金的减少开启了贷款和支票账户存款缩减的过程，这个过程减少了货币供给。

由于以下三个原因，政府主要通过公开市场操作来实施货币政策：

(1) 由于公开市场操作是由美联储发起的，所以美联储能完全控制总量，这意味着美联储的公开市场操作规模可大可小。

(2) 公开市场操作易于逆转。例如，如果美联储认为之前的公开市场购买导致货币供给增加得太快，那么，它就可以实施公开市场出售。

(3) 美联储可迅速进行公开市场操作，不存在行政的延误，也不要求对监管规定进行更改。

许多其他国家和地区的中央银行，包括欧洲央行和日本央行在内，也运用公开市场操作来实施货币政策。

美联储还负责美国的纸币投放。(通货实际上是美国财政部印制的。) 前面提到，如果你观察美元纸币的顶部，你会看到“联邦储备票据”字样。当美联储采取行动来增加货币供给时，评论员有时候称美联储在“印更多的钞票”。但是美联储增加货币供给的主要途径并不是印制更多的钞票，而是购买国债。类似地，为了减少货币供给，美联储并不会销毁纸币，而是出售国债。我们将在第 17 章中探讨货币政策时进一步讨论美联储对货币供给的管理。

贴现政策。正如我们已经看到的，当银行从美联储贷出贴现贷款时，银行支付的利率被称为贴现率。通过降低贴现率，美联储可以鼓励银行从它那里贷更多款，从而增加银行准备金。有了更多的准备金，银行就会向家庭和企业发放更多的贷款，这将增加支票账户存款和货币供给。提高贴现率的效果相反。

准备金要求。当美联储降低法定准备金率时，一部分法定准备金变成了超额准备金。例如，假定一家银行拥有 1 亿美元的支票账户存款，法定准备金率是 10%。法律要求该银行持有 1 000 万美元作为准备金。如果美联储将法定准备金率降至 8%，这家银行只需要持有 800 万美元作为准备金。从而美联储将 200 万美元的准备金从法定准备金变为了超额准备金。银行可以将这 200 万美元贷出。如果美联储将法定准备金率从 10%提高至 12%，效果相反。

美联储极少改变准备金要求，原因是法定准备金的变动会迫使银行显著改变它们持有的贷款、债券和其他证券，从而扰乱银行的经营。同时，因为美联储为准备金支付的利率低，所以运用改变法定准备金的方式来管理货币供给，就相当于对银行吸收存款和发放贷款的活动征税，这对经济来说是有代价的。美联储依赖公开市场操作作为它管理货币供给的主要工具。

□ 16.4.3 “影子银行体系”和 2007—2009 年的金融危机

到目前为止，我们在本章讨论的银行都是商业银行，它们最重要的经济作用是从储户处接受存款并向借款人发放贷款。大型企业可以在金融市场中出售股票和债券，但投资者一般不愿意购买中小型企业的股票和债券，因为他们缺乏关于中小型企业财务状况的充分信息（见第 6 章）。所以，中小型企业和家庭在传统上依赖于银行贷款来满足其信贷需求。但是，在过去的 25 年间，金融体系出现了两项重要的进展：（1）银行开始将它们的许多贷款转售出去而不是持有这些贷款直至借款人还清；（2）除商业银行外，金融企业也成为企业贷款的来源。

银行业务证券化。传统上，当一家银行给要购买住宅的家庭提供住房抵押贷款时，或者给企业提供商业贷款时，银行将一直持有贷款直至借款人还清贷款。如果一种金融资产——贷款、股票或债券——能在金融市场中买卖，那它就被认为是一种**证券**（security）。例如，可口可乐公司发行的股票能在纽约证券交易所交易，所以它就是一种证券。当一种金融资产首次被出售时，交易在一级市场发生。如果投资者转售该资产，交易就在二级市场发生。在 1970 年前，大部分贷款都不是证券，因为它们并不能被转售——不存在贷款的二级市场。但是，在 1970 年之后，首先是住房抵押贷款，然后是包括汽车贷款和商业贷款在内的其他贷款，开始证券化了。**证券化**（securitization）的过程建立了一个二级金融市场，被打包在一起的贷款能够在其中进行买卖，就像公司和政府债券一样。图 16.4 概括了证券化过程。我们将在第 17 章学习货币政策时进一步讨论证券化过程。

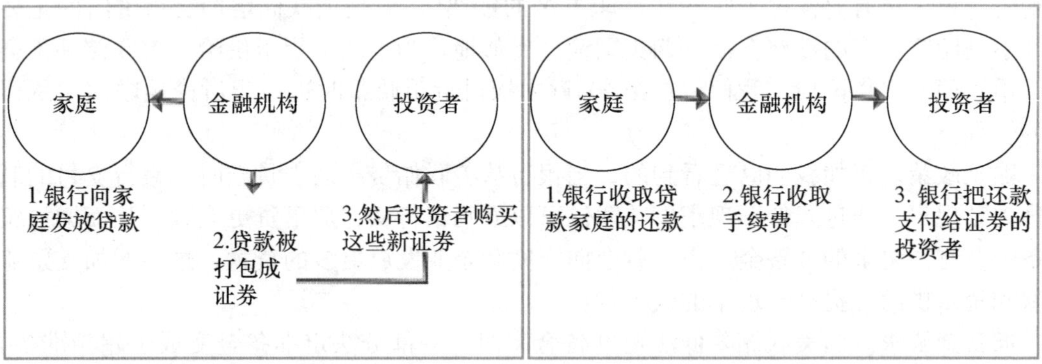

(a) 贷款的证券化　　(b) 证券化贷款的还款的流动

图 16.4　证券化过程

图（a）显示了贷款的证券化过程：银行向家庭发放贷款并将贷款打包成证券，然后出售给投资者。图（b）显示，银行收取初始贷款的还款，在收取手续费后，把这些还款支付给购买了证券的投资者。

影子银行体系。除了证券化带来的变化，在 20 世纪 90 年代和 21 世纪头十年，非银行类金融企业的重要性日益增加也改变了金融系统。高盛、摩根士丹利等投资银行与商业银行的区别在于，它们不吸纳存款，也很少直接向家庭发放贷款。传统上，它们集中于为发行股票和债券的企业或考虑兼并其他企业的企业提供建议。在 20 世纪 90 年代后期，投资银行大量购买抵押贷款，将其打包作为债券转卖给其他投资者，这样的债券被称为抵押贷款担保证券。事实证明，抵押贷款担保证券很受投资者欢迎，因为它们支付的利率常常高于那些看似违约风险相当的其他证券。

货币市场共同基金在金融体系中的作用也日益增加。这些基金向投资者出售份额，然后用所得资金购买短期国债和公司发行的商业票据等短期证券。商业票据代表着公司日常运营所使用的短期借款。许多有此类需求的公司以前从银行贷款，现在转为通过向货币市场共同基金出售商业票据来融资。

对冲基金从富有的投资者处融资，它们所使用的复杂的投资策略往往有着巨大的风险。到 21 世纪头十年中期，对冲基金已经成为证券化贷款市场的重要需求方，也成为其他金融企业所需贷款的重要提供者。

2008 年，奥巴马政府的财政部长蒂莫西·盖特纳（Timothy Geithner）把投资银行、货币市场共同基金、对冲基金和其他从事类似活动的金融企业称为“影子银行体系”。通过从投资者那里直接融资然后直接或间接为企业和家庭提供贷款，这些企业行使了曾经几乎只有商业银行才有的功能。

2007—2009 年金融危机。“影子银行体系”中的企业与商业银行有两个重要的不同点：第一，包括美联储在内的那些监管商业银行体系的政府机构没有监管影子银行体系。第二，与商业银行相比，影子银行体系中的金融企业是更加高度杠杆化的，也就是说，它们的运营更加高度依赖于借款。如果一家企业用小部分自己的钱和大部分借款进行投资，该企业的潜在利润和潜在亏损都增加了。假定一家企业用 100 美元自有资金投资，如果投资回报是 3 美元，该企业的资金回报率是 3%（=3 美元/100 美元）。但是，如果该企业的投资由 10 美元自有资金和 90 美元借款组成，那么，由于该企业的自有资金只有 10 美元，3 美元的投资回报给企业带来了 30%（=3 美元/10 美元）的回报率。但是，如果投资损失了 2 美元，企业的回报率是 −20% [=(−2 美元)/10 美元]。杠杆化投资的潜在收益和潜在亏损都变大了。

正如之前所提到的，在 20 世纪 30 年代国会建立联邦存款保险制度后，商业银行几乎没有经历过挤兑。但是，从 2007 年开始，影子银行体系的一些企业经历了挤兑。正如我们将在第 17 章进一步讨论的，2007—2009 年金融危机发生的根本原因是美国房地产市场出现了问题。当房屋价格下降时，许多借款人开始对抵押贷款违约，使得抵押贷款担保证券贬值。包括商业银行和影子银行体系的许多企业在内，投资于这些证券的金融企业遭受了损失。企业的杠杆比率越高，损失越大。虽然存款保险制度使商业银行免遭挤兑，但是投资银行和其他用短期贷款进行长期投资的金融企业陷入了困境。当出借人拒绝继续提供短期贷款时，许多企业为了筹集现金不得不出售其持有的证券。但是，随着这些证券价格的继续下跌，这些企业的损失也越来越严重。

在 2008 年春季，投资银行贝尔斯登在美联储的安排下被摩根大通收购，免于破产。在 2008 年秋季，美联储和美国财政部决定不救助投资银行雷曼兄弟，之后雷曼兄弟破产。雷曼兄弟的破产在金融体系中引发了强烈动荡，引起了恐慌。除政府担保的住房抵押贷款之外，证券化的进程停顿了。某一货币市场共同基金因为贷款给雷曼兄弟而遭受惨重损失，该基金公司的困境被广泛报道后，投资者纷纷赎回货币市场共同基金份额。相应地，这些基金不再能够购买公司的商业票据。随着银行和其他金融企业出售资产、削减贷款来加强其财务状况，资金从储蓄者向借款者的流动就被打断了。由此导致的信贷紧缩显著加深了从2007年12月开始的经济衰退。

美联储的反应。美联储和美国财政部采取了强有力的措施来应对金融恐慌。我们将在第17章进一步讨论美联储采取的行动，但是，现在我们只提及几项特别重要的政策措施：

● 在2008年秋，根据“问题资产救助计划”（Troubled Asset Relief Program，TARP），美联储和财政部购买银行股权来给银行提供资金，试图稳定商业银行体系。联邦政府拥有私人商业银行部分所有权这样的举措是前所未有的。

● 美联储也通过开设几个新的“贷款工具”修改了贴现政策。这些贷款工具使得美联储可以向投资银行等此前无资格获得贴现贷款的金融企业提供贴现贷款。

● 为解决商业票据市场的问题，美联储直接购买了商业票据，这是自20世纪30年代以来的第一次。

尽管衰退持续到了2009年，但是，财政部和美联储采取的这些非凡举措稳定了金融体系。但是，从储蓄者向借款者的资金流动花了几年时间才恢复至正常水平，经济学家和政策制定者们对美联储某些举措的理念仍然争论不休。

16.5 货币数量论

人们意识到货币供给增加和通货膨胀之间的关联已经几个世纪了。在16世纪，西班牙征服了墨西哥和秘鲁，从这些国家掠夺了大量的黄金白银运回本国。这些黄金和白银被铸成货币，并在全欧洲花费，以巩固西班牙国王的政治野心。这些年欧洲的物价平稳上涨，许多观察家讨论了这一通货膨胀与黄金白银由美洲流入欧洲之间的关系。

□ 16.5.1 把货币和价格联系起来：数量方程

在20世纪早期，耶鲁大学的经济学家欧文·费雪（Irving Fisher）运用数量方程确定了货币和价格之间的联系：

$$M \times V = P \times Y$$

这个数量方程是说，货币供给（M）与货币流通速度（V）相乘等于价格水平（P）与实际产出（Y）的乘积。费雪把**货币流通速度**（velocity of money，英文常常简称为velocity）定义成货币供给中每一美元用于购买被包括在GDP中的商品和服务的平均次数。将方程两边同时除以M，改写之后我们得到了货币流通速度的等式：

$$V = \frac{P \times Y}{M}$$

如果我们用M1衡量货币供给，用GDP平减指数衡量价格水平，用实际GDP衡量实际产出，那么，2014年货币流通速度是：

$$V = \frac{1.09 \times 16.0\text{万亿美元}}{2.8\text{万亿美元}} = 6.2$$

这一结果告诉我们，平均而言，2014年M1中的每一美元在购买被包括在GDP中的商品和服务中被使用了大约 6 次。

因为货币流通速度被定义为 $(P \times Y)/M$，所以数量方程必然总是成立：左右两边一定相等。理论是有关世界的但有可能是错误的论述。所以，数量方程并不是一个理论。欧文·费雪通过声称货币流通速度是常数，将数量方程转化为了**货币数量论**（quantity theory of money）。他认为，1 美元被支出的平均次数取决于不会经常变动的因素，如人们多久得到一次报酬、多久去一次杂货店购物、企业多久寄一次账单等。因为这一主张可能正确也可能错误，所以，事实上，货币数量论是一个理论。

□ 16.5.2 货币数量论对通货膨胀的解释

数量方程给我们提供了一种表示货币供给变动和价格水平变动（即通货膨胀）之间关系的方式。为了更清晰地看出这种关系，我们可以运用一个简便的数学法则：如果一个等式的左右两边都是变量的积，那么这些变量增长率的和也能构成等式。所以我们可以将数量方程 $M \times V = P \times Y$ 变形为：

$$\text{货币供给的增长率} + \text{货币流通速度的增长率} = \text{价格水平的增长率（或通货膨胀率）} + \text{实际产出的增长率}$$

数量方程的这种形式对探讨货币供给变动对通货膨胀率的影响更有用。注意任何变量的增长率都等于该变量逐年的百分比变动。价格水平的增长率是通货膨胀率，所以我们可以改写数量方程，来帮助我们理解通货膨胀的决定因素：

$$\text{通货膨胀率} = \text{货币供给的增长率} + \text{货币流通速度的增长率} - \text{实际产出的增长率}$$

如果欧文·费雪关于货币流通速度恒定的看法是正确的，那么货币流通速度的增长率就是 0。例如，如果货币流通速度总是 6，那么它的逐年百分比变动就总是 0。根据这个假设，我们可以再次改写上面的方程：

$$\text{通货膨胀率} = \text{货币供给的增长率} - \text{实际产出的增长率}$$

这个等式引出了以下预测：

(1) 如果货币供给的增速大于实际 GDP，就会发生通货膨胀。

(2) 如果货币供给的增速小于实际 GDP，就会发生通货紧缩。（回忆通货紧缩指的是价格水平的下降。）

(3) 如果货币供给的增速与实际 GDP 相同，价格水平就不变，通货膨胀和通货紧缩都不存在。

但是事实证明欧文·费雪关于货币流通速度恒定的主张是错误的。货币流通速度有可能发生大幅的逐年波动。结果，货币数量论的预测不会每年都成立，但是大多数经济学家都同意，在解释货币供给与通货膨胀的长期关系问题上，货币数量论提供了有价值的见解：在长期，通货膨胀源于货币供给增速大于实际 GDP。

□ 16.5.3 根据货币数量论所做的通货膨胀预测有多准确？

注意，货币数量论的准确性取决于货币供给速度恒定这一关键假设是否正确。如果货币供给速度不恒定，货币供给增加与价格水平上升之间的密切关联就可能不存在。例如，货币量上升的影响可能被货币流通速度的下降抵消，从而价格水平保持不变。因为在短期，货币流通速度的变动并不规律，所以我们并不期望数量方程能对短期的通货膨胀提供良好的预测。但是，在长期，货币供给变动和通货膨胀之间的联系很强。图 16.5（a）显示了美国每十年的货币供给（用 M2 衡量）增长与通货膨胀率之间的关系。（这里我们使用 M2 的原因是能够得到 M2 数据的时间长于 M1。）因为实际 GDP 的增长率和货币流通速度的增长率的变动，M2 的增长率和通货膨胀率之间并没有一种精确的关系。但是，有一个现象非常明显：货币供给高增长的时期也是高通货膨胀率时期。也就是说，通货膨胀率在各个十年的波动大部分能由货币供给增长率的波动所解释。

图 16.5（b）通过考察 1995—2011 年 56 个国家的货币供给的增长率和通货膨胀率，提供了支持货币数量论的进一步的证据。虽然各国的货币供给的增长率和通货膨胀率之间并没有精确的关系，但是图 16.5（b）表明：货币供给增速快的国家，往往有高通货膨胀率；而货币供给增速更慢的国家，往往有低得多的通货膨胀率。津巴布韦的数据没有包含在图 16.5（b）中，该国近些年里出现的通货膨胀属于极端情况。在自 1995 年以来的有些年份里，津巴布韦的货币供给的增长率超过了 7 500%。这使通货膨胀率不断加速，最终在 2008 年达到15 000 000 000%。津巴布韦遭受着恶性通货膨胀，即每月超过 50%的通货膨胀率。

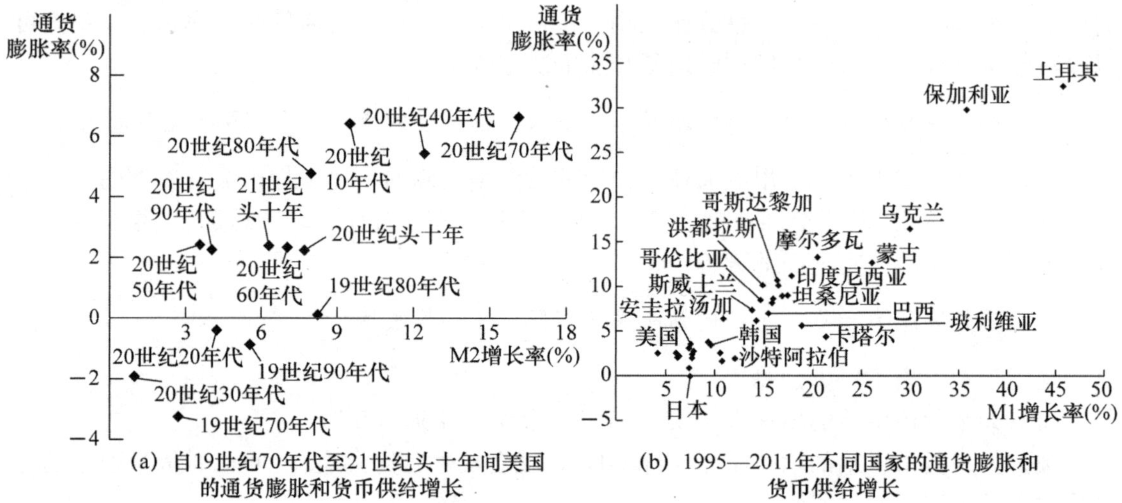

图 16.5 不同时期和世界各国货币增长与通货膨胀之间的关系

图（a）显示，在美国，总体来说，在货币供给增加最迅速的年代，通货膨胀率最高；在货币供给增加最缓慢的年代，通货膨胀率最低。图（b）显示了 1995—2011 年不同国家的通货膨胀和货币供给增长之间的关系。虽然货币供给增加和通货膨胀之间并没有精确的关系，但是，保加利亚、土耳其和乌克兰等国的货币供给增长率和通货膨胀率都高，美国和日本等国的货币供给增长率和通货膨胀率都低。

资料来源：图（a）：19 世纪 70 年代—20 世纪 60 年代，Milton Friedman and Anna J. Schwartz，*Monetary Trends in the United States and United Kingdom：Their Relation to Income，Prices，and Interest Rates，1867—1975*，Chicago：University of Chicago Press，1982，Table 4.8；自 20 世纪 70 年代至 21 世纪头十年，Federal Reserve Board of Governors and U.S. Bureau of Economic Analysis。图（b）：International Monetary Fund，*International Monetary Statistics*。

□ 16.5.4 高通货膨胀率

货币数量论可以帮助我们理解很高的通货膨胀率产生的原因。恶性通货膨胀是由中央银行以远超过实际 GDP 增长率的速度增加货币供给而造成的。高通货膨胀率使得货币迅速贬值，以至家庭和企业都避免持有货币。如果通货膨胀率过高，就像津巴布韦出现的情况那样，那么人们就会停止使用纸质货币，它也就不再有本章前文提到的货币的重要职能。遭受着高通货膨胀的经济体通常增长很慢，甚至出现严重的衰退。

既然高通货膨胀的后果如此可怕，为什么政府还会迅速增加货币供给从而引发高通货膨胀呢？主要原因是政府支出常常超过税收收入。美国等发达国家通常能够通过向公众出售债券来借款，从而弥补支出和税收之间的差距。但是，发展中国家常常很难出售政府债券，因为投资者对于政府的还款能力持怀疑态度。如果它们不能向公众出售债券，发展中国家的政府就会强迫它们的中央银行购买这些债券。正如我们之前所讨论的，当中央银行购买政府债券时，货币供给就会增加。在美国，美联储总是从银行手里购买国债，从不直接从美国财政部购买。这个程序有助于确保财政部发行的债券数量只是私人投资者——而不是中央银行——愿意购买的数量。

建立联系

20 世纪 20 年代早期德国的恶性通货膨胀

在第一次世界大战中战败的德国爆发了一场革命，推翻了威廉二世的统治，建立了新政府——魏玛共和国。在 1919 年签署的和平条约中，美国、英国、法国和意大利组成的同盟国要求德国新政府支付赔款。这些赔款旨在弥补德国在一战中对同盟国造成的损失。对于德国政府而言，用税收收入同时支付正常开支和赔款十分困难。

德国政府决定，通过向其中央银行——德国国家银行——出售债券来弥补支出和税收收入之间的差额。几年之后，德国政府支付的赔款远远少于条约规定的数量。1923 年 1 月，法国政府向德国鲁尔工业区派出了军队，试图直接收取赔款。鲁尔的德国工人们开始罢工，德国政府决定以向他们支付工资的方式支持工人罢工。德国政府通过向德国国家银行出售额外的债券筹集资金，从而进一步增加了货币供给。

足以引发通货膨胀的货币供给增加十分惊人：马克（德国货币）流通总量从 1922 年 1 月的 1.15 亿马克提高到 1923 年 1 月的 13 亿马克，再到 1923 年 12 月的 497 000 000 000 000 000 000 马克。正如货币数量论所预测的，结果导致了令人震惊的高通货膨胀率。若以 1914 年德国的价格指数为 100，1922 年 1 月价格指数上升到了 1 440，而 1923 年 12 月则上升到了令人触目惊心的 126 160 000 000 000。德国马克变得一文不值了。德国政府采取了以下措施终结了这次恶性通货膨胀：(1) 与同盟国谈判，达成了一个减少赔款的新协议；(2) 通过减少政府其他支出、增加税收来平衡预算；(3) 发行新币代替旧币。1 新马克等于 1 万亿旧马克。德国中央银行也将新马克的发行量控制在 32 亿马克。

这些措施确实足以终结这次恶性通货膨胀，但是之前持有旧马克的人的积蓄荡然无存。大部分中等收入的德国人对这一结果极其不满。许多历史学家相信这次恶性通货膨胀大大削弱了许多德国人对魏玛共和国的拥护，可能为希特勒和纳粹分子 10 年后掌权铺平了道路。

资料来源：Thomas Sargent，"The End of Four Inflations"，*Rational Expectations and Inflation*，3rd ed.，Princeton，NJ：Princeton University Press，2013；and John Parke Young，*European Currency and Finance*，Washington，DC：Government Printing Office，1925.

轮到你了：做本章末与本专栏相关的问题与应用 5.10，看看你理解得如何。

接第 536 页

生活中的经济学

如果货币变得越来越有价值将会如何？

在本章开始时，我们要求你考虑是否愿意生活在一个货币购买力逐年提高的经济体中。当衡量这种情形的优点和缺点时，首先要想到货币购买力提高的唯一途径是价格水平下降；也就是说，通货紧缩必须发生。因为自 20 世纪 30 年代以来，美国的价格水平从未有过哪怕一年的下降，所以现在活着的大部分人只经历过价格水平的上升和货币购买力的下降。用价格下降取代价格上升一定是好事吗？你可能会认为"是的"，因为如果你有一份工作，你的工资每年能购买更多的商品和服务。但是，事实上，正如上升的价格水平导致大部分工资逐年上涨一样，下降的价格水平可能意味着工资逐年降低。所以，即使人们持有的货币购买力提高，平均而言，人们可能也看不到他们的收入购买力提高。通货紧缩的缺点也十分明显，尤其是从通货膨胀突然转为通货紧缩时。回忆实际利率等于名义利率减去通货膨胀率。如果经济经历着通货紧缩，那么实际利率将大于名义利率。实际利率上升对借款人而言是一个坏消息，包括对有着大量抵押贷款的房屋业主。所以，你在一个经历着温和通货膨胀的经济体中生活可能比在一个经历着通货紧缩的经济体中生活更好。

16.6 结论

货币在经济运行中起着关键作用，它使商品和服务的交易更加便利，也使专业化成为可能。如果没有专业化，现代经济就不可能繁荣。家庭、企业、银行和中央银行（在美国是美联储）参与了货币供给的创造过程。在第 17 章，我们将探讨美联储如何运用货币政策来实现其经济目标。

访问 MyEconLab，你可以找到与本章的概念有关的一篇新闻文章和分析。

本章总结和习题

□ 关键术语

资产　　联邦公开市场委员会（FOMC）　　M2　　法定准备金

银行业恐慌	货币政策	准备金	银行挤兑
美联储	货币	证券化	商品货币
法定货币	公开市场操作	证券	贴现贷款
部分准备金银行制度	货币数量论	简单存款乘数	贴现率
超额准备金	M1	法定准备金率	货币流通速度

□ 16.1 什么是货币？我们为什么需要货币？

总结

在一个物物交换的经济体中，人们不使用货币，直接用一些商品和服务交换其他商品和服务。只有在需求具有双向一致性时，即交换双方拥有对方想要的物品时，物物交换才会发生。因为物物交换无效率，所以使用货币的激励非常强。货币是在商品和服务的交换以及债务偿还中人们普遍愿意接受的资产。资产是个人或企业拥有的任何有价值的东西。商品货币是作为货币使用且具有独立于货币用途的价值的商品。货币履行四种职能：交易媒介、价值尺度、价值储藏和延期支付。政府曾经发行金币和可兑换成黄金的纸币。现在，世界上没有哪个政府发行可兑换成黄金的纸币。取而代之的是纸币，纸币是法定货币，除了作为货币外，本身没有任何价值。

复习题

1.1 一个拥有迈克·特劳特（Mike Trout）棒球卡片的棒球粉丝想用它交换一张安赫尔·卡布雷拉（Miguel Cabrera）棒球卡片，但是这个人认识的所有拥有卡布雷拉卡片的人都不想要这张特劳特卡片。经济学家把这名粉丝遇到的问题称为什么问题？

1.2 商品货币和法定货币有什么不同？

1.3 货币的四种职能是什么？如果某种物品没有完全行使这四种职能，它能被当做货币吗？

1.4 企业明明知道，与金币不同，印刷纸币的纸张几乎没有任何价值，那它们为什么还会接受纸币？

问题与应用

1.5 英国经济学家威廉·斯坦利·杰文斯（William Stanley Jevons）描述了法国歌手马德姆·泽丽（Mademoiselle Zélie）在19世纪80年代的全球巡演。其中一站位于南太平洋的法属波利尼西亚的社会群岛。她的演出收入与通常无异，为总票房收入的三分之一。但这次她最终得到的是3头猪、23只火鸡、44只鸡、5 000个椰子，以及“大量的香蕉、柠檬和橙子”。她估计这些物品的总价值是4 000法郎。据杰文斯描述，“因为马德姆连其中一小部分都消费不完，所以她也用这些水果来喂养猪和家禽。”马德姆·泽丽作为报酬获得的这些商品行使了本章中提到的货币的四种职能了吗？请简要解释。

资料来源：W. Stanley Jevons，*Money and the Mechanism of Exchange*，New York：D. Appleton and Company，1889，pp. 1-2.

1.6 ［与开篇案例有关］《纽约时报》2015年的一篇文章指出：“由于希腊政府从6月28日开始关闭银行三周，农村地区的许多希腊人在无现金交易中交换商品和服务。”如果希腊人能够在商品和服务之间进行交换，那么，因为银行关闭而导致无法获得通货这一点要紧吗？请简要解释。

资料来源：Lefteris Karagiannopoulos，“Hay for Cheese? Barter Booms in Cash-Squeezed Rural Greece”，*New York Times*，July 29，2015.

1.7 在20世纪40年代后期，在毛泽东领导下的共产党正在与国民党进行内战。当时中国发行的纸币正在大幅贬值，大多数企业拒绝接受纸币。同一时间的日本出现了纸张短缺。在那些年里，第二次世界大战战败的日本正处于美国的军事占领之下。在日本的部分美国军人意识到，他们可以用美元购买大量的中国纸币，然后运到日本，回收制成纸，从而赚取可观的利润。在这种情况下，中国的纸币是商品货币还是法定货币？请简要解释。

1.8 根据伦敦国王学院的历史学家彼得·希瑟（Peter Heather）的研究，在罗马帝国时期，莱茵河东部（罗马人称为日耳曼尼亚的地区）的日耳曼部落并不铸造自己的货币，而是使用罗马硬币：

> 虽然在日耳曼尼亚的日耳曼部落并没有铸造货币，但是罗马硬币大量流通，轻易行使了交易媒介的职能（塔西佗告诉我们，早在公元1世纪，莱茵河地区的日耳曼人就大量使用高质量的罗马银币作为交易媒介）。

a. 什么是交易媒介？

b. 作者写道罗马硬币为日耳曼部落提供了交易媒介，作者指的是什么？

c. 日耳曼部落既不是罗马帝国的领土也不受罗马法律管辖，为什么日耳曼部落的成员在商品和服务交换中愿意接受其他部落成员的罗马硬币？

资料来源：Peter Heather，*The Fall of the Roman Empire：A New History of Rome and the Barbarians*，New York：Oxford University Press，2006，p. 89.

1.9 ［与 16.1.3 节中的“建立联系”专栏有关］假定国会通过一部新法律，要求所有企业无论出售什么商品都接受纸币。简要讨论这项立法会使谁获益、谁受损。

1.10 在 2002 年 1 月 1 日，德国官方采用欧元作为它的货币，德国马克不再是法定货币。根据《华尔街日报》上的一篇文章，甚至 10 年后许多德国人仍在继续使用德国马克，德国的许多商店也还接受它。请简要解释为什么在发行某种通货的政府已经用另一种通货取代了它的情况下人们还可能继续使用它。

资料来源：Vanessa Fuhrmans，“Who Needs the Euro When You Can Pay with Deutsche Marks?” *Wall Street Journal*，July 18，2012.

□ 16.2 美国当前如何衡量货币？

总结

在今天的美国，最狭义的货币供给定义是 M1，它包括通货、支票账户余额和旅行者支票。货币供给更为广义的定义是 M2，它包括 M1 中的各项，再加上储蓄账户存款、小额定期存款（例如定期存单，即银行中的货币市场存款账户余额）和非机构持有的货币市场共同基金份额。

复习题

2.1 货币供给的 M1 和 M2 定义的主要区别是什么？

2.2 为什么美联储使用两种货币供给的定义而不是一种？

2.3 区分货币、收入和财富。一个国家的中央银行控制的是这三者中的哪一项？

问题与应用

2.4 请简要解释以下各项是否被计入 M1 中：

a. 你口袋里的硬币。

b. 你支票账户中的资金。

c. 你储蓄账户中的资金。

d. 你一次旅行剩下的旅行者支票。

e. 你在花旗银行的白金万事达卡。

2.5 ［与 16.2.2 节中的“不要犯这样的错误！”专栏有关］请简要解释你是否同意以下说法：“我最近了解到，政府发行的货币超过半数实际上都由外国人持有。如果这是真的，那么美国的富裕程度不到政府统计量表明的一半。”

2.6 ［与 16.2.2 节中的“不要犯这样的错误！”专栏有关］《纽约时报》上的一篇文章包含如下陈述：“收入是衡量财富的唯一方式。”你同意收入是衡量财富的一种方式吗？

资料来源：Sam Roberts，“As the Data Show，There's a Reason the Wall Street Protesters Chose New York”，*New York Times*，October 25，2011.

2.7 ［与例题 16.2 有关］假定你决定从支票账户中取出 100 美元现金。这将如何影响 M1？忽略你取款 100 美元导致银行采取的其他行动。

2.8 ［与例题 16.2 有关］假定你决定从货币市场共同基金提现 1 000 美元，然后将这笔钱存入支票账户。请简要解释这将如何影响 M1 和 M2。

2.9 根据对消费者支付方式选择的一项调查，波士顿联邦储备银行的研究人员估计，18 岁及以上的消费者平均持有约 340 美元通货。可是，正如本章所指出的，按美国的通货总量来看，相当于平均每个美国人实际上有约 4 000 美元。

a. 流通中的美国通货数量比美国人持有的数量高那么多，这怎么可能呢？

b. 问题 a 中所说的区别对美国的货币供给的衡量指标意味着什么？

资料来源：Kevin Foster，Scott Schuh，and Hanbing Zhang，“The 2010 Survey of Consumer Payment Choice”，Federal Reserve Bank of Boston Research Data Report，No. 13-2，November 2013.

2.10 奥地利约翰开普勒林茨大学的经济学家弗里德里希·施耐德（Friedrich Schneider）对中国做了如下评论：“普通中国人不相信中国的银行。”

a. 如果施耐德的看法是对的，那么，企业和消费者可能喜欢如何执行交易？

b. 中国政府一直拒绝印制面值超过 100 元人民币（相当于约 16 美元）的钞票。美国印面值 100 美元的钞票，所有其他国家也都印制至少这么高面值的钞票。给定问题 a 的答案，为什么中国政府不愿意印制高面值钞票呢？

资料来源：David Barboza，“Chinese Way of Doing Business：In Cash We Trust”，*New York Times*，April 30，2013.

2.11 [与16.2.3节中的“建立联系”专栏有关] 2015年，有些初创企业提供了这么一项服务：在发展中国家的个人和企业之间转移比特币。同时，《华尔街日报》上的一篇文章指出，在美国，“大部分普通消费者对使用一种未被批准的，诞生只有6年的，与非法毒品交易、特别大的价格波动和安全风险相联系的电子货币仍然很谨慎。”为什么使用比特币对发展中国家的个人和企业比对美国的个人和企业更有吸引力？

资料来源：Michael J. Casey and Paul Vigna, “Interest in Bitcoin Grows on Wall Street”, *Wall Street Journal*, March 29, 2015.

2.12 美国的1美分硬币主要是用锌铸造的。在近些年里，有好些时期的锌价很高，美国财政部铸造1美分硬币的成本超过了1美分。当前流通的1美分数量约为14亿。芝加哥联邦储备银行的经济学家弗朗索瓦·维尔德（Francois Velde）提议让现在的1美分变为5美分。如果美国财政部采纳了他的这个建议，这对M1的数值将产生什么影响？这一变化会对经济造成重大影响吗？（提示：根据本章给出的信息，当前M1的数值是多少？）

资料来源：Austan Goolsbee, “Now That a Penny Isn't Worth Much, It's Time to Make It Worth 5 Cents”, *New York Times*, February 1, 2007.

□ 16.3 银行如何创造货币？

总结

在银行的资产负债表中，准备金和贷款是资产，存款则是负债。准备金是银行保留而没有被贷出或投资的存款。法定准备金是法律规定银行必须持有的准备金。银行按规定持有的准备金与存款的比例被称为法定准备金率。银行超过法定要求而持有的准备金叫作超额准备金。当一家银行吸收存款时，它只把其中一小部分资金作为准备金持有，把剩余的作为贷款发放出去。在发放贷款时，银行增加了借款人的支票账户余额。当借款人使用银行贷款开具支票购物时，卖方将这张支票存入他的银行账户中。卖方的银行也会把部分存款作为准备金持有，将剩余的贷出。这一过程一直继续下去，直至所有银行都没有超额准备金。以这样的方式，银行发放新贷款的过程增加了支票账户余额和货币供给的数量。这种创造货币的过程可以使用T形账户说明，它是一个简化的资产负债表，只显示了一笔交易对银行资产负债表的影响。简单存款乘数是银行创造的存款与新准备金的比值。简单存款乘数的表达式是$1/RR$。

复习题

3.1 一家代表性银行最大的资产和负债各是什么？

3.2 假定你决定从支票账户中取100美元现金。画一个T形账户表示这笔交易对你的银行的资产负债表的影响。

3.3 我们说银行创造货币，这指的是什么？

3.4 写出简单存款乘数公式。如果法定准备金率是20%，那么银行准备金增加20 000美元会导致支票账户存款最多增加多少？增加的存款数量有可能达到这个最大值吗？请简要解释。

问题与应用

3.5 在2007—2009年金融危机之后，美国通过了《华尔街改革和消费者保护法案》（也被称为《多德-弗兰克法案》）。该法案增加了对银行体系的监管，2010—2015年期间美国只有1家新银行开业。根据《华尔街日报》上的一篇文章，“立法者对新银行的缺乏很担心，因为大部分农业贷款和小企业贷款都是小银行发放的。”为什么农场主和小企业比大企业更有可能依赖银行融资呢？

资料来源：Ryan Tracy, “A Local Bank in Amish Country Flourishes amid Dearth of Small Lenders”, *Wall Street Journal*, March 29, 2015.

3.6 下面的话摘自一篇关于社区银行的文章：“它们的商业贷款业务的资金来源是稳定的存款，商业贷款业务使它们一直能稳定盈利。”什么是商业贷款？在何种意义上贷款的“资金来源”是存款？

资料来源：Karen Richardson, “Clean Books Bolster Traditional Lenders”, *Wall Street Journal*, April 30, 2007.

3.7 [与16.3.1节中的“建立联系”专栏有关] 在一篇报纸专栏文章里，作者迪莉娅·埃夫龙（Delia Ephron）描述了与一位有大量年利率高达18%的信用卡债务的朋友的对话。那位朋友担心如何偿还债务。埃夫龙在银行的定期存单每月只赚0.4%的利息。她想把定期存单上的钱取出来，然后借给她的朋友，这样她的朋友就能还清信用卡债务了：“因此，我想所有只赚0.4%利息的人都可以以0.5%的利率把钱借给朋友……我的朋友将摆脱债务，而我将每月赚0.5%而不是0.4%的利息。”为什么更多的人不把他们的储蓄借给别人而是放在利率很低的银行账户上呢？

资料来源：Delia Ephron，“Banks Taketh，but Don't Giveth”，*New York Times*，January 27，2012.

3.8 ［与 16.3.1 节中的“建立联系”专栏有关］一位经济学家对给次级借款人发放个人贷款的银行面临的情况如此评论道：“你得充分意识到为消费者提供服务和被认为占他们便宜之间的权衡。”如果银行向次级借款人收取的贷款利率高于优质借款人，银行是在占次级借款人的便宜吗？请简要解释。

资料来源：Ianthe Jeanne Dugan and Telis Demos，“New Lenders Spring Up to Cater to Subprime Sector”，*Wall Street Journal*，March 5，2014.

3.9 假定德娅（Deja）拥有一家麦当劳的特许经营店。她决定把她餐厅的支票账户换到富国银行，这导致了如下 T 形账户所示的变化。如果法定准备金率是 0.1，即 10%，且富国银行目前没有超额准备金，那么，作为这笔交易的结果，富国银行能够最多发放多少贷款？

富国银行

资产		负债
准备金	+100 000 美元	存款 +100 000 美元

3.10 考虑某银行简化的资产负债表：

资产		负债	
准备金	10 000 美元	存款	70 000 美元
贷款	66 000 美元	股东权益	6 000 美元

a. 如果法定准备金率是 0.10 即 10%，银行持有了多少超额准备金？

b. 银行最多能增加发放多少贷款？

c. 如果银行增发了问题 b 中的贷款，说明该行为对银行资产负债表的即期影响。

3.11 ［与 16.3.3 节中的“不要犯这样的错误！”专栏有关］请简要解释你是否同意以下说法：“资产是人们拥有的有价值的东西。负债就是债务。所以，银行总是将支票账户存款视为资产，将汽车贷款视为负债。”

3.12 ［与例题 16.3 有关］假定你向你在美国银行一家分行的支票账户中存入 2 000 美元现金，假设当你存款时，该银行并没有超额准备金。同时假设法定准备金率是 0.20 即 20%。

a. 运用 T 形账户说明这笔交易对美国银行资产负债表的初始影响。

b. 假定美国银行利用你的存款发放尽可能多的贷款。运用 T 形账户，说明发放贷款对美国银行资产负债表的初始影响。同时把问题 a 中的交易包括在这个 T 形账户中。

c. 现在假定在问题 b 中得到这笔贷款的人开出一张等额支票，拿到支票的人将这笔钱存入花旗银行分行。说明在支票结算后，这些交易对美国银行和花旗银行资产负债表的影响。（同时把问题 a 和问题 b 中的交易包括在美国银行的 T 形账户中。）

d. 你的 2 000 美元存款最多可以增加多少支票账户存款？货币供给的最大增加量是多少？请解释。

□ 16.4 联邦储备体系

总结

美国实行部分准备金银行制度，即银行把低于 100%的存款作为准备金。在银行挤兑中，许多储户同时决定从银行取款。在银行业恐慌中，许多银行同时经历着挤兑。联邦储备体系（“美联储”）是美国的中央银行。它于 1913 年建立，最初是为了阻止银行业恐慌。2007—2009 年的衰退重新强调了美联储对金融市场稳定的作用。货币政策是美联储为了实现宏观经济政策目标而采取的管理货币供给和利率的行动。公开市场操作、贴现政策和准备金要求是美联储的三种货币政策工具。公开市场操作是美联储买卖国债的行为。美联储向银行发放的贷款叫作贴现贷款，美联储收取的贴现贷款的利率叫作贴现率。联邦公开市场委员会（FOMC）每年在华盛顿召开 8 次会议，讨论货币政策。在过去 25 年里，“影子银行体系”发展起来了。在 2007—2009 年的金融危机中，影子银行体系的存在使美联储的政策反应变得更加复杂了。证券是能在金融市场中买卖的股票、债券等金融资产。证券化的过程建立了一个二级金融市场，被打包在一起的贷款能够在其中进行买卖，就像公司和政府债券一样。

复习题

4.1 为什么国会在 1913 年决定建立联邦储备体系？

4.2 美联储运用哪些政策工具来控制货币供给？哪个工具是最重要的？

4.3 为什么美联储在公开市场购买国债会增加银行准备金？为什么美联储在公开市场出售国债

会减少银行准备金？

4.4 什么是“影子银行体系”？为什么影子银行体系中的金融企业在面对银行挤兑时，比商业银行更加脆弱？

问题与应用

4.5 在《华尔街日报》上的一篇文章里，来自得克萨斯州的国会议员凯文·布拉迪（Kevin Brady）说，“（在1913年，）为了让国会通过《联邦储备法案》，威尔逊总统不得不保持来自东北部的议员的支持，同时说服来自南部和西部的民主党议员相信这个法案不会只创建一个单一的中央银行。威尔逊的天才般的解决方案是联邦制。”解释布拉迪议员说威尔逊总统使用“联邦制”来说服国会通过《联邦储备法案》是指什么。

资料来源：Kevin Brady, “How the Fed’s East Coast Tilt Warps Monetary Policy”, *Wall Street Journal*, June 4, 2015.

4.6 假定美联储通过增加第一国民银行（FNB）在美联储的账户余额，向其发放了1 000万美元的贴现贷款。

a. 运用T形账户，说明这笔交易对FNB资产负债表的影响。注意，银行存在美联储账户中的资金是它准备金的一部分。

b. 假设在收到这笔贴现贷款前，FNB没有超额准备金。在这1 000万美元中，FNB最多能发放多少贷款？

c. 美联储的这笔贴现贷款最终能使货币供给最多增加多少？假设法定准备金率是10%。

4.7 《纽约时报》上的一篇文章说：“日本的中央银行——日本银行——正在通过购买政府债券创造大量货币。”中央银行通过购买债券如何能“创造货币”？政府难道不是通过印钞创造货币吗？请简要解释。

资料来源：Jonathan Soble, “Japan’s Economy Expands, but Less Than Expected”, *New York Times*, February 15, 2015.

4.8 假定美联储通过公开市场出售卖出了2 500万美国国债给银行。填充如下的美联储和银行体系的T形账户。

美联储

资产		负债	
____	−2 500万美元	准备金	−2 500万美元

银行体系

资产		负债
国债	+2 500万美元	
____	−2 500万美元	

4.9 在2008年6月的一次演讲中，时任纽约联邦储备银行总裁后来任美国财政部长的蒂莫西·盖特纳说道：

> 在繁荣时期，金融体系结构发生了根本性的改变……非银行金融体系迅速膨胀……这种与银行体系并行的金融体系中的机构面对传统意义上的挤兑非常脆弱，但是银行体系现行的能够降低挤兑风险的存款保险等保障制度无法对其提供保护。

a. 盖特纳提到的“非银行金融体系”指的是什么？

b. 什么是“传统意义上的挤兑”，为什么非银行金融体系中的机构面对这种挤兑非常脆弱？

c. 为什么存款保险制度能为银行体系提供抵御挤兑的保护？

资料来源：Timothy F. Geithner, “Reducing Systemic Risk in a Dynamic Financial System”, Remarks at the Economics Club of New York, June 9, 2008.

4.10 《华尔街日报》上的一篇关于影子银行体系的文章包含了如下评论：“如果投资者像羊群一样同时逃离市场，那么，资产价格就会暴跌，市场会面临融资问题。”为什么投资于（比如说）货币市场共同基金的人在听到关于该基金的投资的坏消息时比银行储户听到关于银行的投资的坏消息时更有可能“逃离市场”？

资料来源：Ian Talley, “IMF Warns (Again) of Growing Shadow-Banking Risks”, *Wall Street Journal*, April 8, 2015.

4.11 《华尔街日报》2015年的一篇文章报道说，中国人民银行——中国的中央银行——“正在通过降低银行必须持有的准备金数量释放现金”。中国人民银行使用的是什么货币政策工具？在何种意义上，这一政策变动“释放了现金”？中国人民银行希望这一政策措施产生什么结果？

资料来源：Lingling Wei, “China Central Bank Checks Europe Playbook on Credit”, *Wall Street Journal*, April 19, 2015.

□ 16.5 货币数量论

总结

数量方程将货币供给与价格水平联系在一起，

方程形式为$M \times V = P \times Y$，其中M是货币供给，V是货币流通速度，P是价格水平，Y是实际产出。货币流通速度指的是货币供给中每一美元当年被使用的平均次数。经济学家欧文·费雪建立了货币数量论，该理论假设货币流通速度恒定。如果货币数量论是正确的，那么通货膨胀率将等于货币供给增长率减去实际产出增长率。因为货币流通速度并不是常数，所以货币数量论并不完全正确。但是，货币数量论的观点"在长期，货币供给增长快于实际 GDP 增长就会导致通货膨胀"是正确的。当政府试图通过向中央银行大量出售债券来筹措收入时，货币供给会迅速增长，导致高通货膨胀率。

复习题

5.1　什么是货币数量论？货币数量论对通货膨胀提供了什么解释？

5.2　货币数量论能更好地解释长期通货膨胀率还是短期通货膨胀率？请简要解释。

5.3　什么是恶性通货膨胀？为什么有时政府允许恶性通货膨胀的发生？

问题与应用

5.4　如果货币供给以每年 6%的速度增长，实际 GDP 以每年 3%的速度增长，货币流通速度保持不变，那么通货膨胀率是多少？如果货币流通速度以每年 1%的速度增加而不是保持不变，通货膨胀率是多少？

5.5　如果一国货币供给增加时货币流通速度不变，名义 GDP 必然会增加吗？实际 GDP 呢？请简要解释。

5.6　在 2010—2014 年期间，M1 的平均年增长率为 12.7%，而用 GDP 平减指数衡量的通货膨胀率平均为 1.8%。这些数值与数量方程一致吗？如果你需要额外的信息才能回答，说出那是什么信息。这些数值与货币数量论一致吗？请简要解释。

资料来源：The Federal Reserve Bank of St. Louis.

5.7　《美国自由新闻》(*American Free Press*)上的一篇文章援引英国约克大学的彼得·斯彭斯(Peter Spencer)教授的话说："印钞可以拒狼（通货紧缩）于门外。"这篇文章同时引用了伦敦《每日电讯报》(*The Telegraph*)作家安布罗斯·埃文斯-普里查德(Ambrose Evans-Pritchard)的说法："通货紧缩拥有一些阴险的特质。它使消费者迟疑。一旦这种心理占据支配地位，就会逐渐形成自反馈的螺旋，难以停止。"

a. 什么是通货紧缩？

b. 斯彭斯教授所说的"印钞可以拒狼（通货紧缩）于门外"是什么含义？

c. 通货紧缩为什么能造成"消费者迟疑"？埃文斯-普里查德所说的"一旦这种心理占据支配地位，就会逐渐形成自反馈的螺旋，难以停止"是什么含义？

资料来源：Doug French，"We Should Celebrate Price Deflation"，*American Free Press*，November 17，2008.

5.8　美国南北战争期间，美国南方联盟印制了大量自己的货币——联盟美元——来筹集战争资金。到战争结束时，联盟政府已发行了近 15 亿纸币美元。如此大量的联盟美元对其自身的价值有什么影响？随着战争结束，南方的人们还会像以前那样愿意使用和接受联盟美元吗？他们还可以怎样买卖商品？

资料来源：Federal Reserve Bank of Richmond，"Textual Transcript of Confederate Currency".

5.9　《经济学人》上的一篇文章指出，委内瑞拉政府的大规模预算赤字"导致货币供给在两年时间里几乎增加到了原来的四倍，并导致了世界上最高的通货膨胀率，一年超过 60%"。

a. 为什么大规模预算赤字会导致委内瑞拉的货币供给增加得如此快？

b. 如果货币供给每年增加 150%（或两年增加 300%）而通货膨胀率为 60%，那么，委内瑞拉的货币流通速度必然发生了什么变化？

资料来源："Of Oil and Coconut Water"，*Economist*，September 20，2014.

5.10　[与 16.5.4 节中的"建立联系"专栏有关] 在德国 20 世纪 20 年代的恶性通货膨胀时期，许多德国的家庭和企业在经济上遭受了重创。你认为德国哪部分人从这次恶性通货膨胀中获益了？请简要解释。

实时数据练习

D16.1　(M1 的组成部分) 访问圣路易斯联邦储备银行 (FRED) 的网站 (research.stlouisfed.org/fred2/)，找到以下四个变量最新的数值：(1) M1 货币存量 (M1)；(2) M1 的通货组成部分 (CURRENCY)；(3) 支票存款总额 (TCD)；(4) 未清偿旅行者支票 (WTCSL)。M1 的哪个组成部分最大？哪个最小？

D16.2　(根据 M2 的数据计算 M1) 访问圣路易斯联邦储备银行 (FRED) 的网站 (research.

stlouisfed. org/fred2/)，找到以下四个变量最新的数值：(1) M2 货币存量 (M2)；(2) 所有存款机构的储蓄存款总额 (SAVINGS)；(3) 零售货币基金 (WRMFSL)；(4) 小额定期存款总额 (WSMTIME)。

a. 利用这些数据，计算 M1 的数值。

b. 什么是零售货币基金？它们占 M2 的百分之多少？

c. 如果家庭把资金从储蓄账户转移到支票账户，M1 和 M2 的数值会发生什么变化？

D16.3 (M1 和 M2 之间的关系) 访问圣路易斯联邦储备银行 (FRED) 的网站 (research. stlouisfed. org/fred2/)，找到 M1 货币存量 (M1SL) 和 M2 货币存量 (M2SL) 最近一个月的数值以及 5 年前和 10 年前同一个月的数值。

a. 利用这些数据，计算每年 M1 占 M2 的比例。

b. 解释这个比例随着时间的推移是增加了、减少了还是保持不变。对于你观察到的变化，你能想出一个解释吗？

D16.4 (数量方程) 访问圣路易斯联邦储备银行 (FRED) 的网站 (research. stlouisfed. org/fred2/)，找到以下三个变量最新的数值和 1985 年同一季度的数值：(1) 名义 GDP (GDP)；(2) M1 货币存量的流通速度 (M1V)；(3) M2 货币存量的流通速度 (M2V)。

a. 利用这些数据，计算这两个时期 M1 和 M2 的数值。

b. 描述在这两个季度里 M1 的流通速度和 M2 的流通速度有何不同。

D16.5 (应用数量方程) 访问圣路易斯联邦储备银行 (FRED) 的网站 (research. stlouisfed. org/fred2/)，找到以下三个变量最新的数值和 10 年前同一季度的数值：(1) 实际 GDP (GDPC1)；(2) GDP 平减指数 (GDPDEF)；(3) M2 货币存量 (M2SL)。

a. 利用这些数据，计算这 10 年期间实际 GDP 和 M2 的平均年变化率。

b. 如果我们假设在此期间货币流通速度不变，那么，平均年通货膨胀率是多少？

c. 利用 GDP 平减指数的数据，计算这 10 年期间的平均年通货膨胀率。

d. 利用问题 b 和 c 的答案，讨论在此期间货币流通速度必然发生了什么变化。

D16.6 (应用数量方程) 访问圣路易斯联邦储备银行 (FRED) 的网站 (research. stlouisfed. org/fred2/)，找到实际 GDP (GDPC1) 最新的数值和 8 年后同一季度潜在的实际 GDP 数值 (GDPPOT)。

a. 假设 8 年后那个季度的实际 GDP 等于潜在 GDP，利用这些数据计算这 8 年期间实际 GDP 的平均年增长率。

b. 如果在这 8 年期间货币流通速度不变且年通货膨胀率平均为 2%，那么，M1 的增长率得是多少？请简要解释。

c. 假定 M1 以这个增长率增长，但是这 8 年期间的真实通货膨胀率超过 2%。关于这一期间的货币流通速度，你可以得出什么结论？

第 17 章

货币政策

本章概览和学习目标

17.1 什么是货币政策？

定义货币政策，描述美联储的货币政策目标。

17.2 货币市场和美联储货币政策中间目标的选择

描述美联储的货币政策中间目标，解释扩张性和收缩性货币政策如何影响利率。

17.3 货币政策和经济活动

运用总需求和总供给图形来显示货币政策对实际 GDP 和价格水平的影响。

17.4 运用动态总需求-总供给模型分析货币政策

运用动态总需求-总供给模型来分析货币政策。

17.5 美联储货币政策中间目标设定的进一步探究

描述美联储货币政策中间目标的设定。

17.6 2007—2009 年衰退期间美联储的政策

描述在 2007—2009 年衰退期间美联储使用的政策。

开篇案例

为什么银行贷款名义利率为负？

2015 年，欧洲的一些银行正处于一种异常的、不受它们欢迎的状况：它们收到的贷款名义利率为负。也就是说，银行非但不能从借款人那里收到利息，反而不得不给借款人支付利息。西班牙的一位借款人炫耀地说："我要给我的银行账单装框，它显示西班牙洲际银行因为我的抵押贷款而给我付利息。那是金融上的历史性事件。"为什么银行会付给借款人钱呢？答案是，这些贷款的利率不是固定的，而是根据短期利率调整的，而短期利率又取决于欧洲的中央银行采取的行动。当其中一些利率变成负的时，银行不得不自动让一些抵押贷款的利率也变成负的。

当包括美联储在内的中央银行竭力帮助本国经济走出严重的、世界性的 2007—2009 年的衰退时，它们将利率推到了历史上的低水平。在实施货币政策时，美联储常常集中于联邦基金利率，它是银行间短期借贷的利率。2008 年 12 月，美联储将其联邦基金利率目标降低到几乎为零，并维持在该水平近 7 年时间。

2015 年秋季，对美联储主席珍妮特·耶伦何时提高联邦基金利率目标和提高多少的预测成为许多商界人士、政策制定者和经济学家关注的焦点。这种关注表明美联储主席比美国总统对美国经济更加重要吗？大部分经济学家会回答说"是的"。总统可以采取行动影响经济，但大部分政策的推行需要事先得到国会的批准。相反，美联储的结构赋予了美联储主席对货币政策很大的控制权。结果，美联储主席对经济的影响常常比总统要大。

欧洲银行给借款人支付利息是关于中央银行政策可以如何影响企业的一个引人注目的例子。销售耐用品的企业，如托尔兄弟公司等住宅建造企业和福特汽车公司等汽车生产商，也直接受到利率变动的影响，因为它们的客户常常要借钱来购买这些商品。由于利率的变动导致总需求变动，所以，其他企业受到利率变动的间接影响。毫不令人奇怪，许多企业仔细观察美联储，试图捕捉利率可能上升还是下降的信号。

在本章，我们将学习美联储实施的货币政策是如何影响 GDP、就业和通货膨胀的。

资料来源：Patricia Kowsmann and Jeannette Neumann, "Tumbling Interest Rates in Europe Leave Some Banks Owing Money on Loans to Borrowers", *Wall Street Journal*, April 13, 2015; and Min Zeng, "Government Bond Yields Turn Negative", *Wall Street Journal*, January 14, 2015.

生活中的经济学

衰退期间应该购买住房吗？

想象几年后你可能结婚甚至有了孩子。在租住了几年公寓后，你决定购买一栋房子。但是，你当时正好读了《华尔街日报》上的一篇文章，该文说，多数经济学家预测衰退可能即将来临。你应该做什么？这是购房的好时机还是坏时机？在阅读本章的过程中，试着回答这些问题。对照我们在本章末提供的答案，你可以检验你的答案。

在第 16 章中我们看到，银行在为家庭和企业提供贷款以及创造支票账户存款这种形式的货币方面都扮演着重要的角色。我们也看到，国会建立了联邦储备体系来稳定金融体系，美联储肩负管理货币供给的职责。在本章中，我们将讨论美联储的主要政策目标。我们还将探究美联储为实现其目标如何决定选择何种货币政策措施。

17.1 什么是货币政策？

1913 年，国会通过了《联邦储备法案》，建立了联邦储备体系（“美联储”）。当时，美联储的主要职责是向银行提供贴现贷款以防止出现第 16 章中所讨论的银行业恐慌。在 20 世纪 30 年代的大萧条后，国会修正了《联邦储备法案》，给予联邦储备理事会更广泛的职责：积极行动“以有效地推动最高就业、稳定的价格以及适度的长期利率等目标的实现”。

自第二次世界大战以来，美联储实行了积极的货币政策。**货币政策**（monetary policy）是指美联储为了实现宏观经济政策目标而采取的管理货币供给和利率的行动。

17.1.1 货币政策的目标

为了促进经济的良好运行，美联储有如下四个主要的货币政策目标：

（1）价格稳定；

（2）高就业；

（3）金融市场和金融机构的稳定；

（4）经济增长。

下面我们简单分析这些目标。

价格稳定。价格上升降低了货币作为交换媒介和价值储藏手段的有用性。特别是在 20 世纪 70 年代通货膨胀出乎意料地大幅上升后，大多数工业化国家的政策制定者都将价格稳定作为一个重要的政策目标。图 17.1 表明，从 20 世纪 50 年代早期至 1968 年，通货膨胀率每年都保持在 4%以下。在 20 世纪 70 年代后期和 80 年代早期的几年里，通货膨胀率上升到超过了 10%。在 1992 年后，通货膨胀率通常低于 4%。2007—2009 年衰退导致 2009 年上半年出现了几个月的通货紧缩，即价格水平下降。衰退后复苏的缓慢导致 2015 年上半年又出现了 3 个月的通货紧缩。

1979—1981 年的通货膨胀率是美国和平年代经历的最高水平。当 1979 年 8 月保罗·沃尔克（Paul Volcker）成为美联储主席后，他将反通货膨胀定为首要政策目标。后来的美联储主席继续关注通货膨胀，认为如果通货膨胀在长期处于低水平，价格体系就能更有效地配置资源，美联储就拥有增加总需求以对抗衰退所需的灵活性。虽然 2007—2009 年衰退的严重程度导致美联储采取了非同寻常的政策措施（我们将在本章后面讨论），但是价格稳定仍是美联储的一个重要政策目标。

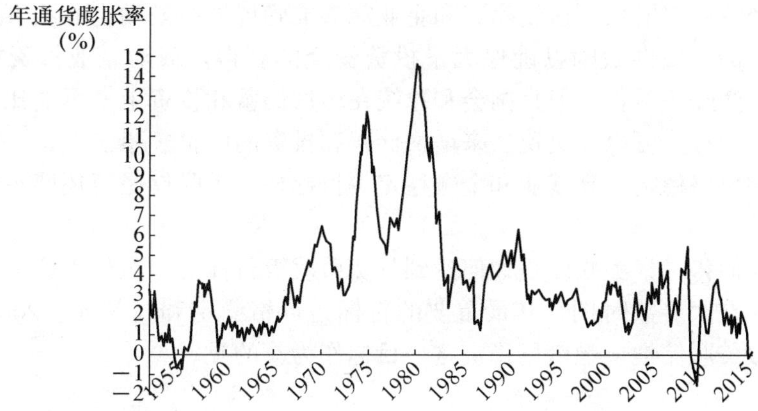

图 17.1　美国 1952 年 1 月—2015 年 6 月的通货膨胀率

在 20 世纪 50 年代和 60 年代的大部分年份中，美国的通货膨胀率都为 4%或更低。在 20 世纪 70 年代，通货膨胀率上升，在 1979—1981 年达到最高，平均超过了 10%。1992 年后，通货膨胀率通常低于 4%，直至 2008 年夏季石油价格上涨将其推至 5%以上。衰退的影响造成 2009 年上半年出现了几个月的通货紧缩，即价格水平下降。衰退后复苏的缓慢导致 2015 年上半年又出现了 3 个月的通货紧缩。

注：通货膨胀率是按消费者价格指数（CPI）与上年同月份相比的百分比变动计算的。

资料来源：Federal Reserve Bank of St. Louis.

高就业。除了价格稳定之外，高就业（即低失业率）也是一个重要的货币政策目标。工人失业和厂房、办公楼的不充分利用都会使 GDP 低于潜在水平。失业使得没有工作的工人陷入经济窘境，损害了他们的自尊心。高就业不仅是美联储的目标，也是联邦政府其他部门的目标。在第二次世界大战结束后，国会通过了 1946 年《就业法案》(Employment Act)，该法案规定："联邦政府的职责是……培育和创造条件，为那些能够工作、愿意工作并且积极寻找工作机会的工人提供有用的就业机会，促进最高的就业、生产和购买力。"因为价格稳定和高就业在《就业法案》中被明确提到，所以有时称美联储对这两个目标具有双重使命。

金融市场和金融机构的稳定。企业在设计、开发、生产和营销它们的产品时常常需要借入资金。为买房、子女教育和自己退休养老等做准备的储蓄者则在寻找能够增加其储蓄价值的金融投资机会。美联储促进金融市场和金融机构的稳定，以便资金能够有效地从储蓄者手中流动到借款人手中。正如我们在第 16 章中所见，2007—2009 年金融危机使得金融市场稳定的问题成为关注的焦点。

2007—2009 年金融危机与促使国会于 1913 年建立联邦储备体系的银行危机相似。但是一个关键区别是，以前的银行危机影响的是商业银行，而 2007—2009 年的金融危机也影响了投资银行和影子银行体系中的其他金融企业。投资银行、货币市场共同基金和其他金融企业可能会遭遇流动性问题，因为它们经常利用短期借款（有时短到隔夜）投资于长期证券。就像商业银行在储户开始提取资金时可能经历危机一样，如果投资者停止提供短期贷款，投资银行和其他金融企业也会经历危机。2008 年，美联储采取了一些措施来缓解这些金融企业面临的流动性问题，原因是美联储认为这些问题正在增加这次衰退的严重程度。在 17.6 节，我们将更详细地讨论美联储为了帮助处理金融危机而颁布的新政策。

经济增长。我们在第 14 章中讨论了经济增长对于提高生活水平的重要性。政策制定者致力于鼓励经济稳定增长，这使家庭和企业能够准确规划并鼓励企业从事维持增长所需的投资。通过给储蓄提供激励以确保大量投资资金的获得，或对企业投资提供直接的激励，政策都能刺激经济增长。但是国会和总统在增加储蓄和投资上，可能比美联储更有能力。例如，国会和总统可以变更税法来增加储蓄和投资的回报。事实上，一些经济学家质疑，除试图达到价格稳定、高就业和金融稳定等目标外，美联储是否还能在促进经济增长中发挥作用。

在下一节我们将考察美联储是如何达到其货币政策目标的。虽然美联储有多种货币政策目标，但是，在大多数时期，其最重要的目标是价格稳定和高就业。2007 年开始的金融市场混乱导致美联储把金融市场稳定这一目标作为新的重点。

17.2 货币市场和美联储货币政策中间目标的选择

美联储运用政策工具来实现其货币政策目标。回忆一下，美联储的政策工具是公开市场操作、贴现政策——向银行发放贴现贷款和改变这些贷款的贴现率——和准备金要求的变动。有些时候，美联储的政策目标之间存在冲突。例如，正如我们在本章后面会讨论的，美联储能够提高利率来降低通货膨胀率。但是，更高的利率常常会减少家庭和企业的支出，这可能造成经济增速放缓和失业增加。所以，一项旨在实现某一货币政策目标（如降低通货膨胀率）的政策可能使另一政策目标（如高就业）更难实现。

□ 17.2.1 货币政策中间目标

美联储试图同时保持低失业率和低通货膨胀率，但是它不能直接影响其中任何一个经济变量。美联储不能告诉企业雇用多少员工，或为它们的产品制定什么价格。相反，美联储运用被称为货币政策中间目标的变量。美联储能够直接影响货币政策中间目标，反过来这些变量又会影响诸如实际 GDP、就业和价格水平等与美联储的政策目标密切相关的变量。货币供给和利率是两个主要的货币政策中间目标。正如我们将会看到的，美联储一般使用利率作为政策中间目标。

记住：虽然美联储通常使用货币供给和利率作为中间目标，但是，在 2007—2009 年衰退期间，这些目标并不是美联储政策决策的中心。正如我们在 17.6 节将会讨论的，因为美国金融市场遭受了自 20 世纪 30 年代大萧条以来从未有过的混乱，所以美联储被迫开发新的政策工具。但是，理解美联储在正常时期如何执行政策仍很重要。

□ 17.2.2 货币需求

美联储的两大货币政策中间目标是相关的。为了理解这种关系，我们首先需要考察货币市场，它把货币的需求与供给汇聚在一起。图 17.2 显示了货币的需求曲线。纵轴代表利率，横轴代表货币数量。这里我们使用货币的 M1 定义，它等于通货加上支票账户存款。注意货币的需求曲线向下倾斜。

要理解为什么货币的需求曲线向下倾斜，考虑到家庭和企业可以在持有货币和其他金融资产（如美国短期国债）之间进行选择。在进行选择时，家庭和企业考虑如下事实：

- 货币有一个特别合意的特点：你可以用它购买商品、服务或金融资产。
- 货币同时有一个不合意的特点：它不能赚取利息或只能赚取极低的利息。

你钱包中的现金不能赚取利息，你支票账户中的货币也不能赚取利息或只能赚取极低的利息。货币的替代品（如美国短期国债）支付利息，但是当你需要使用资金购物时，必须将其出售出去。当美国短期国债等金融资产的利率上升时，家庭和企业因持有货币而损失的利息增加。当利率下降时，家庭和企业因持有货币而损失的利息减少。记住机会成本是你为了从事一项活动必须放弃的东西的价值。利率是持有货币的机会成本。

我们现在可以解释为什么货币的需求曲线向下倾斜：当短期国债或其他金融资产的利率较低时，持有货币的机会成本较低，所以家庭和企业的货币需求量较大；当利率较高时，持有货币的机会成本较高，所以货币需求量较小。在图 17.2 中，当利率从 4%下降至 3%时，家庭和企业的货币需求量从 9 000 亿美元上升至 9 500 亿美元。

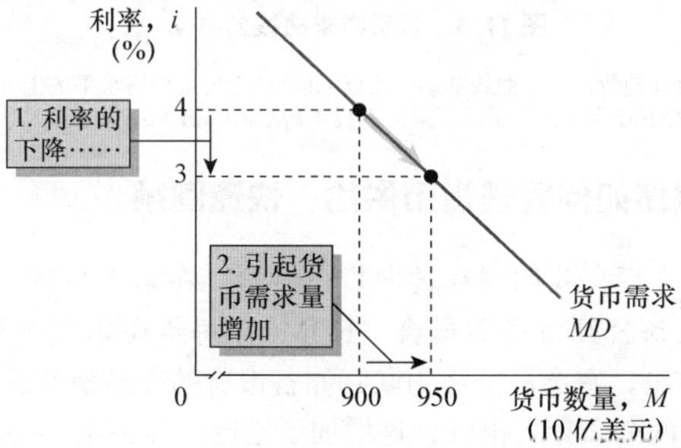

图 17.2　货币需求

货币需求曲线向下倾斜是因为利率下降导致家庭和企业从持有美国短期国债等金融资产转为持有货币。在其他因素保持不变的条件下，当利率从 4%下降至 3%时，货币需求量从 9 000 亿美元增加至 9 500 亿美元。利率上升将使货币需求量减少。

□ 17.2.3　货币需求曲线的移动

我们在第 3 章中看到，当绘制某商品的需求曲线时，我们假设除价格外其他影响消费者购买商品的意愿的变量保持不变。当除价格外的其他变量变动时，需求曲线将会移动。类似地，当绘制货币的需求曲线时，我们假设除利率外其他影响家庭和企业持有货币的意愿的变量保持不变。当除利率外的其他变量变动时，需求曲线将会移动。两个造成需求曲线移动的最重要的变量是实际 GDP 和价格水平。

图 17.3 显示了货币曲线需求的移动。实际 GDP 的增加意味着商品和服务的买卖量将会增加。额外的买卖量增加了对货币作为交易媒介的需求，所以，在每一利率水平下家庭和企业愿意持有的货币量增加，从而货币需求曲线向右移动。实际 GDP 的降低使得每一利率水平下的货币需求量减少，从而货币需求曲线向左移动。价格水平升高使得给定数量的买卖所要求的货币量增加。例如，80 年前，当价格水平低得多时，某人可以用 500 美元购买一辆新车，30 美元的周薪就会使你成为中产阶级，即使对当时更低的实际 GDP 和更少的人口规模的影响做出调整后，家庭和企业需要的货币量也比今天少得多。价格水平上

升使得每一利率水平下家庭和企业的货币需求量增加，从而货币需求曲线向右移动。价格水平下降使得每一利率水平下的货币需求量减少，从而货币曲线需求向左移动。

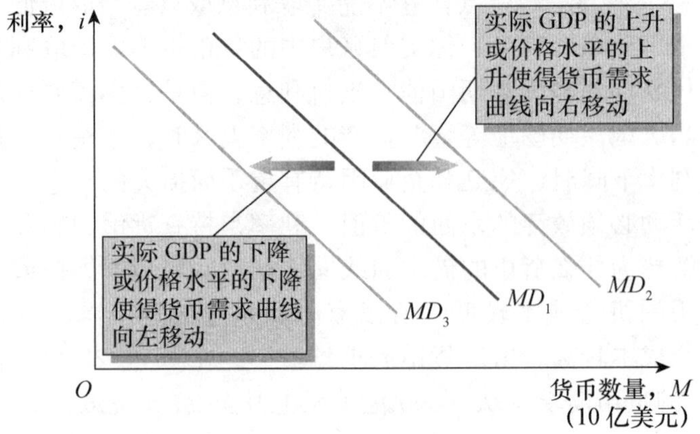

图 17.3　货币需求曲线的移动

实际 GDP 或价格水平的变动使货币需求曲线移动。实际 GDP 的上升或价格水平的上升使得货币需求曲线由 MD_1 向右移动至 MD_2。实际 GDP 的下降或价格水平的下降使得货币需求曲线由 MD_1 向左移动至 MD_3。

□ 17.2.4　美联储如何管理货币供给：快速回顾

在讨论了货币需求之后，我们现在转向货币供给。在第 16 章中，我们知道了美联储如何管理货币供给。联邦公开市场委员会（FOMC）每年在华盛顿召开 8 次会议。如果 FOMC 决定增加货币供给，它会命令纽约联邦储备银行的交易柜台买入美国国债。国债的卖家将其从美联储获得的资金存入银行，这增加了银行的准备金。一般地，银行将其大部分准备金作为贷款发放出去，这创造了新的支票账户存款，增加了货币供给。如果 FOMC 决定减少货币供给，它会命令该交易柜台出售国债，这减少了银行的准备金，进而减少了货币供给。

□ 17.2.5　货币市场均衡

在图 17.4 中，我们同时包括了货币需求曲线和货币供给曲线。我们可以运用这个图形来理解美联储是如何影响货币供给和利率的。为了简化问题，我们假设美联储有能力完全控制货币供给。在这个假设下，货币供给曲线是一条垂直线，利率的变化对货币供给量没有任何影响。和其他市场一样，货币市场的均衡发生在货币供给曲线与货币需求曲线的交点。如果美联储增加货币供给，货币供给曲线将向右移动，均衡利率将下降。在图 17.4 中，当美联储把货币供给从 9 000 亿美元增加至 9 500 亿美元时，货币供给曲线从 MS_1 向右移动至 MS_2，均衡利率从 4%下降至 3%。

在货币市场中，从一个均衡调整到另一个均衡的过程与商品市场中的调整略有不同。在图 17.4 中，货币市场起初处于均衡状态，利率是 4%，货币供给是 9 000 亿美元。当美联储将货币供给增加 500 亿美元后，家庭和企业持有的货币量超过在 4%的利率水平下它们想持有的数量。家庭和企业如何处理这多余的 500 亿美元？它们最有可能用这笔钱购买短期金融资产，比如美国短期国债，或者将钱存入付息的银行账户中，如定期存单。付息银

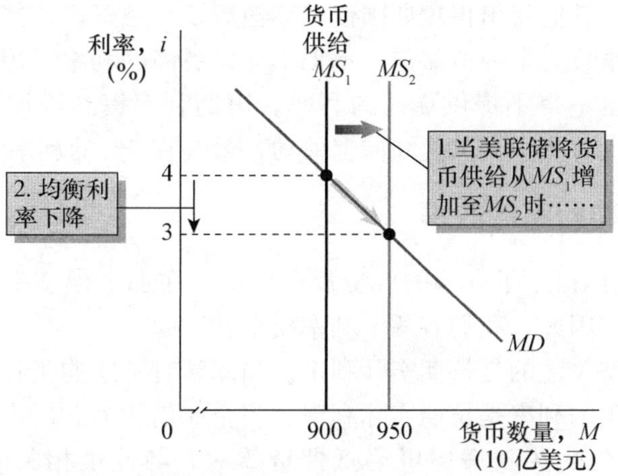

图 17.4　美联储增加货币供给对利率的影响

当美联储增加货币供给时，家庭和企业最初持有的相较于其他金融资产而言的货币数量超过其需求量。家庭和企业使用它们不想持有的这部分货币购买短期国债以及存入付息的银行账户。这种需求的增加使得银行与短期国债和类似证券的出售者提供的利率降低。最终，利率将降至家庭和企业愿意持有美联储创造的额外货币的水平。在图中，货币供给从 9 000 亿美元上升至 9 500 亿美元，使得货币供给曲线从 MS_1 向右移至 MS_2，均衡利率从 4%下降至 3%。

行账户和短期金融资产需求的增加使银行能够降低定期存单的利率，而且使短期国债和类似资产的卖家降低利率。随着定期存单、短期国债和其他短期资产的利率降低，持有货币的机会成本同样降低。家庭和企业沿着货币需求曲线向下移动。最终利率下降到足以使家庭和企业愿意持有美联储创造的这额外的 500 亿美元的水平，货币市场重回均衡。总而言之，当美联储增加货币供给时，短期利率必须下降，直至家庭和企业愿意持有额外的货币为止。

图 17.5 显示了美联储降低货币供给时的情况。货币市场最初处于均衡状态，利率是 4%，货币供给是 9 000 亿美元。如果美联储将货币供给减少至 8 500 亿美元，在 4%的利率水平下，家庭和企业持有的相较于其他金融资产而言的货币量将少于它们想持有的数量。

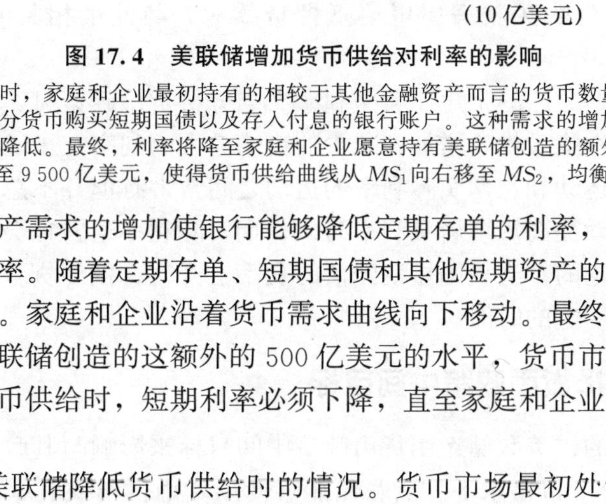

图 17.5　美联储减少货币供给对利率的影响

当美联储减少货币供给时，家庭和企业最初持有的相较于其他金融资产而言的货币量比其愿意持有的少。家庭和企业将出售短期国债和其他金融资产，以及从付息账户中取款。这些行动将提高利率。最终，利率将上升至家庭和企业愿意持有由美联储的行动导致的较少货币量的水平。在图中，货币供给从 9 000 亿美元降至 8 500 亿美元，使得货币供给曲线从 MS_1 向左移动至 MS_2，均衡利率从 4%上升至 5%。

为了增加货币持有量，它们将出售短期国债和其他短期金融资产，并从定期存单和其他付息银行账户中取款。银行为了挽留储户，不得不支付更高的利率，短期国债和类似证券的卖家为了找到买家，也不得不提供更高的利率。短期利率提高增加了持有货币的机会成本，导致家庭和企业沿着货币需求曲线向上移动，最终在5%的利率水平下重回均衡。

□ 17.2.6　两种利率的故事

在第14章中，我们讨论了利率的可贷资金模型。在那个模型中，均衡利率由可贷资金的需求和供给决定。因此，我们有两个利率模型：

(1) 可贷资金模型关注的是长期实际利率。当储蓄者考虑购买长期金融资产（如公司债券）时，与此最相关的利率是长期实际利率。当企业借款为新厂房或办公楼等长期投资项目融资时，或家庭为购买新房屋申请抵押贷款时，与此最相关的利率也是长期实际利率。

(2) 货币市场模型关注的是短期名义利率。当分析货币政策时，经济学家聚焦于短期名义利率，因为它是受货币供给增加和减少的影响最大的利率。

短期名义利率的运动和长期实际利率的运动之间常常有但并不总是有密切的联系。所以，当美联储采取行动提高短期名义利率时，长期实际利率通常也会上升。也就是说，正如我们在下一节将讨论的，当美国短期国债的利率上升时，抵押贷款的实际利率通常也将上升，尽管有时会有一定的时滞。

□ 17.2.7　选择货币政策中间目标

正如我们所看到的，美联储运用货币政策中间目标来影响与其政策目标密切相关的经济变量，如实际GDP和价格水平。美联储能够使用货币供给或利率作为货币政策中间目标。正如图17.5所示，美联储对两者都有能力施加影响。一般而言，美联储对于利率的关注超过了货币供给。1980年，国会开始允许银行给支票账户支付利息。与此同时，作为一种赚取高于银行提供的利率的途径，货币市场共同基金变得越来越受小储蓄者的欢迎。这些新情况使得一些经济学家认为美联储应该减少对M1的关注，增加对M2的关注。他们认为，M2和通货膨胀以及GDP的变化（即经济增长）之间的关系比M1和这些变量之间的关系更为稳定。但是，甚至M2和其他重要经济变量之间的关系在20世纪90年代早期也已土崩瓦解。1993年7月，时任美联储主席的艾伦·格林斯潘通知美国国会，美联储将停止使用M1或M2作为中间目标来指导货币政策的执行。相应地，美联储增加了对利率中间目标的依赖。

经济体中存在许多不同的利率。就货币政策目标而言，美联储将被称为联邦基金利率的利率作为中间目标。在考察以利率为中间目标如何能够帮助美联储实现其货币政策目标之前，我们先在下一节讨论联邦基金利率。

□ 17.2.8　联邦基金利率的重要性

回忆第16章讲过的，对于超过一定临界水平的支票账户存款，每家银行都必须将其中的10%留作准备金，要么以现金形式保存在银行中，要么存入美联储。美联储为银行的准备金存款只支付很低的利率，所以银行一般有激励将超过10%的那部分准备金作为贷款发放出去而不是存在美联储。在2007—2009年金融危机期间，由于银行打算满足取款的增加且银行不愿意为拥有极好的信用记录之外的借款人提供贷款，所以银行准备金迅速增加。在金融危机结束后的几年里，银行继续持有大量准备金存款。但是，这些情况是非同寻常的。在正常的时期，银行持有极少的超额准备金，当它们需要额外准备金时，它们通过联邦基金市场从有多余准备金的银行借款。**联邦基金利率**（federal funds rate）指的是银行对联邦基金市场的贷款相互收取的利率。这个市场的贷款期限一般极短，常常为隔夜贷款。

尽管拥有这样一个名称，但是，美联储实际上并不能设定联邦基金利率。相反，联邦基金利率是由准备金的供给和需求确定的。因为美联储能通过公开市场操作增加或减少银行准备金的供给，所以美联储能设定一个联邦基金目标利率，并且通常能非常接近达到目标。每一次会议后，FOMC都会宣布联邦基金目标利率。在图17.6中，黑色线代表自2000年以来的联邦基金目标利率。锯齿状灰色线代表每周的联邦基金利率现实值。该图显示，自2007年9月开始，由于美联储对金融危机的爆发做出反应，联邦基金目标利率迅速下降。在2008年12月，美联储宣布联邦基金目标利率为0～0.25%。联邦基金利率现实值在0.06%～0.23%之间波动。这些极低的联邦基金利率反映了这次金融危机的严重程度。

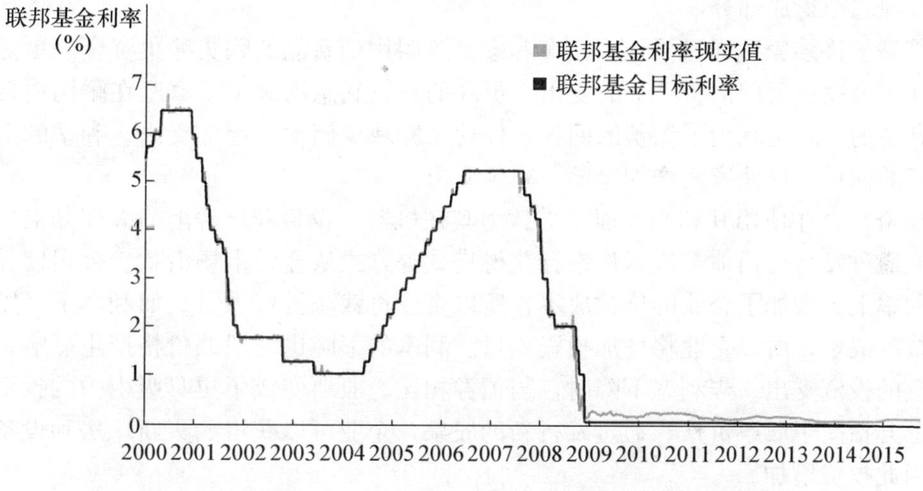

图17.6　2000年1月—2015年10月联邦基金利率目标制的表现

美联储不设定联邦基金利率，但是，它通过公开市场操作迅速增加或减少银行准备金的能力保证了现实的联邦基金利率接近于它设定的联邦基金目标利率。黑色线代表美联储设定的联邦基金目标利率，锯齿状灰色线代表每周的联邦基金利率现实值。

注：2008年12月—2015年10月，联邦基金目标利率为0～0.25%。

资料来源：Board of Governors of the Federal Reserve System.

由于只有银行可以在联邦基金市场借款和贷款，所以联邦基金利率并不直接与家庭和企业相关。但是，联邦基金利率的变动通常既会导致短期国债等其他短期金融资产的利率变动，也会导致公司债券和抵押贷款等长期金融资产的利率变动。联邦基金利率的变化对短期利率的影响比对长期利率的影响大，它对长期利率的影响可能在经过一段时滞后才会发生。虽然大部分经济学家支持美联储选择将利率作为货币政策中间目标，但是一些经济学家认为美联储应该集中关注货币供给。我们将在17.5节讨论这些观点。

17.3 货币政策和经济活动

美联储采用联邦基金利率作为货币政策中间目标，因为它能够通过公开市场操作控制联邦基金利率，并且美联储相信联邦基金利率的变动最终将影响与其货币政策目标相关的经济变量。在这里，再次指出名义利率与实际利率之间的区别非常重要。回忆以前讲过的，我们用名义利率减去通货膨胀率来计算实际利率。归根结底，美联储运用货币政策来影响实际 GDP 等经济变量的能力取决于它影响长期实际利率（如抵押贷款和公司债券的实际利率）的能力。因为联邦基金利率是一种短期名义利率，所以有时美联储难以影响长期实际利率。但是，对于接下来的讨论而言，我们将假设美联储能运用公开市场操作来影响长期实际利率。

□ 17.3.1 利率如何影响总需求

利率的变动影响总需求，即经济的总支出水平。回忆总需求有四个组成部分：消费、投资、政府购买和净出口。利率的变动不会影响政府购买，但是将会通过以下方式影响总需求的其他三个组成部分：

- 消费。许多家庭通过借款为汽车和家具等耐用消费品的购买筹集资金。更低的贷款利息增加了家庭在耐用消费品上的支出。更高的贷款利息则减少了家庭在耐用消费品上的支出。利率的下降也减少了储蓄的回报，促使家庭减少储蓄、增加支出。利率的上升则增加了储蓄的回报，促使家庭增加储蓄、减少支出。

- 投资。企业使用其利润或通过借款为其在机器、设备和厂房上的大部分支出筹集资金。企业通过发行公司债券或者从银行获得贷款等方式从金融市场借款。公司债券和银行贷款的利率上升增加了企业的贷款成本，所以企业将裁减投资项目。而利率下降则减少了企业的贷款成本，所以企业将增加投资项目。利率的下降也对股票价格产生影响，这可以增加企业的投资支出。当利率下降时，与债券相比，股票变成了更具吸引力的投资。股票需求的上升抬高了股票价格。通过发行新的股票，企业可以获得购买新厂房和设备所需的资金，因此投资增加。

家庭购买新住宅的支出也是投资的一部分。当抵押贷款利率上升时，购买新住宅的成本上升，新住宅的购买量将下降。当抵押贷款利率下降时，新住宅的购买量将上升。

- 净出口。回忆一下，净出口等于国外家庭和企业在购买在美国生产的商品和服务上的支出减去美国家庭和企业在购买在外国生产的商品和服务上的支出。净出口的数值部分地取决于美元和外国货币间的汇率。当美元升值时，美国生产的商品和服务对于其他国家的家庭和企业来说变得更贵了，而外国生产的商品和服务对于美国家庭和企业来说变得更便宜了。结果，美国的出口将减少，进口将增加，从而净出口下降。当美元贬值时，净出口将上升。如果美国利率相对于外国利率上升，在美国金融资产上的投资将更有吸引力，外国投资者将会增加对美元的需求，导致美元升值。随着美元升值，净出口将下降。如果美国利率相对于外国利率下降，美元会贬值，净出口将上升。

□ 17.3.2 货币政策对实际 GDP 和价格水平的影响

在第 15 章中，我们建立了总需求-总供给模型来解释实际 GDP 和价格水平的波动。在基本的总需求-总供给模型中，我们假设不存在经济增长，所以长期总供给曲线不会移动。在图 17.7（a）中，我们假设短期均衡处于 A 点，即总需求曲线（AD_1）和短期总供给曲线（*SRAS*）的交点。此时，实际 GDP 低于 *LRAS* 曲线所表示的潜在实际 GDP 水平，所以经济处于衰退阶段，一些企业在低于正常生产能力的水平运营，部分工人被裁员。为了达到高就业的目标，美联储通过增加货币供给和降低利率实行**扩张性货币政策**（expansionary monetary policy）。利率下降使得消费、投资和净出口都增加，总需求曲线从 AD_1 向右移动至 AD_2。实际 GDP 从 16.8 万亿美元提高到 17 万亿美元的潜在 GDP 水平，价格水平从 108 上升至 110（*B* 点）。政策成功推动实际 GDP 恢复至潜在水平。产出增加导致了就业的增加，美联储实现了其高就业的目标。

在图 17.7（b）中，短期均衡处于 *A* 点，实际 GDP 是 17.2 万亿美元，高于 17 万亿美元的潜在 GDP 水平。某些企业的生产超过了其正常生产能力，失业率非常低，工资和价格在上升。为了达到价格稳定的目标，美联储通过减少货币供给和升高利率实行**紧缩性货币政策**（contractionary monetary policy）。利率的上升使得消费、投资和净出口都减少，总需求曲线从 AD_1 移动至 AD_2。实际 GDP 从 17.2 万亿美元下降到 17 万亿美元，价格水平从 112 下降至 110（*B* 点）。为什么美联储想故意造成实际 GDP 下降呢？因为在长期，实际 GDP 不能持续保持在超过潜在 GDP 的水平。试图将实际 GDP 保持在潜在 GDP 水平之上将导致通货膨胀率上升。随着总需求下降，实际 GDP 恢复至潜在水平，工资和价格上升的压力将减轻，美联储实现了其价格稳定的目标。

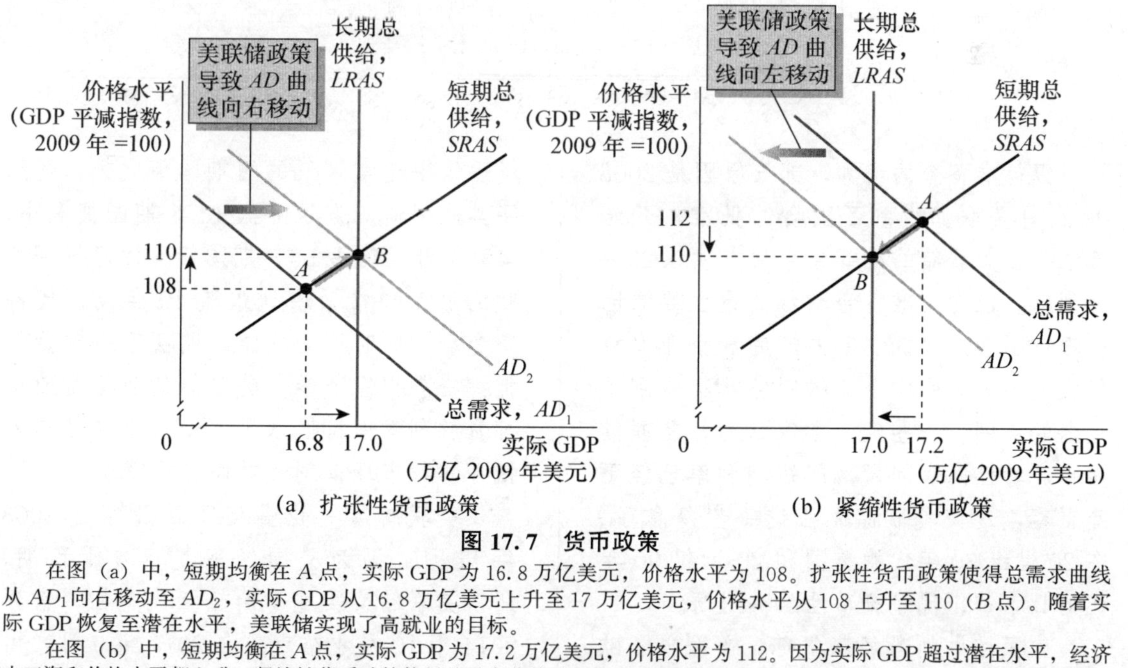

(a) 扩张性货币政策　　(b) 紧缩性货币政策

图 17.7　货币政策

在图（a）中，短期均衡在 *A* 点，实际 GDP 为 16.8 万亿美元，价格水平为 108。扩张性货币政策使得总需求曲线从 AD_1 向右移动至 AD_2，实际 GDP 从 16.8 万亿美元上升至 17 万亿美元，价格水平从 108 上升至 110（*B* 点）。随着实际 GDP 恢复至潜在水平，美联储实现了高就业的目标。

在图（b）中，短期均衡在 *A* 点，实际 GDP 为 17.2 万亿美元，价格水平为 112。因为实际 GDP 超过潜在水平，经济中工资和价格水平都上升。紧缩性货币政策使得总需求曲线从 AD_1 向左移动至 AD_2，实际 GDP 从 17.2 万亿美元下降至 17 万亿美元，价格水平从 112 下降至 110（*B* 点）。随着实际 GDP 恢复至潜在水平，美联储实现了价格稳定的目标。

我们可以得出结论：美联储可以运用货币政策来影响价格水平和短期的实际 GDP 水平，从而达到其高就业和价格稳定的政策目标。

建立联系

零还不够低：中央银行、量化宽松和负利率

作为对 2007—2009 年衰退的反应，美联储和世界各国的中央银行把隔夜拆借利率——在美国是联邦基金目标利率——压低到了接近 0 的水平。但是这些超低的利率未能导致快速的经济复苏。为了降低联邦基金利率，美联储通过公开市场操作买进短期国债，这增加了银行准备金。之后，银行将这些准备金贷放给家庭和企业。但是，如下图所示，在 2008 年下半年，许多银行并不将这些资金发放出去，而是作为超额准备金累积起来。银行准备金总额在 2008 年 8 月还不到 500 亿美元，但是，随着金融危机变得更加严重，到 2009 年 5 月，准备金总额迅速上升到 9 000 亿美元以上。

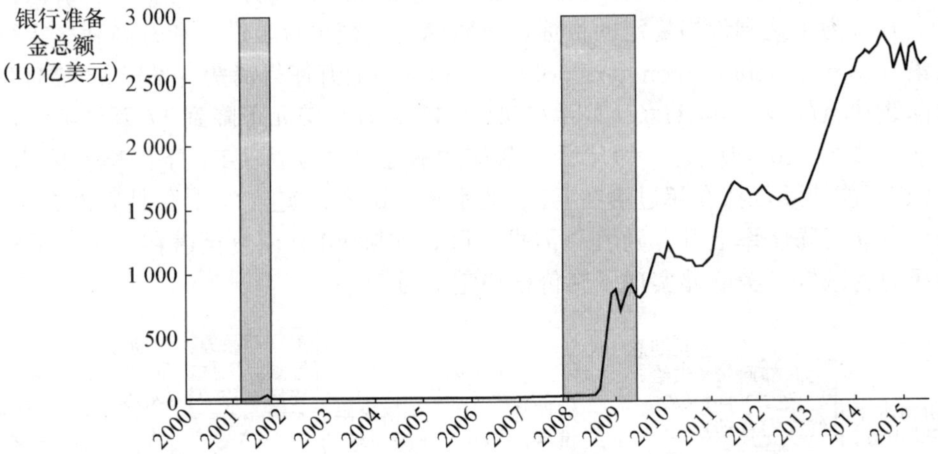

银行准备金的增加，部分原因是 2008 年 10 月美联储得到了国会的批准，开始给银行在美联储的准备金存款支付 0.25% 的利息。但是，准备金增加的最主要原因是银行不愿意以低利率向家庭和企业发放贷款，因为家庭和企业的财务状况受到了衰退的重创。一些经济学家认为，美联储面临流动性陷阱问题，即短期利率已经下降至零，这使美联储无法进一步降息了。在 20 世纪 30 年代的美国和 20 世纪 90 年代的日本都出现过流动性陷阱问题。

为了尽力刺激经济复苏，美联储、欧洲中央银行、日本银行以及其他中央银行转向了量化宽松政策，即除了购买公开市场操作中通常涉及的短期国债之外，还购买其他国债。为了降低 10 年期国债利率，美联储开始购买 10 年期国债。住房抵押贷款的利率通常紧密地跟随 10 年期国债利率变动。同时，美联储也购买了一定量的抵押贷款担保证券。美联储的目标是使抵押贷款利率保持低水平，使资金持续流入抵押贷款市场以刺激对住房的需求。

美联储第一轮量化宽松开始于 2008 年 11 月。因为美国经济复苏慢于预期，所以美联储又实施了两轮量化宽松，直到 2014 年 10 月才结束。在 2011 年 9 月，由于经济复苏仍然很缓慢，美联储和其他中央银行对量化宽松的使用，加上超低的通

货膨胀率以及2007—2009年衰退后的缓慢复苏，导致大部分国家出现了历史上的低利率。下图显示了10年期美国国债与相应的德国政府债券的利率。

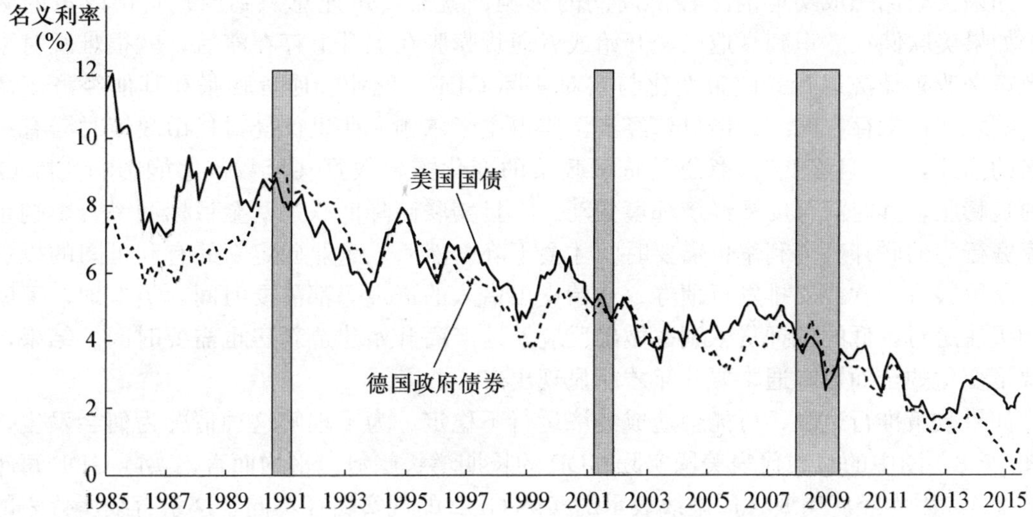

政府债券的名义利率是如此之低，以致实际利率接近于零甚至为负。例如，在2015年4月，10年期德国政府债券的名义利率为0.12%而德国的通货膨胀率为0.5%。更引人注目的是，在2015年上半年，德国政府发行的5年期债券的名义利率为−0.08%。这一负利率意味着投资者愿意付钱给德国政府让其保管他们的钱5年时间。为什么投资者会接受负利率呢？在许多公司债券利率和银行存款利率都超低的情况下，投资者不相信利率高到了足以补偿这些债券和存款的违约风险的水平。但投资者相信德国政府不会违约，因此，投资者愿意接受政府债券的负名义利率。正如我们在开篇案例中所看到的，有些银行把它们收取的贷款利率与政府债券利率关联起来了。以这种方式确定贷款利率的结果是，西班牙洲际银行等银行不得不给借款人付利息。

经济学家对各国中央银行是否成功地通过量化宽松加快了就业和产出的增长有着不同的看法。对量化宽松持怀疑态度的经济学家指出，负名义利率就是这些政策导致金融体系出现了扭曲的一个例子。在本章后面的内容中，我们将考虑美联储为应对2007—2009年衰退和其后的缓慢复苏所采取的其他新政策。美联储之所以采取这些新政策，是因为降低联邦基金利率以刺激经济的传统方法被证明无效。

资料来源：Emese Bartha and Ben Edwards，"Germany Sells Five-Year Debt at Negative Yield for First Time on Record"，*Wall Street Journal*，February 25，2015；and data from the Federal Reserve Bank of St. Louis and the Organization for Economic Co-operation and Development.

轮到你了：做本章末与本专栏相关的问题与应用3.9和3.10，看看你理解得如何。

□ 17.3.3 美联储能够消除衰退吗？

图17.7（a）显示了完全成功的扩张性货币政策，它通过移动*AD*曲线，推动经济回到了潜在GDP水平。在实践中，美联储很难实现这一理想状态，2007—2009年衰退的持

续时间和严重程度也说明了这一点。在实践中，美联储最多只能缩短衰退的持续时间和减轻衰退的严重程度。

如果美联储想成功地消除经济周期的影响，就需要迅速意识到调整货币政策的必要性。如果美联储在意识到衰退已经开始或者通货膨胀在上升上存在滞后，就很难及时采取新政策来改善经济运行。政策变化与它对实际 GDP、就业、通货膨胀和其他经济变量产生影响之间通常存在时滞。诺贝尔经济学奖得主米尔顿·弗里德曼对货币政策时滞有一个著名的描述："长且多变"，意思是货币政策的变化需要数月甚至数年才能影响实际 GDP 和通货膨胀，其时滞长度视经济环境变动。一旦美联储降低联邦基金目标利率，影响企业和家庭行为的联邦基金利率也需要时间才会下降。然后，企业确定新的有利可图的投资项目、获得银行贷款或安排发行债券、开始支出借入的资金等都需要时间。类似地，家庭通过购买住房对更低的抵押贷款利率做出反应、地产商开始建造新房也需要时间。结果，货币政策变化的全面影响通常要几年才能显现出来。

如果政策推行过晚，可能会造成经济运行不稳定。为了理解这种情况为何会发生，考虑图 17.8。图中的直线代表美国实际 GDP 的长期增长趋势。平均而言，实际 GDP 每年增长约 3%。因为经济周期，用虚线表示的实际 GDP 的现实路径不同于这条直线所代表的趋势。正如我们在第 14 章中所见，现实的经济周期要比图中画出的程式化的经济周期不规则得多。

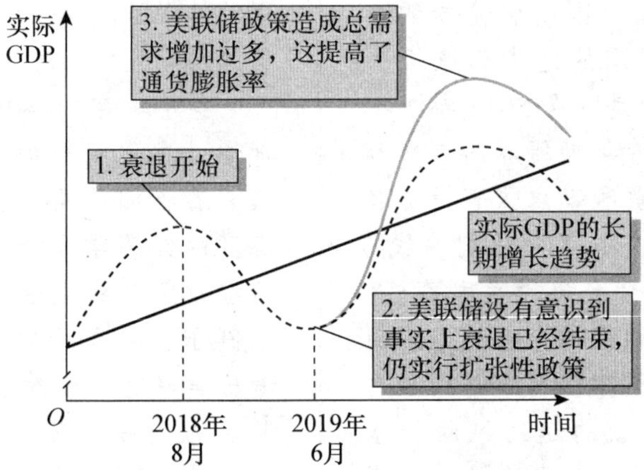

图 17.8　滞后的货币政策对经济的影响

向上倾斜的直线代表实际 GDP 的长期增长趋势。虚线代表在经济周期的影响下，现实的实际 GDP 路径。如果美联储的货币政策变动滞后，实际 GDP 将沿着灰色曲线运动。美联储的扩张性货币政策将导致下一扩张阶段中的总需求增加过多，从而造成通货膨胀率上升。

假定一场经济衰退开始于 2018 年 8 月。因为商务部、调查统计局、劳工统计局和美联储自身搜集经济数据要花费数月，所以，在美联储认识到经济衰退已经开始之前，通常都会存在时滞。最终，在 2019 年 6 月，FOMC 判断经济处于衰退，开始实行扩张性货币政策。但后来的数据表明，2019 年 6 月实际上是这次衰退的谷底，这意味着衰退结束和扩张开始。在这样的环境下，就不需要美联储的扩张性政策来结束衰退。美联储降低利率的举措造成了总需求的增加，这很可能将经济推动至潜在 GDP 以上并导致通货膨胀显著加速。实际 GDP 最终沿着灰色曲线所表明的路径运动。美联储本来想实施的是减轻经济周期严重性的逆周期政策，但无意中推行了加剧经济周期严重性的顺周期政策。正如我们在

第 14 章中所见，1950 年以来典型的经济衰退持续时间短于一年，这就增加了美联储无意中推行顺周期政策的可能性。当然，在类似 2007—2009 年衰退这种持续时间长且严重的衰退中，就不大可能犯这样的错误。

□ 17.3.4 美联储的预测

由于货币政策的变化可能要很长时间才能影响实际 GDP，所以美联储力图根据它对未来——也就是政策变动实际影响经济的时候——的经济形势的预测来设定政策。例如，当美联储在 2015 年考虑提高联邦基金目标利率时，与货币政策相联系的时滞意味着这一利率的增加对经济的全面影响要几年才能显现出来。在做出提高联邦基金目标利率的决策时，美联储考虑的是经济未来的表现。

美联储若要成功地降低经济周期的严重性，它就必须常常在经济数据表明衰退或通货膨胀加速出现之前就采取行动。因此，好政策要求基于准确描述经济如何运行的模型做出好的经济预测。遗憾的是，经济预测和模型常常是不可靠的，原因是总需求和短期总供给的变化可能无法预测。例如，2006 年年末和 2007 年年初大多数经济学家所做的预测并没有预期到始于 2007 年 12 月的衰退的严重性。只有在金融市场的状况开始快速恶化后，经济学家才显著降低了他们对 2008 年和 2009 年 GDP 增长的预测。

表 17.1 总结了美联储在《致国会的货币政策报告》(*Monetary Policy Report to the Congress*) 中给出的对 2007 年和 2008 年实际 GDP 增长率的估计。若要防止衰退从 2007 年开始出现，美联储本来在 2007 年之前就得改变政策。但是，在 2006 年 2 月，美联储预期经济在 2007 年将增长 3%～4%，因此它几乎没有改变政策的理由。类似地，美联储本来可以改变政策以便经济在 2008 年保持增长，但那样它就得在 2008 年之前改变政策，可美联储在 2007 年 7 月还预期经济在 2008 年将增长 2.5%～3.0%。事实上，实际 GDP 在 2007 年只增长了 1.8%，2008 年则甚至下跌了 0.3%。我们可以给出结论：尽管美联储本来可以采取至少降低 2007—2009 年衰退严重性的行动，但是，由于它没有预测到衰退的来临，所以，它不能防止此次衰退。

表 17.1　　美联储对 2007 年和 2008 年实际 GDP 增长的预测

	预测的增长率		现实的增长率	
做预测的时间	2007 年	2008 年	2007 年	2008 年
2006 年 2 月	3%～4%	没有预测	1.8%	−0.3%
2006 年 5 月	2.5%～3.25%	没有预测		
2007 年 2 月	2.25%～3.25%	2.5%～3.25%		
2007 年 7 月	没有预测	2.5%～3.0%		

资料来源：Board of Governors of the Federal Reserve System, *Monetary Policy Report to the Congress*, various dates; and U. S. Bureau of Economic Analysis.

建立联系☞

努力击中移动目标：根据“实时数据”制定政策

在制定货币政策时，美联储依赖宏观经济数据。经济数据的一个关键部分是

GDP，由美国经济分析局（BEA）按季度计算。对美联储的政策制定者来说遗憾的是，BEA提供的GDP数据经常被修正，并且修正可能很大以至经济的实际状况与最初发布的数据所表明的状况有很大的差别。

BEA计算的每个季度GDP的速报值直至该季度结束大约一个月后才会发布。这一时滞对于政策制定者们而言是一个问题，因为这意味着（比如说）他们直到4月底才能获得对1—3月这段时期GDP的估计值。而这一速报值将被数度修正的事实，无疑更增加了制定政策的困难。季度GDP的第二次估计值在该季度结束约两个月后发布。季度GDP的第三次估计值在该季度结束约三个月后发布。虽然BEA常常将第三个估计值称为“最终值”，但事实上，BEA在以后的时间里仍会继续修正估计值。例如，BEA在发布第三次估计值的第一、二、三年后，分别发布其第一次、第二次、第三次年度估计值。但这不是结束：在之后的年份里还会有基准修正。

为什么要发布如此多的估计值？因为GDP是经济体中产出的一个如此全面的衡量指标，所以需要花费大量的时间来搜集所需数据。为了提供速报值，BEA依赖于商务部对零售业和制造运输业所做的调查、贸易组织提供的数据、政府支出的估计值等。随着时间的推移，这些机构搜集了额外的数据，BEA也能修正它的估计值。

GDP估计值的这些修正重要吗？以下例子说明有时候确实很重要。在2008年年初，有些经济学家相信美国经济可能已经步入衰退。金融体系正在感受到住房价格持续下跌的影响，失业率在增加。但是，联邦公开市场委员会委员仍然谨慎乐观，他们预测该年实际GDP将增长约1.7%。BEA发布的第一季度GDP速报值表明实际GDP在以0.6%的年率增长，这看起来表明了关于经济缓慢增长的预测或许是正确的。但是，正如下图所示，实际GDP增长的估计值在之后的几年里多次被修正，并且主要是下调。

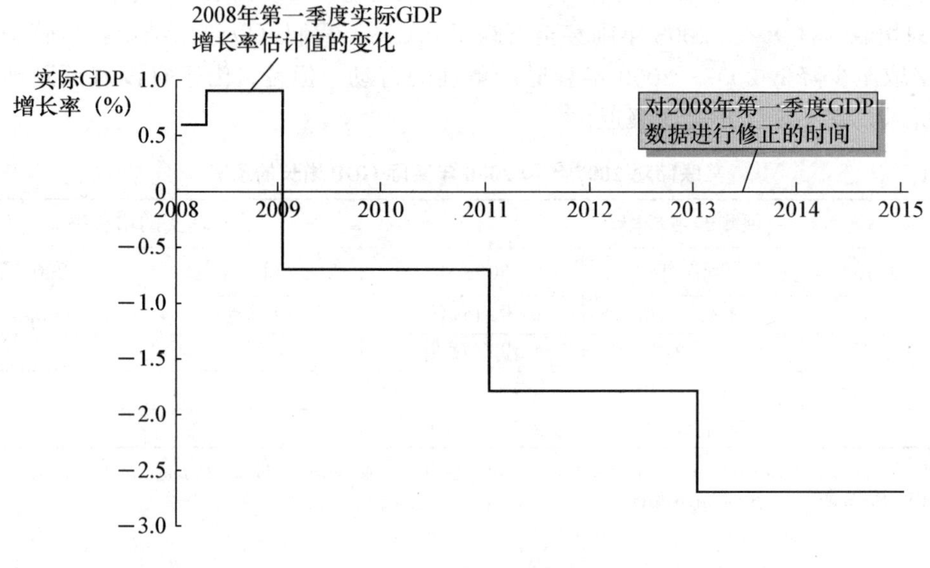

现在，BEA的数据表明，2008年第一季度的实际GDP事实上以2.7%的年率下降。这一超过3个百分点的差别是一个巨大的差别：2008年第一季度的经济状况从缓慢增长转变为急剧下行（陷入了自20世纪30年代以来最严重的衰退）。国家经济分析局也将2007—2009年衰退的开始时间确定为2007年12月。

这个例子说明，除了在成功实施货币政策的过程中遇到的其他问题外，美联储还必须考虑利用有可能被大幅修正的数据进行决策。

资料来源：Federal Reserve Bank of Philadelphia，"Historical Data Files for the Real-Time Data Set"，August 7，2015；Board of Governors of the Federal Reserve System，"Minutes of the Federal Open Market Committee January 29 - 30，2008"，February 20，2008；and Bruce T. Grimm and Teresa Weadock，"Gross Domestic Product：Revisions and Source Data"，*Survey of Current Business*，Vol. 86，No. 2，February 2006，pp. 11-15.

轮到你了：做本章末与本专栏相关的问题与应用 3.11 和 3.12，看看你理解得如何。

□ 17.3.5 对货币政策如何起作用的总结

图 17.9 比较了扩张性货币政策和紧缩性货币政策涉及的各个步骤。我们需要指出这个总结的一个重要限定条件。对每一步，我们都需要加上一句"相对于没有该项政策时将发生的情况而言"。在假设影响所涉及变量的其他因素都保持不变的条件下，该图分离出了货币政策的影响。也就是说，我们使用了第 3 章中讨论的"其他变量都相同的条件"。这一点非常重要，原因是，（例如）紧缩性货币政策并不一定会使价格水平下降，而是会使价格水平的上升少于没有该政策时的情况。最后一个注释是关于术语的：扩张性货币政策有时被称为宽松（loose 或 easy）政策，紧缩性货币政策有时被称为从紧（tight）政策。

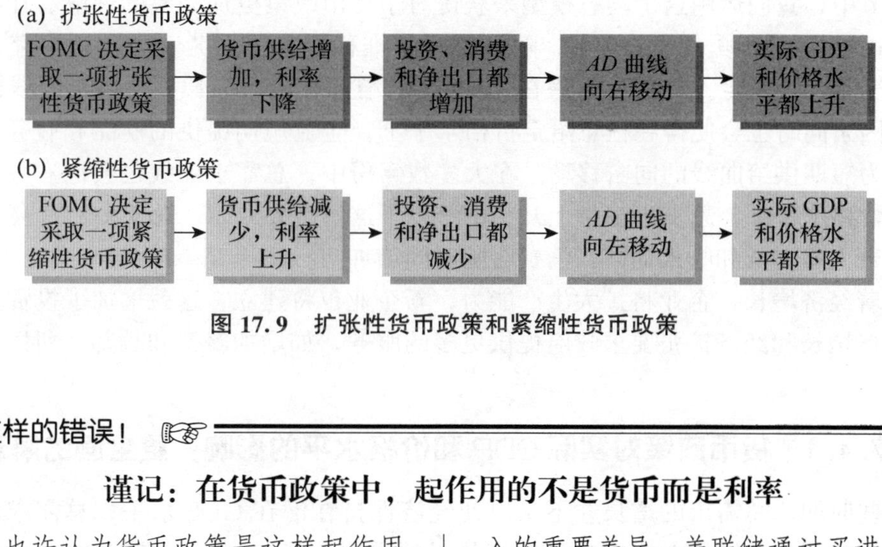

图 17.9 扩张性货币政策和紧缩性货币政策

不要犯这样的错误！

谨记：在货币政策中，起作用的不是货币而是利率

人们也许认为货币政策是这样起作用的：如果美联储希望经济体中的支出增加，它就增加货币供给，而因为人们拥有更多货币，所以他们就会增加支出。如果美联储希望经济体中的支出减少，它就减少货币供给，而因为人们拥有更少的货币，所以他们就会减少支出。事实上，货币政策不是这样起作用的。记住货币和收入的重要差异：美联储通过买进国债来增加货币供给。而国债的卖家只不过是用国债这种资产换得了另一种资产——来自美联储的支票，他们的收入并没有增加。虽然货币供给增多了，但是任何人的收入都没有增加，所以任何人的支出都应该不会受影响。

只有当货币供给的增加导致利率下降

时，支出才会受影响。当利率下降时，家庭更有可能购买新住宅和新汽车，企业也更有可能购买新厂房和仓库。利率降低会导致美元贬值，降低出口品的价格，提高进口品的价格，从而增加净出口。这种额外的支出并不是由货币供给增加导致的，而是由利率降低导致的。为了理解货币政策如何起作用，也为了理解关于美联储的行动的新闻报道，记住：最重要的并不是货币供给的变动，而是利率的变动。

轮到你了：做本章末与本专栏相关的问题与应用 3.13，看看你理解得如何。

17.4 运用动态总需求-总供给模型分析货币政策

我们刚刚介绍完的货币政策概述中包含着一个核心思想：美联储能够运用货币政策来影响总需求，从而改变价格水平和实际 GDP 水平。但是，图 17.7 阐述的关于货币政策的讨论被简化了，因为它忽视了经济体中的两个关键事实：

（1）经济体中存在持续的通货膨胀，价格水平每年都上升。

（2）经济体中存在长期增长，*LRAS* 曲线每年都向右移动。

在第 15 章中，我们建立了一个动态总需求-总供给模型，该模型考虑到了这两个事实。在本节中，我们运用这个动态模型来获得对于货币政策更加完整的理解。让我们先对动态模型进行简单回顾。回忆一下，随着时间的推移，美国的劳动力和资本存量都会增加，技术变革也会发生。这将导致潜在实际 GDP 增加，表示为长期总供给曲线的向右移动。这些因素同时也会使得在任意给定价格水平下，企业短期提供的商品和服务的数量增加，表示为短期供给曲线的向右移动。在大多数年份中，总需求曲线也会向右移动，这表明在各个价格水平下，总支出都将上升。由于以下这些重要原因，总支出通常会上升：

- 随着人口增长和收入提高，消费会随时间增加。
- 随着经济增长，企业将扩大生产能力，新企业也将建立，这就增加了投资。
- 人口增长和经济扩张要求政府提供更多的服务，如增加警察和教师，所以政府购买也会增加。

17.4.1 货币政策对实际 GDP 和价格水平的影响：更全面的解释

在某些时期，总需求的增长并不足以使经济保持在潜在 GDP 水平。总需求的这种缓慢增长可能是因为家庭和企业对未来经济状况的看法变得悲观，于是削减在耐用消费品、住宅和厂房上的支出。正如我们所见，在 2007—2009 年衰退期间，房地产泡沫的破灭和由此产生的金融危机对总需求产生了负面影响。总需求增长缓慢也可能是由于其他原因：联邦政府可能决定通过减少政府购买和增加税收来平衡预算，或者其他国家的衰退可能造成美国出口的减少。在图 17.10 所示的假想情形下，在第一年，均衡位于 *A* 点，实际 GDP 为 17 万亿美元，等于其潜在水平，价格水平为 110。在第二年，*LRAS* 上升至 17.4 万亿美元，但是 *AD* 只增加至 $AD_{2(没有政策)}$，这不足以使实际 GDP 等于其潜在水平。如果美联储不实施干预，那么，新的短期均衡将在 GDP 为 17.3 万亿美元（*B* 点）处实现。实际 GDP 水平和 $LRAS_2$ 所代表的潜在 GDP 水平之间有 1 000 亿美元的缺口，这意味着有的企业的生产能力没有被充分运用。收入和利润将下降，企业将开始裁减员工，失业率将上升。

美联储的经济学家密切监控经济，并不断更新对未来实际 GDP 水平和价格水平的预测。当这些经济学家预期总需求的增长速度不足以使经济保持在充分就业状态时，他们会把他们的研究结果向 FOMC 汇报，FOMC 将决定是否需要改变货币政策。例如，假定 FOMC 开会讨论研究人员的如下预测：在下一年，均衡实际 GDP 和潜在 GDP 之间会出现 1 000 亿美元的缺口。也就是说，图 17.10 中 *B* 点所表示的宏观经济均衡将出现。经过开会讨论后，FOMC 可能决定实施扩张性货币政策，降低利率以刺激总需求。图 17.10 显示了一次成功尝试的结果：*AD* 曲线向右移动，均衡在潜在 GDP 水平（*C* 点）出现。美联储成功地阻止了本来会出现的收入下降和失业率上升。记住，我们这里显示的是完美实施的货币政策，它使经济保持在潜在 GDP 水平。但是，由于上一节讨论过的原因，这在实践中难以实现。

注意，在图 17.10 中，扩张性货币政策使得通货膨胀率高于在没有政策的情况下将会出现的水平。如果没有扩张性货币政策，价格水平本来会从 110 上升至 112，所以当年的通货膨胀率本来将为 1.8%。但是，通过移动总需求曲线，扩张性货币政策使价格水平从 112 上升至 113，通货膨胀率从 1.8%上升至 2.7%。

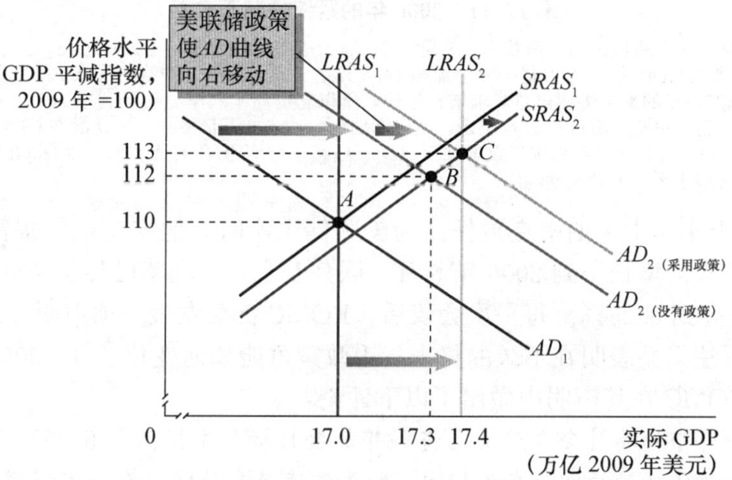

图 17.10 扩张性货币政策

开始时，均衡为 *A* 点，实际 GDP 为 17 万亿美元，价格水平为 110。如果没有货币政策，总需求曲线将从 AD_1 移动至 $AD_{2(没有政策)}$，而因为长期总供给曲线从 $LRAS_1$ 移动至 $LRAS_2$，所以，总需求曲线的移动不足以使经济维持充分就业。短期均衡为 *B* 点，实际 GDP 为 17.3 万亿美元，价格水平为 112。通过降低利率，美联储促使投资、消费和净出口充分增加，总需求曲线移动至 $AD_{2(采用政策)}$。均衡为 *C* 点，实际 GDP 为 17.4 万亿美元，处于充分就业水平，价格水平为 113。价格水平比在美联储没有采取措施增加经济体中的支出的情况下要高。

□ 17.4.2 运用货币政策反通货膨胀

除了运用扩张性货币政策来减轻衰退的严重程度之外，美联储也可以运用紧缩性货币政策来阻止总需求增长过快以至通货膨胀率上升。图 17.11 显示了 2005 年和 2006 年的情况，当时美联储就面对着这种可能性。在 2005 年，实际 GDP 等于潜在 GDP，但是时任美联储主席的艾伦·格林斯潘和 FOMC 的其他成员担心房地产市场的持续繁荣可能导致总需求迅速增长，以至通货膨胀率将加速上升。从 2004 年年中开始，美联储一直在逐渐提高联邦基金目标利率。

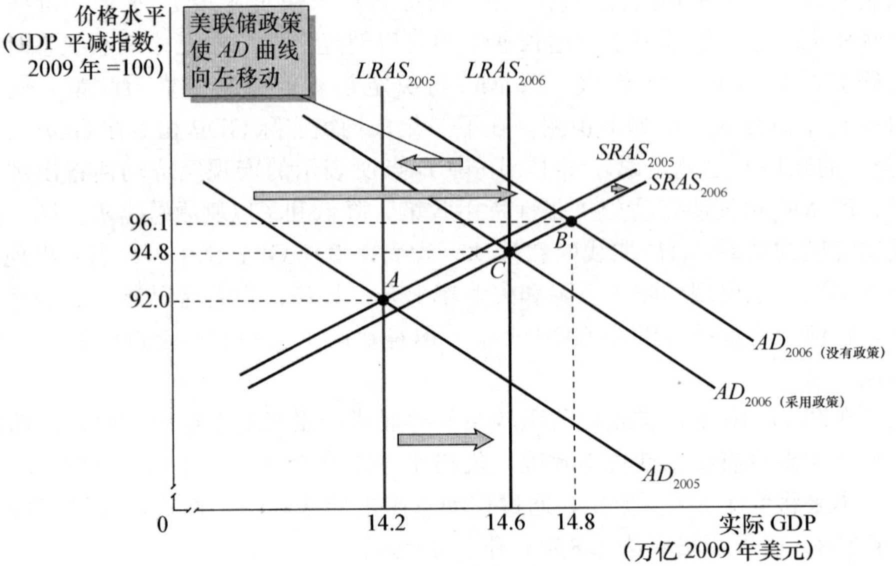

图 17.11　2006 年的紧缩性货币政策

2005 年，经济处于 A 点所代表的均衡状态，实际 GDP 等于潜在 GDP，即 14.2 万亿美元，价格水平为 92.0。从 2005 年至 2006 年，潜在 GDP 从 14.2 万亿美元增加至 14.6 万亿美元，长期总供给曲线从 $LRAS_{2005}$ 移动到 $LRAS_{2006}$。因为美联储相信房地产市场的繁荣将使得总需求增长过快，所以它提高了利率。如果利率不变，总需求将从 AD_{2005} 移动至 $AD_{2006(没有政策)}$，新的短期均衡将在 B 点出现，实际 GDP 会为 14.8 万亿美元——比潜在 GDP 高 2 000 亿美元，价格水平会为 96.1。但利率上升使得总需求仅仅增加至 $AD_{2006(采用政策)}$。均衡在 C 点出现，实际 GDP 为 14.6 万亿美元，与潜在 GDP 相等，价格水平只上升至 94.8。

当 2006 年上半年本·伯南克被任命为美联储主席时，他支持继续提高联邦基金目标利率来减缓总需求的增长。到 2006 年 6 月，联邦基金目标利率已经从 2003 年 6 月至 2004 年 5 月的 1%提高到 5.25%。每一次会议后，FOMC 都会发表一项声明，总结委员会对当前经济形势的看法，并表明在不久的将来货币政策可能如何变化。在 2006 年 6 月 29 日的一次会议后，FOMC 在其声明中做出了以下评论：

> 联邦公开市场委员会今天决定将联邦基金目标利率提高到 5.25%。近期数据表明，与今年早些时候强劲的增长态势相比，经济增速正在放缓，在一定程度上反映了房地产市场的逐渐降温和利率上升的滞后效应。虽然随着时间的推移，总需求增速放缓应该有助于缓解通货膨胀的压力，但是委员会判断仍然存在一定程度的通货膨胀风险。

委员会将 5.25%的联邦基金目标利率保持至 2007 年 9 月。2007 年 9 月，对金融市场问题的担忧导致委员会将联邦基金目标利率降至 4.75%。虽然我们不可能确切地知道如果没有美联储的政策调整，2006 年本来会发生什么，但是图 17.11 绘出了一种可能的情况。该图显示，如果没有美联储提高利率的政策，总需求曲线本来会向右移动得更远，均衡实际 GDP 本来会高于其潜在水平。价格水平本来会从 2005 年的 92.0 上升至 2006 年的 96.1，这意味着通货膨胀率本来将会是 4.5%。由于美联储采取了提高利率的政策，使得总需求增加的量减少了，所以短期均衡出现在潜在 GDP 水平，2006 年的价格水平仅上升至 94.8，通货膨胀率为 3.0%。

例题 17.4　货币政策的影响

下表中虚构的信息显示了如果美联储不采用货币政策，2019 年实际 GDP 和价格水平的数值：

年份	潜在 GDP	实际 GDP	价格水平
2018	17.9 万亿美元	17.9 万亿美元	114
2019	18.3 万亿美元	18.1 万亿美元	116

a. 如果美联储想使 2019 年的实际 GDP 保持在潜在水平，它应该采用扩张性货币政策还是紧缩性货币政策？交易柜台应该买入国债还是出售国债？

b. 假定美联储的政策成功地使 2019 年的实际 GDP 保持在潜在水平。请指出，与美联储不采取任何行动相比，下列各项将会更高还是更低？

(1) 实际 GDP；

(2) 潜在 GDP；

(3) 通货膨胀率；

(4) 失业率。

c. 画一幅总需求-总供给图形来解释你的答案。你的图形中应该包括：2018 年和 2019 年的 *LRAS* 曲线；2018 年和 2019 年的 *SRAS* 曲线；当采用和不采用货币政策时，2018 年和 2019 年的 *AD* 曲线；以及当采用和不采用货币政策时，2019 年均衡的实际 GDP 水平和价格水平。

解：

第 1 步：复习本章内容。这一问题是关于货币政策对实际 GDP 和价格水平的影响的，所以你可能需要复习一下 17.4.1 节“货币政策对实际 GDP 和价格水平的影响：更全面的解释”。

第 2 步：通过解释美联储如何使实际 GDP 保持在潜在水平来回答问题 a。表中的信息告诉我们，如果没有货币政策，2019 年经济将低于潜在 GDP 水平。为了使实际 GDP 保持在潜在水平，美联储必须采用扩张性货币政策。为了实施扩张性货币政策，交易柜台需要买入国债。购买国债将增加银行体系的准备金。银行将增加发放贷款，这将增加货币供给，降低利率。

第 3 步：通过解释美联储政策的效果来回答问题 b。如果美联储的政策取得成功，2019 年的实际 GDP 将从表中给出的 18.1 万亿美元上升至潜在 GDP 水平 18.3 万亿美元。潜在 GDP 并不受货币政策影响，所以它的值不变。因为实际 GDP 将增加，所以失业率将低于没有采取政策时的情况。扩张性货币政策使 *AD* 曲线向右移动，所以短期均衡将沿着短期总供给曲线（*SRAS*）向上移动，价格水平将上升。

第 4 步：画出图形，回答问题 c。你的图形（见下页图）应该与图 17.10 类似。

在 2018 年，均衡位于 *A* 点，*AD* 曲线与 *SRAS* 曲线的交点位于 *LRAS* 曲线上。实际 GDP 处在 17.9 万亿美元的潜在水平，价格水平为 114。如果没有货币政策，*AD* 曲线将移动至 $AD_{2019(没有政策)}$，短期均衡位于 *B* 点。因为潜在 GDP 从 17.9 万亿美元增加至 18.3 万亿美元，所以数值为 18.1 万亿美元的实际 GDP 低于其潜在水平。价格水平从 114 上升至 116。采用货币政策后，*AD* 曲线移动至 $AD_{2019(采用政策)}$，均衡位于 *C* 点。实际 GDP 处于 18.3 万亿美元的潜在水平。我们并没有足够的信息来确定新的均衡价格水平。但是，我们知道这一价格比 116 高。图中画出的情况是价格水平上升至 118。所以，如果没有美联储的扩张性货币政策，2019 年的

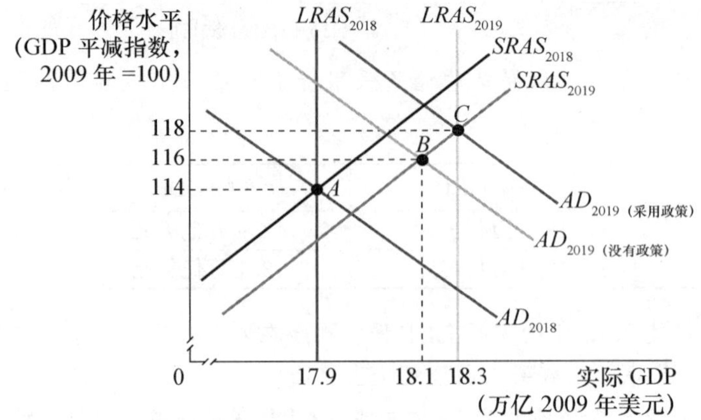

通货膨胀率本来会是约 1.8%，而采取政策后，它将是约 3.5%。

附注：谨记在现实中，美联储无法像这个例题所暗示的那样，采用货币政策使实际 GDP 正好等于其潜在水平。

轮到你了：要想做更多的练习，请做本章末与本专栏相关的问题与应用 4.4 和 4.5。

17.5 美联储货币政策中间目标设定的进一步探究

我们已经看到，在实施货币政策的过程中，美联储会根据经济状况改变联邦基金目标利率。美联储的方法正确吗？在经济没有发生金融危机的时期，采用联邦基金利率作为中间目标是实施货币政策的最佳方法吗？如果美联储以联邦基金利率作为中间目标，它应该如何确定目标利率水平？在本节，我们考虑与美联储设定中间目标的政策相关的这些重要问题。

17.5.1 美联储应该把货币供给作为中间目标吗？

一些经济学家认为，美联储应该把货币供给而不是利率作为货币政策中间目标。持这种观点的经济学家有很多都属于货币主义学派。货币主义学派的代表人物是诺贝尔经济学奖获得者米尔顿·弗里德曼，他对美联储能否正确安排调整货币政策的时间持怀疑态度。

弗里德曼和他的追随者提倡用货币增长规则来代替货币政策。通常，我们期望货币政策对经济形势的变化做出反应：当经济处于衰退时，美联储降低利率；当通货膨胀增加时，美联储提高利率。与此相反，货币增长规则是一个以固定速度增加货币供给的计划，这一增速不会随经济形势而改变。弗里德曼和他的追随者提议这样一个货币增长规则：每年货币供给增速等于实际 GDP 长期增长率（自 1950 年以来该增长率约为 3%）。如果美联储采用这种货币增长规则，那么，无论经济形势怎么变化，它都将坚持这一货币供给增速。

但是，按照货币增长规则，如果经济进入衰退期将发生什么？美联储难道不应该放弃此规则，转而调低利率吗？弗里德曼认为，即使在衰退期，美联储也应该坚持这一规则，因为他相信积极的货币政策会增加衰退次数和加深衰退程度从而使经济变得不稳定。他认为，如果使货币供给保持恒定速度增长，美联储将极大地增加经济稳定性。

在20世纪70年代，一些经济学家和政客向美联储施加压力，要求其采用货币增长规则。近些年来，这种压力基本消失了，原因是，1980年以前存在的货币供给的运动与实际GDP和价格水平的运动之间的密切关系已经大大减弱。自1980年以来，M1的增长速度变得不稳定。在某些年份里，M1以超过10%的速度增长，而在另一些年份里，M1实际上减少了。虽然M1的增长速度大幅波动，但实际GDP的增长速度却相当稳定，通货膨胀率在大部分年份里保持在低水平。

□ 17.5.2 为什么美联储不同时将货币供给和利率作为中间目标？

大部分经济学家相信，利率是最佳的货币政策中间目标。但是，我们也看到，其他经济学家相信美联储应该把货币供给作为中间目标。为什么美联储不同时将货币供给和利率作为中间目标，使这两类经济学家都满意呢？这个问题的答案很简单：美联储无法同时将两者作为中间目标。要想弄明白原因，请看图17.12，该图显示了货币市场的情况。

记住，美联储控制货币供给，但是它并不控制货币需求。货币需求由家庭和企业的决策决定，家庭和企业会在货币的便利性和相较于其他金融资产更低的利率之间进行权衡。假定美联储将利率作为中间目标，给定当前的经济状况，目标利率应为5%。或者，假定美联储将货币供给作为中间目标，并判断货币供给量应为9 000亿美元。图17.12表明，美联储可以做到使利率水平为5%或使货币供给为9 000亿美元，但是它不能同时实现这两者。代表利率为5%且货币供给为9 000亿美元的点不在货币需求曲线上，所以它无法代表货币市场的均衡。美联储只能达到代表货币市场均衡的利率和货币供给的组合。因此，美联储不得不在利率和货币供给这两个中间目标之间做出选择。在第二次世界大战后的大部分时期里，美联储都选择了联邦基金利率作为中间目标。

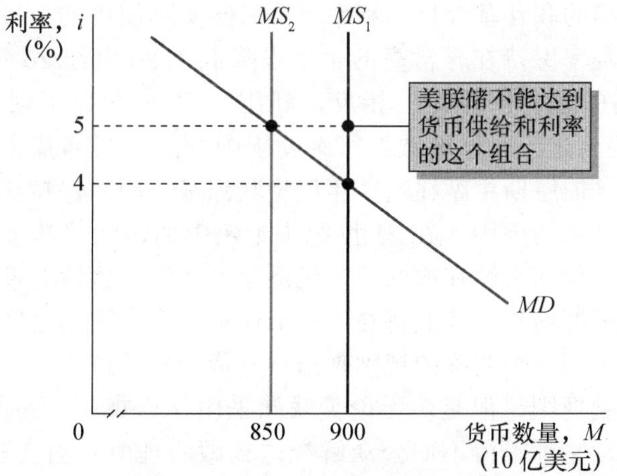

图17.12 美联储不能同时将货币供给和利率作为中间目标

美联储必须在利率和货币供给中选择一个作为其货币政策的中间目标。在图中，美联储可以将中间目标设定为9 000亿美元的货币供给或者5%的利率水平，但是美联储不能同时实现这两个目标，因为它只能达到代表货币市场均衡的利率与货币供给的组合。

□ 17.5.3　泰勒规则

美联储如何选择联邦基金目标利率？FOMC 会议中关于此问题的讨论非常复杂，需要考虑许多经济变量。斯坦福大学的约翰·泰勒（John Taylor）分析了美联储的决策所涉及的因素，建立了**泰勒规则**（Taylor rule）来解释联邦基金目标利率的设定。泰勒规则首先估计了均衡实际联邦基金利率的数值。均衡实际联邦基金利率是长期内与充分就业（即实际 GDP 等于潜在 GDP）相适应的联邦基金利率对通货膨胀进行调整后的数值。泰勒认为均衡实际联邦基金利率为 2%。根据泰勒规则，美联储应该这样来设定联邦基金目标利率：它应该等于通货膨胀率、均衡实际联邦基金利率和其他两项的总和。其他两项是通货膨胀缺口和产出缺口，前者是当前通货膨胀率与目标通货膨胀率之差，后者是用百分比表示的实际 GDP 和潜在 GDP 之差。通货膨胀缺口和产出缺口都被赋予了权数，来反映它们对联邦基金目标利率的影响。如果两个缺口的权数都是 1/2，我们就会得到这样的泰勒规则：

联邦基金目标利率＝当前通货膨胀率＋均衡实际联邦基金利率
＋0.5×通货膨胀缺口＋0.5×产出缺口

泰勒规则中包含通货膨胀缺口和产出缺口，是因为美联储既关注通货膨胀，又关注实际 GDP 的波动。泰勒证明，如果均衡实际联邦基金利率是 2%，目标通货膨胀率是 2%，那么，上述表达式很好地解释了美联储所设定的联邦基金目标利率在大部分年份中的变化。考虑以下例子：当期通货膨胀率是 1%时，实际 GDP 比潜在 GDP 低 1%。在这种情况下，通货膨胀缺口是 1%－2%＝－1%，产出缺口也是－1%。将这些值代入泰勒规则，我们可以计算出联邦基金目标利率的预测值：

联邦基金目标利率＝1%＋2%＋0.5×(－1%)＋0.5×(－1%)＝2%

泰勒规则准确预测了艾伦·格林斯潘任美联储主席的时期即 1987—2006 年联邦基金目标利率的变动。对于 20 世纪 70 年代后期和 80 年代早期保罗·沃尔克担任美联储主席的时期，泰勒规则预测的联邦基金目标利率比美联储实际使用的目标利率低。换言之，沃尔克主席将联邦基金利率保持在异常高的水平以降低在 20 世纪 70 年代后期和 80 年代早期困扰经济的非常高的通货膨胀率。相反，利用 1970—1978 年阿瑟·伯恩斯（Arthur Burns）担任美联储主席这段时期的数据，泰勒规则预测的联邦基金目标利率比美联储实际设定的目标利率高。伯恩斯主席在这些年里将联邦基金利率保持在异常低的水平，这有助于解释通货膨胀率升高的原因。在 21 世纪头十年中期，联邦基金利率的现实值也低于预测的联邦基金利率。包括泰勒在内的一些经济学家认为，这段时期的低联邦基金目标利率造成了住房支出的过度增长（我们将在下一节讨论住房支出的过度增长）。

泰勒提议美联储采用一个明确的规则来指导其货币政策措施。美联储不会机械地遵循上面给出的确切的泰勒规则，但是，无论美联储采用什么规则，在大多数 FOMC 委员认为有必要偏离规则时，它都不得不向公众解释这么做的理由。国会联合经济委员会主席、议员凯文·布拉迪（Kevin Brady）提出了《健全美元法案》（Sound Dollar Act），其中一条条款纳入了泰勒的提议。美联储前主席伯南克和 FOMC 的大多数现任委员都反对该提议，原因是他们认为这或许会限制美联储在金融危机中采取创新性政策的能力。他们还指出，泰勒规则没有考虑均衡联邦基金利率随时间的变动，也没有考虑 FOMC 可能想对目标通货膨胀率所做的变动。

例题 17.5 应用泰勒规则

《华尔街日报》上的一篇文章讨论了旧金山联邦储备银行行长约翰·威廉姆斯（John Williams）对泰勒规则所持的观点。根据该文，威廉姆斯认为，如果美联储真的在2007—2009年衰退期间打算遵循泰勒规则，那么，它将不得不做“不容易做到的某件事情，即美联储需要将短期利率推低至较大的负数”。

a. 利率为负意味着什么？

b. 假设均衡实际联邦基金利率和目标通货膨胀率均为2%，当前通货膨胀率为0。利用泰勒规则的方程说明联邦基金利率如何可能为负。

解：

第1步：复习本章内容。这一问题是关于应用泰勒规则评估货币政策的，所以你可能需要复习一下17.5.3节“泰勒规则”。

第2步：通过解释负利率意味着什么来回答问题a。我们预期利率为正，这将导致借款人还给出借人的金额超过借入资金量。正如我们在开篇案例中看到并在17.3.2节“建立联系”专栏中进一步讨论的，负利率意味着借款人还给出借人的金额少于借入资金量。注意，威廉姆斯所说的是负名义利率，这非常罕见。由通货膨胀率高于名义利率所导致的负实际利率则出现得更为频繁。

第3步：通过构造一个联邦基金目标利率为负的例子来回答问题b。泰勒规则的方程如下：

联邦基金目标利率＝当前通货膨胀率＋均衡实际联邦基金利率
＋0.5×通货膨胀缺口＋0.5×产出缺口

代入题中给出的数值，我们有：

联邦基金目标利率＝0＋2%＋0.5×(0－2%)＋0.5×产出缺口

即：

联邦基金目标利率＝1%＋0.5×产出缺口

因此，要使联邦基金目标利率为负，产出缺口必须大于－2%（绝对值）。例如，如果产出缺口为－4%，那么，

联邦基金目标利率＝1%＋0.5×(－4%)＝－1%

事实上，在2007—2009年衰退期间，产出缺口上升到了－6%以上。因此，威廉姆斯的说法——完全遵循泰勒规则将要求联邦基金利率为负——是正确的。联邦基金利率为负意味着银行在联邦基金市场借钱给别的银行时愿意支付利息而不是收到利息，这种结果非常不可能出现。

附注：美联储缺乏把联邦基金利率推低到负值的能力有时候被称为货币政策的零下限。

资料来源：Michael S. Derby and Benjamin Fritz，“Fed's Williams Says Summer Rate Rise Possible if Data Supports Action”，*Wall Street Journal*，May 1，2015.

轮到你了：要想做更多的练习，请做本章末与本专栏相关的问题与应用5.5、5.6和5.7。

□ 17.5.4 通货膨胀目标制

许多经济学家和中央银行行长相信，通货膨胀目标制为实施货币政策提供了一个有用的框架。在**通货膨胀目标制**（inflation targeting）下，中央银行公开为一段时期内的通货膨胀率设定一个明确的目标，然后政府和公众根据中央银行实现目标的成功程度来评价中央银行的表现。

从20世纪80年代开始，通货膨胀目标制被世界上很多中央银行采用，包括英国的英格兰银行和20世纪90年代后期成立的欧洲中央银行。多年没有明确通货膨胀目标的美联储也于2012年宣布，它将尝试维持平均每年2%的通货膨胀率。

在通货膨胀目标制下，美联储仍旧可以对衰退时期或其他经济问题做出应对，而不是遵循一个没有灵活性的规则。通货膨胀目标制允许货币政策在严重衰退时期除外的时候聚焦于通货膨胀及其预测值。支持美联储采用明确的通货膨胀目标的理由如下：第一，宣布一个明确的通货膨胀目标将使公众关注美联储在实践中实际上能做到什么。大多数经济学家相信，在长期，货币政策对通货膨胀的影响大于对实际GDP增长的影响。第二，宣布一个通货膨胀目标为通货膨胀预期提供了一个锚。如果家庭、企业和金融市场的参与者相信美联储将实现其值为2%的年通货膨胀率目标，那么，他们将预期，如果通货膨胀暂时更低或更高，它最终将回到目标水平。第三，通货膨胀目标为衡量美联储的表现提供了标尺，这能促进对美联储的问责制。

有些经济学家和政策制定者对美联储采用明确的通货膨胀目标的决策持批评意见。反对者提出了几个理由。第一，严格的通货膨胀数值目标降低了货币政策追求其他政策目标的灵活性。第二，由于货币政策影响通货膨胀是有时滞的，所以通货膨胀目标制要求美联储使用未来通货膨胀率的预测值，但预测值可能是不准确的。第三，如果美联储只对低通货膨胀目标负责，那么民选官员就更难监测美联储对好经济政策提供的综合性支持。第四，通货膨胀目标可能增加关于美联储在衰退后是否为了使经济回归充分就业而立刻采取行动的不确定性。

经济学家和政策制定者对通货膨胀目标是否改善了经济政策仍在争论。

建立联系

美联储应该担心食品和汽油价格吗？

调查显示，许多美国人对消费者价格指数（CPI）的变化是不是好的通货膨胀衡量指标持怀疑态度。基于一个包含了211种商品和服务的市场篮子，CPI衡量了价格水平。这211种商品和服务包括衬衫、冰箱、教材和看医生等。但是，许多人是根据他们购买最频繁的商品——特别是食品和汽油——的价格来考虑通货膨胀的。

美联储不但不集中关注食品和汽油价格的变化，实际上，它在衡量通货膨胀时还偏好排除食品和汽油价格。美联储的政策制定者把这些经过调整的通货膨胀衡量指标称为“核心”通货膨胀。为什么美联储忽略许多人认为最重要的价格呢？关键原因是货币政策影响经济存在长达多个月的时滞。结果，美联储的政策制定者不想对价格的所有上下运动都做出反应。下页图中的实线显示了用消费者市场篮子中所有211种商品和服务的价格计算的CPI的变化，虚线显示了排除食品和能源（如汽油和家庭取暖用的天然气）价格计算出的CPI的变化。

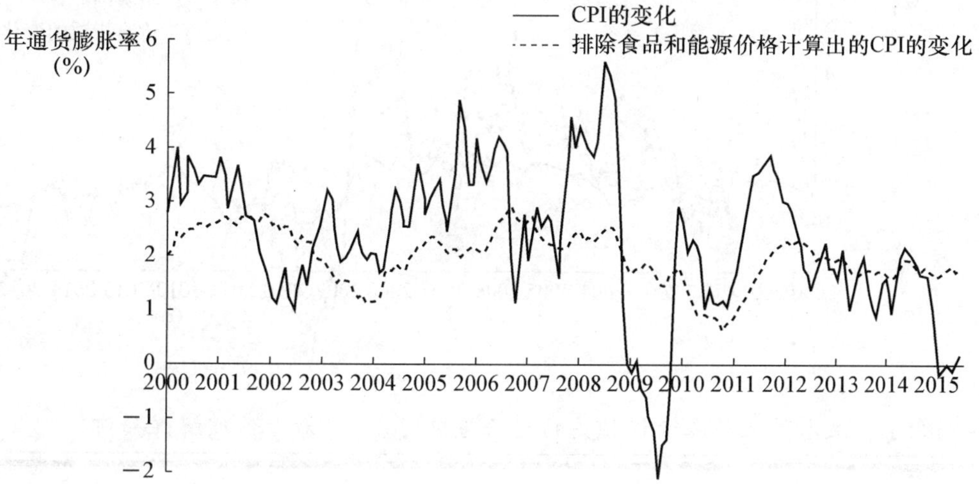

正如图形所示，食品和能源价格的波动比CPI市场篮子中所有商品的价格的波动要大得多。例如，在2009—2010年，用CPI来测度的通货膨胀率有9个月为负——通货紧缩发生了。相反，当食品和能源价格的变化被排除在外时，每个月的通货膨胀率都为正。这个模式在2015年上半年再度出现，当时能源价格的下降导致CPI在几个月的时间里是下降的。

为什么食品和能源价格的波动如此大呢？由于雨量太少或太多等与天气相关的问题导致供给的大幅波动，所以食品价格的波动大。当中东或其他能源生产地区的政治动荡中断供给或者石油卡特尔欧佩克尝试提高价格时，能源价格就会波动。由于影响食品和能源价格的波动程度的因素往往持续时间只有少数几个月，所以它们对整体通货膨胀率没有长期的影响。正如美联储主席珍妮特·耶伦所说的，美联储的政策制定者“关注核心通货膨胀和类似的指标，原因是，鉴于食品和能源价格的波动性，核心通货膨胀为整体通货膨胀提供了更好的预测”。换言之，为了实现其价格稳定的目标，美联储不得不集中关注基础的通货膨胀率，避免被食品或能源价格的暂时提高——无论这些提高对典型消费者来说有多痛苦——分散注意力。

受美联储偏爱的通货膨胀率衡量指标是核心个人消费支出（personal consumption expenditures，PCE）价格指数，它排除了食品和能源价格。PCE价格指数是一个类似于GDP平减指数的价格水平衡量指标，但是它只包括GDP中消费类商品的价格。PCE价格指数比CPI包含了更多商品和服务的价格，所以它是一个更广义的通货膨胀衡量指标。

下页图显示了2000年1月—2015年7月CPI、PCE价格指数和核心PCE价格指数的运动。虽然这三个通货膨胀衡量指标的运动大体同步，但是，核心PCE价格指数比其余两个更加稳定。特别地，注意在2009年上半年，CPI和PCE价格指数表明经济正在经历通货紧缩，但核心PCE价格指数仍表明存在超过1%的通货膨胀率。在石油价格快速下降的2014年下半年和2015年上半年，核心PCE价格指数也显示出了更多的稳定性。

如果你想知道美联储认为现在的通货膨胀率是多少，你只需看一下核心PCE

价格指数。美国经济分析局每月发布一次 | 这些数据。

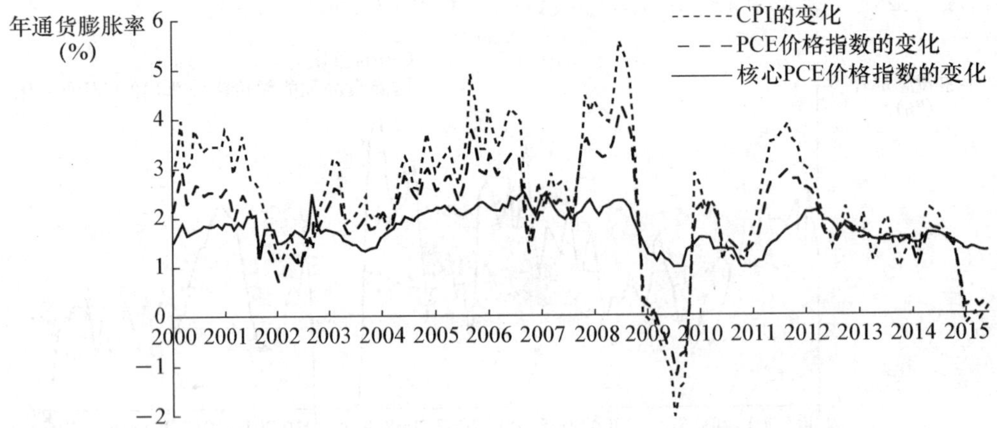

轮到你了： 做本章末与本专栏相关的问题与应用 5.9，看看你理解得如何。

17.6 2007—2009 年衰退期间美联储的政策

正如我们所看到的，美联储对衰退的传统反应是降低联邦基金目标利率。2007—2009 年的严重衰退，尤其是那些年金融市场出现的问题，使美联储的任务更加复杂了。到 2008 年 12 月，美联储已经有效地将联邦基金目标利率降低至零，但是单靠零利率并不能导致总需求增加到足以结束衰退的程度。在本节，我们将讨论 2007—2009 年衰退期间美联储采取的一些其他政策措施。其中某些措施在美联储历史上首次被使用。

□ 17.6.1 房地产市场泡沫的形成和破灭

为了理解 2007—2009 年衰退和伴随而至的金融危机，我们首先需要考虑房地产市场。美联储在 2001 年衰退期间降低了联邦基金目标利率以刺激住房需求。这项政策大获成功，托尔兄弟等大部分建筑商都经历了数年的高需求。但是，到了 2005 年，许多经济学家认为房地产市场已经形成了“泡沫”。正如我们在第 6 章中所讨论的，任何资产的价格都反映了该种资产的所有者期望获得的回报。例如，因为股票的所有者对企业的利润拥有索取权，所以股票的价格反映的是发行该股票的企业的盈利能力。

但是，许多经济学家相信，有时候股票价格上升到超过了发行该股票的企业的盈利能力能解释的水平，这时股票市场泡沫就形成了。当有足够多的投资者认为股票被高估了并开始抛售时，股票市场泡沫就破灭了。为什么投资者愿意为股票支付超过其基础价值所能解释的价格呢？有两个主要的解释：

(1) 投资者可能处于狂热之中，可能因未能获得足够的信息而高估了股票的真实价值。

(2) 投资者可能预期能在泡沫破灭之前以更高的价格将股票卖掉，因而，即使以被高估的价格买入股票仍能从中获利。

一栋房屋的价格应该反映它所提供的居住服务的价值。我们可以用同区域中条件相当的房屋的租金来衡量居住服务的价值。那么，我们将预期住房价格和租金以大致相同的速度增加。如果独栋住宅的价格相对于租金显著上升，那么，很可能房地产市场正在形成泡沫。正如图 17.13 所示，住房价格和住房租金通常以大致相同的速度上升，但是，在 2000 年 1 月到 2006 年 5 月，住房价格几乎翻倍，而租金只增加了不到 25%。住房价格和租金增速之间的巨大差异是房地产泡沫的证据。此外，在一些城市，不为自住而为投资的房屋买家数量也在增加。像股票市场泡沫期间的股票投资者一样，这些房地产投资者期望通过以高于购买价的价格出售来获取利润，他们并不关心房屋价格是否超过房屋提供的居住服务的价值。

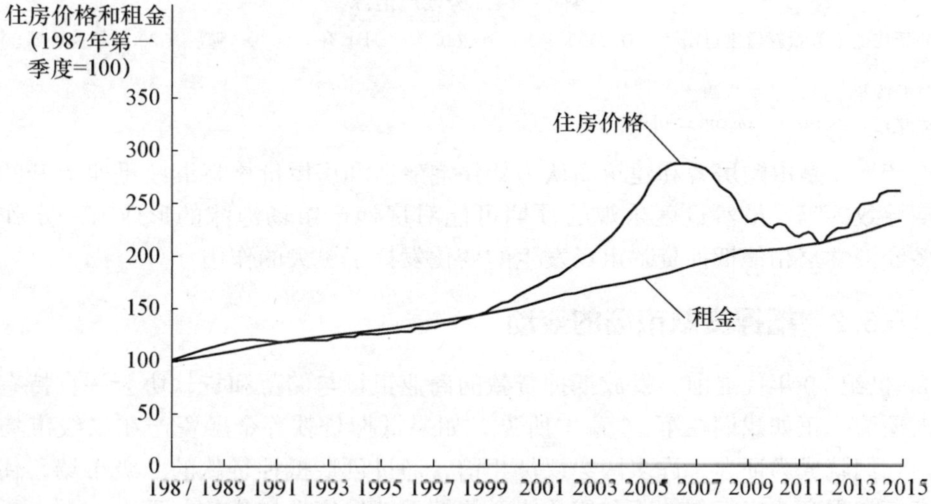

图 17.13　1987—2015 年的住房价格和租金

通常情况下，住房价格和租金以大致相同的速度增加。但是，在房地产泡沫期间，住房价格的增速比租金快得多。
注：对于这两个序列，1987 年第一季度的数值均被设定为 100。
资料来源：Federal Reserve Bank of St. Louis.

在 2006 年和 2007 年，快速逃离房地产泡沫的氛围形成了。图 17.14 显示了从 2000 年 1 月至 2015 年 6 月间每月的新住宅销售量。在 2000 年 1 月至 2005 年 7 月间，新住宅销售量上升了 60%，之后在 2005 年 7 月至 2010 年 5 月下降了 80%，随后开始逐渐增加但直至 2015 年仍处于低水平。现有住宅销售量的变化与此类似。从 2006 年开始，大部分市场中的新住宅和现有住宅的价格也都开始下降，未售出的待售住房存量大幅增加。一些购房者开始出现还款困难。当贷款人取消一些借款人赎回抵押品（即住宅）的权利时，他们出售这些住宅，引起住宅价格的进一步下降。次级贷款是发放给具有不良信用记录的借款人的贷款。一些主要从事次级贷款业务的抵押贷款出借人遭受了严重的损失并破产了。大部分银行和其他贷款机构都提高了对借款人的要求。这种信贷紧缩使得潜在购房者更难获得贷款，这使房地产市场更加不景气。

房地产市场的衰退同时也影响了其他市场。例如，随着住宅价格下降，家具、电器和其他家居装饰支出也会减少，因为许多家庭发现通过抵押住宅获得贷款的难度更大了。

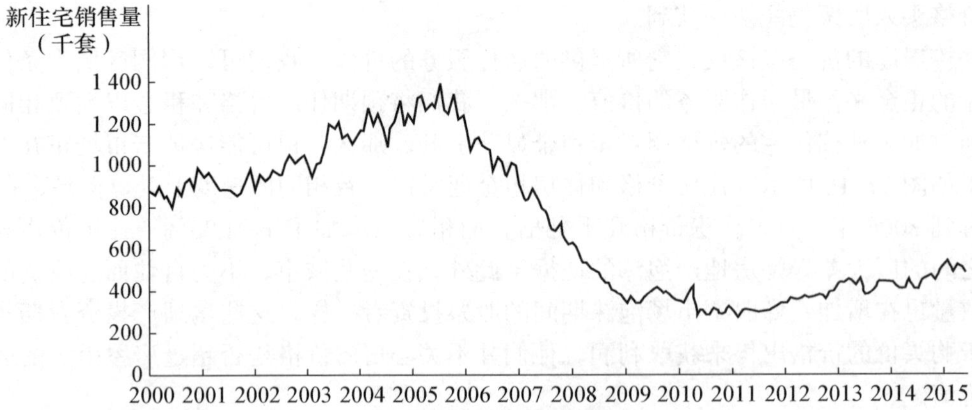

图 17.14　房地产泡沫

美国的新住宅销售量就像坐过山车，在 2000 年 1 月到 2005 年 7 月上升了 60%，随后在 2005 年 7 月到 2010 年 5 月下降了 80%。

注：数据按年率进行了季节调整。

资料来源：U. S. Bureau of the Census.

房地产泡沫是由购房者和建筑商认为新住宅建造和房屋价格将继续迅速上升的过度乐观的预期导致的吗？虽然过度乐观的预期可能对房地产市场泡沫的形成有一定作用，但是，许多经济学家相信抵押贷款市场发生的变化发挥了更大的作用。

□ 17.6.2　抵押贷款市场的变动

在 20 世纪 70 年代之前，发放抵押贷款的商业银行与储蓄和贷款协会一直持有贷款直至借款人还清。正如我们在第 16 章中所见，如果抵押贷款等金融资产在二级市场中被重新出售，它们就成为证券。许多国会议员相信，通过创造抵押贷款的二级市场，住房拥有率将提高。如果商业银行与储蓄和贷款协会能够重新出售抵押贷款，那么，个人投资者实际上将能够为抵押贷款提供资金。这一过程是这么起作用的：如果一家商业银行或储蓄和贷款协会在发放抵押贷款后，将这笔贷款重新出售给一个投资者，那么，这家商业银行或储蓄和贷款协会就能够用从投资者那里获得的资金来发放另一笔抵押贷款。这样，商业银行与储蓄和贷款协会就能发放更多的抵押贷款，因为其发放贷款的资金来源不再仅仅是存款了。创造一个抵押贷款的二级市场的障碍是：大部分投资者不愿意购买抵押贷款，因为他们担心一旦借款人停止还款，即对贷款“违约”，他们将遭受损失。

为了增加投资者的信心，国会建立了两家政府资助的企业：联邦国民抵押贷款协会（“房利美”）和联邦住宅贷款抵押公司（“房地美”）。这两个机构在投资者和发放贷款的银行之间起纽带作用。房利美和房地美向投资者出售债券，用所得资金从银行购买抵押贷款。到了 20 世纪 90 年代，一个大型二级抵押贷款市场形成了，资金经由房利美和房地美从投资者流向银行，最终流向借钱购房的个人和家庭。

□ 17.6.3　投资银行的角色

到了 21 世纪头十年，抵押贷款市场进一步发生了变化。第一，投资银行成为二级抵押贷款市场的重要参与者。正如我们所见，高盛、摩根士丹利等投资银行与商业银行的区别在于，它们并不吸收存款，极少直接向家庭发放贷款。它们的业务集中于为发行股票和债券的企业或考虑并购的企业提供建议。投资银行开始购买抵押贷款，将大量抵押贷款打包成抵押贷款担保证券，再转售给投资者。事实证明，抵押贷款担保证券很受投资者欢迎，因为它们支付的利率常常高于那些被投资者认为违约风险相当的其他证券。

第二，在房地产泡沫于2005年和2006年上半年达到最大时，贷款人大大放松了发放抵押贷款的标准。传统上，只有拥有良好信用记录并且愿意支付房屋价值20%以上首付的借款人才能获得抵押贷款。但是，到了2005年，贷款人向拥有不良信用记录的次级借款人发放了许多抵押贷款。此外，(那些声称其收入数额但没有提供收入证明的)次优级借款人和只支付很少首付的借款人发现更容易获得贷款了。贷款人还创造了新的利率可调整的抵押贷款，这种贷款允许借款人在抵押贷款的最初几年支付非常低的利率，而在后续年份再支付高利率。这些非传统抵押贷款的借款人违约的概率高于传统抵押贷款的借款人。如果借款人还款有困难，为什么他们还要申请抵押贷款呢？为什么贷款人给他们发放抵押贷款呢？答案是，借贷双方都预期房屋价格将继续上升，这将降低借款人违约的概率，也使得借款人在未来更容易把非传统的抵押贷款转换成更传统的抵押贷款。

不幸的是，房屋价格的下降使得次级和次优级借款人、可调利率抵押贷款的借款人和只支付了很少首付的借款人违约的比率上升。当借款人对抵押贷款违约时，许多抵押贷款担保证券的价值迅速缩水。投资者担心，如果他们购买了这些证券，他们不会收到承诺的支付，因为这些证券的支付依赖于借款人的还款，而越来越多的借款人无法还款。许多商业银行和投资银行持有这些抵押贷款担保证券，因此，这些证券的价格下降使这些银行遭受了巨额损失。到2007年年中，抵押贷款担保证券价值的下降和商业银行、投资银行遭受的严重损失开始让投资者和政策制定者担忧。许多投资者拒绝购买抵押贷款担保证券，一些投资者只购买美国财政部发行的债券。

建立联系

神奇的杠杆世界

传统上，大部分申请抵押贷款的人支付等于房屋价格20%的首付，其余的80%从银行贷款。但是，在房地产繁荣期，许多人的购房首付仅为5%或者更少。这些借款人使用了高杠杆：他们进行住房投资所用的大部分钱是借来的。

为了明白在房地产市场上杠杆是如何起作用的，思考以下例子：假定你在2018年1月1日购买了一套价值20万美元的住房。在2019年1月1日，这栋房屋的价格（如果你决定出售）上升到了22万美元。你在住房上的投资收益率是多少？答案取决于你购房时的投资额。举例来说，如果你为这栋房屋支付了20万美元的现金，那么，你这笔20万美元投资的收益率就是房屋价格上涨的2万美元除以你20万美元的投资额，即10%。假定你没有支付全部现金，而是只支付了20%的首付，即4万美元，其余的16万美元通过抵押贷款获得。现在你的住房投资的收益率是房屋价格上涨的2万美元除以你4万美元的投资额，即50%。如果首付低于20%，你投资的收益率将更高。下页表第二列显示了随着首付下降，你的投资收益率是如何提高的：

投资收益率

首付（%）	房屋价格 上涨10%时（%）	房屋价格 下降10%时（%）
100	10	−10
20	50	−50
10	100	−100
5	200	−200

至少部分地通过借款来融资的投资被称为杠杆化投资。正如本例所示，一项投资中由借款融资的比例越大，投资的杠杆程度越高，潜在收益也越高。但是正如表中第三列所示，反之亦然：杠杆程度越高，潜在损失也越大。为了弄清原因，再次思考你购买价值20万美元住房的例子，只是一年之后房屋价格下降至18万美元。如果你为这个房屋支付了20万美元现金，即杠杆是0，房屋价格下降的2万美元代表你的投资10%的损失。但是如果你的首付只有1万美元，余下的19万美元是借款，此时房屋价格下降的2万美元代表你投资的损失是200%。事实上，房屋现在的价值比你的抵押贷款额少1万美元。你对房屋的权益等于房屋的市场价格与你所欠贷款额之差。如果你所欠贷款额高于房屋价格，你的权益就是负的。拥有负权益的房屋所有人被称为在抵押贷款上出现了“倒挂”或“资不抵债”。

当房地产泡沫破灭和房屋价格开始下降时，许多人发现他们拥有负权益。在这种情况下，一些人对贷款违约，有时甚至搬离住房，弃屋而去。杠杆对房地产繁荣与破灭以及2007—2009年的严重衰退都起到了重要的作用。

轮到你了：做本章末与本专栏相关的问题与应用6.9，看看你理解得如何。

□ 17.6.4 美联储和财政部的应对

因为由房地产泡沫破灭所导致的金融市场中的问题如此严重，所以美联储与财政部不同寻常地合作以制定适当的政策。时任美联储主席的本·伯南克和布什政府的财政部长亨利·保尔森（Henry Paulson）、奥巴马政府的财政部长蒂莫西·盖特纳以前所未有的方式对金融市场进行了干预，以此来应对这次危机。

美联储和财政部初始阶段的行动。2008年9月15日，投资银行雷曼兄弟的破产大大加深了金融危机的程度。所以，看一看美联储和财政部此前和此后所采取的行动是有用的。表17.2显示了美联储和财政部在雷曼兄弟破产之前为处理金融体系中的问题所采取的四项重要行动。

表17.2　美国财政部和美联储在金融危机之初采取的行动

时间	行动	目的
2008年3月	虽然传统上美联储只对商业银行发放贷款，但是，美联储宣布将暂时对一级交易商（即与美联储进行日常公开市场交易的企业）发放贴现贷款	为这些交易商提供短期资金，其中有些交易商是投资银行，它们不必通过出售证券来筹集资金（倘若它们出售证券的话，这可能进一步降低这些证券的价格）
2008年3月	美联储宣布将用不超过2 000亿美元的国债换取抵押贷款担保证券	使那些拥有难以甚至无法出售的抵押贷款担保证券的一级交易商能够获得国债，从而可以用作短期贷款的担保物

续前表

时间	行动	目的
2008 年 3 月	美联储和财政部促成了摩根大通对处于破产边缘的投资银行贝尔斯登的收购	避免金融恐慌。美联储和财政部相信，如果贝尔斯登破产，那就会导致许多投资者和金融企业停止给其他投资银行贷款，从而出现金融恐慌
2008 年 9 月	财政部推动联邦政府控制了房利美和房地美。虽然房利美和房地美由联邦政府资助，但是事实上它们是私人企业。这两家企业被置于联邦住房金融局的监管之下	避免进一步摧毁已经很不景气的房地产市场。财政部相信，如果房利美和房地美破产，那就将造成对抵押贷款担保证券信心的丧失

对雷曼兄弟破产做出的反应。美联储和财政部促成贝尔斯登被出售给摩根大通的这一决策遭到了一些经济学家和政策制定者的批评。他们的主要忧虑在于道德风险问题：如果贝尔斯登等金融企业的经理人相信必要时联邦政府将会救助它们以免于破产，那么他们就有可能从事风险更高的投资。财政部和美联储采取行动挽救贝尔斯登是因为它们相信大型金融企业的破产将引发更大范围的不良经济后果。正如我们在第 16 章中所讨论的，当金融企业甩卖其持有的债券和其他资产时，将造成这些资产价格下降，这将影响同样持有这些资产的企业的金融状况。在 2008 年 9 月，当投资银行雷曼兄弟濒临破产时，美联储和财政部不得不在道德风险问题与雷曼兄弟破产将导致的资产价格进一步下降从而使其他企业财务状况恶化的可能性之间进行权衡。时任美联储主席的伯南克和其他美联储官员还担心他们缺乏给雷曼兄弟发放贷款的法律依据。他们相信《联邦储备法案》是禁止给破产企业［即企业的资产（如它持有的抵押贷款担保证券）的价值小于其负债（如它收到的来自其他金融企业的贷款）的价值］发放贷款的。

美联储和财政部决定听任雷曼兄弟破产，结果雷曼兄弟在 9 月 15 日破产了。金融市场的负面反应比美联储和财政部预期的要大，仅仅两天后，美联储同意向美国最大的保险公司美国国际集团（AIG）提供一笔 850 亿美元的贷款，作为交换，联邦政府获得了该公司 80％的股份从而事实上控制了这家公司。

雷曼兄弟破产造成的一个重要后果是，货币市场共同基金 Reserve Primary 基金因为给雷曼兄弟提供了许多短期贷款而遭受了严重亏损。Reserve Primary 基金出现的问题导致许多投资者从该基金和其他货币市场共同基金赎回资金。这些资金的赎回降低了货币市场共同基金购买公司商业票据的能力。因为近些年来，很多公司已经变得依赖于出售商业票据来为其运营融资，所以美联储和财政部决定稳定该市场，确保资金继续从投资者流向公司。财政部宣布了一项为货币市场共同基金的存款暂时提供保险的计划，这与现有的银行存款保险相似。美联储宣布，在一段有限的时间内，它将通过购买非金融企业发行的 3 个月期的商业票据直接向它们提供贷款。

最后，在 2008 年 10 月，国会通过了“问题资产救助计划”（TARP），在这一计划下，财政部直接向银行提供资金以换取股权，试图稳定商业银行体系。对联邦政府而言，获得私人商业银行的部分所有权是前所未有的举动。

美联储和财政部的许多新手段充满争议，因为它们涉及政府拥有金融企业的部分所有权、对大型金融企业不会听任其破产的隐性保障以及对金融市场前所未有的干预。虽然这些手段是新的，但是，它们都是为了实现传统的宏观经济政策目标——高就业、价格稳定、金融市场稳定。这些新手段代表了联邦政府对美国金融市场的干预的永久性增加还是政策最终将回归更为传统的手段仍有待观察。

接第 573 页

生活中的经济学

衰退期间应该购买住房吗?

在本章开始时，我们问到在衰退期间购房是不是一个好主意。购房可能是你一生中最大的一笔支出，因此，你需要仔细考虑很多因素，包括与周围可比住房比较而言房屋价格的高低，周围房价是在上升还是下降，房屋离商店、工作单位与好学校的距离等。如果你购房需要抵押贷款，那么你需要支付的抵押贷款利率也很重要。正如我们在本章所见，在衰退期间，美联储常常采取行动以降低利率。所以，衰退期间的抵押贷款利率一般比其他时期低。你可能想利用衰退期间的低利率来购房。但是衰退期间也是失业增加的时期，如果你面临着失业风险，那么，你可能不愿意在这个时候借入分 15 年或更多年偿还的大量贷款。我们可以得出结论：如果你的工作稳定，在衰退期间购房可能是一个不错的主意。

17.7 结论

货币政策是联邦政府实现通货膨胀、就业和金融稳定目标的一种方式。美联储主席影响美国经济的能力可能比美国总统还大。但是国会和总统也可以运用他们在政府支出和税收上的权力来试图稳定经济。在第 18 章，我们将讨论财政政策——政府支出和税收的变动——如何影响经济。

访问 MyEconLab，你可以找到与本章的概念有关的一篇新闻文章和分析。

本章总结和习题

关键术语

紧缩性货币政策	扩张性货币政策	联邦基金利率	货币政策
通货膨胀目标制	泰勒规则		

17.1 什么是货币政策?

总结

货币政策是指美联储为了实现宏观经济政策目标而采取的管理货币供给和利率的行动。为了促进经济的良好运行，美联储有四个货币政策目标：价格稳定、高就业、金融市场和金融机构的稳定以及经济增长。

复习题

1.1　当国会在 1913 年建立联邦储备体系时，联邦储备体系的主要职责是什么？国会何时扩展了美联储的职责？

1.2　美联储的四个货币政策目标是什么？

1.3　在何种意义上美联储拥有“双重使命”？

1.4　投资银行为何会遭受流动性问题？

问题与应用

1.5　什么是银行业恐慌？为什么政策制定者对银行破产的担心超过对餐馆或服装店破产的担心？

1.6 《华尔街日报》上的一篇文章援引美联储某位经济学家的话称：“美联储现在的双重使命是在价格稳定的背景下实现可持续的最高就业。”

a.“可持续的最高就业”的意思是零失业率吗？请简要解释。

b.“价格稳定”的意思是零通货膨胀率吗？请简要解释。

资料来源：Pedro Nicolaci Da Costa，“Fed Should Make Bond Buys a Regular Policy Tool，a Boston Fed Paper Finds”，*Wall Street Journal*，April 23，2015.

1.7　一个前美联储官员认为，美联储“价格稳定和低长期利率的目标本质上是同一个目标”。请简要解释他的推理。

资料来源：William Poole，“Understanding the Fed”，*Federal Reserve Bank of St. Louis Review*，Vol. 89，No. 1，January/February 2007，p. 4.

1.8　2015 年夏，许多经济学家和政策制定者预期美联储将在该年末提高联邦基金目标利率。但是，有些经济学家认为，美联储维持其目标不变更好。当时，失业率为 5.3%，就业接近充分就业水平，但通货膨胀率低于美联储 2%的目标。如果美联储不提高联邦基金目标利率，那么，美联储将促进什么政策目标？请简要解释。

资料来源：Min Zeng，“Inflation Expectations Fall，Making Rate Hike ‘More Difficult to Justify’”，*Wall Street Journal*，August 6，2015.

□ 17.2　货币市场和美联储货币政策中间目标的选择

总结

美联储的货币政策中间目标是这样的经济变量：美联储能够直接影响，反过来这些变量又会影响实际 GDP、价格水平等与美联储的政策目标密切相关的变量。货币供给和利率是两个主要的货币政策中间目标。美联储最常选取利率作为其货币政策中间目标。联邦公开市场委员会在每次会议后，宣布联邦基金目标利率。联邦基金利率是银行间隔夜拆借利率。为了降低利率，美联储会增加货币供给；为了提高利率，美联储会减少货币供给。在货币市场的图形分析中，当货币供给曲线向右移动时，结果出现了沿着货币需求曲线向下的运动，新的均衡利率更低了。当货币供给曲线向左移动时，结果出现了沿着货币需求曲线向上的运动，新的均衡利率更高了。

复习题

2.1　什么是货币政策中间目标？美联储为什么使用货币政策中间目标？

2.2　经济学家所说的货币需求指的是什么？持有货币有什么优势？有什么劣势？为什么利率的提高会减少货币需求量？

2.3　画一幅表示货币市场均衡的需求-供给图形。假定美联储想降低均衡利率。在图形上表示美联储将如何达到这个目标。

2.4　什么是联邦基金利率？它在货币政策中扮演着什么角色？

问题与应用

2.5　在下图所示的货币市场中，什么会引起货币供给曲线从 MS_1 移动至 MS_2？什么会引起货币需求曲线从 MD_1 移动至 MD_2？

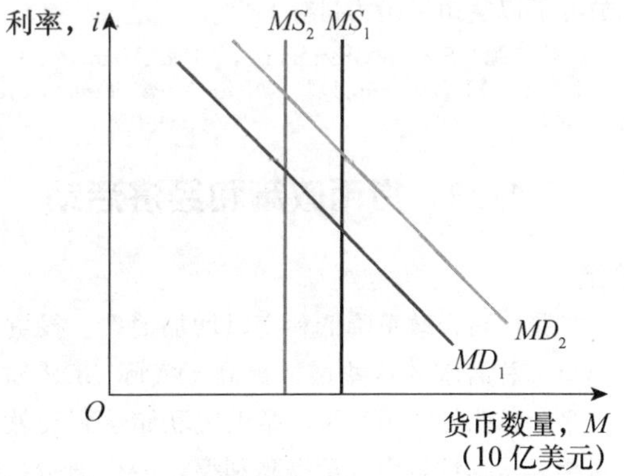

2.6　2015 年，《华尔街日报》上的一篇文章讨论了“在 9 月份将美联储的隔夜目标利率范围提高 0.25 个百分点”的可能性，而另一篇文章指出，“美国中央银行的贴现率……从 2010 年 2 月以来一直设定在 0.75%”。

a. 美联储的“目标利率”的名称是什么？

b. 请简要解释在这个“目标利率”下，谁借入？谁出借？

c. 什么是贴现率？它与“目标利率”有什么不同？

资料来源：Justin Lahart，“Jobs Give Fed Green Light; Inflation Sets Speed Limit”，*Wall Street Journal*，August 7，2015；and Ben Leubsdorf，“Five Regional Fed Banks Asked to Raise Discount Rate”，*Wall Street Journal*，July 14，2015.

2.7 作为对金融市场中的问题和经济放缓的反应，联邦公开市场委员会（FOMC）在2007年9月将联邦基金目标利率从5.25%下调。在下一年，FOMC又多次下调联邦基金目标利率。亚利桑那大学的经济学家普赖斯·菲什巴克（Price Fishback）评论道：“美联储通过在2008年12月将联邦基金目标利率降至0～0.25%，向银行体系注入了更多的货币。”联邦基金目标利率下降和货币供给增加之间有什么关系？为什么降低联邦基金目标利率为银行体系“注入了货币”？

资料来源：Price Fishback，“The Financial Meltdown Now and Then”，freakonomics.com，May 12，2009.

2.8 《纽约时报》1993年的一篇文章对时任美联储主席的格林斯潘不再宣布货币供给目标的决策这么说道：“从20世纪70年代后期以来，美联储最重要的决策中有许多都是通过设定一个具体的货币供给增长目标做出的……美联储常常调整利率以实现这些目标。”如果美联储不再设定货币供给的具体目标，那么，它将以什么为目标？为什么美联储放弃了以货币供给为目标？

资料来源：Steven Greenhouse，“Fed Abandons Policy Tied to Money Supply”，*New York Times*，July 23，1993.

□ 17.3 货币政策和经济活动

总结

扩张性货币政策降低利率以增加消费、投资和净出口。总需求的这些增加提高了实际GDP和价格水平。扩张性货币政策能帮助美联储达到高就业的目标。紧缩性货币政策提高利率以减少消费、投资和净出口。总需求的这些减少使实际GDP和通货膨胀率低于在没有政策的情况下的水平。紧缩性货币政策能帮助美联储达到价格稳定的目标。

复习题

3.1 简要讨论利率的提高如何影响总需求的各个组成部分。

3.2 如果美联储认为经济将步入衰退，它应该采取什么行动？如果美联储认为通货膨胀率将急剧上升，它应该采取什么行动？

3.3 什么是“量化宽松”？为什么中央银行使用这项政策？

问题与应用

3.4 一个学生说道：“我理解为什么美联储会使用扩张性政策，但是我不理解为什么它竟然会使用紧缩性政策。政府究竟为什么想要经济紧缩呢？”请简要回答这个学生的问题。

3.5 在解释为什么货币政策在21世纪早期没有把日本拉出衰退时，日本中央银行的一位官员说道：“尽管货币供给出现大幅增加，但货币留在了银行。”请解释这位官员所说的“货币留在了银行”指的是什么？为什么这是一个问题？如果扩张性货币政策是成功的，那么货币将去哪里？

资料来源：James Brooke，“Critics Say Koizumi's Economic Medicine Is a Weak Tea”，*New York Times*，February 27，2002.

3.6 《华尔街日报》上的一篇讨论美联储货币政策的文章包括如下评论：“美联储官员从去年起就在发出他们期望将在2015年提高利率的信号……这推高了美元的价值，造成了美联储官员现在面对的经济减速。”

a. “推高了美元的价值”是什么意思？

b. 为什么美联储提高美国的利率会导致美元价值增加？

c. 为什么美元价值增加会导致美国经济增长减速？

资料来源：Jon Hilsenrath，“Fed's Rate Decisions Hang on Dollar，Growth Concerns”，*Wall Street Journal*，April 22，2015.

3.7 根据《华尔街日报》上的一篇文章，“2013年巴西的经济仅仅增长了2.3%，而2010年达到7.5%。该国还在和持续的高通货膨胀做斗争，这迫使其中央银行提高利率。”

a. 为什么巴西的中央银行会因通货膨胀率上升而“被迫”提高利率？

b. 利率的提高与经济增长减速可能有关联吗？请简要解释。

资料来源：Emily Glazer and Luciana Magalhaes，“Brazil's Debt-Laden Firms Try to Stay Afloat”，*Wall Street Journal*，March 18，2014.

3.8 1951—1970年的美联储主席威廉·麦克切斯尼·马丁（William McChesney Martin）曾经这么说道：“美联储的工作就是在宴会正在进行时

拿走盛满酒的大酒杯。”他指的是什么？

3.9 ［与17.3.2节中的“建立联系”专栏有关］《华尔街日报》2015年的一篇文章报道5年期德国政府债券的利率已经变成负的：“负回报率意味着持有德国政府债务的投资者实际上还要付钱给德国政府。”该文引用一位投资分析师的话说：“负回报率并没有吓跑投资者。”

a. 什么导致德国政府债券的利率变成负的？

b. 为什么投资者愿意购买利率为负的债券？

资料来源：Emese Bartha and Ben Edwards，“Germany Sells Five-Year Debt at Negative Yield for First Time on Record”，*Wall Street Journal*，February 25，2015.

3.10 ［与17.3.2节中的“建立联系”专栏有关］《华尔街日报》上的一篇文章指出，在2007—2009年金融危机之前，美联储“只对一种短期利率进行控制，期望这足以实现其关于通货膨胀和失业的目标”。

a. 该文指的是什么短期利率？美联储为何会期望控制该利率将使它能实现其关于通货膨胀和失业的目标？

b. 该文还指出，在这次金融危机之后，“美联储对更大范围的利率进行控制”。“更大范围的利率”是指什么？美联储如何能影响更大范围的利率？

资料来源：Jon Hilsenrath，“Easy-Money Era a Long Game for Fed”，*Wall Street Journal*，March 17，2013.

3.11 ［与17.3.4节中的“建立联系”专栏有关］美国总统的经济顾问委员会每年准备《总统经济报告》并送给国会。2008年2月发布的报告包含着对经济形势的如下总结：“经济增长预计在2008年仍将继续。大部分市场预测暗示2008年上半年增速放缓，下半年则会出现强劲增长。”

a. 2008年的经济增长实际情况如何？

b. 关于经济预测和经济政策制定，你可以从问题a的答案中得出什么结论？

资料来源：Executive Office of the President，*Economic Report of the President*，2008，Washington，DC：USGPO，2008，p. 17.

3.12 ［与17.3.4节中的“建立联系”专栏有关］下文节选自美联储的某出版物：

> 在实践中，货币政策的制定者们没有关于经济状况和价格的实时、可靠的信息。因为数据发布滞后，所以信息有限。同时，政策制定者并不能完全了解经济运行方式，包括政策措施在何时、何种程度上影响总需求。经济运行方式随着时间的推移在改变，经济对政策措施的反应也随之改变。这些限制增加了政策过程中的不确定性，使制定适宜的货币政策变得更加困难。

如果美联储承认，在有效的货币政策制定过程中存在许多阻碍，为什么美联储还要实行积极的货币政策，而不采用米尔顿·弗里德曼和其追随者所倡导的货币增长规则？

资料来源：Board of Governors of the Federal Reserve System，*The Federal Reserve System：Purposes and Functions*，Washington，DC，1994.

3.13 ［与17.3.5节中的“不要犯这样的错误！”专栏有关］请简要解释你是否同意以下观点：“美联储的职责很容易。例如，如果它想将实际GDP增加2 000亿美元，那它要做的就是将货币供给量增加那么多。”

3.14 ［与开篇案例有关］一个投资博客这么说美联储主席珍妮特·耶伦：“可以认为她是世界上权力最大的女人，也可能是世界上权力最大的人。你能说出权力更大的人吗？”你同意这个评价吗？请简要解释。

资料来源：Barbara Friedberg，“Fed Chief Janet Yellen：The Most Powerful Woman in the World”，blog. personalcapital. com，September 17，2014.

□ 17.4 运用动态总需求-总供给模型分析货币政策

总结

我们可以使用第15章中介绍的动态总需求-总供给模型来进一步分析扩张性和紧缩性货币政策。动态总需求-总供给模型考虑了两个事实：(1) 经济体中存在持续的通货膨胀，价格水平每年都上升；(2) 经济体中存在长期增长，*LRAS*曲线每年都向右移动。在该动态模型中，扩张性货币政策试图确保总需求曲线的右移幅度足够大，以使宏观经济均衡时的实际GDP等于潜在GDP水平。如果总需求的变动会导致宏观经济均衡时的实际GDP大于潜在GDP水平，那么，中央银行就采取紧缩性货币政策，试图部分抵消这样的总需求变动的影响，以使宏观经济均衡时的实际GDP等于其潜在水平。

复习题

4.1 我们在基本总需求-总供给模型与在动态总需求-总供给模型中对扩张性货币政策的图形分

析有什么关键区别？

4.2　我们在基本总需求-总供给模型与在动态总需求-总供给模型中对紧缩性货币政策的图形分析有什么关键区别？

问题与应用

4.3　解释你是否同意以下观点：

> 如果美联储实际上实施过紧缩性货币政策，价格水平会出现过下降。因为美国自 20 世纪 30 年代以来从没有哪一年出现过价格水平下降，所以我们能得出结论：美联储自 20 世纪 30 年代以来从来没有实施过紧缩性货币政策。

4.4　［与例题 17.4 有关］运用下图回答下面的问题：

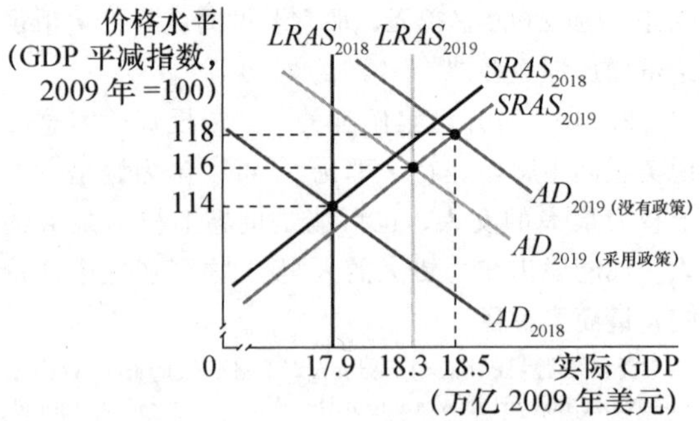

a. 如果美联储没有采取任何政策措施，2019 年的实际 GDP 水平和价格水平将是多少？

b. 如果美联储想使 2019 年的实际 GDP 水平保持在其潜在水平，它应该采用扩张性政策还是紧缩性政策？交易柜台应该买入还是出售国债？

c. 如果美联储没有采取任何政策措施，2019 年的通货膨胀率将是多少？如果美联储采用货币政策使实际 GDP 水平保持在其充分就业水平，2019 年的通货膨胀率将是多少？

4.5　［与例题 17.4 有关］下表中虚构的信息显示了如果美联储不采用货币政策 2019 年将会出现的情形：

年份	潜在 GDP	实际 GDP	价格水平
2018	17.9 万亿美元	17.9 万亿美元	110
2019	18.3 万亿美元	18.2 万亿美元	112

a. 如果美联储想使 2019 年的实际 GDP 保持在潜在水平，它应该采用扩张性货币政策还是紧缩性货币政策？交易柜台应该买入国债还是出售国债？

b. 如果美联储的政策成功地使 2019 年的实际 GDP 保持在潜在水平，请指出与美联储不采取任何行动相比，下列各项将会更高还是更低：

（1）实际 GDP；

（2）潜在 GDP；

（3）通货膨胀率；

（4）失业率。

c. 画一幅总需求-总供给图形来说明美联储政策的影响。你的图形中应该包括：2018 年和 2019 年的 *LRAS* 曲线；2018 年和 2019 年的 *SRAS* 曲线；当采用和不采用货币政策时，2018 年和 2019 年的 *AD* 曲线；以及采用和不采用货币政策时，2019 年均衡的实际 GDP 水平和价格水平。

4.6　根据《华尔街日报》上的一篇文章，印度储备银行在 2015 年降低了其重要政策利率，称这么做的原因是该国某些经济部门疲软和通货膨胀数字较好。该文还指出，该中央银行还列出了对进一步降低利率的限制因素，包括“通货膨胀再度飙升的风险”。

a. 用动态总需求-总供给模型说明印度储备银行在预计利率不下降的情况下 2015 年的实际 GDP 会在哪里，并表明该中央银行试图通过降低利率实现什么结果。为了简单起见，假设 2014 年印度的实际 GDP 等于其潜在水平。

b. 在印度的通货膨胀率低的同时该国产出增长缓慢，这两者之间有关联吗？请简要解释。

资料来源：Gabriele Parussini，“India Cuts Key Interest Rate for Second Time This Year”，*Wall Street Journal*，March 4，2015.

□ 17.5　美联储货币政策中间目标设定的进一步探究

总结

一些经济学家认为美联储应该采用货币供给而不是利率作为其货币政策中间目标。米尔顿·弗里德曼和其他货币主义者认为美联储应该采用货币增长规则，即每年以固定速率增加货币供给。对这一提议的支持在 1980 年后减弱了，因为货币供给的运动与实际 GDP 和价格水平的运动之间的关系减弱了。约翰·泰勒分析了美联储的决策所涉及的因素，建立了泰勒规则来解释联邦基金目标利率的设定。泰勒规则将联邦基金目标利率与经济变量联系起来。在过去的十年中，许多经济学家和中央银行行长对使用通货膨胀目标制表现出了极大的兴趣，在通货膨胀目标制下，货币政策可以使中央银行致力于实现其公开宣布的通货膨胀目标。美联储在2012年成为众多采用通货膨胀目标制的中央银行之一。美联储在20世纪80年代、20世纪90年代和21世纪头十年早期的表现都得到了经济学家的广泛赞扬。

复习题

5.1 与货币政策相对的货币规则是什么？米尔顿·弗里德曼希望美联储采用怎样的货币规则？为什么对弗里德曼提倡的货币规则的支持在1980年后减少了？

5.2 美联储在过去的20多年中都将联邦基金利率作为货币政策中间目标。为什么美联储不同时将货币供给作为中间目标？

5.3 什么是泰勒规则？其目的是什么？

问题与应用

5.4 在一次访谈中，1979—1987年任美联储主席的保罗·沃尔克被问及关于美联储采用货币政策来降低通货膨胀率的问题。沃尔克回答说：

> 美联储一直在尝试处理通货膨胀的问题……到我成为主席的那个时候……我们采取了这么一种方法……我们不再强调利率，改而强调货币供给的增长，这是通货膨胀的根本原因……我们将不再让货币供给像以前那样快速增长……利率上升了很多……我们说……无论对利率产生什么后果我们都会接受，因为那将让我们能够控制住通货膨胀。

解释为什么沃尔克在任美联储主席时，美联储不把货币供给的增长和利率都作为中间目标？

资料来源："Paul Volcker Interview", http://www.pbs.org/fmc/interviews/volcker.htm.

5.5 ［与例题17.5有关］假定均衡实际联邦基金利率是2%，目标通货膨胀率是2%。使用下面的信息和泰勒规则来计算联邦基金目标利率：

当前通货膨胀率＝4%
潜在GDP＝17万亿美元
实际GDP＝17.17万亿美元

5.6 ［与例题17.5有关］在讨论泰勒规则时，约翰·泰勒这么写道："我意识到，关于指导货币政策的最佳规则是什么存在不同的意见，美联储的一些人（包括珍妮特·耶伦在内）现在偏好产出缺口系数更高的某个规则。"

a. 如果指导美联储政策的是一个产出缺口系数为1而不是0.5的泰勒规则，那么，在衰退期间联邦基金利率会更高还是更低？请简要解释。

b. 为什么经济学家和政策制定者对指导货币政策的最佳规则没有一致意见？

资料来源：John Taylor, "Cross-Checking 'Checking in on the Taylor Rule'", www.economicsone.com, July 16, 2013.

5.7 ［与例题17.5有关］克利夫兰联邦储备银行的两位经济学家指出："对潜在GDP的估计很不稳定，这表明我们现在的测度中有相当大的错误。"他们下结论说："当利用泰勒规则这种类型的规则提出政策建议时，我们应该认识到这种精确度的缺乏。"请简要解释他们的推理。

资料来源：Charles Carlstrom and Timothy Stehulak, "Mutable Economic Laws and Calculating Unemployment and Output Gaps—An Application to Taylor Rule", Federal Reserve Bank of Cleveland, June 6, 2015.

5.8 威廉·普尔（William Poole）在担任圣路易斯联邦储备银行行长时称："尽管我自己偏好通过有效管理实现零通胀，但是，我相信中央银行对某个其他数字的合理的低通货膨胀率目标达成共识比确切的数字本身更为重要。"请简要解释为什么即使通货膨胀率目标不是零，经济也能从明确的通货膨胀率目标中受益。

资料来源：William Poole, "Understanding the Fed", *Federal Reserve Bank of St. Louis Review*, Vol 89, No. 1, January/February 2007, p. 4.

5.9 ［与17.5.4节中的"建立联系"专栏有关］2015年10月是用个人消费支出（PCE）价格指数来衡量的通货膨胀率低于美联储2%的目标的连续第42个月。

a. 简要解释为什么用CPI计算得到的通货膨胀率与用PCE价格指数计算得到的可能不同。

b. 解释美联储在衡量通货膨胀率时对使用哪个价格指数的选择如何能影响货币政策。

资料来源：Zeppo Mitchell, "Inflation Misses Fed 2% Target for 38th Straight Month", *Wall Street Journal*, August 3, 2015.

□ 17.6 2007—2009年衰退期间美联储的政策

总结

2006年开始破灭的房地产泡沫引发了2007—2009年的衰退和伴随而来的金融危机。作为对此的反应，美联储采取了许多政策措施。经过一系列减息，美联储将联邦基金目标利率从2007年9月的

5.25%降至2008年12月接近于0的水平。随着房屋抵押贷款违约增加以及抵押贷款担保证券的价值下降，房地产市场的下滑引起金融体系中出现了更大范围的问题。美联储和财政部采取了一系列新政策来提供流动性和重建信心。美联储增加了有资格获得贴现贷款的企业类型，开始通过购买商业票据直接向企业提供贷款。根据“问题资产救助计划”，财政部为银行和其他金融企业提供金融支持，以此换取部分所有权。财政部还采取行动，推动联邦政府接管了房利美和房地美这两家在抵押贷款市场中起着关键作用的政府资助的企业。投资银行雷曼兄弟在2008年9月的破产导致金融危机深化，刺激了一些新政策的出现。最终，新政策稳定了金融体系，但是它们的长期影响仍存在争论。

复习题

6.1 什么是抵押贷款？在1970年后，抵押贷款市场出现了哪些重要的新情况？

6.2 从2008年开始，为了应对金融危机，美联储和美国财政部对金融市场进行了前所未有的干预。简要归纳美联储和财政部采取的行动。

问题与应用

6.3 2007年秋的一篇报纸文章这么写道：“高档住宅建筑商Hovnanian公司本周四报告了公司连续第四个季度亏损，原因是信贷可获得性和高库存等持续性问题。”为什么Hovnanian公司遭受亏损？该文所称“信贷可获得性”是指什么？信贷可获得性问题会如何影响Hovnanian公司这样的建筑商？

资料来源：“New Loss for Home Builder”，Associated Press，September 7，2007.

6.4 美联储出版物中的一篇文章评论道：“20年或30年前，本地金融机构是某些借款人的唯一选择。但是，在今天，借款人可以从全国（乃至全世界）进行抵押贷款融资。”什么造成了抵押贷款融资来源的这种变动？这种变动对于借款人必须支付的抵押贷款利率可能产生什么影响？请简要解释。

资料来源：Daniel J. McDonald and Daniel L. Thornton，“A Primer on the Mortgage Market and Mortgage Finance”，*Federal Reserve Bank of St. Louis Review*，January/February 2008，pp. 31-45.

6.5 为了保持讨论的机密性，美联储的FOMC会议文字整理稿要过了五年后才发布。在2008年的FOMC会议文字稿被发布后，人们发现有一位理事在2008年4月的会议上这么说道：“我认为很有可能等以后我们回过头来看时会说，在贝尔斯登濒临破产的危机被解决后，就这次金融混乱而言，我们已经转危为安。”这位理事的分析被证明是正确的吗？请简要解释为什么他的预测在当时来看可能是合理的。

资料来源：Jon Hilsenrath，“New View into Fed's Response to Crisis”，*Wall Street Journal*，February 21，2014.

6.6 2012年下半年，美国财政部卖掉了最后一股它之前购买的保险公司AIG的股票。财政部2008年在AIG的这笔投资为财政部赚取了227亿美元的利润。《华尔街日报》上的一篇文章指出，“对AIG的救助是2007—2009年金融危机中争议最大的救助之一，它以现在这样的结果而告终，这一结果在2008年来看几乎不可能出现，当时AIG的即将崩溃对全球经济来说简直就是一场海啸。”

a. 为什么联邦政府救助了AIG？

b. 为什么政府对AIG的救助是有争议的？

c. 联邦政府在AIG这笔投资上赚取了利润这一事实意味着当时反对这一救助的经济学家和政策制定者必然错了吗？请简要解释。

资料来源：Jefferey Sparshott and Erik Holm，“End of a Bailout：U. S. Sells Last AIG Shares”，*Wall Street Journal*，December 11，2012.

6.7 回忆证券化是将抵押贷款等贷款转变为能在二级市场进行买卖的债券的过程。《经济学人》上的一篇文章指出：

> 证券化无疑造成了更多的次级抵押贷款被发放。通过提供进入一个更深的资本池的途径，证券化帮助降低了抵押贷款的成本，使得信用记录差的借款人也能买得起住房。

什么是“次级抵押贷款”？什么是“更深的资本池”？为什么证券化为抵押贷款的借款人提供了进入一个更深的资本池的途径？次级借款人可能要比信用更好的借款人支付更高的利率还是更低的利率？在什么情况下，贷款人（出借人）可能更愿意为信用记录差的人而不是信用记录好的人提供贷款？请简要解释。

资料来源：“Ruptured Credit”，*Economist*，May 15，2008.

6.8 2015年，雷曼兄弟的末代CEO理查德·富尔德（Richard Fuld）做了一场演讲，根据《华尔街日报》上的一篇文章，“他概述了导致2007—2009年金融危机的事件——他称之为‘完美风暴’（perfect storm，祸不单行）。他说，‘起因全在政府’以及为了帮助人们实现美国梦而对低息贷款提供补贴的政策。”

a. 简要概述导致 2007—2009 年金融危机的事件。你同意富尔德所说的这些事件构成了一次完美风暴（即一系列不幸的事件以难以预测到的方式同时发生）吗？

b. 本章提到的哪些政府政策可以说是对低息贷款提供了补贴？富尔德所说的这些政策意在帮助人们“实现美国梦”是指什么？

资料来源：Maureen Farrell，“Lehman's Fuld Says It Wasn't His Fault”，*Wall Street Journal*，May 28，2015.

6.9 ［与 17.6.3 节中的“建立联系”专栏有关］假定你花 15 万美元购买了一栋房屋。一年后，这栋房屋的市场价格上升至 16.5 万美元。如果你支付了 20%的首付，剩余的 80%是用抵押贷款支付的，那么，你在这栋房屋上的投资回报率是多少？如果你支付了 5%的首付，剩余的 95%是用抵押贷款支付的，那么，你在这栋房屋上的投资回报率是多少？在你的答案中，写出计算过程。

实时数据练习

D17.1 （追踪 FOMC 会议的新闻）访问联邦储备理事会的网站，阅读最新的联邦公开市场委员会（FOMC）新闻稿。在该网站，选择屏幕顶部的“Monetary Policy”（货币政策），然后点击屏幕左边“Federal Open Market Committee”（联邦公开市场委员会）下面的“Meeting calendars and information”（会议日历和信息）。最后向下滚动，选择最近一次 FOMC 会议的声明（Statement）。基于 FOMC 的新闻稿回答如下问题：

a. FOMC 改变了联邦基金利率目标吗？如果是，是什么样的变动？

b. 总的来说，在 FOMC 的声明中，它看起来更担心低经济增长还是高通货膨胀？

c. FOMC 改变了付给银行准备金的利率吗？

d. 美联储宣布了任何其他货币政策措施吗？

D17.2 （联邦基金利率相对于目标的运动）访问圣路易斯联邦储备银行（FRED）的网站（research. stlouisfed. org/fred2/），下载如下数据序列：（1）有效联邦基金利率（DFF）；（2）联邦基金利率目标范围的上限（DFEDTARU）；（3）联邦基金利率目标范围的下限（DFEDTARL）。在同一幅图上画出从 2008 年 12 月 16 日到最新数据日期的这三个数据序列。在此期间，美联储成功地将有效联邦基金利率保持在目标区间了吗？请简要解释。

D17.3 （比较不同的通货膨胀率衡量指标）访问圣路易斯联邦储备银行（FRED）的网站（research. stlouisfed. org/fred2/），找到以下三个价格水平衡量指标最新的数值和一年前同一月份的数值：（1）消费者价格指数：所有物品（CPIAUCSL）；（2）个人消费支出：链式价格指数（PCEPI）；（3）排除食品和能源的个人消费支出：链式价格指数（DPCCRG3A086NBEA）。

a. 利用这些数据，计算这一年用以上三个价格水平中的每一个测度的通货膨胀率。

b. 这一年哪个通货膨胀率指标最高？哪个最低？为什么通货膨胀率的这些指标存在差别？

第 18 章 财政政策

本章概览和学习目标

18.1　什么是财政政策？

定义财政政策。

18.2　财政政策对实际 GDP 和价格水平的影响

解释财政政策如何影响总需求和政府如何运用财政政策来稳定经济。

18.3　运用动态总需求-总供给模型分析财政政策

运用动态总需求-总供给模型来分析财政政策。

18.4　政府购买乘数和税收乘数

解释政府购买乘数和税收乘数如何起作用。

18.5　运用财政政策稳定经济的局限性

讨论在实施财政政策的过程中可能出现的困难。

18.6　赤字、盈余和联邦政府债务

定义联邦预算赤字和联邦政府债务，解释联邦预算如何行使自动稳定器功能。

18.7　财政政策的长期影响

讨论财政政策的长期影响。

开篇案例

政府支出创造了工作岗位吗？

金门大桥是旧金山的国际象征。这座大桥贯穿了从太平洋到旧金山海湾的入口。大桥的修建始于 1933 年，1937 年建成通车。Doyle 大道是美国 101 号高速公路的一部分，长 1.6 英里，是连接旧金山与金门大桥的主要方式。Doyle 大道亟须重建，但是，多年以来，旧金山市和加利福尼亚州都未能提供所需的资金。2009 年上半年，奥巴马总统和国会颁布实施《美国复苏和再投资法案》（ARRA，常被称为《刺激法案》），该法案的目的是增加 2007—2009 年衰退期间的总需求。ARRA 是旨在增加实际 GDP 和就业的相机抉择财政政策的一个例子。该法案的部分资金被配置到了 Doyle 大道项目上。旧金山市长加文·纽瑟姆（Gavin Newsom）对这一消息表示欢迎："这个项目已经准备就绪，它是联邦刺激如何能在旧金山填补资金缺口、刺激经济、改善交通和创造工作岗位的一个鲜明的例子。"

Doyle 大道项目由 Flatiron 公司设计，由总部位于内布拉斯加州欧马哈市的 Kiewit 建筑公司施工建设。为了这个项目的施工建设，Kiewit 公司雇用了数百名工人，该工程于 2015 年 7 月完工。重建 Doyle 大道项目是政府支出增加导致就业增加的一个例子。事实果真如此吗？大部分经济学家同意在衰退期间政府支出的暂时性增加会导致就业增加。但是，一些经济学家认为，ARRA 这样的财政政策措施只是将就业从一类人群转移给另一类人群，并不会增加总就业量。关于政府支出对就业的影响的争论在 2007—2009 年衰退结束后仍持续了好几年。

当联邦政府的支出超过它征收的税收收入时，结果就是出现联邦预算赤字。在衰退之后，联邦政府的预算赤字达到了历史上和平时期的最高水平。为了减少预算赤字，国会和奥巴马总统在 2011 年和 2012 年颁布了削减联邦支出、增加税收和限制未来支出增加等政策。2015 年，国会和总统在某种程度上放松了对联邦支出的限制，同时继续就额外的支出对帮助经济最终回到潜在 GDP 水平是否有必要展开争论。

在本章中，我们将考察相机抉择的财政政策、联邦预算赤字以及关于它们的影响的争论。

资料来源：David R. Baker，"Presidio Parkway，the New Doyle Drive，Is Now Open"，sfgate.com，July 13，2015；Metropolitan Transit Commission，"Speaker Pelosi and Mayor Newsom Announce Doyle Drive Project Is Shovel Ready"，February 28，2009；Jonathan Weisman，"Republicans Aim to Hamper Obama's Policies with Spending Bills"，*New York Times*，July 7，2015；and http://goldengatebridge.org.

生活中的经济学

你将用额外的 500 美元做什么？

假定联邦政府宣布将立即向你和全国所有其他人寄送 500 美元的退税支票。此外，你预期此后每年你缴纳的税收都将减少 500 美元。对于可支配收入的这一增加，你将做何反应？这次退税对短期的均衡实际 GDP 可能产生什么影响？在阅读本章的过程中，试着回答这些问题。对照我们在本章末提供的答案，你可以检验你的答案。

在第17章中，我们讨论了美联储如何运用货币政策来达到价格稳定、高就业等宏观经济政策目标。在本章中，我们将探讨政府如何运用财政政策来达到相似的政策目标。财政政策涉及税收和政府购买的变动。正如我们所见，在短期，经济体中的价格水平、实际GDP水平和总就业水平取决于总需求和短期总供给。在长期，实际GDP和就业水平取决于长期总供给。政府可以通过财政政策同时影响总需求水平和总供给水平。我们将讨论国会和总统如何决定选取何种财政政策措施来达到他们的目标。我们也将讨论经济学家和政策制定者们对财政政策有效性的争论。

18.1 什么是财政政策？

第二次世界大战结束后，按照1946年的《就业法案》，联邦政府一直承诺致力于干预经济"以促进最高的就业、生产和购买力"。正如我们在第17章中所见，美联储密切监控着经济，联邦公开市场委员会每年召开8次会议，以决定是否变更货币政策。虽然没有那么频繁，但是国会和总统也通过变更税收和政府购买的方式来达到高就业、价格稳定、高经济增长率等宏观经济政策目标。为了实现宏观经济政策目标而对联邦税收和政府购买所做的变动被称为**财政政策**（fiscal policy）。

□ 18.1.1 财政政策是什么以及不是什么

在美国，联邦政府、州政府和地方政府对税收和支出都负有责任。经济学家一般使用的财政政策一词仅指联邦政府的行为。为了支持本地经济发展，州政府和地方政府有时候会变更税收和支出政策，但是这些并不是财政政策，因为其目标并不是影响全国经济。联邦政府做出许多有关税收和支出的决定，但并不是所有这些决定都是财政政策措施，因为某些决定并不是为了达到宏观经济政策目标。例如，为购买混合动力汽车的购车者减税的决定就属于环境政策行为，不属于财政政策行为。类似地，为支持反恐战争和伊拉克、阿富汗战争而增加的支出属于国防和国土安全政策范畴，不属于财政政策。

□ 18.1.2 自动稳定器与相机抉择的财政政策

自动稳定器与相机抉择的财政政策之间有重要的区别。随着经济周期自动增加或减少的政府花费和税收被称为**自动稳定器**（automatic stabilizers）。在这里，自动一词指的是这些类型的支出和税收的变动无须政府采取行动就会发生。例如，当经济扩张和就业增加时，政府在支付给失业工人的失业保险金上的支出将自动减少。在衰退期间，当就业减少时，此类支出将自动增加。类似地，当经济处于扩张期和收入提高时，人们收入增加从而要缴纳更多的税收，所以政府收取的税收总额会增加。当经济处于衰退期时，政府收取的税收总额会减少。

在相机抉择的财政政策下，政府采取行动来改变支出或税收。本章开篇案例中提到的国会和总统2009年颁布的《美国复苏和再投资法案》中的减税和支出增加就是相机抉择的财政政策措施的例子。

□ 18.1.3 政府支出与税收综述

为了给理解财政政策提供一个背景，理解政府税收和支出的大图景非常重要。在 20 世纪 30 年代大萧条之前，政府支出的大部分发生在州政府和地方政府层面。正如图 18.1 所示，联邦政府支出的比例在大萧条期间大幅上升。自第二次世界大战以来，联邦政府支出占政府总支出的百分比介于 2/3～3/4 之间。

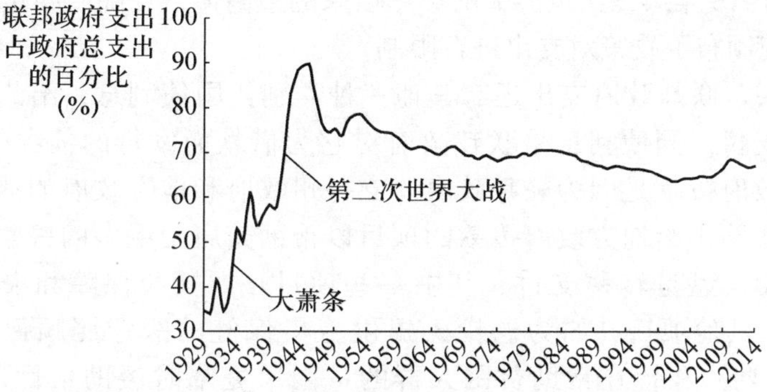

图 18.1 1929—2014 年联邦政府支出占政府总支出的百分比

在 20 世纪 30 年代的大萧条之前，美国的大部分政府支出都发生在州政府和地方政府层面。自第二次世界大战以来，联邦政府支出占政府总支出的百分比介于 2/3～3/4 之间。

资料来源：U. S. Bureau of Economic Analysis.

经济学家常常通过计算政府支出占 GDP 的百分比来衡量政府支出相对于经济规模的多少。谨记联邦政府购买与联邦政府支出并不相同。当联邦政府购买航空母舰或 FBI 探员的服务时，它得到了商品或服务作为回报。联邦政府支出包括政府购买和不涉及购买的联邦政府花费（如社会保障金）。正如图 18.2 所示，事实上，联邦政府购买占 GDP 的百分比在自 20 世纪 50 年代早期朝鲜战争以来的大部分时间里一直在下降。联邦政府总支出

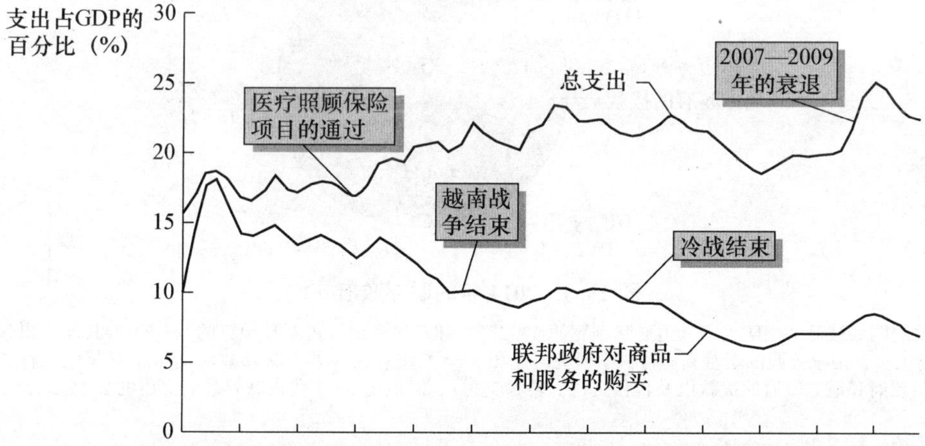

图 18.2 1950—2014 年联邦政府购买和联邦政府支出占 GDP 的百分比

作为 GDP 的一部分，从 20 世纪 50 年代早期朝鲜战争以来，联邦政府对商品和服务的购买一直在下降。包括转移支付在内的联邦政府总支出占 GDP 的百分比从 1950 年到 20 世纪 90 年代早期一直在增加，在 1992—2001 年间下降，之后再次上升。2007—2009 年衰退及其后的缓慢复苏导致联邦政府支出大幅增加，这使得联邦政府支出占 GDP 的百分比在 2011 年达到了自 1945 年第二次世界大战结束以来的最高值。

资料来源：U. S. Bureau of Economic Analysis.

占 GDP 的百分比从 1950 年到 20 世纪 90 年代早期一直在增加，在 1992—2001 年间下降，之后重新上升。1992—2001 年间支出下降的部分原因是苏联和美国之间的冷战结束，这使得国防支出大幅减少。1990—1998 年，联邦政府在国防上的实际支出下降了几乎 25%，之后在 1998—2010 年期间因反恐战争、伊拉克战争和阿富汗战争又上升了 60%以上，后来又由于那些战争的规模缩小而下降，到 2014 年下降了 15%以上。2007—2009 年的衰退及其后的缓慢复苏导致联邦政府支出大幅增加，这使得联邦政府支出占 GDP 的百分比在 2011 年达到了自 1945 年第二次世界大战结束以来的最高值，在随后的年份里又开始下降，原因是国会和总统颁布了政策对支出进行限制。

除了政府购买，联邦政府支出还有其他三种类别：国债利息、给州政府和地方政府的拨款以及转移支付。国债利息是联邦政府对它为借款而发行的债券的持有人的支付。给州政府和地方政府拨款是因为联邦政府要支持州政府和地方政府的活动。例如，为了减少犯罪，国会实施了给地方政府拨款的项目以帮助其雇用更多的警察。最大、增长最快的联邦政府支出类型是转移支付。其中一些项目，如社会保障和失业保险，开始于 20 世纪 30 年代。其他项目，如为老年人提供卫生保健的医疗照顾保险项目、食品券（营养补充援助计划）和旨在帮助贫困人群的贫困家庭临时援助项目，开始于 20 世纪 60 年代或更晚。

图 18.3 显示，在 2014 年，转移支付占联邦政府支出的 48.7%，这与 20 世纪 60 年代的 25%相比差不多翻倍了。随着美国人口老龄化、医疗费用持续增长，联邦政府在社会保障和医疗照顾保险项目上的支出还会持续增加，这会导致转移支付占联邦政府支出的份额不断增加。图 18.3 显示，联邦政府大部分日常活动的支出，包括环境保护局、联邦调查局（FBI）、国家公园服务中心、移民归化局等联邦机构的运营，只占联邦政府支出的 8.1%。

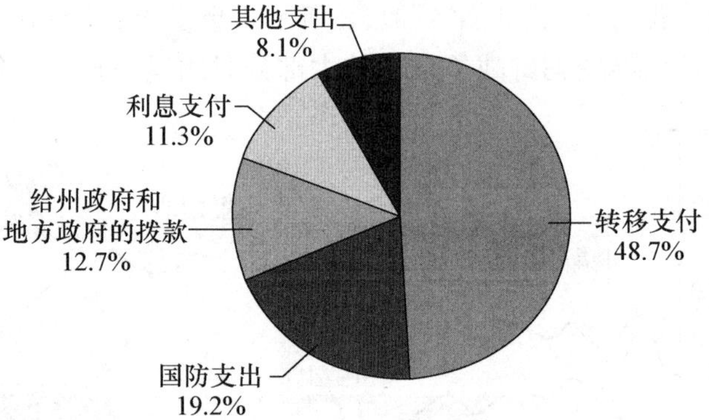

图 18.3　2014 年的联邦政府支出

联邦政府购买被分为国防支出（占联邦预算的 19.2%）和其他支出（占联邦预算的 8.1%）。其他支出包括从支付 FBI 探员的工资、国家公园的运营到支持科学研究等支出。除了政府购买外，联邦政府支出还有其他三种类别：利息支付、给州政府和地方政府的拨款以及转移支付。转移支付从 20 世纪 60 年代占联邦政府支出的 25%增加到了 2014 年的 48.7%。

资料来源：U. S. Bureau of Economic Analysis.

图 18.4 显示，在 2014 年，联邦政府征收的个人所得税税款占其收入的 42.8%。为社会保障和医疗照顾保险项目融资而征收的薪资税税款占联邦政府收入的 35.1%。公司所得税占联邦政府收入的 12.8%。联邦政府收入另外的 9.3%来源于香烟和汽油等特定商品的特许权税、进口商品关税、美联储从持有的证券上所获利润上缴给联邦政府的部分以及其

他来源（如砍伐联邦土地上的树木的公司所支付的款项）。

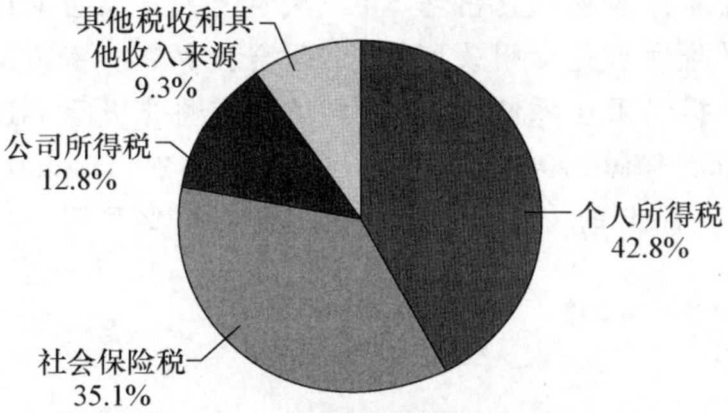

图 18.4　2014 年的联邦政府收入

2014 年，联邦政府征收的个人所得税税款占其收入的 42.8%。公司所得税占收入的 12.8%。为社会保障和医疗照顾保险项目融资而征收的薪资税税款占 35.1%。另外的 9.3%来源于特许权税、进口商品关税以及其他来源。

资料来源：U. S. Bureau of Economic Analysis.

建立联系

社会保障和医疗照顾保险项目上的支出是财政定时炸弹吗？

为了给退休工人提供补贴，联邦政府于 1935 年建立了社会保障项目。该项目在一开始时是一个“现收现付”的系统，意思是付给现在的退休工人的补贴来自现在的工人所缴纳的税款。在这个项目刚开始实施的年份，许多工人向这个系统缴纳税款，而退休工人的数量相对较少。例如，在 1940 年，超过 3 500 万工人向该系统缴纳税款，只有 22.2 万人享受退休金，工人与退休人员的比例超过 150。在那些早期的年份里，大部分退休者收到的退休金远远大于他们曾经缴纳的税款。首个受益者是一个名叫艾达·梅·富勒（Ida May Fuller）的法律秘书。在这个项目开始后，她只工作了 3 年时间就退休了，总共只缴纳了 24.75 美元税款。而她退休期间总共获得了22 888.92 美元退休金。

社会保障和医疗照顾保险项目在减少美国老年人口的贫困方面一直很成功，但是，近些年联邦政府为现有承诺筹措资金的能力受到了质疑。第二次世界大战后，美国出现了“婴儿潮”，出生率上升，直至 20 世纪 60 年代早期一直保持在高位。1965 年后出生率下降给社会保障体系带来了长期的问题，因为工人与退休者之比持续下降。当前，工人与退休者之比只有 2.8，到 2035 年这一比例可能将下降到 2。国会尝试通过逐渐将获得全额退休金的年龄从 65 岁增加至 67 岁并提高薪资税的方法来解决这个问题。社会保障和医疗照顾保险项目的资金来源是个人工资和自雇收入的薪资税。工人和企业各付一半薪资税。在 1940 年，薪资税税率是 2%；在 2015 年是 15.3%。从 2013 年开始，工资收入或自雇收入超过 20 万美元的个人还要付两项额外的医疗照顾保险税：一项是工资的额外的 0.9%的税收，另一项是投资收入的额外的 3.8%的税收。

为了给 65 岁及以上的老年人支付卫生保健费用，联邦政府于 1965 年建立了医疗照顾保险项目。医疗照顾保险的长期财务状况比社会保障更加令人担忧。随着美国人寿命的延长以及新的（且昂贵的）医疗程序的开发，医疗照顾保险项目的预期支出最终将远远超过预期税收收入。联邦政府还面临着医疗补助保险项目支出增加的问题。医疗补助保险项目是由州政府管理的，为低收入人群提供卫生保健。在2015年，联邦政府在社会保障、医疗照顾保险和医疗补助保险项目上的支出等于GDP的10.1%。而在1962年，在这三个项目上的支出占GDP的百分比不到3%。国会预算办公室预测，2040年这三个项目的支出将上升至GDP的14.2%，2060年将为16.2%，2090年将为19.8%。下图显示了这些预测。

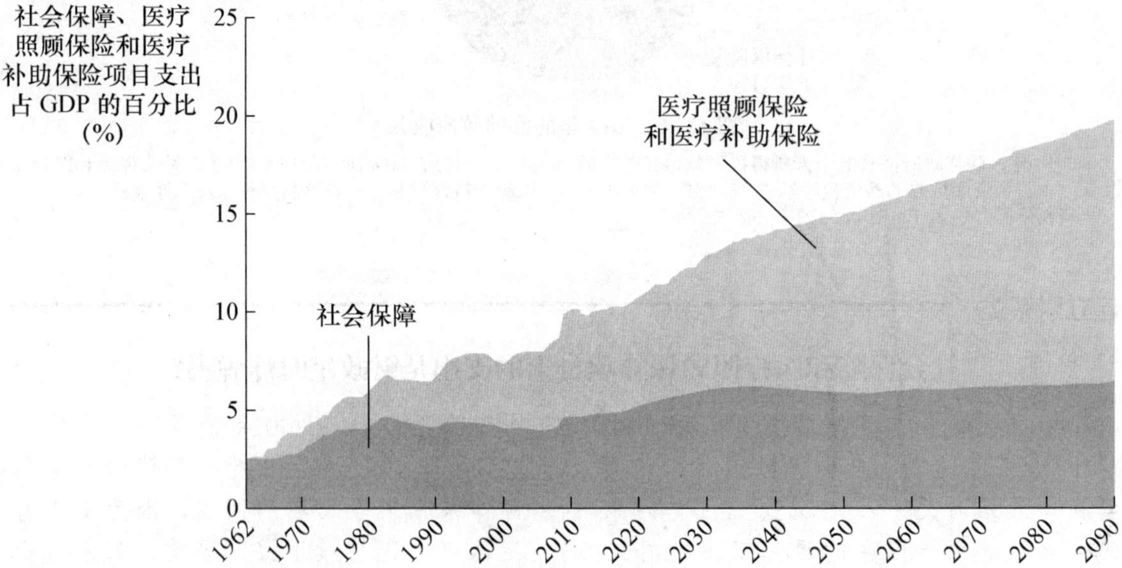

注：标了“医疗照顾保险和医疗补助保险”的区域还包括在儿童医疗保险项目上的联邦支出和对卫生保健交易所的联邦补贴。

在过去的40年间，联邦政府在所有项目上的总支出（从购买航空母舰到支付FBI探员的工资再到社会保障金和医疗照顾保险补助都囊括在内）占GDP的百分比平均为21.5%。所以，如果当前这一趋势持续下去，那么，从占GDP的比例来看，联邦政府在这三个项目上的支出最终将接近当前在所有项目上的支出。

美国社会保障总署的信托基金理事会预测，到2090年，在社会保障和医疗照顾保险项目上的预期支出与预期的政府税收收入之间的差距将达到令人震惊的49万亿美元，即为2015年GDP总额的2.5倍以上！如果现在的预测是准确的，那么政策制定者们就面临着艰难的抉择，或是大力控制在这些项目上的支出，或是大幅增加家庭和企业的税款，或是双管齐下。这些政策选项都是令人不愉快的。国会预算办公室的一个报告得出结论：“即使税收达到美国前所未有的高水平，当前的支出政策也可能变得在财政上不可持续。”

关于社会保障和医疗照顾保险项目的未来已经成为热门的政治议题。一些政策制定者提议增税来为未来的福利金融资。但是所需的税率增加可能达到当前税率的50%以上，这样大幅度的增税将会抑制工人的努力、企业家精神和投资，从而减缓经济增长。有的政策制定者提议在保证当前受益人的福利金的情况下，减缓未来福利金的增加速度。这一提议虽然能避免大幅增税的必要性，但是它也要求年轻工人为自己的退休储蓄更多。一些经济学家和政策制定者主张减缓高收入工人的福利金的增速，而保持低收入工人未来的福利金的增速。无论最终医疗照顾保险和社会保障项目将做出什么改变，这一政策争论的结果都将对现在的大学生的未来产生重要的影响。

资料来源：Congressional Budget Office，"Supplemental Data for CBO's 2015 Long-Term Budget Outlook"，June 2015；Congressional Budget Office，"Baseline Projections of Mandatory Outlays"，January 2015；Board of Trustees，Federal Old-Age and Survivors Insurance and Federal Disability Insurance Trust Funds，"The 2015 Annual Report of the Board of Trustees of the Federal Old-Age and Survivors Insurance and Disability Insurance Trust Funds"，July 22，2015；and the Social Security Administration Website (www. ssa. gov).

轮到你了：做本章末与本专栏相关的问题与应用 1.7，看看你理解得如何。

18.2 财政政策对实际 GDP 和价格水平的影响

联邦政府运用宏观经济政策来抵消经济周期对经济的影响。我们在第 17 章中看到，美联储通过利率和货币供给的变动来实施货币政策。国会和总统通过政府购买和税收的变动来实施财政政策。因为政府购买和税收变动会导致总需求的变动，所以它们能够影响实际 GDP、就业和价格水平。当经济处于衰退中时，增加政府购买或减税都将增加总需求。正如我们在第 15 章中所见，当实际 GDP 超过潜在水平时，通货膨胀率可能上升。减少政府购买或增税能减缓总需求的增长，降低通货膨胀率。

18.2.1 扩张性财政政策和紧缩性财政政策

扩张性财政政策涉及增加政府购买或减税。增加政府购买会直接增加总需求，这是因为政府购买是总需求的一个组成部分。而减税对总需求有间接影响。第 12 章讲过，家庭在缴纳税款之后余下的可供花费的收入被称为可支配收入。减少个人所得税将增加家庭可支配收入和消费支出。减少企业所得税将通过增加企业投资来增加总需求。

图 18.5 运用基本的总需求-总供给模型显示了扩张性财政政策的结果。这个模型中不存在经济增长，所以长期总供给曲线（*LRAS*）并不会移动。注意本图与图 17.7 非常类似，图 17.7 显示了扩张性货币政策的影响。扩张性货币政策和扩张性财政政策的目标都是增加总需求，使其高于没有政策时的水平。

在图 18.5 (a) 中，我们假设短期均衡处于 *A* 点，该点是总需求曲线（AD_1）与短期总供给曲线（*SRAS*）的交点。实际 GDP 低于潜在水平，所以经济处于衰退中，一些企业在正常生产能力之下运营，一些工人被解雇了。为了使实际 GDP 回到潜在水平，国会和总统增加政府购买或者减税，使总需求曲线从 AD_1 右移至 AD_2。实际 GDP 从 17.2 万亿美元增加至 17.4 万亿美元的潜在 GDP 水平，价格水平从 108 上升至 110（*B* 点）。该政策成功地将实际 GDP 提高至潜在水平。产出增加将导致就业增加，失业率下降。

紧缩性财政政策涉及减少政府购买或增税。政策制定者们运用紧缩性财政政策来降低看起来可能引起通货膨胀的总需求增加。在图 18.5（b）中，短期均衡处于 A 点，实际 GDP 为 17.6 万亿美元，超过 17.4 万亿美元的潜在 GDP 水平。一些企业在超过其正常生产能力的水平运营，失业率很低，工资和价格将上升。为了使实际 GDP 回到潜在水平，国会和总统减少政府购买或增税，这将使总需求曲线从 AD_1 移动至 AD_2。实际 GDP 从 17.6 万亿美元减少至 17.4 万亿美元，价格水平从 112 下降至 110（B 点）。

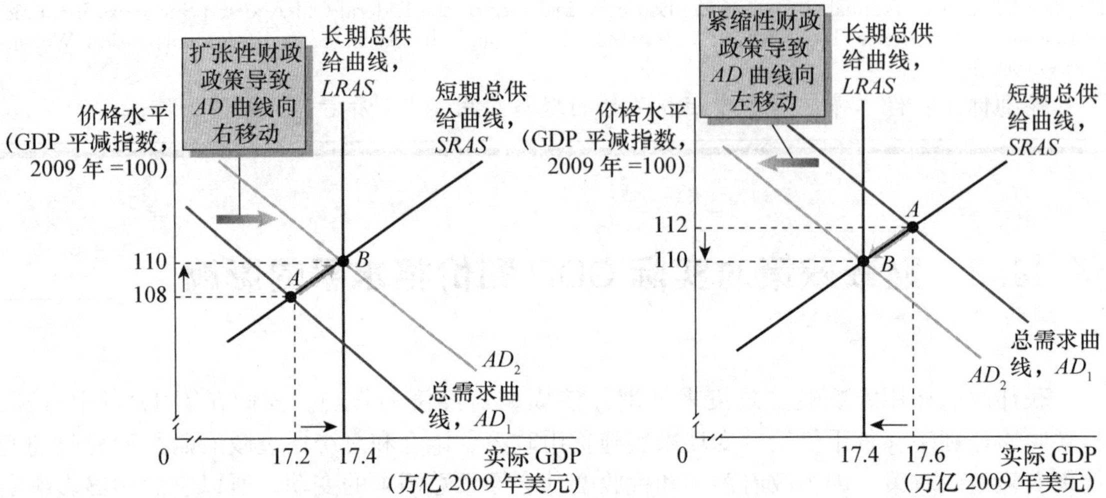

(a) 扩张性财政政策　　(b) 紧缩性财政政策

图 18.5　财政政策

在图（a）中，短期均衡在 A 点，实际 GDP 为 17.2 万亿美元，价格水平为 108。实际 GDP 低于潜在 GDP，因此经济处于衰退中。扩张性财政政策将使总需求从 AD_1 右移至 AD_2，实际 GDP 从 17.2 万亿美元增加至 17.4 万亿美元，价格水平从 108 提高至 110（B 点）。

在图（b）中，经济初始时处于 A 点，实际 GDP 为 17.6 万亿美元，价格水平为 112。因为实际 GDP 超过了潜在水平，所以经济体中工资和价格上升。紧缩性财政政策将导致总需求从 AD_1 左移至 AD_2，实际 GDP 从 17.6 万亿美元减少至 17.4 万亿美元，价格水平从 112 下降至 110（B 点）。

我们可以得出结论：通过运用财政政策影响价格水平和实际 GDP 水平，国会和总统可以尝试稳定经济。当然，在实践中，国会和总统通过财政政策来消除经济周期的影响从而使实际 GDP 总保持在潜在水平是极为困难的。

不要犯这样的错误！

不要混淆财政政策和货币政策

如果你记得货币、收入和支出的定义，那么货币政策和财政政策之间的区别就更清楚。同学们常犯以下两个相关的错误：(1) 他们认为货币政策就是美联储通过增加货币供给从而人们有更多的货币可以花费的方式来对抗衰退；(2) 他们认为财政政策就是国会和总统通过增加支出来对抗衰退。从这种观点来看，货币政策和财政政策唯一的区别就是货币来源不同。

为了明白上面对财政政策和货币政策的描述的错误，首先要记住衰退期间的问题并不是货币（通货加支票存款）太少，而是支出太少。支出太少的原因可能有很多。例如，因为家庭对未来持悲观态度，所以他们可能减少在汽车和房屋上的支出。因为企业降低了对新机器和工厂未来盈利能力的估计，所以它们也可能减少支出。或者美国的主要贸易伙伴，如日本和加拿大，可能正遭受着经济衰退，这导致这些国家的家庭和企业减少在美国产品上的支出。

扩张性货币政策的目的是降低利率，利率的降低反过来增加了总需求。当利率下降时，家庭和企业愿意增加借款来购买汽车、房屋和工厂。扩张性财政政策的目的是增加总需求，其方式是（1）政府直接增加购买，（2）减少收入税以增加家庭可支配收入从而增加消费支出，以及（3）减少企业税以增加投资支出。

就像增加或减少货币供给不能直接影响政府支出或税收一样，增加或减少政府支出或税收也不能直接影响货币供给。财政政策和货币政策目标相同，但是它们试图以不同的方式实现那些目标。

轮到你了：做本章末与本专栏相关的问题与应用 2.6，看看你理解得如何。

□ 18.2.2 对财政政策如何影响总需求的总结

表 18.1 总结了财政政策是如何影响总需求的。正如我们总结货币政策时所做的，我们必须在总结财政政策时加入一个非常重要的约束条件：货币政策和影响所涉及变量的所有其他因素保持不变。在假设这个条件得到满足的情况下，表 18.1 说明了财政政策的影响。也就是说，我们再一次使用了第 3 章中讨论的“其他变量都相同的条件”。这一点十分重要，因为在实际经济中，紧缩性财政政策并不一定会使价格水平下降，而是会使价格水平的上升少于没有实施政策时的情况。

表 18.1 逆周期财政政策

问题	要求的政策类型	国会和总统采取的行动	结果
衰退	扩张性	增加政府购买或减税	实际 GDP 和价格水平上升
通货膨胀上升	紧缩性	减少政府购买或增税	实际 GDP 和价格水平下降

18.3 运用动态总需求-总供给模型分析财政政策

我们刚刚介绍完的财政政策概述中包含了一个核心思想：国会和总统能够运用财政政策来影响总需求，从而改变价格水平和实际 GDP 水平。但是，图 18.5 阐述的关于扩张性和紧缩性财政政策的讨论被简化了，因为它忽视了经济体中的两个重要事实：（1）经济体中存在持续的通货膨胀，价格水平每年都上升；（2）经济体中存在长期增长，*LRAS* 曲线每年都向右移动。在第 15 章中，我们建立了一个动态总需求-总供给模型，将这两点纳入考虑。在本节中，我们运用这个动态模型来获得对于财政政策更加完整的理解。

让我们先对动态模型进行简单回顾。回忆前面讲过的，随着时间的推移，潜在 GDP 增加，表现为长期总供给曲线的向右移动。导致 *LRAS* 曲线移动的因素也会使得在任意给定价格水平下，企业短期提供的商品和服务的数量增加，表现为短期供给曲线的向右移动。最后，在大多数年份中，总需求曲线也会向右移动，这表明在各个价格水平下，总支出都将上升。

图 18.6 使用动态总需求-总供给模型显示了扩张性财政政策的结果。注意该图与图 17.10 类似，图 17.10 显示了扩张性货币政策的影响。扩张性货币政策和扩张性财政政策的目标都是增加总需求，使其高于没有政策时的水平。

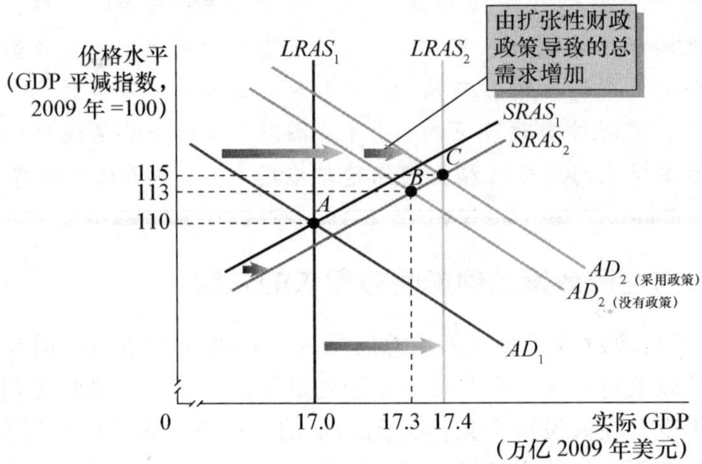

图 18.6　动态模型中的扩张性财政政策

初始时均衡处于 A 点，实际 GDP 等于潜在 GDP 水平 17 万亿美元，价格水平为 110。如果没有扩张性政策，总需求曲线将从 AD_1 移动至 $AD_{2(没有政策)}$，这并不足以使实际 GDP 保持在潜在水平，因为长期总供给曲线已经从 $LRAS_1$ 移动到了 $LRAS_2$。新的短期均衡将处于 B 点，实际 GDP 为 17.3 万亿美元，价格水平为 113。增加政府购买或减税将使总需求曲线移动至 $AD_{2(采用政策)}$。均衡将处于 C 点，实际 GDP 为 17.4 万亿美元，即为潜在水平，价格水平为 115。价格水平高于没有扩张性财政政策情况下的水平。

在图 18.6 所示的假想情形下，初始时均衡处于 A 点，实际 GDP 等于潜在 GDP 水平 17 万亿美元，价格水平为 110。在第二年，LRAS 增加至 17.4 万亿美元，但是总需求只从 AD_1 增加至 $AD_{2(没有政策)}$，这不足以保持实际 GDP 等于其潜在水平。我们假设美联储面对这种情形并不采用扩张性货币政策来做出反应。在那种情况下，短期均衡将处于 B 点，实际 GDP 为 17.3 万亿美元，价格水平为 113。这一实际 GDP 与潜在水平之间 1 000 亿美元的缺口意味着有的企业的生产能力没有被充分运用。收入和利润将下降，企业将开始裁减员工，失业率将上升。

增加政府购买或减税能使总需求曲线移动至 $AD_{2(采用政策)}$。均衡将处于 C 点，实际 GDP 为 17.4 万亿美元，它等于其潜在水平，价格水平为 115。价格水平高于没有扩张性财政政策情况下的水平。

紧缩性财政政策涉及减少政府购买或增税。政策制定者们运用紧缩性财政政策来减少看起来会引起通货膨胀的总需求增加。在图 18.7 中，初始时均衡处于 A 点，实际 GDP 为 17 万亿美元，价格水平为 110。再一次地，LRAS 在第二年增加至 17.4 万亿美元。在这种情况下，如果总需求曲线移动至 $AD_{2(没有政策)}$，短期宏观经济均衡就会处于 B 点，实际 GDP 为 17.5 万亿美元，超过其潜在水平。如果我们假设美联储没有运用紧缩性货币政策来应对这种情况，那么经济体中通货膨胀率将上升。减少政府购买或增税能防止实际 GDP 超过其潜在水平。这一结果显示在图 18.7 中，新均衡处于 C 点，通货膨胀率是 2.7%而不是 4.5%。

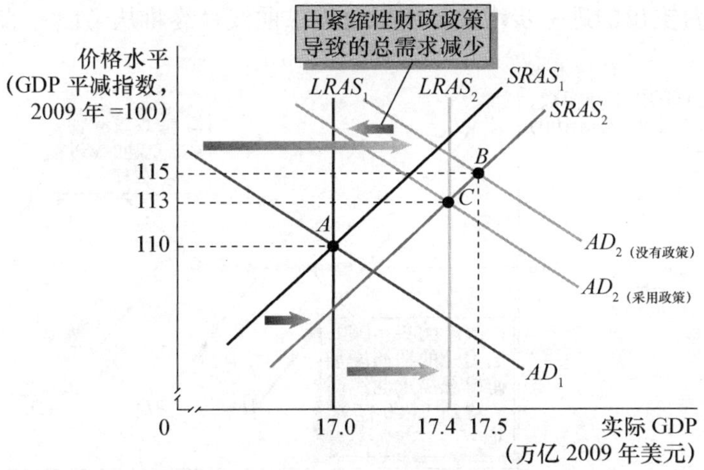

图 18.7　动态模型中的紧缩性财政政策

初始时均衡处于 A 点，实际 GDP 等于潜在 GDP 水平 17 万亿美元，价格水平为 110。如果没有紧缩性政策，总需求曲线将从 AD_1 移动至 $AD_{2(没有政策)}$，这将导致 B 点所代表的短期均衡，实际 GDP 为 17.5 万亿美元，超过其潜在水平，价格水平为 115。减少政府购买或增税将使总需求曲线移动至 $AD_{2(采用政策)}$。均衡将处于 C 点，实际 GDP 为 17.4 万亿美元，即为潜在水平，价格水平为 113。通货膨胀率将为 2.7%，而不是不采用紧缩性财政政策情况下的 4.5%。

18.4　政府购买乘数和税收乘数

我们在开篇案例中看到，为了增加 2007—2009 年衰退期间的总需求，国会和总统批准了 ARRA，该法案的部分资金被配置于重建旧金山的 Doyle 大道。假定国会和总统决定花费 1 000 亿美元用于重建 Doyle 大道以及类似项目。（实际上，根据 2009 年的 ARRA，联邦政府支出总共增加了约 5 000 亿美元，其中包括用于重建 Doyle 大道的 8 300 万美元。）政府购买的这一增加将导致均衡实际 GDP 上升多少？我们或许预计实际 GDP 的增加将超过 1 000 亿美元，因为总需求的初始增加应该导致收入和支出的其他增加。例如，为了重建 Doyle 大道，加利福尼亚州的交通部门雇用了私人建筑公司 Kiewit。Kiewit 及其子承包商又雇用工人来完成这一项目。ARRA 的许多其他批建项目的施工企业也会雇用新工人。此前失业的那些工人可能增加在汽车、家具、电器和其他产品上的支出。这些产品的销售商将增加生产、雇用更多工人等。在每一步，实际 GDP 和收入都会上升，从而增加消费支出和总需求。

经济学家把政府购买的最初增加称为“自发的”，因为它是政府决策的结果，并不是由实际 GDP 水平变动直接导致的。由政府购买的最初自发增加所引起的消费支出的增加是诱发性的，因为它们是由自发支出的初始增加导致的。经济学家将自发支出的初始增加引起的一系列消费支出的诱发性增加称为**乘数效应**（multiplier effect）。

图 18.8 说明了政府购买的增加如何影响总需求曲线。政府购买的初始增加导致总需求曲线向右移动，因为现在经济体中各个价格水平下的总支出都变高了。从 AD_1 右移到虚线 AD 代表 1 000 亿美元政府购买的初始增加的影响。因为政府购买的这一初始增加提高

了收入，导致消费支出的进一步增加，所以总需求曲线最终将从 AD_1 一直移动到 AD_2。

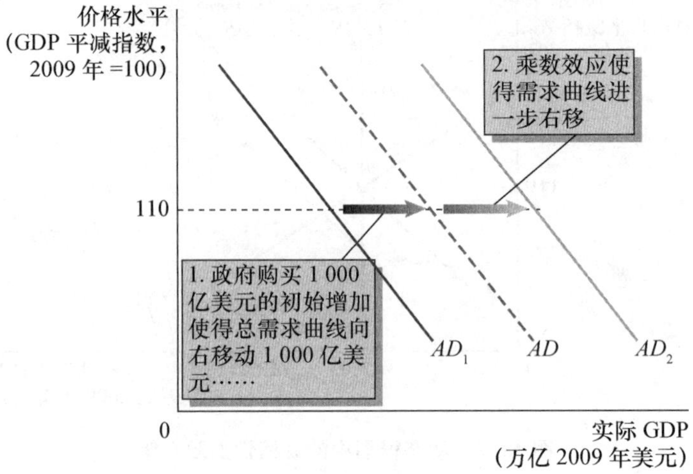

图 18.8　乘数效应和总需求

政府购买 1 000 亿美元的初始增加使得总需求曲线从 AD_1 向右移动至虚线 AD，代表了这一 1 000 亿美元的政府购买初始增加的影响。因为这一初始增加提高了收入，导致消费支出的进一步增加，所以总需求曲线最终将进一步右移至 AD_2。

为了更好地理解乘数效应，我们先假设价格水平不变，从这一假设下的简化分析开始。也就是说，我们先忽略向上倾斜的 *SRAS* 曲线的影响。图 18.9 显示了支出和实际 GDP 从第一期政府购买的初始增加开始，在许多时期里是如何增加的。第一期的初始支出增加使经济体中的实际 GDP 和总收入增加了 1 000 亿美元。这 1 000 亿美元的额外收入能够引起多少额外消费支出？我们知道，除了增加对国内生产的商品的消费支出，家庭也会将增加的收入的一部分储蓄起来，一部分缴纳税收，一部分购买进口品，这些对美国经济的支出和生产没有直接影响。在图 18.9 中，我们假设在第 2 期，家庭将其第 1 期所增加收入的一半，即 500 亿美元，用于增加消费支出。第 2 期支出又将使实际 GDP 和收入额外增加 500 亿美元。在第 3 期，消费支出将增加 250 亿美元，也就是第 2 期增加的 500 亿美元收入的一半。

乘数效应将持续许多时期，每个时期增加的消费支出都等于前一时期增加收入的一半。最终，这一过程将结束。我们不能确切地说这一过程需要多少时期，因此我们简单地将最后一期用 n 代表，而不给出确切的数字。在图 18.9 中，每一期新增支出和新增实际 GDP 用深灰色表示，上期的支出水平用浅灰色表示。深灰色和浅灰色区域之和代表支出和实际 GDP 的累计增加。

政府购买 1 000 亿美元的初始增加将导致均衡实际 GDP 增加多少？均衡实际 GDP 的变动与政府购买的初始变动的比值被称为政府购买乘数：

$$政府购买乘数=\frac{均衡实际\ GDP\ 的变动}{政府购买的变动}$$

例如，如果政府购买乘数值是 2，政府购买增加 1 000 亿美元将导致均衡实际 GDP 增加 2 000 亿(=2×1 000 亿) 美元。在图 18.9 中，我们用实际 GDP 累计增加量等于 2 000 亿美元来表示这一结果。

时期	该期新增支出	支出和实际 GDP 的累计增加
1	1 000 亿美元的政府购买	1 000 亿美元
2	500 亿美元的消费支出	1 500 亿美元
3	250 亿美元的消费支出	1 750 亿美元
4	125 亿美元的消费支出	1 875 亿美元
…	…	…
n	0	2 000 亿美元

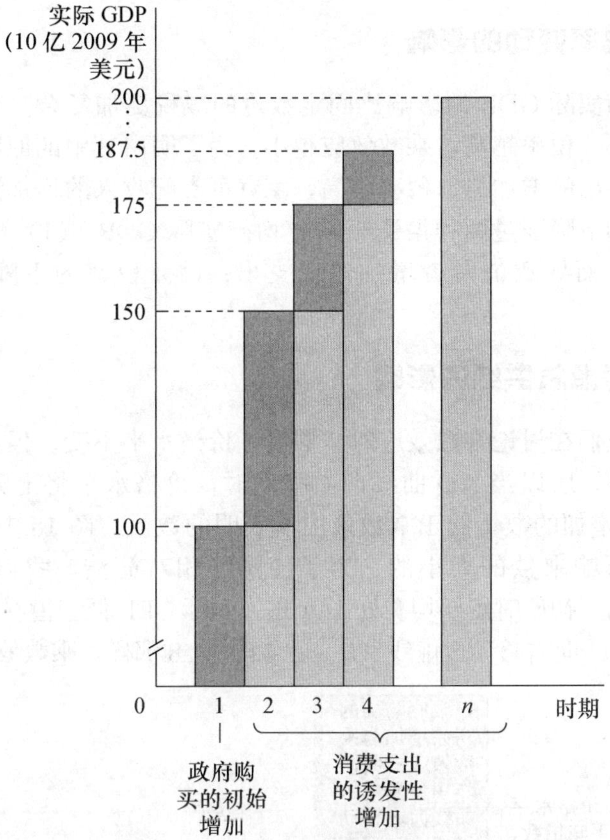

图 18.9　政府购买增加的乘数效应

在政府购买初始增加后，由于乘数效应，许多时期里的支出和实际 GDP 都增加。每一期新增支出和新增实际 GDP 用深灰色表示，上期的支出水平用浅灰色表示。深灰色和浅灰色区域之和代表支出和实际 GDP 的累计增加。政府购买增加1 000 亿美元将导致均衡实际 GDP 一共增加 2 000 亿美元。

由于减税增加了家庭的可支配收入，减税也有乘数效应。当家庭的可支配收入上升时，消费支出也会上升。与政府购买增加的效果一样，消费支出上升会使实际 GDP 和收入进一步上升。假定税收减少了一个具体的数量，如减税 1 000 亿美元，但税率不变。对于这种类型的减税，税收乘数的表达式是：

$$\text{税收乘数}=\frac{\text{均衡实际 GDP 的变动}}{\text{税收的变动}}$$

税收乘数是一个负值，因为税收变动和实际 GDP 变动的方向相反：税收上升，可支配收入、消费和实际 GDP 减少；税收下降，可支配收入、消费和实际 GDP 增加。例如，如果税收乘数是－1.6，1 000 亿美元的减税将使实际 GDP 提高 1 600 亿［＝(－1.6)×(－1 000 亿)］美元。我们预计税收乘数的绝对值要小于政府购买乘数的绝对值。为了弄明白其中的原因，思考政府购买增加 1 000 亿美元和减税 1 000 亿美元之间的区别。政府购买增加的 1 000 亿美元将全部导致总需求的增加。但是家庭将把减少的 1 000 亿美元税收中的一部分储蓄起来，一部分用来购买进口品。减少的税收中储蓄和花费在进口品上的部分不会增加总需求。所以，在乘数过程中的第一个时期，总需求的增加量将小于政府购买增加时的增加量，均衡实际 GDP 的总增加量将会小一些。

□ 18.4.1 税率变动的影响

税率变动对均衡实际 GDP 的影响比固定数量的减税更加复杂。首先，税率的数值会影响乘数效应的大小。税率越高，乘数效应越小。为了明白其中的原因，思考在政府购买增加后每一期额外支出的增加量。税率越高，家庭可支配收入的增加量就越小，乘数效应就越小。所以税率的下降通过两种渠道影响着均衡实际 GDP：(1) 税率的下降增加了家庭的可支配收入，进而导致消费者增加消费支出；(2) 税率的下降增加了乘数效应的大小。

□ 18.4.2 考虑总供给的影响

到目前为止，我们在讨论乘数效应时，假设了价格水平不变。但是，我们知道，因为 *SRAS* 曲线向上倾斜，所以当 *AD* 曲线向右移动时，价格水平将上升。由于价格水平上升，均衡实际 GDP 增加的数量低于乘数效应所表明的数值。图 18.10 显示了向上倾斜的 *SRAS* 曲线是如何影响乘数的大小的。为了使图形相对简洁，我们假设 *SRAS* 曲线和 *LRAS* 曲线不会移动。初始时短期均衡处于 *A* 点，实际 GDP 低于潜在水平。政府购买增加导致总需求曲线从 AD_1 向右移动至虚线 *AD*。就像图 18.8 那样，乘数效应使总需求曲线进一

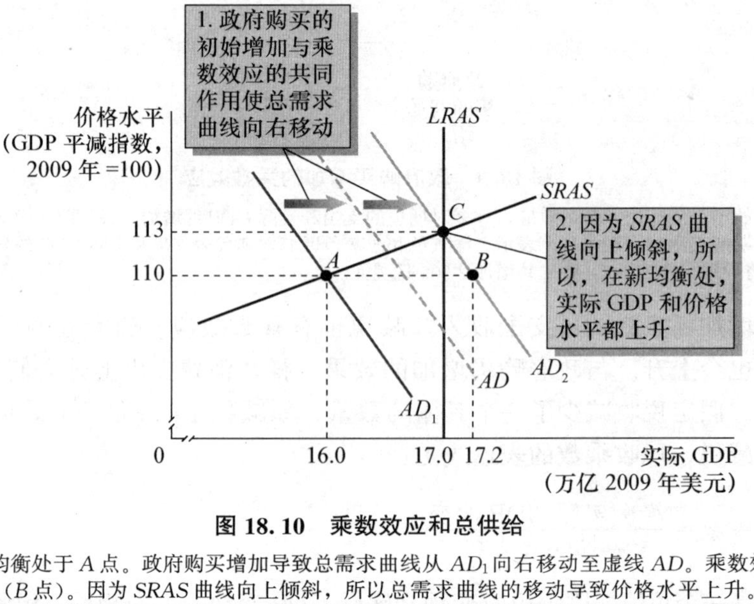

图 18.10 乘数效应和总供给

初始时，短期均衡处于 *A* 点。政府购买增加导致总需求曲线从 AD_1 向右移动至虚线 *AD*。乘数效应使总需求曲线进一步右移至 AD_2（*B* 点）。因为 *SRAS* 曲线向上倾斜，所以总需求曲线的移动导致价格水平上升。在 *C* 点的新均衡处，实际 GDP 和价格水平都增加了。实际 GDP 的增加量小于在价格水平不变的情况下乘数效应所表明的数量。

步右移至 AD_2。如果价格水平保持不变，实际 GDP 将从 *A* 点的 16 万亿美元增加至 *B* 点的 17.2 万亿美元。但是，因为 *SRAS* 曲线向上倾斜，所以价格水平从 110 上升至 113，这减少了经济体中商品和服务的需求量。新均衡出现在 *C* 点，实际 GDP 上升至 17 万亿美元，比价格水平不变的情况下减少了 2 000 亿美元。我们能够得到结论：由政府购买增加或减税所导致的实际 GDP 的现实增加量小于在价格水平不变情况下简单乘数效应所表明的数量。

□ 18.4.3 乘数在两个方向都起作用

政府购买的增加和税收的减少对均衡实际 GDP 有正的乘数效应。政府购买的减少和税收的增加对均衡实际 GDP 也有乘数效应，但这种情况下的乘数效应是负的。例如，税收的增加将减少家庭的可支配收入和消费支出。随着家庭减少对汽车、家具、冰箱和其他产品的购买，出售这些产品的企业将减少生产，并开始解雇工人。收入下降将导致消费的进一步萎缩。政府在国防支出上的削减也会引发一个类似的实际 GDP 和收入减少的过程。国防支出的削减首先影响直接将产品卖给政府的国防物资供应商，然后扩展到其他企业。

例题 18.4 财政政策乘数

请简要解释你是否同意以下说法："当前，实际 GDP 为 17.2 万亿美元，潜在 GDP 为 17.4 万亿美元。如果国会和总统增加 2 000 亿美元的政府购买或减少 2 000 亿美元的税款，经济将在潜在 GDP 水平处达到均衡。"

解：

第 1 步：复习本章内容。这一问题是关于乘数过程的，所以你可能需要复习一下 18.4 节"政府购买乘数和税收乘数"。

第 2 步：解释为什么由于乘数效应，需要增加的购买量或减少的税收量会少于 2 000 亿美元。这一说法并不正确，因为它没有考虑到乘数效应。由于乘数效应，当政府购买增加量或减税量少于 2 000 亿美元时，均衡实际 GDP 就能增加 2 000 亿美元。例如，假设政府购买乘数是 2，税收乘数是 −1.6。我们就能计算所需的政府购买增加量：

$$政府购买乘数=\frac{均衡实际\ GDP\ 的变动}{政府购买的变动}$$

$$2=\frac{2\ 000\ 亿美元}{政府购买的变动}$$

$$政府购买的变动=\frac{2\ 000\ 亿美元}{2}=1\ 000\ 亿美元$$

所需的减税量的计算如下：

$$税收乘数=\frac{均衡实际\ GDP\ 的变动}{税收的变动}$$

$$-1.6=\frac{2\ 000\ 亿美元}{税收的变动}$$

$$税收的变动=\frac{2\ 000\ 亿美元}{-1.6}=-1\ 250\ 亿美元$$

轮到你了：要想做更多的练习，请做本章末与本专栏相关的问题与应用 4.6 和 4.7。

18.5 运用财政政策稳定经济的局限性

正如时机不当的货币政策一样，时机不当的财政政策对经济弊大于利。正如我们在第17章讨论过的，政策制定者搜集数据并识别出经济中发生的变化都需要时间。如果政府决定增加支出或减税来对抗即将结束的衰退，那么，结果可能会导致通货膨胀率上升。类似地，通过削减支出或增税来减缓实际上已经进入衰退的经济的发展会使衰退时间更长、程度更深。

财政政策相较货币政策而言，选择正确的时机更加困难，这有两个主要原因。货币政策的控制权集中在联邦公开市场委员会手中，该委员会可以在任何一次会议中改变货币政策。相反，财政政策的变更需要总统和535名国会议员中的大部分同意。立法过程造成的延迟可能很长。例如，在1962年，总统约翰·F. 肯尼迪得出了美国经济在潜在GDP水平以下运行的结论，提议通过减税来刺激总需求。国会最终同意了减税——但是直到1964年才同意。不过，2001年和2009年的事件表明，有时相对较快地批准财政政策的变更也是可能的。当乔治·W. 布什在2001年1月入主白宫时，经济处于衰退边缘，他马上提议减税。国会通过了减税提案，布什总统在2001年6月7日就签署了文件使之成为法律。类似地，奥巴马总统在2009年1月就职后，立即提议了一个财政刺激方案，国会在2月就通过了这一提议。

甚至在财政政策的变更得到批准之后，实施政策同样需要时间。假定国会和总统同意增加300亿美元的开支用于在几个城市修建地铁以增加总需求。准备修建的详细计划很可能需要至少几个月。随后，地方政府还需要向私人建筑公司招标。中标公司被选出后，通常需要几个月才能开工。只有到此时，大规模的支出才会发生。这种延迟可能导致支出在它本来要对抗的衰退结束之后才发生。当然，对于2007—2009年这种持续时间长且严重的衰退，这种延迟不是什么大问题。

建立联系

为什么2007—2009年的衰退这么严重？

即使是通常对财政政策持怀疑态度的一些经济学家也相信，2007—2009年衰退的严重性要求国会和总统增加支出和减税以增加总需求。正如我们在第16章和第17章中所见，这次衰退同时伴随着金融危机。自20世纪30年代大萧条以来，美国经济还没有经历过严重的金融危机。大萧条和2007—2009年的衰退都十分严重。伴随着金融危机的衰退往往比没有同时出现金融危机的衰退更严重吗？

为了回答这个问题，哈佛大学的卡门·莱因哈德（Carmen Reinhart）和肯尼思·罗戈夫（Kenneth Rogoff）搜集了许多国家的衰退和金融危机的数据。下页表显示了在许多国家金融危机之后的时期里关键经济变量的平均变动，包括大萧条期间的美国、第二次世界大战后的欧洲和亚洲国家。该表显示，对于这些国家，平均而言，金融危机之后发生的衰退很严重：

● 失业率上升了7个百分点（例如，从5%上升到12%），并且在危机开始后的近5年间持续上升。

● 人均实际GDP也显著下降，金融危机之后发生的衰退的平均时长接近2年。

● 对通货膨胀进行调整后，股票价格下跌了一半多，房屋价格下降超过1/3。

● 政府债务激增86%。增加的政府债务部分地是由于政府支出的增加，其中包括为救助破产金融机构的支出。但是，大部分增加的债务是由于衰退期间工资和利润下降导致政府税收收入大幅下降从而出现的政府预算赤字。（我们将在18.6节讨论政府预算赤字和政府债务。）

经济变量	平均变动	变动的平均持续时间（年）	国家数量
失业率	+7个百分点	4.8	14
人均实际GDP	−9.3%	1.9	14
实际股票价格	−55.9%	3.4	22
实际房屋价格	−35.5%	6	21
实际政府债务	+86%	3	13

下表比较了美国2007—2009年的衰退与第二次世界大战后美国的其他衰退的一些重要指标。

	持续时间	实际GDP的下降	最高失业率
第二次世界大战后其他衰退的平均值	10.4个月	−1.7%	7.6%
2007—2009年的衰退	18个月	−4.2%	10.0%

与莱因哈德和罗戈夫的发现即“金融恐慌后的衰退异常严重”相符，2007—2009年的衰退是美国在20世纪30年代大萧条后经历的最严重的衰退。这次衰退的持续时间是第二次世界大战后其他衰退平均持续时间的接近两倍，GDP的下降幅度是平均值的两倍以上，最高失业率比平均值高约1/3。

尽管有些经济学家认为更好的货币政策或财政政策也许本来可以缩短此次衰退的时间和降低其严重程度，但是，大部分经济学家同意，金融恐慌在解释2007—2009年衰退的严重性中起了关键作用。

注：在第二张表中，衰退的持续时间是基于国家经济研究局界定的经济周期时间计算的，实际GDP的下降是用经济周期顶峰所在季度与低谷所在季度的百分比变动计算的，最高失业率是周期顶峰之后各月份失业率的最大值。

资料来源：第一张表是根据Carmen M. Reinhart and Kenneth S. Rogoff，*This Time Is Different: Eight Centuries of Financial Folly*，Princeton，NJ：Princeton University Press，2009，Figures 14.1-14.5中的数据改编的；第二张表所用的数据来自the U. S. Bureau of Economic Analysis and National Bureau of Economic Research。

轮到你了：做本章末与本专栏相关的问题与应用5.6，看看你理解得如何。

□ 18.5.1 政府支出减少了私人支出吗？

除了时机问题，运用增加政府购买的方法来增加总需求还存在一个潜在问题。我们此前一直假设在联邦政府增加300亿美元的政府购买后，乘数效应将导致总需求增加量大于300亿美元。但是，如果政府支出增加导致总支出中非政府或私人的组成部分——消费、投资或净出口——中的任何一个减少，那么乘数效应的大小可能受到限制。政府购买的增加导致私人支出的减少被称为**挤出**（crowding out）。

□ 18.5.2 短期的挤出

思考政府购买暂时增加的情况。假定联邦政府决定本年度增加 300 亿美元用于地铁修建，以此来对抗衰退。当这 300 亿美元被花完时，项目就会结束，政府购买恢复到原来的水平。当支出发生时，收入和实际 GDP 都会增加。收入和实际 GDP 的增加将导致家庭和企业提高对通货和支票存款余额的需求，以适应买卖的增加。图 18.11 用第 17 章中介绍的货币市场图形表示了这一结果。

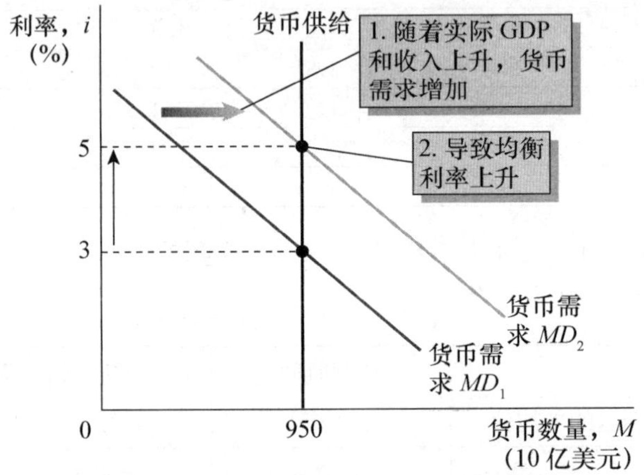

图 18.11　扩张性财政政策提高利率水平

如果联邦政府增加支出，那么，随着实际 GDP 和收入上升，货币需求将从 MD_1 增加至 MD_2。在货币供给保持 9 500 亿美元不变的条件下，均衡利率将从 3%上升至 5%，挤出部分消费、投资和净出口。

在更高的实际 GDP 和收入水平，家庭和企业在各个利率下都需要更多的货币。当货币需求增加时，均衡利率将上升。利率的升高将导致私人支出的每一部分都下降。消费支出和投资支出的下降是因为家庭会减少用于购买房屋、汽车、家具和电器的贷款，企业会减少用于购买厂房、仓库和机床的贷款。净出口也会下降，因为美国更高的利率会吸引外国投资者。德国、日本和加拿大的投资者们会想把本国货币兑换成美元，用以投资于美国国债和其他美国金融资产。美元需求的这一增加将导致美元相对于其他货币汇率上升。当美元升值时，美国产品在外国的售价将上升，造成美国出口减少，外国商品在美国的售价将下降，造成美国进口增加。出口下降和进口上升意味着净出口下降。

消费、投资和净出口对于利率变动越敏感，就会有越多的挤出。在衰退严重的时期，许多企业对未来可能悲观，过剩的生产能力很多，以至投资支出将下降至非常低的水平，此时即使利率上升，投资支出也很可能只会有轻微的进一步下降。在这种情况下，挤出就不大可能是一个问题。但是，如果经济接近于潜在水平，企业对未来乐观，利率上升就可能造成投资支出的大幅下降。

图 18.12 显示，挤出效应可能降低扩张性财政政策的效果。初始时，短期均衡处于 A 点，实际 GDP 为 17.2 万亿美元。实际 GDP 低于潜在 GDP，所以经济处于衰退中。假定国会和总统决定增加政府购买以促使实际 GDP 等于潜在 GDP。当没有挤出时，政府购买增加将使总需求曲线移动至 $AD_{2(\text{没有挤出})}$，均衡将处于 B 点，实际 GDP 为 17.4 万亿美元，

等于潜在 GDP。但是，政府购买增加导致的利率上升将会减少消费、投资和净出口，使总需求曲线回移至 $AD_{2(\text{有挤出})}$。结果是在 C 点达到新短期均衡，实际 GDP 为 17.3 万亿美元，比潜在 GDP 低 1 000 亿美元。(注意，图 18.10 所说明的价格水平上升也降低了政府购买增加对均衡实际 GDP 的影响。)

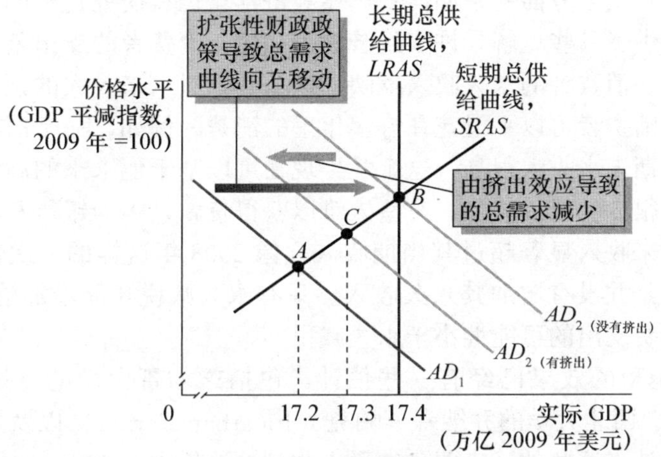

图 18.12　短期的挤出效应

初始时，均衡处于 A 点，实际 GDP 为 17.2 万亿美元。实际 GDP 低于潜在 GDP，所以经济处于衰退中。当没有挤出时，政府购买增加将使总需求曲线移动至 $AD_{2(\text{没有挤出})}$，均衡实际 GDP 为 17.4 万亿美元，等于潜在 GDP（B 点）。但是，政府购买增加导致的利率上升将会减少消费、投资和净出口，使总需求曲线移动至 $AD_{2(\text{有挤出})}$。结果是在 C 点达到新短期均衡，实际 GDP 为 17.3 万亿美元，比潜在 GDP 低 1 000 亿美元。

□ 18.5.3　长期的挤出

大多数经济学家同意，在短期，政府支出增加将造成部分挤出，但不会完全挤出。政府支出永久增加的长期影响是什么？在这种情况下，大部分经济学家认为将发生完全的挤出。在长期，投资、消费和净出口的下降正好抵消政府购买的增加，总需求保持不变。回忆第 15 章讲过的，在长期，经济恢复至潜在 GDP 水平。假定当前经济处于潜在 GDP 水平，政府购买占 GDP 的 35%。此时，私人支出——消费、投资和净出口的总和——占 GDP 的剩余 65%。如果政府购买永久性增加至 GDP 的 37%，那么，在长期，私人支出一定会降低至 GDP 的 63%。存在完全的挤出：私人支出的下降量等于政府购买的增加量。如果政府购买占 GDP 的份额增加，私人支出所占份额一定会减小。

在短期，扩张性财政政策并不造成完全的挤出。如果实际 GDP 低于潜在 GDP，那么政府购买和私人支出都增加是可能的。但是，在长期，政府购买的永久性增加一定会以私人支出的减少为代价。但是，请记住，长期结果的出现可能需要几年甚至许多年。

□ 18.5.4　财政政策实践：2009 年财政刺激计划起作用了吗?

正如我们所见，为了避免衰退或为了减轻已经发生的衰退的时间长度和严重程度，国会和总统可以通过增加政府购买和减税的方式来增加总需求。2007—2009 年的衰退发生在乔治·W. 布什总统任期末和贝拉克·奥巴马总统任期初。这两个总统都采用了财政政策来对抗衰退。

2008 年，布什总统的经济顾问相信，房地产危机、由此引发的信贷危机以及上升的石油价格正在推动经济滑向衰退。(我们现在知道，事实上衰退在 2007 年 12 月已经开始了。) 这些经济学家建议通过减税来增加家庭可支配收入，进而增加消费支出和总需求。国会通过了减税提案，其形式是给已经纳税的家庭退税。2008 年 4—7 月，共有 950 亿美元的退税支票被寄给了纳税人。

退税在增加消费支出方面效果如何？虽然经济学家仍在研究这个问题，但是，经济分析已经能给我们提供了一些见解。许多经济学家相信，消费者的支出基于永久收入而不是仅仅基于当期收入。消费者的永久收入反映了该消费者对未来收入的预期。通过基于永久收入来规划支出，消费者可以平滑花在许多年里的消费。例如，一个医学院学生当期收入可能很低，但是预期未来收入很高。这个学生现在可以基于他未来的高预期收入借款来消费，而不是只消费很少的钱。但是，有些人难以获得贷款，因为银行和其他贷款人可能不相信该借款人的未来收入显著超过其当期收入。像 2008 年这样的一次性退税增加了消费者的当期收入，但是并没有增加其永久收入。只有永久减税才能增加消费者的永久收入。所以，退税增加消费支出的可能性小于永久减税。

对于 2008 年退税的效果已经有一些估计，包括芝加哥大学的克里斯蒂安·布罗达 (Christian Broda)、西北大学的乔纳森·帕克 (Jonathan Parker) 以及国会预算办公室的经济学家所做的估计。这些估计表明，纳税人收到的退税中有 33%～40%被花掉了。那些难以依据未来收入借款的纳税人的消费增加得最多。2008 年退税总额为 950 亿美元，所以消费者支出的增加大约为 350 亿美元。

2009 年《美国复苏和再投资法案》。虽然退税有助于增加总需求，但是我们已经在第 17 章中看到，随着投资银行雷曼兄弟的破产和金融危机的加深，衰退在 2008 年 9 月进一步恶化了。奥巴马总统在 2009 年 1 月就职，誓言将采取扩张性财政政策。国会在 2 月做出回应，通过了 2009 年《美国复苏和再投资法案》，这是一个总额达 8 400 亿美元的一揽子支出增加和减税计划，是迄今为止美国历史上最大的财政政策行动。"财政刺激计划"的复杂性逐步显现出来，这使得它的条款很难总结，但是图 18.13 总结了该计划的一些重要方面。

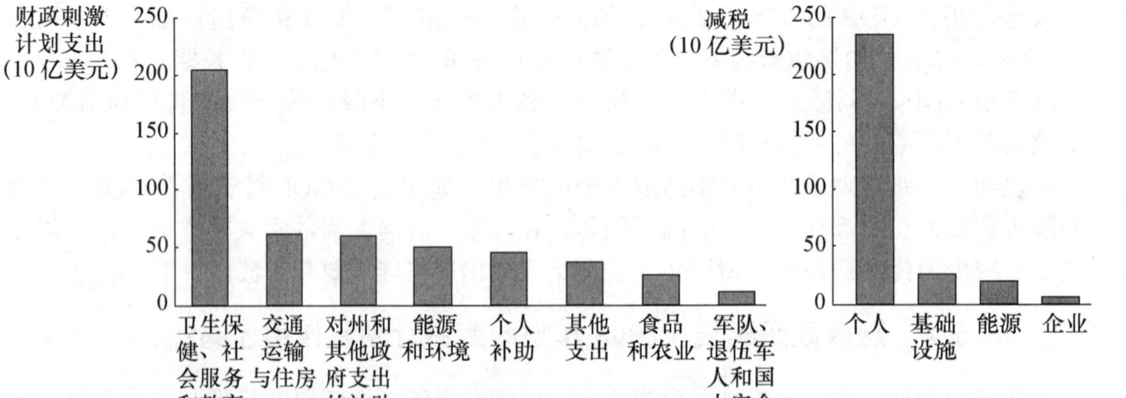

图 18.13　2009 年财政刺激计划

为了增加总需求和帮助将经济从 2007—2009 年衰退中拉出来，国会和奥巴马总统规划了财政刺激计划中的支出增加和减税。图 (a) 显示了增加的支出是如何分配的，图 (b) 显示了减税是如何分配的。

资料来源：Congressional Budget Office.

财政刺激计划中大约2/3采用政府支出增加的形式、1/3采用减税的形式。图18.13（a）显示了支出增加的主要种类。其中最大的类别为卫生保健、社会服务和教育，包括用于生物医学研究的资金和在医疗照顾保险支出上给州政府提供的拨款及用于许多其他项目的资金。能源和环境包括用于替代能源的研究的资金和用于电网的现代化建设的资金。交通运输与住房包括在基础设施项目上的大量支出，如对高速公路、桥梁和机场的维修与建设。本章开篇案例中提到的重建旧金山 Doyle 大道的支出就是 ARRA 中基础设施建设支出的一个例子。个人补助包括在延长的失业保险金上的支出。图 18.13（b）显示了减税的主要种类。最大的部分是个人减税，其中包括对于年收入超过 7.5 万美元的工人减少 400 美元的薪资税税款，以及对学费和其他大学费用最高 2 500 美元的税收抵免。

按照国会和总统的意图，由财政刺激计划导致的联邦支出和税收的变动是暂时性的。图 18.14 显示了随着时间的推移，财政刺激计划对联邦支出和收入的影响。图 18.14（a）显示，对联邦政府支出的影响在 2010 年最大，在 2011 年急剧下降。图 18.14（b）显示，对联邦政府收入的影响在 2010 年最大，到 2011 年上半年下降到几乎为零。

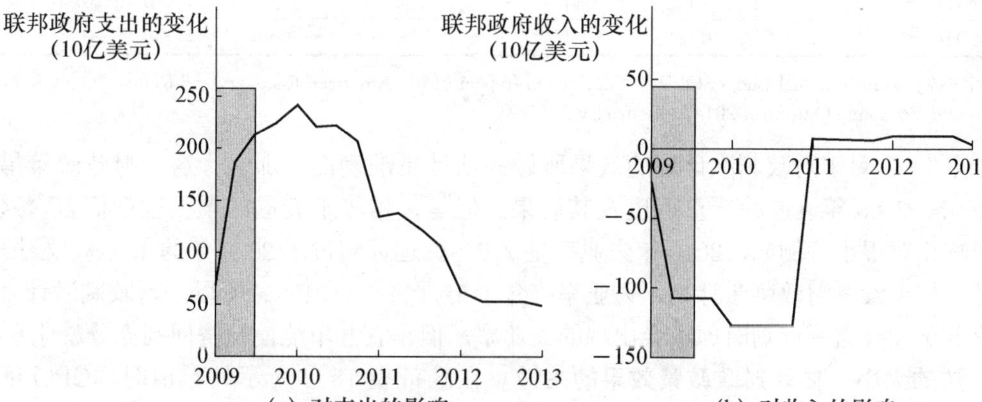

(a) 对支出的影响　　(b) 对收入的影响

图 18.14　财政刺激计划对联邦支出和收入的影响

按照国会和奥巴马总统的意图，由财政刺激计划导致的联邦支出和税收的变动是暂时性的。图（a）显示，财政刺激计划对联邦政府支出的影响在 2010 年最大，在之后的年份里下降。图（b）显示，对联邦政府收入的影响在 2010 年最大，到 2011 年上半年下降到几乎为零。

资料来源：Federal Reserve Bank of St. Louis.

我们如何才能衡量财政刺激计划的效果？当财政刺激计划通过时，奥巴马政府的经济学家估计该计划所增加的总需求到 2010 年年末可使实际 GDP 增加 3.5%，使就业量增加 350 万人。事实上，在 2009 年年初至 2010 年年末期间，实际 GDP 增加了 4.0%，而就业量减少了 330 万人。这些结果是否意味着财政刺激计划成功地增加了 GDP，但是并没有成功地增加就业呢？在做出这一结论时，我们必须十分谨慎。为了评判财政刺激计划的效果，我们必须在影响实际 GDP 和就业量的所有其他因素保持不变的情况下衡量它对实际 GDP 和就业量的影响。也就是说，实际 GDP 和就业量的现实变动是财政刺激计划和其他因素的共同影响导致的，这里所说的其他因素包括美联储的货币政策与经济周期中发生的实际 GDP 和就业量独立于政府政策的典型变动。将财政刺激计划的效果从这些其他因素的影响中隔离出来极为困难，这就解释了为什么经济学家对财政刺激计划的效果持有不同的观点。

表 18.2 显示了国会预算办公室（CBO）的经济学家对财政刺激计划的效果的估计。

CBO是一个无党派组织，许多经济学家相信它的估计是合理的。但是，因为这些估计依赖于关于政府购买乘数和税收乘数大小的特定假设，所以一些经济学家认为CBO的估计值过高，而另一些经济学家认为其估计值过低。为了反映其计算中的不确定性，CBO提供了估计值的范围。例如，如果没有财政刺激计划，CBO估计2010年的就业量将比实际情况低90万～470万人，失业率将比实际情况高0.4%～1.8%。到2014年，财政刺激计划的效果已经很小了，原因是大部分暂时性的支出增加和减税已经结束好几年了，而且经济已经逐渐向潜在GDP水平恢复。

表18.2　　CBO对财政刺激计划效果的估计

年份	实际GDP的变动	失业率的变动	就业量的变动（百万人）
2009	0.4%～1.8%	−0.5%～−0.1%	0.3～1.3
2010	0.7%～4.1%	−1.8%～−0.4%	0.9～4.7
2011	0.4%～2.3%	−1.4%～−0.2%	0.6～3.6
2012	0.1%～0.8%	−0.6%～−0.1%	0.2～1.3
2013	0.1%～0.4%	−0.3%～0	0.1～0.5
2014	0%～0.2%	−0.2%～0	0.1～0.3

资料来源：Congressional Budget Office，"Estimated Impact of the American Recovery and Reinvestment Act on Employment and Economic Output in 2014"，February 2015.

如果CBO对于财政刺激计划的效果所做的估计是准确的，那么，这项财政政策措施减轻了2007—2009年衰退的严重程度及其后果。但是，相较于衰退的严重程度而言，这一方案的影响相对很小。例如，2010年失业率是9.6%，远远超过了2007年的4.6%。根据CBO的估计，如果没有财政刺激计划，失业率将介于10.0%～11.4%。所以，财政刺激计划使得失业率低于没有这一计划时原本会出现的失业率，但是它并不能使经济回到充分就业水平。

乘数的大小：估计财政政策效果的关键。在准备表18.2所示的数值时，CBO依赖于政府购买乘数和税收乘数的估计值。经济学家对这些乘数大小的辩论已经持续了许多年。当英国经济学家约翰·梅纳德·凯恩斯和其追随者们在20世纪30年代首先建立支出乘数和税收乘数的概念时，他们认为政府购买乘数的值可能有10那么大。在这种情况下，政府购买增加10亿美元将导致实际GDP增加100亿美元。经济学家后来的研究发现，政府购买乘数要小得多，可能小于2。

估计乘数的具体数值十分困难，因为随着时间的推移，有几个因素可以引起总需求曲线和短期总供给曲线的移动，造成均衡实际GDP的变动。分离出政府购买增加对均衡GDP的影响可能是十分困难的。在奥巴马总统2009年向国会提出财政刺激计划的议案之前，奥巴马政府的经济学家使用美联储和一个私人宏观经济预测机构估计的乘数的平均值估计了经济刺激计划对GDP的影响。他们估计出的政府购买乘数是1.57，这表明政府购买增加10亿美元将使均衡实际GDP增加15.7亿美元。

因为乘数大小的估计很困难，所以一些经济学家认为奥巴马政府的经济学家使用的乘数值过高，而另一些经济学家认为过低。哈佛大学的罗伯特·巴罗（Robert Barro）认为战争时期政府支出的增加相对于总需求的其他变动来说是如此之大以至战争时期的数据最适合用来估算政府购买乘数的大小。利用这样的数据，巴罗估计的政府购买乘数只有0.8。西北大学的劳伦斯·克里斯蒂娜（Lawrence Christiano）、马丁·艾森鲍姆（Martin

Eichenbaum）和瑟吉·里贝罗（Sergio Rebelo）认为在短期利率接近于 0 的时期（如 2009 年），乘数可能更大。他们估计，对于这样的时期，政府购买乘数可能高达 3.7。

正如表 18.3 所示，经济学家对乘数大小的估计值变化范围很大。乘数大小的不确定性表明了经济学家很难得到一个确定的财政政策效果估计值。

表 18.3　　乘数大小的估计值

经济学家	乘数类型	乘数大小
国会预算办公室	政府购买	0.5～2.5
劳伦斯·克里斯蒂娜、马丁·艾森鲍姆和瑟吉·里贝罗	政府购买	1.05（当短期利率不为 0 时）；3.7（当短期利率预计最少 5 个季度为 0 时）
博科尼大学的托马索·莫纳切利（Tommaso Monacelli）、罗伯托·佩罗蒂（Roberto Perotti）和安东内拉·特里加里（Antonella Trigari）	政府购买	1.2（一年之后）；1.5（两年之后）
伦敦政治经济学院的伊桑·伊列茨基（Ethan Ilzetzki）、宾夕法尼亚大学的恩里克·G. 门多萨（Enrique G. Mendoza）和马里兰大学的卡洛斯·A. 韦格（Carlos A. Vegh）	政府购买	0.8
加州大学圣迭戈分校的瓦莱里娅·雷米（Valerie Ramey）	军事支出	0.6～1.1
哈佛大学的罗伯特·巴罗和贝恩资本公司的查尔斯·J. 雷德里克（Charles J. Redlick）	军事支出	0.4～0.5（一年之后），0.6～0.7（两年之后）
斯坦福大学的约翰·科根（John Cogan）和约翰·泰勒（John Taylor），歌德大学的托拜厄斯·奎克（Tobias Cwik）和沃克尔·威兰（Volker Wieland）	政府支出永久增加	0.4
加州大学伯克利分校的克里斯蒂娜·罗默，副总统约瑟夫·拜登的首席经济学家和经济顾问贾里德·伯恩斯坦	政府支出永久增加	1.6
加州大学伯克利分校的克里斯蒂娜·罗默（担任经济顾问委员会主席之前）和戴维·罗默	税收	2～3
国会预算办公室	税收	0.3～1.5（对中低收入者的两年减税）；0.1～0.6（对高收入者的一年减税）
哈佛大学的罗伯特·巴罗和贝恩资本公司的查尔斯·J. 雷德里克	税收	1.1

资料来源：Tommaso Monacelli, Roberto Perotti, and Antonella Trigari, "Unemployment Fiscal Multipliers", *Journal of Monetary Economics*, Vol. 57, No. 5, July 2010, pp. 531-553; Ethan Ilzetzki, Enrique G. Mendoza, and Carlos A. Vegh, "How Big (Small?) Are Fiscal Multipliers?" National Bureau of Economic Research Working Paper No. 16479, December 2010; Robert J. Barro and Charles J. Redlick, "Macroeconomic Effects from Government Purchases and Taxes", National Bureau of Economic Research Working Paper 15369, September 2009; Lawrence Christiano, Martin Eichenbaum, and Sergio Rebelo, "When Is the Government Spending Multiplier Large?" *Journal of Political Economy*, Vol. 119, No. 1, February 2011, pp. 78-121; Jared Bernstein and Christina Romer, "The Job Impact of the American Reinvestment and Recovery Plan", January 9, 2009; John Cogan, Tobias Cwik, John Taylor, and Volker Wieland, "New Keynesian Versus Old Keynesian Government Spending Multipliers", *Journal of Economic Dynamics and Control*, Vol. 34, No. 3, March 2010, pp. 281-295; Valerie Ramey, "Identifying Government Spending Shocks: It's All in the Timing", *Quarterly Journal of Economics*, Vol. 126, No. 1, February 2011, pp. 1-50; Christina Romer and David Romer, "The Macroeconomic Effects of Tax Changes: Estimates Based in a New Measure of Fiscal Shocks", *American Economic Review*, Vol. 100, No. 3, June 2010, pp. 763-801; and U. S. Congressional Budget Office, "Estimated Impact of the American Recovery and Reinvestment Act on Employment and Economic Output in 2014", February 2015.

我们过于依赖美联储了吗?

我们已经看到，从 2007—2009 年大衰退中复苏慢于许多经济学家的预期。正如美联储主席耶伦在 2014 年的一次演讲中所指出的："在衰退结束 5 年后，劳动力市场还是没有完全恢复。"2009 年通过的 8 400 亿美元的《美国复苏和再投资法案》(ARRA) 是美国历史上到目前为止规模最大的财政政策措施。但是，如下图所示，在 2015 年，实际 GDP 还没有恢复到潜在 GDP 水平。潜在 GDP 和实际 GDP 之间的差距在大衰退最严重之时高达 7%，但在 2015 年仍接近 3%，这在经济复苏期间高得不同寻常。美国经济仍在低于正常生产能力的水平运行，生产的商品和服务、创造的工作岗位数都比经济处于潜在 GDP 水平的情况下要少。

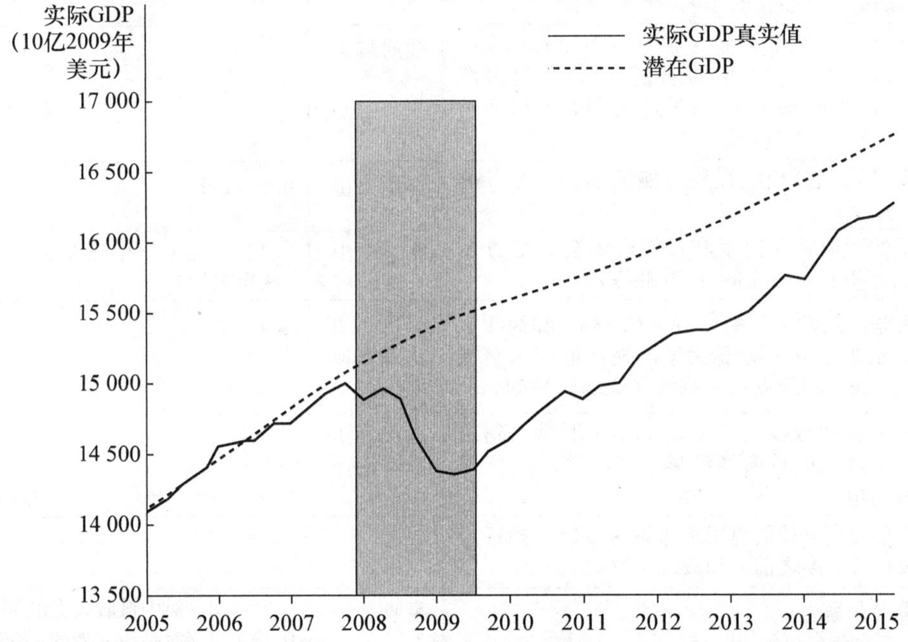

正如表 18.2 所说明的那样，到 2011 年，ARRA 对实际 GDP 和就业的大部分效果都已经产生了。因此，如果宏观经济政策要帮助经济回到潜在 GDP 水平，那看起来就得看美联储的了。正如我们在第 17 章所看到的，为了试图增加总需求，美联储采用了创新性政策，包括多轮量化宽松。鉴于美联储于 2014 年 10 月结束了最后一轮量化宽松，有些经济学家和政策制定者认为，为了扩大生产和就业有必要采取财政政策措施。桥梁和铁路损坏造成的事故报告促使一些政策制定者认为，增加高速公路、桥梁和铁路等基础设施建设支出将既能增加短期总需求，在长期来看又能提高生产率和加快经济增长。在 2015 年，奥巴马总统提出了 4 780 亿美元额外基础设施建设支出计划，所需资金将来自对美国企业海外盈利的新增税收。然而，并非所有经济学家都对基础设施建设支出的效果深信不疑，特别是考虑到国会议员有可能引导支出流向他们所在州或地区的那些所产生的收益相对于成本而言又不大的项目。

基础设施建设项目的支持者认为，长

期支出可能让企业相信总需求增加将会维持好几年的时间，这给企业提供了扩大生产和就业的信心。为促进经济增长而实行税收改革的支持者提议降低企业税率以刺激企业投资于新的创新并将收入税改为消费税以刺激储蓄。有些经济学家认为，尽管贸易政策并非传统的财政政策，但可以用来提高经济的效率和刺激出口，而移民政策能吸引高技能的移民，这将促进长期增长。

大衰退后的缓慢复苏激起了对利用货币政策和财政政策管理经济的广泛争论。

资料来源：Michael D. Shear，“Obama Proposes Tax for Upgrade of Infrastructure”，*New York Times*，February 2，2015；R. Glenn Hubbard，“Stop Defending on the Fed”，politico. com，August 20，2014；Martin S. Feldstein，“Saving the Fed from Itself”，*New York Times*，December 8，2013；Mark Magnier，“Benefits of Infrastructure Spending Not So Clear-Cut，Economists Say”，*Wall Street Journal*，February 1，2015；and Janet L. Yellen，“Labor Market Dynamics and Monetary Policy”，Talk Delivered at the Federal Reserve Bank of Kansas City Economic Symposium，Jackson Hole，Wyoming，August 22，2014.

轮到你了：做本章末与本专栏相关的问题与应用 5.8，看看你理解得如何。

18.6 赤字、盈余和联邦政府债务

联邦政府预算表明了它的支出和税收收入之间的关系。如果联邦政府的支出超过其税收收入，那么就会出现**预算赤字**（budget deficit）。如果联邦政府的支出低于其税收收入，那么就会出现**预算盈余**（budget surplus）。正如考虑许多宏观经济变量一样，考虑盈余或赤字相对于整个经济规模的大小是有用的。图 18.15 显示，20 世纪占 GDP 的百分比份额最大的赤字发生在第一次世界大战期间和第二次世界大战期间。在大型战争期间，增加的税收只能部分抵消政府支出的庞大增长，导致大规模预算赤字。图 18.15 同时显示，在衰退期间，政府支出增加，税收收入下降，预算赤字扩大。在 1970 年，联邦政府进入了一段长的预算赤字时期。从 1970 年到 1997 年，每年联邦政府都出现预算赤字。从 1998 年至 2001 年间，出现了四年预算盈余。在 2001 年和 2007—2009 年的衰退、减税、增加用于国土安全以及伊拉克战争和阿富汗战争的支出的共同作用下，2001 年后一直存在预算赤字。

图 18.15 也显示了奥巴马政府 8 400 亿美元的财政刺激计划和 2007—2009 年衰退的严重性对联邦政府预算赤字的影响。从 2009 年到 2011 年，联邦预算赤字超过了 GDP 的 8%，这是美国历史上首次在非大型战争时期出现如此大规模的赤字。后来的经济复苏、增税和联邦支出的减少使得 2015 年的赤字降到了 GDP 的 3%。

□ 18.6.1 联邦预算如何充当自动稳定器?

在衰退期，通过增加支出或减税来增加总需求，相机抉择的财政政策会导致联邦预算赤字增加。例如，正如我们刚刚看到的，奥巴马政府的支出增加和减税显著增加了 2009 年和 2010 年的联邦预算赤字。但是，在许多更加温和的衰退中，政府并没有采取重大的财政政策措施。事实上，在典型的衰退期间，联邦预算赤字的大部分增加并不是因为国会和总统采取了行动，而是因为我们在本章前面提到的自动稳定器的影响。

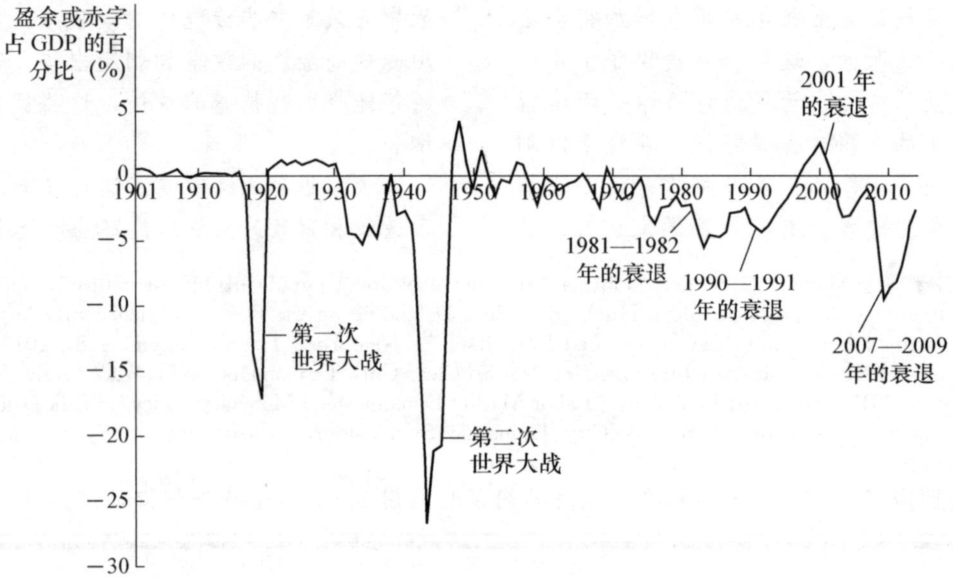

图 18.15　1901—2015 年的联邦预算赤字

在战争期间，政府支出增加得比税收收入多得多，这增加了预算赤字。预算赤字在衰退期间也增加，这是由于政府支出增加和税收收入下降。

注：2015 年的值是国会预算办公室 2015 年 3 月估计的数值。

资料来源：*Budget of the United States Government*，*Fiscal Year 2003*，*Historical Tables*，Washington，DC：US Government Printing Office，2002；U. S. Bureau of Economic Analysis；and Congressional Budget Office.

在衰退期，赤字自动产生是由于以下两个原因：第一，在衰退期间，工资和利润下降，这导致政府税收收入下降。第二，当经济进入衰退后，政府会自动增加其在转移支付上的支出。联邦政府在失业保险项目上的花费随着失业上升而增加。在食品券、贫困家庭临时援助项目和医疗补助保险项目等帮助低收入人群的项目上的支出也会增加。这些支出的增加并不是因为国会和总统采取的措施。现有的法律已经规定了哪些人有领取失业保险金和其他补助的资格。随着衰退期间符合资格人数的增加，这些项目上的政府支出也会增加。

因为预算赤字在衰退期间自动增加、在扩张期间自动减少，所以经济学家们常常关注周期调整性预算赤字和预算盈余，因为相对于现实的预算赤字和预算盈余，它们能更准确地衡量政府支出和税收政策对经济的影响。**周期调整性预算赤字或盈余**（cyclically adjusted budget deficit or surplus）衡量当实际 GDP 等于潜在 GDP 时将会出现的联邦政府预算赤字或盈余。例如，2014 年的联邦预算赤字为 GDP 的 2.7%。CBO 估计，如果实际 GDP 处于其潜在水平，赤字将约为 GDP 的 1.6%，余下的 1.1%代表了由自动稳定器的影响导致的赤字增加。当联邦政府实行扩张性财政政策使实际 GDP 等于潜在 GDP 时，结果是周期调整性预算赤字。当联邦政府实行紧缩性财政政策使实际 GDP 等于潜在 GDP 时，结果是周期调整性预算盈余。

自动的预算盈余和赤字有助于稳定经济。当经济步入衰退时，工资和利润下降，导致家庭和企业向政府缴纳的税款减少。事实上，家庭和政府将获得自动减税，使其支出高于没有减税时的情况。在衰退中，失业工人获得失业保险金，收入低于某一水平的家庭有资格获得食品券和政府的其他转移支付。通过获得这些额外的收入，家庭能够负担的支出会超过在没有这些收入时的水平。这些额外的支出有助于缩短衰退的时间，减轻衰退的严重程度。许多经济学家认为，正是由于缺乏失业保险制度和政府的其他转移支付项目，大萧条才如此严重。在大萧条期间，失业工人没有任何工资收入，不得不依靠存款、借款和私人慈善机构的救助来生活。所以，许多失业工人大幅削减支出，使经济下滑不断恶化。

当 GDP 超过潜在水平时，家庭和企业必须向政府缴纳更多的税款，政府也减少了转移支付。更高的税收和更低的转移支付使得总支出上升的数量小于没有这些因素影响的情况，这有助于减少经济出现更高的通货膨胀的可能性。

建立联系

在大萧条期间，财政政策失败了吗？

随着约翰·梅纳德·凯恩斯的著作《就业、利息和货币通论》的出版，在 20 世纪 30 年代期间，现代宏观经济分析建立了。许多经济学家通过凯恩斯的书得出结论：扩张性财政政策对于将美国经济拉出大萧条是必需的。当富兰克林·D. 罗斯福在 1933 年就任总统后，作为“新政”的一部分，联邦政府增加了支出，在 20 世纪 30 年代后来的年份中，除了 1937 年以外，联邦政府预算都处于赤字状态。但是，美国经济的复苏速度极为缓慢，直到 1941 年爆发第二次世界大战，经济才重回潜在 GDP 水平。

当时一些经济学家和政策制定者们认为，由于在增加了政府支出的情况下经济复苏速度仍很缓慢，所以财政政策是失效的。在对奥巴马总统财政刺激计划的讨论中，“新政”时期财政政策失效的声音再度出现。然而，经济史学家认为，尽管政府支出出现了增加，但是，事实上，20 世纪 30 年代国会和总统并没有实行扩张性财政政策。在各自的研究中，麻省理工学院的经济学家 E. 卡里·布朗（E. Cary Brown）和华盛顿与李大学的拉里·佩珀斯（Larry Peppers）认为，在整个 20 世纪 30 年代期间只有一年出现了周期调整性预算赤字，并且该赤字很小。下表提供的数据为这一观点提供了支持。（表中所有的变量都是名义变量，而不是实际变量。）表中第二列显示，联邦政府支出在 1933—1936 年上升，在 1937 年下降，之后在 1938 年和 1939 年上升。第三列显示了一个相同的模式，在 1933 年后每年联邦预算都出现了赤字，只有 1937 年是一个例外。但是，第四列显示，在 1933 年后的每一年，联邦政府都出现了周期调整性预算盈余。因为在那些年里的收入水平如此低且失业率又如此高，所以征收的税收收入远远低于经济处于潜在 GDP 水平的情况下本来能够征收到的税收收入。正如第五列所示，在 1933 年以及 1937—1939 年，周期调整性预算盈余占到了 GDP 一个不小的百分比。

年份	联邦政府支出（10 亿美元）	现实的联邦预算赤字或盈余（10 亿美元）	周期调整性预算赤字或盈余（10 亿美元）	周期调整性预算赤字或盈余占 GDP 的比例（%）
1929	2.6	1.0	1.24	1.20
1930	2.7	0.2	0.81	0.89
1931	4.0	−2.1	−0.41	−0.54
1932	3.0	−1.3	0.50	0.85

续前表

年份	联邦政府支出（10亿美元）	现实的联邦预算赤字或盈余（10亿美元）	周期调整性预算赤字或盈余（10亿美元）	周期调整性预算赤字或盈余占GDP的比例（%）
1933	3.4	−0.9	1.06	1.88
1934	5.5	−2.2	0.09	0.14
1935	5.6	−1.9	0.54	0.74
1936	7.8	−3.2	0.47	0.56
1937	6.4	0.2	2.55	2.77
1938	7.3	−1.3	2.47	2.87
1939	8.4	−2.1	2.00	2.17

虽然罗斯福总统提议了许多新的政府支出项目，但是他在1932年总统选举中也承诺要平衡联邦预算。虽然只有在1937年他实现了平衡预算，但是他不愿意让现实的预算赤字增长过多的态度解释了周期调整性预算盈余持续出现的原因。今天，许多经济学家都同意E. 卡里·布朗的结论："20世纪30年代的财政政策看起来没有成功地推动经济复苏，但是，这并不是因为财政政策不起作用，而是因为政府根本没有尝试扩张性财政政策！"

资料来源：E. Cary Brown，"Fiscal Policy in the Thirties：A Reappraisal"，*American Economic Review*，Vol. 46，No. 5，December 1956，pp. 857−879；Larry Peppers，"Full Employment Surplus Analysis and Structural Changes"，*Exploration in Economic History*，Vol. 10，Winter 1973，pp. 197−210；and U. S. Bureau of Economic Analysis.

轮到你了：做本章末与本专栏相关的问题与应用6.7，看看你理解得如何。

□ 18.6.2 联邦预算应该总是保持平衡吗？

虽然许多经济学家认为，当实际GDP等于潜在GDP水平时，联邦政府保持预算平衡是一个不错的主意，但是很少有经济学家认为联邦政府每年都应该试图保持预算平衡。为了理解经济学家持有这种观点的原因，思考在衰退期间，当联邦预算自动进入赤字状态时，政府为保持预算平衡必须采取什么行动。为了使预算重新平衡，政府不得不增税或减少支出，但是这些行动将减少总需求，从而使衰退更加恶化。类似地，当GDP上升到超过潜在水平时，预算自动进入盈余状态。为了消除这种盈余，政府不得不减税或增加政府支出。但是这些行动将增加总需求，从而推动GDP进一步超过潜在水平，增加通货膨胀率升高的风险。为了达到每年平衡预算的目标，政府可能不得不采取让经济不稳定的措施。

例题18.6　希腊政府面对预算赤字

根据《华尔街日报》2015年的一篇文章，有些经济学家相信希腊经济可能即将进入衰退。该文指出："在希腊，卷土重来的衰退……可能迫使政府为了避免预算赤字卷土重来而进一步削减支出和增加税收。"

a. 为什么希腊经济进入衰退会导致希腊政府预算赤字的出现？

b. 如果希腊政府采取文中所说的措施来应对预算赤字，这对希腊经济可能有什么影响？

解：

第 1 步：复习本章内容。这一问题是关于政府在衰退期间尝试平衡预算的影响的，所以你可能需要复习一下 18.6.1 节“联邦预算如何充当自动稳定器?”和 18.6.2 节“联邦预算应该总是保持平衡吗?”。

第 2 步：通过解释为什么在衰退期间政府预算会自动出现赤字，回答问题 a。在衰退期间赤字自动出现的原因是，工资和利润的下降导致政府税收收入下降，且政府在失业保险金等转移支付上的支出增加。

第 3 步：通过解释希腊政府削减支出和增加税收对希腊经济可能的影响，回答问题 b。我们已经看到，政府支出的减少和税收的增加将降低总需求。总需求的下降可能减少实际 GDP 和就业，使希腊的衰退更加严重。

资料来源：Nektaria Stamouli and Stelios Bouras，“Greek Economy Risks Slipping Back Into Recession，Say Analysts”，*Wall Street Journal*，April 6，2015.

轮到你了：要想做更多的练习，请做本章末与本专栏相关的问题与应用 6.9。

一些经济学家认为联邦政府应该使预算一般保持在赤字状态，即使在潜在 GDP 水平下也应如此。当联邦政府预算处于赤字状态时，美国财政部向投资者出售债券，为支付政府的账单筹集资金。无论对于家庭、企业还是政府而言，借款以支付当期花费的账单都是一个坏主意，但是，借款支付购买耐用资本品的账单就不是一个坏主意。例如，大部分家庭通过 15～30 年期抵押贷款来购房。因为房屋可以存在许多年，所以家庭用长时间的收入支付比用购房当年的收入支付更加合理。企业往往通过发行 30 年期公司债券的方式为购买机器、设备和厂房筹措资金。因为这些资本品在很多年内都会给企业带来利润，所以在一段长时期内付款也是合理的。根据类似的推理，当联邦政府出资修建新高速公路、桥梁或地铁时，它可能想要通过发行国债的方式来借款。另外一种选择是通过当年征收的税收收入来支付。但是，这意味着当年的纳税人将不得不承担所有的费用，即使未来许多年后的纳税人都能从中获益。

□ 18.6.3 联邦政府债务

每当联邦政府处于预算赤字状态时，财政部都必须通过向消费者出售财政部发行的证券来融资。为了简化，我们将所有财政部发行的证券统称为“债券”。当联邦政府处于预算盈余状态时，财政部就会偿还一部分现有的债券。图 18.15 表明预算赤字的年份要多于预算盈余的年份。所以，未清偿的债券总量随时间的推移而增加。美国由财政部发行的未清偿的债券总价值被称为联邦政府债务，有时也被称为国债。在联邦预算处于赤字的每一年，联邦政府债务增加；在政府预算处于盈余的每一年，联邦政府债务减少。

图 18.16 显示了 1901—2015 年联邦政府债务占 GDP 的百分比。债务- GDP 比值在第一次世界大战、第二次世界大战和大萧条时期都增加了，反映了这些年中大规模的政府预算赤字。从第二次世界大战结束到 20 世纪 80 年代早期，GDP 增长快于债务增长，这使得债务- GDP 比值下降。20 世纪 80 年代和 90 年代早期出现的大规模政府预算赤字使

得债务- GDP 比值攀升。1998—2001 年的政府预算盈余使得债务- GDP 比值下降，但是，随着 2002 年赤字又开始出现，这一比值重新上升。自 2008 年开始的大规模预算赤字推动该比值自 1947 年以来首次超过 100%。

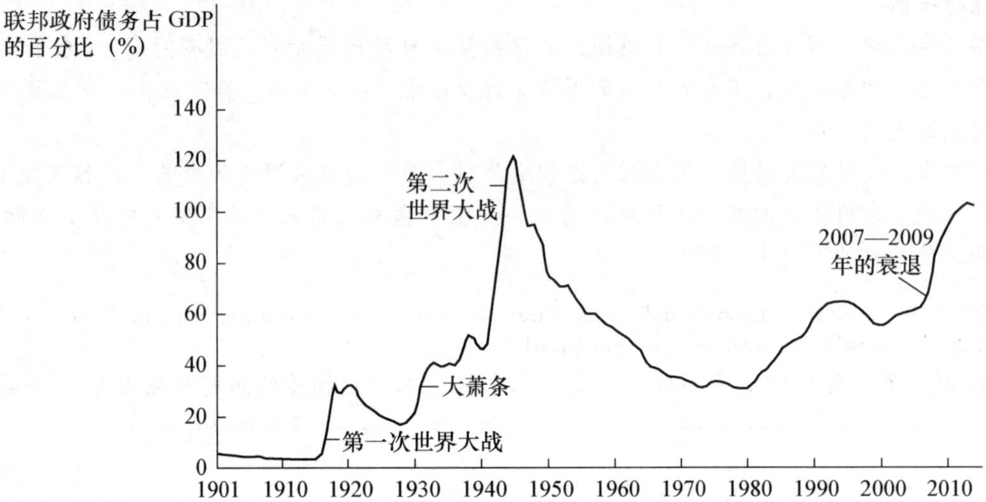

图 18.16　1901—2015 年的联邦政府债务

当联邦政府预算处于赤字状态时，联邦政府债务增加。第一次世界大战、第二次世界大战、大萧条、20 世纪 80 年代和 90 年代早期政府预算赤字规模较大，这使债务- GDP 比值上升。自 2008 年后大规模的预算赤字推动该比值上升至自 1947 年以来的最高水平。

注：2015 年的值是国会预算办公室 2015 年 3 月估计的数值。

资料来源：U. S. Bureau of the Census，*Historical Statistics of the United States*，*Colonial Times to 1970*，Washington，DC：U. S. Government Printing Office，1975；*Budget of the United States Government*，*Fiscal Year 2003*，Historical Printing Office，2002；Federal Reserve Bank of St. Louis；and Congressional Budget Office.

□ 18.6.4　政府债务是一个问题吗?

债务对于政府是一个问题，其理由正如债务对于家庭和企业而言是一个问题。如果家庭在偿还每月按揭贷款时遇到了困难，它就不得不减少在其他商品和服务上的支出。如果家庭不能还款，它就不得不对贷款违约，很可能会失去自己的房屋。联邦政府的债务没有违约的风险。最终，政府可以通过税收筹集所需资金来支付债务的利息。但是，如果债务相对于经济而言规模很大，那么，为了支付债务的利息，政府可能不得不将税收提高至高水平，或者削减其他类别的支出。当前，利息支付约占联邦政府总支出的 11%。在这一水平并不需要增税或大幅削减其他类别的政府支出。

债务相对于 GDP 的规模增加，正如 2008 年以后发生的情况，在长期则可能引发问题。像我们之前所讨论的，如果增加的债务推高了利率，投资支出的挤出效应就会出现。投资支出下降意味着在长期资本存量减少，经济体生产商品和服务的能力降低。但是，如果政府债务中的一部分是为改善基础设施（如桥梁、高速公路和码头）、教育、研发等融资而产生的，那么，挤出效应就会被部分抵消。基础设施的改善、劳动力受到更好的教育以及更多的研发都能增加经济体的生产能力。

18.7 财政政策的长期影响

一些财政政策措施的目的是实现稳定经济的短期目标，而另一些财政政策措施的目的是通过扩大经济体的生产能力和提高经济增长率以期具有长期效果。因为这些政策措施影响的主要是总供给而不是总需求，所以有时它们被称为“供给学派经济学”。大部分尝试增加总供给的财政政策措施都是通过改变税收来增加工作、储蓄、投资和创业的激励的方式来增加总供给的。

□ 18.7.1 税收政策的长期影响

经济活动的税前回报和税后回报之差被称为**税收楔子**（tax wedge）。税收楔子是由边际税率——每一美元额外收入中必须缴纳的税款——决定的。例如，美国联邦所得税有几个税级，税级是指同一税率适用的收入范围。在 2015 年，一个纳税人当年收入的第一个 9 225 美元的税率是 10%。更高的税级适用的税率更高，最高达 39.6%，它适用的是超过 413 200 美元的收入部分。假定你的时薪是 20 美元。如果你收入的边际税率是 25%，那么你的税后收入是 15 美元，税收楔子是 5 美元。当我们在第 3 章中讨论需求-供给模型时，我们看到商品和服务的供给量随着价格上升而增加。所以，我们将预计，通过降低收入的边际税率来减小税收楔子将导致劳动供给量增加，因为税后收入增加了。类似地，我们在第 14 章中看到，减少所得税会增加储蓄的税后回报，导致可贷资金供给增加、均衡利率下降、投资支出增加。一般地，经济学家认为工作、储蓄、投资或创业等任何经济活动的税收楔子越小，该种经济活动就会越多。当税收变动引起工人、储蓄者、投资者和企业家改变自己的行为时，经济学家就称他们对税收变动做出了“行为回应”。

我们可以简要分析下列每种税收的减少对总供给的影响：

● 个人所得税。正如我们所见，降低个人所得税的边际税率将减小工人面临的税收楔子，从而增加劳动供给量。许多小企业是独资企业，其利润按个人所得税税率纳税。所以，降低个人所得税税率也增加了企业家才能的回报，这鼓励了新企业的建立。大多数家庭的存款收益也是按个人所得税税率纳税的，所以，降低边际所得税税率也增加了储蓄的回报。

● 公司所得税。联邦政府按公司所得税来对公司利润征税。在 2015 年，大部分公司面对的边际公司税率是 35%。降低公司所得税的边际税率将增加公司在新设备、厂房和办公楼上的投资回报，进而鼓励投资支出。因为新的投资品中往往包含着创新，所以，减少公司所得税也会潜在地加快技术变革的步伐。

● 红利税和资本利得税。公司以红利的形式将一部分利润分配给股东。股东也可以通过资本利得从公司利润的提高中获益。资本利得指的是股票等资产价格的上升。利润上升通常会导致股票价格上升，从而股东获得资本利得。个人的分红和资本利得都可能需要缴纳税款（虽然资本利得的税款可能因为股票没有被出售而被推迟）。所以，实际上，公司利润被征收了两次税：一次是企业因为获得利润而缴纳所得税的时候，一次是利润以红利和资本利得的形式分配给个人投资者的时候。经济学家对公司利润被征两次税的成本和收益存在争论。在公司所得税继续存在的条件下，一种减轻“双重征税”问题的方法是降低红利税和资本利得税。这些税收在 2003 年减少了，但在 2013 年又增加了。一般来说，红利税和资本利得税的边际税率还是低于最高的个人所得税边际税率的。红利税和资本利得税的税率降低增加了家庭向企业供给的可贷资金，这提高了储蓄和投资，降低了均衡实际利率。

□ 18.7.2　简化税收

除了降低个人所得税能带来潜在收益之外，简化税收也能带来收益。长达 3 000 页的税码极其复杂，它的复杂性导致了报税服务行业的出现，H&R Block 报税咨询公司就是一个例子。美国国税局估计，纳税人每年填写税收表格的时间超过了 64 亿小时，也就是平均每份纳税申报单约 45 小时。家庭和企业为了缴纳联邦税收需要处理的税收表格超过 480 份，每年雇用会计师帮助填写表格的花费超过 100 亿美元。所以，H&R Block 报税咨询公司在全国的办事处比星巴克咖啡店还要多就不足为奇了。

如果税码得到大幅简化，那么，报税服务行业现在使用的经济资源就能被用来生产其他商品和服务。除了浪费资源之外，税码的复杂性还可能扭曲家庭和企业的决定。例如，红利税率已经明显影响了企业是否分红的决策。当国会在 2003 年通过降低红利税的提案后，包括微软在内的许多企业都开始首次分红。通过减少家庭和企业纯粹为减少税款而做出的决定数量，简化税码将增加经济效率。

□ 18.7.3　税收改革的经济影响

我们能通过使用总需求-总供给模型来分析减税和税收简化的经济影响。图 18.17 表明，如果没有税收变动，长期总供给曲线将从 $LRAS_1$ 移动至 $LRAS_2$。这一移动代表着即使没有减税和税收简化也会出现的劳动力和资本存量的增加以及技术变革。为了关注税收变动对总供给的影响，我们忽略短期总供给曲线的移动，我们将假设总需求曲线保持在 AD_1。在这种情况下，均衡从 A 点移动至 B 点，实际 GDP 从 Y_1 增加至 Y_2，价格水平从 P_1 下降至 P_2。

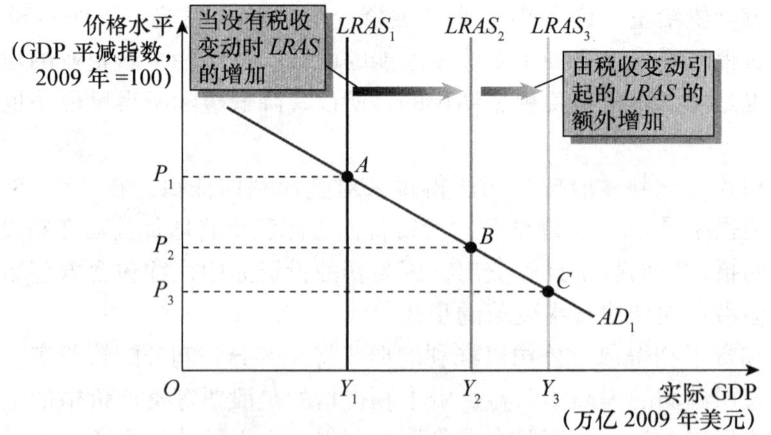

图 18.17　税收变动的供给侧影响

初始均衡处于 A 点。当没有税收变动时，长期总供给曲线从 $LRAS_1$ 向右移动至 $LRAS_2$。均衡移动至 B 点，价格水平从 P_1 下降至 P_2，实际 GDP 从 Y_1 增加至 Y_2。当存在减税和税收简化时，长期总供给曲线进一步向右移动至 $LRAS_3$，均衡移至 C 点，价格水平下降至 P_3，实际 GDP 增加至 Y_3。

如果减税和税收简化是有效的，那么，经济中的劳动供给、储蓄、投资和新企业都会增加，经济效率也会提高。这些因素共同导致了各个价格水平下实际 GDP 数量的增加。在图 18.17 中，我们用长期总供给曲线移动至 $LRAS_3$ 来代表税收变动的效果。在总需求保持不变的条件下，经济的均衡点从 A 点移动至 C 点（而不是 B 点，B 点是当没有税收变动时的均衡），实际 GDP 从 Y_1 上升至 Y_3，价格水平从 P_1 下降至 P_3。注意，与没有税收变动时的均衡（B 点）相比，在有税收变动时的均衡（C 点）处，价格水平更低，实际 GDP 水平更高。我们能够得到结论：通过增加产出和就业，同时降低价格水平，税收变动给经济带来了好处。

显而易见，我们的分析并不符合现实，因为我们忽略了总需求曲线和短期总供给曲线发生的变动。更接近实际的分析与图 18.17 的简化分析会有什么区别呢？实际 GDP 的变动结果相同，因为在长期实际 GDP 等于用长期总供给曲线代表的潜在水平。但是价格水平的变动结果并不相同，因为我们预期总需求曲线和短期总供给曲线都会向右移动。最可能出现的情形是新均衡下的价格水平高于原来的均衡下的水平。但是，因为税收变动使得长期总供给曲线的位置进一步向右移动，所以价格水平的上升幅度会更小，也就是说，尽管 C 点的价格水平高于 P_3，但它可能低于 P_2（不过，正如我们将在下一节讨论的，并不是所有的经济学家都同意这一点）。我们能够得到结论：通过增加产出和就业，一项成功的减税和税收简化政策会给经济带来好处，同时可能减小价格水平上升的幅度。

□ 18.7.4 供给侧影响有多大？

大部分经济学家都会同意，减税对供给侧有影响：降低边际所得税税率将增加劳动供给量，减少公司所得税将增加投资支出，等等。但是，对这一影响的大小却存在着很多争论。例如，一些经济学家认为，减税后劳动供给量的增加十分有限，因为许多工人的工作时间由雇主决定，没有额外增加工作时间的机会。类似地，一些经济学家认为税收变动对储蓄和投资的影响很小。在这种观点看来，储蓄和投资受收入变动、由技术变革或宏观经济条件改善导致的对新投资的未来盈利能力的预期变动的影响远远大于受税收变动的影响。

对供给侧影响的规模持怀疑态度的经济学家相信，减税对总需求的影响最大，而不是对总供给的影响最大。按照这种观点，在关注减税对总需求的影响而忽视对总供给的影响的情况下得到的对未来实际 GDP 和价格水平变动的预测很精确，这就表明对供给侧的影响必定很小。如果税收变动对总供给的影响有限，那么，它们减小价格上升幅度的程度就不大可能有图 18.17 所示的那样大。

最后，只有通过仔细研究税率差别对劳动供给、储蓄和投资决策的影响，有关税收政策对供给侧影响大小的争论才能得以解决。但是，近来的一些研究得出了相互冲突的结论。例如，亚利桑那州立大学的诺贝尔经济学奖获得者爱德华·普雷斯科特（Edward Prescott）得到的结论是：美国和欧洲每周平均工作小时数、每年平均工作星期数的差异是由税收不同导致的。美国边际税率比欧洲低，这增加了美国工人工作的回报，使得劳动供给量更大。但是，另一项由哈佛大学的艾尔伯托·艾莱斯纳（Alberto Alesina）和爱德华·格莱泽（Edward Glaeser）以及达特茅斯学院的布鲁斯·塞瑟多特（Bruce Sacerdote）所做的研究认为，欧洲更严格的劳动力市场管制解释了欧洲工人每周工作时间更短和假期更长的现象，而税收差异的影响有限。

像经济学的其他领域一样，随着时间的推移以及经济学家所做的研究的不断增加，经济学家对税收变动的供给侧影响所做的估计的差别可能会缩小。

接第 615 页

生活中的经济学

你将用额外的 500 美元做什么？

在本章开始，我们问到你将如何处理 500 美元的退税，以及这一退税对短期均衡实际 GDP 可能产生什么影响。本章表明，减税增加了可支配收入从而增加了消费支出。所以，当你的可支配收入永久性增加 500 美元时，你的消费支出很可能也会增加。但你的支出增加多少部分地由你的整体财务状况决定。正如我们在本章所提到的，能够借到钱的人通常会平滑他们在不同时期的消费，并不会因收入的一次性增加而大幅增加支出。但是，如果你是一个收入极低的学生，也无法基于预计未来将获得的高收入借款，那么，你可能会花掉大部分退税的钱。本章也证明，减税对经济有乘数效应。也就是说，消费支出的增加将导致实际 GDP 和收入的进一步增加。所以，如果经济现在没有处于实际 GDP 水平，那么，此次退税很可能将增加短期均衡实际 GDP。

18.8 结论

在本章，我们看到了联邦政府是如何运用政府购买和税收的变动来达到自己的经济政策目标的。我们也看到经济学家们对旨在稳定经济的相机抉择的财政政策的效果存在争论。国会和总统与美联储共同对经济政策负责。从 2007—2009 年的衰退开始的宏观经济不稳定性给政策制定者带来了挑战。

访问 MyEconLab，你可以找到与本章的概念有关的一篇新闻文章和分析。

本章总结和习题

关键术语

自动稳定器	预算盈余	周期调整性预算赤字或盈余	乘数效应
预算赤字	挤出	财政政策	税收楔子

18.1 什么是财政政策？

总结

财政政策是为了实现宏观经济政策目标而对联邦税收和政府购买所做的变动。自动稳定器是随着经济周期自动增加或减少的政府花费和税收。自第二次世界大战以来，联邦政府支出占政府总支出的比例介于 2/3～3/4 之间。联邦政府总支出占 GDP 的百分比从 1950 年到 20 世纪 90 年代早期一直在增加，在 1992—2001 年下降，之后再次上升。联邦政府购买占 GDP 的百分比从 20 世纪 50 年代早期朝鲜战争以来一直在下降。联邦政府支出的最大组成部分是转移支付。联邦政府收入的最重要来源是个人所得税，其次是社会保险税，后者用于为社会保障和医疗照顾保险体系提供资金。

复习题

1.1　什么是财政政策？谁对财政政策负责？

1.2　经济学家马克·托马（Mark Thoma）这么写道："使用财政政策来对抗衰退的困难之一是让国会同意要采取什么措施……正如其名字所表明的，自动稳定器避开了这一困难。"什么是自动稳定器？列举两个自动稳定器的例子，解释它们如何降低了衰退的严重性。

资料来源：Mark Thoma，"The Importance of Automatic Stabilizers to the Economy"，cbsnews.com，January 25，2010.

1.3　政府购买和政府支出之间有什么区别？联邦政府购买占 GDP 的比例在今天比 1960 年高吗？联邦政府支出占 GDP 的比例呢？

问题与应用

1.4　在 2009 年，国会和总统通过了"旧车换现金"法案，对用高油耗（每加仑汽油行车里程低）旧车换新车的人支付最高达 4 500 美元的现金。这一法案是财政政策的例子吗？你的答案与国会和总统颁布这一法案的政策目标有关吗？

资料来源：Justin Lahart，"Trade-in Program Tunes Up Economic Engine"，*Wall Street Journal*，August 4，2009.

1.5　简要解释以下每项是（1）相机抉择的财政政策的例子、（2）自动稳定器的例子还是（3）非财政政策的例子。

a. 飓风过后，联邦政府增加了重建新泽西海岸的支出。

b. 美联储卖出国债。

c. 联邦政府在失业保险项目上的总支出数量在经济扩张阶段减少。

d. 联邦政府收到的个人收入税总额在衰退期间减少。

e. 联邦政府改变了对新车的燃料效率要求。

f. 国会和总统颁布法案暂时减少薪资税。

g. 在衰退期间，加州选民批准增加在本州高速铁路系统上的支出。

1.6 联邦政府 1983 年收到的个人收入税总额低于 1982 年。我们可以下结论说国会和总统在 1983 年降低了个人收入税率吗？请简要解释。

1.7［与 18.1.3 节中的"建立联系"专栏有关］根据国会预算办公室的一份报告：

> 仅仅在下一个十年期，65 岁及以上年龄人口数预计会增加 1/3 以上。65 岁及以上年龄人口数占人口的比例预计将从现在的 15%增加至 2040 年的 21%。

为什么 65 岁以上年龄人口增加得如此之快？这一增加对联邦政府未来在社会保障和医疗照顾保险上的支出占 GDP 的百分比有什么启示？政策制定者在处理这个问题上面临哪些选择？

资料来源：Congressional Budget Office，"The 2015 Long-Term Budget Outlook"，June 2015，p. 21.

□ 18.2　财政政策对实际 GDP 和价格水平的影响

总结

为了对抗衰退，国会和总统可以增加政府购买或减税。这种扩张性财政政策增加了总需求，从而提高了实际 GDP 水平和价格水平。为了对抗通货膨胀率的上升，国会和总统可以减少政府购买或增税。这种紧缩性财政政策导致总需求的增加少于没有政策时的情况，从而降低了通货膨胀率。

复习题

2.1　什么是扩张性财政政策？什么是紧缩性财政政策？

2.2　如果美国国会和总统判断有必要采用扩张性财政政策，那么他们将怎样变更政府购买或税收？如果他们判断有必要采用紧缩性财政政策时又会怎样变更？

问题与应用

2.3　请简要解释你是否同意以下论述："扩张性财政政策涉及增加政府购买或增税。紧缩性财政政策涉及减少政府购买或减税。"

2.4　判断下列各项是（i）扩张性财政政策的一部分、（ii）紧缩性财政政策的一部分还是（iii）不属于财政政策。

a. 公司所得税税率上升。

b. 国防支出增加。

c. 美联储降低联邦基金目标利率。

d. 允许家庭从联邦收入所得税中扣除用于孩子日托的所有费用。

e. 个人所得税税率下降。

2.5　运用总需求-总供给图形解释如下情况：初始时均衡实际 GDP 等于潜在 GDP，然后，总需求曲线向左移动。国会和总统可以采取什么样的行动以使实际 GDP 重新等于潜在 GDP？在图形中表示这些行动的结果。假设 *LRAS* 曲线不发生移动。

2.6　［与 18.2.1 节中的“不要犯这样的错误!”专栏有关］如果货币供给不增加，国会和总统有可能采取扩张性财政政策吗？请简要解释。

2.7　一个政治评论员说：“相较于紧缩性财政政策而言，国会和总统更可能实施扩张性财政政策，因为扩张性财政政策比紧缩性财政政策更受欢迎。”请简要解释你是否同意他的说法。

2.8　［与开篇案例有关］2015 年，在提出增加 4 780 亿美元联邦支出用于基础设施建设的计划时，奥巴马总统称，这些支出将增加美国的总就业。

a. 在短期，联邦支出增加总会增加实际 GDP 和就业吗？请简要解释。

b. 存在这样的情况吗：即使联邦支出增加会增加短期的实际 GDP 和就业，联邦政府也不想增加支出？奥巴马总统对 2015 年的经济状况做了什么假设？

资料来源：Michael D. Shear, “Obama Proposes Tax for Upgrade of Infrastructure”, *New York Times*, February 2, 2015.

□ 18.3　运用动态总需求-总供给模型分析财政政策

总结

我们可以运用第 15 章中介绍的动态总需求-总供给模型深入分析扩张性和紧缩性财政政策。该模型考虑了两个事实：(1) 经济体中存在持续的通货膨胀，价格水平每年都上升；(2) 经济体中存在长期增长，*LRAS* 曲线每年都向右移动。在该动态模型中，扩张性财政政策试图确保总需求曲线向右移动得足够多，以使宏观经济均衡的实际 GDP 等于其潜在水平。当总需求曲线的移动造成宏观经济均衡的实际 GDP 超过其潜在水平时，国会和总统采用紧缩性财政政策试图部分抵消总需求曲线的这种移动的影响。

复习题

3.1　我们在基本总需求-总供给模型与在动态总需求-总供给模型中对扩张性财政政策的图形分析有什么关键区别？

3.2　我们在基本总需求-总供给模型与在动态总需求-总供给模型中对紧缩性财政政策的图形分析有什么关键区别？

问题与应用

3.3　国会预算办公室（CBO）的一份报告指出：“潜在 GDP 是 CBO 对经济体可持续的最高产出的估计值。”在 2015 年上半年，CBO 估计实际 GDP 和潜在 GDP 之间的差距将从 2014 年的 2.9% 下降到 2017 年的 0。2014 年，实际 GDP 为 16.3 万亿美元，CBO 对潜在 GDP 的估计值为 16.8 万亿美元。CBO 预测，2017 年的潜在 GDP 将上升到 17.5 万亿美元。

a. 为什么 CBO 在它的潜在 GDP 定义中包括了“可持续的”这个词？

b. 画一幅动态总需求-总供给图形表示 2014 年和 2017 年的宏观经济状况（无须表示 2015 年和 2016 年的状况）。你的图形应该包含 2014 年和 2017 年的 *LRAS*、*SRAS*、*AD* 曲线，以及每年的均衡实际 GDP 和价格水平。

资料来源：Congressional Budget Office, “The 2015 Long-Term Budget Outlook”, June 2015, p. 36; and Congressional Budget Office, “The Budget and Economic Outlook: 2015 to 2025”, January 2015.

3.4　运用下图回答下列问题：

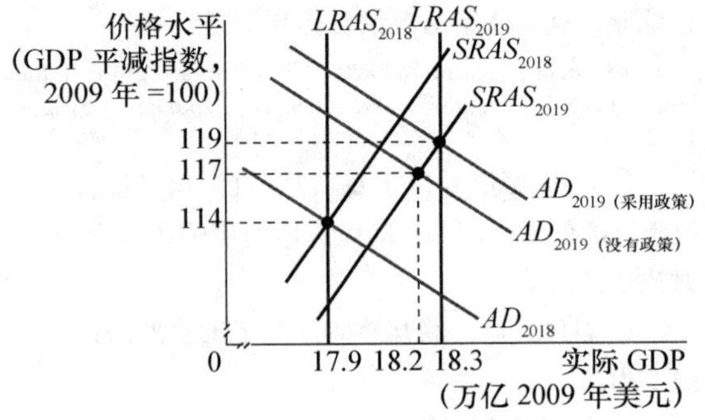

a. 如果政府不采取任何政策措施，2019 年的实际 GDP 水平和价格水平将为多少？

b. 政府可以采取什么政策措施使 2019 年的实际 GDP 回到潜在水平？

c. 如果政府不采取任何政策措施，2019 年的通货膨胀率将是多少？如果政府运用财政政策，实际 GDP 等于潜在水平，2019 年的通货膨胀率将为多少？

3.5 下表中虚构的信息显示了如果国会和总统不采取财政政策 2019 年将会出现的情形：

年份	潜在 GDP	实际 GDP	价格水平
2018	17.9 万亿美元	17.9 万亿美元	113.7
2019	18.3 万亿美元	17.9 万亿美元	115.9

a. 如果国会和总统想使 2019 年的实际 GDP 保持在潜在水平，他们应该采用扩张性财政政策还是紧缩性财政政策？在你的答案中，解释国会和总统应该增加还是减少政府购买和税收。

b. 如果国会和总统成功地使 2019 年的实际 GDP 保持在潜在水平，请指出与他们不采取任何行动相比，下列各项将会更高还是更低或相同。

（1）实际 GDP。

（2）潜在 GDP。

（3）通货膨胀率。

（4）失业率。

c. 画一幅总需求-总供给图形来解释你的答案。你的图形中应该包括：2018 年和 2019 年的 *LRAS* 曲线；2018 年和 2019 年的 *SRAS* 曲线；采用和不采用财政政策时 2018 年和 2019 年的 *AD* 曲线；以及采用和不采用财政政策时 2019 年均衡的实际 GDP 水平和价格水平。

3.6 假设经济在 2020 年经历通货紧缩，运用一幅动态总需求-总供给图形来说明宏观经济均衡从 2019 年到 2020 年的变动。要使 2020 年出现通货紧缩，经济一定得经历衰退吗？请简要解释。

□ 18.4 政府购买乘数和税收乘数

总结

由于乘数效应，政府购买增加或减税对均衡实际 GDP 有倍数影响。政府购买乘数等于均衡实际 GDP 变动除以政府购买变动。税收乘数等于均衡实际 GDP 变动除以税收变动。政府购买增加和减税对均衡实际 GDP 有正的乘数效应。政府购买减少和增税对均衡实际 GDP 有负的乘数效应。

复习题

4.1 为什么 1 美元的政府购买引致的收入和支出增加量超过 1 美元？

4.2 定义政府购买乘数和税收乘数。

4.3 为什么所得税税率的提高会降低乘数效应？

问题与应用

4.4 ［与开篇案例有关］奥克兰和奥林达这两个城市之间的凯迪克隧道扩建工程是北加利福尼亚州的另一个由 ARRA 提供部分资金的基础设施建设工程。管理这个工程的加利福尼亚州政府机构的发言人称凯迪克隧道项目对就业将会产生“连锁效应”。发言人所说的连锁效应是指什么？

资料来源：Zusha Elinson，“Caldecott Tunnel Edges Forward，Tribute to Stimulus Bill”，*New York Times*，September 10，2011.

4.5 约翰·梅纳德·凯恩斯在《就业、利息和货币通论》中写道：

> 如果财政部把旧瓶子塞满钞票，把这些瓶子埋在废弃的矿井中合适的深度，然后用城市垃圾将矿井填平，并且任由私人企业把钞票挖出来，那么失业问题就不会存在，而且，借助于其影响，社会的实际收入很可能会远远超过现在。

凯恩斯这里所讨论的是哪种重要的宏观经济效应？他所说的“其影响”指的是什么？对于政府支出是否浪费，他为什么看似毫不关心？

资料来源：John Maynard Kenyes，*The General Theory of Employment，Interest，and Money*，New York，Harcourt Brace，1936，p. 128.

4.6 ［与例题 18.4 有关］假定当前实际 GDP 是 17.1 万亿美元，潜在 GDP 是 17.4 万亿美元，政府购买乘数是 2，税收乘数是 −1.6。

a. 假设其他因素不变，政府购买需要增加多少，经济体才能在潜在 GDP 水平实现均衡？

b. 假设其他因素不变，税收需要减少多少，经济体才能在潜在 GDP 水平实现均衡？

c. 构造一个政府同时增加政府支出和减税的例子使经济体在潜在 GDP 水平实现均衡。

4.7 ［与例题 18.4 有关］简要解释你是否同意以下论述：

> 当前实际 GDP 是 17.7 万亿美元，潜在 GDP 是 17.4 万亿美元。如果国会和总统减少 3 000 亿美元的政府购买或增加 3 000 亿美元的税收，那么，经济体就会在潜在 GDP 水平达到均衡。

4.8 美联储的一份出版物认为，乘数的大小“取决于财政政策变动的类型及其实施环境”。

a. 作者说的“财政政策变动的类型”是指什么？为什么财政政策类型对乘数的大小来说很重要？

b. 作者说的“实施环境”是指什么？乘数的大小会受实际 GDP 和潜在 GDP 接近程度的影响吗？请简要解释。

资料来源：Daniel J. Wilson，“Government Spending: An Economic Boost?” *Federal Reserve Bank of San Francisco Economic Letter*，February 6，2012.

4.9　如果短期总供给曲线是一条位于当前价格的水平直线，那么，这对政府购买乘数和税收乘数的大小有什么影响？请简要解释。

□ 18.5　运用财政政策稳定经济的局限性

总结

时机不当的财政政策弊大于利。选择合适的时机实施财政政策非常困难，因为总统要获得国会对新财政政策的批准可能是一个长期的过程，而被批准的支出增加实际发挥作用也可能耗时数月。因为政府购买增加会使利率上升，这可能导致消费、投资和净出口减少。政府购买增加导致私人支出减少被称为挤出。挤出可能导致扩张性财政政策无法实现使实际 GDP 等于潜在 GDP 的目标。

复习题

5.1　货币政策和财政政策哪一个变动更快？请简要解释。

5.2　“挤出”是指什么？解释挤出在短期和长期的区别。

问题与应用

5.3　一些经济学家认为，因为政府支出增加会挤出私人支出，所以政府支出增加将导致实际 GDP 长期增长率下降。

a. 当被挤出的私人支出是消费支出、投资支出还是净出口时，上述结果最可能发生？请简要解释。

b. 就对实际 GDP 长期增长率的影响而言，增加的政府支出用于高速公路和桥梁或者用于国家公园的差别重要吗？请简要解释。

5.4　根据密歇根大学的卡尼什卡·米斯拉（Kanishka Misra）和伦敦商学院的保罗·苏里科（Paolo Surico）的一项研究，“几乎半数美国家庭在收到 2008 年的退税后没有调整消费”。我们不是预期人们的可支配收入增加会导致他们增加消费的吗？2008 年减税的形式有什么特征使得人们更有可能不通过增加消费支出做出反应呢？请简要解释。

资料来源：Kanishka Misra and Paolo Surico，“Consumption，Income Changes，and Heterogeneity: Evidence from Two Fiscal Stimulus Programs”，*American Economic Journal: Macroeconomics*，Vol. 6，No. 4，October 2012，pp. 84-106.

5.5　我们看到，在计算财政刺激计划对实际 GDP 的影响时，奥巴马政府的经济学家估计政府购买乘数值为 1.57。约翰·科根、托拜厄斯·奎克、约翰·泰勒和沃尔克·威兰认为该值仅为 0.4。

a. 请简要解释为什么政府购买乘数的值可能小于 1。

b. 为什么在评估扩张性财政政策的影响时，乘数的估计值很重要？

资料来源：John Cogan，Tobias Cwik，John Taylor，and Volker Wieland，“New Keynesian versus Old Keynesian Government Spending Multipliers”，*Journal of Economic Dynamics and Control*，Vol. 34，No. 3，March 2010，pp. 281-295.

5.6　［与 18.5 节中的“建立联系”专栏有关］为什么伴随着金融危机的衰退要比不存在银行业危机的衰退更加严重？2009 年和 2010 年的巨额预算赤字主要是因为 2009 年的财政刺激计划吗？请简要解释。

5.7　假定国会和总统决定采取一项扩张性财政政策，与此同时，美联储决定采取一项扩张性货币政策。扩张性货币政策将如何影响短期挤出效应的规模？

5.8　［与 18.5.4 节中的“建立联系”专栏有关］国际货币基金组织 2014 年下半年的一份报告包含如下评论：“全球金融危机过去 5 年了，经济复苏仍在继续，但仍很疲软……考虑到当前政府借款成本低这样的环境，这难道不是增加公共基础设施建设投资的好时机吗？”

a. 报告中所说的“政府借款成本低”是指什么？为什么政府借款成本低对政府是否增加基础设施建设投资很重要？

b. 该报告还指出：“在发达经济体中，增加基础设施建设投资是可获得的、为数不多的、支持增长的政策工具之一。”该报告所说的“政策工具”是指什么？为什么该报告的作者会认为基础设施建设是为数不多的政策工具之一？

资料来源：International Monetary Fund，“World Economic Outlook: Legacies，Clouds，Uncertainties”，October 2014，pp. 75-76.

□ 18.6 赤字、盈余和联邦政府债务

总结

当政府的支出超过其税收收入时就会发生预算赤字。当政府的支出低于其税收收入时就会产生预算盈余。在衰退期间预算赤字自动增加，在扩张期间预算赤字自动减少。联邦预算的自动变动有助于稳定经济：在经济衰退期间它缓和了支出的下降，在经济扩张期间它抑制了支出的增加。周期调整性预算赤字或盈余衡量了当实际 GDP 等于潜在 GDP 时将会出现的联邦政府预算赤字或盈余。联邦政府债务是美国财政部发行的未清偿的债券的价值。当债务所需利息需要通过大幅增税或减少联邦政府其他支出来筹集时，国家债务就是一个问题。

复习题

6.1 联邦预算是如何起到经济中的自动稳定器的作用的？

6.2 什么是周期调整性预算盈余或赤字？假定当前的实际 GDP 等于潜在 GDP，联邦预算平衡。如果经济进入衰退，联邦预算将发生什么变化？

6.3 为什么只有很少的经济学家认为每年都平衡联邦预算是一个好主意？

6.4 联邦预算赤字和政府债务的区别是什么？

问题与应用

6.5 乔希·祖姆布伦（Josh Zumbrun）和尼克·蒂米拉奥斯（Nick Timiraos）在《华尔街日报》回答了读者提出的几个关于联邦政府债务的问题。其中的两个问题如下：

a. 为什么政府债务跟我的债务不同？

b. 偿还这一债务有多重要？

请简要回答上述问题。

资料来源：Josh Zumbrun and Nick Timiraos，“Q&A：What the ＄18 Trillion National Debt Means for the U. S. Economy”，*Wall Street Journal*，February 1，2015.

6.6 在《金融时报》的专栏中，荷兰首相和经济部长称，欧盟（由欧洲 28 个国家组成的组织）应该任命一个“预算纪律专员”。他们认为：“这个新专员应该被赋予足够大的权力来为那些有过度预算赤字的国家的预算政策设定要求。”什么是“过度”预算赤字？判断预算赤字是否过度的标准是否取决于该国是否处于衰退阶段？如何使用预算政策来减少预算赤字？

资料来源：Mark Rutte and Jan Kees de Jager，“Expulsions from the Eurozone Has to Be the Final Penalty”，*Financial Times*，September 7，2011.

6.7 ［与 18.6.1 节中的“建立联系”专栏有关］以下是 1932 年 5 月 5 日胡佛总统写给国会的咨文：

> 据估计，下一财年的政府收入比 1929 财年减少了约 17 亿美元，这不可避免地要求增加税源和大幅削减开支，只有这样才能平衡预算，这一点已经不言自明了。现在没有什么比平衡预算更迫切了。

你认为胡佛总统关于在 1932 年没有什么比平衡预算更迫切的说法对吗？请解释。

资料来源：Herbert Hoover，“Special Message to the Congress on Budgetary Legislation”，in *Public Papers of the Presidents of the United States：Herbert Hoover，1932—1933*，1977，p. 194.

6.8 2013 年 2 月，国会预算办公室（CBO）预测，2013 财年的联邦预算赤字将近似为 8 500 亿美元。同年 5 月，CBO 下调预测至 6 420 亿美元。CBO 称，下调的主要原因是“主要与日益强劲的经济相关的因素”。

a. 为什么“日益强劲的经济”会导致预算赤字预测值的下调？

b. 假定国会和总统承诺每年平衡预算。2013 年发生的事情为他们力图每年平衡预算可能遇到的困难提供了什么见解吗？

资料来源：Susan Davis，“CBO Drops 2013 Deficit Estimate to ＄642 Billion”，usatoday. com，May 15，2013.

6.9 ［与例题 18.6 有关］《华尔街日报》2015 年的一篇文章指出，欧盟的一位官员预测，“由于预算急剧削减，希腊面临着两年的衰退”。在衰退期间，政府的预算赤字通常会发生什么变动？政府通常会像希腊政府那样通过削减预算来应对吗？请简要解释。

资料来源：Gabriele Steinhauser and Andrea Thomas，“Greece Faces Two-Year Recession and Bailout Cuts”，*Wall Street Journal*，August 13，2015.

6.10 《华尔街日报》2015 年的一篇文章指出：“根据政府官员的说法，作为降低日本债务负担的一个举措，安倍晋三预计推出一个在五年内平衡日本预算的计划。”政府的预算赤字与它的债务之间有什么关联？如果债务是一个“负担”，请简要解释它是谁的负担。

资料来源：Tatsuo Ito，“Japan Government Takes On Its Deficit-Ridden Finances”，*Wall Street Journal*，June 7，2015.

6.11 一个政治专栏作家写道：

> 今天……（政府发行债券的）主要目的是让懦弱的政客们启动那些他们知道公众并不想提供全部资金的项目。这些项目的账单也许要等到他们另谋高就很长时间后才能付清。

你同意这位作家对于为什么某些政府支出通过税收收入提供资金而其他一些政府支出通过发行债券来融资的解释吗？请简要解释。

资料来源：Paul Carpenters，"The Bond Issue Won't Be Repaid by Park Tolls"，（Allentown，PA）*Morning Call*，May 26，2002.

□ 18.7 财政政策的长期影响

总结

一些财政政策措施的实施目的是通过扩大经济体的生产能力和提高经济增长率以期具有长期效果。因为这些政策措施影响的主要是总供给而不是总需求，所以有时它们被称为"供给学派经济学"。经济活动的税前回报和税后回报之差被称为税收楔子。经济学家相信，工作、储蓄、投资或创业等任何经济活动的税收楔子越小，该种经济活动就会越多。经济学家对税收变动的供给侧影响的大小存在争论。

复习题

7.1 什么是"供给学派经济学"？

7.2 什么是"税收楔子"？

问题与应用

7.3 如果联邦所得税更简化、税收表格更容易填写，则家庭和企业都将受益。那么为什么税法越来越复杂呢？

7.4 一些经济学家和政策制定者主张"统一税率"。目前的个人所得税体系有许多税级以及免税和减税项目。而统一税率只有一个税率，几乎没有减免税项目。假定一名政治候选人雇用你提出两个论据来支持统一税率。你会提哪两个论据？或者，如果你被雇用提出两个论据来反对统一税率，你会提哪两个论据？

7.5 假定增加个人所得税边际税率会同时影响总需求和总供给。简要描述增税对均衡实际GDP和均衡价格水平的影响。均衡实际GDP和均衡价格水平的变动比增税只影响总需求的情况更大还是更小？请简要解释。

7.6 哈佛大学的经济学家马丁·费尔德斯坦（Martin Feldstein）在《华尔街日报》撰文称，纳税人对1986年实施的降低边际税率政策所做出的"行为反应"导致了"税款剧增，那些边际税率降低最多的人所缴纳的税款增加得尤其多"。为什么降低边际税率会导致总税款增加？费尔德斯坦所说的人们对减税所做出的"行为反应"指的是什么？

资料来源：Martin Feldstein，"The Tax Reform Evidence from 1986"，*Wall Street Journal*，October 24，2011.

实时数据练习

D18.1 （比较不同国家的宏观经济状况）国际货币基金组织（IMF）出版《世界经济展望》（*The World Economic Outlook*）。访问www.imf.org，找到最新版的《世界经济展望》。IMF对产出缺口的衡量是实际GDP和潜在GDP之差占潜在GDP的百分比。产出缺口为负意味着实际GDP低于潜在GDP。找到日本、英国和美国2013—2018年的产出缺口数据（后面年份的数值是预测值）。

a. 2013年哪个国家的产出缺口（绝对值）最大？哪个国家的产出缺口最小？

b. 讨论这些国家的政府可以用什么财政政策使产出缺口变成0。

c. 描述这些国家在实施你所建议的政策的过程中会碰到的至少两个问题。

D18.2 （比较美国现实的和周期调整性预算赤字）国会预算办公室（CBO）提供了现实的和周期调整性预算赤字数据。你可以在如下链接中找到1965—2014年的数据：http://www.cbo.gov/sites/default/files/114th-congress-2015-2016/reports/49892/49892-breakout-AppendixD.pdf。

a. CBO把预算赤字或盈余称为"有自动稳定器情况下的赤字或盈余"（Deficit or Surplus with Automatic Stabilizers），把周期调整性预算赤字或盈余称为"没有自动稳定器情况下的赤字或盈余"（Deficit or Surplus without Automatic Stabilizers）。简要解释为什么CBO使用这些叫法。

b. 将"Deficit or Surplus with Automatic Stabilizers"和"Deficit or Surplus without Automatic Stabilizers"这两列中2000—2014年的数据输入Excel表。利用这些数据画出这些年的预算赤字或盈余和周期调整性预算赤字或盈余的图形。

c. 计算这些年的平均预算赤字或盈余和平均周期调整性预算赤字或盈余。哪个更大？请简要解释你的答案。

D18.3 （比较不同国家的预算赤字）国际货币基金组织（IMF）出版《世界经济展望》。访问 www.imf.org，找到 IMF 提供的巴西、中国、法国和德国 2000—2018 年周期调整性预算赤字或盈余占潜在 GDP 的百分比（IMF 称其为"General Government Structure Balance"）数据（后面年份的数值是预测值），使用这个数据序列。

a. 下载这些数据并在同一幅图中作图表示。在应对 2008 年和 2009 年的金融危机时，哪个国家最依赖相机抉择的财政政策？请简要解释你是如何判断的。

b. 2013—2018 年，你预期上述四国中哪个国家的财政政策最具扩张性？请简要解释。

第 19 章

比较优势、国际贸易和汇率

本章概览和学习目标

19.1 国际经济中的美国

讨论国际贸易在美国经济中的作用。

19.2 国际贸易中的比较优势

解释国际贸易中的比较优势和绝对优势之间的区别。

19.3 各国如何从国际贸易中获益?

解释各国如何从国际贸易中获益。

19.4 限制国际贸易的政府政策

分析限制国际贸易的政府政策产生的经济影响。

19.5 对贸易政策和全球化的争论

评价对贸易政策和全球化的争论。

19.6 外汇市场和汇率

解释汇率是如何决定的,汇率的变动如何影响进口品和出口品的价格。

开篇案例

奥巴马总统、耐克公司和自由贸易

你的鞋子是在哪里制造的？如果你的答案是中国或越南，那可能是对的。但是，如果你生活在20世纪30年代的美国，那你的答案将会是“就在这儿”。在那时，美国有将近2万家鞋厂，雇用的工人超过27.5万人。而现在，美国销售的99%的鞋子是海外制造的，美国的鞋厂雇用的工人不到1.5万人。耐克公司是今天的美国制鞋业演变的一个生动的例子。耐克公司的总部在俄勒冈州的比弗顿，它在美国雇用了大约2.6万人，但大部分从事行政、销售和研发工作。耐克与外国制鞋企业签订合同，这些制鞋企业雇用了近100万工人在中国、越南和印度尼西亚的工厂中制造耐克鞋。

如果联邦政府禁止进口鞋子从而在美国购买的所有鞋子都在本国生产，美国消费者和工人会受益吗？奥巴马总统会回答说“不”。2015年，他访问了耐克的总部，以推动国会通过《跨太平洋伙伴关系协定》（TPP）。TPP是美国与包括加拿大、日本、墨西哥和越南等11个其他国家之间的协定，意在减少这些国家之间的贸易壁垒。奥巴马当局认为，TPP将“为美国制造商、工人、服务提供商、农场主和牧场主开启机会——旨在为工作创造和工资增长提供支持”。

批评家认为，TPP将进一步使美国企业和工人置身于与平均工资不到每天5美元的外国企业的竞争中。尽管TPP包含在外国工厂实施环境标准的条款，但一些环保人士对这些条款是否能够得到实施表示怀疑。美国劳工联合会-产业工会联合会（AFL-CIO，一个工会组织）认为：“很不幸，TPP不会创造工作，不会保护环境，也不会保证进口品的安全，这一点正在变得日益清晰。”

取消对国际贸易的限制对美国的工人和消费者有益还是有害呢？在本章，我们将分析这个问题以及与国际贸易相关的其他重要问题。

资料来源：Peter Baker，“Obama Scolds Democrats on Trade Pact Stance”，*Wall Street Journal*，May 8，2015；Office of the United States Trade Representative，“TPP Issue-by-Issue Information Center”，ustr. gov；“Trans-Pacific Partnership Fee Trade Agreement（TPP）”，aflcio. org；and U. S. Department of Commerce，Bureau of Census，Fifteenth Census of the United States，Manufactures：1929，Vol. Ⅲ，Washington，DC：Government Printing Office，1933.

生活中的经济学

你知道有跑鞋关税吗？

政客们经常支持限制从外国进口的政策，因为他们要说服人们给他们投票。在受这些贸易限制保护的行业中工作的工人可能会投票支持这些政客，因为他们认为贸易限制能保护自己的工作。但是大多数人并不在受贸易限制保护的行业中工作。联邦政府对进口到美国的大部分鞋征收关税。结果，美国消费者支付更高的鞋价。但是，现在在鞋厂工作的美国人非常少。那么，为什么联邦政府对鞋征收关税呢，为什么知道这一事实的人那么少呢？在阅读本章的过程中，试着回答这个问题。对照我们在本章末提供的答案，你可以检验你的答案。

贸易就是简单的购买或销售行为。国内贸易和国际贸易有什么区别呢？在美国，国内贸易使得俄亥俄州的消费者能够品尝到阿拉斯加州捕捞的大马哈鱼，蒙大拿州的消费者能够驾驶在密歇根州或肯塔基州组装的汽车。类似地，国际贸易使得美国的消费者能够品尝到法国生产的红酒、使用日本生产的蓝光播放器。国内贸易和国际贸易有一个显著的差别，那就是国际贸易更富有争议。曾经，几乎所有在美国买到的电视、鞋、衣服和玩具都是在本国生产的。但如今，这些商品大部分都是由其他国家的企业生产的。这种改变造福了美国消费者，因为与被替代的美国商品相比，外国商品价格更低、质量更好。但是与此同时，许多生产这些商品的美国企业破产了，它们的工人不得不重新找工作。所以，毫不令人惊讶，民意调查显示，许多美国人支持减少国际贸易，因为他们相信这样将有利于维持美国的工作岗位。但这一想法正确吗？

我们可以用需求和供给工具来分析在国际上进行交换的商品和服务的市场。我们在第2章中看到，一般而言，无论是国内贸易还是国际贸易，贸易都建立在比较优势原理上。在本章，我们将更详细地分析比较优势在国际贸易中的作用。我们也将运用第4章中的消费者剩余、生产者剩余和无谓损失的概念来分析政府对贸易的干预政策。有了这些知识，我们再回到美国是否从国际贸易中获利的政治争论上来。

在本章，我们也将分析美元与其他通货之间的汇率的决定因素。我们首先研究国际贸易在美国经济中的作用有多大。

19.1 国际经济中的美国

在过去的50年里，国际贸易飞速发展。这主要是由于三个因素：世界范围内货运成本的降低、稳定廉价的通信技术的广泛使用、政府政策的转变。企业能够以低廉的成本使用大型集装箱将产品送往大洋彼岸。如今，经理人能通过快捷、廉价和安全可靠的空中运输飞往欧洲和亚洲。互联网、手机、短信使经理人即刻与世界各地的消费者和供应商联络，并且成本低廉。交通和通信的这些进步创造了一个一体化的全球市场，而这是过去商人们的梦想。

此外，在过去的50年里，许多政府转变了政策，为国际贸易提供便利。例如，关税下降了。**关税**（tariff）指的是政府对进口征收的税收。**进口**（import）是在国内购买但是在其他国家生产的商品与服务。在20世纪30年代，美国平均关税税率超过50%。而如今，税率低于1.5%。根据1994年生效的《北美自由贸易协定》（NAFTA），加拿大、墨西哥和美国这三个北美国家之间大部分的关税都被取消了。在欧洲，28个国家组成了欧盟，它取消了成员国之间所有的关税，极大地增加了进口和出口。**出口**（export）指的是在国内生产但是在其他国家销售的商品和服务。2015年，奥巴马政府结束了《跨太平洋伙伴关系协定》（TPP）的谈判。TPP是美国与包括加拿大、日本、墨西哥和越南等11个其他靠近太平洋的国家之间的协定，意在减少这些国家之间的贸易壁垒。TPP将取消这些国家之间的大部分关税，这些国家生产的商品和服务占世界总量的近40%。*

* 2017年1月23日，美国总统唐纳德·特朗普在白宫签署行政命令，美国正式退出《跨太平洋伙伴关系协定》。——译者注

□ 19.1.1 贸易对美国经济的重要性

美国消费者购买的其他国家生产的商品和服务数量日益增多。与此同时，美国企业在其他国家出售的商品和服务数量也越来越多。图 19.1 显示，自 1970 年以来，除了 2007—2009 年严重衰退期间外，进口和出口相当于美国国内生产总值（GDP）的百分比在提高。回忆 GDP 是一年中一个国家生产的所有最终商品和服务的总价值。1970 年，进口和出口相当于 GDP 的百分比都小于 6%。2014 年，出口约为美国 GDP 的 13%、进口约为 17%。

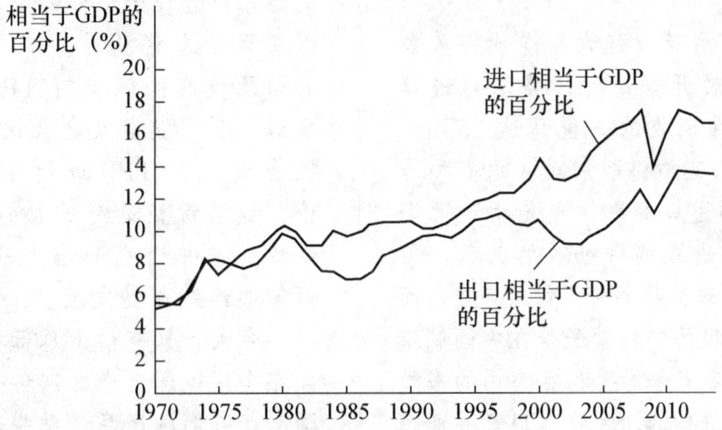

图 19.1 国际贸易对美国日益重要

商品和服务的进出口相当于总产出（用 GDP 表示）的百分比显示了国际贸易对经济的重要性。自 1970 年以来，进口和出口相当于美国 GDP 的百分比稳步上升。

资料来源：U. S. Department of Commerce，Bureau of Economic Analysis.

国际贸易对美国经济各部门的影响不尽相同。例如，理发和阑尾切除术等服务的进出口十分困难，但美国农产品的很大比例都出口了。每年美国生产的约 50%的小麦和 20%的玉米都出口了。

许多美国制造行业也依赖于贸易。美国制造业工作岗位的约 20%都直接或间接地依赖于出口。在某些行业，如药品行业，产品被直接出口。而在另一些行业，如钢铁行业，生产的产品被用于生产其他产品，如推土机或机床，随后再被出口。总体来看，约 2/3 的美国制造业有至少 10%的就业岗位依赖于出口。

建立联系

《跨太平洋伙伴关系协定》对新百伦会有益还是有害?

总部位于马萨诸塞州波士顿市的新百伦（New Balance）运动鞋公司看起来在抵制鞋的生产离开美国这一长期趋势。新百伦在马萨诸塞州有两个工厂，在缅因州有三个工厂，雇用的制鞋工人约为 1 400 人。许多人认为新百伦是“美国制造”的制鞋公司，它是美国唯一一家制造大量鞋子的公司。它制造的鞋子有超过 70%的部件是在美国生产的，因而它在鞋上标出了“美国制造”的字样。

新百伦不但给可能有大量部件是由外国生产的鞋子贴上“美国制造”的标签，还在其网站上指出，它在美国制造的鞋子只占在美国的销售量的一个“有限的比例”。尽管新百伦确实在美国制造鞋子，但是，它也销售在其他国家的工厂里制造的鞋子。新百伦在美国销售的鞋子有大约75%是在那些外国工厂制造的。新百伦在新英格兰地区的工厂做的主要事情是将供应商制造的鞋底、鞋头和其他部件装配成鞋子。它的有些供应商在美国，有些在海外。

在政策制定者就《跨太平洋伙伴关系协定》（TPP）展开争论时，美国对进口鞋和鞋子的部件征收的关税高达25%～67.5%。TPP的实施将取消对从越南和马来西亚——美国进口的鞋主要是由这两个国家制造的——进口的鞋征收的关税，但对从中国进口的鞋征收的关税仍然存在，而新百伦在美国销售的多数鞋子是在中国制造的。新百伦的主要竞争对手耐克公司的多数鞋子则是从越南进口的，因此，TPP的通过将给它带来比新百伦更多的好处。

于是，在国会展开对TPP的争论时，新百伦就处在一个多少有些尴尬的立场。取消对从TPP国家进口的鞋征收的关税降低了与新百伦在美国制造的鞋相互竞争的其他公司销售的部分进口鞋的价格，因而将损害新百伦。但是，由于新百伦将能够以更低的价格销售它从TPP国家进口的鞋，并且它从TPP国家进口的、用于美国工厂的鞋子部件的成本也将下降，所以新百伦也将获益。毫不令人奇怪，该公司既没有强烈支持TPP，也没有强烈反对。公司发言人这么说道：“我们和奥巴马政府就TPP进行了富有成果的讨论，我们希望最终的协议将反映这些讨论的成果并让我们作为一家本土的生产商能够继续蓬勃发展。”

今天，只有很少总部在美国的制造企业完全用美国生产的部件生产并且只在美国生产它们的产品。结果，这些企业在降低国际贸易壁垒问题上的立场就很难预测了。

资料来源：William Mauldin and Sara Germano, “Obama Visits Importer Nike, Defends Pacific Trade Agreement”, *Wall Street Journal*, May 8, 2015; Eric Bradner, “Obama Steps in with Outsourcer at Nike”, cnn. com, May 8, 2015; and New Balance, *New Balance Responsible Leadership Report*, newbalance. com.

轮到你了：做本章末与本专栏相关的问题与应用1.7，看看你理解得如何。

□ 19.1.2 国际背景下的美国国际贸易

如图19.2所示，美国是世界上第二大出口国，仅次于中国。其他7个主要出口国中

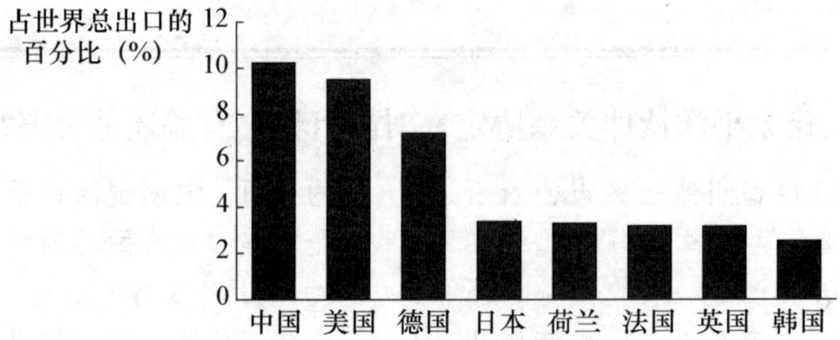

图19.2 2014年世界八大出口国

中国是世界上最大的出口国，占世界总出口的10.3%。美国排第二，占世界总出口的9.6%。图中数值表示占世界商品和服务总出口的比重。

资料来源：World Trade Organization, *International Trade Statistics*, 2014.

有 6 个都是高收入国家。虽然中国还是相对低收入的国家，但是它在过去 35 年间的飞速发展使它成为世界上最大的出口国。在排名前八的出口国中，3 个在东亚，4 个在西欧，1 个在北美。

图 19.3 表明，国际贸易对美国的重要程度不及许多其他国家，出口和进口相当于 GDP 的百分比都更低。在比利时和荷兰这样的一些小国中，进口和出口相当于 GDP 的百分比都超过了一半。在大一些的欧洲国家中，进口和出口相当于 GDP 的百分比为 1/4～1/2。

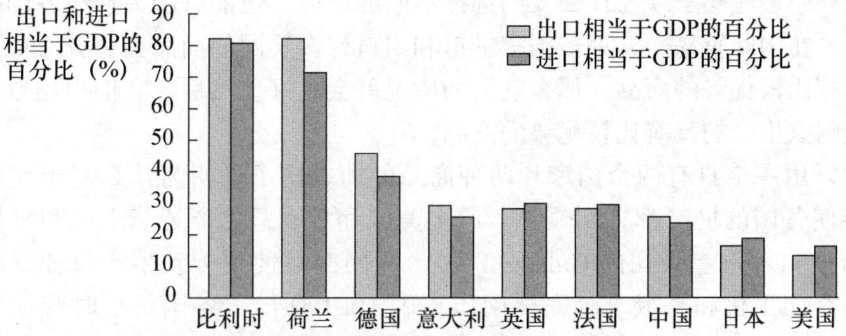

图 19.3　2014 年国际贸易相当于 GDP 的百分比

国际贸易对美国的重要程度不及大部分其他国家。

资料来源：Organization for Economic Cooperation and Development，*Country Statistical Profiles*.

19.2　国际贸易中的比较优势

为什么全世界的企业越来越关注国外市场？为什么消费者购买国外制造的商品的数量越来越多？人们进行贸易是因为一个原因：贸易能使他们的境况变好。任何时候，买卖发生一定是因为买家和卖家相信他们的境况都变好了；否则，买卖就不会发生。无论买卖双方生活在同一个城市还是不同国家，这个结果都一定成立。正如我们将要看到的，相对于国内贸易，政府干预国际贸易的可能性更大，但是干预的理由往往是政治性的而不是经济性的。

□ 19.2.1　比较优势的简单回顾

回忆**比较优势**（comparative advantage）指的是个人、企业或国家以比竞争对手更低的机会成本生产一种商品或服务的能力。**机会成本**（opportunity cost）是从事一项活动必须放弃的价值最高的其他用途的价值。个人、企业和国家专门从事自己具有比较优势的经济活动。在贸易中，我们从其他人（或其他企业、国家）的比较优势中获利，而他们也从我们的比较优势中获利。

思考比较优势的一个好方法是回忆第 2 章你和你的邻居采摘水果的例子。你的邻居比你擅长采摘苹果和樱桃。那么为什么你的邻居不同时采摘这两种水果呢？因为你的邻居采摘苹果的机会成本很大：她特别擅长摘樱桃，每多摘一小时苹果就少摘一小时樱桃。因为你采摘苹果的机会成本比你的邻居低，所以你采摘苹果具有比较优势。而因为你的邻居采摘樱桃的机会成本比你低，所以她采摘樱桃具有比较优势。你的邻居专门摘樱桃，你专门摘苹果，你们的境况都会变好。之后，你可以用你的部分苹果交换邻居的部分樱桃，这样你们都拥有的两种水果都比在各自采摘两种水果且不进行交换的情况下多（参考表 2.1 和表 2.2）。

□ 19.2.2 国际贸易中的比较优势

比较优势原理能够解释为什么人们选择不同的职业，也能解释为什么各国生产不同的商品和服务。在国际贸易中，许多国家进口和出口许多不同的商品和服务。如果国家专门生产自己具有比较优势的商品，那么它们的境况就会更好。然后，它们再用自己生产的商品交换其他国家生产的具有比较优势的商品。

我们可以用一个只有两个国家和两种商品的简单例子说明为什么基于比较优势的专业化生产能使各国的境况都得到改善。假定美国和日本只生产智能手机和平板电脑（如苹果公司的 iPad 和三星公司的 Galaxy Tab）。两国都只使用劳动生产每种商品，日本和美国生产的智能手机和平板电脑完全同质。表 19.1 列出了各国每小时劳动生产每种商品的数量。

表 19.1　　　　日本工人比美国工人高产的例子

	每小时劳动的产出	
	智能手机（部）	平板电脑（台）
日本	12	6
美国	2	4

注意，在这两种商品的生产上，日本工人比美国工人都更高效。日本工人每小时劳动能生产的智能手机数量是美国工人的 6 倍，能生产的平板电脑数量是美国工人的 1.5 倍。在这两种商品的生产上，日本相较于美国而言拥有绝对优势。**绝对优势**（absolute advantage）是个人、企业或国家利用相同数量的资源比竞争对手生产出更多的商品或服务的能力。在本例中，使用相同的劳动，日本生产的智能手机和平板电脑数量都多于美国。

起初看来，日本与美国进行交易似乎不可能获利，因为它在两种商品的生产上都具有绝对优势。但是，日本应该专门生产智能手机，然后通过向美国出口智能手机来交换自己需要的平板电脑。日本从贸易中获利的原因是，虽然日本在两种商品的生产上都拥有绝对优势，但是它只在生产智能手机上具有比较优势。美国在生产平板电脑上具有比较优势。

虽然日本每小时劳动能生产更多的平板电脑，但日本应该从美国进口平板电脑。如果这看起来与常理相悖，那么，就考虑一下各个国家生产每种商品的机会成本。如果日本想生产更多的平板电脑，它必须抽调生产智能手机的劳动。每抽调一小时生产智能手机的劳动去生产平板电脑，平板电脑的产量将增加 6 台，智能手机的产量将减少 12 部。日本每多生产 6 台平板电脑都要损失 12 部智能手机。所以日本多生产 1 台平板电脑的机会成本是 2(＝12/6) 部智能手机。

如果美国抽调 1 小时生产智能手机的劳动去生产平板电脑，智能手机的产量将下降 2 部，平板电脑的产量将上升 4 台。所以，美国多生产 1 台平板电脑的机会成本是 0.5(＝2/

4）部智能手机。美国生产平板电脑的机会成本更低，所以在这种产品的生产上拥有比较优势。同理，我们能够看到，日本在生产智能手机上拥有比较优势。表 19.2 总结了每个国家生产这两种商品的机会成本。

表 19.2　　生产智能手机和平板电脑的机会成本

	机会成本	
	智能手机（部）	平板电脑（台）
日本	0.5 台平板电脑	2 部智能手机
美国	2 台平板电脑	0.5 部智能手机

表中列出了两国生产智能手机和平板电脑的机会成本。例如，日本每多生产 1 台平板电脑一定会损失 2 部智能手机。

19.3　各国如何从国际贸易中获益？

日本真的能从只生产智能手机并且与美国交换平板电脑中获利吗？答案是肯定的。为了看清这一点，假设最初日本和美国并不相互进行贸易。一国不与其他国家进行贸易这样一种状况被称为**自给自足**（autarky）。假设在自给自足的状况下，每个国家都有 1 000 小时劳动用于生产这两种商品，每个国家生产的这两种商品的数量如表 19.3 所示。因为不存在贸易，所以这些数量也代表各个国家消费的这两种商品的数量。

表 19.3　　无贸易时的产量

	产出和消费	
	智能手机（部）	平板电脑（台）
日本	9 000	1 500
美国	1 500	1 000

19.3.1　通过贸易增加消费

假定现在日本和美国开始相互贸易。**贸易条件**（terms of trade）指的是一国用其出口品与来自其他国家的进口品进行交换的比率。为了简化，我们假设美国和日本之间的贸易条件是双方愿意用 1 部智能手机交换 1 台平板电脑。

一旦贸易开始，美国和日本就能相互交换智能手机和平板电脑。例如，如果日本将 1 000 小时可用劳动专门用于生产智能手机，它将能够生产 12 000 部。然后，它可以把 1 500 部智能手机出口到美国，以换取 1 500 台平板电脑。（谨记我们假设贸易条件是 1 部智能手机交换 1 台平板电脑。）日本最终能得到 10 500 部智能手机和 1 500 台平板电脑。与贸易前的情况相比，日本拥有的平板电脑数量相同，但是拥有的智能手机数量多了 1 500 部。如果美国专门生产平板电脑，它将可以生产 4 000 台。然后，它可以把 1 500 台平板电脑出口到日本，以换取 1 500 部智能手机。美国最终能得到 1 500 部智能手机和 2 500 台平板电脑。与贸易前的情况相比，美国拥有的智能手机数量相同，但是拥有的平板电脑数量多了 1 500 台。贸易使得两个国家消费的商品数量增加。表 19.4 总结了美国和日本从贸易中获得的利益。

表 19.4　　日本和美国从贸易中获得的利益

无贸易

	产出和消费	
	智能手机（部）	平板电脑（台）
日本	9 000	1 500
美国	1 500	1 000

有贸易

	有贸易时的产出		贸易		有贸易时的消费	
	智能手机（部）	平板电脑（台）	智能手机（部）	平板电脑（台）	智能手机（部）	平板电脑（台）
日本	12 000	0	出口 1 500	进口 1 500	10 500	1 500
美国	0	4 000	进口 1 500	出口 1 500	1 500	2 500

在有贸易的情况下，日本和美国专门生产具有比较优势的商品……

并将部分商品出口，换取其他国家生产的具有比较优势的部分商品

贸易利益

	增加的消费
日本	1 500部智能手机
美国	1 500台平板电脑

贸易后消费的增加代表各国从贸易中获得的利益

通过贸易，日本和美国能够消费的商品数量比没有贸易时更多。这是因为贸易使世界上两种商品的总产出增加了。（在本例中，我们所说的世界只包括日本和美国。）

为什么在美国专门生产平板电脑而日本专门生产智能手机后，两种商品的总产出都增加了呢？国内的类比有助于回答这个问题：如果一个企业的生产从旧厂房转移到更高效的现代化厂房，它的产出就会增加。事实上，在我们的例子中相同的事情发生了。在美国生产智能手机和在日本生产平板电脑都没有效率。将生产转移到一个更有效率的国家，也就是具有比较优势的国家，能够增加总产出。要点是：各国可以从生产具有比较优势的商品并相互交换中获益。

□ 19.3.2　为什么我们没有看到完全的专业化？

在只有两个国家和两种商品的例子中，每个国家专门生产其中一种商品。但是，在现实世界，许多商品和服务都不只在一个国家生产。例如，美国、日本、德国、加拿大、墨西哥、印度、中国以及许多其他国家都生产汽车。在现实生活中，我们并没有看到完全的专业化，原因主要有三点：

- 并不是所有的商品和服务都能进行国际贸易。例如，虽然日本的医疗服务业拥有比较优势，但是日本难以专门生产医疗服务并将其出口。日本外科医生为美国患者做阑尾切

除术并不容易。

● 大部分商品生产的机会成本递增。回忆第2章所讲的，大部分商品生产的机会成本递增。因此，在我们的例子中，如果美国将更多的工人投入平板电脑的生产，生产更多平板电脑的机会成本将上升。在超过某一产量后，美国生产平板电脑的机会成本可能超过日本。此时，国际贸易就不再能促使美国进一步专业化。对于日本情况也是如此：机会成本递增也使日本停止智能手机生产的完全专业化。

● 对产品的喜好不同。大部分产品是异质的。智能手机、平板电脑、汽车、电视等许多产品具有的特征有很大的多样性。在购买汽车时，一些人喜欢安全、节油的汽车，而另一些人希望有载7个人的空间，还有一些人看重款式和高性能。所以，有些消费者偏好丰田普锐斯混合动力汽车，有些偏好切诺基都市版汽车，还有些偏好宝马汽车。所以，日本、美国和德国可能各自在生产不同种类的汽车上拥有比较优势。

□ 19.3.3 在国际贸易中有输家吗?

在智能手机和平板电脑的例子中，作为贸易的结果，美国和日本的消费数量都增加了。所有人都是赢家，没有输家。真的是这样吗？在我们的例子中，我们不断提到“日本”或“美国”生产智能手机或平板电脑。但是事实上，从事生产的不是国家，而是企业。在没有贸易的情况下，日本和美国都有智能手机和平板电脑厂商。但是，在有贸易的情况下，日本只有智能手机厂商，美国只有平板电脑厂商。日本的平板电脑厂商和美国的智能手机厂商都倒闭了。总体上，总就业量并不会改变，产出因贸易而增加。但是，日本的平板电脑厂商和美国的智能手机厂商的所有者以及在这些企业工作的员工的境况都因为贸易而变差了。因此，贸易的输家将竭尽所能说服日本和美国政府采取贸易干预政策，设置障碍阻止进口外国竞争产品或向它们征收高额关税。

不要犯这样的错误！ ☞

谨记：贸易既有赢家也有输家

以下叙述来源于美联储的一份出版物：“贸易对所有参与国都有利。”有时，人们将这句话理解为国际贸易中没有输家。但是请注意，这句话是针对国家而不是个人说的。当国家参与贸易时，它们通过增加消费者可消费的商品数量，使各国消费者的境况都得到改善。但是，正如我们所见，国际贸易使得受雇于比外国公司生产效率更低的企业的工人失去工作。贸易也在对外出口的企业中创造了新职位。但是，由于贸易而失业的工人找到其他工作可能并不容易。这就是美国联邦政府运用贸易调整援助项目为因国际贸易而失业的工人提供资助的原因。符合条件的失业工人能够运用这些资金来支付再培训、寻找新工作和搬迁到新工作所在地的费用。这个项目以及其他国家的类似项目都表明，国际贸易中既有赢家也有输家。

资料来源：Federal Reserve Bank of Dallas，“International Trade and the Economy”，www.dallasfed.org/educate/everyday/ev7.html.

轮到你了：做本章末与本专栏相关的问题与应用3.12，看看你理解得如何。

□ 19.3.4 比较优势从何而来?

比较优势有如下几个主要来源:

● 气候和自然资源。这个来源显而易见。因为地质构造,沙特阿拉伯在石油生产上有比较优势。因为气候和土壤情况,哥斯达黎加在香蕉生产上有比较优势,美国在小麦生产上有比较优势。

● 劳动和资本相对充足。美国等国家拥有许多高技能的工人和许多机器设备。中国等国家拥有许多低技能工人和相对少的机器设备。所以,美国在飞机、电脑软件等需要高技能工人或先进生产设备的产品生产上具有比较优势。中国在工具、服装、儿童玩具等需要低技能工人和少量简单设备的产品生产上具有比较优势。

● 技术。广义的技术是指企业将投入转变为商品和服务的过程。在任何给定的时候,不同国家的企业所用的技术存在差异。这种差异部分地是由各国以前为支持高等教育和研发所进行的投资不同造成的。一些国家在产品技术上很强,所谓产品技术是指开发新产品的能力。例如,美国企业在收音机、电视、数字电脑、飞机、医疗设备和多种处方药上的研发能力都处于领先地位。另一些国家在工艺技术上很强,所谓工艺技术是指改进现有产品生产工艺的能力。例如,丰田、本田等日本企业极大地改进了汽车设计和制造过程并取得了成功。

● 外部经济。有时很难用气候、自然资源、劳动和资本的相对丰富程度或技术来解释某些行业的地理位置。例如,为什么南加利福尼亚州在电影制作上具有比较优势,瑞士在手表生产上具有比较优势,而纽约在金融服务的提供上具有比较优势?答案是一旦某一行业在某个地区发展成熟,该地区的企业就比其他地区的企业具有优势。这种优势包括雇用到熟练的技术工人、与同行业其他企业互动、更接近供应商等。这些优势导致该地区的企业成本更低。由于行业规模的扩大而引起的企业成本的下降被经济学家称为**外部经济**(external economies)。

□ 19.3.5 比较优势随时间的变迁:美国消费类电子产品行业的兴衰

一个国家在某种商品的生产上可能建立了比较优势,然后,随着时间的流逝和环境的变化,这个国家在这种商品的生产上的比较优势可能丧失,转而在其他商品的生产上建立起比较优势。曾经在几十年的时间里,美国在电视、收音机、音响等消费类电子产品的生产上具有比较优势。美国在这些产品上的比较优势是建立在已经开发了大部分基础技术、拥有现代化程度最高的厂房和技术熟练、经验丰富的员工的基础上的。但是,渐渐地,其他国家,特别是日本,掌握了这些技术、建造了现代厂房、培养了技术熟练的员工。正如我们之前所提到的,日本企业在工艺技术上(即改进现有产品生产工艺的能力)很强。到了 20 世纪 70—80 年代,日本企业就能制造许多更价廉质优的消费类电子产品。索尼、松下和先锋等日本企业取代了 Magnavox、Zenith、RCA 等美国企业,成为世界上消费类电子产品市场的引领者。

但是,到了 21 世纪第一个十年中期,随着消费类电子产品基础技术的发展,比较优势再次发生了移位。几家美国企业超过了它们的日本竞争对手。例如,苹果公司开发了 iPod、iPhone、iPad 和苹果手表;思科集团的部门 Linksys 在家庭无线网络技术中处于领先地位；TiVo也成为数码录像设备（DVR）的领先企业。随着图片和音乐被转换为数字数据，工艺技术的重要性已经低于设计和开发新产品的能力。这些新消费类电子产品要求的技术与电脑设计和软件编程类似，这正是美国长期以来具有比较优势的领域。尽管这些企业所设计和营销的产品大部分不是在美国境内生产的，但是，甚至这种情况也可能在变化。苹果公司已经开始在美国装配 Mac Pro 电脑。中国台湾的电子产品制造商富士康也宣布了在美国建造生产机器人和电子设备屏幕的工厂的计划。

一旦一个国家失去了某种商品生产的比较优势，那么，从生产该商品转变为进口该商品会使该国收入增加，经济效率提高。美国从生产电视机转为进口电视机就是这样。但是，正如我们接下来将看到的，政府常常受到要求保护那些失去比较优势的行业的政治压力。

19.4 限制国际贸易的政府政策

自由贸易（free trade），即不存在政府限制的国家间贸易，能改善消费者的境况。我们可以使用第4章4.1节中消费者剩余和生产者剩余的概念展开这一想法。图19.4显示了美国的生物燃料酒精市场，生物燃料酒精可以被用作汽油的替代品。该图画出了自给自足的状况，即美国不与别国进行贸易时的情况。酒精的均衡价格是每加仑2美元，均衡数量是每年60亿加仑。浅灰色部分代表消费者剩余，深灰色部分代表生产者剩余。

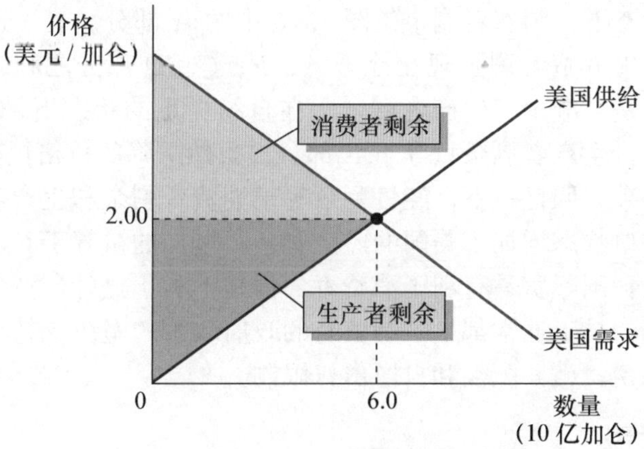

图19.4　自给自足状态下的美国酒精市场

该图显示了自给自足状态（即美国不与别国进行贸易）下的美国酒精市场。酒精的均衡价格是每加仑2美元，均衡数量是每年60亿加仑。浅灰色部分代表消费者剩余，深灰色部分代表生产者剩余。

现在假定美国开始以每加仑1美元的价格从巴西和其他国家进口酒精。因为世界酒精市场很大，所以我们将假设美国购买酒精的数量不会造成世界价格（每加仑1美元）上升。所以，一旦美国允许酒精进口，美国企业出售酒精的价格就不可能高于每加仑1美元，美国价格将等于世界价格。

图19.5显示了美国允许酒精进口的结果。价格从2美元下降至1美元，美国消费者的购买量从60亿加仑上升至90亿加仑。均衡从F点移动至G点。在新的均衡处，美国生

产者供给的酒精数量从 60 亿加仑下降至 30 亿加仑。进口量是 60 亿加仑，等于美国消费数量和美国生产数量之差。

	自给自足状态	允许进口状态
消费者剩余	A	$A+B+C+D$
生产者剩余	$B+E$	E
经济剩余	$A+B+E$	$A+B+C+D+E$

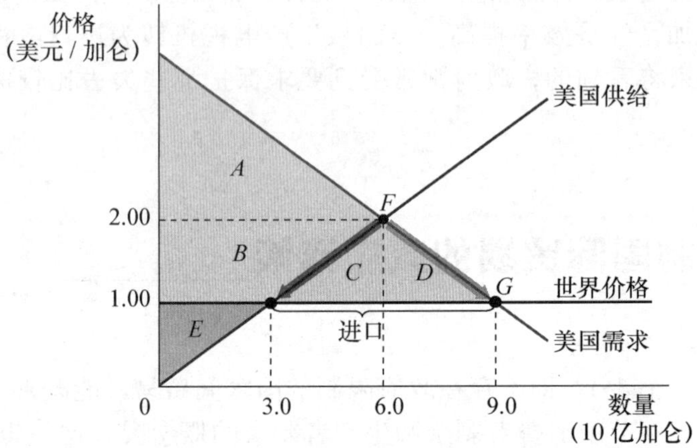

图 19.5 进口对美国酒精市场的影响

在美国允许酒精进口后，价格从 2 美元下降至 1 美元，美国消费者的购买量从 60 亿加仑上升至 90 亿加仑。均衡从 F 点移动至 G 点。美国生产者供给的酒精数量从 60 亿加仑下降至 30 亿加仑。进口量是 60 亿加仑，等于美国消费数量和美国生产数量之差。消费者剩余等于 A、B、C、D 部分之和。生产者剩余等于 E 部分。

在自给自足的状态下，消费者剩余是图 19.5 中的 A 部分。有了进口，价格的下降增加了消费者剩余，所以消费者剩余现在等于 A、B、C、D 部分之和。虽然价格的下降增加了消费者剩余，但是它减少了生产者剩余。在自给自足的状态下，生产者剩余是 B、E 部分之和。有了进口，生产者剩余只等于 E 部分。虽然下降的价格提高了消费者剩余，但是它减少了生产者剩余。回忆一下，经济剩余等于消费者剩余和生产者剩余之和。从自给自足状态变为允许进口状态增加了美国的经济剩余，增加的量等于 C 和 D 部分之和。

我们能得到结论：国际贸易有利于消费者，但是不利于比外国竞争者低效的企业。所以，这些企业和它们的员工通常都是限制贸易的政府政策的坚决支持者。这些政策通常采取两种形式：(1) 关税；(2) 配额和自愿出口限制。

□ 19.4.1 关税

关税是最常用的贸易干预手段。关税是指政府向进口品征收的税收。与其他税收一样，关税增加了商品销售的成本。图 19.6 表明了向美国进口的酒精征收每加仑 0.5 美元关税的效果。这 0.5 美元关税将美国的酒精价格从每加仑 1 美元提高到每加仑 1.5 美元。在这个更高的价格下，美国的酒精生产者的供给量从 30 亿加仑上升至 45 亿加仑。但是美国的消费者对酒精的购买量从 90 亿加仑减少至 75 亿加仑。进口从 60(＝90－30) 亿加仑降低至 30(＝75－45) 亿加仑。均衡从 G 点移动至 H 点。

通过将酒精价格从 1 美元提高至 1.5 美元，关税使消费者剩余减少了 A、T、C、D 部分之和。A 部分为价格提高后生产者剩余的增加。政府的关税收入等于每加仑 0.5 美元的关税乘以 30 亿加仑的进口量。T 部分代表政府的关税收入。C 和 D 部分代表消费者损失中没有被任何人得到的部分，这两部分是无谓损失，代表酒精关税造成的经济效率的降低。C 部分表示美国消费者被迫从效率低于外国竞争者的本国生产者处购买酒精所带来的影响，D 部分表示比在世界价格下少购买酒精所带来的影响。关税造成的经济剩余减少量是 C、D 部分之和。

我们能得到结论：关税有利于美国酒精生产者，但是不利于美国消费者和美国的经济效率。

消费者剩余损失	=	生产者剩余增加	+	政府关税收入	+	无谓损失
$A+C+T+D$		A		T		$C+D$

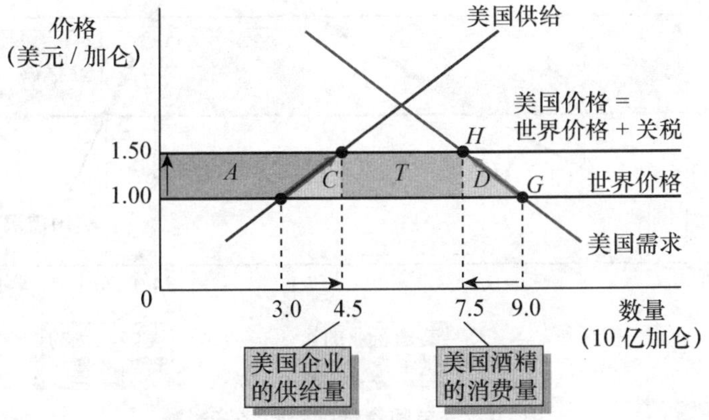

图 19.6　对酒精征收关税的影响

当不对酒精征收关税时，美国生产者出售 30 亿加仑酒精，美国消费者购买 90 亿加仑酒精，其中 60 亿加仑来自进口。美国价格等于世界价格——每加仑 1 美元。每加仑 0.5 美元的关税使美国的酒精价格上升至每加仑 1.5 美元，美国生产者供给的酒精数量增加至 45 亿加仑。美国消费者购买的酒精数量减少至 75 亿加仑。均衡从 G 点移动至 H 点。酒精关税使消费者剩余减少了 $A+C+T+D$ 部分。A 部分为价格提高后生产者剩余的增加。T 部分代表政府的关税收入。C、D 部分代表了无谓损失。

□ 19.4.2　配额和自愿出口限制

配额（quota）是政府对某种商品可以进口的数量施加的数值限制，它的影响与关税类似。配额是由进口国政府施加的。**自愿出口限制**（voluntary export restraint，VER）是两国间谈判协商的、对一国能够从另一国进口的商品数量施加一个数值限制的这样一个协议。在 20 世纪 80 年代，美国和日本达成了一项自愿出口限制协议，限制美国从日本进口的汽车数量。日本政府之所以同意这样的 VER 协议，主要是担心如果不同意，美国将对进口的日本汽车收取关税或设置配额。配额和 VER 具有相似的经济影响。

大部分关税和配额的主要目的是减少本国企业面对的外国竞争。多年来，美国国会为了保护本国食糖生产者，对进口食糖设置配额。图 19.7 显示了 2014 年美国食糖市场的真实数据。配额的效果与关税十分类似。通过限制进口，配额使某种商品的国内价格高于世界价格。在本例中，食糖配额将食糖进口限制在每年 69 亿磅，迫使美国食糖价格上升至每磅 0.33 美元，比每磅 0.20 美元的世界价格高出 0.13 美元。美国食糖价格超过世界价格是因为配额的存在阻止了外国食糖生产者在美国出售更多的食糖从而阻止了食糖价格下降至世界价格。在每磅 0.33 美元的价格下，美国生产者将食糖供给量从世界价格水平下的 92 亿磅提高至 171 亿磅，美国消费者购买的食糖数量从世界价格水平下的 261 亿磅减少至 240 亿磅。如果没有进口配额，均衡价格将等于世界价格（E 点），但是当存在配额时，均衡价格将等于美国价格（F 点）。

消费者剩余损失	=	美国食糖生产者剩余增加	+	外国食糖生产者剩余增加	+	无谓损失
$A+C+B+D$		A		B		$C+D$
32.6 亿美元	=	17.1 亿美元	+	9.0 亿美元	+	6.5 亿美元

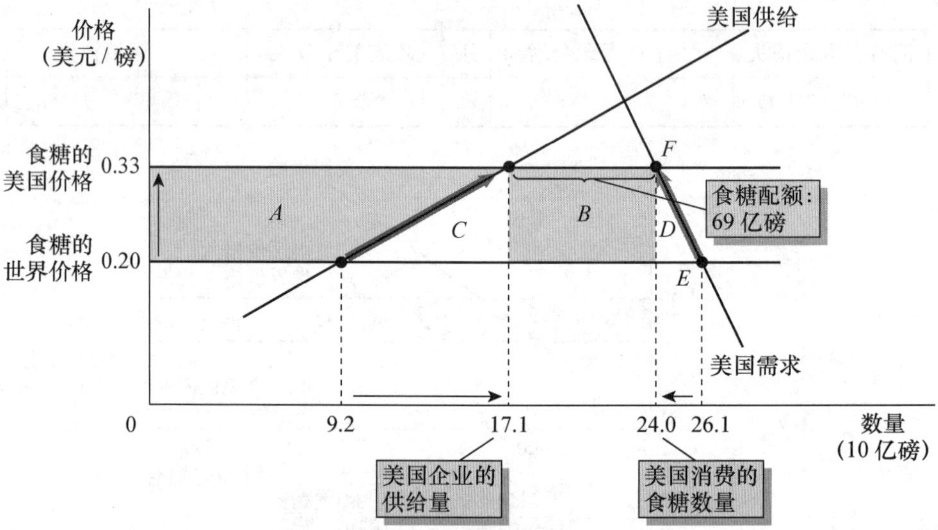

图 19.7　美国食糖配额的经济影响

当没有食糖配额时，美国食糖生产者将销售 92 亿磅，美国消费者将购买 261 亿磅，进口数量是 169 亿磅。美国价格将等于世界价格每磅 0.20 美元。食糖配额将食糖进口量限制在 69 亿磅，美国食糖价格上升至每磅 0.33 美元，美国生产者的食糖供给量提高至 171 亿磅，美国消费者购买的食糖数量从 261 亿磅减少至 240 亿磅。如果没有进口配额，均衡将在 E 点出现，但是当存在配额时，均衡将在 F 点出现。食糖配额使消费者剩余减少了 A、B、C、D 部分之和。A 部分是美国食糖生产者从配额中获得的好处，B 部分是外国食糖生产者从配额中获得的好处，C、D 部分是无谓损失。2014 年食糖配额造成的消费者总损失是 32.6 亿美元。

□ 19.4.3　衡量食糖配额的经济影响

我们可以用生产者剩余、消费者剩余、无谓损失这些概念来衡量食糖配额的经济影响。当没有食糖配额时，美国价格等于世界价格每磅 0.20 美元。在图 19.7 中，当没有食糖配额时，消费者剩余将等于 0.20 美元的世界价格以上、需求曲线以下的部分。食糖配额使美国食糖价格上升至每磅 0.33 美元，消费者剩余减少了 A、B、C、D 部分之和。当没有食糖配额时，美国食糖生产者的生产者剩余将等于 0.20 美元的世界价格以下、供给曲线以上的部分。食糖配额导致的更高的美国价格使得美国生产者剩余增加了 A 部分。

在配额体系下，外国生产者必须获得美国政府的进口许可证才能向美国出口食糖。因此，能获得进口许可证的外国生产者会因食糖配额获益，因为它们可以以每磅 0.33 美元而不是 0.20 美元的价格在美国市场上销售食糖。外国食糖生产者的获益为 B 部分。A 和 B 部分代表从美国食糖消费者向美国食糖生产者和外国食糖生产者的利益转移。C 和 D 部分代表了损失的消费者剩余中没有被任何人得到的部分。这些部分是无谓损失，代表了食糖配额引起的经济效率的降低。C 部分表示美国消费者被迫从比外国竞争者效率低的美国生产者那里购买食糖带来的影响，D 部分表示比世界价格下少购买的食糖带来的影响。

图 19.7 有足够的信息来计算 A、B、C、D 这四个部分中每一个的价值。图中的表格列出了计算结果。2014 年食糖配额造成的消费者总损失是 32.6 亿美元。其中大约 52%即 17.1 亿美元转变为美国生产者剩余的增加，大约 28%即 9.0 亿美元转变为外国食糖生产者的生产者剩余的增加，大约 20%即 6.5 亿美元是美国经济的无谓损失。美国国际贸易委员会估计，取消食糖配额将减少约 3 000 个美国制糖业的工作岗位。为了保护这些岗位，美国消费者付出的成本是 32.6 亿美元，即平均每个岗位约 110 万美元。事实上，这一数字仍被低估了，因为取消食糖配额将在糖果业等其他行业创造新岗位。在近些年里，包括 Life Savers 和 Star Brite 薄荷糖的生产商在内的许多美国糖果公司都将工厂迁移到了其他国家，以避免食糖配额的影响。部分地是由于食糖配额的原因，使用食糖作为投入的美国巧克力和糖果公司的总就业量在 1996—2014 年之间减少了 1/3。

例题 19.4 衡量配额的经济影响

假定美国当前既生产苹果，也进口苹果。美国政府决定设置配额来限制苹果的国际贸易，只允许每年进口 400 万箱苹果。下图显示了施加配额的结果。

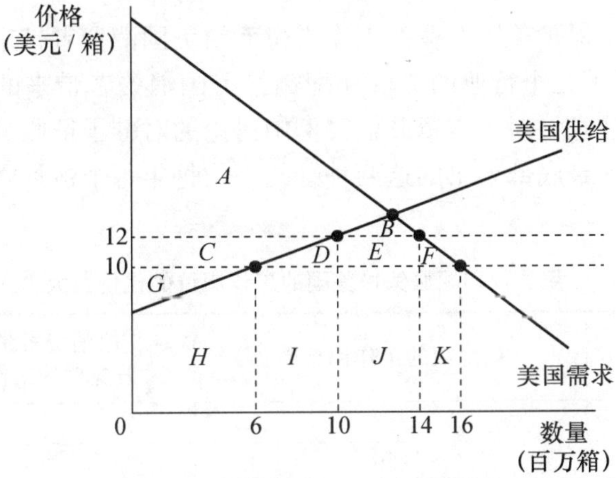

利用图中的价格、数量和字母，填写下表：

	没有配额	有配额
苹果的世界价格		
苹果的美国价格		
美国企业的供给量		
美国消费者的需求量		
进口量		
消费者剩余		
本国生产者剩余		
无谓损失		

解：

第 1 步：复习本章内容。这一问题是关于衡量配额的经济影响的，所以你可能需要复习一下 19.4.2 节“配额和自愿出口限制”以及 19.4.3 节“衡量食糖配额的经济影响”。

第 2 步：填写表格。在研究了图 19.7 后，你应该能够填写表格。记住消费者剩余是需求曲线以下、市场价格以上的部分。

	没有配额	有配额
苹果的世界价格	10 美元/箱	10 美元/箱
苹果的美国价格	10 美元/箱	12 美元/箱
美国企业的供给量	600 万箱	1 000 万箱
美国消费者的需求量	1 600 万箱	1 400 万箱
进口量	1 000 万箱	400 万箱
消费者剩余	$A+B+C+D+E+F$	$A+B$
本国生产者剩余	G	$G+C$
无谓损失	没有无谓损失	$D+F$

轮到你了：要想做更多的练习，请做本章末与本专栏相关的问题与应用 4.12。

□ 19.4.4 用关税和配额保护工作岗位的高成本

食糖配额不是为了保护美国企业的工作岗位而给美国消费者带来了高成本的唯一的政府政策。表 19.5 显示了几个行业的关税和配额给美国消费者带来的平均每年每个被挽救的工作岗位的成本。注意，对于本章开篇案例中讨论的对鞋子征收的关税给美国消费者带来的成本，仅仅表格中最底部列出的这两种鞋的平均每年每个被挽救的工作岗位的成本之和就达 30 万美元！

表 19.5　　用关税和配额保护美国的工作岗位的代价巨大

产品	被挽救的工作岗位数	给消费者带来的平均每年每个被挽救的工作岗位的成本（美元）
苯（化学物质）	216	1 376 435
行李箱	226	1 285 078
软木材	605	1 044 271
奶制品	2 378	685 323
冷冻橙汁	609	635 103
机床	1 556	479 452
女性手提包	773	263 535
金枪鱼罐头	390	257 640
胶鞋	1 701	168 312
女鞋	3 702	132 870

资料来源：Federal Reserve Bank of Dallas，2002 *Annual Report*，Exhibit 11.

正如食糖配额减少了糖果行业的工作岗位，其他关税和配额也减少了受直接影响的行业以外的相关行业的工作岗位。例如，在 1991 年，美国对用于笔记本电脑的平板显示器征收关税。这对生产这些显示器的美国企业是好消息，但对生产笔记本电脑的企业是坏消息。东芝、夏普和苹果都关闭了它们在美国的生产设施，转而去海外生产。事实上，任何时候只要一个行业受到关税或配额的保护，就会有其他国内行业损失工作岗位。

建立联系

《斯穆特-霍利关税法案》、关税的政治学和保护一个正在消失的行业的成本

在20世纪20年代，美国的农场主面临着严重的经济困难。国会和总统对此做出反应。作为该反应的结果，在2015年，许多从外国进口鞋子的美国企业支付高达35%甚至更高的关税。这听起来不合逻辑？无疑，关税的政治学看似确实不合逻辑。

以下是20世纪20年代的农场主和今天的鞋子之间的关联：20世纪20年代是美国经济迅速发展的时期，汽车得到了大规模生产，家庭和企业用电得到了扩大，公共卫生得到了改善，住宅建设快速增加，无线电广播与有声电影开始出现。但是，许多农场主的收入下降了，部分原因是国外竞争者的农业产量增加了。在1928年总统竞选期间，共和党候选人赫伯特·胡佛承诺，如果当选，他将通过提高进口到美国的农产品的关税来帮助农场主。

在胡佛赢得选举后，国会于1929年考虑制定新的关税法案。在国会协商期间，由于一个被称为“互投赞成票”的过程的作用，关税将得到迅速提高的产品的数量不断扩大，并且超出了农产品的范围。“互投赞成票”是指国会议员承诺相互支持对方的提议。在这个例子中，来自乳牛场很多的地区、想要提高牛奶关税的议员将找到来自有很多鞋厂的地区的议员，这么跟他协商：“如果你投票支持增加牛奶关税，那我就投票支持增加鞋子关税。”国会于1930年最终通过的法律被称为《斯穆特-霍利关税法案》(Smoot-Hawley Tariff Act)，它将关税提高到了美国历史上的最高水平。关税达到了该法律涵盖的进口品价值的近60%。

由于国会议员尝试保护他们所在地区的具体企业免受外国生产者的竞争，“互投赞成票”的过程可能导致非常详细和复杂的关税。例如，2015年的鞋子关税包含数百条条目，其中许多都是针对非常具体的鞋子类型的。[感兴趣的读者可参考U. S. International Trade Commission, *Harmonized Tariff Schedule of the United States (2015)*, http://hts.usitc.gov。] 考虑到法律的复杂性，从事鞋子进口的小企业主连确定该支付多少关税都有困难。

加拿大，当时美国最大的贸易伙伴国，对《斯穆特-霍利关税法案》的通过做出的反应是大幅增加从美国进口的商品的关税。其他国家也提高了关税，由此发生的贸易战导致全球贸易急剧减少，并增加了20世纪30年代大萧条的严重程度。

从1945年第二次世界大战结束以来，美国和大多数其他国家进行了多轮谈判，这些谈判大幅减少了大多数商品的关税。但是，在《斯穆特-霍利关税法案》通过85年后，美国继续对鞋子征收高关税。在这85年里，美国鞋业的就业量从275 000人减少到不到15 000人，这是由于现在美国销售的鞋子超过98%是进口的。正如表19.5所示，保护这些剩下的工作岗位给美国消费者带来了很高的成本。“尽管现在美国生产的鞋子很少，但高鞋子关税仍然存在”，这一事实证明，一旦政府对一个行业的保护性政策已经实施，要取消这些保护有时候是很困难的。

避免通过关税法律时的这种“互投赞成票”的一种方式是，国会赋予总统与其他国家谈判贸易协议时的快速审批权。快速审批权的意思是，一旦总统完成了与其他国家就某一协议的谈判，国会要么通过要么拒绝该协议，而不能改变它的任何条款。有了快速审批权，国会在审议《斯穆特-霍利关税法案》期间发生的投票交易

就没有可能了。为了完成《跨太平洋伙伴关系协定》的谈判，奥巴马总统需要快速审批权。在经历了长时间的政治斗争之后，他终于在2015年获得了国会授予的快速审批权。

资料来源：U. S. International Trade Commission，*Harmonized Tariff Schedule of the United States (2015)*，http://hts. usitc. gov；Carl Hulse and Gardiner Harris，"House Republicans and White House Try to Revive Trade Bill Stalled by Democrats"，*New York Times*，June 15，2015；and Blake W. Krueger，"A Shoe Tariff With a Big Footprint"，*Wall Street Journal*，November 22，2012.

轮到你了：做本章末与本专栏相关的问题与应用4.14和4.15，看看你理解得如何。

19.5 对贸易政策和全球化的争论

从美国建国起，关于美国政府是否应该管制国际贸易的争论就一直存在。在20世纪30年代大萧条期间就有一项特别富有争议的限制贸易的措施。当时，美国和其他国家试图通过提高进口品关税来扶持本国企业。美国是始作俑者，在1930年通过了《斯穆特-霍利关税法案》，将平均关税税率提高到接近60%。由于其他国家通过提高关税进行报复，结果国际贸易出现了崩溃。

到1945年第二次世界大战结束时，美国和欧洲的政府官员开始寻求降低关税和振兴国际贸易的方法。为了达成这一目标，他们在1984年制定了《关税及贸易总协定》(GATT)。加入GATT的国家或地区承诺不增加新关税或新的进口配额。此外，通过一系列多边谈判（或称贸易回合），参与方同意将关税从20世纪30年代很高的水平降下来。

在20世纪40年代，大多数国际贸易是商品的贸易，GATT也只覆盖商品贸易。在接下来的几十年里，服务的贸易以及包含软件程序、电影等知识产权的产品的贸易的重要性迅速增加。许多GATT的成员敦促制定一个覆盖商品、服务和知识产权贸易的新协定。经过协商，1995年1月，**世界贸易组织**（World Trade Organization，WTO）取代了GATT，该组织总部位于瑞士的日内瓦。目前有150多个国家和地区是WTO成员。

19.5.1 为什么有些人反对世界贸易组织？

在第二次世界大战刚结束的那些年里，许多低收入国家（即发展中国家）实行高关税政策，并且限制外国企业在本国投资。但是，这些政策并没有带来经济增长，所以，在20世纪80年代，许多这样的国家决定对外国贸易和投资更加开放。这一过程被称为**全球化**(globalization)。大多数发展中国家都加入了WTO，开始依照WTO规则行事。

在20世纪90年代，全球化的反对声浪开始增强。在那些年里，主办WTO会议的城市时常会有抗议出现，有时甚至演变为暴力。为什么以增加世界各地收入为目标而采取的降低贸易壁垒的举动会引发如此激烈的反应呢？WTO的反对者主要有三类：第一类，某些反对者反对从20世纪80年代开始、90年代广泛蔓延开来的全球化进程。第二类，某些反对者与20世纪30年代关税的支持者有相同的动机——建立贸易壁垒，保护本国企业免受来自外国企业的竞争。第三类，某些反对者原则上支持全球化，但是他们认为WTO以损害低收入国家的利益为代价来保护高收入国家的利益。下面我们进一步分析 WTO 的这几类反对者。

反全球化。在 WTO 会场外抗议的人中，许多都不相信全球化。一些人认为自由贸易和外国投资破坏了许多国家特有的文化。随着发展中国家开放经济，它们从美国以及其他高收入国家进口商品，这些进口的食品、衣服、电影和其他商品代替了当地的产品。所以泰国的年轻人可能坐在麦当劳餐厅，穿着 Levi's 牛仔裤和 Ralph Lauren 衬衣，听着 iPhone 中播放的 Lady Gaga 的歌曲，下载电影《星球大战：原力觉醒》到他的 iPad 上。全球化增加了发展中国家消费者可消费的商品种类，但是一些人认为这样将破坏当地的文化，代价高昂。

全球化也使跨国公司将工厂从高收入国家转移至低收入国家。这些位于印度尼西亚、马来西亚、巴基斯坦和其他国家的新工厂支付远远低于美国、欧洲和日本的工资，常常也不满足高收入国家实施的环境与安全管制。一些工厂使用童工，这在高收入国家是违法的。一些人认为在发展中国家开设工厂的企业应该给工人支付与在高收入国家相同的工资。同时，他们认为这些企业应该遵守高收入国家实施的健康、安全和环境管制。

大部分发展中国家的政府抵制这些建议。它们称，当现在富裕的国家还很贫穷的时候，它们也没有环境和安全标准，工人的工资也很低。它们还称，富裕国家比穷困国家更容易承受高工资以及环境和安全管制。它们还指出，相对于低收入国家的工人能够得到的工作机会而言，具有以高收入国家的标准来看非常低的工资的许多工作常常会更好。

“过时的”贸易保护主义。在反全球化的理由中，反对自由贸易和世界贸易组织是比较新的。另一个被称为贸易保护主义的反对自由贸易的理由已持续几个世纪了。**贸易保护主义**（protectionism）指的是采用贸易壁垒来保护国内企业免受来自国外的竞争。从国际贸易出现的时候开始，政府就试图限制它以保护本国企业。正如我们在食糖配额例子的分析中所看到的，贸易保护主义使得消费者蒙受损失，并且减少了需要购买受保护产品的国内行业的工作岗位。此外，通过降低国家依据比较优势进行生产的能力，贸易保护主义减少了收入。

那么为什么贸易保护主义还能吸引支持者呢？主要是基于以下几个理由：

- 保护工作岗位。贸易保护主义的支持者认为自由贸易使一些国内企业倒闭，减少了就业。当高效的外国企业将低效的本国企业赶出市场时，工作岗位的确消失了，但是，当高效的本国企业将低效的本国企业赶出市场时，工作岗位也消失了。但是，这些工作岗位的消失极少是永恒的。在美国经济中，不断有工作岗位消失，新的工作岗位也不断出现。从未有经济研究表明工作岗位总数与国内行业的关税保护水平之间存在长期联系。此外，贸易限制在保护一些行业的工作岗位的同时，减少了另一些行业的工作岗位。美国食糖配额可能挽救了美国食糖行业的工作岗位，但是它也减少了美国糖果行业的工作岗位。
- 保护高工资。一些人担心高收入国家的企业为了和发展中国家的企业竞争，将不得不开始支付低得多的工资。但是，这种担心并没有必要，因为自由贸易实际上通过提高经济效率提高了生活水平。当一个国家采取贸易保护主义政策，自己生产本可以从其他国家获得的更廉价的商品和服务时，它的生活水平就降低了。美国可以禁止咖啡进口，转而在国内种植咖啡。但是，这么做的机会成本非常高，因为在美国大陆，咖啡只能在温室中种植，要求投入大量的劳动和设备。这样种植出来的咖啡成本很高，必然导致很高的价格。

假定美国真的禁止咖啡进口：在未来的某个时候取消这一禁令将导致美国咖啡工人的工作岗位丧失，但是，由于咖啡价格降低，并且原来用于生产咖啡的劳动、设备和其他资源现在转移到美国具有比较优势的商品和服务的生产中，因此，美国的生活水平将会提高。

● 保护新生行业。某国的企业可能在某种商品上拥有比较优势，但是因为这个国家开始生产这种商品的时间晚于其他国家，该国的企业起初可能有更高的生产成本。在某些商品和服务的生产中存在大量的"干中学"：随着工人和企业生产越来越多的该商品或服务，他们获得了经验，生产效率更高了。随着时间的推移，这些企业的成本将下降，从而可以收取更低的价格。随着"新生行业"中的企业获得经验，它们将能够成功地与外国生产者竞争。但是，倘若进行自由贸易，它们可能根本没有机会。成熟的外国企业能够以更低的价格出售商品，在国内生产者积累足够经验从而能够与之竞争之前，将国内企业赶出市场。对于经济学家而言，新生行业保护论是贸易保护主义者提供的最有说服性的理由。但是，它有一个重大的缺点：关税消除了新生行业中的企业将生产力提高到足以与外国企业竞争的程度的必要性。在第二次世界大战后，许多发展中国家的政府以新生行业保护论作为征收高关税的理由。但是，不幸的是，这些国家的大部分新生行业都没有成长起来，多年来给它们的经济造成了无效率的损耗。

● 保护国家安全。一国的重要国防物资通常不会依赖进口，例如，美国很可能不想从中国进口所有的战斗机引擎。但是，重要国防物资的界定却模糊不清。事实上，极少有行业在寻求政策保护时不提到国家安全问题，哪怕它的产品主要用于非军事用途。

建立联系

保护消费者健康还是保护美国企业免于竞争？

世界贸易组织和其他国际协议限制了关税和配额的使用。因此，为了保护企业免于国外的竞争，政府有时候通过宣称某些商品对消费者健康或安全造成威胁来管制进口。

进口的鲶鱼对美国消费者来说吃起来安全吗，还是包含了细菌和危险的化学物质？美国大部分鲶鱼产自亚拉巴马州、阿肯色州、密西西比州和得克萨斯州。2008年，来自这些州的国会议员成功推动国会立法在美国农业部下设一个鲶鱼检测办公室。到2014年，该办公室已经花了2 000万美元，但实际上还没有检测过任何进口的鲶鱼。这些钱都花在了修建办公场地和支付管理人员工资上。那一年，国会给鲶鱼检测项目的启动设定了一个截止日期。

出口鲶鱼到美国的越南和其他国家反对这个项目，它们称鲶鱼检测项目的目的只是设置贸易壁垒。这些国家的政府认为，检测将违反美国在世界贸易组织中做出的不设置贸易壁垒的承诺。对美国政府来说，使情况变得更复杂的是如下事实：这些国家在和美国就《跨太平洋伙伴关系协定》进行会谈，正如我们在本章前面所讨论的，这个协议旨在减少成员国之间的贸易壁垒。关于鲶鱼的贸易战可能对完成这些会谈有干扰。

美国政府问责署的一项研究表明，就算没有国会议员提议的检测，进口鲶鱼对美国消费者的健康风险也很低。来自不生产鲶鱼的州的一些议员也认为，对鲶鱼的新检测是不必要的，它将会导致美国消费者支付更高的价格。

在进口问题上，国会和总统常常处

于政策困境。企业想减少或消除因进口品造成的销售量流失，但是，施加贸易壁垒降低了经济效率，降低了收入，并且招致外国政府的报复。尽管有些进口品事实上确实对美国消费者的健康和安全造成了威胁，但是，有些健康和安全管制的目的是保护相关的美国企业而不是保护消费者。

资料来源：Ron Nixon，“U. S. Catfish Program Could Stymie Pacific Trade Pact，10 Nations Say”，*New York Times*，June 27，2014；Bruce Einhorn and Chau Mai，“The Catfish Wars Could Derail U. S. -Asia Trade”，businessweek. com，June 30，2014；and U. S. Government Accountability Office，*Seafood Safety：Responsibility for Inspecting Catfish Should Not Be Assigned to USDA*，GAO 12-411，May 2012.

轮到你了：做本章末与本专栏相关的问题与应用 5.10，看看你理解得如何。

□ 19.5.2 倾销

近些年来，美国利用 WTO 协议中允许政府向倾销商品征收关税的条款，延续了对某些本国行业的保护。**倾销**（dumping）指的是以低于生产成本的价格出售产品。虽然 WTO 协议允许对倾销商品征收关税，但是这种做法是有争议的。

在实践中，很难确定外国企业是否在倾销商品，因为对于外国政府而言，计算商品真实的生产成本并不容易。所以，当一件商品的出口价格低于在本国的售价时，WTO 允许进口国认定发生了倾销。但是这种方法也存在问题，因为企业往往有很好的商业理由向不同的消费者收取不同的价格。例如，航空公司向商务旅客收取的票价高于度假的旅客。当企业推出新产品时或零售店出于吸引消费者同时购买全价商品的目的，企业也使用“亏本商品”（即售价低于成本价甚至免费发放的商品）。例如，在节日季，沃尔玛有时以低于进价的价格提供玩具。为什么这些正常的商业做法在国际贸易中是不被接受的？这令人难以理解。

□ 19.5.3 实证分析与规范分析（再一次）

经济学家强调，关税、配额和其他政府对自由贸易的限制政策会给经济带来负担。那么这些干预政策都是坏主意吗？回忆实证分析关注“是什么”，而规范分析关注“应该是什么”。“衡量食糖配额对美国经济的影响”就是一个实证分析的例子。断言“食糖配额是一个坏的公共政策，应该被取消”就是一个规范分析的例子。像其他贸易干预政策一样，食糖配额使一些人境况变好，一些人境况变差，它降低了总收入和总消费。食糖配额一方面增加了美国食糖企业的利润和它们雇用的工人人数，另一方面导致消费者成本增加和经济效率降低。那么设置食糖配额是值得的吗？这就是一个规范问题。

大多数经济学家都不支持食糖配额等贸易干预政策。经济学家几乎都相信市场应该尽可能自由。但是反对的观点无疑也值得尊重。有些人了解关税和配额带来的成本，但仍相信关税和配额是好主意，因为他们相信不受约束的自由贸易可能给经济带来太多的混乱。

某些行业之所以能成功地说服政府设置贸易壁垒使其免受国外竞争，部分地是因为那些了解贸易壁垒的成本但是仍支持贸易壁垒的人的影响。但是另外两个因素也发生了作用：

（1）关税和配额给消费者带来的总成本很大，但是人均成本相对很小。例如，食糖配额每年给消费者带来总计达 32.6 亿美元的负担。但是，分摊到 3.2 亿美国人身上，每人只有约 10 美元：因为数字很小，所以即使人们知道存在负担，大部分人也不会担心。

(2) 因国外竞争而失去的工作岗位显而易见，但是国际贸易创造的工作岗位却难以确定。

也就是说，受益于关税和配额的行业获利良多，例如食糖配额使美国食糖生产者的利润增加了 17.1 亿美元，而每个消费者的损失相对很小。利益集中而负担分散这一事实也解释了为什么国会议员往往会受到某些行业要求征收关税和设置配额的巨大压力，却很少受到大众要求降低关税和减少配额的压力。

19.6 外汇市场和汇率

完全在美国境内运营的企业用美元给产品定价、支付供货商货款、支付员工工资、支付债券持有人利息、为股东发放红利。相反，IBM 等跨国企业在许多不同的国家出售它们的产品，收到以许多不同的货币支付的款项。它的供货商和员工可能遍布世界各地，需要用当地货币支付货款和工资。除了兑换货币之外，公司也可能使用国际金融体系借入外币形式的贷款。例如，在 20 世纪 90 年代后期泰国和韩国等东亚国家迅速发展的时期，许多大企业从外国银行获得美元贷款。当企业大量使用外币时，它们必须应付汇率波动。

名义汇率（nominal exchange rate）指的是一国通货用另一国通货表示的价值。经济学家也计算实际汇率，即对商品和服务价格变动进行调整后的汇率。名义汇率决定了你可以用 1 美元购买的外国通货的数量。例如，美元兑换日元的汇率可以用 100 日元＝1 美元表达。（这一汇率也可以写成购买 1 日元需要多少美元：0.01 美元＝1 日元。）外汇市场十分活跃，每天在外汇市场交易的通货价值超过 4 万亿美元。许多经济新闻网站和大部分报纸的商业版面或财经版面都会报道这些交易所产生的汇率。

全球的银行和其他金融机构都雇用通货交易员，这些交易员通过电脑连接在一起。他们其实是买卖银行存款，而不是交易大量的纸币。例如，一家银行购买或出售美元实际上是购买或出售银行存款。美元银行存款并不只存在于美国的银行，也存在于全球各地的银行。假定法国的农业信贷银行希望出售美元和购买日元。这家银行可能用其拥有的美元存款交换德国的德意志银行拥有的日元存款。企业和个人通常从本国的银行那里获得外币。

与其他价格一样，市场汇率也由供给和需求的相互作用决定。外国对美元的需求有三种来源：

(1) 想购买美国生产的商品和服务的外国企业和家庭。

(2) 想在美国进行投资的外国企业和家庭。它们可以通过外国直接投资或外国证券投资的方式在美国投资。前者是指在美国购买或建造厂房或其他设施，后者是指购买在美国发行的股票和债券。

(3) 认为未来美元的价值将高于今天的通货交易员。

□ 19.6.1 外汇市场均衡

图 19.8 画出了美元与日元之间的兑换的供给和需求。注意当我们沿着纵轴向上运动时，美元相对于日元价值上升。当汇率为 150 日元＝1 美元时，美元的价值是汇率为 100 日元＝1 美元时的美元价值的 1.5 倍。首先思考用日元兑换成美元的需求曲线。和正常的需求曲线一样，它向下倾斜。当美元价值高时，需求量低。当汇率是 100 日元＝1 美元时，日本投资者购买 1 000 美元债券的可能性更大，因为此时投资者只要支付 10 万日元就能购买。但是，当汇率是 150 日元＝1 美元时，投资者必须支付 15 万日元。类似地，当汇率是 100 日元＝1 美元时，日本企业从英特尔公司购买 1.5 亿美元微晶片的可能性更大，因为此时投资者只要支付 150 亿日元就能购买。但是，当汇率是 150 日元＝1 美元时，投资者必须支付 225 亿日元。

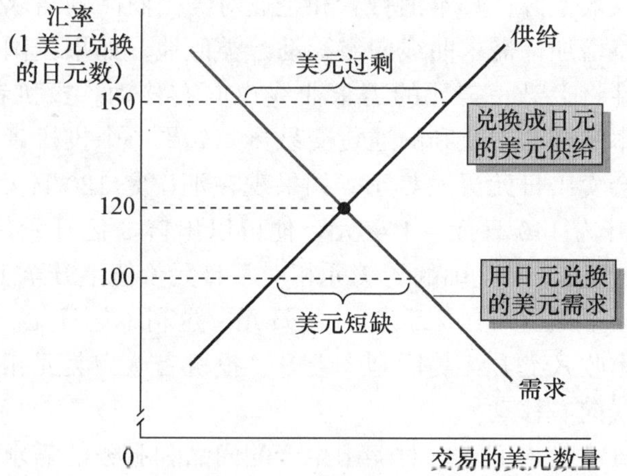

图 19.8 外汇市场的均衡

当汇率是 150 日元兑换 1 美元时，汇率高于均衡水平，就会有美元过剩。当汇率是 100 日元兑换 1 美元时，汇率低于均衡水平，就会有美元短缺。当汇率是 120 日元兑换 1 美元时，外汇市场处于均衡。

现在考虑美元兑换日元的供给曲线。和正常的供给曲线一样，它向上倾斜。当美元价值高时，兑换成日元的美元供给量大。当汇率是 200 日元＝1 美元时，美国投资者购买日本政府发行的 20 万日元债券的可能性更大，因为此时投资者只要支付 1 000 美元就能购买。但是，当汇率是 100 日元＝1 美元时，投资者必须支付 2 000 美元。类似地，当汇率是 200 日元＝1 美元时，美国电器商店的所有者从索尼公司购买价值 2 000 万日元电视机的可能性更大，因为此时她只要支付 10 万美元就能购买。但是，当汇率是 100 日元＝1 美元时，她必须支付 20 万美元。

正如在任何其他市场中一样，均衡出现在外汇市场中供给量等于需求量处。在图 19.8 中，均衡汇率是 120 日元＝1 美元。当汇率超过 120 日元＝1 美元时，美元就会过剩，汇率有下降的压力。直到汇率回到均衡水平 120 日元＝1 美元，美元过剩和汇率下降的压力才会消失。当汇率低于 120 日元＝1 美元时，美元就会短缺，汇率有上升的压力。直到汇率回到均衡水平 120 日元＝1 美元，美元短缺和汇率上升的压力才会消失。在外汇市场中，通货过剩和短缺很快就消失了，因为美元和日元等主要通货的交易量极大，而通货交易员通过电脑连接在一起。

一种通货相对于另一种通货的市场价值的增加被称为**通货升值**（currency appreciation）。一种通货相对于另一种通货的市场价值的下降被称为**通货贬值**（currency depreciation）。

□ 19.6.2　需求曲线和供给曲线的移动将如何影响汇率？

需求曲线和供给曲线的移动导致均衡汇率的变动。造成外汇市场上供给曲线和需求曲线移动的因素主要有三组：

（1）对美国生产的商品和服务的需求的变动，对外国生产的商品和服务的需求的变动。

（2）对在美国投资的意愿的变动，对在外国投资的意愿的变动。

（3）通货交易员对美元未来价值预期的变动，对外国通货未来价值预期的变动。

外汇需求的变动。思考上述三组因素将如何影响用日元兑换成美元的需求。在日本经济扩张期，日本家庭收入上升，日本消费者和企业对美国商品的需求增加。在任何汇率水平下，美元的需求量将增加，需求曲线向右移动。类似地，如果美国的利率上升，投资于美国金融资产的合意性将上升，美元的需求曲线也向右移动。**投机者**（speculator）是指买卖外汇、试图从汇率的变动中获利的通货交易员。如果一个投机者认为美元相对于日元的价值将上升，他将会卖出日元买入美元。如果现在汇率是 120 日元＝1 美元，这个投机者相信汇率将立即上升为 140 日元＝1 美元，他可以出售 6 亿日元，得到 500 万（＝6亿/120）美元。如果这个投机者是正确的，美元相对于日元价值上升至 140 日元＝1 美元，他将能用 500 万美元兑换 7 亿（＝500 万×140）日元，盈利 1 亿日元。

总结起来，当日本收入上升、美国利率上升、投机者认为美元相对于日元的价值将上升时，美元的需求曲线向右移动。

在日本衰退期，日本收入下降，对美国生产的商品和服务的需求减少，需求曲线向左移动。类似地，如果美国的利率下降，投资于美国金融资产的合意性将下降，美元的需求曲线也向左移动。最后，如果投机者认为美元的未来价值低于当前价值，美元的需求将下降，需求曲线向左移动。

外汇供给的变动。影响美元供给曲线的因素与影响美元需求曲线的因素相似。在美国经济扩张期，美国人收入上升，对商品和服务的需求增加，其中也包括对日本生产的商品和服务的需求的增加。随着美国消费者和企业在日本商品上的支出增加，他们必须将美元兑换为日元，造成美元供给曲线向右移动。类似地，日本利率的上升使得日本的金融投资对美国投资者更有吸引力。随着美国投资者将美元兑换为日元，上升的日本利率将导致美元供给曲线向右移动。最后，如果投机者相信日元相对于美元的价值在未来会比现在高，他们就会把美元兑换为日元，美元供给曲线向右移动。

美国的经济衰退将减少对日本产品的需求，导致美元供给曲线向左移动。类似地，日本利率的下降将使得日本的金融投资对美国的投资者吸引力降低，导致美元供给曲线向左移动。如果投机者相信日元相对于美元的价值在未来会比现在低，美元供给曲线也会向左移动。

向新均衡的调整。影响通货供给和需求的因素不断发生变动。汇率上升还是下降取决于需求曲线和供给曲线移动的方向和幅度。例如，如图 19.9 所示，如果用于兑换日元的美元的需求曲线向右移动得比供给曲线多，均衡汇率将上升。

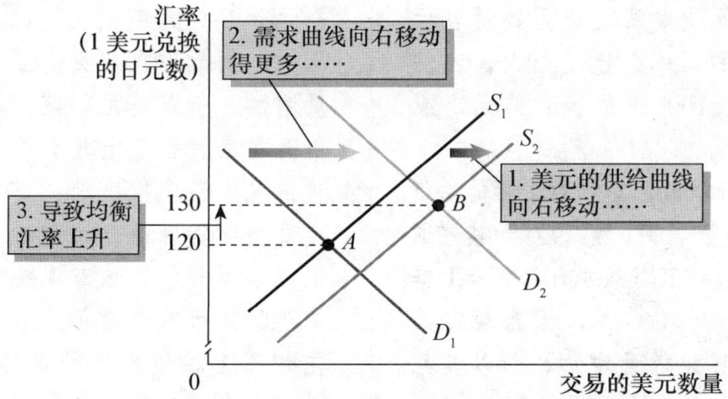

图 19.9　需求曲线和供给曲线的移动导致汇率升高

在其他因素保持不变的条件下，美元供给的增加将降低均衡汇率，美元需求的增加将提高均衡汇率。在图中所示的情形中，需求曲线和供给曲线都向右移动。因为需求曲线向右移动得更多，所以均衡汇率将从 A 点的 120 日元兑换 1 美元提高至 B 点的 130 日元兑换 1 美元。

□ 19.6.3　某些汇率不由市场决定

到目前为止，我们假设汇率由市场决定。这个假设对于美元、欧元、日元、英镑等许多通货都成立。但是某些通货采用固定汇率制度，汇率长时间保持不变。例如，人民币兑换美元的汇率曾经有超过 10 年的时间都固定在 8.28 元兑换 1 美元。为了维持汇率固定，一个国家的中央银行必须在外汇市场买卖本国通货，对汇率市场进行干预。

□ 19.6.4　汇率的变动如何影响进出口

当美元的市场价值上升时，美国出口品的外币价格上升，外国进口品的美元价格下降。例如，假定初始时美元和欧元之间的市场汇率是 1 美元＝1 欧元。在那种情况下，一张在美国售价 20 美元的蓝光光盘在法国的售价将是 20 欧元。一瓶在法国售价 50 欧元的红酒在美国的售价将是 50 美元。现在假定美元和欧元之间的市场汇率变成 1.2 美元＝1 欧元。因为现在购买 1 欧元需要更多的美元，所以美元相对于欧元贬值，欧元相对于美元升值。美元的贬值使蓝光光盘的欧元价格从 20 欧元下降至 16.67(＝20/1.2) 欧元。法国红酒的美元价格从 50 美元上升至 60(＝50×1.2) 美元。所以，我们预期蓝光光盘在法国的销售量将上升，法国红酒在美国的销售量将下降。

更一般地，我们能得到结论：

(1) 本币（或称本国通货）贬值将增加出口、减少进口，从而增加净出口。如果当前实际 GDP 低于潜在水平，那么，在其他因素保持不变的条件下，本币贬值将增加净出口、总需求和实际 GDP。

(2) 本币升值应该有相反的效果：出口应该下降，进口应该上升，这将减少净出口、总需求和实际 GDP。

不要犯这样的错误！ ☞

不要混淆通货升值和贬值

汇率最令人迷惑的方面是它们能用两种方式表示。我们可以用 1 美元能购买的日元数量或1日元能购买的美元数量表示美元与日元之间的汇率。也就是说，我们能将汇率表示成100日元＝1美元，或0.01美元＝1日元。

当一种通货升值时，它相对于其他通货的价值上升。当它贬值时，它相对于其他通货的价值下降。如果汇率从100日元＝1美元变化至120日元＝1美元，因为现在购买1美元需要的日元数量增加，所以美元升值、日元贬值。但是，如果汇率从0.01美元＝1日元变为0.015美元＝1日元，那么，因为现在购买1日元需要的美元数量增加，所以美元贬值、日元升值。这种情况在某种程度上具有迷惑性，因为在两种情况中汇率似乎都"增加"了。为了确定哪种通货升值、哪种通货贬值，一定要记住本币升值意味着现在购买1单位本币需要的外币数量增加。本币贬值意味着现在购买1单位本币需要的外币数量减少。这一点在汇率的两种表示方式中都成立。

轮到你了：做本章末与本专栏相关的问题与应用6.6，看看你理解得如何。

例题19.6 斯巴鲁从弱势日元中受益

如今，大多数日本汽车公司在美国有制造厂。例如，本田在美国销售的汽车中，只有21%是从日本进口的。富士重工是一个例外，它的大部分汽车仍在日本生产。富士重工的主要汽车品牌是斯巴鲁。《华尔街日报》上的一篇文章评论道，对富士重工来说，"不断暴跌的日元将没在美国生产这个问题变成了预期之外的好事。"

a. 该文所说的"不断暴跌的日元"是什么意思？

b. 为什么日元暴跌对富士重工是好事？

c. 请简要解释日元暴跌对本田有利还是有害。

解：

第1步：复习本章内容。这一问题是关于通货价值的变动的，所以你可能需要复习一下19.6.4节"汇率的变动如何影响进出口"。

第2步：解释该文所说的"不断暴跌的日元"是什么意思，回答问题a。在这个例子中，不断暴跌的日元意思是说日元相对于美元的价值下降。兑换1美元需要的日元数量更多了。

第3步：解释日元暴跌将如何影响富士重工，回答问题b。当富士重工在日本生产汽车时，它的生产成本——包括装配线上工人的工资和供应商的货款——都是用日元支付的。在日元价值下降的情况下，富士重工在美国的汽车售价下降。结果，它将抢占其他公司的市场份额，特别是那些在美国生产汽车的公司。如果富士重工在美国生产汽车的话，那它就不会有这一优势。

第4步：解释日元暴跌对本田有利还是有害，回答问题c。由于本田在美国销售的大部分汽车也是在那儿生产的，所以，该公司的大部分生产成本和赚取的大部分收益都是美元的形式。因此，本田将不会受到日元兑换美元的汇率波动的直接影响。但是，由于斯巴鲁的美元售价下降，所以本田的部分销售量可能会流失给富士重工。

附注：本田、丰田和日产的经理人都知道，当日元兑换美元的价值下降时，在日本生产那些计划在美国销售的汽车对它们更好。但是，不同于富士重工的经理人，这些企业的经理人决定把生产转移到美国，原因是它们的销售量将不再大幅受到汇率波动的影响，从而可以更好地做规划并保持利润稳定。

资料来源：Yoko Kubota，“Subaru Rides a Weaker Yen into the U. S.”，*Wall Street Journal*，November 15，2014.

轮到你了：要想做更多的练习，请做本章末与本专栏相关的问题与应用 6.9。

接第 657 页

生活中的经济学

你知道有跑鞋关税吗?

在本章开始时，我们要求你思考为什么尽管美国只剩下很少的制鞋厂但联邦政府仍对鞋子征收关税。我们还问为什么只有相对很少的人听说过这一关税。在本章我们看到，贸易限制往往保护了被保护行业中相对很少的工作岗位，但同时导致其他行业减少了工作岗位并且消费者因为支付更高的价格而每年损失了数十亿美元。但是，我们还看到，具体的贸易限制给平均每个人带来的负担很小。例如，鞋子关税可能导致你为一双 100 美元的跑鞋多付了 20 美元。普通人每年只买一双跑鞋，很少有人会为了每年省 20 美元而不厌其烦地给国会议员写信或者以其他方式表达他们的观点。事实上，甚至很少有人会花时间去弄清楚某一具体贸易限制是否存在。因此，如果你在阅读本章前从未听说过鞋子关税，那么你一定不是唯一的。

19.7 结论

自由贸易的经济效益是经济学家观点一致度最高的议题之一。但是，政府的贸易政策却是最富有争议的政治议题之一。许多人不愿意看到政府干预国内贸易，但是希望政府干涉国际贸易。20 世纪 30 年代的高关税对世界经济的损害表明了世界各国政府放弃自由贸易的严重后果。未来是否能避免类似情景仍未可知。

访问 MyEconLab，你可以找到与本章的概念有关的一篇新闻文章和分析。

本章总结和习题

□ 关键术语

绝对优势	出口	机会成本	贸易条件
自给自足	外部经济	贸易保护主义	自愿出口限制（VER）
比较优势	自由贸易	配额	世界贸易组织（WTO）
通货升值	全球化	投机者	通货贬值
进口	关税	倾销	名义汇率

□ 19.1 国际经济中的美国

总结

国际贸易近几十年持续增长，部分地是由于关税和其他贸易壁垒的减少。关税是政府对进口品征收的税收。美国进口和出口的商品和服务数量持续增长。进口是在国内购买但是在其他国家生产的商品与服务。出口是在国内生产但是在其他国家销售的商品和服务。如今，美国是世界上第二大出口国家，仅次于中国，美国制造业工作岗位的约 20%依赖于出口。

复习题

1.1 请简要解释美国出口总额一般高于还是低于进口总额。

1.2 与 40 年前相比，进口和出口相当于 GDP 的百分比是上升了还是下降了？

1.3 请简要解释你是否同意以下叙述："国际贸易对美国经济的重要性超过了对大部分其他经济体的重要性。"

问题与应用

1.4 如果美国要停止与其他国家进行商品和服务的贸易，美国哪些行业的销售量可能下降得最多？请简要解释。

1.5 请简要解释你是否同意以下叙述："日本参与国际贸易一直都比大多数其他国家多得多。事实上，现在日本的出口占其 GDP 的比例已经超过了德国、英国和美国。"

1.6 为什么荷兰等小国进口和出口相当于 GDP 的百分比超过了中国和美国等大国？

1.7 ［与开篇案例和 19.1.1 节中的"建立联系"专栏有关］新百伦在美国生产鞋子，因此你或许预期它将从鞋子关税中获益。然而，新百伦并没有很积极地反对奥巴马政府为消除对 TPP 成员国征收的鞋子关税（即促成《跨太平洋伙伴关系协定》）所做的努力。请简要解释新百伦的立场。

□ 19.2 国际贸易中的比较优势

总结

比较优势是个人、企业或国家以比竞争对手更低的机会成本生产一种商品或服务的能力。绝对优势是个人、企业或国家利用相同数量的资源比竞争对手生产出更多的商品或服务的能力。国际贸易建立在比较优势而不是绝对优势的基础上。

复习题

2.1 绝对优势和比较优势之间存在什么差别？如果某国在某种商品的生产上拥有绝对优势，它总会成为这种商品的出口国吗？请简要解释。

2.2 WTO 的一份出版物将比较优势称为"可以说是经济学中最强大的见解"。什么是比较优势？什么使它成为最强大的见解？

资料来源：World Trade Organization，"Understanding the WTO"，ww. wto. org/english/thewto _ e/whatis _ e/tif _ e/fact3 _ e. htm.

问题与应用

2.3 在 2012 年夏季奥运会上，美国人阿什顿·伊顿（Ashton Eaton）获得了十项全能项目的金牌，这个项目要求运动员在十个不同的田径项目上进行竞争。其中一项是 100 米跑，伊顿的成绩是 10.35 秒。而牙买加人尤塞恩·博尔特（Usain Bolt）获得了 100 米跑项目的金牌，成绩是 9.58 秒，创造了新的世界纪录。

a. 用比较优势的概念来说，谁的表现更好？请简要解释。

b. 基于他们在 2012 年夏季奥运会上的表现，我们可以说谁是更好的运动员吗？请简要解释。

2.4 《纽约时报》上的一篇文章引用一个经济学家的话说："全球自由贸易和欧洲统一市场……鼓励欧洲各国专门从事它们有比较优势的部门的生产。德国的比较优势在汽车和机床。"如果该作者的评论正确，那么，德国的每小时劳动必然能比法国、意大利、英国以及德国的其他贸易伙伴国生产出更多的汽车和机床吗？请简要解释。

资料来源：Anatole Kaletsky，"In Disguise，a Budget That Britain Needs"，*New York Times*，March 24，2014.

2.5 请简要解释你是否同意以下论述："不幸的是，玻利维亚相对于美国而言在任何商品或服务的生产上都没有比较优势。"（提示：你不需要知道关于玻利维亚和美国经济的任何具体信息来回答这个问题。）

2.6 下页表显示了用橄榄油夸脱数和意大利面磅数表示的希腊和意大利每个工人每小时的产出。计算在希腊和意大利生产橄榄油和意大利面的机会成本。

	每小时劳动的产出	
	橄榄油（夸脱）	意大利面（磅）
希腊	4	2
意大利	4	8

2.7 利用下表中的数字解释哪个国家在生产智能手表上有比较优势。

	每小时劳动的产出	
	智能手表（块）	健身手环（个）
瑞士	8	10
加拿大	5	3

2.8 前总统候选人帕特里克·J. 布坎南（Patrick J. Buchanan）在其关于全球经济的书中认为，大卫·李嘉图的比较优势理论有一个缺点：

> 古典自由贸易理论与我们的常识不符。根据李嘉图的比较优势理论，如果美国生产的电脑和纺织品都比中国好，但我们生产电脑的优势大于纺织品，那么我们应该（1）集中生产电脑，（2）让中国生产纺织品，（3）用美国的电脑换取中国的纺织品。该理论让人不禁要问：如果美国生产纺织品的效率比中国高，为什么要放弃更为高效的美国纺织业呢？为什么转而依赖要多年才能赶上美国现在水平的中国纺织业呢？

你是否同意布坎南的观点？请简要解释。

资料来源：Patrick J. Buchanan，*The Great Betrayal：How American Sovereignty and Social Justice Are Being Sacrificed to the Gods of the Global Economy*，Boston：Little，Brown & Company，1998，p. 66.

2.9 奥巴马在竞选总统时曾经这样说过："人们不会想要一件更廉价的T恤，如果他们在此过程中失去工作的话。"奥巴马所说的"在此过程中失去工作"是什么含义？运用比较优势的经济概念，解释在什么情况下，美国自己生产其本国购买的所有T恤是合理的。你是否同意奥巴马的说法？请简要解释。

资料来源：James Pethokoukis，"Democratic Debate Spawns Weird Economics"，*U. S. News & World Report*，August 8，2007.

□ 19.3 各国如何从国际贸易中获益？

总结

自给自足是一国不与其他国家进行贸易这样一种状况。贸易条件是一国用其出口品与来自其他国家的进口品进行交换的比率。当一个国家专门生产具有比较优势的商品并通过贸易得到自己所需的其他商品时，这个国家的收入和消费水平都将提高。我们看不到生产的完全专业化，原因有三点：（1）并非所有的商品和服务都能进行国际贸易；（2）大部分商品生产的机会成本递增；（3）各国对产品的喜好不同。尽管一国人口作为一个整体从贸易中获利，但那些无法与低成本的外国生产者竞争的企业和工人成为输家。比较优势的主要来源是气候和自然资源、劳动和资本的相对丰富程度、技术和外部经济。外部经济是指由于行业规模的扩大而引起的企业成本的下降。一个国家在某种商品的生产上可能建立了比较优势，然后，随着时间的推移和环境的变化，这个国家在这种商品的生产上的比较优势可能丧失，转而在其他商品的生产上建立起比较优势。

复习题

3.1 请简要解释国际贸易如何增加一个国家的消费。

3.2 一国专业化生产某种商品是什么意思？国家完全专业化生产是常见的吗？请简要解释。

3.3 比较优势的主要来源是什么？

3.4 每个人都能从国际贸易中获益吗？如果不是，解释哪些群体利益受损。

问题与应用

3.5 下表显示了智利和阿根廷的两个行业的工人的小时产出。

	每小时劳动的产出	
	帽子（顶）	啤酒（桶）
智利	8	6
阿根廷	1	2

a. 解释哪国在帽子的生产上具有绝对优势，哪国在啤酒的生产上具有绝对优势。

b. 解释哪国在帽子的生产上具有比较优势，哪国在啤酒的生产上具有比较优势。

c. 假定当前智利和阿根廷之间没有贸易，每个国家都有1 000小时的劳动可用来生产帽子和啤酒，两国生产的每种商品的数量如下表所示：

	帽子（顶）	啤酒（桶）
智利	7 200	600
阿根廷	600	800

运用这些信息，用一个数值例子说明智利和阿根廷如何能够通过贸易获利。假设贸易开始后，一顶帽子能换一桶啤酒。

3.6　一个政治评论员写道：

国际贸易应该基于各国的比较优势这一思想对美国、日本等富国是好事。富国有受过良好教育的工人和大量的机器设备。这使得这些国家生产任何产品的效率都高于穷国。以比较优势为基础的国际贸易对肯尼亚、玻利维亚等穷国没有任何好处。

你是否同意这样的观点？请简要解释。

3.7　下表总结了加拿大和美国在 2013 年和 2014 年的双边贸易。

年份	美国出口到加拿大的总值（10 亿美元）	加拿大出口到美国的总值（10 亿美元）
2013	300.8	332.6
2014	312.4	347.8

在每一年，加拿大出口到美国的总值都高于美国出口到加拿大的总值。我们可以推断加拿大从两国间贸易中获益比美国多吗？请简要解释。

资料来源：U.S. Department of Commerce，Census Bureau，Economic Indicators Division.

3.8　人口多的大国与人口少的小国相比，谁更有可能从自由贸易中获得更多的利益？请简要解释。

3.9　《纽约人》杂志上的一篇文章称："与贸易相关的岗位减少、工资下降的负担主要是由中低收入的美国人承担的。但是，这些在自由贸易中受损最严重的人也在自由贸易最大的受惠者之列。这是一个悖论。"解释为什么中低收入的美国人既是自由贸易最大的输家，也是最大的赢家。

资料来源：James Surowiecki，"The Free-Trade Paradox"，*New Yorker*，May 26，2008.

3.10　谷歌的首席经济学家哈尔·范里安（Hal Varian）对国际贸易做出了如下两点评论：

a. 贸易使一个国家能够"用更少的投入生产出更多的东西"。

b. 贸易的长期赢家毫无悬念是消费者。

请简要解释你是否同意他这两点评论。

资料来源：Hal R. Varian，"The Mixed Bag of Productivity"，*New York Times*，October 23，2003.

3.11　假定下图显示的是坦桑尼亚生产腰果和芒果的生产可能性边界。假设每小时劳动的产出为 8 蒲式耳腰果或 2 蒲式耳芒果，坦桑尼亚有 1 000 小时可用劳动。如果没有贸易，坦桑尼亚将其可用劳动在腰果和芒果中平均分配，在 *A* 点生产和消费。

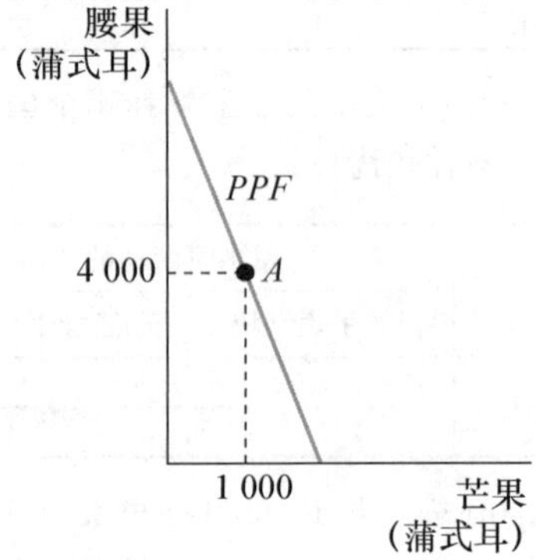

a. 假定坦桑尼亚开始与肯尼亚进行贸易，肯尼亚每小时劳动的产出为 1 蒲式耳腰果或 1 蒲式耳芒果。坦桑尼亚在腰果上拥有比较优势，专门生产腰果。坦桑尼亚能生产多少腰果？将这个点在图中标出，标为 *B* 点。

b. 假定坦桑尼亚保留 5 000 蒲式耳腰果，将剩下的 3 000 蒲式耳用于出口。如果贸易条件是 2 蒲式耳腰果换 1 蒲式耳芒果，坦桑尼亚将得到多少芒果？在图中将在存在贸易的情况下坦桑尼亚消费的腰果和芒果的组合标为 *C* 点。*C* 点与 *A* 点相比如何？

c. 在存在贸易的情况下，坦桑尼亚的生产在其生产可能性边界上吗？坦桑尼亚的消费在其生产可能性边界上吗？

3.12　［与 19.3.3 节中的"不要犯这样的错误！"专栏有关］奥巴马总统将与哥伦比亚政府达成的贸易协定被描述为"两国的双赢"。这个协议能使两国的每个人都获利吗？请简要解释。

资料来源：Kent Klein，"Obama：Free Trade Agreement a 'Win-Win' for US，Colombia"，voanews. com.

3.13　Instagram 是现在归脸书所有的一个智能手机应用程序。根据《纽约时报》上一篇讨论旧金山湾区的软件企业氛围的文章，Instagram 的成功"是一个关于湾区高科技场景文化的传说，这种文化是由一些用钱、建议和向适当的人推荐等方式培育彼此的项目、有着紧密联系的企业家和投资人驱动的"。位于湾区给了初创软件企业什么优势？在什么环境下位于其他地方的软件企业能够战胜这些优势？随着时间的推移，湾区拥有的这些优势可能持续吗？

资料来源：Somini Sengupta，Nicole Perlroth，and Jenna Wortham，"Behind Instagram's Success，Networking the Old Way"，*New York Times*，April 13，2012.

□ 19.4 限制国际贸易的政府政策

总结

自由贸易是不存在政府限制的国家间贸易。干预贸易的政府政策往往采用关税、配额或自愿出口限制形式。关税是政府对进口品征收的税收。配额是政府对某种商品可以进口的数量施加的数值限制。自愿出口限制是两国间谈判协商的、对一国能够从另一国进口的商品数量施加一个数值限制的这样一个协议。联邦政府的食糖配额每年给美国消费者造成了 32.6 亿美元的损失，即每挽救一个食糖行业的工作岗位成本约为每年 110 万美元。利用关税和配额挽救工作岗位的成本常常很高。

复习题

4.1 什么是关税？什么是配额？除了配额以外，举一个非关税壁垒的例子。

4.2 当一国对进口商品征收关税或设置配额时，谁受益、谁受损？

问题与应用

4.3 政治评论家 B. 布鲁斯-布里格斯（B. Bruce-Briggs）在《华尔街日报》中曾这样写道："并不是说支持自由贸易的论据不正确，它只是不相关。这是'但愿每个人都……'类的论证。在现实世界里，几乎每个人都能看到经济民族主义的好处。"你认为他所说的"经济民族主义"指的是什么？你同意一国只有在其他国家也实行自由贸易时才能从自由贸易中获益的观点吗？请简要解释。

资料来源：B. Bruce-Biggs，"The Coming Overthrow of Free Trade"，*Wall Street Journal*，February 24，1983.

4.4 [与开篇案例有关] 在竞选 2016 年民主党总统提名时，来自佛蒙特州的参议员伯尼·桑德斯（Bernie Sanders）反对《跨太平洋伙伴关系协定》，部分地是因为他认为，作为该协定的一个结果，"只是因为与越南和日本的伙伴关系，美国就将损失 130 000 个工作岗位"。你同意减少贸易壁垒减少了美国工人可以获得的工作岗位数量吗？请简要解释。

资料来源：Bernie Sanders，"Senator Bernie Sanders：The Trans-Pacific Trade（TPP）Agreement Must Be Defeated"，http：//www.sanders.senate.gov/download/the-trans-pacific-trade-tpp-agreement-must-be-defeated？inline=file.

4.5 美国生产牛肉，也从其他国家进口牛肉。

a. 画一幅表示美国牛肉供给和需求的图形。假设美国能以世界价格进口任意多牛肉而不会引起世界牛肉价格提高。在图中标出进口牛肉的数量。

b. 现在，在你的图中表示美国征收牛肉关税的影响。在图中标出美国生产者在征收关税前后供给的牛肉数量、征收关税前后进口的牛肉数量、征收关税前后美国牛肉的价格。

c. 讨论当美国征收牛肉关税时，谁受益、谁受损。

4.6 当国会酝酿对纺织品、鞋子和其他商品设置进口配额的法案时，诺贝尔经济学奖获得者米尔顿·弗里德曼做出了如下评论："运用设置进口配额这种方法，每对这些商品的生产者提供 1 美元的补贴，消费者就将被迫花费好几美元。直接补贴要划算得多。"

a. 为什么配额将导致消费者多付的钱大大超过国内生产者获得的部分？其他钱到哪里去了？

b. 弗里德曼所说的"直接补贴"指的是什么？为什么直接补贴比配额更划算？

资料来源：Milton Friedman，"Free Trade"，*Newsweek Magazine*，August 27，1970.

4.7 有学生这样认为：

> 对进口到美国的外国商品征收关税，外国企业会把关税加到在美国出售的商品的价格中。我们不应对进口商品征收关税，而应禁止商品的进口。禁止进口比征收关税好，因为美国生产者因为竞争减弱而获益，美国消费者也不用支付由关税导致的更高的价格。

请简要解释你是否同意这个推理。

4.8 假定中国决定给出口商品或服务到美国的企业提供大额补贴，这样一来，这些企业就能以远低于生产成本的价格在美国出售商品。此外，中国决定禁止所有来自美国的进口品。美国为从中国进口商品而支付的美元都存在中国的银行中。这样的策略将提高还是降低中国的生活水平？提高还是降低美国的生活水平？请简要解释。注意在回答中给出"生活水平"的定义。

4.9 下页图显示了美国对塑料梳子征收每把 1 美元的关税对消费者剩余、生产者剩余、政府税收收入和经济剩余的影响。利用图中标出的区域回答如下问题：

a. 哪个区域代表美国消费者因购买的梳子数量

少于本来可以在世界价格处购买的数量而给美国消费者带来的损失？

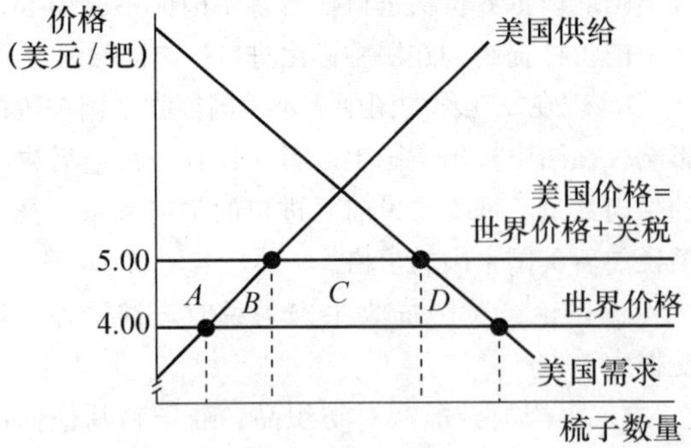

b. 哪个区域代表美国消费者因不得不从效率低于外国生产者的美国生产者那里购买梳子而给美国消费者带来的损失？

c. 哪个区域代表梳子关税给美国经济带来的无谓损失？

4.10　下图显示了美国政府取消金枪鱼罐头的关税后的情况。利用图中标出的区域回答如下问题：

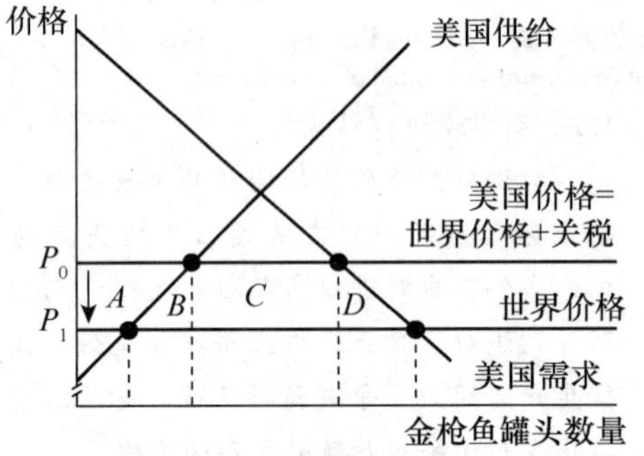

a. 哪个区域代表消费者剩余的增加？

b. 哪个区域代表生产者剩余的损失？

c. 哪个区域代表政府关税收入的损失？

d. 哪个区域代表经济剩余的增加？

4.11　根据《华盛顿邮报》上的一篇社论，"食糖贸易保护主义对美国消费者是一个负担，也是一个工作岗位杀手。"

a. 在何种意义上美国实行了"食糖贸易保护主义"？

b. 为什么食糖贸易保护主义对美国消费者是一个负担？为什么它是一个工作岗位杀手？

c. 如果食糖贸易保护主义有这篇社论所说的这些负面影响，为什么国会和总统不废止它呢？

资料来源："Sourball", *Washington Post*, March 22, 2010.

4.12　[与例题 19.4 有关] 假定美国当前既生产又进口金橘。随后美国政府决定实施配额限制金橘的国际贸易，每年只允许进口 600 万磅金橘。下图显示了实施配额的结果。利用图中的价格、数量和字母填写表格。

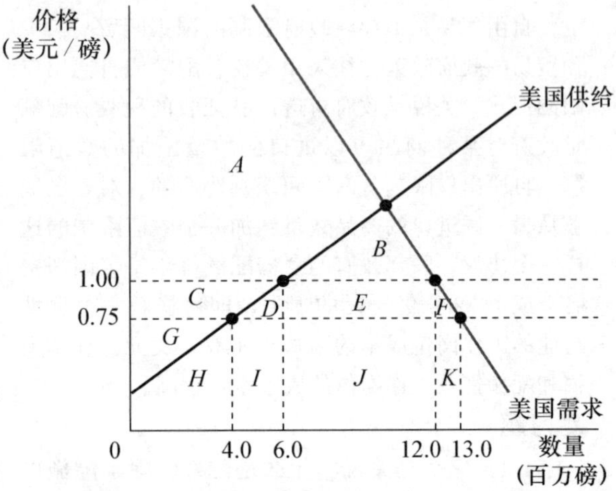

	无配额	有配额
金橘的世界价格		
金橘的美国价格		
美国企业供给量		
需求量		
进口量		
消费者剩余		
本国生产者剩余		
无谓损失		

4.13　[与例题 19.4 有关] 假定政府在考虑要么对水蜜桃罐头的进口征收关税，要么实施配额。假设拟定的配额与关税对水蜜桃罐头的美国价格有相同的影响。利用下图回答如下问题。

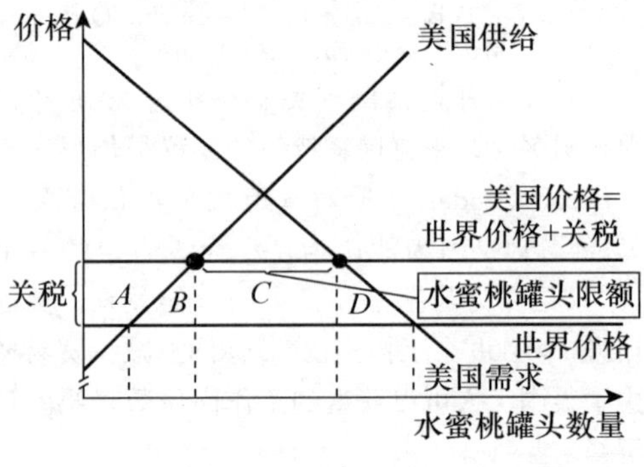

a. 如果政府施加关税，哪个区域代表政府的关税收入？

b. 如果政府实施限额，哪个区域代表外国的水蜜桃罐头生产者的获益?

c. 作为水蜜桃罐头的消费者，你喜欢政府施加关税还是实施限额？请简要解释。

4.14 [与 19.4.4 节中的“建立联系”专栏有关] 一项针对美国对进口钢铁实施配额这一提议的经济分析表明，配额将挽救钢铁业 3 700 个岗位，但美国其他行业将减少约 35 000 个岗位。为什么钢铁进口配额会导致其他行业就业减少？哪些其他行业可能受到最大的影响？

资料来源：Douglas A. Irwin，*Free Trade Under Fire*，Princeton，NJ：Princeton University Press，2002，p. 82.

4.15 [与 19.4.4 节中的“建立联系”专栏有关] 美国曾经对进口轮胎征收了几年关税。根据彼得森国际经济研究院的经济学家加里·克莱德·赫夫鲍尔（Gary Clyde Hufbauer）和肖恩·劳里（Sean Lowry）的分析，对中国轮胎征收的关税导致消费者多花了 11 亿美元，但其中只有大约 4 800 万美元以工资的形式被美国轮胎行业那些被挽救了工作的工人得到。如果联邦政府提高对消费者征收的税收并把钱给轮胎工人而不是征收关税，这样不是更划算吗？如果是的话，为什么联邦政府不采用这种政策？

资料来源：Gary Clyde Hufbauer and Sean Lowry，“US Tire Tariffs：Saving Few Jobs at High Cost”，Peterson Institute for International Economics，Policy Brief Number PB12 9，April 2012.

□ 19.5 对贸易政策和全球化的争论

总结

世界贸易组织（World Trade Organization，WTO）是实施国际贸易协议的国际组织。WTO 推进了全球化，即各国对外国贸易和投资变得更加开放的过程。WTO 的一些批评者认为全球化对世界各地的本地文化造成了损害。其他批评者反对 WTO 是因为他们信奉贸易保护主义，即采用贸易壁垒来保护国内企业免受来自国外的竞争。WTO 允许国家在出现倾销的情况下征收关税，倾销是指以低于生产成本的价格出售产品。经济学家可以指出关税、配额和政府对自由贸易的其他干预给经济带来的负担，但是这些政策是否应该被使用则是一个规范性问题。

复习题

5.1 什么事件导致了《关税及贸易总协定》（GATT）的产生？为什么世界贸易组织最终取代了 GATT？

5.2 什么是全球化？为什么有人反对全球化？

5.3 什么是贸易保护主义？谁从贸易保护主义中受益、谁受损？支持贸易保护主义的理由主要有哪些？

5.4 什么是倾销？谁从倾销中受益、谁受损？执行反倾销法时会出现什么问题？

问题与应用

5.5 2015 年，几家美国造纸公司要求联邦政府对从中国、印度尼西亚、巴西、葡萄牙和澳大利亚进口的纸征收关税。根据《华尔街日报》上的一篇文章，这些国家的企业被指责“在美国市场上倾销某些类型的双胶纸，包括那些用于打印、图书出版、垃圾信件和信封的纸”。什么是“倾销”？如果美国企业的这个要求得以实现，请简要解释谁将受益、谁将受损。

资料来源：James R. Hagerty，“The Next Trade Fight：Office Paper”，*Wall Street Journal*，January 21，2015.

5.6 罗切斯特大学的经济学家史蒂文·兰兹伯格（Steven Landsburg）在《华尔街日报》上的一篇文章中写道：

> 自由贸易不仅关乎美国消费者以最低的价格购买商品的权利，它也关乎外国生产者谋生的权利。西弗吉尼亚州的钢铁工人努力工作才能维持生计。韩国的钢铁工人也是这样。仅仅因为出生在不同的国家，以牺牲另一些人为代价去保护一些人，实在不道德。

美国政府如何以牺牲韩国钢铁工人为代价来保护西弗吉尼亚州的钢铁工人？兰兹伯格的叙述是实证性的还是规范性的？几天后，汤姆·雷德本（Tom Redburn）发表了一篇文章，反驳兰兹伯格的观点。雷德本认为，对美国人的福利的关心超过对其他国家的人的福利的关心也不是“什么邪恶的人格缺陷”。根据雷德本的看法，“一个社会如果无视经济混乱给那些吃亏的公民造成的后果，这就不仅仅是无情，还会破坏社会的凝聚力和适应性。”

你认为哪个说法更有说服力呢？

资料来源：Steven E. Landsburg，“Who Cares if the Playing Field Is Level?” *Wall Street Journal*，June 13，2001；and Tom Redburn，“Economic View：Of Politics，Free Markets，and Tending to Society”，*New York Times*，June 17，2001.

5.7 假定你向一个人解释自由贸易的好处，他说：“我不理解所有比较优势和贸易收益的原理。

我只知道如果我购买了美国生产的产品，我为美国人创造了就业岗位；如果我购买了巴西生产的产品，我为巴西人创造了就业岗位。”你是否同意他的说法？当美国进口其没有比较优势的商品时，这就意味着美国的就业岗位减少了吗？在正文中美国和日本生产并交换智能手机和平板电脑的例子中，当美国从日本进口智能手机时，美国的就业岗位减少了吗？

5.8　每年，盖洛普民意测验随机抽样询问人们相信国际贸易提供了“通过增加美国出口带动经济增长的机会”还是相信它们代表了“国外进口品对美国经济的威胁”。下表显示了两年的民意测验结果：

年份	对国际贸易的看法		美国经济状况
	支持	不支持	
2008	41%	52%	深度经济衰退
2015	58%	33%	经济扩张

a. 你相信国际贸易对美国经济有利还是有害？(回答时请定义“有利”和“有害”。)

b. 为什么公众在生产和就业减少的经济衰退期间和在生产和就业增加的经济扩张期间对国际贸易的看法会有很大的差别？

c. 民意测验通常显示，30 岁以下的美国人比 65 岁及以上的美国人更加支持国际贸易。为什么年轻一些的人会比年老的人更为支持国际贸易呢？

资料来源：Gallup Poll，February 8-11，2015，http：//www. gallup. com/poll/181886/majority-opportunity-foreign-trade. aspx.

5.9　柯达公司曾经是世界上最大的胶卷生产者，在全世界雇用了近 145 000 工人，包括在位于纽约市罗彻斯特的总部的数千人。由于未能像许多竞争对手那样迅速地向数字摄影调整从而其销售量下降，该公司最终解雇了大部分工人。来自罗彻斯特的一个国会议员描述了现在在以前由柯达拥有的办公大楼里办公的许多新企业。《纽约时报》的一个专栏作家下结论说：“当然，这正是全球化应该起作用的方式。”请简要解释这个专栏作家是什么意思。你同意他的结论吗？在罗彻斯特出现的这个结果表明全球化是好事吗？请简要解释。

资料来源：Joe Nocera，“Doesn't Blame Nafta”，*New York Times*，January 23，2015.

5.10　[与 19.5.1 节中的“建立联系”专栏有关] 根据《纽约时报》的一个意见专栏，由于美国的贸易限制使得鲶鱼出口到美国更加困难，在 2015 年，许多从事鲶鱼出口业务的越南企业转而将鲶鱼出口到中国。请简要解释谁从由美国的贸易限制导致的越南企业做出的调整中受益、谁受损。

资料来源：Roger Cohen，“Of Catfish Wars and Shooting Wars”，*New York Times*，March 26，2015.

□ 19.6　外汇市场和汇率

总结

名义汇率是一国通货用另一国通货表示的价值。汇率在外汇市场上由一国通货的供给和需求决定。供给曲线和需求曲线的移动引起汇率变动。造成外汇市场中供给曲线和需求曲线移动的主要因素有三组：(1) 美国生产的商品和服务需求的变动和外国生产的商品和服务需求的变动；(2) 投资于美国的合意性的变动和投资于外国的合意性的变动；(3) 通货交易员——特别是投机者——关于美元和外国通货未来价值的预期的变动。当一种通货相对于另一种通货的市场价值增加时，就发生了通货升值。当一种通货相对于另一种通货的市场价值下降时，就发生了通货贬值。

复习题

6.1　如果日元和美元间的汇率用每 1 美元兑换的日元数表示是 125 日元＝1 美元，那么用每 1 日元兑换的美元数表示将是什么？

6.2　假定当前美元和欧元之间的汇率是 0.8 欧元＝1 美元。如果汇率变为 0.85 欧元＝1 美元，欧元相对于美元来说是升值还是贬值？

6.3　为什么外国家庭和企业需要兑换美元？为什么美国的家庭和企业需要兑换外国通货（从而供给美元）？

6.4　造成外汇市场中需求曲线和供给曲线移动的三组主要因素是什么？

问题与应用

6.5　在 2002 年 1 月 1 日，欧盟拥有 15 个成员国。其中 12 个放弃了本国货币，开始使用一种新的共同货币——欧元。此前在从 1999 年 1 月 1 日到 2001 年 12 月 31 日三年的时间里，这 12 个国家用本国货币和欧元为商品和服务定价。在那一时期，它们的货币相对于其他国家的货币、相对于欧元的价值都是固定的。因此，在那一时期，美元与这些货币之间、与欧元之间的汇率都存在。下页表的信息显示了 2001 年 3 月 2 日四种欧洲货币与欧元之间、与美元之间的汇率。运用这些信息计算 2001 年 3 月 2 日美元与欧元之间的汇率（用每 1 美元兑换的欧元数表示）：

通货	每 1 欧元兑换的数量（固定）	每 1 美元兑换的数量（2001 年 3 月 2 日）
德国马克	1.955 8	2.093 8
法国法郎	6.559 6	7.022 3
意大利里拉	1 936.270 0	2 072.870 0
葡萄牙埃斯库多	200.482 0	214.630 0

6.6 ［与 19.6.4 节中的“不要犯这样的错误!”专栏有关］如果我们知道 A、B 两国货币之间的汇率和 B、C 两国货币之间的汇率，那么我们就能计算 A、C 两国货币之间的汇率。

a. 假定日元和美元之间的汇率是 95 日元＝1 美元，英镑和美元之间的汇率是 0.64 英镑＝1 美元。日元和英镑之间的汇率是多少？

b. 假定日元和美元之间的汇率是 100 日元＝1 美元，英镑和美元之间的汇率是 0.55 英镑＝1 美元。与问题 a 相比，美元相对于日元升值还是贬值？美元相对于英镑升值还是贬值？日元相对于英镑升值还是贬值？

6.7 画出用欧元兑换美元的需求曲线和用美元兑换欧元的供给曲线，标明横轴和纵轴。在图形上表示出并解释如果欧洲中央银行采取行动提高利率对美元供给和需求的影响，以及由此导致的欧元与美元之间汇率的变动。

6.8 运用下图回答下列问题：

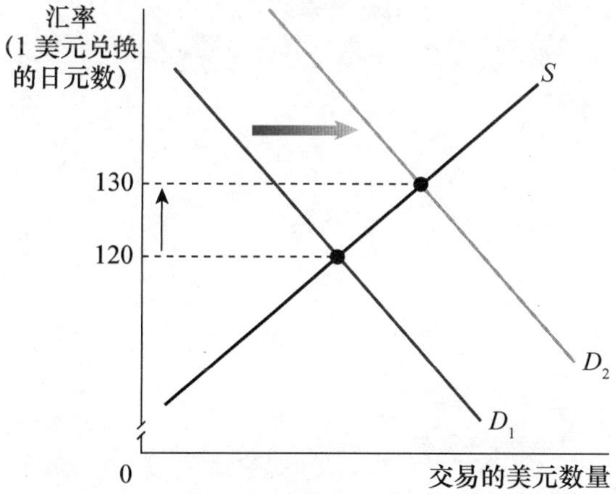

a. 简单解释美元相对于日元升值还是贬值。

b. 以下哪些事件可能造成图中所示的需求曲线的移动？

（1）美国利率下降。

（2）日本收入上升。

（3）投机者相信未来美元价值会更高。

6.9 ［与例题 19.6 有关］《华尔街日报》上的一篇文章指出：“用日元表示的美元价值每上升 1 日元，富士重工说，公司全年的营业利润将增加 97 亿日元。”美元相对于日元的升值将使本田的利润将增加这么多吗？请简要解释。

资料来源：Yoko Kubota，“Subaru Rides a Weaker Yen into the U.S.”，*Wall Street Journal*，November 15，2014.

6.10 根据《华尔街日报》上的一篇文章，在 2014 年，“在温和的通货膨胀数据降低了投资者对中央银行将提高利率的预期后，澳大利亚元暴跌。”

a. 为什么通货膨胀率低于预期会使澳大利亚中央银行提高利率的可能性下降？

b. 为什么澳大利亚中央银行提高利率的可能性下降这一事实会导致澳大利亚元贬值？

资料来源：James Ramage，“Australian Dollar Tumbles after Data Scotches Rate-Increase Expectations”，*Wall Street Journal*，April 23，2014.

6.11 在编制财务报表时，有外币形式的销售收入的美国企业不得不进行“外币换算”；也就是说，它们不得不把外币换算成美元。在 2014 年年报中，IBM 做了如下陈述：“和业务遍布全球的所有公司一样，由于美元强劲，公司也预期，货币换算将对公司利润增长有很大的影响。”

a. 报告中所说的“美元强劲”指的是什么？

b. 作为一家总部在美国的公司，当美元强劲时，IBM 受益吗？请简要解释。

资料来源：International Business Machines Corporation，*2014 IBM Annual Report*，February 24，2015，p. 64.

6.12 2015 年夏，人民币相对于其他货币的汇率下降。人民币的贬值预计对苹果公司和百胜集团（肯德基和必胜客的母公司）这些在中国有商店或餐馆的企业有负面影响。但是，人民币的贬值预计将使富士康（一家在中国大陆装配 iPhone 的中国台湾企业）获益。请简要解释人民币的贬值如何对苹果公司和百胜集团等企业产生负面影响而对同样在中国大陆有业务的富士康等其他企业产生正面影响。

资料来源：Lorraine Luk and Eva Dou，“Devalued Yuan Set to Take Bite Out of Apple，Give Boost to Chinese Rivals”，*Wall Street Journal*，August 11，2015.

实时数据练习

D19.1 （汇率的运动）访问圣路易斯联邦储备

银行（FRED）的网站（research.stlouisfed.org/fred2/），下载美元兑欧元汇率（EXUSEU）的最新数据和一年前同一月份的数据。

a. 利用这些数值，计算欧元价值的百分比变化。

b. 解释美元相对于欧元升值了还是贬值了。

D19.2 （汇率的运动）访问圣路易斯联邦储备银行（FRED）的网站（research.stlouisfed.org/fred2/），下载2001年至今的如下数据序列并绘图：(1) 美元兑欧元汇率（EXUSEU）；(2) 美元兑日元汇率（EXJPUS）；(3) 美元兑加拿大元汇率（EXCAUS）。基于图形回答如下问题。

a. 欧元的价值在哪一年达到最高？

b. 在2007—2009年金融危机期间，日元相对于美元升值了还是贬值了？请简要解释。

c. 在2001年至今这段时期，美元相对于哪种货币贬值最多？

术语表

Absolute advantage（绝对优势）：个人、企业或国家利用相同数量的资源比竞争对手生产出更多的商品或服务的能力。

Accounting profit（会计利润）：企业的净收入，用收益减去营业支出和支付的税收来衡量。

Adverse selection（逆向选择）：交易的一方利用所知道的信息比交易的另一方多的优势这样一种状况。

Aggregate demand (*AD*) curve（总需求曲线）：一条表示价格水平与家庭、企业和政府需求的实际 GDP 数量之间的关系的曲线。

Aggregate demand and aggregate supply model（总需求-总供给模型）：一个解释实际 GDP 和价格水平的短期波动的模型。

Allocative efficiency（配置效率）：经济体中生产与消费者偏好相一致的状态；特别地，每种商品或服务的生产数量具有如下性质：最后一个单位对社会的边际效益等于其生产的边际成本。

Antitrust laws（反托拉斯法）：旨在消除企业间的合谋和促进竞争的法律。

Asset（资产）：个人或企业拥有的任何有价值的东西。

Asymmetric information（信息不对称）：经济交易的一方拥有的信息比另一方少这样一种状况。

Autarky（自给自足）：一国不与其他国家进行贸易这样一种状况。

Automatic stabilizers（自动稳定器）：随着经济周期自动增加或减少的政府花费和税收。

Average fixed cost（平均固定成本）：固定成本除以生产的产出数量。

Average product of labor（劳动的平均产量）：一家企业生产的总产出除以工人的数量。

Average revenue (*AR*)（平均收益）：总收益除以卖掉的产品数量。

Average total cost（平均总成本）：总成本除以生产的产出数量。

Average variable cost（平均可变成本）：可变成本除以生产的产出数量。

Balance sheet（资产负债表）：汇总一家企业在特定的某一天（通常是季度末或年末）的财务状况的财务报表。

Bank panic（银行业恐慌）：许多银行同时经历挤兑这样一种状况。

Bank run（银行挤兑）：许多储户决定同时从一家银行取款这样一种状况。

Barrier to entry（进入壁垒）：阻止新企业进入现有企业正在赚取经济利润的行业的任何事物。

Behavioral economics（行为经济学）：对人们所做的选择看起来在经济上不理性这样的状况的研究。

Black market（黑市）：以违反政府价格管制的价格进行买卖的市场。

Bond（债券）：代表偿付固定数量的资金这样一个承诺的金融证券。

Budget constraint（预算约束）：消费者可用于花费在商品和服务上的有限数量的收入。

Budget deficit（预算赤字）：政府的支出超过其税收收入这样一种状况。

Budget surplus（预算盈余）：政府的支出低于其税收收入这样一种状况。

Business cycle（经济周期）：经济扩张和经济衰退的时期相互交错出现。

Business strategy（商业战略）：一家企业为实现一个目标（如利润最大化）所采取的行动。

Capital（资本）：用于生产其他商品和服务的制成品。

Cartel（卡特尔）：通过同意限制产量来形成合谋以提高价格和增加利润的企业团体。

Centrally planned economy（中央计划经济）：由政府决定经济资源如何配置的经济。

Ceteris paribus（“all else equal”）condition（其他变量都相同的条件）：在分析两个变量——如价格和需求量——之间的关系时其他变量必须保持不变的这样一个要求。

Circular-flow diagram（循环流动图）：一个说明市场参与人如何相互联结的模型。

Collusion（合谋）：企业间达成的收取相同价格或者以其他方式不相互竞争的协议。

Command-and-control approach（“命令和控制”方法）：政府对企业允许排放的污染数量施加数量限制或者要求企业安装具体的污染控制设备这样一种方法。

Commodity money（商品货币）：作为货币使用且具有独立于货币的用途的价值的商品。

Comparative advantage（比较优势）：个人、企业或国家以比竞争对手更低的机会成本生产一种商品或服务的能力。

Competitive market equilibrium（竞争市场均衡）：具有许多买者和许多卖者的市场均衡。

Complement（互补品）：一起使用的商品和服务。

Constant returns to scale（不变规模报酬）：企业的长期平均成本随产量增加保持不变这样一种状况。

Consumer price index（CPI）（消费者价格指数）：一个衡量典型的城市四口之家为购买的商品和服务支付的价格在一段时间内的平均变化的指标。

Consumer surplus（消费者剩余）：消费者为一种商品或服务愿意支付的最高价格和实际支

付的价格之差。
Consumption（消费）：家庭在商品和服务上的支出，不包括在新住房上的支出。
Contractionary monetary policy（紧缩性货币政策）：美联储为降低通货膨胀而提高利率。
Cooperative equilibrium（合作均衡）：博弈的一个均衡，在这个均衡中，参与人相互合作以增加他们相互的回报。
Copyright（版权）：政府授予的生产和出售一项创新的排他性权利。
Corporate governance（公司治理）：公司的组织方式以及组织结构对公司行为的影响。
Corporation（公司）：企业的一种合法形式，它给企业的所有者提供有限责任保护，使他们在企业破产时最多只损失他们在本企业的投资。
Coupon payment（息票支付）：对债券的利息支付。
Crowding out（挤出）：政府购买的增加导致私人支出的减少。
Currency appreciation（通货升值）：一种通货相对于另一种通货的市场价值的增加。
Currency depreciation（通货贬值）：一种通货相对于另一种通货的市场价值的下降。
Cyclical unemployment（周期性失业）：由经济周期中的衰退引起的失业。
Cyclically adjusted budget deficit or surplus（周期调整性预算赤字或盈余）：当实际 GDP 等于潜在 GDP 时将会出现的联邦政府预算赤字或盈余。

Deadweight loss（无谓损失）：由市场没有处于竞争均衡所导致的经济剩余的减少。
Deflation（通货紧缩）：价格水平的下降。
Demand curve（需求曲线）：表示一种产品的价格和该产品需求量之间关系的曲线。
Demand schedule（需求表）：表示一种产品的价格和该产品需求量之间关系的表格。
Demographics（人口统计特征）：人口在年龄、种族和性别等方面的特征。
Direct finance（直接融资）：资金通过金融市场（如纽约证券交易所）从储蓄者到企业的流动。
Discount loans（贴现贷款）：美联储发放给银行的贷款。
Discount rate（贴现率）：美联储的贴现贷款收取的利率。
Discouraged workers（丧失信心的工人）：可以工作但由于认为自己找不到工作而在过去四周没有找工作的人。
Diseconomies of scale（规模不经济）：企业的长期平均成本随产量增加而上升这样一种状况。
Dividends（红利）：公司给股东的支付。
Dominant strategy（占优战略）：无论其他企业采用何种战略，对某企业来说都是最好的战略的这样一种战略。
Dumping（倾销）：以低于生产成本的价格出售产品。

Economic efficiency（经济效率）：生产的最后一个单位对消费者的边际效益等于其生产的边际成本且消费者剩余和生产者剩余达到最大这样一个市场结果。
Economic growth（经济增长）：经济增加商品和服务的生产的能力。
Economic loss（经济亏损）：企业的总收益低于其包括所有隐性成本在内的总成本这样一

种状况。

Economic model（经济模型）：现实的简化版本，用于分析现实经济状况。

Economic profit（经济利润）：企业的总收益减去它所有的隐性和显性成本。

Economics（经济学）：对人们在稀缺资源给定条件下为达到目标而做出的选择的研究。

Economic surplus（经济剩余）：消费者剩余和生产者剩余之和。

Economic variable（经济变量）：可以取不同值的可测度的东西，如医生的收入。

Economies of scale（规模经济）：企业的长期平均成本随产量增加而下降这样一种状况。

Efficiency wage（效率工资）：企业为提高工人生产率而支付的高于市场水平的工资。

Elastic demand（弹性需求）：当需求量的百分比变动大于价格的百分比变动从而价格弹性的绝对值大于1时，需求是有弹性的。

Elasticity（弹性）：对一个经济变量对另一个经济变量的变动做出多大反应的测度。

Employed（就业者）：在政府统计中，现在在工作或只是暂时离开工作岗位的人。

Endowment effect（禀赋效应）：对于已经拥有的商品，即使人们收到的价格高于他们在没有拥有该商品时为购买该商品而愿意支付的价格，人们仍不愿意出售的倾向。

Entrepreneur（企业家）：经营企业的人，把生产要素——劳动、资本和自然资源——集合在一起以生产商品和服务。

Equity（公平）：经济利益的公正分配。

Excess reserves（超额准备金）：银行持有的在法定要求之上的准备金。

Expansion（扩张）：经济周期中总生产和总就业都增加的时期。

Expansionary monetary policy（扩张性货币政策）：美联储为增加实际 GDP 而降低利率这样一种政策。

Explicit cost（显性成本）：涉及花钱的成本。

Export（出口）：在国内生产但是在其他国家销售的商品和服务。

External economies（外部经济）：由于行业规模的扩大而引起的企业成本的下降。

Externality（外部性）：影响在商品或服务的生产或消费中未直接涉及的某人的效益或成本。

Factor market（要素市场）：劳动、资本、自然资源和企业家才能等生产要素的市场。

Factor of production（生产要素）：用于生产商品和服务的劳动、资本、自然资源和其他投入。

Federal funds rate（联邦基金利率）：银行相互拆借的隔夜贷款利率。

Federal Open Market Committee（FOMC）（联邦公开市场委员会）：美联储负责公开市场操作和管理美国的货币供给的委员会。

Federal Reserve（美联储）：美国的中央银行。

Fee-for-service（按服务计费）：医生和医院因其提供的每项服务收到单独支付的这样一个系统。

Fiat money（法定货币）：由中央银行或政府机关批准、无须由中央银行兑换成黄金或某种其他商品货币的货币，如纸币。

Final good or service（最终商品或服务）：由最终使用者购买的商品或服务。

Financial intermediaries（金融中介）：银行、共同基金、养老金和保险公司等从储蓄者那里借入资金然后把资金贷给借款人的企业。

Financial markets（金融市场）：股票和债券等金融证券买卖的市场。

Financial system（金融体系）：金融市场和金融中介组成的体系，企业通过这个体系从家庭获得资金。

Fiscal policy（财政政策）：为了实现宏观经济政策目标而对联邦税收和政府购买所做的变动。

Fixed costs（固定成本）：当产出变动时保持不变的成本。

Fractional reserve banking system（部分准备金银行制度）：银行把低于100%的存款作为准备金的银行制度。

Free market（自由市场）：对商品或服务如何生产或销售或者生产要素如何雇用等的政府限制很少的市场。

Free trade（自由贸易）：不存在政府限制的国家间贸易。

Frictional unemployment（摩擦性失业）：因工人和工作之间的匹配过程而引起的失业。

Game theory（博弈论）：对人们在满足如下特征的状况中如何决策的研究：人们实现其目标取决于他们与其他人的相互作用。在经济学中，博弈论是指对企业利润取决于该企业与其他企业的相互作用这种行业中企业决策的研究。

GDP deflator（GDP 平减指数）：价格水平的一个测度，计算方法是名义 GDP 除以实际 GDP 再乘以 100。

Globalization（全球化）：各国对外国贸易和投资变得更加开放的过程。

Government purchases（政府购买）：联邦、州和地方政府在商品和服务上的支出。

Gross domestic product（GDP）（国内生产总值）：一国在一段时期内（通常为 1 年）生产的所有最终商品和服务的市场价值。

Health care（卫生保健）：意在维持或改善人的健康的商品和服务，如处方药和看医生。

Health insurance（医疗保险）：一个合同，根据该合同，买者同意支付保险费以获取合同提供方同意支付买者的部分或全部医疗费用。

Horizontal merger（横向兼并）：同一行业内企业之间的兼并。

Implicit cost（隐性成本）：非货币的机会成本。

Import（进口）：在国内购买但是在其他国家生产的商品与服务。

Income effect（收入效应）：在保持所有其他因素不变的条件下，由于一种商品的价格变动对消费者购买力的影响而导致的该商品需求量的变动。

Income statement（利润表）：汇总企业一段时期内的收益、成本和利润的财务报表。

Indirect finance（间接融资）：资金通过金融中介（如银行）从储蓄者到借款人的流动。

Inelastic demand（无弹性需求）：当需求量的百分比变动小于价格的百分比变动从而价格弹性的绝对值小于 1 时，需求是无弹性的。

Inferior good（劣等品）：需求随收入下降而增加和随收入上升而减少的商品。

Inflation rate（通货膨胀率）：价格水平从一年到下一年的百分比增加。

Inflation targeting（通货膨胀目标制）：一个实施货币政策的框架，在此框架下，中央银行宣布其通货膨胀目标水平，政府和公众根据中央银行实现目标的成功程度来评价中央银行的表现。

Interest rate（利率）：借款的成本，通常表示为所借数量的百分比。

Intermediate good or service（中间商品或服务）：作为另一种商品或服务的投入的商品或服务，如卡车的轮胎。

Investment（投资）：企业在新工厂、办公楼、机器和新增存货上的支出，加上家庭和企业在新住房上的支出。

Keynesian revolution（凯恩斯革命）：20 世纪 30 年代和 40 年代约翰·梅纳德·凯恩斯的宏观经济模型被广泛接受，被冠以这一名字。

Labor force（劳动力）：经济中就业者和失业者之和。

Labor force participation rate（劳动力参与率）：工作年龄人口中劳动力的百分比。

Labor productivity（劳动生产率）：一个工人或一小时工作时间能够生产的商品和服务的数量。

Law of demand（需求定律）：在保持其他变量不变的条件下，当一种产品的价格下降时，该产品的需求量将增加；当该产品的价格上升时，其需求量将减少。

Law of diminishing marginal utility（边际效用递减定律）：随着消费者在某一给定时期消费越来越多的某种商品或服务，他们获得的额外满意度递减。

Law of diminishing marginal returns（边际报酬递减定律）：在某一点，增加更多的可变投入（如劳动）于相同数量的固定投入（如资本）将引起可变投入的边际产量下降。

Law of supply（供给定律）：在保持其他变量不变的条件下，价格的上升将引起供给量增加，价格的下降将引起供给量减少。

Liability（负债）：个人或企业所欠的任何东西。

Limited liability（有限责任）：保护公司的所有者使他们最多只损失他们的投资额的法律规定。

Long-run aggregate supply（*LRAS*）curve（长期总供给曲线）：表示长期内价格水平和实际 GDP 供给量之间关系的曲线。

Long-run average cost curve（长期平均成本曲线）：表示企业在长期（此时没有投入是固定的）生产某一给定数量的产出的最低成本的曲线。

Long-run competitive equilibrium（长期竞争均衡）：企业的进入和退出导致典型企业收支相抵这样一种状况。

Long-run economic growth（长期经济增长）：不断上升的生产率提高普通人的生活水平的过程。

Long-run supply curve（长期供给曲线）：表示长期内市场价格和供给量之间关系的曲线。

Long run（长期）：一段时期，在此时期内，企业能改变其所有投入、采用新技术和增大或减小厂房规模。

M1：最狭义的货币供给定义——通货、在银行的支票账户存款和旅行者支票持有量之和。

M2：更广义的货币供给定义——它包括 M1 加上储蓄账户存款、小额定期存款（例如定期存单，即在银行的货币市场存款账户余额）和非机构的货币市场共同基金份额。

Macroeconomics（宏观经济学）：把经济视为一个整体而进行的研究，包括通货膨胀、失业和经济增长等主题。

Marginal analysis（边际分析）：涉及比较边际效益和边际成本的分析。

Marginal benefit（边际效益）：消费者消费额外一单位商品或服务所得到的额外效益。

Marginal cost（边际成本）：企业生产额外一单位商品或服务的额外成本。

Marginal product of labor（劳动的边际产量）：企业多雇用一个工人所生产的额外产出。

Marginal revenue（*MR*）（边际收益）：多销售一单位产品所引起的总收益的变动。

Marginal utility（*MU*）（边际效用）：一个人从消费额外一单位商品或服务中得到的总效用的变动。

Market（市场）：一种商品或服务的一群买者和卖者以及将他们聚合在一起进行交易的制度或安排。

Market-based reforms（基于市场的改革）：发生在卫生保健市场中的使其与其他商品和服务的市场更类似的变动。

Market demand（市场需求）：所有消费者对一种给定商品或服务的需求。

Market economy（市场经济）：经济资源的配置由在市场中相互作用的家庭和企业的决策来决定的一种经济。

Market equilibrium（市场均衡）：需求量等于供给量这样一种状况。

Market failure（市场失灵）：市场未能生产出有效的产出水平这样一种状况。

Market for loanable funds（可贷资金市场）：借款人和贷款人的相互作用决定了市场利率和交换的可贷资金的数量。

Market power（市场势力）：企业收取高于边际成本的价格的能力。

Menu costs（菜单成本）：企业改变价格的成本。

Microeconomics（微观经济学）：对家庭和企业如何做出选择、它们在市场中如何相互作用以及政府如何试图影响它们的选择的研究。

Minimum efficient scale（最小有效规模）：所有规模经济都已经实现时的产出水平。

Mixed economy（混合经济）：大部分经济决策都是市场中买者和卖者相互作用的结果，但是同时政府在资源的配置中扮演着重要角色的这样一种经济。

Monetarism（货币主义）：米尔顿·弗里德曼和其追随者的宏观经济理论，特别是货币量应该以稳定速率增加这一思想。

Monetary growth rule（货币增长规则）：以不对经济条件变动做出反应的固定速率增加货币量的计划。

Monetary policy（货币政策）：美联储为了实现宏观经济政策目标而采取的管理货币供给和利率的行动。

Money（货币）：在商品和服务的交换以及债务偿还中人们普遍愿意接受的资产。

Monopolistic competition（垄断竞争）：进入壁垒低且许多企业通过销售相似但不相同的产品而相互竞争这样一个市场结构。

Monopoly（垄断）：作为没有很接近的替代品的某种商品或服务的唯一卖者的企业。

Moral hazard（道德风险）：人们在进入交易后采取的使交易的另一方境况变差的行动。

Multiplier effect（乘数效应）：自发支出的初始增加引起的一系列消费支出的诱发性增加。

Nash equilibrium（纳什均衡）：给定其他企业选择的战略，每家企业都选择了最好的战略这样一种状况。

Natural monopoly（自然垄断）：规模经济如此之大以至由一家企业来供给整个市场比由两家或更多家企业来供给整个市场的平均总成本更低。

Natural rate of unemployment（自然失业率）：正常的失业率，由摩擦性失业和结构性失业组成。

Net exports（净出口）：出口减去进口。

Network externality（网络外部性）：一种产品的有用性随使用该产品的消费者数量增加而增加这样一种状况。

New classical macroeconomics（新古典宏观经济学）：罗伯特·卢卡斯和其他经济学家的宏观经济理论，特别是指工人和企业具有理性预期这一思想。

Nominal exchange rate（名义汇率）：一国通货用另一国通货表示的价值。

Nominal GDP（名义 GDP）：用当年价格计算的最终商品和服务的价值。

Nominal interest rate（名义利率）：一笔贷款规定的利率。

Noncooperative equilibrium（非合作均衡）：博弈的一个均衡，在这个均衡中，参与人不合作而是追求他们自己的利益。

Normal good（正常品）：当收入上升时需求增加和收入下降时需求减少的商品。

Normative analysis（规范分析）：关于“应该是什么”的分析。

Oligopoly（寡头）：少数相互依存的企业相互竞争这样的市场结构。

Open market operations（公开市场操作）：美联储为控制货币供给而买卖国债。

Opportunity cost（机会成本）：从事一项活动必须放弃的价值最高的其他用途的价值。

Partnership（合伙制企业）：由两个或多个人共同拥有但不以公司的形式组织的企业。

Patent（专利）：从专利申请在政府归档日起 20 年内对一种产品的排他性权利。

Patient Protection and Affordable Care Act（ACA）（《患者保护与平价医疗法案》）：2010 年国会通过和贝拉克·奥巴马总统签署的卫生保健改革法律。

Payoff matrix（支付矩阵）：表示每家企业从各企业战略的每个组合中得到的支付的表格。

Perfectly competitive market（完全竞争市场）：满足如下条件的市场：（1）有许多买者和卖者；（2）所有企业出售相同的产品；（3）新企业进入市场没有壁垒。

Perfectly elastic demand（完全弹性的需求）：需求量对价格的反应无限大从而价格弹性为无穷的情形。

Perfectly inelastic demand（完全无弹性的需求）：需求量对价格完全没有反应从而价格弹性为零的情形。

Pigovian taxes and subsidies（庇古税和补贴）：意在在存在外部性时实现有效的产出水平

的政府税收和补贴。

Positive analysis（实证分析）：关于“是什么”的分析。

Potential GDP（潜在 GDP）：当所有企业都满负荷生产时达到的实际 GDP 水平。

Price ceiling（价格上限）：卖者可以收取的法定最高价。

Price elasticity of demand（需求的价格弹性）：需求量对价格变动的反应，其衡量方式是用产品需求量的百分比变动除以该产品价格的百分比变动。

Price floor（价格下限）：卖者可以收取的法定最低价。

Price leadership（价格领导）：隐性合谋的一种形式，寡头中的一家企业首先宣布一个价格变动，该行业的其他企业随后都匹配这一变动。

Price level（价格水平）：经济体中商品和服务平均价格的测度。

Price taker（价格接受者）：不能影响市场价格的买者或卖者。

Principal-agent problem（委托-代理问题）：代理人追求他们自己的利益而不是雇用他们的委托人的利益所引起的问题。

Prisoner's dilemma（囚徒困境）：采取占优战略导致不合作而这种不合作会使每个人的境况都变差这样一种博弈。

Private benefit（私人效益）：消费者从商品或服务的消费中得到的效益。

Private cost（私人成本）：商品或服务的生产者承担的成本。

Producer price index（PPI）（生产者价格指数）：在生产过程的所有阶段商品或服务的生产者收到的价格的平均水平。

Producer surplus（生产者剩余）：企业出售一种商品或服务愿意接受的最低价格和实际收到的价格之差。

Production function（生产函数）：一家企业使用的投入和它用这些投入能生产的最高产出之间的关系。

Production possibilities frontier（*PPF*）（生产可能性边界）：表示利用可用资源和现有技术可以生产的两种产品可达到的最高组合的曲线。

Productive efficiency（生产效率）：商品或服务以最低的成本生产。

Product market（产品市场）：商品（如电脑）或服务（如医疗）的市场。

Profit（利润）：总收益减去总成本。

Property rights（产权）：个人或企业对其财产拥有的排他性使用权，包括买卖的权利。

Protectionism（贸易保护主义）：采用贸易壁垒来保护国内企业免受来自国外的竞争。

Public franchise（公共特许经营权）：政府指定某家企业作为某种商品或服务的唯一合法提供商。

Quantity demanded（需求量）：在给定价格下消费者愿意和能够购买的某种商品或服务的数量。

Quantity supplied（供给量）：在给定价格下企业愿意和能够供给的某种商品或服务的数量。

Quantity theory of money（货币数量论）：关于货币和价格之间联系的一种理论，该理论假设货币流通速度为常数。

Quota（配额）：政府对某种商品可以进口的数量施加的数值限制。

Real business cycle model（实际经济周期模型）：一个着眼于经济周期的实际起因而非货币起因的宏观经济模型。
Real GDP（实际 GDP）：用基年价格计算的最终商品和服务的价值。
Real interest rate（实际利率）：名义利率减去通货膨胀率。
Recession（衰退）：经济周期中总生产和总就业都减少的时期。
Required reserve ratio（法定准备金率）：法律要求银行持有的准备金占存款的最低比率。
Required reserves（法定准备金）：基于银行的支票账户存款，法律要求银行持有的准备金。
Reserves（准备金）：银行放在金库的现金或在美联储的存款。

Scarcity（稀缺性）：无限的欲望超过了可用于实现这些欲望的有限资源的状况。
Securitization（证券化）：将贷款或其他金融资产转化成证券的过程。
Security（证券）：可以在金融市场买卖的金融资产，如股票或债券。
Separation of ownership from control（所有权与控制权分离）：公司中高级管理人员而非股东控制日常经营这样一种状况。
Shortage（短缺）：需求量超过供给量这样一种状况。
Short-run aggregate supply（*SRAS*）curve（短期总供给曲线）：表示短期内价格水平和企业供给的实际 GDP 数量之间关系的曲线。
Short run（短期）：一段时期，在此时期内，企业的投入至少有一种是固定的。
Shutdown point（停产点）：企业平均可变成本曲线的最低点；如果价格低于该点，企业在短期就会停产。
Simple deposit multiplier（简单存款乘数）：银行创造的存款数量与新准备金数量之比。
Single-payer health care system（单一付款人卫生保健体系）：政府向该国所有居民提供医疗保险这样一种体系，例如加拿大的卫生保健体系。
Social benefit（社会效益）：从商品或服务的消费中得到的总效益，包括私人效益和任何外部效益。
Social cost（社会成本）：生产商品或服务的成本，包括私人成本和任何外部成本。
Socialized medicine（公费医疗）：政府拥有大部分医院和雇用大部分医生这样一种卫生保健体系。
Sole proprietorship（独资企业）：由单一个体拥有的、不以公司的形式组织的企业。
speculator（投机者）：买卖外汇、试图从汇率的变动中获利的通货交易员。
Stagflation（滞胀）：通货膨胀和衰退的结合，通常是供给冲击所致。
Stock（股票）：代表对企业的部分所有权的金融证券。
Structural unemployment（结构性失业）：源于工人的技能和特征与工作要求的持续不匹配的失业。
Substitute（替代品）：可以被用于同一目的的商品和服务。
Substitution effect（替代效应）：在剔除价格变动对消费者的购买力产生的影响的条件下，

一种商品的价格变动使得它相对于作为替代品的其他商品更加昂贵或更加便宜而引起的该商品需求量的变动。

Sunk cost（沉没成本）：已经支付且不能回收的成本。

Supply curve（供给曲线）：表示一种产品的价格和该产品供给量之间关系的曲线。

Supply schedule（供给表）：表示一种产品的价格和该产品供给量之间关系的表格。

Supply shock（供给冲击）：使短期总供给曲线移动的未预期到的事件。

Surplus（过剩）：供给量超过需求量这样一种状况。

Tariff（关税）：政府对进口征收的税收。

Tax wedge（税收楔子）：经济活动的税前回报和税后回报之差。

Taylor rule（泰勒规则）：约翰·泰勒提出的一个规则，该规则将美联储的联邦基金目标利率和经济活动联结在一起。

Technological change（技术变革）：企业用给定数量的投入生产一定的产出水平的能力的正向或负向变动。

Technology（技术）：企业将投入转化成商品和服务产出所使用的工序。

Terms of trade（贸易条件）：一国用其出口品与来自其他国家的进口品进行交换的比率。

Total cost（总成本）：企业生产中使用的所有投入的成本。

Total revenue（总收益）：卖者从商品或服务的销售中收到的资金总量，其计算方法是单价乘以销售数量。

Trade（交易）：买卖行为。

Trade-off（权衡）：由于稀缺性，生产更多的一种商品或服务意味着生产更少的另一种商品或服务。

Transfer payment（转移支付）：政府给家庭的、不会收到新商品或服务作为交换的支付。

Underground economy（地下经济）：隐蔽起来不让政府发现的商品和服务的买卖，这要么是为了逃避税收，要么是因为这些商品和服务是非法的。

Unemployed（失业者）：在政府统计中，现在没有工作但是可以工作并且此前四周某些时间里在积极寻找工作的人。

Unemployment rate（失业率）：劳动力中失业者所占的百分比。

Unit-elastic demand（单位弹性需求）：当需求量的百分比变动等于价格的百分比变动从而价格弹性的绝对值等于 1 时，需求是单位弹性的。

Utility（效用）：人们从消费商品和服务中所获得的享受或满足。

Value added（增加值）：企业为一种产品所增加的市场价值。

Variable cost（可变成本）：随产出变化而变化的成本。

Velocity of money（货币流通速度）：货币供给中每一美元用于购买被包括在 GDP 中的商品和服务的平均次数。

Vertical merger（纵向兼并）：某一商品不同生产阶段的企业之间的兼并。

Voluntary exchange（自愿交换）：当产品的买方和卖方的境况都因交易而变好时，这种状况就会在市场上发生。

Voluntary export restraint（VER）（自愿出口限制）：两国间谈判协商的、对一国能够从另一国进口的商品数量施加一个数值限制的这样一个协议。

Wall Street Reform and Consumer Protection Act（Dodd-Frank Act）（《华尔街改革和消费者保护法案》，亦称《多德-弗兰克法案》）：2010 年通过的意在改革对金融系统的监管的法律。

World Trade Organization（WTO）（世界贸易组织）：监督国际贸易协议的国际组织。

译后记

本书由R. 格伦·哈伯德教授与安东尼·帕特里克·奥布赖恩教授合著。R. 格伦·哈伯德是哥伦比亚大学工商管理研究生院院长及罗素·L. 卡森（Russell L. Carson）金融和经济学讲座教授，同时还是哥伦比亚文理学院的经济学教授，曾担任白宫经济顾问委员会主席。安东尼·帕特里克·奥布赖恩是利哈伊大学经济学教授。

本书语言简洁明快，内容深入浅出。作者紧紧把握时代脉搏，立足于现实的商业世界和经济政策，将经济学原理与当前的经济事件结合起来，有助于引导学生的兴趣，加深其对理论的理解。本书是一本难度适宜、材料丰富、结合实际的经济学原理教科书。本书分成7篇，共19章，涵盖了经济学原理层次的内容，适合一个学期的经济学原理课程使用。

本书最大的特点是大量使用经济案例。每章都以一个公司案例开篇，激发学生对经济学的兴趣，每章的最后都以一个“业内观察”专栏结束（第5～19章的本专栏见MyEconLab），向读者展示了如何应用本章内容来分析新闻报道。各章都穿插着多个“建立联系”专栏，文章一般来源于网站和报纸，与企业和政策密切相关。此外还有“生活中的经济学”专栏。这种情景式学习方法既培养了学生对周围世界的经济学直觉，又加深了读者对核心概念的理解，完美地实现了理论与实践的结合。而“不要犯这样的错误!”专栏又有助于学生避免一些常见的错误，加深其对概念和相关知识的理解。很多章还有例题，帮助学生学会如何求解应用型经济学问题。

在第五版中，作者对本书之前的版本做了许多修改，特别值得一提的是，与第三版相比，开篇案例和“业内观察”专栏完全不同，大部分“建立联系”专栏也都换成了新的。

本书由卢远瞩翻译。在翻译中译者发现了英文版原书存在的极少数错误，并在翻译中做了修正。孙纪顺、廖玥、由婧、陈威、陈翩翩、康增秀、孟林、刘学喜、侯懿纯、邹昊澜、李智等人阅读了本书的一些章节，提出了不少有价值的修改意见和建议，为保证译本语言的准确性做了大量的工作。本版的翻译参考了第三版中译本，在此感谢该版的另外两位译者——闫硕和张安平。在翻译过程中译者对已经发现的第三版中译本的错误进行了修正，在此就该版中的错误向读者致歉。本版中译本可能存在的错误，都由译者承担。由于水平有限，敬请读者批评指正，将发现的错误发到译者的邮箱 luyuanzhu@hotmail.com。

最后，感谢中国人民大学出版社将翻译本书的任务交给本人，感谢中国人民大学出版社的信任和帮助。

卢远瞩

经济科学译丛

序号	书名	作者	Author	单价	出版年份	ISBN
1	经济学精要(第五版)	R.格伦·哈伯德等	R. Glenn Hubbard	99.00	2019	978-7-300-26561-2
2	管理者微观经济学	戴维·M.克雷普斯	David M. Kreps	88.00	2019	978-7-300-22914-0
3	环境经济学(第七版)	埃班·古德斯坦等	Eban Goodstein	78.00	2019	978-7-300-23867-8
4	组织经济学:经济学分析方法在组织管理上的应用(第五版)	塞特斯·杜玛等	Sytse Douma	62.00	2018	978-7-300-25545-3
5	经济理论的回顾(第五版)	马克·布劳格	Mark Blaug	88.00	2018	978-7-300-26252-9
6	实地实验:设计、分析与解释	艾伦·伯格等	Alan S. Gerber	69.80	2018	978-7-300-26319-9
7	金融学(第二版)	兹维·博迪等	Zvi Bodie	75.00	2018	978-7-300-26134-8
8	空间数据分析:模型、方法与技术	曼弗雷德·M.费希尔等	Manfred M. Fischer	36.00	2018	978-7-300-25304-6
9	《宏观经济学》(第十二版)学习指导书	鲁迪格·多恩布什等	Rudiger Dornbusch	38.00	2018	978-7-300-26063-1
10	宏观经济学(第四版)	保罗·克鲁格曼等	Paul Krugman	68.00	2018	978-7-300-26068-6
11	计量经济学导论:现代观点(第六版)	杰弗里·M.伍德里奇	Jeffrey M. Wooldridge	109.00	2018	978-7-300-25914-7
12	经济思想史:伦敦经济学院讲演录	莱昂内尔·罗宾斯	Lionel Robbins	59.80	2018	978-7-300-25258-2
13	空间计量经济学入门——在R中的应用	朱塞佩·阿尔比亚	Giuseppe Arbia	45.00	2018	978-7-300-25458-6
14	克鲁格曼经济学原理(第四版)	保罗·克鲁格曼等	Paul Krugman	88.00	2018	978-7-300-25639-9
15	发展经济学(第七版)	德怀特·H.波金斯等	Dwight H. Perkins	98.00	2018	978-7-300-25506-4
16	线性与非线性规划(第四版)	戴维·G.卢恩伯格等	David G. Luenberger	79.80	2018	978-7-300-25391-6
17	产业组织理论	让·梯若尔	Jean Tirole	110.00	2018	978-7-300-25170-7
18	经济学精要(第六版)	巴德,帕金	Bade, Parkin	89.00	2018	978-7-300-24749-6
19	空间计量经济学——空间数据的分位数回归	丹尼尔·P.麦克米伦	Daniel P. McMillen	30.00	2018	978-7-300-23949-1
20	高级宏观经济学基础(第二版)	本·J.海德拉	Ben J. Heijdra	88.00	2018	978-7-300-25147-9
21	税收经济学(第二版)	伯纳德·萨拉尼耶	Bernard Salanié	42.00	2018	978-7-300-23866-1
22	国际宏观经济学(第三版)	罗伯特·C.芬斯特拉	Robert C. Feenstra	79.00	2017	978-7-300-25326-8
23	公司治理(第五版)	罗伯特·A.G.蒙克斯	Robert A. G. Monks	69.80	2017	978-7-300-24972-8
24	国际经济学(第15版)	罗伯特·J.凯伯	Robert J. Carbaugh	78.00	2017	978-7-300-24844-8
25	经济理论和方法史(第五版)	小罗伯特·B.埃克伦德等	Robert B. Ekelund. Jr.	88.00	2017	978-7-300-22497-8
26	经济地理学	威廉·P.安德森	William P. Anderson	59.80	2017	978-7-300-24544-7
27	博弈与信息:博弈论概论(第四版)	艾里克·拉斯穆森	Eric Rasmusen	79.80	2017	978-7-300-24546-1
28	MBA宏观经济学	莫里斯·A.戴维斯	Morris A. Davis	38.00	2017	978-7-300-24268-2
29	经济学基础(第十六版)	弗兰克·V.马斯切纳	Frank V. Mastrianna	42.00	2017	978-7-300-22607-1
30	高级微观经济学:选择与竞争性市场	戴维·M.克雷普斯	David M. Kreps	79.80	2017	978-7-300-23674-2
31	博弈论与机制设计	Y.内拉哈里	Y. Narahari	69.80	2017	978-7-300-24209-5
32	宏观经济学精要:理解新闻中的经济学(第三版)	彼得·肯尼迪	Peter Kennedy	45.00	2017	978-7-300-21617-1
33	宏观经济学(第十二版)	鲁迪格·多恩布什等	Rudiger Dornbusch	69.00	2017	978-7-300-23772-5
34	国际金融与开放宏观经济学:理论、历史与政策	亨德里克·范登伯格	Hendrik Van den Berg	68.00	2016	978-7-300-23380-2
35	经济学(微观部分)	达龙·阿西莫格鲁等	Daron Acemoglu	59.00	2016	978-7-300-21786-4
36	经济学(宏观部分)	达龙·阿西莫格鲁等	Daron Acemoglu	45.00	2016	978-7-300-21886-1
37	发展经济学	热若尔·罗兰	Gérard Roland	79.00	2016	978-7-300-23379-6
38	中级微观经济学——直觉思维与数理方法(上下册)	托马斯·J·内契巴	Thomas J. Nechyba	128.00	2016	978-7-300-22363-6
39	环境与自然资源经济学(第十版)	汤姆·蒂坦伯格等	Tom Tietenberg	72.00	2016	978-7-300-22900-3
40	劳动经济学基础(第二版)	托马斯·海克拉克等	Thomas Hyclak	65.00	2016	978-7-300-23146-4
41	货币金融学(第十一版)	弗雷德里克·S·米什金	Frederic S. Mishkin	85.00	2016	978-7-300-23001-6
42	动态优化——经济学和管理学中的变分法和最优控制(第二版)	莫顿·I·凯曼等	Morton I. Kamien	48.00	2016	978-7-300-23167-9
43	用Excel学习中级微观经济学	温贝托·巴雷托	Humberto Barreto	65.00	2016	978-7-300-21628-7
44	宏观经济学(第九版)	N·格里高利·曼昆	N. Gregory Mankiw	79.00	2016	978-7-300-23038-2
45	国际经济学:理论与政策(第十版)	保罗·R·克鲁格曼等	Paul R. Krugman	89.00	2016	978-7-300-22710-8
46	国际金融(第十版)	保罗·R·克鲁格曼等	Paul R. Krugman	55.00	2016	978-7-300-22089-5
47	国际贸易(第十版)	保罗·R·克鲁格曼等	Paul R. Krugman	42.00	2016	978-7-300-22088-8
48	经济学精要(第3版)	斯坦利·L·布鲁伊等	Stanley L. Brue	58.00	2016	978-7-300-22301-8
49	经济分析史(第七版)	英格里德·H·里马	Ingrid H. Rima	72.00	2016	978-7-300-22294-3
50	投资学精要(第九版)	兹维·博迪等	Zvi Bodie	108.00	2016	978-7-300-22236-3
51	环境经济学(第二版)	查尔斯·D·科尔斯塔德	Charles D. Kolstad	68.00	2016	978-7-300-22255-4
52	MWG《微观经济理论》习题解答	原千晶等	Chiaki Hara	75.00	2016	978-7-300-22306-3
53	现代战略分析(第七版)	罗伯特·M·格兰特	Robert M. Grant	68.00	2016	978-7-300-17123-4
54	横截面与面板数据的计量经济分析(第二版)	杰弗里·M·伍德里奇	Jeffrey M. Wooldridge	128.00	2016	978-7-300-21938-7

经济科学译丛

序号	书名	作者	Author	单价	出版年份	ISBN
55	宏观经济学(第十二版)	罗伯特·J·戈登	Robert J. Gordon	75.00	2016	978-7-300-21978-3
56	动态最优化基础	蒋中一	Alpha C. Chiang	42.00	2015	978-7-300-22068-0
57	城市经济学	布伦丹·奥弗莱厄蒂	Brendan O'Flaherty	69.80	2015	978-7-300-22067-3
58	管理经济学:理论、应用与案例(第八版)	布鲁斯·艾伦等	Bruce Allen	79.80	2015	978-7-300-21991-2
59	经济政策:理论与实践	阿格尼丝·贝纳西-奎里等	Agnès Bénassy-Quéré	79.80	2015	978-7-300-21921-9
60	微观经济分析(第三版)	哈尔·R·范里安	Hal R. Varian	68.00	2015	978-7-300-21536-5
61	财政学(第十版)	哈维·S·罗森等	Harvey S. Rosen	68.00	2015	978-7-300-21754-3
62	经济数学(第三版)	迈克尔·霍伊等	Michael Hoy	88.00	2015	978-7-300-21674-4
63	发展经济学(第九版)	A.P.瑟尔沃	A. P. Thirlwall	69.80	2015	978-7-300-21193-0
64	宏观经济学(第五版)	斯蒂芬·D·威廉森	Stephen D. Williamson	69.00	2015	978-7-300-21169-5
65	资源经济学(第三版)	约翰·C·伯格斯特罗姆等	John C. Bergstrom	58.00	2015	978-7-300-20742-1
66	应用中级宏观经济学	凯文·D·胡佛	Kevin D. Hoover	78.00	2015	978-7-300-21000-1
67	计量经济学导论:现代观点(第五版)	杰弗里·M·伍德里奇	Jeffrey M. Wooldridge	99.00	2015	978-7-300-20815-2
68	现代时间序列分析导论(第二版)	约根·沃特斯等	Jürgen Wolters	39.80	2015	978-7-300-20625-7
69	空间计量经济学——从横截面数据到空间面板	J·保罗·埃尔霍斯特	J. Paul Elhorst	32.00	2015	978-7-300-21024-7
70	国际经济学原理	肯尼思·A·赖纳特	Kenneth A. Reinert	58.00	2015	978-7-300-20830-5
71	经济写作(第二版)	迪尔德丽·N·麦克洛斯基	Deirdre N. McCloskey	39.80	2015	978-7-300-20914-2
72	计量经济学方法与应用(第五版)	巴蒂·H·巴尔塔基	Badi H. Baltagi	58.00	2015	978-7-300-20584-7
73	战略经济学(第五版)	戴维·贝赞可等	David Besanko	78.00	2015	978-7-300-20679-0
74	博弈论导论	史蒂文·泰迪里斯	Steven Tadelis	58.00	2015	978-7-300-19993-1
75	社会问题经济学(第二十版)	安塞尔·M·夏普等	Ansel M. Sharp	49.00	2015	978-7-300-20279-2
76	博弈论:矛盾冲突分析	罗杰·B·迈尔森	Roger B. Myerson	58.00	2015	978-7-300-20212-9
77	时间序列分析	詹姆斯·D·汉密尔顿	James D. Hamilton	118.00	2015	978-7-300-20213-6
78	经济问题与政策(第五版)	杰奎琳·默里·布鲁克斯	Jacqueline Murray Brux	58.00	2014	978-7-300-17799-1
79	微观经济理论	安德鲁·马斯-克莱尔等	Andreu Mas-Collel	148.00	2014	978-7-300-19986-3
80	产业组织:理论与实践(第四版)	唐·E·瓦尔德曼等	Don E. Waldman	75.00	2014	978-7-300-19722-7
81	公司金融理论	让·梯若尔	Jean Tirole	128.00	2014	978-7-300-20178-8
82	公共部门经济学	理查德·W·特里西	Richard W. Tresch	49.00	2014	978-7-300-18442-5
83	计量经济学原理(第六版)	彼得·肯尼迪	Peter Kennedy	69.80	2014	978-7-300-19342-7
84	统计学:在经济中的应用	玛格丽特·刘易斯	Margaret Lewis	45.00	2014	978-7-300-19082-2
85	产业组织:现代理论与实践(第四版)	林恩·佩波尔等	Lynne Pepall	88.00	2014	978-7-300-19166-9
86	计量经济学导论(第三版)	詹姆斯·H·斯托克等	James H. Stock	69.00	2014	978-7-300-18467-8
87	发展经济学导论(第四版)	秋山裕	秋山裕	39.80	2014	978-7-300-19127-0
88	中级微观经济学(第六版)	杰弗里·M·佩罗夫	Jeffrey M. Perloff	89.00	2014	978-7-300-18441-8
89	平狄克《微观经济学》(第八版)学习指导	乔纳森·汉密尔顿等	Jonathan Hamilton	32.00	2014	978-7-300-18970-3
90	微观经济学(第八版)	罗伯特·S·平狄克等	Robert S. Pindyck	79.00	2013	978-7-300-17133-3
91	微观银行经济学(第二版)	哈维尔·弗雷克斯等	Xavier Freixas	48.00	2014	978-7-300-18940-6
92	施米托夫论出口贸易——国际贸易法律与实务(第11版)	克利夫·M·施米托夫等	Clive M. Schmitthoff	168.00	2014	978-7-300-18425-8
93	微观经济学思维	玛莎·L·奥尔尼	Martha L. Olney	29.80	2013	978-7-300-17280-4
94	宏观经济学思维	玛莎·L·奥尔尼	Martha L. Olney	39.80	2013	978-7-300-17279-8
95	计量经济学原理与实践	达摩达尔·N·古扎拉蒂	Damodar N. Gujarati	49.80	2013	978-7-300-18169-1
96	现代战略分析案例集	罗伯特·M·格兰特	Robert M. Grant	48.00	2013	978-7-300-16038-2
97	高级国际贸易:理论与实证	罗伯特·C·芬斯特拉	Robert C. Feenstra	59.00	2013	978-7-300-17157-9
98	经济学简史——处理沉闷科学的巧妙方法(第二版)	E·雷·坎特伯里	E. Ray Canterbery	58.00	2013	978-7-300-17571-3
99	管理经济学(第四版)	方博亮等	Ivan Png	80.00	2013	978-7-300-17000-8
100	微观经济学原理(第五版)	巴德、帕金	Bade, Parkin	65.00	2013	978-7-300-16930-9
101	宏观经济学原理(第五版)	巴德、帕金	Bade, Parkin	63.00	2013	978-7-300-16929-3
102	环境经济学	彼得·伯克等	Peter Berck	55.00	2013	978-7-300-16538-7
103	高级微观经济理论	杰弗里·杰里	Geoffrey A. Jehle	69.00	2012	978-7-300-16613-1
104	高级宏观经济学导论:增长与经济周期(第二版)	彼得·伯奇·索伦森等	Peter Birch Sørensen	95.00	2012	978-7-300-15871-6
105	宏观经济学:政策与实践	弗雷德里克·S·米什金	Frederic S. Mishkin	69.00	2012	978-7-300-16443-4
106	宏观经济学(第二版)	保罗·克鲁格曼	Paul Krugman	45.00	2012	978-7-300-15029-1
107	微观经济学(第二版)	保罗·克鲁格曼	Paul Krugman	69.80	2012	978-7-300-14835-9

经济科学译丛

序号	书名	作者	Author	单价	出版年份	ISBN
108	克鲁格曼《微观经济学(第二版)》学习手册	伊丽莎白·索耶·凯利	Elizabeth Sawyer Kelly	58.00	2013	978-7-300-17002-2
109	克鲁格曼《宏观经济学(第二版)》学习手册	伊丽莎白·索耶·凯利	Elizabeth Sawyer Kelly	36.00	2013	978-7-300-17024-4
110	微观经济学(第十一版)	埃德温·曼斯费尔德	Edwin Mansfield	88.00	2012	978-7-300-15050-5
111	卫生经济学(第六版)	舍曼·富兰德等	Sherman Folland	79.00	2011	978-7-300-14645-4
112	宏观经济学(第七版)	安德鲁·B·亚伯等	Andrew B. Abel	78.00	2011	978-7-300-14223-4
113	现代劳动经济学:理论与公共政策(第十版)	罗纳德·G·伊兰伯格等	Ronald G. Ehrenberg	69.00	2011	978-7-300-14482-5
114	宏观经济学:理论与政策(第九版)	理查德·T·弗罗恩	Richard T. Froyen	55.00	2011	978-7-300-14108-4
115	经济学原理(第四版)	威廉·博伊斯等	William Boyes	59.00	2011	978-7-300-13518-2
116	计量经济学基础(第五版)(上下册)	达摩达尔·N·古扎拉蒂	Damodar N. Gujarati	99.00	2011	978-7-300-13693-6
117	《计量经济学基础》(第五版)学生习题解答手册	达摩达尔·N·古扎拉蒂等	Damodar N. Gujarati	23.00	2012	978-7-300-15080-8
118	计量经济分析(第六版)(上下册)	威廉·H·格林	William H. Greene	128.00	2011	978-7-300-12779-8
119	国际贸易	罗伯特·C·芬斯特拉等	Robert C. Feenstra	49.00	2011	978-7-300-13704-9
120	经济增长(第二版)	戴维·N·韦尔	David N. Weil	63.00	2011	978-7-300-12778-1
121	投资科学	戴维·G·卢恩伯格	David G. Luenberger	58.00	2011	978-7-300-14747-5
122	博弈论	朱·弗登博格等	Drew Fudenberg	68.00	2010	978-7-300-11785-0

金融学译丛

序号	书名	作者	Author	单价	出版年份	ISBN
1	金融学原理(第八版)	阿瑟·J. 基翁等	Arthur J. Keown	79.00	2018	978-7-300-25638-2
2	财务管理基础(第七版)	劳伦斯·J. 吉特曼等	Lawrence J. Gitman	89.00	2018	978-7-300-25339-8
3	利率互换及其他衍生品	霍华德·科伯	Howard Corb	69.00	2018	978-7-300-25294-0
4	固定收益证券手册(第八版)	弗兰克·J. 法博齐	Frank J. Fabozzi	228.00	2017	978-7-300-24227-9
5	金融市场与金融机构(第8版)	弗雷德里克·S. 米什金等	Frederic S. Mishkin	86.00	2017	978-7-300-24731-1
6	兼并、收购和公司重组(第六版)	帕特里克·A. 高根	Patrick A. Gaughan	89.00	2017	978-7-300-24231-6
7	债券市场:分析与策略(第九版)	弗兰克·J·法博齐	Frank J. Fabozzi	98.00	2016	978-7-300-23495-3
8	财务报表分析(第四版)	马丁·弗里德森	Martin Fridson	46.00	2016	978-7-300-23037-5
9	国际金融学	约瑟夫·P·丹尼尔斯等	Joseph P. Daniels	65.00	2016	978-7-300-23037-1
10	国际金融	阿德里安·巴克利	Adrian Buckley	88.00	2016	978-7-300-22668-2
11	个人理财(第六版)	阿瑟·J·基翁	Arthur J. Keown	85.00	2016	978-7-300-22711-5
12	投资学基础(第三版)	戈登·J·亚历山大等	Gordon J. Alexander	79.00	2015	978-7-300-20274-7
13	金融风险管理(第二版)	彼德·F·克里斯托弗森	Peter F. Christoffersen	46.00	2015	978-7-300-21210-4
14	风险管理与保险管理(第十二版)	乔治·E·瑞达等	George E. Rejda	95.00	2015	978-7-300-21486-3
15	个人理财(第五版)	杰夫·马杜拉	Jeff Madura	69.00	2015	978-7-300-20583-0
16	企业价值评估	罗伯特·A·G·蒙克斯等	Robert A. G. Monks	58.00	2015	978-7-300-20582-3
17	基于Excel的金融学原理(第二版)	西蒙·本尼卡	Simon Benninga	79.00	2014	978-7-300-18899-7
18	金融工程学原理(第二版)	萨利赫·N·内夫特奇	Salih N. Neftci	88.00	2014	978-7-300-19348-9
19	投资学导论(第十版)	赫伯特·B·梅奥	Herbert B. Mayo	69.00	2014	978-7-300-18971-0
20	国际金融市场导论(第六版)	斯蒂芬·瓦尔德斯等	Stephen Valdez	59.80	2014	978-7-300-18896-6
21	金融数学:金融工程引论(第二版)	马雷克·凯宾斯基等	Marek Capinski	42.00	2014	978-7-300-17650-5
22	财务管理(第二版)	雷蒙德·布鲁克斯	Raymond Brooks	69.00	2014	978-7-300-19085-3
23	期货与期权市场导论(第七版)	约翰·C·赫尔	John C. Hull	69.00	2014	978-7-300-18994-2
24	国际金融:理论与实务	皮特·塞尔居	Piet Sercu	88.00	2014	978-7-300-18413-5
25	货币、银行和金融体系	R·格伦·哈伯德等	R. Glenn Hubbard	75.00	2013	978-7-300-17856-1
26	并购创造价值(第二版)	萨德·苏达斯纳	Sudi Sudarsanam	89.00	2013	978-7-300-17473-0
27	个人理财——理财技能培养方法(第三版)	杰克·R·卡普尔等	Jack R. Kapoor	66.00	2013	978-7-300-16687-2
28	国际财务管理	吉尔特·贝克特	Geert Bekaert	95.00	2012	978-7-300-16031-3
29	应用公司财务(第三版)	阿斯沃思·达摩达兰	Aswath Damodaran	88.00	2012	978-7-300-16034-4
30	资本市场:机构与工具(第四版)	弗兰克·J·法博齐	Frank J. Fabozzi	85.00	2011	978-7-300-13828-2
31	衍生品市场(第二版)	罗伯特·L·麦克唐纳	Robert L. McDonald	98.00	2011	978-7-300-13130-6
32	跨国金融原理(第三版)	迈克尔·H·莫菲特等	Michael H. Moffett	78.00	2011	978-7-300-12781-1
33	统计与金融	戴维·鲁珀特	David Ruppert	48.00	2010	978-7-300-11547-4
34	国际投资(第六版)	布鲁诺·索尔尼克等	Bruno Solnik	62.00	2010	978-7-300-11289-3

Pearson

尊敬的老师：

您好！

为了确保您及时有效地获得培生整体教学资源，请您务必完整填写如下表格，加盖学院的公章后以电子扫描件等形式发给我们，我们将会在2～3个工作日内为您处理。

请填写所需教辅的信息：

采用教材			□ 中文版 □ 英文版 □ 双语版
作　者		出版社	
版　次		ISBN	
课程时间	始于　　年　月　日	学生人数	
	止于　　年　月　日	学生年级	□ 专科　□ 本科 1/2 年级 □ 研究生 □ 本科 3/4 年级

请填写您的个人信息：

学　校			
院系/专业			
姓　名		职　称	□ 助教 □ 讲师 □ 副教授 □ 教授
通信地址/邮编			
手　机		电　话	
传　真			
official email（必填） （eg：×××@ruc. edu. cn）		email （eg：×××@163. com）	
是否愿意接受我们定期的新书讯息通知：　□ 是　□ 否			

系/院主任：________________（签字）

（系 / 院办公室章）

____年____月____日

资源介绍：

——教材、常规教辅资源（PPT、教师手册、题库等）：请访问 www. pearson. com/us/higher-education。　（免费）

——MyLabs/Mastering 系列在线平台：适合老师和学生共同使用；访问需要 Access Code。　（付费）

地址：北京市东城区北三环东路 36 号环球贸易中心 D 座 1208 室（100013）

Please send this form to：copub. hed@pearson. com

Website：www. pearson. com

图书在版编目（CIP）数据

经济学精要：第五版 /（美）R. 格伦·哈伯德，（美）安东尼·帕特里克·奥布赖恩著；卢远瞩译. —北京：中国人民大学出版社，2019. 2
（经济科学译丛）
书名原文：Essentials of economics（fifth edition）
ISBN 978-7-300-26561-2

Ⅰ. ①经… Ⅱ. ①R…②安…③卢… Ⅲ. ①经济学 Ⅳ. ①F0

中国版本图书馆 CIP 数据核字（2018）第 301632 号

"十三五"国家重点出版物出版规划项目
经济科学译丛
经济学精要（第五版）
R. 格伦·哈伯德
安东尼·帕特里克·奥布赖恩 著
卢远瞩 译
Jingjixue Jingyao

出版发行	中国人民大学出版社		
社　　址	北京中关村大街 31 号	邮政编码	100080
电　　话	010－62511242（总编室）		010－62511770（质管部）
	010－82501766（邮购部）		010－62514148（门市部）
	010－62515195（发行公司）		010－62515275（盗版举报）
网　　址	http://www.crup.com.cn		
	http://www.ttrnet.com（人大教研网）		
经　　销	新华书店		
印　　刷	涿州市星河印刷有限公司		
规　　格	185mm×260mm　16 开本	版　　次	2019 年 2 月第 1 版
印　　张	45.5 插页 2	印　　次	2019 年 2 月第 1 次印刷
字　　数	1 124 000	定　　价	99.00 元